图文版

世界史纲

生物和人类的简明史

（英）赫伯特·乔治·韦尔斯 著

吴文藻 冰心 费孝通 等 译

上

华东师范大学出版社

图书在版编目（CIP）数据

世界史纲：生物和人类的简明史/（英）赫伯特·乔治·韦尔斯著；吴文藻等译. —上海：华东师范大学出版社，2019

ISBN 978 - 7 - 5675 - 8637 - 6

Ⅰ.①世… Ⅱ.①赫… ②吴… Ⅲ.①世界史 - 普及读物 Ⅳ.①K109

中国版本图书馆 CIP 数据核字（2019）第 015035 号

审图号：GS（2018）5689 号

世界史纲——生物和人类的简明史

著　　者　（英）赫伯特·乔治·韦尔斯
译　　者　吴文藻　冰　心　费孝通等
项目编辑　乔　健
特约编辑　邱承辉
审读编辑　时东明　刘效礼
封面设计　吕彦秋

出版发行　华东师范大学出版社
社　　址　上海市中山北路 3663 号　邮编 200062
网　　址　www.ecnupress.com.cn
电　　话　021 - 60821666　行政传真　021 - 62572105
客服电话　021 - 62865537
门市（邮购）电话　021 - 62869887
地　　址　上海市中山北路 3663 号华东师范大学校内先锋路口
网　　店　http://hdsdcbs.tmall.com

印刷者　三河市中晟雅豪印务有限公司
开　　本　710×1000　16 开
印　　张　53.5
字　　数　850 千字
版　　次　2019 年 4 月第 1 版
印　　次　2019 年 4 月第 1 次
书　　号　ISBN 978 - 7 - 5675 - 8637 - 6/K.523
定　　价　98.00 元（全两册）

出版人　王　焰

（如发现本版图书有印订质量问题，请寄回本社市场部调换或电话 021 - 62865537 联系）

出版说明

本书作者是英国著名作家赫伯特·乔治·韦尔斯（1866—1946年）。他毕业于英国皇家理学院，任教于伦敦大学，曾在赫胥黎的实验室工作，后转入新闻工作，从事科学和文学的研究，是英国费边社的成员。他著有《时间机器》、《隐身人》、《当睡着的人醒来时》和《不灭的火焰》等各种科学幻想小说以及其他许多著述。1918年他尝试编写本书，1920年和1934年曾两次访问苏联，先后会见过列宁、斯大林。

本书论述了从地球的形成、生物和人类的起源直到现代的世界史。对民族的形成和社会发展史，作者用了较大的篇幅加以叙述，对各种历史事件着笔简要，边叙边议，文字比较生动，附有105幅地图（本次出版有少量删除和替换——出版者）和100幅插图，是一部有影响的历史著作，有一定的参考价值。

本书原著最初于1920年出版，后于1923至1930年几经修订再版，作者生前的最后一版是1940年版，内容写到第一次世界大战。作者死后，1949至1971年又不断出了增订版，增订工作由英国历史学家和作家雷·波斯特盖特和作者的儿子、动物学家乔·菲·韦尔斯教授所担任。上海商务印书馆1927年根据原著第一版，出过由梁思成等翻译，梁启超校订的中文译本。现在这个中译本，是根据原著1971年增订版重新译出的。这一版除修订了一部分韦尔斯著作中已过时的材料外，还增加了主要是第一次世界大战后到1949年的部分，即第八编的三十九章和四十章。但为了尽量保持韦尔斯原著面貌，这个中译本把增加的第三十九章、四十章全部略去了。

本书译者除已署名者外，还有李佩娟也参加了部分翻译工作。地图的翻译工作由闻宥、陈佳荣担任。地图和若干表解的绘制工作由王传纪、杨节铿、何春凤、丘崇尼和党力文担任。

地图和插图均按原书复制。书中方括号内的文字系译者加的。

目 录
CONTENTS

导　言　世界史纲编著的经过和宗旨 / 001

1　本书是怎样编写成的 / 001

2　本书编写的方法 / 005

3　关于某些删略和增添 / 008

4　1949 年的修订 / 008

5　以后的几版 / 009

第一编　人类以前的世界 / 011

第一章　空间和时间中的地球 / 012

1　人的时空观念的大扩展 / 012

2　宇宙空间中的地球 / 014

3　地球已存在多久 / 016

4　在众星中还有其他世界么 / 017

第二章　岩石的记载 / 018

1　最初的生物 / 018

2　大陆漂移 / 021

3　自然选择和物种变迁 / 023

第三章　生物和气候 / 026

1　生物和水：水生植物 / 026

2　最早的陆生动物 / 028

3　生命为什么必须不断变动 / 030

第四章 爬行动物时代 / 032

1. 低地生物时代 / 032
2. 龙 / 036
3. 最早的鸟 / 036
4. 艰苦和死亡的时代 / 037
5. 毛和羽的最早出现 / 039

第五章 哺乳动物时代 / 041

1. 生命的一个新的时代 / 041
2. 传统进入这个世界 / 042
3. 脑成长的时代 / 044
4. 世界重入逆境 / 046

第二编 人类的形成 / 047

第六章 猿和亚人 / 048

1. 人类的起源 / 048
2. 最早的工具 / 051
3. 亚人化石 / 052

第七章 尼安德特人,一个已绝灭的种族(旧石器时代中期) / 056

1. 人这一属的出现 / 056
2. 5万年前的世界 / 057
3. 尼安德特人的日常生活 / 059
4. 伪造的辟尔唐人 / 061

第八章 旧石器时代晚期和第一种像我们这样的人 / 063

1. 像我们这样的人的出现 / 063
2. 晚期旧石器时代的地理 / 070
3. 旧石器时代的结束 / 072
4. 美洲没有亚人 / 074
5. 最后一种旧石器人 / 075

第九章 新石器时代的人 / 076

1. 农耕时代开始了 / 076
2. 新石器文化是在什么地方兴起的 / 079
3. 新石器人的日常生活 / 080
4. 原始交易 / 084
5. 地中盆地的淹没 / 085

第十章 早期思想 / 087

1. 原始哲学 / 087
2. 宗教里的长老 / 089
3. 宗教里的畏惧和希望 / 090
4. 星辰和四时 / 091
5. 讲述故事和创作神话 / 093
6. 宗教的复杂起源 / 094

第十一章 人类的种族 / 097

1 人类还在分化么 / 097
2 人类主要的种族 / 100
3 暗白人［浅黑发白种人］/ 102
4 所谓"日石"文化 / 104
5 美洲印第安人 / 105

第十二章 人类的语言 / 106

1 没有一种原始语言 / 106
2 雅利安语 / 107
3 闪米特语 / 108
4 含米特语 / 108
5 乌拉尔—阿尔泰语 / 109
6 中国语［汉语］/ 109
7 其他语言群 / 110
8 可能存在的原始语言群 / 113
9 一些孤立的语言 / 114

第三编　最初的文明 / 117

第十三章 早期的帝国 / 118

1 早期耕作者和早期游牧民 / 118
2 苏美尔人 / 122
3 萨尔贡一世的帝国 / 124
4 汉谟拉比的帝国 / 124
5 亚述人及其帝国 / 125
6 迦勒底帝国 / 126
7 埃及的早期历史 / 128
8 印度的早期文明 / 131
9 中国的早期历史 / 132
10 当文明正在成长的时候 / 135
11 大西洋岛的传说 / 137

第十四章 航海民族和经商民族 / 139

1 最早的船舶和海员 / 139
2 史前的爱琴海城市 / 141
3 最初的探险航行 / 144
4 早期的商人 / 145
5 早期的旅行者 / 147

第十五章 文字 / 149

1 象形文字 / 149
2 音节文字 / 152
3 字母文字 / 152
4 文字在人类生活中的位置 / 153

第十六章　神和星，僧侣和帝王 / 156

1　僧侣出现于历史 / 156
2　僧侣和星 / 159
3　僧侣和学问的开始 / 160
4　帝王对抗僧侣 / 161
5　柏儿—马杜克神和国王的斗争 / 163
6　埃及的神王 / 165
7　秦始皇焚书 / 169

第十七章　农奴，奴隶，社会阶级和自由人 / 170

1　古代的普通人 / 170
2　最早的奴隶 / 172
3　最初的"独立的"人 / 174
4　3000年前的社会阶级 / 175
5　阶级凝结成为种姓 / 178
6　印度的种姓 / 180
7　中国的官吏制度 / 181
8　近1万年的梗概 / 183
9　古代世界的雕刻和绘画 / 185
10　古代世界的文学、戏剧和音乐 / 187

第四编　犹太、希腊和印度 / 189

第十八章　希伯来圣书经文和先知 / 190

1　以色列人在历史上的地位 / 190
2　扫罗、大卫和所罗门 / 196
3　犹太人——一个血统混杂的民族 / 200
4　希伯来先知的重要性 / 201

第十九章　史前时期的雅利安语民族 / 204

1　操雅利安语人的分布 / 204
2　关于雅利安人的原始生活 / 207
3　雅利安人的家族 / 211

第二十章　希腊人和波斯人 / 216

1　希腊诸民族 / 216
2　希腊文明的特色 / 218
3　希腊的君主政体、贵族政治和民主政体 / 220
4　吕底亚王国 / 225
5　波斯人在东方的兴起 / 226
6　克雷兹的故事 / 229
7　大流士侵入俄罗斯 / 232
8　马拉松战役 / 236
9　温泉关和萨拉米斯 / 238
10　普拉太亚和米卡尔山 / 242

第二十一章　希腊的思想、文学和艺术 / 245

1. 伯里克利时代的雅典 / 245
2. 苏格拉底 / 250
3. 柏拉图和他的学院 / 251
4. 亚里士多德和他的学园 / 253
5. 哲学变得超凡脱俗 / 254
6. 希腊思想的性质和局限性 / 255
7. 最初富于想象力的文学 / 258
8. 希腊的艺术 / 261

第二十二章　亚历山大大帝的一生 / 262

1. 马其顿的菲力浦 / 262
2. 菲力浦王的遇害 / 266
3. 亚历山大初期的征服 / 269
4. 亚历山大的漫游 / 275
5. 亚历山大确实伟大吗 / 277
6. 亚历山大的继承人 / 281
7. 珀加蒙——文化的避难所 / 283
8. 亚历山大是世界统一的预兆 / 284

第二十三章　亚历山大城的科学和宗教 / 286

1. 亚历山大城的科学 / 286
2. 亚历山大城的哲学 / 291
3. 亚历山大城是一所宗教制造厂 / 291
4. 亚历山大城和印度 / 294

第二十四章　佛教的兴起与传布 / 295

1. 乔达摩传略 / 295
2. 教义与传说在冲突中 / 298
3. 乔达摩佛陀的福音 / 300
4. 佛教与阿育王 / 303
5. 两位伟大的中国导师 / 307
6. 佛教的衰败 / 310
7. 现在佛教分布的范围 / 312

第五编　罗马帝国的兴亡 / 313

第二十五章　两个西方的共和国 / 314

1. 拉丁人的起源 / 314
2. 一种新的国家 / 320
3. 富人的迦太基共和国 / 328
4. 第一次布匿战争 / 329
5. 老卡托和卡托精神 / 331
6. 第二次布匿战争 / 334
7. 第三次布匿战争 / 337
8. 布匿战争怎样伤害了罗马的自由 / 340
9. 罗马共和国同近代国家的比较 / 341

第二十六章　从提比利乌斯·格拉古到罗马的神皇 / 345

1. 挫败平民的科学 / 345
2. 罗马国家的财政 / 347
3. 共和政治的末年 / 349
4. 冒险将军们的年代 / 353
5. 共和国的结束 / 356
6. 普林切普斯的产生 / 358
7. 罗马共和国为什么失败 / 361

第二十七章　海洋和大平原间的罗马诸帝 / 364

1. 罗马诸帝简历 / 364
2. 罗马文明的全盛时期 / 369
3. 罗马帝国治下的艺术特征 / 377
4. 罗马想象力的迟钝处 / 378
5. 大平原的骚动 / 379
6. 西罗马（真正的罗马）帝国的崩溃 / 386
7. 东罗马（复活了的希腊）帝国 / 391

第六编　基督教和伊斯兰教 / 395

第二十八章　基督教的兴起和西罗马帝国的衰亡 / 396

1. 基督教时代的犹太 / 396
2. 拿撒勒人耶稣的教导 / 398
3. 统一世界的新宗教 / 404
4. 拿撒勒人耶稣被钉死在十字架上 / 406
5. 附加于耶稣教导的种种教义 / 407
6. 基督教的奋斗和迫害 / 412
7. 君士坦丁大帝 / 414
8. 正式基督教的成立 / 416
9. 公元 500 年的欧洲地图 / 419
10. 基督教对学问的拯救 / 422
11. 拜占庭艺术 / 424

第二十九章　西罗马帝国和拜占庭帝国衰落期间亚洲的历史 / 426

1. 查士丁尼大帝 / 426
2. 波斯的萨珊帝国 / 427
3. 萨珊王朝时代叙利亚的衰落 / 429
4. 来自伊斯兰教的初次音信 / 433
5. 琐罗亚斯德和摩尼 / 433
6. 中亚细亚和印度的匈奴各族 / 435
7. 中国的汉朝和唐朝 / 438
8. 中国智慧的束缚 / 443
9. 早期中国的艺术 / 447
10. 玄奘的旅行 / 448

第三十章　穆罕默德和伊斯兰教 / 452

1. 穆罕默德以前的阿拉伯 / 452
2. 穆罕默德逃亡以前的生活 / 454

  3 穆罕默德成为战斗的教祖 / 457
  4 伊斯兰教的教导 / 461
  5 艾布·伯克和奥马尔哈里发 / 463
  6 倭马亚朝的盛世 / 467
  7 阿拔斯朝伊斯兰教的衰落 / 472
  8 阿拉伯文化 / 475
  9 阿拉伯艺术 / 479

第三十一章　基督教世界和十字军 / 480

  1 最衰落期的西方世界 / 480
  2 封建制度 / 482
  3 墨罗温朝的法兰克王国 / 484
  4 西方各蛮族的基督教化 / 486
  5 查理曼成为西方的皇帝 / 490
  6 查理曼其人 / 493
  7 罗马式的建筑和艺术 / 495
  8 法兰西人和德意志人的分立 / 497
  9 诺曼人、萨拉森人、匈牙利人和塞尔柱突厥人 / 500
  10 君士坦丁堡怎样向罗马求援 / 505
  11 十字军 / 507
  12 十字军是基督教的一次考验 / 514
  13 皇帝弗里德里希二世 / 515
  14 罗马教廷的缺点和局限性 / 518
  15 主要教皇一览 / 522
  16 哥特式的建筑和艺术 / 526
  17 中世纪的音乐 / 528

第七编　陆路上的诸蒙古帝国和海路上的诸新帝国 / 529

第三十二章　成吉思汗及其后裔的大帝国（陆路的时代）/ 530

  1 12 世纪末叶的亚洲 / 530
  2 蒙古人的兴起和武功 / 531
  3 马可·波罗的游记 / 537
  4 奥斯曼土耳其人和君士坦丁堡 / 543
  5 为什么蒙古人没有基督教化 / 547
  6 中国的元朝和明朝 / 548
  7 蒙古人返回到部落制 / 549
  8 钦察汗国和莫斯科的沙皇 / 549
  9 帖木儿 / 550
  10 印度的莫卧儿帝国 / 552
  11 吉普赛人 / 555

第三十三章　西方文明的复兴（陆路让位给海路）/ 557

  1 基督教和普及教育 / 557
  2 欧洲开始为自己思考 / 563
  3 大瘟疫和共产主义的萌芽 / 566
  4 纸是怎样解放了人类的思想的 / 570

5　王侯的新教和人民的新教 / 571
6　科学的再觉醒 / 575
7　新兴的欧洲城镇 / 581
8　文学上的文艺复兴 / 585
9　艺术上的文艺复兴 / 588
10　美洲在历史上的出现 / 590
11　马基雅弗利是怎样考虑这个世界的 / 598
12　瑞士共和国 / 600
13　皇帝查理五世的一生 / 602
14　服从于王侯信仰的新教徒 / 609
15　思想上的逆流 / 609

第八编　列强的时代 / 611

第三十四章　君主、议会和列强 / 612

1　君主和对外政策 / 612
2　荷兰共和国 / 613
3　英吉利共和国 / 616
4　德意志的分裂和混乱 / 623
5　欧洲大君主国的显赫 / 626
6　17、18 世纪的音乐 / 633
7　17、18 世纪的绘画 / 634
8　列强观念的成长 / 636
9　波兰君主共和国及其命运 / 639
10　第一次海外帝国的掠夺 / 642
11　不列颠统治印度 / 645
12　俄罗斯向太平洋奔驰 / 649
13　1780 年时吉本是怎样考虑世界的 / 650
14　社会休战临近结束 / 655

第三十五章　美国和法国的新的民主共和国 / 661

1　大国体系的种种不便 / 661
2　反抗前的 13 个殖民地 / 662
3　内战强加于殖民地 / 666
4　独立战争 / 670
5　美国宪法 / 671
6　美国宪法原始性的特征 / 675
7　法国的革命思想 / 680
8　1789 年的革命 / 682
9　1789—1791 年法国的"君主共和国" / 684
10　雅各宾党的革命 / 689
11　雅各宾共和国，1792—1794 年 / 696
12　督政府 / 699
13　重建的休止和近代社会主义的黎明 / 701

第三十六章　拿破仑·波拿巴的生平事业 / 708

1　科西嘉岛的波拿巴家族 / 708
2　共和国将军波拿巴 / 709

3 第一执政拿破仑
（1799—1804 年）/ 712

4 皇帝拿破仑一世
（1804—1814 年）/ 716

5 "百日"称帝 / 722

6 1815 年的欧洲地图 / 724

7 帝国风格 / 728

第三十七章　19 世纪的现实和想象 / 730

1 机械革命 / 730

2 机械革命和工业革命的关系 / 736

3 各种思想的酝酿（1848 年）/ 740

4 社会主义思想的发展 / 741

5 达尔文主义怎样影响宗教和
政治思想 / 746

6 民族主义的观念 / 751

7 1851 年的大博览会 / 755

8 拿破仑三世的事业 / 755

9 林肯和美国内战 / 762

10 俄土战争和柏林条约 / 768

11 海外帝国的（再次）争夺 / 769

12 亚洲的印度先例 / 776

13 日本历史 / 779

14 海外扩张时期的结束 / 782

15 1914 年的英帝国 / 782

16 19 世纪的绘画、雕刻和建筑 / 784

17 19 世纪的音乐 / 787

18 小说在文学中升居主位 / 788

第三十八章　近代帝国主义的浩劫 / 796

1 第一次世界大战前的武装和平 / 796

2 帝制的德国 / 797

3 不列颠的帝国主义精神和爱尔兰 / 803

4 帝国主义在法国、意大利和
巴尔干诸国 / 813

5 俄罗斯，一个大君主国 / 814

6 美国和帝国的思想 / 815

7 第一次世界大战的近因 / 818

8 1917 年以前第一次世界大战的
概要 / 822

9 从俄国崩溃到停战期间的第一次
世界大战 / 829

导言　世界史纲编著的经过和宗旨

1　本书是怎样编写成的

这部《世界史纲——生物和人类的简明史》最初是在1918年到1919年编写的。分册出版时各附有插图，1920年详加修订，合并成全书重印。1923年1月为了再版又一次严格修订和重新编排；1925年重新发行一个修订的和附有更丰富的插图的版本。1930年发行的是全新版本，多处经过重新编排和重新编写，并增加了许多新的材料。这个版本1939年又进一步经过修订。

推动一个作家在1918年去尝试编写一部世界史是有许多原因的。那是第一次世界大战最末、最腻人、最令人感到幻灭的一年。到处是罕见的匮乏，到处是悲痛的哀悼。死亡和伤残的总人数高达好几百万。人们觉得面临着世界事务的危机。他们过于疲乏和悲痛，无意去考虑错综复杂的前途。他们弄不清楚他们究竟是碰上了一次危及文明的灾难，还是面对着一次人类集团生活新阶段的开始；他们用了如此直截了当的非此即彼的简单眼光来看待事物，他们一直抱着希望。关于可能发生的国际政治的新安排，关于废除战争的国际条约，关于国家之间的联盟、民族之间的联盟，人们议论纷纭。每个人都是"从国际的角度来思考"，或者至少试着这样做。但是有一种普遍的认识，到处觉得对于这样突然地和悲剧性地落到世界上这些民主国家头上的许多重大问题的要害所在是了解得不够的。"这些事情是怎么发生的？"他们问，试图从有关萨拉热窝的争端和比利时的"一纸条约"的背后去查究引起这些事情的更广泛、更深远的原因。这次跨越莱茵河的悲剧性的仇杀的开端是些什么呢？为什么它竟会影响整个世界呢？为什么日本在半个世纪之前还是个诗情画意的地方，还是个浅薄手笔下的传奇世界，还是个几乎和另一个行星一样遥远的诙谐喜剧的乡土，而现在却正以巨型战列舰在地中海上巡逻呢？为什么沙皇帝国会像梦一般的消逝了呢？土耳其究竟是什么？为什么君士坦丁堡在世界上这样重要？什么是一个帝国？帝国是怎样开始的？是什么使德意志从多种多样的小邦转变成一种侵略性的意志和权力，并使人类的一半对德意志的威力产生恐惧呢？

人们，男的和女的，试图回忆他们在短短的学生时期从学校里学得的褊狭的历史，他们发现那无非是一张枯燥无味和部分已忘掉了的各国帝王或总统的名单。他们试图查阅这些事件，面前是浩如烟海的书籍。他们发现，他们是被人蒙上了民族主义的眼罩来学历史的，除了自己的国家之外，一切国家都视而不见，现在他们突然发觉周围光辉夺目。这使他们在确定所讨论的各事件的相对价值时特别困难。许许多多的人，世界上一切有识之士，当然——他们并不是已经受过专门训练的——多多少少有意识地在寻找整个世界事务的"诀窍"。事实上他们为了他们自己所用，都在头脑里即兴地编写着《世界史纲》。

作者在任何专业意义上都不是一个历史学者，但是自从他一生事业的开始起，一直在编写他自己私人的史纲。他经常对整个历史和缔造历史的普遍动力神往不止。这是他的癖好。即使在他还是一个爱好自然科学的学生时，他常保有一本阅读历史的笔记。他出版的第一本小说《时间机器》（1894年），是关于人类命运去向的异想天开的一种推测；《当睡着的人醒来时》是对我们文明发展的生动形象的夸张；《预测》（1900年）是想论证当代潮流某些可能的后果。在他所写的许多书里，例如《辉煌的研究》和《不灭的火焰》中都缀上了小《世界史纲》的花饰。因而当他碰到战时思想动乱的时候，他即使不是特别有了准备，至少也是特别倾向于对过去的和现在的事物采取一种通观全局的看法。在他开始编写这部《史纲》以前的一些时候，他曾从事于研究战争善后问题和创立一个国际联盟的计划；那是在已故的威尔逊总统接受那个建议以前的那些日子里。做这样的工作就必然要参与各式各样的宣传团体和会社的争论及组织活动。在这些集会上的讨论十分生动地显示出在一切政治活动里一个人对过去的看法是极其重要的。的确，一个人的政治活动岂不就是他对过去的看法在行动上的表现么？所有那些对国际联盟的各种计划感兴趣的人，他们的思想是乱七八糟的，因为他们对于这个人类的世界究竟是什么，曾经是什么，因而将会是什么这些问题，只有一些极为模糊的、异样的和杂乱的臆度。很多情况是异常精确的专门知识却和对一般性历史的最粗浅和最幼稚的臆度结合在一起。

对作者来说，似乎越来越应当把地图和笔记收集在一起，比过去更有系统地进行阅读，把那些对他还是极为模糊的历史问题搞个清楚。当他着手这样做时，就清楚地看到，要是把他私藏的关于历史概要的备忘录，发展成为一种提供给比他自己更忙碌和经常被别的事务分心的人们使用的普通读本和手册，这会比越来越没有希望地纠缠在未必会产生的世界联盟的那个不可能出现的宪法的争吵上有益得多。他越是打算对人类在时空中所处地位的现有知识写个评论，越觉得承担这项任务困难、吸引人且欲罢不能。

一开始，他打算总的回顾一下欧洲的统一体；对罗马体系的兴亡，对帝国这个观念在欧洲顽固地存留下来，对不同时期所提出的统一基督教世界的种种计划，列出一份提要。但是很快就明白，没有任何真正在罗马或者在犹太从头开始的事物，也没有可能把这个故事局限于西方世界。这些都不过是一出巨大得多的戏剧里较后一幕而已。他发现，这个故事一方面把他带回到了在欧洲和西亚的森林里和平原上的雅利安人的起源时期，另一方面又把他带回到了在埃及、美索不达米亚和一度曾有人类栖息而现已淹没了的地中海盆地的那些早期文明。他开始认识到欧洲历史学者怎样严重地贬低了亚洲中央高地、波斯、印度和中国等文化在人类这出戏剧里所分担的部分。他开始越来越清楚地看到遥远的古代怎样依然生气勃勃地活在我们的生活和制度里；看到如果对人类集体生活的早期阶段没有一些了解，我们对今天的不论是广泛的政治、宗教还是社会问题的理解就会非常的浅薄。这里也包含着对人类起源的一些了解。

当他思索推敲怎样编写这部《史纲》时，这部《史纲》本身就已伸展和扩大了。有一个时候，他面对这不断在扩展着的工作的史诗般的无边天地犹豫了起来。他追问自己，这项工作由一个历史学者来做，比起由一个迄今不是写推论性的论文就是写小说的作家来做，是否会更好一些。但是现在似乎又找不到哪一个历史学者能够这样肤浅——我们是否可以这么说——能够这样广博和这样浅显，以致可以概括这个计划的浩大的领域。

现今的历史学者大多是些学究气十足的人；他们惟恐有微小的错误，而宁可使历史互不连贯；他们害怕写错一个日期，遗人笑柄，甚于害怕作出可以争论的错误评价。这样做是正确和应该的，在一个匆忙和轻率的时代里，所有专心从事工作的人们应当遵循一个要求精密准确的严格标准。但是这种要求细节上准确的高标准，使我们无法从历史学家那里找到我们这里所需要的东西。对于他们来说，这不是一个有吸引力的任务，而是一件苦恼的工作。从他们那里可以得到的只是积累起来的资料，而不是装配和聚集好了的成品。他们现在确实已给我们提供了极其有益于学者们的卷帙浩瀚、手笔众多、观点繁杂、神旨意趣各各殊异的杰出的和可贵的编著。但这些宏伟的功绩，对于在人生旅途中过往的普通公民来说，为了日常的目的，在感染力和应用的便利上都和卷册可以满架的百科全书并无二致。

在美国诚然可以找到若干有用的小本世界通史，著名的如鲁宾逊和布雷斯特德合著的古代和近代史，以及赫顿·韦伯斯特的和 W. M. 韦斯特的类似著作；但是这些作者的对象是中等和高等院校，而不是普通读者。F. S. 马文的《活着的过去》又是一本值得钦佩的关于思想的进步的论文，但是没有提出多少扎实的事实。接受编写一部完整的世界史纲的这项任务，对任何已经成名的历史学权威来说，确会意味着危及学术名望的灾难；即使作出了这个许诺，普通读者要读到这部书，也还是要等待很多年。然而，本书作者的地位却有所不同。他在性格上和意愿上与学术界的尊严相隔有如他与公爵的爵位一样的遥远。这使得他能引起公众对历史的兴趣，而不致像一个公认的权威那样会招来任何尊严和荣誉上的损失以及恶意批评的危险。不受触犯是他的一项可喜的特权；他是一个文学上的贝都因人，旷野是他的家，除了自己的姓名，不知道有更值得骄傲的称号，唯一可以想象到的荣誉是他自己的人格。冒失地忽略了这个或那个专家所垄断的这个或那个珍贵的项目，也许会引起他们的震怒，但这也没有多大关系。他能毫无愧色地去利用标准读物和普通可以查阅到的资料，他甚至无须伴作新颖的发现或独创的见解，他所要做的较为简单的事是收集、安排、衡量人类的伟大惊险经历的各个部分和各个方面，然后动笔写下来。他没有给历史增添什么内容。至少他希望没有增添什么到历史里去。他只不过为大量的资料作一个摘要，其中有些是很新的资料，他是以一个通俗作家的身份考虑到其他像他自己一样的普通公民的需要而这样做的。

然而，这个题目是这样地辉煌灿烂，以至于任何一种写法，不管多么不出色，都不可能使它完全失去它固有的所向披靡的瑰玮和庄严。这部《史纲》如果有时写得吃力和可怜地不足，却也有时似乎有它本身的计划和它自成的体系。它的背景是深不可测的奥秘，群星的谜团，无可量度的空间和时间。出现了生命，它为获得意识而奋斗，结集着力量，积聚着意志，经历了亿万年代，通过无数兆亿的个别生命，直到它抵达今天这个世界的可悲的纷扰和混乱，这个世界是如此地充满着恐惧，然而又如此地充满着希望和机会。我们看到人类从孤独的开端上升到现今世界友谊的黎明，我们看到一切人文制度的生长和变化，它们现在比过去任何时期变化得更加急速。这场表演在一个极大的问号上结束。作者只是一个导游者，他把他的读者最后带到当今的边缘，各种事物正在前进的边缘，然后在读者身旁站住，轻轻地向他耳语说："这就是我们的遗产。"

这本《史纲》不过是对过去百年内地质学者、古生物学者、胚胎学者和任何一类博物学者、心理学者、民族学者、考古学者、语言学者和历史研究者的大量活动所揭示的现实的初始图景加以通俗地叙述。如果认为它在任何意义上超过了这一点，那将是荒唐的。历史学在一个世纪以前只是些书本上的东西。钻书本的历史学者现在相当勉强地和冷淡地承认,他的地位只是对广阔的整体提供可疑的文件罢了。

我们的《史纲》描绘了这幅巨大的图景。这是作者尽了最大的努力描绘的今天所见到的这幅图景的情形。但他是在他本人的局限性和他的时代的局限性下写作的。这本《史纲》是一部适合于现今用的书——它并不奢望成为一部不朽的著作。它不过是一种通俗的叙述。这部1931年的《世界史纲》有朝一日将跟着它以前的几版一起进入旧书箱和垃圾炉。更有才能的手笔,具备更充分的资料和更丰富的工具,不久就会用更美妙的词句写出崭新的史纲。本书作者会觉得比起他自己所写的这部《世界史纲》来,更喜欢读的那部将是2031年的《史纲》;不但阅读,甚至会带着更大的好奇心去仔细地翻阅它的插图。

所有我们这些人,如果通过某种奇迹,能得到一部2031年写的《世界史纲》,我猜想,一定会一开始就翻看最后几章里令人吃惊的插图,然后去阅读和这些插图相配的正文。多么惊人的大事呀!多么难以相信的成就呀!但是,随后,至少本书作者会翻回到前面那些章节去看一下这本书里所讲的故事有多少依然幸存。

大概前面那部分的总的轮廓大体上还是相同的,但是会有千百条现在还不知道的很能说明问题的细节,以及现在还想象不到的许许多多关于人头骨、工具、被埋没的城市、消失了的和湮灭了的民族的残迹的引人入胜的新发现。中国的和印度的故事将会更加确凿,也许在质量上还有所不同。关于中亚,会知道得更多些;哥伦布以前的美洲或许也是如此。查理曼和凯撒仍然会是历史上的大人物,一些较近的巨人,例如拿破仑,可能已被缩小到不甚重要的地位。

2 本书编写的方法

1930年修订本的主要目的是使这部《史纲》更为简单和易读些。

作者已经说过这部书是怎样地从笔记和地图发展起来的,他得承认当他现在翻阅早期的几版,分卷发行的初版和1920年成书的初版时,不能不感到笔记的意味实在太浓厚了。许多没有消化和不谐调的资料都被放在附注里;踌躇不决、模棱两可、谨小慎微的词句实在太多;叙述有时也很混乱。他所采取的方法自然会导致这些结果。他请了四位主要助手来帮他工作,他们是雷伊·朗凯斯特爵士、吉尔伯特·默里教授、哈里·约翰斯顿爵士和欧内斯特·巴克先生。他请他们作阅读和资料来源的顾问。此外又在这一点或那一点,这一地区或那一地区上请求渊博的学者们的帮助和指教。例如丹尼森·罗斯爵士、克兰默·宾先生和傅斯年先生,在有关中亚和中国方面帮助极大。查尔斯·辛格博士在古典科学上提供了极有用的资料，约翰·L.迈尔斯教授是地中海地区考古学珍贵资料的提供者，菲利普·古达尔拉是作者有关18世纪和19世纪早期欧洲政治的顾问，如此等等。J. F. 霍拉宾先生专长于政治及商业地理，不仅是本书插图绘制者，而且更是本书的合著者。还有其他许多人不惜为本书耗费时间和提供知识，全部名单已见于过去几版书中；对于他们，令人犹豫的是究竟应当表示感激他们，还是应当避免连累朋友。每章都是先由作者起草，打印好多份，分送给所有可能给予帮助的人，请他们随意在上面挥写、评论或提出严厉的批评。于是作者在受过惩戒、指导之后，在毁伤和宰割过的原稿前坐下来，重新开始逐章编写。最后的校样又分发给主要的帮助者和其他任何对所述那一段历史时期有兴趣的人们。

这样的方法使得所引用的名称、日期等的正确性得到了保证。但是作者虽在所有事实问题上绝对忠实地听从他所请教的这班老师们，而在表示意见的地方他为自己保留了作出个人判断的充分权利。结果是在密密麻麻的附注里，甚至在正文里，引入了各式各样活跃的争论。例如，对普通雅典人和伦敦佬在道德和智力的素质上进行比较时，作者同吉尔伯特·默里教授发生了争执，虽则作者承认这位教授对于雅典人的素质是完全熟悉的，而作者对伦敦佬的判断仍要保持他有自己看法的权利。关于格莱斯顿的教育是否健全的问题，作者同默里教授和巴克先生之间还有一页左右的争论。同欧内斯特·巴克先生还有种种分歧。作者认为拿破仑一世的"伟大"是荒谬的和简直是不现实的迷信。他认为事实本身作了说明，在这本《史纲》的适当地方将以相应的篇幅举出这些事实。拿破仑是个墨索里尼那样品质的人，在智力上还不如拿破仑三世。但是巴克先生却不能接受这个鉴定。他写道："请记下我的反对意见。"于是在附注里就这样记下了。哈里·约翰斯顿爵士的弱点——或不如说是他过分的优点——在于把众所周知的历史上的名称作出怪僻的、无疑是正确的拼写。他把 Solomon 写成 Shelomoh 和把 Hebrews 写成 Ibrim，这些对于普通读者似乎会是困难和混乱的。这个问题也反映在附注中。

这些附注对作者和他的朋友们有如家常诙谐一般，是用来逗笑的，本书扉页上四位主要帮助者的名字既然和作者的名字一起列出，则表示了他们的支持和在某种意义上的保证，这些附注几乎是不可避免的。但是它们对于大部分读者是会令人迷惑和腻烦的。附注、出处和条件的说明，对于一本写给学生们阅读的书是必要的，但是对于这本《史纲》却是多余的，作者现在承认，甚至是有点矫饰的。这一版里他们感激的心情免除了四位主要帮助者以后所担负的一切责任。他们的名字从扉页上消失了。他甩下了他的领航员。他们曾替他把舵驶过了危险的浅滩，曲折的水道，达到他现在的自由和信心。受过这样的帮助，又这样地解放了出来，作者才有可能在他们的恳切关怀下，简单明了地叙述这个伟大的故事，并作出最充分的评价。

1930年版是这本书第六次完全重印的版本。第一次分卷发行的版本一章一章地受到超过10万读者的检查。有许多人写信来提供了意见，指出了微小的错误，提出了有意思的论点。所有来信都系统地处理了，这使本书第一次印的一卷本在细节上受益匪浅。那一版也在大量读者中流通，单在美国就发行了25万册，从而又得到大量的订正，那一版也引起了许多有分量的评论并出现了若干批评性的小册子。第二次一卷本的1923年版，即本书的第三版，获得了第二次广泛审阅的好处。除了细节上的修正之外，第三版的章目还曾经过重新编排。有一段时间，作者总觉得他关于雅利安文化的叙述提得太早，并在文明的发展中低估了非雅利安民族所作出的贡献，为了纠正这一缺点，他把前几章的次序更动了。他又加添了有关林肯和美国内战的更加丰富的内容。1930年版又进一步有所增添和修订。清除了附注和枝节，写得比前几版较为明确、流畅和衔接。合著者的争论再也不能从幕外听到了。作者希望，它最后清除了学生笔记的痕迹，而明白、简单地成为一部《世界史纲》。

本书的读者对于这里所引用的史实、名称、日期都不必怀疑——这些是经过了检查和修订的考验的。这部书曾受到过严格的批评，但在它一般的正确程度方面从没有过批评。即使像贝洛克先生那样的一个惯于和作者对抗的人也承认它有这个优点。异议发生在关于给予这部分或那部分的比重，这个文化的影响或那个文化的重要性。本书虽则充分叙述了希腊的科学，虽则把希腊思想的发展作为人类发展的主要方面，但是由于比较地忽略了荷马和希腊生活审美的方面，还是引起了某一类的古典学者的愤怒。还有很大一部分意见是出于用拉丁的框框来看世界，他们对于即使简单地提到了例如拜占庭、波斯和中国等体系的相对大小、存在期间和影响，也会恼火。罗马在近代文学和评论中依然是富有侵略性的，依然打算把非拉丁的空间在画面上缩减到最小的限度。武断的自由思想者认为不应把耶稣当作是一个真实的人；伊斯兰教信徒大声疾呼，反对把他们的教祖们处理得太平常了。共产主义者感到生气，因为马克思和列宁的教导没有被用作整个故事的基础。许多人在他们头脑里有着可以说是唯物主义的神学，他们看到大量堆聚和积累的有关人是禽兽的后裔的证据感到不那么舒服。即使这是真实的，他们也觉得十分沮丧。这些批评是难免的。没有什么办法足以避免或满足这些要求。

面对这些态度和异议，人们认识到几乎每一个人在头脑里都已经有了一种没有表达出来的世界史纲；对他的世界，他在这个世界里的地位，都有已经就绪的解释，并用来拒绝这种看法，采取那种看法；多多少少清醒地在用这些半埋藏的偏爱来鉴定我们的说法。作者自然也有自己的见解和偏执。但是读者绝对找不到一个作家没有这点个人品格的。绝没有一本写出的世界史纲是没有倾向性的。在这里，有如在任何一种叙述性的和报道性的书里，读者必须记住，就像一个审判官或者一个陪审员那样必须记住，陈述他所见到的事情的这个见证人是有个人特点的。这里所要声明的是，这个见证人将尽他最大的努力，从他的观点上，对在他面前展开的这幅时间和命运的宏图，作出一个公正的和诚实的概述。

3　关于某些删略和增添

对这部《史纲》前几版的评论里常常反复抱怨它没有注意到艺术特别是音乐的发展。人类知识和社会权力的成就讲得相当长，但是几乎没有提到人类对美的有意识的追求的出现和扩展。1930年以来即作出了满足这种指责的尝试，加上了若干节的篇幅来记录艺术家、诗人和富于想象力的作家是怎样在人们的生活中出现的。但是任何音乐或其他艺术的"历史"限度是很狭隘的。人们可以记下新的形式、新的方法、新的工具的出现，但是要体验富于想象性的艺术则只有通过去听、去看或者去读它。我们并不计划为名家和杰作编个目录，来帮助读者去叨唠那些伟大人物的名字。

文物发掘者的进步使本书的增添成为必要。目下作者已难于赶上发掘者的铲子。此外，关于第一次世界大战的叙述必须加以严密的检查，战后的一部分须重新安排，部分要重写。这是以前几版最薄弱的部分。这时代的激励人的希望和压力距今太近了，以致无法写得严谨。这个结尾和本书的其他部分很不匀称；其中写的劳合·乔治的演说，爱尔兰斗争的背信弃义，联合劳军协会里无名将军们的讲话都隐隐显得过于多了。有些像小册子作者的东西、有些像党派性人物的东西都掺了进来。后面这一部分删略得很多，对世界展望的更为恰当的分析作了一个新尝试。需要重新考虑的不只是在政治这个领域。世界财政和经济困难的性质现在比1929年危机之前已经远为明白了，这方面也需要很慎重的修订。

赫伯特·乔治·韦尔斯　1939年

4　1949年的修订

以上几节保存了韦尔斯的手笔，只在由于过了一些年头有些不易明了之处略有改动。他曾打算进一步严格地加以修订。有时，一如序言里所说的，他增添了好几节文字，使《史纲》一直写到最近，但这些是插话性的和有缺点的，对此他也许已经感觉到了。的确，他留下了一部已着手在修改中的稿本，其中凡是大约在1930年以后的事都在"目录"里一笔勾销了。他所作的详细改动当然都编入了我的修订本内，其中最有意思的是那些表明他对俄国革命的看法的改变。有些较刺目的形容词被删掉了。

在我的修订中，到他已作出重大删改的时期为止，实际上找不到什么需要作重要改动之处。凡是在这个时期以前我必须有所改动的都是由于我们的知识有了选择的余地，并不是由于有什么错误，冥王星和若干人类化石被发现了，不列颠的女王不复是"印度女皇"了，因而有些字句要变更一下。我能说的就是这些，这部巨著的纪念碑式的坚固品质已由时间来为它作出了见证。

近年来，我自然需要再作一些改动，但是我经常力图记住，凡是有可疑之处，读者想要知道的是韦尔斯的见解，而不是波斯特盖特的看法；由于这个原因，我有时就得让那些并不是我自己的判断留着不予改动。我也得重写被韦尔斯大笔划去的那些章节的全部。

感兴趣的读者可以注意到，三十九章第七节的大部分和第九节、第十二节的全部都是我写的，第二次世界大战的叙述也完全出于我的手笔，其他部分基本上是韦尔斯的。

R. W. 波斯特盖特　1949 年

5　以后的几版

《史纲》曾在1956年、1961年修订过，一直写到最近。现在1969年又进行了修订。我在末后几次修订中得到 G. P. 韦尔斯的协助。他是赫·乔·韦尔斯的儿子，学动物学的。他担任了前几章的修订——广义地说，在有文字记载的历史开始以前的时代。像我自己一样，他只改动原文中的事实部分和在最近的发现使得这些改动不可避免的地方。

1969年版的第四十章，除了关于当前的"爆炸"的第二和第三两节是 G. P. 韦尔斯写的之外，都是我自己写的。当然，在定稿前我们对各人的稿子都经过相互批评和讨论。

R. W. 波斯特盖特　1969 年

雷蒙德·波斯特盖特在1971年3月去世前校对过这一版的清样。除了利用延迟出版的机会又在一两处补上最新的东西外，本书是按它1969年夏季脱稿时的样子印行的。

G. P. 韦尔斯　1971 年

地质年代表（供参考）

代（界）	纪（系）		距今年数（百万年）	地壳构造运动	地史时期主要现象
地球形成，地壳局部分异，大陆开始形成			6000		
太古代 Ar			2700		早期基性喷发，继以造山作用，变质强烈，花岗岩侵入
元古代 Pt	早元古代 Pt_1		1800		早期沉积巨厚，晚期造山作用变质强烈，岩浆岩活动
	晚元古代 Pt_2	长城纪	950		早期地形不平，冰川广布，晚期海侵加广
		蓟县纪			
		青白口纪			
		震旦纪（Z）			
古生代 Pz	早古生代 Pz_1	寒武纪（ε）	600	加里东构造阶段	浅海广布，生物初步大量发展
		奥陶纪（O）	500		地势较平，海水广布，无脊椎动物极盛
		志留纪（S）	440		地势及气候分异，末期造山运动强烈
	晚古生代 Pz_2	泥盆纪（D）	400	海西构造阶段（华力西）	陆相沉积及陆生植物发育，鱼类极盛，两栖类发育
		石炭纪（C）	350		早期珊瑚发育，爬行类昆虫发生，北半球煤田生成，南半球末期冰川广布
		二叠纪（P）	270		陆地增大，造山作用强烈，生物界显著变革
中生代 Mz	三叠纪（T）		225	燕山构造阶段（旧阿尔卑斯）	陆地增大，爬行类发育，哺乳类开始
	侏罗纪（J）		180		爬行类极盛，第二次森林广布，煤田生成
	白垩纪（K）		135		广大海侵，晚期造山运动强烈，岩浆活动，生物界显著变革
新生代 Kz	早第三纪（E）	古新世（E_1）	70	喜马拉雅构造阶段（新阿尔卑斯）	被子植物繁盛，哺乳类大发展
		始新世（E_2）	60		
		渐新世（E_3）	40		哺乳类分化
	晚第三纪（N）	中新世（N_1）	25		第三纪山系形成，地势分异显著
		上新世（N_2）	12		
	第四纪（Q）	更新世（Qp）	1 或 2		冰川广布，黄土生成
		全新世（Qh 或 Q_4）	0.012		近代各种类型的堆积

第一编
人类以前的世界

过去的几百年中,人们关于他们生存于其间的可见的宇宙的观念有了非常大的扩展。同时,他们个人的妄自尊大也许也有所收敛。他们已学习到,他们只是宇宙中的一粟,这个宇宙之巨大、之持久、之奇妙瑰丽实在远非他们祖先所曾梦想或者猜测过的可以相比。

在野蛮人和原始人看来,大地似乎是整个宇宙的一片平坦的底板;天空是罩在上面的一个圆顶,日月星辰一次又一次地从顶上横越而过,通过某种迂回的或者地下的神秘路线,又回到原处。巴比伦和中国的天文学家观察了几百年星象,仍然相信大地是平的。希腊人最先明确地领悟到这个世界是球形的,但即使如此,还是没有理解到宇宙的博大无涯。

第一章　空间和时间中的地球

1　人的时空观念的大扩展

首先，在我们开始讲述生命的历史之前，让我们先说一些关于我们这出戏剧上演的舞台和演出的背景。

过去的几百年中，人们关于他们生存于其间的可见的宇宙的观念有了非常大的扩展。同时，他们个人的妄自尊大也许也有所收敛。他们已学习到，他们只是宇宙中的一粟，这个宇宙之巨大、之持久、之奇妙瑰丽实在远非他们祖先所曾梦想或者猜测过的可以相比。

在野蛮人和原始人看来，大地似乎是整个宇宙的一片平坦的底板；天空是罩在上面的一个圆顶，日月星辰一次又一次地从顶上横越而过，通过某种迂回的或者地下的神秘路线，又回到原处。巴比伦和中国的天文学家观察了几百年星象，仍然相信大地是平的。希腊人最先明确地领悟到这个世界是球形的，但即使如此，还是没有理解到宇宙的博大无涯。球状的大地还是一切的中心，太阳、月亮、行星、恒星在水晶般的天空中都环绕着这个中心运行。要到15世纪，人们才超越这种见识，哥白尼作出了他的了不起的猜测，中心是太阳而不是地球。直到17世纪开始时，伽利略发展了望远镜，哥白尼的见解才被广泛接受。

望远镜的发展的确是标志着人们思想的一个新的阶段，人生观的一个新的境界。令人诧异的是，具有灵活、敏锐的智力的希腊人竟然没有认识到制造显微镜或远望镜的可能性。他们没有利用透镜。而在他们所处的世界里，人们知道玻璃这种东西已有几百年之久，而且加工精美，制成了他们日用的瓶瓶罐罐。透过这些玻璃，他们一定曾瞥见过改了样的和放大了的东西的形象。但是希腊的科学是由哲学家们以一种贵族式的精神来探求的，除了少数有创造才能的，如阿基米德和希埃鲁等外，这些人都太骄傲了，不愿向那些仅仅是珠宝匠、五金匠和玻璃匠等的普通工匠学习。

无知是对骄傲的第一个惩罚。哲学家没有机械技能，而工匠又没有哲学的教养。一直经过了一千多年，到了另一个时代，玻璃和天文学家才被拉到一起。自伽利略之时起，天文学和望远镜才一起前进，无知和错误假设的面纱从空间的深渊里终于被揭开了。太阳是宇宙中心的观念代替了地球处于这个地位的观念。我们现在知道，我们的太阳甚至不足以包括在最大的星宿之中；它仅仅是一个较小的发光体。

望远镜解放了人们的想象力，没有其他任何工具曾经这样做到过。两个世纪之后产生了分光镜，从可见的光线里把构成的色彩分解出来。这样形成的彩虹上明暗的条纹，显示了光源的组成和光线达到观察者眼前所经过的任何气体的组成。用这个方法甚至可以测定光源的运动。最近20年中已有新的仪器可用以对更宽阔的光谱进行分析。巨大的无线电望远镜可以探测星球爆炸和其他猛烈扰动中心所喷射出的无线电波。其他一些仪器架设在月球上或人造卫星上以避免我们大气层所发生的雾翳作用，可以探测紫外光、X射线、伽马射线，所以现在人们能坐在试验室里获知远在可见宇宙边缘的星球的组成和热度，并能测定即使能用和光一样的速度运行也得用几十亿年时间的距离。

遮盖着这莫测深渊的星际距离的帘幕只是在最近三个世纪里才被揭开的。至于我们理解到这个宇宙在时间上的无限悠久，那更是较新近的事了。在古代的民族中，惟有印度哲学家似乎对太初以来经历的漫长世代有所觉察。在欧洲世界，一直到一个半多一点世纪之前，人们对世间事物经历的时间的观念是惊人地短促。1779年，伦敦书商辛迪加出版的《世界通史》里声称，这个世界是公元前4004年（说得那么有趣地确切）秋分那天创造的。这项创世工程的顶点是在幼发拉底河畔巴士拉以上刚好两天路程的伊甸园里创造了人。那么自信地这样说是由于过分信赖了《圣经》纪事的字面解释。即使在那些对《圣经》的灵感最虔诚的信徒中，现在也很少把这些字句看成是实有其事的记述了。

地质科学和近年的天文科学打破了这个时间上的杠杠，跨出了几乎只有六千年之久的短短的昨天，展开了百万个这样长的昨天。18世纪以前很久就常见的两类主要事实迫使人们不得不加以注意。一类是在无数地方可以见到暴露着的极厚的分层岩石，只有经过很长的时间才能累积起来，而且在许多情况下这些岩层拗曲、扭歪、突伸成了那种样子，显然表明是在很长的时间里由巨大的力量所引起的。另一类是存在着和现有的物种的骨头、头骨和其他硬体部分类似而又不完全相同的化石。

直到18世纪，岩层和化石才开始得到系统的研究；直到19世纪，对这些堆积——岩石的记载——的真实规模和性质的认识才得到普及。确立这种记载的权威是经过同那些坚持严格取义于《圣经》的人们的成见激烈斗争而取得的。直到20世纪才用岩石所含放射性矿物质从形成时起的衰变程度来正确测定岩石的年纪。二百年前，我们人类所想象得到的背景只是六千年。现在这个帘幕也揭开了，人们可以回溯的过去已达几十亿年之久了。

2 宇宙空间中的地球

现在我们将极简洁地概述我们所已经知道的这个世界的物质形体的大小。我们的地球，如已经指出的，是一个旋转的球体。在我们看来，它似乎是够大的了，其实只不过是浩瀚无涯的太空中的一颗物质微粒罢了。

太空绝大部分是空洞的。在这空间，相隔极远地存在着一颗颗发热发光的中心体，就是"恒星"。它们虽则名为恒星，却都在太空中运动着，不过人们长期没有理会它们的运动。它们是这样地寥廓，距离这样地遥远，它们的运动是觉察不到的。只有在千万年的过程中才能看得出来。好几十个世纪以前，埃及人绘制过星象图。他们为我们指出了各星座的形状有了相当大的变动，许多星球已经有了可以计量的移动。但是我们仍然用旧有方便的名称"恒星"来把它们和行星区别开来。这些恒星距离如此之远，尽管它们极为巨大，我们即使用最强的望远镜来观察，它们看来也只不过是一些发光的小点，有些较亮，有些较暗。

现代天文学将可见的星球区别为许多种类——普通的黄星、红巨星、红矮星、白矮星、突然爆炸和消失的星、双星等。大概每个星球都有一个"生命史"，挨次地经过其中的一些阶段。

无线电望远镜发现其他天体，如"脉冲星"，它每隔几秒，或者有时每秒几次，放射一闪一闪的无线电波。脉冲星也能放射闪光。它们看上去似乎是很重的，但是体积很小，旋转得很快。有些星球是X光的有力来源。

天体之间的空隙中，浮动着很广大的气体和尘埃的云雾——这些云雾本身和空无所有的状态相差无几。其中的气体比起真空管里所谓"真空"还要更加稀薄。

黄星中有一颗和我们如此临近，使它看上去像是一个巨大的火球。这一颗星就是太阳。它和地球的距离是9300万英里。

这些是难于想象的数字。目前的天文学者用光来计算他所要测量的距离。光每秒捷传 18.6 万英里。它从月亮射来用 1⅓ 秒，从太阳射来用 8 分钟，才到达我们的地球。太阳比其他星球离我们近多了。其他星球中最近的超过 4 个光年那么远，也就是说，我们现在所看到的那个星球的光是它在 4 年前放射出来的。天文学者现在所已知的宇宙中最远的部分是在几亿光年之外。

我们自己的星球太阳，是一团打旋的熊熊气体。它的物质 98% 是氢和氦的混合体。其余 2% 包括气化的铁和其他元素。整个说来，它所具有的物质是地球的 30 万倍。太阳的表面热度是最热的电熔炉的两倍。它内部的热度还要高几千倍，在这里氢不断转化为氦，因而产生能量。太阳的热力事实上是同我们用于氢弹中的反应一样的。

远远地环绕着太阳运行的不仅有我们这个地球，还有其他同类的天体，叫作行星。它们在天空里发亮，因为它们反射了太阳的光。它们离我们够近，从而它们的运动很容易看到。它们跟恒星们相对的位置夜夜都有变动。

很容易理解空间是多么寥廓。如果，像我们所说的，太阳是一个直径 9 英尺的球，我们的地球按比例就是一个直径 1 英寸的小球，离太阳 322 码，大约 1/6 英里。3 分半钟的快步就能从这个小球走到那个 9 英尺大的球。月亮是豆子般一颗小粒，离地球 30 英寸。

比地球离太阳更近的是其他两颗很相似的小粒——水星和金星这两个行星。它们离太阳分别是 124 码和 232 码。在地球外圈的行星是火星、木星、土星、天王星、海王星和冥王星，它们离太阳分别是 488、1672、3067、6169、9666 和 13300 码。从太阳到海王星将是两小时步行的距离。还有若干更小的微粒在这些行星之间飞行，特别是一些叫作小行星的微粒在火星和木星轨道间转圈；有时一小团多少发光的气体和尘埃，从几乎无垠的太空里吹进这个体系，这些我们叫作彗星。空间的其他部分，在我们周围，环绕着我们，远到无边无际，都是寒冷的，没有生命的，空无所有的。离我们最近的恒星，在这个缩小的比例尺上，要记住——地球是 1 英寸大的球，月亮是一粒小豆——就是在 4 万英里之外！我们所见到的恒星，还是在这个比例尺上，大多是在几亿和几十亿英里之外。

现在让我们回到地球上来。我们这个世界的直径略小于 8000 英里。它的表面是粗糙的，较突出的部分是山岭，表面低凹的地方有一层薄薄的水，就是海洋。这一薄层水最深的部分大约有 5 英里——这就是说，最深的洋的深度有 5 英里。这和地球的体积相比是极微小的。

围绕这球体薄薄地包着一层空气，就是大气。当我们乘气球上升，或登上一座山，空气就越来越稀薄，直至稀薄到不能维持生命。20英里高度的上空就几乎没有空气了。鸟类能飞行的最高点大约是4英里——据说秃鹰能上升到这个高度；但大多数小鸟和昆虫，如果从飞机或气球在比这个高度低得多的上空放了出来，就会失去知觉。载人的气球曾上升到近于7英里的高空，但是人要忍受相当大的身体上的痛苦。有密封座舱的飞机，复制地面上的条件，可以飞得更高些；火箭曾把人送到月球和更远的地方——但总是带着一个人造地球大气的样品室。

在自然条件下，只在我们地球的地壳上层几百英尺的高处，在海洋和在4英里以下的空气底层，才有生命出现，除了我们这个行星上这极薄的一层空气和水之外，我们不知道什么地方还有生命。科学家们曾讨论过其他行星有没有生命的可能性。由于这个或那个理由大多数行星这种可能性被排除了。只有火星上存在着简单生命的可能性还是有一些的。

3 地球已存在多久

地球在空间的情形就讲这些。现在让我们从时间角度来考虑我们的题目。天文学者和地质学者以及那些学物理学的人们现在可以告诉我们一些关于地球的起源。按照流行的学说，在极为久远的时代以前，许多浮动在星际间的气体和尘埃所形成的薄云中的一团，受到引力的影响，开始聚结在一起。它变得越来越密，聚合着的物质自己安排成（详情现在还有争论）一个中心的星球，即太阳，还有一批行星随从以及行星所带的一些卫星。由于引力的能量和放射作用，这个聚结着的物质的热度越来越高。不久，这个巨大的中心太阳的热度高到足以发生氢氦反应来供应它的火焰。至于地球和我们的月亮是出于各自的聚结体后才相互绕行呢，还是有一团较大的旋转物体，即原来的地球，射出一部分形成了月亮——这些问题（在编写本书时）还没有定论。

只不过几十年前，科学家们还一般相信，太阳和行星是不断地在冷却。按照这种看法，它们从旋转的燃烧着的一堆堆物质开始，已经丧失了很多热力，旋转也逐渐变缓，这个体系会继续这样衰弱下去。总会到一个时候，一个白天会和现在的一年那么长，冷却中的太阳会消失它的光芒，一动不动地悬挂在天空，地球上的生命就会冻死。

近来，知识的迈进已完全改变了这种预测。地球固然比过去冷了些，但是它内在的放射性的变化会保持它的热度到很长久的将来。太阳有足够的氢，以现有的速度燃烧，可达几十亿年之久。地面上生命的终结，当它来临时，会和以前所预见的刚刚相反。太阳拧转到另一种新的原子转变，会变得更大更热，直到它吞没所有靠近它的行星，包括地球在内。我们这个行星将会燃烧掉，而不是被冻结。

这个历史的全部阶段可以在天空中看到。气体云在凝聚成星球。许多星球不断在燃烧，其他有些正在发火，膨胀起来，和太阳将来的情况一样。一个天文学者能从天空中所见到的综合成太阳系的生命史，正如来自另一个世界的观察者，具有一些理论知识，能在一个闹市的街道上把来往的青年、中年、老年的人们作个比较而综合成人类的生命史一样。

有些读者会问，这个世界经历多久了？这个问题在过去几年里吸引了很多人的注意。早年众说纷纭的估计已逐渐趋于一致。地球凝结成一块结实的固体大约是在 40 亿或 50 亿年以前。当时是很热的，慢慢地冷却下来。不早于约 10 亿年前，地面上才有流水，直到那时即使是最简单的生命才有出现的可能。

至于未来，扩张中的太阳在破坏我们这个行星上的一切生命之前，还有几十亿年。由于人类作为一种自觉的社会生物才不过几万年，这就给了它无限的机会去获取知识和力量。在地球烧毁之前，人可以使自己成为时间和空间的主人。

4　在众星中还有其他世界么

如果天空里确实包罗着进化过程中各阶段的无数星球，不是也会有许多像我们自己的星球——太阳——一样有着它们的行星，而且许多行星也会适宜于居住吗？如果如许多人所相信的，我们世界上生命的出现是对某种物理和化学条件的反应，这些行星上不是也会有生命存在吗？

近来有许多富有意义和值得深思的关于形成星球和它们的卫星的星际尘埃的发现。这些尘埃包括硅酸盐、铁及其他金属，可能还有石墨——形成地球的材料。气体中包含多种简单的分子。水、氨、甲醛和一个氢原子跟一个氧原子称作"羟基"的结合物都已经被证实了。也许还有甲烷，虽则现有的方法还难于测定。实验指出有些复杂的有生物质的组成要素能由这种分子在合适的条件下通过电的放射形成。

许多科学家十分认真地相信，宇宙中分散在遥远四方的其他几百万个行星上，一定曾产生和我们地球上的生命相似的生命；其中有一些，生命可能正在开始；其中有一些，或许已远远地走在我们世界目前所已达到的前面。但是就以我们今天来说，这些有生命的世界和我们相隔的距离是要用光年来计量的，完全达不到。它们的存在只不过是理论上的可能性罢了。

第二章 岩石的记载

1 最初的生物

我们并不确切知道地球上的生命是怎样开始的。生物学者曾有许多猜测和意见。看来一般同意的是生命开始于温暖阳光下的浅水里,可能是在最初形成的沿海的池沼和潟湖里。它起初也许是一些粘液,只是一种近似有生命的东西,慢慢地、不知不觉地产生了明显的生命的性质。现在的世界上任何地方都已不存在那种可以想象的生命从中开始的化学的和物理的条件。现在当然没有新的正在开始形成中的生命。但是有可能用无机物制造粘液和薄膜,在结构上甚至在蔓延上和生长上略似生物的模拟品。如果生命的开始是一种自然的并不奇妙的过程,那么总有一天科学家们有可能模仿和重复这个过程,在能这样做到以前,这个问题必然在一定程度上还属于猜测的性质。如果许多生物学者认为生命在一定条件之下的出现,有如水在通常的气压下冷却到冰点以下就会结冰一般,是自然的和不可避免的,那么也就会有许多其他具有同样才智的人抱着相反的意见。在这里不能希望我们为这个问题作出裁决了。

认为地球上出现生命是一种自然的和必然的化学和物理过程,而并无任何奇妙因素干预的观念,看来对许多有宗教信仰的人是很难以接受的。但是这种抵触恐怕是出于这些人思想上的混乱,而不是出于这种概念本身在本质上的非宗教性。他们认为"生命"在某种意义上已经是"灵魂",他们把一切道德品质都归属于它;他们站在它的一边跟"死东西"相对立。但是这不容易说明,为什么应当把一只蛞蝓或一枚毒蕈、一个虱子或树皮上长的一个毒瘿和它存在的过程,看得比一块结晶体、一块宝石、一片有花纹的大理石里精美安排的要素,或在阳光下的涟漪的水纹、大风吹皱的沙面波浪,在某种神秘意义上"高出一等"。为什么宇宙的创造者要在几乎没有生命的和完全没有生命的东西之间有所偏袒呢？

在生命开始的日子里，大气浓密得多；时常浓云遮日，风暴蔽天。那时的大地被剧烈的火山爆发所颠簸，濯濯荒原既无寸草，又无寸土。暴雨几乎不断地倾泻其上，河流急湍，挟着大量沉积物，奔流入海，变成泥沙，后来泥沙凝结为板岩和页岩，沙则成为沙岩。

地质学者曾研究过保留至今的这些沉积物的整个堆积，从最早的时期直到最近。当然远古的沉积大多已经歪曲、变形、销蚀了，现在已找不到什么生命遗迹了，大概最早的生命的形式是微小的和柔软的，因而没有遗留下来它们存在的证据。只有在这些有生命的东西里有些长了骨骼和石灰质的外壳以及诸如此类的硬体时，它们才能在死后留下化石残余，从而使自己登上供人考察的记载。

地质学文献的很大一部分是叙述岩石里的化石和一层层岩石先后覆盖的形成次序。最古的岩石必然是在还没有海的时候形成的，那时大地热得使海不能存在；现在成为海的水那时还是和空气混在一起的水蒸气。大气的高层浓云密布，云又化为高温的雨，向下面的岩石降落，在落到炽热的岩石以前早已化成了蒸汽。在这蒸腾的大气下，熔解了的地球原材料凝固成最初的岩石。最初的岩石一定是灼热的溶液上面的一层硬壳，很像冷却中的熔岩那样。它们最初必然像面包的外皮和熔炉里的渣块。在它们变成相当厚的永久性的固体之前，一定会不断地溶化，一再结晶。在那些日子里，世界的景色没有比现今地球上可以见到的电炉内部的情形更为相似的了。

经过很长久的时代，大气中的蒸汽也开始凝结，直降到地面上来，最后倾泻在这些温暖的初生的岩石上，高温的水流成河渠，汇集在低处，形成沼泽、湖泊和最初的海。这些冲刷着岩石的河水挟带尘埃和沙砾，奔流入海形成沉积。沉积又积累成层，地质学者称它们作地层，并形成最初的沉积岩。最早的沉积岩下沉成为低地，被其上的岩石所覆盖；它们受到巨大的火山扰动和地球岩壳的潮汐应力的牵扯，变得弯曲、倾侧并被折裂了。我们可以在某些地方看到这些最早的沉积岩露出地面，有些没有被后来的地层所覆盖，有些被埋藏了很久，后来覆盖的岩石销蚀了，所以重又暴露在外——特别是在加拿大有很广大的面积是这样的；它们是折裂了的和弯曲了的，部分是再度溶解、再度结晶、硬化了和压缩过的，但是它们还是可以被认出来。其中有些是超过 30 亿年的东西了。

它们经常被称为无生代（没有生物）的岩石。但是由于有些最早的沉积岩中含有一种称作石墨（黑铅）的物质，还有红色的和黑色的氧化铁，又由于这些物质据说是需要生物的活动才能产生，不论这种说法是否可靠，有些地质学者喜欢把这些最早的沉积岩称作太古代（原始生命）岩石。他们猜想最初的生命是软体生物，它没有硬壳、骨骼或任何可以在死后成为可辨认的化石结构，而它的化学影响引起了石墨和氧化铁的沉积。在非洲石灰岩里显然可以找到细菌或极简单的植物的痕迹，这些石灰岩几乎和已知的最古的沉积岩一样古老。

同无生代或太古代岩石覆压或相互重叠在一起的还有其他的岩石，它们显然也是很古老和销蚀过的，但却清楚地表现出生物的痕迹。这些最初的遗物极为简单，它们是称作藻类的简单植物遗痕，或是一些有如虫子在海滩泥土上爬过的印迹。还有些是被称作放射虫的那种微型生物的骨骼。这第二系列的岩石称作元生代（生命的开始）系统，在世界的历史上标志着一个悠久的时代。

覆盖在元生代岩石之上的第三系列岩石中含有多种多样的有生命的东西的遗迹。首先看到的是种类不同的贝壳、螃蟹和诸如此类的爬行动物、蠕虫、海草等的形迹；然后是大量鱼类和陆生植物、陆生动物原初的形迹。这些岩石称作古生代（古代生物）岩石。它们标出一段漫长的时代，在这时代里，生物在我们世界的海里慢慢地扩张、增殖和发展。经过漫长的时代，经过古生代的最初期，除了繁生在水里的这些游泳的和爬行的东西之外，别无其他生物。这时已有称作三叶虫的东西，它们是爬行的，有如大的海土鳖，它们也许和现今美洲的鲎有些联系。还有海蝎，它们是早期世界的霸王。它们的某些种目体长达9英尺。它们是当时最高级的生物。称作酸浆介的甲壳类的一目有许多种类。有各种形似植物的动物，盘根错节；还有在水里摇荡的松散的蔓草。

生命的这种表现并不足以激发我们的想象。那时还没有能够迅速、灵敏地奔跑、飞翔甚至游泳的东西。这些东西同现今学生们在夏天从水沟里捞来供显微镜考察的那些生物，除了形体大小有所不同之外，没有多大区别，甚至更少变化。

在古生代早期的几亿年中，浅海里的生命就是这个样子。这时的陆上显然完全是不毛之地。我们找不到任何陆地生命的痕迹或暗示。凡是生活在那时的东西，它们的一生全部或大部分都生活在水里。长期以来，让人难以想象的是，当时全部有生命的东西就是这些，在这之前，地球已在高温下毫无生命地旋转过几亿年了。

在海蝎和三叶虫横行一时的古生代下纪的岩石形成期和我们这时期之间插入了几乎无法计量的时期，一层层、一堆堆的沉积岩便是展示。首先是古生代上纪岩石，在它的上面，地质学者分辨出两大部分。紧接古生代岩石之上的是中生代（中期生物）岩石，即含有化石岩石的第二大系，代表着迅疾的1.5亿年，它包含着奇妙的整列化石遗留，巨大的爬行动物的骨骼和类似的东西，下面我们就要讲到；再上面一层是新生代（新近的生物）岩石，只有7000万年之久，但这是生物史的第三巨卷，这一卷尚未完成，昨天才被世界上的河流带进海里去的泥沙，正在掩埋着骨骼、鳞甲、躯体和足迹，最后将变成今天这些东西的化石，成为已写出的这部历史的最后一页。

岩石中的痕迹和化石以及岩石本身是最早的历史证件。人们从这些证件中已经推敲解决了的和至今还在推敲解决中的这部有关生命的历史叫作"岩石的记载"。但是当我们称这些岩石和化石是记载和历史时，一定不要以为这是一部条理井然的记录。只是最近我们才学会用岩石形成后所起放射作用的变化来准确地测定岩石形成的日期，世界上的岩石很少是一层层整整齐齐地重叠着留待人们很方便地去阅读的。它们不像图书馆里的书本和册页。它们是被撕毁、被夹杂、被弃掷、被涂抹过散乱的，有如历经轰炸、敌军占领、抢劫、地震、骚乱和火灾的一间杂乱无章的办公室。就是这个样子，这部岩石的记载无数世代以来埋没在人们脚下而未经理会。公元前 6 世纪，爱奥尼亚的希腊人已经知道化石。公元前 3 世纪，埃腊托斯特讷和其他人曾在亚历山大城讨论过化石，这次讨论被总结在斯特拉本所著的《地理学》（？公元前 20—10 年）一书里。拉丁诗人奥维德也知道化石，但是他不明白它的性质。他认为这些是造物者最初试制的粗糙成品。阿拉伯作家在 10 世纪也注意到化石。列奥纳多·达·芬奇，活到 16 世纪初期（1452—1519 年），是最先领会化石真实意义的欧洲人之一。如我们已说过的，只在前一个半世纪内人们才开始对这长期被忽视的世界历史的最初几页作出严肃和持续的辨认。

2　大陆漂移

最近几年来从岩石里又探索出另一个戏剧性的故事——关于地球表面上大陆漂移的故事。我们必须很简单地记下这个运动是如何发生的。

在海底和露出海面的大块大块陆地底下，地球还被一层厚重的结晶岩石的"地幔"包裹着。

这个地幔的 2/3 是被海洋掩盖着的。大块大块的陆地是由较轻的岩石形成的，它们在地幔上漂浮着，像冰山在海上漂浮着那样，只有很小一部分露在外面。

上句中"漂浮"这个词是用得恰当的，因为地幔的物质虽然是结晶体，它事实上却在巨大的压力下很缓慢地移动着，正像冰川的冰块，虽然是固体，也会不断地向下坡流动一样。

这层地幔含有放射性矿物质，一直在散热。由于这种内在的加热作用，这地幔在一个巨大的竖立的漩涡里翻动，有点像热锅里的水那样翻动，虽则岩石动得很慢——事实上,速度是每年1英寸或2英寸。地幔在翻动的时候,漂浮的大陆就在它的表面打转,就像锅里的气泡和浮渣在水面上打转一样。

大陆过去的运动可以用若干不同的方法探索出来。最有用的方法之一就是新近发展的岩石磁性研究。许多沉积中包含着磁性微粒,当沉积形成而尚未凝成岩石之前,这些微粒有朝着南北方位排列的倾向。所以嵌在岩石里的磁性微粒能告诉我们岩石原来的方位。根据这种和其他的证据,我们可以算出大陆在地球表面上曾经是如何漂移的,又将如何继续漂移。

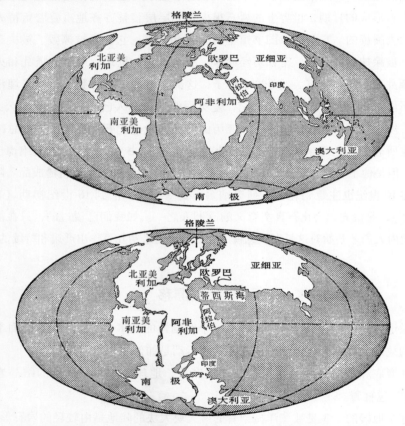

今天的世界和两亿年前世界可能的地形(修饰过的同域投影)。有些权威会把下图中的南极洲和澳洲所形成的那一大块反时针方向倒转90度,把印度塞在非洲较现图更靠北的地位。两图转录自J·图佐·威尔逊的《大陆漂移》(1963年4月),美国科学公司版

按照这个证据,2亿年前,大陆是聚集在一块的,很像本页两图中的下图。图上的许多细节性安排权威们还没有认定,虽则大体上的布局现在看来是可以肯

定的了。地幔岩石在千百万年中极其缓慢地蠕动着，把浮渣般的大陆扫拢在一起成为一个整块。但是大约就在这时，这块已有巨型爬行动物活动其上的超级大陆，被出自地壳深处的新发展的涡流作用撕裂。高温的岩石流开始从波浪形由南向北一线涌出，直达这块大陆的中心，以后这里产生了南北大西洋。上升的岩石流向东西扩展，把漂浮中的大陆的距离拉开，使南北美洲跟欧洲和非洲的距离越来越远。

这个运动还在继续。在南北大西洋的中部有一道 1 英里或 2 英里高，100 多英里宽的平伏山脉，就在这里涌出了高温的地幔岩石，向两旁扩展。沿着南北美洲的太平洋海岸有一窄条，正是地幔重又下沉的地方。这窄条靠海洋这一面的深沟表明这里是岩石被吸下去的地方。靠大陆这一面的巨大山脉——洛基山脉和安第斯山脉——就堆高了起来，因为从东面过来的大陆浮渣是太轻松了，不足以被拉入地幔的深处。在这样的地区常常会有火山爆发，那是由于岩石在当地因摩擦而熔化，被挤出地面，当然还有强烈的地震。

同时，另外一些地幔的流动在撕裂和推动这数块大陆。将上页的两幅图作个比较就会看出较为重要的移动。给人印象特别深的是印度这块陆地的旅程，向北移动了有 4000 英里，以几乎每年 2 英寸的平均速度去和亚洲大陆的其余部分接连起来。它靠近亚洲大陆时的缓慢冲撞，加上非洲反时针方向的转动，堆起了阿尔卑斯、阿特拉斯、高加索和喜马拉雅等山脉。

澳洲是从南极洲撕开来的，它向东和向北移动。南极洲漂向南方，带着泥炭、煤和爬行动物的化石，在今天，这些可以用来证明它过去曾有过温暖的气候。现今，较新的向上的陆流正在加宽红海和波斯湾，大约每年半英寸。地壳下沉而形成的非洲的地堑裂谷看来是将要分裂这个大陆的一个深潜的陆流体系的最初信号。

3　自然选择和物种变迁

生物的每一种类都是不断在死亡，又不断在更生的一群崭新的个体。不仅现今的人类是这样，即使在太古代和元生代海里游动、繁殖和死亡的一切微小的生物也是这样。

生物的生长、死亡和繁殖导致一些极为奇妙的后果。有生命的东西所产生的幼体从来不会和它们的母体完全一样，幼体相互间也不会完全一样。总是有些微小的差别，这就是我们所说的个性。

可以考虑一下，任何一种生物新生的一代一定会遇到些什么。有些个体比其他个体在某些方面较强、或较壮、或较适于继续生活，许多个体将会较弱和较为不适于继续生活。就个别事例来说，固然可以有某种幸运或意外事故发生，但总的来说天赋较高的将得以生活、生长和生殖，而较弱的一般说来就要没落。它们将较难得到食物、战胜敌人和渡过难关。因此不妨说，在每一代，每一种生物都要经过一番选择，淘汰掉那些大半弱的或不适宜的，选拔那些强的和适宜的。这个过程就称作自然选择，或最适者生存，虽则较适者生存看来表达得更确切些。

于是，随着生物的生长、繁殖和死亡，每一个种类只要它的生活条件保持不变，它会一代比一代更能充分适应于这些条件。

但是条件是不会保持不变的，每个种类在变动的条件下生活上就会发生些困难。适应总是不充分的，有时很不充分。帮助生物在紧要关头去适应它的环境的是常常一再见到的那种称作突变的事实，就是在结构上实然出现明显差别的新事物，这种差别比普通的个体间的差别大得多。这些突变对生存竞争可以有妨碍、可以有帮助，也可以毫不影响一个动物的命运。在前一种情形下，它们就被自然选择所淘汰了；在第二种情形下，它们就受到欢迎和鼓励；在第三种情形下，它们可以扩展到整个种类，不受挑战，无益也无害的特征，一种自发的变化。我们还不明白发生突变的原因，我们只知道生命是不断地用这个方法在进行试验，就是用自然选择的筛子来予以支持、不加可否，或加以排除。突变本身似乎完全是一种偶然的过程。一个突变可以刚好打中当时的急需，它可以毫不相干，它也可以是个荒唐的变更。最后一种情形就是产生了"怪物"，随着就死亡了。在前两种情形下，它在整个种类里扩展开了。

让我们在这里举一个简单的例子。这是某种生活在终年积雪的严寒地方的长着淡褐色厚毛的小动物。这种动物的毛长得最厚最白也就最能御寒，最不易被敌人发现，觅食时最能不被注意。每一个顺着这个方向的突变都是有利的。这个种类的动物的毛皮会一代比一代更厚更白，直到毛皮太厚太白对它无利时为止。

现在可以设想气候变了，这地方变得暖和了，积雪消融了，这些就使得这种雪白的动物在一年里的大部分时间变得十分惹眼了。厚重的毛皮也成了累赘。于是凡是带些褐色的和毛皮薄些的就处于有利的地位，极白和厚毛变成不利了。在困难时期，每一个有利的突变都会被自然选择抓住而受到欢迎。每一代都会淘汰纯白的而留下褐色的。如果这种气候变化来得太快，而又无有利的突变产生，这个种类可能就消亡了，但是如果产生了有利的突变，又有足够的时间扩展开来，这个种类虽则也许要经过一个困难时期，也还是能改变自己，一代一代地使自己适应下来。这种变化和适应叫作物种变更。

也许气候的变化并不遍及这个种类所居住的地方；可以只发生在海湾的一边

或大山脉分界的一面等,而不在另一边或另一面。像墨西哥的湾流那样的海洋暖流可以被阻转向,使得有屏障的一边变得温暖,而另一边依然寒冷。于是在寒冷的一边这个种类将继续尽可能地长出厚重的白毛,而另一边却向褐色、薄毛变更。

同时还可以发生其他的变化:不同的脚爪可能在一地得到促进,而在另一地却受到妨碍,因为这个种类有一半经常要从雪地里抓寻食物,而另一半却要在黄土上跳跃追逐。而且,不同气候可能意味着能得到的食物的种类不同,因而对牙齿和消化器官的要求也有差异。由于毛皮的变化可能引起皮下汗腺和脂腺的变化,这些又影响到排泄器官和体内的化学作用,从而影响到生物全身的结构。到了一个时候,从原来的一个种类所分出的两支,由于个体的和突变的差异的累积,它们相互间的区别可以如此之大,竟至成为可以辨别出不同种类。一个种类经过一代代的分裂成为两个或更多的种类的过程称作物种分化。

读者应当明白,已经知道了这些关于生命的基本事实,已经知道了生长、死亡和繁殖在变动的世界中产生个体变异和突变,就可以推论而知生命一定会按照这个方式变迁,一定会发生变更和分化,旧的种类一定会消亡,新的一定会出现。我们在这里挑选了一种熟悉的动物作例子,但在冰雪中长毛的兽类所发生的情况,也适用于一切生命;同样适用于元生代海边浅滩温水中,在潮汐起伏线内,浮游和爬行了几亿年的软体胶状物和最早的简单生物。它们全都不断地发生变异和突变,生活在一个鼓励其中某些变异和突变的永变不息的世界中。

自然选择对人类比起对其他生物是个较为缓慢的过程,一个普通的西欧人要有20年或更长的时间才长成,才能生育。大部分动物一年或更短的时间就有新的一代接受考验。至于那些简单的和低等的生物,有如在太古的海里最初出现的那些东西,生长和繁殖可能只是几小时或者甚至几分钟的事。物种的变更和分化一定因而极快。在岩石中开始留下痕迹之前,生物发展的种类已经很多,形式上已有很大的差别。

因此,岩石的记载并不是开始于哪一群彼此有密切关系的生物,从而后来出现的和现存的一切生物都是那一群生物的后裔;岩石的记载开始于海,其中动物界的主要类别几乎全已有了代表。植物已经是植物,动物已经是动物。

酸浆介已经在它们的贝壳里,吃着现在那些牡蛎、贻贝所吃的东西;巨大的海蝎在海草中间爬行,三叶虫蜷缩成球,伸舒蠕动。在古代的泥泽里纤毛虫之类所过的丰富生活可能和现在在一滴沟水里所见到的景象一个模样,在海洋里有极多微小、半透明、时常发出闪闪磷光的东西。

但是在涨潮所浸不到的陆地上,就我们猜想所及,依然是岩石般的荒凉,没有丝毫生命的痕迹。

第三章　生物和气候

1　生物和水：水生植物

　　海岸线达到什么地方，什么地方就有生物。生物活在水里，依靠水，离不了水，水是它的家，它的生活条件，它的基本必需品。

　　最初类似胶质的生命萌始，一旦离开水当即死亡，正如今天的海蜇在海滩上干涸而死一样。在那些日子里干涸对生物是致命的，最初这是无从抵御的。但在雨水沼泽、浅海和潮汐的世界里，凡是能使生物在落潮或干旱的几个小时里坚持得下去、保得住水分的任何变异在当时的条件下都会受到鼓励。被搁浅的危险一定是经常存在的。另一方面，在浅水里的生物又必须尽可能靠近岸边和海滩，因为它需要空气（当然是溶解在水里的空气）和阳光。

　　没有水，生物就不能呼吸，就不能消化食物。我们说呼吸空气，实际上一切生物都呼吸溶解在水里的氧。我们自己所吸进的空气必须首先溶解在我们肺脏的水分里。所有的食物在能被吸收之前必须先化成液体。水生生物是一直在水里生活的，自由地摆动它暴露在外的鳃，用它来在水里呼吸和吸取溶解在水里的空气。但是一个生物要在水外暴露，不论多长时间，它必须使它的身体和它的呼吸器官能防止干涸。在海藻能从早期古生代海里蔓延到海岸的潮汐线内之前，它们必须长出一层较坚韧的外皮以保持水分。在海蝎的祖先能离开潮水活下去之前，它必须长出甲壳。三叶虫长着坚韧的外壳，会滚成一团，可能更是为了预防干涸甚于为了相互间的防卫和对敌人的抵御。当我们上升到古生代岩石时，立刻就见到鱼类，这是脊椎动物的开始。很明显其中有许多已经长着适用的鳃甲以保护它们的鳃，和长着一种原始的肺鳔，以对付临时搁浅的危险。

　　这时，那些适应于潮汐线间的条件的杂草和植物也蔓延到了阳光较强的地方,阳光对于一切植物都是十分需要和宝贵的。凡是在结构上趋于坚实挺拔、便于向阳的发展,使它在退水时不致萎瘁仆倒而仍能挺立伸展的,都是极为有利的。因而我们见到它们发展了纤维和支柱,这些是其中木质纤维的开始。早期的植物用软体孢子或半动物性的"配子"进行生殖,这类孢子散在水里,由水播送,而且只在水里发芽。早期的植物和现今的大多数低等植物,由于它们生命周期的条件,都和水紧连在一起。但是在这里大为有利的又在于发展孢子的某些抗旱能力,使得生殖作用不必浸在水里进行。一个物种一旦能做到这一点,它就能在高水位之上生活、生殖和扩展,沐浴于阳光之下,不受水浪的打击和困扰。较大植物的主要分类标志着由于产生木质支柱和逐渐更能抗旱的生殖方法而超脱了潜水需要的各个阶段。较低级的植物至今仍然被囚在水里。低级的苔藓必须生在潮湿之地,甚至羊齿孢子的发育到了一定阶段还是要求极高的湿度。最高级的植物已能离水生活和生殖,只要在它们下面的土里多少有点潮润。它们已经完全解决了它们离水生活的问题。

通过元生代和古生代早期的悠久岁月中自然的实验和尝试的方法,这个问题的实质已经解决了。于是慢慢地,为数众多的各种各类的新植物开始从海里蔓延到低洼的地面上,在扩展时依然靠拢着池沼、潟湖和水道。

注意同现今夏季沟水里微生物除了体形大小之外的相似处

也许当时还没有像今天那样的海水植物和淡水植物的区别。彼时的海水可能比现今的含盐量少些。

2　最早的陆生动物

植物出现之后才有动物。

世界上没有一种陆生动物,正如没有一种陆生植物那样,其结构主要不是属于水栖生物的,它们经过变更和分化适应于离水的生活。适应是通过多种多样的方法才获得的。以陆蝎来说,原始海蝎的鳃片缩进体内,这样可使肺叶免于迅速蒸发。甲壳动物,例如常在空气中活动的螃蟹,用从背壳里延长出来的鳃甲来保护它的鳃。昆虫的祖先发展了一系列的气胞和气管,即呼吸管,把空气在未溶解前输送到全身。陆生脊椎动物起初用从喉咙里长出来的袋状的原始肺囊来辅助从鱼类祖先得来的鳃,后来这肺鳔就代替了鳃。

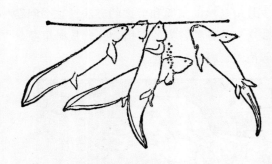

澳大利亚肺鱼在呼吸空气（仿自迪安）

直至今日还存在着的某种泥鱼可以使我们很清楚地理解陆生脊椎动物逐步离水而生的方法。这些动物（例如非洲肺鱼）生长于热带,这些地方有雨旱两季,旱季河流干涸成裂土。在雨季肺鱼和其他鱼类一样在水里游泳,用鳃呼吸。当河水蒸发干了,它们把自己埋在泥土里,鳃失去了作用,它就靠吞咽流入肺鳔的空气维持生命,直到河水回来。澳洲肺鱼当河水干涸,困处死水池里,水中空气消失和污浊时,就升到水面上大口地吞咽空气。在池里的水蜥也完全是这样的。这些动物还处在过渡阶段,较高级的脊椎动物的祖先在这个阶段里都已经解除了水中生活的限制。

两栖动物（蛙、水蜥、梭尾螺等）在它们的生命史里还在表现出这个解放过程的一切阶段。它们依然靠水生殖；它们的卵必须产在有阳光的水里,在水里才能成长。蝌蚪幼体长有枝状外鳃在水中摆动；然后长出鳃甲把它们盖住,成为鳃房。接着长出了腿,它的尾被吸收掉。它开始用它的肺呼吸,它的鳃缩小直到消失。蝌蚪能继续在水里生活。长成了的蛙能一辈子在空气中活下去,但是如果总是处在水下它就会淹死。

然而当我们沿着生物等级上升到爬行动物，我们看到它们的卵已长有硬壳以防蒸发。从这种卵孵出的幼体自破壳那刻起就用肺进行呼吸了。爬行动物匍匐而行，和结子的植物一样，在它们生命史的任何阶段中，没有在水中过活的必要。但是它们如果不间断地待在水里也会淹死的。

北半球古生代后期的岩石给了我们关于生物在陆地上缓缓地衍生的一系列图片的资料。从地理上说，这是个潟湖和浅海形成期，极有利于这种生物的入侵。很可能当时还没有像现在的海洋那样深的海。新生的植物这时获得了在空气中生活的能力，发展得特别茂盛和多种多样。

当时还没有真正开花的植物，没有草，也没有在冬天落叶的树。最初的"植物群"是由巨大的木本羊齿、巨型木贼、苏铁羊齿和同属的植物所组成的。这些植物中许多枝干极粗，很多树干成了化石，留存至今。这些树木中有的高达百英尺以上，它们所属的纲目现在世界上已经绝灭。它们的躯干立在水中，水上无疑有厚厚的一层柔软的苔藓和绿色的黏液，跟菌类纠缠在一起，只留下少许清晰的痕迹于后世。这些最初的池沼森林所留下的大量矿浆构成了今天世界上主要的煤系。

在这茂盛的原始植物丛中爬行、滑翔、飞行着最初的昆虫。它们是长着硬翅、四翅的生物，一般很大，有些翅长盈尺。蜻蜓的种类很多——有一种在比利时的煤系里发现的，翅长达29英寸！还有许多种飞行蟑螂。蝎子极多，还有若干早期的蜘蛛。这些蜘蛛没有丝囊，或者只有很简单的丝囊，所以它们不能结网，即使结网也是很简单的。陆生蜗牛也出现了。我们自己的陆上祖先，两栖动物，也是这样刚迈出了第一步。当我们进入较高一层古生代后期的记录，我们看到适应空气的过程已发达到在大量和多种的两栖动物中间出现了真正的爬行动物。

古生代早期的陆上生物界是一片常青的沼泽森林，无花无鸟，亦无现代昆虫的鸣声。如果有人能返回这些葱翠的潟湖，他会被一片宁静所吓住。除了流水潺潺，风叶萧萧，或是不时传来的树木倒塌的巨响之外，他将一无所闻。一切似乎都在等待和企望着。许多树木看上去更似放大了的苔藓，跟他所熟悉的树木迥然不同。没有任何巨型的陆生兽类，直到这时已产生的最高级的生物只是些翻滚的两栖动物和原始的爬行动物。它们都没有发展成巨大的体型。凡是离水较远或者离水较高的地方仍然是一片荒凉，了无生命。但是坚定不移地，一代复一代地，生物从它们开始的海水浅处慢慢地爬出来了。

3 生命为什么必须不断变动

岩石的记载像是一巨册随便翻乱过的书。它的每一页都被撕毁、磨损和涂抹过,很多页数根本就丢失了。我们在这里所叙述的这个故事的大纲是经过研究慢慢地和艰苦地拼凑出来的,这项研究至今还没有完结而正在进行中。石炭纪的岩石——"煤系",让我们看到了在潮湿的洼地上生命最早的扩展。然后又看到二叠纪岩石(算作古生代后期)的残页,保留着这时期的很少一点陆上的残余。经过了一段很长的间隔时期,历史才又丰富地展开了。

古生代后期生物示意图

生命从水中爬了出来。图中有个昆虫,像只蜻蜓。在沼泽里有两栖动物,如巨大的水蜥和火蛇,甚至已有原始的爬行动物

二叠纪岩石记下了世界历史上一个严酷和荒凉的时代。它标志着从古生代鱼类和两栖类转变为中生代爬行类的过渡时期。

必须记住,气候的重大变化一直在进行中,有时促进、有时妨害生命的发展。任何种类的生物总是越来越紧密地适应于它的环境,而环境却一直在变动。

适应永无终结，变动就成了不断的急需。

然而，我们的确见到有某些低级的生物很早就完全适应于广布的简单的环境，以致它们一直没有很大的变更，或被消灭或被取代。例如，一种小小的蛤蜊，称为舌贝（Lingula）的，适宜于温暖的海水里阴暗固定的生活。这一纲目在整个地质记录中没有发生过显著的变化。

另一方面地质学者让我们看到许多搜集到的化石标本，从中可以追寻出只在几千年里随着气候、食物和敌人的变化而发生的变更。

大陆慢慢地漂移必然对栖身大陆上的生物的环境产生巨大的影响。大陆不仅从温带移到寒带，从寒带移到温带，而且它们在中生代逐渐地相互分离也必然会引起重要的气候后果。巨大的超级大陆的腹地，远离海洋的气候调节，对于那些正在加紧完成征服陆地的动植物必然成为禁区——一种超级沙漠——灼热的白天和冰冷的夜晚。

除此之外，世界的气候大体说来是一个时代一个时代都是不同的，变化也并没有一定的节奏，而是不规则地在炎热和寒冷之间波动。波动的原因还不清楚，它们也许和其他仍是神秘的事件相联系着。例如，地球磁场和地球旋转速度的不规则变动。多少时代以来由于潮汐的阻力，地球的自转在逐渐缓慢下来，一天的长度平均每 10 万年拉长大约两秒钟。但降速率事实上不是很均匀的。日子可以在几十年中并不缩短，过后全面的降速重又恢复。

甚至从无生代或太古代起，已能找出严寒时期的冰蚀岩石这类东西。此后，又有过好多次冰期，还有地球上极为潮湿和极为干旱的时期。

与此相一致地，我们还从岩石的记载中找到很长的扩展和繁殖时期，这时生物茂盛、丰富和多种多样；也有严酷时期，这时生物的各种、各属、各纲大量被淘汰和消灭了，凡是活了下来的都接受了严峻的考验。

也许温暖时期比寒冷时期较为长些。我们今天的世界似乎正在摇摆着从一个长期逆境和严酷条件中冒出来。再过 50 万年可能会出现一个没有冬季的世界，那时甚至南北极圈都会草木丛生。果真如此，我们可以居住的地方却会减少。冰期的广大冰盖曾把海平面降低 300 英尺以上，大片现今淹没的地区露出水面。如果现今的冰盖融化了的话，海平面将会提高 100 英尺，很多低洼地（包括伦敦、纽约和所有海口以及一些低地城市）都会被淹没。但是也许我们只是在间冰期，不久冰山又会推进。现在，我们无法断言那种预测是否正确，但是随着知识的增进，我们人类有可能为今后的千万年作出计划来应付面临的变化。

第四章 爬行动物时代

1 低地生物时代

我们知道,几百万个潮湿温暖的年头,浅水潟湖的条件,使得大量植物的沉积成为可能,而这种沉积经过高压和干缩成为现今广布世界的煤。其间确是断续地有寒冷时期,但这些时期没有持续多久不足以毁灭植物的生长。然后这长久的低级植物茂盛时期告终了,曾有一时地球上的生命度过了一个遍及世界的荒凉期。这结束了我们可称之为这个行星上生物史的第一编——最长的一编。

当这个故事在古生代之末停止之后重新开始时,我们看到生物进入了一个新的繁荣扩展阶段。植物在离水生活的本领上大有进步。形成煤系的古生代植物大概生长在浅水浸根的沼泽里,而中生代植物群一开始就包括棕榈状的苏铁和低地的松柏,这些都是明显的陆生植物,生长在水平面以上的土壤里的。

中生代较低的陆地无疑已长遍庞大的羊齿丛、灌木林和一种在丛林地带生长的树木。但是那时还没有草,没有草皮或草坪,没有任何大大小小开花的植物。也许中生代不是一个五彩缤纷的植物的时代。潮湿之季,一片青绿;干旱之季,一片紫褐。也许不会有今天这样的林木美景。没有鲜艳的花卉,没有叶落前明朗的秋色,因为还没有会枯落的树叶。这个世界的低地以外,依然寸草不生,依然童山濯濯,依然对风侵雨袭毫无荫蔽。

当人们说起中生代的松柏时,读者决不要以为就是我们现今覆盖着高山坡上的青松翠柏。你必须想到当时的低地的常绿树木,山上依然一片荒凉没有生意。山间唯一的色彩是光秃秃的岩石的颜色,这正使今天科罗拉多的风景如此地美妙动人。

在这植物蔓生的低平原上,爬行动物正在旺盛地增殖,为数日多,种类日繁。它们现在已有许多完全是陆生动物了。爬行动物和两栖动物之间有无数解剖学上的区别；这些区别在古生代的石炭纪普遍繁殖的爬行动物和两栖动物之间已经存在；但和这段历史有关的两者之间的根本区别在于两栖动物必须回到水里去产卵，幼年必须在水里和水底生活。另一方面，爬行动物在它的生命周期中抛弃了整个蝌蚪阶段，更正确地说，它的蝌蚪阶段是幼体在卵壳中度过的。爬行动物已经完全离水而生。有些重又回到水里去，正如哺乳动物中的河马和水獭那样重返水中；这是这段故事的衍文，是细节和复杂化，在这部《史纲》里不能多讲了。

在古生代，如以上所述，生物的分布没有超出低湿的河谷和濒海潟湖的边缘等一类的地方；但是在中生代，生物已日益习惯于空气这种较稀薄的中介体，大胆地拥上平原，走上小丘边。这是值得研究人类历史和人类未来的人们注意的。如果有一个昧于未来的幽灵降临地球来研究古生代前期的生物，他也许会很有理由地作出结论，说生命绝不能离开水，也永远不会传布到陆地上来。但是生命却

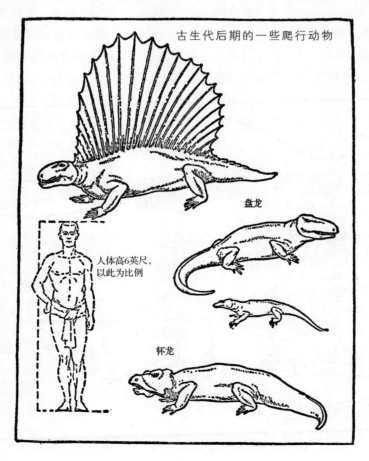

找到了办法。到了古生代后期,这位来客同样会相信生命不能离开沼泽的边缘。到了中生代,他还是会把生命限制在比现今远为狭小的范围里。所以到了今天,虽则我们依然把生命和人划在上自5英里高空、下至海底约1英里深的限度内,可是我们决不应从现在生命的限度里得出结论,认为生命,通过人类,不会一下就把生存领域上下扩展到还难以想象的地步。

最早可考的爬行动物是腹大肢弱的兽类,很像它们的近属两栖动物,像现今的鳄鱼那样在泥沼中打滚;但是在中生代,它们很快开始站立了起来,勇敢地用四条腿爬行,大部分开始用尾巴和后腿来保持平衡,有如现今的袋鼠,以便用前肢取食。爬行动物中有著名的一支,它的骨骼表明它保持了四肢行动的习惯,其中一部分留下许多遗骨在南非和俄罗斯的中生代早期的沉积里,表现着接近于哺乳动物骨骼的若干特点。由于它和哺乳动物相似,这一部分被称作兽形(Theriomorpha)。另一部分是鳄鱼支,还有一支向龟和海鳖发展。蛇颈龙(Plesiosaurs)和鱼龙(Ichthyosaurs)这两类现已绝嗣;它们是庞大的爬行动物,像鲸鱼那样返回海中生活。节齿龙(Pliosaurus)是蛇颈龙中最大的一种,从鼻尖到尾端长达30英尺——颈部占了一半。沧龙(Mosasaurs)是第三类巨大的像海豚的海生蜥蜴。但是中生代爬行动物中躯体最大、种类最多的是被称作恐龙(Dinosaurs)的那个

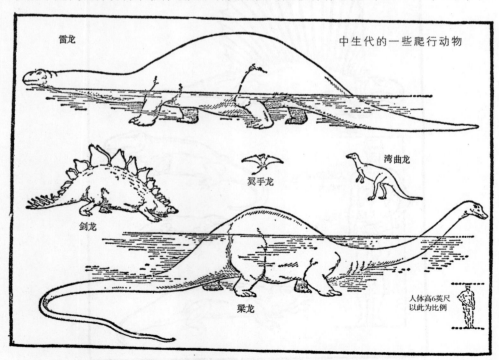

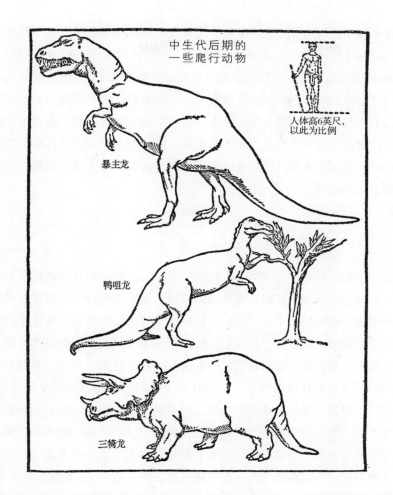

中生代后期的一些爬行动物

人体高6英尺，以此为比例

暴主龙

鸭咀龙

三犄龙

复杂的种类，其中有许多长得非常之大。在躯体的巨大上，恐龙是从来没有被超过的，虽然在海中还有鲸鱼差堪比拟。有些恐龙，其中最大的是草食兽，它们在沼泽丛林、羊齿和灌木间随地啃啮，或是站立起来，用前肢攀树，仰食其叶。啃牧动物中例如梁龙（Diplodocus carnegii）身长84英尺。更大的有腕足龙（Braehiosaurus）——活着时体重约50吨！比这更大的骨骼还在发现中。这些庞然大物已经有腿，它们又常被描绘为用腿站立，但是它们是否能在水外支持住这样的体重还是很成疑问的。

骨端是软骨组织，关节又不甚坚强。在水里或烂泥上浮着，这些怪物尚能活动自如。一般的大恐龙下体和后肢长得笨重，可能几乎是经常泡在水里或者浮动着的。颈项、头部和前肢在结构上比较轻便些，这些部分可能露在水面上。

另一种值得特别提到的恐龙是三犄龙（Triceratops），和河马平行的爬行动物,但有个犀牛似的角。还有许多大的肉食兽,以那些草食兽充饥。其中暴主龙(Tyrannosaurus)几乎是有生之物中"震吓"一词的极致。这一类的有些目,自鼻至尾长达40英尺。显然,它以袋鼠的方式用尾和后腿来支持庞大的躯体。可能它是用尾撑立起来的。有些权威甚至设想它在空中跳跃。果真如此的话,它所长的肌肉当具有不可思议的素质。相比之下,你如果说大象会跳跃,也远不如这令人更吃惊了。更近情理一些的是,它半浮半伏,拖泥带水地追逐那些草食的沼泽蜥蜴。它也许在像英国诺福克郡沼泽或美国佛罗里达州南部大沼泽地那样的河床和水泊里捕杀它的猎物。

2 龙

恐龙型的爬行动物中有一支具有独特的发展,它是一种身轻能跳跃和攀援的动物,它们在小拇指和躯侧间长着像蝙蝠的蹼,用来像飞行松鼠那样在树木间飞翔。这些蝙蝠—蜥蜴是翼手龙。它们常被称作飞行的爬行动物,在中生代画景里可以见到它们到处飞翔扑击。但是它们的胸骨不像鸟类胸前的龙骨那样联系着使它们能作有力飞翔的健壮肌肉。它们一定像今天的秃鹫那样地腾空滑翔。它们一定像龙类的先驱者那样奇形怪状。它们在中生代的天空里占有现今飞鸟的地位。但是它们尽管很像鸟类,却并不是鸟类,也不是鸟类的原型。它们翅膀的结构和鸟翼完全不同。它们的翅膀是一只具有一个长指和蹼的手掌,而鸟类的翼是像一只从后部边侧长出羽毛的臂膀。这些翼手龙是没有羽毛的。羽毛是皮肤的特殊结构,在生物进化中只发生过一次。有些化石表明翼手龙长有一种简单的毛皮。

3 最早的鸟

另一种的确和鸟类相似的动物在当时是不那么盛行的,这种动物初期的种类也是跳跃和攀援的,而后期的种类才能掠翔和飞行。它们开始时——从分类的一切标准说——是爬行动物。它们发展成真正的鸟类,因为它们的爬虫鳞甲变长了,成为复杂的叶状体,最后又蔓生分裂成为羽毛,羽毛是鸟类所特有的蔽体物,在抗热和抗寒上,或许除了最厚的毛皮之外,较优于任何其他蔽体的外皮。在最初的阶段,这种不平常的蔽体的羽毛,生物偶然获致的这种新的御寒装置,使得许多种鸟类能侵入到翼手龙由于装备不足而未能进入的领域。它们开始下海捕鱼——即使它们开始时并不真是这样——扩向南北两极,越过了给真正的爬行

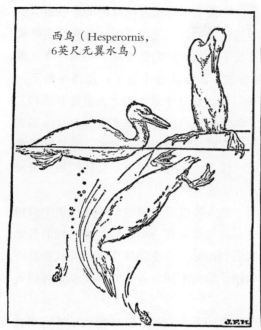

动物所设下的气温上的限制。

已知的最早的鸟（始祖鸟，Archæopteryx）是没有喙的，它和爬行动物一样颚上有一排牙齿。它的翼的前角有三只爪。它的尾也很奇特。一切现代的鸟，尾羽毛都长在一个短小结实有骨的臀上；而始祖鸟却有一条有似蜥蜴的长长的骨尾，而尾的两侧又各有一行羽毛。

最早鸟类的大部分很可能根本并不飞行，鸟类在飞行之前就有。它们也许是跑的，很像母鸡，张开两翼用以平衡和取向。但是一旦羽毛发展了，既轻又强，易于展开，开始振翼高飞就只是个时间问题了。

到了中生代之末，鸟类已有许多种——有健飞的、滑翔的，有双翼变小而奔跑的和潜水的。这些早期鸟类中有一两种看来还保持着它们爬行动物祖先的简单牙齿。

4 艰苦和死亡的时代

中生代生物这个大时期，《生物志》的第二卷，真是一回爬行动物繁殖和发展的惊人故事。但是整个故事中最惊人的却尚待后述。直到中生代最后的岩石中，我们见到上述的各种爬行动物还是繁荣昌盛、所向无敌的。我们从遗物中还看不到在它们的世界里有任何敌人或竞争者的苗头。此后，记载中断了。我们并不知道中断了多久；这里可能有许多缺页，缺页上也许记着地球上的某些重大剧变。当我们重又见到地球上的陆生植物和陆生动物的大量遗迹时，种类众多的爬行动物已孑然无遗。大多数地方它们没有留下后代。它们已经被"扫灭"了。翼手龙已经绝迹，蛇颈龙和鱼龙已没有活着的了，沧龙也不见了；蜥蜴还留下一些，荷属东印度群岛（今印度尼西亚）的巨蜥，是其中最大的；大量的和各种各样的恐龙全都灭绝了。只有鳄鱼、甲鱼、乌龟还保留了一些下来。所有这一切类型在世界舞台上所占的地位，如新生代的化石即将为我们所展示的，都已被其他同中生代爬行动物并无密切关系的动物所取代了。这些动物决不是任何居于统治地位的爬行动物的后裔。一种新的生物占有了这个世界。

爬行动物明显地突然灭绝，毫无疑问，是人类出现之前整个地球历史中最惊人的革命。这可能和一个长久的平静温暖时期的结束和一个新的严酷时代的开始有关。在这个时代里，冬季严寒，夏季短促而酷热。中生代的生物，动植物都一样，适应温暖的条件，不能耐寒。新的生物，恰恰不同，首要的是在于具有抵抗气温巨大变化的能力。

爬行动物不仅无毛皮又无羽毛去调节体温，而且它的心脏结构也不适宜于在寒冷气候的包围下维持高温。

不论导致中生代爬行动物灭绝的是什么原因，很可能是由于影响极其深远的变动，因为海里的生命也就在这时发生了同样的翻天覆地的变动。陆地上爬行动物的盛衰和海里菊石类动物的盛衰是平行的，像有螺壳的乌贼那样的菊石类动物麇集在古代的海里。它们巨大的螺壳有时直径达 2 英尺或 2 英尺以上，这是众所熟知的。中生代整个年代的岩石记载中菊石极为丰富，而且种类繁杂有几百种之多；到了中生代之末，种类更多，出现了极为夸大的类型。当记载重新开始时，菊石也不见了。它们根本没有留下余种。就爬行动物而言，人们也许可以辩解说，它们的绝灭是因为被哺乳动物所取代了，它们竞争不过，不及哺乳动物那样更适于生存；但是这种说法毫不适用于菊石，因为直至今日还没有什么取代了它们的地位。它们干脆地消亡了。一些未知的条件使它们能生存在中生代的海里，随后发生了某些未知的变化，日换星移、有条不紊的顺序发生了某种颠簸，使得它们无法生存下去了。整个种类繁多的菊石现已无一幸存，只有和菊石很近的一目，珍珠鹦鹉螺，孤零零地传到今天。应该注意的是，它是在印度洋和太平洋的温水中被发现的。

至于哺乳动物跟爬行动物竞争并把比较不适应的爬行动物淘汰的事，时常为人们所乐道，但是并没有丝毫根据足以证实这种直接的竞争。以我们今天所知的岩石记载来作判断，较为可信的是，爬行动物先是由于某些尚未能解释的原因而消灭了，其后经过了一段对地球上一切生物都很艰苦的时期，当环境再变得较温暖时，哺乳动物就发展和繁殖了起来，填满了这个空白的世界。

地球环境的这次革命的原因现尚一无所知。

值得注意的有一件事实，这事实的真相在最近几年才明确起来：地球的磁场有时会自己完全颠倒过来，以致罗盘的指针会转过来指着相反的方向。

磁场产生于地心熔铁的涡旋作用。比方说，这磁场围绕着一根粗大的磁棒转动，这磁棒大体上是顺着地球转动的轴安放的。但是这根磁棒却是摆动的。北磁极稍偏于正北，磁力还有相当大的波动。有时似乎这种摆动增强到足以推翻某种平衡，磁场就消失了，接着又从另一个方向重新出现。这种情况出现的间隔是漫长而不规则的。磁场可以向一方摆动到 1 万年至 1000 万年上下，然后翻转过来再摆动下去。

它的历史能用测定不同年代的玄武岩以及其他岩石中的磁粒方向予以追溯。最后一次的逆转是在 11 万年以前，因此我们可能又快碰到下一回转动了。

很多生物学者相信，磁性逆转能起促使进化的作用。我们知道，宇宙射线会刺激突变。原来会射到地球上的宇宙辐射有部分被磁场所挡住。磁场在逆转时会消失一下——这"一下"在地质时间尺度上就是几千年。这就是增强辐射的暴露时间，也许就是加速进化的时间。新的细菌或病毒可以出现，毁灭了整个动物的种群。但是现在还没有可靠的证明，说进化的一系列前进步伐是和磁性逆转相对应的。

5　毛和羽的最早出现

中生代有没有哺乳动物呢？

无疑是有的，但它们是微小、不明显和稀少的，古生物学很少提到它们。地质学者耐心地和逐步地搜集新的证据，推敲出较为完整的结论。不时从新的沉积中指示出足以阐明这个问题的化石。可以肯定，哺乳动物或哺乳动物的祖先一定生活在整个中生代。在这部记载里，中生代这一卷的第一章已经有了我们所提到过的兽形爬行动物，并且在中生代后期也找到了完全具有哺乳类特征的许多小的牙床骨。

但是还没有一块碎片，没有一块骨骼，足以暗示曾有某种中生代的哺乳动物敢于当面和恐龙对峙过。中生代的哺乳动物，或类似哺乳类的爬行动物——因为我们尚未确知它们究竟属于哪一类——看来都是跟老鼠一般大的无名小卒，与其说是另属一纲还不如说是属于被践踏的爬行动物的一目；它们可能依然是卵生的，只是慢慢地在身上长出了它们所特有的用来蔽体的毛发。它们离开大水而生，也许住在荒凉的高地上，有如现今的土拨鼠；它们住在这种地方可能是为了躲避肉食恐龙的追逐。有些也许是四肢并行的，有些主要用后肢行动，用前肢攀援。它们成为化石的机会如此之少，以致在整个中生代漫长的岩石记载里至今还没有发现过一个完整的骨骼可以用来校正这些猜测。

这些小小的兽形爬行动物——哺乳动物的祖先——已经长了毛发。毛发像羽毛一样是长长的和精致的专门化了的鳞甲。毛发也许是理解早期哺乳动物得以生存的线索。它们在生存边缘上挣扎，离开了沼泽和温暖，外面长出了一层蔽体物，在保暖（或抗热）上仅次于北冰洋海鸟的绒毛和羽毛。因此，哺乳动物和鸟类一样在中生代和新生代之间的那段艰苦时期里坚持了下来，而真正的爬行动物大多就死亡了。

中生代末期消亡了的植物和陆海动物的一切主要特点就是那些适应温和气候和浅水潮湿地区的特征。但是对取代它们的新生代继承者来说，毛发和羽毛给它们以爬行动物所不具备的抗拒气温变化的能力。与此同时，也给它们以过去任何动物所从未有过的广阔天地。

古生代初期生物生存范围只限于温水。

古生代后期生物生存的范围主要只限于温水或温暖的沼泽和潮湿的地面。

中生代生物的生存范围，就我们已知的来说，大多限于条件变化不大的水中和相当低的河谷地区。

但在上述每一个时期里总是有一些种类不知不觉地扩张它的生存范围到这些普通的界限之外，当严峻的条件普遍扩大的时候，正是这些边缘上的类型幸存了下来，去继承那生物减少了的世界。

这也许是我们能为这地质记载的故事作出的最概括的叙述。这是一个生存领域日益扩张的故事。动物的纲、属、种此生彼灭，但是生存的领域却在扩张。一直在扩张。生物从来没有过像今天这样广阔的天地。有生之物在今天，以人的形状出现，达到了比过去任何种类所达到过的更为无限遥远的地方。人在地面上的范围是南北两极之间；他潜水深至冷冽黑暗的海底。他用火箭把自己送到月球和更远的太空。在思想上和知识上，他穿透了地心，伸到了最远的星球。而在所有中生代的遗物中却找不到他的祖先的明确的纪念物。他的祖先有如一切同属的哺乳类的祖先，一定是些那么稀少、那么无名、那么渺小的动物，以致它们在中生代潟湖的蒸雾里和葱郁的丛林中浮游自在，或者在当时广阔河床平原上爬跃飞行的巨大怪物的大量遗骸中间，竟然没有留下丝毫痕迹。

第五章 哺乳动物时代

1 生命的一个新的时代

第二章的开始所概述的新生代是地质记载的第三大部分,它一开始在物质上已经很像我们今天所居住的世界。最初也许日子依然显得较短,但是当时的景色已渐具近代的特点。气候当然一代一代地发生着不断和不规则的变动,现在属于温带的地方,自从新生代开始以来,已经过了酷热、严寒和极旱等阶段;山川景色也许有些改变,但即使变了,也不会不同于今日世界这部分或那部分所见到的模样的。

在化石的目录里,现在已发现取代中生代的苏铁、红杉和奇形针叶树的地位的许多植物名称,包括桦木、山毛榉、冬青、鹅掌楸、长春藤、甜橡树、面包果树等。这时棕榈已十分重要。杂花生树和蜂蝶乱飞是同时出现的。我们已进入了花卉的时代。开花的植物在中生代后期,就是美洲的白垩纪,已经出现,但是到了这时它们在处处风光中完全占了统治地位。草的出现正在成为世界上的一件大事。在中生代后期也有了一些草,但只是在新生代才有草原和草地,蔓延广被了曾经一度是石砾不毛的世界。

这时代是从很长一段相当温暖的时期开始的;然后这世界寒冷了下来。新生代这第三大部分记载的开卷就是正在进行中的地壳的巨大褶皱和山脉的隆起。阿尔卑斯、安第斯和喜马拉雅全是新生代山脉,如我们在第二章里所见到的,是由于南北美洲的向西移动、印度的向北移动和非洲的旋转所推挤出来的。

地质学者把新生代分为若干主要部分,不妨列举于此,并注明它们的气候。首先是始新世(意思是"近代生命的黎明"),在世界的历史上突出的温暖时期,它又分前后两期;然后是渐新世(意思是"只有少许近代生命"),这时气候仍然平稳。中新世(现尚活着的物种仍是少数)是造山的大时代,气温一般在下降。

上新世（现尚活着的物种比业已消亡了的更多些）气候很像现在这阶段；但是在更新世（现尚活着的物种占大多数）开始了一个长久的严寒时期——大冰期。冰川从两极向赤道扩张，直到英格兰的泰晤士河也被冰块所覆盖。

从这时起到我们现在是一个部分恢复时期。我们现在也许正在向一个更温暖的阶段移动。50 万年之后也许可以生活在一个比今天更阳光明媚、更舒适宜人的世界中。

2　传统进入这个世界

在森林里随着青草在始新世平原的扩张，初次出现了各种各样为数众多的哺乳动物。在我们进一步描写这些哺乳动物之前，也许最好笼统地提一下什么是哺乳动物。

自从古生代下期出现了脊椎动物，鱼类最初涌入海中之后，脊椎动物不断地向前发展。鱼是用鳃呼吸的脊椎动物，只能在水里生活。两栖类可以说有除了能用鳃呼吸的能力之外，在长成后又增加了用鳔呼吸的能力，它也发展了有五趾的肢以代替鱼鳍。

蝌蚪有一个时期是鱼，它长大了变成陆生动物。爬行动物在离水生活上又前进了一个阶段；它是一种不再是水陆两栖的动物；它在卵内度过了蝌蚪阶段——它的鱼的阶段。它不能再像蝌蚪那样在水面以下呼吸了。

现在，近代的哺乳动物其实是一种长了毛发的爬行动物，毛发是保护体温特别有效的掩体物。它也把卵留在体内直到孵出，所以它产生出活的幼体（胎生）。它甚至在产后还要抚育幼体，用自身的乳汁喂它们，哺乳期则有长有短。有些爬行动物，例如蝰蛇，是胎生的，但是并不像真正的哺乳动物那样抚育幼体。鸟类和哺乳类两者都躲过了任何一种毁灭中生代爬行类的破坏力量，它们幸存了下来，主宰了新生代的世界。它们有两个共同点：首先，对气候变动的防御能力远在任何一种爬行动物之上；其次，为了保护它们的卵，都具有特殊的御寒办法，鸟类是孵卵，哺乳类是怀胎，并且在幼体孵化或产生后对它们进行一定时间的抚育。和哺乳动物比起来，一般的爬行动物对它们的后代简直是太漠不关心了。

身上长毛发显然是哺乳动物和其他爬行动物最初的区别。某些特殊的兽形爬行动物在中生代早期已长了毛发，但是否胎生还属疑问。有两种哺乳动物，即鸭嘴兽（Ornithorhynchus）和食蚁兽（Echidna），至今还有，它们不仅不给幼体哺乳，而且产卵，在始新世和它们类似的形式还有不少。这两类动物虽不哺乳，却在腹部皮肤上分散地长着腺，分泌有营养的液体。但是这些腺并不像其他哺乳动物那样集合成乳汁，可以在乳头里吮吸出来；而是当母体仰卧着渗出这种液体来让幼体舔那湿润的皮肤。它们是生存至今的而当时也许为数很多、种类很繁的卵生带毛发的小兽,它们是长着毛发的爬行动物,能跳跃、攀援、奔跑的动物,包括现在还存在的一切哺乳动物直到人类的中生代祖先。在某一时候、某些偏僻的沉积中,也许还会找到这个"缺环"。

我们可以用另一种说法来指出哺乳类繁殖的主要事实。哺乳类是一种家庭动物。家庭习性包含一种新的把这个世界的经验持续下去的可能性。把一个蜥蜴的完全孤独的生活跟任何一种即使很低级的哺乳动物的生活相比较,前者除了它本身之外并不与任何其他东西有精神上的持续性;那是一个小小的自足的经验世界,服务于它自己的意图和目的;但是后者从它的母体"得到"了经验,又"传给"它的后代。

一切哺乳动物,除了上面所举的两属,在始新世下期之前,已经达到了在成年前依赖和模仿的阶段。在幼年它们全都多少会进行模仿,并能接受某种少量的教育;作为它们发育的一部分,它们全都从它们的母体得到一定程度的抚养和生活的榜样,甚至得到指导。鬣狗和犀牛是这样,狗或人也是这样;可教育性的差别固然是很大的,但是在幼年得到保护和教育的事实是不能否认的。

就脊椎动物而言,这些新的哺乳类具有它们胎生护幼的性情,这些新的鸟类具有它们孵卵护幼的性情,在新生代的开始,在不断发展的生物史中引入了一项新生事物,那就是,在牢固不变的传统本能之外和在接受传统所必需的神经组织之外又引进了社会结合。

生物史上的一切革新开始时总是很微末的。古生代后期急流小溪里的泥鱼,它的鳔长了使它能度过旱季的血管。这在那个我们所想象的访问我们这个行星的无形体仙客看来,在当时那个充满着巨大的鲨鱼和带鳞甲的鱼、海蝎、珊瑚和海藻的古代世界里,这是一桩微不足道的小事;但是它却打开了一条小径,由此陆生脊椎动物得以上升到主要的地位。泥鱼在当时真像是个从那过分拥挤和竞相争夺的海上生活里被排挤出来的可怜难民。但是一旦肺开始进入这个世界,凡是长了肺的每一支苗裔对于肺都不断地加以改进。

同样地在古生代前期有些两栖动物丧失了它们的"两栖性",而延迟了它们的孵卵。这看来也是对威胁着幼小蝌蚪的可怕的危险所作出的单纯反应。但是这却为中生代大量爬行动物胜利地克服旱地作了准备。它开创了一个朝着新的自由繁盛的陆地生活的方向,所有的爬行动物全都朝着这个方向前进。

哺乳类祖先在它们微末和艰苦时期所经历的这种胎生和抚幼的训练,在这个世界上开始了新的知觉的持续,此种持续即使人类也只是到了今天才开始领会到它的重大意义。

3 脑成长的时代

许多种类的哺乳动物已在始新世出现。有些朝这个方向,有些朝那个方向,进行分化;有些成为草食的四足动物,有些在树林里跳跃攀援,有些回到水里去游泳,但是一切类型都在不知不觉地利用和发展它们的脑。脑是获取知识和可受教育的这种新能力的工具。新生代是花卉的时代,是鸟类和哺乳类的时代,也可以说是脑成长的时代。在始新世岩石中可以找到马(始祖马)、小骆驼、猪、古貘、古刺猬、猿和狐猴、袋鼠和食肉兽等的小小的早期先驱者。这些或多或少都是现在活着的种类的祖先,它们都有脑子,相对地说,比它们现今的后裔的脑小得多。例如有一种早期类似犀牛的雷兽,它的脑不及现在的犀牛的1/10。后者决不是个十分听话和顺服的学生的典型,但是即使如此,比起它的前辈已经十倍地

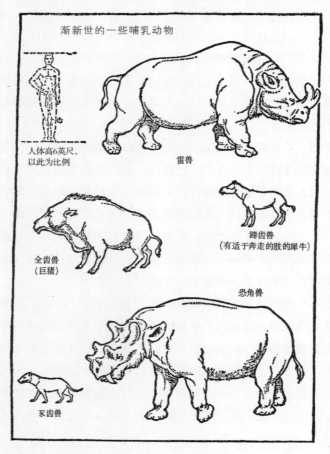

渐新世的一些哺乳动物

人体高6英尺,以此为比例

雷兽

全齿兽(巨猪)

蹄齿兽(有适于奔走的肢的犀牛)

恐角兽

豕齿兽

机敏而可教了。不论哪一目、哪一科，在这点上凡是至今还存在的无不如是。所有新生代的哺乳动物在共同的急切需要下所做的事有一项是相同的，它们都使脑成长起来。这是一个平行的迈进。今天，同目同科的动物，它们的脑一般比始新世的祖先都大过 6 到 10 倍。

始新世展示过一整列的吃植物的兽类，它们已没有任何代表留到今天，例如恐角兽和雷兽。当世界上遍生青草的时候，它们被更专门化的草食的兽类撵走了。以追捕这些野兽为生的动物中出现了大群原始的狗，有些体大如熊，还有最早的猫，特别有一种是长着大刀般大齿的小而长相可怕的动物（smilodon）以及最早的刀齿虎，后来长成较大的野兽。美洲中新世沉积里展示了各种各样的骆驼：长颈驼、羚羊驼、骆马和真正的骆驼。北美在新生代大部分时期似乎是和亚洲相连的，往来方便，当最后大冰期的冰川和其后的白令海峡把两个大陆隔断时，真骆驼被留在旧大陆，而骆马则被留在新大陆。

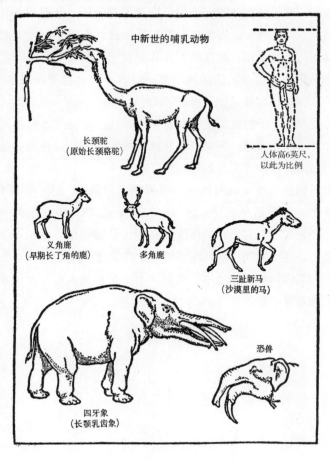

在始新世，北非出现了象的始祖，它是个拱鼻的动物，象鼻的特点是在中新世才见于世的，后来一代一代地越长越长。

4　世界重入逆境

一代复一代，冬季慢慢地逐渐拖长了，一般说来，同夏季相对而言，更寒冷、更严酷、更漫长了；一代复一代，夏季缩短了。平均说来，每一个世纪冬季的积雪每到春来都融化得较晚了一些，北方山脉里的冰川今年进了1英寸，翌年退了半英寸，以后又进了几英寸……

岩石的记载说明气候在变冷。上新世是温和的，许多喜热的动植物已从温带移走。然后，冰从容不迫地每年几英寸几英尺地向大地的温暖地带推进。

北冰洋的动物——麝牛、长毛猛犸、毛犀牛、旅鼠——引进了更新世。北美、欧洲和亚洲一样，冰到处都在推进。推进了几千年，又退却了几千年，然后又推进。在欧洲直推到波罗的海海岸，在不列颠推到泰晤士河，在北美推到新英格兰，靠中部南达俄亥俄州。这些地方有几个世纪之久匍匐在冰川之下。大量的水从海洋里被撤出而封锁在巨大的冰盖里，以致引起全世界海陆水平线的变动。暴露成陆地的广阔地域现在又成了海底。

在200万或300万年的更新世中共有4次冰期；冰期与冰期之间隔着较为温和的间冰期，其时冰暂后退。同时，也许曾是我们这属和这种的摇篮的非洲出现了极大极多的暴雨，反映着北方的冰期。

今日的世界仍然在慢慢地跨出这一系列寒潮的最后一次，不是稳定地转暖。冷暖已经反复过，现今还在反复。例如，2000年或3000年前泥炭中的黑栎的遗留在苏格兰已经发现过，它所在的纬度现在即使是矮橡树也生长不了。这种不稳定的逐步转暖也许还会继续，也许不再继续，我们还不知道。

在更新世的霜雪时增时减之中，我们认出了最初和人形相似的动物。哺乳动物时代的顶点就是冰、艰苦和人。

第二编
人类的形成

　　人类的起源和他同其他动物的关系是过去一百年里引起很大争论的课题。科学界流行的意见是：人同其他所有的哺乳动物一样，是从种类较低的祖先传下来的。它和巨猿、黑猩猩、猩猩、大猩猩曾有过一个共同的祖先，而这个祖先又是从更低级的类型演化出来的，它是某种早期类型的哺乳动物，本身是从兽形爬虫传下来的，这种爬行动物又来自一系列的两栖动物，两栖动物又是来自原始鱼类。这个谱系是根据人体和其他脊椎动物解剖学上的比较，并由人体在出生前胎内所经历的奇怪的阶段所证实的。因为它初期很像要长成一条鱼，长着鳃片和鱼般的心脏和肾脏，它经过了若干使人回忆两栖类和爬行类的阶段；然后，它又扼要地重复了低级哺乳类的结构。它有一个时候长着尾巴。即使在它个体发育中，它也不是从人开始的，而是经过斗争才成为人的。有二十来项对它并没有什么益处的细节，例如毛发、四肢毫毛的长向，使人回忆起猿类。

第六章 猿和亚人

1 人类的起源

人类的起源和他同其他动物的关系是过去一百年里引起很大争论的课题。科学界流行的意见是：人同其他所有的哺乳动物一样，是从种类较低的祖先传下来的。它和巨猿、黑猩猩、猩猩、大猩猩曾有过一个共同的祖先，而这个祖先又是从更低级的类型演化出来的，它是某种早期类型的哺乳动物，本身是从兽形爬虫传下来的，这种爬行动物又来自一系列的两栖动物，两栖动物又是来自原始鱼类。这个谱系是根据人体和其他脊椎动物解剖学上的比较，并由人体在出生前胎内所经历的奇怪的阶段所证实的。因为它初期很像要长成一条鱼，长着鳃片和鱼般的心脏和肾脏，它经过了若干使人回忆两栖类和爬行类的阶段；然后，它又扼要地重复了低级哺乳类的结构。它有一个时候长着尾巴。即使在它个体发育中，它也不是从人开始的，而是经过斗争才成为人的。有二十来项对它并没有什么益处的细节，例如毛发、四肢毫毛的长向，使人回忆起猿类。

经过了亿万个体生命的代谢，人才发展到今天他所具有的这样的权能和希望。从在江河湖海里蠕动游泳起，他达到了这样的境地，现在正以日益增长的意识和意志面对他的无可估量的种族命运。作者是相信这种人类起源的见解的。在他看来这似乎是十分可靠的定论。但是也不妨记住，人的祖先溯自禽兽，仍然有许多能干的甚至有学问的人激烈地否认。例如美国田纳西州的政府在20世纪20年代还是那样坚信相反的意见，甚至禁止在普通学校和高等学院里讲授这种见解。家丑显然是不可外扬的。于是威廉·詹宁斯·布赖恩的权威（在这件事上他是遵循他的伟大的榜样杰斐逊的）就在后来发生的德顿审判中同生物学界作了较量。

有时据说各种宗教团体，特别是罗马天主教会，反对人类起源于禽兽的看法，但是看来事实并非如此。罗马天主教会在人是特别创造出来的看法上并不比它在大地是平扁的或太阳是围绕地球而转动的教条上更受约束。人们曾一度设想这是教会的教义，但是后来这一切都相当圆满地澄清了。许多个别信徒不同意科学的见解，因为他们觉得人似乎被认为是下降的而不是上升的；但是他们的反对并不牵涉到教会的整体。历史学者的任务不是去处理似乎是怎样的东西，而是去处理实在是怎样的东西。当然，没有很多的基督教团体现在还坚持按文字一丝不苟地接受《圣经》上的叙述，对于这种伟大诗篇的自由想象是应当予以认可的；只要生物学者并不坚持人的灵魂是起源于禽兽，那么在这个问题上科学和宗教之间实在并没有什么可争论的。然而，在继续叙述人类的起源之前不把这点预先说明也是不公允的。作者将按照他所信以为真的来讲，至于在他看来是没有确实根据的，而他自己也不能加以判断的那些反对者的论点，他都摒弃不提。

以许多巨大的哺乳动物而论，现存的物种几乎都可以一步步地追溯到一个始新世的祖先。例如，象、骆驼和马都是如此。这些例子的谱系是很完整的，有大量的标本和渐变中密切相关的类别。但必须承认人类祖先的化石遗留却是很少而且不完全的，至今还存在着一些有待填补的宽阔的缺口。在英国的伟大的博物学者查尔斯·达尔文以他的《人类由来》唤起世界注意这个问题的那些日子里，已经找到的史前人类遗留是稀少和无用的。人和巨猿之间的鸿沟似乎是固定了的，"缺环"成了普通讨论中的笑柄。直到最近才找到一些可以连接这空隙的动物的遗迹。但是在过去的二三十年里，头盖骨、牙齿、股骨已越来越多地被发现了。

人们常说，达尔文认为人类是从某种类人猿如黑猩猩、猩猩、大猩猩传下来的，但这当然像说我是从某些霍屯督人或爱斯基摩人"传下来"的一样有理，意思是他们是幼稚的或比我自己更幼稚些。另有些人对反驳的意见很敏感，因而说人和黑猩猩、猩猩、大猩猩都是从一个共同祖先传下来的。有些"人类学者"甚至热衷于推考人类是否可能有两个或三个起源；黑种人是从类似大猩猩的祖先传下来的，中国人是从近似猩猩的祖先传下来的，而白种人是从类似黑猩猩的祖先传下来的，如此等等。按照这个卓越的理论，黑猩猩是欧洲人的卑贱的兄弟，比起较远的黑人或中国人更有权可以和高贵的"诺迪克"家族同桌吃饭和通婚了。这些都是荒谬的观念，这里只是为了把它排除才提到它。过去也有人设想过，人类祖先"可能是巢居"的。但是现在流行于有资格表示意见的人们中的看法似乎说人类祖先是"地面上的猿"，现存的猿类也是从不太巢居的来源朝着巢居的方向发展的。

如果把人的骨骼和大猩猩的骨骼并排安放，其类似的程度之大，很容易使人急遽作出结论，认为前者来源于有似于后者的类型，其中经过一个脑成长和一般改善的过程。但是如果仔细地观察一两个区别，两者之间的差距就扩大了。最近特别着重在两者的脚的踩法不同。人是用他的脚趾和后跟行走的，他的大脚趾是行走时主要的杠杆；如果读者观察一下自己留在浴室地板上的脚印，就可以看出，凡是压力降低的地方，脚印就淡一些。他的大脚趾实为众趾之王。

一切猿和猴中，大脚趾发展得有些和人相似的只有一些狐猴。狒狒是用脚板和所有的脚趾一起行走的，它用中趾作为它的主要起步点，很像熊的走法。这三种猩猩都用脚的外缘行走，和人的走法很不相同。

大的猿类住在森林里，它们很少步行；它们在树上不像猴子那么轻捷，但是它们经常并习惯于离地生活。大猩猩最重，着地时间最多。当它们在地面时，它们常用前肢活动，奔跑时肘节着地，和人的走法大不相同。它们的臂膀比人长些。它们攀援的方法很特别；它们很像猴子那样多用臂摇荡，但却不像猴子那样用脚的弹力起步。它们没有尾巴可供借助。它们发展了自己特有的攀援方式。但是人却既能走得那么好，又能跑得那么快，说明他已有了在地面上的很长的家史。而且，他现在已不善于攀援了，攀援时也就谨慎踌躇了。

可以想象的是，我们即将讲到的人和亚人的前驱者，在新生代开始时，是一种奔跑的猿类，主要在地面上生活，在岩石间藏身，而不是像直布罗陀猴那样在树林里生活。它相当会爬树，用大脚趾和二趾抓住东西（像日本人今天能做的那样），但是它已经改变了更远的中生代巢居祖先的习惯，下到地面上来了。

还有，应该注意到，人并不是生下来就会游泳的，他必须学习游泳，这一点看来就表明他已长期和江河湖海相隔离了。这样一种动物很少会在这样的情况下死在水里而使他们留下的骨骼变成化石，这就是很容易理解的了。

必须常常记住，尽管地质记载有许多其他缺陷，它必然包含着大量只限于在水里或沼泽里的生物，或是容易且常常被淹死的生物的证据。就是这个原因使得在中生代岩石里很少和较难找到哺乳类祖先的遗迹，也可能就是这个原因使得在新生代岩石里很少和较难找到人类祖先的遗迹。我们所有关于早期人类的知识，举例说，几乎完全是从几个洞穴里得来的。他们曾经到过这些洞穴，并在那里留下了痕迹。直到更新世的严峻时期，他们一直是生活和死亡在旷野或森林里，他们的尸体完全被吃掉或腐烂了。

而且，人类的祖先今天像今天的大猿那样也许从来不是为数很多的种族。他们不像野马和鹿那样成群出没，每一代都是成千上万，即使不到百万。这些吃草的野兽很多会淹死在水里，或者被鳄鱼拖到水里，或者被杀死在饮水地点附近的泥塘里。因此它们容易变成化石。大猿却相反，它们单独地或成对地带着一两只幼猿，在广阔的旷野里觅食，把同类的竞争者赶走。它们是孤独的动物，每个都需要一块属于自己的土地。它们需要很特殊的食物。值得怀疑的是，它们为数曾否达到过几千以上，世界上现有的猩猩也许只有几百只了。整代整代地过去，可能没有一只变成化石。有大量的理由可以设想，人类的祖先是和孤独的猿相同的类型。他们独来独往或以小家庭为单位活动在广阔的地域上。几十个亲属相联的种类，生活在这种情况下，很可能完全消失而不留丝毫痕迹，古生物学者能够碰到他们痕迹的机会当然是微乎其微的。

最好也要记住，岩石记载还有待彻底清查。对它进行的研究还只不过几代，而每一代也只有很少几个人在研究。不久之前还只有西欧进行过这种有关的勘探。也许成千上万的还没有发掘过的沉积里会有——可能有人类和他的祖先的遗骨和遗迹。在亚洲、印度或东印度，或者在非洲，一定还埋藏着极有启发性的线索。在美洲，看来找得到有关亚人的任何东西的可能性不大。但是我们今天已有关于早期人类的知识也许只是即将为人所了解的内容中的一鳞一爪罢了。

猿和猴看来早在新生代开始时就已经分化了。下面即将讲到的中新世和上新世的猿已有许多种类，至于它们之间的关系以及它们和相联的亚人的关系则尚待研究。它们遗留下的东西在非洲和亚洲都很丰富，其中有些近于猿与人的共祖，从这里分出两支——一支导向到近代猿，一支导向到人。

2　最早的工具

可能所有这些动物，这些接近于人的动物，都使用工具。查尔斯·达尔文描写过狒狒用石头砸碎坚硬的果壳，用木桩撬起石头猎取昆虫，用木棍、石头殴打。简·冯·劳威克—古德尔曾描写过旷野里的黑猩猩用树叶擦抹身上的污垢或把树叶（嚼碎后）当作海绵从树穴里吸水解渴。它们用树枝插入蚁穴来"钓"蚂蚁或白蚁，然后拉出来把咬在枝头的蚂蚁吃掉。有时它们修整"钓竿"，然后携带着它去寻找可以用得上它的合适的蚁穴。

关于某些类人的动物不仅使用而且制造工具的最早的但不一定可靠的证据，是那些为了可以用手掌握而很粗糙地加以打碎和凿削的燧石的石片。其中有许多是极为粗糙甚至不一定出于人造的。石头的破裂和剥落可以出于自然的作用，如霜冻或土地塌陷时石和石的冲撞和摩擦，或由于有些地方白天黑夜之间温度的剧变。也许最早的石制工具是由这些力量形成,然后被使用者拾起和保存的。肯特和东盎格利亚上新世的粗糙"曙石器"曾被描写为人工制造的工具,很可能就是这样产生的。

最早的无可置疑的人工制造的工具是所谓奥尔多旺文化的粗糙地砸碎的石核和石块。因为最早在坦桑尼亚的山谷里发现,所以用这个地名称作奥尔多旺文化。这种石器的形式有其特点,就是把石核或石块的一面砸碎之后形成一条锯形切削的边缘。此后,类似的工具还在北自阿尔及利亚,南到南非这个范围里的各个遗址里找到,所以这种文化至少已传遍非洲大陆。时间当在更新世的早期或中期。它们被发现时一般并不和人或其他的遗物相联在一起,直到最近几年还是无法对200万年或300万年前制造这些工具的亚人进行描述。这些工具的制造者一般不把他们死者的遗骸留在居住的地方,而工具却正是在这些地方发现的。但是我们能够追踪出他们的技艺一代一代地逐渐改进,从一层层覆盖着的沉积里可以看出粗糙地砸碎的石砾怎样改进成简单的手斧。后者也许是万能工具,主要用来切割、剥皮和刮削。

人造工具的出现标志了旧石器时代的开始。

3 亚人化石

大约和最早可考的工具的同时有了最早可考的亚人骨骼。现今我们已有丰富材料的亚人可分为不同的两个等级——非洲的南方古猿(Australopithecus)和亚洲猿人(Pithecanthropus)。后者较前者为晚,更接近于人;当然,许多权威把它描写为人,虽则不一定和我们同是一属。这两者和我们自己的这一属摆成一列次序,看上去南方古猿像是亚洲猿人的祖先,而亚洲猿人又是近代人的祖先。

南方古猿

南方古猿被发现的第一个标本是一块少年的头骨,1925年在贝专纳〔今博茨瓦纳〕的东斯找到的。它的外貌大体上像猿,但是在某些细节上却出奇地像人,特别是牙齿。大约10年后,一系列数量庞大的头盖骨、牙齿和其他骨骼开始在〔南非〕德兰士瓦各个不同的遗址被发现,那里,至今已找到80或更多具遗骸,不包括零星的牙齿和其他的小骨骼。

20世纪60年代以来,L. S. B. 利基博士和其他的人在坦桑尼亚和肯尼亚又有一系列的重要发现。

这些遗留属于若干有区别的但密切相关的动物类型。有些权威认为它们之间的区别之大足以分隶各属。在南方古猿之外，另立傍人（Paranthropus）、迩人（Plesianthropus）、遥人（Telanthropus）和东非人（Zinjanthropus）等名目予以区别。有些其他权威宁愿把它们归在一属，并用同一名称，这里我们采取后一种较简单的办法。

这些南方猿人在更新世第一个冰期以前已在非洲生活。它的外貌大体上既不是猿又不是人，体高约4英尺，头颅似猿，两腿似人。脑壳和猩猩的一般大，头骨厚，前额低而平，眉毛浓而突出，颚大无颏，有时长着巨大的臼齿和前臼齿。但是头骨各部分，即使在比例上似猿，许多细节上比起任何已知的猿类更近于人。骨盆和股骨的形状，头和颈的接合部位，都很清楚地表明南方古猿是用两腿行走，几乎和人一样直立，比任何已知的直立的猿站立得更直些。

直立起来的南方猿人可以自由使用它们的双手，它们能用双手制造像奥尔多旺文化的那样的石器。但是这一点还是可疑的。坦桑尼亚的资料至少包括两个物种。一个是具有大颚、磨形臼齿的"咬碎坚果的人"，它们的骨骼是最初在一个居住的地址发现的，一起发现的还有石器以及制造石器时丢下的碎片和用石器击裂的兽骨。另一个是后来发现的，较为轻捷，叫作"能者"（habilis）。它的发现者利基博士相信这"能者"已和人相似到可以和我们一起被包括在人（Homo）这一属里，他提出能人（Homo habilis）是真正的工具制造者。但是批评他的人认为"能者"正好是南方古猿的另一类型。

如此看来极为专门化了的人类的腿是出现在人类的脑之前——当然，使脑有发展可能的也许就是腿。我们的祖先开始时一定是个像猿那样的动物，而臀围和腿有了改变，使它能直立起来。它们进入旷野，披荆斩棘，狩猎为生。用它们可以自由活动的双手，抬起锐利的燧石作为工具，然后开始对这种工具进行加工。从这时起，有如K. P. 奥克利博士指出的，脑也许就很快增大；随着文化日益发展，具有了较大适应能力和较高智力，在激烈的选择作用中取得了有利的地位。

这链条里的下一环，猿人（Pithecanthropus），许多年来只是从一些零星碎片上得知的——1891年，在爪哇的特里尼尔找到一块头盖骨的顶部，几颗牙齿和一条大腿骨。后来，多次设法去寻找

猿人

更多的这类东西，但只在第二次世界大战前几年才获得成功；这时在爪哇中部和东部搜集到半打完整的遗骸。我们能说的是，它们的时间相当于欧洲的第二次冰期和其前的间冰期——大约 50 万年以前。

爪哇猿人站立时体高不到 5 英尺，颅骨厚而平扁，眉峰骨突出，颚大无颏，但是它的比例不像南方古猿那样近于猿。脑量比南方古猿为大，平均下来是我们脑量的 2/3。它的股骨和臀围的形状和近代人没有什么区别。虽则猿人的面部还亚于人，想来脑力也是这样，但是它已能和我们一样直立和奔跑了。

另一变种来自中国。20 年代和 30 年代，北京附近周口店出土大量牙齿和头盖骨以及若干肢骨。它们最初被认为是另一属——中国人（Sinanthropus），但是现在已被包括在猿人中，虽则不属原有的那一种。这个新的形式比类属的爪哇猿人在朝人的方向发展上稍稍前进了一步，在脑量上尤其如此。它可能出现得稍晚。但是它的骨骼现在只能通过出版物的描述和复制标本来了解了，因为这件珍贵的收藏品在第二次世界大战期间已全部遗失，可能是从海道运送到安全地点时沉没了。

关于爪哇猿人的生活方式还毫无所知。在中国找到的这个猿人肯定已能制造石器和骨器，知道用火了，因为在其遗骸的发掘现场也找到了它猎获和炊爨的工具、炉灶及烧焦了的鹿骨。

看来猿人最早是出现于非洲，然后扩及到亚洲的。在北非已找到与中国及爪哇猿人密切相似的颚骨。近来利基在坦桑尼亚发现了大约 50 万年前的一个类人猿的头骨。

还有各种其他亚人的遗迹，但是它们在这个故事中的地位还值得怀疑。例如，海德堡附近的沙坑里，离地面 80 英尺的深处找到的一块颚骨。长着这块颚骨的那个动物生活在第一间冰期，正与生活在爪哇的猿人同时，很可能是很相似的动物。这块颚骨不是我们所了解的人的颚骨，但是在任何一方面都像是人的，除了它绝对没有颏；颚比人的大得多，后部狭小得令人推想它还不能使舌头转动自如，发出清晰的语言。它不是一块猿颚骨，牙齿是人的。这块颚骨的所有者被不同地称为海德堡人（Homo heidelbergensis）和海德堡古人（Palæoanthropus heidelbergensis），按照各权威对它和人或亚人类似的程度的不同估计而定。它生活的世界和初创工具的较早的亚人的世界相差不远；发现它们的沉积物表明在当时和它们一起的有象、马、犀牛、野牛、麋鹿等，但是剑齿虎已经衰落，狮子正在遍及全欧洲。这个时期（舍利时期）的石器在上新世石器的基础上有了相当大的进步。它们制作精致，但是比真正人类的工具要大得多。海德堡人也许躯体很魁伟，前肢巨大，和粗大的颚相称。它也许是个身上长着毛发的奇形怪状的没有人

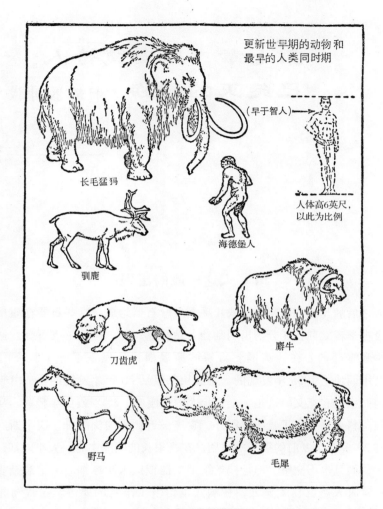

性的动物。1954年，在阿尔及利亚又找到了类似的三块颚骨，旁边有舍利式的工具。

另一个巨大的类人动物名叫巨人（Meganthropus），大约70万年前在爪哇被一条鳄鱼咬死并吞食。这个爬虫的齿印还很清楚地留在我们找到的该男人或女人的颚骨残片上。

第七章 尼安德特人,一个已绝灭的种族(旧石器时代中期)

1 人这一属的出现

猿人之后的几万年,所有记载几乎全由燧石器组成。这些石器在质量上逐步改进。考古学者立刻就能分辨出削刮器、钻孔器、刀、标枪、飞石等。但是骨器还是稀少和零碎的。在〔英国〕肯特的斯温斯肯比发现了一个脑壳的三块碎片——其中两块是1935年发现的,第三块是其后20年才发现的——由于它们很古远,因而也最有意义。这是一个青年人的头颅骨,25岁或更年轻些。从可供研究的有限资料来看,除了骨头较厚外,它极像近代人的头颅骨。这个斯温斯肯比人生活在20多万年以前的第三次冰期。在这很长的间隔中有一大半时期,留下的遗骨很少,而且也不完整。但是接近第四次冰期即末次冰期时,记载渐多,达到了高峰。这时人类已住入洞穴,在洞穴里留下了丰富的遗迹。在欧洲的许多遗址、巴勒斯坦、亚洲和非洲,都得到了人类的遗骸——头颅骨,它们和我们自己的稍有差别,它们彼此之间也常有差别,但我们必须承认它们是人的遗骸。

这些洞穴中最著名的一个是在德国杜塞尔多夫附近的尼安德特。在这个洞穴里于1856年发现了第一批显然是一群人的骨头。这种人被称为尼安德特人(Homo neanderthalensis)。现在已知道他们在第四次冰期开始时曾居住在欧洲大部分地区和邻近的亚洲、非洲地区。尼安德特人颅骨厚、骨质重;弯腰、俯首,不能像现在的人那样挺着脖子。他们没有下巴颏,也许还不会说话。他们长得笨重,当然,他们与我们还不是同种,但是他们的脑壳至少已和我们一般大,把他们归入人(Homo)这一属是不容争论的了。

很自然会设想这些野兽般的人,正是向智人(Homo sapiens)进化的链条上最后的"缺环"。但是这个结论还是可以怀疑的。在刚刚描述的那个典型的或极端的尼安德特类型的人之前,即在最后一次冰期之前的间冰期,在同一地区还有另一种更近似我们的人。这些人有时被称为"概括化了的尼安德特人",他们具有其近祖的许多特征,但在其他方面则更近于智人。概括化了的尼安德特人的骨骼结合了尼安德特人和近代人的特征,已发现于欧洲以外的许多遗址,例如巴勒斯坦的卡麦尔山,罗得西亚的布罗肯希尔。人这一属也许有一个原始类型存在于更新世的中期,这个类型不会不同于概括化了的尼安德特人,它衍分为两支:一支导向像我们这样的人;另一支发展偏向于笨重和粗野的方面,产生了后来那种极端的尼安德特人。

2 5万年前的世界

在第三间冰期的时候,欧洲和西亚的地形和今天大不相同。地质学者能大体上绘制出这个差别;他们的结论见下图。现在淹没在大西洋西部和西北部水下的广大区域当时是旱地;爱尔兰海和北海是河谷。像今天覆盖在格陵兰中部那样的

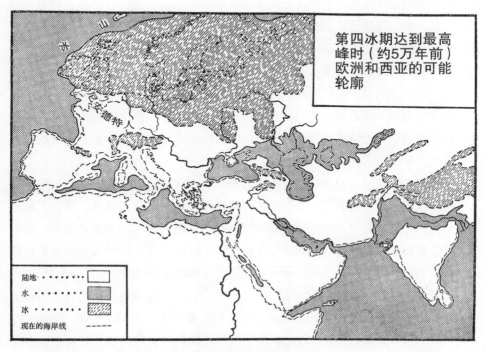

就我们目前所知,本图显示的是约5万年前尼安德特人时代欧洲和西亚的地理情况

巨大冰盖在北部地区扩张了又消退，消退了又扩张。这个笼罩地球两极地区的巨大冰盖从海洋里撤出了大量的水，海平面因而下降，暴露出大片陆地，这些陆地现在又淹没在水下了。地中地区［即今地中海区域］当时可能是一大片低于一般海平面的盆地，包括两个隔绝于大洋的内陆海。这个地中盆地的气候也许是寒冷的，南面的撒哈拉地区当时并不是一个焦石和流沙的大漠，而是一片丰润的沃土。北自大片冰层南抵阿尔卑斯山脉和地中盆地之间延亘着一片荒凉的旷野，气候从凛冽变得温和，然后在第四次冰期又变得严峻起来。

现在横贯这片旷野的是欧洲的大平原，出没着各种动物。起初有河马、犀牛、猛犸和象。刀齿虎已减少到渐趋灭亡。然后，随着气候变冷，河马和其他喜暖的动物，就不再到这样远的北方来了，刀齿虎完全不见了。长毛猛犸、长毛犀牛、麝牛、野牛、欧洲古牛和驯鹿广布各地。温带植物让位给了较为耐寒的植物。冰川南伸达到第四冰期的高峰（约5万年前），然后又后退了。

在较早阶段，第三间冰期，有若干以家庭为小群的人们（尼安德特人）或者可能是亚人，在这片土地上来来往往，除了一些燧石器和偶然发现的骨骼外，别无他物足以证明他们的存在。也许还有其他能制造工具的某种人类，但关于这些种类的人我们现在除了猜想外还无从证实其存在。他们可能也已使用各种形式的大量木器；他们可能已从木材上掌握了物体的形状和怎样利用不同的形状，这种知识他们后来就应用于石器；但是这种木器材料没有保存下来的，我们对于它的形式和用处只能加以猜测罢了。

当气候变冷到最严峻的时候，尼安德特人——好像已懂得使用火——开始在石壁下和洞穴里寻找荫蔽，因而在这些地方留下了遗物。在这以前他们是习惯于在靠近水源的旷野上围着火蹲踞休息。此时他们已有足够的智力来适应新的和较为艰苦的条件了。

不仅是人住进洞穴。这时也有穴居的狮子、穴居的熊和穴居的鬣狗。早期的人想要蹲进和避入这些洞穴，就得把这些野兽撵走且制止它们进入。燃火无疑是一种驱兽和自卫的有效方法。早期的人可能并不深入洞穴，因为深处暗黑，他们还没有照明的方法。他们只进到能避寒的深度，并在洞角里储藏木柴和食物。他们也许在洞口设置些障碍。他们深入岩洞里唯一可以使用的照明应该是火把。

尼安德特人猎取些什么呢？他们唯一可用来打死巨大动物像猛犸、穴熊甚至小一些的驯鹿的武器是木矛、木棍和飞石，以及备用的大块燧石，即"莫斯特"工具。他们经常猎捕的可能是较小的动物。但是他们只要有机会当然也会吃巨兽的鲜肉。也许他们会追踪这些巨兽，等到它们生病了，或在争斗中受伤了，或被冰或水困住了的时候乘机下手。拉布拉多的印第安人仍然用标枪在艰险的渡口猎取驯鹿。在［英国］德文的达伍利什曾发现一条人工挖掘的壕沟，被认为是旧石器时代用来猎象的陷阱。我们知道尼安德特人打到了猎物，部分就在当场吃掉，把带髓的大骨带回洞去，慢慢地砸碎了吃，因为我们在洞穴里找到的只有少许是肋骨和脊骨，而大部分都是砸碎和劈开了的长骨。他们用毛皮裹身，妇女们可能是整制毛皮的人。

我们也知道他们和近代人一样惯用右手，因为左脑（它管身体的右半边）比右脑大。管视觉、触觉和体力的后脑部分较为发达，而管思想和语言的前脑部分却比较小些。他们的脑子和我们的一般大小，但和我们不同。这一种人在智力上当然和我们很不相同；他们不仅比我们较为简单和低级，而且他们是在另一条线上发展的。也许他们根本不会说话，或是说得很少，少得还不成其为我们所谓的语言。

3　尼安德特人的日常生活

沃辛顿·史密斯所著的《原始野蛮人》一书里有一节关于旧石器时代早期原始人生活的很生动的描写，下面大部分的叙述是取自该书。沃辛顿·史密斯先生在原著中所设想的社会生活较广，组成的共同体较大，成员间的分工也较具体；与后来的著作，如 J. J. 阿特金森关于原始法律的著名论文等对照来看，不是完全恰当的。所以，这里将以一个长老领导下的家庭集团来代替沃辛顿·史密斯先生所描写的小部落，并在这概述中编入阿特金森先生所提到的关于长老的行为。

沃辛顿·史密斯先生描写了一个靠河的蹲所，因为原始人还没有坛坛罐罐，不得不紧傍水源而居，不得不紧靠白垩石壁以便取用燧石。空气是冷冽的，火就十分重要，一旦熄灭了，在当时是不容易再燃起来的。不需要旺火时可能是用灰封住的。最可能的取火方法是在干枯树叶中间用一些黄铁矿石和燧石互相撞击；在英国那些黏土和白垩靠近的地方，发现过凝结在一起的黄铁矿石和燧石。这一小群人围坐在一大堆羊齿、苔藓之类的杂乱的干草里。有些妇女和孩子必须不断地去收集干草，使火继续燃烧。这已养成了一种传统。年轻人模仿他们的大人做这桩事情。也许在这营地的一边有个用树枝搭成的粗糙屏风。

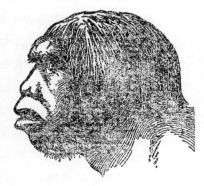

尼安德特人

长老是这群人的父亲和主人。他也许在篝火旁锤击燧石。孩子们模仿他,学习使用那些锐利的碎片。可能有些妇女会出去寻找合用的燧石,她们用木棒把燧石从白垩里挑出来,带回蹲所。

周围会有各种毛皮。看来很早的时候原始人就会利用兽皮,可能用来包裹孩子,在潮湿和寒冷的地面上用来作为卧垫。处理兽皮也许是妇女的事。在兽皮的里面要用适当的燧石片把肉质刮干净,然后拉直铺平,用木钉钉在草地上,在阳光下晒干。离火较远的地方,另有一群人四处徘徊,觅取食物。但一到夜晚,他们全都聚集在火旁,把火烧旺起来,用以防御熊罴之类的猛兽。在这一小群里长老是唯一的成年男子,其余就是些妇女、男女孩子。男孩子们长大到会引起长老的嫉妒时,如果他们顶撞长老,则不是被撵走,就会被杀掉。有些女孩子也许会跟着这些被驱逐的人一起出走。这些年轻人三三两两地可能在一起待一段时间,到处流浪,直到他们碰到另外一群人,可能想从中窃取配偶。然后,他们之间又可能闹翻了。到了有一天,这个长老年已四十,或者更老一些,他的牙齿脱落了,体力衰弱了,一个年轻的男子会站起来反抗他,把他杀掉,取代他的统治地位。蹲所里的老年人是会很快被解决掉的。只要他们衰老而脾气变坏了,烦恼和死亡也就降临到他们头上了。

在蹲所里他们吃些什么呢?

原始人常被说成是捕捉巨大的猛犸、熊和狮的猎人,但是野蛮人曾经猎获过比鼠、兔更大动物的可能性是极小的。人多半是猎物而不是猎人。

原始野蛮人既吃植物又吃动物。他们吃榛子、山毛榉果、甜果、花生和橡实。他们也吃野苹果、山梨、野樱、野醋栗、野生李、花楸果、黑刺李、黑莓、杉果、蔷薇果、山楂果、水田芥、菌、大而软的叶芽、念珠藻(这种植物乡下人称作"陨星")、唇形科及类似的多肉和多汁的植物如芦笋等地下茎根,以及其他鲜嫩的菜蔬。他们吃鸟卵、鸟雏、野蜂的蜜和蜂房。他们吃蝾螈、蜗牛、青蛙——后面这两种美味现在诺曼底和布列塔尼地方还被视为珍品。他们吃死鱼、活鱼和淡水里的蚝;他们能很容易地用手捉鱼,下水和潜水捉鱼,也用网罟捕鱼。在海边,他们吃鱼,软体动物和海藻。他们吃许多较大的鸟和较小的哺乳动物,这些他们用石子和棍棒或用简单的圈套、陷阱就能捕获。他们吃蛇、蛇蜥和小龙虾。他们吃各种虫蛹和昆虫、甲虫的大幼虫和各种鳞翅目的幼虫。至今在中国依然保持着吃鳞翅目幼虫的嗜好,晒干后一堆堆地在市场上出售。主要的和极有营养的食物无疑是把骨头捣成的干硬和沙粒状的骨酱。

一项极其重要的事实是原始人吃鲜食时并不讲究吃得过分新鲜。他们找到的经常是已死的东西，即使是半腐烂了的东西他们觉得还是美味——喜爱很腐烂或半腐烂野味的嗜好至今还是存在的。如果为饥饿和困苦所迫，他们也许有时要吃软弱的伙伴或羸病的孩子，这些孩子碰巧是瘦弱的或难看的或变成了负担的。在羸弱和垂死状态下的较大野兽无疑是求之不得的好东西；得不到时，有已死的和半腐烂的也能满足。

尼安德特人的骨头和牙齿常发现畸形状态，这意味着他们除了有其他缺陷外，还缺乏维生素D，特别是那些住在北部几乎没有阳光地区的人。

无论最早的旧石器人怎样处理他们的死者，我们有理由可以设想，较后期的尼安德特人至少把一些死者有礼貌地和有一定仪式地予以埋葬了。著名的尼安德特骨骸中有一个是属于青年人的。他是被慎重地埋葬起来的，他被放成睡眠的姿势，头枕在右前臂上。头和臂安放在一些整齐地堆成个"枕头样子"的燧石碎片上。一个大型手斧放在他的头边，围绕着他还有许多烧焦和劈碎了的牛骨头，好像曾经举行过一次葬礼的宴会。

4 伪造的辟尔唐人

岩石记载中时时发生出于不同目的的伪造。赝品中最有名的是所谓辟尔唐人这个我们的假祖先。他的故事值得深思。

这个稀奇的东西是查尔斯·道森"发现"的。他是英国萨塞克斯的律师，热心于地质学和考古学。他对这些学科曾作出值得称道的贡献，他已把这些贡献告诉了职业性的专家们，其中包括他的朋友——当时伦敦自然历史博物馆地质部的管理员阿瑟·史密斯·伍德沃德。

早在1912年，道森就写信告诉史密斯·伍德沃德，说他在辟尔唐地方找到一个有人类头盖骨碎片的沙砾地层。这个头盖骨可以和海德堡人一样引人注意。而且还有其他遗物，特别是一个犀牛的牙齿，它所属的类型可以指明这地层的时间近于上新世和更新世的分界线。

史密斯·伍德沃德上了钩。他到辟尔唐和道森一起发掘、清理这沙砾——这项工作还得到其他人的协助，其中有一个年轻的神父名叫德日进。到12月，他们在一次地质学会的会议上宣告找到了一些人类头盖骨的碎片和同一个人的一块出奇地像猿的颚骨，还有这个人制造的一些粗陋的燧石器及一堆各种哺乳动物的骨头，根据这些动物的特点可以决定这个人的年代。

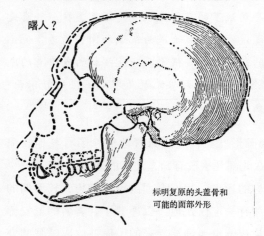

辟尔唐亚人之谜示意图

这个公告引起了各式各样的反应。许多有名的权威人士接受和欢迎这个"曙人"——Eoanthropus——认为这就是长期盼望的猿和人之间的缺环。这成了大多数人的看法。但是有些人提出了怀疑，他们说，这块颚骨看起来太像猿类，不大可能属于那个类似人的头盖骨。这部《世界史纲》的初版对这个"辟尔唐人之谜"有一长段表示怀疑的讨论，附有一图，重印如左。读者可以注意"曙人"后面的问号。

随后发生的一些事件加强了反对的意见。在爪哇、中国、非洲发现的人类化石建立起一个上面叙述过的进化序列，辟尔唐人很难安插进去。虽则在辟尔唐地层及其附近，在其后的几年里，得到过一些旁证的资料，但是1916年道森死后来源就干涸了。20年代，史密斯·伍德沃德几次发掘，一无所得。1950年，在自然资源保护局的主办下，在原址又进行了大规模的发掘，还是毫无结果。

最后，由一组科学家用多种精密的近代分析技术重新鉴定原来的骨头和牙齿。他们得到的结果在1953年出版公布，肃清了一切疑团。辟尔唐地层里找到的每一件东西都是事先由伪造者安放进去的。这个头盖骨是人的，至多不过是几千年前的东西。颚骨是属于猩猩的，它的牙齿是锉过的，使它更近似人齿。象齿来自突尼斯，河马齿来自马耳他，犀牛和柱牙象的骨头是从东盎格利亚的一个上新世地层里弄来的。石器是粗糙的新石器"废料"。而且用上了含铁盐质、高锰酸甚至深褐色颜料，使一切东西相互之间以及和它们所埋地层都能配合得上。

从前也有过别的伪造化石和别的科学骗术，但从没有比这个更成功的了。辟尔唐人广泛地，即使不是普遍地被接受了40年之久，甚至今天在一定意义上，它的鬼魂依然在科学走廊里出没。古生物学者说："不准再发生这种事了"。而忘记了它为促使今天的古生物学者进行工作时格外谨慎和严格而作出的贡献，那应该说是辜负了它的教益。

第八章　旧石器时代晚期和第一种像我们这样的人

1　像我们这样的人的出现

尼安德特类型的人在欧洲流行了至少有几万年。这些已近乎人的族类流行是如此之久，使得整个有记载的历史都像是昨天发生的事情。这一种人类沿着它自己发展的路线，积累了蒙昧的传统，发挥了它有限的才具。但是最后约在2.5万年至5万年以前，当第四冰期气候逐渐转暖的时候，另一种类型的人在欧洲出现了，看来就是这种人把尼安德特人消灭的。

这新的类型可能发祥于西亚或非洲，或现在已经淹没在地中海里的盆地上。随着累积更多的遗物和证据，人们对这种人早期的情况可以知道得更多些。目前我们还只能揣测这些最早的真人是在什么地方和怎样经过漫长的时期慢慢地跟远房的尼安德特兄弟们平行地从更近于猿的老祖宗发展起来的。经过了几百个世纪，在我们还弄不清楚的环境里，他们获得了运用手和四肢的技能，增加了脑的能力和容积。当他们最初进入我们的知识范围时，他们在成就和智力上都已远远超过了尼安德特人的水平。他们已经分成两个或更多的很不相同的种族。

这些新来的人严格说来并不是移殖欧洲的，毋宁说他们是在一世纪一世纪气候转暖的过程中追随着他们所习惯了的食物和草木来源地的扩展，而向在他们面前展开的新领域拓殖而来的。冰雪在后撤，草木在增长，可供狩猎的各种野兽在繁殖。广阔草原上牧草和灌木丛生的环境，带来了大群的野马。人种学者（研究种族的学者）把这些新的人类种族归入和我们自己同一个生物分类的种里，同与他们所繁衍出来的所有人类种族一起，统用"智人"（Homo Sapiens）这个共同的专名。他们的脑壳和手已和近代人差不多。他们的牙齿和颈项在解剖学上说已和我们一样。

我们知道在欧洲这个时期遗留下的骨骸有两种不同的类别：一是克罗马农种族，二是格里马耳底种族。但是大量的人类遗迹和器具，或是没有和人的骨头在一起发现，或是在一起发现而骨头太少以致不能据以确定它们所联系的体质类型。在克罗马农洞穴里的那些完整的骨骸是最早发现的旧石器时代较新的人类，即真人的一个主要类型，所以把他们称作克罗马农人。

这些克罗马农人身高、面阔、鼻狭而突出，脑即以近代标准来说也是大的。克罗马农洞穴里那个妇女的脑量超过今天男子的平均数。她的头部受到过很重的打击。和她同在一个洞穴里的还有一个较老的男子的完整的骨骸，身高几乎到 6 英尺，还有一些儿童的骨骸碎片和两个青年男子的骨骸。洞内也有燧石器具和无疑是用作装饰品的穿孔海贝壳。这是最早的真人标本。但是在门汤附近的格里马耳底洞穴里发现了也属于旧石器时代晚期的两具骨骸，它们却是属于差别很大的另一类型，具有尼格罗特点，有点指向尼格罗人类型。他们被认为——有些专家并不同意——是尼格罗种族参与过我们这个种的人类逐渐入侵欧洲的证据。这两个种族——如果它们确有区别的话——可能在时间上是交叠的，或者是克罗马农人后于格里马耳底人；其中之一或两者都是和晚期的尼安德特人同时的。不同的权威对这几点都有很强烈的意见，但是至多也不过是些意见。同时在非洲有若干不同类型的智人，有如大脑袋的波斯科普种族，他们的头颅和现在的人类相比最近似于活着的布须曼人。他们是身材较魁梧也可能较聪明的布须曼人。

克罗马农人

冰期以后出现的这些旧石器时代的真人确在人类历史上飞跃了很大的一步。这两个主要种族都具有人的前脑、人的手以及和我们极其相似的智力。他们从岩洞里和采石场上把尼安德特人撵走。看来他们也会同意近代人种学者把他们看成是另一种人。这些真人不像大多数野蛮的征服者那样把击败了的对方的妇女占为己有，跟她们生男育女，他们似乎跟尼安德特人，不论男女都划清界限。没有发现过任何种族杂交的痕迹，尽管这些新来的人也使用燧石器，而且落脚于他们前人占有过的同一地点。

我们对于尼安德特人的模样还不清楚，但是没有杂交这一点上似乎暗示他们身上毛发很重，长得奇丑，或者他们很低的前额、突出的眉骨、猿似的颈项和矮小的躯体会令人望而却步。或者他们也许太凶猛难驯。哈里·约翰斯顿爵士在他的《观察与评论》一书里关于近代人的兴起的概述中说过："在模糊的种族记忆中的这种行为阴险、行步蹒跚、遍体生毛、牙齿坚实和可能有吃人习性的猩猩般的怪物，也许正是民间传说中妖魔鬼怪的来源。"

这些取代尼安德特人的旧石器时代真人进入到较温和的气候，他们虽然也使用了前人留下的洞穴和荫蔽所，但他们多在空旷处生活。他们以狩猎为生，有些人或所有的人都猎取猛犸、野马以及驯鹿、野牛和欧洲古牛。他们吃马肉，吃得很多。在梭鲁推的一个很大的露天营地，看来有许多世纪每年他们在这里集会，发现了除驯鹿、古象、野牛的遗骨之外，估计还有10万匹马的遗骨。他们可能是跟着一种有鬃毛的小马的马群在草原上游动的。他们在马群的两侧巡行，摸熟了并善于对付它们的习性。这些人的大部分时间一定是花在侦察牲畜们的活动上。

他们是否已驯服和豢养马匹，至今还是个可以讨论的问题。也许他们是经过几百年逐渐学会的。无论如何我们已找到旧石器后期所画的马，头部有一些痕迹极像是套上的笼头。还有一个马头的雕像，刻着一条也许是皮革或筋腱所拧成的绳索。但是即使他们已经驯服了马，至于他们是否已用它来骑乘，或驯服后作其他之用，那就更难说了。他们所知道的马是那种颏下有鬃的野生小马，力不足以负载着人走多远的路。看来人们也不像已经学会用牲畜的乳当食品的那种有点不太自然的办法。如果他们最后驯服了马，这也是唯一似乎被他们所驯服的牲畜。他们没有畜狗，更谈不上驯养羊或牛了。

对我们理解他们所具人类共同属性大有帮助的是这些最早的真人很能绘画。他们确是画得惊人地好。从一切标准来说，他们是野蛮人，但是他们却是精于艺术的野蛮人。他们绘画之美，在历史期前，没有能胜过他们的后继者。他们在崖面和从尼安德特人夺来的洞穴的壁上又绘又画。对于那些被遗骨和残片所困惑的人种学者，这些遗留下来的绘画正像是透过谜语和黑暗得到了闪烁着光芒的清晰可见的信息。他们在骨上和鹿角上画图；他们雕刻了小型的形象。

旧石器晚期的人们不仅以一代比一代手艺更高明的精美绘画留下了史料，而且又在他们的坟墓里留下关于他们生活的报道。他们已实行墓葬。他们埋葬死者，并常以饰物、武器和食物伴葬；他们在坟墓里使用许多彩色，显然在尸体上着色。从此可以推想，他们生时也是用彩色文身的。彩绘是他们生活中的一件大事。他们是绘画成习的人；他们使用黑、褐、红、黄、白诸色的颜料，而且他们

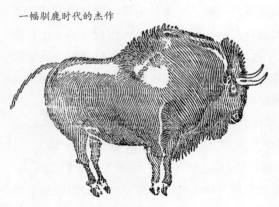

一幅驯鹿时代的杰作

四色彩图（西班牙　阿耳塔米拉洞穴）

所用的这些颜料在法国和西班牙的洞穴里和崖壁上其色彩一直保持到了今天。近代各种族的人中没有表现过这样爱好绘画的性情；最接近于他们的是一些美洲的印第安人。

晚期旧石器人的这些图画和绘画持续了一个很长的时期，在艺术造诣上也有很大的起伏。早期的图画常较原始，类似灵巧的儿童手笔，四条腿的动物通常只画一条后腿和一条前腿，和今天的儿童所画的动物一样；要画出另一面的两条腿，对当时艺术家的技术要求未免过高了。最早的图画可能是像儿童那样从信手涂抹开始的。野蛮人用燧石在光滑的岩石面上刻画，留下了一些线条和姿态。但是他们的立体雕刻至少和他们最早的图画一样古老。早期的图画暴露了他们完全缺乏描绘成群野兽的能力。

经过了几个世纪，比较高明的艺术家出现了。最后，所绘的野兽惊人地生动和逼真。但是即使在他们艺术时代的高峰，他们还是和儿童一样只画侧面像；还是掌握不了透视法和显示前后景所需的缩小配景的方法。最普通的题材是猛犸和马。在西班牙北部的洞穴里没有见过人像，只有动物的图；但是在西班牙东部有许多这时期晚期的绘画中却有人像。有些人还用象牙和石硇石刻成小像，其中有些是很肥胖的女像。她们很像布须曼妇女。早期的人形雕像具有夸张手法的倾向，一般说来他们所雕的人像在生气和逼真上远不及他们描刻的动物。

后来，在人像的塑造上更为优美和精致了。在一块小小的象牙雕刻上，曾发现过一个发式精致的少女头形。这些人在晚期阶段也在象牙和骨器上涂划和雕刻各种图案。有些最有趣的图案是奇妙地刻在圆形骨头上的，特别是圆形鹿骨棒上，以致一眼无从看到整个图案。黏土塑成的肖像也发现过，虽则旧石器人们还没有使用过陶器。

许多绘画是在无光的洞穴深处发现的。这些洞穴通常不易进入。绘画的人必须掌了灯才能工作，我们也发现了当时燃脂的石硇石浅盏。至于观看这些洞穴绘画是否近于一种仪式活动，或在什么情况下可以观看这些绘画，我们现在完全无从想象。然而在西班牙的南部和东部，绘画却并不在洞穴里，而是在光线很好的悬岩荫蔽所的石壁上。

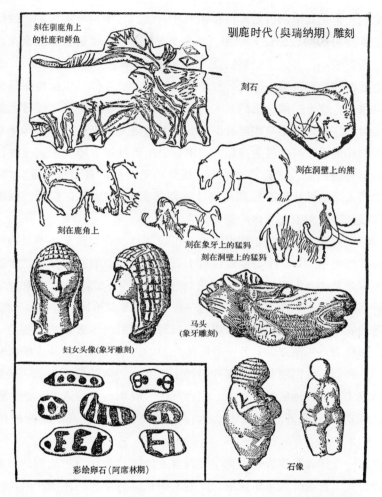

驯鹿时代（奥瑞纳期）雕刻
刻在驯鹿角上的牡鹿和鲜鱼
刻石
刻在洞壁上的熊
刻在鹿角上
刻在象牙上的猛犸
刻在洞壁上的猛犸
马头（象牙雕刻）
妇女头像（象牙雕刻）
彩绘卵石（阿席林期）
石像

考古学者现在把欧洲的这些较晚的旧石器人，这些真人的历史分为三个主要阶段，我们必须在这里把它们的名称说一说。但是同时最好也注意到要分辨不在一地的两个地层的早晚是相当困难的。我们有时以为在处理前后不同的东西，而它们却很可能差不多是同时的和属于不同种族的东西。读者必须记住，我们是在处理细小的不相连接的一件件文物，大多是些石器。

专家们通常已鉴别出的最早阶段是奥瑞纳期（得名于欧里纳克的洞穴），它的特征是很精致的燧石器和艺术的迅速发展，特别是雕像和壁画。这个十分著名的有壁画的洞穴在时间上被认为是属于较晚的旧石器时代的三个分期中的第一期的后期。第二分期称作梭鲁推期（得名于梭鲁推这个地方），以高质量和优美的石器为其特点。有些剃刀般的石片可以媲美新石器时代最好的成品。它们当然没有经过磨制，但是其中的极品薄得和钢刀片一般，几乎同样的锐利。最后看来到了马格达连阶段（得名于拉·马德兰纳地方）。这时马和驯鹿已经衰减，红鹿进入欧洲，石器较小，有大量骨制的鱼叉、矛头、针等。

旧石器时代后期的第三阶段，也是最后阶段，猎人似乎以捕鱼来补充日益减少的食品供应。这个时期突出的艺术包括骨器上的浮雕和刻线。圆骨上的图案即属于这个时期，有人提出这些雕有图案的骨制滚轴是用来在皮革上印下彩纹的工具。骨器制作的手艺有些极为高超。帕尔金引用德莫尔蒂耶关于驯鹿时代（马格达连期）骨针的话说，它们"比后来，甚至历史时期，直到文艺复兴都为高明。例如，罗马人用的针从没有能和马格达连期相比的出品。"他们的绘画精巧地用了浓淡深浅的手法来引起立体的感觉。

这些时期究竟为时多久，现在还难于正确估计。我们甚至还不很确切知道它们之间相互的关系。每一个时期或许有1万到2万年。而且，分期主要是根据在法国和西班牙北部所发现的遗物。当我们进入西班牙南部、意大利和北非时，它们这些特征就不见了。在南方存在着另一种生活类型，不同的食物和不同的用具。

狩猎的晚期旧石器人在欧洲繁盛了很长时期之后终于开始进入逆境——他们消亡了。来自南方和东方的另外一些新的种类的人取代了他们。这些后来的人似乎带来了弓和箭；他们已驯养家畜并耕种土地。一种新的生活方式——新石器时代的生活方式在欧洲地区扩展开来。驯鹿时代和晚期旧石器人的生活，经过了比我们自己和历史记录开始时相距久远得多的统治时期后，在欧洲的舞台上消失了。

也许有一些作者存在着夸大晚期旧石器人的智力和体力等品质的倾向，并把他们渲染得成了奇观。从集体着眼，这些人确是具有显著的才能，但是稍一思索也就不难看到，他们也具有几乎同样显著的缺陷。和他们之前的尼安德特人相比，他们所表现的巨大进步和特有的艺术才能，决不应阻碍我们看到他们很明显的限制。从他们智力的全部品质来看是狭隘和偏专的。他们具有活泼生动的知觉，对于动物的形象有敏锐的感觉，他们具有真正艺术家要求表现的冲动；只从这些方面来说，他们是已经充分成长的人了。但是爱好绘画的性情今天也见于布须曼人、加利福尼亚的印第安人和澳大利亚的黑人中间；这并不是全面高级智力品质的标志。

他们的绘画所积累的效果是极大的，但是我们决不要错误地把一切成就聚集在我们心里，以为它们是短时期里突然在世闪现的，或者以为它们全是这一种人的成就。驯鹿时代各种族的人未受扰乱地占据西欧的时期至少10倍于公元以来的时期，在这样悠久的年代中他们自由自在地充分尽他们的才能去尽可能地发展和变更他们的生活。他们和各种动物有密切的接触，但是除了马以外，他们没有驯服过其他任何一种动物。他们没有畜狗。他们完全没有地道的家畜。他们对它们只能监视、引诱、宰杀和用来充饥。他们似乎还不会烹煮，也许是把它们烧焦烤熟了才吃，但是除此之外就不行了，因为他们还没有烹煮的器皿。

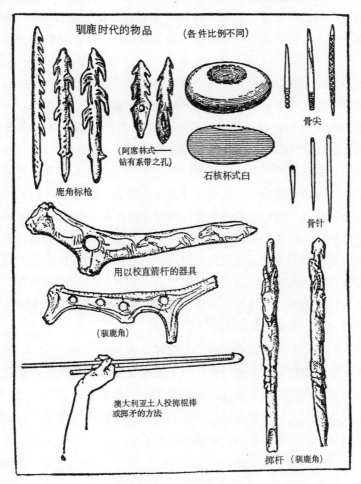

虽然他们已有黏土可用，虽然一些旧石器时代土制的肖像已有案可稽，他们却还没有陶器。虽然他们的工具种类很多，他们在西欧还没有发展到用木材建筑永久的隐蔽所，或这一类的结构。他们从来没有制造过有柄的斧头，或类似的工具，使他们能处理木材。在一些图画里看来像是一个用桩子做成的栅栏，其中有一只猛犸。但是这也可能是前后多次的刻画重叠在一起的东西。他们没有房屋，甚至也不能断定他们是否已有帐篷或窝棚。他们可能已有简单的兽皮帐篷。有些图画上似乎有些类似这种的东西。他们是否有弓也是疑问，他们没有遗留下完好的箭头。对驯鹿时代旧石器人是否已有弓的疑问显然并不适用于较晚的卡普锡恩文化的旧石器人。粗心的读者也许会从这种怀疑里武断地乱下所有旧石器人都没有弓的结论。在较早的旧石器人中，尼安德特人的确没有弓，驯鹿人可能不懂得射箭。他们有一种工具被著名的权威称作"用以校直箭杆的器具"，这就是我们对于箭的那么一点证据。他们也可能用削尖了的木杆作箭。他们不种谷物，或任何蔬菜。

这些晚期旧石器人已会穿着，穿着的似乎是兽皮。这些兽皮经过他们精致的加工；到了这时期之末他们已有骨针，无疑是用来缝连这些毛皮的。人们可以相当有把握地猜想，他们在皮上绘画，甚至有人认为他们用骨制的滚轴在皮上印花。但是他们这些缝连在一起的皮只是用来裹身的，没有找到过钮扣和钮钩。他们看来没有用过草或这类东西的纤维来纺织。他们雕刻的人像都是裸体的。他们实际上除了天冷时用皮裹身外，是些裸体文身的野蛮人。他们的妇女和艺术方面很像西非的布须曼人，他们追猎驯鹿群方面很像拉布拉多的印第安人。

已知的最早建筑物是旧石器很晚时期的人构造的，他们在东欧、俄罗斯南部和西伯利亚以猎取猛犸为生。他们构造圆形的、椭圆形的和长方形的窝棚，有时用黏土和石灰石筑墙，有时掘地穴居，显然边上用木材拦住。居处有炉灶，也有用树枝、草和兽皮盖顶，用直立的木材作支柱。但是这些建筑者从文化上说是走在他们时代之前的，不是晚期旧石器人的典型。

这些猎人们在空旷的草原上生活了大约有 200 个世纪，时间之久 10 倍于公元开始到今天。他们也许是被欧洲的森林由于气候变得温暖和潮湿而日益扩增所挤掉的。当野马和驯鹿在欧洲衰减时，当人类文化兴起了另一新的类型，支配食物供应的能力更为强大，居住更为固定，社会组织也可能更为庞大时，这些以猎鹿为生的人必须学会新的生活方式，不然就消灭了。

2　晚期旧石器时代的地理

搞清楚驯鹿时代和现在的地理上的区别是十分重要的，而这件事却常常被忽视了。即使像费尔菲尔德·奥斯本博士这样有名的人物在这一点上也被人抓住了。例如，他居然会写出舍利和莫斯特文化是从埃及取道北非"侵入"西班牙这样的话——好像当时和现在一样，这是唯一可能的通道。奥伯迈尔教授走得更远。他推测舍利文化是从非洲用"某种原始木筏"载入西班牙的!

这种木筏是完全不必要的。大约3万年前欧洲及其附近的亚洲地区的略图上,一眼就看得出,把西班牙当作是世界上一块永久可以辨别的地区是荒唐的。

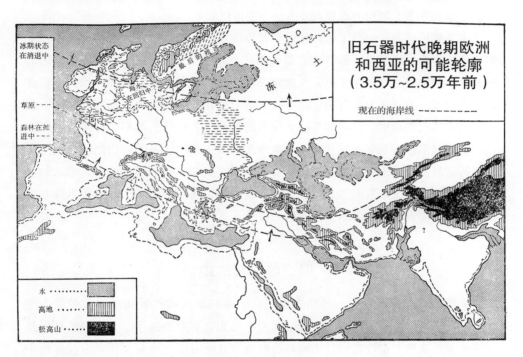

然而这里值得注意的是,更广泛的问题是在欧洲一切旧石器时代的人很明显全是边际性的。我们现在还没有掌握人类故事的主要章节。驯鹿时代人的生活是一种边区生活。他们生活在世界上较美好的土地以北的荒凉高原上。向南和向西是地中盆地。在这里,也许永远淹没在碧波之下的这个地方,一定有过和驯鹿人同时而可能更先进和更聪明的人的遗迹。地中盆地的湖泊和红海三角地带周围的巨大河谷,可能提供过人类发展的优良条件。2万年前人类历史的主要舞台位于法兰西—西班牙区域的东南,而欧洲大陆上至今已经充分发掘过早期人类遗迹的地方还只限于这个区域。

大部分是由于马德里的奥伯迈尔教授的辛勤研究工作,我们开始理解到,当驯鹿人在法兰西和西班牙北部广布之时,在今西班牙领土的大部分和北非活动的人却属于另一种不同的文化,他称这种文化为卡普锡恩文化(采用突尼斯的一个地名)。卡普锡恩文化并不遵循法兰西的奥瑞纳、梭鲁推和马格达连等阶段,但和它们却是同时的。它和它们是不同的,总的说来,它暗示着更发达的社会条件。也许它缺乏北方艺术上（包括阿耳塔米拉和拉斯科洞穴精彩的壁画）的那种表现力，但是它在相当多的绘画里画有从事不同活动的人像。这些人像大多画在岩石面上，在题材和处理上类似南非布须曼人的许多古代和近代的石面绘画。卡普锡恩绘画在意大利也有所发现。

卡普锡恩绘画所记录下来的生活和北方驯鹿猎人相比，在气候温和的条件下显得安乐得多。这里见不到驯鹿、熊和野牛（北美式的），主要的野兽是普通的鹿和未驯的牛，也有犀牛、野驴和大角山羊。男人们带着弓，裸体；但妇女们在图画里大多穿着裙子、常有羽饰。有一幅猎野猪图，还有一幅烟熏野蜂窝图。还有画着一群人在跳着，很可能是什么仪式的舞蹈，人像的头部和肩部带着兽形面具。奥伯迈尔教授几年前在马德里给本书作者看这些图的摹本时指出图上人像具有一种奇异的歪曲形象的倾向，而画野兽时却真实易认不加歪曲。总是把人的腰部拉长描细，两腿常常大加夸张。这种老套传到了晚期的图画中几乎把人像绘成图解式的。图画不再是图画，而变成了符号。

3 旧石器时代的结束

大约在一万二千或少一些年之前，由于森林地区的扩展和动物群的巨大变化，欧洲长期以来盛行一时的狩猎生活濒于结束，驯鹿绝迹了。变化中的环境经常带来新的疾病，也许发生过史前期的瘟疫。这一时期的过渡文化经常被称作中石器文化。在法兰西新的居民出现之前似乎有过一段空白时期，但是欧洲南部晚期的卡普锡恩文化进入了阿席林文化。

卡普锡恩的民间传统绘画在阿席林阶段变得更为图解化，在许多卵石上发现了用笔画出的线条，我们现在知道这些是表示人和兽的标准形式。现有的许多不同的澳大利亚部落也有称作"魂石"的类似绘石，认为是体现死去的祖先全部或一部分的灵魂或品质。

这些新的人肤色浅黑、身材挺秀；他们是地中海种族最早的先驱者，这个种族是肤色暗白的白种人，或称伊比利亚种族。他们现在还是广布在欧洲南部的种族。这种人结集成的共同体在森林代替草原以及草原上猎人们式微时向北伸张，其时约在一万年或一万二千年以前。

这时的世界地图呈现出有点近似于现在的轮廓，山川形势和动植物种类正在取得现有的特征。在扩展中的欧洲森林里广布的动物是大角赤鹿、巨牛和野牛；猛犸和麝牛（北冰洋式的）已经消亡。巨牛，即欧洲古牛，现已灭绝，但是它们在德意志森林里一直生存到罗马帝国时期,也许还要晚些。它们始终没有被驯服。驯服了的牛是后来从别处传入欧洲的,而且是另一种牛。巨牛从肩部到地面有 11 英尺,和象一般高。

在巴尔干半岛上还有狮子,它们在那里一直生存到大约公元前 1000 年或公元前 1200 年。符腾堡和德意志南部的狮子在当时比近代的大一倍。俄罗斯南部和中亚当时森林茂密,在美索不达米亚和叙利亚有象,阿尔及利亚的动物属于热带非洲的种类。

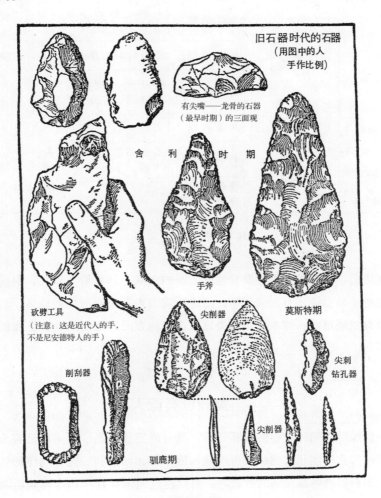

早期的石器

有尖嘴——龙骨的石器可以是亚人所加工或只是自然力所形成的。舍利期是属于海德堡人和猿人的。莫斯特期的石器属于尼安德特人。图底一行(驯鹿期)是真人的制作

时代	年代			工具/文化	人种
旧石器时代早期之末	公元前 50000年 — 35000年	第四次和最后一次冰期		莫斯特式工具	尼安德特人
旧石器时代晚期	35000年	草原时期	奥瑞纳期	制作完好的石器、小石像、洞穴壁画	驯鹿人
			梭鲁推期	最好的旧石器时代工具	
			马格达连期	较小的石制器具、骨制渔钩、刻画的骨……	
农耕时代	15000年 10000年 5000年 公元 1970年	森林(过渡)时期	阿席林期	彩绘卵石	现有诸种族
		近代条件	新石器时代	磨光石器、斧头、箭头、陶器、家畜……	
			青铜器时代 铁器时代		

真人各期长短估计简表

在此之前，欧洲的人类还没有越过波罗的海或不列颠群岛以北，但是现在斯堪的纳维亚半岛也许还有大俄罗斯，已逐渐成为人类可能居住的地区了。在瑞典或挪威没有发现过旧石器遗迹。人类进入这些地方时，他们的社会已发展到新石器阶段了。

4 美洲没有亚人

更新世最后冰期越过它的极峰之前，没有确实证据能说明美洲已有人类。当气候转暖使狩猎驯鹿和猛犸的人得以退入俄罗斯和西伯利亚时，同样的气候也许使他们在中石器部落从南向北推进时，得以越过尚未被现今白令海峡所隔断的一片陆地，达到北美大陆。他们也许在一万五千年或二万年前已经开始这样做了，那时这片大陆还为坚冰所覆盖。冰期的海平面一般降低，这也许有助于他们横渡亚美大陆。最初他们是跟随着猛犸和野牛到达冰层的西方和南方。然后有些人向南扩展到达中美和南美,有些人则跟着冰层的后退而向北移动。在南美,我们找到巨大的树懒(大懒兽科)、大犰狳和许多现已绝灭的兽类,当时它们还很繁盛。大犰狳是一种可怕的犰狳类动物,据说在它巨大的龟甲般的硬壳下找到过一具埋葬在里面的人的骨骸。也许有许多这样奇怪的兽类是被人所消灭的。他们一定吃过大树懒。

我们即将叙述的在旧世界发生的新石器革命,在新世界也有它相应的情况。农业社会产生了,耕种代替了或补充了狩猎。当地的野兽被驯服了,当地的植物得以种植。这些发展在两个世界可能是分别独立进行的,也可能新世界的进步是受到了从旧世界传入的知识的刺激而发生的。1947年索尔·海尔达尔和他的伙伴们从秘鲁到塔希提、1970年从摩洛哥到巴巴多斯的远征,表明了木筏和苇船在两三个月里可以远渡重洋。大胆的冒险者在远古的时候可能已从事于这类的旅行,有些可能抵达彼岸。但是那些海峡则一定被一批批移民跨越了过去——直到最近,两个大陆之间还有用兽皮做的船来来往往——看来很可能有一些至少属于新石器文化的因素是被后来的人带过去的。

5 最后一种旧石器人

在世界上,这里或那里,有一些被孤立的人群一直没有受到新石器的影响。当荷兰人发现塔斯马尼亚岛时,他们见到一种人远未超过旧石器阶段。塔斯马尼亚人和我们自己属于同种,但是生活在没有刺激的环境里,远离其他相竞争或可以学习的人群,他们在大多数人类兄弟中落后了。他们现在不幸地绝灭了。最后一个塔斯马尼亚人死于1876年。澳大利亚土著也滞留在中石器阶段,有石制或木制的工具、独木舟、钓鱼的线和网、驯畜猎犬。南非的白种人的移民发现有若干孤立的人群还处在击削燧石、狩猎和采集的阶段,不知稼穑。

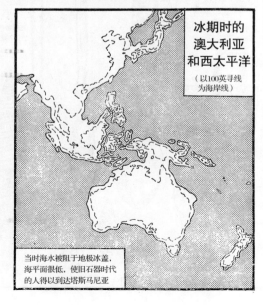

冰期时的澳大利亚和西太平洋
(以100英寻线为海岸线)

当时海水被阻于地极冰盖,海平面很低,使旧石器时代的人得以到达塔斯马尼亚

第九章 新石器时代的人

1 农耕时代开始了

人类事务的新石器阶段大约在 5000 或 1 万年前传入欧洲。但是在其东南方的那些地方，人们进入新石器阶段可能还要早几千年。当驯鹿和开阔的草原让位给森林和近代欧洲时，最初是中石器，然后是新石器文化慢慢地从南方或东南方进入欧洲。

文化上的新石器阶段所具的特征表现在下列重要的革新上。

（1）磨光石器的出现，特别是装有木柄的石斧。后来，这种工具也许是用来制造木器而不是用来争斗的。还有大量的箭头。有些石器已经磨光的事实并不排除还有大量没有磨光的石器。但是即便是新石器时代的没有磨光的石器在制造上也和旧石器时代的有些不同。

（2）某种农业和利用植物及种子的开始。但是最初有大量证据说明，在新石器时代狩

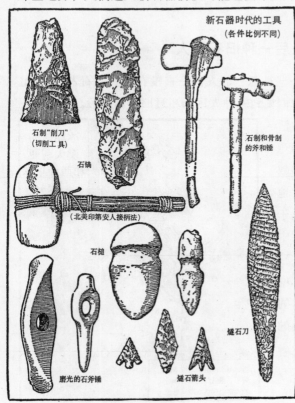

新石器时代的工具
（各件比例不同）

石制"削刀"
（切削工具）
石镞
石制和骨制的斧和锤
（北美印第安人接柄法）
石槌
磨光的石斧锤
燧石箭头
燧石刀

猎依然是极为重要的，新石器时代的男子并不是一开始就安心于农业的。与其说他们随地拾取一些现存的谷物，毋宁说是他们的妇女们最先采集野生的种子，后来也许当他们出去狩猎时，随手把这些种子撒在地里。后来他们才定居下来的。

（3）驯养家畜。狗出现得很早。不久，新石器人有了驯养的牛、绵羊、山羊和猪。他们从猎人变成了放牧他们所猎得的畜群的牧人。

（4）陶器——但这是发生在这个故事的后段的事。

（5）编和织。

新石器人也许是"移入"欧洲的，正如在他们之前驯鹿人的移入一般；这就是说，一代又一代、一世纪又一世纪地，当气候变化了，他们跟着已习惯了的食物逐渐扩张。但是很难估计新石器人在什么程度上是新来的人，他们的手艺在什么程度上是旧石器晚期的某些猎人和渔夫们的后代所发展或取得的。也许，猎取驯鹿为生的人退出后，中石器人和其后的新石器人部分自己发展了，部分从南方和东方较先进的人那里学到了新的生活方式。

不论在这件事上的结论怎样，我们可以有把握地说，从新石器方式的生活出现直到我们这个时代，并没有过重大的中断，没有发生过一种人被另一种人扫荡和代替的状况。侵略、征服、大规模的移民外出和混杂固然是有的，但就所有的种族整体来说，是依然在继续前进，并不断使他们自己适应于他们在新石器时代之初开始居住的地域的。欧洲的新石器人是近代欧洲人中的白人的祖先。他们也许比他们许多后代的肤色稍深一些，对这一点我们不能断言了。但是从他们那时候以来直到我们进入18世纪开始的煤炭、蒸汽和动力机器的时代，文化上并没有过真正的中断。

很久以后，大概最早为人所知的金属黄金，跟煤玉及琥珀一起出现在骨制的装饰品上。爱尔兰史前期遗物中黄金特别多。也许在6000或7000年前，新石器人开始在一些中心地点利用了铜，用它来制成的工具几乎和他们的石器一个模样。他们在按照石器形式制成的模子里铸造铜器。可能他们最初找到的是生铜，把它锤击成形。生铜至今在意大利、匈牙利、康沃耳和其他许多地方仍找得到。但是作为器具的材料，纯铜不及燧石；它不能保持刃口。铜和锡混合（锡的成分达到1/10）就坚硬得多。以后——我们将不冒昧提出年代数字——人们懂得了怎样从铜矿石里冶炼铜。可能如艾夫伯里勋爵所提示的，他们偶然把一堆铜矿石和普通石块一起筑成他们用来烹煮的火坑时发现了炼铜的秘密。

在中国、康沃耳和其他地方，常在同一个矿脉里，有铜矿石又有锡矿石；在匈牙利，铜是和锑混在一起；因此，与其说是由于手艺，倒不如说是由于矿藏，古代冶炼的人才找到了较硬也较好的青铜。青铜就是铜和锡的合金。青铜不但比铜硬些，而且铜和锡混合在一起也更易熔化和更易还原。所谓"纯铜"器具常常包含一小部分锡，这时期没有发现过锡器，也没有证据表明早期人类曾把锡看成另一种金属。在瑞士湖上桩屋居所曾发现过一块锡。大家知道在埃及第十八王朝时锡是从国外输入的。在迈锡尼锡很少。高加索有锡器（也许较晚，年代不明）。锡和锑极难分辨。许多塞浦路斯青铜包含着锑；有许多似乎是锡的实际上是锑——古人们设法取锡，实际上得到的是锑，却认为是锡。在西班牙发现过一个史前炼铜旧址，不同地方也发现过炼铸青铜的原料。这些发现所表明的熔化方法符合艾夫伯里勋爵的提示。在印度锌和铜的矿石出现在一起，黄铜（这是两种金属的合金）也是这样偶然制成的。

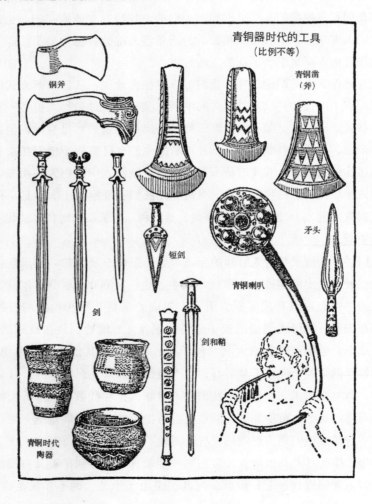

青铜的出现在制造工具的方式和方法上产生的改变如此之少，以致像青铜斧等，在相当长的时期里，都是在按照它们所取代的石器的形式制成的模子里铸造出来的。

最后，欧洲也许早在 3000 年前，小亚细亚则更早些，人们开始冶铁。铁在这个时代之前很久早已有了，但这是陨铁。众所周知，陨石主要是成块的铁和镍。它是罕见的，被当作珠宝或巫术的法器。一旦人们懂得了冶炼，铁的获得就没有什么神奇了。他们把炭火吹旺来熔铁，加热、锤击，制成了铁器。他们最初生产比较小件的东西，它的出现使武器和工具发生了渐进的革命，但是还不足以改变人们四周的一般特征。在整个欧洲偏僻地区的农民 18 世纪之初还是过着和 5000 年前比较定居的新石器人差不多一样的日常生活。

人们谈到欧洲的石器时代、青铜器时代和铁器时代，但是如果认为这些时代在历史上是同样重要的，那就错了。比较近于真实的是把旧石器时代和文明时代区别开来。旧石器时代是以最初的粗糙的手斧开始而度过了过去 100 万年中的大部分时间，在这漫长的岁月里，最初制造工具的亚人逐渐进化成真人，即智人。农耕时代以新石器时期开始，继之以青铜和铁器时代，至今仍在前进中。这个时代就是这部史纲以下的部分所要论述的。它在时间上迄今为止一共只有旧石器时代的百分之一。

2　新石器文化是在什么地方兴起的

最后一次冰期的冰层向两极和巨大山脉的山顶收缩时，各地气候也发生了相应的变化。北非、美索不达米亚和阿拉伯一带大片土地，现在是沙漠，那时却是草木茂盛，动物众多。经过了近百个世纪，当驯鹿人在法兰西、德意志、西班牙的草原上过着比较停滞不前的生活时，东南方条件较好和有进取性的人正在掌握农业，学习怎样来发展他们的用具，建筑房屋和粮仓，驯养牛群，并在北方气候变暖时，随着向北推进。

依照现有的证据来看——必须说明，由于新的遗址正在发现和勘探，我们对于人类历史上这一个关键阶段的认识近来改变得很快——畜牧可能早于农耕。牛显然是最初在东欧或土耳其被驯养的，猪是在克里米亚，羊则是更靠北方一些；许多地方的人们的发现在近东汇合了起来，产生最早有组织的农业社区。但是到了 5000 年前，新石器社会分散地横跨欧亚两洲，从爱尔兰到中国，并南入非洲。

从来没有存在过单一的、一致的新石器文化。新石器人必须适应地方性的条件，早期的村落社会在农牧比重上，或在畜牧和耕种的种类上，各自不同。它们是自给的集团，哪里碰巧有有利的条件就在哪里定居和发展，在很大程度上是各自独立的。在房屋的设计上，或在工具的造形上，或在陶器的装饰上——如果他们已有了陶器的话——各有各的地方特色。有些地方进步得比其他地方快得多。

近来最令人惊异的发现中包括凯思林·凯尼恩博士在约旦河谷的埃里哈的发现。在这里搞清楚了整个一系列相衔接的文化。最初来到的人们建筑了砖屋，里面有圆形的屋子，虽然他们还不懂得制造陶器。他们的住址占有8英亩的土地，用粗石垒成围墙，至少还有一个高的堡楼；墙外有一条27英尺宽的沟。后来又有另一种人，可能是前一种人的征服者。他们用另一种新形的砖筑成了方形的屋子，墙上和地面都抹上了灰泥。他们虽然还不懂得制陶，却有一套繁缛的宗教仪式。死者的头盖骨被保存了起来，抹上灰泥，复制了头部和面部——这种搞法在波利尼西亚一直保持到了最近。后来这种人消失了，遗址有好几百年没有人居住。令人惊异的是关于这个密集的、设防的8英亩大的城镇的年代。1950年以来已有比以往较精确地用放射性碳的方法测定有机物质年代的可能。这种方法是依靠动植物包含有小量放射性的炭素，按已知的速度慢慢地衰败的事实予以测定的。在埃里哈从制陶以前的第二阶段的炭素中，看出它的衰败过程是从大约公元前6000年开始的，第一阶段必然是至少更早1000年。埃里哈是一个早熟的城镇，也是我们所知道的最早的一个。但是它并没有发展成为一个后来不久就兴起的城邦。由于周围地区慢慢地干旱成为沙漠，它所依赖的原始农业无法维持下去，被废弃了。

3　新石器人的日常生活

在这里简单地叙述一下金属出现以前的欧洲新石器人的生活将会是有意义的。我们是从不同的来源得知他们的生活的。他们随地抛散他们的垃圾，在一些地方（例如丹麦海岸）积成很大的被称为贝冢的垃圾堆。他们埋葬一些人，但不是普通人，埋葬得很小心而突出，在墓穴上覆盖大堆的土；这些大土墩就是史前时代的古墓，构成欧洲、印度和美洲很多地方现有的一项风景。和这些土墩相联的，或是独立的，是他们树立起巨石（远古时代的大石块），单独一块或若干块在一起，最出名的例子是布列塔尼的威尔特郡和卡尔纳克的石栅。在各处还可以找到他们村落的痕迹。

关于新石器生活的知识的另一丰富来源是出于瑞士，这是1854年很干旱的冬季最初发现的，当时一个湖泊的水面下降到前所未有的低度，暴露了新石器和早期青铜时代史前建于湖淀木桩上的房屋的基础，这种湖上居所类似今天在西里伯斯岛及其他地方所见到的方式。不仅古代站台的木桩还保存着,而且在下面泥炭堆积里还找到了大量的木器、骨器、石器、陶制器皿及装饰品、剩余的食物等。甚至还发现有网罟和衣服的残片。

棚屋形的瓮,左边的大概代表一个湖上居所(仿卢伯克)

  类似的湖上居所存在于苏格兰、爱尔兰等地方——在萨默塞特郡的格拉斯顿伯里的遗迹就很著名;在爱尔兰,从史前期直到英王詹姆士一世在位时期,苏格兰殖民者在阿尔斯特代替爱尔兰人之前,在提罗内的奥尼尔和英格兰人打仗的日子里,湖上居所还住着人。这些湖上村落有相当大的防御价值,在流水上生活也有卫生方面的好处。

  这些湖上村落的居民比起那些在丹麦和苏格兰海岸堆积贝壳成为被称为贝冢的土墩的早期新石器时代的人,在技术上和知识上进步得多,在年代上也可能晚得多。这些贝冢人也许是在公元前1万年前或更早的时候;湖上居所则可能从公元前5000或公元前4000年起到人类历史时期几乎一直继续有人居住的。早先的贝冢人是属于新石器人中最野蛮的一部分,他们的石斧是粗糙的,他们除了狗之外没有饲养其他家畜。另一方面,湖上居民除了已有中等体形的狗之外,还有牛、山羊和绵羊。后来,当他们接近青铜时代时,又有了猪。在他们的垃圾堆里布满了牛羊的遗迹。考虑到气候和住处四周的条件,看来这些牲畜很可能在冬天是圈在湖上居所里的,并为它们储存着饲料。这些牲畜可能和人住在同一所房子里,和现在瑞士农舍里人畜共处一样。

  在这种房屋里住的人或者已挤牛羊的奶,奶汁也许在他们的经济中已占有重要的地位,有如今天瑞士山区里那样。关于这一点,我们现在还不能断定。奶汁对于成人并不是很自然的食料,最初喝奶一定会感到它是件怪东西;也许只在牲畜成群,可以继续不断取得牛羊奶汁后才成为习惯。有的人认为食用奶汁、乳酪、奶油和其他奶制品进入人们的生活较晚,要到他们实行游牧的时候。然而本书的作者倾向于把挤奶的发现归功于新石器人。如果他们果真已经喝奶，所喝的奶（无疑还有所喝的凝结了的酸奶，但还没有精制的乳酪和奶油）一定是储存在土罐里的，因为他们已有了陶器，虽然是相当粗糙的手制陶器，还不是用陶轮制造的匀称的成品。

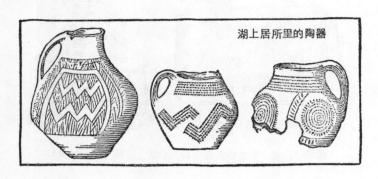

湖上居所里的陶器

他们依靠狩猎来补充食物的供应。他们捕食红鹿、獐子、野牛和野猪。他们也吃狐狸，那是一种气味十分难闻的肉，在食物丰富的世界里，这种肉是没有人吃的。够奇怪的是，他们似乎不吃兔肉，虽然那是容易得到的食物。据说他们避免吃它，就像有些野蛮人据说至今不吃兔肉一样，是因为他们怕吃了这种怯懦动物的肉，由于某种传染，他们也会变得怯懦了。

关于他们农耕的方法我们知道得很少。没有发现过犁和锄。这些都是木制的，都已腐朽了。新石器人种植并吃小麦、大麦和小米，但是他们还不知道有燕麦和裸麦。他们把谷粒烘干，用石磨碎，保存在土罐里，需要时拿来吃。他们制成极硬极厚的饼，因为在这些沉积物里找到了它的圆扁的切片。显然他们还没有酵母。如果他们没有酵母，他们也就没有酒类的饮料。

他们有一种大麦，是古代希腊人、罗马人和埃及人所种的，他们也有各种埃及品种的小麦，表明这是他们的祖先从东南方传入的或培育出来的。小麦的传播中心是在地中海地区东部的某一个地方。现在在赫尔蒙山附近还有它的野生品种。当湖上居民在瑞士播种他们小块土地时，他们已在传袭人类很古老的旧法。这些种子一定是世世代代从那遥远的中心传播来的。在东南方的发源地，人们已经种小麦几千年了。旧世界所有的人，当他们进入新石器阶段时都种植且吃食小麦了，但是美洲的印第安人一定是在他们和旧世界的人口分离后独立发展农业的。他们从来没有小麦。他们种玉蜀黍。玉蜀黍是印第安人的玉米，是新世界的谷物。湖上居民也吃豌豆和野生酸苹果——这是当时世界上存在的唯一的苹果，还没有经过培育和选种以出产今天的苹果。

他们穿的主要是兽皮，但是他们也制成粗亚麻布。麻布的碎片已有所发现。他们的网是用亚麻制成的，他们还没有种大麻和结麻绳的知识。自从发现青铜后，他们的针和装饰品增多了。有理由相信他们在乱蓬蓬的头发上满满地插上一大堆东西，用骨针（后来用金属的针）别住。从他们缺乏写实的雕刻绘画这件事上可以推知他们衣服上或者不加装饰，或者装饰一些方格、斑点、交错图案或类似的传统花样。发现青铜以前，没有桌凳的遗迹；新石器人可能是蹲在黏土地面上的。这些湖上居所里没有猫，鼠类还没有适应人类的住所；人们生活的声响中还没有添上鸡啼，食物中也没有家禽的蛋。

尽管现在我们的食品里鸡和鸡蛋占着重要地位，但是它们进入人们的烹调是相当晚的。《旧约》里没有提到过鸡（但提到过一个蛋，《约伯记》VI，6），荷马的诗篇里也没有鸡。直到公元前 1500 年，世界上唯一的家禽是印度和缅甸驯养的野鸡。格拉斯富尔德在他受人推崇的《猎虎记》里记着丛林里的鸡啼声，作为印度丛林破晓必然的前奏。鸡成为家禽大概是在缅甸开始的。它们传入了中国，根据记载，大约只在公元前 1100 年。它们经过波斯到达希腊是在苏格拉底出生之前。在《新约》里，和《旧约》不同，提到了鸡的啼声责备彼得背师负义。

新石器人主要的工具和武器是斧，其次是弓和箭。箭头是燧石制成的，很考究，他们紧紧地把它们绑在箭杆上。他们在播种时可能用木棍松地，木棍上装上一只牡鹿的角。他们用钩或叉捕鱼。这些工具无疑都散立在屋里墙边，墙上挂着捕鸟的网。地面铺上黏土或踏结实了的牛粪（有如今天印度茅屋的地面），摆着瓶瓶罐罐和编织的篮子，里面装着谷物、奶和这类食物。有些盆盘用绳环挂在墙壁上。屋子的另一端圈着家畜，冬天可以用它们的体温取暖。孩子们赶着牛羊出去放牧，夜间在狼和熊出没之前赶回屋里。

新石器人既然有弓，他们可能也有弦乐器，因为弓弦的拨动看来几乎必然会导致这种乐器的。他们也有陶制的鼓，上面蒙着兽皮；也可能用皮蒙在挖空了的树干上做鼓。骨制的哨子甚至在旧石器时代已经有了。可以猜想，芦笛是很早就发明了的。我们不知道人们什么时候开始歌唱，但是显然他们已在创作音乐，而且因为他们有了语词，无疑会作歌曲了。最初，也许他们只不过放声呼叫，正如现今我们所听到的意大利农民把着犁唱着没有词的曲调。在冬季晚上，天黑后他们坐在屋里边谈边唱，凭手指触觉制造工具，不靠眼力。照明一定是很差的，主要是火光，但可能不论冬夏村子里总有一些火种。生火是麻烦的，所以不愿让它熄灭。有时这些木桩上的村落发生了火灾；起了火控制不了，整个村子都烧掉了。瑞士的遗址里还有这种灾难的证据。

上述种种是我们从瑞士湖上居所的遗址中搜集来的，而正是这种人们生活的特点，当森林从南方和东方扩张起来，驯鹿和驯鹿人消灭之际，传遍欧洲。很显然我们在这里看到的这种生活方式由来已久。从它起始的旧石器阶段到这时候，其间隔着有几千年之久在发明上的空白。它从那时的条件下一步步兴起的过程我们只能加以猜测。从作为猎人，在成群野生的牛羊周围游动；又作为狗的猎伴，人不知不觉地逐步发展了对牲畜的占有感，又和原来处于竞争地位的犬类建立起友谊。牛群跑远了，他们学会把它们赶回来；运用他们较优越的智力，引导它们到新鲜的草地。他们把牲畜赶到河谷和围场里，使得他们可以准确地知道在这里能找到它们。他们在它们饥饿时饲喂它们，这样慢慢地把它们驯服了。他们的农业也许是以储备饲料开始的。他们无疑是先收割、后播种的。旧石器时代的先人们远在东南方的某块还不清楚的发源地最初是食用根茎、果子和野生谷物来补充猎人们不稳定的肉食供应。值得怀疑的是，原始人是否曾有一个完全依靠肉食过日子的阶段。

某个时期他们的确开始播种了。

人类社会的成长过程中一项最奇异和最基本的事实，如詹·乔·弗雷泽爵士在他不朽的《金枝》一书中所指出的，是播种这个观念在原始新石器人头脑里总是和以人献祭的观念牢固地纠缠在一起。这是一种幼稚的梦想和虚构的神话的原始心理的纠缠，不能用理智的过程来解释的。在1万年前的世界里，一到了播种期就要有一次以人献祭。并不是用下等人或卑贱者作为牺牲品；用作牺牲品的经常是挑选出来的青年男女，最常见的是青年男子。直到他作祭品时总是受着隆重的尊敬的。他常常像是一个被牺牲的神王，进行宰献的细节都由长老知事之人指导，经过累积的古老习俗核准而成为一种仪式。

任何达到了或经过了这个农业原始阶段的地方总会出现这种以人献祭或它的残余痕迹。

4　原始交易

上述各事的肇始一定都发生在很远的古代，它们的发祥地还有待考古学者的彻底勘探。新石器人离这些事的开始已经很久了。他们已经接近文字传统，和人类有记载的历史的黎明，相距不过几千年了。并没有经过很大的震动或中断，青铜最终进入了人类的生活，那些最先获得它的部落在战争上取得了优越的地位。有文字的历史在欧洲用铁制武器代替青铜之前已经开始了。

在那些日子里某种原始交易已经发生了。青铜和青铜武器，和那些像宝玉那样罕见而坚硬的石块，黄金由于它的可塑性和用于装饰的可能性，琥珀由于它透明美观，以及兽皮、麻网和布匹等，都被夺来或偷来，从这一手传到那一手，流行于广阔的地域。盐也可能是用来交易的。以肉食为主的人没有盐还能活下去，但是依赖谷物为生的人，和吃草的动物一样，也需要盐。霍普夫说，在苏丹的沙漠部落之间，为了争夺费赞盐矿，在这个世纪里发生过多次激烈的战争。从头说起，物物交换、敲诈勒索、纳贡献礼、暴力抢劫等，互相渗透，难辨难分。人们采取一切可能用的手段来取得他们所想要的东西。

5　地中盆地的淹没

本书至此，所讲的是些没有纪事的历史，是发展中的各时代、各时期和各阶段的历史。但是，在结束这部分人类故事之前，我们必须记下一件可能是头等重要的历史事件，也许最初是对人类发展具有悲剧性的大事，那就是大西洋的洪水冲决进入巨大的地中盆地。

读者必须记住，我们是在尽力提供能使它便于接受的简明叙述。但是在我们的时代年表和史前地图两方面都不免有许多是猜测性的东西。我们把最后一次冰期和真人的出现的年代放在大约 5 万年或 2.5 万年前。请记住"大约"这个字眼。这数字只是个约数。我不说"很久"或"多世"以前，因为我这样说，读者就无法知道我们是指多少个世纪还是多少个百万年了。有个数字总比这些说法好些。同样，我们所提供的地图并不表示实际的情形，只是有些近于实际的情形。陆地的略形只是个"大略是这样的轮廓"。那时有这样一些海洋和这样一些大块陆地。但是绘制这些地图的霍拉宾先生和鼓励他这样做的本书作者两人都宁愿失之胆小。我们不是在这方面能进行原始资料研究的地质学家，所以在冰期后的地图和公元前 1.3 万年到 1 万年的地图上，我们都坚持用 40 英寻线和新近发现的沉积物作为我们的指导。但是在一件事上我们超过了这些指导。事实可以确定的是在最后一次冰期，地中区是两个为陆地所封锁住的死海的流域，互不相联——或是只有一条湍急泛滥的河流相通。这个盆地东面是淡水，它受水于尼罗河、"亚得里亚"河、"红海"河和还有一条从当时中亚的一个较大的海里经过今希腊群岛的山岭中下流的河。新石器人几乎一定曾经在这现已失去的地中乐园里邀游过。

相信这种事实的理由是很可靠和明白的。至今地中海是一个蒸发的海。流入的河水并不够它海面的蒸发。从大西洋有一股水不断流入地中海，另外还有一股水从博斯普鲁斯和黑海涌入，黑海从几条大河受水多于它的需要；它是一个外溢海，而地中海却是个干渴的海。这一点很清楚地说明，当地中海同大西洋和黑海都不相通的时候，它必然是个日益缩小的海，它的水面下降到低于它外边的海洋。今天的里海就是这样。死海更是如此。

如果这个推想有道理的话，今天碧波粼粼的地中海必然曾经是一大片陆地，一片气候宜人的陆地。在最后一次冰期时大概就是这样的。我们不清楚海洋里的水倒灌进地中盆地这个变化发生在什么时候，离我们的时代有多远。可以肯定的是，在现在淹没了的地区当年的河谷和森林里一定有阿席林和新石器时代的人出没其间。新石器时代的暗白种人，就是地中海种族的人，在这个已经淹没的盆地里，向开始定居和开始有文明的道路上走得已经相当远了。

W. B. 赖特先生在这方面做过颇有启发的提示。他提出当时地中盆地有两个湖，"一个是淡水湖，在东部洼地，它把水排进西部洼地的另一个湖里。不妨设想当海面因冰层溶化而再次上升时会发生的情景，水怎样开始灌注到地中区里去。溢入的水起初较少，最终由于溢水侵蚀河床下降和海洋水位慢慢上升，水量一定大增。如果海峡的拦坝有些不结实的物质，结果必然会发生真正的崩溃；如果我们考虑到，即使是一条巨大的激流要灌满地中区这样一个盆地也需要长久的时间，我们必然会得出结论，这个结果无论如何总是会出现的。现在这一切也许都是狂妄的猜测，但也并不尽然，因为如果我们查阅一张直布罗陀海峡的潜水等高线图，就能发现那里有一条极大的河谷，从地中海深处一直通过海峡，伸入大西洋大陆架到相当远的地方。这个河谷或海峡可能是在内陆海期终结时大西洋海水流入所形成的"。

地中区重灌成海，以本书所采用的粗略年表来计算，也许发生在公元前1.5万年和1万年之间的某个时间。这必然是在我们人类史前期里最大的独一无二的一桩事件。如果公元前1万年的估计比较正确的话，则文明的肇始，即最早的湖上居所和最初的农耕，大概是在利文廷湖东部周围；这是个淡水湖，不仅受水于尼罗河，也受水于今亚得里亚海和红海的两条大河。

突然间大西洋的水开始冲越西边山冈，奔向这些原始人群——这个湖本是他们的家园和挚友，一下变成了敌人；湖水猛涨，有增无减；他们的居所被淹没了。洪水把他们赶得四处奔逃。日复一日，年复一年，洪水漫山遍野地追逐着疲于逃命的人们。很多人必然被不断上涨的盐洪所围困和覆灭了。滚滚狂流，无遮无拦；越流越急，越来越高，没了树顶，漫了山冈，直到惊涛拍击了阿拉伯和阿非利加的山崖。遥远的地方，早在有文字记载的历史的黎明前，这一场巨灾降临了人间。

于是，也许就是这样，一层水的纱幕遮盖了人类群体生活的戏剧中最精彩的那个早期的场面。

第十章 早期思想

1 原始哲学

在我们接下去讲到6000或7000年以前人们怎样开始聚集成最初的市镇和发展某些比起到那时为止已达到的松弛的部落更高的政治集团以前，必须讲讲一些人们头脑里的东西。关于人们的头脑，在过去50万年这段时间里从猿人阶段起的生长和发展，我们在上文已经讲过了。

在这些遥远的古代，人对自己和对世界是怎样想的呢？

最初他很少想到贴近自己以外的东西。最初他忙着想的是这些："这里有一只熊，我该怎么办？"或是"那里有一只松鼠，我怎样可以捉住它？"在语言多少有点发展以前，思想很少超越实际经验的范围，因为语言是思想的手段，正如簿记是商业的手段一样。它把思想记录下来和固定下来，使得思想能发展成为越来越复杂的观念。它是心的手，用以把握和保持的。

原始人在能讲话以前，也许看得很清楚，模拟得很巧妙，能作手势，能笑，能舞，能生活而不去思索他是从哪里来的，或他为什么活着。他一定会害怕黑暗、雷雨、巨兽、怪物和所梦见的任何东西，无疑地他为了免遭他所畏惧的东西的损害，或是为了改变他的运道和取悦于岩石、野兽和河流的想象中的威力，他会做出许多事来。他对有生的和无生的东西缺乏明确的辨别；如果一根木杆碰伤了他，他就踢这根木杆；如果河流起泡和涨溢，他就认为对他怀有恶意。他的思想可能是相当于现代四五岁聪明的小孩子的水平。他同样具有转变过程中的微妙的不讲道理之处，并受到同样的限制。但是既然还没有语言，或语言还很少，他也就无法把他所得到的幻觉传达给别人，而发展成为任何传统，或和别人商量对这些幻觉采取什么一致行动。

甚至后期旧石器人的绘画也不表示出他对日月星辰和树木曾有什么注意。他们一心想着的只是鸟兽和人。他可能把白天和黑夜、太阳和星星、树木和山岭，看成是理所当然的事物——就像孩子们把用餐的时间和保育室的楼梯看成是当然的一样。以我们能作出的判断来说，他不画幻想，不画鬼怪或这类东西。驯鹿人的绘画都是些不可怕的日常熟悉的东西，对它们也没有任何崇敬的意味。他也许觉得画了一只野兽可以把这种野兽引来；他的绘画也许是些为了得到猎运的符箓，但是它们并不像是表示崇拜的图画。在他的作品里根本没有任何一点能使我们认为是一种宗教或神秘的象征。

无疑，在他的生活中有一定程度的所谓拜物教的东西；他所做的一些事，我们现在会认为是没有理由会产生所想要的结果的——这就相当于拜物教了。这只是出于猜测或错误类比的不正确的科学，这在性质上和宗教是完全不同的。无疑，他被所做的梦所激动，在他头脑里他的梦常和醒时的印象混淆起来，把他搞糊涂了。由于他埋葬死人，由于甚至后期的尼安德特人似乎也埋葬死人，并且显然用食物和武器伴葬，就有人争辩说，他已相信有来生。但是也可以同样合理地认为早期的人用食物和武器伴葬是因为怀疑被埋者是不是死了。这和相信他们有不朽的神灵并不是一回事。他们在梦中见到那些离开了他们的人更加强了他们相信这些人的生命还在继续。他们也许认为死者具有类似神话中狼人的那种东西存在，因而想去抚慰他们。

我们觉得驯鹿人的智力已经够高，和我们也够类似，不至于一点语言都没有，但很可能还不很适用于任何超过直接的陈述和注重事实的叙述的东西。他生活的共同体较大于尼安德特人或他们的尼安德特型的祖先，或任何巨猿的共同体，但是部落究竟有多大，我们还不清楚。除了狩猎的对象麇集在一起时，猎人们的集体一定不会很大，不然他们就会挨饿。在拉布拉多猎鹿为生的印第安人生活的环境和驯鹿人相似。他们分散成小的家庭团体就像分散觅食的鹿那样；但是当鹿在季节性迁移中集合在一起时，印第安人也集合了起来。这就是进行贸易、过节和婚姻的时节。

最淳朴的美洲印第安人在人情世故上也比驯鹿人早了1万年，但是也许在时而分散、时而集合的那种情形上和驯鹿人还是一样的。在法国的梭鲁推还找得到大型结营和会宴的遗址。在这里无疑会互通消息，但是否有类于思想交流则尚属疑问。在这种生活里还看不到有任何产生神学、哲学、迷信、臆测的地盘。畏惧，是的，但属于没有体系的畏惧；也有幻想和荒诞的想象，但都是属于个人的和片刻的怪念和幻想。

也许，在这些遭遇里有某种暗示的力量。真正感到的恐惧只要几个字就可以传达，加于某些东西上的价值也可以很简单地表示出来。

在这些原始思想和宗教的问题上，我们必须记住，今天的低级的和野蛮的人可能并不足以说明语言尚未充分发展之前人们的心理状态。原始人在语言发达之前还没有传统，或只有很少的传统。而相反，今天所有野蛮和原始的人却都浸透在传统里——千世万代的传统。他们的武器也许还是像他们远祖的，用法也像远祖的，但是在他们先人们的心里曾经是那样微弱和肤浅的印象，现在经过了多少世纪里一代一代的磨炼，已成为深刻错综的老一套了。

2 宗教里的长老

在发生语言之前很久，在人们的心理中也许已有某种很基本的东西。晚期旧石器人的心理生活和我们相近，和我们一样是在远古的更孤独、更富于兽性、猿类的祖先的基础上形成的。心理分析这门迅速发展中的科学，从我们的梦、不经心的情态、幼稚的观念和那些可以确定是野蛮思想的残余，去寻找那作为我们底层的更原始物体的基础内容，并在这种探求中很快建立起对我们感情的一种解释。巨猿交配和抚育它们的子息。幼猿总是躲开那只老的雄猿，因为害怕它，不久雄的幼猿引起了老雄猿的嫉妒，它们就被杀死或被撵走。雌猿是老雄猿所庇护的奴隶。这是一般稍具群居性兽类的通常情况，没有理由假定亚人在这方面有所不同。

对长老的畏惧是社会智慧的开始。在原始蹲所里的幼年人是在这种畏惧中长大的。凡是和长老有联系的东西可能都是禁物。任何人都被禁止去接触他的矛或坐在他的椅子上，就像今天小孩子们不准碰父亲的烟斗，或坐在他的椅子上。他可能是一切妇女的主人。这小小的生活共同体里的年轻人必须记住这些。他们的母亲们会教他们不要忘记。他们的母亲把对长老的畏惧、尊敬和体谅灌输给了他们。

有所禁止的东西的观念，就是对这些东西（通称"塔布"）碰不得、看不得的观念，可能就是这样很早深入亚人的心中。J. J. 阿特金森在他的《原始法律》里关于原始禁忌有富于创造性的分析。禁忌是在全世界一切野蛮人中都可以见到的，如兄弟和姊妹之间的禁忌，如使得一个男子要回避他的继母的禁忌。他把这些禁忌都追溯到这个基本原因。只有遵守这条原始法律，青年男子才有希望逃过长老的暴怒。

讨好长老的倾向，甚至在他死后还要这样做，也是很可以理解的。他必然是原始人许多噩梦里的一个角色。人们不能肯定他已死了。他也许只是睡着了，或者是装死。长老死后很久，除了一个坟堆和一块巨石，已没有什么代表他的时候，妇女们还是会继续跟她们的孩子们讲到他怎样可怕和怎样了不起。他既然依旧是这小部落里的恐怖对象，就很容易继续希望他也是其他人的和有仇的人的恐怖对象。当他在世时他曾为他的部落而战斗，即使他也曾经在他的部落里横行霸道过。为什么他死后不能这样呢？人们可以看到长老这个观念在原始心理里是很自然地出现，也能有很大的发展的。对严父的畏惧不知不觉地逐步变成为对部落神的畏惧。

和长老对立的，较有人情和慈爱的是母亲，她帮助、爱护和辅导孩子，教她的孩子们服从和畏惧长老的就是她。她在屋角里悄悄地教他们种种神秘的事情。弗洛伊德和荣格的心理分析很能帮助我们理解畏父爱母的心理怎样依然在人们的意识适应社会需要上起着重要作用。他们对儿童和青年的梦和想象的详尽研究很能帮助我们重构原始人的灵魂。它仿佛是一个刚强的儿童的灵魂。原始人按照家长的观念来看待宇宙。他对长老的畏惧，对长老的卑躬屈膝，和他对周围猛兽环伺的畏惧混杂在一起。即使在近代的保育院里爸爸也有时会变成一只狗熊。被升华了的长老，亦即最初的神，很容易被披上野兽的外形。

女神是较为仁慈和体贴入微的。她们帮助人，她们保护人，她们满足人，她们抚慰人。然而同时她们有些东西比起长老那种率直和暴戾更难于理会，更属奥妙不可思议。所以这个女性对原始人也有一层可怕的外衣。女神是被人畏惧的。她们和秘密的东西相关。

3　宗教里的畏惧和希望

另外还有一个很基本的观念，那是很早从传染病的莫明其妙的降临中产生的，这就是不洁和可憎的观念。从此也可能发生对特殊地方和特殊人们，特别是在健康上出现特殊情况的人们，要设法回避的观念。这是另一套禁忌的根源。

于是人在他的心理生活刚刚黎明时，也许就有一种对地方和事物的不详之感。害怕陷阱的野兽就有这种感觉。一只老虎一眼看到一些棉线就会放弃它丛林里走惯的熟路。像大多的幼兽一般，年幼的人很容易被他们的保姆或长辈哄吓得怕这怕那。这是另一套人们几乎必然发生的观念，即嫌恶和回避的观念。

一旦语言开始发展，它必然会对这些根本的感情发生整理的作用，开始把它们系统化，把它们记住。人们通过彼此交谈，加强了相互的畏惧，建立了对不准碰的东西和不洁的东西的禁忌的共同传统。从不洁的观念发生了净垢和祛邪的观念。净垢是遵照年老识广的男女的指导和协助来进行的，在这种净垢里包含了最初祭司和巫觋的萌芽。在祛邪、驱恶、保佑、祈福中，人们一定要做些有灵验的事。那么一切事中还有比杀生见血更灵验的吗？

语言最初对没有语言的父母说来是他们对儿女进行单纯的模仿教育和鞭策教育的有力补充。母亲们会告诫她们的儿女，责骂她们的儿女，语言发达了，人们会发现他们的经验和说服人的力量给了或似乎给了他们以权力。他们会把这些作为密传的秘诀。

在人的心理里有着双重性，有巧妙地保密的一面和也许起源较晚的使我们相互间急于告诉人、惊吓人和打动人的一面。很多人制造秘密是为了要有可以告人的秘密。早期人的这种秘密是在某种成年礼的过程中相当老实地和生动地传授给易于接受印象的青年人的。不仅如此，人的心理上也泛滥着好为人师的精神，人们大多喜欢"告诫人不要这样"。对男孩、对女孩、对妇女的广泛的专断的清规戒律可能也是在人类历史上发生得很早的，把这一套强加于人也很投合人们的性情的。

献祭有双重起源。必然有想讨好长老的一面，也有渴望做些有威灵显赫的事的一面。献祭也许总是巫术甚于赎罪。它驱邪趋吉，由于做了这些事，当人们想起它时，他们就断定必已取悦了长老的神灵，长老的神灵并上升为部落之神。但这是为了要这么做才这么做的，还因为这是做了一件了不起的事。

4　星辰和四时

从这些观念和一大堆混杂在一起的类似的观念在人类生活里最初产生了准宗教的要素。语言每发展一步，禁忌、限制和仪式也可能逐步深刻和发展。今天已没有一个野蛮或未开化的种族不拥有一套这样的传统。

随着原始牧业的发展，这一类作法也相当地扩大了。从前不受注意的事物在人事上重要起来了。新石器人以游牧为生，他和只在白天追逐食物的原始猎人在精神上有所不同。他是个牧人，必须具有方向和地势的感觉。他不分昼夜看守畜群。白天的太阳和其后黑夜的星辰，有助于指引他的移动；经过了很多世纪，他开始认识到星辰比太阳是更稳定的向导。他开始记住某些个别的星球和星群，对原始人说来，去辨认任何个别事物就是相信它与众不同，具有只属于它的个性。

他开始把突出的星辰看成是人，看成是很光辉、庄严和可靠的人像黑夜里明亮的眼睛般注视着他。它们一夜复一夜地出现。它们帮助了他，甚至像部落之神那样地帮助了他。

他的原始耕种加强了他的季节感。当播种期来临时，一颗颗独特的星辰统治着天空。一颗明亮的星辰，一夜复一夜地向着某一点、某一个山峰或其他方向移动。它在那里停住了，接着一夜复一夜地退了回来。这一定是个信号，一个对智者的静默而奇异的警告。我们必须记住，农业的开始是在亚热带，或者甚至接近赤道，这些地方一等星的光芒灿烂四射是温带地方所见不到的。这些地方的季节不像北方那样由降雪和风暴表现得那么明显。什么时节降雨或发水不易预测。但是星辰却从不欺人。

新石器人已会计算，并为数目所着魔。有些野蛮人的语言里没有 5 以上的数字。有些人不能超过 2。但是在亚洲和非洲发祥地的新石器人比起欧洲的新石器人更能计算他所积累的财物。他已开始用筹码，推究三成角、四成方和为什么 12 能用各数除尽而其他如 13 却不能。12 对他成了一个高贵、慷慨和熟悉的数目，而 13 却是一个被丢弃的和不体面的数目。

可能人开始计时时是用月的圆缺来作钟表的。月光对牧人极其重要，他们已不再捕捉畜群，而是看守着和保护着它们。月光也许还是他求爱的时光，也一定可能是在他之前的原始人和在地面上生活的猿类祖先求爱的时光。随着耕地增加，人的注意力也从月的盈亏转到更大的季节周期。原始人可能在冬季来临之前只是迫于气候趋寒而移动。新石器人则知道冬季必然会来而储藏饲料，接着储藏谷物。他必须规定播种期，一个吉利的播种期，不然他播了种还是收不成。最早的有记录的计时是按月亮和人的世代。农业开始带来了如何使阴历的月份符合于阳历的年份的困难工作，这项工作直到最近还在我们的历法上留着它的疤痕。复活节年年移动得很不自然，使过节的人感到很大的不便；按季节说使人觉得有时过早、有时过晚，因为它是按古法以月历计算的。

当人们开始按着规定的意图带着他们的牲畜和其他财物从一个地方转移到另一个地方时，他们开始发生了对那些尚未置身其间的地方的观念，他们要想到那些地方可能是什么样子。凡是他们逗留过一段时间的河谷，他们都要记住是怎样到达的，他们要问："这个东西或者那个东西是怎么会到这里来的？"他们开始想知道山外还有些什么，太阳落到那里去了，云彩之上是些什么。

5　讲述故事和创作神话

　　叙事的能力随着词汇的扩大而增长。旧石器人朴素的个人幻想，没有体系的拜物伎俩和基本的禁忌，开始代代相传，形成了前后更加一致的体系。人们开始讲述故事，讲他们自己，讲部落，讲它的禁忌和为什么必须这样做，讲这个世界和为什么有这个世界等的故事。部落意识开始出现了，成为一种传统。旧石器人比起新石器人来当然是个更野蛮的人，但又是个更自由的个人主义者和更有艺术的人。新石器人开始受到约束；他从青年时就受到训练，被吩咐该做什么，不该做什么。他对周围事物不能那么自由地形成自己独立的观念。他的思想是别人给他的，他处于新的暗示力之下。

　　语词的增多和更注意于用词不仅是为了增长智力，而且语词本身是个有力量的东西和危险的东西。旧石器人的词也许主要只是些名字。这些词指什么，他就怎样用它们。但是新石器人还思考这些词，他用很多语言上的混淆来思考不少东西，得出了一些古怪的结论。通过言语他织成了一个结合他的种族的网，但也是一个绊住了自己手足的网。人的确把自己结合进到新的、更大的和更有效的组合里，但也付出了代价。

　　新石器时代最值得注意的事物之一是完全没有自由的直接艺术冲动，而这正是晚期旧石器人最优秀的品质。我们见到很多工艺的制造、精巧的技艺、磨光的工具、绘着传统图案的陶器、各种事情上的合作，但是看不到个人创造性的证据。自我抑制在人类中开始了。人已经带着一切自私冲动的牺牲，而踏上了漫长的、曲折的和艰难的为公共利益而生活的道路，他今天依然在这条路上走着。

　　有些事情一次又一次地出现在人类的神话里。新石器人对蛇有极深的印象——他也不再把太阳当作不必注意的当然之物了。几乎任何新石器文化所到之处，在装饰和崇拜上就有把太阳和蛇联系起来的倾向。原始的蛇的崇拜传播所及远远超过了那些人们生活中有严重蛇害的地区。但是新石器生活方式的传播中心最后得到定论时，它必然是在一个蛇和阳光都极为重要的地方。

新石器时代雕刻的造像（巨石），与旧石器时代自由、生动的艺术相反。

6　宗教的复杂起源

随着农业的开始，人们的头脑里产生了一套新的观念。我们已指出在人的心理上，播种和献祭的悠久联系。播种成了最重要的经济行动；把它同最生动的想象的行动联系在一起，自然就是屠杀一个人。詹·乔·弗雷泽爵士曾经探索这个联系的发展，还联上以下一些概念：在播种期被杀的那个作为献祭品的特殊人物的概念，屠杀这些受害者的那一个特别得到净化的阶级，即祭司阶级的概念和圣餐的概念，即举行仪式性的宴会，在这宴会中部落成员分食受害者的肉体的一部分，为了使他们最大程度地分享和参与献祭的利益。

从这开始发展成的大规模季节性献祭的宗教迄今我们依然保留着。

从所有这些因素，从长老的传统，从男子对妇道、妇女对男性所萦绕的情绪，从避疫和避秽的愿望，从通过巫术取得权力和成功的欲望，从播种期的献祭传统，以及从许许多多类似的信仰，心理试验和误解，在人们生活中长成了一套复杂的东西，开始把他们在思想上和感情上结合在共同的生活和行动中。这种东西我们可称作宗教（拉丁词 religare，捆绑在一起）。它并不是一种简单的或合乎逻辑的东西，它是盘根错节的一丛关于具有统率力的事物和精神，关于神灵，关于所有各种"必须"和"切勿"的观念。像人的所有其他兴趣一样，宗教生长了起来。从以往的情形看来一定可以很明白，原始人可能没有神灵或宗教的观念——他的祖先猿类和中生代的哺乳动物更是如此。只有在他的头脑和理解力慢慢地变得能作出这种概括性的概念时才能有这类观念。宗教是随同和通过人类集体生活而发展起来的。上帝曾经是，现在还是，人所发现的。

这部书不是一部神学的书，我们不必从事于神学的讨论；但是叙述人的宗教观念的发生和发展，以及它们对人的活动的影响则是人类历史中的一部分，是必要的和中心的一部分。我们所提到的所有这些因素对宗教的发展必然都有所贡献，不同的作家各自偏重其中的某一因素。詹·乔·弗雷泽爵士是个认为圣餐的由来出于巫术性献祭的主要学者。格兰特·艾伦追随赫伯特·斯宾塞，在他的《上帝概念的演化》中，主要强调"长老"死后的崇拜。E. B. 泰勒爵士（《原始文化》）主要注意原始人赋予一切有生和无生的对象以灵魂的倾向。A. E. 克劳利先生在《生命之树》里要人注意到另一些冲动和情绪的中心，特别是性，作为深刻激动的源泉。我们应当记住的是，新石器人智力还是不发达的，他会糊涂和不合逻辑到近代受过教育的人所不可能发生的程度。在他的头脑里冲突的和矛盾的观念可以并存不悖；一时他的思想被一件事深刻地和生动地控制着，一时又被另一件事控制着；他的恐惧，他的行动和儿童一样还是不连贯的。

在合作和联合生活的需要和可能的刺激下，新石器时代的人类正在胡乱地摸索出一套入门的途径和知识。人们开始意识到，从个人出发，他们需要保护和指导，净化不洁，以及超出自己力量以外的权力。在对这些要求作出的反应中，大胆的人、聪明的人、精明和狡猾的人正在胡乱地上升为巫师、祭司、酋长和君王。他们并不被认为是权力的骗子或篡夺者，也不认为其他的人是被他们愚弄的人。所有的人动机都很复杂；有成百样的事情推动人们追求超越别人，但也不是所有这些动机都是卑鄙恶劣的。巫师通常是相信他们的巫术的，祭司相信他们的仪式，酋长相信他们的权力。人类的历史从此是一个多少盲目地为认可一个共同目的而努力的历史，这个共同目的是要所有的人都能愉快地生活，创造并发展共

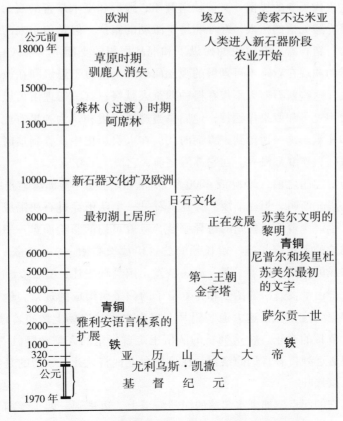

此年表说明早期思想发展的新石器时代的大概时间长度

同的意识和知识的公共积储，这种知识能为此目的服务并把它发扬光大。

在旧石器晚期和新石器的条件下，世界各地都出现了各种形式的君王、祭司和巫师。人类到处都在寻找知识、统治和魔力等所存在的地方；个别的人不论真诚地或虚伪地到处都愿意统治、愿意指挥或愿意当个能调解社会混乱的具有魔力的人物。

在旧石器晚期和新石器时代产生的一桩古怪的事，就是自我毁形。人们开始毁伤自己的身体，如割去鼻子、耳朵、手指，拔掉牙齿等，在这些行为上附会着各种迷信观念。今天许多儿童在他们心理发展上也经过同样的阶段。大多数小女孩在一生中有一个阶段不宜让她们随便使用剪刀，因为怕她们剪去自己的头发。动物中是没有任何类似这种行为的。犹太教和伊斯兰教的割礼中也留下了它的痕迹。

旧石器晚期岩石绘画者的那种朴素、率直和超脱在多方面比起那些新石器人的心理状态更容易激起现代成年人的同情；新石器人充满着对后来发展成为部落之神的那些古代长老的畏惧，又被献祭赎罪、毁形和巫术杀害的观念所困扰。驯鹿人无疑是冷酷无情的猎人，好斗和易于激动的家伙，但是他杀人的理由我们还是能理解的；新石器人在议论的操纵下和混乱思想的支配下，杀人有一套理论。他为了怪异的和现在看来不可理解的观念而杀人。他由于恐惧和在教唆下杀死他所亲爱的人。这些新石器人不仅在播种期杀人献祭；有一切理由可以假定他们在埋葬酋长时用妻子和奴隶作牺牲；他们每当遭遇逆境和认为神灵有此渴望时，就杀戮成人和儿童。这一切传到了青铜时代。在人类历史中，直到这时为止，社会意识还在沉睡，连梦都没有。在它苏醒之前，它产生了梦魇。

犹在历史黎明之前，3000或4000年以前，设想威耳特郡高地正在仲夏清晨的曙光下。晨光渐明，炬光渐淡。朦胧里看见一个队伍穿过石块铺成的大道，其中有祭司，也许穿着毛皮兽角的奇异服装，戴着可怕的彩绘面具——不是我们的艺术家所描绘的那种穿长袍、留长须的德鲁伊德教高僧——有酋长，披着兽皮，挂着牙齿串成的项圈，提着矛斧，满头浓发，用骨针拢住；有妇女，裹着兽皮或麻袍；有大群由乱发蓬松的男子和光着身子的孩子所组成的观众。他们从很远的许多地方聚集到这里，在这大道和锡耳布里山之间的广场上散布着他们的营幕。弥漫着一片节日的欢乐。在这拥挤的队伍里走着指定的人祭的牺牲者，屈从地、绝望地瞪视着远处冒着青烟的祭台，在这祭台上他将就死——为的是年成可以丰收，部落可以兴旺。

生物从它的起点，那潮水起落的泥泞海滩上，迈进到三四千年前，就呈现了这样的情景。

第十一章 人类的种族

1 人类还在分化么

现在必须坦率地讨论一下"人类的种族"这一个常常使用得很轻率的习惯用语的意思。

从上面已经说明了的情况看来,人类分布得如此之广,因而受到极不相同的气候影响,在不同地区所吃的东西各不相同,又被不同的敌人所打击,很明显他们一定常常发生相当多的地方性的变异和分化。人类有如生物的其他种类,经常倾向于分化成若干种类;凡是有一部分人被岛屿或海洋、沙漠或山岭把他们和其他人群隔离开来,必然很快会开始发展独具的特性以专门适应当地的条件。但是,另一方面,人通常是一种游动的和有进取心的动物,对他没有克服不了的障碍。人和人互相模仿,互相战斗和征服,互相交配。千万年来,有两种力量同时在发生作用:一种是倾向于把人类分隔成许多地方性的异种,一种是把许多异种在确立成特种之前重新混合和搀和在一起。

这两种力量在过去所发生的作用相对说来也许时有轻重。例如,旧石器人也许比起后来的新石器人更为游动,往来于更广阔的地区;他不那么固定于任何如家园或窝居的地方,他所有的东西较少,因而也少受牵累。作为一个猎人,他必须跟随他的日常猎物游动迁移。在一些不良的季节里,他可能要跋涉几百英里之遥。因此,他们可以混杂的范围极广,而在世界大部分地区发展了少数不同的种别。

农业的出现倾向于让人类的共同体住在那些最适宜于耕种的地区,因而有利于分化。混合或分化并不依赖于文明阶段的高低;很多野蛮部落至今还是往来移动在几百英里范围的地区里;另一方面,很多英格兰的农民在18世纪从没有离村子远过8英里或10英里,他们以前的祖祖辈辈也是这样。狩猎的人民活动范围一般极广。例如拉布拉多地方的居民只有几千个印第安人,他们追踪大群驯鹿,这鹿群为了觅食每年北上然后又南下。这一小撮人来往的地方就像法兰西那么广大。游牧的人民活动范围也很广阔。有些卡尔梅克部落据说从夏季牧场到冬季牧场要走近千英里的路。

旧石器人的遗迹到处出奇地划一。可引约翰·伊万斯爵士的话:"遥远地方的工具在形式和特征上和不列颠所见的样品如此之相同竟如出自一人之手……在尼罗河的河岸,在比现在高出好几百英尺的地方,发现过欧洲式的工具;在索马里兰,一个离海面很高的古代河谷里,H. W. 塞顿—卡尔先生曾收集到大量燧石和石英所造的工具,按它们的形式和特征来判断,它们可能是从松姆河和塞纳河、泰晤士河或古代的索伦特海峡的漂积堆里发掘出来的。"

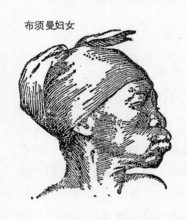
布须曼妇女

即使是这样,在更新世的末年人类主要的种族已经出现了。在东北亚洲,有一线导向蒙古利亚种族。地中海周围,除了身材高大的克罗马农人外有身材比较矮小、匀称的地中海种族的祖先和可能是属于尼格罗种族的格里马耳底人。布须曼人的波斯科普祖先以及另一种有点像澳大利亚土著的人都在南非出现了。

在人类历史上,扩张和混杂的阶段可能是和定居以及专门化的阶段交替发生的。但是很可能自从旧石器时代之末直到几百年前人类大体说来至少是在分化过程中。这一种类在这段期间分化成为数很多的种别,其中有许多和其他种别相混杂,它们又扩张和继续分化,或者沦于绝灭。凡是在环境上具有极其显著地方特点和在相互混杂上具有限制的地方几乎必然出现人类的种别。

在种种对混杂的阻碍和干扰中有一些主要的障碍,有如大西洋、中亚的高原和现已消失的海洋等,曾经把一大群种别和另一大群种别长期分隔了。这些被分隔的各群在种别上很早就发生了大体上相同或相异的特点。现在东亚和美洲人类的各种别大多但不全是在这些方面是相同的——浅黄色的皮肤、黑而直的头发和常常突出的颧骨。撒哈拉以南的非洲土著居民大多但不全是黑色或浅黑色的皮肤、扁平的鼻子、厚嘴唇和鬈头发。北欧和西欧很多人是金发、碧眼珠和淡红色的皮肤。地中海周围白皮肤、黑眼珠和黑头发的人较多。这些暗白皮肤的人似乎是一大群人的一个中心,向北、向东和向南几乎觉察不出地逐步变成特别白的、黄的和黑的人们。许多这些暗白种人的黑头发是直的,但从没有像黄种人的头发那样硬而没有波纹。东方的人的头发要比西方的人的更直一些。在印度南部我们见到带棕色和较黝黑的人,他们的头发是直而黑的;我们向东方走去,这种人就被更明显地是黄种的人所代替了。

在分散的太平洋诸岛和新几内亚,我们见到另一系列的黑色和带褐色的较为粗犷类型的人,他们的头发是拳曲的。

但是必须记住,这些是很粗略的概括。亚洲某些地区和被孤立的人群也许曾经具有类似欧洲地区的情况;有些非洲地区反而和亚洲相似而异于非洲的一般类型。我们在日本见到一种浪纹头发、白色皮肤的种族,称阿依努人即虾夷。他们的面形近于欧洲人而不近于周围的黄种的日本人。他们也可能是漂流来的白种人,也可能完全是另一种人。我们在安达曼群岛见到原始的黑种人,离澳大利亚很远,离非洲也很远。在波斯南部和印度的一些地方都可以找到尼格罗种人血统的痕迹。这些是"亚洲的"尼格罗种人。

澳大利亚类型　　　　　　　　　　尼格罗类型

很少或没有证据说,一切黑种人,如澳大利亚人、亚洲的尼格罗种人和黑人,是同出一源的,而只是他们曾长期生活在相同的条件之下。可能人类较古的种族都是棕色的或白色的,而黑色的是新的。我们不应假定,亚洲东部地区的人们都向同一方向分化,而所有非洲的人们则向另一方向分化。倾向于一个方向的主流固然存在,但也有停滞的、回旋的、混杂的、再混杂的,还有从一个主要地区流入另一个主要地区的渗漏。一张表示种族分布的世界彩色地图不会只是四块不同颜色的地区;它将涂上无数深浅不同的颜色,有些地方简单些,有些地方则混杂和交错重叠。

欧洲新石器早期——约1万年或5000年前——智人已在世界各地繁殖,已分化成若干类别,但一直没有分化成不同的种。从人分化出来的一个种,即尼安德特人,在历史时期开始时已经绝灭。我们必须记住,在生物学术语里"种"不同于"类别"之处是,在不同类别之间可以杂交,而不同种之间不能杂交,即使杂交了,所生的子体也不能生育,有如骡子。所有人类都能自由杂交;都能学习去了解同一语言,都能合作共处。在目前的时代,人类可能全然不再分化了。现在,再混杂是比分化更为强大的力量。人们越来越混合在一起。从一个生物学者的观点来看,人类是动物中正处在分化受阻和可能再混合的状态下的一个种。

2 人类主要的种族

把不同类别的人看作是缠结在一起的最近已经停止或仍在进行的分化作用的产物只是过去五十或六十年来的一种看法。在这以前,研究人类的人自觉或不自觉地受到诺亚和方舟以及他的三个儿子闪、含和雅弗的故事的影响,倾向于把人种分成三个或四个大的种族,他们愿意把这些种族看作是原本就分隔的东西,各自出于不同的祖先。他们忽视了种族间的混合和特殊地方性的孤立和变异的极大可能性。分类是有相当变化的,但都倾向于假定人类一定可以分成三个或四个主要集团。人种学者(研究种族的学者)对于一大堆人数较少的集团究属这个或那个原来的种族,或是"混杂"了的,或是旁出于某些早期形式等问题,陷入严重的争论。但是所有的种族多多少少都是混杂的。无疑有四个主要集团,但是每个都是个混合体,而且还有些小的集团四个中一个都归不进去。

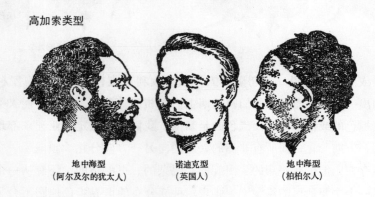

高加索类型

地中海型　　　　诺迪克型　　　　地中海型
(阿尔及尔的犹太人)　(英国人)　　　(柏柏尔人)

作出了这些保留,明确了解了我们所说的这些主要区分,并不是简单和纯粹的种族,而只是一些种族的集团,讨论时这些保留也就提供了方便。遍布欧洲和地中海地区和亚洲西部,现在有的、几千年来也一直有的一些白种人,通常称作高加索种人;它又可分成两支或三支:一支是北方金发白种人或诺迪克种族,另一支被认为是中间种族,但很多权威还有疑问,即所谓阿尔卑斯种族,还有一支是南方暗白种人,即地中海或伊比利亚种族,遍布亚洲东部和美洲的第二个种族集团是蒙古利亚种人，一般说来，是黄色皮肤、直而黑的头发和结实的身材。非洲一带是尼格罗人，在澳大利亚和新几内亚地区是皮肤暗淡的原始澳大利亚种人。这些都是方便的用词，读者要记住，它们并不是有正确定义的名词。它们只表明某些主要的种族集团所具有的共同特点，它们不包括许多人数较小的人群，这些人群严格地说来并不属于这些分类中任何一类，它们也不属于这些主要集团交错地方常常发生的混杂的结果。

蒙古利亚类型

卡尔梅克人　　　中国妇女　　　美洲印第安妇女

"高加索"种族是否可以分为两支或三支，取决于骨骼特别是头盖骨形状上的某种差别所具有的分类价值。读者在进一步阅读时会经常遇到提及圆头（Brachycephalic，头形指数较大）和长头（Dolichocephalic，头形指数较小）的人。从上面看下去，没有人的头盖骨是完全圆形的，但是有些头盖骨（长头形）比起其他的较近于长方形：头宽等于头长的 4/5 或在 4/5 以上的称作圆头型；头宽小于头长的 4/5 的则称作长头型。

有些人种学者认为圆头型和长头型的差别是一种极为重要的基本差别，另一学派却不同意，而把它看成只是次要的差别，本书作者必须承认完全同意于后一种看法。看来一种人的头盖骨的形状似乎可以在特殊环境中在相当少的几代里发生变化。

弗·皮特里爵士说，伦巴德人的头盖骨的形状在几百年里从长头型变成了圆头型；博厄斯声称已看到进入美国的移民在一代中头型发生了变化。我们不知道使头形发生变化的影响是什么，正如我们并不知道为什么澳大利亚的达尔文地区的不列颠人后代（"玉米梗"）长得特别高，或是为什么在新英格兰他们的颚骨似乎变得小了些，以致他们的牙齿挤得紧了些。

即使在新石器时代在同一遗物群里可以找到长头型和圆头型的头盖骨，它们常常埋葬在一起，现在许多地方的人还是这样。有些地方的人，如中欧山区的人，圆头型百分比较高；有些地方的人，如斯堪的纳维亚的人，长头型较为普遍。新石器时代的不列颠和斯堪的纳维亚最早的古墓（坟堆）都是长形古墓，后来的古墓是圆形的；在前一种墓穴里找到的头盖骨常常是长形的，在后一种墓穴里常常是圆形的。这也许指明西欧新石器时代在种族上曾发生过兴替，但也可能指出了在饮食、习惯和气候上的变化。

但就是这种头形的研究，使得许多人种学者把高加索种族分为三种，而不像赫胥黎那样分为两种，即北部的金发白种人和地中海及北非的暗白种人或浅黑白种人。他们把赫胥黎的金发白种人一分为二，区别为一个是北欧型，金发长头，即诺迪克人；另一个是地中海或伊比利亚种族，暗白人，黑发长头；在这两者之间，他们又辨别出第三个种族，圆头种族，即阿尔卑斯种族。

与此对立的学派把被认为的阿尔卑斯种族作为诺迪克人或伊比利亚人（暗白人）的地方性圆头变种。伊比利亚人是长形古墓里的新石器人，看来最初曾遍布欧洲大部和亚洲西部。他们支配了早期历史。诺迪克人出现较晚，来自北欧的森林和西部、中部海岸和亚洲。

3 暗白人［浅黑发白种人］

高加索种族的地中海或伊比利亚分支早期分布较广，不像诺迪克人那样特殊和明显的类型。它在南方和尼格罗人种的家园，在北方、东方和亚洲蒙古利亚人种的家园都不容易划出分界线。威尔弗里德·斯科恩·布伦特说，赫胥黎"曾长期怀疑埃及人和印度达罗毗荼人有共同来源，可能在很早的时候从印度到西班牙有一个褐色皮肤的人的长条地带"。

这个赫胥黎的"地带"，即暗白和褐色皮肤的人的地带，这种暗白—褐色人的分布甚至超过印度；他们到达太平洋的海岸，他们到处是新石器文化的原来拥有者，是我们所谓文明的创始者。很可能这些暗白人，就算这么说吧，是我们现代世界的基本人民。他们的来源，几乎可以肯定地说，是在地中海以东的某些地方。

蒙古利亚人种看来无疑已在亚洲东北部发展了它的独特的特征。蒙古利亚人种最典型的矮小结实的身材、平扁的面形似乎是适应于抵御严寒。从这里他们向南和向西扩张进入亚洲，向东进入美洲。他们的祖先也许是早期的白人，他们原种的一支日本的阿依努人是延留下来的残余。有些权威主张澳大利亚人种和已绝灭的塔斯马尼亚人是来自这早期的白人的原种。

霍拉宾先生和本书作者曾煞费苦心地绘成一张综合所有这些有关人类种族情况的表解，我们设法使它在欧洲、亚洲、澳大利亚和北非的范围内几乎可以叠印在地图上来阅看。我们已提供了一个系谱表明智人和亚人的主要诸种的血统关系。

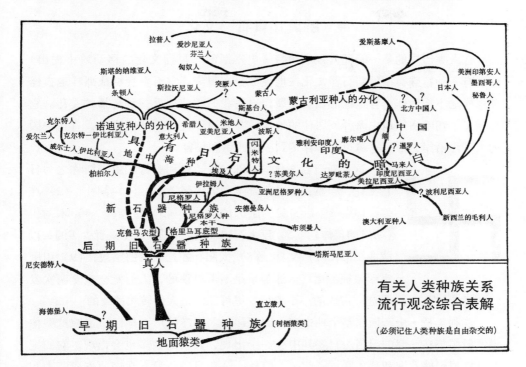

然后，我们插入一个可以说是关于克罗马农和格里马耳底类型的注解。这是根据欧洲的一些旧石器时代遗骸的某些差别，可能有些夸大。格里马耳底人的骨头具有尼格罗人的特征。它们暗示比克罗马农人较近似于更原始的和有点像布须曼人的波斯科普种族。可能这两个主要种族是在同一地域里游动：一个是黄白人的原种，一个是黑人的原种。因此读者将注意到尼格罗人种和黑人诸种族在表上绘成从主干上分出来的最早的一支，然后当以暗白人所代表的人类作为主体时，有两支分离了出来，一支走向北方的森林，另一支走向东北亚洲的风沙地区，分别发展成诺迪克和蒙古利亚的类型。

如果读者再看一遍前面的一节，你将看到你可以为从暗白人这主干上分离出去的分支的起点作出很不相同的挑选。这并不暗示，不论哪一个类型，诺迪克或蒙古利亚，也许除了斯堪的纳维亚人和爱斯基摩人的例外，曾经是完全保持"纯粹"的。在图表里有些分支转回来和其他分支结合在一起，这表示种族的混合。

此外，我们在图表上还加上一些有胡椒味儿的问号，这样调起味来可能比起生硬的和严格的种族分类更接近于种族关系的实际情况。

4 所谓"日石"文化

在人类历史的某一时期（埃利奥特·史密斯的《早期文化的移动》中提出）似乎有一种特殊类型的新石器文化在世界上分布很广。它有一套特征那样地古怪和那样地不像地球上各地区的独自发展，迫使我们相信这是一种传播的文化。它传到了一切暗白的地中海种族居住的地区，并超过印度传到印度之外，直达中国的太平洋沿岸，最后它越过太平洋传到了墨西哥和秘鲁。

象征太阳的卍字

这种新石器文化的特殊发展，埃利奥特·史密斯称之为日石文化，包括许多或全部下列的古怪做法：（1）割礼，（2）产翁，即生孩子后为父的卧床的怪俗，（3）按摩，（4）木乃伊（防腐的尸体），（5）巨大石碑（例如石栅），（6）青少年缠头以改变头形，（7）文身，（8）太阳和蛇相联系的宗教，（9）用卍字形象征好运气。这似乎是不可思议的，人们竟会重复两次发明这一古怪的小小象征。更可能的是人们转相抄袭的。

埃利奥特·史密斯在整个地中海—印度洋—太平洋的广大地区里追踪这些像星座般结集在一起的习俗。只要其中有一个出现，其余的大多也会出现。它们把布列塔尼跟婆罗洲和秘鲁联结了起来。但是这一套习俗并没有在诺迪克或蒙古利亚人的原始家乡露面，向南传播也没有越过赤道非洲好多。

从公元前1.5万年到公元前1000年，有一万多年，这一种日石的新石器文化和具有这种文化的各种人也许曾经通过较暖的地区，乘着独木船常常漂浮过广阔的海洋，在全球旅行。当时它是世界上最高的文化；它维持了最长久和最高度发展的人们共同体。它的起源地也许如埃利奥特·史密斯所提出的是在地中海和北非地区。

一代复一代，这日石文化慢慢地移动着。它一定曾传播到太平洋沿岸，通过岛屿的踏脚石到达美洲，那时它的起源地早已进入了其他的发展阶段了。当东印度、美拉尼西亚和波利尼西亚在18世纪被欧洲航海者所发现时，这些地方的人依旧在这个日石文化的发展阶段。埃及和幼发拉底—底格里斯河谷的最初文明也许是直接从这个传布极广的文化中发展出来的。我们以后还要讨论中国文明是否出于另一来源。

阿拉伯沙漠的闪米特游牧民似乎也曾有过一个日石文化阶段。

5　美洲印第安人

第一批跨越白令海峡到达美洲的移民浪潮可能和东北亚洲原有的淡黄人种相去不远。后来的移民浪潮里的人所具有的蒙古利亚种人的特征却越来越显著。

也许（虽则这是人种学者需要讨论的事）人口中新的成分和新的达到日石水平的文化观念是越过海洋到达美洲的。

如果美洲人口中具有这些后来进去的成分，他们不是没有携带小麦就是麦种消失了。玉蜀黍是新世界的谷物，和旧世界所知道的植物完全不同。但是美洲人的宗教生活却透露出相同于在旧世界新石器时期盛行的那一套播种和人祭相联结的观念。

美洲大陆大部分地区的部落停留在新石器未开化阶段的水平上。在春来草长的地区，他们成了游动的人跟着北美野牛游动。在遥远北部地区，他们跟着北美驯鹿游动（美洲大陆上在有人住的时期并没有马，直到欧洲人把它引进）。在热带森林里美洲印第安人成了捕取鸟类和小动物的猎人。但是在一两个肥沃地区，如下面将要提到的，他们发展了比较复杂的社会秩序，灌溉土地，建造石头的重要建筑物，并雕刻上精美的富于传统性和常常是古怪有趣的图案。他们还建立了城市和帝国。

由于移民一浪复一浪地相继在新世界扩散，当然会发生很多的移动和混合。那些复杂的社会结构也许主要是属于后来进去的更具有蒙古利亚人种特征的人的。定居的、务农的美洲部落总是比起以渔猎为生的部落在外貌上更加属于蒙古利亚种人。

第十二章 人类的语言

1 没有一种原始语言

那种有似人类共同语言的东西是未必发生过的。我们对旧石器人的语言一无所知,我们甚至不知道旧石器人是否随意谈话。

旧石器人对外形和态度已有敏锐的感觉,从他们的绘图上可以知道;有人认为他大多用姿势来传达他的意思。可能较早期的人所用的词主要是惊慌和热情的叫喊或具体东西的名称,许多可能是模仿所指称的东西所发出的或和它相联系的声音。阿瑟·伊万斯爵士提出在美洲符号语言早于口语,因为在北美所有的印第安人中符号语言是共同的,而口语却是各别的。

最初的语言可能是少数惊叹词和名词的集合。可能用不同声调来说这些名词以表示不同的意思。如果旧石器人有一个词指"马"或"熊",他可能用声调或姿势来表明"熊来了"、"熊走了"、"熊将被猎获了"、"死熊"、"熊曾到过这里"、"这是熊干的",等等。

很缓慢地,人的心思才发展到用形态方式来表示行动和关系。现代语言包含几千个词,但是较早的语言只有几百个词。有人说甚至现代欧洲农民使用近千个词就过得去了。不难想象晚至新石器早期所用的词汇不会比这更多。可能人们在那些日子里不那么贪好谈话和描述的。为了叙述的目的他们宁愿舞蹈和表演而不用口说,甚至他们计算的能力也似乎是很有限的。

口语的成长最初的确是个很缓慢的过程,语法形式和抽象观念的表示在人类历史上也许出现得很晚,或者只在400至500代以前。

2 雅利安语

　　研究语言的学者（语言学者）告诉我们，他们未能确切追究出人类所有的语言中存在着的任何共同特点。他们见到有些广大区域里的若干语言集团具有相同的根词和用同样的方法表示同一意念，但是他们接着又见到在别的区域里，有的语言却连它们的基本结构看来都互不相同，它们用完全不同的方式来表示行动和关系，它们具有完全不同的语法方案。

　　有一个大的语言集团现在几乎遍布全部欧洲，伸展到了印度；它包括英语、法语、德语、西班牙语、意大利语、希腊语、俄语、亚美尼亚语、波斯语和各种印度语。它称作印度—欧罗巴或雅利安语系。这语系所有的语言都可以找到相同的词根，相同的语法观念。例如：英语的 father, mother, 德语的 vater, mutter, 拉丁语的 pater, mater, 希腊语的 pater, meter, 法语的 père, mère, 亚美尼亚语的 hair, mair, 梵语的 pitar, matar, 等等。各种雅利安语用同样的方式在大量的基本词上翻着花样，日耳曼语中的 f 变成了拉丁语中的 p，等等。它们遵循同一变化法则，称作格里姆法则。这些语言不是不同的东西，它们是一个东西的变体。使用这些语言的人思想方法是一样的。

　　在远古的某一时期，新石器时代，就是说 8000 年或更多年以前，也许有一个单纯的原语，所有的雅利安语都是从它分化出来的。在中欧和西亚之间的某一地方一定曾有过一些部落往来游动其间，互相混合得足以发展和使用同一语言。这里为了方便起见称他们为雅利安人。H. H. 约翰斯顿爵士称他们为"雅利安—俄罗斯人"。他们基本上属于白种人和这个集团的金发、北方分支——就是，属于诺迪克种族。

　　这里必须提出一个警告。曾经有过一个时候，语言学者倾向于混淆语言和种族，假定凡是曾经说过相同语言的人必然都属于同一血统。然而这却不是事实，读者自能了解，如果他想到美国的黑人现在都说英语，或是爱尔兰人——除了为政治示威的目的——不再说古老的埃尔斯语，或是康沃尔地方的人已经丧失了他们的古克尔特语。但是一种共同语言所能表示的是彼此之间的共同往来和彼此混合的可能性；假如它并不指出一个共同的来源，它至少指出一个共同的未来。

　　但是，即使这个原来的雅利安语言，也许在公元前 6000 或公元前 5000 年是一种口语，它也并不是一种原始语，或是一种野蛮种族的语言。最初使用这种口语的人正处在，或已经过了新石器文明阶段。它具有相当复杂的语法形式和用词的方法。旧石器晚期的人，阿席林文化的人，或者新石器早期的贝冢人，以这些为例来说，他们已消失了的表达方法比起雅利安的最基本的形式可能简陋得多。

可能，雅利安语群在一个广大地区里变得突出了，这地区包括多瑙河、第聂伯河、顿河、伏尔加河等主要河流，东方越过里海之北的乌拉尔山脉。操雅利安语的人可能在不太长的时间里到达了大西洋或黑海之南越过了小亚细亚。当时的博斯普鲁斯海峡并不是欧亚之间有效的间隔。多瑙河向东流入一个大海，这海越过俄罗斯东南部的伏尔加地区直到突厥斯坦，包括今天的黑海、里海和咸海。也许它伸出几股到达北冰洋。它一定是操雅利安语的人和亚洲东北部的人之间相当有效的屏障。

这个海的南部海岸从巴尔干绵延到阿富汗。在这海岸的西北是一个沼泽和潟湖地区直达波罗的海。

3　闪米特语

雅利安语以次，语言学者区别出看来和雅利安诸语分别形成的另一语群——闪米特语。希伯来语和阿拉伯语是亲属语，但是它们似乎甚至具有另外一套根词，不同于雅利安语；它们表达关系的观念的方法不同；它们语法的基本观念不同。创造这些语言的人们共同体很可能和说雅利安原语的人没有过什么接触，分别地和独立地创制他们的语言。

希伯来语、阿拉伯语、阿比西尼亚语、古亚述语、古腓尼基语和若干相关联的语言合在一起作为源出于这第二种原语，这种原语称为闪米特语。

有记录的历史开始时——约公元前4000年和更早些——我们找到说雅利安语和说闪米特语的人在地中海东端的周围和附近，在战争和贸易中进行着最活跃的来往，但是雅利安原语和闪米特原语的基本差别使我们不得不相信，在新石器时代，即在历史时期以前，说雅利安语和说闪米特语的人之间必然有几千年之久几乎是完全隔绝的。

后者看来曾生活在阿拉伯南部或非洲东北部。在新石器早期，最早说闪米特语的人和最早说雅利安语的人，不妨说，可能是生活在不同的世界里的。

4　含米特语

关于第三个语群，即含米特语，语言学者的意见比较不那么一致了。有些人认为它不同于闪米特语，有些人认为两者有亲属关系。现在是认为二者来源有关的意见较占优势。

含米特语群当然比闪米特或雅利安语群分布更广，变化更多。闪米特诸语更属于一个语系，比起雅利安语来有更多共同之处。闪米特诸语也许是某种含米特原语中专门化了的一群语言，有如鸟类是从爬行动物的特殊的一类中发展出来的。雅利安语也出自另一含米特原语群，有如哺乳动物出自另一群爬行动物。不妨假想雅利安这一群语言的粗朴的祖语是在比闪米特语分离和专门化更早之前，从含米特原语里分支出来的。这种假想是很引人入胜的，但实际上还没有可靠的根据。

今天讲闪米特语的人和讲含米特语的人一样主要是属于地中海种族。含米特诸语中有古代埃及语和科普特语（北非山地居民带面罩的图阿雷格人和这类人的）柏柏尔语，和那些称作东非语中的埃塞俄比亚语群，包括加拉人和索马里人的语言。这些含米特语也许曾从地中海的非洲海岸的一个中心散发出去了。它们也许曾很广泛地扩及到当时有陆地联结的西欧。

所有这三大语群，雅利安、闪米特和含米特，可以注意，有和任何其他语言不同的共同特点，这就是语法上的性别，至于这个特点是否足以证明雅利安、闪米特和含米特诸语具有古老的共同来源则是语言学者而不是一般学人的问题了。这并不影响讲这三种不同语言的人在很长和很古的史前期曾分隔过的明确证据。

闪米特和诺迪克"种族"具有更突出的面形；他们似乎和独具一格的语言那样，比起宽脸的、基本上说含米特语的人更显著和更特殊化些。

5　乌拉尔—阿尔泰语

越过雅利安和闪米特区域向东北，一度一定有过一种更特异的语言系统，现在的代表是一群曾称为图兰语，而现称为乌拉尔—阿尔泰语的语言。它包括拉普兰地方的拉普语和西伯利亚的萨莫耶特语、芬兰语、马扎尔语、突厥语或鞑靼语、满语和蒙古语。对这个语群，欧洲语言学者没有详尽地研究过，至于它是否也包括朝鲜语和日本语则还没有足够的证据可以论断。H. B. 赫尔伯特发表过一本朝鲜语和印度的某种达罗毗荼语的比较语法，论证了它们之间的密切关系。

6　中国语 ［汉语］

第五个形成语言的地区是东南亚。这地区至今还流行着一群语言，由单音节词构成，没有任何词尾变化，而用发音的声调来决定它的意义。这可称为中国的单音节语言群，包括中国语、缅甸语、暹罗语和西藏语。

任何一种中国语和其西方的诸语言的差别都是深刻的。在中国语中的北京话里只有420个基本单音，结果是每一个音必须表示许多东西，不同的意义不是用上下文的关系来表明就是用发音时一定的声调来表明。

表达这些词之间的相互关系的方法很不同于雅利安语的方法。中国语的语法从本质上异于英语语法，它是另外的和不同的创造。许多作家声称根本不存在有中国语法，如果语法是指欧洲意义的词尾变化和呼应那一套，那就确是如此。因此，从中文直译成英文是不可能的。思想方法本身就不相同。正是由于这个原因，他们的哲学至今对欧洲人来说，大体上是一本密封的书，反过来说也是这样，这是由于用来表达的方法性质不同。

我们可以举一个例子来说明这种深刻不同的方法。四个中国字："事、何、必、古"，按这次序排列，表示"为什么要走古代的道路？"中国人就是这样表达了他的意思的朴质的中心。英国人却要大胆地用理解隐喻的能力来得出相同的意义。中国人可以在讲到烹饪和装订书本的保守思想时说："事何必古？"即："为什么要走古代的道路？"

阿瑟·韦利先生在他所著《中国诗一百七十首》（康斯特布尔，1918年）的前面有一篇关于中国思想和诗的引人兴趣的文章，很清楚地指出在这些领域里中国人的思想是怎样地总是实用的并且受了隐喻的限制，这种限制是中国语文紧凑的结构所强加于中国人的思想上的。

7　其他语言群

这些语系之外，语言学者还区别出下列其他大的语言群。一切美洲印第安语言，本身变化很大，和任何旧世界的语言群都不相关联。在这里我们可以把它们放在一起，不是作为一个语系，只作为一个混合的杂体。

在非洲有一个大的语言群，从赤道稍北起到南方的极端是班图语；此外，横越大陆的中心，还有一个包括其他若干语言的丛体，由于这些语言差别过大，难以分列于此。

还有两个可能分开的语言群，即南印度的达罗毗荼语和从马来西亚和印度尼西亚，横跨太平洋的马来—波利尼西亚语。

现在，似乎可以从这些基本差别上得出结论，当人类开始形成比家族部落更大的共同体时,当他们开始相互讲述长篇故事、辩论和交换思想时,世界上的人类分布在若干地区,相互间很少往来。他们被海洋、密林、沙漠或山岭所分隔。在这遥远的古代,也许1万年或更早以前,讲雅利安、闪米特、含米特、图兰、美洲和中国等语言的部落和家族,各自在他们的地区里进行狩猎、放牧和偶然地耕种,他们大体都处于相同的文化阶段,各自按自己的方式发展了语言工具。每个原来的部落可能不比现今西北领地的印第安人的人数更多。有系统的耕种那时还刚刚开始,直到农业使人口密集成为可能时,世界上的全人类也许只有几万人。这是很少人理解到的一点,即直到旧石器晚期人类还是一种极稀少的动物。如果农业在人类生活中起过重要作用,如果那时人口在一些地方曾经密集过,那就可能是在地中海地区,可能就是在现在已经淹没了的区域里。

这些新石器部落之外,在非洲和在印度一定还有各种更原始的住在森林里的人。他们只能有几千人。他们可能和现在的猩猩一样少,或更为稀少。中非,从尼罗河上游起,当时是一大片森林,普通的人类生活是进不去的,今天刚果的森林是这种森林的最后剩下的残余。

也许比原始澳大利亚人种较高的一个种族的扩及东印度和马来—波利尼西亚类型的语言的发展,比其他语言群的起源还要晚一些。波利尼西亚人似乎是浅黑发白种人向东的较晚的扩张,可能带着一些渗入的诺迪克血统。

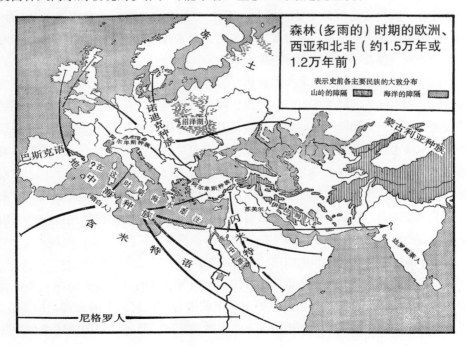

语言学者的语言分类，很明显，在大体上和人种学者的主要种族分类是相符合的。他们在人口少、分布稀和人类的几大分支长期隔离等观念上是相同的。在冰期，冰层从北极伸入中欧，越过俄罗斯和西伯利亚，达到中亚的广阔高原，至少严寒隔断了人们的自由扩张。最后一次冰期之后，这寒冷的北方很缓慢地减轻了它的严峻气候，长时期内除了向东扩张和越过白令海峡的游动的猎人外，这地方并无其他的人口。北欧和中欧以及亚洲直到很近的时期——1.2万年或可能只有1万年前的限度内——还没有温暖到可以从事农业，而且在狩猎时期和农耕开垦时期之间还插入了一个茂密的森林时期。

这个森林时期也是一个十分潮湿的时期，被称作洪积世或湖泊时代。必须记住，这个世界的陆地的形状，甚至在最后的100个世纪中，还发生过大变动。地理上的变动经常是被研究史前人的学者所忽视了的。

越过俄罗斯的欧洲部分，从波罗的海到里海，当冰层后退时，这地方必然为水所淹，而且有很多不能通行的沼泽；里海、咸海和一部分突厥斯坦的沙漠都是广阔海洋的遗留，当时这个海远达伏尔加河谷，并伸出一臂向西和黑海相联。山岳的障碍比现在的更高，伸出的海臂就是现在印度河地区，这些山和海的障碍把早期诺迪克种族和蒙古利亚以及达罗毗荼种族完全隔断了，使这些人群大体上的种族分化成为可能。

还有，黄沙飞扬的撒哈拉沙漠——不是一个干涸的海，而是因风形成的沙漠，它曾经是肥沃的土地，有过繁盛的生活，后来越来越干燥多沙——把地中海种族和非洲中部森林区稀疏的原始黑人割断了。

波斯湾的北部比现在向北推进得还要远得多。它和叙利亚沙漠结合在一起使闪米特人和东部区域隔绝了；另一方面，阿拉伯的南部比今天远为肥沃，也许要越过现在的亚丁湾伸向阿比西尼亚和索马里兰。地中海和红海在洪积世也许还是个有一串淡水湖的肥沃河谷。喜马拉雅山脉和中亚的更高更广的山岳和孟加拉湾的直达现在的恒河河谷的向北延伸，把达罗毗荼人和蒙古利亚人分开了。达罗毗荼人和南方蒙古利亚人之间的主要联系方式是独木船。戈壁体系的海和湖，后来变成了戈壁沙漠，和从中部到东北横贯亚洲的一个接一个的山岳所连成的巨大山系把蒙古利亚种族分成了中国和乌拉尔—阿尔泰两个语言群。

白令海峡，当它在洪积世的前后出现时，孤立了美洲的印第安人。

要注意的是，我们并不暗示这些古代的分隔是绝对的，但是它们在人类社会初期的日子里，至少足以阻止大量的血统上的混合或任何巨大的语言上的混合。尽管如此，即使在那时候，也还是有一些接触和交往，某种知识的流通把各种各样的工具的简陋形式和使用方法,以及原始农业的种子,传播到了世界各地。不久独木舟和其后的船舶出现,增加了这种农业和贸易的传播。

8 可能存在的原始语言群

我们所提到的 9 种主要语言群的基本语言,无论如何并不包括新石器时代人类最初形成的一切语言。它们只是最后残存下来的语言,它们已取代了更原始的前身。也许还有其他可能为数更多的、没有长成的语言中心,后来被仍然残存下来的语言所浸没了,这些初步语言也消亡了。我们在世界上还可以见到一小撮古怪的语言,它们周围的其他语言和它们似乎并无任何联系。

然而,有时深入的考查似乎可以把这些没有联系的一小撮语言合起来,好像看到了一些诱人的线索,指向某种更简单的、更广阔的和更根本、更普遍的人类语言的方式。一个曾被热烈讨论过的语言群就是巴斯克方言群。巴斯克人现在住在比利牛斯山北麓和南麓。在欧洲一共约有 60 万人,直到今天他们还是很坚强和富于独立精神的人民。他们的语言,以现有的来说,是充分发达的。但是它是沿着一条和周围雅利安诸语完全不同的路线发展起来的。

在阿根廷和美国都有巴斯克文报纸供给繁荣的移民集团阅读。最早定居在加拿大的"法国"移民是巴斯克人,巴斯克的姓名在今天的加拿大法语人中是很常见的。古代遗址指出巴斯克语和巴斯克人在西班牙分布得更广。

长期以来,学者们对这种巴斯克语极为迷惑不解。它的结构特征使人认为它也许和某些美洲印第安语有联系。A. H. 基恩在他的《人类过去和现在》一书里汇集了种种理由把它联系到——虽然是疏远地——北非的柏柏尔语,通过柏柏尔语又联系到含米特诸语的总体,但是其他语言学者对这种联系是有疑问的。他们找出巴斯克语更接近于高加索山脉里发现的某种同样停顿了的古代遗留的语言,他们倾向于认为它是那种曾经一度公布很广的前含米特语群的最后幸存者,但已有很大变化和特殊化,要不然已完全消亡了,这种前含米特语群主要的使用者是浅黑发白种人的地中海种族,他们曾一度占据过西欧、南欧和西亚的大部分地区。他们认为它也许可以同印度的达罗毗荼语和那种向东经过东印度扩张到波利尼西亚及其更远的地方的具有日石文化的人的语言紧密地联系起来。

很可能 8000 或 1 万年前在西欧和南欧扩展的语言群在雅利安语以前已经完全消亡了。下面我们将顺便提到可能存在过的三种已遗失的语言,它们是(1)古克里特语、吕底亚语和其他这一类语言(哈里·H·约翰斯顿爵士说,虽然这些

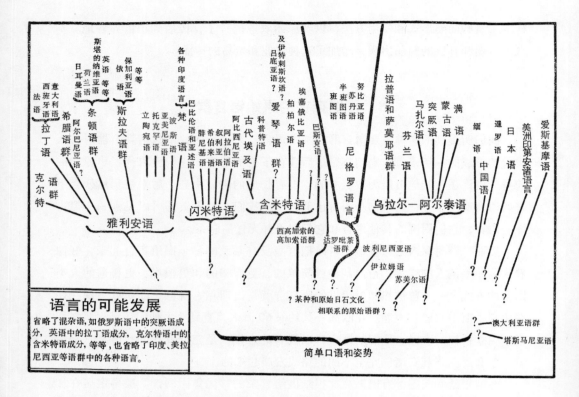

语言也许属于"巴斯克—高加索—达罗毗荼语群"），（2）苏美尔语和（3）伊拉姆语。

有一种说法——只是一种猜想——古苏美尔语也许是早期巴斯克—高加索和早期蒙古利亚两语群之间的链环。如果真是如此，这种"巴斯克—高加索—达罗毗荼—苏美尔—原始蒙古利亚"语群中存在着一种比基本含米特语更古老和更属远祖的语言体系。这里很像有一个语言上的"缺环"，某种比起我们现在所能想象的更像是远祖语言的东西。它和雅利安、闪米特、含米特语的关系也许有如旧石器晚期原始蜥蜴和哺乳动物、鸟类和恐龙的关系。

9 一些孤立的语言

据说，霍屯督语和含米特语有亲属关系，但由于整个广阔的说班图语的中非，它同含米特语隔开了。和布须曼语有亲属关系的类似霍屯督语的语言，在赤道东非依然有人使用，这加强了整个东非曾经一度是说含米特语的看法。

班图诸语和班图人在较近期间从中非西部某个发祥中心向外扩张，把霍屯督人和含米特人分隔开来。但是至少同样可能的是霍屯督语是另外一个语言群。

其他遥远的和孤立的小语言区有新几内亚的巴布亚语和澳大利亚土著语。

现在已消亡了的塔斯马尼亚语不大为人所知道。我们所知道的情况可以支持我们关于旧石器人比较不大说话的猜想。

我们可以引用哈钦森的《活着的人类种族》里的有关的话：

> 土著的语言已无可挽回地丧失了，只有关于它的结构的不完全的迹象和还保存着的小部分词汇。在缺少啌音和其他特点上他们的方言近似于澳大利亚土著语，但是结构较为粗糙也不那么发达。该问题的最佳权威约瑟夫·米利根说，这种语言的结构如此不完全，他们在造句中连词的次序或安排都没有规定要遵守，只以补充的声调、形态和姿势来传达我们用语法上的语气、时态、数量等所表示的意义。
>
> 抽象名词很少；每一种桉树或柳树都有一个专名，但没有一般指"树"的词，也没有指性质的词，诸如硬、软、暖、冷、长、短、圆等。任何硬的东西都"像一块石头"，任何圆的东西都"像个月亮"等，通常用行动来配合用词，和用某种姿势来确定要人理解的意义。

第三编
最初的文明

　　自从最初的文字出现以来，在人们心目中开始有了一种新的传统，一种能永存不朽的传统。此后，生命通过人类日益清晰地意识到它的本身和它的世界。这是我们在追溯历史中看到的人类知识发展的一条细纹，最初出现在蒙昧和混混沌沌的世界里；它又像一丝光线从一扇开着的门缝里射进暗室；但它慢慢扩大，逐渐明亮起来。终于在欧洲历史上有了这样的时机：在印刷者的推动下，这扇门开始更加迅速地打开了。知识倏然地燃烧起来。它一旦燃烧起来，就不再是少数幸运者的特权。就我们今天来讲，这扇门开得更大了，门后的光更明亮了。

　　苍茫依然，光辉正穿透尘灰的层云。这扇门还没有半开。我们今天的世界还不过是知识的开始。

第十三章　早期的帝国

1　早期耕作者和早期游牧民

前几章已谈到的有关农业产生的种种情况，以下将进一步加以阐述。农业的萌芽标志着人类生活中的一个深远的变化。最早自2万年前、最迟至8000年前的一万多年期间，农业缓慢地发展，给人类生活带来了多种多样的变化。

在这以前，人是一种比较稀少的动物，是一种游动不定、使用工具的食肉兽，是一种野人。他们生活在人数很少的群体里，语言可能还很不发达。他仅有的财产就是随身携带的东西。他的一生都在猎取食物中度过，时而长期挨饿，时而大吃一顿，交替地进行着。他跟随动物游动，像动物跟随它们的食物和按季节游动一样。他自由而又贫困，生活在不断的危险之中。

然后开始这种有意识地种植粮食和储存食物的活动。他开始牧养所猎得的野兽，并注意曾在哪些地方发现过可以用来补充肉食的种子、根菜和果子。他放牧半驯化的牲畜，期待着在播过种的地方的收获，因此他的游猎活动受到了限制。他的工具日益增多。到了8000年以前，在若干地区，人已开始成为数量极为众多的动物。在他之前，猿或其他类似的动物数量从来没有这样多过。他营造了房屋，占有了各种东西。他不再单纯依靠游猎来取得食物，而定居下来从事经常性的定期工作。他储存食物。他开始劳动。他以往每餐饭都只是意外的收获，现在做到了定时用餐。人已不再是一种随缘为生的动物，而成为一种经济动物了。

他是唯一变成经济动物的哺乳类动物。哺乳类中从来还没有过任何别种经济动物。水獭会筑窠储备，松鼠会挖窖贮藏，狗也会埋藏骨头；但是在讲到那些为准备、储存和分享食物而成群聚居，有规则地工作的其他生物之前，我们一定得先想到蚂蚁和蜜蜂。

在定居之前，人类的生活充满着劳累、焦虑和贫困，但没有有组织的劳动。旧石器时代晚期，人类生活中是有工作的，但这不过是偶然的，并且通常是乘兴的工作。随时得制作工具，但也许是谁需用谁就制作。兽皮需要刮削，食物需要猎取，还需要有人照料火种。如果火熄灭了，就是件十分麻烦的事。某些权威作者推测，那时曾指定专人负责看火，侍神的处女们及其圣火则是原始看火人的遗俗。但是在人类的游猎阶段并没有我们称之为劳动的那种稳定的、有规则的辛苦工作。

大部分必须做的繁重工作大概都落在妇女身上。原始人没有骑士精神。当小群的人迁移到别处时，妇女和姑娘们携带着所有的用具，而男子则毫无拖累地带着武器，随时准备应急。照料孩子完全是妇女的事。

有人设想，开始从事农业的是妇女，这是极其可能的。当男子外出狩猎的时候，采集种子和菜蔬食品全由妇女承担。妇女们可能观察到在过去野宿的地方生长出了谷物。也可能是她们最早有意识地撒种谷物，作为给当地的某些神灵的供奉，希望以后会得到百倍的报偿。农业的最初阶段是撒种自长、有多少收多少的方式。男子仍然主要是放牧，他们也许下种，撒下种就走了，回来时再收割。以人献祭和播种之间的密切联系可能是从这种让庄稼自生自长的时代开始的。他们也许杀死一个人把尸首留下看守庄稼。

最初的农业几乎可以肯定是零星小块地的农业，在小块园地上用手耕种——大概是妇女的手。它提供辅助的食物。大概只在很例外的情况下，农业才变得较为重要。

不难想象，人们很早就觉察到在周期性泛滥的土地上播种的好处。他们把粮食撒在水上，随后发现可以收回很多粮食。埃利奥特·史密斯认为，有组织地从事农业，把它作为一种主要事业，而不再是一种辅助活动，是在埃及开始的；而且肯定没有一个国家比埃及更为明显地适宜于教会人们在适宜的季节里进行播种的技术了。最初的有组织的播种也许是在泛滥过的土地上进行的。进而引导洪水流入耕地是很容易达到的一步。这也就是灌溉了。

耕作并不就是文明。可能在公元前 1.5 万年或 1 万年文明萌芽之前，随着新石器时代文化的传播，小麦的种植已扩展到了大西洋和太平洋的沿岸。文明并不只是偶而进行季节性的小麦种植而已。文明是人们定居在连续耕种并占有的地区之上，他们住在长久居住的建筑物里，有共同的规则和共同的城市或城堡。

与只是在食物丰富的地区暂住的情形不同，新石器时代的人们得以真正定居下来的首要条件，当然必须是一年到头保证有供水、牲畜饲料、自己所需要的食物和筑屋的材料。这里必须有他们在任何季节所需要的一切东西，而不必因为缺乏所需再去流浪。在欧亚两洲许多江河的流域里，很可能就是这种情况。而且在许多这样的流域里，例如瑞士的湖上居所，人们的确很早就定居下来了，但是在我们目前所知的当时各国，还没有一个地方像在埃及以及幼发拉底、底格里斯两河上游和波斯湾之间的地带那样，有很大一片地区具备这些有利条件，并且年复一年地确保有这样的条件。

在这里，供水不断，阳光持久。丰收年年都有保障。希罗多德说，在美索不达米亚，小麦收成200倍于种子。普林尼说，小麦一年两熟，以后还长出很好的养羊饲料，棕榈树丰盛，水果种类繁多；至于建筑材料，在埃及有黏土和易于加工的石头，在美索不达米亚则有一种可晒成砖的黏土。

这些地方的人们就不再游动了，几乎不知不觉地定居了下来；他们代代繁殖，发现自己的人数日众，并且靠他们人多避免了受任何突然袭击的危险。他们人口增长达到了当时世界上从未有过的密度；他们的房屋日趋坚固，广大地区野

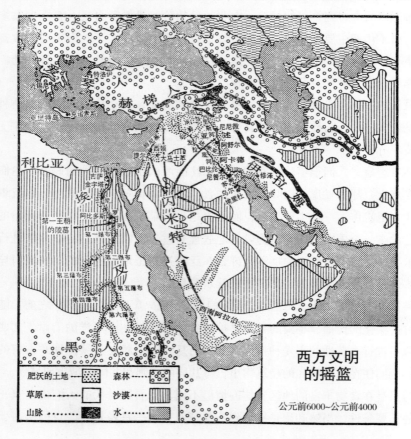

西方文明的摇篮

公元前6000~公元前4000

兽绝迹，生命日益安全，因此普通人来往于村镇田野，不必携带武器。至少在他们自己人之间已成为和平的人。人们扎下了根，这是过去从未有过的。

美索不达米亚和埃及是最适宜于人们最初永久定居的地方。我们在这里附上一幅大约六七千年以前的这些地方的地图（上页）。红海流域和东地中海流域当时已经泛滥，但是，阿拉伯海岸，特别是阿拉伯的西南角，当时比以后的时期肥沃得多，红海流经宽阔的海峡，进入了地中海，而波斯湾的位置则比现在向北延伸得很远。

正当人们在这片广大的江河流域上扎根、繁殖的时候，在这些得天独厚的地区以外，土壤不那么肥沃而且更容易受季节变化影响的地方，在欧洲森林地带、阿拉伯沙漠和中亚细亚季节变化比较剧烈的牧场，正在发展的是另一种很不相同的类型、人口稀疏但更为活跃的民族，即原始游牧民族。与上述定居的人，即务农的人相反，这些游牧民的生活自由而不安全；相比之下，他们是身体瘦瘦、受饥挨饿的人。他们的牧畜与狩猎仍然是混合的，他们常常因为争夺牧场而与敌对的家族发生械斗。从定居者那里传来了精制工具的方法和使用金属的方法，这改进了他们的武器。他们追随定居者从新石器阶段进入了青铜器阶段；他们随着武器的改善而更加好战，同时也随着运输的改善而移动得更为迅速。

我们决不可以认为在人类事务中游牧阶段必定先于定居阶段。从一开始，人是缓慢的漂泊者，跟着食物游动。后来，有一种人开始定居下来，另一种人则更明显地游牧化了。定居者开始日益把谷物当作食物，而游牧者则更多地用奶食充饥。这两种生活方式是朝相反的方向专门化的。

游牧者和定居者之间的冲突是不可避免的，定居者视游牧者为强悍的野蛮人，而游牧者则视定居者为软弱、怯懦，是很好的掠夺对象。沿着各种发展中的文明的边缘，以顽强的游牧部落和山居部落为一方，以住在城镇和乡村、人口众多，不那么好战的民族为另一方，彼此之间必然经常发生袭击和争吵。

但这大部分不过是边境上的袭击。定居者以人口众多而占优势；游牧者可以进行袭击、掠夺，但他们不能久留。这种相互摩擦可能延续许多世代，然而我们时时见到从自由而独立的游牧者的乱局中出现某些首领或某些部落，力量强大到足以迫使他的亲属部落达成某种统一，于是，邻近的文明就灾临祸逼了。统一起来的游牧民向不好战斗和没有武装的平原居民潮水般地涌来，随着发生的是一场征服的战争。这些征服者不再把战利品运走，而是在征服了的土地上定居下来，这块土地全部成了他们的战利品。村民和市民被迫服役和纳贡，他们变成伐木工、运水汉，而游牧民的首领则成为国王、王子、主人和贵族。他们也定居下来，他们从被征服者那里学到了不少艺术和教化，他们不再是体瘦挨饿的人了，但是许多世代以后，他们仍然保留着旧日游牧习惯的遗风，他们从事狩猎和野外运动，他们跑马赛车；他们认为劳作，特别是农业劳作，是劣等种族和劣等阶级的命运。

尽管千变万化，这是过去 70 个世纪或更多世纪历史的主要情节之一。我们发现，在能够明确辨认的最初历史上，在所有文明地区，我们见到不劳作的统治阶级和劳作的群众之间已经存在着区别。我们也发现这些贵族在定居了几代以后，开始尊重定居地区的艺术、教化和守法习惯，而丢掉了他们原有的某些刚强品质。他们与定居者通婚，他们在征服者和被征服者之间弥补上了某种宽容的关系；他们交流了宗教思想，接受了土壤和气候所强加于他们的经验教训。他们变成了被他们征服的文明的一部分。在他们这样做的时候，事态又酝酿着外部世界自由冒险家的新的入侵。

现在我们将对西亚的早期文明（第 2 至 6 节）和埃及的平行发展时期（第 7 节）的名称及更替的情况予以简略的叙述。也许我们应当先从埃及文明开始说起。有人按年代顺序把西亚置于埃及之前，有人则认为埃及是一切文明的诞生地，二者之间存在着一场细致的争论。本书作者将不介入这种争论。然后顺便看一下印度、中国和美洲当时的事态。这里必须列举一系列的名称，但是要尽可能地少列一些。过去没有或几乎没有这方面知识的读者，如果能对这些部分给以适当的密切注意并比较第 120 页上的地图和第三篇末尾第 184 页上的图解，就会对下述一切更加清楚了。

2　苏美尔人

定居、游牧民的征服、同化、新的征服、再同化，这种更替现象是这段人类历史的特征，在幼发拉底和底格里斯两河地区更为明显，这些地区四方通联大片地域，土壤并未干燥到完全成为沙漠，但土质也没有肥沃到足以养活文明的居民。也许在这块地方，或者的确在世界的任何地方，最初建立真正的城市的是被称为苏美尔人的人。他们大概是利比亚人或达罗毗荼人血统的暗白人种。他们使用一种刻在黏土上的文字，他们的语言已能辨读，比现存的任何其他语言，更类似于尚未分类的高加索语群。这些语言可能和巴斯克语有联系，也可能代表从西班牙和西欧到东印度，向南到中非的一度传布很广的一种原始语群。

R. 坎贝尔·汤普森上尉于第一次世界大战期间在埃里杜的发掘，展现了一个早期新石器时代的农业阶段，这个农业阶段存在于发明文字或使用青铜器之前，在最早的苏美尔人基地的下面，前苏美尔人是用陶制的镰刀收割庄稼的。

苏美尔人剃光头，身穿古罗马式的朴素的羊毛紧身衣。他们最初定居在两河下游，离波斯湾不远的地方。当时波斯湾海岸在更北边一点的地方，距离现今的湾头约130多英里。塞斯在《巴比伦人和亚述人》一书中估计，公元前6500年，埃里杜位于海边。苏美尔人开凿渠道，引水肥田。他们逐渐成为精通水利的工程师；他们有牛、驴、绵羊、山羊，但没有马；他们的土屋集聚而成城镇，他们还为自己的宗教兴建起塔式的庙宇。

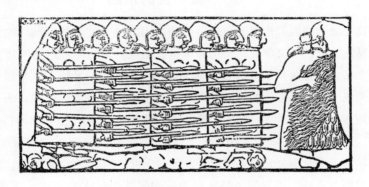

一块极早的苏美尔石刻，表示他们的方阵战士

在阳光下晒干黏土，是这些人生活中一件十分重大的事情。这个位于幼发拉底和底格里斯流域地势较低的地方，石头很少或几乎没有。人们以砖筑屋，他们制造陶器和泥土偶像，他们在瓦形的薄块泥坯上描画，随后，也在上面写字。他们似乎没有纸张，也不曾用过羊皮纸。他们的书籍、文件甚至信件都是陶片。

他们在尼普尔为他们的主神爱尔利尔（恩利尔）修建了一座巨大的砖塔，这个神的事迹据说留存于"巴别塔"的故事里。他们似乎分成城邦，互相争战，他们的兵力保持达数世纪之久。他们的士兵持长矛，执盾牌，以密集的队形作战。苏美尔人征服苏美尔人，但苏美尔这个地方在一个很长的时期里确实没有被任何异族征服过。他们发展了他们的文明、他们的文字和他们的航海业。这一时期可能相当于从公元起到现在整个时期的两倍。随后，他们慢慢地在闪米特人之前垮台了。

第一个已经知道的帝国是侍奉苏美尔的伊勒克城神的大祭司建立起来的。据尼普尔的碑文所载，这个帝国的疆域起自"下"海（波斯湾），止于"上"海（地中海或红海？）。在幼发拉底和底格里斯流域的土阜中埋有这段悠久历史的记录，也就是农耕时代前半期的史料。我们所知的人类中最初的庙宇和最初的祭司统治者就是在这里兴起的。

苏美尔人经商的一些遗迹，也许是他们居留地的一些遗迹，曾在印度西北部发现，但是苏美尔人究竟是从陆地还是从海上到达印度的，直到现在还没有定论。大概是从海上去的。他们在种族和文化方面可能与当时居住在恒河流域的民族有十分密切的关系。

3 萨尔贡一世的帝国

就在这个地方的西部边界上出现了一些操闪米特语的游牧部落。他们和苏美尔人又贸易，又抢劫，又争战，长达许多世代之久。最后，在这些闪米特人中间兴起了一个伟大的首领萨尔贡（公元前2750年），他把闪米特人联合起来，不仅征服了苏美尔人，并且把他的统治扩大到东越波斯湾，西达地中海。他自己的人民被称为阿卡德人，他的国家称为苏美尔—阿卡德帝国。这个帝国持续了200多年。

从萨尔贡一世时到公元前4世纪和公元前3世纪的2000多年期间，闪米特人在整个近东势力雄盛。不过闪米特人虽然征服了苏美尔人的城市，并在此称王，但苏美尔人的文明却压倒了闪米特人较简单的文化。这些新来的人学习了苏美尔文字（"楔形"文字）和苏美尔语言；他们并没有创制自己的闪米特文字。对于这些蛮人来说，苏美尔语之成为代表知识和权力的语言，就如同拉丁语对于欧洲中古的蛮族是代表知识和权力的语言一样。苏美尔人的这种学识是具有强大的生命力的。它注定能经得起两河流域从这时开始的一系列征服和变化。

4 汉谟拉比的帝国

当苏美尔—阿卡德帝国的人民在政治上和军事上丧失了活力时，好战的伊拉姆人自东涌入，闪米特人的亚摩利人从西来犯，势如洪水，使苏美尔—阿卡德帝国处于腹背受敌的地位。伊拉姆人的语言和种族都不可考。塞斯说："他们既不是苏美尔人，也不是闪米特人。"他们的中心城市是修泽。他们的古代文物大部分仍是未经发掘的宝藏。H. H. 约翰斯顿爵士说，有人认为，他们属于尼格罗类型。在近代伊拉姆人中ѕ就有一种浓厚的尼格罗血统。另一方面，亚摩利人则与亚伯拉罕人即后来的希伯来人是同一种族。亚摩利人定居在起初不过是在河的上游的一座称为巴比伦的小镇上，经过100年的战争以后，在汉谟拉比（公元前2100

年）这个伟大的帝王的统治下，成为整个美索不达米亚的主人。汉谟拉比创建了第一个巴比伦帝国。

和平和安全再次出现了，侵略的气势衰落了。又一个百年之后，新的游牧民跨骏马，驾战车，又侵入了巴比伦尼亚，在巴比伦拥立他们自己的国王。这些就是加喜特人。

5 亚述人及其帝国

当苏美尔人还没有被闪米特人征服的时候，远在底格里斯河上游、黏土区上方、出产易凿的石块的地区，有一支闪米特人，即亚述人，定居在以阿舒尔城和尼尼微城为主的若干城市里。这些人长鼻厚唇，相貌特殊，很像今日波兰犹太人中较常见的类型。他们蓄着长髯，卷着长发，戴高帽，穿长袍。他们与西部的赫梯人经常互相侵扰。他们曾被萨尔贡一世征服过，随后又独立了。一个叫土什勒塔的米坦尼国王在西北边一度攻占了他们的首都尼尼微；他们曾与埃及谋划攻击巴比伦，并被埃及利用了。他们的战术极为高超，成为强大的袭击者和贡品的勒索者；他们最终采用了战马和战车，他们和赫梯人在一段时间内讲和，后来在提格拉特·皮勒塞尔一世的率领下，独自征服了巴比伦（约公元前1100年）。但是他们并不能高枕无忧地占领这块较低洼、较古老和较为文明的地方，因此与闪米特人的砖城巴比伦不同，尼尼微这个闪米特人的石城依然是他们的首都。在许多世纪中，权力在尼尼微和巴比伦之间摇摆不定；有时是一个亚述人，有时是一个巴比伦人，自封为"世界之王"。

另一支闪米特人，即阿拉米人的新力量，北上袭击和定居，牵制了亚述人向埃及的扩张有四个世纪之久。阿拉米人的主要城市是大马士革，他们的后裔是今天的叙利亚人［我们可以注意到，在"亚述人"（Assyrian）和"叙利亚人"（Syrian）两词之间，没有什么联系。这只是一个偶然的相似］。亚述的国王越过这些叙利亚人，向西南为了权力和扩张而战。公元前745年，另一个提革拉特·皮勒塞尔，即提革拉特·皮勒塞尔三世崛起，也就是圣经中所载的那个提格拉特·皮勒塞尔（见《旧约·列王纪下》第十五章第二十九节及第十六章第七节等）。他不仅命令以色列人移居米地亚（"被掳的10个部落"，这些部落的最终命运曾使那么多好奇者费力揣摩），而且征服了并统治了巴比伦，从而建立了历史学者们所知道的新亚述帝国。他的儿子沙勒马奈塞尔四世（见《列王纪下》第十七章第三节）死于撒玛利亚围城战之中。一个篡夺者继承了王位，他无疑是为笼络巴比

亚述的战士（采自萨尔贡二世宫殿的浮雕像）

伦的人心而取了一个古代阿卡德—苏美尔人的萨尔贡的名字，自称萨尔贡二世。大概就是他，首次用铁制的兵器武装了亚述军队。真正执行提格拉特·皮勒塞尔三世关于被掳的10个部落命令的也许就是萨尔贡二世。

这种把人口迁来移去的做法成了亚述人新帝国的非常明显的一部分政治措施。凡是在它本土上难以管辖的民族都被成群地迁移到习俗不同、四邻陌生的异乡去，在那里他们只有服从最高权力才能有生存的希望。

萨尔贡的儿子辛那赫里布率领亚述的大军直逼埃及的边境。辛那赫里布的军队在那里遭到了瘟疫的袭击。在《列王纪下》第十九章中描述了这场灾难：

当夜耶和华的使者出去，在亚述营中杀了18.5万人。清早有人起来，一看，都是死尸了。亚述王辛那赫里布就拔营回去，住在尼尼微。

辛那赫里布被他的儿子杀害了。

辛那赫里布的孙子阿舒尔巴尼帕儿（希腊人称之为沙达那帕鲁斯）成功地征服了和一度统治了下埃及。

6　迦勒底帝国

萨尔贡二世以后，亚述帝国仅仅经历了150年。来自东南方的新的闪米特族游牧民即迦勒底人得到北方的操雅利安语的两个民族（即米地人和波斯人）的协助，联合起来对抗这个帝国，于公元前606年攻占了尼尼微。这是操雅利安语的民族在历史上的首次出现。他们从北部和西北部的平原和森林长驱而下，是一群刚强好战的部落。其中一些人取道东南进入了印度，他们带来的雅利安方言，后来发展而为梵语；另一些人则转回文明古国。在这以前，农业地区的游牧征服者一直是伊拉姆人和闪米特人；在这以后的6个世纪里则由雅利安人扮演了征服者的角色。依拉姆人在历史上消失了。

建都于巴比伦的迦勒底帝国（第二巴比伦帝国），历经尼布甲尼撒大帝（尼布甲尼撒二世）及其继承者的统治，直到公元前538年，在波斯势力的奠基者居鲁士进攻下崩溃了……

历史就像这样继续下去。公元前330年，如我们以下将详述的那样，一个希腊的征服者，亚历山大大帝，正凝视着波斯末代统治者被戮的尸体。

以上所述的关于底格里斯和幼发拉底的文明，只是一些梗概。这是个一次征服紧接着一次征服的故事，每次征服以后，新的统治者和统治阶级便代替了旧的；诸如苏美尔人和伊拉姆人的种族被吞灭了，他们的语言消失了；他们的种族因混合而消失了；亚述人消失在迦勒底人和叙利亚人之中；赫梯人丧失了特点；闪米特人吞并了苏美尔人以后，又让位给来自北方的新的雅利安部落的统治者；米地人和波斯人代替了伊拉姆人；（雅利安）波斯语在帝国处于统治地位，直到雅利安希腊语把它从官方生活中排除出去为止。

与此同时，年复一年，犁耕不断，收获照旧集聚起来，建筑工人照样建筑，商人仍然做买卖并采用了新的手法；文字的知识得到推广；新奇的事物如马匹、轮车、铁器等也被应用，并且成为人类永久的遗产中的一部分；海上和沙漠中的贸易数量日益增多，人的思想开阔了，知识增长了。这里也有倒退、屠杀、瘟疫，但大体上仍然是一段扩展了的故事。4000年来，文明，这个新事物，在两河一带的土壤上扎下了根，像树木生长那样成长起来，时而丧失一根枝杆，时而遭到风雨的摧残，但是总在生长或恢复它的生长。它变换了统治的种族，它变换了语言，但是它本质上维持着同一的发展。4000年后，战士们和征服者仍然沉浮出入在他们所不理解的这个成长中的事物里，但是人们到了这个时候（公元前330年）已有铁、马、文字、计算法和货币，种类更多的食品和纺织品，他们对自己世界的知识必远远超过了古苏美尔人。

从萨尔贡一世的帝国到亚历山大大帝征服巴比伦这一段时间，据最低估计相当于从亚历山大大帝直到今天那么长。而且在萨尔贡一世以前，至少也是在同样长的一段时间里，人们已经在苏美尔的土地上定居，在城镇里安家，在庙宇里敬神，在一个有组织的社会里过着有秩序的农耕生活。"埃里杜、拉加什、乌尔、伊新、拉尔萨等城市在最初出现于历史以前，已经有了无法追忆的过去。"

史书的作者和学者双方都感到最困难的事情之一，就是要保持这些时距的感觉，避免在想象的透视中缩短它的这些历史年代。人类文明的存在，有一半时间和它的全部主要制度的关键，是要在萨尔贡一世以前去发现的。此外，读者不可过于频繁地用较详细的近代人类历史记载的年代的幅度去与时间图表中已经证明的包含着无数世代连续的年代相比较。本书第三篇末第184页上所附的时间图表指明，亚洲的最初几个帝国在连续上存在着巨大的时距。

7 埃及的早期历史

和苏美尔古代文明萌芽相平行的，一个类似的过程正在埃及进行。这两种文明的萌芽，哪一种更早，同源的程度如何，或是这一种在多大程度上起源于另一种，这些问题至今还没有定论。

自从有史可考以来到亚历山大大帝时为止，尼罗河流域的故事与巴比伦尼亚的差别还不太大，但是巴比伦尼亚容易四面受敌，而埃及则西有沙漠，东有沙漠和海洋足以自卫，同时南边也只有黑人居住。因此，埃及的历史因异族入侵而中断的情形，少于亚述和巴比伦的历史，直到公元前8世纪，埃及受埃塞俄比亚王朝管辖的时候，在埃及历史上，凡入侵者必然是来自亚洲，取道苏伊士地峡。

埃及石器时代的遗迹，年代很难确定。旧石器时代的遗迹和后来新石器时代的遗迹，在埃及都有。留下这些遗迹的新石器时代的牧民，是不是后来埃及人的直接祖先，也很难断定。在许多方面，他们和他们的继承者完全不同。他们也埋葬死者，但在埋葬以前，把尸体切成块，而且显然吃过一部分尸肉。他们所以这样做，大概是出于对死者的一种崇敬的心情；按照弗林德斯·皮特里爵士的说法，这是"吃下以示尊敬"。可能是生者希望借此保存死者的力量和美德的某些残余。在雅利安民族扩张以前早已散布于西欧的长形古冢之中，也曾发现类似的野蛮风俗的遗迹，这种风俗曾在黑人非洲盛行，直到今天才逐渐消失。

大约在公元前5000年或更早一些时候，这些原始民族的遗迹消失了，而真正的埃及人登上了舞台。前者是茅棚的建造者，处于新石器文化的比较低级的阶段；后者则是已开化的新石器文化的民族，他们以砖木筑屋代替了前人的茅舍，并且从事凿石。不久他们就进入了青铜器时代。他们有了一套象形文字，它的发展程度与同时期的苏美尔文字几乎相等，只是字体很不相同。可能当时有一个新兴民族自阿拉伯南部取道亚丁，突然侵入了上埃及，并且自上而下地逐渐向尼罗河三角洲推进。沃利斯·巴奇博士把他们描写为"来自东方的征服者。"但是他们所信奉的神和他们的生活方式正和象形文字一样，确实与苏美尔人的大不相同。已知的最古神像之一是河马女神像。这个神像十分明显是非洲式的。

尼罗河的泥土不像苏美尔的泥土那么细软黏滞。埃及人不用它作为书写的材料。他们很早就采用了以纸草茎的细长条系在一起的办法，英语的"纸"（paper）一词就源出于"纸草"（papyrus）这一名称。亚述文字的书写，使用的是一种适合于刻出楔形印痕的刻刀或模子；埃及的则用一种毛笔。毛笔所具有的大得多的表达能力使我们深受其益。

埃及的历史梗概比美索不达米亚的历史较为简单。长期以来，人们已习惯于把埃及的统治者划为一系列连续的朝代。在谈到埃及史上的各个时期时，通常都是提第一、第四、第十四等王朝。埃及人终于被在巴比伦之后确立的波斯人所征服；到了公元前332年，最后被亚历山大大帝所吞并，第三十一王朝从此告终。

在埃及4000多年的漫长历史之中——比从亚历山大大帝的一生到现在这一段时期更为长久——几个主要的发展阶段可以在这里一述。有一个阶段被称为"古王国"，从美纳士统一南北王国开始，到第四王朝达到了顶峰；这个王朝是一个繁荣昌盛的时期，它的君主们热衷于为自己树立碑志，在此以前或以后从未有人能够有机会这样地尽情炫耀过。大金字塔、第二金字塔和第三金字塔等巨型建筑物就是第四王朝的齐阿普斯（据沃利斯·巴奇说，是在公元前3733年）、齐夫林和迈克林纳斯在吉萨修建的。大金字塔高450英尺，底边长700英尺。据推算（据沃利斯·巴奇所说），它的重量为488.3万吨。全部石料主要是靠人力拉曳堆砌起来的。这些毫无意义的陵墓建筑规模之庞大，简直令人难以置信。它们是建造在工程科学几乎没有开始的时候，耗竭了埃及三个漫长的朝代的资源，给埃及留下了一片荒凉，就好像经历过一场战争的浩劫。

从第四王朝到第十五王朝这一段埃及的故事是两个交替更迭的国都之间和互相竞争的宗教之间的冲突的故事，是几个王国分而又合的故事，也可以说是一部国家内务史。通常称它为封建时期。在这里我们只能从一长列的法老中举出一个名字——斐比二世。他在位90年，留下了大量的碑文和建筑物。这是历史上最长的一个朝代。最后在美索不达米亚的文明国家里屡屡发生的厄运也在埃及出现了。游牧的闪米特人征服了埃及，建立了一个"牧人"王朝，达便是喜克索斯王朝（第十六王朝），这个王朝最终被土著埃及人所驱逐。这次入侵大约发生在汉谟拉比建立的第一巴比伦帝国兴盛的时候，但是早期埃及和巴比伦尼亚在历史上准确的对应年代仍然很难确定。埃及不过是在长期被奴役以后，民众才又起来赶走这些异族的。对异族的仇恨团结了埃及的精神。

在这次解放战争之后（约在公元前1600年），埃及出现了一个极盛时期，即新帝国。埃及成了一个强大的、统一的军事国家，它的远征最后一直推进到幼发拉底河，从此在埃及和巴比伦—亚述强国之间开始了长时期的争斗。在此以前，这两大体系似乎相隔太远，不致于发生战事，但这时人类的交通能力已经达到从

埃及墓画里的种族类型（根据尚波利翁）

一个大河系能进军到另一个大河系去交战的程度。

在这个冲突中埃及一时占了上风。公元前15世纪中叶，托特麦斯三世和阿米诺菲斯三世（第十八王朝）的疆域起自埃塞俄比亚止于幼发拉底河。由于种种原因，这两个国王在埃及记载中极为显赫。他们大兴土木，留下了许多碑碣和铭刻。阿米诺菲斯三世兴建了卢克苏尔，又大大扩建了卡纳克。在泰尔—埃尔—阿马纳城发现的王室同巴比伦、赫梯及其他君主，包括夺取尼尼微的土什勒塔的大批书信，照亮了这一特定时代的政治和社会的情况。关于阿米诺菲斯四世的事迹下面再详述，但是关于一个在埃及君主中才能超群的哈达苏皇后，我们没有篇幅作专门叙述了。她在纪念碑上被刻绘成男子装扮，同时有象征智慧的长须。

此后，叙利亚人暂时征服了埃及，出现了一系列更迭的王朝。其中我们不妨提及第十九王朝，包括拉美西斯二世。他大建庙宇，在位67年（约自公元前1317年～前1250年）。有些人认为他曾经是摩西的法老；还有第二十二王朝，其中包括示撒，他掠夺了所罗门的神庙（约在公元前930年）。来自尼罗河上游的一个埃塞俄比亚征服者建立了一个异族统治的王朝——第二十五王朝。这个王朝后来在以上已经提到的提革拉特·皮勒塞尔三世、萨尔贡二世和辛那赫里布创建的新亚述帝国面前趋于衰落（公元前670年）。这是巴比伦尼亚第一次称霸尼罗河。

埃及凌驾于外族之上的日子已将结束。在第二十六王朝普萨姆提克一世（公元前664—前600年）统治下，暂时恢复了本族的统治。当米地人和迦勒底人攻打尼尼微的时候，尼科二世曾一度收复了埃及在叙利亚至幼发拉底河的旧领地。尼尼微陷落，亚述人失败以后，尼科二世又被迦勒底的强大的国王尼布甲尼撒二世，即《圣经》中所载的尼布甲尼撒，从这些已获得的领地里赶了出来。下文中将提到的犹太人，曾是尼科二世的同盟者，也被尼布甲尼撒俘虏到巴比伦去了。

公元前6世纪，迦勒底被波斯人所征服，埃及也相继覆灭。后来的一次起义，使埃及又一次独立了60年。公元前332年，埃及迎来了亚历山大大帝作为它的统治者，从此以后，埃及就为许多外族所统治，最初是希腊人，其次是罗马人，再次是相继而来的阿拉伯人、突厥人和不列颠人，一直到今天的独立。这就是埃及开国以来的史略，开始是闭关自守，继而日益和外国发生纠纷，这是因为交通逐渐方便，使世界人民日益受到密切的相互影响。

8　印度的早期文明

公元前2000年以前，第三青铜器时代的文明在印度河及其支流（旁遮普河）所泛滥过的平原上兴起。考古发掘仅于最近才开始揭示出这个文明的伟大。摩亨佐·达罗和哈拉帕这两个围有城墙、用砖砌成的城市占地至少各1平方英里，此外还有许多别的城镇和乡村。它们的缔造者给大车装了轮子，并给陶器上了釉。当时使用的是一套现今尚待辨认的文字，他们的度量衡与苏美尔人的不同，与埃及人的也不同。这个文明因为不识字的蛮族的入侵而被摧毁了。

约在汉谟拉比时代或较晚一些，操雅利安语的一支游牧民族，当时占据了波斯北部及阿富汗，并经由西北的通道，进入了印度。他们与米地人以及波斯人的祖先有密切的关系。他们长驱直入，战胜了印度北部所有肤色较黑的人，使他们的统治或影响遍及于整个半岛。他们从未统一过印度，他们的历史是一部国王之间和国家之间争战的历史。

波斯帝国占领巴比伦以后，在扩张的年代里曾经把它的疆域推进到印度河以外；其后，亚历山大大帝的进军更远至把旁遮普省隔离于恒河河谷的沙漠边境。关于印度的历史，我们的简述将暂止于此。

9 中国的早期历史

当这三个白种人的文明体系在印度和亚、非、欧三洲接壤处发展的时候，另一个十分显著的文明正从当时富饶、现在干燥而荒凉的塔里木河流域和从昆仑山坡，分两路沿黄河水道而下，稍后进入扬子江流域发展并传布开来。我们对中国的考古学所知很少。石制的工具曾经在中国各地发现过，河南和满洲的发掘，使我们对世界这部分地区的石器时代的文化有所了解。这里的人们并不是不像现今中国北方的居民。他们住在乡村，驯养了猪。他们使用石斧和长方形的石刀，还使用石片、兽骨和贝壳制成的箭头；他们熟悉纺织，会制陶器，有些陶器和现今制作的几乎完全相同。除了这些少量证据以外，我们目前对于这个早期文明的观念大抵是从尚未充分研究过的中国文献中得来的。显然，它从开始就一直是蒙古利亚人的文明。直到亚历山大大帝时代之后，很少有过雅利安人或闪米特人影响的痕迹，更不用提含米特人的影响。直到那时，所有这些影响仍在世界另一个地区存在着，但被高山、沙漠和野蛮的游牧部落隔绝了。中国人似乎是自发地和没有外助地发展了他们的文化。近来有些作者推测中国文明与古苏美尔有关，因为在河南的发掘中发现的一种特殊类型的彩色陶器近似中亚、西亚以及东欧少数古代遗址中发现的陶器，这暗示了远古文化接触的可能性。当然，中国和苏美尔的文化都源出于几乎遍及世界的早期新石器文化，但是塔里木河流域和幼发拉底河下游之间，为高山和沙漠的巨大屏障所阻隔，使这两地一度定居了的各民族不能有任何迁徙或交流的想法。

也许由北向南的文化移动曾经和来自南方的另一个文化移动相遇过。中国的文明虽然全是蒙古利亚人的，但并不意味着它在北方的根源是它唯一的根源。如果中国文明最初发源于塔里木河流域，那么，和其他一切文明（包括墨西哥的和秘鲁的）不同，它不是从日石文化发展来的。我们欧洲人对于中国南部的人种学和史前史学所知极少。中国人在那里同有亲属关系的民族（例如暹罗人和缅甸人）杂居，同时似乎又充当了分别朝着肤色较黑的达罗毗荼人和马来亚人过渡的桥梁。

从中国的史料看，这些是很清楚的：中国的文明有南北两个渊源；公元前2000年，见于史册的中国文明乃是南北文化之间长期冲突、混合、交流的结果，而南方文化可能更早一些，发展得也更高一些。南方中国人也许对于北方中国人所扮演的角色，正如西方的含米特人或苏美尔人对于雅利安人和闪米特人，或者在印度定居的达罗毗荼人对于雅利安人所扮演的角色一样。他们可能是最早的农耕者和最初的庙宇建筑者。但是引人入胜的这一章史前史的事迹，我们所知道的还是很少，因此不能在此作进一步的叙述了。

中国古代编年史里所记载的主要外族是在东北边境上的一种乌拉尔—阿尔泰语系的人，也就是古代某些帝王曾经和他们作战过的匈奴人。

欧洲学者对于中国历史知道得还很少，而我们所援引的这些古代记载尤其不能令人满意。看来几乎令人不能相信的那五个模范人物——五帝，在位时间约在公元前2700年到公元前2400年。

五帝之后，相继出现了一系列王朝，它们的史实因距今愈近而愈来愈准确可信。边境战争以及长住民和游牧民族之间的重大争战在中国有着漫长的历史。首先中国与苏美尔和埃及一样，是一个城邦制国家。它的统治最初是诸王侯的统治；它后来像埃及人那样变为在一个帝王统治下的松弛的封建体制；再后来，和埃及人一样，出现了一个中央集权制的帝国。商（公元前1750—前1125年）和周（公元前1125—前250年）是封建时期的两大朝代。这两个古代王朝的青铜器皿既美丽又壮观，各具有一种独特的风格，至今还存在着，而且毫无疑义，甚至在商朝以前，一种很高境界的文化早已就存在了。

或许是从一种对称感出发，后来的埃及和中国的史学家们每当说起他们本国历史上较早阶段的各个朝代时，总是与晚期各帝国的朝代相比拟，言必称美纳士为古代"帝王"（在埃及），或言必称古代五帝（在中国）。早期诸王朝施行的中央集权远不如以后的几个王朝。像中国商朝所拥有那样的统一，与其说是一个有效的政治联合，不如说是一种宗教上的统一。"天子"为全中国人而祭祀，那时已有共同的文字，共同的文明以及共同的敌人——西北边境的匈奴。

商朝的末代帝王是一个残暴而昏庸的君主，他被周朝奠基者武王打得大败后在宫中自焚（公元前1125年）。武王似乎得助于商朝民众的反戈和西南部落的支援。曾有一段时期，中国仍是松弛地统一在周朝帝王的统治之下，像欧洲中古的基督教世界在教皇统治之下一样。周朝帝王取代商朝帝王成为国土上沿袭的高级祭司，宣称具有一种君临国事的权力。然而维系帝国统一习俗和思想感情的松弛纽带却日渐失去了对人心的控制。西方和北方的匈奴各族接受了中国的文明，但没有获得其统一感。封建诸王侯开始以独立国王自居。

1919年出席巴黎和会的中国代表之一梁启超先生在其所著的《中国与国际联

盟》一文中说，在公元前 8 世纪至公元前 4 世纪之间，"黄河和扬子江流域，有不下五六千个小国，受着大约 12 个强国的控制。"在这块土地上，战争连绵不断（"战国时代"）。公元前 6 世纪，争霸的有黄河以北的国家齐、秦以及长江流域的强国楚。抗楚同盟为一个维护百年和平的联盟奠定了基础；这一联盟打败并合并了楚国，订立了共同的弭兵之约，于是它成为一个新的和平帝国的基础。

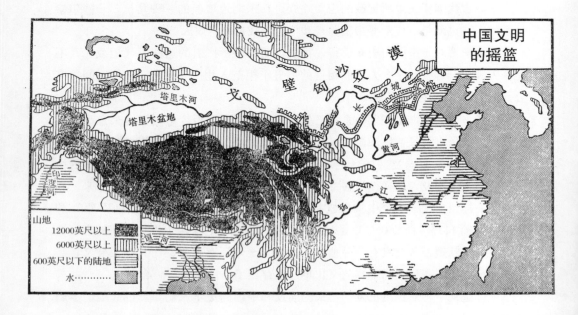

有关铁的知识不知是什么时候输入中国的，但是，要到公元前 500 年左右，铁铸的兵器才开始普遍使用，这就是说，在亚述、埃及和欧洲习惯于使用铁器之后约二三百年，或更晚一些，铁大概是匈奴人从北方输入中国的。

周朝最后几个统治者为秦王所废逐；秦王夺取了祭祀用的青铜九鼎，从而接过了祭天的君权。秦朝就是这样建立起来的。秦的统治比以前一切王室都更为精干、更有效力。

秦朝的始皇帝（意思是"普天之下的第一位皇帝"）的统治，一般被认为是标志着中国封建割据局面的结束。他在东方似乎起到了亚历山大大帝在西方可能起到的统一国家的作用，但始皇帝享年较长，他所造成（或恢复）的统一事业比较持久，而亚历山大大帝的帝国，正如下面将要叙述的，在他逝世的时候已趋于瓦解。秦始皇在民族共同努力方面的功绩之一就是筑长城御匈奴。他的统治结束后，内战接踵而来，于是秦亡而汉兴。

在汉朝统治之下，帝国的版图大大越出了原来的两河流域以外，有效地遏制了匈奴。中国人还向西渗透，直到他们最后开始了解中国之外还有开化的种族和文明。

到公元前 100 年，中国的势力已越过西藏，进入了西突厥斯坦。中国人还以骆驼商队与波斯及西方世界通商。关于中国部分暂止于此，以后我们还要回过来叙说其文明特点。

10　当文明正在成长的时候

在此数千年间，当旧世界几个中心的人们正从日石文化的野蛮状态一步一步地走向文明的时候，世界的其他地方又在发生些什么呢？如上所述，这些中心以北，从莱茵河到太平洋一带，诺迪克种人和蒙古利亚种人，如我们已说过的，正在学习使用金属；但当这些文明渐趋稳定的时候，大平原上的这些人却变得移动不定，从缓慢的流浪生活发展而为完全的季节性游牧生活。

在已开化的地区以南，非洲中部和南部，尼格罗人的进步较为缓慢，这种进步似乎是在肤色较白的部落从地中海地区入侵的刺激之下取得的。后者连续传入了农耕法和使用金属的方法。这些部落分两路来到了黑人地区：一路越过撒哈拉大沙漠往西，如柏柏尔人和图阿雷格人等，他们和尼格罗人混杂，而产生一些准白种人，例如富拉人；又一路取道尼罗河，例如乌干达的巴干达人（即干达人）就可能含有远古的白人血统的某些成分。当时的非洲森林较为稠密，从尼罗河上游一直向东和向北延展。

东印度群岛在 3000 年前大概只是散散落落住着一撮撮掉队的旧石器时代的澳大利亚种人，这些人在无可稽考的太古时代移流到这里，当时有一条几乎完整的陆地桥梁经由东印度群岛通到澳洲。大洋洲诸岛当时还无人居住。日石文化的人们乘着出海的独木舟，扩展到太平洋诸岛，是在人类历史上远为较晚的时期，最早也在公元前 1000 年。他们较晚才到达马达加斯加。新西兰的美景在人来到之前还是荒废的。当时，当地最高级的生物是一种现已绝种的形似驼鸟的恐鸟和小小的无翼鸟，长着粗发般的羽毛和退化了的小翅膀。

在北美洲，一群蒙古利亚种人的部落，这时已和旧世界完全隔绝了。他们慢慢地向南分布，猎取平原上为数极多的野牛，他们还得靠自己学会以种植玉米为主的独特农业的诀窍；在南美洲又学会了驯养驼马以供使用。同时，在墨西哥、尤卡坦和秘鲁建立了十分奇特的独具风格的三种各别的文明。

当人们到达美洲南端的时候,还有大懒兽和大犰狳存在着……

这些美洲的原始文明最终可能会证明对我们了解人类的发展是很有帮助的,因为它们似乎保存了公元前五六千年从旧世界的经验中得来的观念和方法,直到15世纪末,欧洲发现者把它们消灭为止。他们从未用过铁器,他们的冶金术是最简单的,他们的主要金属铜和金都是没有加过工的。但是他们的石工、制陶和纺织的水平却是很高的;他们是非常熟练的染匠。同久已湮灭的旧世界的原始文明一样,美洲的这些人类共同体在播种、收割的时候,往往以人献祭。这些原始的社会观念虽然在旧世界已为其他许多观念所冲淡和压倒,但在美洲却发展到了异常强烈的程度。在宗教的装饰中蛇是最主要的象征。美洲的这些文明似乎曾是主要由僧侣控制的国家,它们的战时首脑以及和平时期的领袖都要受法律和符瑞的严格控制。

它们的僧侣们将天文科学发展到高度精密的水平,他们比巴比伦尼亚人更善于纪年。尤卡坦文明发展了一种极为精致的文字,即玛雅文字。迄今为止我们所能辨认出来的这种文字是用来记载僧侣们竭尽心力推算出来的准确而又复杂的历法的。玛雅文明的艺术特别发达。秘鲁的一些比较简单的雕刻使人联想起苏美尔人的作品,但是玛雅的制品一点不像旧世界曾经制造过的任何制品,它有着异常的夺人心志的美。和这些制品最近似的是印度南部的一些雕刻物,但也不十分相似。使人惊奇的是它的巨大的塑造能力和它设计上的完美性,但它的奇形怪状是一种疯狂的错杂和因袭的表现,却又使人感到迷惑不解。许多玛雅铭刻更像欧洲精神病院里的疯子们挖空心思绘成的某种图画,而不像其他旧世界的作品。仿佛玛雅人的头脑是沿着与旧世界头脑不同的一条路线发展的,他们的思想是别扭着的,以旧世界的标准来看,简直是没有一点严格的理性头脑。

把这些异常的美洲文明和一般精神错乱的观念联系起来,就可以明白,为什么他们对杀人流血的思想这样着魔。阿兹特克人(墨西哥人)的文明流着鲜血,每年祭祀,被杀的人数以千计。剖开活人的胸膛,挖出尚在跳动的心脏,就是支配这些奇怪的僧侣们的思想和生活的一种行动。公共生活和节日庆祝都受着这种荒诞、可怕的顽固思想的支配。

玛雅人不仅在石头上刻字,而且还在皮革上绘画和写字。这些写本绘画鲜明,与今天在欧美各地卖给儿童的廉价彩色纸出奇地相似。同一画像重复出现,略有一些变化,好像在讲一个故事。在秘鲁,用形形色色的绳子结扣来记事,奇怪而又复杂的方法代替了文字的萌芽。据说,甚至颁发法律和命令也可以使用这种符号。这种成束的结扣称为"结绳文字",虽则从收藏的古物中还可以看到这种"结绳文字",但阅读它们的技术却已完全失传。L. Y. 陈先生告诉我们,根据历史记载,中国在没有创造文字之前,也使用过类似的结绳记事的方法。秘鲁人也开始制作地图,并使用算盘。

当西班牙人来到美洲的时候,墨西哥人不知道有秘鲁人,秘鲁人也不知道有墨西哥人。不管过去有过什么联系,都已消失并被遗忘了。墨西哥人从未听说过马铃薯,而马铃薯是秘鲁人的主食。在公元前5000年,苏美尔人和埃及人大概也不太知道彼此的情况。美洲事实上比旧世界落后了6000年。

11 大西洋岛的传说

这里也许是适当的地方,来提一下有关"失掉的大西洋岛"的无稽传说。相当多的人相信,大约3000年前,在直布罗陀海峡之外的大西洋中,的确有过一个文明大国。它是一块宽阔的土地,一个"大陆"。那是希腊女神赫斯珀里德看守的金苹果园。他们的信念根据是,希腊的和后来的文学作品关于这样一个消失了的土地,有过许多暗示。这种故事所具有的性质使他们所描写的事物,对于电影制片者和观众是可以接受的,但从地理、地质或考古的事实来看,却是毫无根据的。

有充分理由假定,在地质年代上的一个远古时期,现今在大西洋海水滚滚流动的地方曾经有过一块陆地。但是,自中新世以来,欧洲或亚洲曾向西延伸的这一说法,却没有证据予以支持,而有很多证据予以否定。然而,文明最多是近2万年,大概只是近1万年的事,而且人类之成为人类也只是更新世以来的事。

在西班牙和北非发现的人类遗迹,并不能说明在西方有任何更高阶段的文化。在希腊较早期的文学里,在荷马和赫西俄德的作品里,甚至全然不知有西班牙的存在,更不用提大西洋了。

关于大西洋岛的故事,雷金纳德·费森登先生曾作过非常仔细的研究,得出的结论是,这些故事并不是指在大西洋中失掉的土地,而是指一桩完全更有可能的事情,即在高加索地区曾一度存在过一个更为重要的文明。我们确实知道,在人类这段历史时期里,洪水淹没过俄国的南部和中亚,后来又退却了。因此,现在是沙漠,过去曾经一度是海洋;现在几乎没有足够的牧草来维持生活的地方,过去曾一度是稠密的森林。我们有各种理由相信,关于早期文明的相当重要的发现,是可以在世界的那个部分里找到的。在雅利安各族向南迁徙之前的某个时期,黑海海岸可能曾经泛滥成灾。那里可能发生过突然沉没的情况。现在,海面只要升高 50 英尺就会使黑海与里海相连接。只需一个周期的能制止海水表面蒸发的潮湿寒冷年代，就可以造成这种情况。现今，大家都有了精确的地图，又有这么明确的地理观念，这使我们难以想象，在公元前第二千年期间，甚至最博学的人们对地理也是模糊不清的。关于有人曾穿过达达尼尔海峡从海上到过一个找不到的国家的神奇故事，可能由于希腊和腓尼基的商人开辟了地中海的西端，而很容易地被改为另一些神奇故事，不过这个传说的地方现在被移植到新发现的海峡那边去了。格鲁吉亚无疑是一个具有大量考古机会的国家，如果与初期文明有关的具有原始价值的东西有待发现的话，那很可能有一天会在黑海和西突厥斯坦之间的地带。很多的希腊寓言和传说都集中在格鲁吉亚：说格鲁吉亚是产金羊毛的地方；是希腊神话中亚尔古船的英雄们的目的地；普罗米修斯被缚在那里，兀鹰咬啄着他的命门。至少有像弗林德斯·皮特里爵士这样的权威赞同这种想法，认为科耳基斯（高加索以南的一个国家）和史前期的埃及之间曾经有过某些很早的联系。希罗多德也曾指出，科耳基斯人和埃及人之间有一系列的类似之处。

第十四章　航海民族和经商民族

1　最早的船舶和海员

最初的船只，确是很早在新石器文化的阶段，由住在河滨和湖畔的人们制造的。这些船只不过是用些树干和漂浮的木块，来辅助人们天赋不足的泅泳力。后来人们把树凿空了，然后，随着工具和原始木工手艺的发展，才开始造船。埃及和美索不达米亚的人别具匠心地编成像篮子那样的船，船缝用沥青涂塞。摩西的母亲用来藏摩西的"蒲草箱"就是这种东西。

随之而来的是一种与此类似的，以皮革撑在柳条骨架上的船只。在牛多而大树少的爱尔兰西部海岸至今仍然在使用牛皮柳条制成的小船。在幼发拉底河和威尔士南部的托威河上也一直在使用这种船只。在阿拉斯加也发现有这种古式的小船，人们能用它从美洲横渡到西伯利亚。打气的皮船可能还在柳条船之先，在幼发拉底河和恒河上游至今仍在使用。船，在大河流域一定早已成为一种重要的交通工具；自然可以这样设想，人类最初正是从大河河口，乘上勉强适于航海的船只，冒险驶向当时对他来说是无路无家的茫茫大海中去的。

毫无疑问，人类在小河和湖泊中学会一些航行技术以后，最初是作为渔夫而出去冒险的。在大西洋的海水重新灌入地中海以前，地中海东部沿岸诸国的湖上，人们可能已经使用航行的船只了。独木船是日石文化的一个不可缺少的部分，它顺着地球上的暖流，和日石文化一道，从地中海（最终）传到了美洲。当幼发拉底河和底格里斯河在公元前 7000 年分道流入波斯湾时，这两条河上不仅有了独木船，而且还有了苏美尔人的各种大大小小的船只。

位于波斯湾口的苏美尔人的埃里杜城（波斯湾与埃里杜城现在被 130 英里的冲积土隔断了），那时就已经有船出海了。在地中海东端也发现过 6000 年前高度

尼罗河上的船只（约公元前2500年，选自托尔所著《古代船舶》）

发展的海上生活的证据。那时在东印度群岛近傍的岛屿之间的海上可能已经有了独木船。埃及王朝兴起之前新石器时代图画中的尼罗河上的船只，容量大得可以载象。

从事航海的人，一定很快就体会到了船只给予他们的特有的自由和机会。他们可以离开大陆到岛屿上去；无论酋长或者国王都不一定能追赶得上船只。每一个船长就是一个国王。航海的人会发觉很容易在岛屿上安巢立窟，并在大陆上建立防守据点。他们在那里可以停泊，可以从事某种农业和渔业，但他们的专业和主要的生意自然是出海远航。远航通常不是为了经商，而多半是为了进行海盗袭击。根据我们对人类的了解必然会得出这样的结论：最初航海的人们能掠夺就掠夺，到不得已时才从事商业。

因为古代世界的航海术是在地中海东部、红海、波斯湾和印度洋西角比较温暖和平静的海上发展起来的，所以它一直保持着某些使它与近400年来张挂大帆的远洋航行很不相同的特点。托尔先生说：

> 地中海是这样的一个海，在这里用帆的船可能一连几天不能行驶，而用橹桨的船却很容易渡过平静的水域，遇到风暴，附近到处有海岸和岛屿可以躲避。所以，在这个海上，桨就成了有特征的航海工具，桨在船上的安排也成为造船的主要问题。当地中海沿岸的国家统治西欧时，虽然北方海岸的风力大得可以张帆而不适于用桨，但那里仍在营造南方式的船只……
>
> 用桨划船的技术最初出现于尼罗河上。在埃及最早的碑刻图画中有带桨的船，不过在画面上，有些水手脸朝船头划桨，其他水手则脸朝船尾划桨。划桨肯定是比较古老的操作，因为埃及象形文字发明的年代很早，它的 chen 字是双臂抱握一桨作划船的姿势。这种操作方法可能在公元前2500年以前的确已经不用了，尽管那个年代的碑碣上还留有遗迹；因为，在约公元前1250年以来的碑碣上还明确无误地绘出，水手虽然脸朝船尾，却作握桨划船的姿

势。由此可见，即使在那个时候，埃及艺术家就已经机械地按照他们习惯于书写象形文字的手势进行雕刻了。在这些浮雕中，尼罗河的船上有20个划手，红海的船上则有30个；但在最早的浮雕中，划手人数颇有差别，似乎是由雕刻者按画面大小而定的。

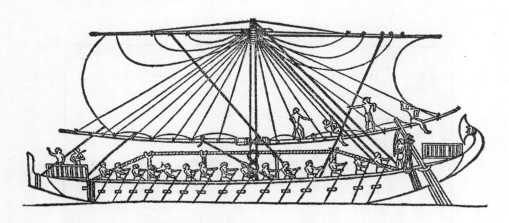

红海上的埃及船，约公元前1250年（选自托尔所著《古代船舶》）
兰顿·科尔先生提醒注意图中所绘巩固船梁用的绳桁架。近代工程学兴起前，在其他场合没有使用过这种桁架

操雅利安语的人出海比较晚。海上最早出现的船只不是苏美尔人的，就是含米特人的；紧跟在这些先行者之后的是闪米特人。沿地中海东部一带，闪米特族的一支——腓尼基人建起了一连串独立的海港城镇，其中主要的有阿克、提尔和西顿。此后，他们的航行向西推进，在北非建起了迦太基和乌提卡。在公元前2000年以前，地中海可能已经有了腓尼基人的船只。提尔和西顿原来都建在岛上，所以易于防御来自陆地的袭击。

但在我们继续叙述这个伟大的航海种族的海上开拓之前，必须提到早期海民的一个非常惊人而又奇异的巢窟，它的遗迹是在克里特岛发现的。

2 史前的爱琴海城市

这些初期的克里特人是与西班牙和西欧的伊比利亚人以及小亚细亚和北非的暗白人种相近的一个种族。他们的语言还确定不了。这个种族不仅住在克里特岛上，还住在塞浦路斯、希腊、小亚细亚、西西里和意大利南部。在白皙的诺迪克希腊人经由马其顿向南扩张以前,长期以来克里特人已经是文明的人。在克里特岛上的克诺索斯,发现了非常惊人的废墟和遗迹,所以,在人们想象中,克诺索斯往往使其他这些殖民地区黯然失色。但要记住的是,虽然克诺索斯无疑是这爱琴文明的一个主要城市,可是这些"爱琴人"在全盛时期还有许多城市,而且范围广阔。

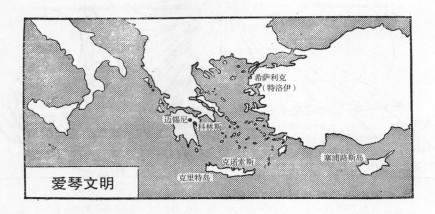

在克诺索斯有新石器时代的遗迹,它与埃及王朝建立前的任何遗迹一样古老,或者更加古老。克里特岛的青铜器时代和埃及的青铜器时代是同时开始的,弗林德斯·皮特里爵士曾在埃及发现一些古瓶,他鉴定它们是第一王朝时代的遗物,并认为是从克里特岛进口的。在克里特岛发现的石瓶、护身品和图章的印记表明,甚至在埃及历史上有名的王朝兴起之前,该岛就已经和尼罗河流域有过来往了。该岛石制器皿的形状具有埃及第四王朝(金字塔建造时期)的特征。毫无疑问,在埃及第十二王朝时期,克里特岛和埃及之间有过繁盛的贸易。这种贸易持续到公元前1000年左右。显然,在克里特岛土地上产生的这个海岛文明至少与埃及文明同样古老。早在公元前4000年,在闪米特人或雅利安人登上历史舞台之前,它就已经乘船出海了。

克里特岛的伟大日子并没有这样早。大约只在公元前2500年,这个岛似乎才统一在一个统治者之下。于是开始了一个在古代世界历史上空前的和平和繁荣的时代。克里特人没有外寇入侵的危险,又生活在舒适的气候里,和世界上每一个文明社会进行贸易,所以才能无拘束地发展生活上的一切艺术和享乐。

这个克诺索斯,与其说是一座城镇,倒不如说是它的国王和人民的广大宫殿。它连防御工事都没有。它的国王似乎总是被称为米诺斯,正如埃及的国王都被称为法老一样。在希腊人的早期传说中,克诺索斯的国王叫作米诺斯王,他住在迷宫里，宫里养着一个名叫民诺托的可怕的、半人半牛的怪物。为了喂养这个怪物，米诺斯王从雅典人征课青年男女作为贡品。这些故事是希腊文学的一部分，是大家一直知道的，但只有近几十年从克诺索斯出土的文物才揭示出这些传说是何等的逼真。克里特迷宫的堂皇华丽、复叠迷离，不亚于古代世界的任何建筑。我们发现其中有水管、浴室等诸如到目前为止被认为是现代生活中最新的、最完美的设备。

这些人的陶器、纺织品、雕刻、绘画、宝石和象牙制品以及金属的和镶嵌的工艺品，与人类曾经制造的任何东西一样美妙。他们纵情欢庆节日，观看表演，尤其沉溺于斗牛和体育等娱乐活动。他们的妇女服装出奇地像"维多利亚"时代的样式；他们的妇女穿紧身胸衣和镶荷叶边的服装。他们有一套文字，于1954年终于被辨认出了，但只是一部分。

现今人们总是把克里特人的这些成就看成是一种奇迹，好像他们是文明萌芽时期具有不可思议的艺术才能的人。但他们是在文明萌芽时期以后很久，迟至公元前2000年才达到全盛时期的。他们的艺术和技术经过许多世纪才达到最高的水平。如果考虑到他们三千年来没有受过外来侵略，一千年来过着和平生活，那么他们的艺术和豪华生活就不是那样一件了不起的事情了。一个又一个世纪，他们的工匠可以使技巧日益完善，他们的男女的风度可以日益文雅。无论何时，几乎任何种族，如果长期处在这种比较安全的状态中的话，也都会大大地发扬艺术光辉的。只要给予机会，任何种族都是能技善艺的。据希腊传说，代达罗斯试图制造第一架飞行机的地方，是克里特岛。代达罗斯（等于是巧匠）是机械技能的人格化的简称。据传说，机器上蜡制的翅翼溶化了，他的儿子伊卡洛斯掉进了海里，至于这个传说究竟有什么事实根据，那也就难说了。伊卡洛斯倒很可能就是第一个滑翔者。

这些克里特人的生活状况最终发生了变化，因为别族的人，如希腊人和腓尼基人也乘着强大的船队出现在海上了。我们不知道灾祸从何而起，也不知道肇事者是谁；但是知道，大约公元前1400年，克诺索斯城遭到浩劫并被焚毁了，克里特人的生活虽然颠顿而前地又挣扎了4个世纪，但最后在大约公元前1000年（也就是说亚述人雄霸东方的时候），受到了致命的打击。克诺索斯的宫殿被毁坏了，再也没有重建，也再没有人住过。干这件事的，可能就是那些初次乘船来到地中海的野蛮的希腊人，来自北方操雅利安语的一群部落。他们可能像消灭特洛伊城那样消灭了克诺索斯城。在关于提秀斯的传说中，叙述过这样一次袭击：提秀斯在米诺斯王的女儿阿里亚尼的帮助下闯进了迷宫（可能就是克诺索斯宫），杀了民诺托怪兽。

《伊利亚特》说得很明白，特洛伊城之所以被毁，原因是特洛伊人拐走了希腊的妇女。但头脑里具有近代思想的近代作者却试图证明希腊人袭击特洛伊的目的是谋取通向科耳基斯的商路，或者是谋取诸如此类言之成理的商业利益。果真如此的话，那么《伊利亚特》的作者十分巧妙地掩盖了书中人物的动机。如果要说荷马时代的希腊人和特洛伊人打仗目的是大大地抢先在柏林—巴格达铁路线上设立一个车站的话，也是同样有道理的。荷马时代的希腊人是一支健壮而又野蛮的雅利安人，对贸易和"商路"的观念非常模糊；他们之所以和特洛伊人打仗，原因是他们对这种拐掠妇女的事极为恼火。根据米诺斯王的传说和克诺索斯城遗迹所提供的证据，事实相当清楚，克里特人绑架过或拐走过青年男女去当奴隶、斗牛士、竞技者，或者还作祭品。他们同埃及人公平贸易，但他们可能还没有了解到希腊蛮人增长起来的力量；他们凶暴地同希腊人"贸易"，结果引起干戈，玩火自焚。

另一种比希腊人先来到海上的人，是腓尼基人。他们是伟大的航海者，因为他们是伟大的经商者。他们的迦太基殖民地（公元前 800 年由提尔建立的）最后比腓尼基的任何旧城市都大。但在公元前 1500 年以前，西顿和提尔在非洲海岸上都已经开辟了居留地。

迦太基因为不太容易被亚述人和巴比伦人的军队侵入，又利用了尼布甲尼撒二世长期围困提尔的机会，而成为当时世界上空前雄大的海上强国。它把西地中海视为己有，又劫夺撒丁岛以西力所能及的每一艘船只。罗马作家们曾谴责它的残暴。它曾为了西西里岛而和希腊人作战，此后（在公元前 2 世纪）又和罗马人作战。亚历山大大帝曾经制定过要征服它的计划，但像我们将要叙述的那样，他在没有付诸实施之前便死去了。

3　最初的探险航行

迦太基在它的全盛时期大概拥有当时前所未闻的百万人口。这些人大部分从事工业，它的纺织品是世界闻名的。除了沿海贸易以外，它还同中非有巨额的内陆贸易。

在这里可以提一下，直到波斯征服埃及之前，非洲还没有驯养的骆驼；而用骆驼作为运输的牲畜，似乎是公元 7 世纪阿拉伯入侵时才传入北非的。这种情况必然使沙漠上的通商路线受到很大的限制。但二三千年以前，撒哈拉大沙漠不像今天这样干涸和贫瘠。根据岩石上的雕刻，我们可以引出这样的推论：当时是骑牛、坐牛车，也许还骑马或骑驴穿过沙漠从绿洲到绿洲的。

迦太基坐落在非洲内地和海洋之间，将黑奴、象牙、五金、宝石等贩卖给地中海各地的人们。它在西班牙开铜矿。它的船舶驶进了大西洋，沿葡萄牙和法兰西的海岸北行，远到卡西特里德群岛（即英格兰的锡利群岛，或康沃尔岛）去取锡。

大约在公元前520年，一个名叫汉诺的人作过一次远航，他的航行至今仍被认为是世界上最著名的一次。这个汉诺——如果我们可以相信现在还保留着记载他事迹的希腊文译本《汉诺历险记》的话——曾经沿着非洲海岸南行，从直布罗陀海峡远到利比里亚边境。他拥有60艘大船，他的主要任务是在摩洛哥海岸上建立或者巩固迦太基人的某些驿站。以后，他向南推进，在里欧—德—欧罗设了一个据点，又往前驶行，经过塞内加尔河。这群航海的人驶过冈比亚河后，继续航行7天，最后登上了某个岛屿。他们惊慌地离开了这个岛，因为岛上虽然由于热带森林的沉静，白天没有声音，而到了夜晚，他们就听见笛声、鼓声和锣声，天空被灌木的火光映得通红。以后的航程经过的沿岸一带遍地是一片熊熊的火光。火势从小山上奔涌而下，最后火光冲腾，直达云霄。三天后，他们到了一个岛（舍布罗岛？），岛上有一个湖，湖中又有一个岛（马科累伊岛？）。在这岛上有野蛮的、身上多毛的男男女女，"译员们称他们为大猩猩"。

迦太基人抓到了几个雌"大猩猩"——大概是黑猩猩——就返航了，最后把这些俘虏——它们被证明是过分暴烈的客人，无法在船上款待——的皮存放在朱诺庙中。

腓尼基人的另外一次更为奇异的海上航行一向是被人怀疑的，但到现在却得到了一些考古学证迹的支持。这是希罗多德所叙述的。希罗多德说，埃及第二十六王朝尼科法老曾派出几名腓尼基人试行绕航非洲一周，从苏伊士湾出发南行，最后居然经由地中海回到尼罗河三角洲。他们的全部航行用了将近3年的时间。他们每年上岸播种，收割了小麦以后，再往前航行。

4 早期的商人

腓尼基人的大的商业城市是闪米特人对人类作出的独有而具特色的贡献中最为惊人的初期表现——贸易和交换。正当闪米特族的腓尼基人在海上扩张时，另一支同族的闪米特人，即阿拉米人，他们占领大马士革一事，是我们已经叙述过的，他们在阿拉伯和波斯沙漠上开拓了商队行进的道路，变成了在西亚的主要经商者。还有一种初期的、出红海和波斯湾向南的海上贸易。最近在南非发现的古代布须曼人的石刻绘画，在风格和处理上很像西班牙东部的旧石器时代人们的绘画；这些绘画表明白人戴着的可能是亚述人的头饰。

闪米特人比雅利安人开化得早些。无论是过去还是现在，他们对于可销售商品的质量和数量的观念一直都表现得比雅利安人强得多。字母书写之所以得到发展，就是由于他们有记账的需要；在计算方面所取得的巨大进展大部分应归功于他们。我们近代的数字是阿拉伯数字，我们的算术和代数主要是闪米特人的科学。

我们在此可以指出，闪米特人诸族至今仍是精于计算的民族，有很强的等量和赔偿观念。希伯来人的道德格言充满了这样的思想："你拿哪种度量来衡量人，人也将拿同样的度量来衡量你。"其他种族和民族都幻想过各种变幻莫测的奇异的神，但经商的闪米特人最先把上帝设想为"一个正直的交易者"，上帝不食言，不使地位最低的债权人失望，而使一切诈伪的行为都受到报应。

公元前六七世纪以前，古代世界里所进行的贸易几乎全是以物易物。当时很少有或者没有信贷或硬币。初期的帝国完全不用硬币过活。初期的雅利安人以及在他们定居以前的一切社会通常是用牛作为价值尺度，今天的祖鲁人和班图人还是这样的。在《伊利亚特》中，两个盾牌的价值各自以牛的头数来计算。罗马的"货币"（pecunia）这个词是从"牛"（pecus）字引申而来的。拿牛作货币具有以下的优点：从一个牛主到另一个牛主，不要扛运，牵去就行了；如果说它需要照管、喂养的话，无论如何它还会繁殖的。但牛是不便于用船舶和骆驼运输的。别的许多种物资，在不同的时期，也曾被发现适合于作价值尺度；北美在殖民地时期，烟叶一度曾被用作法定货币；而在西非，缴付罚款和议定价格都用装有出售的杜松子酒的瓶数计算。初期的亚洲贸易用金属计价；称过重量的金属块，由于普遍需求，又便于存放和储藏，既不需要饲料，也不需要较大的仓库，所以不久就显出高于牛、羊的优越性来了。

铁似乎是赫梯人最先从铁矿石中提炼出来的，一开始就成为一种颇受重视的稀有物资。据亚里士多德说，铁曾用来作为最初的流通货币。恺撒在《高卢战记》中说，具有固定重量的铁条曾在不列颠用作硬币。在泰尔—埃尔—阿马纳发现的阿米诺菲斯三世和他的继承人阿米诺菲斯四世与人来往的书信集中，有一封信来自一个赫梯的国王，他答应把铁作为一种最有价值的礼物来赠送。黄金在当时和现在一样，在一切金属中是最贵重的，因而也是最便于携带的价值尺度。在早期的埃及一直到第十九王朝以前，银的稀少不亚于金。后来，银子成为东方世界的通行价值尺度,是按重量来计值的。银子对金子也确立了一种类似它们近今在价值上的比率,并且一直保持至今。

起初,金属以锭状周转,每次交付时都得称重量。后来在它上面加盖了印记,标明它的成色和保证它的纯度。小亚细亚西部海岸最早的铸币是一种金银混合的琥珀金。至于在首次发行的铸币上加盖印记的究竟是城市、庙宇,还是私人钱庄,则是一个有趣的争论。第一批见于记载的硬币大约是公元前 600 年在一个小亚细亚西部出产黄金的国家吕底亚铸造的。已经知道的最初的金币是克雷兹王在吕底亚铸造的。克雷兹的名字后来成为表示财富的谚语。后文将谈到他被波斯人居鲁士打败的事,居鲁士就是公元前 539 年攻占巴比伦的那个波斯人。

但是,很可能在那时以前,铸币就已经在巴比伦尼亚使用了。"有印记的舍克耳",一块盖过印的银子,很近于一块硬币。乌尔城的月神庙的"仆人"(约公元前 2000 年)在外出旅行时就带着写在泥板上的信贷证书,通过这种证书,他们便可以在途中经过的城市里得到供应品。

用盖有某个老商号印章的"皮纸"(即羊皮纸)作为支付若干定量的金或银的契约,可能与铸币同样古老,或者更为古老。迦太基人就用过这种"皮钱"。

在古代世界里进行小额交易的方式,我们知道得很少。当时处于从属地位的平民似乎是完全没有钱的,他们以物易物进行交易。早期的埃及绘画说明了这种情况。

在亚历山大时期之前,已经有了可以兑换的零钱。雅典人有一组非常小的银币,最小的几乎和针头一样,通常放在嘴里携带;在阿里斯托芬的戏剧里,有一个角色突然挨了打,结果把零钱吞下去了。

5 早期的旅行者

我们既然知道在亚历山大以前的社会里没有小型钱币和任何便于携带的交易媒介,就能理解在当时私人旅行是一件不可能的事。第一个"客栈"——很可能是一种供商队投宿的旅店——据一般传说是在公元前第三或第四世纪时在吕底亚出现的。但是,这个年代定得太晚了。它出现的时间肯定更早。有充分的证据证明,至少早在公元前 6 世纪时就已经有了。埃斯库罗斯曾两次提到客栈。按他的说法是"大众接待者"或"大众接待所"。到那时,在希腊世界里,包括它的殖民地,私人旅行者可能已经相当普遍了。但是,私人旅行是件比较新颖的事。早期的史学家赫卡提阿斯和希罗多德就曾到处旅行过。

吉尔伯特·默里教授说:"我认为这种'访古'或'发现'的旅行大概是希腊人的创举。梭伦好像做过这种事,就连莱喀古士也做过……"

最早的旅行者是商人,他们或在商队里,或在货船上,随身携带着货物、货币和金属舍克耳,或宝石,或细软包裹;要不就是政府官员,出行带有介绍信和应有的侍从,也还可能有些行乞者。在某些特定的地区里还有宗教朝圣者。在埃及,沿尼罗河上下进行的频繁旅行,条件是相当安全的。阿米诺菲斯三世时期,有过从尼罗河顺流而下直到古代金字塔的游览旅行。"旅游"最初就是在那里出现的。

在公元前600年以前的古代世界里,孤独无伴的"陌生人"是罕见的。他被看作是可疑的和危险的人物。他可能遭到可怕的残酷待遇,因为当时没有一点保护这类人的法律。所以很少有人外出游荡。一个人从生到死,如果是个游牧民,就依附于某个家长制的部落;如果是个文明人,就依附于某个大家族或者我们即将评述的某个大寺庙。要不,他就是个牧奴。

当时的人除了知道少数怪异的传说以外,对于他所生活的世界以外也一无所知。关于公元前600年世界上的情况,我们今天知道的确实比当时任何一个活着的人所知道的都多。我们把它在地图上标记出来,把以前和以后的事联系起来看成一个整体。我们开始确切地了解到,在同一时期内,埃及、西班牙、米地亚、印度和中国所发生的情况。我们不但能想象出汉诺的海员们的惊讶,而且也能想象出那些在岸上举烽火报警者的惊讶。我们知道,《汉诺历险记》中所说的"冲天山火"不过是在一年之中那个季节里照例焚烧干草罢了。年复一年,我们的常识增长得越来越快。在今后的年代里,人们对过去这些生活将会了解得更多,直到有一天会完全了解,也说不定。

第十五章 文 字

1 象形文字

我们在前面几章概述了从最早的文明的原始萌芽到公元前6世纪历史上强大的王国和帝国兴起时主要的人类共同体的发展情况。现在必须更仔细地研讨公元前1万年至公元前500年之间社会变迁的一般过程，人的思想的成长以及人和人的关系的规制。直到现在，我们所作的只是描画了地图和列举了主要的国王和帝国的名字，并明确了巴比伦尼亚、亚述、埃及、印度和中国各帝国在时间和空间上的关系；现在，我们开始触及历史的真正任务，就是深入到这些外表形式下面去研讨属于一个个人的思想和生活。

在社会发展的五六十个世纪中，最重要的事是文字的创造及其在人类事务中逐渐取得进步的重要性。文字是人们思想的新工具，是它的活动范围的巨大扩展，是先后绵延的新手段。我们已经见到，在旧石器时代晚期和新石器时代初期，口语发音和咬字的日益清晰是如何为人们的连贯思想提供心理上的把握，并使他们的合作能力大为增长的。这种新取得的能力似乎曾一度使人类在图画方面的较早成就黯然失色，也可能抑制了手势的使用。但是，图画不久又出现了，为了作记录，为了记符号，也为了享受画图的乐趣。在有真正的文字以前，先有象形文字。就像现在的美洲印第安人、布须曼人和世界各地的野蛮的、未开化的民族还在使用的文字那样。这主要是事物和行动的图画，加上专有名称的徽志，并用画和点来表示日期、距离以及诸如此类的数量观念。

和这种象形文字十分类似的是今天在欧洲大陆的国际列车时刻表中仍在使用的象形文字：表上用一个小黑色杯形的符号表示站着用餐的小吃部，交置的刀叉表示餐馆，小轮船表示换船的场所，驷马御者的号角表示公共汽车。在欧洲供汽

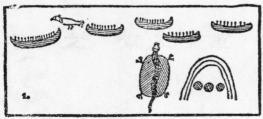 

美洲印第安人的象形文字（仿斯库克拉夫特）

图1　此图绘在苏比利尔湖岸的岩石上，记载一次有五只独木船参加的横渡该湖的远航。每只船上所画的竖线纹代表船员人数，一头"翠鸟"代表主持航行的首领。弓形（天）下的三个圆圈（太阳）表示航行历时3天，而象征陆地的乌龟则表示安全到达。

图2　这是一群印第安部落向美国国会提出的请愿书，要求取得在某些小湖里捕鱼的权利。这些部落是用他们的图腾来表示的：貂、熊、人鱼和猫鱼等，由鹤率领着。从每只动物的心和眼画到鹤的心和眼的各条线表示它们是一条心的；而从鹤的眼里又有一条线画到这个粗制的小"地图"左下角的几个小湖上。

车驾驶者参考的著名的米什林行车指南中也使用类似的符号，如以信封表示邮局所在地，或以电话听筒表示打电话的地方。旅馆的等级以旅馆的一个、两个、三个或四个的三角墙来表示等。同样，欧洲的公路道旁设有标记，如画一个门表示前面是平面交叉路，一道弯曲的线指急转弯等。从这些象形符号到中国汉字的最初成分，相距并不太远。

中国汉字到现在还有一些象形字的痕迹。大多数的字现在很难认出是象形的了。"口"字最初写得像一个嘴形的窟窿，而现在为了便于用毛笔书写，已经写成了方形。"子"字最初能辨认出是个小矮人，现在是一个急弯和一个十字。"日"字最初是一个大圆圈，中心有一点，后来为了便于连缀，变为一个长方形中间画一横线，这样用毛笔写起来就容易些。把这些象形字缀合在一起表示了另一层次的观念。例如，把表示嘴的象形字和表示蒸汽的象形字合在一起就成为"言"字。

从这样的缀合转化而成所谓的会意文字，如"言"和"舌"的符号合而为"话"；"宀"（屋顶）和"豕"（猪）的符号合而为"家"——因为在中国的早期家庭经济中，猪的重要性正像它在爱尔兰所常见一样。但是，正如我们在前面已经指出的，中国汉语是以比较少量表示很多种意思的基本单音节的声音所组成的。中国人不久就发现，有许多象形字和会意字也能用来表达那些不那么便于画图但声音相同的其他观念。

这样用的字称作谐音字，例如"方"这个音不仅表示船的意思，还表示"一个地方"、"纺纱"、"香味"、"问讯",以及若干其他意思,都按上下文而定。但是,一只船虽然容易画图,大多数的其他意义都是无法描画的。我们怎能画出"香味"和"问讯"呢?因此,中国汉人用同一符号表达"方"的所有这些意思,但是对每一个意思另加一种各不相同的符号,即限定符号,用以说明所想要表示的是哪一种意思的"方"。表明"地方"的"坊",用表示船的共同符号"方"加上限定符号"土";表示纺纱成线的"纺",用共同符号"方"加限定符号"纟";表示问讯的"访",用共同符号"方"加限定符号"言",如此等等。

如果在英语里找个类似的例子,也许可以对这种象形字、会意字、谐音字的发展情况理解得稍为清楚一些。假设我们制造一种英语象形文字,就会很自然地画一个正方形,再加上一条斜线暗示一个箱盖来表明"箱"(box)这个词和东西。这便是一个象形字。现在假定我们有一个圆圈表示钱币,再把这个符号放在表示箱子的符号里面,就可以表示"钱盒"或"金库"。这便是一个会意字。但是,英语"box"这个词还可以用来表示除"箱子"以外的其他东西。如黄杨灌木(box shrub),这是提供我们做箱子用的木材。要画出一种能被辨认出和其他树木不同的黄杨木,是很困难的。可是,我们能够很容易地把表示"箱子"(box)的符号,加上表示灌木(shrub)的符号作为限定符号,来确定我们所想要表达的是那种做箱子的灌木而不是一个普通的灌木。"box"这个词作为动词用的时候还表示拳击的意思。在这里又需要另一个限定符号了。我们可以加上两把交叉的剑,这是在地图上常常见到的表示交战的符号。用"box"表示剧院里的一个包厢,又需要另一个限定符号,如此类推,就可以产生出一连串相当多的谐音字来了。

这里可以明显看到,中国汉文是一套非常特殊而又复杂的符号文字。有大量的字需要记住,而且必须习惯于它们的用法。它所具有的表达思想和议论的能力,至今还不能拿西方的标准来计量。但是,我们可以怀疑,用这种工具是否能够造成像西方文明里的较为简单和较为迅速的字母所能做到的这种广大的共同意识状态。在中国,文字造就了一个特殊的读书人阶级,也就是官吏。他们也就是统治和官僚阶级。他们的注意力必须集中于文字和古典文学格式,胜过集中于思想和现实;尽管中国相当太平,它的人民的个人智慧很高,但它的社会和经济发展,看来却因此受到了很大的阻碍。中国之所以在许多世纪中一直是个勤劳的但缺乏进取心的广袤地区,而不是世界上首屈一指的强国,大概就是由于它的语言和文字的复杂,而不是由于任何别的可以想象到的原因。

2 音节文字

中国人的智力就这样为自己缔造了一种工具，可能它的结构过于精细，用法过于麻烦，格式又过于死板，以致不能适应近代所需的简单、迅速、准确和明晰的交流。与此同时，西方正在兴起的文明却沿着不同的而从整体来说比较方便的途径，从事解决文字记载的问题。中国人没有想去改进他们的字体，使它敏捷而又简易，而环境也使他们不必那样做。

苏美尔人的象形文字是必须刻在泥版上的，而且用的是对刻写曲线符号既困难又不准确的小尖笔，后来采用了约定俗成了的刻划的楔形符号，迅速退化到几乎不能辨认出原来字形的痕迹。这对苏美尔人学习书写大有帮助，他们必须画得这样不成样子。他们很快就赶上中国的象形字、会意字和谐音字，并且超过了它们。

大多数人都知道有一种称为画谜的猜谜。这是用图画表示词汇的一种方法，它并不画出该词所表达的事物，而是画一个同音词所代表的其他东西。例如，画两扇门（gate）和一个头（head）就是"gateshead"一词的画谜；又如，画一条小河（beck）、一个戴着皇冠的国王（king）和一支火腿（ham）就是"Beckingham"一词的画谜。苏美尔语言就是善于用这种表现方法的一种语言。在很多情况下，它显然是一种常常具有相当大量的多音节的语言，由非常清晰而又不可变更的音节所组成的，其中的许多音节，单独看来都是具体事物的名称。因此，这种楔形文字，很快地就发展为一种音节文字，其中每个符号都表达一个音节，如同猜字游戏中所表演的每个动作都表达一个音节一样。

不久，当闪米特人征服了苏美尔人的时候，便把这种音节体系适用到自己的语言里去了，所以，这种文字就整个变成了一符一音的文字。亚述人和迦勒底人就是这样使用它的。但它并不是字母文字，而是音节文字。这种楔形文字曾传遍亚述、巴比伦尼亚和近东，流行过很长时间；我们今天使用的字母表中有几个字母显然是它的残余。

3 字母文字

但是与此同时，在埃及和地中海海岸上还有另一种文字体系在发展。它大概萌芽于埃及僧侣的象形文字（神圣文字）。这种象形文字也照例部分地成为音符体系。正如从埃及碑文上所见到的那样，这种神秘符号的文字是由富于装饰性的但僵硬而复杂的形式组成的。因此埃及僧侣在写信和开药方等的时候都使用一种大为简化而又流利的字体，即僧侣草书。

与这种僧侣草书同时兴起的另一种字体，部分起源于神圣文字，现在已经失传。埃及以外的地中海各民族，如腓尼基人、利比亚人、吕底亚人、克里特人和克尔特—伊比利亚人接受了这种文字并在商业上使用了它。它的一些字母借自后期的楔形文字，这种混合文字在外国人手里，可以说是无源之水，几乎失去了自己早期象形文字的一切痕迹。它已不再是象形文字或会意文字，而完全变成了一套纯粹音符体系的字母。

这类字母在地中海一带有好几种，彼此大不相同。可以指出，腓尼基人的字母（也许还有其他的）省略掉了元音。可能他们发辅音时很重，元音则含糊不清，据说，阿拉伯南部的部落现在也还是这样。也很可能腓尼基人起初不是把他们的字母用来书写完整的词，而只是在账本和符木上记下所用词的第一个字母。

在《伊利亚特》时代很久以后，这些地中海的字母中有一种传到了希腊，希腊人就马上开始用它来表达自己那高度发展的雅利安语言的清晰而又优美的语音。那种字母起初只有辅音，希腊人给它加上了元音。他们开始为记事而书写，助长并固定了他们的诗歌传统。书面文学就这样开始了，小溪泛流而成为洪水。

4 文字在人类生活中的位置

文字就是这样经过一系列很自然的步骤，从图画中产生的。文字起初且在很长期间内不过是特殊阶级中只有少数人感兴趣的秘密的东西，仅仅是画图记事的辅助手段。且不说文字具有日益增强的表达力，在使文字比简单的图画较为隐晦，使它摆脱老样和编纂成套后，文字的确具有某些极为明显的优点。优点之一是，传递的书信，可以做到只有发信人和收信人才能了解，没有得到传授的人是看不明白的。其次是，可以记录各种事情，帮助个人和他的友人的记忆，不会对普通群众泄露太多。最早的一些埃及文书，举例来说，是医药处方和咒语经文。

账本、信札、处方、名单和旅程记录，这些都是最早的书面文件。后来，随着书法和阅读技艺的传播，便产生了一种古怪的愿望，一种那样普遍存在于人类中的可怜的愿望，希望把某件奇闻、自己知道的某件秘密或一些奇怪的想法，甚至把自己的名字写下来，去使某些住在远方的不相识的人感到惊异，并希望在自己死后很久，这些记载也会使其他读者感到触目惊心。甚至在苏美尔，人们就已在墙上涂写了。古代世界留给我们的一切遗迹，如岩石、建筑物等都涂满了帝王们的姓名和吹嘘，他们是最突出的人类自我标榜者。古代世界的早期碑文也许有一半都属于这种性质——如果我们把在许多情况下也许由死者在生前预先准备好的墓志铭都归入这些留名和吹嘘一类里的话。

那种涂写姓名的自我标榜的浅薄愿望和爱好了解秘密的心情，使文字长期以来停留在狭窄的范围之内；但是存在于人们心中的另一个较为真实的社会愿望，也就是要诉说的愿望也在起作用。使知识和传统大幅度扩展，使它明确并固定下来的这种意味更为深长的可能性，只是在许多年代以后，才逐渐明显起来。关于这一点，在此扼要重述前几章中强调过的关于生活的某些基本事实，将是有意义的，因为它们不仅阐明了文字在人类历史上的巨大价值，而且也阐明了它在将来可能起的作用。

（1）必须记住，生命起初不过是老死幼生过程中意识的间断的复演。

像爬行动物这样的生物，它的头脑已有收容经验的能力，但是当其个体死去时，它的经验也就随着灭亡了。它的大部分动机纯粹出自本能，它所有的全部心理生活都是遗传（与生俱有的）的结果。

（2）但是，一般哺乳动物，在纯粹的本能传统以外，还有从模仿它的母亲的榜样而得来的经验传统；就狗、猫或猿这些智力发达的动物来说，还有从某种默训得来的经验传统。例如，母猫因为小猫有不规距的行为而惩罚它。母猿和母狒也是这样做的。

（3）原始人除了有传授经验的能力外，还有表现的艺术和言语。于是开始有绘图和雕刻的记事以及口语传统。

弹唱诗人把口语传统发展到最高的阶段。他们作了很大的努力使语言成为今天这个样子。

（4）文字是从绘图记事中发展而来的。随着文字的创造，人类的传统能够变得更加丰富，更加准确。在此以前随着世代变更的口语传统这时开始固定了下来，相隔千百英里的人们这时能互相沟通思想了。越来越多的人开始分享共同的书面知识，和对过去及未来的共同之感。人类的思想变得能在广大的范围里发生作用，千百个头脑在不同的地点和不同的时代能够相互引起反应；它成了一个更加持续不断、更加持久的过程。

（5）在几百个世代之中，文字的威力没有在世界上全部发挥出来，因为翻印原稿以增册数的想法，长期以来没有实现。过去增多书册的唯一办法是每次抄写一份，所以书籍的价格昂贵而且稀少。对某些东西保守秘密，使它们成为崇拜的对象和神秘的东西，从而使自己能获得便宜，胜过众人，这种思想倾向在人们心里始终是很强烈的。只有现在，广大群众才在学习阅读，才在竭力发掘已经蕴藏在书中的知识和思想宝库。

但是，自从最初的文字出现以来，在人们心目中开始有了一种新的传统，一种能永存不朽的传统。此后，生命通过人类日益清晰地意识到它的本身和它的世界。这是我们在追溯历史中看到的人类知识发展的一条细纹，最初出现在蒙昧和混混沌沌的世界里；它又像一丝光线从一扇开着的门缝里射进暗室；但它慢慢扩大，逐渐明亮起来。终于在欧洲历史上有了这样的时机：在印刷者的推动下，这扇门开始更加迅速地打开了。知识倏然地燃烧起来。它一旦燃烧起来，就不再是少数幸运者的特权。就我们今天来讲，这扇门开得更大了，门后的光更明亮了。

苍茫依然，光辉正穿透尘灰的层云。这扇门还没有半开。我们今天的世界还不过是知识的开始。

第十六章 神和星，僧侣和帝王

1 僧侣出现于历史

当我们把注意力转向开始在埃及和美索不达米亚的这些新的人类的聚积时，就会发现，在所有这些城市里最惹人注目的事物之一，是一所或一群庙宇。在某些情况下，在这些地方的庙宇旁边是一座王宫，并且庙宇往往高于宫殿。当腓尼基的城市以及希腊和罗马的城市兴起时，它们都完全一样有这种庙宇存在的状况。具有生活舒适和寻欢作乐痕迹的克诺索斯宫和爱琴民族的类似的城市都设有神龛，在克里特岛也有庙宇，但与堂皇的城市院宅不在一起。在古代文明世界的各个地方都有庙宇；在非洲、欧洲或亚洲西部，凡是原始文明立足的地方，就有庙宇；而在文明最古老的地方，如在埃及和苏美尔，庙宇是最显著的事物。当汉诺到达了他认为是非洲的最西端时，他建立了一座庙宇来礼拜海格立斯。

文明的萌芽和庙宇的出现，在历史上是同时发生的。这两者是一回事。城市的萌芽是历史上的庙宇阶段。城市共同体是围绕着在播种季节杀人祭祀的祭坛而出现的。

在所有这些庙宇里都设有一个神龛；支配神龛的一般是一个形状可怕的、半人半兽的巨大形象，像的前面设有祭祀用的一个祭坛。而在后期的希腊和罗马庙宇里，这种偶像通常是一个具有人形的神像。这个人像被认为或者是神，或者是神的偶像或象征。这个庙宇就是为供奉这个神而设立的。与庙宇有关联的，是一些男女僧侣和寺庙的奴仆，他们的人数往往很多。他们穿着与众不同的服装，构成城市居民的一个重要部分。他们不属于任何家族，他们自成为一种新的家族。他们是另外一个种姓和一个阶级，是从一般市民中有智力的人中吸收进来的。

这些僧侣的主要职责是对庙中的神进行礼拜和祭祀。这些事情，并不是在任何时候都可以进行的,而是在特定的时间和季节里。播种时的祭祀是其中的头等大事。由于从事放牧和农耕,人们在生活中开始意识到一年中几个部分之间的差别和一天与一天之间的差别。庙宇按它的节日来计算时间。古代城市里的庙宇就像写字台上的时钟和日历一样。

但除了进行季节祭祀和历法观测这些主要的活动外,庙宇又是其他活动的中心。记录的案件和记事的符木就保存在古代庙宇里,文字是从庙宇里开始的。知识也是在庙宇里。人们不仅有成群结队地到庙宇去过节的,也有单独到那里去祈祷求助的。早期的僧侣又是医生和巫士。在最早的庙宇里,已经有了为某种私人的和特殊的目的进行供奉的小祭品,比如受慰的心脏和恢复四肢的小模型,用以答谢祈祷灵验和誓愿得偿。在乌尔城的月神庙里,4000年前当这个礼拜月神的中心成了一个重要的土地所有者时,我们发现已经在产生商业规则和工业制度了。对租种土地的人所交纳的实物,立有严格的账目并给予收据,存有副本。妇女皈依者和奴仆在庙宇的工厂里做工、纺织作为贡品送来的羊毛,并按他们的工作领取口粮。这些情况都有详细记录。

很显然,到了这个时候,那些在早期狩猎人生活中相对说来是无足轻重的成员,如巫医、看守神龛的人、术士,随着社会的发展,随着社会从野蛮状态发展到开化定居,从随遇而安的生活发展到有条不紊的工作,他们作为社会发展的一个部分,已成为极重要的人物了。同样明显的是,如像在本书"早期思想"一章中论述过的,人对于陌生事物的原始恐惧(以及想从它们那里求得援助的期望),想同不明真相的力量求得和解的愿望,想净化的原始的愿望以及想得到权力和知识的原始的渴望,都为庙宇这一新的社会事实的精心制成作出了贡献。

克诺索斯的彩陶像——蛇女神的崇拜者
(根据雅典不列颠学院所摄相片绘制)

庙宇是因复杂的需求而积累形成的。它出于许多根源和需要。庙宇供奉的男神和女神是许多幻想的体现,是由各种冲动、观念和半成熟的观念造成的。某个神是受某一种观念支配的,而另一个神则受到另一种观念支配。对于神的起源的

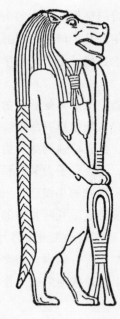

古代埃及的河马女神像

这些混乱而又纷繁的说法，有必要强调一下。因为现今存在着许许多多关于宗教起源的著述，有些作者坚持这一种主导观念，有些坚持那一种主导观念——我们在本书"早期思想"一章中指出过好几种——他们各自主张的好像是唯一的观念。例如，马克斯·穆勒教授当时没完没了地反复谈论太阳故事和太阳崇拜的观念。他似乎要我们相信，古代的人从来没有贪欲，也没有畏惧，没有渴望权力的想法，也没有梦魇和幻想，只是终生冥想光明和生命在天上的仁慈的来源，现在，日出和日落固然是日常生活中动人的事实，但这不过是许多动人事实中的两件而已。

三四百个世代以前，古代人的脑和我们的非常相似。我们童年和青年时代的幻想，或许是我们用以探讨早期宗教的基本资料的最好线索。谁能回忆起这些早期的精神上的经历，他就将会很容易地理解，最初的神为什么是模糊不清的、怪模怪样的、互不一致的、多种多样的了。在庙宇史的初期，无疑有太阳神，但也有河马神和鹰神，还有母牛神，有奇形怪状的男神和女神，有恐怖的神和古雅可爱的神。有的神什么也不是，不过是惊人地从天空掉落下来的一堆堆陨石，还有的神不过是些形象碰巧是古怪和惹人注意的自然石块。

有些神，如巴比伦的马杜克和腓尼基人及迦南人的巴耳（即天主）等，实际上很可能就是传说中的怪物，像今天的儿童们自己会虚构的那样。据说，定居的民族只要想出一个神，就要为神虚构一个妻子。埃及人和巴比伦人的神大都是已婚的。但是，游牧的闪米特人的神就没有这种婚配的安排。荒芜少食的草原上的居民对生育子女的欲望是比较淡薄的。

比起为神娶妻更加自然的是给神一座房子住，供奉的祭品可以送到那里去。像术士这样有知识的人，自然会成为这所房屋的管理人。一定的隔离、一定的疏远程度，会使神的威望大大提高。农业人口一经定居并且增殖起来后，早期的庙宇和早期的僧侣界就发展了，这些发展步骤是十分自然的，可以理解的，一直发展到长形庙宇的阶段，庙内的一端设有神像、神龛和祭坛，并有容纳礼拜者站立的长形中殿。

这种庙宇，因为有记录和秘密，因为是权力的中心，是给人告诫及教诲的中心，因为能够找到和吸引富于想象力的聪明人为它服务，便自然而然地成为成长着的社会里的一种头脑。种地的和牧畜的普通人对待庙宇的态度总会是单纯而又轻信不疑的。庙宇里住着神，人们很少见到他，他在人们的想象中地位极高，他允诺了便会降福，他发怒了则有灾祸；给他奉献少许礼物就能与他和解，还可得到他的仆人的帮助。他是奇妙的，又有这样的权力和知识，所以人们对他甚至在思想上不会有不尊敬的想法。但是，在僧侣中间，有一些思想却高出于这样的水平。

2 僧侣和星

我们可以在此指出，关于埃及的主要庙宇，以及就我们所知巴比伦尼亚的主要庙宇——因为它的遗迹不很明显——有一个非常有趣的事实，那就是它们是"定向"的；换句话说，同类庙宇的神龛和大门通常都是朝着同一个方向的。巴比伦尼亚的庙宇通常朝着正东方，即在3月21日春分和在9月21日秋分时朝着日出；还要指出的是，幼发拉底河和底格里斯河是在春分时泛滥。吉萨的金字塔也是东西向的，狮身人面像也朝着正东方；但是尼罗河三角洲以南的很多埃及庙宇，不是面朝正东方，而是面朝白昼最长的那一天的日出的方向——在埃及，洪水是在那天前后来到的；不过有的庙宇几乎朝北，有些庙宇又是面朝天狼星升起的方向，或其他引人注目的星辰升起的方向。

庙宇定向这件事与在各个神同太阳以及各个固定的星辰之间早有密切联系的这件事是联结着的。不管外界的人民群众在想些什么，庙宇的僧侣们正开始把这些天体的运行同神龛的权力联结在一起。他们想的是有关自己所侍奉的诸神的事，并给诸神想出新的含义来。他们对星辰的神秘冥思苦想。所以他们自然会这样设想，认为这些闪光的天体分布得这样不规则，又运转得这样庄严而沉默，一定负有对人类预示凶兆的使命。

此外，庙宇的这种定向，还有助于确定和支持一年一度的盛大新年节日。在这一年之中的一个早晨，而且只有这一个早晨，在面向仲夏日太阳升起的地方的庙宇里，太阳最初的光线会穿透庙宇的阴暗处和庙中列柱之间的长廊，照亮祭坛上面的神，照得他容光四射。古代寺庙的这种狭窄而阴暗的结构，似乎是有意为取得这种效果而设计的。民众无疑在黎明之前就摸黑聚集了。他们在昏暗之中唱赞歌，或许供奉祭品；只有神像无声而不可见地站立在那里。人们祈求、祷告。然后，太阳在礼拜的人群身后升起，在人们由于黑暗而敏感了的眼前，神会突然发起光来。

专门研究定向的学者诺曼·洛克耶爵士，对于定向至少发现了一个解释。定向不仅见于埃及、亚述、巴比伦尼亚和东方的大多数庙宇，希腊的庙宇也是如此。英国的石栅面向仲夏时日出的方向，欧洲的巨石环大多数也是这样；北京的天坛则面向仲冬时日出的方向。在中华帝国的年代里，直到不多年以前，中国皇帝最重要的职责之一，是在仲冬那天到天坛祭祀并祈求吉祥如意的一年。

关于庙宇定向这一节，应该注明一个疑问。看来，诺曼·洛克耶爵士过分热衷于寻求庙宇定向。近来的著述大大削弱了他的论点。金字塔肯定是有定向的。但是，许多埃及庙宇是否都有审慎考虑的定向，很可怀疑。

埃及的僧侣，在公元前3000年，就已经把星辰勾划出了星座，并将黄道带分为十二宫了。

3 僧侣和学问的开始

这个对天文学的探讨和天文学观念的发展的明确证据，是最显而易见的，但这只是古代庙宇范围内进行过的极为可观的智力活动的最明显的证据。许多近代作家中有一种奇怪的倾向，他们贬低了僧侣界，把他们说得好像总是压榨朴实的人们的骗子和阴谋家。但其实，他们长期以来是唯一的写作阶级，唯一的读书界，唯一有学识的人和唯一的思想家。他们是当时仅有的专业阶级。除非通过僧侣界，否则你根本不可能有知识方面的生活，不可能接触到文学或任何知识。庙宇不仅是天文台、图书馆、医务所，而且是博物馆和珍品收藏所。汉诺的《历险记》原稿就挂在迦太基的一个庙宇里面，他的"大猩猩"皮挂在另一个庙宇里并被珍藏起来。社会生活中的任何有持久价值的东西都被藏在庙宇里。

早期的埃及历史学家希罗多德（公元前485—425年）的大部分资料，是从他旅行所经的国家的僧侣那里收集来的。显然他们对他很慷慨，把数量很可观的资料全部供他使用。庙宇以外的世界，仍然是遍地文盲、不知不想、日复一日完全为自己而活着的人们的世界。此外，并没有多少证据能说明，平常人曾感到自己受到僧侣的欺骗，或者对早期的僧侣不加信任，怀有恶感。甚至，后来强大的征服者也急于同他们想要取得归顺的国家和城市的僧侣们站在一边，因为这些僧侣们在民间具有极大的影响。

就僧侣的精神和品质而言，庙宇和庙宇之间，崇拜和崇拜之间，无疑存在着很大的差别。有的僧侣可能很残忍，有的可能凶恶而又贪婪，许多则是愚钝而教条，拘泥于传统。但必须记住，僧侣界的腐化或无能是有明显的限度的。他们必须掌握住人心，不能超越一般人的接受力——无论是向黑暗的方面，还是向光明的方面。归根结底，他们的权威是建立在使人们认为他们的活动是善良的信念上的。

4 帝王对抗僧侣

因此最早的文明的政体是僧侣政体。最初使人们从事耕种和过定居生活的，不是国王和军事首领，而是取得普通人默认而起作用的关于鬼神和丰产的观念。我们所知道的苏美尔的早期统治者全是僧侣。他们之所以成为国王，只不过因为他们是僧侣的首领。僧侣政体既有它根深蒂固的特殊力量，又有它自己的弱点。僧侣们的权力只是统治他们自己人民的权力。这是通过神秘的恐惧和希望而产生的归顺。僧侣能召集他们的民众作战，但是他们的传统习惯和全部方法都使他们不适于进行军事控制。在抵御外敌上，由僧侣率领的民众是软弱无力的。

此外，僧侣又是立过誓约、经过训练、献身于神的人，是属于一个特殊团体的人，并且必然具有一种强烈的团体精神。他把他的生命献给了他的庙宇和他的神。这对于他自己的僧侣界，对于他的庙宇，就其内在的生气来说，是一件非常好的事情。他为他所供奉的那个神的荣誉而生，为它而死。但在邻近的城镇或村庄里却有另一个庙宇，供奉着另一个神。阻止他的人民去供奉那另一个神是他经常最关心的事。宗教崇拜和僧侣界天然就有派性。他们可以改变信仰，他们可以制胜，但他们决不联合。我们最初感觉到的关于在有史以前模糊不清时的苏美尔的事件，是处于冲突状态中的僧侣和神的事件。在苏美尔人被闪米特人征服以前，他们从来没有联合过。同样也无法调和的僧侣界之间的冲突，在埃及庙宇的废墟上处处留有创痕。考虑到宗教兴起的各种因素，僧侣界不可能是另一种样子的。

在整个旧世界，这种僧侣主宰一切的事态，已属25个世纪以前的旧事了。但在美洲，晚到1000年以前，还可以见到一个从事原始祭祀的僧侣界统治着全部文明。这是在中美洲和尤卡坦。在墨西哥，僧侣式的人们是受一个和巴比伦君主政体非常相似的君主政体统治的，可以说是庙宇和宫殿并立；而在秘鲁，有像法老那样的神圣君主。然而现在已消失了的墨西哥南部和地峡国家的密林深处留有极为惊人的遗迹的玛雅文明中，僧侣等级却维持了一个血腥的和卖弄学问的优越地位。世界其他各地的僧侣界，都在适当的时候度过了他们的全盛时期，并让位于他们以外的其他势力。但玛雅的僧侣界最后发展到了极端，成为僧侣制度的最后一张夸张性的漫画。他们把他们的历法搞得很精细很复杂，直到变成为一个莫测高深的迷宫。他们把祭祀仪式搞到激动感官的最高程度。他们的雕刻极有技巧而且精细，是一种奇怪的心情受挫的记录，在它的装饰上带有一点精神错乱的味道。

由于所有的僧侣界都具有两大弱点——没有能力进行有成效的军事领导和必然忌妒一切别的宗教崇拜——所以世俗王权的势力得以兴起。或者是外来的敌人得胜后立了一个国王来统治人民，或者是互不相让的僧侣界推举一个共同的作战首领，他在和平时期还多少保持着一些权力。这个世俗国王在他周围发展了一群官吏，并通过军事组织，开始参加治理民政。因此，源出于僧侣政治和在僧侣身旁兴起的作为僧侣的领袖的国王，便出现在人类的历史舞台上了，人类此后的很多经历，只能被理解为，是在控制人类的两大体系，即在庙宇和宫廷之间，无意地或有意地进行的精心策划、复杂多端、变幻莫测的斗争。

这种敌对活动在文明的原始中心发展得最为充分。最后成为东方和西方世界一切古代文明的主人的、野蛮的雅利安族，在走向文明的途中，也许从来没有经历过庙宇统治的时期；他们进入文明的时期较晚；他们出场时，这场戏已经演到了一半了。他们从被他们征服的、比他们更文明的含米特族或闪米特族那里接受了庙宇和王权这两个观念，当时这些观念已经发展得很精细了。

在美索不达米亚文明的早期历史中，神和僧侣的地位较为重要，这是十分明显的。但到后来，宫廷逐渐占了上风，最后处在肯定地夺得最高权力的地位。在这段故事中，起初，宫廷在庙宇面前既没有知识又没有朋友；只有僧侣才读书，只有僧侣才有知识，人民畏惧他们。可是在各种崇拜的相互倾轧之中，宫廷便有机可乘了。宫廷从别的城市中，从俘虏中，从失败了的和受压制的崇拜中获得了既能读书又会作巫术的人。它使外来的摩西和本地的巫师作对，宫廷也成了一个写作和记事的中心；国王为他自己着想，也变得有策略了。商人和外国人涌向宫廷。即使国王还没有僧侣所具有的那样充分的记录和完备的学识，他却具有许多事物的更广泛和更新颖的第一手知识，他更接近现实。

僧侣是在很年轻的时候进入庙宇的。他做了许多年的新信徒，学习原始的粗陋文字的途径是漫长而艰苦的。他变成了一个博学而有偏见的人，而不是一个世俗的人。有些思想较为活泼的年轻僧侣，甚至会对国王的职位投以妒忌的眼光。在僧侣和国王的表面冲突之下，在造就成才的人和生而有才的人之间，在博学和创见之间，在以确定的知识及定形的成规为一方和以创造性的意志及想象力为另一方之间，进行着的这一出年深日久的斗争的戏剧中，有的是错综复杂、变化多端的场面。

正如我们以后要讲述的那样，反对守旧和没有想象力的人并不都是僧侣。有时是国王反对思想狭隘、阻碍进步的僧侣界，有时又是僧侣界在维护文明的准则，而反对残暴、自私和反动的国王。

关于这种政治事务中的基本斗争的早期阶段，我们在此只能就公元前4000年至亚历山大这段时间举出一两件突出的事实和事件来加以说明。

5 柏儿—马杜克神和国王的斗争

在苏美尔和阿卡德的早年，城市国王与其说是国王，不如说是僧侣和巫医。只是当外国征服者企图控制当时存在的制度时，僧侣和国王之间的区别才确定了下来。但是，僧侣所供奉的神，仍然是土地，僧侣也同样是国王的真正的太上主宰，他是普天下土地的主人；他的庙宇和产业的财富之多，权威之大，使国王相形见绌。城墙以内的状况尤其是这样了。我们知道，第一个巴比伦帝国的奠基者——汉谟拉比，是牢牢掌握社会事务的较早的君主之一。他抱着对神非常恭敬的态度来做这件事。他在一个记载他在苏美尔和阿卡德兴修水利的碑文中一开始就写道："当阿努和柏儿授予我治理苏美尔和阿卡德之权时……"我们有一部就是这同一个汉谟拉比所制定的法典——这是世上最早的一部法典——在这部法典的卷首就有一幅汉谟拉比的画像，他正从沙玛什神即名义上颁布这部法典的神那里接受这部法典。

比上述汉谟拉比的像更早的，是新近从乌尔城发掘出来的一块石碑，碑的图样是月神在指示乌尔—恩古尔王为他建造一座神庙，并帮助他进行修建。这个国王是月神的仆从。

在征服任何一座城市时，一个具有重大政治意义的行动是将该城的神像移到征服者的庙中作为一个从属的神。这是比一个国王臣服另一个国王更为重要得多的事情。巴比伦的丘比特——美罗达克，被伊拉姆人掠走，在它被送返以前，巴比伦一直没有感到独立自主过。

但是，有时候征服者惧怕他所征服的神。在前面已经提到过的在埃及的泰尔—埃尔—阿马纳收藏的写给阿米诺菲斯三世和四世的信札中，有一封信来自某个国王，即米坦尼的国王土什勒塔，他征服了亚述，夺走了伊什塔尔女神的像。显然，他已经把这个神的塑像送往埃及，一方面是为了表示承认阿米诺菲斯的霸权，但另一方面是因为惧怕女神发怒的原故（据温克勒）。《圣经》（《撒母耳记》上第五章第一节）里记载了腓利斯人是怎样把希伯来神的约柜，作为征服的象征，夺送到阿什多德的鱼神达贡的庙里去的。达贡又是怎样倒下摔碎的，阿什多德的人民又是怎样受到疾病打击的。特别是，这个故事通篇描写的是神和僧侣，完全没有提到国王。

纵览巴比伦和亚述帝国的历史，似乎没有一个国王在他"握过柏儿的手"之前，也就是说，在他被"柏儿"的僧侣收养为神的儿子和代表之前，会感到自己在

亚述国王和他的宰相

巴比伦所保持的权力是牢固可靠的。当我们对巴比伦和亚述的历史知道得越清楚，就越明白当时世界的政治，如革命、篡位、朝代更替、私通外国等，多半是由富豪的僧侣界同发展着的但权力仍嫌不足的君主政体之间斗争的结果所决定的。国王依靠他的军队，这通常是一支由外国人组成的雇佣军，如果不发军饷，或者不掠夺，它便迅速叛变，而且容易受人贿赂。在亚述帝国的君主中，我们提过萨尔贡二世的儿子辛那赫里布的名字。辛那赫里布和巴比伦僧侣界曾卷入过一次激烈的争吵。他从来没有"握过柏儿的手"。他彻底摧毁了巴比伦城的圣地（公元前691年），把柏儿—马杜克塑像迁到了亚述，从而最终打击了神权。他被他的一个儿子谋杀了。他的继位者埃萨尔哈顿（他的儿子，但并不是杀害他的那个儿子）认识到，归还柏儿—马杜克并为它重建庙宇是对自己有利的，于是与神言归于好。

从僧侣界和国王的关系的观点来看，埃萨尔哈顿的儿子阿舒尔巴尼帕尔（希腊语称"沙达那帕鲁斯"）是一个特别有趣的人物。他的父亲和柏尔—马杜克的僧侣重新和好到这样的程度，以致让他受巴比伦的教育，而不受亚述的军事教育。他成了以往泥版文件的大收藏家。他的那个已经被发掘出土的图书馆，现在是世界上历史资料最宝贵的来源。他除了致力于学习以外，还牢牢掌握住亚述的军队。他曾一度短期征服过埃及，镇压过巴比伦的一次叛变，还进行过许多次成功的远征。他几乎是亚述的最后一个君主。对战争比对僧侣政治更为了解的雅利安部落，尤其是斯基台人、米地人和波斯人，长期以来从北方和东北方一直在逼近亚述。米地人和波斯人与南方游牧的闪米特族的迦勒底人结成了联盟，以便联合起来毁灭亚述。公元前606年，亚述首都尼尼微被这些雅利安人攻陷了。

雅利安人攻陷尼尼微，把巴比伦尼亚留给闪米特族迦勒底人之后67年，迦勒底帝国（第二个巴比伦帝国）的末代君主那波尼德—伯尔撒扎的父亲，被波斯人居鲁士推翻了。这个那波尼德也是个受过高等教育的君主。他在处理国事上，才智和想象力有余，而对当时世态的洞察力又太短浅。他领导过文物研究，我们之所以能知道萨尔贡一世的年代是公元前3750年，是他研究的功劳。这个日期至今仍为许多权威所接受。他为这个考证感到自豪,并留有一些记载这件事的碑文。显然,他是个宗教革新者,他修建和重新安排了庙宇,把一些地方神送到柏儿—马杜克庙中,试图把宗教集中在巴比伦。毫无疑问,他认识到他的帝国的衰弱和不团结的原因在于这些互相冲突的崇拜。而且在他的心里,有过把它们统一起来的设想。

事态推进得过于迅速,这样的发展来不及进行。他的革新显然引起了柏儿的僧侣们的猜疑和敌视,他们站在波斯人一边。"居鲁士的士兵没有经过战斗就进入了巴比伦",那波尼德成了阶下囚。柏儿庙门口设置了波斯哨兵,"庙内的祭祀仪式没有停顿地在继续进行"。

事实上,居鲁士的确是由于得到了柏儿—马杜克神的保佑才在巴比伦建立了波斯帝国的。他把各个地方神送回他们的祖庙,以此来满足僧侣们的守旧本性。他也把犹太人送回耶路撒冷。这些事对他来说不过是当务之急的政策措施而已。但是那些古代僧侣为使他们的庙宇的礼拜仪式得以继续下去而引进了不敬神的雅利安人,付出的代价是太高昂了。如果顺应那波尼德那个认真的异端分子的革新运动,听从他的想法,适应当时变化的世界需要,会更明智一些。公元前539年,居鲁士进入了巴比伦;公元前521年,巴比伦又发生了叛乱。公元前520年,另一个波斯君主——大流士,正在拆毁巴比伦的城墙。200年之内,对柏儿—马杜克神礼拜的庄严仪式完全停止了。柏儿—马杜克庙被建筑工人们用来作采石的场所。

6 埃及的神王

埃及的僧侣和国王的故事,与巴比伦尼亚的类似,但不完全是平行一致的。苏美尔和亚述的国王原先是僧侣,后来才成为国王。他们是世俗化了的僧侣。埃及的法老的来历不完全是那样的。在最古老的记录中已经记载,法老具有的权力和重要地位超过了任何僧侣。他实际上是个神,比僧侣或国王的地位都高。

我们不知道他是怎样达到这种地位的。苏美尔、巴比伦尼亚或亚述没有一个君主能够像修建巨大金字塔的第四王朝的法老那样,驱使他的人民从事这样宏伟的建筑。更早期

齐夫林像

的法老很可能被人看成是占统治地位的神的化身。齐夫林的巨大塑像的头部后面

踞坐着鹰神荷鲁斯。后期的君主，如拉美西斯三世（第二十王朝），在他的石棺（现存剑桥）上的像，具有埃及系统的三大神的明显的象征。他手执白昼和复活神俄赛利斯的两个笏，头上是母牛女神哈梭的角和阿蒙·拉神的日球和羽毛。他戴上这些神的象征，不仅像一个虔诚的巴比伦人戴上柏儿—马杜克的象征那样，他本人就是这三个神合成的一体。

拉美西斯三世作为俄赛利斯的象征，左右是纳夫底斯和埃西斯两个女神

（现存剑桥的石棺盖上的浮雕　仿夏普）

在棺盖周围所雕刻的尽可能辨认的铭文如下：

　　俄赛利斯，上下埃及的国王，这两个国家的主……太阳的儿子，诸神所喜爱的，王冕的主，拉美斯，希利俄波利斯王子，胜利！你是在神位上，你将像厄斯尔一样上升。你所向无敌，我使你在他们之中得到胜利……

巴奇
剑桥菲茨威廉博物馆埃及卷集目录

关于古代既用塑像又用人去代表神的情况，历史学者从 J. G. 弗雷泽爵士的《金枝》这本书中将找到更多的材料。我们在此不过指出，亚洲和非洲的君主政体之间在观念上有着明显的差别。

我们还发现有一些雕刻和绘画可以加强法老是神的真实的儿子这个观念。例如，在卢克苏尔有一组雕刻，非常详细地展示了阿米诺菲斯三世（第十八王朝）的出生和天神认他为子的情景。此外，人们还认为，法老既然有这样神圣的血统，他们就不能和普通的人通婚。因此他们习惯于和现今被禁止通婚的亲属等级之内的同血统的近亲结婚，甚至和他们的姐妹结婚。因此，在埃及历史上宫廷和庙宇之间发生的斗争和巴比伦尼亚的相比角度是不同的。但是，斗争毕竟发生了。马斯佩罗教授在他所著的《对古埃及的新看法》中，非常有趣地叙述了阿米诺菲斯四世同僧侣界的斗争，尤其是同大神——卡尔纳克的主神阿蒙·拉的僧侣们的斗争。

阿米诺菲斯四世的母亲不是法老同种族的人。看来，他的父亲阿米诺菲斯三世是和一个臣民名叫泰伊的叙利亚美人恋爱结婚的。马斯佩罗教授认为，阿蒙·拉的僧侣们可能反对这个皇后并且讨厌她，这就是这场争吵的起因。他认为，她可能曾经激起她的儿子对阿蒙·拉神产生一种疯狂的仇恨。但是，阿米诺菲斯四

第十六章　神和星，僧侣和帝王 / 167

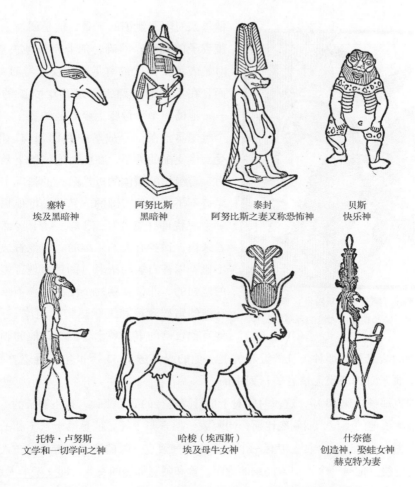

塞特
埃及黑暗神

阿努比斯
黑暗神

泰封
阿努比斯之妻又称恐怖神

贝斯
快乐神

托特·卢努斯
文学和一切学问之神

哈梭（埃西斯）
埃及母牛女神

什奈德
创造神，娶蛙女神
赫克特为妻

世或许具有更为远大的眼光。像 1000 年之后的巴比伦的那波尼德一样，他也许已经考虑到在他帝国内的精神上的统一问题。我们已经指出过，阿米诺菲斯三世统治的疆土从埃塞俄比亚到幼发拉底；在泰尔—埃尔—阿马纳发现的给他和他儿子的许多信札，表明他们兴趣很广，影响很大。总而言之，阿米诺菲斯四世着手封闭所有埃及和叙利亚的庙宇，以便在他的全部领土上消灭一切分裂教派的崇拜，并在各个地方只供奉一个神，即太阳盘神——阿顿。他离开了首都底比斯，因为底比斯是阿蒙·拉诸神的城，比起后来的巴比伦之为柏儿—马杜克神的城，有过之无不及。于是他在泰尔—埃尔—阿马纳建都，废除了他献身于阿蒙（阿门）神时所起的名字"阿米诺菲斯"，改名为"阿克那顿"，意思是太阳的光辉。他同他的帝国的一切僧侣界对抗了 18 年，死时仍是个法老。

对于阿米诺菲斯四世，即阿克那顿的评价有很大的分歧。有些人认为，他是

阿克那顿（阿米诺菲斯四世）像（根据开罗的塑像和柏林博物馆的浮雕绘制）

他母亲对阿蒙泄愤的工具，他是溺爱一个美貌妻子的丈夫。的确，他非常爱他的妻子，对她表示了高度的尊敬——埃及尊敬妇女，而且在不同的时期曾受过几个女王的统治——他的一个雕像膝上坐着他的妻子，另一个雕像是他在一个战车中和她亲吻。但是，受女性支配的男子，在面对他统治下最有势力、有组织的团体的极端敌视的情况下，是维持不了巨大的帝国的。又有人把他描写成一个"忧郁狂患者"。但是，对于忧郁狂患者来说，很少有夫妇乐趣的。把他看成是个不愿意以神自居的法老，倒是合理得多。他的坚强的、非常创新的个性，看来不仅表现在他的宗教政策和天赋热情的坦率显露上。他有他自己的审美观念。他不让他的画像具有惯例的法老神的那种传统的温和的美。他的眼穿透了33个世纪，凝望着我们，是一个属于对神淡漠无情者的行列中的人。

阿克那顿在位18年，这段时间对于他打算进行的变革来说，是不够长的。他的女婿继承了他的王位，回到底比斯，同阿蒙·拉言归于好。他是第十八王朝的末代三个君主之一，这三个君主中有一个就是吐特—阿克—阿门法老。近年来，人们对他议论纷纷。他是一个不引人注意的青年，曾和阿克那顿的女儿，即女继承人结婚。他似乎完全被阿蒙的僧侣们所掌握。他或者是在年轻时夭折的，或者是被排挤掉的。但凑巧的是，他的陵墓几乎是唯一后来没有遭到破坏和盗劫的法老王陵，它完整无损地保留到我们这个时代。后来它被发掘勘查，在新闻界引起了一场和它在历史上的重要性完全不相称的轰动。第十八王朝经过吐特—阿克—阿门以后便迅速地结束了。哈列姆黑布建立的第十九王朝是所有的埃及王朝中最为辉煌显赫的王朝之一。

一直到这段故事的末尾，国王的神性常常在埃及人的心中出现，也影响了别的种族的思想。当亚历山大大帝到达巴比伦的时候，柏儿—马杜克的威望早已衰退了，但在埃及，阿蒙·拉仍然是个足以使胜利的希腊人看去像个俗物的神。阿蒙·拉的僧侣们约在第十八或第十九王朝时期（大约公元前1400年）在沙漠的一块绿洲中建立了一座庙宇和神示殿。在这里有一个能说话，能摇动它的头颅，能接受或拒绝写在纸卷上的询问的神像。这个神示殿在公元前332年仍然很兴旺。

据说，那个年轻的世界之主［亚历山大］曾专程去拜访过它；他来到圣殿，这个神像从后面的黑暗中走出来迎接他。

他们庄严地互相行礼。神用的一定是以下的一个公式（据马斯佩罗教授说）：

来，我所生的儿子，你这样爱我，所以我给你拉（太阳神）的王权和荷鲁斯的王权！我给你勇敢；我让你掌握在你足下的一切国家和一切宗教；我让你用你的行动把一切民族结合在一起！

就是这样，埃及的僧侣们征服了他们的征服者，一个雅利安族的君主首次成了一个神。

7 秦始皇焚书

关于中国的僧侣和国王的斗争，在此不能作长篇叙述。正如这种斗争在埃及不同于在巴比伦尼亚一样，在中国也是不相同的。但我们发现在统治者一方也作过同样的努力去打破传统，因为它使人民分裂。中国的皇帝"天子"本身就是一个高级僧侣，他的主要职责就是祭祀；在中国历史上较为混乱的时期，他不再进行统治，而只是继续献祭。这种情况一直保存到近代。皇帝的职责是每年春天亲手开始用锄破土耕地，这个习俗仅在数年前才废除。士大夫阶级在很早的年代就从僧侣阶级分离出来了，它成了为各地王侯和统治者服务的一个官僚集团。这是中国历史和任何西方历史的根本不同之处。

当亚历山大横行西亚的时候，中国处在周朝末代僧侣—帝王的统治之下，正陷入一种大混乱的状态之中。各个领地正墨守它的分立的民族性和风俗习惯，匈奴从一个领地蔓延到另一个领地。秦王（大约生活在亚历山大大帝之后80年）深深感到当时的传统在国内所造成的祸患，决意要销毁全部中国文献；他的儿子秦始皇——"第一个普天之下的皇帝"，竭力搜寻当时存有的古典书籍，加以销毁。在他统治期间，古书绝迹了。他不按传统进行统治，使中国形成的统一局面，持续了几个世纪。但是，在他死后，隐藏的书籍又悄悄地出现了。

中国依然保持着统一，虽然不是在他后裔的统治下。经过一次内战之后，一个新兴的朝代，汉朝（公元前206年建立）掌握了政权。汉朝的第一个君主没有支持始皇帝反对文人学士的运动，他的继承者同文士学士们言归于好，古典书籍于是又复兴了。

第十七章 农奴,奴隶,社会阶级和自由人

1 古代的普通人

前面四章概略地记述了从原始的新石器时代农业中崛起的几个文明国家的情况。新石器时代农业是大约1.5万年前在地中海东岸或其附近的地方开始的。起初与其说它是农业,还不如说它是园艺;先是用锄耕作,后来才用犁;起初,农业在维持家族部落"生活"上只是狩猎和畜牧牛羊之外的一点辅助生产。

我们概括地追述了在特有成果的地区最初定居的村社发展成为人口众多的城镇,以及农村神龛和农村巫医发展成为城市庙宇和城市僧侣的经过。我们曾注意到有组织的战争的开始,起初是村落之间的纠纷,随后则是一个城市中的僧侣—国王和神与另一个城市的僧侣—国王和神之间的较有纪律的战斗。我们的叙述越来越快地从公元前五六千年时在苏美尔发生的征服他族和建立帝国的最初迹象,记述到几个大帝国成长的壮观景象,有了道路和军队,有了碑刻和书面文献,有了国王及统治者和受过教育的僧侣,受到了已属古老的传统的支持。我们见到埃及经历了同样的过程。我们曾概略地追述了若干大河流域这些帝国的出现、冲突和更替。我们还特别注意到诸如那波尼德和阿米诺菲斯四世这类人物的言行所表露出来的较为远大的政治思想。这已是1万或1.5万年人类经验累积而成的概况,这段时间和以后的整个历史相比,诚然是一段很长的时间,但如果和更新世黎明期最初使用燧石的人类和介在我们之间无穷的世代相比较,则不过是一段很短的时期。但在这前四章里,我们所写的几乎完全不是关于人类的一般情况,而只是关于有思想的人,能画、能读、能写的人,改变着当时世界的人。而在这些人的活动的下面,默默无声的大众的生活是怎样的呢?

普通人的生活当然受到这些事情的影响,并因此而发生变化,正如家畜的生活和开垦了的地区的面貌发生了变化一样;但这些大多是外加的变化,而不是这土地上的普通人参与和愿意的变化。读书和写字还不是他们那样的人力所能及的。他们平时只是耕作自己的一小块土地,眷恋自己的妻子儿女,打他的狗,饲养他的家畜,抱怨日子的艰难,畏惧僧侣们增长着的巫术和神们增长着的权力。他们除了希望上面的权势不干涉他们的生活以外,别无所求。

公元前1万年的普通人是这样的,亚历山大大帝时代的普通人也是这样的,他们的性情和外貌并未改变;今天世界上大部分地区的普通人也仍然是这个样子。随着文明的进步,普通人得到了较好的工具,较好的种子,较好的方法,稍微完好的住所,并能把他们的产品拿到较有组织的市场上以物易物。当人们不再过游动生活的时候,某种自由与某种平等也从他们的生活中消失了。人们为了得到安全、住所和经常的膳食,付出了自由、付出了劳力作为代价。普通人不知不觉地发觉他所耕种的那一小块土地并不属于他自己,而是属于神的,他必须把一部分产品上交给神。或者神已把那块土地给了国王,国王就收租收税。或者国王已把那块土地给了某一个官吏,那个官吏就成了普通人的主人。有时神或国王或贵族有事要人去做,普通人就必须离开自己的小块土地,去为他的主人做工。

一个普通人所耕种的那一小块土地,在多大程度上是属于他自己所有的,他从来就不很清楚。在古代亚述,土地似乎完全是由个人所保有,占有者只交纳赋税就行了;在巴比伦尼亚,土地是神的,耕种者在土地上工作是得到神的许可的;在埃及,庙宇或被视为神的法老或法老手下的贵族是土地的所有者,也是租赋的征收者。但耕种者并不是一个奴隶,他是一个农民,只是由于除了耕地以外没有别的工作可做,又没有别的地方可去,才算是束缚于那块土地之上。他住在村里或镇上,到村镇外去耕地。村落最初往往只是一个在父权家长统治下的由有亲属关系的人组成的大家族。古代的乡镇则是一群在长老统治下的大家族。

随着文明的成长,发生了奴役的过程;头人和首领们的权力和权威越来越大,普通人无法和他们并驾齐驱,无形中便逐渐落到了依赖和从属的地位。

总的说来,普通人相当满足于在主人或国王或神的统治下生活并服从他们的命令。这种生活较为安全,较为容易。所有的动物——人类也不例外——都是作为依赖者而开始生活的。大多数人从来没有摆脱过受领导和被保护的愿望。大多数人接受他们出生时的这种情况,不进一步提出问题。

布雷斯特德在《古埃及的宗教与思想》一书中,举了各种故事和事件来说明在公元前2000年,虽然社会上有不满的情绪,但那种不满情绪是朴素的,不是革命的。有的人抱怨别人奸诈不忠和法官不公正，也有人抱怨富人两面三刀，巧取豪夺，既不怜悯也不帮助穷人。有的人因支付的标准不公平而争吵，因食物太坏、生活条件太艰苦而罢工。但对法老的统治权或财富是否来得正当，从来没有人提出过异议。对社会秩序没有提出过挑战，抱怨也从来没有见诸行动。

2　最早的奴隶

古代的战争并不陷入远距离和持久的战役，它们是靠征募普通人来进行的。但战争提供了一个新的占有的来源，即掠夺，并且提供了一个新的社会因素，即俘虏。在古代游牧时期，俘获的男子只用来供折磨或祭献给胜利之神；俘获的妇女和儿童则被同化在部落里。奴隶对游牧者没有多大用处。但到了后来，许多俘虏由于具有特殊的才能或独特的技艺而被赦免成为奴隶。最初收留这些奴隶的，可能是国王和军事领袖，他们显然很快就感到这些奴隶比他们本种族的农民和普通人更属于他们所有。奴隶的主人可以命令他们做各种事情，那些工作是准自由的普通人所不愿意干的，因为他们关心自己耕种的那小块土地。奴隶们可以被用来从事集体劳动，建筑堤坝或采矿。

在最早的时期，工匠通常是家奴。货物、陶器、纺织品、金属器皿等的制造，大概从开始时就是奴隶工业。这在克诺索斯的米诺斯的家族城市中，是很发达的。塞斯在他的《巴比伦尼亚人和亚述人》一书中曾引用了巴比伦人为教奴隶学习手工艺以及处理利用奴隶生产的物品而订立的合同。奴隶生的孩子是奴隶，有些人因负债无力偿还而沦为奴隶，因此奴隶的人数增多了；有可能随着城市扩大，新增人口的一大部分就是大家族的奴隶工匠和奴隶仆役。他们决不是下贱的奴隶；在巴比伦后期，他们的生命和财产是受到精密的法律保护的。他们也不全是战俘。父母可以出卖子女为奴隶，父母去世后，弟兄可以出卖姊妹。自由民在无法维持生活的时候，甚至可以自卖为奴。无力偿还债务的人的命运就是当奴隶。工艺学徒也是一种定期的奴隶。

从奴隶人口中，反过来，又产生了解脱奴隶身份的男女自由民，他们做工取得了工资，同时还有更加明确的个人权利。巴比伦的奴隶可以自己拥有财产，许多奴隶便储钱赎回自己的自由。大概城镇里的奴隶的境况往往比较好些，实际上跟耕种土地的人是一样的自由。当农村人口增加时，他们的子女参加和扩大了工匠的队伍，有些是奴隶，有些是自由民。

随着政府的职权范围逐渐扩大，并越来越复杂，家族的数目也就增多了。在王室的庇护下，大臣和官吏的家族发展了起来，在庙宇的庇护下，庙宇执事们的私人家族也发展了起来；要理解房屋和小块土地怎样越来越明显地成为占有者的私人财产，越来越明确地不再属于原来所有者的神，是并不困难的。埃及和中国的古代帝国过渡到封建阶段以后，那些以前原来是官吏的家族，一度变成了独立的贵族家族。在巴比伦文明较晚阶段，我们见到社会结构中有产阶级的人逐渐增多，他们既不是奴隶，又不是农民，既不是僧侣，又不是官吏，而是这种人的寡妇和子孙，或是富有的商人之类，他们都是没有主人的人。

商人是外来的。巴比伦有许多阿拉米商人，他们有大商铺，拥有奴隶和解脱了奴隶身份的自由民以及从事各种工作的雇员（在一个没有纸张的文化中，他们的簿记是很繁重的工作。这牵涉到把大量小瓦片存放在一口大瓦缸里）。在这一大群混合在一起的多少是自由和无羁绊的人之外，另有许多人，包括大小商人和小贩，则依赖他们而生活，迎合他们的需要。例如，塞斯提供过为建立并供应一家旅舍和酒店而订立的契约的细节。那时来往的行人和旅客已开始出现了。

奴隶制中最不仁慈的方面是伙役奴隶。如果说这种人在古代城市里并不过多，那么，在别的地方证迹是很不少的。首先，国王就是个最大的企业家。他开凿运河，组织灌溉（例如前一章提到的汉谟拉比举办的事业），他开采矿山。他似乎还为出口组织过生产者（例如在克诺索斯）。第一王朝的法老就曾在西奈半岛开采铜矿和绿松石矿。为诸如此类的目的役使成群的本地人，比从国王本族征集民工花钱要少，并且远远易于控制。

同样，很早的时期俘虏已被用来在大木船上划桨，虽则托尔在《古代船舶》一书中，指出雅典的自由民在伯里克利时代（公元前450年）以前并没有免于这种劳役。君主们还发现利用奴隶进行军事征伐较为便利。他们是无根之人；他们不急于回家，因为他们无家可归。法老曾在努比亚捕捉奴隶，为了组成黑人部队去征伐叙利亚。和这种奴隶部队密切结合的，是雇佣的蛮族部队，他们不是被君主用武力抓来的，而是凭食物和允许进行掠夺的诺言所收买和为需求所迫而来的。随着古代文明的发展，这种雇佣军队越来越多地取代了旧式的从本国人中征集的士兵。奴隶般的伙役劳动在经济制度中越来越成为一个重要的、值得注意的因素。后来伙役奴隶又从开矿山，挖运河，建造城墙扩展到农业耕作。贵族和庙宇也在他们的领地上采用伙役奴隶制度。在某些主要农产品的种植上，大农场上的伙役奴隶开始撵走了耕种小块土地的农奴劳动者。

3 最初的"独立的"人

前面我们从社会结构简单的苏美尔初期城市叙述到公元前最后 1000 年间一些大城市，其中有为数众多的各式各样的种族、传统、教育、职务的人，他们在财富、自由、权威、效用上也不一样。最值得注意的事，是在这形形色色的人群中间，一些我们可以称他们是自由的个人逐渐增多，他们是独立的人，不是僧侣，不是国王，不是官吏，不是农奴或奴隶。工作的压力对他们不大，他们有充裕的时间读书和研讨。这种人是同社会安全和私有财产的发展同时出现的。

计算的方法已有发展。阿拉米人和闪米特商贾这类人的买卖活动促进了借贷和押款的办法。在古代，除了少量动产以外，对土地和房屋的权利几乎就是唯一的财产；后来，人们可以存款放债，可以外出，而归来的时候财产仍可靠地掌握在他手里。在波斯帝国中叶，曾有一个名叫希罗多德的自由的个人，我们之所以对他感兴趣，是因为他是最先持批判的态度、有见识地写历史的人中的一个。他写的书不同于仅仅是僧侣式或宫廷式的编年史。我们值得在此简略地看一下他的生平，以后还将引用他写的历史。

我们曾讲过雅利安族的波斯人在居鲁士率领下于公元前 539 年征服了巴比伦尼亚。我们还提到波斯帝国扩展到了埃及，它在那里的控制是不牢靠的；它也扩张到了小亚细亚。希罗多德于公元前 484 年左右出生在小亚细亚一个名叫哈利卡纳苏斯的希腊城市中，当时这个城市是由波斯人管辖，并处在一个政治暴君的直接统治之下。没有迹象能说明希罗多德是否必须做工以维持生活，或者必须花费许多时间来管理他的财产。关于他的详情，我们并不知道；但在那个外国统治下的希腊小城市里，他显然得到了几乎所有前人用希腊文写的手稿，并进行了阅读和研究。

就我们能推测到的说，他曾自由舒适地周游了希腊的爱琴海地区；他想待在哪里就待在哪里，似乎都有相当过得去的住宿条件；他到过巴比伦和修泽，修泽是波斯人在底格里斯河东岸巴比伦尼亚境内建立的新都。他又沿着黑海海岸旅行，因此积累了相当多的有关斯基台人的知识，斯基台人就是当时分布在南俄罗斯的雅利安人。他去过意大利南部，考察过提尔的古迹，沿着巴勒斯坦海岸航行，在加沙上岸，又在埃及长住过一段时间。他周游埃及各地参观庙宇、石碑，收集资料。我们不但从他本人，而且还从别的证据里了解到，那时已有成群的游客参观古老的庙宇和金字塔（当时已有近 3000 年的历史），并有一种专门的僧侣做向导。观光的人在墙上刻写的文字，直到现在还保留着，其中有许多业已经过考释，加以刊行。

随着他知识的积累，他动念要写一部历史巨著，记述波斯征服希腊的事迹。为了介绍这一段历史，他首先编写了希腊、波斯、亚述、巴比伦尼亚、埃及、斯基提亚的历史情况以及这些国家的地理和人文概况，据说他把书写成以后，为使他在哈利卡纳苏斯的朋友们知道有这本书，就诵读给他们听，但他们并不能赏识；于是他到当时希腊所有城市中最繁华的雅典去，他的著作在那里大受欢迎。他成了一批有才智和有卓见的名人的中心人物；雅典城当局投票通过奖给他10个塔兰特（这笔钱相当于现在的7万美元），以表彰他的学术成就。

我们不打算详谈这位极为有趣的人的事迹，也不打算评论他写的那本絮絮不休、谈奇说怪、引人入胜的历史书。这是一本学者们迟早都要读到的书，因为它充满着光怪陆离的误谬和博斯韦尔式——以亲切敬慕的笔调写时人传记——的魔力。我们在此举出这些细节，只想说明在公元前5世纪时，人类事务中已明显地出现了一个新的因素。读书写字已经越出了寺庙的围墙和宫廷书记的身份。记录也不再限于宫廷和寺庙之内。新出现了一种人，这是些有闲暇和能独立生活的人，他们提出问题、交流知识和见解、发展思想。这样，在军队的行进和帝王的决策之下，在未受教育的和漠不关心的人的一般生活之上，我们看到了今天终于在人类事务中占支配地位的力量，即人类自由知识的开始。

关于自由知识，在下一章谈到爱琴海地区和小亚细亚各城邦的希腊人时，我们将进一步加以论述。

4　3000年前的社会阶级

我们不妨在这里综合前两章的讨论，把2500年至3000年前组成后期巴比伦尼亚及埃及文明的极为复杂的积集人群的主要成分加以分列。这些成分是在五六千年的过程中在世界大河流域发展起来的，它们互相之间的区别也变得明显。它们的心理气质、传统、思想态度在互相影响中发展了。我们今天生活在其中的文明只是在继续进行，在进一步发展、体现和重新安排这些关系。我们就是从这样的一个世界里继承下来的。我们只有在仔细研究了这些关系的起源之后，才能摆脱我们所属的特定阶级的偏见和初念，才能开始理解我们自己时代的社会和政治问题。

（1）首先是僧侣，即庙宇体系，原始文明是以它为核心和指导智力发展起来的。在较晚的时期，它在世界上仍是一个强大的势力，它是知识和传统的宝库，对每一个人的生活都有影响，是把社会结合在一起的凝固力。但它已不再是全能的了，因为它的本质使它成为保守的、不易适应的。它已不能再垄断知识，也不能创始新思想。学问已经渗入到其他受到较少钳制,而能自行思考的人们中去。在寺庙体系里聚集着它的男女僧侣、书记、医生、术士、凡人修士〔居士〕、司库、管理员、指导员等。它拥有庞大的财产,同时往往窖藏巨额的财宝。

(2)从僧侣里产生的同时又是和僧侣相抗衡的,是以国王或"万王之王"为首的宫廷体系。在亚述和巴比伦尼亚晚期,国王是一种军事首领和世俗事务的控制者;在埃及,是个自己摆脱了僧侣控制的神人。在君主的周围,有他的书记、谋士、记录员、事务官、军事首领和警卫。他的许多官吏,特别是他的地方官,各有许多下属机构,而且总是倾向于独立的。古代大河流域文明的贵族就是由宫廷体系产生的。因此,它的起源和古雅利安人的贵族不同,后者是长老和头面人物推选的共和式的贵族。

(3)在社会金字塔的底层是人数众多并且是社会所最必需的一个阶级,就是耕地的人。他们的地位因时代和地区的不同而有所差异;他们或是纳税的自由农民,或是神的农奴,或是国王、贵族或私有者的农奴、佃农;他们向主人缴租,在大多数情况下,赋税和地租是以农产品缴付的。江河流域区的国家的农民,都精于农艺,耕种比较小块的土地,他们为了安全,群居在村落里,全都关心维护灌溉系统和村落生活中的共同感觉。耕种土地是一种严格的职业,季节性强,时不待人,儿童在幼年就能被用来劳动,因此耕种者阶级受的教育一般是很差的,是个俭约劳累的阶级,他们由于无知,对季节变化也不了解而有迷信思想,并且由于消息不灵通而很容易受骗。有时他们也能进行顽强的消极抵抗,但他们除了收成以外,别无可求,有了收成可以免于借债,还可以贮藏防灾。直到现在,欧洲和亚洲大部分地区耕种者的生活情况仍是如此。

埃及农民因无力交税而被捕(金字塔时代)

(4)工匠阶级在起源和性质上,与耕地的人大不相同。起初,他们大概部分是城镇奴隶阶级,部分是有专门技能的农民。然而发展一种工艺及其秘诀,是一种必须先学习然后才能从事的技术,在这个过程中,每一门手艺大概会发展到有一定的独立性和某种同行同业的共同感。工匠们比耕地的人能够更快地聚集在一起讨论他们自己的事情，他们还能组织行会限制产量，保持工价并保护他们的共同利益。

（5）当巴比伦统治者的权力，从原有的土地肥沃的耕作地区扩展到不那么富饶的草原地区时，就出现了牧民阶级。就巴比伦尼亚而论，那些人是游牧的闪米特人，即跟今日的贝都印人相似的贝都印人。他们大概在广大的地区里牧放羊群，就像加利福尼亚州大牧羊场工人的做法差不多。他们所得到的报酬和受到的尊重比耕地的人高得多。

（6）世界上最早的商人是船主，例如提尔人和克诺索斯人；或是一些游牧者，他们携带货物从原始文明的一个地区游动到另一地区进行贸易。在巴比伦和亚述的世界里，大多数的商人是闪米特族的阿拉米人，即近代叙利亚人的祖先。他们成为社会生活中的一个重要因素，并形成了自己的巨大家族。放高利贷的事业主要是在公元前最后1000年里发展起来的。早在苏美尔时代就已有人放高利贷。商人需要贷款，耕种者也需要借款，待收获后偿还。塞斯曾记述过巴比伦的埃吉贝钱庄，那个钱庄开设了几代，迦勒底帝国灭亡后它还存在。

（7）可以假定，小贩阶级是在古帝国的末期随着社会的复杂而产生的，但它大概并不很重要。

（8）独立的有产阶级正在发展。

（9）当生活享受增多时，宫廷、寺庙和财主的私宅里出现了一个家仆阶级，他们是奴隶或解放了的奴隶，或是为家族收养的青年农民。

（10）伙役工人——这些人是战俘、债务奴隶、被强征的人或被放逐的人。

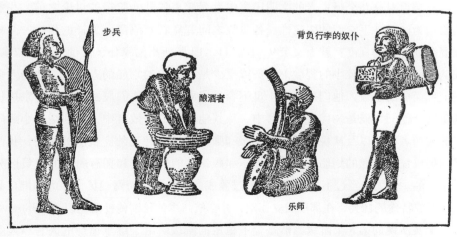

从埃及中产阶级的坟墓中发掘出的古代下层社会人物的小雕像

（11）雇佣兵——这些人也往往是战俘或被强征的人。有时是从尚武精神仍然盛行的友好外国居民中招募来的。

（12）海员。

船夫们的争吵（取自帕塔赫提普之墓——金字塔时代）

我们在讨论近代政治和经济问题时，往往喜谈"劳工"一词。关于劳工的团结及其共同感，也已多有论述。但要注意，我们谈论这几个最古的文明国家的"劳工"时，指的是起源、传统和前景均不相同的五个截然分明的阶级，即上文第3、4、5、9、10各条所指的五个阶级和第12条中的划桨的这一部分人。所谓"劳工的团结"，当我们研究19世纪的机械革命时，就会知道，那是后来产生的一个新的观念，是人类事务中的一个新的希望。

5 阶级凝结成为种姓

在结束对这几个最古老的文明国家中发展起来的社会阶级的讨论之前，我们还要稍为注意一下它们的固定性。各阶级之间究竟相互隔离到怎样的程度？又相互混杂到怎样的程度？就上文第9、10、11、12条所指的家仆、伙役工人和奴隶、成队的士兵以及在较小的程度上船员或至少是船员中的划船的人而论，他们大多是征募而成的阶级，他们并不急于也不容易成立家室，他们显然不是个传宗接代的阶级，他们大概是一代代从战俘中，从其他阶级的失败者中，特别是从小贩阶级的破产者中，以及从耕种者中凭说服和强迫来予以补充的。就船员而论，我们必须把仅仅是普通的划船人与诸如提尔和西顿港的驾驶员和拥有船只的海员区分开来。船主们无疑经过不易分辨的步骤过渡成商人阶级；而驾驶员们在大的港口必定已形成特殊的社会，在那里成立家室，并把航海术的秘密传授给他们的子孙。

上文所说的第8个阶级当然是个不稳定的阶级。由于继承遗产的人、靠人生活的人、寡妇和有钱有势的退休人员等人数的增多，这个阶级的人数便随之不断增多；同时，由于死亡或投机失败和由于财产的分散，这个阶级的人数也就随之不断减少。就印度以西的地区而论，男女僧侣也不是个生殖很繁盛的阶级；许多僧侣是独身者，因此这个阶级也可以算作是个征募而成的阶级。一般说来，家仆也不是生殖繁盛的。他们住在别人的家里，他们没有独立的门户，又不抚养大批家属。由此可见，古代文明社会中真正重要的阶级有：（1）皇室和贵族阶级、官吏、军官等，（2）商人阶级，（3）城镇工匠，（4）耕地的人，（5）牧民。

这几个阶级都有自己的抚育子女的方式，因此他们之间自然或多或少继续地保存一些显著的差别。古代国家没有组织公共的教育，教育主要是家庭的事务（今天印度的许多地区仍然如此），因此，儿子继承父业，并娶熟习于他们家庭生活的女子为妻，是自然的，也是必要的。于是除了在巨大的政治动乱时期以外，各阶级自然而然地继续地保持着隔离的状态；不过并不阻止个别优异的人和不同阶级的人通婚，或由这一阶级进入到另一阶级。穷的贵族会与商人阶级中的富有者结婚；事业心强的牧民、工匠或船员会成为富商。就我们所知，埃及和巴比伦尼亚一般情况就是如此。以前人们曾认为埃及的阶级是固定的，那是由于错误地理解了希罗多德的著作而产生的误解。在埃及，其实只有半神圣的王室，唯一具有排他性的阶级，才是不能和其他阶级通婚的。

在社会体系各环节中，大概都发展排他性，实际上阻止闯入者。例如，各个种族和各个时代具有特殊手艺秘诀的工匠们，都倾向于发展行会组织，以限制他们那种手艺的外传，并禁止与本行会以外的人们通婚。在战争中获胜的民族，特别是当他们的种族在体形上具有显著的差别时，也往往对被征服的民族采取不予接近的态度，发展了一种贵族式的排他性。这种限制自由来往的组织，在所有那些持久的文明国家的历史中，在各种形式中变化无定，但发生作用的自然界限总是存在的，只是有时限制得严格些，有时松弛些而已。雅利安各族一般的趋向是把贵族（patrician）家庭与平民（plebeian）家庭区分开来；其迹象明显地贯穿在今天欧洲的文学和日常生活之中，更受到了门阀家谱学这一门"科学"的十分生动的支持。这个传统即使在今天民主的美国也还活跃。德国是欧洲各国中最严格的，它在中世纪时对这种区分的固定性已有很明确的概念。王侯（他们本身形成一个排他性的阶级，不与地位较低的人通婚）以下有：

（1）骑士——享有门阀纹章的武官和文官的等级，（2和3）市民阶级——商人、航海人员和工匠，（4）农民阶级——耕地的农奴或农夫。

中世纪的德国，和古代各大文明的任何西方继承者一样，趋向于使阶级固定下来。这种观念对讲英语的民族和对讲法语、意大利语的民族都是格格不入的，他们由于一种天性，赞成阶级之间的自由来往。这种排他性的观念首先在上层阶级中产生，并主要是他们所促进的。被排斥的群众立即联合起来反对他们的上层，这正是对这种观念的一种自然的反应，一种理所当然的报复行动。我们在本书的最后几章中将能见到，认为在形形色色被剥夺了权利的群众（马克思主义者的"有阶级觉悟的无产阶级"）与统治者、商人之间必然会发生冲突，并且需要进行冲突，即"阶级战争"的概念，正是在德国首先兴起的。这种思想，德国人比英国人或法国人更易于接受。

不过我们在讲到这种冲突之前，还必须经历很长的一段有许多世纪之久的历史时期。

6　印度的种姓

如果我们的眼光从中亚和大西洋之间世界文明的这一主要发源地转向东方，看看公元前2000年印度社会的发展情况，就会发现某些广泛而非常有趣的差别。这些差别中首先是在阶级形成的过程中出现的阶级固定性，其严格的程度是世界其他地方所没有的。这种阶级固定性，欧洲人称之为种姓制度〔英语的 caste（卡斯特）一词，起源于葡萄牙语的 casta；印度语是 varna（瓦尔那），意思是肤色〕。种姓制度的起源还完全不清楚，不过可以肯定的是，在亚历山大大帝时代之前，它在恒河流域已根深蒂固了。种姓制度将社会结构横分为复杂的几个阶级或种姓，各种姓的成员不准与较低级种姓的人共餐，也不能通婚，否则要受到惩罚，成为被逐出种姓的人，忽略或亵渎了宗教仪式的人也可能"失去种姓"。一个人如果失去了种姓，并不是降到较低一级的种姓，而是成为被逐出种姓的人。

每个种姓又有许多区分，非常复杂，其中有许多实际上是行业组织。每个种姓都有它的地方组织，维持纪律，分配各种慈善布施，照顾本种姓的贫苦人，保护其成员的公共利益，并检验从外地新来的人的凭证（很少有办法能防止一个旅行的印度教徒冒充较高的种姓）。最初的四个主要种姓似乎是：

婆罗门——僧侣和教师；刹帝利——武士；吠舍——牧民、放债者、商人和地主；首陀罗。此外，还有不列入种姓的帕里阿〔贱民〕。

但这种最初的划分早已变得非常复杂了，因为每个种姓后来又各自划分为许多小种姓，都是排他性的，各自把成员约束在一定的生活方式之内和在一群伙伴之中。在孟加拉，刹帝利和吠舍大部分都已经消失……但这问题太复杂了，我们无法在此详细讨论。

除了这种离奇的社会分裂和错综复杂的社会关系之外，我们还应注意到，婆罗门，即印度世界的僧侣和教师，与大多数西方的僧侣制不同，是一个可以结婚生子的排他性的阶级，它不从任何其他社会阶层吸收成员。

无论印度形成这种广泛的阶级固定的最初原因是什么，不容否认婆罗门起了传统的保管者和使人民支持传统的唯一教育者的作用。有人认为这四个最初的种姓中的前三个，又称"再生"种姓，是印度的征服者吠陀时代雅利安人的后裔，他们建立这样严格的隔离制度，是要防止同被征服的首陀罗和贱民发生种族混合。首陀罗是在雅利安人进入印度之前从北方来的征服者，贱民则是印度原有的达罗毗荼族居民。但这种推测并没有得到普遍的承认，看来，很可能是恒河流域许多世纪长期刻板不变的生活条件，使阶级差别固定了下来，在西方较广阔的世界里，生活条件千变万化，从来就没有这样固定不变的界限。

不论种姓是如何兴起的，印度人的思想受到了它极大的束缚则是不容怀疑的。公元前6世纪，佛教兴起，佛教的伟大教师乔达摩宣称："流入恒河的四水一旦在圣河中混合，就失去了它们的名字，同样，一切信奉佛陀的人也不再有婆罗门、刹帝利、吠舍和首陀罗的区别。"他的教义在印度盛行了几个世纪，并传到了中国、日本、缅甸、斯里兰卡；在今天已成了很大一部分人信奉的宗教，但佛教终于被有生命力的、固执的婆罗门及其种姓观念所击败，并被摈逐于印度人的生活之外。

7　中国的官吏制度

在中国，我们见到一个社会体系沿着另一条与印度和西方文明所遵循的不同而只在大体上平行的路线进行着。中国文明比起印度教文明更是以和平为目的而组织的，武士在社会体制中所起的作用很小。同印度文明一样，中国的领导阶级是一个知识阶级；作为僧侣不及婆罗门，作为官吏则过于婆罗门。但与婆罗门不同，官员是中国的读书人，不是一个种姓，因为官吏不是靠出身，而是靠教育；官吏是通过教育和考试从社会各阶级里选拔出来的，官吏的儿子没有规定的继承父亲职位的权利。这些差别产生的一个后果是，印度的婆罗门作为一个阶级，连自己的圣书都不了解，思想怠惰，但又狂妄自大；而中国的官员却具有从刻苦的脑力劳动中获得的精力。但是，他所受的教育几乎全部是对中国古典文学进行学究式的学习，因此他的影响几乎完全是保守的。亚历山大大帝时代以前，中国已经形成了它的一套社会体系，直到1900年它还在这条路上迈步。入侵者来来去去，朝代不断更换，但这黄种文明的生活常规却几乎没有任何变化。

中国传统的社会体系承认在天子之下有四个主要阶级：

（1）士，识字的阶级，部分相当于西方世界的官吏，部分相当于西方世界的教师和牧师。在孔子时代，士的教育包括射和御，加上礼、乐、书、数，共称"六艺"。

（2）农，土地的耕种者。

（3）工，工匠。

（4）商，做买卖的阶级。

自古以来，中国人的办法总是把一个人的所有田产分给他所有的儿子，中国历史上从来没有任何像其他大多数国家那样把土地出租给佃户的大土地所有者阶级。中国的土地总是分割为小块的家业，主要由各家保有，精耕细作。在中国也有地主，他们拥有一块或几块耕地，出租给佃户，但是没有规模很大的和永久的地产。如果一小块田地一分再分，小到不足以维持一个人的生活时，它就被卖给某个富有的邻人，原来的所有者流入某一个大市镇里，加入那里的挣工资的工人群众。在中国，很多世纪以来，就存在着大量的市镇人口，他们几乎毫无财产，既不是农奴，又不是奴隶，但由于极端贫穷，靠每天做工才能过活。中国政府所需要的士兵就是从这伙人中间招募的，开运河、筑城墙等工程所需的伙役劳工也是从这伙人中招来的。战俘和奴隶阶级在中国历史中所起的作用，比公元前同时期在任何西方国家中所起的作用都要小些。

由此可见，有一件事对这三大地区社会结构的发展来说是共同的，即古代的君主或平民在开始能够读书，从而能够独立思考之前，受教育的阶级所行使的权力是极大的。在印度，婆罗门这个受教育的阶级由于有排他性，所以直到今天还保持着他们的势力；高踞在中国群众之上的亦士亦官的制度，由于文字繁难，沿着一条完全不同的路线和一直流行至今。在复杂多事的西方世界，种族和传统的差异推迟了，也许永远阻碍了社会上特别有知识的分子组织成一个与此平行的阶级优势。在西方世界，前面已经说过，教育早已"溢出了"和被吸出了任何一个特定阶级的控制，它已越出了种姓、僧侣制和各种传统的局限，成为社会共同的一般生活。写字读书，也已简化到不再是使人崇拜或神秘的事情了。也许是由于中国汉字特别复杂难学，而不是由于种族的差别，同样的事情在中国却没有发生到相似的程度。

8 近1万年的梗概

在前六章中，我们扼要地追溯了1万年或1.2万年——也就是大约三四百代人的时间——的整个历程；经过这个历程，人类不再是稀疏地分布在地球温暖地区的人数稀少、忍饥挨饿、东游西荡、相当不合群的动物，而成为稠密地拥挤在条件较优地区的旧世界为数众多的构成社会的人了。辛苦的劳动开始了，奴役和安全也就开始了。在这个时期，人类经过了新石器时代初期的农业阶段，以兽皮为衣的原始家族部落用石镰收割野生饲料和带着谷子的草，贮藏在粗陋的泥棚里，到了公元前4世纪的时候，地中海周围沿岸，尼罗河流域，直到亚洲的印度以及中国广大的江河冲积区，已遍布着人类耕种的田地、繁忙的城市、高大的庙宇和来来往往的商业。排桨帆船和三角帆船出入于拥挤的港湾，经常小心谨慎地在海岬之间，以及在海岬和岛屿之间，靠近陆地行驶。埃及人拥有的腓尼基商船曾穿过东印度群岛，也许还到过太平洋。我们有非洲南部布须曼人的岩石绘画，画着一些戴头饰的白种人，这头饰在亚述曾一度流行过，在北欧也曾见过，但不是非洲当地的型式。商队千辛万苦地越过非洲和阿拉伯的沙漠，通过突厥斯坦，到远方去进行贸易；从中国来的丝绸，从非洲中部来的象牙，从不列颠来的锡，源源不断运到这个世界新生活的中心。大马士革已能制造锦缎和"大马士革"钢。人类已学会纺织精美的亚麻布和绚丽的彩色毛织品，已能漂白和染色；已有了铁，还有了铜、青铜、白银和黄金；已能制造极其美丽的陶器和瓷器。他们几乎已能发现、剖割和琢磨世界上一切种类的宝石；他们已能读书写字，改变河道，筑金字塔，还能建造长达1000英里的长城。所有这些成就都是在大约100个世纪中取得的，与一个人70年的生命相比，1万年似乎是很长的一段时间，但与地质年代的长度相比，则完全微不足道了。从亚历山大时代建筑城市时往后推算，上溯到最古老的石器时，即上新世钩喙状石器的时代，这段时间足有1万年的100倍。

在本文中，我们借助于地图、数字和年表，试图表示出人类在这些多事的世纪里发展的次序和轮廓，勾画出一个恰如其分的观念。我们所做的只是一个大纲。我们只提到了少数几个人的名字，虽然从现在起提到的人名一定会增多的。但我们在这里画的少数几张图表所表达的本《史纲》的内容，一定能激发起读者的想象。如果我们观察得更细致些，那么，就能见到60个世纪以来，人们的生活方式越到后来越类似于我们自己的生活方式。前面已经叙述过，旧石器时代身涂

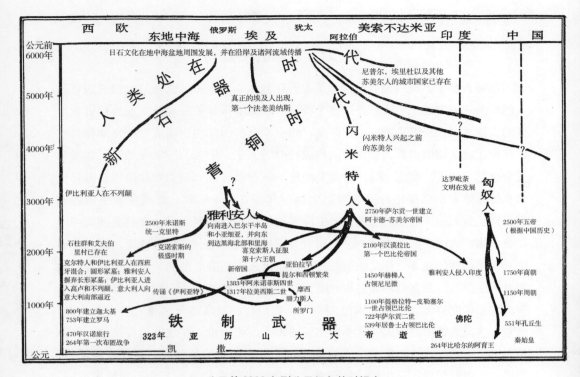

公元前6000年到公元纪年的时间表

彩纹的野蛮人怎样被新石器时代的耕种者所代替，这种类型的人在现今世界的落后地区还能见到。我们曾提供一幅画着苏美尔士兵的图画，那是从远在闪米特族的萨尔贡一世征服苏美尔之前早就树立的石刻上临摹下来的。某个棕色皮肤的人一天又一天地忙于雕刻那些形象，在他雕刻的时候，一定还吹着口哨。在那些日子里，埃及三角洲的平原上，到处是一群群肤色黝黑的工人，他们正在卸下从尼罗河上游运来的石头，为通向当时的金字塔增加一条新的跑道。人们从当时的历史情景可以描绘出无数的图画：埃及的某些叫卖的小贩在貌美钱多的贵妇人面前展开他的商品，兜售巴比伦式的外衣；底比斯庙宇的节日，各种各样的人群拥挤在庙门之间；一群兴奋的、黑眼珠的克里特人观众，就像现在的西班牙人一样，观看斗牛，斗牛士跟现代的完全一样，也穿着长裤，紧扎腰带；儿童们在学习楔形文字（在尼普尔，已发现一个学校用的黏土习字瓦片）；一个女人因丈夫卧病在家，急忙去到迦太基的一个大神庙里许愿，祈求他的康复。

或者也许是一个未开化的希腊人，穿着兽皮，手执青铜的斧钺，一动不动地站在伊利里亚的一座山头，惊诧地初次见到克里特的排桨帆船像一条巨大的昆虫横爬过亚得里亚海的紫晶镜面。他回家向他乡人讲述关于这个怪物的奇谈；布莱鲁斯［百手巨人］和他的100只手臂。200多个世代中一代一代的千百万桩细事就是这样一针一线地织成了历史。但是除非它们出现重要的线缝或接合处，我们现在就不能停下来对任何一针一线都加以研究了。

9　古代世界的雕刻和绘画

这部《史纲》以下三编的主要内容是讲西方世界里雅利安人和闪米特人1000年的相互斗争和相互影响，不过在这之前，我们要用两小节来对人们生活中出现的有意识地寻求美感作一简略的记述。前两编谈到了人类如何从一种游动的、为数很少的动物上升到为数众多、辛劳的然而是有保障的、有更丰富的文明生活的人。对于少数幸运者来说，文明意味着精力的巨大解放；对所有的人来说，文明意味着免于急迫的劳作和需要。解放出来的精力，能使"玩耍"延长到成年人的生活中去，到有意识的寻求欢乐中去。人们不必再用全部时间来寻找食物和住所。他们向美抬起了双眼。即使尼安德特人这种动物也并不全然是个禽兽。它收集贝壳、奇异的石头和诸如此类的稀奇东西挂在身上，看来也许是为了娱乐和装饰。

我们曾指出，旧石器时代晚期有大量的绘画和雕刻。那些东西是为了娱乐的。无疑，它们还有一种巫术的意义，那是不可避免的。人类的天性中有一种无法克服的倾向，就是要使每件东西都担负上私人的意义。直到今天，有些人还觉得某种宝石或装饰品会给人带来幸运或不幸。无疑旧石器时代的人也认为画了某种动物，在猎取那种动物时就会得到顺利的结果。不过他们刻的小雕像有一些明显地是为了好玩逗趣的。有些人特别强调这样一个事实，即旧石器时代遗留下来的绘画，大部分都是在黑暗的山洞里和偏僻的角落里。但这些东西可能只是古代的人们刻画在当时树干和岩石上的装饰保留下来的很小一部分。暴露在外的，几年之后自然就毁掉了。

旧石器时代晚期的人会绘画和雕刻；他们还会跳舞，这可以从他们的图画中得到证明，他们的舞蹈中似乎包含着有节奏的叫喊和打击。这些是美术和音乐的初步因素。不过，他们建造的窝棚以及新石器时代初期的人盖的茅屋和洞穴，完全是实用的；只是在文明开始萌芽，人口已达到相当数量时，神龛和头人的茅屋才不仅仅是住人的地方，这时有意识的建筑才开始出现。人们逐渐感到，一座建筑物可能具有威严和神秘的气氛，使人对它的庄严和华丽留下深刻的印象。

石器时代的人在营造上所做出的最大努力，也许就是埋葬大人物的冢墓。冢墓的中央，通常总是一间用大石块叠架而成的墓室，然后用泥土或泥砖围了起来。埃及的巨大的金字塔，那些粗俗的庞然大物，实际上是些大石墓。英格兰的西尔伯里土岗是一个泥土堆成的金字塔。这些堆积的方位是很精确的；埃及的金字塔花费了巨大的群众力量，也表现了相当高明的力学上的技巧；但这些大坟堆却几乎说不上是什么建筑。

美索不达米亚地区和尼罗河流域的建筑师开始彼此都不很了解对方的活动，彼此间也很少或没有什么影响。他们双方最初的建筑形式都是决定于晒干的泥砖和木料的特点。然而苏美尔人没有石料可以利用；另一方面埃及人却在附近就有大量的各种各样的石料，容易开采，也容易运到尼罗河。晒干的泥砖是会缩小的，因此墙的基底必须逐渐放宽，苏美尔—巴比伦和埃及的建筑物的外墙均呈斜面，使它特具庄严坚固的气派。内部通道很窄狭，因为当时还没有解决支架屋顶的困难。苏美尔的重要建筑物都呈"曲折线条的塔"形，这在后来一直是这个地区的特点。塔形建筑是多层的，每一层都比下面一层窄小些，四周是阳台，并有梯级。软砖的表面盖着瓦和经过焙烧的较硬的砖。现在从这个地区发掘出来的遗物只是一些断瓦残垣，原来往往是有七八层的建筑物。在美索不达米亚早期的建筑中，极少或从来没有大柱子——因为没有合适的材料——堂屋一般似乎是圆顶，但不用拱形结构，而是由那厚实的墙的每一层的砖都比下面一层向里多伸出一些而盖成的。不过，在乌尔和渴石的苏美尔人的建筑物中，有用砖砌成的粗大的柱子。扶壁和用砖嵌成的镶板具有装饰的作用。灰泥和赤土陶瓦在装饰方面起的作用很大。石料见于洞穴板壁和类似的特殊用途。我们只是在研究亚述的建筑时，才进入了石料的领域，那里的建筑物开始用石头建造，还随意地用石头作装饰。只是在公元前2千年埃及的交通发达起来以后，幼发拉底—底格里斯流域才有大石柱。

埃及的建筑从没有产生过多层塔形的大厦。除了金字塔、方尖形的石碑和塔门以外，埃及的建筑都是宽阔低矮的。石头起初是作为木材的替代物而出现，石制的门楣和横梁代替了木制的，式样仍同木制的一样。木制的支柱让位给了石制圆柱。不久以后，在这种圆柱上画上了人和动物的形象，或刻成浮雕。有一座古庙，即同时期的金字塔附近的斯芬克斯神庙，大部分是在一整块原有的岩石上凿出来的。这个庙没有圆柱。圆柱和柱廊在第十二王朝前后才开始出现。

埃及式建筑的黄金时代是在第十八王朝。底比斯的数量众多的庙宇都是在那个时期建造的。第十九王朝也是建筑工人的一个伟大的朝代。

在这两个文化中心，雕刻和绘画起初都完全附属于建筑这项主要艺术。雕刻是以浮雕和塔门上的雕刻开始的；绘画，是为涂饰护墙板上和覆盖空白的墙壁。

由于埃及气候干燥，大量优美的画面都得以保存下来，那些画表现了埃及人日常生活的各个方面，显示了当时埃及人的思想和想象力。亚述和巴比伦的记录比较起来则少得多。

爱琴海地区的建筑有它独有的特性，但总的说来，在精神上和埃及的相似，而和巴比伦的不同。这里很早就采用了大圆柱，但建筑物的底层图样的安排错综复杂，与埃及的或巴比伦的都很不一样。壁画和镶嵌技术均已达到很高的水平。

当这三种重要的艺术发展的时候，这几个文明中心地区还大量出产经过雕琢的宝石、金饰和其他金属的工艺品、小雕像、模型和诸如此类的小玩艺和装饰品、凳子、床、宝座和式样大方的家具等。木刻和象牙雕都很优美。克里特的特产是精美的金工和陶器。克里特的花瓶盛销于古代的东方各地。

10　古代世界的文学、戏剧和音乐

在古代文明中，富于想象力的文学和音乐似乎没有得到有形象的艺术那样高度的发展。自从有了语言以后，讲述故事就成了人类生活中一件重要而生动的事情。两三个妇女，无论是哪个种族的，她们在一起聊天，就包含了散文文学的最重要因素、语法的妙用、创造性的想象和生动的性格刻画。梦，往往是离奇险怪的，并体现了对原始社会必有的遏制的反应，给古代故事提供了一种奇妙的成分。除了在最冷淡、最拘谨的人中之外，这些故事常常以演剧般的姿势和穿插停顿发挥表达出来。从很古的时候起，人们就定期进行叙事性的舞蹈来纪念某些大事件和表现某些大场面的过程，在舞蹈的时候，说白、吟唱、模仿、节奏的动作和器乐的声音难解难分地交织在一起。

在文明发生之前，人类生活中已经有了这些事情；在古代文明地区，当定期的庆祝活动已上升成为庙宇的典礼时，喜闻乐见的故事和短剧、朴素的舞蹈，无疑仍在普通老百姓中继续流传。虽然僧侣们采用了各种各样传说的纲目，例如创造天地万物的故事，并且把许多原始的寓言扩展成为复杂的神话，但他们似乎并没有把它们投进华丽词藻的模型里去加以铸炼。主要的还是看戏。无论在埃及还是在巴比伦尼亚，这类戏剧作为戏剧都没有什么重大的发展。也许农民有他们自己的戏，但没有引起别人的注意。爱琴海地区各族民间戏剧可能的发展情况，我们还了解得不够，尚难讨论。也许他们没有戏剧。他们却有一种表演具有更残酷更紧张的趣味。斗牛是他们的共同娱乐。与他们大概有血缘关系的伊特剌斯坎人，用屠杀奴隶和观看俘虏为了活命而互相搏斗作为娱乐，欧洲人到达前的美洲文明也是如此。

本书作者在这些古老的文明里，甚至在其乡村生活里，未能发现任何有关以讲故事或吟唱故事为职业的人的记录。直到写作技巧发展之前，如果没有专职记事的人，文艺是不可能发展的。人们偶尔会妙语横生，但没有记录下来发展成为文学手法和传统。最古的埃及文字似乎除了咒语，就是医药处方、道德格言和简朴的记录。埃及人和苏美尔人把一切认为当然的竟到了一个奇怪的地步，他们在童年以后就极少沉湎于奇迹或冒险的美梦。他们是单纯、实干的人民。即使对于死，埃及人也是异乎寻常地讲求实际的。他们很细心周到地埋葬死人。埃及最伟大的故事名叫《死人书》，讲的是人死以后灵魂到俄赛利斯那里去时旅途中发生的事情。这个故事有上百种讲法，它是一种简单的、劝人为善的故事，不是形而上学的关于阴间世界的旅行指南。

犹太人此时还在编写他们的书，世界上第一本具有威力的书，就是《圣经》，它促使古代闪米特族世界许多被粉碎的成分结合了起来，这一点以后还会谈到。雅利安人在他们森林地区里吟诵，但他们还不会写字，不能把歌手们的传述和赞歌记录下来。

在整个古代世界里，音乐从没有独立地自成一种艺术，它总是附属于吟诵或舞蹈。古代音乐有节奏，有曲调，但没有和声。人们以大体一致的声音呼叫、敲打或吹奏。妇女和青年人唱声比男子的高一音阶。用踏脚、拍手和原始的鼓声来相互协助。犹太人和希腊人的音乐直到基督纪元开始时也是这样的。阿拉伯的音乐至今还没有和声。他们的音乐由有节奏的韵律构成，但曲调相当单调。嗓音、弦、铙钹都随着手鼓的有规律的响动同时发声。这大概就是埃及和巴比伦音乐完整的遗存。

古代文明的绘画和雕刻所显示的音乐演奏的景象正是这样。鼓的形式有很多种，小手鼓或铃鼓的式样也不尽相同。铙钹的相击见于亚述的浮雕；而埃及的手鼓会发出刺耳的低沉的声音。还有笛子、双管笛、六孔短笛和口琴，还有号角和金属喇叭，那是只在乐曲高潮时才吹出很大声响的一种简单喇叭。最后，从新石器时代的弓演变出了许多弦乐器，演奏者用手指或拨子弹弦。有七弦琴、竖琴、萨特里琴、琵琶和洋琴。琵琶有一个能增大弦音的葫芦形共鸣器，曼陀林琴也是如此。班卓琴是仿照琵琶制成的，较小，也较粗俗。竖琴也许是古代最大且发展得最好的一种乐器。洋琴是一种横卧式的弦乐器。

正如古代世界的文学由于文字不完善而不能充分发展一样，音乐的发展也由于缺乏实际可行的记谱法而受到了限制。那时人类的听觉及想象力和现在是一样的，但他们无法掌握乐曲的主题，也不能将他们的成就作为新的起点留给他们的接班人。

第四编
犹太、希腊和印度

婚宴上大家喝了很多酒，新娘的父亲阿塔罗斯"喝醉了"，流露出一般人对奥林匹阿斯和埃皮鲁斯所抱有的敌意，他说他希望这个婚姻将产生一个孩子，使他们能有一个真正马其顿血统的继承人。亚历山大受了这个侮辱，大声喊道："那么，我是个什么人呢？"说着就把酒杯向阿塔罗斯掷去。据普卢塔克说，菲力浦大怒，站起，拔出剑来，却踉跄地跌了一跤。亚历山大在愤怒和忌妒之下，竟嘲笑和侮辱了他的父亲。

他说："马其顿人哪！看这个想从欧洲到亚洲去的将军吧！怎么啦，他连从一张桌子到另一张桌子也走不到！"

那个趴卧在地上的人，那些涨得通红的脸，那个孩子愤怒的喊声，情景历历在目！第二天，亚历山大同他的母亲就走了——菲力浦并没有挽留他们。奥林匹阿斯回到了埃皮鲁斯的娘家，亚历山大去了伊利里亚。后来菲力浦把他劝了回来。

第十八章 希伯来圣书经文和先知

1 以色列人在历史上的地位

我们现在能够对以色列人以及世界古代文件中最值得注意的那部文件汇编在这部人类历史的大纲里所占的恰当位置加以说明了。所有信基督教的民族都称这部文件汇编为《旧约全书》。在这些文件中我们得到了对文明的发展饶有兴趣、极有价值的启发,得到了当埃及和亚述在人类世界中为争霸而斗争时,人类历史中兴起的一种新精神的极为清晰的提示。

至迟到公元前100年,组成《旧约》的各书一定已经存在,并且与它现在的形式基本相同。亚历山大大帝时代(公元前330年),其中大部分大概已被公认为神圣文件了。它们是犹太民族的圣书。犹太人除了少数残余的平民以外,曾于公元前587年被迦勒底人尼布甲尼撒二世从他们的本国放逐到了巴比伦尼亚。后来他们在居鲁士的保护下,回到了故城耶路撒冷,并在那里重建了神庙。我们在前面曾经指出,居鲁士就是于公元前539年推翻巴比伦最后一个迦勒底统治者那波尼德的波斯征服者。犹太人被囚禁于巴比伦尼亚约50年,许多史学权威认为在此期间他们在种族和思想上同巴比伦人有相当大的混杂。

犹太及其首府耶路撒冷的地理位置很特殊。这个国家是一带形的长条,西边是地中海,东边是约旦河彼岸的沙漠;有一条天然的大道贯穿这个国家,北通赫梯、叙利亚、亚述和巴比伦尼亚,南达埃及。因此它在历史上注定是个多事之邦。埃及和任何崛起于北方的强国为争雄称帝而战时要取道于这个地方,为夺取通商要道而战时,要侵犯这里的人民。它之所以重要并不在于它领域的大小,并不在于它农业的潜力,也不在于它矿藏的富饶。这些圣书经文中所保存的犹太民族的故事,似乎可说是对南北两个文明系统及西边沿海诸民族更广泛的历史的注释。

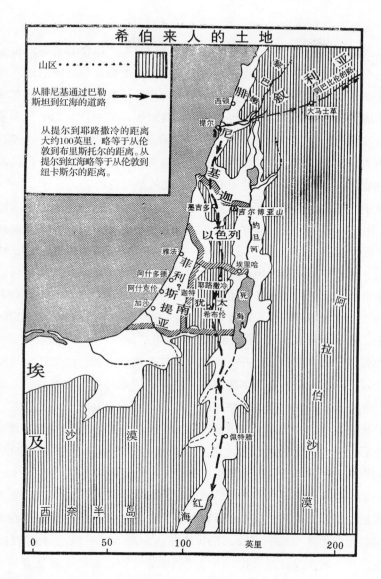

　　这些圣书经文包含许多不同的要素。《旧约》的开首五卷,即《摩西五经》,早时特别受到崇敬。它以讲述宇宙史的形式开始,兼述世界和人类的创始,人类初期的生活,以及除了少数人得以幸免而外,人类尽被淹灭的一次大洪水。这个洪水故事在古老的传统里传播得很广,可能是对人类新石器时代所发生的洪水灌入地中海区域的回忆;也可能是对格鲁吉亚和里海地区发生的某个大灾难的回想。近代发掘表明,在犹太人归国之前,早已有了创世和洪水两个故事的巴比伦文本;因此,有些《圣经》评注家认为,开始的几章,即《创世记》的前十章,是犹太人在被囚禁时得来的。

接着谈的是希伯来民族的祖先和创建者亚伯拉罕、以撒和雅各的历史。他们被描写为父权家长制的贝都因式酋长，在巴比伦尼亚和埃及之间的地方过着牧羊人的生活。评注家认为现存《圣经》中关于此事的记载，是由早已存在的几种说法编辑而成的；但不论其起源如何，这个记载以现存的来说，的确充满了色彩和生气。现在称为巴勒斯坦的那个地方，那时称为迦南，居民是闪米特族的一支，称为迦南人；他们与建立提尔和西顿的腓尼基人，与攻占巴比伦并在汉谟拉比的领导下建立第一个巴比伦帝国的亚摩利人，血统是很近的。

当亚伯拉罕的牛羊经过此地时——也许与汉谟拉比同时——迦南人已是定居的民族。如《圣经》所述，亚伯拉罕的上帝许诺将这块有繁荣城市的美地赐给他和他的子孙。阅读《创世记》，必然可以见到亚伯拉罕因为没有子女，对此许诺很是怀疑，也不信后来会生出以实玛利和以撒。在《创世记》里，还可以见到以撒和后来改名为以色列的雅各的生平，和以色列的 12 个儿子的传略，以及他们怎样在大饥荒的日子里到埃及去的故事。《摩西五经》的第一卷《创世记》，就以此结束。第二卷《出埃及记》，是关于摩西的故事。

以色列的子孙在埃及居留并受到奴役的故事很难考证。法老拉美西斯二世所写的一个埃及记录里记着在哥审地方有一块某种闪米特人的居留地，并说他们是由于饥荒才来到埃及的。但关于摩西的生活和事迹，埃及记录毫无记述；也没有任何有关埃及发生瘟疫或某个法老在红海被淹死的记载。摩西的故事具有很浓厚的神话色彩，其中最显著的事件之一，就是他的母亲把他藏在蒲草箱里这件事，这事也发现在一个古苏美尔的传说中。

苏美尔传说中关于萨尔贡一世的故事是这样的："我是阿卡德的强大的萨尔贡王，我的母亲是个穷人，我不知道我的父亲是谁；我父亲的兄弟住在山里……我母亲很贫苦，她秘密地生了我，把我放在一个芦苇篮子里，用沥青涂闭篮口，把我抛在河里，河水没有淹灭我，河水把我漂走，把我带给了灌溉者阿基。灌溉者阿基善心地接收了我。灌溉者阿基将我抚养到童年。灌溉者阿基使我成了园丁。我作为一个园丁的工作博得伊什塔尔的喜悦，于是我成了王。"

这是令人费解的。更费解的是发现了迦南的一个城市的埃及长官们写给法老阿米诺菲斯四世的一块陶板，它明显地提到希伯来人这个名称，并声称他们正在蹂躏迦南。阿米诺菲斯四世在第十八王朝执政，早于拉美西斯二世。显然，如果希伯来人在第十八王朝时正在征服迦南，他们不会在征服迦南之前，就成了第十九王朝的拉美西斯二世的俘虏并且受到压迫。然而很可以理解的是，《出埃及记》

的故事是在事件发生后很久才写成的,它实际描述的是一段时间很长,过程也很复杂的部落侵略史,因此可能有许多浓缩和简化,也许还有人格化和象征化。希伯来的某一部落或许流落到了埃及并且成为奴隶,而别的部落已经在向迦南边境城市进行攻击。甚至他们被囚的地方也可能不是埃及(希伯来文是 Misraim,米斯雷姆),而是在红海对岸阿拉伯北部的米斯林(Misrim)。这些问题在《圣经百科全书》中(见"摩西"和"出埃及记"两条)有详细的论述,对此有兴趣的读者可以参考。

《摩西五经》中的另两卷,《申命记》和《利未记》,谈的是法律和教规。《民数记》是谈以色列人在沙漠中漂泊的情况以及他们入侵迦南的事迹。

希伯来人入侵迦南的确切细节姑且不论,他们入侵的这个地方自从许多世纪以前神话性的许诺给亚伯拉罕的子孙之后,已经发生了很大的变化,则是毫无疑问的。当时这地方大部分似乎是闪米特人的土地,有许多繁荣的贸易城市。但是,异族入侵的巨浪曾经冲洗了这一带的海岸。我们已叙述过,意大利和希腊的肤色黝黑的伊比利亚或地中海各族,即在克诺索斯把爱琴文明发展到最高峰的各族,遭到操雅利安语的种族诸如意大利人和希腊人从北往南侵袭的情况,也曾谈过克诺索斯在公元前1400年前后遭到的劫掠,并在公元前1000年前后被彻底摧毁的情况。现在已经清楚,爱琴海沿岸港口的人民纷纷渡海,寻求比较安全的大陆居处。他们侵入了埃及三角洲,并往西侵略了非洲海岸,他们同赫梯人以及其他雅利安族或雅利安化的种族结成了联盟。

这是发生在拉美西斯二世以后的拉美西斯三世时代。埃及碑文记载过多次大海战,以及这些人沿着巴勒斯坦海岸向埃及的进军。他们的运输是用雅利安部落特有的牛车,可见这些克里特人是同某些早先入侵的雅利安人联合行动的。公元前1300年至公元前1000年之间的这些冲突至今还没有连贯的记载,但从《圣经》的叙述里可以知道当希伯来人在约书亚的率领下逐渐征服他们的上帝许给的土地时,他们碰上了一个新的民族,即非利士人。非利士人定居在沿海的一系列城市里,其中主要的是加沙、迦特、阿什多德、阿什克伦和以革伦。非利士人真的和希伯来人一样,也是新来的,他们大概主要是从海上和从北方来的克里特人。因此,希伯来人以攻击迦南人开始的这次入侵,很快地就变成了同强大得多的新来的人即非利士人之间,为争夺他们渴望的上帝许给的土地的一场旷日持久但不很成功的斗争。

并不能说这块上帝许给的土地曾经完全被希伯来人控制过。《圣经》中《摩西五经》之后是《约书亚记》、《士师记》、《路得记》、《撒母耳记》上下、

《列王记》上下，还有《历代志》，它所叙述的事情有许多与《撒母耳记》下和《列王记》相同，只是略有变动而已。在这段较后的历史记载中，大部分的叙事都逐渐符合于实际的情况。我们从这几部书中，可以知道非利士人牢固地占有着南部肥沃的低地，而迦南人和腓尼基人则在北部抵御着以色列人。约书亚初期的一些胜利并未重复。《士师记》是一系列忧郁的失败目录。以色列人悲观失望。他们抛弃了他们信奉的神耶和华，改而崇拜巴力和亚斯他录（即柏儿和伊什塔尔）。他们同非利士人、赫梯人以及其他种族的人通婚，他们后来也常常如此，因此他们成了一个人种混杂的民族。他们在一系列贤人和英雄的率领下，与敌人进行战争，但从未团结一致，多以失败而告终。后来希伯来人相继被摩押人、迦南人、米太人和非利士人所征服。关于这些冲突的故事，关于基甸、参孙以及曾在希伯来人陷入危难时给予他们一线希望的其他英雄们的故事，都见于《士师记》。《撒母耳记》上则记载了以利做士师时，以色列人在厄柏泥则遭到的大失败。

这是一次真正的对阵战，以色列人损失了3万（！）人。他们先前曾遭到一次挫折，损失了4000人，于是这一次抬出了他们最神圣的象征——上帝的约柜。

> 耶和华的约柜到了营中，以色列众人就大声欢呼，地便震动。非利士人听见欢呼的声音，就说，"在希伯来人营里大声欢呼，是甚么缘故呢？"随后就知道耶和华的约柜到了营中。非利士人就惧怕起来，说："有神到了他们营中。"又说："我们有祸了，向来不曾有这样的事。我们有祸了，谁能救我们脱离这些大能之神的手呢？从前在旷野用各种灾殃击打埃及人的，就是这些神。非利士人哪，你们要刚强，要做大丈夫，免得做希伯来人的奴仆，如同他们做你们的奴仆一样。你们要做大丈夫与他们争战。"

于是腓利斯人投入战斗，英勇作战。

> 以色列人打败了，各向各家奔逃，被杀的人甚多，以色列的步兵仆倒了3万。上帝的约柜被掳去；以利的两个儿子何弗尼、非尼哈也都被杀了。
>
> 当日有一个便雅悯人从阵上逃跑，衣服撕裂，头蒙灰尘，来到示罗。到了的时候，以利正在道旁坐在自己的位上观望，为上帝的约柜心里担忧。那人进城报信，合城的人就都呼喊起来。以利听见呼喊的声音就问，"这喧嚷是什么缘故呢？"那人急忙来报信给以利。那时以利98岁了，眼目发直，不能看见。那人对以利说："我是从阵上来的，今日我从阵上逃回。"以利说：

"我儿,事情怎样?"报信的回答说:"以色列人在非利士人面前逃跑,民中被杀的甚多,你的两个儿子何弗尼、非尼哈也都死了,并且上帝的约柜被掳去。"他一提上帝的约柜,以利就从他的位子上往后跌倒,在门旁折断颈项而死;因为他年纪老迈,身体沉重。以利做以色列的士师40年。

以利的儿妇,非尼哈的妻,怀孕将到产期;她听见上帝的约柜被掳去,公公和丈夫都死了,就猛然疼痛,曲身生产。将要死的时候,旁边站着的妇人们对她说,"不要怕,你生了男孩子了。"她却不回答,也不放在心上。她给孩子起名叫以迦博(意思是:"荣耀在哪里呢?"),说,"荣耀离开以色列了",这是因上帝的约柜被掳去,又因她公公和丈夫都死了。(《撒母耳记》上第四章)

继任以利的职务并成为最后一名士师的,是撒母耳,在他统治的末期,以色列历史中发生了一件事,这件事与它周围远近诸国的经历相类似,同时也正是那些国家的经历所促成的,一个王兴起了。有一段记录生动地叙述了人类事务中较古的僧权统治与较新的制度之间的常见的争执。我们在此不得不再一次引用原文。祭司的仇恨心理在耶和华对撒母耳说的话中表现得何等明显!

以色列的长老都聚集,来到拉玛见撒母耳,对他说:"你年纪老迈了,你儿子不行你的道,现在求你为我们立一个王治理我们,像列国一样。"

撒母耳不喜悦他们说"立一个王治理我们"。他就祷告耶和华。耶和华对撒母耳说:"百姓向你说的一切话,你只管依从,因为他们不是厌弃你,乃是厌弃我,不要我做他们的王。自从我领他们出埃及到如今,他们常常离弃我,侍奉别神,现在他们向你所行的,是照他们素来所行的。故此你要依从他们的话,只是当警戒他们,告诉他们将来那王怎样管辖他们。"

撒母耳将耶和华的话,都传给求他立王的百姓,说:"管辖你们的王必这样行。他必派你们的儿子为他赶车、跟马、奔走在车前。又派他们做千夫长、五十夫长,为他耕种田地、收割庄稼、打造军器和车上的器械。他必取你们的女儿为他制造香膏、做饭烤饼。也必取你们最好的田地、葡萄园、橄榄园,赐给他的臣仆。你们的粮食和葡萄园所出的,他必取十分之一,给他的太监和臣仆。又必取你们的仆人婢女、健壮的少年人和你们的驴,供他的差役。你们的羊群他必取十分之一,你们也必做他的仆人。那时你们必因所选的王哀求耶和华,耶和华却不应允你们。"

百姓竟不肯听撒母耳的话,说:"不然,我们定要一个王治理我们,

使我们像列国一样,有王治理我们,统领我们,为我们争战。"(《撒母耳记》上第八章)

2 扫罗、大卫和所罗门

但是希伯来人的土地的自然条件与方位都对他们不利,他们的第一个王扫罗并不比士师们更有成就。冒险家大卫为反对扫罗而进行的长期阴谋活动,见于《撒母耳记》上的后几章。扫罗的结局是在基利波山遭到的彻底失败。他的军队被非利士勇武的弓箭手消灭了。

次日非利士人来剥那被杀之人的衣服,看见扫罗和他三个儿子仆倒在吉尔博亚山,就割下他的首级,剥了他的军装,打发人到非利士地的四境,报信与他们庙里的偶像和众民。又将扫罗的军装放在亚斯他录庙里,将他的尸身钉在伯珊的城墙上。(《撒母耳记》上,第三十一章)

大卫(约在公元前990年)比他的前任精明,成就也较大,似乎他曾把自己置于提尔王希兰的保护之下。他与腓尼基人联盟,不但使他保全了王位,而且是他儿子所罗门取得伟大成就的根本要素。大卫的事迹,以及持续不断的暗杀和杀戮,读起来令人感到不像是一个文明君主的历史,倒像是某个野蛮酋长的历史。这在《撒母耳记》(下)里有极生动的记载。

《列王记》(上)从所罗门王执政开始(约在公元前960年)。从一般史学家的观点来看,这本书最有趣的部分,是所罗门与民族宗教和祭司的关系,以及他对待圣幕、祭司撒督、先知拿单的态度。

所罗门开始执政时,是和他父亲一样地残酷。见于记录的大卫的最后一次谈话,是布置谋杀示每,他所说的最后一个词是"流血"。他说:"但是他白头被杀,使你流血入墓。"这句话,指的是虽然年老的示每有了大卫曾向上主宣誓的庇护,说他活着的时候决不使示每受害,但在这件事上所罗门竟毫无顾忌。接着,所罗门进而谋杀了曾经谋夺王位但已让步并屈服了的兄弟。他还大肆杀戮他兄弟的党羽。当时宗教对于种族上、思想上都已混乱了的希伯来人控制力很弱,这表现在所罗门轻易地以心腹撒督取代了敌对的祭司长,更令人惊异的,是所罗门的主要打手比拿雅在圣幕里刺杀了约押。那时被害者在圣幕里声明他享有庇护权并抓住耶和华祭坛的角。此后所罗门就当时来说是以一种崭新的精神从事工作,改造他的民众的宗教。他继续与提尔王希兰结盟,希兰利用所罗门的王国作为到达红海的通路,并在红海造船。这种伙伴关系的结果是在耶路撒冷积累了空前的大量财富。

以色列出现了伙役劳动;所罗门派人轮流往希兰统治下的黎巴嫩去砍伐香柏木,而且沿途设置搬运夫(这一切足以提醒读者想到中非某些酋长与一个欧洲商行的关系)。此后所罗门为自己建造了一座宫殿,还为耶和华建造了一座没有那么宏大的神庙。在此以前,这些古代希伯来人看成是神圣象征的约柜,一直是供在一个大帐幕里,这个帐幕从一个高地转移到另一个高地,人们就在许多不同的高地上向以色列的神献祭。这时的约柜已供在镶嵌着香柏木的石头神庙里的金碧辉煌的内殿,放在两个用橄榄木雕成的、镀金的带翅膀的大天使像之间,从这时起,一切祭品都只在约柜前面的供坛上奉献了。

这个集中的改革,会使读者想起阿克那顿和那波尼德。诸如此类的事情,只有在僧权制度的威信、传统和学识已经降到极低水平时,才能顺利地实现。

> 所罗门照着他父大卫所定的例,派定祭司的班次,使他们各供己事,又使利未人各尽其职,赞美耶和华,在祭司面前做每日所当做的,又派守门的按着班次看守各门,因为神人大卫是这样吩咐的。王所吩咐众祭司和利未人的,无论是管府库,或办别的事,他们都不违背。

尽管所罗门在这新基础上确立崇拜耶和华于耶路撒冷,尽管在他即位之初曾同他的神晤面谈话,但并没有阻碍他在晚年发展一种神学上的轻佻举动。他只要能耀示声威,就娶许多外族女子;为了取悦他众多的妻子,就向她们民族的神献祭,例如西顿女神亚斯他录(伊什塔尔)、基抹(一个摩押的神)、莫洛克,等等。《圣经》中记载的所罗门的事迹,的确说明了他和任何其他的王一样反复无常,决不比任何人有更深的宗教观念;他的民族也和周围世界的各民族一样是迷信的、思想混乱的。

所罗门和法老的女儿结婚一事,有一点是相当有意思的,因为这事指明了埃及事务的一个方面。这个法老一定是属于第二十一王朝的。根据泰尔—埃尔—阿马纳信札所证明,当阿米诺菲斯三世兴盛时,法老能俯纳一个巴比伦公主于后宫,但绝对不会允许一个埃及公主这样高贵的人物下嫁给巴比伦的君主。三百年以后,像所罗门这样一个小小的君主居然能以平等的身份娶一个埃及公主为妻,这表明了埃及的威信业已一步一步地衰落。不过,埃及在下一朝(第二十二朝)又得到复兴,建朝的法老示撒利用以色列与犹大分裂的机会,占领了耶路撒冷,掠夺了昙花一现的豪华的新神庙和王宫。这一分裂当大卫和所罗门在位时,已在发展之中。

示撒似乎还征服了非利士。可以注意的是，从此以后非利士人逐渐失去了他们的重要性。他们已经不使用自己的克里特语，而采用了被他们征服的闪米特人的语言，他们的城市虽则多少仍然独立，但他们本身则逐渐同化于巴勒斯坦普通的闪米特生活之中。

关于所罗门的执政情况、多次的谋杀、与希兰的交往、宫殿和神庙的建造以及他的穷奢极欲致使国势衰弱并终于分裂为二，所有这些事迹的简略但有说服力的原始记载，显然被后来某一个企图夸大他的国势、颂扬他的智慧的作家大量窜改和增添了。我们不打算在此评论《圣经》的源流，但辨别有关大卫和所罗门这篇记事主要内容的真实性和可靠性，与其说是专门学识问题，不如说是一般常识问题。这篇记事时而为他解释，时而为他辩护，但还是记下了有关的即使是极粗糙的事实，只有当时或近于当时的作者确信某件事已不能加以隐瞒时才会记下来的，但在后来加入的一些段落里则突然流于谀词满纸了。

《圣经》中的记述不但影响了基督徒，而且影响了穆斯林，使他们深信，所罗门王不但是世界上最伟大的人，而且是一个最有智慧的人。这是文字武断的力量在人们头脑里超过真实情况的一个生动的例证。《列王记》上尽管详述了他的豪华富贵，但这与托特麦斯三世或拉美西斯二世，或其他五六个法老，或萨尔贡二世，或沙达那帕鲁斯，或尼布甲尼撒大帝这样显赫的帝王的华丽神奇的建筑物和组织相比，则是平凡不足道的。所罗门的神庙的内部宽20腕尺，约合35英尺——一所别墅的宽度——长60腕尺，约合100英尺。腕尺有多长，说法不一。最长是44英寸。这就可说神庙宽达70多英尺，长达200英尺。至于所罗门的智慧和治国才能，读者只须读读《圣经》，就可以知道他不过是具有远大计划的商业王希兰的一个副手，他的王国不过是腓尼基和埃及棋局上的一个小卒罢了。他之所以显得重要，主要是由于当时埃及国势暂时衰弱引起了腓尼基人的野心，使得埃及必须与另一可交替运用的通往东方的商道咽喉的扼守者谋求和解而已。对他本国人民来说，所罗门是个挥霍、残暴的君主，在他未死之前，他的王国已有目共睹地处在分裂之中。

希伯来人短暂的荣华与所罗门王的统治同时结束；他的王国北部较为富裕的地区，为了维持他的穷奢极欲的生活，久已处在赋税的沉重压迫之下，这时与耶路撒冷分裂了，成为一个分立的以色列王国，这一分裂使提尔和西顿与红海断绝了联系，而所罗门的昙花一现的财富正是由于这一联系才成为可能。在希伯来人的历史上再没有富足可言。耶路撒冷依然是一个部落——犹太部落的首府，它是一个荒山地区的首府，海上交通被非利士所截断，四面则为敌人所围绕。

战争、宗教冲突、篡位、暗杀、兄弟争夺王位而彼此谋杀等的故事，三个世纪中连绵不断。这是一段赤裸裸的野蛮故事。以色列同犹太和邻国进行战争，先同这一国联盟，后同那一国联盟。阿拉米人的叙利亚的势力，像一颗闪亮的灾星照临在希伯来事务之上，在它的后面，兴起了亚述人巨大的和日益强盛的最后的一个帝国。三百年间，希伯来人的生活，如同一个定要在闹市通道上过活的人，结果必然经常被公共汽车和卡车所辗轧。

根据《圣经》所述，"浦儿"（显然就是提格拉特·皮勒塞尔三世这个人）是出现在希伯来地平线之上的第一个亚述君主，马那罕以1000塔兰特的银子赎他出来（公元前738年）。亚述的矛头直指着此时业已衰老萎顿的埃及，进攻的路线穿过犹太；提格拉特·皮勒塞尔三世回国了，沙勒马奈塞尔也跟着回来，以色列王密谋向埃及这根"折断了的芦苇"求救，我们已经指出，到了公元前721年，他的王国覆灭沦为俘虏，完全从历史上消失了。同样的命运也等待着犹太，但还能躲避一时。当赫济开亚王在位时（公元前701年），辛那赫里布的军队的命运和他怎样被儿子们谋杀（《列王记》下，十九章，三十七节），我们已经提到过。后来埃及被亚述征服了，这事在《圣经》中没有记述，但明显的是，在辛那赫里布执政之前，赫济开亚王曾同巴比伦进行外交上通信往来（公元前700年），这是对亚述王萨尔贡二世的反抗。此后就是埃及被埃萨尔哈顿征服。然后有一段时期亚述忙于内乱，斯基台人、米地人和波斯人从北方侵扰了它，而巴比伦则举行了叛乱。我们前已指出，埃及由于暂时没有遭受亚述的压迫而进入了一个中兴阶段，首先是在普萨姆提克的治下，然后是在尼科二世的治下。

这个地居中间的小国，在选择同盟上又犯了一些错误。其实与哪一方联盟都不是安全的。约西亚反对尼科，在米吉多战役中被杀了（公元前608年）。犹太的国王成了埃及的附庸。后来当尼科一直推进到了幼发拉底河，被尼布甲尼撒二世击败时，犹太也就随之而败亡（公元前604年）。尼布甲尼撒曾先后立了三个傀儡国王，这一尝试失败以后，就把大部分犹太人虏掠到了巴比伦（公元前586年），其余的犹太人曾一度起义并屠杀了巴比伦的官吏，为了防备迦勒底的报复，都到埃及避难去了。

> 迦勒底王将上帝殿里的大小器皿与耶和华殿里的财宝并王和众首领的财宝，都带到巴比伦去了。迦勒底人焚烧上帝的殿，拆毁耶路撒冷的城墙，用火烧了城里的宫殿，毁坏了城里宝贵的器皿。凡脱离刀剑的，迦勒底王都掳

到巴比伦去，做他和他子孙的仆婢，直到波斯国兴起来。(《历代志》下，三十六章，十八、十九、二十节)

于是希伯来四个世纪的王权至此告终。自始至终它不过是更广阔和更伟大的埃及、叙利亚、亚述和腓尼基历史中一桩附带事件。但是现在从这里却产生了有关全人类头等重要的道德上和思想上的后果。

3 犹太人——一个血统混杂的民族

过了两代以上的时间以后，在居鲁士时代从巴比伦尼亚返回到耶路撒冷的犹太人，已很不同于崇拜好战的巴力神和崇拜耶和华的人，也不是以色列国和犹太国在高地上献祭和在耶路撒冷献祭的那种犹太人了。《圣经》记载的简明事实是，犹太人去巴比伦的时候是野蛮人，回来的时候已是文明的人了。他们去的时候是一群混乱的、分裂的、毫无民族意识的人，回来的时候已有了强烈的和排外的民族精神。他们去的时候还没有一部一般熟习的共同文献，因为约西亚王据说在神殿里发现"律法书"仅仅是在被囚禁之前大约40年的事(《列王记》下，二十二章)，此外，在所有的记载中都找不到任何痕迹表示他们已经阅读书籍；而他们归国时，则带回了《旧约全书》的大部分材料。显然，犹太人在被囚禁期间，由于摆脱了嗜杀好斗的君王，不能参加政治活动，并且生活于巴比伦的激励知识的气氛之中，他们的思想已向前迈进了一大步。

这时巴比伦尼亚正处在一个研究和学习历史的时代。那种曾使沙达那帕鲁斯在尼尼微收集了一个古代文书大库的巴比伦影响，此时还在起着作用。我们曾经讲过，那波尼德热衷于研究古代文物，竟至疏忽了他的王国对居鲁士的防务。在这种情况下，每件事都促使流亡的犹太人思考他们自己的历史，并且他们发现先知以西结是一个鼓舞他们的领袖。他们从随身带来的一些隐藏着的和被人遗忘了的记载，如家谱，同时代的大卫、所罗门和其他列王的历史以及传奇和传说中，编出并扩充了他们本族的历史，向巴比伦和本族民众宣讲。创世的故事、洪水的故事、摩西和参孙故事的大部分，大概都掺合了从巴比伦得来的史料。创世故事的一种说法和伊甸园故事的一种说法，虽然起源于巴比伦，但似乎希伯来人在放逐之前就已经知道了。当犹太人回到耶路撒冷时，只有摩西五经汇编成了一书，其余有关历史的各书一定是后来继续编成的。

他们其余的文献在以后几个世纪里仍是单独成书的，对这些书的尊重的程度也很不一致。有几本后出的书，老实说是被囚禁以后的作品。这部文献整个看来都贯穿着某几个主要的观念。有一个观念是一切的人都是亚伯拉罕的嫡系子孙，虽则这些书本身所述的细节已予以否定；其次的一个观念是耶和华曾向亚伯拉罕作出允诺，他要高举犹太种族于其他一切种族之上；第三个观念是首先要信仰耶和华是部落诸神中最伟大的和最强有力的神，然后要信仰他是超乎其他诸神之上的神，最后要信仰他是唯一的真神。犹太人终于深信他们作为一个民族是世上唯一的上帝的选民。

从这三个观念，自然而然地产生了第四个观念，即将来会出现一位领袖，一位救世主，一位弥赛亚，他会把耶和华搁置了许久的允诺付诸实现。

在"七十年"间把犹太人融合成一个以传统结合在一起的民族，乃是文字在人类事务中的新威力在历史上的第一个例证。这种思想上的团结一致更能促使返回耶路撒冷的犹太民族统一起来。这种属于一个上帝挑选的种族因而注定会发达昌盛的观念，是极有吸引力的。它也感染了那些留居在巴比伦尼亚的犹太人。传播这一观念的文献也传到了当时定居在埃及的犹太人手里。当10个部落被流放到米地亚时，它也影响到被迁移到以色列诸王的旧都撒马利亚的混杂民族。这种观念还鼓动了许多巴比伦人和其他的人宣称亚伯拉罕是自己的祖先，并硬要和返国的犹太人结成伴侣。于是阿莫尼特人和摩押人成了犹太教的信徒。《尼希米记》一书记载的全是因为侵犯了上帝选民的权利而引起的灾祸。犹太人当时已是一个散居在各地各城的民族，一旦他们的思想和希望合而为一，他们就变成了一个排外的民族。但起初他们的排外性仅仅在于保持教义和崇拜的完善，乃是出于像所罗门王那样可悲过失的警告。对于任何种族的真心诚意地改变信仰的人，犹太教久已伸出欢迎的手臂。

提尔和迦太基衰亡以后，就腓尼基人而言，改信犹太教一定是特别容易而有吸引力的。他们的语言与希伯来语极为近似。大多数的非洲和西班牙的犹太人可能确是腓尼基渊源。还有大量阿拉伯人加入。在南俄罗斯，下文将要提到，甚至还有蒙古利亚种的犹太人。

4　希伯来先知的重要性

由《创世记》到《尼希米记》有关历史的各书，是后来认为耶和华对他的选民作出了允诺这一观念的依据。它们无疑是犹太人思想统一的主要支柱，但决不是最后来产生《圣经》的希伯来文献的全部。诸如据说是模仿希腊悲剧写成的

《约伯记》，以及《雅歌》、《诗篇》、《箴言》等书，这部《史纲》没有篇幅多谈，然而对于那些称为"先知书"的，则有加以充分讨论的必要。因为这几本书是关于人类事务中出现了一种新的领导力量一事的几乎是最早而且当然是最好的证据。

这些先知们并不是社会中的一个新的阶级；他们的出身极不相同，如以西结出身于僧侣种姓，具有僧侣的同情心，亚摩士曾是个牧羊人；但是他们有一个共同点，就是在僧侣和寺庙的献祭和礼仪之外，给生活带来了一种宗教力量。早期的先知很像早期的僧侣，他们得到神的启示，对人作出告诫，同时预言将要发生的事；可能在最初，当各地还有许多高地作为祭坛并且宗教思想比较地说来尚未固定的时候，僧侣与先知并没有多大区别。

先知们一面舞蹈，看来有点像伊斯兰教托钵僧的样子，一面宣示神谕。他们一般穿的是粗羊皮制成的独特的外衣。他们保持着游牧时代的传统，不同于"新式"的定居生活。但自从建造了庙宇，僧侣制度形成了以后，先知这一类型的人物仍然留在正式的宗教组织之上和之外。他们大概多少地总使僧侣们感到为难。他们成为公共事务的非正式的顾问，谴责罪恶和怪诞的行为，他们是我们可以说是"自我任命"的人，没有任何人的委任而自持内在的灵性。"现在主的旨意下来了……"如此等等，这就是他们的公式。

当犹太王国末叶最困难的时候，埃及、阿拉伯北部、亚述，还有巴比伦尼亚像老虎钳一样紧紧钳住这块土地，这些先知就成为非常重要而有权力的人。他们向焦虑不安和心怀恐惧的人呼吁，他们的告诫起初主要是劝人悔改，拆毁这个或那个高地的祭坛，恢复在耶路撒冷的礼拜，或诸如此类的事。但通过一些预言已有一种口气很像现在我们称之为"社会改造者"的调子。富人正在"压榨贫民"；奢侈的人正在吃光儿童的面包；有权势的人和富裕的人仿效外国人的豪华和恶习，而以平民作为这种新风尚的牺牲品；这些事是耶和华所厌恶的，他必将降祸于这块土地。

由于被囚禁以后思想境界的扩大，预言的要旨也扩大和改变了。曾经伤害早期部落的关于神的观念的那种嫉妒的狭隘性，现在已经让位给一个普遍正义的神的新观念。先知们影响的增强，无疑地并不局限于犹太民族之中，也遍及于当时整个闪米特人的世界。一些民族和王国的衰亡形成了这时代的庞大而不稳定的帝国，许多崇拜和僧侣团体的被消灭，庙宇之间因对抗和辩论所表现出的相互的不信任——所有这些影响都解放着人们的思想，使他们获得一个较自由和较广阔的宗教观。各个庙宇虽然积累了大量的黄金器皿，但对人们的想象力却失去了控制。

要估计这战争频繁年代的生活是否比以前更无保障或更加痛苦，是困难的，不过人们无疑已清楚地意识到他们的苦难和生活的不安定。除了老弱和妇女以外，人们已不能再从庙宇的献祭、仪式和形式上的礼拜中得到安慰和自信了。后来的以色列先知们开始谈"唯一的神"，谈将来一定会出现和平、统一和幸福的世界的"允诺"，就是针对这样的一个世界而发的。人类这时正在发现的这个伟大的神，居住在一个"不是人手建造的而是永存在诸天之上的"庙宇里。在巴比伦尼亚、埃及和整个闪米特族的东方，无疑地存在着大量诸如此类的思想和言论。《圣经》里的先知书，只不过是当时各种预言的范本罢了。

我们已经注意到文字和知识已逐渐逸出了僧侣制度及庙宇境域的原来限度，也便是脱出了它们最初在那里发育和抚养的外壳。我们曾把希罗多德作为我们称之为人类自由知识的一个有意义的例子。现在我们在这里讨论的，是道德观念也以同样方式流溢到普通社会中去。希伯来的先知们，以及他们认为全世界只有一个神的观念的逐渐扩展，是与人类自由良心的概念并行发展的。从这时起，贯穿在人类思想中的，是世界只有一个法则的观念，以及为神所允诺并可能出现在人类事务中的一种积极而美好的和平和幸福的日子的观念，只是这些观念有时淡薄模糊，有时增强力量。犹太人的宗教已在很大程度上由旧式的庙宇宗教变成一种讲预言的有创造力的新型宗教了。先知一个接着一个地出现。

我们在下文将谈到，后来诞生了一位具有空前巨大权力的先知，就是耶稣，他的信徒们创立了全球性的伟大宗教——基督教。其后，另一个先知穆罕默德出现在阿拉伯，创立了伊斯兰教。尽管这两位导师本身具有非常不同的特点，他们实际上是出自并继承了这些犹太的先知。这里不是历史学家讨论宗教真伪的地方，但他有责任将伟大的建设性的观念的出现记录下来。2400年前，即苏美尔人最初的城墙筑成的六千、七千或八千年以后，关于人类道德的一致以及世界和平等观念就已在世界上出现了。

第十九章 史前时期的雅利安语民族

1 操雅利安语人的分布

我们已经讲过,雅利安语大概起源于多瑙河和南俄罗斯地区,并从这个发源地传布开来。我们说"大概",因为这个地区是不是雅利安语的中心,还没有明确地证实过,关于这一点曾经有过广泛的讨论,而且意见十分分歧。我们提出的是流行的见解。雅利安语原来是诺迪克种族的一群民族的语言。在广泛传布以后,它开始分化成为若干支系的语言。当它在向西方和南方传布的时候,碰上了当时在西班牙盛行的巴斯克语,也可能还碰上其他各种地中海的语言。

在雅利安人从他们的发源地向西方和南方扩张以前,伊比利亚种族就已遍布于大不列颠、爱尔兰、法兰西、西班牙、北非、意大利南部和更为文明的希腊和小亚细亚一带。他们和埃及人有密切关系。根据他们在欧洲的痕迹来判断,原是一种身材颇为矮小的类型,一般长有椭圆形的脸和长形的头。他们把酋长和重要人物的尸体葬在用巨石砌成的石室里,上面覆盖着大的土墩;这些土墩的长度远远超过宽度,因此被称为长冢。这些人有时住在洞穴里,也就在洞穴里埋葬一些死人;根据遗下的那些包括儿童骨骼在内的,烧焦、折断和砍碎的人骨,可以推断他们是食人肉的人。

现今被称为克尔特人的那些身材较高、肤色较白的操雅利安语的民族,像浪潮一般穿过中欧,向南方和西方逐渐涌进,迫使上述那些身材矮小、肤色暗黑的伊比利亚人部落(以及巴斯克人,如果他们是不同的人种的话)向西方后退,并把他们征服了、奴役了。只有巴斯克语抵制住了雅利安语的征服。这些操克尔特语的人逐渐向大西洋推进,而当时余下的伊比利亚人就全部混合到克尔特人口中去了。克尔特人的入侵对于爱尔兰人口究竟有多大影响,现在还没有定论;在那

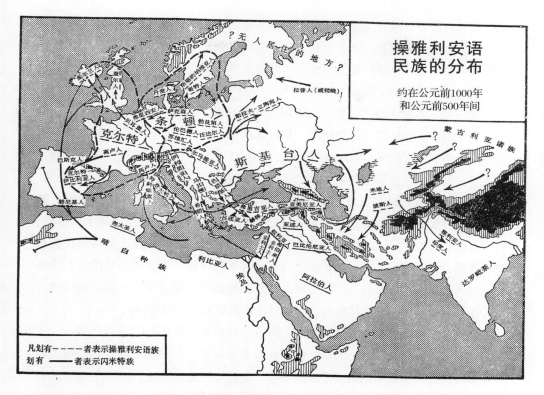

个岛上克尔特人也许只是一个征服者的种姓,他们把自己的语言强加于人数超过自己的臣民。西班牙的情况可能也是这样。至于英格兰北部的人在血统上属于诺迪克种而不属于前克尔特人的说法,是更值得怀疑的了。还有一种身材矮小、肤色暗黑的威尔斯人和某些类型的爱尔兰人也属于伊比利亚人种。近代的葡萄牙人大部分也属于伊比利亚血统。

克尔特人操的是克尔特语,据说它把雅利安语的词汇同柏柏尔语(或伊比利亚语)的语法结合在一起,它又分化为高卢语、威尔斯语、布雷顿语、苏格兰语、爱尔兰的盖尔语和其他语言。克尔特人把他们的酋长和重要人物的骨灰葬在圆冢里。当这些北欧的克尔特人逐渐向西方散布时,其他的北欧雅利安民族就向住在意大利半岛和希腊半岛上的暗白的地中海人种逼近,并发展了拉丁语群和希腊语群。另有某些雅利安部落则朝着波罗的海漂流,横渡到斯堪的纳维亚半岛,他们操的是雅利安语的各种变体,后来演变成为古代斯堪的纳维亚语——瑞典语、丹麦语、挪威语和冰岛语的母语——哥特语,以及低地德语和高地德语。

原始雅利安语在西方这样传布并分解为各种派生语的同时,也在东方传布和分解。在喀尔巴阡山脉和黑海以北,操雅利安语的部落使用的是一种称为斯拉夫语的独特的方言，从它又派生了俄罗斯语、塞尔维亚语、波兰语、捷克语和其他语言；分布在小亚细亚和波斯的其他的雅利安语变型也在分化，成为亚美尼亚语和印度—伊朗语，后者即是梵语和波斯语的母语。本书用雅利安语这个词来表示所有这个语系的语言；但有时也用印欧语这个术语来指整个语系，而"雅利安语"这时便具有较狭隘的涵义，仅指印度—伊朗语。印度—伊朗语后来注定又分裂为几种语言，包括波斯语和梵语。梵语是肤色白皙、操雅利安语的某些部落的语言，他们大约在公元前3000年至公元前1000年之间向东方推进到印度，并征服了当时占有这块土地的肤色暗黑的达罗毗荼民族。

其他的雅利安部落从他们原来游动的地区范围向黑海的南北两岸扩张，最后，当这些大海逐渐变小，给他们让出道路时，他们又向里海北岸和东岸推进，从而开始同乌拉尔—阿尔泰语群的蒙古利亚民族，即中亚大草原上的牧马民族相冲突和混合。雅利安人似乎就是从这些蒙古利亚人种那里学会用马来骑乘和作战的。欧洲和亚洲曾经有过三四种史前变种或亚种的马。但最早使马具有除供肉食以外还适合于其他用途的体格的，正是这个大草原或半沙漠地区。

必须了解，俄罗斯和亚洲大草原上所有这些民族居住的地方变得很快。一连出现几个恶劣季节就可以把他们赶到好几百英里以外去，而我们现在只能极为粗略和暂时地指出他们活动的"游动区域"。他们每年夏季北上，一入冬季又转而南下。这样每年的回旋有时要达好几百英里。在我们的地图上，为了简明起见，只画一条直线来标示游牧民族的移动；但实际上他们每年回旋的情况，正像扫走廊的仆人手中的扫帚在前进中左右挥动一样。沿着黑海以北，很可能到里海以北，从中欧和北中欧的原始条顿部落的范围直到后来成为米地人、波斯人和（雅利安族）印度教徒的伊朗民族的地区，这一带遍布着许多混杂的部落的放牧场地。关于这些部落的情况说得模糊些倒比说得确切些反而更近于事实。诸如基墨里人、萨尔马提亚人以及在公元前1000年或更早的时候同米地人、波斯人一起同亚述帝国有效地接触过的那些斯基台人。

另外一群同样来历不明的雅利安部落，散布在黑海以东和以南，在多瑙河和米地人、波斯人中间，在海岸和半岛上的闪米特和地中海诸民族以北的地方。他们迁徙无常，经常相互混合——使历史学家感到极为困惑。例如，他们似乎破坏了大概来源于前雅利安人的赫梯人的文明，并且加以同化。这些后起的雅利安人在游牧方面也许不如大平原上的斯基台人那样先进。

2　关于雅利安人的原始生活

这些史前时期的雅利安人，即诺迪克种的雅利安人过的是一种什么样的生活呢？他们就是今天大部分欧洲人、大部分美洲白人和欧洲殖民者以及波斯人和属于上层种姓的印度教徒的主要祖先。他们也可以是亚美尼亚人的祖先，但是这些祖先更可能不是雅利安人，而只是学会说一种雅利安语的赫梯人。

我们在回答上述问题时，除了以出土文物和遗迹作为我们考查雅利安人先辈的依据外，还有一个新的知识来源。我们有语言。通过对雅利安语的仔细研究，已有可能对四五千年以前的这些雅利安族的生活作出一些推断。

所有这些雅利安语都有一个共同的相似之处。正如已经阐明的那样，各个雅利安语都在一些共同的词根上发生变化。当我们见到某个词根是所有的或大多数雅利安语都通用的，看来就有理由推断，这个词根所表达的一定是雅利安人的共同祖先所知道的事物。当然，如果在这些语言中出现了确实相同的词，那就可能不是这么回事了。这个词可能表示新近才在世界上流行的某一个新事物或新观念的新名称。例如"气体"（gas）这个词是荷兰化学家范·赫尔蒙特大约在1625年创造的，而现在已经输入到大多数最文明的语言里；又如"烟草"（tobacco）是一个美洲印第安语的词，它随着吸烟的推广几乎到处使用。但是，如果同一个词在几种语言中出现，同时又遵循了各个语言特有的变更，我们就可以确信，这个词从一开始就已经在那个语言中存在，并且是那个语言的一部分，同那个语言的其他部分一起经受了同样的变化。例如，"车"和"车轮"这两个词便是以这种方式出现在雅利安诸语言里的。因此我们可以推断，原始的雅利安人，也就是较纯的诺迪克种雅利安人，有了车子，不过由于没有表示轮辐、轮辋、轮轴等的共同词根，看来他们的车轮不是轮匠制造的那种带有辐条的东西，而只是用斧头把树干两端之间砍成一定的形状。

这些原始的车子是用牛拉的。早期的雅利安人既不骑马，也不驭马，他们同马几乎没有什么关系。新石器时代的蒙古利亚人是畜马的民族，而新石器时代的雅利安人是畜牛的民族，他们食牛肉，不食马肉。而在许多年以后，他们才开始用牛拉车。他们以牛来计算财富。他们游动，逐水草而居，像南非的布尔人一样，也用牛车"搬运"物品，当然他们的车子比起现今世界上见到的任何一种车子要粗陋得多。他们大概来往于非常辽阔的地区。他们是移动的，但还不是严格定义的"游牧"。和后者相比，他们是一种移动得较为缓慢而笨拙的更特殊的游牧民。他们是在森林和草原栖身的不畜马匹的民族。他们从较早期的新石器时代的比较定居的"辟林"生活，逐渐发展着一种移居不定的生活。使森林逐渐变为牧场的气候的变化和森林的偶然失火，都可能促成这种发展。

我们已叙述过原始雅利安人所住的房屋和他们的家庭生活，我们是就瑞士湖畔的湖上住所遗迹才得以描述这些事情的。大体上，他们的房屋是一种大概用篱笆和泥土建成的房屋，过于脆弱，不能持久，他们可能只为了一些很小的理由就放弃它们，赶着牛车走了。雅利安族实行火葬，这是一个仍然保留在印度的习俗。但是他们的前人，伊比利亚人，即"长冢"民族，埋葬时死者侧卧屈身作坐形。在有些古代雅利安人的墓葬（圆冢）里，盛着死人骨灰的瓮是房屋形的，它们表现为顶上铺着茅草的圆形小屋。

原始雅利安人的放牧对他们来说比农业重要得多。最初他们用粗糙的木锄耕作；以后，当他们发现可以用牛拉牵以后，便开始用牛从事真正的犁耕，起初是用一根弯曲得适度的树枝作犁的。在这以前，他们最早的耕作一定是在房屋旁边开出的小块园地上，而不是在田地里。他们的部落所占有的大部分土地是公用的，他们也在这里一起放牧牛群。

原始雅利安人一直到真正快有历史记载的年代才开始用石头建造房屋的墙。他们用石头砌灶（如在格拉斯顿伯里），有时也用石头铺地基。不过，他们的确在埋葬有声望者的骨灰的巨冢中央盖过一种石屋。这种风俗可能是从伊比利亚他们的邻人和前辈那里学来的。至于布列塔尼的威尔特郡或卡尔纳克的这类大石柱群的庙宇，建造它们的应该是巨石文化时代的暗白人，而不是原始的雅利安人。

这些雅利安人不是聚居在城市里，而是作为氏族或部落社团聚居在牧场上。他们在推选的首领领导之下，组成松散的互助联盟。他们有中心地点，在危急的时候，能够带着牲畜集合在一起。他们还建造了四面围有土墙和木栅的营地，这些营地的许多遗迹，在具有长期复杂的历史的欧洲至今仍然可以找到。战争时期指挥人们作战的首领往往就是巫祝，巫祝是雅利安人的早期祭司。

关于青铜的知识很晚才传到欧洲。在金属来到以前的七八千年期间，诺迪克种的欧洲人进步得很慢。那时他们的社会生活已发达到了男子从事各项职业，男女在社会上都分为不同的等级。男子有做木工、皮革工、陶工和雕工的。妇女纺纱、织布和刺绣。有些头人和家族则被推崇为领袖和贵族。

雅利安部落的人使他的畜牧和游动的单调生活多样化了。他用宴会来祝贺创业、欢庆凯旋、吊唁丧葬、过年过节。他食用的肉类，我们在前面已经提到。他好饮烈酒。酒是用蜂蜜、大麦酿成的；而当操雅利安语的部落向南方扩张时，又用葡萄酿酒。他狂欢致醉。至于最早是不是他利用酵母使面包松软或饮料发酵的，就不得而知了。

在他的宴席上，有个别的人善于"扮演丑角"，他们这样做无疑是为了博得朋友们的欢笑。但还有另一种人，在当时极为重要，而对历史学家来说则更为重要，这就是一些吟唱歌曲和故事的歌手，也就是弹唱诗人或史诗吟诵者。在操雅利安语的诸族中都有这类弹唱诗人；他们既是口语发展的产物，又是促进口语发展的要素，而口语发展则是新石器时代人类全部进步中主要的成就。弹唱诗人歌唱了或背诵了以往的史事和在世的头人及其人民的事迹；他们还讲述了自己编撰的故事；他们还记下了笑谈和轮唱的歌曲。他们发现了，抓住了，又改进了韵律、韵脚、韵头和这一类语言中潜在的可能性；他们在语法形式的推敲和固定上，大概也做了不少的工作。他们或许就是听觉方面的最早的大艺术家，正如后来奥瑞纳文化期的岩画作者是视觉和手技方面最早的大艺术家一样。无疑，他们采用过许多姿势；大概在学唱歌曲的时候，就学会了使用适当的姿势；但语言的条理、亲切和强劲有力是他们最为关心的。这类弹唱诗人标志着人类在智力和思想境界方面迈出了新的一步。他们在人们的头脑中保持并发展了一种感觉，觉得某些事物比起他们自己，比起他们部落更为伟大，觉得生活一直可以追溯到过去。他们不仅回忆了旧日的仇恨和战斗，也回忆了旧日的联盟和共同的遗产。死去了的英雄们的功绩复活了。这些雅利安人开始在溯往追来、生前死后的思想中生活。

这种弹唱传统像大多数人的生长一样，它的发展先缓后速。当青铜传入欧洲的时候，没有一个雅利安族没有这样一种弹唱诗人的专业和训练。在他们的运用下，语言可能变得比以往任何时候都优美了。这些弹唱诗人是活的书本、活的人物史，是人类生活中一种新兴而更强有力的传统的保管者和缔造者。每个雅利安族都有他们的像这样流传下来的长篇诗史：如条顿人的英雄诗篇，希腊人的史诗，古梵语吠陀的叙事诗等。最早的雅利安族实质上是个讲究声音的民族。他们的吟诵甚至在那些礼仪性的和戏剧性的舞蹈里以及那种"化装表演"里似乎也占着主要的地位，它在大多数人类种族里也曾经起过传递传统的作用。

那时还没有文字，以后我们将会叙述，当书法最初流入欧洲时，人们一定认为这些记录方法太过于迟钝、笨拙而缺少生气，不值得这么费事地用它来写下人们记忆中的那些灿烂而又华丽的财富。文字起初是做记账和记事用的。在文字传入以后的一段长时间里，弹唱诗人和史诗吟诵者仍然盛行。他们在欧洲确是作为吟游诗人而留存到了中世纪。

遗憾的是，他们的传统没有用一种文字记载固定下来。他们的修订和改编，有自己的格调，也有疏忽的方面。因此，我们现在保留的史前时期的口头文学，仅仅是经过大量更动和修改的遗迹。雅利安人遗存下来的最为有趣和生动的史前期作品之一是希腊的《伊利亚特》。《伊利亚特》的一种早期形式大概是公元前1000年传诵过的，但也许直到公元前700年或公元前600年才用文字记录下来。一定有许多人作为作者和加工者曾经和它发生过关系；可是后来希腊的传说却把它归之于一个名叫荷马的盲诗人。在精神上和观点上跟《伊利亚特》迥然不同的作品《奥德赛》，据说也是荷马作的。很多雅利安族弹唱诗人可能都是盲人。J. L. 迈尔斯教授认为，这些弹唱诗人之所以被搞得双目失明，是为了防止他们离开他们的部落。劳埃德先生曾在罗德西亚看到当地舞蹈团的一个乐师就是因为上述原因被他的酋长弄瞎的。斯拉夫人统称弹唱诗人为"斯列帕克"，这也是他们称呼盲人的词。

最早吟诵的《伊利亚特》的本子比最早吟诵的《奥德赛》的本子更为古老的。吉尔伯特·默里教授说："《伊利亚特》作为一部完整的诗篇来说，是比《奥德赛》更为古老的，虽然《奥德赛》的材料大部分是日期无从考察的民间传说，比《伊利亚特》的任何历史材料都要古老。"总之这两部史诗后来大概都经过改写和重写，这和维多利亚女王的桂冠诗人坦尼森勋爵在他的《国王的田园诗》中改写《阿瑟王之死》（这是托马斯·马洛里爵士在1450年左右根据以前的传说改写的作品）几乎是一样的，使作品的语言、情操和性格更符合于作者所处的时代。但《伊利亚特》和《奥德赛》的情节，所描述的生活方式，所记载的行动的精神，都属于史前时期最后的几个世纪。除了考古学和语言学以外，这些英雄诗篇、史诗和吠陀的确为那些消逝了的时代史料提供了一个第三类来源。例如，下文是《伊利亚特》最后的一节，它非常准确地描述了史前时期的造墓情况（引自查普曼的韵文译本，又根据兰、利夫和迈尔斯的散文译本改正了某些词汇）：

> 就这样，套上牛骡的大车踏上了征途，
> 砍伐了数不清的一堆堆大树；
> 度过了车上的九天，
> 当第十天的晨光照临在不幸的人们身上时，
> 他们要将他们中最勇敢的人送去火葬。
> 特洛伊城在泪水中漂流。
> 在柴堆的最高峰

他们放下遗体，点上火。
一整天，一整夜，火焰通红。
当第十一天的黎明
向大地伸出她的绯红的指尖，
人们环围在柴堆旁边
用晶莹闪光的酒浇灭了火焰。
弟兄们和朋友们把雪白的骨灰
收在金瓮里，他们还在哀伤呜
咽不已。

他们用柔软的紫色轻纱包起
芬芳的金瓮，掘了一个坑，
把它埋下，筑墓的石块迅速地
堆起
成了一座大冢……
……墓冢堆成了，全城的人
在主神垂佑的普赖姆宫，
参加了一次豪华的筵席，
这样，驯马者赫克托的葬仪
送他的灵魂去安息。

梅尼劳斯与赫克托的战斗
（见《伊利亚特》）

采自一个定为公元前 7 世纪末的大盘上的绘画，原盘现存于不列颠博物馆。这大概是人们所知最早带有希腊铭文的古盘。希腊文字这时刚开始使用。注意图中的卍字

留传下来的还有一篇英格兰人的英雄诗篇《贝奥伍尔夫》，这部作品在英格兰人从日耳曼横渡到英格兰以前早已编成了，结尾也是描述类似的葬事。首先描述了柴堆的准备。柴堆四周悬挂着盾牌和锁子铠甲。尸体一运到，点燃了柴堆。然后，武士们用 10 天的时间筑起一个巨大的土冢，海上或陆上的旅行者都能从远处望见它。

比《伊利亚特》至少要晚 1000 年的《贝奥伍尔夫》也是很有趣的，因为诗篇中主要冒险之一是抢劫了一座当时已很古老的坟墓里的财宝。

3　雅利安人的家族

希腊的史诗揭示了早期希腊人既不知道有铁，也没有文字，他们显然是在任何希腊人建立的城市存在于这片土地上以前，作为征服者很晚才来到的。他们是

从雅利安人的发源地向南方扩张的。他们似乎是肤色较白的民族,是希腊的新来者,是这块过去为地中海民族或伊比利亚民族所占有的地方的新来者。

现在让我们稍为重复一下,彻底澄清一个要点。《伊利亚特》并没有把雅利安人发源地的新石器时代原始生活告诉我们;它所告诉我们的是已经朝着一种新事态较快发展着的那种生活。在公元前15000年和前6000年之间,正值洪积时期森林繁茂,草木丰盛,新石器时代的生活方式也随之在旧世界的大部分地区传播,从尼日尔河直到黄河,从爱尔兰直到印度的南部。当时,地球上大部分地区的气候又逐渐趋向于干燥和温暖,新石器时代早期较为简陋的生活便沿着两个不同的方向发展。一是导致更为游动不定的生活,最终发展为一种在冬夏牧场之间经常移居的生活,这种移居生活就叫做游牧生活;另一是在某些阳光充分的江河流域,逐渐引导到视水如宝的灌溉生活,人们在这里聚居成最初的城镇,并缔造了最初的文明。我们已经叙述过最初的几种文明,以及它们易于为游牧民族反复征服的不利条件。我们也曾指出,许多千年以来,游牧民族对这些文明的征服,几乎是循环发生的。在这里要指出的是,希腊人,正如《伊利亚特》所表达的那样,既不是对文明一无所知的新石器时代质朴的游牧民,也不是已经开化的人们。因为他们刚刚接触到文明,并且把它看做是进行战争和劫掠的机会,所以是处于兴奋状态的游牧民。

《伊利亚特》里的早期希腊人是刚强的战士,但是缺乏训练——他们的交战是一对一格斗的混战。他们有马,但没有骑兵;他们用马,这是雅利安人的资源中比较新近才有的东西,但只用来拉曳一种简陋的战车作战。马在当时是够新奇的,它本身是某种令人恐怖的东西。正如刚才引过的《伊利亚特》中所描绘的那样,日常用来曳重的是牛。

马和战车(采自一个希腊古瓶)

这些雅利安人仅有的僧侣是神龛和圣地的守护者。他们的酋长是氏族的首领,也是献祭的执行者,但是,对于宗教似乎没有多大神秘感或神圣感。每当希腊人出去打仗时,这些首领们和长老们就举行会议,任命一个国王,而国王的权力规定得很不严格。这里没有法律,只有风俗;同时,也没有确切的标准作为指导。

早期希腊人的社会生活以这些领导人的家为中心。牛栏之类的小棚以及远处田边的茅舍无疑是有的。但酋长的大厅却是一个综合性的中心,大家都去那里欢宴，听弹唱，参加竞技和运动。原始的工匠也在那里聚集。大院周围是牛棚马厩之类的处所。不重要的人随地睡卧，就像中古城堡里的仆从或者像印度家庭里至今还在流行的那样。除了完全属于私人所用的东西而外，部落里仍然有一种父权家长制的共产风尚。部落，或者作为部落首领的酋长占有牧地，森林和河流是无所属的。

雅利安人的社会组织，其实和所有的古代社会一样看来都不曾有过像今天西欧或美国广大群众的那种分立的小家庭。部落是个大家族，民族是一群部落家族；而一户往往容纳几百人。人类社会的开始正像兽群和畜群在动物中间开始出现的那样，来自使分裂推迟的家族。现在东非的狮子显然就是这样逐渐变成为群栖动物的，幼狮长大后，仍然和母狮在一起，成群猎取食物。而在此以前，狮子一直是独往独来的野兽。如果说现在的男女不像从前那样依附于他们的家族，这是因为现在的国家和社会保障了他们的安全，为他们提供了帮助和方便，而这一切，以前只有在家族集团里才能得到。

在现今的印度教徒社会里仍然可以见到人类社会较早阶段中的这种大家族。布彭德兰纳特·巴苏先生近来曾描述过一个典型的印度教徒家族。这是一个历经了数千年文明而变得高尚文雅了的雅利安家族，但它的社会结构和雅利安史诗里所说的那种家族是一样的。他说：

> 这种联合家族制度由来悠久。古代雅利安人的父权族长制至今在印度仍然占支配地位。这种家族结构虽然古老，却仍充满了生气。联合家族是一个合作的社团，其中男子和妇女都有明确规定的地位。这个社团的首领由家族中年长的成员担任，通常是最长的男性成员；当他不在的时候，往往由年长的女性成员担任管理（对照《奥德赛》中的珀讷罗珀）。

> 家族中凡是身强力壮的成员，无论是从事技工，还是务农或经商，必须以他们的劳动和收入为积累公共财富作出贡献；身体较弱的成员、寡妇、孤儿和穷苦的亲属，都必须予以供养和支持；子、侄、兄弟、堂兄弟，都必须同等对待，因为任何不当的偏爱容易使家族分裂。英语中没有分别堂表的词——他们可以是兄弟，又可以是姐妹，远近堂表兄弟姐妹没有专门的称谓。堂表兄弟姐妹的子女，如同我们亲兄弟姐妹的子女一样，称谓上不加区别。男子也不能和被称作堂表姐妹的女子结婚，无论是隔多少亲等，正如不能和他们的亲姐妹通婚一样；除了在马德拉斯的某些地方，男子可以和自己舅父的女儿通婚。作为家族纽带的家族感情总是非常强烈，因此在众多的家

族成员中间保持一个平等的标准,并不像乍看起来那样困难。而且他们的生活是非常简单的。直到近年,他们在家里一般都不穿鞋,只穿不系任何皮带的拖鞋。我认识一个有几个兄弟和堂兄弟的中产阶级的富裕家族。他们之间共有两三双皮鞋,这些鞋只是在他们外出的时候才穿上。同样的习惯做法也适用于更为值钱的外衣,如像披肩,这些外衣已经使用过几代了,同时,由于年代久远更被珍惜,因为这是他们记忆中的敬爱的祖先用过的遗物。

这种联合家族仍然聚居在一处,有时达数代之久,直到它变得过于庞大时才分成若干较小的家庭,因此,你会看到全村住的都是同一个氏族的成员。我曾经说过,家族是一个合作的社会,或许可以比作一个以温情和服从为基础的严格纪律来维持它的地位的小国家。几乎每天都可以看到家里年轻的成员来到家长面前,捏下他脚上的尘土作为祝福的象征,他们每当有事外出,都要向家长告辞并带走他的祝福……使家族联结在一起的有许多纽带——如以同情心、同甘共苦结合在一起;当有人死亡的时候,全族的人都来服丧,当婴儿出生或有人结婚的时候,全族的人都来欢庆。而凌驾于一切之上的是家神,也就是保护神"毗瑟挐"的某种模拟像,单独供奉在一间统称为神堂的房间里,在富裕的家庭里,则存放在住宅旁边附设的祠堂里,家里的人每天到那里去礼拜。神像和家族之间存在着一种亲切的依恋之感,因为神像大抵是由前几代传下来的,往往是由某个虔诚的祖先在远古的时候奇迹般地获得的……同家神有密切联系的是家族司祀者……印度教的僧侣是他的信徒群众家庭生活的一个部分,他和信徒家庭之间的关系是世代相传的。僧侣一般并非博学之士;然而熟悉他的宗教信仰的传统……他并不是一个沉重的负担,因为他所求甚少——几把米,少量家里种的香蕉或菜蔬,少许本村自制的粗糖,有时再加上几枚铜币,就可以满足他的一切需要……

如果不谈家中奴仆的情况,我们的家族生活的图像就不完整了。在孟加拉,女仆称为"杰希"或女儿,她就像这一家的女儿一样;她称呼男主人和女主人为父亲和母亲,并称呼这家中的男女青年为兄弟姐妹。她参与这家的家庭生活;她随同女主人去圣地,因为她不能单独前去。她通常是在收养她的家族中度过她的一生,她的子女也由这家抚养。男仆的待遇也很相似。这些男女仆人大抵是属于比较低下种姓的人,但他们和这家的成员之间产生了一种亲切依恋的感情。当他们年老的时候,家中的年轻成员便亲昵地称呼他们为兄长、叔叔、姑姑……

在富裕的家庭里总有一个常住的教师,教这个家族的孩子,也教同村的其他男孩。他们没有华美的校舍，走廊或庭院的棚屋就是孩子和教师使用的地方。在这个学校里，低下种姓的孩子可以免费上学。这种土生土长的学校水平并不很高，但是为群众提供了一种教学的场所，而这在其他许多国家里大概是找不到的……

同印度教徒生活结合在一起的是它的好客的传统义务。留一顿饭给可能在午前来求乞的任何陌生人，这是家主的义务。主妇要等全家人都吃完后，才坐下进餐，如果有时剩下的只够她一个人吃时，她就得等到午后很久才能进餐，唯恐一个挨饿的陌生人会来讨饭。

我们之所以长篇摘录巴苏先生的论述，是因为我们的确能从引文中对这种类型的家庭得到近乎活生生的了解，这类家庭自从新石器时代以来就在人类社会中流行，至今仍流行于印度、中国和远东；而在西方，它却迅速地被国家的和地方的教育组织和大规模的工业制度代替了，后者有可能容许个人有较多的独立和自由，而独立和自由在上述的大家族中却是闻所未闻的事。

现在让我们再回到雅利安的史诗为我们保存的历史上去。

梵文史诗所叙述的故事和《伊利亚特》所述的非常相似。它记述一种肤色白皙而食牛肉的民族的故事——他们只是后来才变成素食主义者的——他们从波斯进入北印度的平原，朝着印度河一路缓慢地扩张。他们从印度河遍布到印度各地，但在扩张的同时，又从他们所征服的肤色暗黑的达罗毗荼人那里学到了不少东西，而且他们似乎已经失去了自己的弹唱传统。巴苏先生说，古代诗歌主要是由妇女们在家庭里传递下来的。

向西推进的克尔特族的口头文学不如希腊人或印度人的保留得那样完整；许多世纪以后，它才被写成文字，因为和粗野的、原始的英格兰著作《贝奥伍尔夫》一样，已经失去了迁徙到原是先前的一个民族居住的地方的这一段时期的任何明确的证据。如果其中确有前雅利安人的形象的话，那就像是爱尔兰故事中的神话人物了。

爱尔兰与操克尔特语的各个社会大多隔绝，直到很晚的时期仍然保留着它的原始生活；爱尔兰的《伊利亚特》——《泰恩》，描述了一种畜牛生活，人们还使用战车，也用战狗；把砍下的人头悬挂在马颈下面带走。《泰恩》是一部劫掠牛畜的故事。它所描写的社会秩序和《伊利亚特》中的相同；酋长们坐在大厅里欢宴；他们为自己盖起了厅堂，有弹唱诗人在那里唱歌，讲故事，人们在那里酣饮沉醉。那时，僧侣还不多见，但是有一类巫医，从事于符咒和预言。

第二十章　希腊人和波斯人

1　希腊诸民族

希腊人出现在历史黎明前的微光之中（约公元前 1500 年），作为还不是完全游牧的流动的雅利安民族之一，正在把他们的牧区逐渐向南扩张到巴尔干半岛，并跟以克诺索斯为顶峰的前爱琴文明发生冲突和混合。

在荷马的史诗里，这些希腊部落操一种共同的语言，并有以史诗所支持的一种共同的传统使他在松散的同盟中联合起来。他们用一个共同的名词统称自己的各个部落，即赫伦人。他们大概是一批批地在连续的浪潮中来到这里的。古希腊语区分为三个主要的变型：爱奥尼亚语、埃俄利亚语和多利亚语。此外还有许多方言。爱奥尼亚人大概是在其他希腊人之前，并且已经和他们所征服的、开化了的民族密切混合了。就种族来说，像雅典和迈利特这些城市的人多半属于地中海族，而不属于诺迪克族。多利亚人显然组成了最后、最强而又最不文明的一股移民浪潮。这些希腊部落征服了和摧毁了大部分在他们来到以前原有的爱琴文明，并且在它的废墟上创立了自己的文明。他们开始出海，并取道群岛到达小亚细亚；又航经达达尼尔海峡和博斯普鲁斯海峡，在黑海南岸，不久以后又在黑海北岸扩建了许多居留地。他们还扩展到了在最后称为大希腊的意大利南部以及地中海北岸。他们还在一个腓尼基的殖民地旧址上建立了马赛镇。早在公元前 735 年，他们便开始在西西里岛设立了居留地，同迦太基人相抗。

希腊本土背后是同种的马其顿人和色腊基人；左翼是弗里吉亚人，他们渡过了博斯普鲁斯海峡，进入了小亚细亚。

我们发现，希腊人的这种分布状况，在开始有成文历史以前，就已经形成了。到了公元前 7 世纪，即犹太人被囚禁于巴比伦的时候，在欧洲，前希腊文明

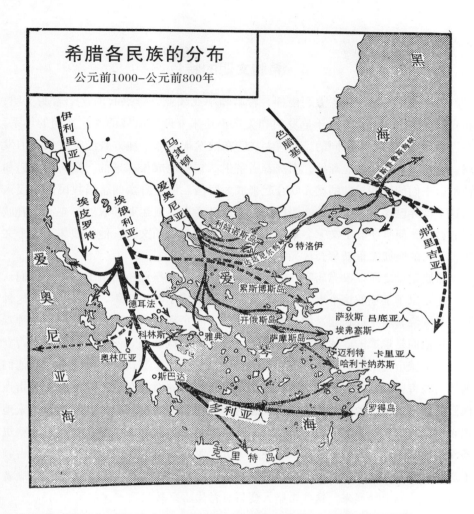

的古代世界的界标已经消失了。提林斯和克诺索斯成了无足轻重的地址；迈锡尼和特洛伊仅存在于传说之中。这个新的希腊世界的大城市是雅典、斯巴达（拉克代蒙的首都）、科林斯、提佛、萨摩斯和迈利特。我们祖先所称的"古希腊"的世界，是在更古的古希腊的被人遗忘了的废墟上兴起的，后者在许多方面也是很文明的和艺术的，我们今天只有通过发掘者的劳动才开始对它有所认识。

但是我们目前叙述的这个较新的古希腊，在人们的想象中和制度上，仍然栩栩如生，这是因为它所操的优美而又最富于表达力的雅利安语，和我们的语言是具有亲属关系的。同时，又因为它接过了地中海的字母，并且增添了元音使它更趋于完善，所以读书和写字在当时成了易于学习和实用的技术，很多人都能掌握它们，为后世留下记载。

2　希腊文明的特色

公元前 7 世纪，在意大利南部、希腊和小亚细亚一带兴起的这个希腊文明，和我们业已探索过的源出于尼罗河和美索不达米亚两河流域的两大文明的体系，在许多重要方面是不相同的。那两大文明在被发现的那个地方曾经经过长期的发展，它们是从原始农业开始，围绕着庙宇生活缓慢地成长起来的。祭司国王们和神祇国王们使这些早期的城邦联合起来成为帝国。但是野蛮的希腊牧民南下侵入的这个世界已经有了古老的文明历史。这里已经有了航运业和农业，有了围着城垣的城市，而且还有了文字。希腊人并没有产生自己的文明；他们破坏了一个文明，在它的废墟上重新集合成另一个文明。

希腊记录之所以没有庙宇—国家的阶段，也没有祭司—国王的阶段，我们认为一定是出于上述的这个事实。希腊人直接就形成了城市组织，而在东方，这种组织是围绕着庙宇成长起来的。希腊人接受了庙宇和城市相联系的状况；这种观念对于他们是现成的。他们对城市的印象最深的大概就是它的墙垣。他们是否立即过上了城市生活，具有了市民身份，这还是个疑问。起初，他们住在遭到他们破坏的城市废墟之外的不设防的村庄里。但在他们的面前有这样一个时时在指点他们的城市模型。他们起初把城市设想为动乱时期的安全地方，并且不假思索地把庙宇设想为城市固有的特色。他们在开始继承原先文明的这份遗产时，头脑里还深深地带着森林地带的观念和传统。《伊利亚特》里英雄时代的社会体系占领了这块土地，并使它自己适应于这个新的环境。随着历史的发展，由于被征服者的信仰自下而上地涌来，这些希腊人变得日益崇奉宗教和趋于迷信了。

早期的希腊海战（采自公元前约 550 年的瓶面）

我们已经说过，原始雅利安人的社会结构是贵族和平民两个阶级的体系，这两个阶级彼此并不是截然划分的，他们在战争中同受一个国王的领导，这个国王不过是一个贵族家庭的同辈中居首位者，是和他身份相等的人中的首领。后来他们征服了土著人口，建起了城镇，于是在这个只有两个阶级的简单的社会安排上面增加了一个较低的阶层：农夫以及技工和粗工，这些人绝大部分都是奴隶。但并不是所有的希腊社区都属于这种"征服者"的类型，有些是"避难"城市，代表被击溃的社区，在那里就没有土著这个下层了。

在前一种的许多城市里，遗留下来的早期居民形成了一个隶属阶级。整个来说全都是国家的奴隶，斯巴达的赫洛特人［农奴］就是一个例子。贵族和平民成为地主和耕地的乡绅；指导造船的和从事经商的就是他们。但是有一些比较贫穷的自由公民却从事于机械技术，如我们已经提过的，他们为要得到报酬，甚至愿意在大帆船上划桨。这个希腊世界的僧侣，不是神龛和庙宇的守护者，就是祭祀的主管者；亚里士多德在他的《政治学》中，只把他们作为官吏阶级里再分出来的一个部分。这些市民年轻时期当战士，壮年时期当统治者，到了老年就当僧侣。这个僧侣阶级同埃及、巴比伦尼亚相当的阶级比较，人数较少而且也不那么重要。

如前所述，希腊人本来的神，即英雄时代的希腊人的神，是受人尊崇的人物，人们对神既不十分恐惧，也不十分敬畏；但是，潜伏在战胜者的自由人的诸神下面还有被征服的民族的其他诸神。暗地里信奉这些神的是奴隶和妇女。没有人指望雅利安人原来的神会显出什么神通奇迹，或者会支配人们的生活。但是希腊，和公元前1000年中的大部分东方世界一样，非常爱好祈求神谕或占卜者。德耳法尤其以神谕著名。吉尔伯特·默里说："当部落中最年老的人们无法告诉你应当做什么事情的时候，你就去找神圣的死者。全部神谕都在半神式的英雄们的墓上。这些神谕会告诉你，什么是'特弥斯'［掌管法律和正义的女神］，哪些是应当做的事，就像现在信教的人说的那样，什么是上帝的意旨。"

庙宇里的男女祭司既没有结合成为一个阶级，也不作为一个阶级行使任何权力。贵族和自由平民这两个阶级有时会合成一个公民的共同体，组成希腊城邦的主体。在许多情况下，特别是在大的城邦里，奴隶和没有公民权的异邦人在人数上大大超过了公民。但对他们来说，只在受到优遇的时候才有城邦的存在；城邦在法律上是仅对被选择出来的公民这个团体而设立的。城邦对待异邦人和奴隶可能宽容，也可能不宽容。他们对所受到的待遇在法律上没有发言权——它如果是个专制政体，发言权也不会更多。

这是一个和东方的君主政体大不相同的社会结构。希腊公民的排外自大，使人想到有点像犹太国后期的以色列子孙的排外自大。但在希腊人方面，既没有相当于先知者和祭司的人，也没有相当于一个君临一切的耶和华的观念。

希腊城邦和我们曾经提到过的任何人类社会之间的另一个差异，是希腊城邦的继续不断的和无法挽回的割据状态。埃及、苏美尔、中国，当然还有北印度，这些地方的文明都是从一些独立的城邦开始的，每个城邦是一座城，四周几英里有附属的农业村庄和耕地。可是，它们从这种阶段，经历了一个合并的过程，进入了王国和帝国。但是希腊人，直到他们独立的历史终了都从来没有合并过。一般说来，这种情形被认为是出于他们所处的地理环境。希腊是个被群山和海湾割裂为河谷众多的国家，相互间交通困难，以致很少有城邦能在一段时间里使其他多数城邦附属于自己。此外，许多希腊城邦是在海岛上和分散在辽远的海岸上。结果是，希腊最大的一些城邦比英国的许多州还小；有些城邦的面积只有几平方英里。希腊最大的城市之一——雅典，在它全盛的时期，也不过拥有大约三十几万的人口。其他的希腊城市人口很少有超过 5 万的，这个数目里一半或过半是奴隶和异邦人，自由人的部分 2/3 是妇女和儿童。

3　希腊的君主政体、贵族政治和民主政体

这些希腊城邦的政体在性质上差别很大。希腊人在征服以后定居下来的时候，曾有一段时期保持了国王的统治，但是这些王国却逐渐流于贵族阶级的统治。在斯巴达（拉克代蒙），国王的地位到了公元前 6 世纪时仍然是显要的。拉克代蒙人有一种奇特的双王制，由出于不同王室的两个国王共同统治。

但是远在公元前 6 世纪以前，大多数希腊城邦早已成为贵族共和国。可是，大多数有世袭统治权的家族却逐渐变得怠惰、无能，早晚要衰落。当希腊人出海建立殖民地和扩展贸易的时候，新的富裕家族就起而排挤旧的人物，并推举新的人物出来掌权。这些暴发户成了扩大了的统治阶级的成员，这种政体就被认为是寡头政治——和贵族政治相对而说的——不过，严格地说，"寡头政治"（等于少数人执政）这个名称应该把世袭的贵族政治作为一个特殊情况包括在内。

在许多城邦里，某些精力特别充沛的人物利用了某些社会矛盾或阶级不满，在城邦内多少获得了一些非正规的权力。在美利坚合众国就出现过这种突出人物和特殊机会的结合，例如，那里行使各种各样非正式权力的人们被称为头子。在希腊，这种人被称为僭主。但僭主比头子稍大一些；人们公认他是君主，他宣称

享有君主的权威，另一方面，现代的头子隐蔽在合法形式的后面，他"抓住"合法形式，并利用它来达到自己的目的。僭主和国王又有区别。国王宣称具有某种统治的权力，例如某种家族的优先地位。而僭主却受到也许是心怀不满的贫民阶级的拥护。以雅典的僭主庇西特拉图为例，他在公元前560年和公元前527年间两次被流放，但受到了贫穷不堪的雅典山地居民的拥戴。有的僭主，如在希腊的西西里岛，却支持富人反对穷人。后来，波斯在开始征服小亚细亚的希腊城市的时候，便把亲波斯的人立为僭主。

伟大的哲学导师亚里士多德出生在马其顿的世袭君主制度下，做过几年国王儿子的老师。在他的《政治学》中，他把国王和僭主区别开来，国王是用公认的、固有的权力进行统治，例如他所侍奉过的马其顿王，而僭主的统治却没有得到被统治者的同意。事实上，人们很难设想一个僭主没有得到多数人的同意，没有他的臣民中很多人的积极合作，就能够进行统治的；而所谓"真正的王"的忠诚和无私受到怨愤和怀疑也是时有所闻的。亚里士多德还说，国王的统治是为了国家的利益，而僭主的统治是为了他自身的利益。在这一点上，跟他把奴隶制度看成极其自然的事情，并认为妇女不适宜于享有自由和政治权利一样，亚里士多德是和他所处的时代潮流协调一致的。

公元前6世纪至公元前4世纪在希腊日益流行的第三种政体，被称为"民主政体"。因为世界上现今经常在谈论民主，又因为民主的近代观念和希腊城邦的民主大不相同，所以把希腊民主政体的含义搞清楚是有好处的。当时的民主就是平民（demos）的政府；这是全体公民的政府，是多数人的政府以区别于少数人的政府，让现代读者注意"公民"这个词。奴隶不在内，被释放的奴隶和异邦人不在内；甚至在城内出生的希腊人，而他的父亲来自离城8或10英里畦头未耕之地以外的，也不在内。较早期的民主政体（但不是全部）规定公民要具有财产上的资格，而当时的财产就是土地；后来，这个限制放松了，不过，现代读者要理解，这里它和现代民主有些很不相同的地方。例如雅典在公元前5世纪末就取消了这种财产上的资格；但雅典大政治家伯里克利，此人以后还要提到，却颁布过一条法令（公元前451年），规定公民只限于那些能确证父母双方都是雅典后裔的人。这样一来，希腊的民主政体同寡头政治就差不多了。公民们组成了一个紧密的社团，有时，如在雅典的全盛时期，竟统治了一个奴隶和"异邦人"的广大人口。

现代政治家习惯于一个全然崭新和不同的观念，认为民主政体在它完备的形式下是指每个成年男女在政府里都有发言权。如果突然拐回到最极端的希腊民主政体上来，就会把它当作一种寡头政治。一个希腊的"寡头政治"和一个希腊的民主政体之间唯一真正的不同是：在前者，比较贫穷和不那么重要的公民在政治上没有发言权；而在后者，凡是公民都有发言权。亚里士多德在他的《政治学》里把这种区别的实际后果透露得非常清楚。在寡头政治下，对于富人征税不重；而另一方面，民主政体不但向富人征税，并且通常给贫穷的公民以生活津贴和特殊费用。在雅典，甚至出席公民大会也要给以津贴。但在公民这一幸福的品级之外的一般人却要工作，叫他们做什么就得做什么。他们当中如果有人想得到法律的保护，他就得找一个公民为他辩护。因为在法庭上唯有公民才有地位。认为国家中任何人都应该是一个公民的那种现代观念，是会使那些享有特权的雅典民主主义者大为惊骇的。

公民阶级垄断政权的一个明显的结果，是这些享有特权的人们的爱国精神具有强烈而狭隘的形式。他们和其他城邦可以结成同盟，但决不会同它们合并，因为合并就会剥夺他们赖以生存的各种利益。这些希腊城邦狭隘的地理上的界限增加了他们感情的强度。一个人的爱国心因他对家乡、宗教和家庭的热爱而加深；因为这些都是一回事。奴隶当然不会有这类感情。在寡头政治的城邦中，受到排斥的阶级对压迫他们的阶级的深恶痛绝往往超过他们对外国人的憎恶，但是，在大体上，希腊人的爱国心是一种具有激动和危险强度的个人感情。如同失恋一样，它很容易转变成有些很类似仇恨的感情。希腊的流放犯类似法国的或俄国的皇党逃亡者（émigré），他们下定决心要十分粗暴地对待自己所热爱的祖国，以便把她从那些盘踞在国内并赶他们出来的人面兽心者手中拯救出来。

公元前5世纪，雅典同其他一些希腊城邦形成了一个相关联的体系，这就是史学家们常称的雅典帝国。但是其他各城邦仍然保存着自己的政府。雅典帝国增加的一项"新事实"，是它彻底而有效地镇压了海盗抢劫；另一项是某种国际法的制定。这种法确实就是雅典法；但是，现在同盟各城邦的公民都可以相互诉讼，并得到公平的裁判。在此以前，这当然是不可能的。

雅典帝国实际上是从抵御波斯的互助联盟发展而来的；联盟的总部原来设在德罗斯岛，各个盟邦都向德罗斯岛的公共金库捐献；后来因为这个金库可能会遭到波斯人的劫掠，所以移到了雅典。各个城邦后来又相继用捐款来代替兵役，结果是，雅典几乎担负了联盟的全部工作，也几乎接受了全部款项。它得到一两个较大的岛屿的支持。于是"联盟"逐渐成为一个"帝国"。但是，除了订有相互通婚以及类似的专门条约以外，同盟各邦的公民实际上彼此依然以外国人相待。而维持这个帝国的主要是雅典的贫苦公民的极端奋勇和孜孜不倦的个人服役。每一个公民只要是在18岁和60岁之间的,都有义务在国内或国外服兵役,有时纯粹是为了雅典的事务,有时则是为了保卫帝国的一些公民们已经付过捐款的城邦。在雅典的公民大会上,几乎没有一个年过25岁的人不曾在地中海或黑海的不同地区参加过几次战役,而且不期待再服兵役的。现代帝国主义被它的敌手斥为是富有者对世界的剥削,而雅典的帝国主义则是雅典较贫困的公民对世界的剥削。

和现代状况的另一个区别是,希腊城邦由于面积狭小,在它的民主政体下,每个公民有权参加民众大会,并在会上发言和投票。对于大多数城邦来说,这不过是数百人的集会;最大的集会也不超过数千公民。在投票者可能有700万人的现代"民主政体"下,这种事情是不可能的。现代"公民"对于公共事务的发言权仅限于对向他们提出的这个或那个政党候选人的投票权。之后,他或者她,就被认为对由选举产生的政府已经"予以同意"了。亚里士多德一定会热烈欣赏我们现代民主政体的选举方法,他很巧妙地指出过,在民主政体下,怎样通过频繁地召开民众大会,使得远离的农民阶级的公民无法经常出席,而实际上被褫夺了他们的公民权。在后期的希腊民主政体下(公元前5世纪),执政官的任命,除了要求有非常专门知识的官员以外,其余都由抽签产生。这是被认为可以保障享有特权的公民的一般社团的利益,以免富有的、有影响的和卓有才能的人物长期占有优势。

有些民主政体(如雅典和迈利特)制定了一种称为陶片流放制——这个名称是从"陶片"(ostrakon)来的,表决的时候,投票人在陶片或贝壳上写下一个人名——每当发生危机和冲突时,便用这个方法来决定某些公民应否流放10年。现代的读者可能将此视为是个值得羡慕的制度,然而这并不是它的实质。吉尔伯特·默里说,这是在政治感情分歧很大以致濒临僵局的时候取得决定的一种途径。在希腊的民主政体下,有政党和政党领导人,但是没有经常在执政中的政府和正常的反对派。因此,一个政策,尽管它是符合民意的政策,但如果某个强有力的领袖或强有力的团体起而反对的话,这个政策便无法实施。有了这种陶片流放制,那些最不得人心或最不被信任的主要领袖们,在意见分歧的社会里,可以被迫引退一段时间,而无损于他们的荣誉或财产。

这种陶片流放制曾使雅典的民主政体中一个不出名的、没有受过多少教育的成员名垂不朽。一个名叫亚里斯泰迪兹的人在法庭上因为他的公正的行为而获得盛名。在关于海军政策的一个问题上,他和泰米斯托克利斯发生了一场争论;亚里斯泰迪兹主张发展陆军,而泰米斯托克利斯则是一个主张建立"强大海军"的人，双方僵持不下。于是利用陶片流放制在他们之间作出决定。据普卢塔克所述，当投票正在进行的时候，亚里斯泰迪兹走过街道，有一个来自近郊农村的不相识的公民，因为不惯于写字，便向亚里斯泰迪兹招呼，求他把他自己的名字写在交给他的陶瓷碎片上。

"但为什么？"亚里斯泰迪兹问道，"亚里斯泰迪兹伤害过你吗？"

"没有"，这位公民回答，"没有。我从来没有见过他。只是，啊！老听人把他叫作公正的亚里斯泰迪兹，我实在厌烦了。"

普卢塔克说，亚里斯泰迪兹于是不再多说，就按照这个人的意愿写了。

如果明白了这些希腊宪法的真实含义，特别是明白了无论在民主政体或者寡头政治下，一切权力仅限于当地的特权阶级所有的话，就会理解到，散布在地中海地区的数百个希腊城邦多么不可能做到任何有成效的联合，它们之间甚至也不可能为了一个共同的目的做到任何有成效的合作。每个城邦都在几个人或几百个人的掌握之中。对于这些人来说，城邦间的分离是他们生活中最重要的事。只有外来的征服才能统一这些希腊人，直到希腊被征服以前，他们从来没有政治上的统一。当他们终于被征服时，他们被征服得那样彻底，以致他们的统一，甚至对于他们自己来说，也已无关紧要，因为这是一种臣服的统一。

然而，在所有的希腊人之间始终有某种统一的传统，这种传统基于共同的语言和文字，基于共有的英雄史诗，基于城邦的海上位置而形成的不断交往。此外，他们还有某些具有一种统一性质的宗教上的结合。有些神庙——例如德罗斯岛和德耳法的阿波罗神庙——维持它们的不是某一个城邦，而是城邦联盟，或者近邻同盟（即邻邦之间的联盟）。这些同盟，以德耳法近邻同盟为例，成为范围很广的联合。近邻同盟保护神庙，保护参拜者的安全，维持通往神庙的道路，在特殊的节日里维持和平，还订出某些规约使盟员之间减少使用战争手段和——特别是德罗斯同盟——镇压海上抢劫。使希腊人联合起来的一个更重要的纽带是每4年在奥林匹亚举行一次奥林匹克运动会。会上的主要竞技是：赛跑、拳术、相扑、投标枪、掷铁饼、跳高、赛车和赛马。对获胜者和参与的贵宾都有记录保存。自从公元前776年以来，这些运动会一直定期举行了1000多年。它为维持那种超越于城邦狭隘政治的共同希腊生活（泛希腊的）的意识起了很大的作用。公元前776年是首届奥林匹克年，是希腊年表的一个有价值的起点。

这些在情操和交际方面的纽带，对于抵制希腊政治制度上强烈的"分离主义"没有多大用处。从希罗多德的《历史》中，学者们将能逐渐了解到一种强烈而固执的纷争意识，它使希腊世界长期处在战争状态之中。古代（大约到公元前

6世纪），希腊盛行相当大的家族，还始终保留某些古老的雅利安家族制度，它具有强烈的氏族感情和能长期维持氏族争斗的力量。雅典的历史许多年来是围绕着阿尔克门尼和庇西特拉图这两大家族间的争斗而展开的；后者同样是一个贵族家族，但它的力量却建立在较为贫穷的平民阶级的拥护和对平民的不满能加以利用之上。后来，在公元前6世纪到公元前5世纪期间，生育受到限制，家庭缩小到两三个成员——亚里士多德提到过这一过程，但没有看出它的原因——导致了古老的贵族氏族的灭绝。此后的战争，与其说是由于家族间的仇杀，不如说是由于个人冒险家所引起和煽动的商业上的争夺和不满。

看到希腊人的这种强烈的分离主义，就不难理解，为什么亚洲和群岛上的爱奥尼亚人最初那么容易地陷入吕底亚王国的统治下，而后，当居鲁士推翻了吕底亚国王克雷兹的时候，又轻易地落入波斯人之手。他们造过反，但又被征服了。后来便轮到了欧洲的希腊。但希腊居然没有落到波斯人，即西亚古代文明的野蛮统治者雅利安人的支配之下，真是一件怪事，连希腊人自己也感到惊奇。但在叙述这一斗争之前，我们必须略谈和希腊人敌对的亚细亚人，尤其是米地人和波斯人，他们在公元前538年，已经占有了亚述和巴比伦尼亚的古代文明，而且即将征服埃及。

4　吕底亚王国

我们在前面曾经提到了吕底亚王国，在继续叙述我们的故事之前，最好略述吕底亚人的情况。小亚细亚大部分地区的原始居民可能和希腊以及克里特的原始居民是同一种族的人。如果是这样，那他们就是属于"地中海"种族。他们也可能是另外一个更为普遍、肤色基本上是暗黑的民族的另一分支，从这一种人产生了西方的地中海种族和东方的达罗毗荼种族。具有与克诺索斯和迈锡尼同类特色的艺术品遗迹，散布于小亚细亚各地。但正当诺迪克种的希腊人南下涌入希腊本土，征服并混合了当地的土著居民时，另外一些与希腊人同种的诺迪克部落也通过博斯普鲁斯海峡，涌入了小亚细亚。在某些地区，这些雅利安族完全占了优势，成为当地居民的主体，并保持了他们的雅利安语。这些就是弗里吉亚人，他们的语言几乎像马其顿语那样，接近于希腊语。但在其他地区，雅利安人并不这样占优势。在吕底亚，原来的种族及其语言都保持着自己的原状。吕底亚人不是雅利安人，操的也不是雅利安语，这种语言现存的只有少数几个词汇，他们的首都是萨狄斯。

他们的宗教也不是雅利安的宗教。他们崇拜大母女神。弗里吉亚人虽然保持他们近似希腊的语言，也受到神秘宗教的影响，这种神秘宗教大部分是秘密仪式，后来在雅典盛行，可以溯源于弗里吉亚（当时还不是色腊基）。

吕底亚人起初占有了小亚细亚的西部海岸，但来自海上并建立城市的爱奥尼亚希腊人在小亚细亚定居下来，把吕底亚人赶了回去。然而后来，这些爱奥尼亚希腊人的城市又成为吕底亚国王的附庸。

吕底亚国的历史，人们始终不太清楚，即使知道，也没有必要在本史纲中加以叙述。但公元前8世纪，一个名叫该基斯的君主，倒是值得注意的。他所统治的国家遭到了另一种雅利安人的入侵；某些称作基墨里人的游牧部落横越小亚细亚，蜂拥而来。该基斯和他儿子及孙子历尽艰难把他们赶了回去。萨狄斯被这些蛮人两度占领和焚毁了。有记载说，该基斯给沙达那帕鲁斯纳过贡，这件事可以把他同我们对于亚述、以色列和埃及历史的一般观念联系起来。后来，该基斯背叛了亚述，派兵去帮助普萨姆提克一世，把埃及从它被亚述人暂时的奴役中解放了出来。

使吕底亚成为一个相当强的国家的是该基斯的孙子阿吕阿特斯。他在位7年，使小亚细亚大多数爱奥尼亚人的城市隶属于他。这个国家成为欧、亚两洲间的一个巨大的贸易中心；它一直物产丰富，而且富有黄金，当时吕底亚的君王以富甲亚洲而闻名。那时，黑海和地中海之间，东方和西方之间，来往频繁。一般认为吕底亚是世界上最早铸造货币的国家，同时也是最早开设旅店为客商提供方便的国家。吕底亚王朝似乎是克里特的米诺斯型的商业王朝，钱庄和金融业已经发达……关于吕底亚，我们的叙述到此为止，作为下一节的引语。

5　波斯人在东方的兴起

当一组操雅利安语的入侵者沿着上述路线在希腊、大希腊以及黑海沿岸发展的时候，另一组操雅利安语的民族正在定居下来并向亚述和巴比伦帝国的东方和北方扩张，在他们原来的诺迪克血统里可能已经掺有了蒙古利亚的成分。

前文已叙述诺迪克种的雅利安民族在黑海和里海以北呈弧形地散布；操雅利安语的印度—波斯种族大概就是经由这条路线逐渐来到今天的波斯国境的，他们一方面向东扩展到印度（？公元前2000—公元前1000年），另一方面在波斯高原上生息、繁衍，直到他们的力量强大到足以先攻亚述（公元前650年）后攻巴比伦（公元前538年）。

最近一万年来，欧亚两洲气候变化的情况，还不很清楚。冰河时代末期的冰区逐渐收缩，代之而起的是长期遍及欧洲大平原上的草原或类似草原的境况。据现在的估计，大约 1.2 万年或 1 万年以前，这种状况逐渐被森林环境所代替。我们在前面已经提到，由于以上种种变化的结果，梭鲁推的捕马的猎人让位给马格达连的渔民和森林中捕鹿的猎人，这些人又让位给新石器时代的牧民和农民。几千年前，欧洲的气候似乎比现在的暖和，有一大片海从巴尔干半岛沿岸远伸到中亚细亚，并向北扩展到中俄罗斯，这片大海后来涸缩了，结果使南俄罗斯和中亚细亚的气候变得严酷起来，这是同河谷中最早文明的发展同一时期的事。许多事实似乎都说明，三四千年以前，欧洲和西亚的气候比今天较为温和，这些事实还更有力地说明，当时的草木和植物的生长比现在更为茂盛。南俄罗斯和今天的西突厥斯坦一带在那时是森林一片，而现在则遍布着草原和沙漠。另一方面，咸海—里海地区在 1500 到 2000 年以前，大概比现在较为干燥，那时这两个海也比现在小些。

在这一点上，我们要提到的是，托特麦斯三世（大约在公元前 15 世纪）在他的出征幼发拉底河以外的途中，在这地区猎到了一群象，有 120 只。还有，在迈锡尼得到的一把大约是公元前 2000 年的爱琴海匕首，上面有进行猎狮的图。猎人手执长矛大盾，前后排列成行，第一个猎人用矛刺狮，当这头受伤的野兽向猎人扑来的时候，猎人倒在地上用大盾保护自己，让第二个猎人照样再刺，这样，直到狮子被刺死为止。这种狩猎的方法，今日的马萨伊人还在使用，而且只有在狮子众多的地方的人们才想得出来。但是狮子的众多正暗示着其他猎物的众多，同时也意味着植物的茂盛。我们在前面已经提到，大约在公元前 2000 年，旧世界中部气候变冷，使游牧的雅利安民族转而南下，到更为安定和文明的国家的田野上和森林中去了。

我们可以说，直到公元前 4 世纪左右，如果不是更晚的话，巴尔干半岛上还有狮子。公元前 8 世纪，西亚的象或许已经绝迹了。直到新石器时代，狮子（比现在的大得多）还在德国南部逗留。而在文史期开始时（大约公元前 1000 年），豹还栖息在希腊、意大利南部和西班牙南部。

雅利安诸族从里海东岸一带南下进入历史舞台，大约是在迈锡尼、特洛伊和克诺索斯落入希腊人手里的时候。在各种记载和铭文中，初次出现的具有大量不同名称的部落和种族，要把他们分辨清楚是困难的，幸而像我们这样一部初级的史纲，还不需要这些区别。有一个名叫基墨里的民族出现于乌鲁米亚湖和凡湖区域，那是在雅利安人从亚美尼亚扩张到伊拉姆以后不久的事。公元前 9 世纪，一

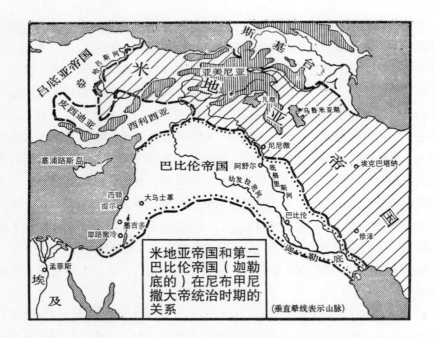

米地亚帝国和第二巴比伦帝国（迦勒底的）在尼布甲尼撒大帝统治时期的关系（垂直晕线表示山脉）

个称为米地人的和东邻的波斯人有很近的亲属关系的民族，出现于亚述碑文中。读者在本书中已见过他们的名字的提革拉特·皮勒塞尔三世和萨尔贡二世，都声称曾使米地人给他们纳过贡。米地人在亚述的铭文里被说成"危险的米地人"。当时他们还是一个部落的人，没有在一个国王的统治下统一起来。

伊拉姆和伊拉姆人的首都是修泽，这个民族具有的传统和文明至少和苏美尔人的一样古老。大约在公元前7世纪时，他们突然在历史上消失了。我们不知道发生过什么事。他们好像是被占领了，他们的人口被征服者吸收了。修泽落到了波斯人的手里。

斯基台人（希腊艺术家所绘）

这是仅存的古斯基台人画像之一，采自一个合金的希腊瓶画

在希罗多德的著作中出现于这一时期的与这些雅利安部落有亲属关系的第 4 个民族，是"斯基台人"。亚述的君主们有一段时期在基墨里人、米地人、波斯人和斯基台人这些同种的民族间进行挑拨，使他们相互对抗。亚述的公主们（例如埃萨尔哈顿的一个女儿）嫁给了斯基台人的酋长们。另一方面，尼布甲尼撒大帝却和成为全体米地人的国王的奇阿克萨列的一个女儿结了婚。雅利安族斯基台人支持闪米特族亚述人，雅利安族米地人又支持闪米特族巴比伦尼亚人。正是这个奇阿克萨列于公元前 606 年攻陷了亚述的首都尼尼微，把巴比伦从亚述的奴役下解放了出来，于是在迦勒底人的统治下，建立了第二巴比伦帝国。此后，亚述的同盟者斯基台人在历史上就见不到了。他们远去北方过着自己的生活，不大干涉南方诸族的事了。从这段时期的地图上，我们就能瞥见，在一个世纪的 2/3 的时间里，第二巴比伦帝国像羔羊一样伏卧在米地亚巨狮的怀抱里。

米地人和波斯人的内部斗争在公元前 550 年"波斯人"居鲁士继任奇阿克萨列王位的时候终于告一结束。这段历史，我们不打算多说了。这一年，居鲁士正统治着一个帝国，它的版图从吕底亚的疆界直到波斯，或许直到印度。我们在前文曾说过，巴比伦的末代统治者那波尼德那时正在巴比伦尼亚发掘古代记录和修建庙宇。

6　克雷兹的故事

但是世界上有一个君主感到居鲁士手中的新兴权力对他是一个威胁，这就是吕底亚王克雷兹。据希罗多德叙述，克雷兹的儿子是在极其悲惨的方式下被杀的。但这件事我们不打算在这里叙述。希罗多德说：

> 克雷兹有两年之久一直在非常悲伤中保持着沉默，因为他失去了他的儿子。但在这段时期以后，居鲁士推翻了奇阿克萨列的儿子的统治，波斯人一天一天地强大起来，这些情况使克雷兹停止了悲哀，而专心致志地考虑，在波斯人的势力正在成长，但还没有强大以前，他能否采取措施来使它中断。

他于是试求各种神谕：

> 克雷兹命令那些前往神庙进献礼物的吕底亚人就这个问题乞求神谕：克雷兹应否出征和波斯人作战，如果应该，他自己应否同任何一支作为友军的队伍联合出动。于是当这些吕底亚人到达了被派去的地方，供上奉献的礼品

以后，便请求神谕说："吕底亚和其他各国的国王克雷兹，认为这些是人间唯一正确的神谕，他把你的启示所应得的礼物奉献在你的面前，现在再次向你请示，他是否应该对波斯人作战，如果应该，他自己应否同任何一支作为盟军的队伍联合出动。"他们就是这样请示的。两个神谕的回答是相同的，即向克雷兹宣示，如果他进攻波斯，他就会毁灭掉一个强大的帝国……所以，当克雷兹听到带回给他的神谕的答复时，他大为喜悦，期待着他一定会摧毁居鲁士的王国。于是，他再次派人去皮托弄清了德耳法的人数以后，就赠给他们每人两个斯塔特［古希腊金币］的黄金，作为报答。德耳法人给了克雷兹和吕底亚人以请示神谕的优先权和免费权，在运动会上坐前排席位的权利，和任何吕底亚人如果愿意的话，应该都可以得到成为德耳法公民的这一永久性的特权。

因此，克雷兹既同拉克代蒙人又同埃及人结成了防守同盟。希罗多德继续说："然而，当克雷兹正准备进攻波斯人的时候，有一个吕底亚人劝告他，这个人在这以前已经被认为是个高明的人，而这时他所提出的见解更使他的智慧在吕底亚人中享有很大的名声。他劝告说：'国王呵，您准备进攻的人们穿的是革制的短裤，其他的衣服也都是革制的；他们吃的不是他们所喜欢的，而只是他们所能够得到的；他们住的是崎岖不平的土地；而且他们喝的不是酒而只是水；他们没有无花果作点心吃，也没有其他好东西。一方面，如果您征服了他们，既然他们一无所有，您能从他们手里得到什么呢？另一方面，如果您被他们征服了，您想想看，您将失掉多少好东西。因为一旦他们尝到了我们的好东西，他们将牢牢地抓住，而无法把他们赶走了。至于我自己，我要感谢诸神，因为他们没有使波斯人想到要进攻吕底亚人。'尽管他这样说，克雷兹却没有为他所动。实际上，的确，波斯人在征服吕底亚人以前既没有奢侈品也没有什么好东西。"

克雷兹和居鲁士在提里亚不分胜负地打了一仗，克雷兹退却了。居鲁士紧追不舍，克雷兹于是在他的首都萨狄斯城外应战。吕底亚人的主要力量在于他们的马队；他们即使没有经过训练，也是很出色的骑兵。他们用长矛作战。

当居鲁士在这里看到吕底亚人列队迎战时，害怕他们的马队，便采用了米地人哈尔帕戈斯如下的献策：他把辎重队中所有运载粮食和行李的骆驼都集合起来，把它们背上的东西卸了下来，让具有骑兵装备的人们骑了上去，在这样安排以后，指定他们走在其他军队的前头向克雷兹的骑兵队冲去。同时他命令步兵跟在骆驼队的后面，在步兵的后面他又布置了全部的骑兵。然后，在所有的兵士各就各位以后，他指令他们把阻挡他们前进的任何吕底亚人一个不留地杀掉，只留下克雷兹一个人，即使他在被俘时抵抗也不杀死。这些就是居鲁士的命令：他之所以要布置骆驼来和马队对峙——是因为马害怕骆驼，看到骆驼的形象或闻到骆驼的气味都受不了。因为这个原故，他策划了这条诡计，使克雷兹的马队变得没有用处，而吕底亚王所最寄以希望的又正是这支力量。于是当两军接战时，马匹一闻到骆驼的气味和看到它们，转身就逃，克雷兹的全部希望便立即化为泡影了。

在14天之中，萨狄斯被攻占，克雷兹成了阶下囚……

　　于是，波斯人俘虏了克雷兹，把他带到居鲁士面前；居鲁士垒起了一个大柴堆，命令身带枷锁的克雷兹爬到顶上去，在他两旁各有7名吕底亚的子弟。不知居鲁士是打算要把克雷兹作为他的胜利的初步果实供献给某一个神，还是打算在这里还一个誓愿，要不然就是他曾经听说克雷兹是个敬畏神灵的人，所以叫他爬上柴堆，因为他想知道，要是任何神灵会来救克雷兹的话，那么克雷兹就不应该被活活烧死。据说，他是这样做了。但是，站在火柴堆上的克雷兹，虽然在这样不幸的情况下，却想起了梭伦在圣灵的启示下曾经说过的话，就是没有一个活着的人是可以称为幸福的。据说，当想到这一点的时候，他保持了长时间的沉默，然后深深地叹息，大声地呻吟，又三次喊出了梭伦的名字。居鲁士听到了这个声音，便吩咐通译者问克雷兹他叫的这个人是谁，他们就走近去问他。据说，当他被询问时，他沉默了片刻，以后被迫紧了，他说："这是一个比许多财富更为可贵的人，我但愿他同所有的国王都谈一谈。"由于他的语意含糊，他们又向他追问，当他们催他回答不让他宁静时，他才告诉他们，有一次，一个名叫梭伦的雅典人怎样到他那里，看了他的全部财富，却加以蔑视，而说了如此这般一番话；他所遭遇的一切结果又怎样和梭伦的话十分相符；不消说，这番话不是专对克雷兹本人讲的，而是针对全人类讲的，特别是针对那些自以为幸福的人讲的。当克雷兹说这些话的时候，柴堆上已经点起了火，边沿四周正在燃烧，据说，居鲁士从通译者那里听到克雷兹所说的话以后，改变了主意，觉得他自己也不过是一个人，却正在把一向和他自己一样幸福的另外一个人活活地烧死。不但如此，他还害怕报应，并且回想到人间所有的东西没有一件是靠得住的；据说，他于是下令尽可能把正在燃烧的火赶快扑灭，并把克雷兹和他在一起的那些人从柴堆上带过来；他们虽然尽力，但火焰已无法控制了。据吕底亚人所说的，当克雷兹知道居鲁士已经变更了他的主意，并看到人人都在扑火，但已无法制止的时候，便高声呼唤阿波罗神，恳求说，如果神对他过去所呈献的任何礼品认为合意的话，那就要来帮助他，使他免于面临的大祸。他这样含着泪向神恳求，据说，在天晴日暖之中突然乌云密集，大风狂起，暴雨倾盆，柴堆就此熄灭了。

于是，居鲁士深信克雷兹是喜爱神的人，而且是个好人，便把他从柴堆上释放下来，问他说："克雷兹，告诉我在一切人中是谁劝说你来攻打我的国家，从而使你变成我的敌人而不是我的朋友的？"克雷兹回答说："哦，国王呵，我干了这件给你带来好运、给我带来灾祸的事。而惹起这样结果的，是希腊人的神，是它煽动我出兵进攻的。没有一个人愚蠢到这样的地步，会自愿选择战争而不要和平，因为在和平时期是儿子埋葬父亲，而在战争时期则是父亲埋葬儿子。但是，我想，这些事情这样实现，是合乎神们的意愿的。"

但是对于要编写一部史纲的人来说，希罗多德是个过于引人入胜的同行；至于有关克雷兹的余生，以及他如何向居鲁士出谋献策等，必须去读他的更详细的篇章了。

当吕底亚被征服以后，居鲁士便把他的注意力转向巴比伦的那波尼德。他在巴比伦城外打败了伯尔撒扎率领的巴比伦军队，然后围了城。正如我们所推测的那样，他大概是在柏儿的僧侣们的纵容下进入巴比伦城的（公元前538年）。

7　大流士侵入俄罗斯

居鲁士的儿子冈比西斯继承了王位。他率兵进攻了埃及（公元前525年）。在尼罗河三角洲发生了一次战斗，双方都有希腊雇佣兵。希罗多德宣称，战后五六十年，他还看见死兵的白骨暴露在战场上，他评论说波斯人的头盖骨较薄。希罗多德从来没有放松过反对波斯人的宣传。在这次战役以后，冈比西斯攻占了孟菲斯，并取得了埃及的大部分土地。

据说，冈比西斯在埃及发了疯。他任意蹂躏埃及的庙宇，并在孟菲斯住下来，去"发掘古墓，检验尸体"。他在来到埃及以前，就已经谋杀了前吕底亚王克雷兹和他自己的兄弟斯默迪斯，他在返回修泽的途中，由于一个偶然的创伤而死于叙利亚，没有留下接替他的继承人。不久大流士接了王位（公元前521年），他是米地人，是居鲁士的一个名叫希斯塔斯珀斯的大臣的儿子。

大流士一世的帝国比我们已经论述过它们成长的任何一个以往的帝国都大。它包括了整个小亚细亚和叙利亚,这就是说它包括了古吕底亚和赫梯帝国,整个古亚述帝国和巴比伦帝国、埃及、高加索和里海地区、米地亚和波斯,或许还进入印度直到印度河。在现今称为近东地区的各个民族中,唯有游牧的阿拉伯人没有向大流士的总督(省长)纳过贡。这个大帝国的组织比起它的任何先驱者来说,似乎都有高得多的效率。省和省之间有宽大的干路相连接,还有御用的驿站系统;每隔一定的距离,都有备好的驿马,随时供政府的信使和得到政府允许的旅客驰往下一站使用。在此以前,赫梯人大概很早就铺了贯穿国境的公路,然而,就我们所知,这是最早的驿站组织。除了属于帝国的通行权和向帝国输纳贡赋之外,地方政府享有相当多的地方性的自由。它们之间两败俱伤的冲突受到制止,这对他们都有好处。起初亚洲大陆上的希腊城邦向波斯纳贡,并分享了这个波斯的和平。

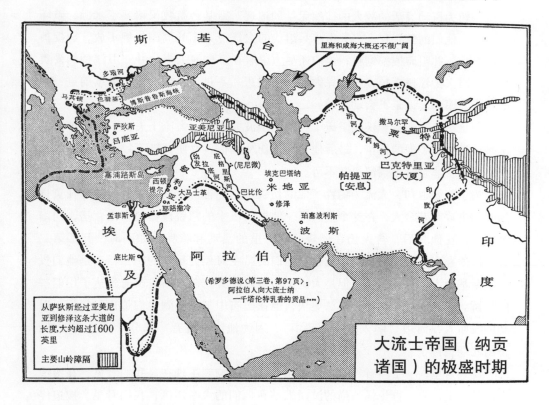

最先煽动大流士去进攻欧洲希腊人的是他宫廷中一个思乡心切的希腊医生。他想不惜任何代价回到希腊去。大流士已经有出征欧洲的计划,但他的目标不在希腊,而是指向越过博斯普鲁斯海峡和多瑙河的希腊之北。他想袭击南俄罗斯,因为他认为那里是威胁他北部和东北部边境的斯基台游牧民的家乡。然而他听信了诱惑者的话，向希腊派去了使者。

大流士大举远征使我们打开了对这段历史的境界。它揭开了我们至今还不曾提到过的在希腊背后的巴尔干半岛国家的帷幕，它把我们带到多瑙河并越过了它。大流士军队的主力从修泽出发，在向博斯普鲁斯海峡进军的途中一路集合了参与的队伍。他的希腊同盟军（亚洲的爱奥尼亚希腊人）在这里用船搭成一座浮桥。波斯大军从浮桥上过海，希腊同盟军则乘船驶往多瑙河，从河口向上游航行两天，登陆后又搭了另一座浮桥。与此同时，大流士和他的军队沿着当时称为色腊基，现在称为保加利亚的海岸前进。他们越过了多瑙河，准备同斯基台人的军队交战并攻下他们的城市。

但是，斯基台人没有城市，而且他们回避交战，于是这场战争变了质，成为对这些较为机动灵活的敌人的徒然无益的追逐。斯基台游牧民堵塞了水源，破坏了牧场。他们的骑兵在大多数由步兵组成的大流士大军的周围纠缠不放，捕捉掉队的士兵，并阻碍搜集饲料；他们还尽力说服在多瑙河上搭起并守卫浮桥的爱奥尼亚希腊人把浮桥拆掉，以确保大流士的毁灭。不过，只要大流士继续前进，他的希腊盟军的忠诚是不会动摇的。

但是艰难、辛苦和疾病阻碍了和削弱了波斯军队。大流士失去了许多掉队的士兵，又耗尽了他的粮草，最后他开始悲伤地确信，要使自己不致于精疲力尽和全军覆没，非越过多瑙河退却不可。

为了开始退却，大流士牺牲了他的伤病员。他告诉这些人说，他打算在黄昏的时候进攻斯基台人，在这个借口下，他把队伍中的精锐偷偷地带出营房，向南逃跑了，在他身后，营火仍在燃烧，营房里的活动和喧哗一如平时。到了第二天，被遗弃在营房里的人们才觉察到他们的君主对他们玩弄的阴谋，于是他们投降了斯基台人，听任摆布。但是大流士却得以脱身，在敌兵追及前到达了用船搭的浮桥。敌人的行动比他的军队更快，但在黑暗中却找不到他们追逐的目标。退却的波斯人在河边"陷入极端的恐惧"，因为他们发现有一部分浮桥遭到破坏，桥的北端毁掉了。

说到这里，一个声音经过多少世纪，一直回响到了现在。我们看见，在滚滚大河的岸上，有一群惊慌失措的波斯人站在他们的大帝周围；我们看见，被迫停止的大队人马，饥饿疲惫、被打得七零八落的运输队一直拖到天边，而追兵的前卫又可能在这条地平线上随时出现。尽管人多，却没有什么声响，只是一片怀疑的沉默。远从大河对岸像一个码头似的凸出着的是船桥的残余，是一个莫名其妙的东西……我们看不清那里是否有人，爱奥尼亚希腊人的船舶似乎还在对岸有待整列，但这一切都是非常遥远的。

这时在大流士身旁有一个埃及人，他有一个比世上任何人都要响亮的声音，于是大流士命令他站在伊斯特河（多瑙河）的岸上，呼喊迈利特的希斯提埃斯。

这个有名的人——在下文中即将谈到，会有一天，他的被斩下的头将被送到修泽献给大流士——出现在河中一只小船上，慢慢地划过来。

他们进行了一次谈判。我们推测，这次谈判是"行了"。

希斯提埃斯不得不作的解释是复杂的。有些斯基台人曾经来过，但又走了。这些人也许是侦察兵。看来斯基台人和希腊人之间好像有过一番讨论。斯基台人要把浮桥毁掉；他们说，他们会一举而全歼波斯军队，结束大流士和他的帝国，到那时亚洲的爱奥尼亚希腊人就能重新解放他们的城市。雅典人米太雅第正打算接受这个建议，但希斯提埃斯比较精细。他说，他宁愿在看到波斯人被彻底消灭之后才完全放弃他们的事业。当希腊人自己拆毁桥梁时，斯基台人是否向他们作出保证回头去毁灭波斯人呢？无论如何，不管希腊人最终倒向哪一边，希斯提埃斯明白，明智的办法就是毁掉桥的北端，否则斯基台人会抢先夺桥。事实上，甚至在他们谈判的时候，希腊人就着手把他们和斯基台人相联结的桥的北端尽可能快地破坏掉了。斯基台人骑马寻找波斯人去了，这样无论哪一方得胜，希腊人都是安全的。如果大流士得以脱逃，他们就倒向他的一边；如果大流士被歼灭，斯基台人也没有什么可埋怨的。

希斯提埃斯并没有把情况如实地向大流士说明。他至少保住了船舶和浮桥的大半。他把自己装得像是波斯人的忠实朋友，而大流士也不打算过于苛求。爱奥尼亚人的船只划过来了。疲惫不堪的波斯残军不久就怀着无限宽慰的心情，回头望着将他们和追兵远远隔开的多瑙河钢色的洪流。

大流士对远征希腊失去了欢乐和兴趣。他回到了修泽，在色腊基留下了一支军队，由他所信任的一个将军美加巴祖斯率领。这个美加巴祖斯一心要臣服色腊基。在那些勉强归顺大流士的城邦中间，有一个还是初次出现于我们史话中的王国，即马其顿王国。在这个王国里居住的民族和希腊人有这样密切的同盟关系，以致它的一个王子早已被接纳到奥林匹克运动会，并被允许在会上比赛得奖。

大流士打算酬谢希斯提埃斯，让他在色腊基为自己修建一座城，但美加巴祖斯对希斯提埃斯的可靠性有不同的看法，便说服了国王把他带到修泽，在顾问官的头衔之下，把他像囚犯一样软禁在那里。希斯提埃斯起初得到这个宫廷职位还很得意，后来才领会了它的真实含义。波斯的宫廷使他感到厌烦，他日益思念故乡迈利特。他开始捣乱，居然煽动了大陆上的爱奥尼亚希腊人对波斯人进行了一次叛变。这段迂回曲折的故事，包括爱奥尼亚人焚毁萨狄斯和在雷提岛战役（公元前495年）中打败希腊舰队，因为过于复杂，不能在这里详细叙述了。这是一段充满了叛逆、残酷和仇恨的黑暗纷乱的故事，其中多谋的希斯提埃斯之死几乎使人感到高兴。萨狄斯的波斯总督对希斯提埃斯的看法和美加巴祖斯相同，知道他善于欺骗大流士，就在他作为囚犯被押回修泽路过萨狄斯的时候，就地把他杀死，然后只把他的头颅送给他的主人。

塞浦路斯和希腊群岛，最后连同雅典，都被卷入希斯提埃斯所煽起的这场争夺之中。大流士这才明白，他在渡过博斯普鲁斯海峡的时候不向左转而向右转铸成了大错。于是他着手征服整个希腊，先从希腊群岛开始。

闪米特人的两个商业大城，提尔和西顿，归顺了波斯。腓尼基人和爱奥尼亚希腊人的船只又为波斯人提供了一支舰队，波斯人依靠这支舰队，把希腊岛屿一一征服了。

8 马拉松战役

波斯对希腊本土的第一次进攻是在公元前490年。这是对雅典的一次海上进攻，所用的兵力经过了长期而周到的准备；舰队里备有专为运送马匹而修造的运输船。这个远征队在阿提卡的马拉松附近登陆。波斯人是由一个变节的希腊人希庇亚斯带进马拉松的，他是曾做过雅典僭主的庇西特拉图的儿子。如果雅典陷落了，希庇亚斯就会在波斯人的庇护下当上雅典的僭主。同时，希腊人深刻地感到国事危急；有一个人，一个使者，也是一个长跑家，就从雅典跑到斯巴达，忘掉一切宿怨，说道："拉克代蒙人呵，雅典人请求你们不要让在赫伦人中最早建立的这座古城落到了蛮人的奴役之下，因为现在连厄瑞特里亚都已经被奴役了，赫拉斯因为这座名城的陷落——已经变得更软弱了。"

这个人名叫裴迪皮德斯。从雅典到斯巴达，直线距离将近100英里，如果把道路的曲折一并计算在内，就远得多，而他不到48小时就跑到了。

但在斯巴达人赶到现场以前，双方已经接战。雅典人向敌军发起了进攻。他们以一种令人难忘的风格作战："因为，据我们所知，在希腊人当中，他们是最先跑着向敌人进攻的，也是最先不怕面对米地人的服装和穿着这种服装的人们的,而在这以前,希腊人一听到米地人这个名称就给吓住了。"

波斯人的两翼在雅典人的猛攻前屈服了,但中军支持住了。可是雅典人既勇猛又沉着;他们让两翼奔跑,并向中央的两侧合围。于是波斯军的主力逃回到自己的船上。有7艘舰艇落到雅典人的手里,其余的都逃掉了。他们又企图绕道驶往雅典,乘希腊军队没有回来以前夺下这座城,但是没有得逞,这支舰队随即退回到亚洲。

现在用希罗多德的一段话来结束这个故事。这段话使我们进一步明白当时米地人的巨大威望:

> 在月圆以后,2000名拉克代蒙人来到了雅典,他们急急上路,以便能及时赶到,所以在离开斯巴达后第三天就赶到了阿提卡;虽然他们来得太晚,赶不上作战,他们仍然想见到米地人;于是他们继续走到马拉松,看看被杀的尸体;随后他们回去,对雅典人和他们的成就大为称赞。

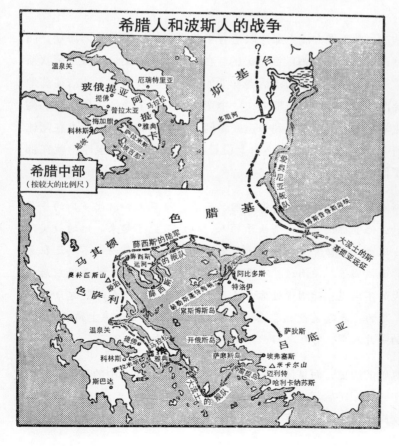

雅典步兵纪念像
(发现于马拉松附近)

9　温泉关和萨拉米斯

这样，希腊人由于恐惧团结了一段时间，取得了对波斯的第一次胜利。这个消息是和在埃及发生叛乱的消息同时传给大流士的，他还没有决定对付哪一方面，就去世了。他的儿子，又是他的继承人薛西斯，首先转向埃及，在那里设置了一个波斯总督，然后为第二次进攻希腊准备了4年。对希罗多德，我们必须记住他是一个爱国的希腊人，他在说下面的一段话时，正达到了他的史话的高潮：

> 因为，哪一个民族没有被薛西斯从亚细亚调去攻打希腊呢？除了大河而外，哪一条水没有被他的大军喝干了呢？有些民族把船只供应他，有些被派在陆军服役；有些被指定为骑兵提供装备，有些提供船只来运送马匹，同时他们自己也在远征队里服役；有些奉命提供作桥梁用的战船，还有些提供运载食粮的船只。

薛西斯进入欧洲，并不像大流士那样取道有半英里宽的博斯普鲁斯海峡，而是从赫勒斯蓬特（即达达尼尔）海峡渡过去的。在记述大军的集合以及从萨狄斯到赫勒斯蓬特的进军时，希罗多德的诗情占有了他的史笔。波斯大军浩浩荡荡地经过特洛伊城，薛西斯虽然是一个波斯人，一个蛮人，但似乎受过古典教育的陶冶，我们这位历史学家说，他这时转到一边去访问普里安的城堡。波斯人在阿比多斯跨越赫勒斯蓬特。同时，在一座小山上设置了一个大理石的宝座，就在那里，薛西斯检阅了他的全军阵容。

> 当薛西斯看到整个赫勒斯蓬特海峡船只云集，海岸上和阿比多斯的平原上人群盖地时，他宣称说他是一个快乐的人，以后又哭了起来。他的叔父阿塔班努斯——这个人起初曾大胆地表达了他的意见，劝说薛西斯不要远征希腊——看到薛西斯哭了，便问道："国王呵，你现在和你刚才的表现前后为什么有这么大的不同呢！你刚说过你自己是个快乐的人，现在却哭起来了！"薛西斯说："是的，我思前想后，悲悯之感涌上心头，人的一生何其短促，看这黑压压的一片人群，百年之后，就没有一个人还会活着了。"

这可能不是真确的历史，而是伟大的诗篇，它和《统治者》中的任何一章同样壮丽。

波斯的舰队傍岸航行，从一个海角到另一个海角，伴着陆上的巨大队伍向南进军；但是一阵风暴使舰队遭到了很大的损失，丢失了400只船，包括不少运粮船在内。起初，希腊联军出发到奥林匹斯山附近的泰姆彼河谷准备迎击入侵者，但随后又穿过色萨利而撤退了，最终挑选一个名叫温泉关的地方等待来犯的波斯人，当时——2400年的光阴已经使这些事物大为改观——这个地方在靠岸的一边有一座大峭壁，东临大海，在峭壁与大海之间，有一条仅能容纳一辆战车的小道。温泉关这种地形对于希腊人十分有利，因为它使马队或战车都无用武之地，同时交战的前线缩短了，使他们在人数上众寡悬殊的缺陷减小到最低限度。公元前480年的一个夏天，波斯人就在这里同希腊人交战。

希腊人一连三天顶住了这支波斯大军，使波斯人受到了重大的伤亡，而自己的损失却很小，到了第三天，波斯人从一个农民那里知道有一条翻山小路后，就派一个分遣队出现在希腊人的后方。希腊人急忙进行会商，有些人主张撤退，有些人主张坚守。全军的统帅利翁尼达斯主张留下；他说，他要300名斯巴达人同他在一起，同时其余的希腊军队可以安全撤退到第二个可以防守的关口。但是一支700名的狄斯比斯人的小分队却拒绝后退。他们宁愿留下来和斯巴达人共生死。还有一支400名的提佛人的小分队也留了下来。后来提佛人加入了波斯军，所以后来传说这400名提佛人是在武力威胁之下被迫留下的，这无论按军事的或历史的理由来看，都似乎是不大可能的。这1400人留了下来，经过一场英勇的奋战以后，只剩下了一个人。有两名斯巴达人碰巧害眼炎病离开了。当他们听到这个消息时，其中一个病得不能行动，另一个叫他的农奴把他领到战场上，他在那里盲目地砍杀，直到阵亡为止。幸存者亚里斯托提谟斯，被撤退的军队带走，回到了斯巴达。他在那里实际上并没有因为他的行为而受到惩罚，但是他被称为特瑞萨斯，意思就是"撤退的人"。这个名字就足够把他和其他斯巴达人区别开了。一年以后，这个人在普拉太亚战役中终于死在阵地上，表现为奋不顾身的非凡人物……那一小队人在那一条小道上守了一整天，前后都受到了波斯军的全力袭击。他们掩护了希腊主力军的退却，使入侵者蒙受了巨大的伤亡；他们提高了希腊战士的威望，使它超过了米地人，甚至比马拉松战役的胜利所得到的还要高些。

波斯的马队和运输队缓慢地穿过了温泉关的狭窄小道，向着雅典进军。同时，在海上发生了一系列的遭遇战。希腊舰队在前进的波斯船队面前节节后退，后者因为不大熟悉当地错综复杂的海岸和变幻莫测的气候，损失很严重。波斯军在数量上占的优势，使它得以逼近雅典；这时温泉关已经失守，没有比科林斯地峡更近的防线了，这意味着放弃包括雅典在内的全部中间地带。居民们要么逃走，要么向波斯人投降。提佛和全部玻俄提亚都投降了，而且被迫编入了波斯部队,只有普拉太亚这一座城除外,它的居民逃到了雅典。其次便轮到雅典,波斯人费了很大的力气促使雅典达成和议;但是相反,全体雅典居民决意放弃一切,跑到船上去。妇女和非战斗人员被疏散到萨拉米斯和它邻近的各个岛上。只有一些老得不能移动的人和一些持相反意见的人留在被波斯人占领并焚烧了的城里。当时被焚毁的圣物及神像等,后来由归来的雅典人埋在阿克罗波利斯,到了我们这时候才发掘出来,上面还看得见灼烧的痕迹。薛西斯派了一个骑马的信使把这个消息送到了修泽,并邀请曾由他亲自带回去的庇西特拉图的儿子们按照雅典人的方式在阿克罗波利斯行使继承和祭祀的权力。

在此期间希腊的联合舰队已经绕到萨拉米斯,在军事会议上,意见有剧烈的分歧。科林斯和地峡后面的城邦要舰队后退到科林斯海峡,放弃梅加腊城和伊吉那城。泰米斯托克利斯则极力坚持要在萨拉米斯的狭窄的海峡作战。大多数人坚决主张撤退,这时突然传来一个消息,说退路已被切断了。波斯人绕过了萨拉米斯,占领了对岸的海面。这个消息是由我们曾在陶片流放制一事中提到过的号称公正的亚里斯泰迪兹带来的。他那清醒的头脑和雄辩的口才给泰米斯托克利斯以很大的帮助,使得迟疑不决的将帅们精神振作了起来。这两个人过去是死敌,但是由于他们具有当时少有的宽大心胸,面对共同的危险时,忘记了彼此的分歧。拂晓,希腊的船只便出海作战了。

希腊人面对的舰队是比他们的更为混杂,又不如他们那样团结的舰队。但那支舰队大约三倍于他们。一翼是腓尼基人,另一翼是来自亚洲和群岛的爱奥尼亚希腊人。后者有些打得很顽强,另一些却记得他们也是希腊人。另一方面,希腊船只中绝大部分人员是为了保卫家园而战的自由民。最初几个小时是一场猛烈的混战。后来,注视着战斗的薛西斯明显地看出,他的舰队在企图逃跑了。逃跑变成了一场灾难。

约公元前400年的雅典军舰的划手
(在阿克洛波利斯发现的浮雕碎片)

薛西斯坐着观看这个战役。他看见自己的军舰被敌舰的尖锐船头所撞击，看见他的战士被射死；他的船只被登占了。那时的海战大多用撞击的方法，大舰倚仗自己优越的撞击力来压服敌舰，或者撞坏敌舰的橹桨，以此来破坏它们的机动能力，使它们陷于绝望。不一会儿，薛西斯看见他的几艘撞坏的舰艇投降了。在水面上，他能看见希腊人的头向岸边游过来；但"大多数蛮人因为不会游泳，都葬身于海底"。被紧紧追迫的波斯舰队的第一线，想要掉转船头，这个笨拙的打算导致了无法描述的混乱。有些被后面自己的船只撞倒了。按现代的任何标准看，这些古代的船只是粗劣的，不适于航海的货色。这时刮着西风，薛西斯的许多破船随风漂出他的视线以外，在远处岸边毁灭了。别的破船则被希腊人拖到萨拉米斯去了。还有一些受伤较轻、仍处在交战准备中的，则向着靠近他座下的海滩驶来，以便取得他的陆军的保护。海角对面，在那遥远而模糊的海面上四处散布着的，是在逃的波斯船和在逐的希腊船。一个又一个的灾难逐渐地展现在薛西斯的眼前。我们能够想象，在这一整天里，信使们穿梭来往，发出了不少无济于事的命令，计划改变了又改变。清晨，薛西斯出来，携带着书板，打算登记他的最有功的将帅，以便犒赏。在金色的夕阳下，他看到的是，波斯海军完全被击溃、沉没、毁灭了，而萨拉米斯对面那边，希腊舰队则是完整的、凯旋的，正在整理队伍，好像还不相信已经取得了胜利。

随后几天波斯军队仿佛犹豫不决，留在海战现场附近，后来才开始撤退到了色萨利，打算在那里过冬，继续作战。但薛西斯和他以前的大流士一世一样，对欧洲战役已经感到厌烦了：他害怕船桥的破坏，他带着部分军队去赫勒斯蓬特，把主力留在色萨利，由一个将军统率，他是马多尼乌斯。关于薛西斯撤退的情况，那位历史学家叙述道：

> 在行军途中，不论到什么地方，不论遇到什么民族，他们都劫掠那些人的谷物作为军粮，如果找不到谷物，那么，他们便采掘地上长着的草，剥下树皮，摘下树叶，狼吞虎咽地吃；不管它们是栽种的，还是野生的，都一样地吃掉；他们走的时候寸草不留，由于饥饿，他们就这样干。后来军队又传染上了瘟疫和痢疾，一路死人；还有一些病人，这个国王把他们甩在后面，命令在行军中碰巧经过的那些城市负责照顾和供应他们；其中有的留给了色萨利，有的留给了派俄尼亚的锡里斯，有的留给了马其顿……当波斯人经过色腊基到达渡口时，他们赶忙乘船渡过了赫勒斯蓬特海峡来到阿比多斯，因为他们找不到还架在那里的浮桥，它已经被一场暴风雨摧毁了。他们在那里

波斯卫队兵士
（采自修泽大流士宫接见大厅的壁腰装饰）

停留了一个时期，配给的食物比一路上所得到的要丰富些。由于无节制地满足了他们的饥饿，也由于水土不服，军队里原来还健康的人又死去了许多。余下的人就随同薛西斯到达了萨狄斯。

10　普拉太亚和米卡尔山

其余的波斯军队留在色萨利，由马多尼乌斯指挥，他持续了对希腊人的侵略战争，有一年之久。最后，他在普拉太亚的一场酣战中（公元前479年）大败阵亡。同一天，波斯海军和一支陆军在亚细亚大陆的米卡尔山附近，在埃弗塞斯和迈利特之间同样遭到了惨败。波斯的船队因为惧怕希腊人，已经拖到岸上，在它周围筑起了一道围墙；但希腊人登了陆，攻破了这道围墙。他们随后乘船驶往赫勒斯蓬特，摧毁了余下的船桥，所以后来从普拉太亚撤退的波斯败兵不得不乘船渡过博斯普鲁斯海峡，而这样做是有很多困难的。

希罗多德说，帝国权力遭到的这些灾害，激使亚洲的爱奥尼亚人诸城开始举行第二次对波斯的反叛。

希罗多德的《历史》第九卷到此结束了，他生于公元前484年左右，所以当普拉太亚战役发生时，他还是个5岁的孩子。他的史话中的很多内容，都是他从亲身参与过和亲眼看见过那些大事的人们那里收集来的。波希战争还拖了一段很长的时间；希腊人支持过一次埃及反对波斯统治的起义，并试行占领塞浦路斯，但没有成功；直至公元前449年左右，战事才告结束。那时小亚细亚的希腊海岸和黑海的希腊城市一般是自由的，只有塞浦路斯和埃及继续受着波斯的统治。希罗多德生来就是在哈利卡纳苏斯的爱奥尼亚城的一个波斯臣民。他当时35岁，他在和平以后一定趁较早的机会到巴比伦和波斯参观过。公元前438年左右，他大概去过雅典，他的《历史》已经写就，可以朗诵给别人听了。

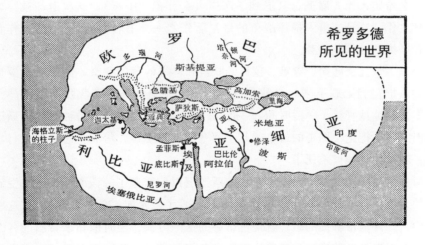

结成希腊大联盟以攻击波斯这个想法，对于希罗多德来说，并不完全生疏。有些读者怀疑他著述的目的是为了促使这种想法得以实现。那个时候，这种想法的确是很流行的。希罗多德描述了希斯提埃斯的女婿阿里斯塔戈拉给斯巴达人看"一块青铜板，上面刻有全部海洋和江河的世界地图"。他使阿里斯塔戈拉这样说："这些蛮人作战并不勇敢。另一方面，你们现在在作战技术上已经登峰造极。他们打仗用的是弓箭和短矛；他们作战时穿着裤子，戴着小帽。你们已经完善了你们的武器和纪律，他们是很容易被征服的。世界上其他一切国家并不是都有他们所拥有的东西；金、银、青铜、绣花的外衣、牲畜和奴隶；这一切，只要你们想要，都可以据为己有。"

百年以后，这些建议才产生了效果。

公元前 465 年左右，薛西斯在宫中被谋杀了。此后波斯并没有再企图征服欧洲。我们对这个大帝的帝国所发生的事情，还不如对希腊中部诸小城邦所发生的事情了解得多。希腊突然开始产生了文学，把它自己的事记录了下来，这是过去任何国家所未有的。公元前 479 年（普拉太亚之战）以后，米地人和波斯人的政府好像已经丧失了元气。这个大帝的帝国进入了衰退时期。阿尔塔薛西斯一世、薛西斯二世、大流士二世，先后走过了历史舞台；埃及和叙利亚发生过叛变；米地人也叛变过；阿尔塔薛西斯二世和他的兄弟居鲁士二世，为争夺王位而战斗。这段历史正如巴比伦尼亚、亚述和埃及的古代历史一样平淡。这是回复到正常状态的独裁政治，充满着宫廷的罪恶、血污的庄严和道德的败坏。但上述的最后一场斗争却产生了一部希腊的杰作。因为这居鲁士二世招募了一支希腊雇佣军，进军巴比伦尼亚，就在战胜阿尔塔薛西斯二世的时刻，在那里被杀死了。因此留下这一万名希腊人无人雇佣，又退到了海岸（公元前 401 年），这次退却被写成一本不朽之作。这是当事人描述战争的最早著作之一，书名是《长征记》，作者是这些希腊人的首领色诺芬。

谋杀、叛乱、惩罚、灾难、狡诈的联盟和卑鄙的背信弃义，而没有希罗多德这样的人把它们记载下来。这就是波斯历史的梗概。阿尔塔薛西斯三世浑身血污，影影绰绰地兴盛了一段时间。"据说，阿尔塔薛西斯三世是被巴戈阿斯谋害的。巴戈阿斯把这个国王的最小的儿子阿塞斯扶上王位，等到他想要独立行动的时候，就又轮到他被杀死了。"

历史就这样地继续下去，雅典在波斯败退以后繁荣了一段时间，后来受到了瘟疫的袭击，雅典最大的统治者伯里克利死了（公元前 429 年）。然而在这些混乱之中有一件值得一提的事，就是色诺芬的这一万人，当时散布于希腊的各个城市，他们根据自己的经验重复着阿里斯塔戈拉的宣言，波斯帝国是一个富有而混乱的国家，果断的人要征服它会是很容易的。

第二十一章 希腊的思想、文学和艺术

1 伯里克利时代的雅典

普拉太亚和米卡尔山战役以后的40年,是希腊史中一段比较和平和安宁的时期。虽然有过战争,但并不激烈。在雅典这一会儿,富裕的那部分人就有了闲暇和机会。由于一些偶然事故的配合,并通过一小群人的性格,这种闲暇和机会产生了最值得纪念的结果。

能够表达出口语的声音和微妙用意的书写方法的成就这时已使文学成为可能,许多优美的作品产生了;造型艺术兴盛了;爱奥尼亚希腊城市的早期哲学家们所已经奠定了的近代科学基础得到了巩固。后来,雅典和斯巴达之间郁积已久的宿怨在隔了50多年以后,爆发成为一场凶猛的、消耗性的战争,终于使这个创造性运动的活力逐渐枯竭了。

这场战争历史上称之为伯罗奔尼撒战争,它进行了将近30年,耗尽了希腊的全部力量。起初雅典占了优势,后来斯巴达居上。离雅典不到50英里的一个城市提佛,随之崛起了,使斯巴达黯然失色。雅典又陡然再次焕发出光芒,跃居同盟首脑的重要地位。这是一回充满了狭隘的抗衡和费解的仇恨的故事,如果不是被记入和反映在一部伟大的文学作品中的话,它早就会从人们的记忆中消失了。

在这整段时期里,波斯一再出现,起初参加这个同盟,后来又参加那个同盟。大约在公元前4世纪中叶,希腊开始警觉到在它的事务中的一个新的影响,来自马其顿王菲力浦。马其顿的确是在希腊处于无法挽回的分裂状态的背景下崛起的,就像米地人和波斯人是在迦勒底帝国背后兴起的一样。到了这时候,希腊人的心思转了过来,好比说,它从内部争吵,一起惊惶失措地注视到了那个马其顿人。

尽管修昔底德叙述过这段历史,尽管一个新兴文明的伟大开端被它的混乱所毁灭,这些纷乱、残忍的争吵仍然是纷乱、残忍的争吵;这些自相残杀的内讧的细节,这些使希腊城市接二连三地被焚在冲天火焰中的战事和人民流窜的情况,我们在这部普通史纲中根本没有篇幅加以叙述。在一个独足的地球仪上,希腊成了个小得几乎认不清的斑点。而从萨拉米斯和普拉太亚战役到菲力浦王的兴起之间,这一个多世纪的全部纷争,在人类短暂的历史上已缩小到好像是人们争论中的一声几乎听不到的小小的碰撞,缩小到不过是对民族的和人们的瞬息即逝的祸福上的一个音节而已。

但不会缩小成毫无意义的,是希腊在这些时候提供的零星和闪烁的平静和安定里所产生的文学,这是因为希腊文学已经进入了后来一切民族智慧发展的过程,因为它是我们思想基础上一个不可分割的部分。

吉尔伯特·默里教授说:

> 他们的外部的政治史,确实像其他一切国家的一样,充满了战争和外交权术,充满了残酷和欺诈。非常伟大的却是它内部的历史,是思想、感情和性格的历史。他们当时有某些困难要克服,现在在我们的道路上几乎碰不到了。他们实际上没有经验,每一件事都是在作初次的尝试;他们的物质资源绝对贫乏,他们的情绪,他们的"欲望、恐惧和愤怒"大概比我们的更狂热、更猛烈。然而他们却产生出了伯里克利的和柏拉图的雅典。

希腊人的思想经过长期的积聚,它的创造力达到了惊人的高度,23个世纪以来,在明智的人的心目中,一向是他们从过去得到指导和鼓舞的灯塔。自从马拉松和萨拉米斯战役使雅典获得自由、无所畏惧和没有过度用力地卓立于它的世界以后,这种思想上的创造力就大放光芒。这是很少一部分人的工作。有一些公民在一代人的大部分时间生活于这样一种环境之中,这种环境在任何年代都会使人们致力于创造优良、美丽的作品,因为他们是安全的,他们是自由的,他们有自豪感;而且他们没有那种想得到显赫一时、唯我独尊的权力的诱惑,这种诱惑使我们大家都会损害同胞。当政治生活又局限于同斯巴达打兄弟阋墙之战所造成的损耗和罪恶的时候,思想活动的火焰蔓延得这样广泛,燃料这样充足,以致它全部经历了这场狂飚般的灾难深重的战争,超过了亚历山大大帝短促的一生,为时竟达战事开始后一百多年之久。

在胜利和感到正大光明地赢得了自由的鼓舞焕发之下,雅典人民曾有一时确是向着高人一等的地位上升了。在伯里克利的领导下,他们开始重建城市和扩大贸易。伯里克利是个伟大的民众领袖,是雅典公民大会的首席长官,是一个具有多少可以和近代历史上格莱斯顿或林肯那样专搞政治的人的能力相比的政治家。在一段时期里雅典人民是能够豪迈地追随一个胸怀豁达的领袖的,而命运又给了他们一个胸怀豁达的领袖。在伯里克利身上,有一种爱好深奥、高尚、优美事物的真挚而生动的热情,这种热情以极奇怪的方式和他的政治才干交织在一起。他掌权30多年。他是个非常生气勃勃和思想开朗的人。他把他这些品质的烙印打在他的时代上面。正如温克勒所说,雅典的民主政体一度具有"伯里克利的面貌"。支持他的,大概是极其伟大而高贵的友谊。当时有个受过不平凡教育的妇女,名叫阿斯帕西娅,来自迈利特。伯里克利不能和她结婚,因为法律限定在雅典出生的人才能成为雅典公民,但她实际上是他的妻子。她在把有非凡才能的人们聚集在伯里克利周围这件事上起了很大的作用。当时所有的名作家都认识她,而且有几个还赞扬过她的智慧。的确,普卢塔克曾谴责她挑起了一场对萨摩斯岛的麻烦而且危险但最终取得胜利的战争,但是,正如他自己后来表明的那样,使这场战争不得不进行的,是萨摩斯人在海上的敌对行为威胁了雅典共和国全部繁荣赖以存在的海上贸易。

人们的抱负往往恰当地反映在他们的亲密伙伴的标准上。无论如何,伯里克利是满足于在雅典充当一个领袖,而不称霸当一个僭主。各邦的同盟是在他的指导之下组成的,从意大利到黑海建立了新的殖民地和贸易站;设在德罗斯岛上的同盟金库也移到了雅典。伯里克利确信他不必担心波斯人的侵袭后,把同盟各邦的军需贮备用来美化他的城市。从我们近世的标准来看,这是一件做得不公正的事,但远不是一件卑鄙或贪婪的事。雅典既然完成了德罗斯同盟的工作,难道这个出力的人不配领取他的报酬吗?这样扣押下来的钱财给建筑师和美术家提供了一时难得的机会。雅典的帕特农神庙不过是安放在伯里克利重建的雅典的壮丽景色中的一顶花冠罢了,它的遗迹至今仍是件美术品。诸如菲迪亚斯、米隆、玻力克利特等人至今留存的雕塑,都是当时艺术质量的见证。

读者必须记住温克勒的那条具有启发性的意见,他说,复兴的雅典一度具有伯里克利的面貌。正是这个人的卓特天赋和气魄使他周围的人才智奋发起来,并把有雄才大略的人们吸引到雅典来。雅典像一个人戴上了面具一样一度具有了他的面貌,后来就变得坐立不安,想要把他扔到一边去了。普通的雅典人是很少具有伟大、慷慨的气魄的。我们在上文曾举一个投票者作例子,谈到他对流放亚里斯泰迪兹的态度。劳埃德(在他著的《伯里克利时代》中)说,把米太雅第的名字和马拉松战役联系起来,雅典人都感到受不了。普通投票者的强烈的自尊感即刻会反对他们四周高耸的美丽的建筑物;反对向菲迪亚斯那样的雕塑家们所表示的超过受普通推崇的雕塑家的好感;反对给哈利卡纳苏斯的希罗多德那样一个仅仅是异邦的人捐赠款项;反对伯里克利和一个迈利特的妇女结伴和谈话,认为这种优遇对他们是一种侮辱。伯里克利的公共生活显然是规矩的，但这马上就使一般人设想他的私生活一定极为腐化。人们推想，伯里克利的举止是"傲慢的"，认为他不时流露出对他所服务的公民们的蔑视。

　　伯里克利不仅具有高尚的情操，具有远离庸俗人们低级表情的高雅而纯洁的风度，而且还具有那不苟嬉笑的庄严面貌，坚定、平和的声音，从容的举止，即使说话兴奋也决不会弄乱端整的服装。这些事情和其他类似的情况，激起所有见到他的人的钦佩。他有过这样一次举动，有一个卑鄙无赖的家伙对他痛骂凌辱了一整天，他不声不响、耐心地忍受着，继续当众迅速地处理了一些急事。黄昏，他漫步回家，那个厚颜无耻的坏蛋一路上跟着他，用最下流的语言侮辱他。当他来到家门口的时候，天黑了，他叫一个仆人举着火把把那个人送回家去。然而，诗人伊翁说，他在言谈时，傲慢自大，目空一切，而且在他的庄严的风度里还带有许多自高自大和轻视别人的样子……除了到公会所和议会去时以外，他从来不在街上露面。朋友们的邀请，社会上的应酬和娱乐，他一概谢绝；在他相当长的执政的整段期间，除了一次以外他从来不同任何朋友共进晚餐，那次是他参加他的侄儿欧吕普托莱木斯的婚礼，他在那里也不过逗留到洒酒祭神礼结束的时候。他认为，无拘无束地参加应酬活动会抹去职务上的差别，而尊严和亲密是很难协调的两回事……

　　当时还没有迎合低级趣味的报刊来向社会披露那些出名的，有成就的人所做的坏事；但是有点自负的普通人却从非常盛行的喜剧艺术里找到不少安慰。当时雅典人几乎普遍渴求对那些外表卓越的人们加以诋毁，因为他们的风雅触犯了雅典人的自我爱怜，喜剧作家满足了这种渴求。他们对伯里克利和他的朋友们不停地和不遗余力地进行谩骂。他们把伯里克利的像画成戴着一顶头盔的样子；这头盔对伯里克利十分相称。他们又担心伯里克利知道此意，于是又画一个七歪八扭、洋葱一般的头作为滑稽的暗示，引起了大量的欢笑。至于阿斯帕西娅的"行径"当然更成为街谈巷议的果实累累的园地了。

　　爱好幻想的人，厌倦于我们时代的鄙俗，总想要转移到崇高的伯里克利时代去。但是，他们一旦投身到那个时代的雅典，就会发现自己好像置身于类似当今低级音乐厅那样的气氛里，好像置身于我们现在流行的报纸所宣扬的那种情绪中。一阵同样激烈的像驴叫似的诽谤，卑鄙的诋毁，贪婪的"爱国心"和一般卑劣的言行，会向他们猛刮过来；"时髦的乐调"会追逐他们纠缠不休。当人们对普拉太亚和萨拉米斯的记忆业已淡漠，新的建筑物又日益见惯的时候，伯里克利本人以及雅典的自豪感便愈来愈触犯了群众平易的幽默感。伯里克利从来没有被流放过——他在比较温静的公民中的个人威望使他得以幸免,但他却受到日益大胆和坚决的攻击。他从生到死都是个穷人,他也许是最诚实的煽动家;但这仍然不能使他免于一次盗用公物的无效的检举。他的敌人在这方面失败以后,便采取了更不正当的手法,他们开始把他身边的朋友们清除掉。

宗教上的迫害和道德上的责难,是心怀嫉妒的人们反对他们领袖所用的天然武器。伯里克利的朋友达蒙被流放了。菲迪亚斯受到不敬神明的攻击,他居然敢于在雅典娜女神巨大塑像的盾牌上,在交战的希腊人和亚马孙人之间,安上自己和伯里克利的画像。菲迪亚斯死在狱中。由伯里克利迎接到雅典来的一个异邦人阿那克萨哥拉——当时雅典已经有许多诚实的人非常愿意于满足一切合理的好奇——正在发表一些关于太阳和星辰的最奇特的言论。他毫不含糊地声称,世上没有神,只有一个有生气的精灵(理性)。喜剧作家们突然发现他们对宗教有了深厚的感情,居然感到了深刻甚至危险的打击,于是阿那克萨哥拉逃亡以避免被检举的威胁。接着便轮到阿斯帕西娅。雅典一心想要赶走她,伯里克利处于必须在这个妇女和这个忘恩负义的城市之间作出选择的境地,前者是他生命的灵魂,后者是他曾经

帕特农神庙的雅典娜像

拯救、捍卫并使它成了历史上比起任何其他城市更美丽、最令人难忘的一座城市。他挺身而出保护阿斯帕西娅,暴风雨般的满腔人类激情支配了他,演说时,他声泪俱下。他的眼泪暂时挽救了阿斯帕西娅。

雅典人情愿使伯里克利蒙受耻辱,但他毕竟为他们服务了这么长的时间,使得他们不能没有他。这时他当他们的领袖已经有30多年了。

公元前431年,雅典和斯巴达爆发了战争。普卢塔克谴责伯里克利发动战争是为了他感到自己的盛名下降得如此之快,以致必须引起一场战争来使他自己成为必不可少的人物。

> 他自己既然为了菲迪亚斯的缘故被人民所厌恶,又怕因此会受到责难,

所以就极力主张打这场到那时为止还没有决定要打的战争，燃起了到那时还被窒息和压制着的战火。他希望借此来逃避使他感到威胁的责难，并使忌恨的狂热缓和下来，由于他的尊严和权力是那么大，以致在一切重大的事情上，在每一个危急的关头上，共和国只有把信任寄托在他这个人身上。

但这是一场缓慢和危险的战争，雅典人民又没有耐心。一个名叫克莱翁的人站了出来，野心勃勃地想把伯里克利从领导地位上赶下来。当时存在着要求迅速结束战争的巨大呼声。克莱翁装成了"赢得这场战争的人"。当时受欢迎的诗人就以这样的口气写道：

> 你萨提尔之王……
> 为什么夸耀你的勇敢，
> 而听到利剑的声音就要发抖；
> 不管热情奔放的克莱翁？

伯里克利领导的一次远征没有成功，克莱翁于是抓住这个机会提出了控告。伯里克利被停止了统帅职务，并课了罚金。据说，他的长子——不是阿斯帕西娅的，而是他前妻的儿子——背叛了他，并且用恶毒的、难以置信的话控告他。这个年轻人被瘟疫夺去了生命。其后，伯里克利的姐妹和最小的嫡子也相继去世了。当他按照当时的风尚把悼念的花圈放在幼子的尸体上时，他放声痛哭了起来。不久，他自己也染上了瘟疫而逝世了（公元前429年）。

这个简短摘要里的一些突出的事实，足以说明伯里克利和他的城市生活的许多方面是多么的不协调。雅典的知识和艺术之所以勃发，无疑是由于当时环境的优渥，但部分也由于当时出现了一些异常杰出的人物。这不是一个普遍的运动，而是少数地位特高、天赋特厚的人物的运动。

2　苏格拉底

雅典这个运动中的另一个领导人物是一个石匠的儿子苏格拉底。他同他周围的生活更不协调，但同样也是他的时代不朽巨业的一个泉源和激素。他出生大约比希罗多德晚16年，大约在伯里克利去世的时候开始闻名。他自己没有著作，但他习惯于在公共场合演讲。当时人们正在渴求智慧，有许多形形色色号称诡辩派的教师，对于真、美和正直生活进行思索，并指导青年们发展好奇心和想象力。

所以如此，是因为当时在希腊没有宏大的僧侣经院。苏格拉底这个人就出现在这些讨论中，他外表笨拙、不修边幅、赤着脚，他的周围聚集了一群敬慕者和门徒。

他的方法是提出深刻的怀疑。他认为唯一可能有的美德是真实的知识；他不能容忍最后经不起严峻考验的信仰和希望。对他来说这就是美德；而对他的许多软弱的追随者来说，这意味着丧失了那些会抑制他们冲动的信仰和道德习惯。这些软弱的人后来变成了自我宽恕、自我放纵的无赖。在苏格拉底的年轻朋友中有柏拉图，他后来写出了一套哲学对话，使苏格拉底的方法永传于后世，又创立了哲学里的学院派，这个学派持续了 900 年；有万人雇佣军里的色诺芬，他描述了苏格拉底临死的情景；还有伊索格拉底，一个希腊政治思想家中最明智的人；但同时也还有克里蒂阿斯，在雅典被斯巴达彻底打败时，他是斯巴达人任命来制服这个被击败的城市并摧毁城市中教育组织的 30 个僭主的首领；也还有查尔米德斯，当这三十个僭主被推翻时，他也被杀死在克里蒂阿斯的身旁；甚至还有亚尔西巴德，这是个奸巧多谋的叛徒，曾竭力怂恿雅典去反对锡腊库扎，这场灾难性的远征耗尽了雅典的国力，他又把雅典出卖给斯巴达人，当他前往波斯宫廷企图对希腊玩弄阴谋的时候，终于在途中被暗杀了。被苏格拉底摧毁了世俗的信仰和爱国心而又没有什么代替东西的有为青年，不只是上述最后的几个弟子。对苏格拉底宿怨最深的仇敌，是一个叫安尼图斯的人，他的儿子是苏格拉底的忠实门徒，却变成了一个毫无希望的醉汉。通过这个安尼图斯，苏格拉底最后被控告为"腐化"青年而判处了死刑，饮毒芹酒而死去了（公元前 399 年）。

柏拉图在他的被称为《斐多篇》的对话中对苏格拉底之死作了极其动人的描述。

3　柏拉图和他的学院

柏拉图生于公元前 427 年，活到了 80 岁。

在才情气质上，柏拉图是和苏格拉底属于完全不同的类型。他是个最优雅细腻的作家，而苏格拉底却写不出连贯性的文章。他喜爱优美的事物，而苏格拉底却鄙视它们。他对于整顿公共事物和规划较愉快的人与人之间的关系是高度地关心的，而苏格拉底却不问人们的寒暖，不理睬人们的意见，专心致志于从幻境中得到明朗的觉醒。苏格拉底说，生命是虚妄的，活着的只有灵魂。柏拉图对这个严厉的老教师怀有极深厚的感情，他发现苏格拉底的方法对于分析和澄清意见有极大的价值，所以他以苏格拉底作为他不朽的对话的中心人物，但是他自己的思想和性情却使他完全背离了怀疑的态度。在许多篇的对话中，话是苏格拉底的话，但思想是柏拉图的思想。

柏拉图生活在对人与人的一切关系上都产生怀疑和疑问的时代。在公元前450年以前，在伯里克利全盛的年代里，雅典人对于社会制度和政治制度好像是完全满意的。当时似乎没有产生疑问的理由。人们感到自由，社会欣欣向荣，人们所苦的主要是忌妒。希罗多德的《历史》对雅典的政治制度几乎没有或者根本没有不满意的表示。

但柏拉图是在希罗多德去世前后出生的，是在战祸深重和深刻的社会贫困和混乱的气氛中长大的，从一开始就面临着人与人的互相倾轧和社会制度不合适的局面。面对这种挑战，他的思想产生了反应。他早年的一部著作以及最后的一部著作都是关于改善社会关系的可能性的大胆而透彻的讨论。苏格拉底教导他不要把任何事情，甚至夫妻之间、父母子女之间的平常关系，看成是理所当然的事。他的《共和国》是所有乌托邦的书中最早的一本。它是一个青年人梦想的城市，在那里，人类的生活是按照一个崭新的和较好的计划安排的；他最后未完成的著作《法律篇》是关于另一个这类乌托邦条例的讨论。柏拉图的思想中还有很多东西，我们在这里连一瞥也办不到，但它却是这部历史的一个里程碑；这是人类发展中的一桩新事物，即自愿地、完全地改造人类状况的这一种思想的出现。在此以前，人类一直是在对神的畏惧下按照传统生活的。这里有一个人，他大胆地对人类说话，说来又似乎是件那么自然而又合理的事情，"掌握你们的生活。那些使你烦恼的事情，大部分是你们可以回避的；那些支配着你们的事物，大部分是你们可以推翻的。对于它们，你们愿意怎样做就能够怎样做"。

除了当时的这些冲突以外，也许还有另一件事刺激柏拉图的思想向这个方向发展。在伯里克利时代，雅典开拓了许多海外居留地。这些居留地的开拓使人们熟悉这样一个思想，认为人们共同体不一定经过它自己成长，也可以由人白手造成。

同柏拉图交往密切的，是一个比他年轻的人，这个人后来在雅典也主持了一个学派，并且活到了一个更伟大的时代。这个人就是伊索格拉底。他就是我们应称之为宣传员的那种人。与其说他是个演说家倒不如说他是个著作家，他的独特工作就是发展希罗多德的观念，即统一希腊抵抗波斯帝国，以此来补救雅典政治上的腐败和混乱以及它在自相残杀的内战中的消耗和破坏。他的政治境界在某些方面比柏拉图的广阔，但到晚年却寄希望于君主制，特别是马其顿王菲力浦的君主制，认为它是一种比城邦民主更能起统一和开阔作用的政体。色诺芬同样倾向于君主制的思想，我们在上文已谈到过的他所著的《长征记》一书。色诺芬在他晚年又写了《居鲁士的一生功业》一书，"从理论上和实践上为像波斯帝国的组织所表现的专制君主政体辩护"。

4　亚里士多德和他的学园

柏拉图在学院讲学。在他晚年，有个美少年从马其顿的斯塔吉腊来到他那里，这个人名叫亚里士多德，是马其顿国王御医的儿子，是个在思想上同那个伟大的雅典人属于不同类型的人。他对具有想象力的意志天生就怀疑，而对确立的事实却极为尊重而力求理解。后来，柏拉图死后，他在雅典的学园设坛讲学，对柏拉图和苏格拉底批判得多少有点苛刻。当他讲学的时候，亚历山大大帝的阴影威胁着雅典的自由，而他主张奴隶制和君主立宪。他原在马其顿王菲力浦的宫廷里当过几年亚历山大的导师。

当时，明智的人们正在逐渐丧失信心，他们对于人们有力量创造自己的生活条件的信心正日趋于淡薄。不再有什么乌托邦了。事态的剧变如此强烈使当时有才智的人之间已无从组织起切实可行的努力来予以应付。当人类社会是个只有几千公民的小城时，还有可能设想去改造人类社会；但在他们周围发生着的是某种翻天覆地的大动乱；这是对全部已经知道的世界的政治大改造，是一件有关当时为数一定已达到 5000 万和 1 亿之间的人们的大事。这样规模的改造，人们的头脑还无法领会。它驱使人们的思想退回到一个无边的和无情的命运这个观念上去；它使人们抓住一切看来是安定和团结的东西。比如说，君主制虽然有其明显的弊病，成了千百万群众可以设想的政体；它在某种程度上是行之有效的；在看来不可能有集体意志的场合，它迫使接受一种统治的意志。一般思潮的这个变化同亚里士多德自然地对既存事实的尊重正相协调。这种思潮如果一方面使他赞成君主政体和奴隶制，认为压制妇女是合理的制度，而另一方面也使他渴望了解事实，渴望对自然和人性的现实取得一些有条理的知识，这在当时明显地胜过了上一代人的那些创造性的梦想了。

亚里士多德神志极其清醒，才华极其焕发，自我牺牲的热忱却极其缺乏。当柏拉图要把诗人从他的乌托邦里放逐出去时，他对柏拉图提出了质问，因为诗歌是一种力量，苏格拉底藐视阿那克萨哥拉，他却把精力朝着相反的方向发展。在他认识到有条理的知识的重要性上，他抢在培根和现代的科学运动的前面。他自己从事于收集知识和整理知识的工作。他是第一个自然历史学家。在他以前，别人也曾推究过事物的性质，但他同被他争取到这项工作里来的每一个青年却从事于对事物的分类和比较。柏拉图实际上说过这样一句话：“我们要掌握生活，改造生活”；这个更为冷静的继承人说："我们首先要更多地了解生活，同时为国王服务并利用国王。"这并不是对老师的反驳，而是对老师作了极大的限定。

亚里士多德同亚历山大大帝的特殊关系使他在工作上获得了资助，这样的资助是科学探讨工作在以后的许多世代再也没有得到过的。他可以使用数以百计的塔兰特（1 个塔兰特大约等于 2000 美元）的经费。有一个时期，他手下有上千名人员遍布于亚洲和希腊为他的自然历史收集材料。当然，这些人是完全没有受过训练的观察员，与其说是观察员，不如说是收集传说的人员。但是，就我们所知，这类工作在他以前是从来没有人试过的，连想都没有人想过。政治科学和自然科学一样，也开始了。学园的学生们在他的指导下分析了 158 种政治制度……

这是世界上有组织的科学探讨第一次发出闪闪的光芒。亚历山大的早死，以及他的帝国几乎在开始形成之前即已发生的瓦解，使得这样大规模的捐款中断了 2000 年。只在埃及的亚历山大城的宫廷学馆里有一些科学研究确实还在继续，但也只继续了几代人的时间。这件事我们即将叙述。亚里士多德死后 50 年，这个学园就衰落得不足道了。

5　哲学变得超凡脱俗

公元前 4 世纪的最后几年，一般的思想趋势既不与亚里士多德同流，又不倾向于对有条理的知识作艰苦的和必要的积累。如果没有国王的资助，亚里士多德很可能只不过是思想史上的一个小人物而已。通过这种资助，才能使他的杰出才智有了实质和效果。普通人做事总是愿意选择他们所易于遵循的道路，至于最终会不会走进死胡同，他们几乎是执拗地不顾的。一般哲学教师在那时眼见时事潮流力量太强无法马上控制，于是便从设计模范城市，从策划新的生活方式流转到推敲起美妙的和聊以自慰的遁世主义来了。

也许把事实说得这样是有点粗鲁和不公平。然而让吉尔伯特·默里教授来对这事说一说吧：

> 犬儒学派关心的只是道德，只是灵魂同上帝的关系；这个世界和世上的学问和荣誉对他们只是些渣滓。斯多葛派和伊壁鸠鲁学派，乍看起来大不相同，其实他们的最终目的是很相似的。他们实际上关心的是伦理学——即关于一个人应当怎样安排生活的实际问题。这两个学派的确都专门从事于某一科学——伊壁鸠鲁派是物理，斯多葛派是逻辑和修辞——但不过作为达到目的的一种手段而已。斯多葛派力图以极端难解的抽象论证和高深莫测的思想、言辞来博取人们的欢心和信念。伊壁鸠鲁派则决意让人类走自己的道路，不去奉承反复无常的神明，也不牺牲自由意志。他们把他们的信条归结为四句格言："神明不可畏；死亡不能感觉到；幸福可以赢得；一切可惧的都可忍受，都可克服。"

而同时，世事川流不息，和哲学各行其道，互不关心。

6 希腊思想的性质和局限性

如果近代的人们想从希腊古典作品中获得一些益处，就必须把它们当作像我们自己一样的人的作品来读。必须考虑到它们的传统，它们的时机和它们的局限性。人们对于自己所赞美的东西总带有夸张的倾向；所有古典原文大多数都已残破，而且原来都是些生活困难的人们的作品，他们那时生在黑暗和眼光狭隘的时代，相形之下，我们自己所处的时代也就成了光彩夺目的时期。我们用这种平易近人的态度对待它们，在崇敬上所失去的，会从对那一批苦恼的、目的性不明确的但具有十分近代头脑的作家们的同情上得了回来。雅典的作家的确是最早的近代人。他们讨论过的题目，我们还在讨论；他们开始为之奋斗的大问题，今天仍然摆在我们的面前。他们的著作是我们的曙光。

荣格在他的《无意识的心理学》中关于古代（雅典以前）思想和近代思想之间的区别论述得很好。前者他称为无指导的思想，后者他称为有指导的思想。前者是用形象来思想，近似做梦；后者是用言词来思想。科学是有指导的思想的一种组织。远古精神（即在希腊思想家以前）所产生的不是科学而是神话。古代的人类世界是主观幻想的世界，就跟今天儿童的世界和没有受过教育的青年的世界一样，也跟野蛮人的世界、梦幻的世界一样。婴儿的思想和梦是史前的和野蛮人的思想方法的一种回声的反响。荣格说，神话是广大民众的梦，而梦是个人的神话。我们曾经提请读者注意，文明时代早期的神们类似儿童的幻想。用仔细分析过的言词和陈述来进行艰苦和有训练的思想的工作是发展近代科学必不可少的准备工作，这项工作是由希腊思想家开始的，又是由中世纪的经院哲学家所恢复的。

希腊哲学家开始进行了探讨，但没有得到解答。今天我们还不能妄称已经解决了他们所提出的大部分问题。我们在上面已经指出，希伯来人的头脑突然醒悟到人生有无限的苦难和纷扰，看出这些苦难和纷扰大部分应该归咎于人们的无法无天的行为，于是得出结论，只有驯服地为主宰天地的独一无二的上帝服务才能得救。希腊人虽然提高到同样的悟力，却并不具备家长式的神的同样观念；他们生活在没有上帝而只有众神的世界里；如果他们或许感到众神自身也受限制，他们便设想一个在众神背后的冷酷而不具人格的命运。因此他们以探讨的形式提出了问题：什么才是正当的生活？而他们没有把正当生活着的人同上帝的意志之间挂上明确的相互关系。

从纯历史的观点来看待这件事，我们认为，为了历史的缘故，这个共同的问题这时可以用包括希伯来人和希腊人双方所采用的形式提出来。我们已经看到，我们的属类从兽类无意识的状态发展到不断地种族自觉的状态，认识到它的目标的极大的分歧所造成的不幸，体会到个人的自我追求所形成的不可避免的悲剧，并向某种联系和从属的观念盲目地摸索前进，希望从单属个性的痛苦和事故里把它拯救出来。众神、神王、部落观念、城邦观念，这些都是在一定时间里赢得和抓住了人们信仰的观点，都是使人们稍稍摆脱他们各别的自私，导向实现一种较能持久的生活的观念。但是，正像我们的战争和灾难所证明的那样，这些较为伟大的观念一个都不够伟大，众神不能保佑，部落证明了它是卑鄙而残忍的，城邦流放了最好的、最忠实的朋友，神王使自己成了畜牲。

在通读了希腊人这个伟大时期的表达思想的文献之后，我们理解到在希腊人的思想里有三道他们难以逃越的关卡。而我们现在或许正在开始逃越。

这些局限的第一项是希腊人在心理上把城邦作为国家的最终形式的成见。在帝国相继兴起，后一个比前一个更为强大的世界里，在人和思想日益趋于松散和自由的世界里，在甚至那时就已显而易见地正在统一的世界里，希腊人由于他们特殊的自然环境和政治环境，还在妄自梦想一个不受外界的影响，与整个世界英勇地对抗也毫无危险的紧密结合的小城邦。据柏拉图的估计，一个完善的城邦的公民人数是在1000人（《共和国》）到5040人（《法律篇》）上下。亚里士多德在他的《政治学》中写道："为了正当地执行司法和分配权威，有必要使公民们熟悉彼此的性格，否则在运用权威及执行司法两方面都会接着发生许多恶果；因为作出武断的决定是不公正的，而在人口过多的情况下又必然会这样。"这种拟想的教区——城邦是要打仗，要保卫自己，抵御同等大小的其他城邦的。而这个时候却是在薛西斯的军队渡过赫勒斯蓬特海峡以后不到两代人的时间！

这些希腊人或许以为世界帝国的日子已经一去不复返了，而在实际上，它却刚刚开始。他们所能想到的极限不过达到订立协约和联盟而已。在阿尔塔薛西斯二世的宫廷里一定有一些人的思想远远超过了石湾、岛屿、山峦环抱的盆地等的小念头。可是，希腊人对于联合一致以抵御在操希腊语世界以外活动的较大的强国的需要却刚愎地置之不顾。他们认为那些外人是野蛮人，没有必要也不值得多加考虑，他们现在已经永远被排斥在希腊之外。有人拿了波斯的钱，每个人都拿了波斯的钱，那有什么要紧？或者有人一时应征参加了波斯的军队（如色诺芬）希望从一个富裕的俘虏身上交到好运。雅典站在埃及一边，同波斯进行过小规模的战争，但没有人为整个希腊的共同政策或共同未来着想过⋯⋯

直到最后，雅典有个声音开始高呼："马其顿！"像守门犬一样狂叫"马其顿!"这就是演说家和政治煽动家狄摩西尼的呼声,是对马其顿王菲力浦的警告、威胁和痛斥。菲力浦不仅从柏拉图和亚里士多德那里,也从伊索克拉特斯和色诺芬那里,从巴比伦和修泽那里学会了政治;正在沉着、能干、坚定地为统治全希腊,然后通过希腊去征服已知的世界做准备。

钳制希腊人思想的第二件事是家奴制度。在希腊人的生活中,奴隶制是得到默许的;没有它,人们就会觉得既不舒适又没有尊严。但奴隶制不但妨碍了对同邦人中同一个阶级的同情,而且把奴隶主归入了与一切外来人对立的阶级和组织里。奴隶主属于优等种族。清晰的理智和高尚健全的精神使柏拉图得以超越当时世事的范围而会想废除奴隶制,多数民众的情绪和新喜剧也反对奴隶制。斯多葛派和伊壁鸠鲁派中有很多的人是奴隶,这两个学派谴责奴隶制违反自然,但发觉它过于牢固难以推翻,于是作出结论说,它并不涉及灵魂,可以置之不理。在智者,无所谓拘束或自由。对于讲求实际的亚里士多德,大概对于大多数重视实际的人来说,它的废除是不可想象的。因此他们宣称,世界上有的人是"天生的奴隶"。

最后,希腊人的思想还受到缺乏知识的妨碍,这一点在我们今天看来几乎是不能想象的。他们简直对于人类的以往毫无所知,最多不过有些锐利的猜测。他们的地理知识超不出地中海盆地和波斯边境的范围。关于伯里克利时期的修泽、珀塞波利斯、巴比伦和孟菲斯等处所发生的事情,我们今天所知道的远比他们当时多得多。他们的天文观念还处在初步推测的状态。阿那克萨哥拉非常大胆,把日月设想为巨大的天体,巨大到太阳大概和"整个伯罗奔尼撒一样大"。他们的关于物理学、化学的观念是深思熟虑的结果,令人吃惊的是他们居然猜测到了原子的结构。

我们必须记住,他们在实验仪器方面是非常贫乏的。他们有供装饰用的彩色玻璃,但没有透明的玻璃;也没有度量短时间隔的精确工具;没有真正高效率的记数法,没有很精确的尺度,也没有雏型的望远镜和显微镜。一个近代科学家如果忽然置身于伯里克利时代的雅典,就会发现,要向在那里见到的人们用实例说明他的知识要点,哪怕是粗略地说明,也是极为困难的。他必须在各种不利的条件下装置最简单的仪器,而苏格拉底却在指责使用诸如像小孩钓鱼用的那种木块、绳索和金属来追求真理是荒诞的事。哲学家和工匠之间的那种势利的淡漠态度使前者对一切仪器都不愿接近。没有一个希腊绅士愿意用玻璃或金属来修补东西。而我们讲科学的教授也时时会有被控渎犯神灵的危险。雅典的民主制度跟田纳西州的民主制度一样,是不会容忍达尔文的。

我们今天的世界是依靠对事实知识较为丰富的积累。在伯里克利时代,这些被记载下来并得到证实的事物所累积成的石堆上的第一块石头几乎还没有放到适当的位置上。当我们考虑到这个差别时，就不会奇怪，为什么希腊人虽然爱好政治的推测，却看不到他们的文明从外部和内部的情况来看都是不安全的，看不到有必要在实际上统一起来，看不到事态的迅速演变会使人们在思想上暂时的自由长期消失。

这群希腊的谈论家和著作家对于我们有真正价值的地方不在于他们所取得的成就，而在于他们所作的尝试；不在于他们回答了问题，而在于他们敢于提出问题。在此以前，人类对他们的世界和他们生下来就有的生活方式从来没有提出过挑战。他们也从来没有说过他们能够改变自己的环境，传统和那些似乎是必要的东西使他们继续过着远古以来就围绕着他们的部落发展起来的生活。在这以前，他们对待世界就像儿童对待他们在其中被抚养大的家庭和生活习惯一样。

所以，公元前5世纪和公元前4世纪，我们看到，最明显的是在犹太和雅典，但也决不仅限于这些中心，人类的道德和思想进程的萌芽，一种从激情和迷惑以及从存在事物的直接形象所发生的对正义的呼吁和对真理的呼吁。这就像一个青年突然发现生活既不是容易的又不是漫无目的而开始有了责任感一样。人类在成长。此后23个世纪的历史一直贯穿着这些主导思想的扩布、发展、相互影响和得到更为清晰、更为有效的陈述。人们慢慢地、逐渐地领会到人类兄弟情谊的现实意义，领会到战争、残忍行为和压迫是不必要的，领会到全人类具有共同目标的可能性。此后，每一代都有证据表明，人们在寻求他们感到我们的世界一定会到达的那个较好的秩序。

但是，不管在哪里，每当这种伟大的建设性思想在任何人身上产生影响时，我们每个人禀性中强烈的贪婪、忌妒、猜疑和急躁便和为较伟大、较广泛的目标而作的斗争打起仗来了。最后这23个世纪的历史就像某种冲动的、性急的不朽人物为求得清晰的思想和正当的生活而作的一番努力。错误接着错误，充满希望的开端却以古怪的失望而告终，潺潺活水被为人类盛水止渴的杯子染上了毒。但是每次灾难过后人们的希望终于又再度产生。

7　最初富于想象力的文学

我们在这部《史纲》里已经讲过，文学必须等待书写方法发展到能够巧妙地表达词句的曲折和语音的美感时才能得到发展。在此以前的书面文学只能达意而已。如前所述，早期的雅利安各民族在有文字以前已有一种专凭谱记的韵律文学，他们有由一个特殊社会阶级，即弹唱诗人，保存下来的吟游歌曲、故事、史事和道德箴言。这些传统的财富只是在用文字写下来的时候才变成固定的。《伊利亚特》和《奥德赛》这两部主要的希腊史诗是在公元前700年左右用文字记载下来的，而且记下的都是爱奥尼亚方言的希腊文。据说，最先把荷马的史诗收集起来的是庇西特拉图。这两部史诗有若干种不同的版本；现存的文本只是在公元前2世纪才确定下来的。还有其他的史诗，《伊利亚特》和《奥德赛》的续篇和增订以及另外的历险故事，现在几乎已完全失传了。

希腊人一般认为《伊利亚特》和《奥德赛》是诗人荷马一个人的作品。荷马出生于7个不同的城市以及不同的年月，从公元前1100年到公元前800年之间。传统只确定了一个事实，即荷马是个盲人。希腊人对这两部史诗的热爱和尊崇到了这样的地步，以致直到公元前2世纪才看出了这样一个连在译文中都是显而易见的事实：即这两部伟大的作品无论在精神、语气和性质方面都是迥然不同的，就像喇叭声和笛声的差异一样。然而荷马出生的地点既然能够这样广泛，时间上又这样持久，那么，如果说他有两个脑袋、两种嗓音的话，只不过在他那不可思议的奇迹上略加润色而已。这些是研究古典文学的学者所关心的事。只有研究古典文学的学者才能鉴赏这两部作品的全部价值。他要我们相信，它们的壮丽、美妙、明智和悦耳是任何译本都表达不出来的。的确没有一种译本能表达出任何可以说明值得那些博学之士对于欧洲文学中这两部最初杰作如此心醉神迷的东西。每个译者的译本中都渗入了某些沉闷、幼稚的东西。甚至由希腊语的热心的鼓吹者向没有修养的怀疑者朗诵的美妙得无法描绘的音调，也成了多半像是从不重要的暖气设备中有毛病的管道里发出的噪音。虽然如此，这些史诗仍然含有许多优美、有味的东西。它们充溢着可爱的稚气，闪耀出最强烈的感情和最生动的观察力。可惜的是，那些把它们说成是至高无上、无可匹敌等的学究式的欣赏者的可笑而夸大的言论，使普通读者对它们望而生畏而不加理睬了。

同荷马的名字并立的是赫西俄德的名字。赫西俄德更大可能真有其人。他的诞生日期已知在公元前9世纪到公元前7世纪这200年之间。他的史诗《工作和日子》和《神谱》保存了下来。前者不少是关于玻俄提亚农人的生活和劳动的情况，后者是当时关于希腊诸神的起源和它们的相互关系的传说。

叙事诗在希腊是所有其他诗歌的基础，若干世纪之中没有培育出别样的东西。这是雅利安人的主要的诗歌。后来又出现了某些其他的类型。有挽歌式的诗，柔和、动人，唱时用吕底亚的笛子伴奏，还有抒情诗，唱时用七弦琴伴奏。关于这些诗的形式，在这里不可能作更多的叙述。如果只提诗人的名字，而不稍微指出他们诗歌的性质和质量的话，那也没有什么用处。品得和西蒙尼德斯这两个名字，仅仅对于那些肯花费必要的时间去研究他们至今还保存的著作的人来说，才是有意义的。但是，我们可以在这里提一下的是希腊最伟大的一个早期爱情诗人是个妇女，名叫萨福，是累斯博斯岛人。

成文戏剧和成文诗歌一样，都是在希腊世界里开始的。戏剧是作为对酒神狄俄尼索斯定期举行的庆祝仪式的一部分而兴起的。最初，这个庆祝仪式是合唱，歌唱神的所作所为。后来，一个领唱的歌手站了出来，独自吟诵，合唱队跟他应唱。埃斯库罗斯（生于公元前525年）又用上了第二个演员，这个演员站出来跟第一个对唱。最后，索福克勒斯（生于公元前495年）带来了第三个演员，对话和动作都有了发展，合唱被置于戏剧动作的辅助地位。在此以前，戏剧一直是在木板搭的台上演出的。到了公元前6世纪，开始修建了剧院。《史纲》所能叙述的就是这一些了，此外，百年之内希腊戏剧达到了它最伟大的时期。埃斯库罗斯、索福克勒斯、欧里庇得斯（生于公元前480年）这些人名是希腊悲剧达到顶峰的名字，但对于那些既不想去探索他们的原著或著名的译本，又不想看他们的戏剧的演出的读者来说，也不过是些没有意义的名字罢了。

　　与悲剧（这是对狄俄尼索斯最崇拜的方面）发展的同时，兴起了一种较为嘲弄和逗趣的形式，那就是喜剧。它一开始就比悲剧富于变化。有时，它使悲剧滑稽化了；但有时，它也成为对当时举止、风尚和生活风趣的坦率的素描。公元前五世纪，阿里斯托芬创造了一种幻想和政治讽刺的可喜的糅合。百年以后，米南德是描写一时风尚的喜剧的杰出大师。希腊悲剧是暂时的和拘谨的东西，它在一个世纪多一点的时间里发展而达到了它的最大可能攀登的高峰。但喜剧是人类社会的根本需要。自从人和人有了交往以来，只要有两三个人聚集在一起，那里就有嘲弄、模仿和喜剧的场面。自从人们能写下第一个对话以后，成文喜剧的源泉在世界上就从来没有停止过。只有当阅读的技术在社会上传播后，成文的故事才开始在受大众欢迎上和喜剧相匹敌。在希腊，"好的故事"集等是有的，但作为一门伟大的艺术的小说，它的发展还有待于有一个广大的读者大众和书籍的迅速增加。不幸的是，大多数的希腊悲剧和喜剧都再次从世上消失了。

　　散文文学起初是作为历史和严肃的讨论而出现的。关于希罗多德，我们在前面已经提到，并已摘引过他的著作。这是在本书的较前部分中提到的，但读者将会注意到，这个"历史之父"的访问雅典是在伯里克利时代，而当他写作的时候，雅典悲剧的高潮已经过去了。较晚，修昔底德讲述伯罗奔尼撒战争的故事。我们也已提到过色诺芬和他的《长征记》。流传至今的另外一部分重要的希腊文学是许多书面记下的伟大演说家的演讲。最后要提到的是，亚里士多德所写的有关科学文献中严格的、散文式的陈述和论证，以及在柏拉图对话中讨论中艺术的戏剧式的表现。

　　我们在这里这样简略地介绍了世界上最早的伟大文学的各种形式。这是在我们所掌握的篇幅里所能做到的事。操英语的读者，如果想深入一步看更详细的记述，可以在 J. A. K. 汤姆逊的《希腊人和蛮族》里看到若干巧妙地交织进去的引文。但是，要真正掌握任何一种文学，唯一的途径就是认真阅读有关著作和有关作家。

8 希腊的艺术

在爱琴民族的前希腊艺术被发现和早期帝国的大量艺术作品被了解以前，在文艺复兴和 19 世纪末期之间，近代世界对于希腊造型艺术的成就怀有很不相称的敬意。希腊造型艺术在人们的想象中是单独突出的，仿佛它是无中生有地跳出来的，仿佛在它之前的一切都是笨拙的，在它之后的一切都是俗化了的和衰落的。它在有教养的人们中间所引起的陶醉现在使我们感到的是惊奇多于同情。

我们现在知道，虽然希腊的文学和思想的创始力在人类经验中标志着一个明显的崭新阶段，但希腊的造型艺术不过是以往文明的继续而已。希腊在这一伟大时期里所制造的金器、珠宝、印章、小塑像、花瓶等虽然接近于但并没有超过以前爱琴人的制品，也没有超过埃及第十八王朝的制品。希腊的建筑有它独到的优美和完整。它的显著特征是列柱，有多利亚式的坚硬柱头，肃穆而壮丽，有爱奥尼亚式的优美的柱头，并有科林斯式的绚烂的柱头。科林斯式的圆柱及其支流在罗马时代变成了建筑物的普遍杂草，哪里有银行的支行或高级旅馆，它就会在哪里发芽生长。然而，希腊的雕刻艺术却是这个时期的显著优点。它最初是拘谨的，后来在庇西特拉图时期和伯里克利时期之间，达到了空前未有的自由和自然。在阿克那顿时期，埃及的雕刻艺术突然变向趋于舒畅和写实主义，但当时所取得的成就没有一种能与希腊作品所表现的自由相比拟。据说希腊的雕刻大多数涂有颜色。现在，当我们面对希腊遗存的最优秀的作品时，那种特殊的简朴洁白的色泽之美，因带些死亡和完成的气氛而显得分外高洁，这种现在支配我们感官的情调却并不是出自希腊艺术家的原有意图。庙宇同样在它们的废墟中也有一种月光般的魅力，超然出世之美。在它们美妙的青春时代，这些肯定是不存在的。

关于希腊的绘画，我们知道得很少。人们虽然提到过一些杰作，但是它们已经毁灭了。我们只能依据罗马帝国时期承继下来但已颓败的传统对它加以判断。庞贝和海格立斯城的绘画是轻松愉快的，有技巧的和有风趣的，比起埃及的或巴比伦的作品来，它无可比拟地更为自然和富有信心。

这个时期的音乐从属于歌曲，没有和声。威·亨·哈多爵士认为，"那些被保存下来并且考释过的希腊音乐的标本是拙劣的"。

第二十二章　亚历山大大帝的一生

1　马其顿的菲力浦

亚历山大的故事里真正的英雄与其说是亚历山大本人，倒不如说是他的父亲菲力浦。剧本的作者总不如演员在舞台的灯光下那样地耀眼。是菲力浦，他计划了他儿子所成就的伟业的大部分，他奠定了基础，铸造了工具，他在临死时确已发动了对波斯的远征。菲力浦无疑是有史以来世上最伟大的君主之一；他是个有雄才大略的人物，他的思想境界大大超过了他的时代的范围。他和亚里士多德交朋友，一定跟他讨论过关于研究真实知识的组织的计划。这些计划就是这个哲学家后来通过亚历山大的资助所实现的。据我们判断，菲力浦就是亚里士多德的"王"。亚里士多德之仰赖于菲力浦就像人们只对那些他们所敬慕和信任的人的信赖那样。伊索格拉底向菲力浦呼吁，也把他作为会使希腊混乱的公共生活获得统一和高贵的伟大领袖。

不少的书里说菲力浦是个愤世嫉俗，并且荒淫无度的人。诚然，在宴会上菲力浦像当时所有的马其顿人那样，是个豪饮的人，有时还喝得烂醉——大概当时认为在宴会上不纵饮是有失雅量的；但对菲力浦的其他指责却没有真凭实据。我们所有的依据只是像狄摩西尼那样的反对者们的嘲骂。狄摩西尼是雅典的煽动家和演说家，是一个说话鲁莽轻率的人。以下摘录的狄摩西尼的一段话足以说明他出自爱国的愤怒把菲力浦说成什么样子。在他对菲力浦的攻讦，即所谓《痛斥菲力浦》里，其中的一节是这样来发泄愤怒的：

菲力浦——这个人不但不是希腊人，不但和希腊人毫无同种关系，甚至也不是一个来自体面国家的野蛮人——不，他是马其顿的一个无法无天的

马其顿的菲力浦

人,在这个国家我们连一个像样的奴隶都找不到。

如此等等。我们知道,事实上,马其顿人是雅利安民族的一支,和希腊人族类很亲近,而且菲力浦大概是当时最有教养的人。诋毁菲力浦的文章都是以这种精神写成的。

当菲力浦在公元前359年成为马其顿国王的时候,他的国家是个小国,既没有海港又没有相当大的城镇。民众从事农业,语言几乎和希腊相同,在感情上已自愿成为希腊人,但在血统上比起在它以南的居民来,是较纯的诺迪克人种。菲力浦把这个小小的蛮邦变成了一个大国。他缔造了当时世界上空前最有效的军事组织,他在临终时已经使大部分希腊城邦在他领导之下结成了一个联盟。而他那非凡的才能、他那超越于当代流行观念的思索力并不仅是表现在这些事情上,而更是表现在使他的儿子受到训练以便继续执行他所创立的政策的操劳上。他是历史上罕见的关心继承人的君主之一。世上的君主很少像亚历山大那样,曾为统治帝国而受过专门的教育。亚里士多德不过是他父亲为他选择的几个良师之一。菲力浦把自己的政策交给了亚历山大,在亚历山大16岁的时候,菲力浦就委托他发号施令,享有权威。亚历山大曾在他父亲的注视之下,在凯洛尼亚指挥过骑兵。他父亲宽大慷慨地、毫不怀疑地把他扶育到了掌权的地位。

凡是仔细读过亚历山大传记的人都很清楚,亚历山大一开始就受过一整套的训练和具有空前崭新的价值思想。但当他逾越了他在培育中所得到的智慧的时候,就开始犯错误,做坏事——有时竟是可怕的愚蠢。在他去世以前很久,他的性格中的缺点就已超过了他所受过的培育。

菲力浦是古代诺迪克种雅利安型的旧式国王,贵族中的头号人物,一个领袖—国王。他在马其顿所建立的军队是由一种从普通人中征募来的步兵和一种称为"伙伴"的贵族骑兵团组成的。马其顿的民众是农夫和猎人,几乎嗜酒成风,但易于训练,善于作战。如果人民能说是朴实易使的话,那么,政府也就算得有才智的和机敏的了。几个世代以来,马其顿宫廷一直用阿提卡(等于雅典)希腊语,而且马其顿宫廷已经有足够的文明程度能知道庇护和招待诸如公元前406年死于宫中的欧里庇得斯和艺术家泽克西斯这样的大有声望的人物。不仅如此,菲力浦在即位前曾在希腊当过几年人质。他受到了希腊当时所能给予的最好教育。因此,他非常熟悉我们所称伊索格拉底的观念——在欧洲的希腊城邦的大联合以便称霸于东方世界的观念;他也知道,雅典的民主政体如何因为国家制度和传统的缘故，而不能利用摆在它面前的这个机会。因为这是一个要大家分享的机会。而在雅典人或斯巴达人的心目中，这就意味着让"许多外国人"得到公民权的好处，意味着把自己的身价降低到同马其顿人平等为伍的水平——而马其顿人却是那样一个民族，"我们"从他们那里"连一个像样的奴隶"都没有得到。

要在希腊人中取得一致去实行这项预期的事业，除了采取一些革命的政治行动以外，是没有别的办法的。阻止希腊人进行这项大胆事业的，并不是因为他们爱好和平，而是因为他们政治上的分裂。这几个城邦的财力由于连续不断的自相残杀的战争而消耗殆尽——这些战争常常因为极其微小的理由或受到演说者的煽动而爆发起来的，例如，福基斯人耕种了德耳法附近的一些圣地就曾是血腥的圣战的借口。

菲力浦在做国王的最初几年里专心致力于训练他的军队。在这以前，世界上的主要战役大多是由列阵的步兵进行的。我们在远古苏美尔人的战争图画中看到执矛的士兵排着紧密的队形上阵，正像19世纪祖鲁人的军队的打法那样；菲力浦时代的希腊军队仍然以这样的样式作战；提佛的方阵是由一群执矛的步兵组成的，后排的人手执较长的矛从前排的人隙中刺了出去。这样的阵法能击溃训练较差的敌军。当然，骑马的射手是能使这一大堆人蒙受相当大的损失的。这样，当开始用马匹作战时，骑兵就附属于主阵的左翼或右翼。读者必须记得，在亚述人崛起以前，马匹在西方的战争中并没有被有效地使用，而且最初只用来驾驶战车。战车可以用全速向成堆的步兵猛冲，力图冲散它。除非步兵纪律极严，否则战车就会取胜。荷马诗中的交战是战车的交战。直到公元前最后1000年时，我们才开始看到有骑在马上的兵，他们是和驾驶战车的兵截然不同的，他们作为一个兵种参加了战争。起初他们似乎是分散作战的，每一个人凭着自己的武艺取胜。吕底亚人就是这样同居鲁士作战的。用马队冲锋似乎是从菲力浦开始的。菲力浦命令他的"伙伴"操练集体冲锋。为了加强方阵，他使后排的士兵手执比以前所用的更长的矛，从而增加了阵形的纵深。马其顿方阵只是加强了的提佛方阵。这些密集的步兵方阵没有一个能够随势变形足以抵制来自侧面或后面的攻击。他们的机动力很弱。所以，菲力浦和他儿子克敌制胜的方法虽然有所变化，却都遵循着一项步、骑两兵种配合作战的战术。方阵从中央突进，吸住敌人的主要部队；而左翼或右翼的骑兵则冲散敌人的骑

马其顿的战士
（珀拉发现的浅浮雕）

兵；然后包抄敌军方阵的侧面和后面，这时敌军正面早已受到马其顿方阵的打击。这时敌军的主力就崩溃，而被歼灭了。亚历山大的军事经验增长以后，他在战场上又加上了石弩的使用，就是以投射大石块的方法来击破敌人的步兵。在这以前，石弩只用来攻城，从来没有用来交战。亚历山大发明了"炮击配备"。

菲力浦手中有了他的新式军队这个武器以后，便首先把注意力转向马其顿的北方。他率领远征军侵入了伊利里亚，直抵多瑙河；又沿着海岸扩张势力，一直到赫勒斯蓬特海峡。他占领了一个港口，安菲波利斯港，及其附近的某些金矿。他在屡次征伐色腊基以后，便非常认真地转身南下，他接过德耳法近邻同盟会议的事业，反对渎神的福基斯人，俨然是个希腊宗教的守护者。

我们必须了解，当时在希腊人中间有一个强有力的党派，即泛希腊主义党，主张拥戴菲力浦为希腊的领袖。这个泛希腊主义运动的主要作家是伊索格拉底。另一方面，雅典却是反对菲力浦的领头者和急先锋，雅典还公开同情波斯，甚至派密使去警告波斯大王，陈说统一的希腊对他的危险。12年的来来往往不能在这

里一一叙述了。公元前338年，分裂派和泛希腊主义派之间长期的斗争终于决定了胜负。在凯洛尼亚战役中，菲力浦彻底击溃了雅典及其同盟军。他以异常宽大的条件使雅典获得了和平；他表示决心同这个结下深仇的城市和解，并予以照顾；公元前338年，希腊城邦大会公认菲力浦为讨伐波斯的统帅。

菲力浦当时已是个47岁的人了。全世界好像都伏在他的脚下。他已经使他的小邦变成为一个伟大的希腊—马其顿联盟的领导国家。这个统一将是一个更大的统一，即西方世界同波斯帝国统一成为当时所有已知的民族组成的一个世界国家的序幕。谁能怀疑菲力浦有过这种梦想呢？伊索格拉底的著作向我们证明他是有过这种梦想的。谁能否认他可能实现这个梦想呢？他有一个合理的也许可以再有四分之一个世纪的生命供他活动的希望。公元前336年，他的前卫军横渡到了亚洲……

但是，他从没有随同他的主力军前进，他被刺杀了。

2　菲力浦王的遇害

现在必须叙述一些菲力浦王的家庭生活。菲力浦和他的儿子的一生都深受一个浮躁而邪恶的女人的影响，她名叫奥林匹阿斯，是亚历山大的母亲。

她是埃皮鲁斯王的女儿，埃皮鲁斯是马其顿西边的一个邦，它跟马其顿一样，也是个半希腊化的地方。她是在萨摩色腊基的某个宗教集会上和菲力浦邂逅的，也可以说是被掷到他的生命道路上来的。普卢塔克宣称他们的婚姻是爱情的结合，至少在这一点上，人们对菲力浦都有指责，说他和许多精力充沛又富于想象力的人一样，往往情不自禁地在爱情上易于冲动。他娶她为妻时，已是国王了，3年后生了亚历山大。

没隔多久，奥林匹阿斯和菲力浦就无情地疏远了。她嫉妒他；还有一个也更为严重的引起纠纷的根源，就是她对宗教神秘的热爱。我们曾经指出，在希腊人信奉的优雅而有节制的诺迪克宗教之下，地方上还流行着许多较秘密、较古老的宗教崇拜，这类当地原有的崇拜举行秘密入教和狂欢的庆祝，经常还有残忍的淫荡的仪式。这些阴暗的宗教，这些妇女和农民以及奴隶们的实践，使希腊产生了奥菲士［竖琴手神］、狄俄尼索斯［酒神］以及得墨忒耳［谷神］等的崇拜。几乎直到我们这个时代，它们一直潜伏在欧洲的传统之中。中世纪的巫术使用婴儿的血液、死因的小块肢体、咒文、魔圈等，看来无非是暗白人种的这些庄严仪式所残留的痕迹。在这些事情上，奥林匹阿斯是个内行，是个热中的人。普卢塔克说她因为在这些敬神活动中使用了豢养的蛇而获得很大的声誉。有许多蛇侵入了她的住房里，历史上没有说清楚菲力浦对它们是感到愤怒还是宗教性的畏惧。不过他的妻子的这些活动肯定对菲力浦是件极为麻烦的事，因为马其顿人当时还处在社会发展的一个生气蓬勃的阶段，无论是狂热的宗教信仰或不可控制的妻子，都不会受到人们的称赞的。

历史记载中有许多小事情能够泄露出母亲和父亲之间存在着的刻骨敌意。她显然忌妒菲力浦出征的胜利，她憎恨他的声望。有许多迹象表明奥林匹阿斯尽力怂恿她的儿子反对他的父亲，并使他完全归附她自己。还传下一个故事（在普卢塔克的《传记集》中）说："每当菲力浦夺取了一个城市或打了一次大胜仗的消息传来时，儿子听了似乎从来没有十分高兴过；相反，他经常对他的小伙伴们说：'哥们儿，父亲会把一切都抢先搞完，他不会留下什么重大的事让我同你们一起去搞的。'"

一个孩子不受某种启发是不会这样忌妒他的父亲的，这可不是一件自然的事。那句话听起来像是一个回声。

我们曾经指出，菲力浦为亚历山大的继位怎样费尽心力，他又怎样急迫地想把声望和权力塞到这孩子的手里。他考虑着的是他正在建立的政治结构——然而孩子的母亲考虑着的却是那了不起的奥林匹阿斯贵妇的光荣和骄傲。她把对丈夫的憎恨掩盖在母亲为儿子的前途担忧这件外衣下面。当菲力浦于公元前337年按照当时国王们的风尚，娶了"他热恋着的"一个名叫克里奥帕特腊的马其顿人为第二个妻子时，奥林匹阿斯制造了许多麻烦。

普卢塔克曾谈过菲力浦和克里奥帕特腊结婚时发生的一个可憾的场面。婚宴上大家喝了很多酒，新娘的父亲阿塔罗斯"喝醉了"，流露出一般人对奥林匹阿斯和埃皮鲁斯所抱有的敌意，他说他希望这个婚姻将产生一个孩子，使他们能有一个真正马其顿血统的继承人。亚历山大受了这个侮辱，大声喊道："那么，我是个什么人呢？"说着就把酒杯向阿塔罗斯掷去。据普卢塔克说，菲力浦大怒，站起，拔出剑来，却踉跄地跌了一跤。亚历山大在愤怒和忌妒之下，竟嘲笑和侮辱了他的父亲。

他说："马其顿人哪！看这个想从欧洲到亚洲去的将军吧！怎么啦，他连从一张桌子到另一张桌子也走不到！"

那个爬卧在地上的人，那些涨得通红的脸，那个孩子愤怒的喊声，情景历历在目！第二天，亚历山大同他的母亲就走了——菲力浦并没有挽留他们。奥林匹阿斯回到了埃皮鲁斯的娘家，亚历山大去了伊利里亚。后来菲力浦把他劝了回来。

新的纠纷又发生了。亚历山大有个兄弟，叫阿里迪乌斯，是个生性愚钝的人，卡里亚的波斯总督想招他为婿。"亚历山大的朋友们和他的母亲这时毫无根据地又给他灌输了一些错误的想法，说是菲力浦缔结这样高贵的婚姻，以及因此而得到的支持，是他有意要把王位传给阿里迪乌斯。这种怀疑使亚历山大极为不安，于是他派遣了一个名叫塞萨路斯的演员到卡里亚去，劝说那位大公放弃与阿里迪乌斯联姻的意图，说阿里迪乌斯是庶出的，智力上有缺陷，并请他与合法的继承人结盟。皮克索达鲁斯对此建议极为高兴。但菲力浦一听到这事，立即带了他一个最亲密的朋友和伴侣帕米尼奥的儿子菲洛塔斯走到亚历山大的房里，当着菲洛塔斯的面责斥亚历山大居然堕落和下贱到想当一个卡里亚人的女婿，当一个蛮族国王的奴隶的女婿。同时他给科林斯人写信，要他们把塞萨路斯戴上铁链送来给他。他驱逐了哈珀耳、尼阿卡斯、弗里吉乌斯、托勒密以及王子的另几个伙伴。不过亚历山大后来把他们都召了回来，并极其优厚地对待他们。

菲力浦与他显然疼爱的儿子争辩，而又被别人在这孩子的想象中所编成的卑鄙的挑拨所挫败，这个故事中有些很悲惨动人的地方。

菲力浦是在他的女儿嫁给她的舅舅（也就是埃皮鲁斯王和奥林匹阿斯的弟弟）的婚礼时被刺死的。那时他没带武器，穿着白袍，在一群人的行列里走进礼堂，被他的一名卫士砍倒了。凶手已准备好一匹马，本来是可以逃掉的，但马脚被野藤绊住了，他从鞍上摔了下来，被追赶的人杀死了。

亚历山大就这样在 20 岁的时候结束了继位的焦虑，他成了马其顿的国王。

于是奥林匹阿斯以倨傲地复仇的妇女的面目又在马其顿出现了。据说她坚持给凶手以与菲力浦相同的葬礼。

在希腊，这件喜事引起了广大的庆祝。当狄摩西尼听到这消息时，尽管他的亲生女儿死了才 7 天，还是立即穿上华丽的吉服，戴上花环，参加了雅典的公众集会。

无论奥林匹阿斯在她丈夫被谋杀事件中有什么牵连，她对待取代她的克里奥帕特腊的态度，历史是没有怀疑过的。亚历山大刚一离开（北部山民发动的叛乱要他立即采取行动），克里奥帕特腊的新生婴儿就在它母亲的怀里被害死了，随后克里奥帕特腊——无疑在受人嘲笑一番以后——也被勒死了。这种过分的女性感情据说曾使亚历山大感到了震惊，但这些并没有阻碍给他母亲在马其顿以一个拥有相当大的权威的地位。她写信跟他谈论宗教和政治的问题，他总是恭顺地把他掠夺到的大部分财物送给她。

3 亚历山大初期的征服

以上这些故事是不能不讲的，否则历史就不易理解了。印度和亚得里亚海之间这一人们的广大世界已在准备联合一致，空前未有地准备一个统一的管理，这里存在着波斯帝国广大的秩序，有它的道路、它的驿站、它的普遍的和平和繁荣，已经成熟到可以接受希腊思想的培育。而这些故事正表现了应运而兴的人们的品质。这里面有菲力浦这个很伟大而高贵的人，但是，他经常酩酊大醉，管不好他那乱七八糟的家庭。这个亚历山大在许多方面比他同时代的任何人都更有天赋，然而他虚荣心强、猜疑心重、容易激动，他的心思被他母亲引上了邪路。

我们正开始理解到这个世界可能是什么样子，我们人类可能变成什么样子，假如我们的人性不是还未成熟的话。我们与亚历山大之间只隔了70代人的光景；而我们与我们的祖先，即在柴火灰烬上烤吃食物或生吃食物的野蛮猎人之间，相隔也只不过四五百代。一种生物在四五百代期间，后天变异的范围是不会太大

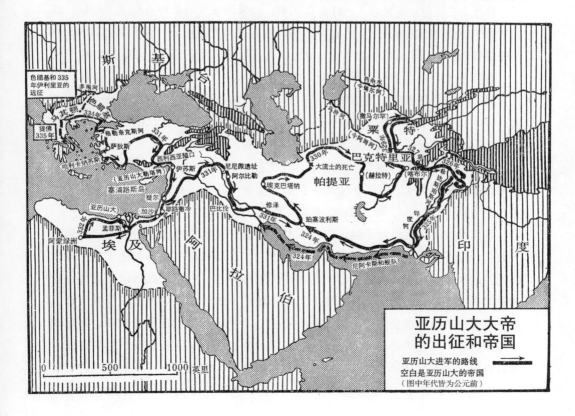

的。男女人们只要足够地放纵忌妒、恐惧、醉酒、愤怒，穴居的人今天就会以火红的眼睛瞪着我们了。我们已有了文字和教育，有了科学和力量，我们已能驯服野兽、制服雷电，但我们仅仅是跟跟跄跄地向着光明走去，我们已经驯服和饲养了野兽，但我们还必须驯服和教养我们自己。

从他开始即位起，亚历山大的行事就已显示他是怎样融会贯通了他父亲的计划，表现了他自己有多么大的才能。他一生的经历须用当时人类已知的世界地图来表示。首先，当他得到希腊的保证将让他当希腊军队的统帅之后，他就进军，通过色腊基到达了多瑙河；他越过了河，焚烧了一个村庄，成为第二个越过多瑙河入侵斯基提亚地方的大君主；然后，回师过河，向西进军，经伊利里亚而下。那时提佛城正在叛乱，于是他的下一个打击目标就是希腊。提佛——当然没有得到雅典的支援——被攻破了，遭到了掳掠，受到了极为残暴的虐待；所有的建筑物除了一座庙宇和诗人品得的住屋以外，全被夷为平地，3万人被卖为奴隶。希腊被打昏了，于是亚历山大放手出征波斯。

提佛的这次毁灭，暴露了人类命运的这个新主人的残暴的味道。这个打击太重了，简直无法应付。这是做了一件野蛮的事。如果说反抗的精神被扑灭了的话，那么救助的精神也同样被扑灭了。自此以后，希腊城邦气息奄奄，既不制造麻烦，也不提供救助。他们不肯以船舶来支持亚历山大，这件事后来证明使他极其为难。

普卢塔克曾讲过有关提佛大屠杀的一件事，这个故事好像是要表彰亚历山大，但实际上只是表明了他清醒的一面与他疯狂的一面的冲突。故事说的是一个马其顿军官和一个提佛妇女的事。这个军官是掠夺者中的一个，他闯进这个妇女的屋里，使她遭受了无法形容的侮辱和伤害，最后还问她是否藏有金银。她告诉他说，她的全部珍宝都藏在一口井里，并把他领到那边。当他俯身凝视的时候，她突然把他推了下去，并投下了大块石头，把他砸死了。有几个马其顿士兵见到了这个情景，立刻把她抓了起来，送给亚历山大去审判。

她面对亚历山大昂然不惧。亚历山大那股下令大屠杀的过度的冲动已经衰退下去了，他不仅宽恕了她，而且还把她的家人、财产和自由一齐归还了她。普卢塔克把这件事说成是宽大，不过问题比这要复杂得多。对整个提佛进行污辱、掳掠和奴役的正是亚历山大。井里那个不幸给砸烂了的马其顿坏家伙仅仅做了别人告诉他完全可以随便去做的事情。是不是一个司令官发布了残暴的命令，而后却宽恕并犒赏了那些杀了他的工具的人呢？在一个妇女的事例上表现出这一点悔意怎么也抵偿不了对一个大城市的屠杀，而且这个妇女也许并不缺少悲剧性的尊严和美。

在亚历山大身上既有奥林匹阿斯的疯狂，也有菲力浦的稳健和亚里士多德的教导。提佛这件事肯定地烦扰了亚历山大的心灵。此后，每当遇到提佛人的时候，他总要尽力对他们表示特殊照顾。提佛人，作为他的债主，总是幽灵般地缠住他的内心。

然而他对提佛的回忆并没有使另外三个大城免于受到他同样的突然神经错乱之害，他摧毁了提尔，还有加沙和印度的一个城；在猛攻印度那个城时，他在一次势均力敌的战斗中被击倒而受伤了；所以这个城里没有一个人、没有一个小孩得以幸免。他一定吓坏了才采取这样一种凶恶的报复。

战争爆发初期，波斯人占了极大的优势，他们实际上是海洋的主人。雅典人及其同盟军的船只袖手旁观，不予支援。亚历山大要到亚洲必须绕道赫勒斯蓬特，而如果他深入到波斯帝国，他和基地的联系就会有完全被截断的危险。所以，他的首要任务是使海上的敌人失去战斗力，而要做到这一点，他只能沿着小亚细亚海岸进军，逐个占领港口，直到波斯人的海军基地全被破坏为止。如果波斯人避开战斗，逗留在他的漫长的交通线上，他们大概可以把他歼灭掉，但他们没有这样做。比他的军队大不了许多的一支波斯军在格勒奈克斯河沿岸投入战斗（公元前334年），被消灭了。这样一来，亚历山大就放手占领了萨狄斯、埃弗塞斯、迈利特；经过一场激烈的战斗以后，又占领了哈利卡纳苏斯。在这同时，波斯的舰队是在他的右侧和在他与希腊之间。虽然有很大的威胁，但一点事也没有做出来。

公元前333年，亚历山大继续攻打波斯的海军基地。他沿海岸行军，到达了现今称为亚历山大勒塔湾的湾岬。强大的国王大流士三世率领的波斯大军正在他行军路线的内陆，和海岸之间隔着大山。当亚历山大或波斯人发现两军已靠近的时候，亚历山大已径直抄到这支敌军的后面去了。波斯人和希腊人的侦察工作显然都同样做得很差。波斯军队是一支集合着士兵、运输队、随军人员等，庞大而组织得很不好的队伍。以大流士为例，他就带着后宫女眷，还有许许多多的后官奴仆、乐师、舞女和厨师。许多将领携带家属来观看猎捕马其顿入侵者。这些队伍是从帝国的各个省份征集来的；他们没有配合作战的传统或原则。大流士一心想把亚历山大和希腊隔断，就使这一大群人翻山越岭来到海边；他在穿过山口的时候侥幸地没有遭到阻击，他于是在群山和海岸之间的伊苏斯平原上扎营。就在这里，亚历山大反转身来对大流士进行袭击。亚历山大的骑兵和方阵把这支庞大而脆弱的队伍打得粉碎，就好像一块石头打碎一只瓶子那样。波斯军被打垮了。大流士从他的战车——那个过时了的工具——中逃出来，骑上马跑了，连他的后宫女眷都落到了亚历山大的手里。

关于亚历山大在这次战斗后的情况，所有的记载都表明他那时心情极好。他既克制又宽大。他极其殷勤地对待波斯的公主们。他很镇静，他坚定地继续实行他的计划，他让大流士逃到叙利亚而没有追赶他；同时，他继续向波斯的海军基地进军——这就是说，向腓尼基的海港提尔和西顿进军。

西顿向他投降了，提尔进行了抵抗。

不必说别的地方，就是在这里，我们已有证据说明亚历山大是有伟大的军事才能的。虽然他的军队是他父亲创立的，但菲力浦从来没有在攻城方面作出过战绩。当亚历山大是个16岁的少年时，他亲眼看见他父亲在博斯普鲁斯海峡旁边设防的拜占庭城被打退过。现在他面对的是一个经受住了一次又一次的围攻、对尼布甲尼撒大帝抵抗了14年而没有被攻破的城市。由于经得起屡次围攻，闪米特诸族保住了胜利。提尔当时是个距海岸半英里的岛屿，它的舰队从来没有被打败过。另一方面，亚历山大由于围攻过哈利卡纳苏斯城堡，已经学到了不少东西；他从塞浦路斯和腓尼基调来了一队工程技师；跟他同行的有西顿的舰队；不久，塞浦路斯的国王又带来了120艘船，使他取得了制海权。此外，大迦太基也许由于信赖它的母邦的力量，或者是对母邦的不忠诚，而且还因为卷入了西西里岛的战争，所以没有提供援助。

亚历山大采取的第一个步骤是筑一道从大陆到提尔的土堤，这道堤坝一直遗留到今天。在土堤快修到城墙下时，他在城墙上建起了攻城的高塔和撞槌。他也把船只停泊在城墙旁边，船上竖起了高塔和撞槌。提尔人用火船来攻打这支小舰队，并从他们的两个港口发动攻击。当他们对塞浦路斯的船只大举偷袭的时候，他们被俘获并遭到了虐待；他们的许多船只被撞坏了，一艘有五行桨位和另一艘有四行桨位的大帆船当场被俘了。最后，城墙被打开了一个缺口，马其顿人便从他们的船舰登上残垣，攻破了这个城。

这次围攻持续了7个月。加沙守住了两个月。两个城都遭到屠杀，全城被掠，幸免于死的人被卖为奴隶。随后，在公元前332年年底，亚历山大进入了埃及，制海权已得到了保证。整个这段时间，希腊在政策上一直摇摆不定，这时才终于决定倒向亚历山大一边。科林斯的希腊城邦会议表决了赠给它的"统帅"以胜利的金冕。从此以后，希腊人就站在马其顿人的一边了。

埃及人也站在马其顿人一边。他们从一开始就是支持亚历山大的。他们在波斯人的统治下已度过了将近200年，而亚历山大的到来对他们来说，不过是更换一个主子罢了；总的说来，是换得好一些的主子了。这个国家没有打过一仗就投降了。亚历山大对埃及的宗教感情极为尊重。他没有像冈比西斯那样解剖过木乃伊，他对孟菲斯的圣牛阿皮斯也没有放肆冒犯。在这里的大庙宇里，在很大程度上，亚历山大发现了一种神秘的、荒唐的宗教证迹，使他回想起那些曾使他母亲感到兴趣并使他在童年时就留有印象的那些秘密的和神秘的东西。于是在埃及逗留的这 4 个月期间，他又同宗教情绪玩弄了起来。

我们必须记住，他还是个很年轻的人，心情是自相矛盾的。他从他父亲那里继承来的非常清醒的头脑使他成为一个伟大的战士，亚里士多德的教导给他以对世界的某种科学的看法。他摧毁了提尔；在埃及、尼罗河的一个河口这时建立了一座新城，即亚历山大城，来代替那个古代的商业中心。在提尔的北部，靠近伊苏斯的地方，他建立了第二个港口，亚历山大勒塔。这两个城市一直繁荣到了今天，而在一段时期里，亚历山大城也许还曾是世界上最大的城市。所以，这两个城市的地点一定选择得很明智。但是，亚历山大也具有他母亲那种不稳定的和感情冲动的想象力，他在做这些创造性工作的同时，还沉溺于宗教的探索。埃及的神们占据了他的心灵。他跋涉 400 英里去一个遥远的绿洲访问阿蒙的神谕宣示所。他想解决关于他的真实生身父母的某些疑问。他的母亲曾用暗示和暧昧的语言在他的心里引起有关他出生的一些奥秘。像马其顿的菲力浦这样一个平常的人难道真是他的父亲吗？

在将近 400 年的时间里，埃及一向是个在政治上被人蔑视的国家，时而被埃塞俄比亚人所蹂躏，时而又被亚述人、巴比伦尼亚人、波斯人所侵略。因为当前所受到的侮辱愈来愈令人想起就不舒服，所以以往的和其他的世界在埃及人眼里就变得更为壮丽。正是由于人民蒙受到使人痛苦的耻辱，妄自尊大的宗教的宣传才跃然而起。被压迫者能够对胜利者说："在真神看来，这等于零。"因此，使马其顿的菲力浦的儿子，希腊的主帅，在这许多巨大的庙宇之间感到了自身的渺小。而他除了有年轻人要给每个人以一个印象的正常抱负外还加上不正常的一份。如果他这时发现他不仅是个成功的凡人，不仅是这些现代俗气的希腊佬中的一员，而是古代的和神圣的，是一个神之子，是法老神，是阿蒙拉太阳神的儿子，他将会多么满足呵！

我们在前面的一章中已经描写过他在沙漠的庙宇里的遭遇。

但这个年轻人并没有完全信服。他有信服的时刻；当一件事差不多成为笑话的时候，他也有较清醒的方面。在马其顿人和希腊人的面前他怀疑他是否是神圣的。在雷声大作时，说话不恭敬的阿里斯塔克会问他："呵，宙斯的儿子，你会做这类事情吗？"但是这个狂妄的想法从此便印入了他的脑海，很容易被酒力或谄媚煽动起来。

第二年春天（公元前 331 年），他回到了提尔，从那里绕道向亚述前进，把叙利亚沙漠丢在他的右侧。在被遗忘了的尼尼微的废墟附近，他发现有一支庞大的波斯军队在那里等他，这支军队是自伊苏斯战役以后聚集起来的。它是另外一支庞大的乌合的分遣队，依靠当时业已陈旧的武器——战车，作为它的主要武力。大流士的军队拥有 200 辆战车，每辆战车的车轮、车辕和车身上面都缀有刀刃。每辆战车似乎都有 4 匹马。显然，如果其中有一匹被标枪或箭射伤的话，战车就会停住。靠外面的那匹马主要是为辕内的马起缓冲作用；它们是用一根容易被割断的在外面的拖索拴在车子上的，但是，如果失去了其中的一匹辕马，整个战车也就完全无用了。这样的车辆对付被击溃的步兵或一群单独作战的战士，也许是不可轻视的；但大流士在开始作战时就用它们来猛冲敌人的马队和轻快步兵。因此到达它们的目标的很少，而那些实现了的又很容易被收拾掉。为占据有利地位，有一些调度的运动。训练有素的马其顿队伍行列整齐地斜越过波斯军的前线；波斯人随着这个移动成了侧翼，他们的行列出现了缺口。受过训练的马其顿骑兵队突然袭击了这些缺口，并攻破了波斯军的中心。步兵紧跟在骑兵冲击的后面。波斯人的中心和左翼被打垮了。有一会儿，波斯人的右翼的轻快骑兵攻打亚历山大的左翼时，暂时得势，结果却被色萨利的骑兵打得粉碎，色萨利的骑兵这时几乎像他们的马其顿榜样一样出色。波斯部队溃不成军。他们瓦解成为在漫天灰尘下的一大群蜂拥败退的逃兵，没有一个队伍能越过炎热的平原，逃到阿尔比勒去。胜利者纵马飞驰在尘沙和逃奔的人群之中，肆意砍杀，直到天黑为止。大流士带头撤退了。

阿尔比勒战役就是这样。战斗发生在公元前 331 年 10 月 1 日。这个日期我们之所以知道得这样准确，是因为有记载说，在开战前 11 天，双方的占卜者因发现了月食而非常担忧。

大流士逃到北方米地人的地方。亚历山大继续进军，直抵巴比伦。

汉谟拉比（1700 年以前在位）、尼布甲尼撒大帝和那波尼德的这座古城与尼尼微不同，它还是个繁荣而重要的中心。同埃及人一样，巴比伦尼亚人对于把波斯人的统治更换为马其顿人的统治并不很关心。柏儿—马杜克庙是一片废墟，成了建筑材料的堆栈。但是迦勒底祭司的传统依然苟延不废，亚历山大答应重修这座建筑。

他从这里向修泽进军。修泽一度曾是消失了的和被人遗忘了的伊拉姆人的主要城市，而当时则是波斯的首都。

他继续推进到了珀塞波利斯；在这里，作为一次狂欢痛饮的高潮，他把万王之王的伟大的宫殿焚毁了。这件事，他后来声称是希腊人对薛西斯焚毁雅典的报复。

4 亚历山大的漫游

到这时，亚历山大的故事开始了新的一段。此后的七年里，他率领了一支主要是由马其顿人组成的军队漫游于当时已知世界的北部和东部。起初是追击大流士，后来就成了——？是对他打算要统一成一个伟大的秩序的世界进行一次系统的观察呢？还是一场徒劳无益的追逐？他自己的士兵，他的亲密的朋友，都认为是后者，而且终于把他的事业推进到印度河的彼岸才停住了。从地图上看，很像是一场无益的追逐；它似乎既没有特定的目标，也没有要到达的地点。

对大流士三世的追击，很快就达到了可怜的结局。阿尔比勒战役以后，大流士的将领们似乎对他的软弱无能进行反抗；他们不顾他要投身于征服者的面前听候宽大处理的愿望，而把他囚禁了起来，带在他们身边。巴克特里亚的总督比苏斯被立为他们的领袖。最后，这支运载囚禁着万王之王的快速马车队，受到了猛烈而激动的追逐。追赶了一个通宵以后，黎明时刻远远望见了前面的这支马车队。败退变成了急速的逃跑。行李、妇女，一切东西都被比苏斯和他的将领们扔掉了，另外一件累赘的东西也被他们丢在后面了。不久一个马其顿骑兵在远离道路的一个水池旁边发现了一辆被遗弃的驴车，驴子还系着挽索。这辆车里躺着大流士，身上被刺了二十多处，血流得快要死了。他曾经拒绝同比苏斯一道前进，拒绝骑上给他送来的马匹。所以他的将领们就用矛捅了他，把他丢下了。他请求抓住他的人给他点水喝。他还说了些什么话，我们就不知道了。历史学家们很可以编出一番不大可能的临死演说。大概他没有说几句话……

日出以后不久，当亚历山大来到的时候，大流士已经死了……

对研究世界史的学者来说，除了有助于对亚历山大性格的理解以外，亚历山大的漫游另有一种他们特有的兴趣。正像大流士一世的远征揭开了希腊和马其顿背后的帷幕并向我们显示了从传闻和记载中得来的有关早期文明历史的北方的某些沉默的背景一样，现在，亚历山大的远征也把我们带进了以前从来没有过可靠记载的地区。

我们发现它们并不是荒凉的地区，而是到处都有自己的一种群居生活。

他行军到达了里海海岸，从这里向东行进，越过了现今所称的西突厥斯坦。

他建造了一座现在称为赫拉特的城。他从这里往北走，经过了喀布尔和现在的萨马尔罕，一直进入中突厥斯坦的群山。他又往南折回，经过了开伯尔山口，来到了印度。他在上印度河和一个身材很高而且勇武的国王波鲁斯打了一次大仗。马其顿的步兵在这里遇到了一列象队，把它打败了。可能他还会往东推进，越过了沙漠到达恒河流域，但他的军队拒绝继续前进。假如他们不是这样的话，可能他当时或后来会继续向东前进，直到他从历史上消失为止。但他被迫回师。他建立了一支舰队，直下印度河口。在那里，他把他的部队分开了。他率领了主力军沿着荒凉的海岸回到波斯湾，在路上，部队吃了很大的苦头，许多人死于干渴。舰队在海上一路跟随着他，并在波斯湾的入口处和他会合了。在这六年的漫游过程中，他打过仗，接受过许多陌生民族的投降，而且建立了一些城市。他于公元前330年6月看到了大流士的尸体；于公元前324年回到了修泽。他发现帝国正处在混乱当中；各省的总督们正在扩充他们各自的军队，巴克特里亚和米地亚正在发生暴动，而奥林匹阿斯正使政府在马其顿无法进行工作。皇室的司库员哈帕勒斯把皇室宝库里所有轻便的珍宝席卷而去，一路上，边走边行贿，逃到希腊去了。据说，哈帕勒斯的一些钱还送到了狄摩西尼的手里。

在我们叙述亚历山大故事的最后一章之前，让我们对于他漫游过的这些北方地区说几句话。显然，从多瑙河区域越过南俄罗斯，越过里海北部地区和里海东部地区，远到帕米尔高原的群山，向东进入东突厥斯坦的塔里木盆地，这一带当时散布着一些相似的野蛮部落和民族，他们处于差不多相同的文化阶段，他们在语言上大部分属于雅利安语系，在种族上可能属于诺迪克人种。他们有少数城市，他们大多数是游牧的；有时，暂时定居下来耕种土地。他们在中亚一定已经同蒙古利亚部落相混合，但当时的蒙古利亚部落在那里还没有遍布。

在最近一万年期间，世界上的这些部分出现了一个逐渐干涸和升高的巨大过程。一万年以前，在鄂毕河盆地和咸海—里海之间大概隔着一大片延伸的水。这地区干涸了，沼泽变成草原似的地区以后，来自西方的诺迪克种的游牧民和来自东方的蒙古利亚种的游牧民就相遇而混合了。供骑乘的马匹也就返回到西方世界里来了。显然，这一大片延伸的地方就逐渐变成为这些野蛮民族积聚的地区。他们是非常松散地依附于他们占有的土地上的。他们住在帐篷和车辆里，而不是住在房屋里。过了短暂的几年富裕而又健康的生活以后，或者在某个强有力的统治者的治下，部落间的战争得以中止，人口就会有相当大的增长；然后两三年艰难的岁月又足以迫使这些部落再为觅食而游动。

从有记载的历史开始以前起，多瑙河和中国之间的这片人类积聚的地区，可以说是断断续续地像下雨般向南和向西洒出一些部落。它好像是稳定的景色背后的云层一样起先是把侵略者积聚起来，然后又把他摔倒下来。我们已经叙述了克尔特人是怎样像下细雨般往西洒去的，叙述了意大利人、希腊人以及他们同种的埃皮鲁斯人、马其顿人、弗里吉亚人是怎样南下的。我们也叙述了基墨里人从东方推进，这些蛮人像突然降下一阵骤雨似的，被迫越过了小亚细亚，叙述了往南来的斯基台人、米地人和波斯人，以及雅利安的后裔入侵印度。在亚历山大以前大约一个世纪，意大利有过一次雅利安人的新的入侵，他们是原来定居于波河流域的一支克尔特人，也便是高卢人。这些各种各样的种族从他们的北方阴暗的角落里来到了历史的阳光之下；而同时在阳光之外，这个贮藏所里又在为新的输出作了积聚。亚历山大在中亚的进军给我们的历史带来了许多名字，对我们来说都是新颖的；帕提亚人，一个骑马射箭的种族，他们注定要在大约一个世纪以后，在历史上起着重要的作用，还有巴克特里亚人，他们居住在骆驼的沙漠故乡。他似乎到处都遇到了操雅利安语的各民族。东北方的蒙古利亚蛮族还没有使人感到可虑；没有人想象到在斯基台人及其同类人的后面，即在中国的北方，还有另一个巨大的人口云层，那里的人不久也将开始向西和向南漂流，一路同相遇的诺迪克种的斯基台人以及每一种有类似生活习惯的其他各族相混合。这时只有中国才知道有匈奴人；西突厥斯坦或别的任何地方都没有突厥人，世界上也没有鞑靼人。

公元前四世纪突厥斯坦事态的一瞥，是亚历山大漫游中最有趣的一个方面，另一个是他穿过旁遮普的侵袭。从人类历史的讲述者的观点来看，恼人的是，他没有继续进入恒河地区，因而我们不能有希腊作者对于古代孟加拉的生活的独立的记述。不过，有相当多的、用各种印度语写成的文献，叙述印度历史和社会生活，这些都还需要译成欧洲读者所能了解的文字的。

5　亚历山大确实伟大吗

亚历山大无可争辩地占据了波斯帝国六年。他当时是三十一岁。在这六年里，他很少创新。他使大多数波斯省份的组织保持了原状，任命了新的或者保留了旧的总督；道路、港口、帝国的组织依然跟他的更伟大的前辈居鲁士留下的一样。在埃及，他只是把旧的省长换成了新的；在印度，他打败了波鲁斯王，然后又让他握有在初见他时所拥有的同样大的权力，只是这时被希腊人称为一个总督而已。亚历山大的确曾计划过要建造若干市镇，其中一些后来发展而成为大镇；他一共修建了十七座亚历山大城；它们的名称经历过各种变化——例如坎达哈

（伊斯坎迪尔）和塞康德拉巴德；但他摧毁了提尔，又一起破坏了在此以前一直是美索不达米亚往西的主要出路的海上航线的安全。历史学者们说，他希腊化了东方。可是早在他之前，希腊人已云集于巴比伦尼亚和埃及，所以他不是希腊化的原因，他只是希腊化的一个部分。有一个时期，从亚德里亚海到印度河这整个世界，是在一个统治者之下；就此而论，他实现了伊索格拉底和他父亲菲力浦的梦想。但他在多大程度上曾使这个世界成了一个持久不变的联盟呢？在多大程度上，除了他宏伟的自身的那种眼花缭乱而又昙花一现的好景以外，当时还有什么呢？

他没有修建巨大的道路，没有建立可靠的海上交通。责备他无视教育是没有用处的，因为必须用教育来巩固帝国的这种观念对于当时人们的思想来说还是生疏的。但他没有形成一个政治家小组在他的周围，他没有想到继承人，他没有创造出传统——除了个人的传奇之外，什么也没有。世界在亚历山大之后还会继续下去，除了讨论他的宏伟壮丽的事业以外还要从事其他工作，这些观念似乎是在他的思想境界以外的。确实，他还年轻，但菲力浦在三十一岁以前早就想到对亚历山大的教育了。

亚历山大究竟能算得上个政治家么？

研究他的一生经历的一些学者向我们保证说他是个政治家，说他当时在修泽计划过要建立一个强大的世界帝国，他不单把它看作是马其顿人对世界的征服，而是看作各个种族传统的融合。无论如何，他做过一件事，使这个说法看来似有可能；他举行了一次盛大的婚宴，在这次礼宴上，他同他的九十个将领和朋友们一起娶了波斯新娘。他自己娶了大流士的一个女儿，尽管他已经有了一个亚洲妻子，即撒马尔罕国王的女儿罗克珊娜。这场大规模的婚礼形成了一个非常辉煌的节日，与此同时，他的马其顿士兵娶亚洲女子为妻的有几千人，举行婚礼时，全都得到赐予的礼物。这事被称为是欧亚联姻；普卢塔克说，"法定之合，子息与共"，这两大洲将联合在一起了。其次，他开始把从波斯及其北方招募来的士兵，如帕提亚人、巴克特里亚人等，加以方阵和马队的特殊训练。这也算是要使欧洲和亚洲同化，还是要使他自己离开马其顿人而独立呢？无论如何，马其顿人认为是后者，于是哗变了。他好不容易才使他们回心转意，并诱导他们跟波斯人一起参加共同的宴会。历史学家为他编下了在这个场面所作的一篇冗长而雄辩的演说，但要点只是命令他的马其顿人走开，而没有表示他是怎样提议他们应当离开波斯而回到老家的。沮丧了三天以后，他们向他屈服了，并请求他宽恕。

这是一件值得很好讨论的事情。亚历山大真的是在计划一次种族的融合，还是仅仅喜爱上了东方君主的荣华和神圣，而愿意摆脱那些只把他当作一个国王——领袖的欧洲人呢？他的同时代的作者以及那些生活于离他的时代不远的人，都非常倾向于挑选后者。他们坚认他的无上的虚荣心。他们叙述了他如何开始穿戴波斯君主的袍服和头巾，"起初他只在蛮人面前和在私下里穿戴，到了后来，他在大庭广众之间坐着办理公事的时候也穿戴上了。"不久他又命令他的朋友向他行东方式的跪拜礼。

亚历山大大帝
（来辛马卡斯的银币，
公元前321—前281年）

有一件事似乎能说明亚历山大很强的个人虚荣心。他的肖像常常被绘画和雕刻，而他总是被表现为一个美貌的青年，从宽阔的前额上向后面飘垂着漂亮的卷发。以前，大多数男子都留有胡须。但是亚历山大留恋他的青春美貌，不肯舍弃。他在三十二岁时还一直装扮作少年的样子；他刮了胡子，因而在希腊和意大利开创了一种持续过许多世纪的新风尚。

关于他晚年暴戾和虚夸的故事，在对他的回忆中是很多的。他听信有关菲洛塔斯的闲话，菲洛塔斯是他最信任、对他最忠诚的一个将军，是帕米尼奥的儿子。据说，菲洛塔斯曾对一个他正在求爱的女人夸口，说亚历山大不过是个孩子，若没有他父亲和他自己这样的人，是不会有对波斯的征服，等等。这些断言是有某种真实的因素的。这个女人被带到了亚历山大的面前，他听信了她的背信的话。菲洛塔斯马上被控犯了谋反罪，而且凭了很不充分的证据，受到折磨，并被处了死刑。于是，亚历山大想起了帕米尼奥的另外两个儿子都已经为他死在战场上。在这个老人能够听到他的儿子的死讯以前，亚历山大迅速派人把他刺杀了。当时帕米尼奥是最受菲力浦信任的一个将军；在菲力浦遇害以前，率领马其顿军队进入亚洲的正是帕米尼奥。对于这个故事的真实可靠性，以及关于亚里士多德的侄儿卡利斯瑟尼被处死刑的故事的真实可靠性，都是毋庸置疑的。卡利斯瑟尼否认亚历山大的神一般的荣誉，他"走来走去，骄傲得好像推翻了一次暴政一样，同时一些年轻人跟在他的后面把他当成千万人当中的唯一的自由人"。同这些事件混在一起的，有一个非常说明问题的故事，即亚历山大酗酒吵架时杀了克利图斯。这个君主和他的同伴们开怀畅饮，喝醉了就大声乱谈，毫无顾忌。他们大肆吹捧"年轻的神",极力诽谤菲力浦,亚历山大对此满意地微笑。这种酒后的洋洋自得使马其顿人无法忍受,亚历山大的义兄克利图斯气得发狂。克利图斯斥责亚历山大穿了米地亚的服装,同时赞扬了菲力浦。他们就大吵大闹了起来,为了劝架,克利图斯被他的朋友们拉出了房间。但他正处于酒后刚愎的状态之中,他从另外一道门又转了回来。人们在外面听到他以一种大胆而又不尊敬的语调引用了欧里庇得斯的诗句:

> 这些是你们的习俗吗?
> 希腊就这样地奖赏他的战士的吗?
> 一个人可以独占千万人赢得的战利品吗?

于是亚历山大从他的一个卫士手里抢过一根长矛,当克利图斯拉开帷幕进来的时候,就刺穿了他的躯体……

人们不得不相信,这就是这个年轻的征服者一生的真实禀性。那么关于他为赫腓斯提翁疯狂地、残酷地显示哀痛的故事就不可能完全是编造的了。假如这个故事是真实的,或者有任何一部分是真实的,那它就暴露了一种失去平衡的、完全为私心所包围的胸襟。对他来说,帝国不过是利己主义的夸耀的机会,而世界上的一切财富也不过是那种"慷慨"一掷的本钱,掠夺千人血汗以博得大为震惊的接受者的赞赏而已。

赫腓斯提翁由于患病,饮食受到了严格的规定,但当他的医生不在现场时,他吃了一只烤鸡,喝了一壶冰酒,结果死去了。于是亚历山大决定要表示一下他的哀痛。这是一个疯人的哀痛。他把医生钉死在十字架上!他下令把波斯所有的马和驴的毛都剪光,并且把邻近城市的城垛拆掉。在一段长时间内,在他的军营中禁止一切音乐,在占领了库西安人的几个村庄以后,他把村里所有的成年人都杀死,以此作为对赫腓斯提翁亡灵的祭品。最后,他至少拨出了一万塔兰特的钱修建了一座坟墓。在当时来说,这是一笔数目很大的钱。这些事没有一桩给赫腓斯提翁以任何真正的荣誉,但这些都是做给懔然敬畏的世界看,表明亚历山大的悲哀是一件多么了不起的事情。

最后的这个故事以及许多诸如此类的故事可能都是谎言,或是歪曲,或是夸张。但它们是一脉相通的。亚历山大在巴比伦有一回酩酊大醉以后,突然发烧、病倒、死去了。他只有三十三岁。他抢到并握在手里的这个世界帝国,就像一个孩子可能抢到和抓住一个贵重的瓶子一样,落到地上,摔成碎片了。

不论当时在人们想象里闪现出一线什么样的世界范围的秩序的微光,他一死去也就消失了。这个故事成了一个在混乱之中的野蛮独裁的故事。各省的统治者都各自为政，几年内，亚历山大的整个家庭就毁灭了。他的蛮族妻子罗克珊娜，很快就杀害了她的敌手大流士的女儿。她自己不久为亚历山大生了一个遗腹子，也取名为亚历山大。几年以后（公元前311年）也同她一起被杀害了。亚历山大的唯一的另一个儿子海格立斯也被杀害了。意志薄弱的异母兄弟阿里迪乌斯也是这样（参阅第2节）。普卢塔克描写了奥林匹阿斯在马其顿短期掌权的最后一瞥，她最初谴责这个人，然后又谴责那个人毒害了她的极好的儿子。她在盛怒之下杀死了很多人。她把亚历山大集团里的一些在他去世后死去的人们的尸体挖掘了出来，但我们不知道，这些挖掘对亚历山大的死亡会有什么新的解释。最后，奥林匹阿斯还是被那些她所杀害的人的朋友们杀死在马其顿。

6 亚历山大的继承人

在这罪恶的混乱当中，不久就出现了三个领袖人物。古波斯帝国的大部分地区，东边远到印度河，西边几乎到达吕底亚，是由一个名叫塞琉古的将军占领的，他建立了一个王朝，即塞琉古王朝；马其顿落到了另外一个马其顿将军的手里，他是安提戈努斯；第三个马其顿人托勒密掌握了埃及，使亚历山大城成为他的首都，并且建立了足够的海上优势，使塞浦路斯以及腓尼基和小亚细亚的大部分海岸也保持住了。托勒密帝国和塞琉古帝国持续了相当长一段时间；小亚细亚和巴尔干的政府形式较不稳定。用两张地图就能帮助读者感觉到公元前第三世纪政治分界的万花筒般的性质。安提戈努斯在伊普苏斯战役中战败阵亡（公元前301年），留下的色腊基长官来辛马卡斯以及马其顿和希腊长官卡桑德尔同样都是他的短暂的继承人。较小的长官各自割据了更小的城邦。同时，蛮人从西方和东方侵入了这个崩溃中的、衰弱了的文明世界。来自西方的是与克尔特人有密切关系的一个民族——高卢人。他们穿过马其顿和希腊而下，袭击到德耳法（公元前279年）他们有两部分越过了博斯普鲁斯海峡，进入了小亚细亚。起初他们是当别人的雇佣军，后来便自立为独立的掠夺者；他们在差不多袭击到托鲁斯山脉以后，就定居在古老的弗里吉亚土地上，迫使四周的人民向他们纳贡（弗里吉亚的

铸有塞琉古一世头像的价值四个德拉克马的古希腊银币

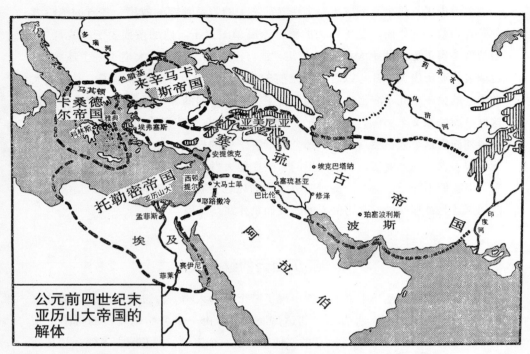

公元前四世纪末亚历山大帝国的解体

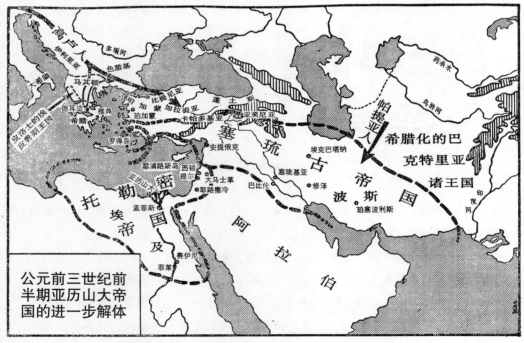

公元前三世纪前半期亚历山大帝国的进一步解体

这些高卢人后来成了圣保罗的使徒书里的加拉提亚人）。亚美尼亚和黑海南岸因统治者的不断更换而变得一片混乱。具有希腊化思想的国王出现于卡帕多基亚、蓬土斯（黑海南岸）、比提尼亚和珀加蒙。来自东方的斯基台人、帕提亚人和巴克特里亚人也向南推进……在一段时期里，希腊人统治的巴克特里亚诸邦变得愈来愈东方化了；公元前二世纪，来自巴克特里亚的希腊冒险家侵入了北印度并在那里建立了几个短暂的王国，这是希腊人最后一次向东方突进。后来，野蛮状态像一幅帷幕又逐渐垂落在西方诸文明和印度之间。

7　珀加蒙——文化的避难所

在希腊帝国这个破裂了的气泡溅出的泡沫中间有一个小小的邦国露出了头角，它至少需要一小节的篇幅来加以叙述。这就是珀加蒙王国。我们最初听到这个城镇时，它是以伊普苏斯战役告终的斗争期间的一个独立的中心。当高卢人入侵的潮流于公元前277年和前241年之间在小亚细亚来回汹涌的时候，珀加蒙在一段时期里向高卢人纳过贡，但它保持住了自己大体上的独立，最后在阿塔罗斯一世的统治下拒绝了纳贡，并在两次决战中打败了高卢人。此后在一个多世纪里（直到公元前133年），珀加蒙一直是自由的，而且或许是当时世界上最高度文明的邦国。在阿克洛波利斯的小山上矗立了一大群建筑物、宫殿、庙宇，一个博物馆和一个图书馆。它们可以同我们即将谈到的亚历山大城的建筑相抗衡，而且几乎是世界上最早的。在珀加蒙的亲王们的统治下，希腊的艺术鲜花重新开放，宙斯神庙祭坛上的浮雕，以及在这里雕成的战斗着的和濒死的高卢人的像是人类艺术珍品的一部分。

我们在下面即将谈到，不久以后东地中海就开始感到一个新兴的力量，即罗马共和国的力量的影响，它对希腊和希腊文明是友好的。在这个力量里珀加蒙和罗得的希腊居民找到了抵御加拉提亚人和抵御东方化的塞琉古帝国的一个自然的、有用的同盟者和支持者。我们将叙述罗马的力量最后怎样进入了亚洲，它怎样在马格尼西亚战役（公元前190年）中打败了塞琉古帝国并把它赶出了小亚细亚，赶过了托鲁斯山脉，以及最后在公元前133年，珀加蒙的末代国王阿塔罗斯三世怎样屈从于他所感到的不可避免的命运而使罗马共和国成为他的王国的继承者，他的王国于是也就成了罗马的"亚细亚"省。

8 亚历山大是世界统一的预兆

几乎所有的历史学者都想把亚历山大大帝的一生经历看作是在人类事务上划分一个新时代的标志。它把西地中海除外的全部已知的世界都吸收到一个剧本里去。但人们对亚历山大本人的评价有很大的不同。他们的大部分分为两大派别。一类学者被这个年青人的青春和显赫的名声所迷惑。这些亚历山大的崇拜者似乎想按他自己的估价来对待他，宽恕他的每一个罪恶的和愚蠢的行为，把它们看成仅仅是一个强烈性格的爆发，或者是某个宏大的计划中必需的苦味；他们把他的一生看作是按照一个图样制定的，一个政治家奇才的计划，只有以后时代的全部更广博的知识和更广大的思想才足以把这种计划带进我们理解的范围。另一方面，又有些人把他看成仅仅是一个对自由宁静的希腊化世界的缓慢成熟的可能性的破坏者。

在我们把 20 世纪的历史哲学家可能会赞同的世界政策计划归功于亚历山大或他的父亲菲力浦之前，最好仔细地考虑一下当时可能有的知识和思想的极限。柏拉图、伊索格拉底和亚里士多德的世界实际上完全没有历史的透视。直到最近这两个世纪以前，世界上还没有历史这个东西，这里所说的历史不同于仅仅是僧侣式的年代记。甚至受过很多教育的人对于地理和外国的观念也极为有限。在大多数人看来，世界还是扁平和没有边际的。唯一有系统的政治哲学只是以小城邦的经验为根据，没有想到过帝国。没有人知道文明起源的任何情况。在那时以前，没有人对经济作过思索。没有人搞清楚过一个社会阶级对于另一个阶级的反应。我们往往把亚历山大的一生经历看成是某个早已长期在进行中的过程的最高成就，看成是逐渐加强的节奏的顶点。在某种意义上，毫无疑问，它是这样的；但更加真实的是，与其说它是个终点，倒不如说它是个起点；它是人们对人类事务一致性的想象的最初启示。在他以前，希腊思想所达到的最大限度的范围是一个波斯帝国的希腊化，是马其顿人和希腊人在世界上据有的一个卓越的地位。亚历山大去世以前，尤其是在他去世以后，人们有时间对他进行考虑时，关于一个世界性的法律和组织的想法在人们心目中已是一个切实可行而可以吸收的概念了。

有几个世代对于人类来说，亚历山大大帝是世界秩序和世界统治权的象征和体现。他成了一个传说性的人物。他那装饰着神人海格立斯或阿蒙拉神的神圣象征物的头像，出现在那些自认为他的后裔能当他的继承人所铸的钱币上。后来世界统治权这个思想由另一个伟大的民族接受了下来，这个民族在以后几个世纪显示了相当的政治天才，他们就是罗马人；另外一个引人注目的冒险人物——凯撒，使亚历山大的形象在旧世界的西半部黯然失色。

所以，在公元前第三世纪开始时，我们已经发现在旧世界的西方文明里崛起了三个伟大的结构性思想，它们统治着当代人类的头脑。我们已经探索了从旧世界僧侣界的秘事、秘诀和秘传中漏出的文字和知识，以及一种普遍知识的思想，即关于全世界人们都能理解和传递的历史和哲学的发展。我们把希罗多德和亚里士多德看成是第一个伟大思想的典型代表人物，这伟大的思想就是科学的思想——从最广泛、最纯粹的意义上来使用科学这个词，包括历史在内，并表示人类对他周围事物的关系的清晰的洞察。我们还探索了在巴比伦尼亚人、犹太人，以及其他闪米特民族中间宗教的概括化，从在庙宇和圣地对某些地方神或部落神进行的秘密崇拜，发展到以整个世界为唯一的普遍的正义的神的庙宇的公开礼拜。现在我们又探索了一个世界政策思想最早的萌芽。人类历史的其余部分大多是关于科学，关于普遍正义，以及关于人类公益这三个思想的历史，这些思想从最初产生极罕见的卓越人们和民族的心头，逐渐扩展到人类的普遍意识之中，给人类事务首先提供了一种新的色彩，然后提供了一种新的精神，再后提供了一个新的方向。

第二十三章　亚历山大城的科学和宗教

1　亚历山大城的科学

埃及是亚历山大大帝短暂的世界帝国中最繁荣昌盛的一部分，这地方归托勒密统治，他曾是亚历山大的一个谋士，被菲力浦王赶走过的，这一点我们已经谈过。埃及离四出劫掠的高卢人或帕提亚人远些，得保安全。提尔和腓尼基的海军的覆没和亚历山大城的兴建，使埃及在东地中海取得了暂时的海上军事优势。亚历山大城日益繁荣，达到了能与迦太基相匹敌的地步；向东，它通过红海同阿拉伯和印度有海上贸易；向西，它的贸易同迦太基相竞争。它在商业上的重要性注定将延续许多世纪，后来在罗马皇帝的统治下，它的确达到了它的最繁盛的时代。

自从埃及不再是一个自治的帝国以后，托勒密王朝的马其顿人和希腊总督们，比任何别的统治者对埃及人都更宽厚、容忍。说实在的，与其说马其顿人统治了埃及，倒不如说埃及在政治上征服和并吞了托勒密王朝。

托勒密并没有试图使这地方的政府希腊化，而是想恢复埃及原有的政治思想。托勒密成了神王法老，他的行政继承了斐比、托特麦斯、拉米西斯和尼科的古老传统。不过亚历山大城在法老的神圣君临之下，它的市政另有一套希腊城邦式的组织。宫廷和政府使用的语言是希腊雅典语。埃及受过教育的人如此普遍使用希腊语，以致那里的犹太居民发觉有必要把他们的《圣经》译成希腊文，因为他们中间已有许多人不再懂得希伯来语了。纪元前后的几个世纪，希腊雅典语是从亚德里亚海到波斯湾所有受过教育的人通用的语言。

在亚历山大的全体青年幕僚中，托勒密似乎在实现知识的系统组织这个思想上最尽力。毫无疑问，亚里士多德曾使马其顿的菲力浦宫廷熟习于这种思想。

托勒密是个才智卓越的人，既有创造性，而又谦虚谨慎，他对亚历山大内心具有奥林匹阿斯的素质有一种谅解的讥嘲。他当年所著的亚历山大战役史业已失传，不过它是所有存留下来的记载的一个深有影响的资料来源。

他在亚历山大城建立的"缪斯翁"（Museum）实际上是世界上的第一所大学。像它的名字所暗示的，它原是献给女神缪斯（Muses）的，雅典的逍遥学派也是如此。"缪斯翁"只在形式上是个宗教团体，这是为了克服筹集资金时会遇到的法律上的困难，因为当时世上从来没有预见过像这样的一个世俗的知识传播过程。它实质上是一个有学问的人们的学院，主要从事研究和记述，但也在一定程度上从事教学。亚历山大城"缪斯翁"创立之初，以及在两三代人期间，它所呈现的这样一个科学星座，甚至雅典在极盛时也赶不上它。特别完善而精湛的是数学和地理学的工作。欧几里得的名字是每个小学生所熟知的，埃腊托斯特纳测量地球大小所得出的数据，与实际直径仅差五十英里，阿坡罗尼乌斯关于锥线的著述是卓越的。希帕卡斯初次作出了星球分类和图表，用以核对天空中可能发生的任何变化。希罗设计了第一架蒸汽机。阿基米德曾来亚历山大城学习，归国后一直与"缪斯翁"保持着通讯联系。亚历山大城的医学院也同样地著名。它在世界历史上初次订立了专业知识的标准。赫洛菲拉斯是亚历山大城最伟大的解剖学家，相传他曾对一些判了死刑的囚犯作过活体解剖。另一些教师与赫洛菲拉斯相对抗，谴责了解剖学的研究，并发展了药物科学。

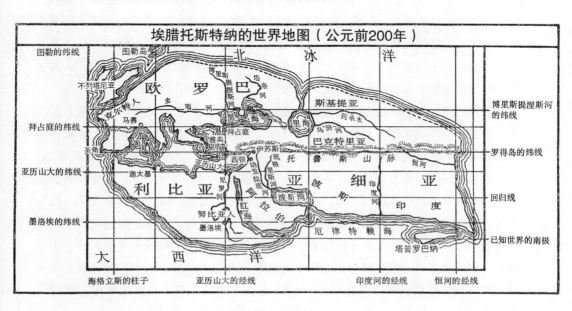

然而亚历山大城科学界的光辉持续不到一百年。"缪斯翁"的组织并没有打算保证它的智力上的持续性。它是一所"皇家"学院，它的教授和院士（我们姑且这样称呼他们）是法老指定的，俸禄也是法老发给的。马哈菲说过："雅典的学校或学院是私人经营的社团，它的公共性质较为稳定和独立。"王室的庇护在托勒密一世或托勒密二世当法老的时候，一直是很好的，但后来这种倾向衰落了，埃及僧权的古老传统很快就把托勒密王朝吞没了——并完全破坏了"缪斯翁"的亚里士多德精神。"缪斯翁"成立后不到一百年，它的科学活力就熄灭了。

同"缪斯翁"一起，托勒密一世还建立了一个大图书馆，这是他为自己建立的比"缪斯翁"更为持久的纪念物。它是国家图书馆与国家出版机构的结合，规模空前。它简直是无所不包。每当外邦人携带一本未见过的书来到埃及，他必须把抄本交给图书馆收藏。大批抄写员不停地复制着各种更受欢迎而又为人们所必需的作品的副本。这个图书馆像一所大学出版社一样，也对外营业，出售书籍。托勒密二世和三世时代，在图书馆长卡里马科斯的领导下，藏书的整理和编目是有系统地进行的。

应当记住，那时的书籍不是分页数装订成册的，而是卷成筒形，就像现在钢琴手的乐谱卷一样，读者若要查阅某一段，必须不胜其烦地反复展卷，这一过程既使读者疲乏，又易损毁书籍。我们立刻会想起可用一种简单小巧的机器将书卷迅速来回展卷，便于参考，但当时似乎并没有使用过任何类似的东西。每读一卷书，都得由两只出汗的手来操纵。卡里马科斯为了减少浪费时间和麻烦，把诸如希罗多德著的《历史》这样的长篇著作分为几"编"，我们或应称之为卷，每编卷成一卷。亚历山大城的图书馆所吸引的学生，远比"缪斯翁"的教师所吸引的要多得多。为从世界各地来的人们提供食宿，成了亚历山大城居民一项相当有利可图的营业。

奇怪的是，知识生活方面的设备改进得非常缓慢。若将英国中产阶级家庭的普通图书室的便利条件，例如本书作者目前工作的地方，与亚历山大城的作家不方便、不完善的设备相对比，就可以体会到在该图书馆十分兴隆的这些世纪中，浪费过多少时间、体力和精力。在本书作者面前摆着六本书，其中三本有完善的索引。这六本书中任意取出一本，他就可以迅速地查阅某一段文字，核实某一段引文，然后继续写作。同手抄卷本来回舒卷的麻烦正成对比。他手边还有两套百科全书、一部词典、一本世界地图集、一本人名辞典和一些其他参考书。这些书诚然没有页边索引，但在目前，如果作此要求也未免太过分了。以上种种设备是公元前三百年所没有的。亚历山大城当时还有待于编出第一本语法和第一部词典。本书底稿是用手书写的，然后由打字员很准确地打出来，可以极方便地重读一遍，尽量修改，随意整理，再打字，再订正。亚历山大城的作家则必须把他所写的每个词重新口述或重新抄录。如果他要查阅以前写过的东西，则必须先将他刚写好的一段文字在空中摇晃或撒上一些细沙，使字迹干燥，他连吸墨纸也没有。作家写的任何东西，在能达到大量读者之前，必须经过无数次的抄写，每个抄写员都会引进几处新的笔误。每一新书必须对坐满一房间的抄写员进行口述，这样发行的初版至少可以有数百份。在罗马，贺雷西和味吉尔的作品似乎发行过许多版。当需要画地图或图表时，就引起了许多新的困难。例如解剖学这一类的科学，有赖于精确的描画，必然由于抄写员本身才能的限制而受到了很大的妨碍。传达地理资料，也必然有几乎难以相信的麻烦。当然，将来一定会有一天，人们会认为1970年的私人图书室和写字台是太笨拙和不便了；不过用亚历山大城的标准来衡量，它在迅速、有效、节约精力、减少神经的紧张上，则已是惊人的了。

在亚历山大城，人们似乎没有试图印刷过任何东西。乍看起来，这似乎是一件非常奇怪的事。当时的世界正大叫大喊要书籍，而且不仅仅只需要书籍。对于通知、告示之类，公众也有迫切需要。然而直到15世纪之前，西方文明史上还没有可称得上印刷的东西。印刷并不是一种什么深奥的工艺，也不是必须先有某种发现才能创造出来的。印刷是一种最浅易的设计。它的原理早已知道。我们已说过，有根据可以认为马格达连期的旧石器时代的人们可能在他们的皮衣上印过图案。古代苏美尔的"印章"又是一种印刷工具。钱币是印制出来的。各个时代不识字的人们都利用木质或金属的图章作为签名之用；例如征服英格兰的诺曼统治者威廉一世就是使用图章的墨印来签署文件的。公元二世纪，在中国，已在印刷古典著作。然而，或是因为墨、纸草纸、书的形式等微小的困难凑到了一起，或是因为拥有奴隶抄写员的奴隶主由于保护自己的利益而起来抗拒，或是因为所用字体比起中国字或哥特字母来写得更快和更容易，从而使得人们不再考虑如何能写得更容易些，或是因为有思想和知识的人们与有技术手艺的人们之间在社会制度上存在着间隔，总之没有利用印刷——甚至没有用来精确复制图表。

印刷没有得到系统的发展，其主要原因无疑是在于事实上缺乏质地相同、形式便利的印刷材料的充分供应。埃及纸草纸的供应受到了严格的限制，一条条的纸草纸必须连结在一起，每一张纸的大小没有统一的标准。纸张还没有从中国输入来打开欧洲人心上的窍门。由于一卷一卷的纸草纸制造得很缓慢，即使那时已有印刷机，也得停工待料。然而这种解释还不足以说明为什么插图和表格不使用刻板印刷。

这些限制使我们能够了解为什么亚历山大城在取得知识方面的丰硕成果的时

公元前250年前后已知的世界

候——例如，埃腊托斯特纳在当时各种仪器极端贫乏的情况下所建立的功绩，足以使他同牛顿或巴斯特居同等地位——对它周围的政治或人民的生活和思想，竟会很少或几乎毫无影响。亚历山大城的"缪斯翁"和图书馆是一个光明的中心，然而这只是与普通世界隔绝的一盏阴暗的灯笼中的光亮而已。它的研究成果，除了利用烦难的通信方法以外，没有别的办法传递给国外的同情的人们。要把那里已知道的东西传达给普通群众，实在没有可能。求学的人必须花费许多钱来到这个人口拥挤的中心，因为除此以外，没有别的办法能获得一鳞半爪的知识。在雅典和亚历山大城的书摊上，能以合理的价格买到各种不同质量的抄本，但若要将教育扩展到稍大的范围或其他中心，便会立即引起埃及纸草纸的短缺。教育根本没有达到群众之中；一个人若要多受教育，就必须放弃当时的普通生活，到设备简陋、操劳过度的哲人的邻近去居住，年复一年地过着不安定的生活。求学的人当然不像开始当僧侣那样完全摒弃普通生活，但在性质上仍是差不多的。

自由感，言论的坦白和直率，这些真正的知识生活所必不可少的气氛，非常迅速地从亚历山大城消失了。从一开始，即使在托勒密一世的庇护下，政治的讨论也是受到限制的。不久,由于各学派的纷争倾轧,城市群氓的迷信思想和偏见也被引到学术界来了。

智慧离开了亚历山大城,留下的只是卖弄学问的学究气。书籍的崇拜代替了书籍的利用。有学问的人很快地变成了一个特殊化的古怪阶级,具有种种令人讨厌的特点。"缪斯翁"成立后不到六七代人之久,亚历山大城就为新的一种类型的人所盘据了:胆小、偏执、不讲实际、不学无术、做学问时对一些琐碎的事情又异常吹毛求疵、对圈子内的同行和圈子外无学识的人——学究式的人一样地忌妒。他虽然没有祭坛,却像祭司一样不容异说;虽然没有洞穴,却像巫师一样愚弄旁人。对他们来说,抄写的方法不厌其烦,书籍不厌其罕。他们是人类知识发展过程中的一种副产品。在随后许多世代的一段宝贵的时间里,人类知识的这一簇刚燃起来的火焰,将被这种副产品严重地封盖住了。

2 亚历山大城的哲学

起初,亚历山大城的思想活动集中在"缪斯翁",并且主要是在科学方面。哲学,在其较为生气勃勃的年代曾是一种驾驭自我和物质世界的力量的学说,此时虽然没有放弃这些自负,但在事实上已变成一种私自慰藉的学说了。兴奋剂变成了麻醉剂。哲学家对世界照俚语所说"去他妈的"了,他本是这世界的一部分,却用十分华丽的言词安慰自己说世界是幻影,还说他内在有某种完美崇高的东西,既在世界之外,又在世界之上。雅典是适于发展这种哲学教导的中心——它在整个第四世纪,政治上虽然不很重要,却仍是一个巨大的人口众多的市场,从外表看,还不显得衰落,所有的战争中的强国和世界的冒险家们都以一种奇特的、带有一半轻蔑的尊敬来对待它。两个多世纪以后,亚历山大城各学派在哲学方面的讨论,才占有了重要的地位。

3 亚历山大城是一所宗教制造厂

如果说亚历山大城的独特的哲学发展得较晚,那么它作为各种宗教思想的制造厂和交换场所,则早已闻名了。

"缪斯翁"和图书馆仅仅代表亚历山大城这个三重性城市的三个方面中的一面。它们代表了亚里士多德的、希腊的和马其顿的成分。另外两个要素是托勒密一世一起带到了这个奇特的中心里来的。首先是有人数众多的犹太人,一部分是从巴勒斯坦来的,但大部分是从一直没有归还给耶路撒冷的那些在埃及的居留地来的；后者称为在外定居的犹太人或在外散居的犹太人，这一类犹太人没有囚禁在巴比伦，不过他们也拥有《圣经》，并同世界各地信奉同一宗教的人有密切的通信联系。这些犹太人在亚历山大城有很大的聚居区，以至这个城镇变成了世界上最大的犹太城市，这里犹太人的人数远远超过了耶路撒冷。上文已经讲过他们还认为有必要把他们的《圣经》经文译成希腊文。此外还有大量当地的埃及人，他们大多数都操希腊语，然而在他们的心灵深处却具有四十个世纪以来庙宇宗教和庙宇祭祀的传统。这样，三种类型的心理和精神，即白色人种的三个主要类型，在亚历山大城会合了，其一是雅利安族希腊人头脑清醒的批判精神，其二是闪米特族犹太人的道德热情和一神论，其三是神秘仪式和祭祀的古代传统，这些传统我们已在希腊的秘密崇拜和神秘巫术的实践中见到它们所起的作用，这些思想已在含米特族埃及的各大庙宇中在光天化日之下昂然地占着统治地位。

　　这三者是亚历山大城的混合体的三个永久的成分。在海港和市场上，形形色色的人种混杂相处，互相比较着他们的宗教思想和风俗。甚至有人说，公元前第三世纪，就有一批佛教传教士来自印度阿育王的宫廷，后来，这地方肯定有一个印度商人的居留地。亚里士多德在他的《政治学》一书中说，人类的宗教信仰的形式往往是从政治制度里模拟来的，"人类把神的形体和神的生活一样同化于他们自己的模样"，在这专制君主统治下的操希腊语的大帝国时代，各个地方的神灵，即古老的部落的神和城市的神，已几乎毫无意义了。人们所需要的神，其威望至少要能同帝国的地位相称，除了在强大的僧侣制度的利益进行阻挠的地方以外，出现了一个诸神吸收同化的奇特过程。人们发现，尽管有许多神，然而他们都非常相似。在有很多神同时存在的地方，人们开始想到，事实上一定只有不同的名称的一个神罢了。它在化名之下，无所不在。罗马的丘必特，希腊的宙斯，巴比伦的柏儿—马杜克，埃及的阿蒙——阿蒙是亚历山大想象中的父亲，是阿米诺菲斯四世的宿敌——它们相似得都可以认为是同一个神。

　　　　耶和华、丘必特或上帝是众人之父，
　　　　　　无论何时，无论何地都受到圣人、蛮人、贤人的崇拜。

　　哪里遇到明显的差别，哪里的困难就用这样的话来克服，即这些差别只是同一个神的不同方面罢了。不过，柏儿—马杜克这时实在已是一个极其衰微的神，差不多已经名存实亡了；被灭亡了的国家的可怜的老神，如阿舒尔、达贡之流，则早已从人们的记忆里消失，不在合并之列了。俄赛利斯，这个为埃及民众所喜爱的神已同孟菲斯庙中的圣牛阿皮斯合而为一，同阿蒙也多少有些分不清。在塞腊皮斯这个名称下，他成了希腊的亚历山大城的大神。他就是丘必特—塞腊皮斯。埃及的母牛女神哈梭,或埃西斯,现在也以人形出现,作为俄赛利斯的妻子,她给俄赛利斯生的婴儿,名叫荷鲁斯,荷鲁斯长大后又变成俄赛利斯。这些简略的叙述在具有近代思想的人听起来无疑是很奇怪的,然而这些神与神的合而为一和互相混合,足以说明人类智力迅速发展,对保持宗教、宗教的感情联系和宗教所产生的人和人的情谊而进行的一种奋斗,同时极力使神显得更为合理、更为普遍。

这种神与神相混合的现象,称为诸神混合,进行得最有力的莫如在亚历山大城。在这时期它只受到了两个民族的抵制:其一是犹太人,他们已经相信天地间只有耶和华是唯一的神;其二是波斯人,他们有一神教性质的太阳崇拜。

塞腊皮斯

托勒密一世在亚历山大城不但建立了"缪斯翁",而且还建立了塞腊皮斯庙,专用于虔信一个三位一体的神,这个神象征诸神混合过程的结果,尤其更适用于希腊神和埃及神混合的结果。

这个三位一体的神是由塞腊皮斯(=俄赛利斯+阿皮斯)、女神埃西斯(=哈梭,即母牛—月女神),以及童神荷鲁斯组成的。其他所有的神,几乎都同这三体合一的神之中的这一或那一方面以这种或那种方式相合一的,甚至波斯人的米特腊太阳神也不例外。他们彼此相同;他们是三个神,但也又是一个神。他们受到了人们极为热诚的崇拜,人们还叮叮当当地使用一种称为手鼓的特殊乐器,框架上系着许多小铃铛,用法颇似现代救世军用的小铃鼓,这是仪式中所特有的附件。

埃西斯与荷鲁斯

这时我们首次发现灵魂不灭的观念已成为一个超出埃及范围的宗教的中心思想了。无论是早期的雅利安人,还是早期的闪米特人,似乎都不大考虑灵魂不灭的问题,这个问题对蒙古利亚人的思想影响也很小,然而死后个人生命的继续,却是埃及人自古以来思想中的一个强烈的信念。这个信念这时在塞腊皮斯崇拜中起了很大的作用。对他崇拜的祈祷文中,把他说成是"灵魂的救主和引导者,把灵魂引向光明,并重新接纳它们"。

据说"他能使死者复活,他向凡能看见的人,他们的圣墓中藏有无数圣书的人,显示他们渴望的阳光";又说"我们永远不能躲避他,他将拯救我们,我们死后依然会受到他的眷顾"。仪式性的点烛和还愿的献祭品——就是说,献祭品是人体需要救治的某部分的小模型——是塞腊皮斯庙的崇拜的一部分。埃西斯吸引了很多的虔信者,他们发誓一生敬奉她。她的神像屹立在庙里,头上戴的是天后的冠冕,怀中抱着婴儿荷鲁斯。蜡烛在她像前闪耀和淌蜡,蜡制的还愿祭品悬挂在神龛的周围。新入教的人要经过长期郑重的准备,发誓独身,行入教礼时要剃光头发,身穿麻布外衣……

荷鲁斯是俄赛利斯(塞腊皮斯)的独生爱子。他也是太阳神,张开翅膀的圣甲虫是他的象征。每当日蚀出现日冕的时候,很像圣甲虫张开的翅膀。荷鲁斯是"翅膀有治病力量的正义的太阳"。最后他"上升到天父那里",同天父合而为一。在较古的埃及宗教中,他是为罪人向天父说情的人,在《死人书》中有关于他的描写,凡是买得起这本书的人必用它殉葬,为死者求情。许多赞颂荷鲁斯的圣歌,在精神和措辞上与基督教的圣歌出奇地相似。"我的灵魂的太阳,你是亲爱的救主",这首优美的圣歌是一度在埃及向荷鲁斯颂唱的。

塞腊皮斯的崇拜于公元前第三世纪和前第二世纪在文明世界各地广泛流传。在这种崇拜里我们看到后来在整个基督教纪元注定将统治欧洲世界所惯用的仪式和词句的最显著的预奏。基督教的基本观念,永生的神,是人类思想和意志的历史中的一件新事物,这一点我们即将谈到;但基督教曾使用过的,并且直到今天在许多国家里仍在使用着的礼袍、象征和信条,肯定是在丘必特—塞腊皮斯神庙和对他的崇拜中,以及在埃西斯崇拜中织成的;而且在公元前第二世纪和前第一世纪诸神混合的时代里,埃西斯崇拜已从亚历山大城传遍整个文明世界了。

4 亚历山大城和印度

亚历山大城在商业上和知识上的重要性,持续了许多世纪。我们在后文即将谈到罗马政权的兴起,不过在这里可以先提一下,即在罗马帝国的统治下,亚历山大城变成了世界上最大的贸易中心。罗马的亚历山大城的商人在南印度拥有许多定居区。在马拉巴尔海岸的克兰加努尔有一座奥古斯都庙,那里的定居区由两大队罗马步兵守卫。罗马皇帝曾派遣使臣到南印度去会见各个君主。此外,克莱门特、克里索斯托姆以及其他一些早期基督教作家曾谈到在亚历山大城里的印度人和他们的崇拜。

第二十四章　佛教的兴起与传布

1　乔达摩传略

从雅典和亚历山大城的思想和道德的活动以及地中海世界的人类各种观念的发展转到几乎完全分离的印度的知识生活,是很有意思的。这里的文明,似乎从一开始就是从它自己的根底上生长出来的,具有它独特的风格。崇山峻岭和沙漠地区切断了它与东方和西方诸文明的联系。进入这个半岛的雅利安族诸部落,不久就同他们在西方和北方的亲属都失去了联系,而沿着他们自己的路线发展下去。那些已经进入和越过恒河地区的雅利安部落更是如此。他们发现印度各地已经散布着一种文明,就是达罗毗荼文明。这种文明似乎与苏美尔文明、克里特文明、埃及文明一样,是独立地从广泛发展的新石器时代文化中兴起的。关于新石器时代文化的特点,我们在上文已经叙述过。他们更新了和改变了这种达罗毗荼文明,正如希腊人对爱琴文明,闪米特人对苏美尔文明所做的那样。

这些印度雅利安人与那些以在西北方为主的雅利安人生活在迥然不同的环境里。他们居住的地方气候较为温暖,在这里单吃牛肉和喝发酵的酒是极其有害的,因此他们通常不得不素食,而所需的全部食物,都能从肥沃的、几乎不必费力耕种的土壤上获得。他们再没有理由要去游动了,收成和季节都是可靠的。他们对衣服或房屋的需求很少。由于他们的需求很少,因此贸易并不发达。凡愿意耕种的人随处都可以得到一小块土地,而且只要一小块地就足够了。他们的政治生活很简单,并且比较安全;到这时为止,印度还没有过征服别人的霸权,它的自然屏障足以阻止西面和东面的早期帝国主义的入侵。在这块土地上,散布着成千上万比较和平的小小的村落共和国和酋长国。没有海上生活,没有海盗,也没有来自远方的商人。人们可以写一部印度历史,一直写到距今四百年前而不提到一个海字。

　　印度的历史，曾有许多世纪比任何其他国家的历史更为幸福、更为平和、更像梦境一样。称为罗阇的贵族狩猎取乐，他们的生活主要是由爱情轶事组成的。时而在这里，时而在那里，在许多罗阇中兴起了一个大罗阇［土邦主］，他建造了城市，捕驯了象群，猎杀了老虎，为后人留下了他的豪华生活和阔绰排场的传统。

　　然而在东方化了的雅利安人中间，却存在着不少积极的思想；他们编成了许多伟大的叙事诗，由口头代代相传下去——因为当时还没有文字。他们还有极为深刻的哲学推论，这些推论同西方哲学体系的关系，尚不十分清楚。

　　在公元前600—公元前500年前后，正当克雷兹繁荣于吕底亚，居鲁士准备从那波尼德手中攫取巴比伦的时候，佛教的创始人在印度诞生了。他出生在喜马拉雅山麓孟加拉北部一个小的共和制的部落村社里，即在现在的尼泊尔边境上一块密林地方。统治那个小邦的是一个家族，即释迦氏族，乔达摩·悉达多就是这个氏族的成员。悉达多是他的名字，就像盖尤斯或约翰一样；乔达摩，或哥达摩，是他的姓，正如凯撒或史密斯一样；释迦是他的氏族名称，正如尤利乌斯一样。那时种姓制度在印度还没有完全建立起来，婆罗门虽享有特权并拥有势力，但还没有爬到这个制度的最上层；然而在高贵的雅利安人和肤色较黑的普通人之间，却已存在着极为显著的阶级区分和一道实际上不可逾越的鸿沟。乔达摩属于雅利安种族。我们可以注意，他的教义曾被称为"雅利安道路"、"雅利安真理"。

　　只是在上一世纪中，由于对巴利语的研究有了进展，乔达摩的真实生活和实际思想才能公之于世，因为大部分的原始史料是用巴利语写的。以前，他的传记是由许多荒诞的传说堆砌而成的，他的教义也受到了严重的歪曲。现在我们有了关于他的很合乎人情而且是可以理解的记述了。

　　他是一个容颜俊美、精明能干、富有钱财的青年人，在29岁以前，他过着当时一般的贵族生活。在知识生活方面，并不是很满意的。除了口传的吠陀末期史诗的传统以外，没有别的文学，并且这传统还主要被婆罗门所独占；一般的知识就更少了。这个世界北面限于白雪皑皑的喜马拉雅山脉，南面则一望无际。贝拿勒斯城在大约一百英里以外，城里有一个王。当时主要的娱乐是狩猎和恋爱。人间可以得到的幸福，乔达摩都享受到了。他19岁时跟一位美貌的表妹结了婚。若干年后仍然没有子女。他狩猎、玩耍，往来于阳光充足的花园、小小的丛林和有水灌溉的稻田里。然而就是在这样的生活中间，他仍然感到了极大的苦恼。这是一个健全的头脑无所事事时所引起的烦闷。他生活在富足和美色之中，从满意到满意,可是他的心灵却没有满足。他似乎听到了种族的命运在向他召唤。他感到他所过的生活仅仅是生存而不是真实的生活,是一个假日——一个已经延长得太久了的假日。

当他处在这样的心情中的时候,他见到了四件事,启发了他的思想。有一次他驾车出游,碰到了一个极其衰弱的老人。那个贫困、驼背、衰老的人指点了他的思路。他的驭者车匿说:"这就是生活的道路,我们一定都会那样的。"当这件事还萦回在他的脑海中时,他碰见了一个身患恶疾痛苦万分的人。车匿说道:"这就是生活的道路。"他所见的第三个景象是一具没有埋起的尸体,已经肿胀,没有眼睛,被经过的飞鸟和走兽所啄坏啃烂了,样子十分可怕。"这就是生活的道路。"车匿又说。

疾病、必死的命运、一切幸福的没有保障和不能得到满足,这些思虑一下子都来到乔达摩的心头。后来他和车匿又看见了一个游荡的苦行僧。当时印度已有很多这样的苦行僧。这些人按照严格的规则生活,用很多时间从事沉思默想和进行宗教讨论。因为在这一片平安无事的、阳光和煦的土地上,早在乔达摩之前就有许多人发现生活是烦恼而神秘的。所有这些苦行僧据说都是在寻求生命中某种更深奥的现实,乔达摩就被也要这样做的狂热愿望所占有了。

据传记说,正当他沉思这个计划的时候,消息传来,他的妻子给他生了个头生子。乔达摩说:"这又是一个待解的结。"

正在氏族的同人们欢庆之际,他回到了村里。他们正在为庆祝这个新的族人的出生举行一个盛大的宴会和东方式舞女的舞蹈。夜里,乔达摩在精神极端痛苦的状况中醒了过来,"像一个被告知他的房屋起了火的人一样"。在外室舞女们躺在从窗外射来的月影横斜之中,他召唤车匿,叫他备马。然后他轻轻地走到妻子卧室的门口,在一盏小油灯的光亮下,看见她睡得正香,身旁围满了鲜花,怀里抱着婴儿。他极想在离开之前,将孩子抱起来作第一次也就是最后一次的拥抱,但他深怕惊醒了妻子而没有这样做,最后他转过身来,走到外面明亮的印度月光之下,看到车匿正牵着马等候,于是他骑上了马,向世界奔驰而去。

当他和车匿彻夜驰走的时候,他似乎见到人类的诱惑者摩罗充塞天空并和他争论。"回去吧,"摩罗说,"去当一个王者,我将使你成为最大的王。继续前行,就会失败。我将永远追随你的足迹。情欲、邪恶或愤怒最终将在你不注意的时刻出卖你,迟早你会是我的。"

那天夜里他们跑了很远的路,到了清晨,他已离开了他的氏族的土地,停了下来,在一条沙河旁边下马。他就在那里拔剑削下了他一绺绺飘垂的头发,卸去了一切装饰，叫车匿把这些东西和他的马和剑送回他家里去。于是他继续前行，不久，便遇见了一个衣衫褴褛的人，同他互换了衣服，他就这样摆脱了一切世俗的羁绊，自由自在地去寻求智慧。他向南走去，到了一处隐士和教师们栖止的地方，那是在文迪亚山脉向北伸入孟加拉的一个小山支脉里，离拉杰吉尔镇不远。那里有一些术士住在拥挤的山洞里，他们偶尔到镇上去取他们简单的供应品，和对那些愿意来向他们请教的人们口头传授知识。

这种传授，与两个世纪以后雅典苏格拉底式的讨论，在风格上一定是很类似的。乔达摩于是精通了当时的全部形而上学。但他的敏锐的才智并不满足于对他提出的解答。

印度人总是倾向于相信权力和知识是可以通过极端的禁欲、绝食、不眠、自我折磨等手段来获得的，乔达摩这时把这些想法付诸检验。他同五个弟子结伴到文迪亚山脉中一个峡谷的丛林中去，他在那里坚决地绝食、苦行。于是他的名声远扬，"如同悬在天空中的一口大钟的声响"。但是，这并没有使他感到获得了真理。一天，他正在上下徘徊，尽管身体已很虚弱，仍在尽力思索。突然间他摇晃了一下，跌倒在地，人事不省。当他醒来以后，就彻悟到企图以这种半巫式的手段去求智慧是荒谬无稽的。

他索取普通的食物，拒绝继续进行自我苦修，这使他的五个同伴感到惊骇。他已认识到一个人无论要得到什么真理，只有借助于健康身体与有教养的头脑才能达到。这样一种想法是与当时当地的思想格格不入的。他的弟子们抛弃了他，忧郁地走向贝拿勒斯去了。大钟停止了轰鸣。异人乔达摩倒塌了。

乔达摩独自游荡了一个时期，历史上最孤寂的人，正在为光明而战斗。

当一个人的心灵抓住了一个巨大而复杂的问题时，他向前迈进，一步一步地巩固阵地，并不了解已取得了多大的成就，直到突然间，就像黑暗中忽然大放光明一样，他实现了他的胜利。看来，乔达摩遇到的就是这种情况。他坐在河边一株大树下，就食时，达到了这种彻悟的境界。他似乎觉得自己已明白了人生的奥秘。据说他坐着深思了一天一夜，然后起身把他见到的传诸世人。

2　教义与传说在冲突中

这就是我们对古代著作作了比较以后所得到的平易的乔达摩传记。但是一般人一定还有廉价的神奇传闻。

在这个小小的星球上最终必然会产生出一个对过去、将来及生存的本质深思熟虑的人,这对一般的人是无所谓的。因此我们一定得让某个有声望的巴利文作者来说一说这一类的事,尽可能地去理解它。

当菩萨与魔王开始冲突的时候,一千颗惊人的流星落了下来……河水向发源地倒流;长年长着葱郁繁茂树木的高峰峻岭滚滚崩塌下来……可怖的黑暗笼罩着太阳,一大群无头鬼怪塞满天空。

这种现象在历史上找不到证明。我们有的只是一个向贝拿勒斯踽踽走去的孤独的身影。

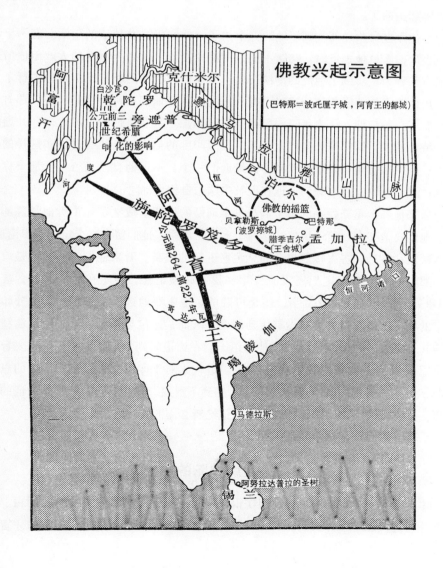

乔达摩坐在下面感到大彻大悟的那棵树,一直受到人们异常的注意。它属于无花果科,从一开始就极为人们所崇敬,称它为菩提树。这棵树早已枯死了,但在近旁另有一棵大树,那可能是它的后代;锡兰有一棵树至今还生长着,我们确实知道它是在公元前245年从菩提树分枝种植的,是世界上最老的一棵具有历史意义的树。从那时起直到现在,这棵树受到细心的管理和浇灌;用木柱支持它巨大的树枝,并在树干周围培土,使它能继续不断生长新根。单单一棵树居然经历了世间这许多代人的时光,足以使我们理解整个人类历史的短促。不幸的是,乔达摩的门徒们对保存他的树比保存他的思想更为关心,他的思想从一开始就被他们误解和歪曲了。

乔达摩在贝拿勒斯找到了他的五个弟子,他们仍过着禁欲的生活。有一个记载说当他们看见他走近时,踌躇不前,不愿迎接他。他是个倒退的人。但他的性格里有某种力量压倒了他们的冷淡态度,使他们倾听他的新信念。讨论进行了五天。当他终于使他们相信他这时已得到正觉以后,他们就称颂他是佛陀。那时印度已有了一种信仰,认为每隔一段相当长的间隙,智慧将回到世界上来,并通过一个特定的人,即佛陀,向世人显示。按照印度的信仰,已经有过许多这样的佛陀了;乔达摩佛陀只是这一系列中的最近的一个。不过他自己是否接受那个称号或承认那个理论,还是疑问。他在说教中从未自称为佛陀。

后来他和他重新找到的弟子们在贝拿勒斯的鹿苑里成立了一个类似学院的组织。他们自造茅舍,信徒聚集,达六十多人。雨季,他们留在这个定居区里论道;旱季则散往各处,各人按照自己的见解宣讲新的教义。看来他们的说教都是口传的。那时印度大概根本上还没有文字。我们必须记住,佛陀在世的时候,甚至《伊里亚特》是否已写成文字,还是可疑的。地中海地区的字母,是大部分印度文字的根源,但那时大概还没有传到印度。因此,这位导师编造了一些简洁精练的诗句、格言和"要旨"条目,他的弟子们在论道时则加以扩充。把这些要旨和格言冠以数字,这对他们是大有帮助的。近代人对于印度以数字表示事物的思想倾向,如"八正道","四圣谛"等,总感到不耐烦,但在一个缺乏文献为证的世界里,这样以数字列举事物,正是帮助记忆所必需的。

3 乔达摩佛陀的福音

由于研究了原始史料,我们现在得以明了的乔达摩的基本教义,是明白、简单,并与近代思想十分融洽的。无可争辩,它是世界上迄今最尖锐透彻的才智之一所取得的成就。

他向五个弟子讲道说法的要旨包含了他的根本的教义,这是相当可信的。他把人生一切苦难和不满都归咎于不知足的自私。他教导说,痛苦出于个人的渴望,出于贪欲的折磨。一个人在克服其生活中各种私欲之前,他的生活是苦恼的,他的结局是忧伤的。人生的私欲有三个主要形式,所有这些都是邪恶的。第一是满足感官的欲望,就是肉欲。第二是个人永生的欲望。第三是富裕的欲望,就是俗欲。所有这些都必须克服掉——也就是说,一个人只有不再为自己而活着——生活才能变得宁静。但是当这些私欲的确得到了克服,不再主宰一个人的生活时,当第一人称代词已从他的私念中消失时,那么,他就达到了较高的智慧,那就是涅槃,就是灵魂的宁静,许多人错误地认为涅槃的意思是寂灭,其实涅槃指的只是必然会使生命变得卑鄙、可怜或可怖的毫无价值的个人目的的寂灭。

在这里,固然,我们得到了对灵魂的宁静这一问题的最完备的分析。每一种配称为宗教的宗教,每一种哲学,都告诫我们要把自己消失在比一己更大的事物里面。"凡要拯救自己生命的人,必将失去它":这恰恰正是同样的教训。

我们在这部书里所揭示的历史的教训,与佛陀的这个教训是紧密符合的。我们正在看到,除非人们将自己消失在比自己更大的事物之中,否则就不会有社会秩序,不会有安全保障,不会有和平或幸福,也不会有正直的领袖或君王。对生物进化的研究也显示出完全相同的过程——个体经验的狭小球体溶合在较大的物体之中。在更大的利益中忘掉自己就是从牢狱里逃脱了出来。

自我否定必须彻底。从乔达摩的观点来看,怕死、贪求卑贱渺小的个人生命的无限持续,这些曾经驱使埃及人和那些向他们学习的人到庙宇去赎罪和求符的心理,实际上与淫欲、贪婪或憎恨同样地致命,同样地丑恶和邪恶。乔达摩的宗教与各种"灵魂不灭"的宗教绝对相反。他的教义是石头般坚决地反对禁欲主义,认为那只是妄图以个人的痛苦赢得个人的权力而已。

但是如果我们认为生活的准则,即"雅利安道路",会使我们避开玷污人生的三重卑劣渴望所从出的道路,这教义就不那么明晰了。这教义之所以不那么明晰,有一个极为明显的理由,那就是因为乔达摩对历史既无知识又无远见;他对在空间和时间中开展得一望无际而又多方面的冒险生涯没有明彻的感觉。他的头脑局限于他的时代和人们的思想框框里,当时人们的头脑里具有反复循环的概念,世世相传、佛佛相承,一个呆滞的宇宙的运转。把人类看成是一种亲如兄弟的伟大情谊,在正义之神之下追求一种无穷无尽的命运,这种思想当时在巴比伦的闪米特人的意识中已开始萌芽，但不存在于乔达摩的世界之中。但是，他所讲述的"八正道"在这些局限之内却是极度明智的。

让我们扼要地重述一下雅利安道路的八个要素。第一，正见：乔达摩把对见与念的严格检验，坚持真理，作为他的信徒求道的第一步。不允许依恋于庸俗的迷信。例如他曾谴责当时盛行的灵魂转生的信仰。在一篇著名的古代佛学问答中，他对个人灵魂永存的思想，作了破坏性的分析。次于正见的是正思维：因为自然界忌讳真空，既然要把卑劣渴望排除掉，就必须对别的欲望加以鼓励——热爱为别人服务，情愿实行和保证公道，等等。原始的未受腐蚀的佛教并不是以毁灭欲望，而是以更换欲望为目的的。献身于科学和艺术，或专心于世事的改善，只要这种目的不掺杂妒忌或求名的心理，显然都是同佛教的正思维完全一致的。正语、正命、正业，这里不需多加解释。第六项是正精进，乔达摩对好的意图和懒散的执行不予宽容，门徒必须对自己的种种的活动随时保持锐利的批评眼光。该道路的第七个要素是正念，就是时刻警惕不要堕入完全为己的感情，不要为已做或未做某件事而自鸣得意。最后一项是正定，其目的似乎是反对虔诚信徒的无意义的欣喜若狂，比如有些人因听到亚历山大城手鼓上的铃声时就愚蠢到那样入迷。

我们不打算在此讨论佛教羯磨〔业〕的教义，因为它所属的思想世界正在消逝之中。它认为每个人生活的善恶，可以决定来生的安乐或痛苦，今生与前生是以某种无法解释的方式打成一片的。现今我们已认识到生命是永远在它的后果中前进的，但我们觉得没有必要假定某一特定生命会回转重来。印度人头脑里充满了循环轮回的思想，认为事事都会回转重来。人们作出这样的假定是很自然的；世界上的事情如果不加分析，看来也确乎如此。近代科学已向我们说明，我们平时假定的那种完全相同的轮回，是不存在的；每一天都以无限小的数差比前一天略长一点；这一代不会刻板地重复上一代；历史永远不会重演；我们现已认识到，变化是无穷的；万事万物永远是新的。但是，我们的一般思想与佛陀所必然有的那些思想之间的这些差别，丝毫不应妨碍我们钦佩乔达摩空前未有的智慧和善心，以及他在基督前第六世纪就定下了的解放生活的计划的伟大意义。如果说他在理论上未能使皈依者的一切意志全部集中起来成为人类在时间和空间里与死亡和衰败作斗争的一个包罗万象的活动，那么他实际上确实已经指导他自己和他的全体亲炙弟子的生活向往一个进步的冒险事业，那就是在我们这个狂热的世界里到处宣讲和传布涅槃或灵魂宁静的教义和方法。至少对于他们，他的训诲是完全而圆满的。然而并不是所有的人都能讲道或传教；教义只不过是基本上正义生活的许多功能之一。对近代人的头脑来说，至少是同样可以接受的，虽则也许会遭到较大的困难的，那就是人们能以完全的忘我精神和灵魂宁静来从事耕田、治理城市、修筑道路、建造房屋、制造引擎或寻求和传布知识。乔达摩的教义内容固然很多，但着重点当然放在教义本身，放在从人们日常事务中隐退上，而不是放在日常事务的提高上。

这个原始的佛教在其他某些方面，与我们已考虑过的任何宗教都不相同。它主要是一种行为的宗教，不是一种遵守仪式和献祭的宗教。它没有庙宇；它既然没有献祭，也就没有祭司的圣职。它也没有任何神学。它对当时在印度受到崇拜的无数常常是怪诞的神的真实性，既不维护，也不否定。它对它们置之不理。

4　佛教与阿育王

这个新的教义从一开始就被人误解了。有一个弊病也许是它的教义本身所固有的。由于人类世界当时还没有意识到生命不断前进的努力，因此很容易从否定自我的思想滑到否定积极生活的思想。逃避此世比逃避自我要容易些，这是乔达摩本人的经验所表明了的。他的早期弟子都是不屈不挠的思想家和教师，但是陷入到纯粹寺院式的隐居生活却是非常容易的事，特别是在印度的气候条件下，因为在印度，极端简朴的生活是方便和有吸引力的，而努力工作却比世界任何别的地方都更为辛苦。乔达摩的命运与此后大多数宗教创始人的命运一样，他的那些不才的弟子们为了努力于吸引外界，从很早就使他变成一个神奇人物。我们曾经指出，一个虔诚的信徒不能不相信，教主精神焕发的时刻必然以一阵癫痫性的发作为其特征。这只是后来围绕乔达摩的追忆而不久产生的大量庸俗奇迹中的一个小小例子而已。

无论在当时还是现在，只是从自我解脱出来这一观念，对人类大多数来说无疑已是很难领悟的了。即使在佛陀从贝拿勒斯派遣出去的法师之中，大概也有许多人并没有领悟这个观念，至于能够向听众传授这个观念的人那就更少了。他们所传的教义很自然地不是从各人的自我方面来讲得救——这个观念他们是不理解的——而是从今生和来世的灾难和痛苦方面来讲得救的。他们发现在人们当时存在的种种迷信中，特别是死后灵魂转生的观念中，虽然这个观念与佛陀的教理是相反的，有令人恐惧的东西可以加以利用。他们劝人要有德行，免得来世会沦为卑贱的畜生，或堕入婆罗门法师们早已使他们熟知的无数层苦刑地狱之一。他们推尊佛陀为无边苦难的救主。

为了教主的荣耀，为了他们所关心的宣传能以成功，诚实而愚蠢的弟子们说起谎来似乎是毫无边际的。在日常生活中会斥责说谎是坏事的人，一旦投身于宣传工作，就会变成厚颜无耻的骗子和说谎者；这是我们人类天性中窘人的荒唐行为之一。这些诚实人，他们中的大多数不容置疑地都是诚实的，不久就向听众大谈附会于佛陀诞生的奇迹——他们不再称他为乔达摩，因为那个名字太熟悉了——就讲他的气功力技，讲他日常生活中的种种奇迹，一直讲到他逝世时刻身上发出某种光辉为止。

当然不可能相信佛陀是凡人的儿子。他是由他的母亲梦见一只美丽的白象而神奇地怀孕的！他的前生是一只具有六根大牙的奇象。他把全部象牙都慷慨地施舍给一个贫穷的猎人，甚至还帮他把象牙锯下，等等。

此外，围绕着佛陀还产生了一种神学。他被发现是一个神。他是一系列的神明之一，诸佛陀中之一。有一个不灭的"一切佛陀的灵魂"，有一长列过去的佛陀和将来的佛陀（或菩提萨埵，简称菩萨，佛陀的前身）。但是我们不能再进一步研究亚洲神学的这些复杂细节了。"在这些病态想象强有力的影响下，乔达摩的道德教义几乎都被隐藏得看不见了。各种理论不断地发展和兴盛；每一个新的步伐、每一个新的假设，都会引起另一个新的步伐和新的假设；直到整个天空充满了头脑里臆造出来的膺品，而佛教创始人的较高尚、较简明的教训却被窒息在大量眼花缭乱的形而上学的琐细难解的论说之下。"

中国的观音像

公元前第三世纪，佛教已逐渐取得了财富和权势，法师们从前在雨季聚居的一簇簇简陋茅屋，正在被宏伟的寺庙建筑所代替。佛教艺术的开始就是在这个时期。现在，如果我们记得亚历山大的军事冒险在当时还是不久以前的事，整个旁遮普还在塞琉古王朝统治之下，印度各处都有许多希腊冒险家，当时印度同亚历山大城还保持着十分公开的海陆交通，所以我们见到这初期的佛教艺术具有强烈的希腊特征，以及新的亚历山大城的塞腊皮斯和埃西斯的崇拜对于佛教艺术的发展具有特殊的影响，也就不足为奇了。

在西北边境白沙瓦附近的犍驮罗王国，是希腊世界和印度世界典型的会合处，它在公元前第三世纪是很兴盛的。这里能找到许多最早的佛教雕刻，其中掺杂着一些可以辨认的塞腊皮斯、埃西斯和荷鲁斯的神像，因为他们早已形成聚集在佛陀周围的神话网的一部分了。那些来到犍驮罗的希腊美术家,无疑是不愿意放弃他们所熟悉的题材的。但是埃西斯据说已不再叫作埃西斯,而是诃利帝了,诃利帝原是疫病女神,后来佛陀把她转化成善良者。富歇从这个中心追踪埃西斯一直到了中国,然而在中国,其他的一些影响也在起作用,情况变得太复杂了,我们无法在这部《史纲》里加以解辨。中国有一个道教的神,就是圣母,天后,它采用了一个名字叫观音(这原是个男性的名字),她的形象很近似埃西斯。我们觉得埃西斯神像对观音形象的处理上一定有过影响。观音和埃西斯一样,也是海后斯特拉·马里斯。她在日本的名称是观音。看来东方和西方之间宗教的外形是经常交换的。我们从于克[古伯察]的《游记》中可以见到,他和他的传教同事发现东方和西方具有共同的崇拜传统时感到迷惑。

诃利帝〔母〕
(公元6世纪中国新疆的绘画)
(仿照富舍)

他说:"十字架、法冠、法衣、大喇嘛外出时或在寺庙外面举行仪式时穿的袈裟;礼拜仪式中的双重歌咏、颂诗、驱鬼;悬挂在五条链子上可以随意开关的香炉;喇嘛伸出右手按在信徒的头上祝福;数珠、僧徒过独身生活,离俗隐退、圣者崇拜、禁食、仪仗、祈祷、圣水,在所有这些方面,佛教徒和我们都是相似的。"

乔达摩的教仪和教义,兼容并收了婆罗门教和希腊教的讹误和差异,在公元前第四和前第三世纪时,由一群人数日多的法师在印度各地传布。至少有几代人之久,佛教保留了许多道德上的优点和开创初期的一种淳朴的风格。尽管有许多人不能从理智上领悟自我克制和公平无私的意义,他们还是有欣赏这种品质的现实性光采的能力的。初期佛教肯定产生了高尚的生活,我们心中对高尚品质的潜在的反应并不是仅仅通过理智来予以激发的。佛教,与其说是由于向庸俗的想象力作出了让步,不如说是由于没有理睬它们才得以传布的。它之所以得到传布,是因为许多初期的佛教徒是一些和蔼可亲、乐于助人、高尚可敬的人,使人不得不相信他们有坚韧不拔的信心。

佛教创立之初,很快就同婆罗门日益增长的矫饰自负发生了冲突。我们曾经指出，这个僧侣种姓在乔达摩时代还只是在为统治印度的生活而进行斗争。他们已经占了很大的有利地位，他们垄断了传统和宗教的祭祀。但是，他们的权力正在受到王权发展的挑战，因为成为氏族领袖和国王的人们通常并不属于婆罗门种姓。

波斯和希腊的入侵旁遮普推动了王权的发展。我们曾提到过波鲁斯王的名字，尽管他有象队，但被亚历山大击败了，成了一个总督。有一个名叫旃陀罗笈多·孔雀的印度冒险家，希腊人称他为山陀罗科督，来到了驻扎在印度河畔的希腊兵营，献上了一个征服恒河地区的计策。但是这个计策并没有受到马其顿人的欢迎，因为他们正为反对进一步侵入印度而哗变了，于是他不得不从兵营溜掉。他在西北边境各部落之间游荡，获得了他们的支持，亚历山大离开以后，他侵犯了旁遮普，驱逐了马其顿的官吏。然后他征服了恒河流域（公元前321年），并且当塞琉古一世企图重新占领旁遮普的时候，成功地发动了一次战争（公元前303年），打败了塞琉古一世，从而统一了一个强大的帝国，它的幅员从西海岸直到东海岸，横跨北印度的整个平原。于是他同婆罗门逐渐增长的权力发生了冲突，那就是我们曾经指出在巴比伦尼亚、埃及和中国发生过的王权和僧权之间的那种冲突。他从正在传布的佛教教义里看出了反对僧权和种姓发展的同盟军。于是他支持、资助了佛教这个宗教团体，并且鼓励它的教义。

他的儿子继承了他的王位，再传到阿育王（公元前264年到公元前227年）。阿育王是历史上最伟大的君主之一，他统治的地区从阿富汗直到现在的马德拉斯省。他是历史记载上唯一在取得胜利后放弃了战争的军事君主。他曾入侵羯陵伽（公元前225年），沿马德拉斯东海岸的一个地方，也许他还有某种完成征服印度半岛南端的意图。那次出征是胜利的，但他所见到的战争的残酷可怖的景象使他感到厌恶。他在一些至今尚存的铭刻里宣布，他不再打算以战争进行征服，而要代之以宗教，从此他的余生都致力于佛教在全世界的传布。

他似乎能够在和平中很有才干地治理了他的幅员广大的帝国。他不单纯是宗教狂热者。他在进行他一生中唯一的一次战争的那一年，作为一个居士参加了佛教团体，几年后成了名副其实的教团成员，致力于八正道以求得涅槃。他的生活表明，那种生活方式当时同最有益的慈善活动是完全适应的。他的一生事业突出地表现了正思维、正精进、正业的特点。他在印度组织了大规模的掘井，并且种树以供遮荫。他委派了官吏来管理慈善事业。他建立了医院和公园。他又令人建立园圃以培植草药。假如有一个亚里士多德来给他启示，他无疑会大规模地资助科学研究的。他设立了一个部，管理土著和臣属的种族。他为妇女的教育提供了条件。他还试图——他是进行这种尝试的第一个君主——教育他的人民对人生目的和生活方式具有共同的见解。他对佛教的传教团体大加布施，试图激励他们更好地学习佛教文献。在全国各地，他树立了丰长的铭刻，重述乔达摩的教训，这些教训既简朴，又合乎情理，没有和常识相反的附会枝节。其中有三十五篇铭文至今尚存。此外，他还派遣传教士去世界各地，到克什米尔，到锡兰，到塞琉古王朝和托勒密王朝，传布他的教主的高尚而合理的教训。我们已经谈过，把菩提树的一枝带到锡兰去的，就是其中的一个使团。

阿育王神志健全地为人类真正的需要工作了28年。在历史上成千上万的君主，庄严、优渥、恬静、尊贵、显赫一时，而阿育王的名字在其中闪闪发光，差不多是单独地放射着光芒，是一颗明星。从伏尔加河一直到日本，他的名字至今仍受到尊敬。中国（包括西藏）甚至已抛弃了他的教义的印度，还保存着他的伟大的传统。今天世界上怀念他的人比听到过君士坦丁或查理曼的名字的人还要多些。

5 两位伟大的中国导师

有人认为阿育王广施恩泽，因而把大量贪财的、不虔诚的信徒吸引到教团中来，以致最后败坏了佛教；然而佛教主要是由于得到了他的激励，才在亚洲得以广泛传播，这是无可置疑的。

佛教经由阿富汗、突厥斯坦传到了中亚细亚，然后再传入了中国。据普拉马塔·纳特·博斯教授说，佛教约于公元64年汉朝明帝在位时传入中国。佛教在中国布教的始祖是大学者迦叶摩腾〔摄摩腾〕，随后还有一联串的大法师。公元第三和第四世纪时，佛教在中国最为兴盛。后来遭受了残酷迫害，到了唐朝才又重新兴盛起来。

当佛教传到中国的时候，道教已是中国普遍流行的一种宗教，它是从很古老的原始巫术和秘传法术发展而来的。到了汉朝的张道陵才重加组织，自成一派。道的意思是道路，这同雅利安道路的意思很相一致。这两种宗教经过了一番公开的斗争之后，并肩传播，并且经历了相似的变化，因此它们现在外表做法上极为相似。佛教还遇到了儒家，儒家的神学性质更少，而更多的是个人行为的准则。最后它又遇到了"无政府主义者、进化论者、和平主义者、道德哲学家"老子的教导。老子的教导与其说是个宗教，不如说是个生活的哲学规则。这个老子的教导后来被近代道教的创始人陈抟同当作一个宗教的道教合并到一起。

创立儒家的孔子，像南方的伟大导师老子和乔达摩一样，也生于公元前第六世纪。他的一生同公元前第五和前第四世纪更注重政治的某些希腊哲学家有一些引人注意的平行之处。公元前第六世纪是中国历史学家称之为周朝的时期，但当时周朝的统治已徒具形式，周王仅仅履行天子传统祭祀的职责，接受某种形式上的尊敬而已。他那个即使只是徒具虚名的帝国也不到今天中国的六分之一。我们已简略地谈过当时中国的情况，实际上中国是一群遭到北方蛮族威胁的交战中的国家。孔子是其中一国即鲁国的臣民；他出身贵族，但是贫穷；他担任过几种不同的官职之后，在鲁国设立了一个类似学院的机构，从事于智慧的发现和传授。我们还知道孔子曾周游列国，寻求一个愿意聘请他作为顾问并愿意成为一个改造了的世界的中心的国君。柏拉图，在两个世纪以后，到锡腊库扎的僭主狄俄尼修斯那里去当顾问，完全出于相同的精神。我们已讲过的亚里士多德和伊索格拉底对马其顿的菲力浦的态度，也是这样。

孔子的教导集中于一种高尚生活的思想，他把这种思想具体表现为一种标准或理想，就是贵族式的人——君子。这个词常被译为英文的"卓越的人士"，但由于"卓越的"和"人"两词，跟"可尊敬的"和"有大家风度的"这类字眼一样，早已成了有点诙谐的骂人的词语，因此这个译法对儒家是不公允的。他的确给他的时代提供了一个热心于公众的人的理想。对于他，为公的方面是非常重要的。他和乔达摩或老子相比更属于建设性的政治思想家。他一心考虑的是中国的状况，他力图培养君子，主要是希望产生一个高尚的国家。他的一条语录可以引用在这里："鸟兽不可与同群。吾非斯人之徒与，而谁与？天下有道，丘不与易也。"

他的教导的政治基础似乎是表示中国道德观念的特征的；同大多数印度和欧洲的道德训诲及宗教教义相比，对国家有更直接的关注。他曾在鲁国的一个名叫中都的城市做过一个时期的市长〔宰〕，他在这里力图整顿生活，牵涉范围极广，要使每一种社会关系和每一个行动都受到精心计划的规则的约束。"一举一动，都有礼仪，像我们惯常只见于统治者的宫廷和贵族家中的那样，一般平民也必须遵守。日常生活中的一切事务，都有严格的规则。甚至不同阶级的人能吃什么食物也有规定；男人和女人在街上不能同行；甚至棺木的厚薄，坟墓的形式和方位，都加以规定。"

这一切正如人们所说的，都是非常中国式的。别的民族从来未曾通过举止礼貌的渠道去取得道德秩序和社会稳定的，然而孔子的方法在中国无论如何却取得了巨大的效果，今天世界上没有一个国家像中国那样有讲求礼貌和自我约束的普遍传统。

后来孔子对他的国君的影响被削弱了，于是他又退隐。他的几个最有希望的弟子相继死去，使他的晚年更加凄凉。他说："夫明王不兴，而天下其孰能宗予，予殆将死也。"……

然而他以死得生。希尔特〔夏德〕说："孔子对中华民族性格发展的影响，无疑比许多帝王合起来还要大些。因此他是有关任何中国历史必须考虑到的重要人物之一。据我看来，他之所以能够影响他的国家到如此的极度，固然由于他本人人格的特性，但更多的是由于那个民族的特点。如果他生活在世界的任何其他地方，他的名字也许会早已被人遗忘了。我们知道，他是在仔细研究了前几代所培养的道德哲学有密切关系的典籍之后，才形成了他的品格和他个人对人生的见解的。因此他向同时代的人宣讲的，对他们来说并不是全新的东西；而是，由于他在研究古老记载时听到了上代圣哲的隐约的声音，他于是就成了好似个传声的唱机，把他从对这个民族本身发展初期中得来的这些观点，向全民族表达了出来……孔子的人格对中国的民族生活的巨大影响，不仅得力于他自己的著作和别人记录下的他的教训，而且还得力于他的所作所为。他个人的品德，据他的弟子们的描写和后世著作者的记述，其中有的虽则可能完全是传奇性的，已成了专心致志于效仿这一伟大人物的外表仪态的千百万人的模范……他在人前的一举一动，即使是最细微的琐事，都要合乎礼仪的规定。这并不是他自己的发明，因为礼仪生活在孔子之前许多世纪里早已培养成了；但他的威望和榜样的确使他认为是可取的社会实践得以流传下去。"

老子曾长期担任周朝王室图书馆的工作〔即守藏史〕。他的教训与孔子的比较起来，要神秘得多，含糊而不易捉摸得多。他似乎曾宣讲一种不以世间苦乐和权势为意的禁欲主义的淡泊思想，要返回到一种想象中的往昔的简朴生活。他留下的著作，文体非常简约，并且非常晦涩。他的话是用谜语的形式写下来的。老子死后，他的教导跟乔达摩佛陀的教导一样，面目全非了，涂上了传奇的色彩，掺入了种种极为复杂离奇的仪节和谜信的观念。然而孔子的教导却还没有被这样地涂饰过，因为它的范围有限，意思明了，简洁易懂，使它不致受到这些歪曲。

中国人把佛教、老子和孔子的教义称为三教。这三教成了以后全部中国思想的基础和出发点。东方和西方世界伟大民族之间在知识和道德方面如果要达到任何真正的相通，对这三教的彻底研究是必须做的第一步。

这三位导师有某些可以觉察到的共同之处，三人之中乔达摩无可争辩地是最伟大最渊博的一位，他的教义直到今天仍在大多数人类的思想中占着支配地位；他们的教诲中的某些特点，与即将在西方世界占上风的思想感情成为对比。它们主要是私人的和容忍的教义，是关于道路，关于道，关于崇高精神的教义；而不是关于教会或一般规则的教义。对于当时祀奉的神是不是存在，该不该崇拜，则一概不置可否。应当指出，雅典的哲学家们在神学方面恰好抱着同样超然态度；苏格拉底几乎对任何神明都愿意恭敬地礼拜或正式献祭——只要能保留他私自的思想。这种态度同成长于犹太、埃及和巴比伦尼亚的犹太人社会中的心理状态完全相反。在后者，一神论思想是第一和主要的。无论是乔达摩，还是老子或孔子都未曾暗示过嫉妒的神这一观念，那是一个"不要任何别的神"的神，一个可怖的真理的神，它不会容忍人们暗地里相信巫术、魔道或旧的习俗，也不会容忍人们向神王献祭，也不会容忍人们忽视万物的严格的统一。

6　佛教的衰败

犹太人的不能容忍异教的心理，使他们的根本信仰得以保持清澈和纯洁。另一方面，伟大的东方导师们在神学方面不置可否的态度，从一开始就容许不同解释的演释和繁文褥礼的累积。除了乔达摩极力主张的但又极易被忽视的"正见"之外，无论佛、道、儒三教都没有自洁的成分。对于迷信活动、召鬼、念咒、跪拜及其他附带的崇拜仪式，都没有严格的禁止。在初期，僵化的过程就开始了，而且继续下去。新的诸信仰几乎染上了它们所要取代的衰败宗教的一切弊病，承受了偶像和寺庙、祭坛和香炉。

毗瑟孥　　婆罗贺摩（梵天）　　湿婆（大自在天）

第二十四章 佛教的兴起与传布 / 311

讫哩什那（黑天）　　哥哩（复仇之神）　　甘尼沙（天神）

西藏在本世纪的前半期是一个佛教之地，如果我们设想乔达摩那时访问西藏，他是不可能找到他自己的教义的。他会找到的将是一个人类最古老形式的统治者，一个被立为神王的"活佛"，就是达赖喇嘛。在拉萨，他会见到一座巍峨的大寺庙，里面挤满了僧徒、住持和喇嘛——而他在世时的建筑物仅有几间茅舍，并且没有剃度人作僧徒——在一座高大祭坛的上方，他会看到一尊巨大的金色偶像，他会知道这尊偶像名叫"乔达摩佛陀"！他还会听到有人在这神前念颂祷文，有人低声念颂某些他仿佛有点熟悉的箴言作为应答。钟、香、跪拜，都在这一令他吃惊的仪式中使用上了。礼拜仪式进行到某一点时，有人敲钟，有人举镜，这时参加礼拜的全体会众，毕恭毕敬，俯伏得更低了……

他在这个信奉佛教地方的乡下，到处都会发现有一些奇怪的小装置，那是一些旋转着的小风轮或小水轮，上面刻写了简短的祷文。他会了解到，这种轮子每旋转一圈，就算作了一次祷告。乔达摩也许会问："向谁祈祷呢？"此外，到处都会有许多旗杆，上面悬挂着美丽的小经幡，幡上写着"唵嘛呢叭咪吽"这种令人莫名其妙的字，意思是"珍宝寓于莲花之中"。他会了解到，这面小幡每当拍动一下，也算作了一次祷告，这对于施舍这面经幡的善人以及整个地区都会有极大的好处。于是善男信女会雇用大批工匠到各地去，把这宝贵的"公式"刻在峭壁或石头上。乔达摩终于会认识到，这就是这个世界所信奉的他的宗教！在这种俗丽的光辉之下掩埋着通往灵魂宁静的雅利安道路。

我们曾经指出，原始佛教缺乏任何进步的思想。在这一点上，它同犹太教又是相反的。上帝的诺言这一思想，给予了犹太教以一种过去及当时的宗教所未曾有过的特质；这一思想使犹太教具有历史性和戏剧性。这一观念使犹太教有理由强烈地不容忍异教，因为它指向了一个目标。乔达摩的教理在心理方面尽管很真实和很深奥，佛教终于停滞而腐败，就是因为它缺乏那种指导思想。必须承认，犹太教在最初阶段，很少进入人们的灵魂境界；它允许人们仍旧过着淫荡、贪婪、庸俗或迷信的生活；然而由于它具有上帝的诺言的信念，具有将得到神圣的领袖以达到神圣的目的的信念，因此，同佛教相比，它像一柄时常磨砺的利剑，仍然是明亮而有前途的。

7 现在佛教分布的范围

佛教在印度盛行了一个时期。然而婆罗门教，它的众多的神灵，以及无穷的崇拜对象，一直与佛教同时并盛，并且婆罗门的组织日益强大，最后终于有力量反对这个不分种姓的教派，并且把它完全驱逐出了印度。两教斗争的情况，这里将不予详说，这中间有迫害也有反迫害，总之，到 11 世纪时，除了奥里萨之外，佛教教义在印度已经绝迹。它的许多有关温和慈悲的性质，则已并入到婆罗门教之中。

但佛教仍然存在于世界上的广大地区，很可能，接触了西方科学并且受到历史精神的鼓舞，乔达摩最初的教义经过复苏和净化，对人类命运的前途，还可能起很大的作用。

然而丧失了印度以后，雅利安道路就不再对任何雅利安民族的生活有所约束了。奇怪的是，这个伟大的雅利安宗教现今几乎完全局限在蒙古利亚诸民族之中，而雅利安人自己却生活于基督教和伊斯兰教这两个宗教的统治之下，我们以后将会看到，这两个宗教根本上都是闪米特人的。佛教、道教和基督教同样披着仪式和信条的外衣，似乎都是经过希腊文化的渠道从庙宇和祭司之国——埃及得来的，也是从棕色皮肤的含米特人的更为原始和更为根本的心理状态中得来的。

第五编
罗马帝国的兴亡

如果物理和生物科学是在罗马昌盛的硬土上枯萎而死的,那么政治和社会科学连发芽的机会都没有过。讨论政治会被当作对皇帝的叛逆,社会或经济的调查会威胁富豪。所以罗马直到灾祸临头,它从来没有检查过自己的社会健康情况,从来没有追问过它的严重的官僚主义最后的价值。因而,没有人理解到,它没有发展任何有见识的想象力来维持帝国的团结,没有发展任何取得共同思想的普及教育会使人们为帝国而战斗和工作就像人们为自己心爱之物而战斗和工作一样,这是多么严重的疏忽。但是罗马帝国的统治者们并不要他们的公民以任何精神去为任何事业而战斗。富豪们侵蚀了他们普通居民的人心,他们满足于他们口头的饭食。军团里充满了日耳曼人、布立吞人、努米迪亚人等;直到最后有钱的罗马人竟以为他们能收买蛮族人来保卫他们并抵抗外来的敌人和内部造反的穷人。

第二十五章 两个西方的共和国

1 拉丁人的起源

现在我们必须提到西地中海的两个大共和国罗马和迦太基的历史，并讲述一下罗马是怎样成功地把一个比亚历山大通过征服所建成的帝国更大些的帝国维持了有几个世纪之久。但是正像我们试图要弄清楚的，这个新帝国在性质上是和它以前的任何东方帝国都迥然不同的一种政治结构。在人类社会的组织和社会相互关系的条件上，几个世纪以来一直在发生着巨大的变化。货币的灵活性和可转移性正在变成一种力量，并且，像放在生手中的一切力量那样，成了人类事务中的一种危险，它正在改变着富人们同国家和同他们较穷的同胞们的关系。这个新帝国——罗马帝国，与以前一切帝国都不相同，它并不是一个伟大征服者的创造。它没有萨尔贡、没有托特麦斯、没有尼布甲尼撒、没有居鲁士、没有亚历山大，也没有旃陀罗笈多作为它的根源。它是由一个共和国建成的。它是由于一种需要，通过正在不断壮大的控制人类事务的那种新的集中和统一力量而成长起来的。

必须先说一说紧靠罗马出现于世界故事之前的几个世纪里意大利的事态。

公元前1200年以前，就是说在亚述帝国的兴起、特洛伊的被围和克诺索斯的最后毁灭以前，和在阿米诺菲斯四世的时代之后，居住在意大利的，像在西班牙那样，大概主要仍是较基本的伊比利亚或地中海种族的暗白人。这种土著人口大概是稀疏和落后的。但在意大利，像在希腊那样，雅利安人已在南下。到公元前1000年，来自北方的移民已定居在意大利的北部和中部的大部分地方，而且，像在希腊那样，他们已同肤色较黑的先在者通婚，并建立起一群雅利安语言，即意大利语群，比任何其他语言更接近于克尔特语（盖尔语），从历史观点来看最有意思的是台伯河以南和以东平原上的拉丁诸部落都使用着这种语言。同时希腊人已定居在希腊，他们那时正从事航海，渡海到南意大利和西西里，住了下来。接着他们沿着法兰西的里维拉建立起殖民地，并在一块古老的腓尼基殖民地的遗址上建立了马赛。另一个有趣的民族也已从海上来到了意大利。从他们遗留下的画像看来，他们是一种带褐色的壮健的民族；很可能他们是被希腊人从希腊和小亚细亚与其间诸岛赶出来的那些爱琴"暗白人"的一个部落。我们已经讲过克诺索斯和同种的非利士人在巴勒斯坦定居的故事。这些在意大利被称作伊特剌斯坎人的人在古代就已被认为起源于亚洲，有人曾想把这一传统同拉丁诗人味吉尔的史诗《亚尼德》连在一起，这也许是不能成立的。在这首史诗里拉丁文明被归功于来自小亚细亚的特洛伊移民（但是特洛伊人本身可能是与弗里吉亚人相近，同属雅利安人）。这些伊特剌斯坎人从稀稀落落地散布在这片土地上的雅利安部落手里夺占了台伯河以北意大利的大部分地方。大概是伊特剌斯坎人统治了被征服的意大利居民，而在希腊的事态却正好相反，在那里雅利安人是居于最高地位的。

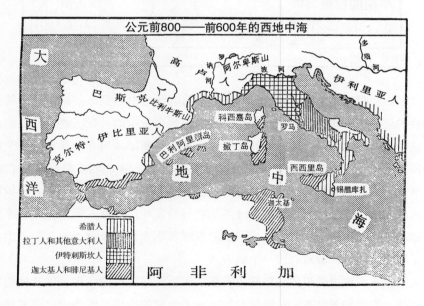

这幅"西地中海"地图可以约略地表达出公元前约750年的事态；它也表示出腓尼基商人沿着非洲和西班牙海岸的一些建置，其中主要的是迦太基。

实际上所有住在意大利的民族中，伊特剌斯坎人是最文明的。他们建造了迈西尼式建筑的坚固堡垒，他们有了金属工业，他们使用了式样极为优美的进口的希腊陶器。相形之下，台伯河另一边的拉丁诸部落是粗野的。

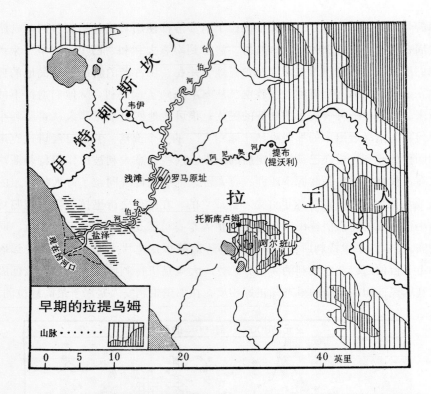

拉丁人那时还是个鄙塞的农业民族。他们崇拜的中心是阿尔班山上的部落神丘必特的庙宇，正如"早期的拉提乌姆"那幅地图所示的。在主要节日他们就聚集在这个地方，很像我们所想象的在艾夫伯里的早期部落集会的样子。这个聚集的场所并不是一个城镇；而是一块人们集会的高地。这个地方并没有常住的居民。然而，在拉丁同盟中有十二个镇区。台伯河上有一块浅滩，拉丁人和伊特剌斯坎人就在这里各处做交易。这个浅滩是罗马的发祥地。商人聚集于此，来自十二个镇的逃难者在这个贸易中心找到了避难所和职业。浅滩附近的七个小山丘上兴起了若干定居区，最后合成一个城市。

人们大多听说过关于创建罗马的罗慕洛和勒莫两兄弟的故事，以及他们在婴儿时怎样被遗弃和怎样有一只狼保护和哺育了他们的传说。近代历史学家并不重视这个故事。罗马创建的时期定在公元前753年，但是在古罗马广场的地下有着比那年代早得多的伊特剌斯坎人的坟墓，并且在所谓罗慕洛墓上刻有难以辨认的伊特剌斯坎碑文。

那时意大利半岛还不是一块像后来才变成那样的有着葡萄园和橄榄园的明媚的地方。它还是一片沼泽和森林的崎岖不平的土地，农夫们在那里放牧牛群、砍伐森林、开垦空地。位于拉丁人和伊特剌斯坎人交界处的罗马，在防御上并不处于有利之地。也许最初罗马有拉丁人的国王；此后这座城似乎曾落入伊特剌斯坎统治者的手中，他们暴虐的行径最后导致了本身的被逐，罗马变成了一个讲拉丁语的共和国。伊特剌斯坎国王们是在公元前六世纪被逐出罗马的，这时已是尼布甲尼撒的继承者们在米地人的默许下在巴比伦进行统治，孔夫子正在寻求一个国君来拯救中国的混乱，乔达摩则正在贝拿勒斯对其弟子们讲授雅利安道路。

关于罗马人和伊特剌斯坎人之间的斗争，我们在这里不去详述了。伊特剌斯坎人的武装较好、文明较发达、人数也较多，假如罗马人不得不单独和他们作战的话，那大概会是很艰苦的。但是伊特剌斯坎人发生了两桩不幸的事，把他们削弱到使得罗马人最后能够完全制服他们的地步。这两桩不幸的事的第一件是在西西里同锡腊库扎的希腊人的一场战争，这场战争摧毁了伊特剌斯坎人的舰队（公元前474年），第二件是高卢人从北方大举进攻意大利。高卢人拥进北意大利并在将近公元前五世纪末占据了波河流域，正如两个世纪以后他们的族人南下涌入希腊、小亚细亚，并定居在加拉提亚一样。这样伊特剌斯坎人被处于两面受敌之境，经过一次长期和断续的战争之后，罗马人竟能夺取了韦伊，这是个伊特剌斯坎人的堡垒，离罗马只有几英里，一直是对罗马人的一个巨大威胁和烦恼。

一幅伊特剌斯坎人焚尸仪式的绘画

每个学童都熟悉的麦考莱的诗《古罗马之歌》，就是讲到反抗伊特剌斯坎君主塔奎因王朝这一斗争时期的事。

但是高卢人的入侵是一次正像以前有过的那种洗荡一空的国家浩劫。他们一直南下攻入意大利半岛，使整个伊特剌里亚成了废墟。他们拿下并劫掠了罗马（公元前390年）。据罗马的传说——这些是可以怀疑的——丘必特神殿的城堡是坚守住了的，假如不是高卢人的暗中动作惊醒了一些鹅群，咯咯的叫声闹醒了守

罗马的阿斯铜币（公元前4世纪时使用，图上的大小是实物的一半）

兵的话，高卢人本来可以在夜间出其不意地把它拿下。此后攻城装备很差，加以营房里也许染上疾病的高卢人接受赎金开回北方；虽然随后他们还作过多次袭击，却始终没有再到达过罗马。

洗劫罗马的高卢人的领袖名叫布伦努斯。关于他，人们传说，当赎买的黄金过秤时对秤砣是否公正有些争论，他就把他的宝剑扔进了秤盘说"Væ victis!"（"打败的人活该倒霉"）——这句成语常常出现在后来所有关于赎金和赔款的争议中，直到现在还是如此。

取得这次经验之后，在半个世纪里罗马打了一系列的仗，使自己成为拉丁诸部落中的首领。主城的被焚看来非但没有损坏反而刺激了它的活力。它无论受多大痛苦，它的大多数的邻居所受的痛苦看来却更大些。到公元前290年，罗马成了从阿诺河到那不勒斯以南整个中部意大利位居霸主的城市。它完全征服了伊特剌斯坎人，它的边界北同高卢人相接，南同在希腊控制下的意大利地区（大希腊）相接。沿高卢边界它设立驻防要塞和殖民城市，毋庸置疑，由于这条防御线，高卢人的劫掠行动转向东面而进入了巴尔干半岛。

在我们已经叙述了希腊的历史和它的一些城市组织之后，当读者知道西西里和意大利的希腊人已经分裂成一些分立的城市政府——其中主要的是锡腊库扎和塔兰托姆（今塔兰托）——以及它们没有共同的管理规则或政策时，就不会感到意外了。但是那时，罗马势力的扩张使他们吃惊，他们指望来自亚德里亚海对岸的援助，果然由于埃皮鲁斯国王皮洛士的野心获得了这种援助。这些大希腊的希腊人在罗马人和皮洛士之间的地位，和半世纪以前希腊本部在马其顿人和波斯人之间的地位几乎是相同的。

读者会记得埃皮鲁斯，就是希腊离意大利的靴跟最近的部分，是亚历山大的母亲奥林匹亚斯的故乡。随着亚历山大死后地图上的种种变化，埃皮鲁斯有时被马其顿吞没了，有时又是独立的。这个皮洛士是亚历山大大帝的亲戚，并且是一个有才能、有进取心的君主，他似乎已计划好一番征服意大利和西西里的事业。他统率着一支令人钦羡的军队，比较不熟练的罗马征募兵和他对抗时一开始是无法招架的。他的军队包括了当时应有尽有的军事设施，如步兵方阵、色萨利的骑兵和来自东方的二十只战象。他在赫腊克利亚击溃了罗马人（公元前280年），并且在穷追中又在罗马人的领土奥斯库卢姆击败了他们（公元前279年）。然后，他不再向前追逐罗马人而同他们休战了，好把注意力转到对西西里的征服，这样导致了海上强国迦太基同罗马结成了反对他的联盟。因为迦太基不能让一个强国在这么近的西西里地方建立起来。在迦太基人看来，在那些日子里，罗马比起另一个亚历山大大帝统治西西里的可能性似乎远远不是严重的威胁。为此，一支迦太基舰队出现在台伯河口外以鼓励或诱使罗马人重新战斗——罗马和迦太基明确地结成了同盟来对抗入侵者。

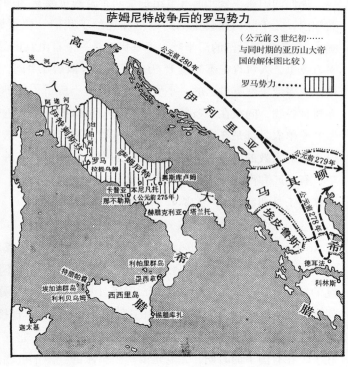

为纪念战胜皮洛士和他的战象而铸造的罗马硬币

迦太基的这一介入对皮洛士是致命的。没有经过什么决定性的战役，他的力量就萎缩了，在一次对本尼凡托的罗马兵营的进攻惨遭击退之后，他不得不撤退到伊皮罗斯去了（公元前275年）。

据记载当皮洛士离开西西里时，他曾说他是把西西里留作罗马和迦太基的战场。三年后他在阿戈斯的一次巷战中被杀死了。

反对皮洛士的战争是由迦太基舰队赢得了胜利的，而罗马却得到了整个胜利收获的一半。西西里全部落入迦太基之手，罗马往下进入意大利的整个南部，并且隔着墨西拿海峡和它的新敌手相望。在11年的时间里（公元前264年）皮洛士的预言实现了,第一次同迦太基的战争开始了,这是三次布匿战争中的第一次("布匿"出自拉丁文 Punicus,迦太基人,即腓尼基人)。

2 一种新的国家

我们写着"罗马"和"罗马人",而我们还得解释这些人是什么样的,他们正在承担一项征服的任务,这项任务迄今只有能干而有侵略性的君主才能担当。

他们的国家在公元前五世纪是个同希腊的贵族共和国十分相似的雅利安式的共和国。关于罗马社会生活的最早叙述给了我们一幅很原始的雅利安社会的图画。"公元前五世纪的后半叶,罗马仍然是一个自由农民的贵族社会,面积近 400 平方英里,人口肯定不超过 15 万,几乎全部散居在乡间,分为十七个区或农业部落。大多数家庭有自己的一小块土地和一所小房子,父子在一起居住和工作,大多耕种谷物,间或在一条条的地上种葡萄和橄榄。在附近公地上牧放几头牛;衣服和简单农具都是在家里自制的。偶尔和在特殊时节才进入那个设防的城镇,这既是他们宗教的中心,又是他们政府的中心。城里有各种神的庙宇,有富人的住宅,有工匠和商人的店铺,在店铺里可以小量地用谷物、油或酒来换取盐或粗糙的铁制工具和武器"(费雷罗《罗马的伟大和衰落》)。

这个社会按照通常的传统划分为贵族的和普通的市民,在罗马被称为贵族(patricians)和平民(plebeians)。这些人是公民;奴隶或外地人在这个国家里的政治权利并不比他在希腊更多些。但是罗马的政治制度不同于任何希腊的政治制度的地方就在于它的统治权大部分事实上是集中在一个称作元老院的团体手中,元老院既不纯粹是一个世袭成员的团体,也不是一个直接选举出来的代议团体。它是一个指派的团体,在早期它只从贵族中间指派。它在国王被逐出之前已经存在了,在有国王的时期,元老是由国王指派的。国王被逐出后(公元前 510 年),最高权力授给两个选出的统治者,即执政官;指派元老的事就由执政官来接管。在共和国早期只有贵族才有资格当执政官和元老,平民在政治上的权利仅仅是在选举执政官和其他公职官员时有投票权。即使在这个权利上,他们所投的票并不具有他们的同胞贵族公民所投的票的同等分量。但是无论如何他们的选票也有足够的分量去诱使很多贵族候选人对平民的苦情多少表示些真挚的关切。此外,在罗马国家的早期,平民不但不得担任公职,也不能同贵族阶级通婚。行政管理显然主要是贵族的事务。

因此早期罗马的事务是属于显著的贵族政治类型。在逐出最后的伊特剌斯坎国王高傲者塔奎因和第一次布匿战争开始（公元前 264 年）之间的两个半世纪里，罗马的内部历史主要是贵族和平民这两个等级之间争夺统治权的斗争。事实上，这场斗争同希腊诸城邦中贵族政治和民主政治的斗争是极其相似的。和希腊的情况一样，社会上有奴隶，有被释放的奴隶，有没有财产的自由民，有外地人等阶级，这些阶级都是完全处在这场斗争之外和之下的。我们已经指出过希腊民主政治和今天世界上所称作的民主政治本质上的区别。另一个错用的词是罗马名词无产者（proletariat），这个词在现代术语中是指一个现代国家中一切没有财产的人。在罗马，无产者（proletarii）是指完全合格的公民中的行使选举权的人的一个类别，他们的财产少于一万铜阿斯（800 美元）。他们是个服兵役的阶级；他们对国家的用处是在于他们养育公民的家庭（proles 即子孙）和从他们的行列里招取殖民者出外建立新拉丁城市或驻守重要据点。但是这种无产者在出身来源上和奴隶或被释奴隶或城镇贫民窟里各种各样的社会寄生虫是完全不同的。十分可惜的是近代政治讨论竟被这个名词的不正确的用法弄糊涂了。这个名词没有确切的现代对应词，它也不能表达近代社会分类的实际。

关于贵族和平民之间的这场斗争的大量细节在这部《史纲》里我们可以置之不顾。那场斗争表现了罗马人是一种性格精明得出奇的人，他们从来不把事情驱向破坏性的危机，而在慎重处理的限度之内，他们又是分毫不让的讨价还价的人。贵族们卑鄙地利用他们政治上的优势，通过征服别国来发财致富，受到牺牲的不仅是被打败的敌人，而且是较穷的罗马平民，他们在服兵役期间田园荒芜和债台高筑。平民们分享不到征服的土地，这些土地全被贵族们各自瓜分了。货币的开始使用大概增加了高利贷者的便利，也增加了借债人的困苦。

三种压力使得平民在国家的管理上赢得了较大的权利，以及在随着罗马的日臻强盛而来的好处中分享了一份。这些压力中的第一个是平民的总罢工。他们居然两次从罗马列队出走，以要在台伯河上游另建一座新城相威胁，这两次威胁都证明起了作用。第二个施加压力的方法是暴政的威胁。正像庇西特拉图在阿提卡（以雅典为首府的小邦）依靠贫穷的地区的支持而掌权那样，在平民感到不满的时期大多会发现一些野心勃勃的人随时准备扮演一个领袖的角色，来夺取元老院的权力。在长时间里罗马贵族是够狡猾的，他们对平民作出一定程度的让步以打击每一个这样的潜在的僭主。最后是有了一些心胸够宽广、眼光够远大的贵族坚持有同平民和解的必要。

这样，在公元前 509 年，执政官瓦莱里乌斯·波普利科拉规定了无论何时任何公民的生命和权利遭到危害时，地方长官应向公民会议提出上诉。这项瓦莱里阿法是"罗马的人身保护法",它使罗马平民在法庭里免去万一遭受阶级报复的危险。

公元前494年发生了一次罢工。"在拉丁战争后债务的压力变得太重了,平民气愤地看到他们那些经常英勇地在军团中为国家服役的朋友们,仅仅为了贵族债主的要求而带上锁链,沦为奴隶。那时对沃尔西安人的战争正在进行;但是军团士兵在凯旋归国时,不肯再服从执政官的命令,整队开到阿尼奥河对岸(台伯河上游)的圣山上去了。由于他们在老城里得不到公民的权利,他们准备在那里建立一座新城,贵族们被迫让步,从'第一次撤离'返回罗马的平民获得了有他们自己的官吏、保民官和营造官的特权。"(J. 韦尔斯《迄奥古斯都之死的罗马简史》)

公元前486年出现了一个执政官斯普里乌斯·卡西乌斯,他通过了一项使平民获得公地的土地法。但是下一年他被控为谋夺王权而被判死刑。他的法律从没有生效过。

接着是平民方面争取把罗马的法律书写下来的长期斗争,有了成文法律他们就可以不再依靠贵族的记忆力。公元前451—公元前450年公布了十二铜表法,这是全部罗马法的基础。

为了系统阐明十二铜表法,任命了一个十人委员会(decemvirate)来代替通常的行政官。继第一个十人委员会之后,又任命了第二个十人委员会,它在阿庇乌斯·克罗狄乌斯领导下企图进行某种贵族的反革命的活动。平民于是再次撤离到圣山去,阿庇乌斯·克罗狄乌斯在狱中自杀了。

公元前440年发生了一次饥荒,一个富裕的平民斯普里乌斯·马埃利乌斯在群众受害的基础上,企图第二次建立民众暴政。这次尝试以他被暗杀而告终。

罗马被高卢人洗劫后(公元前390年),马可·曼利乌斯作为一个民众领袖站了出来,他就是那个被鹅叫惊醒而拯救了丘必特神殿的城堡的指挥官。平民当时深受战后贵族高利贷和投机活动之苦,他们在重建家园和重振家业中又背上重债。曼利乌斯倾其私囊为人还债。他被贵族们控告为有建立暴政的意图,被判有罪,在罗马遭到了被定为叛徒的

墨丘利为平民掌管商业之神
(采自罗马铜器)

命运，从塔佩安岩上被推了下去，这山岩也就在他曾保卫过的那个丘必特山神殿悬崖的边缘。

公元前376年，人民的十个保民官之一李锡尼，由于订出了某些被称为李锡尼法律草案的建议而同贵族开始了一场长期的斗争。这个草案建议任何一个公民占有公地的总数应有一个限度，以便留下一些土地给每个人，未偿清的债务只要还清本钱可以免交利息，并且从此之后两名执政官中至少应有一名是平民。这件事促成了一场十年的斗争。在斗争中，平民充分运用了他们的代表即保民官的否决权来阻止事务的进行。按惯例在国家处于危急情况时，可以撇开一切其他长官而任命一个领袖——独裁者。以前为了军事上的需要，罗马曾经这样做过，但是现在贵族们却怀着打倒李锡尼的想法，在一个极为和平的时候设立了一个独裁者。他们任命了卡米卢斯，他曾在和伊特剌斯坎人打仗时围攻并拿下过韦伊。但是卡米卢斯是个比他的支持者更为聪明的人；他使两个等级之间达成了一项和解，对平民的大部分要求做出了让步（公元前367年），在康科德建立了一座纪念堂，并且放弃了他的职权。

此后平民和贵族之间的斗争减弱了，它的减弱是因为在其他各种影响之下，贵族和平民的社会差别正在缩小。随着政治权势的增长，罗马的贸易也正在发展，许多平民变得富裕了，而许多贵族相对地变得贫穷了。由于法律上的一项变更，两者之间的通婚成为可能，社会混合正在进行。当时富裕平民的习惯和同情心正在发生变化，如果不是变成像贵族那样，至少也变成了像寡头执政者那样；有了新的利益而还没有政治地位的新阶级正在罗马崛起。人数特别多的是被释奴隶，即获得了自由的奴隶，大部分是工匠，也有些商人，正在日益富裕。元老院已不再纯粹是个贵族的团体了——因为许多官职现在已向平民开放，而这种当了官的平民就变成了元老——现在它正在变成国家中一切有钱的、能干的、奋发的、有影响的人的会议。罗马的权势正在扩张，随着它的扩张这些早期拉丁社会里旧的阶级对立也变得没有意义了。它们被新的联合和新的对抗所代替了。所有各种出身的富人正在互相靠拢，形成共同的利害关系，以对抗穷人的共产思想。

公元前390年罗马是一座在伊特剌里亚边境上被高卢人洗劫过的可怜的小城市；公元前275年它已统治着并统一了从阿诺河到墨西拿海峡的整个意大利。卡米卢斯的和解（公元前367年）已结束了内部的纷争，它的精力已可腾出来向外扩张了。凭着明智同富有进取心的自私的奇异结合，罗马曾以使其居民在国内等级间的战争中能苦思出一种权力均衡而不致发生任何大难而著称，此时也能以同样的奇异结合来标志它的国外政策。它懂得同盟的价值；它能够同化外人；在国

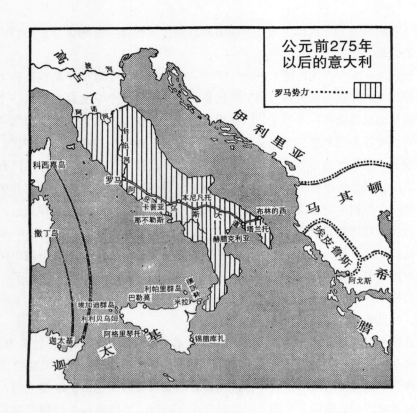

外和在国内一样,在那些日子里,它至少能以某种公平和稳健来"互相让步"。罗马的特殊力量就在这里。凭着这个,例如在雅典明显地失败了的问题上,它却获得了成功。

雅典的民主政治深受"爱国主义"的狭隘性之害,这是一切国家毁灭的原因。雅典被它自己的帝国所厌恶和忌妒,因为它以一种市民的利己主义精神来统治帝国;它的附属城市对它的种种灾难既无同感,又不分担。而在罗马的伟大年代里,那些比较精明、比较高尚的元老们,在那使罗马的道德力量过度紧张和开始衰退的第一次布匿战争之前,不但情愿以同他们自己的人民群众分享他们的特权作为最后手段,而且渴望在平等的条件下同他们最倔强的敌手结合在一起。他们慎重而稳步地扩大授与公民权的范围。有些城市变成了罗马的一部分,甚至享有在政府里的投票权利。其他的城市享有自治,并享有在罗马经商或结婚的权利,但没有完全的罗马公民权。在战略要点和殖民地建立了由享有完全公民权的人驻守的要塞,他们在纯粹被征服的人中享有各种特权。在这庞大的和增长着的有公民权的群众中有保持畅通的联系的必要,这是从一开始就明显的。印刷和纸张还没有用在思想的沟通上，但是公路体系则已随着拉丁语言和罗马统治而建立了起来。其中首先是阿庇乌斯大道，它从罗马直通意大利的极南部。它是公元前312年由户籍官阿庇乌斯·克罗狄乌斯开始修筑的（决不要把这个阿庇乌斯同早一个世纪的十人委员之一的阿庇乌斯·克罗狄乌斯混淆起来）。

根据公元前265年的一次人口普查，在罗马版图内，就是说在阿诺河以南的意大利，已有了三十万公民。他们都共同关心国家的安危，他们都多少有一点被共和国的扩散的国家权力所触及。我们应当注意，这在人类历史上是一件绝对的新生事物。到那时为止一切重要的国家，王国和帝国，都仅仅是服从某个首领、某个君主的共同体，公众的福利也只能依赖于这些人的心情和性格。直到那时还没有一个共和国能够超过一个城邦的规模。所谓雅典"帝国"只不过是指挥它的同盟者和它的附属城市的一个城邦。罗马共和国预定要在几十年里把波河流域的居民包括在享有公民权的范围里，去同化同族的高卢人，以拉丁语代替他们的语言，并在亚得里亚海的上端建立一座拉丁城市——阿魁雷亚。公元前89年意大利所有的自由居民都变成了罗马的公民；公元212年享有公民权的范围扩大到包括帝国内所有的自由男子。

这一非常的政治成长显然是所有西方类型的近代国家的前驱。因此它对学习政治的学生，正像石炭纪的两栖动物或始祖鸟对学习动物发展的学生那样地引起注意。它是现在占支配地位的制度的原始类型。它的经验将帮助我们了解一切后来的政治历史。

散布在意大利大部分地区的几十万公民所组成的这个民主政体的成长的自然结果之一是元老院权力的增长。在罗马宪法的发展中曾有过种种形式的人民大会，即平民大会、部落会议、百人团会议及其他等等，关于这些不同形式我们在这里不能细述了；但是创制法律的权力归人民大会的思想是被确立下来了。可以注意的是在这体制中有一种可说是平行的政府。部落或百人团的会议是全体公民的会议，贵族和平民一起参加的；平民会议当然只是平民阶级的会议。每个会议有它自己的官员；前者有执政官等等，后者有保民官。当罗马还是一个20平方英里的小邦时，它有可能召开一个多少具有人民代表性的集会，但是很清楚，就当时意大利所有的交通工具而言，那时极大多数的公民连罗马在发生些什么事都不可能随时知道，更说不上有效地参加那里的政治生活了。亚里士多德在他的《政治学》里曾经指出，住在城外专心从事农业的选举人事实上被剥夺了选举权，而这种由于技术上的困难而被剥夺选举权的情况是适用于极大多数的罗马公民的。随着罗马的成长，一种没有料到的弱点，通过这些原因，潜入到政治生活之中，人民大会越来越变成为雇佣政客和城市里地痞流氓的集会，越来越不成其为普通体面的公民的代表会议了。人民大会在公元前四世纪最接近于有权力和尊严的地位。从那时以后它的影响不断衰落，新的元老院已不再是一个具有一致性的和大体上还是高贵的传统的贵族团体，而只是一个富人、前任长官、有权势的官吏、大胆的冒险家等一类人物的团体，这些人充满着退回到世袭资格的思想的强烈倾向，他们掌握罗马世界的统治权力达三个世纪之久。

已为世人所知的两项发明满可以使罗马的民众政府超过它在公元前四世纪末在户籍官阿庇乌斯·克罗狄乌斯的鼎盛时代之后继续发展下去的，但是任何一项也没有进入罗马人的思想里。这两项发明中的第一项是印刷的正当使用。在我们叙述早期亚历山大城时，我们已提到在公元前第四或前第三世纪世界上还没有印刷书籍这件奇怪的事。在叙述罗马的这段话里我们不得不把这件事重又提出来。照近代人的想法，很清楚，一个普遍性的民众政府，作为健全活动的一个必要条件，需要为所有的公民不断提供关于公众事务的正确消息，并使他们对公众事务保持关心。在最近两个世纪中，大西洋两岸近代国家民众政府之所以能崛起只是在于通过报纸对公众事务作出多少是诚实的和透彻的公开讨论。但是当时在意大利，罗马政府能同它在别处的任何公民团体取得联系的唯一方法是派出一名传令官，而同个别公民则根本没有任何方法可以沟通信息。

第二项发明主要是英国人要对人类历史负责的，而罗马人却从未利用过的，就是几乎同样明显的代议制政府。旧的人民会议（在它的三重性的形式下）原本有可能用代表组成的集会来代替的。在后来的历史上，英国人当国家成长时确是实现了这个需要。某些人，州郡的骑士，被召集到威斯特敏斯特为地方的乡情说话和投票，他们多少是为了这个目的而正式选举出来的。从近代人看来当时罗马的情况对于这样的修改似乎也曾大声疾呼过。而他们却从来没有这样做过。

召集部落会议（comitia tributa，它是人民大会的三种主要形式之一）的方法是由传令官在开会日期前十七天发出公告，他的声音在意大利的大部分地方必然是听不到的。罗马有若干占卜官，他们是从伊特剌斯坎人那里承袭下来的占卜祭司。在实际举行会议的前夕，他们要检验祭牲的内脏，假如他们认为可以说这些血淋淋的预兆是不吉祥的话，这个部落会议就被解散了。但是假如占卜官们报告说这些祭牲的肝脏是吉祥的，就从丘必特神庙和从城墙上吹起号角，会议也就进行了。会议是在露天举行的，地点或是在丘必特神庙下面的小小广场上，或是在从广场前一块更小的凹进去的地方，或是在称作马提乌斯操场的练兵场上，现在这里是近代罗马最拥挤的市区，但那时还是一片空场。议事在黎明时以祈祷开始。会场里没有座位,这大概有助于使公民甘于顺从那一切事务在日落时结束的常规。

开幕祈祷以后,进入讨论会议所要考虑的种种措施,并在会上宣读各项提议。会上没有散发印出的文件本不是值得惊讶的么?如果有任何传阅的文件,那必定是手抄的,每份抄本必定容易有错误和有意的篡改。提问似乎是不允许的,但是在得到主持会议的长官的准许下,人们可以个人身分向会议发言。

然后到会的人按他们的部落进入牛栏形的围场,每个部落对在考虑中的措施进行投票。决议并不按公民的多数,而是按部落的多数作出的,并由传令官宣布。

由百人团组成的人民大会,即百人团会议(comitia centuriata),除了在公元前三世纪有 373 个百人团代替 35 个部落,以及在开幕时既有祈祷还有祭祀之外,在它的性质上是十分相似的。百人团原系军团〔像原始英国地方政府有"百户"(郡的分区)那样〕,很久以来就失去了同一百这个数字的任何联系。有些只有几个人,有些有很多人。有 18 个骑士百人团(骑士团),原本是由有地位养得起一匹马和在骑兵队里服役的人组成的,但是后来罗马的骑士身份和英国的骑士身份一样,成为一般的荣誉,已没有军事上、精神上或道德上的意义了(这些骑士团随着罗马的经商致富而变成了一个很重要的阶级;在一个时期里他们是社会上真正活跃的阶级。最后他们中间连一点骑士精神都没有了,正如今天英国赐封爵士的"荣誉名册"上的骑士们一样。从大约公元前 200 年起规定了元老们不得经商。这些骑士团于是就成了大商人、交易者,并作为税吏承包税收)。此外还有 80(!)个富豪的百人团(各拥有十万铜阿斯以上的财产),22 个拥有 75000 铜阿斯以上的有体面的人的百人团,等等。工匠和乐师各有两个百人团,无产者也组成一个百人团。百人团会议的决议是由百人团的多数作出的。

随着罗马国家的成长和它的事务的日益复杂,权力从这样一个人民大会又回到了元老院,这有什么可以奇怪的呢!元老院是一个比较紧密的团体,它的成员最少 300 名最多 900 名不等(900 名是由凯撒增扩的),他们须处理政务和经管大事,他们多少彼此熟悉,并有行政管理和执行政策的传统。在这共和国里提名和召集元老们的权力最初是授与执政官的,不久以后设置了"户籍官",执政官的许多权力移交给了他们,这一项权力也移交了。阿庇乌斯·克罗狄乌斯是第一批行使这一项权力的户籍官中的一个。他吸收被释奴隶进入部落会议,并召请被释奴隶的子孙进入元老院。这对那时保守的本能来说是一项令人震惊的安排;执政官不肯承认他的元老院,下一届的户籍官们(公元前 304 年)扣下了他对被释奴隶发出的请帖。无论如何,他的尝试足以说明元老院从它最初作为一个纯粹的贵族团体的情况这时已进展到什么地步了。有如现代的英国上院，它已变成一个大商人、活跃的政客、成功的冒险家、大地主和这一类人的集会了；它的贵族的尊严只是一套华丽的伪装；但是不像英国上院那样，它在法律上除了我们已描述过的效率极低的人民大会和由平民会议选出的保民官之外，不受任何限制。它对执政官和地方总督在法律上的控制并不大，它没有行政权力，它的力量和影响是在于它的威望和经验。它的成员的利益自然是和一般公民的利益相对抗的，但是广大的普通老百姓对这种寡头政治的行动，无力表示异议竟达几代之久。比城邦稍大的国家的直接民众政府于是在意大利失败了，因为那时还没有公共教育、没有报纸、没有代议体制；它在第一次布匿战争之前，仅仅由于技术上的困难而失败了。但是它的出现，即作为现今世界全部政治智慧力图解决的一组问题的首次出现，是有巨大意义的。

元老院通常在罗马广场的元老院大会堂开会，但在特殊的时节，它会在这个或那个神殿举行；当它必须接待外国使节或是它自己的将军们（将军们在统率部队时是不准进城的）时，它就在城墙外面马提乌斯操场上开会。

3 富人的迦太基共和国

对罗马共和国的政治结构作出稍微充分的叙述是有必要的，因为它对今天还有巨大的重要性。至于迦太基的政体就不必多费时间了。

罗马治下的意大利是个共和的国家，迦太基比它要古老一点，是个共和的城邦。它有个"帝国"，正像雅典有个"帝国"那样，这是个由一些不喜欢它的附庸国组成的帝国，它拥有大量的、自然不会效忠于它的工业奴隶人口。

在城邦里有两个选出的"苏菲特"，亚里士多德称他们为被选出来的"国王"，实际上他们相当于罗马的户籍官；他们的闪米特语名称和犹太人用来指"士师"的词是相同的。迦太基有一个不起作用的公众会议和一个由头面人物组成的元老院。这个元老院有两个委员会，104人委员会和30人委员会，名义上是选出的，但是由很容易操纵的方法选出的。这两个委员会实际上构成了最富有的和最有影响的少数人专权的寡头政治。他们尽可能地少对盟国和市民同胞讲话，尽可能地少跟他们磋商。毫无疑问，他们所追求的谋划都是把迦太基的福利从属于他们本集团的利益。他们敌视新人新办法，而且相信已经延续了两个世纪的海上优势必定是理所当然的。

4 第一次布匿战争

假如罗马和迦太基能够解决它们的争执,并在西方世界结成一个永久的同盟,人类会发生些什么事?这个设想是引人兴趣的,也不全然是无益的。假如亚历山大还活着的话,他可能向西推进而驱使这两个强国达成这样一个利害攸关的联合。但是这是不会适合迦太基寡头政治私下的谋划和荣耀的,而这时大罗马的新元老院的掠夺胃口越来越大,正以垂涎的目光越过墨西拿海峡盯着迦太基在西西里的领地。他们是贪婪的,但是他们惧怕迦太基的海权。罗马民众的"爱国心",不管怎么样,也忌妒和惧怕这些迦太基人,更没有心思去计算这一场冲突代价。皮洛士所强加于罗马和迦太基的同盟继续生效达11年之久,但是罗马已成熟到足以进行一场现代政治术语中所谓"进攻性的防御"战争了。战机发生在公元前264年。

那时,西西里并不是完全在迦太基的手中。东端依旧在锡腊库扎的希腊国王海挨罗的势力之下,他是狄奥尼修斯的继承者,柏拉图曾当过他的内廷哲人。曾在锡腊库扎服役过的一队雇佣兵夺占了墨西拿(公元前289年),并袭击了锡腊库扎的贸易,海挨罗最后被迫采取措施来镇压他们(公元前270年)。于是对扑灭海盗也非常关心的迦太基出兵相助,并派出一支迦太基驻防兵守卫墨西拿。这全然是项无可厚非的行动。这时提尔已被摧毁,在地中海上唯一有能力保护海洋法的是迦太基,而且不但是由于传统也是由于习惯,扑灭海盗就是它的任务。

墨西拿的海盗向罗马求救,对迦太基积累起来的忌妒和惧怕使得罗马人决定去帮助他们。罗马派遣了一支在执政官阿庇乌斯·克罗狄乌斯(在这段历史中我们不得不提到的第三个同名的阿庇乌斯·克罗狄乌斯)指挥下的远征军开往墨西拿。

曾使人类历史陷于黑暗的一系列最劳民伤财、造成惨重损失的战争的第一回合就这样开始了。但是一个浸透了我们这时代的荒诞无稽的政治思想的历史家却这样兴致勃勃地来写这次不幸的远征:"罗马人知道他们将

迦太基硬币

同迦太基开战；但是人民的政治本能是正确的，因为在西西里海峡的一支迦太基驻防军对意大利的和平本来就是一个危险的威胁。"因此他们就以一场持续了将近四分之一世纪的战争来保卫意大利的和平，免遭这个"威胁"！在战争进程中他们破坏了自己逐渐获得的政治品德。

罗马人攻占了墨西拿，海挨罗抛弃了迦太基人而倒向罗马人。然后斗争有一段时间集中在阿格里琴托镇，罗马人围困了这个镇，接着是一段时间的堑壕战。双方都由于瘟疫和供应时常中断而蒙受了巨大损失；罗马人损失了三万人；但至终（公元前262年）迦太基人撤离了那个地方，退到该岛西岸设防的市镇，其中主要的是利利贝乌姆。只要能维持住海上优势，他们就可以容易地从非洲本土供应这些市镇，耗尽罗马对抗他们的任何努力。

这时战争的一个新的和非常特殊的局面开始了。罗马人来到了海上，使迦太基人和罗马人自己都吃惊的是他们打败了迦太基舰队。萨拉米斯战役的时日以来，在海军建造上已有了相当大的发展。当初主要的战舰型式是有三层桨的战船，即一种有三层（三排）桨的大帆船；而这时迦太基战舰的主要型式是一种五层橹船，一种大得多的有五层桨的大帆船，它能撞倒或轧断任何较脆弱的船的桨。罗马人开始进入战争时还没有这样的船舶。这时他们着手建造五层橹船，据说他们在设计上得益于那些迦太基船舶中的一只搁浅了的船。在两个月里他们建造了100只五层橹船和30只三层桨船。但是他们没有熟练的驾驶员，没有有经验的划手，这些缺陷他们部分由于希腊同盟者的帮助，部分由于新战术的发明而得到了补救。他们不依靠击撞或击断敌人的桨，因为这要求比他们已有的更为高明的驾驶船舶的技术；他们决定强登敌舰，他们在船上建造了一种用滑车定住在桅杆上的长吊桥，末端有抓钩和长钉。他们在大帆船上载满了士兵。于是，当迦太基人的战舰从旁撞击或擦过时，罗马人就可以放下这种称作乌鸦座的吊桥，攻入敌舰的突击队员就可以蜂拥而上。

像这样简单的设计却证明是完全成功的。它改变了战争的进程和世界的命运。抵抗乌鸦座所需要的小量发明显然不是迦太基统治者力所能及的。在米拉战役（公元前260年）中罗马人获得了第一次海战的胜利，俘获并毁坏了50只船。在埃克诺木斯大战（公元前256年）中，这"大概是古代最大的海战"（J. 韦尔斯《迄奥古斯都之死的罗马简史》），七八百只大船投入战斗，迦太基人表现出他们没有从过去的惨败中学到什么教训。按规矩说，他们的机动谋略是胜得过罗马人的，本应把罗马人打败，但是乌鸦座再次把他们打败了。罗马人击沉了敌舰30艘，俘获了64艘。

此后战争继续下去，胜负变动很大，但是不断地显示出罗马人的较大活力、团结力和主动性。埃克诺木斯战役后，罗马人从海上入侵非洲，并派出了一支装备不足的支援军队，它在多次胜利并拿下了突尼斯（距迦太基不到十英里）后却被彻底打败了。一场暴风雨使罗马人失去了他们的海上优势，他们在三个月内建造了有 220 艘战舰的第二舰队，使海上优势失而复得。他们夺占了巴勒莫，在那里击败了一支迦太基大军（公元前 251 年），俘获战象 104 头，并举行了一次凯旋回罗马的大游行，盛况空前。他们围攻了西西里岛上迦太基残存的要塞利利贝乌姆，没有成功。他们在德雷帕努姆的一次大海战（公元前 249 年）中，丧失了他们的第二舰队，损失了 210 艘战船中的 180 艘；同年，部分是在战斗中，部分是在暴风雨中，他们丧失了第三舰队的 120 艘战船和 800 艘运输船只。

有 7 年之久，濒于精疲力竭的交战双方之间可以说是在继续战争，是一种袭击和虚张声势的围攻的战争，在这期间迦太基人在海上占了上风。然后罗马作出最后一次极大的努力使一支由 200 艘船舶组成的第四舰队下了水，并在伊加迪群岛战役（公元前 241 年）中击溃了迦太基人的最后兵力——此后，迦太基求和了（公元前 240 年）。

根据这次媾和的条件，除了锡腊库扎的海挨罗的领地外，西西里全境成了罗马人民的一块"地产"。在那里没有像在意大利曾经实施过的那样进行同化的过程；西西里成为一个被征服的行省，像较老的帝国行省一样交纳贡品和上交收益。除此之外，迦太基还付出了一笔 3200 塔兰特（折合 2300 万美元）的战争赔款。

5 老卡托和卡托精神

罗马和迦太基之间的和平维持了 22 年。那是没有繁荣的和平。交战双方都苦于匮乏和混乱，这些是自然地和必然地随着一切大战而来到的。迦太基境内暴乱频仍；回国的士兵得不到薪饷，于是哗变抢劫；土地荒芜，无人耕种。我们在书里读到，迦太基将军哈米耳卡尔在镇压骚乱时的可怕的残忍，成千的人被钉死在十字架上。撒丁岛和科西嘉岛造反了。"意大利的和平"并不更好些。高卢人起兵并进军南下；他们被击败了，有四万人被杀死在太拉蒙。显然，意大利在到达阿尔卑斯山之前是不完整的。波河流域建立起了罗马殖民地，向北的大干线经由弗拉米尼亚的大道开始了。但是当高卢人在威胁罗马时，竟有人建议以人献祭，而且竟予以执行，表明战后时期罗马人在道德上和思想上的堕落。旧的迦太基海洋法被破坏了——它可能曾是自私的和垄断的，但至少它维持了秩序——亚得里亚海挤满了伊利里亚的海盗。由这事态所引起的一场争吵的结果，伊利里亚在两年后不得不被并吞为第二个"行省"。由于派出远征军去并吞迦太基的两个在起事中的行省——撒丁和科西嘉，罗马人为第二次布匿战争铺平了道路。

第一次布匿战争考验了并显示了罗马和迦太基实力的对比。任何一方稍微明智一些，罗马方面气量稍微大一些，就决不会重启战端了。但是罗马是个粗野的征服者。它没有正当的理由就侵占了科西嘉和撒丁，它把赔款增加了 1200 塔兰特，它划定埃布罗河作为迦太基在西班牙发展的限界。迦太基有一个在汉诺领导下的强大党派愿与罗马和解，但是很自然地许多迦太基人宁愿以一种绝望的仇恨来看待他们天生的敌手。

仇恨是能支配一生的一种激情，有一种气质类型很容易产生仇恨，它动辄依据复仇闹剧的情节来看待人生，乐于在"正义"和报复的惊人表演中寻找刺激和满足。穴居野处时代的恐惧和忌妒在我们的生活中仍然在开放它们阴郁的花朵；我们距离旧石器时代毕竟还不到 400 代人。全欧洲都知道，大战给这种"仇恨"气质以最大限度的活动余地，第一次布匿战争所发泄出来的贪婪、骄傲和残忍，这时正在产生出排外偏执狂的丰硕果实。在迦太基方面的杰出人物是一个伟大的将军和行政家——哈米耳卡尔·巴尔卡，他那时着手要战胜和粉碎罗马。他是哈斯德鲁拔的岳父和孩童汉尼拔的父亲，这孩子注定将是罗马元老院从来没有这样吓慌过的最可怕的敌人。摆在迦太基面前最明显的方针是重建它的舰队和海军管理，恢复海上霸权，但是这看来哈米耳卡尔是实现不了的。作为一个替代的办法，他决定把西班牙整顿成为一个陆上进攻意大利的基地。公元前 236 年他去就任西班牙总督，后来汉尼拔讲过他父亲——那时他是个 11 岁的孩子——叫他发誓永远敌视罗马。

巴尔卡家族这样把才智和生命半发疯似的集中于复仇上，只不过是人生中褊狭和怨恨的一例，它是这场剧烈斗争的种种压力和普遍不安感在人们心灵中的产物。四分之一世纪的战争使整个西方世界处于悲惨和严酷的境地。当这个 11 岁的汉尼拔在永矢敌视罗马时，一个两岁的名叫马可·波西乌斯·卡托的小个子，大概是个脾气很坏的孩子，正在托斯库卢姆的一所农舍旁边奔走嬉戏。这孩子将要活到 85 岁，支配他感情似乎是除了他自己的幸福之外任何人们的幸福他都要仇视。他是个善战的军人，政治生涯一帆风顺。他在西班牙挂帅，以残酷闻名。他装出一副卫护宗教和公共道德的姿态，在这方便的外衣下他对一切新生的、优雅的或愉快的事物进行了一辈子的战争。谁要是引起了他的妒忌就会遭到他的道义上的谴责。在支持和执行一切反对盛装、反对妇女修饰、反对娱乐和自由讨论的法律时，他是精神抖擞的。他竟然幸运地当上了罗马的户籍官，因而给了他以支配公众私生活的大权。这样他就能够通过传播私人丑闻来毁损公敌。他把曼利乌斯逐出了元老院，因为他在白天当着女儿的面同他妻子接吻。他迫害希腊文学，而他对希腊文学直到晚年还是一无所知的。之后他才读了狄摩西尼的著作并且表示赞赏。他用拉丁文写了关于农业和关于罗马失传了的古代美德。从这些著述里很可以看清楚他的品质。他的格言之一是奴隶们只要不是睡着就应该做工，另一句是牛和奴隶老了就该出卖。在他回意大利时，他把在西班牙战役中骑过的战马丢下，以节省运费。他憎恶别人的花园，在罗马切断了对花园用水的供应。在招待宴会之后，他竟会出去用皮条来纠正在服务上的任何疏忽。他十分赞赏自己的美德，在他的著述中坚持着这样做。在温泉关他跟安提俄库斯大王打过一次仗，关于这次战役他写道："那些看到他向敌人猛冲，击溃并追逐敌人的人们都宣称卡托受罗马人民的恩惠少于罗马人民受卡托的恩惠。"（普卢塔克《卡托传》）到了晚年，卡托沉溺于女色，跟一个女奴私通。最后当他的儿子对大家族内这种乱搞行为提出抗议时，他就娶了一个年轻的妻子——他的秘书的女儿，她所处的地位对此是无法拒绝的（至于那个女奴的下场没有人提到过。大概他把她卖了）。这个罗马的一切旧道德的结晶品享尽高龄后在受人敬畏中寿终。他最后的公众活动几乎就是敦促进行第三次布匿战争和最后毁灭迦太基。他作为解决迦太基和努米迪亚之间的某些争执的专员曾经到过迦太基，他对那个国家的一些繁荣和甚至欢乐的迹象感到震动和惊惧。

自从那次访问后，卡托每次在元老院演说结尾时总是要厉声高呼："Delenda est Carthago"（一定要毁灭迦太基）。

在布匿斗争期间在罗马当权的就是这种类型的人物，这种人就是汉尼拔和迦太基复仇者的敌手，从这种人和汉尼拔身上我们可以判断那个时代的格调和特质。

这两个西方大国在精神上和道德上都被第一次布匿战争的压力所挫伤了，罗马也许比迦太基更严重些，生活的邪恶方面最为突出。很清楚，第二次和第三次布匿战争的历史（公元前218年到公元前201年，和公元前149年到公元前146年），不是神志完全清醒的人的历史。历史家撰写罗马人或迦太基人的"政治本能"是毫无意义的。发泄出来的是完全另一些本能。古猿的火红的眼睛又回到了这个世界。这是一个通情达理的人们被吓倒或被杀害的时代；这时代的真正精神是表现在那种从被作为献祭而牺牲的人体内挖出的还在抖动的肝脏上去检查凶吉迹兆的急切劲儿。这件事就是在太拉蒙战役前罗马大起恐慌时干出来的。西方世界的确被杀人狂抹黑了。对世界的发展都是十分需要的两个伟大的民族却彼此火拼,最后罗马在杀害迦太基中得到了成功。

6 第二次布匿战争

关于第二次和第三次布匿战争的细节,我们在这里只能简略地叙述一下。我们已讲过哈米耳卡尔怎样开始整顿西班牙,和罗马人怎样禁止他们渡过埃布罗河。他死于公元前228年,由他的女婿哈斯德鲁拔继位。哈斯德鲁拔在公元前221年被暗杀;于是由汉尼拔继位,他那时是26岁。实际上战争是由罗马人仓卒发动的,它违背了自己的规定去干涉埃布罗河以南的事务。于是汉尼拔立即率兵通过高卢南部,越阿尔卑斯山(公元前218年),长驱直入意大利。

此后15年的历史是一段最辉煌和无益的侵袭的故事。汉尼拔在意大利坚持了15年,所向无敌。罗马的将军们不是迦太基人的对手,每次他们遇到汉尼拔,他们就是吃败仗。但是有一个罗马将军名叫普·科尼利乌斯·西庇阿,他富有韬略,定下了剥夺汉尼拔全部胜利果实的计谋。战争爆发时,他曾被派从海上去马赛截击汉尼拔;他迟到了三天,他不去追击汉尼拔,而把他的军队开入西班牙去切断汉尼拔的供应和增援。整个以后的战争期间这支西班牙的罗马军队始终留在汉尼拔和他的基地之间。汉尼拔被"悬空"了,既不能攻城又不能略地。

每当汉尼拔遇到同罗马人明枪相斗时,他总是把他们打败。他在北意大利赢得了两次大捷,并把高卢人拉到了他的一边。他向南逼进到伊特剌里亚,在特拉西美诺湖边设下了伏兵,包围和彻底摧毁了一支罗马军队。公元前216年,在康尼遭到了瓦罗率领的一支比他强大得多的罗马军队的袭击,他又完全摧毁了这支罗马军。据说杀死了五万人,俘虏了一万人。然而他不能推进和夺占罗马,因为他没有攻城的装备。

但是康尼之役产生了其他的战果。南意大利的大部分,包括在面积上仅次于罗马的卡普亚城,归向了汉尼拔,而且马其顿人同他结成了同盟。此外,罗马忠实的同盟者锡腊库扎的海挨罗此时已经死去,他的继承者海挨罗尼木斯倒向了迦太基人。然而,罗马人以极大的顽强和决心坚持作战;康尼战役后他们拒绝同汉尼拔谈判,他们逼近卡普亚进行缓慢而最终取得成功的封锁和围攻。罗马又出兵攻击锡腊库扎。锡腊库扎的围攻之所以令人难忘主要是在于哲学家阿基米德杰出的发明,这项发明使得罗马人长期不敢近岸。阿基米德这个名字我们已经把他作为亚历山大城博物馆的一个学馆成员和通讯员而提到过。该镇最后陷落时他被杀死了。汉尼拔的主要港口和从迦太基得到供应的手段的塔兰托姆（公元前 209 年），最终继锡腊库扎（公元前 212 年）和卡普亚（公元前 211 年）之后陷落了，他的交通运输从此不能正常畅通了。

西班牙也是一点一点地从迦太基的紧握中被夺走的。由他的弟弟哈斯德鲁拔（不要把他和同名的被暗杀的姐夫相混）率领的最后支援汉尼拔的军队经过苦斗进入意大利时，他们在麦陶鲁斯一仗（公元前 207 年）中全军覆没了。汉尼拔所得到关于这场灾难的第一个消息是被抛进他营房的他弟弟的头颅。

此后汉尼拔被封锁在意大利的脚跟卡拉布里亚。他已没有兵力再打任何大规模的仗了，他最后回到迦太基，及时赶上在这次战争的最后一役中指挥迦太基人作战。

这最后的战役，扎马战役（公元前 202 年）是在距迦太基城很近的地方进行的。

这是汉尼拔一生中的第一次败仗，因此他的征服者老西庇阿·阿非利加的人品是值得一说的。他在历史上的确是作为一个十分高雅的绅士、了不起的军人和宽宏大量的人而著称的。我们已经提到过一个在西班牙攻打汉尼拔根据地的名叫普·科尼利乌斯·西庇阿的人，这个西庇阿就是他的儿子；这个儿子的名字也叫普·科尼利乌斯·西庇阿，直到扎马战役之后才给他阿非利加这个姓（年轻的西庇阿·阿非利加，即小西庇阿·阿非利加，后来第三次布匿战争是他结束的，是第一个老西庇阿·阿非利加的儿子的养子）。西庇阿·阿非利加的一切都会引起卡托这一派老式罗马人的不信任、仇恨和反对。他年轻，他愉快而能干，他挥金如土，他精通希腊文学，在宗教上他倾向于弗里吉亚人的新奇观念，而不那么相信罗马的比较严肃的神明。他对当时支配罗马战略的那种极端谨慎也不以为然。

第二次布匿战争早期吃了几次败仗后，罗马的军事行动计划受着一个名叫费边的将军的性格所支配，他把避免同汉尼拔交战的必要性提高到成了一种神圣的原则。"费边战术"在意大利盛行了十年。罗马人进行封锁、切断护航队、攻击掉队的士兵，只要汉尼拔一出现，他们就逃走。当然开始打了败仗后在一段时期里这种做法无疑是明智的，但是罗马在第二次布匿战争中的实力始终还是较强的，较强的力量该做的事不是去容忍一场无休止的战争，而是去修补损失、发现能干的将领、训练较好的军队和摧毁敌人的力量。果断是实力的本务之一。

对年轻的西庇阿这样的人来说，费边主义的那种晦涩的、无效的伎俩是可鄙的，它正在促使意大利和迦太基慢慢地被拖垮而两败俱伤。他大声疾呼要求进攻迦太基本土。

　　但是费边在这时刻却使全城陷于惊慌，似乎这个国家将被一个卤莽轻率的年轻人带进了极为危险的境地；简单地说，他十分谨慎地不做或不说任何他认为会劝阻他的同胞们接受这项建议的事或话。他同元老院一起奉行他的主张。但是人民却相信，他反对西庇阿不是出于忌妒他的成功，就是出于私自的恐惧，怕这个年轻的英雄一旦做出了些显著的功绩，有如结束战争或者甚至把战争打到意大利境外去，他自己那种多少年来慢慢来的行动可能会被诋毁为懒惰或怯懦……他同西庇阿的同事克拉苏斯接洽，竭力劝说他不要让那个省屈从西庇阿，但是如果他认为战争应当那样打法的话，由他亲自去打迦太基。他不仅没有去，甚至阻挠为那次远征筹款，致使西庇阿不得不就他力之所及去寻找供应……他竭力阻止愿意参加志愿军的青年去报名，并在元老院和罗马广场大声宣布："西庇阿不仅自己躲避汉尼拔，还想要把意大利剩下的兵力拉走；当没有打败的强敌还在门口时，却劝说青年们抛弃父母、妻子和本土。"他用这些武断说法来恐吓人民，以致他们只容许西庇阿带走在西西里的军团和300个曾在西班牙忠诚地跟过他的老部下……西庇阿抵达非洲后，辉煌、显赫的捷报立即就传到了罗马。接踵而至的是证实捷报的大量战利品。俘获了一个努米迪亚的国王；烧毁了两座营房，营中有大批士兵、武器和马匹；迦太基人下令汉尼拔放弃在意大利的妄想，回师保卫祖国。当人人赞扬西庇阿的功绩时，费边却毫无理由地建议派人去接替西庇阿，他只说出了一句箴言，那就是："把这样重要的大事委托在一个人的幸运上是危险的，因为他不大可能会是常胜的。"……不但如此，甚至当汉尼拔收兵上船撤离意大利时，费边还不断地扰乱举国的欢欣，对罗马的热情大泼冷水，他冒昧地断言："国家正面临最后和最坏的考验；最值得害怕的是汉尼拔回师非洲，在迦太基城下攻击罗马的儿孙；西庇阿就将对付一支身上还沾满了那么多罗马将军、独裁者和执政官鲜血的军队。"罗马城被这些耸听的危言所吓住了，惊惶不安，虽然战争已转移到了非洲，而危险却似乎更逼近了罗马。(普卢塔克《名人传》)

　　扎马战役之前曾有一段短期的休战和谈判，由于迦太基的错误谈判破裂。像阿尔比勒战役那样，扎马战役的准确日期也可以由一次在这次战斗中发生的日蚀来断定。在迦太基内地的人民——努米迪亚人，在他们国王马西尼萨统率下参加了罗马的一方，这使罗马人得到了骑兵方面的巨大优势——和汉尼拔作战中这是第一次。汉尼拔的两翼骑兵被打退了，同时西庇阿的步兵较为精良的训练使他们能在迦太基战象冲锋时让开通道而没有陷入混乱。汉尼拔试图展开步兵阵线来包围罗马密集的步兵，当初在康尼会战时在训练上因而在调动上他都占了上风，所以他能包围和歼灭大队步兵，这时他发现对抗他的是一条比他自己的更好的步兵阵线。他自己的阵线展开时也就溃散了，罗马军团冲锋深入，这一仗汉尼拔是打败了。罗马骑兵在追逐汉尼拔的马队的归途中横扫残敌，使汉尼拔的这场败仗更是灾难性地溃不成军。

迦太基没有继续作出任何战斗就屈服了。条件是苛刻的，但是仍让它有可能期望一个体面的未来。迦太基必须把西班牙让给罗马，除了留下十只船外必须交出全部战舰，必须交付一万塔兰特（折合7000万美元），而一切条件中最为难的一条是，必须答应未经罗马人许可不得擅自开战。最后还加上了一个条件，必须交出作为罗马大敌的汉尼拔。但是他以逃奔亚洲来避免他的国人受此耻辱。

这些是过分苛刻的条件，对此罗马人应当满足了。但是有些国家就是这样地怯懦，以致他们不敢只满足于征服他们的敌人；他们一定要使自己确信，并把敌人毁灭。从像户籍官卡托这样一个人身上看出伟大和美德来的这一代罗马人，必然会使他们的国家成为一个卑鄙的同盟者和怯懦的胜利者。

7 第三次布匿战争

从扎马战役到这出悲剧的最后一幕第三次布匿战争其间有53年，这一段罗马史的内容在国外是粗暴无情的扩张权力，在国内是自由农业人口因富人的高利贷和贪婪而慢慢地毁灭。

这个国家的精神变得粗卤而卑鄙了；不再扩大给予公民权的范围，不再对生来就是异族的居民作出进行同化的较为慷慨的尝试。西班牙管理不善，定居很慢，困难重重。纷繁的干涉导致了伊利里亚和马其顿沦于纳贡行省的地位；显然，罗马那时正要"征外地人的税"，使本土居民免于税赋。公元前168年后在意大利不再征收旧的土地税，从意大利得到的唯一岁入是来自国有地产和海外进口货物税。来自"亚细亚"省的岁入都用于支付罗马国家的开支。国内卡托式的人们正在用贷款和取消抵押品赎回权来获取农田，需人耕种的农田常因兵役繁重而日益贫瘠；他们正在把自由公民从他们的土地上赶走，用无情地被驱使的奴隶劳动来经营他们的农田，这种奴隶劳动已变得越来越便宜和充斥了。这些人把海外的居民仅仅看作是未输入的奴隶，西西里被交给了包税商去经营他们贪婪的企业。富人们用奴隶在那里种上谷物，输入罗马以获厚利，这样国内的土地就可以用来饲养牛羊了。结果被赶出来的意大利人口开始流入城镇，特别是流入罗马。

关于在扩张中的罗马势力同塞琉古王朝最初的冲突和它怎样和埃及联盟，我们在这里不能多述了，关于希腊城市在它挺进的阴影下的盛衰兴亡，直到它们真的被征服，也不多说了。一幅地图已足以表示当时帝国扩张的形势。

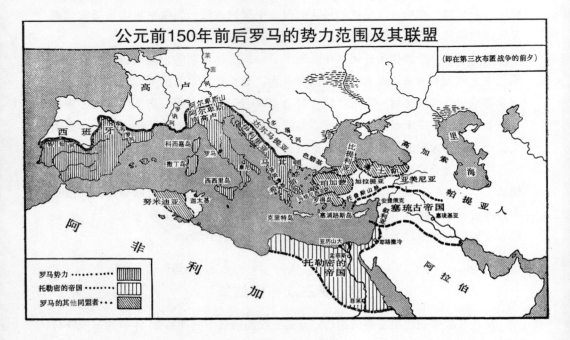

对那个时代一般的冷酷卑鄙并不是没有表示抗议的声音。我们已谈到第二次布匿战争的消耗性病症——一种国家的病症，它产生贪得无厌的富人正像身体上的病症有时会长出大脓疱一样——怎样被西庇阿·阿非利加的奋发有为所除去的。当元老院是否让他作为将军前去非洲尚在犹豫不决时，他曾以向人民呼吁相威胁。从此之后他是个被元老院这伙人盯住了的人物，这伙人正不断地在把意大利从一块自由农民的土地变成为一个用奴隶劳动来养牛的大牧场；他们企图在他到达非洲之前把他毁掉；他们不给他足够的兵力，希望他不能取胜；战后他们硬是不给他任何官职。利害关系和天生的恶意促使卡托起来攻击他。

老西庇阿·阿非利加似乎是个性情豁达而急躁的人，他不想利用人民对当时形势的不满和他自己的威望来为自己谋利。当他的哥哥卢契乌斯·西庇阿第一次统率一支罗马军队出发亚洲时，他去当了他哥哥的部下。在吕底亚的马格尼西亚，塞琉古王朝的国君安提俄库斯三世统率下的一支庞杂军队遭到了 140 年前与它十分相似的波斯军队的命运（公元前190年）。这次胜利招致了元老院对卢契乌斯·西庇阿的敌视，他被控挪用了得自安提俄库斯的金钱。这使西庇阿·阿非利加义愤填膺。当卢契乌斯拿着他的账目在元老院里站起来，准备来对付控告者的喧闹时，西庇阿·阿非利加从他手上把这文件夺过来，撕成碎片扔在地上。他说，他的哥哥已向国库交了20万塞斯太里亚（相等于5100万美元），难道他现在还要在这项或那项账目上受人刁难和挑剔么？后来当卢契乌斯被起诉并被判罪时，西庇阿·阿非利加用武力营救了他。他被弹劾时，他提醒人民说这天正是扎马战役的周年纪念，他在群众喝采声中公然违抗了当权者。

罗马人民似乎是爱戴和支持西庇阿·阿非利加的，过了两千年之后，人们一定还是喜欢他的。他能在元老院面前当场扔出扯碎的票据，并且当卢契乌斯再次被攻击时，人民的保民官之一使用了他的否决权，这项起诉才被宣告无效。但是西庇阿·阿非利加缺乏成为伟大民主领袖的那种铁硬成色。他不是凯撒。他没有使人屈从卑鄙的政治生涯的必要品质。发生了这些事件后，他抱恨地从罗马退隐田园，公元前183年死在那里。

同年汉尼拔也死了，他是在绝望中服毒自尽的。对罗马元老院的固定不变的恐惧，从一个宫廷到一个宫廷缠住他的心。不顾西庇阿愤怒的抗议，罗马在和平谈判中要求迦太基交出汉尼拔，而且继续不断地向每一个庇护他的国家提出了这项要求。同安提俄库斯三世媾和时，这也是条件之一。最后他被逼逃进了比提尼亚这个洞里；而比提尼亚国王却把他扣留下准备送往罗马，但是汉尼拔早就在一枚戒指里带着他所需的毒药，他用此自杀了。

给西庇阿这个名字增添荣誉的是另一个西庇阿，他是西庇阿·纳西卡。他把卡托的"一定要毁灭迦太基"改成"迦太基一定要站起来"，以此来结束每次在元老院里的演说。他明智地看到，迦太基的存在和刺激是有助于罗马的普遍繁荣的。

然而正是第二个西庇阿·阿非利加——老西庇阿·阿非利加的养孙，攻占并毁灭了迦太基。迦太基人招致第三次亦是末一次布匿战争的唯一罪过是他们继续从事贸易而且繁荣起来了。它们的贸易并不是同罗马竞争的贸易；当迦太基被毁灭时，它的贸易大部分已随之衰落，北非进入了经济衰退的阶段；但是迦太基的繁荣所唤起的那种妒忌的激情显然比"老罗马"式的贪婪更为强烈。富裕的骑士等级除了自己的财富外对世上任何财富都感到愤恨。罗马挑起这场战争是通过鼓动努米迪亚人去侵犯迦太基，直到迦太基人在绝望中被迫起而应战。于是罗马就向迦太基猛扑，并宣称它违背了条约！它未经许可擅自开战。

迦太基人送出了罗马要求的人质，他们交出了武器，他们准备割让领土。但是屈服只增长了罗马的傲慢和支配罗马意见的富裕骑士等级无情的贪心。罗马现在要求迦太基居民撤出迦太基城，迁到离海至少十英里的一个地点。他们竟向这些几乎全靠海上贸易维持生活的居民提出这项要求！

这一荒谬的命令使迦太基人从绝望中惊醒。他们召回流亡在外的人，准备抵抗。经过半个世纪的心胸褊狭和精神卑鄙的政府的管理，罗马军队的效率已不断下降，公元前149年初攻打该城镇时几乎以惨败告终。在作战中，年轻的西庇阿在不太重要的职位上立了功。下一年也是由于元老院的无能而失败的一年。这个庄严的团体已从恃强凌弱的心情变成了极度的恐慌。罗马老百姓甚至更为惊惶万分。年轻的西庇阿主要是为了他的门第而被任为执政官，虽然他还没有到适当的年龄，其他方面也还不够资格。他被匆促地派到非洲去挽救他宝贵的祖国。

接着是最顽强和最骇人的攻城战。西庇阿筑了一道横断海港的防波堤，切断从陆上或海上来的一切供应。迦太基人受尽了饥馑之苦，但是他们依然坚持到该城镇被攻破。巷战持续了六天，最后城堡投降时，估计50万迦太基人中活着的只有5万人。这些活着的人都沦为奴隶，烧毁了整个城市，废墟上还用犁翻过以示最后的毁灭，并且极其严肃地诅咒说，任何人要是企图重建该城定遭天谴。

同年（公元前146年）罗马元老院和骑士们还屠杀了另一座似乎能够限制罗马垄断贸易的大城市科林斯。他们的借口是科林斯武装对抗他们，而这个借口明明是不充分的。

8　布匿战争怎样伤害了罗马的自由

在这简短的一节里我们必须提一下第二次布匿战争后罗马军事体制中的一项变化，这对它以后的发展是极为重要的。直到那个时期，罗马军队是从自由公民中征募来的。战斗力和投票权是密切相联的；百人团会议遵循军事动员，齐步走的那一套场面，由骑士百人团领先，向马提乌斯操场行进。这个体制很像上次南非战争中布尔人的那一套。普通的罗马公民，像普通的布尔人一样，是个农夫；在他祖国的召唤下加入"民军"。布尔人战斗得非常出色，但是内心却急切想回老家去种田。持久的作战，像围攻韦伊，罗马人用轮换的办法来增援和接替他们的部队；这和布尔人在莱迪史密斯的围攻中所用的办法很是相似的。

第二次布匿战争后，由于压服西班牙的需要，必得有另一种不同类型的军队。西班牙距离太远不能定期轮换，而且战争要求比时来时去的士兵所可能受到的更充分的训练。因此应征入伍的期限拉长了，并须发饷。这样，领饷的士兵首次在罗马事务中出现了。发饷外还要加上战利品。卡托在西班牙曾把金银财宝分给部下，在记载中还有说他曾经攻击西庇阿·阿非利加因为他在西西里把战利品分给了部队。采用军饷制导致了产生一支职业军队，而这在一个世纪以后导致了普通的罗马公民解除了武装，那时他们被穷困所逼流入罗马和较大的城镇。公元前200年以前罗马几次大战役的胜利，帝国基础得到了真正牢固的奠定，都是出于武装待命的农夫之力。在这过程中罗马的这种备战的农夫已经大部分消失了。这种变革开始于第二次布匿战争之后而完成于这世纪之末，马利乌斯的改组军队，关于这事在下面适当的地方再予叙述。马利乌斯时期之后我们将先写"军队"，然后写"军团"，我们将发现我们在同另一种完全崭新的部队打交道，它已不再是以共同公民身份的团结联合在一起的了。这个纽带一断，军团在他们与一般社会的差别和他们与一般社会利益相对抗中发现了另一种团体精神的纽带。他们发展了对领袖更热烈的兴趣，这些领袖为他们取得薪饷和掠夺赃物。几次布匿战争之前，雄心勃勃的人倾向于讨好平民，布匿战争之后他们开始讨好军团了。

9　罗马共和国同近代国家的比较

　　罗马共和国的历史到此为止在很多方面比起以往的任何东西都更有近代味，特别对美国或西欧的读者来说是如此。我们初次有了近似一个自治的"国家"，有了个比单纯的城邦更大一些的东西，在追求支配自己的命运。我们初次有一大块在同一法律概念之下的广阔的地方。我们在元老院和人民大会中看到一个集团之间和人物之间的冲突，一个为取得控制的争论过程，比起任何专制政体所能做到的远为稳定和持久，比起任何僧侣制度远为容易变通和适应。我们也是首次遇到可与我们自己相比的种种社会冲突。货币代替了以物易物，金融资本变得流动和自由；也许还没有像今天这样地流动和自由，但比起以往则大大地更为流动和自由了。布匿战争是民族间的战争，我们已经记载下来的战争中还没有其他战争是像这样的。无疑地我们当前世界的大致轮廓、主要观念和首要对立正在那些日子里呈现出来了。

　　但是，正像我们已经指出的，我们时代的某种基本便利和某些流行的政治思想在布匿战争时的罗马还是缺少的。那时没有报纸，在人民的会议里实际上还没有选举的代表。尤利乌斯·凯撒（公元前60年）叫人公布元老院的会议记录，把它们写在白布告板上。用这个方法公布司法官的年度敕令已成惯例。罗马有职业性的写信人，他们凭专差把新闻送给富有的乡下通信员，再把内容抄写在白板上。西塞罗在西利西亚当总督时就是从这样的职业通信员获得时事新闻的。他在一封信里抱怨说这些并不是他所要的消息；所传的摘录里关于战车比赛和其他竞技的报道太多了，而没有能对政治局势提出任何见解。显然这种时事通讯体系只是为在繁荣处境下的公职人员服务的。

　　罗马共和国的民主机器的另一大缺陷是缺乏任何普通的初步政治教育，这种缺陷现今我们是很容易理解的，而在当时却是超出任何人的见识范围之外的事。罗马的平民，当他们坚持公布十二铜表法时，显示出对没有知识则选举权并不能使人自由的思想已有朦胧的认识；但是他们从没有能想象要把知识普及到人民大众中去，这是超越了这时代的可能性的。只有现今人们才开始充分理解"知识就是力量"这句格言的政治含义。例如，英国工会已创办了劳工学院，美国工会已制定了包括历史和社会科学的教育方案。但是教育在共和的罗马还是个别父母的非分之想，是有钱财、有闲暇者的特权。教育主要操在希腊人的手里，他们大多是奴隶。如卢克莱修和西塞罗可以作证的，有这么一条很高深的学问和很精美的思想的细流一直流到君主时代的第一个世纪，但这个细流并没有传播到人民群众中去。普通的罗马人不仅对人类的历史，而且对外来民族的情况都茫然无知；没有经济规律的知识，也不明白社会的前途。甚至他自己的利益是什么也理解得不清楚。

　　当然，在希腊的一些小城邦，在那400平方英里的罗马早期国家里，人们从谈话和观察得来的知识已足够一个普通公民完成其职务之用，但是到布匿战争开始时，对不识字的人说来事务已太多和太复杂了。然而似乎没有人曾注意到公民与他的国家之间正在出现裂缝，因而根本没有什么关于通过教导使公民增长知识以适合他扩大了的职务的任何尝试的记载。从公元前二世纪及以后，人人都在谈论一般公民的无知和政治智慧的缺乏，由这无知而发生的政治上的缺乏团结已贻害到一切方面，但是却没有人接下去谈到我们现在应当考虑那不可避免的后果，没有人建议去破除那人人抱怨的无知。当时也不存在任何用共同的政治和社会理想来教育广大人民的手段。直到在罗马世界里发展了强大的布道者的宗教，其中主要的和至今存在的是基督教，对广大人民群众进行这样一种系统教育的可能性才为世人所明白。六个世纪之后，那个伟大的政治天才君士坦丁大帝是第一个人理解和试图利用这种可能性以保持在思想上与道德上密切结合他所统治过的世界共同体。

　　但是罗马的政治体制和我们自己的不同之处还不只是在新闻、教育和代议政府的办法这些方面的缺陷。诚然，比起我们迄今为止已讲过的任何其他国家来说，它已非常近似一个近代的文明国家，但在某些事情上它却出奇地原始和"不够文明"。罗马史的读者依据辩论和议案、政策和战役、资本和劳工等措词来读时，往往会碰上一些东西使他震惊，几乎就像他在家中下楼会客，伸手却握到一只尼安德特人奇形怪状的毛茸茸的爪子，抬头却看到一个没有下巴的兽脸时他所受到的震惊一样。我们已经提到公元前三世纪还出现以人献祭的事，而且我们所知道的关于罗马共和时期的宗教，有许多情节都把我们带回到远离正派神明的日子而进入萨满教和巫术的时代。我们一谈到立法的集会，思想就会飞到威斯特敏斯特去；但是假如我们去参观上议院的开幕式，发现上议院议长正在用血污的手指严肃地拨弄着新宰的羊的内脏以探求凶吉，我们会有什么感觉呢？我们的思想就会从威斯特敏斯特一下退回到贝宁的习俗上去。而且罗马的奴隶制是一种野蛮的奴隶制，总的说来，较巴比伦的奴隶制远为卑鄙。我们已瞥见过公元前第二世纪有德性的卡托对待奴隶的情形。此外，在公元前第三世纪，当阿育王正在开明和优雅地统治着印度时，罗马人却在恢复一种伊特刺斯坎人的游戏，嗾使奴隶为他们的生命而搏斗。这项娱乐的来源又使人想起了西非，它产生于史前期在埋葬酋长时屠杀俘虏的习俗。这项游戏还带有一点宗教色彩；奴隶手执铁钩，头带面具代表地狱的摆渡神卡朗，把死尸从竞技场拖出去。

在公元前264年，就是阿育王登位和第一次布匿战争开始的那年，在罗马广场举行了第一次有记载的格斗者的竞赛，以纪念罗马布鲁士斯老家族的一个成员的葬礼。这是三对格斗者一场优雅的表演，但是不久就有成百的格斗者在格斗了。对这种竞赛的爱好成长得很快，而且战争提供了大量的俘虏。老罗马的道学家对接吻、妇女的装饰和希腊哲学的态度是那样的苛刻，而对这种新的发展却除了叫好之外一声不哼。只要有人受到痛苦，罗马的道学家看来也就心满意足了。

如果共和的罗马是第一个近代自治的民族共同体，它肯定是它们中的"尼安德特人"型。

在以后的两三个世纪里罗马的格斗表演大大地发展了。开始时战争频繁，格斗者都是战俘。他们携带他们具有特点的民族武器来到罗马，文身的布立吞人、摩尔人、斯基台人、尼格罗人等，也许这些展览还有一点军事价值。此后也使用下层阶级被判处死刑的罪犯来当格斗者。古代世界不理解一个被判处死刑的罪犯还是有他的权利的；无论如何，把一个罪犯当作格斗者使用并不像把他用作亚历山大博物馆的活体解剖者的"材料"那样坏。但是随着这种表演的营业利润的增长，以及对牺牲者的需求的增加，普通的奴隶也被卖给了格斗者的教练师，并且任何招惹主人憎恶的奴隶也会发现自己处在被发放为格斗者的地位。把财产挥霍光了的青年人和好胜的小伙子，在一个规定的时间里也会自愿进入这一交易，靠着他们的勇气活下去。

格斗者（采自庞贝的一幅壁画）

随着这项营业的发展，人们发现了对格斗者的一种新的用处，就是把他们作为武装扈从；有钱人会买进一队格斗者，用它作为卫队或在竞赛表演上出租谋利。

表演的节日是以仪仗游行（pompa）和一次假斗（prælusio）开始。号角响后就正式进入格斗。凡是以任何理由拒绝格斗的格斗者都用鞭子和烙铁赶出去。受伤的人有时会举起食指乞求怜悯。观众或是挥动手帕表示宽恕，或是伸出握紧的拳头，用大拇指做出表示死亡的样子来宣判他的死刑。至于确切的信号，权威们意见不同。梅厄说拇指向上（指向胸口）意指死亡，拇指向下意指"放下宝剑"。普通则认为拇指向下意指死亡。被杀死的或快要死的人被拖到一特定的地方，叫做剥夺所（spoliarium），在那里拿走他们的武器和他所有的东西，那些还没有死去的就被杀死。

这种作为游戏和表演的残杀组织可以用来衡量罗马社会和我们自己的社会在道德标准上的巨大鸿沟。无疑，和这样同样可怕的对人的尊严的残忍和暴行仍在世上持续着，但是这些残忍和暴行并不是以法律的名义和在无人表示异议的情况下持续下去的。诚然，直到塞涅卡时（公元一世纪），在记载上并没有任何反对这种营业的直截了当的抗议。那时人类的良心比起现在来显得更软弱和不够开明。不久通过基督教的传播，一种新的力量进入了人们的良心。基督教中耶稣的精神成了罗马晚期国家中这些残忍的表演和奴隶制的大敌，并且随着基督教的传播，这两项坏事衰落而消失了。吉尔伯特·默里教授补充说，"希腊人援引格斗表演作为把罗马人看作野蛮人的一个理由，当某罗马地方总督试图把格斗表演引进科林斯时曾发生过骚动。"因此反对古代的这种残忍的不单是基督教。"在罗马人中间较善良的人显然是不喜欢格斗表演的，但是懦弱妨碍了他们去率直地谴责这些事的残忍。比如，当西塞罗不得不前往竞技场时，他就带着他的书板和秘书，而不去看格斗。他对杀死一头象都表示出特殊的厌恶。这种游戏曾被希腊哲学毫不犹疑地加以谴责，而且在竞赛被废除以前，在不同的时间曾有两个犬儒学派的人和一个基督徒在竞技场献出了他们的生命以示抗议。"

第二十六章 从提比利乌斯·格拉古到罗马的神皇

1 挫败平民的科学

我们已经两次把罗马的自治社会比作近代"民主的"文明国家的一个"尼安德特人"变种。我们将再次回到这个比拟上。在形式上,最初的伟大的原始企图和它后来的亲属,两者是非常相似的,但在精神上两者却有深刻的差别。罗马的政治和社会生活,特别是在迦太基陷落和凯撒及帝制兴起之间的一个世纪的罗马的政治和社会生活,同今天美利坚合众国或英帝国这样的国家的政治和社会生活有十分显著的大致相似之处。这种相似由于共同使用这样一些名词(虽然在每一名词上都有某种不确切之处),如"赛内特"〔罗马的元老院和美国的参议院都用此名〕、"德谟克拉西"〔民主政治〕、"普罗列塔里亚"〔无产者〕等等,而加强了。但在罗马的情形下,一切都较为幼稚、较为粗糙和笨拙;不公正之处更加明显,冲突更加严酷;知识比较浅薄,很少普遍观念。亚里士多德的科学著作在罗马到了公元前第一世纪才开始有人阅读;费雷罗固然曾使得凯撒熟悉亚里士多德的《政治学》,并把建立一个"伯里克利式的罗马"的梦想归功于他,但是费雷罗这样做似乎陷入了那种十分生动的非分之想,而立刻成了所有历史学作家的笑料和话柄(《罗马的伟大和衰落》,第 1 卷、第 11 章)。

我们已经注意到,由于缺乏新闻报道,任何民众教育或人民大会里的代议观念,在罗马和近代两者之间的条件具有深刻的差别。今天我们的世界还远没有解决代议制的问题,也没有产生出一个真正能综合、提炼和表达社会的思想和意志的公众的会议;我们的选举多半依旧是对普通投票人的一种巧妙的愚弄,投票人在政党组织面前会发现自己是无能为力的,这些组织已把他选择代表的自由降低到只在两个政治掮客中挑选一个较少讨厌的家伙；但是，即使是这样，同一个普通老实的罗马公民的选票相比，他的选票还是一种有效的工具。叙述这一时期的罗马史的书籍中，对"民众性党派"、人民的投票等描写得太多了，使人觉得仿佛这些东西就像它们今天所实行的那样。但是罗马的元老们和政客们务必使这些东西从来不成为干净健全的现实而存在过的。这些近代措词很易使人误解，除非小心地加以鉴定。

我们已经描写过民众议事的集会；但是那种在羊栏里召开的拙劣的会议，并不能充分表达罗马在民众代议制上为选举获胜而弄虚作假的程度。每逢在意大利有新的一批公民要得到选举权时，就会发生精心策划的欺骗和反欺骗的花招，新的选民有时尽可能少地、有时尽可能多地登记在 30 个老"部落"里，或者把他们放在尽可能少的新部落里。由于表决是按部落为单位计算的，很显然，不管新增加的选民人数有多大，如果他们全部集中在一个部落里，他们的意见只能算在部落所投的一票里，如果把他们挤在仅仅少数几个部落里，不论是老的还是新的，结果都是一样。

另一方面，如果把他们放在很多的部落里，他们在任何一个部落里所起的作用就微不足道了。这些正是吸引着每个机灵的党棍政客去煞费苦心地工作。部落会议有时竟会被搞得表决出与人民群众感情完全相反的结果。何况如我们已经提到的，意大利的广大选民群众还由于距离远而被剥夺了投票权利。大约在迦太基战争的中期，罗马公民为数高达 30 万人；公元前 100 年前后，超过了 90 万人，但是实际上参与人民大会选举的只限于住在罗马城里及其附近的几万居民，大多是些下流人。罗马选民被"组织"到了这样的程度，使得纽约市的坦慕尼协会〔美国民主党在纽约市的中心组织〕显得质朴和老实了。他们属于各联谊会（collegia sodalicia）。这些联谊会通常有雅致的宗教矫饰；在仕途上钻营上升的政客，先找到高利贷者的门上，然后用借得的钱加入这些俱乐部。如果城外的选民被任何问题所鼓动，足以使他们拥进城市，总有可能宣布预兆不祥而推迟投票。如果他们来时没有武装，他们就能被吓走；如果带着武器，那么就会宣扬说有人搞阴谋推翻共和国，而组织一场屠杀。

无可置疑，在迦太基被毁灭后的一个世纪里，整个意大利、整个帝国正为烦闷、焦虑和不满而苦恼；少数人资财日富，而大多数人民却发现他们陷入了一个物价不稳、市场波动、债台高筑的莫明其妙的罗网中；然而又毫无办法去诉说和清算这普遍的不满。没有任何记载说有过一次为使人民大会成为一个正直和行得通的公共机关而作出的努力。在公共事务的表面底下，一个保持缄默的公共舆论和公共意志的巨人正在挣扎苦斗，有时爆发而为伟大的政治上的努力，仓促地来一次投票或诸如此类的行动，或爆发成真正的暴力行为。只要没有真正的暴行，元老院和有钱人就继续走他们自取灭亡的道路。只有当他们受到严重威胁时，处于统治地位的集团或党派才会停止那些蛮横的政策，关心公共利益。

在那些日子里，在意大利真正表达民意的方法并不是部落会议，而是罢工和武装暴动，这些才是一切受欺骗的或被压迫的人民的正当和必要的手段。在我们自己的时代，在各种各样的欧洲国家，我们看到议会政府威望的衰落，和在群众方面使用非宪法的手段的倾向，这正由于恰恰同样的原因，由于政客们不可救药的癖性为私利而擅改选举机器，直到社会被迫酿成一次爆炸。

为了武装暴动的目的，心怀不满的居民需要一个领袖，罗马共和政体最后一个世纪的政治历史是一段造反的领袖和反革命的领袖的历史。前者大多数显然是肆无忌惮的冒险家，他们试图利用公众的需要和不幸，谋求自己的发迹。许多叙述这段时期的史学家流露出有所偏袒的倾向，他们的调子不是贵族式的，就是强烈的民主派的；但是，的确在这些错综复杂的争论中，哪一方都没有显示出崇高目的或清白手段的记录。元老院和富裕的骑士们都是庸俗和贪婪的家伙，敌视和瞧不起穷苦的暴民；而老百姓是无知、动摇，至少也同样贪婪的。在这整个记录中，那几个西庇阿比较起来是出类拔萃的，他们是一群有修养的绅士。对当时这个或那个人物的动机，例如对提比利乌斯·格拉古来说，我们也许可以存疑不论，姑作无辜；至于其他的人，他们确实只能证明是些多么取巧和狡猾的人，在争论中多么阴险，在矫饰上多么漂亮，而在精神上又多么彻底缺乏智慧或优雅。"一个走路蹒跚、多毛的、兽性的但也许是很狡猾的家伙，背后极有头脑"，某一个人，我想是哈里·约翰斯顿爵士，就是这样来描写尼安德特人的。

至今我们还是必须用类似的字眼来描写政客们的灵魂。政治家还得把政客从他的窝里和武器堆里撵出去。历史仍然必须成为人类尊严的记录。

2 罗马国家的财政

罗马制度是我们自己制度粗劣的预演，而和我们已考虑过的任何先行的政治制度都不同的另一个方面是，它是一个使用现金和使用信贷的制度。世界上有货币还只不过是几个世纪的事，但是它的使用却一直在增长；它正在为贸易和企业提供流动的媒介，并深深地在改变经济状况。在共和的罗马，财政家和"钱"业者开始起着很易见地相似于他们今天所起的作用。

我们已经提到——在叙述希罗多德时——货币的第一个影响是给许多人以移动自由和闲暇,没有货币他们是享受不到这些特权的。而这正是货币对人类特具的价值。货币使一个工人或帮工能在买得的服务、安闲和嗜好的广泛选择中随意取舍,而不像当他接受实物偿付时那样,在享受时和在劳动时都受到束缚。他可以把他的钱吃掉或喝掉,或布施给庙宇,或花费在学习什么上,或储存起来以备可预见到的需要。这是货币的好处,它的普遍兑换性的自由。但是货币给穷人的自由比起它给富人的自由来实在算不了什么。富人有了钱就不再束缚在土地、房屋、仓库和牛羊群上。他们能以前所未闻的自由去改变他们占有物的性质和地点。在公元前第三和第二世纪时,这种财富的解放和脱去束缚开始影响到罗马和希腊化世界的一般经济生活。人们开始购买土地和类似的东西,并不是为了使用,而是再出卖以获利;人们借了钱来买东西,投机生意发展了起来。无疑,公元前1000年时,巴比伦已经有了银行家,但是他们借贷的方法远较有限和可靠,是些五金锭块和库存的货物。那个较早的世界是个以物易物和以实物偿付的世界,由于这个原因,它进展缓慢——而且是更沉着和稳定得多。在中国辽阔的领土上,这种状态几乎一直维持至今。

罗马以前的大城市是贸易和制造业的城市。科林斯,迦太基和锡腊库扎都是如此。但是罗马从来没有产生过很大的工业人口,它的货栈从来不能与亚历山大城的货栈相比。小小的奥斯提亚港对它的需要来说始终是够大的了。罗马是个政治的和金融的首府,从作为金融的首府这一方面说,它至少是个新型的城市。它输入利润和贡品,它输出作为交换的物品却很少。奥斯提亚的码头主要是忙于卸下从西西里和非洲运来的谷物和从全世界掠夺来的战利品。

迦太基陷落后,对前所未有的财政上的希望,罗马的想象力简直发了疯似的。货币和其他大多数的发明一样,是人类"偶然碰得"的,人们还得发展——至今尚待完善——使用货币的科学和道德。在户籍官卡托的传记和著作里,人们看到这东西"正在流行"。在他的早年,他公正地激烈反对过重利盘剥;到了晚年,他却为安稳的高利贷想出种种巧妙的办法来。

在罗马历史上这个出奇地引人注目的世纪里,我们见到人们一个接一个地在追问,"罗马发生了什么?"答案有各种各样——宗教衰退了、罗马祖先们的美德败坏了、希腊"思想毒害",等等。我们,能够从大处着眼的人,可以看到在罗马发生的问题就是"货币"——货币所开展出来的新的自由、运气和机会。货币把罗马人从稳固的基础上飘浮了起来,人人都在抓钱,多数人靠简单的欠债办法;帝国向东扩张的很大部分是一场向保险库和庙宇搜括财宝的竞猎,以赶上新渴望的步伐。特别是骑士团变成了金钱权势。人人都在发财致富。农夫们抛弃谷物和牛群，借钱、买奴隶、开始精耕细作地生产油料和酿酒作物。

货币在人们的经验中还是年轻和放纵的，没有人能控制它。它波动很大，一时充足，一时稀少。人们施尽狡猾和生硬的诡计去囤积它、窖藏它，把窖藏的金银抬高价格放出来。一小撮十分精明的人变得大大富有。很多贵族却日益贫困、愤激和无所忌惮了。在那些中等人中，有的是更多的希望、更多的冒险而尤其多的却是失望。不断增多的被剥夺了财产的群众浸透了那种莫明其妙地被打败了的模糊、困惑和绝望的感觉，这正是为一切伟大革命运动所准备的条件。

3 共和政治的末年

在意大利第一个投合正在集结中的革命感情的杰出领袖是提比利乌斯·格拉古。除了老西庇阿·阿非利加以外，他比这一历史时期的任何其他人物都更像是一个诚实的人。最初提比利乌斯·格拉古是个颇为保守的温和的改革家。他想恢复自耕农阶级的财产，很大部分是因为他相信这个阶级是军队的支柱，并且在迦太基毁灭的前后，他在西班牙的军事经验使他深深感到军团的效率正在衰退。他是个我们今天应称作"回到农田去"的人。他不了解，今天也很少人了解，把人口从田地转移到市镇比使它返回到吃力而简单的农业生活的常规中去要容易得多。他想恢复李锡尼法，这法律是在将近两个半世纪以前在卡米卢斯建立他的康科德堂时所制定的（见第25章第2节），用以分散大地产和限制奴隶劳动。

李锡尼法曾屡次被恢复和屡次流于空文。只是在元老院里的大业主反对这项提议时，提比利乌斯·格拉古才转向人民，并开始了一次要求民治政府的强烈鼓动。他设立了一个委员会来考查所有地主的地契。在他活动之际发生了历史上最出奇的事件之一。小亚细亚富有的国家珀加蒙的国王阿塔罗斯逝世了（公元前133年），并将他的王国赠给了罗马人民。

我们很难理解这一遗赠的动机。珀加蒙是个与罗马结盟的国家，所以相当安全而不致遭受侵略；这一遗嘱的自然结果是挑起了在元老帮中间的一场暴烈的争夺，以及在他们和人民之间对分赃不均的争吵。实际上阿塔罗斯硬是把他的国家交出来让人去掠夺的。当然，有许多意大利商人定居在那里，还有一帮豪强的本地财主同罗马有密切关系。对他们来说，同罗马体制合并无疑是可以接受的。约瑟夫斯可以作证，叙利亚富人中存在着兼并的愿望，这愿望是与国王和人民双方的意愿相违背的。珀加蒙的遗赠本身就够令人惊奇了，而更加令人惊奇的后果是其他地方也跟着起来学样。公元前96年，托勒密·阿皮昂把北非的昔兰尼加遗赠给罗马人民；公元前81年，埃及国王亚历山大二世也跟着把埃及遗赠给罗马，这份遗产太大了，罗马元老们即使有此胃口，也没有接受的勇气，他们谢绝了；公元前74年比提尼亚国王尼科米迪斯又把比提尼亚遗赠给罗马。关于后者的这些遗嘱上的奇谈怪论，我们在这里不再多说了。但明显的是阿塔罗斯的遗赠给了提比利乌斯·格拉古多么大的一次机会来谴责富人们的贪婪，而建议下令把阿塔罗斯的财富交给老百姓。他建议用这笔新得的财富为重建家园的人提供种子、牲畜和农具。

他的行动迅速地卷进了罗马选举制度的复杂事态里——如果没有一个简单明了的选举方法，一切时代的一切民众运动必然会纠缠于宪法的错综纷乱之中而变得发狂，而且几乎同样必然会导致流血。如果他的工作要继续下去，提比利乌斯·格拉古就必须继续担任保民官，而两次连任保民官对他来说是不合法的。他超越了法律的界限，挺身而出，做了第二任保民官的候选人。从乡间来投他的票的农民携带着武器入城；元老院中一片噪闹，大叫他想搞暴政，这种狂叫很久以前曾毁灭过马埃利乌斯和曼利乌斯；"法律和秩序"之友派的人堂而皇之地带着一群以大头棒子武装起来的乌合之众，来到丘比特神殿；与其说一场冲突发生了，毋宁说是发生了一场对革命者的屠杀，将近三百人被杀死，提比利乌斯·格拉古被两个元老用一条破板凳活活打死。

于是元老们企图发动某种反革命行动，并放逐了提比利乌斯·格拉古的许多追随者；但是全国舆论愤激，来势汹汹，这个行动被迫放弃了；和杀害提比利乌斯有牵连的西庇阿·纳西卡，虽然身居祭司长之位，本应留在罗马来主持公共祭祀，这是那个官员应尽之职，却为避免麻烦而溜到海外去了。

意大利的纷扰不安接着激动了小西庇阿·阿非利加，他建议全意大利都给予选举权。但是在他能实行这建议之前，突然逝世了。

然后，接下去是提比利乌斯的弟弟凯尤斯·格拉古的暧昧经历，他遵循某种转弯抹角的"政策"，至今历史学家还是困惑不解。他增加了各省摊派的租税负担，据说是想要挑起新金融业者（骑士）与元老院的地主们的对抗。他让骑士们承包新遗赠给罗马的亚洲地区的税收，而且，更坏的是，他让他们控制为防止勒索而设立的专门法庭。他兴建巨大公共工程，特别是修筑新的道路，他被控利用建筑合同谋取政治上的好处。他恢复了给意大利选举权的建议。他增加了分给罗马公民的资助下的廉价谷物配给量……我们在这里不能试图剖析他的计划，更不能评定他。但是他的政策冒犯了把持元老院的那伙人，这却是毫无疑义的。公元前121年，他连同大约3000随从被"法律和秩序"的拥护者屠杀在罗马街头。他的首级被挑在矛头上带到了元老院（普卢塔克说，为这胜利纪念物提出的奖赏是和它一样重量的黄金；取得这首级的人仿照"大交易"的胜利者的真精神，在把首级送去过秤之前先用铅灌满了这脑壳）。

元老院尽管采取了这些迅速的、坚决的措施，它享受和平的好处和控制帝国资源的裨益并没有多久。不到十年人民又起来造反了。

公元前118年，在文明强国迦太基废墟上崛起于北非的半野蛮的努米迪亚王国的王位，被一个能干的人尤古尔塔所夺取了。他曾在西班牙的罗马军队里服务，懂得罗马人的性格。他惹起了罗马的军事干涉。但是罗马人发现，他们的军力在金融业者和地主们的元老院治下和从前，甚至和小西庇阿·阿非利加时，都大不相同了。"尤古尔塔收买了派来监视他的委员们、负有控诉他的责任的元老们以及指挥进攻他的军队的将军们。"（费雷罗）罗马有一句错误的谚语："金钱没有臭味"（"Pecunia non olet"），而尤古尔塔的金钱甚至在罗马也发了臭。罗马人义愤填胸，群情激昂；在群众震怒的浪潮中，一个名叫马利乌斯的出身微贱的有能力的士兵被推为执政官（公元前107年）。马利乌斯并不试图仿照格拉古兄弟的榜样去复兴自耕农阶级以恢复军队的支柱。他是个职业军人，效率标准高，善于走捷径。他仅仅在穷人中间招募士兵，不管是乡下人还是镇上人，给以高饷，严加训练，终于把尤古尔塔这个首领（在公元前106年）上了镣铐，带到罗马，以结束跟他打了七年的战争。没有人想到过，马利乌斯附带地创立了一支职业军队，一支没有其他利害关系而只靠军饷把它联结在一起的军队。此后他多少是不合法地保持了执政官之职达几年之久，并在公元前102年和101年打退了日耳曼人的一次有威胁性的军事行动（这是日耳曼人在我们的历史上的初次出现），这些日耳曼人正穿过高卢向意大利袭击。马利乌斯打了两次胜仗，一次是在意大利土地上。他作为祖国的救星卡米卢斯再世，而受到了欢呼（公元前100年）。

当时社会上的紧张状态是对把他跟卡米卢斯相比的嘲弄。马利乌斯所带来的在对外事务上更大的势力和在军事上日增的效率对元老院固然大有裨益，但是人民群众的阴郁、无形的不满却仍在寻求某种有效的发泄。富者越富，贫者越贫。只靠政治诡诈是永远压制不住这一过程的后果的。意大利人民仍然没有获得选举权。两个极端民主的领袖，萨图尔尼努斯和格拉乌奇亚，都被暗杀了，但是这一次元老们惯用的补救办法却并不能平息民愤。公元前92年，一个贵族官吏鲁蒂利乌斯·鲁富斯曾试图限制金融业者们在小亚细亚的勒索，却被控为贪污并被判罪，这显然是捏造的，骗不了任何人；公元前91年，一个新当选的保民官——利维乌斯·德鲁苏斯（他曾利用鲁蒂利乌斯·鲁富斯的审判作为资本）被暗杀了。他曾提议给意大利人以普遍的选举权，他不仅预示过另一项土地法，而且预示过废除全部债务。但是尽管元老高利贷者、土地霸占者和囤积居奇者这方面想尽了一切办法，饥饿和焦虑的人们依然要起来造反。德鲁苏斯的被害是注入民众起事的杯子里最后的一滴血。意大利燃起了奋不顾身的起义的熊熊烈火。

接着是两年艰苦的内战，称为社会战争［或同盟战争］。这是统一意大利的思想和由罗马元老院来统治的思想之间的一场战争。它不是一场近代意义上的"社会战争"，而是一场罗马和它的意大利同盟［同盟即 Socii（社会）］之间的战争。"在殖民战争传统里训练出来的罗马将军们在意大利横行无忌，烧毁农庄，抢劫城镇，并把男子、妇女和儿童劫走，在公开市场上出卖，或逼使他们成群地在他们地产上劳动。"（费雷罗）

马利乌斯和一个贵族将军苏拉两人都在罗马这边指挥军队，苏拉在非洲曾跟马利乌斯在一起，并且是他的死对头。虽然起义军屡经败迹和四处劫掠，而这些将军中没有一个能结束战争。这场战争多少可说是实际上以罗马元老院向改革思想投降而告终的（公元前89年）。由于对他们的要求做出了"原则上"的让步，起义方面的锐气才衰退；然后，起义者一经散伙，如我们在本章第一节中说明过的那些通常用来欺骗新选民的方法又出笼了。

翌年（公元前88年），旧的回合又开始了。这里还搀杂了马利乌斯和苏拉之间的个人倾轧；但是军队经过了马利乌斯的改革，这场斗争面貌不同了，因为军队改革产生了一种新型的军团兵员，他是个没有土地的职业士兵，除了领饷和劫掠外，对生活别无兴趣；除了对一个成功的将领外，也别无效忠的感情。有一个名叫苏尔皮奇乌斯的群众拥戴的保民官，提出了一些触及债务的新法律，执政官们就宣告停止公务以躲避风潮。于是发生了常见的诉诸暴力的行动，苏尔皮奇乌斯的追随者把执政官们逐出了罗马广场。这正是依靠新军队得势的新力量发生作用的开始。这时比提尼亚以东黑海南岸的蓬土斯的希腊化国王米特腊达特正迫使罗马进入战争。苏尔皮奇乌斯提出的法律之一是马利乌斯应统率派去攻打米特腊达特的军队。于是苏拉把自从社会战争以来由他统率的那支军队开进罗马，马利乌斯和苏尔皮奇乌斯逃跑了，一个新的时代，军事檄文时代开始了。

至于苏拉怎样自任攻打米特腊达特的将帅，并兴师出征，然后跟马利乌斯友好的军团怎样夺取了权力，马利乌斯怎样回到意大利、彻底屠杀他的政敌而称快一时，心满意足地死于热病，这些我们都不能详述了。但是在马利乌斯的恐怖统治期间有一项措施确曾大大地减轻了社会上的紧张状态，那就是废除了所有尚未偿清的债务的四分之三。在这里我们也不能详述，苏拉怎样同米特腊达特订立了一个有损信誉的和约（米特腊达特在小亚细亚曾屠杀了十万个意大利人）以便把他的军团调回罗马，在罗马科林门之役中打败了马利乌斯手下的人，把马利乌斯的安排翻了案。苏拉放逐和处死了五千多人以恢复法律和秩序。他使意大利大部分地区人烟荒芜，使元老院恢复了权力，并废除了很多新近颁布的法律，尽管他并没有能倒算已被取消的债务。此后，他对政治感到了厌倦，而且已积聚了大笔财富，于是威风十足地引退去过他的私人生活，不久就这样死去了，（他的敌人们说）他是死于由沉湎酒色而引起的某种恶疾的。

4 冒险将军们的年代

马利乌斯和苏拉的屠杀和没收财产对意大利的政治生活带来的并不是安定而是吃惊。这部历史书所拟定的规模不允许我们在这里叙述那些越来越依靠军团支持的大冒险家接着就开始策划和阴谋在罗马建立独裁权力的事。公元前73年整个意大利被一次奴隶起义所吓坏了，特别是那次由色萨利来的一个格斗者斯巴达克斯所领导的格斗者的起义。他和另外70个人一起是从卡普亚的格斗者的"训练场"里逃出来的。类似的起义已经在西西里发生过。斯巴达克斯手下的兵力必然是从东方和西方吸引来的一帮各色各样的人，除了散乱和回家的想法以外并无共同的思想，虽然如此他还是在意大利南部坚持了两年，有一个时期利用那时已熄灭的维苏威火山口作为天然堡垒。意大利人尽管酷爱格斗的表演，却并不欣赏这样地把整个国家变成一座竞技场，也不欣赏这样地把格斗者的利剑带到门上，最后当斯巴达克斯被打倒时，他们的恐怖变成了疯狂的残忍，他的6000个被俘的追随者被钉死在十字架上——沿着亚庇乌斯大道钉死的和垂头的被害者有几英里之遥。

这里我们不能对卢库卢斯作任何详尽的论述，他侵入蓬土斯和攻打米特腊达特，并把培育的樱桃树带给了欧洲；我们也不能叙述机智的大将庞贝怎样窃取卢库卢斯在蓬土斯外的亚美尼亚所赢得的胜利和大部威望。卢库卢斯和苏拉一样，引退后过着富裕的私生活，但较为雅致，结局也较为美好。我们不能详细叙述尤利乌斯·凯撒怎样由于征服高卢、打败莱茵河上的日耳曼诸部落和率领讨伐军渡过多维尔海峡攻入不列颠而名震西方。军团变得越来越重要了，元老院和罗马的各种会议变得越来越不足道了。但是有一段关于克拉苏斯的轶事其冷酷的幽默我们不能全然忽略过去。

这个克拉苏斯是大债主和国货商。他是新的骑士式人物的典型，在社会上的地位相当于现代的军火投机商。他最初是靠收买被苏拉放逐的那些人的财产而致富的。在战场上他最早的功绩是对抗斯巴达克斯，他花费了大量金钱和力气经过持久和消耗的战役才把斯巴达克斯击溃。然后作为复杂的讨价还价的结果，他得到了东方的指挥权，准备同卢库卢斯及庞贝争名比誉；卢库卢斯曾从珀加蒙和比提尼亚向东推进到蓬土斯，庞贝曾完成了对亚美尼亚的抢劫。

克拉苏斯的经历足以证明那时罗马人在处理他们的事务上的极度无知。他渡过了幼发拉底河，期望在波斯找到另一个像蓬土斯那样的希腊化了的王国。但是，正如我们已经表明过的，积聚在那横亘于从多瑙河穿过俄国进入中亚一带的游牧民族的大水库已倒灌入亚历山大为传播希腊文化而征服过的里海和印度河之间的地方。克拉苏斯发现他又在和"斯基台人"作战了；跟他作战的是在一个穿着米地亚服装的君主统率下的游动的骑马部落。他遇到的那一特殊种类的"斯基台人"被称作帕提亚人〔安息人〕。可能在帕提亚人中有蒙古利亚（图兰人的）成分这时和雅利安人血统混杂了。但是克拉苏斯在幼发拉底河外的战役和大流士在多瑙河外的战役出奇地相像；都是同样以步兵猛攻来对抗难于捉摸的轻骑兵；但是克拉苏斯对撤退的需要理解得没有大流士那样明快，而帕提亚人比起大流士所遇到的斯基台人来是更好的弓手。他们似乎拥有某种带响的发射物，异常强而有力，和普通的箭不同。J. L. 迈尔斯教授说，这种弓大概是一种合成弓，这样称它是因为它是由好几块（五块左右）兽角制成的，很像车上的弹簧那样；它铛的一响发射出一支高速度的箭。这就是蒙古人使用的弓。这种合成弓（它并不是一把长弓）在人类的经验中是十分古老的。奥德赛使用的就是这种弓；亚述人有这种弓，形式稍有改动。它传到了希腊，但却作为蒙古弓而保留下来。它相当短，拉起来很费劲，射体轨道是平的，射程很远，响声很大（可与荷马提到的弓弦响声相比较）。这种弓在地中海一带失传了，因为气候对它不适宜，而且没有足够的动物来提供兽角。

这个战役以两天的对炎热、饥渴、疲惫的罗马军团的屠杀而达到了高峰，这就是众所周知的卡利战役（公元前53年）。罗马军团艰苦地在沙地上行进，向着敌人猛冲，而敌人却总是避开锋头，围着他们驰骋，把他们射成碎片。他们中两万人被杀，一万人被俘，驱往东方，在伊朗当奴隶。

克拉苏斯的下落不明。有个故事，大概是为了教育人，反对重利盘剥而编出来的，说是他被帕提亚人活捉后用熔化的金汁灌进喉咙而烫死。

但是这场灾难对人类的历史的确有十分重大的意义。它使我们想起的是，从

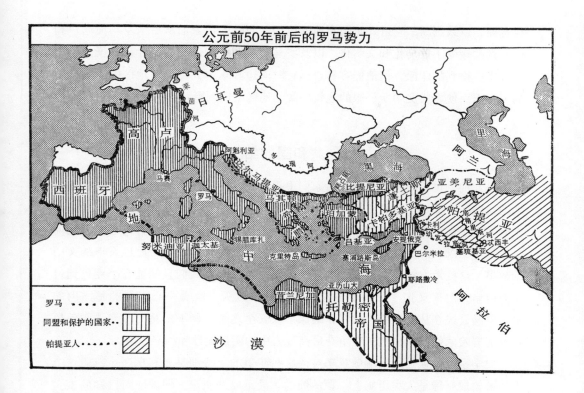

莱茵河到幼发拉底河，整个沿着阿尔卑斯山和多瑙河及黑海以北，绵延地散布着一片片云朵般的游牧民和半游牧民，帝制下的罗马的雄才大略从来没有能把他们安抚和开化，它的军事科学也从来没有能把他们征服。我们已经促使注意一幅地图表示第二巴比伦帝国、迦勒底帝国，怎样像羔羊般地躺在米地亚势力的怀抱里。罗马帝国确实同样地像羔羊般地躺在大新月形的塞外蛮族的怀抱里。不仅是罗马从来没有能击退或同化那个横在上面的新月，而且它也从来没有能把地中海组织成一个在它帝国的各部之间的安全的和井井有条的交通体系。罗马人那时还不知道，来自东北亚的蒙古利亚部落——匈奴人，被中国的秦朝和汉朝用长城挡住并逐出境外，正在向西移动和逼近，一路上同帕提亚人、斯基台人、条顿人等相混合，或是把他们撵在前面跑。

无论在什么时候罗马人都从来没有能把他们的帝国扩展到美索不达米亚以外，而他们对美索不达米亚的控制也从来不是很牢靠的。在共和国结束之前，那曾是他们成功秘诀的同化力量已经让位给"爱国的"排外和"爱国的"贪婪。罗马掠夺了和摧毁了小亚细亚和巴比伦，而这里正是向东往印度扩张的必要基地，正像它毁坏了和抢劫了迦太基，以致丧失了伸入非洲的立足点，也正像它破坏了科林斯，以致割断了它进入希腊腹地的捷径。西欧的作家们从后来罗马使高卢和南不列颠接受了罗马化和文明化，以及罗马把早期蹂躏过的西班牙重又恢复了繁荣等事所得到的印象，使他们容易忽视它对南边和东边大得多的地区的影响被削弱了，因而使希腊文明所征服的远较广阔的地区又回到野蛮状态。

5 共和国的结束

公元前一世纪时意大利的政治家们手头没有日耳曼和俄罗斯、非洲和中亚的地图，即使这些地图已经有了，他们也没有充分的理解力来加以研究。罗马从来没有发生过那种使得汉诺和法老尼科的水手们沿非洲海岸而下的好奇心。公元前一世纪，当汉朝的使节抵达里海东岸时，他们只听到些有关一个已经衰退的文明的故事。这些地方都还记得亚历山大，但是关于罗马，人们只知道有个庞贝到过里海西岸，后来又走了，有个克拉苏斯遭到了覆灭。罗马一心想着的是国内的事。罗马公民在从事于个人致富和确保个人安全之余，剩下的精力却专注于各色各样的冒险家们当时显然正在争夺最高权力中的阴谋诡计和相互攻击。

史学家的习惯是用极端敬意来对待这些斗争的。特别是尤利乌斯·凯撒这个人物被树成好像是人类历史上一颗最灿烂、最重要的明星。但即使对已知的事实作冷静的考虑，也完全不能为这种凯撒的半神半人论作辩护。甚至那个光明希望的卤莽破坏者亚历山大大帝也并没有得到被那样夸张和打扮得足以提供轻率和缺乏批判眼光的读者们的赞扬。老实说，确有那么一类的学者安坐着用零零星星的一些论据，或根本不用什么论据，为这些历史上较突出的人物杜撰出惊人的世界政策来。

我们听说亚历山大曾计划征服迦太基和罗马，并要彻底征服印度，只因为他死了才打破了这些计划。我们确实知道的是，他征服了波斯帝国，但从未越过它的边界多远；而当他被假定为在制定这些庞大而崇高的计划时，事实上他正沉溺于为他宠爱的赫腓斯提翁服丧的种种古怪的行径，并以他的主要嗜好纵饮致死。同样地，尤利乌斯·凯撒也被说成是打算做那件足以确保罗马帝国免于最后崩溃的不是不可能做的事——即系统地征服和开化欧洲远及波罗的海和第聂伯河。普卢塔克说，他本要通过帕提亚〔安息〕和斯基提亚，绕过里海和黑海之北，向日耳曼推进。

但是我们必须使这聪明而堂皇的计划符合于这一事实，即当凯撒的权力臻于鼎盛时，他已是个秃头的中年人了，青春恋爱的魅力和热情已成过去，而他却把大半年的时间消磨在埃及，和埃及女王克里奥帕特拉在温柔乡里宴饮游乐。以后他把她带到罗马，她对他的影响在罗马引起了激烈的愤恨。这样地耽溺于女色，表明他是个年老好色之徒或是多情善感的人——这恋爱事件开始时他已经54岁了——而已不是那个人间雄主了。

在把凯撒作为超人的思想方面，我们必须把那不勒斯博物馆里的半身像也算进去。它描绘出一副俊雅、聪颖的面庞，表情十分高尚，这可以联上关于他的头即在初生时就长得不寻常地大和美的故事。但是实在没有令人满意的证据可以证明这著名的半身像确能代表凯撒，而且很难把这半身像质朴的沉静和他具有的强烈冲动、道德败坏的声名协调起来。它很可能是另外一个人的半身像，被说成是他的了。

他无疑是个放荡不羁的青年人——他在比提尼亚逗留期间丑闻累累，他是避开苏拉而逃到那里去的；他是无赖克洛迪乌斯和阴谋家卡提林的

尤利乌斯·凯撒
（仿自那不勒斯半身像）

同伙，在他的政治生涯中，没有什么可以暗示除了追求自己的飞黄腾达和权势所能获得的一切荣耀和纵欲外，还有任何更崇高和更远大的目标。我们在这里将不去试述他一生事业中的权变和谋略。他虽然出生于旧的贵族家庭，却作为一个显赫的人民宠儿进入政治的。他挥金如土，又身负重债，来供应极度豪华的公共节日。他反对苏拉的传统而怀念马利乌斯，后者是他的姻叔。有一时他曾同克拉苏斯和庞贝一起工作，克拉苏斯死后，他就和庞贝发生了冲突。

到公元前49年，凯撒从西方、庞贝从东方，各以其军团公开地为争夺罗马国内的霸权而战斗。凯撒违反了法律，带领他的军团渡过了鲁比康河，这条河是他的辖区和意大利本部的边界。在色萨利的法尔萨拉斯战役中（公元前48年），庞贝被击溃而逃往埃及，以后又被杀害了，凯撒成了罗马世界的主人，比苏拉权势更大。

此后，公元前46年，他被立为任期十年的独裁者；公元前45年初，他又成为终身独裁者。这是君主制；如果不是世袭君主制，至少也是选举的终身君主制。这是他为世界尽力的大好机会。通过这四年里他使用独裁权力的精神和品质，我们必须对他作出评定。他对地方行政做出了某些改组，他似乎采取过当时显然很有必要的措施，打算重建两个被屠杀过的海港科林斯和迦太基，这两个海

港的毁灭破坏了地中海的海上生活。但是更明显的是克里奥帕特拉和埃及对他心神的影响。像在他之前的亚历山大那样，他的头脑似乎被王神的传统所冲昏了，以他来说，那迷人的世袭女神克里奥帕特拉的谄媚无疑把这传统加深了。我们有证据说，他和一二十个朋友之间曾因自命神明这一点而起了冲突，正和我们提到过的亚历山大完全一样。就希腊化的东方来说，给统治者以天神的尊荣是习见的思想；但对尚滞留在罗马的雅利安精神来说，这却是令人厌恶的。

安东尼在法尔萨拉斯战役中是凯撒的副统帅，他也是凯撒的阿谀者中主要的一员。普卢塔克描写过一幕在公共竞赛会上安东尼试图把一顶王冠强戴在凯撒头上的情景，当时凯撒稍露羞怯之后，在群众明显的不悦面前，终于拒绝了。但他还是采用牙笏和宝座这些罗马古代国王的传统标帜。在竞技场的开幕游行行列中，他的肖像并列于许多神像之中，他的塑像立在一座神庙里，刻有"献给不可战胜之神"的铭文。为了供奉他的神圣头像，还任命了祭司。这些都不是胸襟宽大的象征，而只是一种庸人的自大狂。凯撒为个人崇拜这一最俗丽的花招所订下的庸人计划，真是一段愚蠢而可耻的记录；这是同把他当作一个整顿乾坤的聪明而神奇的超人的想法不相容的。

最后（公元前44年）凯撒被他自己的一群朋友和支持者所杀害了，他们对他这些神圣的抱负实在难于忍受了。他被包围在元老院里，身受23处刺伤，死在他失败的对手庞贝大将的塑像脚下。这个情景标志出罗马统治集团道德的彻底败坏。谋杀者的头领布鲁土斯本想对元老们发表演说，但在这危机面前元老们都仓促四散逃跑了。大半天罗马弄不明白是怎么回事；谋杀者带着他们沾着血的凶器在这不知所从的城市里四处行走，没有人跟他们辩驳，只有少数人参与他们的行列；此后舆论转过来反对他们了，他们的家宅有些被冲击了，他们要活命就得躲藏起来或是逃到外地去。

6 普林切普斯的产生

但是事态的倾向是不可阻挡地走向君主政体。权势人物之间的斗争继续了13年多。其间唯独有一个人是应予提到的，他就是西塞罗，他才是不完全出于自私的雄心，而是为开明的思想所鼓舞的。他出身于一个中等家庭，他的雄辩和文学的表达力，使他在元老院中赢得了显著的地位。他稍微沾上一些狄摩西尼骂人的传统；尽管如此，他是个高尚而可悲地无能的人物，他在当时已极度退化、卑鄙、懦怯的元老院里坚持为共和国的高尚理想作辩护。他是个极为严谨和杰出的作家,对现代读者来说,他给我们留下的演说和私人信件,使他成为这一时期最真实和有生气的人物之一。尤利乌斯·凯撒被杀害后一年,公元前43年,他被褫夺公权和被杀,他的首级和双手被钉在罗马广场上。最后成为罗马君主的屋大维似乎曾努力去营救西塞罗,那次谋杀肯定不是屋大维的罪行。

这里我们不能去追溯尤利乌斯·凯撒过继的继承人屋大维的那些以获得优势为结局的同盟和背叛的混乱情况。这些为首的人物的命运都是同克里奥帕特拉的命运交织在一起的。

凯撒死后,她着手去取得比凯撒年轻得多的安东尼的感情和虚荣心,她跟他大概早就相识。有一段时间,屋大维、安东尼和第三个人物列庇都斯,分割了罗马世界,正像凯撒和庞贝在他们最后冲突之前所分割的那样。屋大维占据较艰苦的西部,巩固了他的权力;安东尼占有较豪华的东部——还有克里奥帕特拉。落到列庇都斯手里的是那块带着宿怨的骨头——迦太基的非洲。他似乎是个有善良传统的好人,致力于迦太基的重建,而不是追求财富或个人虚荣。安东尼的心理则屈服于古代的神王思想,正是这种思想已经证明曾使尤利乌斯·凯撒过分地失去他心理上的平衡。和克里奥帕特拉在一起,他沉湎于爱情、逸乐和尘世浮华的美梦,直到屋大维感到结束这两个埃及天人的时机已经成熟为止。

公元前32年,屋大维诱使元老院免去了安东尼统帅东方之职,并开始进攻他。在阿克提翁发生的一次大海战(公元前31年)中,由于在战斗中间克里奥帕特拉带着60只船突然离去而决定了胜负。我们现在很难断定这是预谋的背叛还是出于这个风流女人的一时任性。这些船只的离去,使安东尼的舰队陷入无望的混乱。这场混乱由于这个模范情夫一股劲地猛追而加剧了。安东尼并没有通知他的指挥官,就登上快艇向她追去,一任他的官兵们自己去战斗和战死,他们一时还不相信他已经跑走了。以后这两个情人的重逢和和解则是普卢塔克的讽刺性猜测而已。

屋大维的网慢慢地向他的对手收紧了。屋大维和克里奥帕特拉之间已有某种谅解,这不是不可能有的事,正如在尤利乌斯·凯撒时,这个女王和安东尼之间也许已有了默契那样。安东尼在他这出小小戏剧的最后一幕中,摆出一副悲伤的姿态,并穿插着爱情的场面。有时他装做好嘲弄人的泰蒙的仿效者,像个对人类失去一切信心的人,虽然人们可以认为,被他遗弃在阿克提翁的水手们有更好的理由来抱这种态度。最后他发现他自己和克里奥帕特拉已被屋大维包围在亚历山大城。经过几次出击,很少胜利,安东尼喧闹着向屋大维挑战,要以个人决斗来定胜负。后来听信了克里奥帕特拉已经自杀的传闻,这个浪漫明星竟引刀自刎,但刀刺无力,转侧不死,最后被带到她面前才断气(公元前30年)。

普卢塔克关于安东尼的叙述很大一部分采自见过并认得安东尼的目击者,把他描写为英雄的典型。把他比拟于半神半人的海格立斯。的确,他也自称是海格立斯的后裔,并且也比拟于印度的酒神巴克斯。有一段描述元老院里的情景,使人作呕,但也说明问题,说是有一回他喝醉了酒,正想讲话,却被一次最失仪的醉后狂吐搞得话都讲不下去。

短期间克里奥帕特拉还想偷生,也许她希望能降服屋大维来扮演尤利乌斯·凯撒和安东尼扮演过的同样的神王角色。她和屋大维会见过一次,会见时她把自己打扮成一个忧伤的美女,淡装素抹,轻纱掩体。但是当她看清楚了屋大维毫无神王般的神气,并且明白了他对她舒适和幸福的关怀主要是出于想把她在罗马大街上的凯旋队伍中展出时,她就自杀了。有人把一条毒蛇藏在盛无花果的篮子里,瞒过罗马哨兵,偷传给她,蛇的毒牙把她咬死。

屋大维看来几乎完全没有尤利乌斯·凯撒和安东尼的那种神王的抱负。他既不是神,也不是传奇的英雄,而是一个人。在这出罗马共和戏剧的最后一幕中,他是一个比其他演员气派都大、能力都高的人。总起来看,他也许是当时罗马可能产生的最好的人物了。他自愿辞去他从公元前43年就握有的非凡的权力,用他自己的话来说,"把共和国交给元老院和罗马的人民来控制吧。"旧的宪法机器再次被开动了;元老院、人民大会和行政官职都恢复了他们的职能,屋大维本人作为"共和国的恢复者和自由战士"而受到欢呼。

很难断定,他自己这个罗马世界的真正主人对这个复活了的共和国应有什么样的关系。他的让位,就这词的任何真实的意义来说,只会是使一切事务都投回混乱之中。为了和平和秩序的利益,他至少得保留他的权威的重要部分;这个目的事实上是达到了的,在史无前例的方式下,皇帝的统治建立了起来。任何恢复国王称号的事是办不到的,而且屋大维本人也明白表示拒绝独裁。人们也没有为他设立过什么新的官职或创造过什么新的官衔。但是他被元老院和人民按照旧宪法的形式授与某些权力,像在他以前的很多公民那样,并使他列入共和国的那些合法任命的行政长官的地位;只是为了显示他作为首席执行官的显赫尊严,元老院下令他应把"奥古斯都"加在他的名字里,同时在一般交谈中他此后称作普林切普斯[首席公民],这是一个简单的礼节上的尊称,是共和国的习惯用语,除表达公认在公民同胞中首要和优越的地位外并无其他意思。

西塞罗在他的《共和政体论》中草拟的自由共和国立宪总统的理想显然是实现了；但这仅仅是表面文章。因为事实上授与屋大维的特权把他所辞掉的专制职权的实质还给了他；在恢复了的共和国和新的普林切普斯之间的权力平衡上，后者是占压倒优势的。（H. S. 琼斯：《英国百科全书》"罗马"条）

7 罗马共和国为什么失败

罗马的共和政体就是这样以一个普林切普斯或统治的君主而告终，比部落或城市规模大些的自治共同体的初次伟大试验崩溃和失败了。

它失败的本质是它不能维持团结。在罗马初期，它的公民，包括贵族和平民，都有一种公平、诚意和全体公民忠于法律而法律又是为全体人民谋利益的传统；它重视法治和守法的观念一直坚持到将近进入公元前一世纪。但是没有预见到的货币的发明和发展，帝国扩张的诱惑和分裂，选举法的纷乱，把这个传统削弱和糟蹋了；这是因为把老问题在使人们无从辨识而加以判断的新伪装下提出来，也是因为使人们只忠于表白的公民义务而背叛公民义务的精神。罗马人民之间的联系总是一种道义上的而不是宗教上的联系；他们的宗教是祭祀的和迷信的；它并没有像犹太教所发展的那样体现着神性领袖和神圣使命的伟大思想。在新时机面前公民观念失败和消失后，在这体制中根本就没有留下什么内在的，也就是说真正的团结了。每个人越来越倾向于做在他自己心目中认为是正当的事了。

在这种情况下，在混乱和返回君主政体之间没有选择的余地，只能接受某个挑选出的个人作为国家的一个统一的意志。当然，在返回中，总是隐藏着一种期待，君主将会像魔术那样不再是一个渺小的人，而将会在思想上和感情上的确像个国家显贵人物那样更伟大和更高贵；当然，君主制是必定不能满足那种期望的。在我们即将做出的对罗马皇帝的简短的回顾中，我们将看到不能满足到什么程度。最后我们将发现在这些皇帝中有个比较有建设性的君士坦丁大帝，他意识到自己无力成为一种统一的力量，就转向帝国内一个新宗教运动的信仰、组织和教导网工作，以提供人们精神上那种明显缺乏的互相渗透和关联的因素。

欧洲和西亚的文明随着凯撒回到了君主政体，并通过君主政体，不久在有组织的基督教的协助下，力图赢得和平、正义、幸福和世界秩序，几达18个世纪之久。然后几乎突然地开始回复到共和政体，先是在一个国家里，然后在另一个国家里；并且有了印刷、报纸和有组织的普级教育，又有了浸透世界达几代之久的普遍主义者的宗教观念的协助，现在似乎又恢复了为创建一个共和的世界国家和一个世界范围的经济公平计划而作出努力。罗马人过早地已做过这种努力，而他们却那样彻底地和悲惨地失败了。

我们现在正开始觉察到，这种创建，某些条件是绝对必需的，这些条件，不能想象基督教出现前的任何一个罗马人会看成是可能的。我们还可以认为达到这些条件是件十分吃力、困难和没有把握的事情，但是我们懂得这项尝试是必须要做的，因为在我们前面没有别的前途可以使我们有幸福、自尊和保存人类的指望。这些条件中首先是在一切人的心目中应有一个共同的政治观念，这个观念就是把国家看作是每个人自己所有的东西，看作是他应尽本分的主要事实。在罗马的早年，当它是个 20 平方英里方圆的小国时，孩子们在家里，耳闻目睹父辈的政治生活，就可以并且确实是养成了这种观念。但是在已经变得像和皮洛士战争前的罗马那样大的国家里，如果要能维持这种道德上的统一，就需要对每个人有组织地进行关于历史、主要法律、国家的总意图的教育。但是这种需要却从来没有被了解过，并且从来没有为这种教育作出过努力。在那个时代，这种努力是做不出来的。会做出这种努力是不可想象的。那时不具备这种知识，也不存在可以吸取教师的阶级，而且也没有为任何这种有系统的道德和智力的训练进行组织的概念，没有像基督教那样具备着它的信条、教义问答、讲道和坚信礼等一整套的教育组织。

而且，我们现在知道，即使有了这样的普及教育，也只是为健全的共和国家提供基础。紧接着教育，必须有关于国家大事的丰富、及时和真实的报道，和对当时各种有争论的问题的坦率而自由的讨论。即使到了今天，我们拥有的报纸和我们的政论家和政治活动家们对这些职责还执行得很不完善而且很坏；但是尽管做得很不好，事情还是做了，既然这些事情已经做了，可以说最终还是会做好的。而在罗马国家里甚至没有试图去做这些事。罗马公民从谣言和偶然听到的演说里才知道一些有关政治的事实。他挤着站在罗马广场上，远远地听到些不完全的演说。他也许误解了他投票表决的每个问题。

关于罗马选举制度出奇地无效我们已经讲过了。

既然不能克服或排除这些障碍以达到积极有效的民治政府，罗马人思想中的政治本能就转向到君主制。但是罗马那时所设置的并不是晚近欧洲式的君主制，不是世袭君主制。普林切普斯的确像美国战时总统，只是他任期不是四年而是终身的；他能任命元老院里的元老，而不像美国总统那样受民选的参议院的限制，还有个乌合之众的民众会议来代替美国的众议院。他又是个祭司长，而华盛顿却没有这个职务；而且实际上他惯常要指定和培养他的继承人，为这个高位选择一个儿子或养子或他信任得过的近亲。把普林切普斯的权力交给一个人的手里而不受任何适当的约束，这本身就是极大的权力，而它更被君主崇拜的传统进一步增强了。君主崇拜的传统当时已从埃及传到了整个希腊化的东方，而且它正传到罗马，进入了每个东方的奴隶和移民的头脑里。神皇的观念自然地、不知不觉地渐渐支配了整个罗马化的世界。

只剩下了一件东西——那就是军队，不久就提醒那个神皇，他也是个肉胎凡人。在罗马帕拉廷山的奥林匹斯上的神皇从来就不是安全的。只有当他是受军团爱戴的首领时，他才是安稳的。结果是只有勤奋的、能使军团保持活力并和他们总是保持密切联系的皇帝们才能长治久安。利剑悬在皇帝的头顶，督促他频繁地进行活动。如果他把事情交给将军们，那么将领中之一就会取而代之。也许这种督促是补救罗马帝国体制的特色。在较广大、较巩固和较安定的中华帝国，并不那样地需要军团，因此懒惰、荒淫的或幼少的君主就不像在罗马那样会遭到迅速的终局。

第二十七章 海洋和大平原间的罗马诸帝

1 罗马诸帝简历

西方作者们由于爱国的先入之见，易于过高地估计奥古斯都·凯撒登位后在罗马建立的专制君主政体的组织、教化和安全。英国、法国、西班牙、德国和意大利的政治传统来自罗马，这些国家在欧洲作者们的心目中是庞大逼人的。他们忽视了罗马在东方所进行的破坏。

从世界史的尺度来看，罗马帝国似乎不再是这么了不得地重要了。在它被彻底粉碎之前，它支持了约四个世纪。拜占庭帝国并不是它的真正的继续；它只是恢复了被毁坏的亚历山大的希腊化帝国；它讲希腊语；它的君主无疑有罗马的尊号，但是就这一点说，保加利亚已故的沙皇也是有的。美索不达米亚在罗马时期大半是按它自己的路线发展起来的；它晚近获得的希腊文化是经过波斯人和帕提亚人的才智广泛地修改过的；在印度和中国，罗马的影响微不足道。

罗马帝国存在的四个世纪里有过分裂和完全混乱的时期。它的繁荣岁月，如果集合在一起，加拢来总数还不到两个世纪。和同时代的中华帝国的默不作声的稳健的扩张、安全及其文化事业相比，或和公元前4000年至公元前1000年之间的埃及相比，或和被闪米特人征服以前的苏美尔相比，它这样短的岁月在历史上只能算是偶然一现。再说，居鲁士的波斯帝国，从赫勒斯蓬特海峡达到印度河，其文明水平与罗马也不相上下；它的本土始终没有被征服过，并相当繁荣达200多年。它以前的米地亚帝国曾持续了半个世纪。被亚历山大大帝短期覆灭后，它又作为塞琉古帝国而兴起，维持了几个世纪。塞琉古的领地最后退缩到幼发拉底河以西，并变成罗马帝国的一部分；但是波斯由帕提亚人复兴而成为一个新波斯帝国，它先在阿萨栖王朝然后在萨珊王朝统治之下，其寿命比罗马帝国还长。它成为希腊学问摆脱西方查禁的避难所，并成为宗教思想的温床。

萨珊王朝的人一再把战争带进拜占庭帝国，并固守幼发拉底河一线。公元616年在科斯洛埃斯二世治下，他们据有大马士革、耶路撒冷和埃及，并威胁着赫勒斯蓬特。但是萨珊王朝的光荣并没有把它保留下来的传统。罗马的声誉是通过它后裔的繁荣昌盛而得到显扬的。罗马的传统远远地名过其实。早期的一些文明曾经聚结在一起，文明曾向西传播。闪米特人和雅利安人在地中海盆地四周蓬勃发展中彼此混合，但并未合并，罗马的行政像是撒在这整个相互作用之上的一张网，破裂了又补上，最后完全破裂。

历史把罗马诸帝分成几组，他们都是伟大的行政管理人。第一组是：

奥古斯都·凯撒（公元前27年到公元14年，此后凡公元后纪年，不加"公元"两字），就是上节的屋大维，他致力于省政府的改组和财政改革。他在官僚机构里树立了某种守法和廉洁的传统，他给了各省公民上诉凯撒的权利，以限制更恶劣的贪污和苛政。但是他沿莱茵河和多瑙河划定了帝国的欧洲边界，这就把日耳曼丢给了蛮族，而日耳曼是一个安全和繁荣的欧洲所必需的脊柱；他在东边的幼发拉底河也做出类似的界限，一任亚美尼亚独立，成为同阿萨栖王朝及萨珊

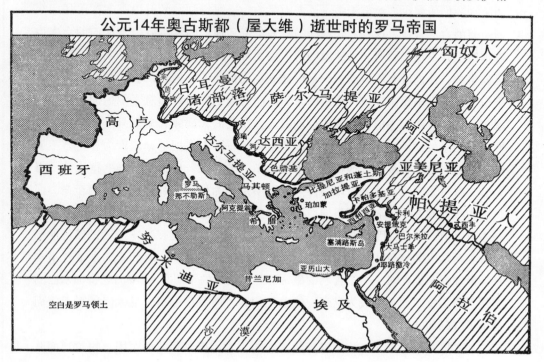

王朝争执不休的原因。他是否认为他划下的这几条线是帝国的最后边界,或者他是打算最好在进一步扩张之前求得有几年时间来进行巩固,这是可以怀疑的。

提比利乌斯(14年到37年)也被描写成一个能干的统治者,但他在罗马变得极其不得人心,据说他荒淫恣肆、无恶不作。但是他的沉湎于这些恶习,他的苛政和残暴并没有妨害帝国的普遍繁荣。对他不易下判断,我们所能得到的资料几乎全是反对他的。

卡利古拉(37年到41年)患精神病症,在以他为首的四年古怪行径期间帝国继续开展。最后他在宫中被他的仆从暗杀了,他似乎曾企图恢复元老政府,这项企图很快就被禁卫军压制了。

克罗狄乌斯(41年到54年),卡利古拉的叔父,士兵们拥戴他继立为帝,为人粗鲁,但是个勤恳和相当能干的行政管理者。他吞并了不列颠的南半部,推进了帝国的西界。他被他的养子尼禄的母亲阿格丽皮娜所毒死。阿格丽皮娜是个极为风骚而性格坚强的女人。

尼禄(54年到68年),像提比利乌斯那样,被认为极其荒淫和残忍的,但是罗马国势充沛足以使他掌权达14年。他确实杀害了他深爱而麻烦的母亲和妻子——他以杀妻来表示对后来和他结婚的女人波佩亚的热爱。但是帝王们的家庭凶杀和我们所要讲的故事无关。读者中渴望知道罪行细节的可以查阅苏埃托尼乌斯所写的古典资料。这些各式各样的罗马皇帝和他们的继承者以及他们的女人也许本质上并不比最软弱、最易激动的人们更坏,但是他们没有真的宗教,他们自己就是神;他们没有广博的知识足以建立高尚的雄心,他们的女人往往凶悍、目不识丁,他们不受法律或习俗的约束。他们的周围都是些曲意奉承他们最细微的愿望和把他们最模糊的冲动变成行动的人。在我们大部分人来说只是一闪而过的邪念和愤怒的冲动,在他们却都变成了行动。一个人在把尼禄谴责为和自己不属同类之前,他应当很仔细地检查一下自己私下的思想。尼禄在罗马变得极其不得人心,有意思的是,他之所以不得人心倒不是因为他谋害和毒死了他的至亲,而是因为不列颠在一个名叫博奥迪西亚的女王治下发生了一次叛变,罗马的军队遭到惨败(61年),也因为南意大利发生了一次破坏性的地震。罗马居民保持他们伊特剌斯坎人的特色,从来没有信过宗教,但往往很迷信,对邪恶的皇帝并不在意,但却强烈地反对一个不吉利的皇帝。驻西班牙的军团在73岁的老将加尔巴的率领下造了反,他被拥戴为皇帝。他由人抬着,向罗马进军,尼禄因援军无望而自杀了(68年)。

加尔巴不过是许多自许为皇帝的人中的一个。统率莱茵河军团、帕拉廷部队和东方军队的将军们个个都想夺权。一年里罗马有过四个皇帝:加尔巴、奥托、维泰利乌斯和韦斯帕西安;第四个皇帝韦斯帕西安(69年到79年)来自东方军队,势力最强,夺得和保持了皇位。到了尼禄,凯撒这一家系(亲生的或过继的)告终了,凯撒这名称也就不再是罗马皇帝的姓氏了,而变成了一个称号,神性凯撒(Divus Cæsar)。由于日益坚持对统治者的崇拜,君主政体更进一步走向了东方风格。这样结束了第一组凯撒家系的罗马皇帝,他们历时整整95年。

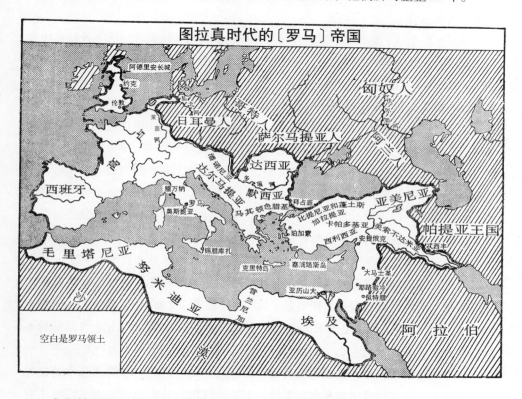

韦斯帕西安和他的儿子梯特(79年)以及多米齐安(81年)可以说是构成了第二个朝代——弗拉维王朝;然后,在多米齐安被杀害后,又是一组皇帝,他们之间没有血统关系,而是立嗣的关系;他们是继嗣的皇帝,这一组的第一个是内尔瓦(96年),其次是图拉真(98年)。其后是不知疲乏的哈德里安(117年)、安敦尼·皮乌斯(138年)和马可·奥里略(161到180年)。在弗拉维王朝和安敦尼王朝统治下,帝国疆界又有了扩展。北不列颠被兼并于公元84年,莱茵河和多瑙河间的三角地带被填进版图,今称特兰西瓦尼亚的地方建成了一个新的行省称达西亚。图拉真还侵入了帕提亚,并吞了亚美尼亚、亚述和美索不达米亚。在他的治下，罗马帝国的版图达到了极限。

他的继承者哈德里安为人谨慎而知进退。他放弃了图拉真在东方新征服的地方，也放弃了北不列颠。他接受中国筑城御蛮的思想——当城内帝国方面的人口压力大于城外的压力时这是个好主意，不然就没有什么价值了。他横断不列颠筑起了哈德里安城墙，并在莱茵河和多瑙河之间树立栅栏。罗马的扩张高潮过去了，在他的继承者的治下，北欧边疆已积极地采取守势来抵抗条顿人和斯拉夫人的诸部落的入侵。

马可·奥里略·安敦尼（又译作马可·奥勒留，即《沉思录》的作者）是历史上评论极不一致的那些人物之一。有些评论家说他似乎是个自命不凡的人；他涉猎宗教，喜欢穿祭司的服装去行祭司的仪式——这种癖性使老百姓很反感——他们不满于他的据说是在他未能约束他的妻子福斯蒂娜的恶行。然而关于他家庭的不幸的种种故事并没有什么充分的根据，但是一个良好的家庭竟会出生像他的儿子康茂德那样的人的确是使人吃惊的。另一方面，他毫无问题是个忠实、勤勉的皇帝，尽管经过一系列恶劣气候、洪水、歉收和饥荒、蛮族入侵和造反，最后还有一次可怕的瘟疫蔓延的天灾人祸的年头，他还是把罗马的社会秩序维持住了。《英国百科全书》中引用费·威·法勒的话说："事实上他把自己看成是一切人的公仆。举凡登记公民、平息诉讼、提高公共道德、保护未成年者、紧缩公共开支、限制格斗竞赛和格斗表演、保养道路、恢复元老的特权、任人唯贤地选择地方官吏，甚至管理街道交通规则等以及其他种种任务完全吸引了他的注意力。他的身体并不太好，却常常从清晨直到深夜工作不息。他的地位的确经常要求他出席观看竞赛和表演；但在这些场合，他或是看书，或是听别人给他读书，或是写笔记。他是那种不相信事情应当草率处理的人，而且认为没有多少罪过比浪费时间更为严重的。"

但是现在的人们并不是因为他的勤奋而怀念他的。他是斯多噶派哲学的最大阐释者之一，他在兵营中和在宫庭里摘记下来的《沉思录》里，记下了那么多有关人们灵魂里的事，这就使得他世世代代赢得一连串新的朋友和钦慕者。

随着马可·奥里略的逝世，这个统一的和治理得比较好的阶段宣告结束，他的儿子康茂德开始了一个混乱的时代。实际上罗马帝国内部太平了有二百年。此后的一百年，学罗马史的人必须熟悉那些不称职的皇帝所犯下的各种各样的罪名，同时在蛮族的压力下罗马帝国的边疆崩溃和收缩了。只有一两个皇帝似乎是能干有为的；这几个就是塞普提米乌斯·塞韦路斯、奥雷连和普罗布斯。塞普提米乌斯·塞韦路斯是一个迦太基人，他的姊姊始终没有能掌握拉丁文。她用布匿语来操持在罗马的家务，这一定会使老卡托在地下转侧不安。这段时期的其余几个皇帝主要是些冒险家，从大局着眼，他们是不值得注意的。有时有几个分立的皇帝统治着这混乱的帝国的不同部分。皇帝狄西乌斯在 251 年哥特人大举入侵色腊基的那次被打败并被杀死，和皇帝瓦勒里安连同安提俄克这个大城在 260 年被波斯萨珊王朝的沙赫所俘，从我们现在的观点来看这些是值得注意的，因为他们标志了整个罗马体制的不安定和外部对它的压力的特点。因此，"哥特人的征服者"克罗狄乌斯也同样值得注意，因为他在塞尔维亚的尼什大胜哥特人（269 年），也因为他像伯里克利那样，死于瘟疫。

这几个世纪自始至终断断续续的瘟疫起了削弱各种族和改变社会情况的作用，这些作用仍有待历史学家予以适当的探讨。例如，在 164 年和 180 年间，当马可·奥里略皇帝在位时，帝国全境发生过一次大瘟疫。也许它对社会生活的解体很有关系，并为随着康茂德继位而来的动乱铺平道路。就是这次瘟疫破坏了中国，本章第 5 节里将要提到它，公元一二世纪气候发生相当大的变化也引起了人口的紧张和迁徙，对这种力量历史学家还得加以估计。

但是在我们接下去叙述蛮族入侵和晚期的几个皇帝如戴克里先（284 年）和君士坦丁大帝（306 年）试图把罗马这只颠簸的破船支撑住以前，我们必须描写一下在它的两世纪的昌盛期间，罗马帝国人民生活的一些情况。

2 罗马文明的全盛时期

没有耐心的历史读者可能会把公元前 27 年到公元 180 年间两世纪的秩序安定算进人类浪费时机的时代里去。这是一个消耗而不是一个创造的时代，是一个建筑和贸易的时代，在这时代里富人越富、穷人越穷，人类的灵魂和精神都衰退了。从外表上看，如果在 2000 英尺高空的飞机上俯瞰地面，真是一派繁荣兴旺的景象。从约克到昔兰尼、从里斯本到安提俄克，到处是巨大的建筑得很好的城市，有庙宇、戏院、圆形露天剧场、市场等；成千座这样的城市，有巨大的高架渠，有极好的公路，它们雄伟的遗迹至今令人惊讶不止。还有富饶的耕地，但由于飞得太高，不能发现这些耕地却是心头怀恨的奴隶们的劳动成果。在地中海和红海上，也可以看到运输往来相当频繁；而在那样的高度所看到的两只并行的船，分不清哪一只是正在抢劫另一只的海盗船。

即使这个高空的观察者降下来做逼近的考察，还是可以注意到许多累积起来的改进。自从尤利乌斯·凯撒的日子以来，人们举止变得温和了，一般说来，文雅得多了，随着人情也确是厚道了。事实上，罗马正在攀登很久以来希腊、巴比伦和埃及所已达到的文明的水平。

在安敦尼王朝期间，已有了保护奴隶免受极端虐待的法律，不再准许把他们卖给格斗训练场。不但城市外观建筑得更加壮丽，富豪家里的室内装饰艺术也大有进步。罗马兴旺初期那种姿情的饮宴、佚纵的兽欲和庸俗的夸耀，这时已受到了文雅的调剂。衣着更加阔绰、精致和华丽了。同遥远的中国进行了大宗丝绸贸易，因为蚕桑还没有开始西传。等到丝绸经过漫长多难的旅途到达罗马时，它的价值已与同重量的黄金相等了。由于大量使用丝绸，为了交换，贵重金属也不断地流向东方。

烹调法和款待宾客的艺术大有提高。佩特罗尼乌斯描写了罗马诸帝初期一个富豪的一次宴会，一道又一道的珍馐奇味，甚至超过了现代纽约的豪华和想象力；席间还穿插着音乐的伴奏、软索上的舞蹈、魔术的表演、荷马诗的吟诵等。

帝国全境盛行着我们可以描绘作"富豪文化"。书籍比罗马诸帝时代以前大大丰富了。人们以藏书自豪，尽管他们忙于照料和处理财产，对文学宝藏只能偶一涉猎罢了。希腊的知识向东传播，而拉丁的知识则向西传播，如果不列颠或高卢的这个或那个城市里有杰出的人自己缺乏渊博的希腊文化，他总是可以找到这个或那个奴隶来弥补这一缺陷，奴隶们高深的学识质量是奴隶贩子作出了保证的。

我们很难把罗马的文学或艺术看作罗马自身原本有的东西，两者都是更为伟大、更为不朽的希腊文化的继续和它的一部分。希腊的艺术和写作长出了一根拉丁的分枝。主干在分枝长出之前早已存在了，而在分枝凋谢之后它还会继续生长。在从希腊的模型中分岔出来以前，拉丁人的头脑在文学表达上的天生冲动是朝向一种体裁，如果可说它是一种体裁的话，即讽喻诗，萨图拉这一体裁在精神上像现代的时事讽刺剧，是一种谩骂、模拟和音乐的混成体。有一种吟游诗人也给农民歌唱讽刺诗，即费斯切尼诗，还有演说、挽歌、宗教连祷。讽刺诗连同写作发展成散文和诗的混合体裁，由此再发展成连环散文故事。拉丁文学不少已经遗失；基督教的修道士为了这种或那种理由对它大多没有好感，认为不值得保存下来，但是由于读书和书籍的翻印的扩大，散文小说的流传数量也许很大，现在留下的只是一鳞半爪罢了。

共和晚期和帝国初期罗马的人民的确是小说的广大读者。佩特罗尼乌斯从尼禄时期开始写的《萨蒂里孔》是最能说明问题的证据。写过小说的人读了那本辉煌作品没有不承认它的高度技巧。在可能写成《萨蒂里孔》这样作品之前必定已有成百种这样的书籍和好几十个作家致力于这门艺术。沿着另一方向，贺雷西和尤维纳耳的讽刺诗精神上也得益于萨图拉，它也是一类广泛流传的读物。但从公元前三世纪以后，希腊影响把已经定型的希腊喜剧强加于拉丁人的头脑，拉丁喜剧与其说是土生土长的，不如说是希腊喜剧的拉丁化。要想领略其特点，可以读普劳图斯和泰兰斯的剧本。

还有一种突出的拉丁传统就是户籍官卡托所大力支持的简炼散文。把凯撒的《高卢战记》同修昔底德相比是很有意思的。其简洁平易处，如果容许用一个新奇而贴切的比喻来使认真的学者吃惊的话，就像装设在梳妆台旁的一个化妆用品袋。

作为被认可和固定型式的希腊学问在安敦尼·皮乌斯时的罗马的威望与牛津和剑桥在维多利亚时的英国所具的威望一样高。希腊学者同样既受到外行的尊敬又受到内行的轻视。那时已有相当数量的希腊学术研究以及写就的批评和注解。的确，对希腊文学这样大加赞扬以致几乎完全损毁了希腊精神；记录下来的亚里士多德的观察受到如此之高的评价以致排除了任何模仿他组织进一步探讨的企图。西塞罗可以和希腊史学家狄摩西尼和萨卢斯特相匹敌。卡图卢斯从最好的希腊范本学会怎样表达他的心情。由于希腊有它的史诗等，罗马人觉得他们也必须有他们的史诗。奥古斯都的时代是一个华而不实的时代。味吉尔在《亚尼德》中竭力想谦虚地但果断地并以优美的成就，去和《奥德赛》和《伊利亚特》相比美。奥维德和贺雷西要同希腊最好的挽歌和抒情诗人争一日之长。

与拉丁文学的这个"黄金时代"同时，这股希腊文学之流继续浩浩荡荡地前进。当拉丁的促进已经过后很久，希腊世界依然丰富多产。它没有间断地过渡到了早期的基督教文学。我们已谈到过亚历山大城光辉的知识界的开端和雅典相对的衰微。如果亚历山大城的科学不久就趋凋落的话，文学却继续畅流，堪与罗马相争。那里有大量书籍在抄写，富豪家里没有书就觉得不成体统。历史和传记继续有人在写作。波利比乌斯（约公元前204年到公元前122年）记述了罗马征服希腊的史实。普卢塔克（约公元50年到100年）对大人物作了无比卓越的研究。各种各样的对话和小说大量出现，现在大多又已经散失。卢契昂（公元120年到200年）是个伟大而富于创见的作家，他至今仍赢得我们的兴趣和钦佩。希腊文和拉丁文之间有大量的对译。这两种文学几乎像今天美国的和英国的文学那样地接近，它们也属于同一的思想境界。

这种富豪文化的广泛流传是早期罗马帝国的光荣。吉本满怀赞扬地回顾安敦尼时代的光辉，并以此作为他的《罗马帝国衰亡史》的开端。他这部伟大作品的构思要求有一个壮丽而宁谧的序幕。但他对他所描写的状况显而易见的赞赏作出过于机灵和巧妙的保留。他写道,"在罗马帝国统治下,勤劳机巧的人民的劳动以不同方式不停息地从事于为富豪们服役。这些命运的宠儿在他们的衣着、餐桌、家宅以及家具陈设上,把便利、优美、豪华、凡是能迎合他们的自豪或满足他们的淫欲的一切精巧都结合了起来。这种精巧——在奢侈的恶名下,一直受到世世代代的道学家的严厉谴责;如果一切人都有了生活上的必需品,又没有人多余的东西,这些精巧也许可以更有助于人类的德行和幸福。但是在当前不完善的社会情况下,虽然奢侈也许是来自恶行和愚蠢,它似乎是能够矫正财产分配不匀的唯一手段。勤工和巧匠在土地的分配上没有份,从占有土地者那里得到一笔自愿交纳的赋税;后者被利害感所催促去改进这些地产,以其产品来购买更多的享受。这种运转的特殊影响,每个社会都会感到,而在罗马世界里则活动得更为分散有力。如果奢侈品的制造者和交易者不是把依仗罗马的武力和威势从勤劳的臣民那里勒索来的财富不知不觉地还给他们的话,那么各省的财富很快就会衰竭了。"如此等等,在炫耀地描写的字里行间都带有尖酸的讽刺。

如果我们能比在一架翱翔的飞机上看得更广阔地去观察地面上种族的移动,或是比仅仅观察一下街道、圆形露天剧场和豪华的宴会稍微迫近一些,深入到人们的灵魂和思想里去,我们就会发现物质繁荣的这种动人的夸耀只是一个国家的辉煌的外衣,看不出它外部和内部的事物,也看不到它的前途。比如说,如果我们把罗马的那两个上升和昌盛的世纪,即公元第一和第二世纪同大约从公元前466年伯里克利在雅典称雄时开始的两个世纪的希腊和希腊化生活作一比较,我们就会感到惊异——我们不能说罗马处于下风,它却完全没有科学这东西。罗马富豪和罗马统治者的缺乏好奇心甚至比他们的建筑更为牢固和不寻常。

特别是在一门知识领域里,我们本可期望罗马人是活跃和有进取心的,那就是地理学。他们的政治利益要求他们对边境以外的事态作出扎实的调查,但是他们从来没有进行过这种调查。罗马人的游记实际上没有超越过帝国的界限,没有那些像希罗多德关于斯基台人、非洲人等的敏锐而奇异的记载。拉丁文中找不到可以相比于中国早期文献里有关印度和西伯利亚的描述。罗马军团曾有一时进入苏格兰,但是没有留下任何关于皮克特人或苏格兰人的真正有见地的记载,更谈不上到大海以外去看一眼了。像汉诺或法老尼科这样的探险似乎是全然超出了罗马想象力的范围了。

大概在迦太基毁灭之后,穿过直布罗陀海峡驶入大西洋的船舶总吨数下降到微不足道的数目。在这个庸俗的财富、奴化的知识和官僚主义的统治的世界里,要进一步发展亚历山大城的天文学和地文学更属不可能了。甚至,罗马人似乎没有查问过运到他们市场上的丝绸是什么样的人缫织的，香料是什么样的人制作的，琥珀和珍珠是些什么人采集的。而查问的渠道是敞开的和容易的；可以想象，道路四通八达，去"偏僻地方"探险是十分方便的。

  古代世界最遥远的地方的宝物珍品都被搜括了去供给罗马人的挥霍。斯基提亚的森林提供了贵重的毛皮。琥珀从波罗的海岸由陆路运到多瑙河，蛮族对这些无用的商品在交换中能得这样的高价不胜惊异。巴比伦的地毯和东方其他制造品需求很大；但最重要的对外贸易部门是同阿拉伯和印度进行的。每年，约当夏至时，一支120艘船的舰队从红海上埃及的一个港口迈奥肖尔莫斯出航。他们靠定期的季候风之助大约40天横渡大洋。马拉巴尔海岸或锡兰岛通常是他们航行的尽头，在这些市场上，来自亚洲更遥远的国家的商人们等待着他们的来临。舰队返回埃及的时间确定在12月或1月，只要他们满载的货物一旦运到，就从红海用骆驼背到尼罗河，顺流而下，直抵亚历山大城，于是毫不耽搁地源源注入帝国的首都。（吉本）

  在南印度，有罗马的货栈，两队罗马步兵驻扎在马拉巴尔海岸上的克兰加努尔，这里还有一座供奉奥古斯都的庙宇。

  然而罗马还是只满足于宴会、勒索、发财和观看格斗表演，丝毫没有意思去弄清楚关于印度、中国、波斯或斯基提亚、佛陀或琐罗亚斯德，或者关于匈奴人、尼格罗人、斯堪的纳维亚的人的任何事情，或是西方海洋的秘密。

  当我们理解了使得他们这样漠不关心的社会气氛成为可能的那种缺乏灵感的特质时，我们也就能懂得为什么罗马在它充满着大好机会的时代没有发展任何物理或化学的科学，从而对物质取得更大的控制了。罗马的医生大多是希腊人，其中许多是奴隶——罗马的富豪甚至不懂得购买别人的才智就是糟蹋自己的才智。这并不是由于罗马人中间缺乏天生有才能的人，而完全是由于他们的社会和经济情况所致。

  从中世纪到今天，意大利曾产生过许许多多杰出的科学人才。最机敏、最有灵感的科学作家之一是个意大利人——卢克莱修，他生活在马利乌斯和尤利乌斯·凯撒之间的阶段（约公元前100年到约公元前55年）。这个了不起的人物具有列奥纳多·达·芬奇（也是一个意大利人）或牛顿的才能。他写了一首关于自然发展过程的拉丁文长诗——《物性论》，在诗中他以惊人的洞察力对物质的构成和对早期人类历史进行了推测。奥斯本在他的《旧石器时代》一书中钦佩地引用了卢克莱修论原始人的长长的一段话，这段话至今还是那样完美和那样真实。

但这只是一个人的个别表现，只是一粒没有结出果实的种子。罗马的科学是在财富和军事的压迫的窒息气氛中流产了。真能代表古典罗马对科学的态度的人物决不是卢克莱修，而是那个攻破锡腊库扎时砍死阿基米德的罗马士兵。

如果物理和生物科学是在罗马昌盛的硬土上枯萎而死的，那么政治和社会科学连发芽的机会都没有过。讨论政治会当作对皇帝的叛逆，社会或经济的调查会威胁富豪。所以罗马直到灾祸临头，它从来没有检查过自己的社会健康情况，从来没有追问过它的严重的官僚主义最后的价值。因而，没有人理解到，它没有发展任何有见识的想象力来维持帝国的团结，没有发展任何取得共同思想的普及教育会使人们为帝国而战斗和工作就像人们为自己心爱之物而战斗和工作一样，这是多么严重的疏忽。但是罗马帝国的统治者们并不要他们的公民以任何精神去为任何事业而战斗。富豪们侵蚀了他们普通居民的人心，他们满足于他们口头的饭食。军团里充满了日耳曼人、布立吞人、努米迪亚人等；直到最后有钱的罗马人竟以为他们能收买蛮族人来保卫他们并抵抗外来的敌人和内部造反的穷人。

罗马人在教育上做得多么不够可以从他们做了些什么的这笔账上显示出来。H. 斯图尔特·琼斯说："尤利乌斯·凯撒给'文科教员'以罗马的公民资格；韦斯帕西安捐助设立罗马的希腊和拉丁演说术的讲座；晚期的皇帝，特别是安敦尼·皮乌斯，把同样的捐助扩大到了各省。地方企业和慷慨乐助的人也致力于教育事业；我们从小普林尼的通信中看到在北意大利的城镇曾建有公立学校。在帝国之治下，知识尽管有所广泛传播，智育上并没有真正的进步。奥古斯都固然曾在他的周围聚集了当时最有名望的作家，而且这个新的君主的登位正逢罗马文学的黄金时代；但是为期过于短促，基督纪元的开始正是古典主义胜利之日和等待着一切文学运动衰落的第一步，古典主义是向后看的而不是向前看的。"

公元第二、第三或第四世纪时在某处有一个希腊作家写了一篇关于崇高的论文，其中对这时代的颓废思想作了一个诊断，这个作家可能是隆基努斯·菲洛洛古斯，这篇论文很清楚地说出了罗马世界思想病状的一个明显的因素。吉本援引他的文章说："崇高的隆基努斯，在稍后一个时期他在叙利亚王后（塞诺比亚）宫廷里供职，保持了古代雅典的精神，观察并哀叹他的同时代人的退化，这种退化贬低了他们的情操、削弱了他们的勇气、压抑了他们的才智。他说，'同样地，像一些儿童幼小的四肢约束得太紧，永远成了侏儒，我们纤弱的心灵被一种奴役的偏见和习惯所束缚，就不能自行扩张或者达到我们所钦佩的古人那种多方面平衡的伟大；那些古人生活在民治政府之下，以像他们行动的那样自由来从事写作。'"

但是这个评论家只抓住了对心灵活动的束缚的一方面。使罗马人的心灵永远居于幼稚状态的主要线索包括双重奴役；既是政治奴役，也是经济奴役。吉本关于一个生活在哈德里安时代的叫希罗德斯·阿提卡斯的人的生平和活动的叙述中，显示了普通公民在当时的华丽的外观中所得的一份是多么微薄。这个阿提卡斯拥有巨资，他以捐助各城建筑为乐。他给雅典修了一个赛马场和一座雕刻精巧的杉木剧场以纪念他的妻子；他在科林斯建造了一座戏院，他送给德耳法一个赛马场；送给温泉关一个浴池，送给卡努西乌姆一个高架渠，如此等等。这个奴隶和平民世界的情景给人的印象是深刻的。这些奴隶和平民从来没有被咨询过，在他们头上的那些富豪，恣肆于炫耀自己的"爱好"，而他们却无份参与。在希腊和亚洲有许多碑铭仍保留着"恩人和施主"希罗德斯·阿提卡斯的名字，他在帝国内到处遨游，好像帝国是他私人的花园一样，用这些装饰品来为自己留名。他并不自限于美丽的建筑。他也是个哲学家，虽则他的智慧一点也没有留传下来。他在雅典附近有个别墅，欢迎哲学家们去光顾，只要他们能使这赞护者相信他们的长处是真实的，只要他们能敬慕地听取他的说教和不以傲慢的争论去冒犯他。

显然在罗马昌盛的这两个世纪里，世界并没有什么进步。在停滞中它是快乐的么？有十分明白的征状表明，罗马帝国的广大群众，为数约在一亿和一亿五千万之间，在辉煌的外观底下是不快乐的，也许是极其悲惨的。的确，帝国内部并没有大的战争和征服，很少饥馑或火灾或凶杀来折磨人；但是，另一方面，几乎每一个人的自由活动都受到政府的尤其是富豪财产的可怕的限制。对于既非富豪和官吏，又非这些人的妻女和寄生者的广大多数来说，生活肯定是艰苦的、沉闷的和缺乏兴趣与自由到了一个现代人几乎不能想象的程度。

特别有三件事可以引用来证实这个时期是个普遍抑郁的时期。第一件是老百姓极端不关心政治事件。他们以完全冷淡的态度来对待一个接一个暴发的觊觎王位者。这些事情与他们似乎毫不相关，希望早已幻灭了。不久，当蛮族涌进帝国时，除了军团外谁也不出来阻挡他们。根本没有群众的抵抗。如果民众起来抵抗，蛮族到处都是寡不敌众的。但是民众并不抵抗。这表明罗马帝国对其广大居民来说似乎已是不值得为之战斗的东西了。对奴隶和老百姓来说，蛮族也许比帝国官吏的骄横统治和富豪折磨人的劳役，会给他们更多的自由和较少的侮辱。宫殿的焚劫和偶尔的大屠杀给富豪和有教养的人的震惊远甚于给罗马社会底层的群众的震惊。我们所知道的关于帝国体制崩溃的情况是从前者的记载中得知的。大量奴隶和老百姓也许参加了蛮族的行列，他们很少知道种族或爱国的偏见，并且乐于接受任何有前途的召募。无疑在许多情况下，居民们发现蛮族比收税官和奴隶的监工更为残酷。但是他们发现得太晚了,要进行抵抗和恢复旧秩序都已经来不及了。

可以用来证明同样结论——在安敦尼时期,对穷人、奴隶和大多数人民来说,日子几乎是不值得过下去的了的第二个征兆是,帝国人口的逐渐减少。人民不肯生育儿女。我们认为,他们这样做是因为他们的家室都不能免受压迫,因为就奴隶来说,连夫妻都没有不被分散的保证,因为他们对儿女不再有什么自豪或合理的期望。在近代国家里人口繁殖的地区总是农村,在那里农民多少是安定的;但在罗马帝国佃农和小自耕农不是苦恼的负债者,就是被种种束缚手脚的罗网迫得成了垂头丧气的农奴,或者被奴隶的伙群生产撵离了土地。

足以证明昌盛时期对广大群众来说是十分不幸和精神忧郁的时期的第三个迹象见于全国居民中新的宗教运动的传播。我们已见到在犹太这个小国里,全国怎样会受到认为生活过得不满和委曲而必须加以改正的信念的感染。正如我们所知道的,在犹太人的思想里凝结成了唯一真神的诺言和救世主或弥赛亚即将来临的观念。在罗马帝国全境传播的观念却与此不同。它们对"为了得救我们必须做些什么?"这一普遍问题只有些不同的答案。对生活如此之厌倦,经常的和自然的结果是把想象投向来世;在来世,今生的一切苦难和不平都会得到解救。这种来世解救的信念是对当前苦难的一服有力的麻醉剂。埃及宗教早已渗透了对永生的期待,我们已见到在亚历山大城的塞腊皮斯和埃西斯崇拜里,这个观念怎样成了它的中心。地中海种族的那些古代的得墨忒耳和奥菲士神秘仪式复活了起来,并和这些新的崇拜结合成了一种神权政治。

第二个重大的宗教运动是米特腊教,即太阳神崇拜,它是拜火教的发展,起源于很古老的雅利安人的宗教,可以追溯到分裂成波斯人和印度人以前的印度—伊朗人。在这里我们不能详细考察它的神秘仪式(见莱格:《基督教的先驱和对手》)。米特腊是光明之神,正义的太阳,在这种崇拜的神龛里他总是被表现为手刃圣牛的形象,圣牛的血就是生命的种子。米特腊的崇拜吸收了许多其他成分搞得很复杂,只须说约在庞贝大将时传入罗马,开始在罗马诸帝和安敦尼治下广泛流行就够了。像埃西斯宗教那样,它作出永生的诺言。它的信徒主要是奴隶、士兵和苦难的老百姓。在其礼拜方式、祭坛前点烛等方面,它和罗马世界的第三个重大宗教运动——基督教,后来发展的仪式有一定表面上的相似之处。

基督教教义也是讲永生和得救的,它最初主要是在微贱和不幸的人中间流传。基督教曾被现代的作家抨击为"奴隶的宗教"。当时它就是这样的。它吸收奴隶和被蹂躏的人,它给了他们希望和恢复了他们的自尊心,使得他们像人一样地站起来拥护正义，面对迫害和拷问。关于基督教的起源和特性，我们将在以后的一章中详述。

3 罗马帝国治下的艺术特征

我们已说过，罗马的艺术和文学只不过是伟大的希腊文化的一个分支，它继承了希腊和近亚巴比伦和埃及所给的一切。但在某些方面，罗马世界有它自己明确的推进，没有比建筑更为突出的了。罗马帝国标志着历史上的一个新阶段，规模上起了变化，反映在更大胆和更庞大的建筑上。罗马对建筑的主要贡献是水泥和圆拱的到处使用。罗马军团开到那里，圆拱和水泥就传到那里。水泥使得巨大的圆顶和穹窿成为可能，并能用大理石盖面。豪华的科林斯圆柱被采用了，加以变化和加工并跟圆拱结合用在一起。连拱廊是典型的罗马建筑。同样地还有倾向于圆形建筑和用连拱廊叠成的层楼。罗马人所到之处都留下圆形露天剧场、拱形凯旋门、柱廊街道、高架渠和宫殿式的建筑。他们还修筑了带有适当坡度、精美桥梁、高架渠的道路。至今意大利人还是世界上最优秀的筑路者。

罗马的建筑术并不是像埃及和希腊那样循序发展的。它最初跟从伊特剌斯坎人的路线，用木材构造，敷以赤陶土。逐渐用石头代替了木材。但是随着帝国的来临，希腊建筑师来到了罗马，抓住给他提供的新机会和新材料。罗马建筑与其说是逐步发展起来的，不如说是突然发生的。但一旦突然发生就大大地流行了。

生气勃勃的雕刻本质上也是希腊的，它和罗马的鹰像是一致的。富豪社会几乎不可避免地产生肖像画，在共和国晚期和帝国初期栩栩如生的富有个性的半身肖像或雕像发展到了顶峰。绘画也依旧充满活力。维苏威火山大爆发毁灭了庞贝和海格立斯城，但幸运地保存下了使近代世界得以欣赏的公元一世纪时丰富多样和优美的绘画艺术。这些是富豪们常去的胜地，但还不是第一流的富豪。这些地方所有的可爱的珍品使我们可以想见那些已失传的更精美的东西美好到什么程度了。

罗马帝国早期另一类工艺品使以前任何文明时期都相形见绌的是镶嵌细工。优美的玻璃器皿也达到了新的水平，主要是希腊和东方工匠的作品。

公元第二世纪末，临近西罗马帝国的不幸和混乱时，艺术上的生产力大受挫折。肖像画还是继续了下去，建筑重又复兴，但是第三世纪以后在东方影响下，雕刻上的明快的自然主义变得生硬了。

4 罗马想象力的迟钝处

我们已经指出了我们为什么说罗马帝制在政治上确是成长得很不健全的理由。去写它的治国之道是荒谬的，它没有。充其量不过是有一种官僚行政用以维持世界和平于一时，但在确保和平上终归彻底失败了。

让我们在这里提一下它失败的主要因素。

它失败的线索全在于缺乏任何自由的思想活动与任何增长、发展和应用知识的组织。它看重财富而轻视科学。它把政府交给了富豪，而且幻想在需要明智之士时可以从奴隶市场上去讨价还价地买来使用。因此，它是个极其无知和没有想象力的帝国。它毫无预见。

它没有战略远见，因为对地理学和民族学惘然无知。他对俄罗斯、中亚和东方的情形一点也不知道。它满足于以莱茵河和多瑙河为界，不想努力使日耳曼罗马化。但是只要一看绘着罗马帝国的欧洲和亚洲的地图就会明白，对西欧的生活和安全来说，一个温驯的、合并在一起的日耳曼是必不可少的。把它摈除在外，日耳曼就成了个突出的楔子，只要匈奴人这个锤子一击，整个西欧体制就会碎裂分崩。

此外，忽视了把边界向北推进到波罗的海，就把那个作为实验、训练和传授航海本领的场所留给了斯堪的纳维亚、丹麦和弗里西亚海岸的古代北欧人。罗马十分愚蠢地按着自己的道路走下去，忘记了北方有一个更新的和更强的海盗正在成长。

缺乏想象力的特质也同样使罗马人没有去发展地中海的航路。当蛮族不久逼近这温暖的水域时，我们没有读到过他们把军队迅速从西班牙或非洲或亚洲从海道运来营救意大利和亚德里亚的海岸。相反，我们看到的是汪达尔人未经一场海战就成了西地中海的主人。

罗马人被一整列的骑马的射箭手拦截于幼发拉底河边。显然，军团的组织不适宜于在开阔的土地上作战的，而且应当同样清楚的是东日耳曼、南俄罗斯或帕提亚的骑马的游牧民早晚定要同帝国一决胜负。但是凯撒开始以后两百年，开往各地的罗马兵士依旧是老一套训练出来的刀剑叮当的步兵大队，一旦被骑马的射箭手包围，很容易被射得四处溃散。罗马帝国甚至从卡利的失败中也没有吸取教训。

罗马帝国对革新运输方法上的无能也是惊人的。十分明显，它们的力量和统一有赖于部队和给养从帝国的一地到另一地的迅速调动。共和国修筑了极好的公路，而帝国却从来没有去改进它们。安敦尼朝以前四百年，亚历山大城的希罗已经制造了第一架蒸汽机。像这样的一些科学萌芽的优美记录却埋没在全国各地富豪们的图书室里。它们是撒在硬土上的种子。马可·奥里略的军队和信差完全像三个世纪以前的西庇阿·阿非利加的军队那样在那些公路上辛苦地奔走。

罗马作家们常常哀叹这时代的萎靡不振，那是他们最爱念的经。他们认识到森林、草原和沙漠里的自由人比他们的公民更吃苦、更奋勇作战，但是从来没有想去发展他们积累起的人口所自然产生的工业力量来作出抵销这种差距的装备。相反，他们招纳蛮族进入他们的军团，教会他们作战的技能，把他们开往帝国各地，并把他们带着学好的本领送回他们自己人中间去。

看到了这些明显的疏忽，罗马人完全不关心更微妙的东西——帝国的灵魂，也没有努力去教育或训练它的老百姓使他们自觉地参与帝国的生活，这些就不足为奇了。这种教育或训练的确是与富豪和帝国官员们的思想背道而驰的。他们把宗教作为工具；科学、文学和教育则都委托给那些像犬马似的被豢养、训练和贩卖的奴隶们去照管；无知、自大和卑鄙，罗马金融财富的冒险家们，他们创建了这帝国，就这样以为万无一失地凌驾于一切之上，而他们的毁灭却正在帝国内外日益酝酿积聚。

到了公元第二三世纪，过重负担和过度紧张的帝国机器已在蹒跚地走向它的灭亡了。

5　大平原的骚动

如果我们要清楚地了解罗马帝国的真实情况，那么我们现在必须把眼光转向它的北部和东部边疆之外的世界，一片平原的世界，它从荷兰越过日耳曼和俄罗斯直到中亚和蒙古的丛山绵亘不断。我们还得稍稍注意到当时并行于世的中华帝国，它那时正在巩固和发展成为一个远比罗马人所曾经建成的更为坚强、更为持久的道德上、智能上为统一的国家。

E·H·帕克先生说，"即使在我们欧洲受过最高教育的人中，总是习惯于发表响亮的词句，说什么自己是'世界的主人'，'把世界上一切国家置于欧洲的统治之下'，等等，实际上只包括地中海的某一角落，或者对波斯和高卢的短促突击。居鲁士和亚历山大、大流士和薛西斯、凯撒和庞贝，他们固然都做过十分有趣的远征，但它们若比之于亚洲另一端正在进行的征战，在规模上和在对人类的利益上肯定地都相形见绌了。西方文明有较多的技艺和科学，这些是中国从不关心的；但是另一方面，中国发展了历史的和批判的文学、文雅的举止、奢华的衣着和行政管理体制，欧洲如果能有这些也会感到自豪的。总而言之，远东的历史和远西的历史同样是饶有兴味的,只是必须有阅读它的能力。当我们轻蔑地把发生在鞑靼平原上的巨大事件撂开不顾时,我们不要过分责备中国人对星罗棋布在地中海和里海周围的那些在他们看来微不足道的国家所干的事情不感兴趣,而这些国家在当时实际上就是我们在欧洲所知道的整个世界。"(E·H·帕克:《鞑靼人的一千年》)

我们已经提到过始皇帝这个名字,他统一了比今天的中国范围小得多的一个帝国,但仍是幅员广大、人口众多的,它从黄河流域延伸到扬子江流域。他在公元前246年做了秦王,在公元前220年做了皇帝,一直统治到公元前210年,他在这三分之一世纪里所完成的统一工作,和两个世纪后奥古斯都·凯撒在罗马所实现的事业大体是相同的。他死后有四年的王朝动乱,然后(公元前206年)建立起了一个新的王朝,即汉朝,它统治了229年。公元开始的25年里发生了一个篡权者的动乱;然后被称为东汉的王朝恢复了权力,又统治了一个半世纪;直到相当于罗马安敦尼朝时,中国受到11年瘟疫的灾难,陷于混乱。就是这同一瘟疫,我们不妨指出,也使西方世界产生了一个世纪的混乱(见第一节)。但是总的来看,直到这件事的发生,中国有四百多年一般来说是太平的,大体上是治理得好的,这样久长的一段强大昌盛时期,在西方世界的经历中是从来没有可以比拟的。

汉朝的君主中只有第一个皇帝继续执行了始皇帝反对儒生的政策。他的继承者又恢复了经书,因为旧的分立的传统已被打破,他看到了统一中国的团结力量在于帝国全境内学术的划一。当罗马世界尚茫然不知有任何普遍的思想组织工作的必要时,汉朝的皇帝正在中国全境建立起一个统一的教育和科举制度,它使这个巨大和不断扩张的国家在思想上维持团结直到近代。罗马的官僚们出身和传统最为复杂多样;而中国的官僚们直到最近仍是出于同一模子,都是一个传统的成员。自从汉代以来,中国经历了政治命运上的巨大盛衰兴废,但是从未改变它的基本性格;它曾经分裂过,但它总是又恢复了统一;它也被征服过,而它总是吸收和同化了它的征服者。

但是从我们现在的观点来看,在始皇帝和两汉治下中国统一巩固的最重要后果,在于它对中国北方和西方边境游动的部落所作出的反应。在始皇帝以前的几个混乱的世纪里,匈奴人已占据了蒙古和中国北部的大部地区,而且任意入侵,任意干涉中国内政。中国文明的新力量和新组织开始一劳永逸地改变了这种事态。

我们在初次叙述中国的起源时已提到了匈奴人。现在必须简单地解释一下他

第二十七章　海洋和大平原间的罗马诸帝 / 381

们是什么人、是什么样的人。就是在使用 Hun 这个字作为匈奴人的普通同义词上，我们已踏上了有争论的领域。在我们关于西方世界发展的叙述中，我们已有机会提到了斯基台人，并且解释了为什么不容易把那些基墨里人、萨尔马提亚人、米地人、波斯人、帕提亚人、哥特人以及其他在多瑙河和中亚之间的一块大弧形地带往来移动的、多少是游牧的雅利安各族人互相区别清楚。当部分雅利安人向南移动、获得了和发展了文明时，其他的雅利安人却在发展流动的和游牧的生活；他们正在学习住进帐篷里，用轮车运输，放牧牲畜。他们也在学习用乳奶作食品的基础，比过去大概越来越不务农业，甚至不去收割靠天成长的谷物了。他们的这种发展也是由于气候缓慢变化所促成的，这种变化正在使南俄罗斯和中亚的沼泽、森林、平原被草原和广阔牧场所代替，适宜于健康的、非定居的生活，夏季和冬季牧场之间每年一次的迁移成为必要。

这些人只有最低级的政治形式；他们分裂，他们混杂一起；各个不同的种族有相同的社会习惯；他们之间不容易、不可能明确区别的原因就是这样产生的。中国文明地区以北和西北的蒙古利亚各种族的情况也十分相似。无可置疑，匈奴人（Huns）和后来称作的蒙古人都差不多是同一种人，不久突厥人和鞑靼人从这同一流动的蒙古利亚人口中分了出来。卡尔梅克人和布里亚特人是这同一血统后

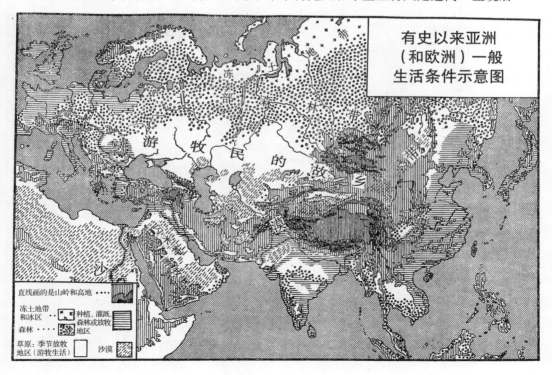

来的发展。这里，我们赞成把"Hun"这个字用作这些部落的泛称，正如我们在西方任意和广泛地使用"斯基台人"那样。

中国的统一巩固对这些匈奴人来说是一件很严重的事。到那时为止，他们过剩的人口冒险南下进入分裂混乱的中国，像水浸入海绵那样。现在他们发现了有道长城挡住他们，一个坚强牢固的政府和有纪律的军队把他们隔离在草原上。长城虽然挡住了他们，但没有挡住中国内地的人。这些中国人正在这几个世纪的和平岁月里生长繁殖；随着生长繁殖，他们带着房屋和犁逐步扩向凡是土质允许他们居住和耕种的地方。他们向西进入西藏，向北和向西北也许达到了戈壁沙漠的边缘。他们扩展到了匈奴游牧民的家乡、牧场和猎区，正像美国白人向西扩展进入红种的印第安人的猎区那样。尽管匈奴人对他们进行袭击和屠杀，他们简直还是那样不可战胜的，因为他们有数量上的压力和背后有个强大的报复性的政府。即使没有后者的支持，中国的农业文明也具有巨大的渗透和扩张的力量。他慢慢地扩展，继续不断地已有了三千年。今天它在向满洲和西伯利亚扩展。它扩展到哪里就在哪里深深地扎下了根。

匈奴人部分地被中国内地的人所开化和同化了。较北部的匈奴人被挡住了，他们的极充沛的精力转向西方。南部的匈奴人并入了帝国的人口。

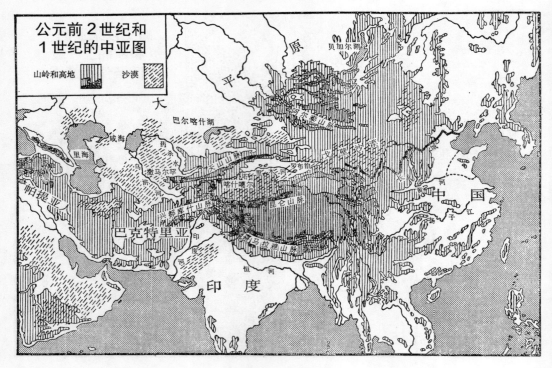

读者如果查阅中亚的地图，他将看到十分巨大的山脉把亚洲的南部、西部和东部的各族分隔开来（但是读者从默凯托尔的投影绘成的地图上形成他的观念时必须小心，因为这种地图极为夸大了北亚和西伯利亚的面积和距离）。他将看到从中央主脉向东分出三大山系：喜马拉雅山脉走向东南方，在西藏之南；昆仑山脉走向东方，在西藏之北；天山山脉走向东北方和阿尔泰山脉相联。再向北方是一片大平原，仍在逐渐变得温暖和干燥。介乎天山和昆仑山之间的一块地区是塔里木盆地（大体上等于东突厥斯坦）。这地方的河流从来流不到海里，而没入于沼泽和断续的湖泊中。这个盆地过去比现在肥沃得多。塔里木盆地西边的山障是很高的，但并不险峻；有许多可以通行的道路，下达西突厥斯坦；人们有可能沿着昆仑山脉的北麓，或是由塔里木河谷向西从中国内地旅行到边境喀什噶尔（各路会合于此），并越过山脉到达浩罕、撒马尔罕和布哈拉。于是这里在历史上成了雅利安人和蒙古利亚人的天然会合之处。他们原是在这里或是由海上绕道到这里的。

我们已提到过亚历山大大帝怎样在公元前329年来到了山障的一边。突厥斯坦群山高处有一个湖还保存着他的名字。的确，他的大举征掠的传统如此生动，几乎中亚古代遗迹的每处石址至今还被说是"伊斯坎迪尔"的。这地区历史的光辉这样一闪之后又消失了，当它再次发亮时却在山障之东，而不在其西了。

远在东方，始皇帝把匈奴人击溃了，并修筑了长城把他们摒于中国当时的本土之外。这些人一部分留在中国北部，这部分余留下来的在两汉时注定在生活上同中国内地的人混合了，但是还有相当大的一部分转向西去，并（于公元前第二和第一世纪）把在他们前面的血统上相同的称为月氏的人从昆仑山的东端赶到了极西端，最后越过那山障进入西突厥斯坦的一度是雅利安人的地区。这些月氏人征服了稍受希腊化的巴克特里亚王国［大夏］，并在那里同雅利安人相混合。以后这些同雅利安成分混合了的月氏人形成了印度—斯基台人，继续从开伯尔山口而下，征服了印度北部部分地区直到贝拿勒斯（公元100年到150年），扫清了希腊统治印度的最后痕迹。

蒙古利亚各种族这次向西的大涌进大概并不是第一次，但这是第一次有记载的西进。在月氏人后面是匈奴人，在匈奴人后面是当时把他们赶向北走的中国生气勃勃的汉朝。在汉代皇帝中最强大的武帝统治下（公元前140年到公元前86年），匈奴人被向北逐出整个东突厥斯坦或被降服，塔里木盆地充满了从中国内地来的移民，商队带着丝绸、漆和玉西行去交易亚美尼亚和罗马的金银。

月氏的西进是有记载的，但相当明显的匈奴诸部向西移动并无记载。从公元前200年到公元200年，中华帝国维持着一条结实、坚决和向前推进的前线来对抗游牧生活方式，过剩的游牧民逐渐向西流动。在中国人方面没有我们在罗马所见到的那种安居在莱茵河和多瑙河上的最后边界后面的情形。受着中国人冲击的游牧民几个世纪以来转向南移，最初是朝着巴克特里亚。公元前第一世纪的帕提亚人大概和斯基台人及蒙古利亚人混合了。毁灭克拉苏斯的军队所用的"响箭"，似乎最初来自阿尔泰山和天山。公元前第一世纪以后更有吸引力和更少阻力的道路有一段时间是指向里海以北。在一个世纪左右，整个称为西突厥斯坦的地方被"蒙古化"了，直到如今还是这样。中国第二次强大推进大约开始于公元75年，这加速了游牧民的向西流动。公元102年，一个中国的将军班超，从他在里海（或如某些权威所说的是在波斯湾）上的前哨营地派人探听罗马实力的细节。然而他们的报告决定了他不再前进。

到了公元第一世纪，游牧的蒙古利亚人显然已到了欧洲的东部边界，并已同诺迪克游牧民以及同从里海—帕米尔地区赶出来的诺迪克成分大大地混合了起来。带有匈奴血统的人已定居在里海和乌拉尔之间。他们的西边是阿兰人，大概也是一种混有诺迪克成分的蒙古利亚人。公元前65年当庞贝大将在亚美尼亚时，他们曾和他作战。这些人到那时为止还是蒙古利亚人新的向西前进中走得最远的人，他们直到公元第四世纪，没有更向西前进了。在他们的西北是芬兰人，也是一种蒙古利亚人，早在西面直到波罗的海的地方定居了下来。

匈奴人之西，顿河以外，都是纯粹的诺迪克部落，哥特人。这些哥特人已从他们在斯堪的纳维亚的发源地向东南伸展。他们是属条顿族，在我们表示操雅利安语的人的那幅地图上已经指出了他们在横渡波罗的海。哥特人继续穿过俄罗斯向东南移动，他们利用河流，从来没有忘记他们在波罗的海上的航行术。随着他们向下扩张到黑海，他们无疑同化了不少斯基台居民。在公元第一世纪，他分成两大支：在顿河和第聂伯河之间的奥斯特罗哥特人，即东哥特人，和在第聂伯河以西的维西哥特人，即西哥特人。第一世纪期间大平原是沉静的，但是人口在增加，部落在骚扰。第二和第三世纪似乎是一个比较潮湿的季节，水草茂盛。不久，在第四和第五世纪，气候干燥，水草稀少，游牧民重新动荡了起来。

值得提到的是，公元开始的这个世纪里，中华帝国是强盛得足以把剩余的蒙古利亚游牧民推逐到它的北方去，不久这些人征服了北印度，积聚了力量，并同雅利安游牧民相混合，最后像雪崩一样落到虚弱倒退的罗马帝国头上。

在我们继续讲到那时开始落到罗马帝国头上的横祸，以及一两个伟大人物设法挽救帝国的崩溃以前，我们不妨简单地说一说关于那些正在从中国边界西向黑海和波罗的海扩展的野蛮的蒙古利亚人的习惯和品质。至今还是欧洲人的习惯，跟着罗马作家的腔调,把匈奴人及其同伙写成难以置信地破坏成性和残酷无情。但是我们所有的罗马人的这些记述都是在恐慌时期写下的,罗马人对他的敌人可以恣意大肆诬蔑,甚至现代宣传能手都会感到妒忌。

他可以大讲"布匿[迦太基]的信用",用作指背信弃义的俗语,而同时对迦太基施行最险恶的阴谋诡计,他咒骂、谴责这种或那种人的残暴成性,往往就是他自己要动手进行可怕的屠杀、奴役或抢劫的预兆和借口。他很有一种近代的"自我辩护"的爱好。必须记住,说匈奴人野蛮和可怕的,正是那些以格斗表演为其主要娱乐、以把罪犯钉死在十字架为其对付起义和民变的主要手段的人。自始至终罗马帝国这样杀死的人一定有几十万人。可以控诉其加害者野蛮成性的是这帝国人口中占大部分的奴隶,他们实际上几乎受尽了奴隶主的一切淫威或折磨。在我们哀悼罗马帝国被蛮族覆没之前,我们应当记住这些事实,不要以为人生一切优美的东西都被全是黑暗和丑恶的事物所灭绝了。

事实似乎是匈奴人是东方相当于原始雅利安人的人。尽管他们在种族上和语言上有深刻的差别,他们十分容易地和成功地同多瑙河及波斯以北的游牧的和半游牧的操雅利安语的各族残余混合在一起。他们对他们所侵略的人不是屠杀,而是编入兵籍和互通婚姻。他们具有一切注定要在政治上支配别人的民族所必备的天赋才能——容忍的同化力。他们到达较晚,他们游牧生活比原始雅利安人发展得较高。原始雅利安人是一种居住在森林里用牛驾车的人,后来才会用马。匈奴人是同马一起长大的。约在公元前1200年或公元前1000年时他们就开始骑马了。马嚼子、马鞍和马镫,这些都不是原始的东西;但是如果人和马要一气走长途的话,这些东西是必需的。应该记住,骑马还是件多么近代的事。人骑上马鞍总共还不超过三千多年(见罗杰·波科克:《马》,一本很有趣和生动的小书)。我们已指出过在历史上战车、骑马的人和最后经过训练的骑兵是怎样逐渐出现的。这些事情都是来自亚洲的蒙古地区。中亚的人们经常是宁可骑马不愿步行的。拉策尔说,"草原上可以找到大量的强壮、长颈的马匹。对蒙古人和土库曼人来说,骑马并不是一种奢侈;连蒙古牧羊人都在马背上看管羊群的。孩子们很小就学会骑马;三岁的男孩经常在一个安全的童鞍上学他第一堂的骑术课,进步得很快。"(《人类的历史》第5卷,C)

不可能假定匈奴人和阿兰人同现在亚洲草原地区的游牧民在性格上会有很大的不同,几乎所有观察者都同意把后者描写成极为正直和极为豪爽的开朗而愉快的人。拉策尔说:"地道的中亚的牧民的性格是拙于口才、坦率、粗犷而天性善良、自豪但也懒惰、易怒、报复心强。他们脸上露着颇为率直、带着可爱的天真……他们的勇气与其说是冷静的大胆，不如说是好斗的突然发作。宗教狂热他们没有。好客是普遍的。"这并非一幅完全令人讨厌的画面。他进一步还说，他们的举止比突厥斯坦和波斯城镇里的人较为安静和庄重。此外游牧生活防止了任何巨大的阶级不平等或任何大规模的奴隶制的发展。

当然，这些从亚洲来的人完全是文盲和艺术上不发达的。但我们不能因此而假定他们是原始的野蛮人，和假定他们的生活状态是处在农业文明兴起以前很久的水平上。不是这样的。他们也发展过，但是沿着一条不同的路线发展的，也许是一条思想不那么复杂，更重个人尊严，肯定是同风和天空接触得更密切的路线。

6 西罗马（真正的罗马）帝国的崩溃

随着罗马中央权力的衰微，日耳曼诸部落初次严重的闯入罗马帝国是从第三世纪开始的。我们将不使读者纠缠于各个不同的日耳曼部落的名称、特点和它们的相互关系这类麻烦和错综的问题。历史学家很困难把它们分别清楚，使这种困难更加深重的是在于它们自己并不着意于分别清楚。

我们发现在公元236年有一种叫法兰克人突破了莱茵河下游界线；另一种叫阿勒曼尼人涌进了阿尔萨斯。一次严重得多的向南推进是哥特人的南下。我们已经指出这些人出现在南俄罗斯，以第聂伯河为界分为西哥特人和东哥特人。他们又在黑海上变成了航海民族——他们的传统大概是沿着水路从瑞典迁移来的，因为现在仍然有可能从波罗的海划船越过俄罗斯到达黑海或里海，只有几处要走连运的陆路——他们从罗马人的控制下夺取了东方海面的支配权。

不久他们袭击了希腊海岸。247年他们还渡过了多瑙河，在陆上大举劫掠，并在现今的塞尔维亚打败和杀死了皇帝狄西乌斯。达西亚省从罗马历史上消失了。270年他们在塞尔维亚的尼什败于克罗狄乌斯，276年他们入侵蓬土斯。驻高卢的军团发现这时对付法兰克人和阿勒曼尼人最有效的办法是在高卢另立一个皇帝，让他们自己管理自己的事，这表现出了帝国的软弱无能。

此后蛮族暂时被制止了。276年皇帝普罗布斯强使法兰克人和阿勒曼尼人回到莱茵河之外。有意义的是，由于这些侵袭所造成的普遍不安的气氛使皇帝奥雷连（270—275年）在罗马设防，而罗马在帝国早期的全部年代里一直是一座出入自由的安全城市。

公元321年，哥特人又来到了多瑙河上，劫掠了现今的塞尔维亚和保加利亚。他们被君士坦丁大帝赶了回去，关于君士坦丁大帝我们在下一章里还要讲到。约

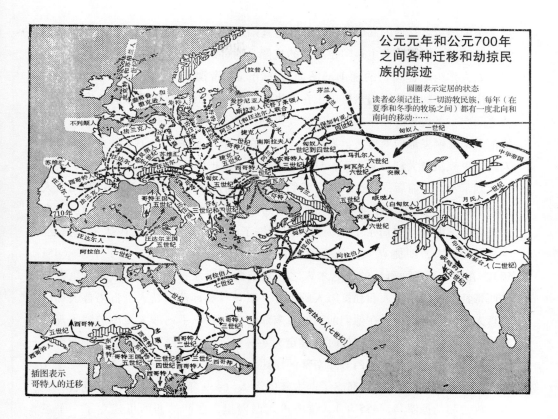

在他统治的末年（公元337年）一种和哥特人血统上很近的汪达尔人被哥特人所逼迫，得到罗马的准许，渡过多瑙河进入了潘诺尼亚，就是现今多瑙河以西的那部分匈牙利。

但是到了四世纪中叶东方的匈奴人又进行侵略了。他们久已降服了阿兰人，现在他们又臣属了奥斯特罗哥特人，即东哥特人。维西哥特人（或西哥特人）效法汪达尔人，作出了渡过多瑙河进入罗马领土的安排。在讲和的条件上有些争执，维西哥特人日益愤怒，采取了攻势，在亚德里雅那堡打败了皇帝瓦兰斯，他死于是役。这时罗马人才允许他们定居在现今保加利亚，他们的军队名义上成为罗马军队，虽然他们保留了自己的首领，其中最主要的是阿拉里克。哥特人阿拉里克的主要敌手是一个潘诺尼亚的汪达尔人斯提利科，这表明罗马帝国已经发生的"蛮族化"现在更加彻底了。驻高卢的军团是由一个法兰克人统率的，皇帝狄奥多西乌斯一世（379—395年在位）是一个西班牙人，支持他的主要是哥特人的辅助部队。

这时帝国已最后分裂成东（讲希腊语）西（讲拉丁语）两部分。狄奥多西乌斯大帝的继承者是他的两个儿子，阿卡迪乌斯继位于君士坦丁堡，霍诺里乌斯继位于腊万纳。东部的君主是阿拉里克的傀儡，西部的君主是斯提利科的傀儡。这时匈奴人作为斯提利科的辅助部队而首次出现在帝国境内。在东西两部的斗争中，边界——如果我们仍然可以说在外边的未经授权的蛮族和里边的被雇佣的蛮族之间有一条边界的话——消失了。新来的汪达尔人、更多哥特人、阿兰人、苏维汇人毫无顾忌地向西挺进，靠地方过活。在这场混乱中发生了一件大事。哥特人阿拉里克从意大利长驱而下，只包围了短期，就把罗马攻占了（410年）。

到了425年前后，汪达尔人（我们提到过他们原来是在东日耳曼）和阿兰人（我们初次提到他们是在俄罗斯东南部）的一部分横越高卢和比利牛斯山脉，在西班牙南部混合和定居了下来。匈奴人占据了潘诺尼亚，哥特人在达尔马提亚。一支斯拉夫人，即捷克人，来到了波希米亚和摩拉维亚，并定居了下来（451年）。在葡萄牙和西班牙的汪达尔人之北是维西哥特人和苏维汇人。高卢正在被维西哥特人、法兰克人和勃艮第人所瓜分。下日耳曼部落朱特人、盎格鲁人和萨克森人侵入了不列颠，在他们前面的西南部的克尔特·不列颠人渡海逃到了现今法国的布列塔尼。这次入侵的时期被定为449年，但大概还要早些。由于两个帝国的政客们密谋的结果，西班牙南部的汪达尔人在国王根塞里克统率下，一块儿乘船去到北非（429年），都成了迦太基的主人（439年），取得了海上霸权，袭击、攻占和劫掠罗马（455年），渡海进入西西里，在西部西西里建立了一个王国，维持了一百年（直到534年）。这个汪达尔王国在其版图最广时（477年）除了北非的大部分外还包括科西嘉、撒丁岛和巴利阿里群岛。

关于这个汪达尔王国，有些事实和数字很清楚地说明这些蛮族入侵的真实性质。它们并非真是一个民族或种族被另一个民族或种族所征服和代替；所发生的事与此很不相同，它是被外表上的异族征服所开始和掩盖了的一场社会革命。例如，整个从西班牙到非洲来的汪达尔民族，男女老少不超过八万人。我们知道这个数目，因为我们掌握关于运输问题的详情。舒尔茨博士告诉我们，在他们夺取北非时，"当地居民没有表示出任何严重抵抗的迹象；博尼法斯（北非的罗马总督）曾用哥特人的雇佣兵来保卫希波，而当地居民并未予以多少协助，乡间的游牧部落或是采取暧昧态度，或是利用罗马总督的困难进行攻击和从事掠夺的远征。这种风纪败坏是社会情况的产物，也许这方面非洲发展得比罗马帝国的其他部分更为差些。自由农民早已变成了大土地所有者的农奴，他们的地位比起随处可见的奴隶群众好不了多少。随着皇权威严的降低，不择手段的总督们执行的暴敛政策日益恶劣到了空前的程度，也轮到大地主们成为这种政策的容易的受害者了。从前有野心的人争着要当元老，这时却没有一个稍有财富的人愿意在大城镇里的元老院中占一席位了，因为元老们必须补足岁入中的全部亏空，而这时亏空是经常的和大量的……血腥的起义一再发生，最后总可以追源到赋税的压力"……（赫尔莫特《世界史》）

显然地，汪达尔人的进入，积极地挽救了这一体系。他们消灭了大地主，扫除了全部对罗马债主的欠债，并废除了服军役的最后残余。小农发现他们的景况较好了；下级官吏原职不动；这不是一次征服，而是绝处逢生的一次解放。

当汪达尔人仍在非洲时，匈奴人中间兴起了一个伟大的领袖阿梯拉。他的政府坐落在多瑙河以东的平原上。一时他支配着由匈奴和日耳曼诸部落组成的相当大的帝国，他的统治从莱茵河伸延到了中亚。他以平等地位同中国皇帝进行谈判。他欺吓腊万纳和君士坦丁堡达十年之久。东罗马帝国皇帝狄奥多西乌斯二世的孙女——霍诺里亚，是个在这个世界上招惹了不少是非的多情少女。她由于同一个宫廷内侍搞恋爱而被拘禁了起来，她派人把她的戒指送给阿梯拉，请求他做她的丈夫和救助者。她还怂恿汪达尔人根塞里克来攻打东罗马帝国，根塞里克正面对着东西两个皇帝联盟的局面。他出兵南进直抵君士坦丁堡城下，吉本说，在他进军路上彻底摧毁了70个城市，并把一项苛刻的和约强加给皇帝，和约里显然不包括把霍诺里亚释放给她的英雄。

时间相隔这么久远，我们无法猜测他不提这个条件的动机。阿梯拉继续把她说成是他的未婚妻，并以此关系为借口进行侵略。在随后的谈判中一个叫普里斯库斯的人陪同使团来到匈奴君主的营地，他所写纪事的片断仍然保留至今，使我们可以瞥见这个伟大的征服者的营地和生活方式。

这个使团本身是个组织得很奇特的团体。为首的是马克西明，是个诚实的外交家，怀着诚意去的。在普里斯库斯陪同的远征队里有个译员叫维季利乌斯，还负有狄奥多西乌斯宫廷的秘密使命，即通过贿赂来暗害阿梯拉。这件事马克西明完全不知道。这小小的远征队取道尼什，乘独木船渡过了多瑙河，船是用一根树干挖成的，沿途有供应他们膳食的村庄。不同的饮食很快引起了使团的注意。普里库斯提到蜂蜜酒代替了一般的酒、小米代替了玉米，还有一种由大麦蒸馏（吉本）或酿造的饮料。穿越匈牙利的旅行会使读者想起维多利亚时期中非旅途上的许多事情。旅客们还很有礼貌地被提供临时的妻子。

阿梯拉的首府与其说是一座城镇，不如说是一座大营房和村庄。那里只有一座石建筑，一间按照罗马式样造的浴室。人民群众住在茅屋和帐篷里；阿梯拉和他的主要人员同他们周围的许多妻子和侍从，都住在有栅栏的大围场里的木结构宫殿里。那里陈列着无数战利品。但是阿梯拉本人自奉像游牧民那样简朴；他用的是木杯和木盘，从不吃面包，他勤于工作，常在宫门前公开接见，经常骑马出行。雅利安人和蒙古人都有的那种在厅堂里举行豪宴的原始习俗仍然保持，人们常常狂饮。普里库斯描写了弹唱诗人怎样在阿梯拉面前吟唱。他们"吟诵他们自己创作的诗篇，来祝颂他的英武和他的胜利。厅堂里一片沉静，客人们的注意力被合唱的歌声吸引住了，唤醒了和保持了他们勋绩的记忆；跃跃欲试的战士们眼里闪出了战斗的热情；老年人的眼泪里表现出他们强烈的失望，他们不能再在沙场上分担危险和光荣了。这一场款待可以看作是一所军事德性的学校。接下去却是一出败坏人性尊严的闹剧。摩尔人和斯基台人的丑角一个接一个地用丑化了的形状、可笑的服装、古怪的手势、荒唐的语言以及拉丁、哥特和匈奴口音混杂的奇怪的莫明其妙的吵闹来勾引粗犷的观众的欢乐，大厅里响起一阵阵响亮而放肆的哄笑。在这种放纵嘈杂的闹宴之中，只有阿梯拉一人神色不变，保持他的坚定不移的严肃。（吉本）"

　　阿梯拉虽然通过密谋行刺的招供发觉到了维季利乌斯的阴谋，他还是让这个使团带着许多马匹等礼物回到君士坦丁堡。然后他派了一个特使去见狄奥多西乌斯二世，像人们所说的那样，给这君主讲一些心里的话。这个特使说："狄奥多西乌斯是名门子弟，阿梯拉同样是出身高贵的家族，他以他的行动来维护从他父亲蒙祖克那里继承下来的尊严。但是狄奥多西乌斯丧失了他父母的光荣，以承诺纳贡来自贬于奴隶的地位。所以命运和功绩把这个人置于他之上，他应当尊敬这个人；不应该像个邪恶的奴隶那样，暗中密谋反对他的主人。"

　　这直接痛快的凌辱遇到的却是卑鄙的屈服。皇帝乞求饶恕，并交付了一笔巨款。

　　451年阿梯拉向西罗马帝国宣战了。他侵入了高卢。就帝国的兵力来说，他可以为所欲为，他掠夺了法国的大部分城镇南至奥尔良。后来法兰克人维西哥特人和帝国的兵力联合起来抵抗他，在特鲁瓦发生了一场顽强的激战（451年），双方阵亡者达15万人以上，结果阿梯拉被打退，使欧洲免于蒙古利亚人的主宰。这场灾难并没有耗尽阿梯拉的资源。他把注意力转向南方，蹂躏了北意大利。他焚烧了阿魁雷亚镇和帕多瓦，劫掠了米兰，但在教皇利奥一世的恳求下，他订了和约。他死于453年……

　　自此以后匈奴人，就这名字在欧洲所习用的而言，阿梯拉的匈奴人，在历史上消失了。他们融合在四周的居民中。他们大概已很混杂，与其说是蒙古利亚人种不如说是雅利安人种了。他们并没有像人们假想的那样变成了匈牙利的居民，虽然他们大概在那里留下了许多后裔。大约一百年后从东方来了另一种匈奴人或其混血种称阿瓦尔人进入了匈牙利,但是这些人在791到795年又被查理曼赶向东方。马扎尔人,即近代的匈牙利人,是以后向西进来的。他们是一种突厥—芬兰人。马扎尔语是一种属于乌拉尔—阿尔泰语系的芬兰—乌戈尔语支的语言。马扎尔人大约在550年已住在伏尔加河上。他们大约在900年定居在匈牙利……我们离题太远了,必须回到罗马。

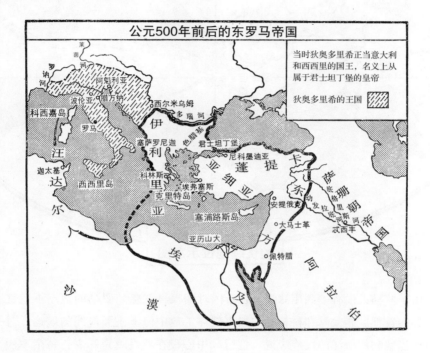

493年一个名叫狄奥多里希的哥特人做了罗马国王,但是罗马已经有17年没有皇帝了。这样,这个庞大奴隶占有制下的神性罗马诸帝的"世界霸权"和富豪们的罗马,就是这样在社会的彻底衰败和崩溃中告终了。

7 东罗马(复活了的希腊)帝国

但是,罗马帝国的体制虽然在整个西欧和北非已经崩溃,虽然债权已经消失、奢侈品的生产已经停止、金钱已经隐藏,虽然债主不能逼债、奴隶已没有主人,而罗马凯撒诸帝的传统依然在君士坦丁堡传袭下去。我们已有机会提到戴克里先(284年)和君士坦丁大帝(312年),把他们作为后期罗马诸帝中的两个杰出人物。在君士坦丁堡建立起一个新的帝国中心的应归功于这两人中的后一个。

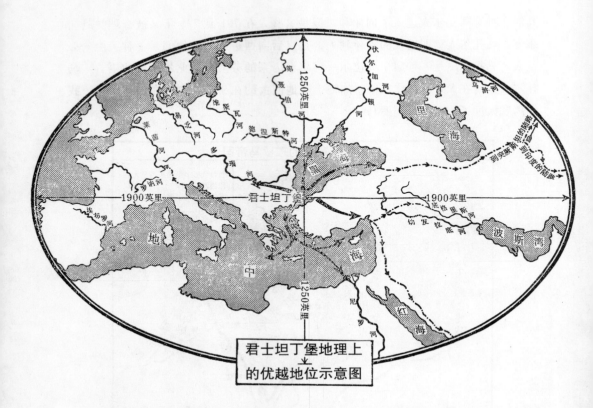

君士坦丁堡地理上的优越地位示意图

由于罗马人没有去利用海洋，在帝国时期很早就感到罗马的地点不适宜于作为世界的首都。迦太基和科林斯的毁灭破坏了地中海上主要航线的航运。对一个没有适当地利用海洋的民族来说，把行政中心设在罗马就意味着：每个军团、每次官吏的调动、每项命令必须在其能转向东方或西方之前，先得向北走完半个意大利的路程。因此几乎所有比较有为的皇帝总是在一些较方便地点的次要中心设立他们的陪都。西尔米乌姆（在萨瓦河上）、米兰、里昂和尼科墨迪亚（在比提尼亚）是这种陪都所在的地方。在戴克里先时，有一个时期帝国首都是在都拉索。靠近亚德里亚海湾头的腊万纳是在阿拉里克和斯提利科时最后几个罗马皇帝的首都。

是君士坦丁大帝决定把帝国政权的中心永远迁移到博斯普鲁斯海峡的。我们已提到过拜占庭这城，它是君士坦丁挑选来发展成为他的新首都的。在希斯提埃斯错综复杂的故事中有它的一份；它击退过马其顿的菲力浦。读者如果一查它的位置，就会看到在一长列有为的皇帝治理下，作为一个团结、精神振作和精于航海（这些东西过去没有赋予过这个民族）的民族的中心，它确是处于非常好的地位。它的大木船溯河而上可以深入俄罗斯的腹地和迂回每一次蛮族的挺进。它控制了通向东方的商路，它距离美索不达米亚、埃及、希腊以及那时世界上所有较繁荣和文明的地区都不算远。即使在一系列愚昧的君主统治下，在道德败坏的社会情况下，以君士坦丁堡为中心的罗马帝国的残余竟维持了将近一千年之久。

君士坦丁大帝显然是打算使君士坦丁堡成为一个没有分裂的帝国的中心。但是从当时可用的交通运输的条件来考虑，欧洲和西亚的地理情况中并没有一个可以作为政府的中心地点。如果罗马是面向西方，而不是面向东方，就顾不到幼发拉底河之外的地区；另一方面，君士坦丁堡则离高卢太远了。这个衰弱了的地中海文明，经过在意大利争夺一番之后，事实上已完全无力照顾西方，而只能集中力量保住亚历山大帝国遗业的中心、那个枝叶凋零后的残根了。希腊语恢复了它的统治地位，它从没有因使用拉丁语为官方语言而受到严重毁损。这个"东方的"或拜占庭帝国一般被说成好像是罗马传统的继续，实际上它更像是亚历山大帝国的恢复。

拉丁语的背后并没有思想上的活力，它没有文学和科学能使它成为才智之士所必需的东西，而维持其凌驾在希腊语之上的地位。因为没有一种语言，不管官方怎样搞法，能够勉强地来同另一种能提供伟大的文学和广博知识上的便利的语言相竞争的。进取性的语言必须提供礼物，希腊语的礼物之丰厚远远超过了拉丁文的礼物。东罗马帝国从它开始分裂出来时起就是说希腊语的，是希腊化传统的继续，尽管是退化了的继续。它的思想中心已不再在希腊，而在亚历山大城。它的精神状态已不再是思想自由、说话坦率的公民的精神状态，不再是斯塔基赖特人亚里士多德和希腊人柏拉图的精神状态；而是迂腐学究和政治庸人的精神状态了；它的哲学是一种对实际的浮夸遁辞，它的科学冲劲已经死亡了。无论如何，它是希腊的而不是拉丁的。罗马人来过，他又走了。他的确也远远地离开了西方。到公元六世纪，欧洲和北非的居民象沉渣一样又被搅动了起来。不久在七世纪和八世纪，这些沉渣开始又沉了下去，居民们开始有了明确的地方特色，只在罗马四周的地方还能找得到称作罗马人的人了。

在西罗马帝国的大部分地方，我们发现已经变化了的和正在变化中的拉丁语的各种变异；在高卢，法兰克人在学习高卢式的拉丁语，并正在演变成法语；在意大利，在条顿族的入侵者，即伦巴德人和哥特人的影响下，拉丁语正在被修改成各种意大利方言；在西班牙和葡萄牙，它正在变成西班牙语和葡萄牙语。这些地区的各种语言所具有的基本的拉丁性质足以提醒我们，这许多法兰克、汪达尔、阿瓦尔、哥特等说日耳曼语的入侵者在人数上有多少是无关紧要的；并且证明了我们所说过的，在西罗马帝国发生的与其说是某一种人征服和代替了另一种人，不如说是一场政治的和社会的革命。南部瑞士的伐累地区基本上也保留着拉丁语；格里松斯州也是这样；更为稀奇和有趣的是，在达西亚和下默西亚，多瑙河以北的大部分地方成为近代的罗马尼亚，虽然这些地区并入帝国较晚而且很快就失去了，拉丁语却也保留了下来。

在不列颠，拉丁语实际上被征服这地方的盎格鲁—撒克逊人扫除了，从他们的各种方言中不久就生长出了英语的根源。

虽然罗马的社会和政治结构这样彻底地被粉碎了，虽然它在东方被较古老而更有力的希腊化传统所抛弃了，虽然它在西方分裂成了碎片而开始过着新的各自分开的生活，有一件事物没有灭亡，而且生长了起来，这就是罗马世界帝国和罗马凯撒诸帝至上的传统。一旦真相已毁，稗史就有扩散的自由。丧失了证实的可能，在人类的想象里产生了那个平静安定、壮丽显赫的罗马的世界霸权的观念，这个观念一直维持至今。

自亚历山大时期以来，人们的思想常被人类在政治上统一的可能性所缠扰。蛮族中所有强有力的酋长、首领和君王们，在这打败了的、一片混乱的衰亡的帝国里趁火打劫，他们自会设想到有个比他们自己更伟大的、了不起的万王之王，将为普天下的人制订出真正的法律，他们甘愿相信他不久在某地某时就会回来恢复他至上的权位，凯撒曾经就是这样的一个万王之王。所以，凯撒这个称号高高地居于他们自己的称号之上，他们对它既尊敬又妒忌。从这时起，欧洲列国间的历史大部分是君王们和冒险家们自立为凯撒和皇帝的故事。我们在讲到他们时将叙述一些他们的故事。这种"称帝"之风变得这样普遍，在1914—1918年的第一次世界大战里刈除了的凯撒不下四个之多：德皇称Kaiser（等于凯撒），奥皇亦称Kaiser，俄皇称Tsar（沙皇，也等于凯撒），还有个更异想天开的人物，保加利亚皇也号称沙皇。法国的"皇帝"（拿破仑三世）已在1871年垮了台。这个世界上最后一个君主继续保持皇帝称号和神性凯撒传统的是英王，她直到第二次世界大战以后还称为印度的凯撒（Kaisar-i-Hind）（印度是个从来没有真正的凯撒亲临过的国家）。这个称号是从莫卧儿大皇帝那里继承来的，关于这个人物我们在适当的时候会讲到的。

[图文版]

世界史纲

生物和人类的简明史

(英)赫伯特·乔治·韦尔斯 著
吴文藻 冰心 费孝通 等 译

华东师范大学出版社

目 录
CONTENTS

第六编　基督教和伊斯兰教 / 395

第二十八章　基督教的兴起和西罗马帝国的衰亡 / 396

1　基督教时代的犹太 / 396
2　拿撒勒人耶稣的教导 / 398
3　统一世界的新宗教 / 404
4　拿撒勒人耶稣被钉死在十字架上 / 406
5　附加于耶稣教导的种种教义 / 407
6　基督教的奋斗和迫害 / 412
7　君士坦丁大帝 / 414
8　正式基督教的成立 / 416
9　公元 500 年的欧洲地图 / 419
10　基督教对学问的拯救 / 422
11　拜占庭艺术 / 424

第二十九章　西罗马帝国和拜占庭帝国衰落期间亚洲的历史 / 426

1　查士丁尼大帝 / 426
2　波斯的萨珊帝国 / 427
3　萨珊王朝时代叙利亚的衰落 / 429
4　来自伊斯兰教的初次音信 / 433
5　琐罗亚斯德和摩尼 / 433
6　中亚细亚和印度的匈奴各族 / 435
7　中国的汉朝和唐朝 / 438
8　中国智慧的束缚 / 443
9　早期中国的艺术 / 447
10　玄奘的旅行 / 448

第三十章　穆罕默德和伊斯兰教 / 452

1　穆罕默德以前的阿拉伯 / 452
2　穆罕默德逃亡以前的生活 / 454

3　穆罕默德成为战斗的教祖 / 457
4　伊斯兰教的教导 / 461
5　艾布·伯克和奥马尔哈里发 / 463
6　倭马亚朝的盛世 / 467
7　阿拔斯朝伊斯兰教的衰落 / 472
8　阿拉伯文化 / 475
9　阿拉伯艺术 / 479

第三十一章　基督教世界和十字军 / 480

1　最衰落期的西方世界 / 480
2　封建制度 / 482
3　墨罗温朝的法兰克王国 / 484
4　西方各蛮族的基督教化 / 486
5　查理曼成为西方的皇帝 / 490
6　查理曼其人 / 493
7　罗马式的建筑和艺术 / 495
8　法兰西人和德意志人的分立 / 497
9　诺曼人、萨拉森人、匈牙利人和塞尔柱突厥人 / 500
10　君士坦丁堡怎样向罗马求援 / 505
11　十字军 / 507
12　十字军是基督教的一次考验 / 514
13　皇帝弗里德里希二世 / 515
14　罗马教廷的缺点和局限性 / 518
15　主要教皇一览 / 522
16　哥特式的建筑和艺术 / 526
17　中世纪的音乐 / 528

第七编　陆路上的诸蒙古帝国和海路上的诸新帝国 / 529

第三十二章　成吉思汗及其后裔的大帝国（陆路的时代）/ 530

1　12世纪末叶的亚洲 / 530
2　蒙古人的兴起和武功 / 531
3　马可·波罗的游记 / 537
4　奥斯曼土耳其人和君士坦丁堡 / 543
5　为什么蒙古人没有基督教化 / 547
6　中国的元朝和明朝 / 548
7　蒙古人返回到部落制 / 549
8　钦察汗国和莫斯科的沙皇 / 549
9　帖木儿 / 550
10　印度的莫卧儿帝国 / 552
11　吉普赛人 / 555

第三十三章　西方文明的复兴（陆路让位给海路）/ 557

1　基督教和普及教育 / 557
2　欧洲开始为自己思考 / 563
3　大瘟疫和共产主义的萌芽 / 566
4　纸是怎样解放了人类的思想的 / 570

- 5 王侯的新教和人民的新教 / 571
- 6 科学的再觉醒 / 575
- 7 新兴的欧洲城镇 / 581
- 8 文学上的文艺复兴 / 585
- 9 艺术上的文艺复兴 / 588
- 10 美洲在历史上的出现 / 590
- 11 马基雅弗利是怎样考虑这个世界的 / 598
- 12 瑞士共和国 / 600
- 13 皇帝查理五世的一生 / 602
- 14 服从于王侯信仰的新教徒 / 609
- 15 思想上的逆流 / 609

第八编 列强的时代 / 611

第三十四章 君主、议会和列强 / 612

- 1 君主和对外政策 / 612
- 2 荷兰共和国 / 613
- 3 英吉利共和国 / 616
- 4 德意志的分裂和混乱 / 623
- 5 欧洲大君主国的显赫 / 626
- 6 17、18 世纪的音乐 / 633
- 7 17、18 世纪的绘画 / 634
- 8 列强观念的成长 / 636
- 9 波兰君主共和国及其命运 / 639
- 10 第一次海外帝国的掠夺 / 642
- 11 不列颠统治印度 / 645
- 12 俄罗斯向太平洋奔驰 / 649
- 13 1780 年时吉本是怎样考虑世界的 / 650
- 14 社会休战临近结束 / 655

第三十五章 美国和法国的新的民主共和国 / 661

- 1 大国体系的种种不便 / 661
- 2 反抗前的 13 个殖民地 / 662
- 3 内战强加于殖民地 / 666
- 4 独立战争 / 670
- 5 美国宪法 / 671
- 6 美国宪法原始性的特征 / 675
- 7 法国的革命思想 / 680
- 8 1789 年的革命 / 682
- 9 1789—1791 年法国的"君主共和国" / 684
- 10 雅各宾党的革命 / 689
- 11 雅各宾共和国,1792—1794 年 / 696
- 12 督政府 / 699
- 13 重建的休止和近代社会主义的黎明 / 701

第三十六章 拿破仑·波拿巴的生平事业 / 708

- 1 科西嘉岛的波拿巴家族 / 708
- 2 共和国将军波拿巴 / 709

3 第一执政拿破仑
　（1799—1804 年）／ 712

4 皇帝拿破仑一世
　（1804—1814 年）／ 716

5 "百日"称帝 ／ 722

6 1815 年的欧洲地图 ／ 724

7 帝国风格 ／ 728

第三十七章　19 世纪的现实和想象 ／ 730

1 机械革命 ／ 730

2 机械革命和工业革命的关系 ／ 736

3 各种思想的酝酿（1848 年）／ 740

4 社会主义思想的发展 ／ 741

5 达尔文主义怎样影响宗教和
　政治思想 ／ 746

6 民族主义的观念 ／ 751

7 1851 年的大博览会 ／ 755

8 拿破仑三世的事业 ／ 755

9 林肯和美国内战 ／ 762

10 俄土战争和柏林条约 ／ 768

11 海外帝国的（再次）争夺 ／ 769

12 亚洲的印度先例 ／ 776

13 日本历史 ／ 779

14 海外扩张时期的结束 ／ 782

15 1914 年的英帝国 ／ 782

16 19 世纪的绘画、雕刻和建筑 ／ 784

17 19 世纪的音乐 ／ 787

18 小说在文学中升居主位 ／ 788

第三十八章　近代帝国主义的浩劫 ／ 796

1 第一次世界大战前的武装和平 ／ 796

2 帝制的德国 ／ 797

3 不列颠的帝国主义精神和爱尔兰 ／ 803

4 帝国主义在法国、意大利和
　巴尔干诸国 ／ 813

5 俄罗斯，一个大君主国 ／ 814

6 美国和帝国的思想 ／ 815

7 第一次世界大战的近因 ／ 818

8 1917 年以前第一次世界大战的
　概要 ／ 822

9 从俄国崩溃到停战期间的第一次
　世界大战 ／ 829

第六编
基督教和伊斯兰教

圣多明我对他设法劝化的异端所作的最后宣讲,至今还保存着。那是历史上的一个路标。它暴露了一个人的致命的愤激,因为他的真理得不到流行而对真理的力量丧失了信心。

他说:"多年以来我用温厚、讲道、祈祷和涕泣来规劝你们,却终于无效。但按照我国的格言:'在恩赐办不成功的地方,打击可能有效。'我们将唤起王侯教长们来反对他们,噫!他们将把他们的国家和王国武装起来反对这个地方……因此凡恩赐和温厚无能为力的地方打击是有用的。"

第二十八章 基督教的兴起和西罗马帝国的衰亡

1 基督教时代的犹太

基督教到这时候一定要在世界史上起重大的作用了,而且它要使人类对于一个统一的世界的可能性产生新的憧憬。在能够了解基督教的特性以前,我们必须上溯几个世纪看一下它的发祥地巴勒斯坦和叙利亚当时的情况。我们已经讲过以下这些主要事实:关于犹太民族和传统的起源;关于犹太人散居在各国民间的流亡生活;关于犹太民族自始就具有的基本上的分散性;关于独一公正上帝的观念的逐渐发展,这个上帝主宰大地并特别许诺给犹太人以保护和荣誉。犹太人的这个观念曾经是并且仍然是神学的广度和强烈热爱本族的精神的奇异结合。犹太人期望一位特有的救世主,一位弥赛亚,这位弥赛亚将要通过恢复大卫和所罗门的无上光荣的可喜过程来拯救人类并最终把全世界置于犹太人仁慈的但坚决的脚跟之下。随着闪米特各族政权的衰落,随着迦太基跟随提尔进入了黑暗以及西班牙成了一个罗马行省,这种梦想便增长和扩大了起来。无疑在西班牙、北非和地中海各处散居的腓尼基人,他们说的确是一种十分类似希伯来的语言,并失掉了他们真正的政治权利,成了犹太教新的皈依者。因为在犹太人的历史中,异族人改宗犹太教的现象是和犹太人严格的排外现象相互交替的。曾有一次被征服的伊杜米亚人全部被强迫成为犹太教徒(见约瑟夫斯的著作)。穆罕默德时,有些阿拉伯部落就是犹太教徒,九世纪在南俄罗斯的突厥民族,主要是犹太教徒。犹太教的确是许多分散的民族——主要是闪米特人——重新建立的政治理想。犹太教徒理财和经商的传统应归功于巴比伦的腓尼基小分队和阿拉米人的附入。但是作为这些结合和同化的结果,全罗马帝国几乎每个城镇,以至帝国以外遥远的东方,犹太教徒在居住区做买卖并兴旺了起来，而且通过《圣经》，通过一种宗教和教育的组织彼此保持了接触。所以犹太民族的主要部分从来不是在犹太国，也从来不是来自犹太国。

显然，犹太化了的各区之间这种互相往来的串联具有在财政上和政治上的很大便利。他们能积聚财源，能动也能静。他们比起散布更广的希腊人来，人数既没有那么多，文化也没有那么高，但他们有一种团结得更紧密的传统。希腊人是敌视希腊人的，犹太人却支援犹太人。犹太人每到一处，都能找到和自己同类心理同样传统的人。他能得到住处、食物、贷款和法律帮助。由于这种团结一致，统治者们不得不处处把这个民族视为助力，视为举债的来源或麻烦的来源。所以当希腊文化成了人类的普世之光时，犹太人作为一个民族而持续存在。

我们不能在此详述住在犹太本土那一小部分犹太民族的历史。这些犹太人曾回复到他们昔日的危险地位；打个比喻说，他们再一次在通衢闹市中寻求安静。昔日北有叙利亚、亚述，南有埃及，他们介乎其间；这时他们北有塞琉古王朝，南有托勒密王朝，当塞琉古王朝灭亡时，罗马势力就来代替它们。犹太国的独立总是受制于人而不稳定的。读者必须看看冗长、单调而狂热的爱国作家——弗雷维厄斯·约瑟夫斯所写的《古代记》和《犹太人战争记》，来弄清楚犹太人统治者的递嬗、大祭司性的君王以及马卡比王朝和希罗德王朝等。这些统治者大部分是普通东方式的，狡猾、背信弃义和沾满鲜血的。耶路撒冷三次受到攻占，庙宇两次受到摧毁。全靠更有权势的散布在各国的犹太人，才使这个小国免于彻底毁灭，直到公元70年，当韦斯帕西安皇帝的养子和继承者——梯特在位时，经过像提尔和迦太基那样艰苦可怕的围困之后，才夺取了耶路撒冷，将该城和庙宇一齐毁灭。梯特这样做，是要想毁灭犹太民族，但正是因为他毁灭了犹太人的一个敏感的和要害的点，反而使犹太民族更坚强了。

犹太人从在巴比伦被囚禁回国到耶路撒冷被毁之间的整整五个世纪的战争和国内骚动的历史，他们的某些经久不变的特征保存下来了。他们仍笃信一神教，除了一位真正的上帝之外他们没有别的神。在罗马，如在耶路撒冷一样，他们毅然反对崇拜任何神皇。他们尽他最大的努力遵守上帝的誓约。没有雕塑的偶像可以进入耶路撒冷，甚至有鹰形的罗马旗帜也只能留在城外。

在这五百年间，犹太事务中有两条分歧的思想线索可寻。可以这么说，处于右翼的是那些身居高位而心胸褊狭的犹太人、法利赛人，非常正统，甚至对法律上的细枝末节都很拘泥，非常爱国而排外。由于犹太人在安息日禁止工作，他们因此不去防卫耶路撒冷，该城曾一度被塞琉古朝君主安提俄库斯四世所攻占，庞培大将所以能够占领耶路撒冷，也是因为犹太人在安息日没有出力去摧毁他的围攻战车。

但是与这些心胸褊狭的犹太人相反的是那些心胸开阔的左翼的犹太人，他们是希腊化了的人，名列其中的有撒都该人，他们不相信灵魂不灭。这些心胸开阔的犹太人全是多少倾向于与邻近的希腊人和希腊化了的民族混合和同化。他们随时都可以接纳异族的皈依者，与全人类共奉上帝，共享其神思。但是他们由于慷慨而得来的，也由于正直而失掉了。他们是犹太国的俗人。我们已经注意到埃及希腊化了的犹太人如何失去了他们的希伯来语，不得不把他们的《圣经》翻译成为希腊文。

当罗马的提比利乌斯皇帝在位时，一位伟大的导师在犹太国出现了，他是要把上帝的正确性和无可争辩的唯一性，以及人对上帝应尽的道德上的义务（这是正统犹太教力量的源泉）的强烈认识，从盘根错节地掺杂在犹太人心灵里的贪婪和排外褊狭中解放出来。这就是拿撒勒人耶稣，与其说他是基督教的创始人，不如说他是基督教的种子。

2 拿撒勒人耶稣的教导

首先看到这部书的读者必定有一大部分是基督徒，也许有少量的犹太读者；基督徒至少会认为拿撒勒人耶稣大大胜过人间的导师。他在世上的出现不是作为历史上一件自然的事，而是作为一件超自然的事，是要中断和改变生活的持续发展，即本书上文所追述的朝向共同意识和共同意志的那种发展。但这些信念如今在欧美占优势，却并不是所有人的或人类大多数的信念，而我们在写这部生活史的纲要时却尽可能地要避免引起争论的事。我们试图把这部书写得让印度教徒，或穆斯林，或佛教徒都可以阅读，如同美国人和西欧人都可以阅读一样。因此，我们将紧紧把握显明的事实，不作任何争论或否认，避免以往强加于它们的种种神学解释。

我们将叙述人们所相信的拿撒勒人耶稣，但是我们将把他描写成他所表现出来的那么一个人，正如画家必须把他画成是那么一个人那样。我们将把证明他的行为和教导的文献看作普通人类的文献。如果在我们的叙述中带有神圣的色彩，我们将既不助长它，也不阻止它。以佛陀为例，我们已这样做了，以后我们对穆罕默德也将这样做。我们一定不把耶稣写成神学的，而要写成历史的，因为我们关心的不是他的一生在精神上和神学上的重大意义，而是他的一生对于人们的政治生活和日常生活的影响。

关于耶稣其人的材料来源，我们几乎全是从四福音得到的，这四本书肯定是在他死后的数十年内已经存在了，也有来自早期基督徒布道者的书信（使徒书）中针对耶稣的一生而提到的事。许多人设想，《马太》、《马可》和《路加》这前三本福音书是来自一些更早的文献；《约翰福音》则具有更多的特性，是被强烈的希腊式神学渲染了的。批评家们倾向于认为《马可福音》是耶稣人格和真实言辞最可靠的记载。但四本福音书都给我们以一幅很明确的人物的形象；它们有像佛陀的早年记载一样的可以深信的真实性。尽管书中增添了一些荒诞无稽、难以置信的事情，人们仍不得不说，"这里曾经有过这个人。这部分故事不可能是捏造的。"

但是正如乔达摩·佛陀的人格被后来佛教的金装的僵坐偶像歪曲而模糊了那样，人们感到耶稣的清癯形象和不屈的人格在近代基督教艺术中也受到错误的崇拜的不真实性和因袭性的很大损害。耶稣是个一文不名的教师，他风尘仆仆，走遍烈日当空的犹太国土，靠偶然布施糊口；可是他总被描写成发肤整洁，衣履无尘，翛然挺立，静止不动，仿佛他是在空中飘行。仅就这点来说，就会使许多不能把史实的核心和愚昧地崇敬所装饰和妄加的故事辨别开来的人们认为耶稣是不真实的，不可信的。

也许四福音书中最早的部分也同样有牵强附会的性质。耶稣诞生奇迹般的情况，大星引导东方三博士到他躺卧的马槽来礼拜，被这些异兆所引起的希罗德王对伯利恒地区的男婴的屠杀，以及逃往埃及等，多数权威作者都认为是附会之说。充其量它们都是些与耶稣教导无关紧要的事件，而它们却大大削弱了在我们把这样的附加物剔除之时耶稣教导所具有的力量和权威。《马太》、《路加》两书所讲的矛盾的世系，也是这样，书中力图追述他父亲约瑟是直接从大卫王传下来的，似乎对于耶稣或任何人有这样的一个祖先是无上的光荣。这些世系的掺入是更为离奇和无理的，因为按传说，耶稣根本不是约瑟的儿子，而是奇迹般成胎的。

如果我们果真剥去疑难的附加记载，那么剩下的就是一个极有人性的形象，十分诚恳而热情，能够勃然动怒，并且教导一种新的、质朴而深奥的道理——即上帝是普天下的仁慈的父性和天国的即将来临。用通俗的话来说，他分明是一个具有强烈的个人吸引力的人。他吸引了不少追随者，使他们充满了仁爱和勇气。弱者和病人，一见了他就振作起来并被治愈了。但是他的体质大概是文弱的，因为在被钉在十字架上受苦刑时他很快就死去了。传说他按照当时习惯被迫背着十字架去到刑场时就晕倒了。他开始作为教师出现时是一位30岁左右的人。他走遍全国宣讲他的道理有三年之久,然后他来到耶路撒冷,被控告为试图在犹太建立一个奇异的王国;他为此而受了审讯,同两个贼一起被钉在十字架上。在那两个贼死前很久,他的痛苦就结束了。

现在事实上构成基督教教义的那一部分神学的主张,在四福音书中只能找到很有限的支持。读者自己可以看出,各宗各派基督教的宣教师们所认为得救的一般所必需的若干教义,在这些书中都没有得到一致的和有力的断言。支持这些教义的福音书往往是引喻的、间接的。这就必须加以探索和辩论。除了有争论的几段以外,很难得到耶稣亲口对门徒解释的赎罪教义或鼓励任何献祭或圣礼(那就是说,教士职务)的话。下面我们就会看到,以后整个基督教界被三位一体的争论弄得四分五裂。并没有明确的证据能说耶稣的使徒们接受这种教义。他既没有自称为"基督",也没有参与认为自己是突出的神性的这种想法,要是他认为这是头等大事,人们认为他就会这样做了。最使人吃惊的是这样的声明(《马太福音》第十六章,第二十节):"当下,耶稣嘱咐门徒,不可对人说他是基督!"如果我们假定他认为这件事对得救是必要的,那就很难理解这种抑制了。

再者,遵守犹太人的安息日转变成遵守太阳神教的日曜日,是许多基督教崇拜的一个重要的特征;但耶稣有意地打破了安息日,说那是为人而设的,而人不是为安息日而设的。关于借崇奉天后埃西斯而崇拜他的母亲玛利亚,他只字未提。许多最能代表基督教特征的仪礼和惯例,他都置之不理。抱怀疑的作家们已经大胆否认耶稣可以称作基督徒。为了弄明白他的教训中这些不寻常的缺口,每个读者必须在他自己的宗教指示中去寻求解释。这里我们不得不提到这些缺口,因为它们发生了困难和争论,我们也务必不要夸大它们。

值得注意的是耶稣教导中所称为天国的头等大事,在大多数基督教教会的礼节和教导中却比较是微不足道的。

天国的教义是耶稣的主要教导,在基督教信条中却起着很小的作用,这种教义的确是历来激动和改变人类思想的最革命的教理之一。如果当时的世界没有领悟它的十足的意义,至少是半理解关于它对人类既定的习惯和制度的巨大挑战,即便只理解了一半,也吓得惊慌失措,退缩不前,那也不足为怪。如果犹疑的皈依者和信徒很快就回到以前熟悉的思想,依然侍奉庙宇和祭坛,或祭祀凶恶的神祇,守奉赎罪的仪式,或致敬于僧侣,求福于术士——做了这些以后——乃至回复到远古的惯常生活,寻仇、求利、竞争和夸耀。那也不足为怪。因为,耶稣似乎曾宣传的天国的教义,不折不扣是一种大胆而毫不妥协地要求完全改变并净化我们奋斗中的人类的生活,一种从内到外的绝对净化。读者必须从四福音书中尽力去找一切保存在那里的这个极好的教导。这里我们只谈受这教导冲击的那些已经确立的思想的震动。

犹太人相信全世界唯一的上帝是公正的神,但是他们也认为他是一个讲生意经的神。他曾同他们的祖先亚伯拉罕订过契约,这对他们的确是一个很好的契约,使他们最后在世界上居于首要地位。他们一听到耶稣把他们可贵的保证扫除一清就感到沮丧和愤怒。耶稣认为上帝不是做买卖的;在天国里没有选民,也没有宠幸者。上帝是全人类的慈父,如同阳光的普照,不可能偏施恩宠。一切人都是兄弟——不论是罪人或上帝所爱的儿女——在圣父眼里都是一样的。在好的撒玛利亚人的比喻里,耶稣鄙视我们都服从的自然趋势就是夸耀我们本民族而轻视异族和异教的正义性。在工人的比喻里,他斥责犹太人有一种应由上帝优先付给工钱的顽固论点。耶稣教导说,凡是上帝接纳进到天国的人,上帝都一律看待,毫无区别,因为他的爱是不分高低的。此外,他还要求一切人竭尽全力,像懒仆人埋银的比喻所证明的一样,像寡妇的一文钱捐款所坚持的一样。天国里没有特权,没有折扣,也没有借口。

但不仅是犹太人强烈的对部落的热爱引起了耶稣的义愤。犹太人还是一个强烈地效忠于家族的民族,耶稣也要在爱上帝的洪流中扫荡一切褊狭和局限的家族之爱。整个天国应当是他的门徒的家庭。我们听说,"耶稣还对众人说话的时候,不料,他母亲和他弟兄站在外边,要与他说话。有人告诉他说,看哪,你母亲和你弟兄站在外边,要与你说话。他却回答那人说,谁是我的母亲?谁是我的弟兄?就伸手指着门徒说,看哪,我的母亲,我的弟兄。凡遵行我天父旨意的人,就是我的弟兄、姐妹和母亲了。"(《马太福音》第十二章第四十六到五十节)

耶稣不但以上帝是全世界的父亲和人类都是弟兄的名义来打击对部落的热爱和效忠于家族的联系,而且他的教训清楚地谴责了经济制度里的一切等级,一切私有财富和个人利益。所有的人都属于天国;所有他们的财产都属于天国;全人类的正直生活,唯一的正直生活,就是竭己所有、尽己所能来奉行上帝的意志。他一再斥责私有财富和保留任何私人生活。

耶稣出来行路的时候,有一个人跑来,跪在他面前问他说,良善的夫子,我当作什么事,才可以承受永生?耶稣对他说,你为什么称我是良善的。除了上帝一位之外,再没有良善的。诫命你是晓得的,不可杀人,不可奸淫,不可偷盗,不可作假见证,不可亏负人,当孝敬父母。他对耶稣说,夫子，这一切我从小都遵守了。耶稣看着他，就爱他，对他说，你还缺少一件。去变卖你所有的，分给穷人，就必有财宝在天上，你还要来跟从我。他听见这话，脸上就变了色，忧忧愁愁的走了。因为他的产业很多。

耶稣周围一看，对门徒说，有钱财的人进上帝的国，是何等的难哪！门徒希奇他的话。耶稣又对他们说，小子，倚靠钱财的人进上帝的国，是何等的难哪！骆驼穿过针眼，比财主进上帝的国，还容易呢。（《马可福音》第十章第十七至二十五节）

此外，在耶稣宣传使人类与上帝合为一体的这个天国的宏伟预言中，他很难容忍那种拘泥虚礼的宗教的讨价还价式的正义。另一大部分关于他的言辞的记载，目的在于反对墨守虔诚职业的教规。"有法利赛人和几个文士，从耶路撒冷来，到耶稣那里聚集。他们曾看见他的门徒中，有人用俗手，就是没有洗的手，吃饭。原来法利赛人和犹太人，都拘守古人的遗传，若不仔细洗手，就不吃饭。从市上来，若不洗浴，也不吃饭，还有好些别的规矩，他们历代拘守，就是洗杯、罐、铜器等物。法利赛人和文士问他说，你的门徒为什么不照古人的遗传，用俗手吃饭呢？耶稣说，以赛亚指着你们假冒为善之人所说的预言，是不错的，如经上说，"这百姓用嘴唇尊敬我，心却远离我。他们将人的吩咐当作道理教导人，所以拜我也是枉然。你们是离弃上帝的诫命，拘守人的遗传如洗罐洗杯以及其他类似的事。又说，你们诚然是废弃上帝的诫命，要守自己的遗传。"（《马可福音》第七章，第一至九节）

因此，我们也可注意到他在许多地方蔑视了那拘泥形式者所珍惜的美德，即遵守安息日。

耶稣所宣扬的并不仅是一种道德的和社会的革命；就许多迹象看来，他的教导明显地有一种最明了的政治倾向。他所说的天国的确不是在这个世界，而是在人们的心里，不在王位上面；但同样也很清楚的是，不论他的天国是在什么地方，在人们的心里建立到什么程度，外在的世界就会革命化并更新到什么程度。

尽管听众的盲聋可能漏掉了他的一些言辞，显然他们并没有漏掉他要改革世界的决心。向耶稣提出的一些问题和他的答复，使我们能够推测大量未经记录他的教义的要旨。他对政治攻击的直率态度，表现在如下关于银钱的一件事中。

后来他们打发几个法利赛人和几个希罗德党人，到耶稣那里，要就着他的话陷害他。他们来了，就对他说，夫子，我们知道你是诚实的，什么人你都不徇情面。因为你不看人的外貌，乃是诚诚实实传上帝的道。纳税给凯撒可以不可以？我们该纳不该纳？耶稣知道他们的假意，就对他们说，你们为什么试探我？拿一个银钱来给我看。他们就拿了来。耶稣说，这象和这号是谁的？他们说，是凯撒的。耶稣说，凯撒的物当归给凯撒，上帝的物当归给上帝。(《马可福音》第十二章第十三至十七节)

由这段话和耶稣在别处所教导的全部话语看来，人或他的财产应交给凯撒的就没有多少了。

反对耶稣的全部经过，以及他受审受刑的情况，显然表明在他的同时代人看来，他似乎直接地倡议，而且的确直率地倡议，要改变、融合和扩大全人类的生活。可是连他的信徒都没有领会到那个倡议的博大意义。他们被从前犹太人所想望的王，即有一个弥赛亚来推翻希腊化的希罗德朝和罗马君主并恢复神话中大卫光荣的幻梦所支配。他们漠视了他的教导的实质，尽管它是那样的明了和直率的：显然他们认为他的教导不过是他采取神秘的非凡的方法以便最终把他放在耶路撒冷的王位上的冒险事业。他们认为他只是连绵不断的王位继承人中的又一个王，但具有半巫术的性质，而且把半巫术的职业作为不可企及的美德。

西庇太的儿子雅各、约翰进前来，对耶稣说，夫子，我们无论求你什么，愿你给我们作。耶稣说，要我给你们作什么？他们说，赐我们在你的荣耀里，一个坐在你右边，一个坐在你左边。耶稣说，你们不知道所求的是什么？我所喝的杯，你们能喝么？我所受的洗，你们能受么？他们说，我们能。耶稣说，我所喝的杯，你们也要喝。我所受的洗，你们也要受。只是坐在我的左右，不是我可以赐的。乃是为谁预备的，就赐给谁。那十个门徒听见，就恼怒雅各、约翰。耶稣叫他们来，对他们说，你们知道，外邦人有尊为君王的，治理他们，有大臣掌权管束他们。只是在你们中间，不是这样。你们中间，谁愿为大，就必作你们的佣人。在你们中间，谁愿为首，就必作众人的仆人。因为人子来，并不是要受人的服事，乃是要服事人，并且要舍命，作多人的赎价。(《马可福音》第十章第三十五至四十五节)

这段话是对那些服劳忍苦而期望相当报酬的门徒们扫兴的安慰。他们不能相信服务于天国这个困难的教义本身就是它极大的报酬。就是他死在十字架上使他们乍感沮丧以后，他们仍然相信他还是在古代世界的尊荣优越的气氛之中，不久他将凭某种惊人的奇迹复活起来而再临世界，在耶路撒冷以极大的光荣和仁慈登上他的宝座。他们认为他的一生是一种策略，他的死亡是一种巧妙的手法。

对于他的门徒们来说，他是太伟大了。从他坦率的话看来，一切富裕而得意的人都感到了一种对于奇异事物的恐怖，感到他们的世界因他的教导而眩晕旋转，这有什么奇怪呢？也许祭司们，当权者和富裕的人比他的众门徒更为了解他。他把他们为社会服务所得的一切区区私藏都拖了出来，放在世界宗教生活的光明之下。他好像是一种可怕的道德上的猎人，把人类从他们迄今居住的洞穴中发掘了出来。在他这个天国的炽白火焰中，将没有财产，没有特权，没有骄傲，也没有优先；的确没有所求的动机也没有酬报，而只有爱。那些晕眩失明的人们，大家呼号反对他，这有什么奇怪呢？就是他的门徒们也因为他不肯把他们放在这强光之外而呼号了起来。祭司们认识到这个人和他们之间势不两立，不是他必须灭亡就是祭司权术必须消灭，这有什么奇怪呢？罗马士兵吃惊地面对一种高翔于他们的理解力之上的东西，震撼了他们的一切训练，会在狂笑中求得逃避，给他戴上荆棘冠，披上紫红袍，把他当做一个假凯撒来嘲弄他，这又有什么奇怪呢？因为要认真地对待他，就得进入一个新奇而可惊的生活，要放弃旧习，抑制本能和冲动，要尝试一种非常的快乐……

我们这些狭窄的心胸至今还容纳不下这位加利利人，又有什么奇怪呢？

3　统一世界的新宗教

现在还要注意到虽然在耶稣的真实教导中有许多东西，对一个富人、或祭司、或商人、或帝国官吏、或任何普通体面的公民来说，如果在他的生活方式上没有经过最革命的变革，是不能接受的。但凡是听从乔达摩·释迦真正教导的门徒却决没有什么不能很欣然接受的，也决没有什么可以阻止一个早期的佛教徒也成为一个拿撒勒人，也决没有什么可以阻止耶稣亲近的门徒接受佛陀所有记载下来的教导。

再者，不妨考虑一下从墨翟这个中国人的著作中摘录的一段话并注意它与"拿撒勒人"的教导何等相似。墨翟生于公元前四世纪，那时孔子和老子的学说正在中国盛行，这是在佛教传入中国以前。

> 今若国之与国之相攻，家之与家之相篡，人之与人之相贼，君臣不忠惠，父子不慈孝，兄弟不和调，此则天下之害也。然则察此害亦何用生哉？……以不相爱生……以兼相爱交相利之法易之……诸侯相爱则不野战，家主相爱则不相篡，人与人相爱则不相贼，君臣相爱则惠忠，父子相爱则慈孝，兄弟相爱则和调。天下之人皆相爱，强不执弱，众不劫寡，富不侮贫，

第二十八章 基督教的兴起和西罗马帝国的衰亡 / 405

贵不傲贱，诈不欺愚。[从希尔特（夏德）《中国古代史》第八章转引《墨子·兼爱中》]

这段话非常像用政治名词讲出来的拿撒勒人耶稣的教导。墨翟的思想很近乎耶稣的天国。

这个本质上的相同是这些伟大世界宗教最重要的历史情况。它们一开始就与祭司、祭坛和庙宇的崇拜截然不同，那些崇拜有明确限定的神祇为信奉对象，在公元前15000年至公元前600年之间人类发展最早阶段起过那么巨大的重要的作用。从公元前600年以来，这些新的世界宗教根本上是内心的和普天之下的宗教。它们扫荡了一切为了满足自从人类因恐惧和希望而结合成最初的社会以来所有的需要而产生的各式各样有限定的神祇。不久在我们谈到伊斯兰教时，我们将见到全人类普遍虔信一个天意的同样根本的新教义第三次的出现。穆罕默德受到了基督教经验的警戒，就十分强调地坚持他本人仅仅是一个人，使得他的教导避免了很多讹误和失实。

我们所说这些伟大的人类的宗教，在波斯征服巴比伦和罗马帝国分裂之间作为竞争者兴起了；但只是它们的缺点，它们的积习和浮文，他们的语言和文字的差别引起了竞争；我们必须着眼的，并不是此兴彼衰或新代旧替，而是去掉糟粕经过锻炼的纯粹真理，显然成为各宗教同具的真理——即人们的内心，同时人们的一切生命和制度，都必须服从于管辖他们一切的一个共同的天意。教长英奇在他的《谎言论文集》中有一篇说道："圣保罗懂得大多数基督徒从来所不认识的，即基督的福音并不是一种宗教，而是最具普遍性和最深刻意义的宗教本身。"

尽管关于科学与宗教对抗的无聊的文章已经写了不少，但是这种对抗确实是不存在的。所有这些世界宗教凭灵感和洞察力所宣布的，在历史发展得更清楚，科学范围更扩大时，作为一个合理和可行的事实，表明人类本是天下一家，来自一个共同的起源，他们各自个人的生命、他们的国家和种族，互相混种而继续混合下去，最后在众星之间这个小小的行星上合并为一共同人类的命运。心理学家现在可以站在传道者旁边向我们保证，人如果在不失掉自己的生命中又找到生命，并且教育和训诫他本能的冲动和褊狭的感情，就不会有合理的内心和平，也不会有灵魂中的均衡和安全。我们人类的历史和个人的宗教经验是很密切并行的，对一个近代观察者来说，几乎就是同一件事；两者都说明最初是分散、盲目而完全混乱的，慢慢地摸索着发展到一个有秩序而有连贯目的的安宁和得救。用最简单的话来说，那就是历史的大纲；不管人有宗教的目的或完全否认宗教的目的，这大纲的路线还是相同的。

4 拿撒勒人耶稣被钉死在十字架上

公元30年,第二个罗马皇帝提比利乌斯在位和本提乌斯·彼拉多当犹太总督的时候,在逾越节前不久,拿撒勒人耶稣来到了耶路撒冷。大概他是第一次来到的。

以前他主要是在加利利,大部分在迦百农镇附近和周围传道。他在迦百农曾在犹太会堂中传道。

他之进入耶路撒冷是个和平的胜利。他曾在加利利聚集了很多徒众,因为岸上人多拥挤,有时他不得不从停在加利利湖的船上来传道,所以他的声誉在入都以前已经传开了。广大群众出来欢迎他。显然他们并不理解他的教训的意义,他们都普遍相信他凭某种正当的魔力将要推翻旧秩序。他骑上他的门徒们借来的一匹小驴进了城。跟随他的群众高呼胜利和欢庆之辞"和散那"。

他来到了神殿,神殿外庭挤满了兑换商的桌子和出售鸽子给虔诚朝拜者去放生的摊子。他和他的门徒们把这些靠宗教为生的商人驱逐了出去,推翻了他们的桌子。这几乎是他唯一的积极统治的行动。

然后他在耶路撒冷讲道一星期,被许多徒众包围着,使要逮捕他的当局感到了困难。于是官吏们聚集起来反对这个惊人的好管闲事的人。他的一个门徒犹大,由于对耶路撒冷的占领显然没有成功而灰心失望,便去见犹太诸祭司并献策协助逮捕耶稣。为了这番出力他得到了30块银币的酬报。大祭司和犹太人大概有许多理由为这个激起满街群众温和的造反而感到震惊；比如说，罗马人也许会发生误会或利用它作为加害于全犹太民族的口实。于是大祭司该亚法急于对罗马君主表示忠诚，就成了对这个没有武装的弥赛亚的起诉领导人，而耶路撒冷的祭司们和正统派的暴徒就成了耶稣的主要上诉人。

他如何在客西马尼园被捕，他如何受到罗马总督本提乌斯·彼拉多的审判，以及他如何被罗马士兵鞭打和嘲笑而钉死在各各他山的十字架上，都在四福音书中用无上的庄严敬意表达出来。

革命完全瓦解了。耶稣的众门徒一致离弃了他，被谴责为耶稣门徒之一的彼得也说："我不认识这个人。"这不是他们兴冲冲来到耶路撒冷所期望的结果。他在十字架上临终前的既痛且渴，只有几个妇女和亲近的朋友看到了。苦痛冗长的一天快要结束时，这位被遗弃的领袖竭尽全力大声高呼："我的上帝！我的上帝！你为什么遗弃我？"说完就死去了，留下这些世世代代震响着的话，对于信奉者来说永远是一个谜。

头脑简单的信徒们难免用类似强调乔达摩的悟道而虚构的肉体折磨的无聊故事，来试图加强这个悲剧的绝对恐怖的气氛。我们听说巨大的黑暗降落在大地上，神殿的幔帐裂成两半；但是即使有这些事情发生，它们对当时耶路撒冷人民的思想并没有产生丝毫影响。现在很难相信自然的秩序会滥示这样一些无意义的征兆。更为可怕的是，对于在黄昏余霞下被钉在十字架上的那三个人和一小群烦恼和孤寂的看守者，世界显然是漠不关心的。暮色笼罩着小山；遥远的城市正在从事准备过逾越节；除了那群送丧的人在归途上想到拿撒勒人耶稣是否将死或已死以外，再没有什么人来关怀了……

众门徒的灵魂一时沉浸在完全黑暗之中。不久，一些耳语在他们中间传开了，讲述一些不同的故事，说耶稣的尸体已不在他所埋葬的坟墓里，不少人曾看见他是活着的。他们很快就安慰自己，坚信他已死而复生，并已向许多人显示自己已经升天了。人们发现有目击者宣称，他们确实看见他的肉体升了天。他曾穿过天空去到上帝那里。很快他们又认为，他不久将再度来临，并有权力和光荣来裁判全人类。后来他们说，他将回到他们中间；在这些风头十足和世俗荣华的旧梦闪烁重现中，他们忘却了他曾给了他们上帝之国的那个更重要的道理，那个宏伟的境界。

5 附加于耶稣教导的种种教义

基督教早期发端的历史，是拿撒勒人耶稣真正的教导和精神与远逊于他的人们的局限、铺张和误解之间斗争的历史，这些人曾爱过耶稣，也从加利利跟随过他，现在他们是他给予人类使命的传信者和监护者。四福音和《使徒行传》呈现一种拼凑的、不平衡的记载，但是总起来说，无疑这还是早年一种相当忠实的记载。

被称为早期的拿撒勒人耶稣的信徒们，一开头就在两股思路之间呈现一种巨大混乱的现象，一方面是耶稣的教训，另一方面是门徒的曲解和解释。他们在一个时期继续听从耶稣完全克己的训练；他们有共同的财产，除了爱之外没有别的联结。然而他们是把信念建立在叙述他的复活、奇异的升天和再临人间的诺言等故事之上。他们很少懂得舍弃自我就是酬报，这本身也就是天国的道理；他们认为那是一种牺牲，当不久再次降临实现时，他们就有资格得到统治权力以为酬报。他们现在都把耶稣和上帝许给的基督，即犹太民族期望已久的弥赛亚合一起来了。他们在先知们中发现出十字架受难的预言——《马太福音》，尤其坚持这些预言。拿撒勒人的教义因种种希望的复苏，并为多数信徒愉快而纯洁的生活所加强，开始在犹太和叙利亚很迅速地传播开来。

不久，第二位伟大的导师兴起了，许多近代权威作者认为他是基督教的真正创始人，即塔尔苏斯人扫罗，或称保罗。扫罗显然是他的犹太名字，保罗是他的罗马名字；他是罗马公民，比耶稣似乎有更广博的教育和更褊狭的智慧。大概他出身是犹太人，尽管有些犹太作家否认此说；他肯定曾从犹太老师学习。但是他精通亚历山大城的希腊神学，他所用的文字是希腊文。有些古典学者宣称他的希腊文并不好，他并没有使用雅典的希腊文，而用亚历山大城的希腊文，但他大量而自由地使用它。吉尔伯特·默里教授称它"很好"："他是受希腊语派的哲学术语和斯多葛派哲学的影响。但他对于这高深文字的精通使人吃惊。"他在听到拿撒勒人耶稣以前很久就是一个宗教理论家和教师，他在《新约全书》故事中，最初是以拿撒勒人的严厉批评者、反抗者和积极的迫害者而出现的。

本书作者已不能找到关于保罗成为耶稣的信徒之前的宗教思想的任何讨论。它们必然是他的新观点的一种依据，即使仅是弃旧从新的依据，因为它们的用语必然提供了他的新教义的色彩。我们几乎也完全不知道伽马列的教训，此人被称为犹太教师，保罗就是在他的门下。我们也不知道他曾接触到什么非犹太人的教训。有很大可能他曾受到太阳神教的影响，他所用的词语出奇地像崇拜太阳神者的词语。任何把他的各种《使徒书》和四福音并读的人，很清楚他的思想中渗透了一种显然并不符合记载下来的耶稣言论和教训的想法，即一个牺牲者献给上帝作为一种赎罪的想法。耶稣所宣传的是人类灵魂的新生，保罗所宣传的是祭司、神坛以及禳解流血的古代宗教。对于保罗，耶稣是复活节的羔羊，即出没于暗白色民族各宗教中相传的纯洁无瑕的人牲。保罗以压倒的力量来到拿撒勒人那里，因为他带着耶稣钉死在十字架上的灾难这样十分完满的解释来到他们中间。这对于曾被搞得完全困惑不解的事情是一种高明的阐释。

保罗从来没有见过耶稣,他对耶稣及其教导的知识必然是来自耶稣最初门徒的传闻。他显然理解很多耶稣的精神和他的新生的教义,但是他把这个教义建立成一个神学体系,一个很精妙而有创见的体系,它的感染力至今主要是理智的。他发现拿撒勒人的信心是一种动机的教义和一种生活的方式,他把这信心变成为信仰的教义,这也是明显的。他发现拿撒勒人带有一种精神和希望,因而他使他们成为开始有一种信条的基督徒。

但是我们必须让读者去看看记述保罗使命和教训的《使徒行传》和《保罗书信》。他是一个精力充沛的人,他在耶路撒冷、安提俄克、雅典、科林斯、埃弗塞斯和罗马各处讲道。

可能他进入过西班牙。他是怎样死的还不确知,但是据说当尼禄皇帝在位时他在罗马被杀,大火烧毁了罗马的大部分,这新的教派就被控告为引起大火的人。基督教教导的迅速传播当然应多归功于保罗而不是其他任何一个人。耶稣被钉死在十字架后20年之内,这个新的宗教已经在好几个罗马行省里引起了统治者的注意。即使新的宗教在圣保罗手中已经得到了神学,它却仍然保存了很多耶稣教导革命的和基本的特质。它已变得对私有财产略为宽容;它会接纳富有的皈依者而不坚持把他们的财富公有化,而且圣保罗已经宽恕了奴隶制度("奴隶们,要顺从你们的主人"),但是它仍正颜厉色地反对罗马世界的一些基本制度。它不肯宽容凯撒的神性;甚至在祭坛前默默地表态,基督徒们不同意崇拜皇帝,尽管他们的生命会因此而处于危险中。它公开抨击格斗表演。没有武装起来,但具有消极抵抗的巨大力量,基督教就这样一开始就直率地表现为造反,攻击帝国制度的政治要素,即使没有攻击它的经济要素。在非基督徒的文献中我们找到基督教的最初证据,就是当时不知所措的罗马官吏开始书信往来,交换他们对于其他无害的人民也受到造反感染的这个奇怪问题的意见。

公元初的两个世纪中基督徒的历史,很多是极不清楚的。他们在全世界广泛地传播开了,但是关于当时他们的思想或他们的仪式和方法,我们知道的很少。况且他们还没有固定的信条,无疑在信仰和教义尚未形成时期,有各种不同地方的差别。但是不管他们的地方差别如何,到处他们都似乎贯彻了不少耶稣的精神;虽然他们到处引起了激烈的仇恨和积极的反宣传,但他们所受的非难本身证明了他们生活一般是善良的。

在这个尚未成形的时期,相当数量的所谓诸神混合似乎已在基督教崇拜和几乎同样为群众喜爱而广泛散布的太阳神崇拜以及塞腊皮斯—埃西斯—荷鲁斯崇拜之间进行。基督徒似乎从太阳神教采用了日曜日作为他们的主要崇拜日以代替犹太人的安息日，宗教仪式中蜡烛的广为应用，牧人崇敬的传说，大概还有当年某些宗派非常突出的关于在基督的"血中受洗"，以及基督是一个流血的牺牲等的思想和词语。因为我们必须记住，钉十字架而死不会比缢死流血更多，说耶稣为人类流血牺牲真是最不确切的说法。即使我们记得他受了鞭打，他戴了一顶荆棘冠，他的肋旁被矛刺过，我们仍然很难相信"血流成泉"的说法。但太阳神教是以现在已忘却的向太阳神献上一条神圣而慈善的公牛的秘密宗教仪式为中心的，一切太阳神教的神座似乎都有太阳神杀死这条公牛的塑像，鲜血从它侧面一个伤口里涌流出来，从血里产出了一个新的生命。太阳神教教徒确实在献祭公牛的血泊中沐浴以表示"重生"。他在行入教礼时，去到杀牛的架子下，血就流到他的身上。这里我们仿佛是在描述播种季节原始的流血献祭的遗俗，这遗俗也许是最早庙宇文明根本的宗教思想。

亚历山大城流行的崇拜对于基督教思想和实践的贡献尤其大些。在荷鲁斯的人格中，荷鲁斯既是塞腊皮斯的儿子，又与塞腊皮斯同是一体，基督徒自然会在为保罗神秘说奋斗中在这里找到一个有启发性的比拟。由此进到把玛利亚与埃西斯视为同一体，并把她升到半神性的地位，也是很自然的步骤——尽管我们已经摘引了耶稣说到他母亲和他的弟兄的话。也很自然地，基督教几乎不知不觉地采用了当时大众流行的宗教仪式。它的神甫仿效埃及僧侣削了发而穿上他们独特的衣袍，因为这样似乎才是突出一个神甫的正当办法。一种附会跟着又一种附会，原来的革命教导几乎不知不觉地被埋没在这些世俗积习下面了。我们已经揣想乔达摩·佛陀回到西藏，他在拉萨看见自己的偶像受到崇拜而大吃一惊。我们只能试想同样的一种惊奇，有个诚实的拿撒勒人，曾认识并跟随他的风尘仆仆旅行疲倦的老师穿过加利利干燥的烈日，突然重返现世，比方说，参观了罗马圣彼得教堂中的弥撒，听说祭坛上的圣餐不是别的，而正是他的受难的老师，他一定也要大吃一惊。

宗教在世界社会中并不是多件各行其是的事物，而是一件归一的事物，所以当时世界上各种盛行的宗教信仰和同基督教发生接触的一切哲学和宗教思想不可避免地要同基督教结合在一起并交换言辞和想法。早期拿撒勒人的希望曾把基督与耶稣视为一体，保罗的慧心又以神秘的意味来围绕耶稣的生平。耶稣曾号召男男女女去从事一桩伟大的事业，克制自己，新生在爱的王国里。衰萎中的皈依者最容易走的路线就是把自己理智化了以离开这个平易的教义，这个顽强的主张，而进入复杂的理论和仪式，使他可以一切不闻不问。以血沐身比肃清恶习和竞争心容易得多，吃圣餐礼的面包、喝葡萄酒而假装已经入圣多么容易，点上几支蜡烛比献上一颗心容易得多，削去头发却保留头颅里自私自利的脑髓又多么容易！公元初的几个世纪中，世界充满了这样逃避的哲学和神学著作。这里我们并不是要发挥新柏拉图主义、诺斯替教和菲洛教之类在以亚历山大城为中心的世界盛行的各种教义的特点。但是早期的基督徒总是生活在同一个世界。如奥利振、柏罗提娜和奥古斯丁等人的著作，证明当时是不可避免地互相交换的。

耶稣称他本人是上帝之子，也是人之子；但他很少强调他是什么人或他是什么样的人，而很着重天国的教导。保罗和其他耶稣的追随者在声称耶稣是超人而具有神性时，是非姑且不论，他们开辟了一个引起辩论的广阔领域。耶稣是上帝呢？还是上帝创造的呢？他和上帝是同一体还是和上帝分开的呢？要解答这样一些问题，并注意到它们大大地影响后来整个西方人类的生活。这些问题是怎样不可避免地会提出来的。到了公元四世纪，我们发现各基督教社团由于论到上帝性格而发生痛苦和不可捉摸的争辩时感到非常激动和烦恼，以致大多数人忽视了耶稣所谆谆教诲的慈善、服务和同胞情谊等比较简朴的道理。

历史学家所注意的主要见解是阿里乌斯派、萨培利乌斯派和三位一体派的那些见解。阿里乌斯派是追随阿里乌斯的，他的教导是基督次于上帝；萨培利乌斯派教导说，耶稣是上帝的一个样式或一个面貌——上帝是创造者、救主和圣灵，正如一个人可以是父亲、受托者和客人一样；三位一体派的大首领是阿塔内西乌斯，他教导说，圣父、圣子和圣灵是三个不同的人格，却是一体的神。为了得到后一种神秘说的确切叙述，为了了解未能领悟和相信它而对它发生的可惊结果，读者可以参看阿塔内西乌斯信条。要看用嘲讽的笔调来叙述这些争论的，读者必须参阅吉本的书。本书作者对于这些争论既不畏敬，也不嘲讽，他必须承认，这些争论与为我们保存在四福音中耶稣的率直言辞完全不符。正统派不仅对基督徒任职成为一种考验，而且对基督徒交易和援助也成为一种考验。教义中细微的一点，都意味着可以使人富贵，或使人贫贱。要读当时幸存的文献，而没有引起对教条主义、互相憎恨、互争雄长以及装腔作势之人为了神学上的细微差别而把基督教撕成碎片的强烈感觉，那是很困难的。大多数三位一体的争论者——主要根据三位一体的残存文件——他们谴责对抗者具有卑鄙动机和别有用心，这大概是真实的，但是他们这样做在某种意义上十分明显地暴露了他们自己的卑鄙精神。例如阿里乌斯被控为采取异端的见解，因为他没有被任命为亚历山大的主教。骚动、逐出教会和流放加深了这些争论，最后正式的迫害到来了。关于神性构成的这些细微差别同政治和国际争端紧密地交织在一起。为生意而争吵的男人们，要逗恼丈夫的妻子们，在这个高深的主题上也发展了对抗的观点。入侵帝国的大多数蛮族，都是阿里乌斯派；大概因为心思简单，他们发现三位一体说是不可理解的。

怀疑论者要嘲笑这些争端是容易的。但是即使我们设想这些试图确切地讲上帝如何与他自己联系起来都是自以为是的，理智上极其荒谬的——然而我们不得不承认在这些不会真实的教条的细微差别下面，往往潜伏着一种对真理的真实激情——虽然那是牵强附会的真理。双方都出了真正的殉道者。这些争论的热忱，虽然是卑鄙而往往怀有恶意的热忱，无论如何，它的确使基督教各宗派成为很有力的宣传者而具有教育意义。而且因为四五世纪基督徒团体的历史大部分是这些不愉快争端的记载，我们不应无视耶稣的精神的确存在，并且使基督徒中许多人获得高尚生活的事实。四福音本文在这时期虽然可能曾被窜改，但并没有被毁灭，而拿撒勒人耶稣以其显然不可及的伟大人格，仍然通过这书本文教育了人们。这些不愉快的争吵也并没有阻止基督教保持一个统一阵线来反对格斗表演，反对堕落的偶像崇拜和神皇崇拜。

6 基督教的奋斗和迫害

基督教就其向罗马皇帝的神性和这帝国所特具的制度挑战来说，它是可以被视为一种造反的分裂的运动，君士坦丁大帝以前的大多数皇帝都是这样看待它的。它遭到了相当大的敌视，最后是有计划地企图把它扑灭。狄西乌斯是组织正式迫害的第一个皇帝，殉难者的伟大时代是在戴克里先时（303年及其后数年间）。戴克里先的迫害的确是神皇的旧观念反对已经发展为非常有力的否认皇帝神性的组织的最大决斗。戴克里先曾靠极端专制主义的办法重新组织君主政体，他废除了共和制的最后残迹，他是在他围围完全采用东方君主使人敬畏礼仪的第一个皇帝。他的种种臆测的逻辑促使他企图完全根除那种断然否认专制办法的制度。迫害中的考验，首先是基督徒必须向皇帝献祭。

虽然戴克里先仍是反对流血，并对伽莱里乌斯的凡拒绝献祭者应立即活焚的建议这种狂暴予以节制，但加于基督徒顽固言行的种种刑罚可以看作是够严厉而有效的。在帝国各省，法律制定基督徒的教堂应予拆毁直至房基；凡为了宗教崇拜的目的而擅自举行秘密集会者一律判处死刑。这时担任盲目狂热迫害基督徒无耻职务的哲学家们，认真研究了基督教的性质和特征；因为他们知道这信仰的纯理论的教义应该是包括在先知、传道者和使徒的著作中，他们很可能建议各主教和长老应把他们的一切圣书都交到各地方长官手里，这些地方长官在极严厉的刑罚下，受命把这些圣书当众郑重焚毁。根据同一法令，教会财产立即予以没收；其中各部分不是卖给出价最高者，并入帝国版图，给予各城市或各社团，就是赐予恳求的贪婪的朝臣。在采取了这些有效措施来废除基督教的崇拜和解散基督徒的管理机构之后，又认为有必要使那些仍旧拒绝崇拜自然、崇拜罗马宗教和他们祖宗的邪恶的人们，遭受最难忍受的待遇。如为自由民就被宣布为不能任职或雇用，如为奴隶就被永远剥夺了自由的希望，全体基督徒都被摒在法律保护之外。凡是对基督徒提出的诉讼，法官都受命必须审讯判断；但基督徒不许控诉他们自己所遭受的任何伤害；那些不幸的各宗派信徒只能遭受严惩而不能得到公正的好处……这条在尼科墨迪亚最显眼地方宣布的法令刚刚展出在群众眼前，就被一个基督徒撕下来了，他同时用最厉害的谩骂来表白他对这些污浊和专横的官吏的鄙视和厌恶。按照最宽和的法律，他所犯的罪就等于叛国，应处死刑，如果他真是一个有地位而受教育的人，那么，这些情况就只能加重他的罪行。他被慢火烧死，或者不如说是烤死；刽子手们，热心于报复他对皇帝们的人身侮辱，用尽种种残酷的方法也不能驯服他的忍耐，或者改变他在死亡的痛苦中仍然始终保持的鄙视的笑容。（吉本：《罗马帝国衰亡史》第十六章）

随着这个无名殉道者的死亡，就开了大迫害的端。但是正如吉本指出的，我们所知道的罗马政府迫害基督徒的严酷程度是很值得怀疑的。他估计受害者总数大约达两千人，并以宗教改革期间所知道的基督徒被同教人害死者的数目相对照。吉本对基督教是怀有强烈偏见的，这里他似乎倾向于低估了基督徒的刚毅和痛苦。无疑在许多省份中必然有不少极不愿执行这法令的人。但是有搜索《圣经》抄本之举，并且在许多地方对基督教堂进行了有计划的毁坏。一大群基督教长老和主教不仅挤满了监狱，还有种种拷问和死刑。我们必须记住，这时的基督徒社团占居民中很大的成分，而负责执行法令的官吏中颇有一部分本身也信奉这被禁止的宗教。管理东方各省的伽莱里乌斯，是迫害教徒最残酷的一个皇帝，但最后他临死之际（311 年），承认了攻击这个庞大的社团是徒劳的，下令准予宽容。吉本把这敕令的要旨翻译如下：

为了帝国的利益和安全，充满我们心中的重要顾虑之一，是我们想要按照罗马人的古法和公共纪律来纠正和重建一切事物。我们特别希望那些受骗的基督徒回到理智和自然的路上来，他们曾否认他们的祖先所设立的宗教和仪式，并且放肆地鄙视古代的风习，按照他们空想的意向创造出狂妄的规律和见解，并曾从我们帝国各省聚集起一个不同的社会。我们所颁布强迫崇拜诸神的敕令，已使许多基督徒遭受危险和苦恼，许多已遭死亡，更多仍顽梗不化者被摒弃在任何公众宗教典礼之外，我们有意对这些不幸的人贯彻执行我们素来的宽厚。因此，如果他们肯于对帝国既定的法律和对政府保持应有的尊敬的话，我们就允许他们自由表白他们的个人见解，并允许他们毫无畏惧或毫无妨碍地在会堂中集会。我们将另出一个布告向各法官和地方长官宣示我们的旨意；我们也希望我们的恩典会使基督徒们为我们的安全和繁荣，为他们自身并为公众，向他们所爱戴的神做祈祷。

君士坦丁大帝在位的几年，先是作为副皇（312 年），后来单独临朝（324 年），基督教所遭受的较严酷的考验结束了。如果基督教对于信奉异教的罗马是一种造反的和破坏的力量，那么它在自己的教会里面还是一股统一的和有组织的力量。君士坦丁明智地掌握了这个事实。尽管有当时流行的一切教义的纷争，耶稣的精神则在全帝国甚至在帝国范围以外都形成了一个巨大的自由结合的团契。这信仰传播到边境以外的蛮族之中，它也扩展到了波斯和中亚细亚。它提供了道义上团结一致的唯一希望，他能在他必须统治的偏见者和追求私利者的巨大混乱之中看到这种希望。它，只有它，才能为组织意志提供便利，像一块破布一样正在碎毁的罗马帝国，需要这种意志。312 年，君士坦丁不得不为罗马而战，为他反对马克森西乌斯的地位而战。他把基督教的徽纹绘在他部队的盾牌和旗帜上，宣称他在罗马城外的米尔维安桥之役基督徒的上帝曾保佑他打了一个彻底的胜仗。凭此行动他放弃了那些擅称神皇的旧习，扫除了亚历山大大帝初次带进西方世界的那种虚荣心，因为有了基督徒的赞扬和热情支持，他成了一个甚至比戴克里先更加专制的君主。

几年后，基督教成了帝国的正式宗教。到了公元 337 年，君士坦丁临终时受洗为基督徒。

7　君士坦丁大帝

君士坦丁大帝至少和亚历山大大帝或奥古斯都·凯撒一样，都是历史上的主要人物。关于他的人格或私生活，我们知道的很少；没有一个像普卢塔克或苏埃托尼乌斯的人为他保存任何关于他个人生活的详细记述。我们有他的敌人讲的坏话，也有不少显然与之相反的使人厌恶的颂词；但是没有一个作者给我们留下他的活生生的性格。他对于作者们来说只是一个党徽，一面党派的旗帜。敌视他的佐西穆斯把他说成同萨尔贡一世一样,是私生子;他的父亲是有名的将官,他的母亲海伦娜是塞尔维亚境内尼什地方一个小旅馆主人的女儿。但是,据吉本看来,这二人的婚姻是经过正当手续的。无论如何那是地位低微的婚姻,君士坦丁的个人才干胜过了各种严重的不利条件。他几乎是文盲,懂得一点希腊文,也许根本不懂。他放逐了他的长子克立斯普斯,并听从他儿子的继母伏士达的谗言而把他处死,这似乎是真的;也有记载说,他后来相信克立斯普斯是无辜的而将伏士达处死——据一种记载说,是在她的浴盆里煮死的,另一种记载说,是暴尸荒山给野兽吃掉的——尽管还有很可信的文献证明,在君士坦丁死后她还活着。即使她是被处死了,事实证明她的三个儿子,连同两个侄子一起都被立为君士坦丁的后嗣。很明显,吉本从这种诽谤纷纭中得不到什么真实的东西,只好巧妙地利用这些稀薄的材料来编成引人兴趣的故事(第十八章)。吉本由于他反对基督教的基本态度,因而敌视君士坦丁;但他承认他是温和的、纯洁的。因为君士坦丁兴修巨大的公共建筑,他责备他挥霍,又因为他晚年戴假发、戴王冠和着华服而责备他虚荣和放荡!但是吉本也用适合的黑色蝴蝶结扎自己的头发,而且从戴克里先起以后的皇帝们是戴王冠着华服的。

虽然君士坦丁大帝这人还像一个幻影,虽然他的家庭生活细节除了渺茫的悲剧之外无所透露,但我们仍能猜出他的许多思想。在他晚年,他心中必然很感寂寞。他比以前的任何一个皇帝都更专制——那就是说,他更少有忠告和帮助。再没有可以共事的热心为公和可靠的人,既没有元老,也没有顾问来分担发展他的计划。帝国地理上的弱点他了解多少,即将到来的全部崩溃他看到多远,我们都只能猜测了。他把他的真正首都建立在比提尼亚的尼科墨迪亚,和博斯普鲁斯海峡遥遥相对的君士坦丁堡当他死时仍在建筑中。他同戴克里先一样,似乎已认识到他的版图藩篱不固而必须把注意力集中于对外事务,尤其集中于匈牙利、南俄罗斯和黑海的事务。他改组了帝国的全部官制;他给了帝国以新的组织而设法建立一个新的朝代。他是个好事的事物改造者;他试图推动发展一种等级制来安定社会秩序。这是他继承贯彻伟大前辈戴克里先的工作。他试图建立一个由农民和小自耕农组成的等级,禁止他们从所在土地上迁走。其实,他设法使他们成为农奴,因为帝国已经不再是侵略的而只是被侵略的国家了,奴隶劳动的供应减少了,他转向农奴制以求补救。他的创造性措施使空前的重税成为必要。这一切都显示出一种苦心孤诣和坚强的精神。他显然了解如果帝国要继续团结就需要一种统一的道德力量,他的独到之处即在于此。

只是在他转向基督教以后,他似乎才认识到神学家们激烈的内部纷争。他做出了巨大努力来调和这些分歧以使基督徒社团能有一致而和谐的教义，在他的发起下，325 年在尼科墨迪亚附近和君士坦丁堡相对的尼西亚镇举行了一次教会的全体代表会议。欧塞比乌斯为这个奇异的集会作了希奇的记述。在会上，皇帝虽然还不是受了洗的基督徒，但他主持了会议。这并不是他初次召开的宗教会议，因为他已经（于 314 年）在阿尔主持了一次宗教会议。他坐在尼西亚会议中央的黄金宝座上，因为他不大懂希腊语，我们猜想他大概只能观看那些辩论者的面部表情和姿态，倾听他们的声调。这是一次争论激烈的宗教会议。当年老的阿里乌斯起来说话时，米腊人尼古拉打了他一耳光，此后有许多人因为听到这个老人的异端邪说而感到恐怖，都用手指堵住耳朵跑出了会堂。我们不禁会想象到，这个对他帝国的精神极端关切，坚决要结束这些分歧的大皇帝，正在俯首向着他的译员询问他们这场争吵究竟是什么意思。

在尼西亚流行的观点体现在尼西亚信条中严格的三位一体说，皇帝支持了三位一体的立场。但后来当阿塔内西乌斯过严地压制了阿里乌斯派的时候，皇帝就把他逐出亚历山大城；而当亚历山大城教会要把阿里乌斯开除出教时，皇帝又迫使教会允许阿塔内西乌斯重新入教。

8　正式基督教的成立

公元 325 年这个日子，是我们历史上很容易记住的日子。它是整个基督教世界第一次全体主教会议的日子（我们所提到的阿尔会议只是西半部的聚会）。它标志着基督教教会和基督教明确地走上了人类事务的舞台，正如今天世界所普遍了解的那样。它标志着由于尼西亚信条，基督教教义才有确切的解说。

我们有必要提醒读者们的注意，在这个充分发展了的尼西亚基督教和拿撒勒人耶稣的教导之间是有深刻的差别的。一切基督徒都认为后者是完全包括在前者之内的，但这是本书范围以外的问题。显而易见的是拿撒勒人耶稣的教导，是以希伯来先知们开端的新型的预言性的教导。它不是僧侣的，因它没有祭神的庙宇，也没有祭坛。它没有仪式和礼节。它的奉献是"一颗悲伤忏悔的心"。它的唯一组织是宣道者的组织，它的主要职能就是讲道。但是第四世纪羽毛丰满的基督教，虽然它还保存四福音中的耶稣教导作为核心，而主要还是几千年来世界已经熟悉的那种僧侣式的宗教。它精心结构的仪节的中心是一座祭坛，崇拜的必要举动是由一个专职神甫来举行奉献，即做弥撒。它有了一个发展得很快的具有会吏、神甫和主教的组织。

但是如果基督教在外表上与塞腊皮斯、阿蒙或柏儿—马杜克的崇拜极其相似,我们必须记住连它的教士策略也有一定的新奇的特色。它在任何地方都没有半神的上帝偶像。没有供奉上帝的主要庙宇,因为上帝无所不在。也没有圣中之圣。它广布各地的祭坛都是崇奉看不见的普天之下的三位一体。即使在它最古老的方面基督教也有新的东西。

我们应该注意一件非常重要的事情,就是皇帝在基督教之得以确立上所起的作用。不但尼西亚会议是君士坦丁大帝召集的,而且一切重大会议,两次在君士坦丁堡举行(381 年和 553 年),一次在埃弗塞斯(431 年),一次在加尔西顿(451 年),都是由皇帝召集的。在这时的基督教大部分历史中,很显然地君士坦丁大帝的精神和耶稣的精神一样地明显,或者更为明显。我们已经说过,他是一个纯粹的专制君主。罗马共和主义的最后残迹已在奥雷连和戴克里先时代消失了。他奋其全力在尚有时机之际企图重建这破烂的帝国,但他在这样做的时候,没有也不感到必须有任何顾问和舆论的帮助和节制。用一个武断的教条强加于所有的信徒来排除一切论战分裂,箝制各种思想而定于一尊的想法,完全是专制独裁的想法,这是一个单干的人感到真要工作对于反对和非难就不必加以顾虑的想法。因此,在他影响之下的教会史,现在不得不跟着他突然粗暴下令强使一致而变成了激烈的斗争史。教会从他那里得到了独尊而不许人过问的倾向,发展为集中的组织而与帝国并驾齐驱。

第二个大专制君主使加特力基督教铭刻上明显权威特征的是狄奥多西乌斯一世,即狄奥多西乌斯大帝(379—395 年)。他禁止非正统派的人开会,把所有教堂都交给了三位一体派,并摧毁了整个帝国的异教庙宇,390 年他又把亚历山大城的塞腊皮斯神的大像毁坏了。对于教会的严密统一是不容抗衡,不容限制的。

这里我们不能叙述教会的巨大内部纷扰,它的难于接受异端,如阿里乌斯派和保罗派,如诺斯替派和摩尼派。如果它的权威较少而对理智上的多样性更为宽容,那么它可能是一个比它形成的那样更有力量的团体。不过,尽管有这些骚扰,它在一个时候确实维持了比以前所实现的更为亲密、更为广泛的人类统一的概念。到了五世纪,基督教世界已变得比以前任何帝国都更伟大、更坚强和更持久,因为它不仅是强加于人的一种东西,而且与人的思想交织在一起了。它远达到帝国边境以外的亚美尼亚、波斯、阿比西尼亚、爱尔兰、日耳曼、印度和突厥斯坦。

它虽是由广泛分散各地的会众积合而成,但被认为是同基督合一的一个团体,一同皈依上帝的一个民族。这个理想的统一表现在许多方面。各基督徒社团之间的互相往来是很活跃的。旅行的基督徒一定会受到他们同教信徒的热情欢迎和款待。各教会之间使者和书信自由往还，传教士和布道者来往各地络绎不绝。各种各样的文献，包括福音书和使徒书信在内，流传很广。因此统一的感觉在各方面得到了表现，基督教世界广泛分隔的各部分的发展，多少接近于一个共同型式。（《英国百科全书》"教会史"条）

基督教世界至少在1054年以前保持了这种精神上普遍统一的外形传统，以后说拉丁语的西方教会和主要的、原来的说希腊语的教会，即所谓"正教"教会，表面上为要在信条上增加两个词的问题而彼此分离了。旧信条声明说"圣灵由圣父而来"。说拉丁语者要在其后增加，而且的确他们也增加了"Filioque"（由圣子而来），并把说希腊语者逐出宗教社团，因为他们不听从这个倡议。但是早在五世纪，东叙利亚、波斯、中亚细亚的基督徒——在莫夫、赫拉特和撒马尔罕已有了教会——以及印度的基督徒都为同样的理由分离了出来。这些非常有趣的亚洲基督徒，在历史上以景教教会闻名，其势力曾伸入中国。埃及和阿比西尼亚的教会同样为了费解的疑难之点很早也就分离出来。可是在主要教会正式分立为说拉丁语和说希腊语两半以前很久，随着帝国的崩溃实际上已经分裂了。它们的情况从一开始就是分歧的。当其说希腊语的东罗马帝国继续团结和君士坦丁堡的皇帝依然操纵教会的时候，说拉丁语的那半个帝国，如我们已叙述过的，却是崩溃了，使西方教会免受任何这样的帝权统治。

此外，当以君士坦丁堡为中心的东罗马帝国的基督教会权威分散在君士坦丁堡、安提俄克、亚历山大城和耶路撒冷的高级主教或大教长之间时，西半部的教会权威却集中在罗马的大教长或教皇。罗马主教一直被认为大教长中的首席，这一切都使他特别自认为具有类似皇帝的权威。西罗马帝国最后衰亡了，他就因袭以前皇帝曾用过的古代称号祭司长，因而成为罗马历代相传的最高祭司。他在西方基督徒中拥有的最高地位是被充分承认的，但是从一开始，在东方皇帝的版图里和其他四大教长的辖区之内，这是还需慎重地加以推进的。

教会的世俗统治思想，在四世纪已经盛行。北非希波的市民圣奥古斯丁，在354年和430年之间写了《上帝之城》一书，表达了教会正在发展的政治思想。《上帝之城》引导人们的思想十分直接地向往把世界建成一个神学的、有组织的天国的可能。这诚如奥古斯丁所说，是"天命注定的信奉者的精神社会"，但从此跨到政治实施的步骤并不很远。教会将是世界上一切国家的统治者，即地球上各国大联盟的受神圣引导的统治权力，以后若干年，这些思想发展成为明确的政治理论和政策。当蛮族定居变成基督徒以后,教皇就开始自称是他们国王的大君主。几世纪后,教皇在理论上,在一定程度的实践上已成了基督教世界的大祭司、监察官、审判官和神圣君主;他的势力在西方扩展到旧帝国最边远的疆界以外,到了爱尔兰、挪威和瑞典以及全部日耳曼。一千多年来,欧洲一直受基督教世界这种统一的思想的支配,这个基督教世界是一种广大的宗教同盟,它的成员们即使在战时也受着共同的兄弟情谊和共同忠诚于教会的思想的节制,不采取各种极端的行动。欧洲的历史从5世纪一直到15世纪大体上是实现神圣世界政府这个伟大思想的失败史。

9 公元500年的欧洲地图

我们在前一章中已经叙述过各蛮族的主要入侵史。现在我们借助于一张地图可以略为回顾五世纪末的欧洲政治区划。西方帝国,即原来的罗马帝国,并没有留下一点能作为明显和分隔的政治区划的遗迹。从政治上说,它是彻底崩溃了。在欧洲许多部分把人们头脑中还保有某种传奇式的希腊东方帝国的大君主地位,作为独一无二的帝国。至少就理论上说,君士坦丁堡的皇帝仍然是罗马皇帝。

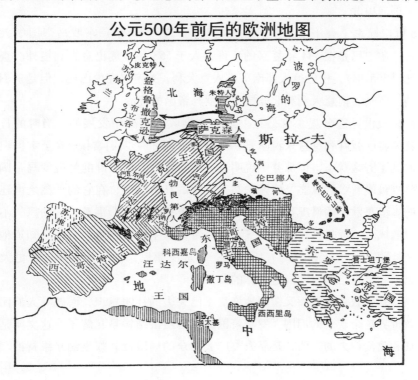

在不列颠，还很野蛮的条顿族盎格鲁人、撒克逊人和朱特人曾征服了英格兰的东半部；该岛西部的布立吞人却仍坚持下去，但逐渐被迫退到威尔士和康沃尔。盎格鲁—撒克逊人似乎是最猛烈、最有成效的蛮族征服者，因为他们所到之处，他们的语言取代了克尔特语或拉丁语——不列颠人用的是哪一种语言还不能确定。这些盎格鲁—撒克逊人是还没有基督教化的。

高卢、荷兰和莱茵兰的大部分，是在相当生气勃勃的、基督教化了的，而且更为文明的法兰克人的王国以内。但是罗讷河流域是在独立的勃艮第人的王国统治之下。西班牙和法国南方的一部分是受西哥特人的统治，但苏维汇人则占领了半岛的西北角。

非洲的汪达尔王国我们已讲过了；仍在居民中保持罗马习俗的意大利，这时正受东哥特人的统治。罗马已没有了皇帝；狄奥多里希一世作为哥特王朝第一个国王在那里统治，而他的统治权越过阿尔卑斯山扩展到潘诺尼亚，更向亚得里亚海南下到达尔马提亚和塞尔维亚。

哥特王国的东边，君士坦丁堡的皇帝们肯定是世代统治的。布尔加人这时仍然是伏尔加河区骑马的游牧蒙古利亚部落；雅利安族塞尔维亚人新近南来黑海之滨进入西哥特人的旧居；突厥—芬兰族的马札尔人还没有到欧洲。伦巴德人也还在多瑙河以北。

6世纪标志了查士丁尼皇帝在位时代（527—565年）东罗马帝国中兴的局面。汪达尔王国是在534年复兴的，哥特人于553年被逐出意大利境外。查士丁尼一死（565年），伦巴德人即南下进入意大利，并定居在伦巴底，但是他们仍让腊万纳、罗马、南意大利和北非接受东罗马帝国的统治。

基督教世界这个观念就是在上述的欧洲政治状况中发展的。当时的日常生活，就体育、智育和德育来说水平的确都是很低的。人们常说，6至7世纪的欧洲又回到了野蛮状态，但那并不说明情况的真实性。更正确的是说罗马帝国的文明已落到极端腐败的状态。野蛮状态是雏型的社会秩序，在它的范围之内还是有秩序的；但是欧洲的情况在支离破碎的政局下是一种社会混乱。它的风气不是茅屋乡村的风气，而是贫民窟的风气。在野蛮人的茅屋乡村里，野蛮人知道他是属于一个社团的，生活和行动有所约束；在贫民窟里，个人既不知道有更大的集体，也不知道自己的行动同这集体的关系。

只有基督教才缓慢而又微弱地恢复了已失去的社团意识，而教导人们团结在基督教世界这个观念的周围。罗马帝国的社会经济结构是瓦解了。这文明是个崇尚财富和政治权力的文明，是靠人类广大群众的局限性和奴隶制来维持的。它在外表上曾呈现一种光辉灿烂的壮观，可是在勇武的外表之下却是残忍、愚笨和停滞。它必定要崩溃，它在有任何较好的东西可取而代之以前必定要被清除。

对这种文明的智慧上的死寂，我们已经唤起注意。三百年之久它没有产生任何重要的科学和文学。只有在人们既不是有钱有势到了会受荣华富贵所腐蚀的地步，也不是穷困或限于谋衣食到不遑他顾的地位，他们那些平静的好奇心和清明的感触才能在给世界以健全的哲学、科学和伟大艺术的贡献上起着作用，而罗马的富豪政治却不可能产生这样一个阶级。当男男女女不受限制、没有拘束时，历史事实清楚地证明他们都易于变为荒淫无度的怪物，反之，当他们受排斥而不快乐时，他们的冲动就趋向于过分悲惨的结局，趋向于狂暴的反叛，或趋向于宗教的严厉和激烈方面。

如果说这世界在我们现在所讲到的"黑暗时代"里变得悲惨了，那也许是不真实的，更近于真实的应该说是，罗马帝国主义的强暴和粗鄙的欺诈，政客、武人、地主和财阀的世界，已陷落到早已存在的苦海之中。我们所知的这时代的历史是极不完全的；很少地方人们能进行写作，对写作的鼓励就更少了；甚至没有人确知他的稿本能否保全或有无被人传诵的机会。但就我们所知，可以说这个时代不仅是战争和抢劫的时代，而且是饥荒和瘟疫的时代。世界上还没有有效的卫生设备，这时的人口迁徙必然破坏了已建立起来与环境相称的卫生情况。北意大利阿梯拉的蹂躏曾被452年热病的勃发所防止。查士丁尼在位的晚年（565年）发生了一次黑死病大瘟疫，使意大利抵御伦巴德人的力量大大削弱了。543年，君士坦丁堡曾在一天内死了一万人（吉本说"每天"）。590年瘟疫正在罗马流行。7世纪也是瘟疫袭击的世纪。当时很少的作家之一英国人比德，记述了664年、672年、678年和683年英国流行的大瘟疫，在20年之内不下于四次！吉本曾把查士丁尼在位时的流行病和531年的大彗星并提，还有当时很频繁的强烈地震。"东方许多城市都空无一人了，在意大利几个区里，庄稼和葡萄都枯在地上无人收获"。他断言，"人口显然在减少，地球上有些最好的国家，眼看也一直没有恢复。"对在那些黑暗日子里的许多人来说，一切学问和一切使人生活正常和有望的东西，都在毁灭之中。

在这些肮脏和不安的条件下比起在难熬的帝政来，众生的命运是否更为不幸，很难断言。可能有不少地方性的差异，这里有横行霸道的暴政，那里有善良宽厚的自由，今年饥荒，明年丰收。如果盗贼蜂起，税吏和债主就消失了。像法兰克王国和哥特王国这样一些国王们，对于大多数他们所谓的臣民来说，都是些有名无实的统治者；各地的生活水平很低，商贾行旅都很稀少。乡村的大小地区都为强者所占据，宣称他们是多少公平合理地取得了从后期帝国或国王传授而来的勋爵或伯爵或公爵的头衔。这样的一些地方，贵族各聚家臣，建置城堡。他们往往改建已有的建筑。例如罗马大圆形竞技场，即许多格斗表演的大斗技场，改变成了城寨，阿尔的圆形剧场也是这样。罗马的哈德里安大陵墓也是这样。

在衰落中的、这时又是污秽的城镇里，零零落落的工匠集合了起来为周围从事耕种的村庄工作，以满足其需要，把自己置于邻近一些贵族的保护之下。

10 基督教对学问的拯救

4 至 5 世纪欧洲陷于破碎和融合以后，在 6 至 7 世纪社会重建的过程中，正在西方兴起的基督教修士会曾出过一份很重大的力量。

基督教出现以前，世界上已有了修道院。拿撒勒人耶稣之前犹太人中社会的不幸时期，已经有了不和一般社会同住的埃森尼派社团，立誓要过隐居、纯洁和自我克制的朴素生活。佛教也曾发展过它的生活集团，一群人聚集在一起舍弃世上一般的活动和经营去过朴素和沉思的生活。的确，我们已讲过佛陀的历史表明，这些思想一定在他之前很久就在印度盛行了，最后他抛弃了这些思想。很早在基督教历史中就兴起了一个类似逃避人们日常生活的竞争、激烈和紧张的运动。尤其在埃及，大群的男男女女进入沙漠去过孤寂的祈祷和冥想的生活，一无所有地住在洞中或岩下，靠那些受圣灵感化的人偶尔施舍过活。他们这样的生活就其本质来说确是退出历史之外的，要不是因为这种修道的趋势很快在更为进取和实际的欧洲人中间转变的话，那么这样的生活对于历史家是没有什么意义的。

欧洲修道院制度发展史中主要人物之一是圣本笃，他生活在 480 年和 544 年之间。他出生在意大利的斯波累托城，是个出身于良好家庭并具有才干的青年。由于被时代的阴影所笼罩，同佛陀一样，他投身于宗教生活，一开始就竭力刻苦修行。离罗马城五十英里是苏比亚科，那里在阿尼奥河谷的尽头，草莽丛生，下面有一座废殿系尼禄皇帝所建，俯瞰一个过去盛时拦截河水造成的人工湖。这里，本笃主要只有一件马毛衬衣，住在向南的俯临溪流的岩洞里。此地人迹罕到，他的食物不得不由一个忠实的敬慕者用绳缒下。他在这里住了三年，他的名声就像约一千年前的佛陀那样在类似的条件下传播了出来。

本笃的历史也像佛陀那样，被愚蠢和轻信的门徒用一大堆奇迹和现象的庸妄之说以相附会。但是不久我们发现他不再从事于苦修，而去管理一批 12 个修道院，即许多人会集之地。青年被带来受他的教育，他的生活性质也完全改变了。

他从苏比亚科再向南迁移到罗马与那不勒斯两城中途的蒙特—卡西诺，这是一座有高峰环绕寂静而秀丽的山。这里令人感兴趣的是，在6世纪他发现了一座阿波罗神庙和一丛圣林，而附近乡人仍在这神龛前礼拜。他的第一项工作必定是布道工作，他很困难地说服了这些简朴的异教徒去毁坏他们的神庙，砍伐他们的丛林。蒙特—卡西诺的修道院就成了本笃一生中著名的有势力的中心。虽然他的历史被一些爱好怪异的修士杜撰的故事所混杂，什么驱逐魔鬼，门徒在水上行走和死婴复活等，但我们仍能看出本笃的真正精神。尤其有意义的是把他表现为劝阻极端苦行的人的故事。相传有一个孤寂的苦修者发明了一种入圣的新法，就是把自己用铁链拴在一座狭洞的岩石上，本笃给他送去一封阻止的信。本笃说，"砸碎你的铁链吧，因为上帝的真正仆人不是用铁链拴在岩石上，而是以基督系在正义上的。"

仅次于劝阻孤寂的自我苦修，本笃的特点是明显地坚持刻苦工作。通过各种传说明白指出他有一些贵族出身的学生和门徒感到他们自己是被迫辛勤劳动，并不是在低级同人的服务下过着优闲的简朴生活，就起来与他为难。关于本笃的第三件非常出众的事情是他的政治影响。他决心使哥特人与意大利人言归于好，他的哥特王托蒂拉显然来征求过他的意见并很受他的影响。托蒂拉从希腊人手中收回那不勒斯时，哥特人保护妇女不使受辱，甚至以人道对待被俘的士兵。当10年前查士丁尼的大将贝利撒留夺取此地时，他曾大肆屠杀以庆祝他的胜利。

这时本笃的修道院组织，在西方世界是一个十分伟大的开端。他的卓越的门徒中，有一个是格雷哥里大教皇（540—604年），即第一个修士成了教皇的（590年）；他也是最有本领、精力最旺盛的一个教皇，他派遣有成就的布道团去感化尚未皈依基督教的人，特别是到盎格鲁—撒克逊人那里去。他像一个独立的国王那样统治罗马，组织军队，缔结条约。本笃的清规得以强加于几乎全部拉丁修道生活这件事，应归功于他的影响。

与这两个名字密切相联的是卡西奥多鲁斯（490—585年），这三人都把仅以自我苦修为职志的早期遁世派发展成为一种有教化的修道院制度。卡西奥多鲁斯显然比格雷哥里教皇年长很多，比本笃年轻十岁，他和这两人一样，都出身于贵族家庭，他的家庭是定居在意大利的叙利亚人。在哥特诸王统治时他有过相当的政治经历；在545年和553年之间哥特诸王的倾覆和大瘟疫的流行，为伦巴德人蛮族新的统治铺平道路的时候，他退隐于寺院生活。他在私人地产上兴建了一所修道院，让他招来的修士们完全按本笃方式工作，虽然我们并不知道这些修士是否真正按照同时在蒙特—卡西诺制定的本笃清规来做。但不容置疑的是他在发展这个伟大的工作、教育和研究的教团上是有影响的。显然他被教育的普遍腐败和世界一切学问及古代文学可能丧失的现象所感动；从一开始他就指导他的同人弟兄从事于保存和恢复这些东西。他收集了古代遗稿，把它们抄录下来。他制造日规、水钟以及其他类似的器具，可以说是乌云密布之中实验科学最后放射的一线光明。他撰写哥特诸王的历史，更有意义的是他有时代的需要感，他写了有关文艺的一系列学校课本和一本语法。在使修道院制度成为西方世界恢复社会秩序的有力工具中，大概他的影响甚至比圣本笃的影响更大。

本笃教团或本笃式修道院，在7至8世纪的传播是很广泛的。我们处处发现它们是该地的光明中心，维持并提高教养的标准，保存一种初级的教育，传播有用的手艺，增多抄本，贮藏书籍，在世人眼前保持了社会砥柱的壮观和范例。从那时起，800年欧洲的修道院制度，在一个可能成为完全混乱的世界里一直是文化启蒙的一种修补和维持的制度。与本笃修道院密切相联的是不久就成长为中世纪大学的各学校。罗马世界的学校，在社会普遍瓦解中已扫荡无存。在一个时候，在不列颠或高卢只有极少数教士能读四福音或他们的祈祷书。教育只逐渐地才恢复到世界上来。但当它恢复了时，它不再是有学问的奴隶的本职，而是虔诚者这个特殊阶级的宗教业务。

在东方，教育的连贯性也有一个中断，但其原因并不在于社会的紊乱而在于宗教的褊狭，因此这中断也并不那样地彻底。查士丁尼关闭和解散了萎缩和智育上退化的雅典学校（529年），但是他这样做，大半是为要消灭他正在君士坦丁堡建立的一所新学校的对手，这个新学校是更直接受皇帝管辖的。

因为在发展中的西欧各大学新的拉丁学问还没有它自己的教科书和文学作品，所以不顾相反的强烈的种学偏见，不得不大量地依靠拉丁文经典著作和从希腊文翻译成拉丁文的文学作品。因此这灿烂的文学被迫保留下来的就比自愿保留下来的多得多了。

11　拜占庭艺术

从罗马帝座转移到拜占庭以后，一种新的建筑和一种新的艺术精神，即拜占庭艺术，就在世界上出现了。查士丁尼皇帝在位时代（527—565年），这种拜占庭艺术达到了高度发展，关于查士丁尼，我们将在下一章谈及。这种艺术曾一度衰颓而又兴起，在11世纪达到了新的高峰。它在东欧仍然是现代的艺术传统。它说明了新的官方基督教的抑制和冲动。东方的特性，尤其是埃及和波斯的倾向被强加于古典传统之上。辉煌灿烂取代了率真和温雅。

拜占庭装饰的一个特征是一种特有的僵硬；希腊罗马绘画和雕刻的一切灵活性都不见了，代之而起的是镶嵌图案，表示人物的平板、相称和直立的正面。从来没有一个侧面像或任何一点按照透视缩短的做法。仿佛把希腊人偶像化了的天然人体变为应受谴责的可怕的东西了。因而所达到的是一种伟大而庄肃的尊严。造物主上帝、圣母和圣婴，伟大的圣者的巨大镶嵌像，似乎从它们被安置的大圆顶上笼罩着下面的参拜者。绘画和书籍的装饰显出同样鲜明的僵硬性。另一方面，雕刻衰落了，雕饰的色彩浓厚格子窗取代了生动的形态。金、银和珐琅装饰品都制造得空前地璀璨夺目。从东方来的纺织品往往是明显的波斯图案。不久，伊斯兰教将以更为彻底地抑制人体形态的影响参加进来。

音乐也成了堂皇和重要的艺术。公元早期几个世纪的音乐是很虔诚热情而不是精心制作的，与其说它是从希腊音乐来的，不如说是从闪米特音乐来的。世俗音乐是绝对禁止的。圣日罗姆说，"一个基督徒少女不应该知道七弦琴或长笛是什么东西。"赞美诗和器乐演奏是基督徒从犹太人的礼拜中吸收来的，并且多少完全限于有组织的歌咏队，一般是应答轮唱诗歌。会众齐声唱赞美诗，当然那时还没有合唱歌曲。音乐是被抑制情感的大发泄。就在那里出现了大量的希腊文和拉丁文的赞美诗；据说其中有些还遗留在现行的赞美诗中。强有力的教会组织者圣格雷哥里，即格雷哥里大教皇，在6世纪建立了教堂礼拜仪式的音乐，下一章我们将更多地谈到他。

第二十九章 西罗马帝国和拜占庭帝国衰落期间亚洲的历史

1 查士丁尼大帝

前两章中我们的注意力主要集中于凯撒和图拉真所缔造的大罗马帝国的西部,在较短的4个世纪里政治和社会秩序的崩溃。我们也论述了那种崩溃的彻底性。任何有才智而热心公益的人,生活在这时和生活在圣本笃或卡西奥多鲁斯的环境中,的确会感到好像文明的光辉正在黯淡下去,近乎熄灭了。但是用较长远的眼光来研究整个世界的历史,我们就会看到这些阴暗的世纪不过是社会政治思想和理解前进中的一个方面,也许是一个不可避免的方面。如果当时有一种黑暗的灾难感笼罩着西欧,我们必须记住,全世界的大部分并没有退化。

欧洲的著作家以他们西方人的偏见,太易于低估集中于君士坦丁堡的东罗马帝国的持久性。这个帝国体现了一种比罗马更古老的传统。如果读者能看看我们所示的地图上它在6世纪时版图的方圆,如果他能想想这时它所用的官方语言已变成了希腊语,他就会认识到我们现在这里所述及的只是名义上的罗马帝国的一支;它事实上是希罗多德所梦想,亚历山大大帝所创立的希腊化的帝国。它的确自称为罗马,称它的人民为"罗马人",直到今天,近代希腊语就称为"罗梅克语"。君士坦丁大帝也的确不懂希腊语,查士丁尼的希腊语音调不正。这些名义上和形式上的肤浅事物都不能改变帝国实际上是希腊文化的这个事实,在君士坦丁大帝时已有六世纪的历史,当真正的罗马帝国经四世纪之久完全崩溃以后,这个希腊化的"罗马帝国"仍继续保持了11个多世纪——从312年君士坦丁大帝在位时起,直到1453年君士坦丁堡被奥斯曼土耳其人攻下为止。

当我们不得不谈到西方的社会好像全然崩溃了的时候,东方却没有这种相似的瓦解。乡镇和城市是繁荣的，农村也耕作得很好，贸易仍然进行。君士坦丁堡在许多世纪里都是世界上最大最富庶的城市。这里我们不谈关于帝王们的名号、昏庸、罪恶和阴谋等的故事。他们像大多数大国的君主一样，并没有领导他们的帝国，而是受国势所驱迫。我们已在相当长的篇幅中谈到了君士坦丁大帝（312—337年），我们也提到了一度重新统一帝国的狄奥多西乌斯大帝（379—395年）和查士丁尼一世（527—565年）。不久我们将谈到赫拉克利乌斯（610—641年）。

查士丁尼和君士坦丁一样，可能有斯拉夫人的血统。他是一个有雄心壮志而富于组织能力的人，他又很幸运地娶了一个能力相等或能力更大的女人，即狄奥多拉皇后，她青年时曾当过不一定很出名的女演员。但是查士丁尼力图恢复古代罗马帝国的伟大，这也许过于消耗了它的资源。我们已经说过，他重新自汪达人手中征服了非洲省，从哥特人手中征服了意大利的大部分。他也恢复了西班牙的南部。在君士坦丁堡，他建筑了宏大而美丽的圣·索非亚教堂，创立了一所大学，并编纂了法典。但与此相反的是他关闭了雅典学校。同时大瘟疫扫荡了欧洲，所以在他死时这个中兴的扩大的帝国好像扎了刺的汽泡一样很快就破灭了。他所征服的意大利的大部分已落到伦巴德人手里。意大利这时的确几乎是一片荒地；伦巴德历史家们断言伦巴德人来到了无人之境。阿瓦尔人和斯拉夫人从多瑙河地区南下到亚得里亚海，斯拉夫人定居在今塞尔维亚、克罗地亚和达尔马提亚，成为现今的南斯拉夫人。此外，同波斯萨珊帝国一场筋疲力竭的斗争也在这时开始了。

但是在这场斗争中，波斯人曾三次几乎取得君士坦丁堡，最后因波斯大败于尼尼微（627年），胜负才算决定。在我们谈到这次斗争以前，有必要略述一下帕提亚时代以来的波斯史。

2 波斯的萨珊帝国

我们已把罗马帝制的短短四百年和幼发拉底河—底格里斯河区域帝制的顽强持久性作了对比。我们也很短暂地看了看在亚历山大所征服的东半部地区繁荣了三世纪之久的希腊化了的巴克特里亚王朝和塞琉古王朝，并叙述了帕提亚人如何在公元前一世纪来到了美索不达米亚。我们已描述了卡利之战和克拉苏斯的结束。因此有250年之久阿萨栖人的帕提亚朝在东边统治着，罗马帝国在西边统治着，亚美尼亚和叙利亚则介乎两者之间，它们的疆界随着任何一方的加强向东西移动。我们已经指出罗马帝国的版图在图拉真时代向东扩张得最远（见第二十七章第一节的地图），我们也注意到约在同时，印度—斯基台人（第二十七章第五节）涌进了印度。

226年发生了一次革命，于是阿萨栖朝让位于更有力的萨珊王朝，一个波斯本国人所建立的王朝，由阿尔达希尔一世统治。就一方面说，阿尔达希尔一世的帝国同一百年后君士坦丁大帝的帝国呈现出一种出奇的相似。阿尔达希尔试图以坚持宗教上的团结一致来巩固他的国家，因此采用了昔日波斯人信奉的祆教作为国教，我们将在后面更多地提到它。

这个新的萨珊帝国立刻变成了侵略性的，在阿尔达希尔的儿子和继承人沙普尔一世时代，攻取了安提俄克。我们已注意到瓦勒里安皇帝如何战败（260年）而被俘。但是因为沙普尔在一次胜利行进中退到了小亚细亚，他被一个巨大的沙漠贸易中心——巴尔米拉——的阿拉伯国王奥得内塔斯击败了。

在奥得内塔斯当政和以后他的寡妻济诺比亚当政的短期内，巴尔米拉是夹在两个帝国之间的一个相当大的国家。后来它亡于奥雷连皇帝，这个皇帝用铁链把济诺比亚牵到罗马以宣扬他的胜利（272年）。

我们不企图追述萨珊朝此后三百年间的兴衰。在这全段时期中，波斯和君士坦丁堡帝国之间的战争使小亚细亚像患了热病似的衰弱了。基督教传播很广而受了迫害，因为罗马基督教化以后波斯君主成了世上唯一的神皇，他认为基督教不过是与他抗衡的拜占庭的宣传。君士坦丁堡成了基督徒的保护者，波斯则成了祆教徒的保护者；422年的条约中，君士坦丁堡帝国同意宽容祆教，而波斯帝国则同意宽容基督教。483年东方的基督徒从正教教会分离而成了景教；我们已注意到景教的传教士广泛传布到中亚和东亚地方。这个从欧洲的分离，既然它使东方的基督教主教们不受拜占庭大教长的管辖，也就使景教教会免除政治上不忠于波斯的猜疑，从而使波斯的基督教完全得到宽容。

科斯洛埃斯一世在位时代（531—579年）是萨珊朝强盛的末期。他是查士丁尼同时代而堪与匹敌的人。他改革了税收，恢复了正统的祆教，从阿比西尼亚基督徒统治下夺回了南阿拉伯（也门），把他的权力扩展到了那里，推进他的北部边界到西突厥斯坦境内，并与查士丁尼进行了一系列战争。他作为一个开明的君主声誉非常之高，以至当查士丁尼封闭雅典学校时，最后一批希腊哲学家都来到他的宫廷。他们感到他就是所谓的哲学家王者，就像我们谈过的孔子和柏拉图曾在他们时代所追求的幻想那样。希腊哲学家们发现正统的祆教的气氛甚至不如正统的基督教适合他们的味道，当549年科斯洛埃斯在同查士丁尼签订休战条约时好意地附加一项条款，允许他们回到希腊，并保证他们不因异教徒的哲学或暂时的亲波斯行为而受到折磨。

和科斯洛埃斯有关,我们听到中亚细亚有一种新的匈奴民族,即突厥人,我们知道他们首先同科斯洛埃斯,然后又同君士坦丁堡结盟。

科斯洛埃斯一世的孙子科斯洛埃斯二世(590—628年)经历过极盛极衰的命运。他初露头角时反对君士坦丁帝国而得到了惊人的成就。他的军队曾三次(608年、615年和1626年)到达了君士坦丁堡对面的加尔西顿,他占领了安提俄克、大马士革和耶路撒冷(614年),他又把据说是耶稣被钉死的真十字架从耶路撒冷带到了他的首都忒西丰(但一些这样或那样的真十字架已经到了罗马。相信这个十字架是君士坦丁的受封为圣徒的母亲"赫伦娜皇后"曾从耶路撒冷带回去的——这故事吉本并不予重视,见《罗马帝国衰亡史》第二十三章)。619年科斯洛埃斯二世征服了容易得到的国家——埃及。这项征服事业最后被赫拉克利乌斯皇帝所阻止了(610年),他正着手恢复君士坦丁堡被毁的军力。赫拉克利乌斯一度养精蓄锐,避免了一场大战。623年他奋勇临阵。波斯人经历了一系列败仗,最后以尼尼微之役(627年)的战败而达到了极点;但双方都没有彻底打败对方的能力。斗争的结果虽然拜占庭的军力在美索不达米亚是得胜了,但博斯普鲁斯海峡仍有一支波斯军未被打败。

628年科斯洛埃斯二世被他的儿子篡位和杀害了。一二年后,这两个疲惫不堪的帝国之间缔结了一项胜负未决的和约,恢复了两国昔日的边界;真正的十字架被运还给赫拉克利乌斯,他立即以隆盛的典礼把它放在耶路撒冷原处。

3 萨珊王朝时代叙利亚的衰落

以上就是我们简短叙述的波斯史和拜占庭帝国史中的重大事件。我们更感兴趣而较难叙述的是当时这些大帝国的一般居民生活中所起的变化。作者只略知这个时代的二世纪和六世纪扫荡人间的大瘟疫,其确切性已不可考。肯定这些变化使人口减少,大概也使这些地区的社会秩序解体了,正如我们所知道的在罗马帝国和中华帝国的情况那样。

马克·赛克斯爵士——在1919年重感冒流行期间他过早地死于巴黎,这对英国是不可弥补的损失——著有《哈里发的最后遗产》一书,其中他生动地概述了我们正考虑的这期间近东的一般生活状况。关于近今时代的头几个世纪,他说:

> 军事行政管理和帝国财政的方针在人们的心目中全然与实际政府管辖脱节了;尽管不时执掌政权的酒鬼、醉汉、暴君、疯子、野人和被遗弃的妇女

等最可鄙的苛政肆虐，但美索不达米亚、巴比伦尼亚和叙利亚人口仍然极多，巨大的河渠和堤坝仍在维修，商业和建筑依然繁荣，尽管有敌对的军队不断前来和掌权者的民族成分不断改变。每个农民的利益都集中于他所属的乡镇；每个市民的利益都集中于他所属城市的进步和繁荣；至于敌军的进入，如果胜利是可靠的，而且履行契约付款是肯定的话，那么人们有时还会感到满意。

另一方面，来自北方（来自突厥斯坦的图兰人，或来自高加索的阿瓦尔人）的袭击必然是一件可怕的事。于是村民有必要到城里避难，他们从城里看烟火起处就能够看出这个地方已被游牧民所破毁和踩蹰。然而只要河渠没有被毁（的确，这些河渠建筑得这样结实和谨慎，使得它们的安全得到保证），就不会受到不可弥补的损失的影响……

在亚美尼亚和蓬土斯，生活的情形完全不同。这些山区居住着凶猛的部落，由有势力的本地贵族率领，受着公认的国王们的统治，而在河谷与平原的和平耕作者则供应经济上必要的资源……西利西亚和卡帕多基亚这时完全受制于希腊的势力，有无数富庶而高度文明化的城镇，此外还有一支相当大的商船队。经过西利西亚到赫勒斯蓬特海峡，整个地中海海岸有许多富庶的城市和希腊殖民地，在思想和语言上全是世界主义性质的，也都有着对于希腊人的本性来说好像是很自然的都市和地方的雄心壮志。希腊地带从卡里亚延伸到博斯普鲁斯海峡，沿海岸远至黑海的锡诺普，到那里这个地带就逐渐不可分辨了。

叙利亚分裂为一个奇异的百衲被式的许多公侯国和自治王国；从北方说起有近乎野蛮的科玛格涅国和埃德萨国（乌尔法国）。这些国的南边是班比斯国，有巨大的庙宇和僧侣掌权者。朝向海岸处的村镇，人口稠密，群集在独立的城市安提俄克、阿帕米亚和厄麦萨（霍姆斯）的周围；而在外面荒野中，闪米特人的大商业城市巴尔米拉作为帕提亚和罗马之间中立的贸易地正在积累财富而渐臻强大。在黎巴嫩和安替黎巴嫩之间，我们发现赫利俄波利斯（巴勒比克）正在极盛之时，它的残碎的遗迹至今还令人称赞……转向加利利以内，我们发现奇异的格腊萨城和费拉德尔非亚城（安曼），由结实的石砌道路连接起来，并设有巨大的水渠……叙利亚仍有很多这时期的废墟和遗迹，人们不难想见当时它的文明的性质。早就输入此间的希腊艺术发展得富丽堂皇而略带俗气。装饰的丰富，用度的奢侈，财富的夸耀，都足以表示闪米特人耽于淫逸而娴于艺术的趣味自古已然。我曾站在巴尔米拉的柱廊之间,曾在塞西尔旅馆用饭,旅馆虽然是铁建成的,外面涂成假木、假灰、假金、假绒和假石,但效果是一样的。叙利亚的奴隶很多,足以修造结实的建筑物,但艺术精神很庸俗,与机器制造的一般。与城市居民相反的乡村居民,一定是和他们现在住居的情况一样,住在泥屋和石砌的墙壁里;而在远处的牧场中,贝都印人在他们本种族的那巴提安诸王统治下自由地放牧他们的羊群,或者履行大商队经纪和保护的任务。

牧人居地以外有干枯的沙漠,形成了幼发拉底河后面帕提亚帝国无比坚固的屏障和防御,幼发拉底河一带有忒西丰、塞琉基亚、哈特腊、尼西宾和哈兰等大城,还有其他数以百计的大城已经失名了。这些大市镇区靠美索不达米亚丰富的谷物生活,那时有灌溉的河渠,修筑河渠的人名在当时就已经湮没无闻了。巴比伦和尼尼微的盛世已成过去,波斯和马其顿的继承者曾让位于帕提亚,但它们的人民和耕作状况与居鲁士征服者最初征服此地时是一样的。许多城镇所用的语言是希腊语,塞琉基亚有教养的市民也许会批评雅典的哲学和悲剧;但是几百万的农业人口可能对于这些事并不知道多少,就像今天埃塞克斯的许多农民并不知道在首都所发生的事一样。

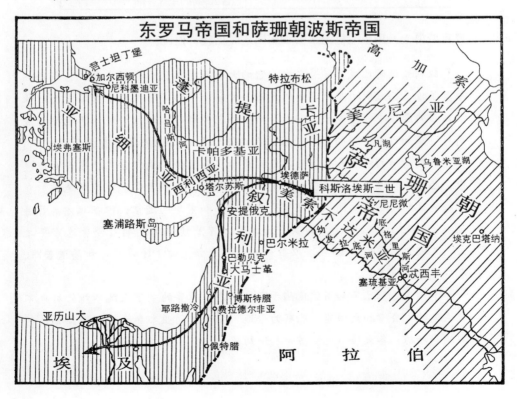
东罗马帝国和萨珊朝波斯帝国

公元初几世纪间小亚细亚、叙利亚和美索不达米亚的诸城市

赛克斯爵士又用7七世纪末的事态同这时比较,他说:

> 叙利亚这时已成为贫苦之乡,它的大城市虽然仍住着不少居民,但仍然堆满了许多公众财力难以运走的瓦砾。大马士革和耶路撒冷自身还没有从长久猛烈的围攻中恢复过来;安曼和格腊萨在贝都印人的权力统治下已衰颓成荒村。正如已经提到的那样,豪兰人在图拉真时代也许还存有繁荣的迹象;但这时期简陋的房屋和粗糙的石刻都表示沮丧可怜的衰颓景象。在外面沙漠中,巴尔米拉除了在城堡中有一支卫戍部队外,已成了空旷荒凉的地方。在滨海地区和黎巴嫩之间,还可看见昔日交易和繁华的迹象;但在北方,普遍呈现了毁灭、荒凉和遗弃的状态,这地方曾陆续遭受定期的侵袭达百年之久,又被敌人统治了15年。农业一定已经衰颓,由于瘟疫流行和屡遭苦难,人口显著减少了。
>
> 卡帕多基亚已不知不觉地陷于野蛮状态;愚鲁的乡下人既不能修补也不能恢复的大会堂和大城市,已夷为平地。安纳托利亚半岛已受到波斯军队的蹂躏和劫掠;各大城市也被掠夺和洗劫了。

4 来自伊斯兰教的初次音信

科斯洛埃斯二世死后和罗马帝国同波斯最后缔结和约之前，赫拉克利乌斯在这个已经荒凉的叙利亚正在从事秩序恢复，他忽然接到一封奇异的书信。送信人把这封信带到了大马士革南边旷野的帝国哨所。这信是用阿拉伯文写的，即沙漠南部游牧民族所用的难解的闪米特语；赫拉克利乌斯也许只得到一份译本——译员大概是用了祈求宽恕的口气。

这是从一个自称为"真主的使者穆罕默德"的人写来的一封奇特而绚丽的挑战书。看来这个穆罕默德要求赫拉克利乌斯承认唯一真正的上帝并且去侍奉他。此外书信中所说的都不明确。

收到这封公函的事已无记载可考，大概是没有置答。这个皇帝也许耸耸肩膀，对这偶然事件一定感到好笑。

但是在忒西丰的人对这个穆罕默德知道得更多些。据说他是一个讨厌的假预言家，他曾怂恿阿拉伯南部富庶的省份也门去反抗王中之王。当时卡瓦德忙于国事。他曾篡夺他父亲科斯洛埃斯二世的皇位而把他杀害了，他正试图改组波斯的军事力量。他也接到与赫拉克利乌斯所得到的相同的一封信。这件事却使他发怒。他把信撕毁了，掷给使者并命令他滚开。

当使者回报给远在麦地那的那个污秽的小镇里的发信人时，发信人也很激怒。他大声说："啊，真主！就这样吧，请你把他的王国夺走吧。"（628 年）

5 琐罗亚斯德和摩尼

但是我们在叙述伊斯兰教在世上兴起之前，最好把 7 世纪黎明时亚洲的情况说得完全些。也应当用一两句话谈到萨珊朝时期波斯社会中宗教的发展。

从居鲁士之日起，祆教（琐罗亚斯德教）已胜过了尼尼微和巴比伦的古代神祇。琐罗亚斯德 [Zoroaster 是伊朗语 "Zarathustra"（查拉苏什特拉）的希腊拼音]，与佛陀一样是雅利安人。我们一点也不知道他所生活的时代——有些学者认为他生于早到公元前 1000 年左右，其他人则认为他是与佛陀或孔子同时；我们也不清楚他的出生之地或他的确切国籍。他的教导至今还保存在《赠达·阿维斯塔》经典中；但因这些教导在人世事务中已不再起多大作用，所以我们就不详述了。善神奥马兹德，即光明、真理、爽直和太阳之神，其对立面为阿利曼，即阴私、狡猾、权谋、黑暗和黑夜之神，两者形成他的宗教的核心。当我们在历史中发现它时，它已有了宗教仪式和僧侣制度；它没有神像，但它有祭司、庙宇和祭坛，祭坛上燃着圣火，坛前举行祭祀的仪式。禁止焚毁或埋葬死者是它的显著特征之一。印度的帕西人，即最后一批的祆教徒，仍然把他们的死者放在一些空塔里，即"寂静之塔"中，让兀鹰前来吃掉。

在从阿尔达希尔开始的（227年）萨珊朝诸王时代，这个宗教就是波斯的国教；它的首领在国内的地位仅次于国王，国王严格地按古代方式被认为是神圣的或半神圣的，并且同奥马兹德有特殊的亲密关系。

但世间的宗教动荡并没有让祆教在波斯帝国享有其无可争论的独尊地位。不仅是基督教向东广为传播，关于这一点我们在上面已提到过，而且在波斯也有新的宗派产生，把当时的新思想吸收进去。我们已说过的太阳神教，即是祆教早期一个变种或支派。它在庞培大将东征之后公元前一世纪时即已传入欧洲。它成了军人和普通人所最爱好的宗教，直到君士坦丁大帝时还继续是基督教的劲敌。太阳神是光明之神，从奥马兹德"变来的"，奇迹般地诞生的，这和基督教的三位一体说中所谓第三位是从第一位变来的极其相似。关于祆教的这一分支，我们无需多说。可是在第三世纪，另一种宗教即摩尼教兴起了，现在它却值得我们注意。

摩尼教的创始人摩尼，是出身于米地亚旧都埃克巴塔纳的良家之子（216年）。他在忒西丰受过教育。他的父亲在宗教信仰上多少是带有宗派性的，所以他是在宗教议论的气氛中长大的。他忽然产生一种信念，认为他最后得到了完全的光明，这种光明是一切宗教倡导者的原动力。他不得不宣扬他的教义。242年，在萨珊朝第二个君主沙普尔一世登位时，他开始讲道了。

他的教导是一种众神混合，这是当时人心所向的特征。他宣称他不是在宣告什么新的东西。在他之前那些伟大的宗教创始者都是正确的：摩西、琐罗亚斯德、佛陀、耶稣基督——都是真正的先知，但他的任务是来澄清和圆满完成他们的不完全而混乱的教训。他用祆教的语言来达到了这个目的。他解释人生的混乱和矛盾是光明与黑暗的斗争。奥马兹德是上帝，阿利曼是撒旦。但是人是如何被创造的，他是如何从光明堕入黑暗，如何分清光明和黑暗而得到拯救的，以及耶稣在这奇异的各种宗教混合中所起的作用等，即使我们想要解释也不可能讲得清楚。我们对这宗教体系所关心的是历史方面而不是神学方面。

但是最富于历史兴趣的实情，是摩尼不仅往来于伊朗传播这些新的、最后他所满意的思想，而且这些新的思想也传到了突厥斯坦、印度，甚至越过山口而传到了中国。这种旅行的自由是值得注意的，也是有趣的。因为我们由此可知突厥斯坦不再是危险的游牧民的地方，而是城市繁荣，人们已受教育，并有余暇从事于神学争论的地方。

摩尼的思想以极快的速度向东西两方传播，它是整个基督教世界最有成效的异端根源，几达一千年之久。

在270年左右，摩尼回到了忒西丰，得到了许多皈依者。这件事使他同波斯国教及其僧侣发生了冲突。277年，在位的君主处摩尼以磔刑，为了某种不明的原因，还把他的尸体剥了皮，并开始对他的信徒们进行猛烈的迫害。虽然如此，但是摩尼教同景教和正统的祆教（拜火的马资达教）三者在波斯各自存在了数百年。

6 中亚细亚和印度的匈奴各族

公元五六世纪不仅波斯，而且这时的突厥斯坦和阿富汗等地，比当时英法两国的文明要先进得多，这是相当明显的。这些地区的不清楚的历史已经在前几十年澄清了，发现了大量的文献。这些文献不仅是用突厥语群的文字写成，而且是用粟特语文和另一种雅利安语文写成的。这些剩存的手写本从7世纪开始。字母仿自摩尼教传教士引进的阿拉米字母，许多已发现的手写本——写在羊皮纸上的被糊在窗户上代替玻璃——写得很好看，好像本笃修士的抄本一样。同大量摩尼教文献混在一起的是基督教《圣经》经文和佛经的译本，这种资料还有很多待研究。

丹尼森·罗斯爵士宣称，这个中亚国家在语言上和文化上主要仍然是雅利安的，它的艺术主要仍类似印度和波斯的艺术。事事都表明那些世纪在欧洲是遭受灾难和退化的世纪，从中亚向东以迄中国，比较起来还是一个进步的时代。总有一天我们要把有关在欧洲紊乱的几个黑暗世纪期间和这个地区所发生的种种事情有联系的历史写出来。由于某种有利的气候变化，它的文明有特别精美的一面。在柏林，我们可以看见收集到的突厥斯坦这时期的壁画，使人吃惊地预先看到了13世纪法德两国的服装和设备（600年后）。例如一副纸牌上的国王、王后和杰克熟悉的形象和符号，都可以在这些漂亮的图画中看到。这里面有一种可与欧洲中世纪精神最光明时相比的丰富而美好的生活，而且出奇地相似。在这些画面里有很多的黑人和白人掺杂在一起，也有很多红发的男人，这通常是种族混合的结果。

匈奴各族这时被称为鞑靼人和突厥人，在6世纪仍然继续不断地稳步西进到里海以北，但是这必须看作是人口的外溢而不是各个民族整个的迁徙。从多瑙河到中国边境的世界大半仍是游牧的世界，在主要的贸易通道上有乡镇和城市正在兴起。我们无需在此详述西突厥斯坦的突厥各族同他们南边的波斯人经常的冲突，即长期以来图兰人和伊朗人的争吵。我们没有听到过波斯人大举北进的事情，但是在三四世纪阿兰人和匈奴人继续大举西迁进入欧洲心脏以前，里海以东的图兰人和里海以西的阿兰人都曾有多次难忘的向南大举入侵。有一支游牧民族流动到波斯的东部，向南经阿富汗而朝着印度，而且这支游牧民族也流动到了波斯的西北。这些游牧民的迁徙沿波斯两侧进行。我们已提到过月氏人，他们在二世纪作为印度—斯基台人最后进入印度。这些月氏人中有落后的、依然过游牧生活的一部分，则留在中亚，在突厥斯坦草原上繁殖成为哎哒人或白匈奴人。他们在扰乱和危害波斯三百年以后，最终在470年左右随着他们同族人的脚步开始侵入印度，这是在阿梯拉死后不到四分之一世纪的时间。他们并没有移入印度；他们在印度往来劫掠，携带战利品归还故乡，正如后来匈奴人盘踞在多瑙河大平原并劫掠了整个欧洲一样。

我们现在回顾的七百年间的印度史，被两次侵略所打断过，一次是月氏人，一次是哎哒人。月氏人是印度—斯基台人，正如我们说过的，他们扫荡了希腊化的统治的残迹。在月氏人，印度—斯基台人以前，还有一个人口移动的浪潮，萨迦人悉数被赶了出去；所以印度一共经历了三次外来蛮族入侵的浪潮，即公元100年左右、120年左右和470年左右。但是只有这些侵略的第二次是一种永久性的征服和定居，月氏人以印度西北边境省作为他们的大本营，并建立了一个王朝，即贵霜王朝，统治了大部分北印度，东边远及贝拿勒斯。

贵霜诸君主中最重要的是迦腻色迦（125—150年），他给北印度增加了喀什噶尔、叶尔羌和和田。他与阿育王相似，是个伟大的精力充沛的佛教提倡者，这些征服地，这个西北边境省的大帝国，必定使印度同中国和西藏有密切而频繁的关系。

此后印度政权的分裂和结合，我们很难在这有限的篇幅中予以论述。整个印度有时像一幅百衲被似的分裂为许多邦，有时一些帝国就像笈多王朝那样拥有广大的区域。笈多帝国在四、五、六三个世纪都很繁荣，并且在它的赞助下近代印度教兴起了，也有一个伟大的文学活动时期。这些事对印度各民族的日常生活方式没有什么影响。婆罗门教坚决与佛教对峙，两种宗教并肩地一齐发达。居民群众这时的生活与现在的生活十分相似；装束、耕作和房屋建造都与现在方式大致相同。

哎哒人的侵扰之所以令人难忘并不是因为它的永久的影响，而是因为入侵者不断犯下的种种暴行。这些嚈哒人很像阿梯拉部下的匈奴人一样,处于野蛮状态;他们只知劫掠,并没有产生像贵霜君权那样的王朝;他们的首领们在西突厥斯坦保有他们的大本营。他们最有能力的首领米息腊古拉被人称为印度的阿梯拉。据说,他所喜爱的一种娱乐是很浪费地把大象从险峻的地方推滚下去,来观看它们的痛苦。

嚈哒货币

他的可憎的行为激起了他的藩臣——印度诸王公的反叛,因此他被推翻了(528年)。但是嚈哒人劫掠印度的最后结束并不是出于印度人的作用,而是由于权力日盛的突厥人同波斯人联合起来破坏了乌浒河上嚈哒人的巢穴(565年)。嚈哒人经过这次破坏以后,很快完全溃散而混入四周居民之内,很像一百年前欧洲匈奴人在阿梯拉死后的溃散那样。没有中心牧地的游牧民必定会分散,别无他法。据说,现今北印度拉其普他那的拉其普特人的主要氏族就是这些白匈奴的后裔。

这些拉其普特小国中间骑士制度的发展,出奇地类似同时代的欧洲骑士之风的盛行,我们很抱歉这里必须避而不谈它的发展史。

即使很概括地来谈,我们在这里也不能追述亚历山大时代和伊斯兰教到来之间的印度艺术的发展,因为还没有人做过研究。印度雕刻和建筑受希腊化的影响是很深的,大概有艺术家,尤其是绘画家,经常来往于波斯、中亚和印度之间。佛教艺术强烈地具有希腊风格,我们已经说过,佛教在二世纪及其后几世纪中传到了中国,把希腊化的某种优美特性带给了中国所描绘的佛陀,也一般地带给了中国的宗教艺术。但是印度被遗弃的艺术作品有一个死敌就是印度的气候;几乎完全被忘却的朝代曾有过美丽而奢侈的生活,而他们的一切美丽的东西却很少留存下来。

这个时代的一处迷人的纪念物,可以在阿旃陀石窟的壁画里看到,这些画洞正在腐烂得看不清了。幸而还可以从印度协会看到复制的摹本。阿旃陀是在海得拉巴的阿旃陀山中,在二至七世纪之间,那里有一座佛教寺庙,其中的大厅和走廊都是岩石凿空而成的。当这时期,主要是五至六世纪,这些石窟靠各个君主和富人的捐助,由许多精巧的艺术家用绘画装饰了起来。今天我们以惊叹的眼光看到了这些遗迹,它们是那么动人的一种富丽堂皇而激发美感的宫廷生活,如果没有描绘下来,就会完全被人忘却了。绘画主题的许多情况仍有待推测;有些是关于佛陀生活和传统的画面;有些似乎是与因陀罗神有关的,有些仅仅是宫廷的日常生活,一个画面据说是代表接见科斯洛埃斯二世派来的使节的情景。这些石窟和绘画在穆罕默德时已被中国的旅行家玄奘看见过，关于玄奘，稍后我们将更多地谈到。

7　中国的汉朝和唐朝

在这七个世纪中我们看到了罗马诸皇帝的兴衰始末和西欧的社会、经济、政治和宗教各方面生活的完全破产和彻底再造，也看到了中国世界极其深刻的变化。中国、日本和欧洲的史学家极其普遍地认为，在这个时期开端的中国汉朝和这个时期告终的唐朝，都是类似的盛世，管辖着实际上同样的帝国。而汉朝末（220年）到唐朝初（618年）之间经过了四百年的分裂，是动乱的时期，而不是根本改变的时期。中国的分裂被认为只是政治上和疆域上的，而且因为这四百年的告终和开始一样，中国在亚洲据有大致相同的地位，是仍可辨认的中国，仍有共同的文化、共同的文字和共同的主要思想。被这些看法所蒙蔽的史学家，就不去理会当时进行着很基本的破裂和重建，也不去理会中国所表现的很多与欧洲相似的经历。

诚然，中国世界的社会崩溃，从来没有像欧洲世界那样地彻底。在这整个时期，中国很多区域里苦心经营的生活艺术仍能进行。这里的清洁、装潢、艺术和文学产品并不像我们不得不谈到的西方那样完全退化，也没有像欧洲那样放弃了对优美和快乐的追求。例如我们注意到，"茶"在世界上出现了，它的饮用传遍了中国。中国在六世纪就开始饮茶。中国诗人愉快地写出第一杯、第二杯和第三杯茶的味道等。中国在汉朝衰亡以后很久还继续产生优美的绘画。在二、三和四世纪中，有些最优美的风景画可以称为人类空前的杰作。许多美丽的瓷瓶和雕刻品继续出产，精巧的建筑和装饰也继续进行。木板印刷大约与饮茶同时开始，在7世纪还有显著的诗歌复兴。

东西方大帝国之间的某些差异，完全是有利于前者的安定的。中国没有普遍通用的钱币。西方世界的现金和信用制度，既有效率也有危险，但中国的经济生活并没有受到它们的危害。中国并不是没有货币的观念，各省之间的微小交易是用穿孔的锌造和铜造的"钱"，而比较大的交易除用银锭外就没有别的钱币了。这个大帝国仍旧在以物易物的基础上进行它大部分的交易，和阿拉米商人时代在巴比伦通行的相似。这种情形一直继续到了20世纪初期。

我们看到了罗马共和时代的社会经济秩序是怎样被金钱带来的财产大流动而破坏了的。金钱变成抽象的了，与它所应当代表的真正价值失去了联系。个人和社团反常地陷入债务，于是这个世界就被由债权人组成的富人阶级所困住了，这些人并不掌握和管理任何真正的财富,但是他们有收集金钱的权力。中国就没有过这样"金融"的发展。财富在中国依然是真实而可以看到的。中国不需要李锡尼法,也不需要提比利乌斯·格拉古这个人。中国的财产观念没有远超过有形的实物。中国没有"劳动"的奴隶制,没有奴群劳役。有做家务的丫头,也有买来卖去的妇女,但那只是日常家务中妇女屈从的轻微扩展。占有和利用土地的人在大多数情况下实际上是土地的主人,只缴纳土地税。也有一定数量的小规模的地主所有制,但没有大地产。无地的人则为人雇佣,多半用实物支付工资,像古代巴比伦一样。

这些事情使得中国安定,而它的地势又适宜于统一;但是也许奢侈削弱了它的元气,汉朝衰颓了。最后在二世纪末时,大瘟疫的世界性灾害打击了中国的制度,这就是使罗马帝国开始了一百年混乱的同样的瘟疫,汉朝像一棵朽树在狂风中倒下了。此后中国和罗马都分裂为互相攻伐的许多小国,蛮族统治者也同样崛起,这种趋势在东西两方的表现是相同的。

傅[斯年]先生把这时期中国政治上的萎靡不振多归咎于享乐主义,他认为这是从老子的怀疑派个人主义产生的。这个分裂的时期称为"三国时期"。四世纪经受了多少已开化的匈奴人在陕西省建立了新的王朝。这个匈奴王国不但包括中国北部,而且还包括鲜卑的广大地区;它的王朝吸收了中国文明,它的势力把中国的贸易和知识带到了北极一带。傅先生把这个鲜卑君权比作欧洲的查理曼帝国,我们将很快描述到这个帝国;它是蛮族变为"中国化了的人",就像查理曼帝国由蛮族变为罗马化了的人一样。

来自这些鲜卑诸族同中国北方本土诸族混合起来而兴起的隋朝征服了中国南部。隋朝标志着中国文艺复兴的开始。在隋朝一个君主的统治下,琉球群岛被并入中国,这时也出现了文学活动的盛世。相传当时在大内的藏书卷数日益增多,多至54000册。7世纪初大唐王朝开始,延续了300年之久。

始于隋而盛于唐的中国文艺复兴,傅先生坚决认为,是一种真正的新生。他写道:

> 这精神是一种新的精神;它标志着唐朝文明具有完全与众不同的特点。四种主要因素聚到一起而混合起来:(1)中国的开明文化,(2)中国的经学,(3)印度佛教,和(4)北方的英勇之风。
>
> 一个新的中国形成了。唐朝的分道制,中央政府和军队组织与前代大不相同。艺术受了印度和中亚很大的影响而充满了生气。文学不仅仅是旧文学的继续,而且也是一种新的产品。佛教的宗教和哲学各学派都具有新异的特色。这是一个本质变化的时期。

唐朝（669年）

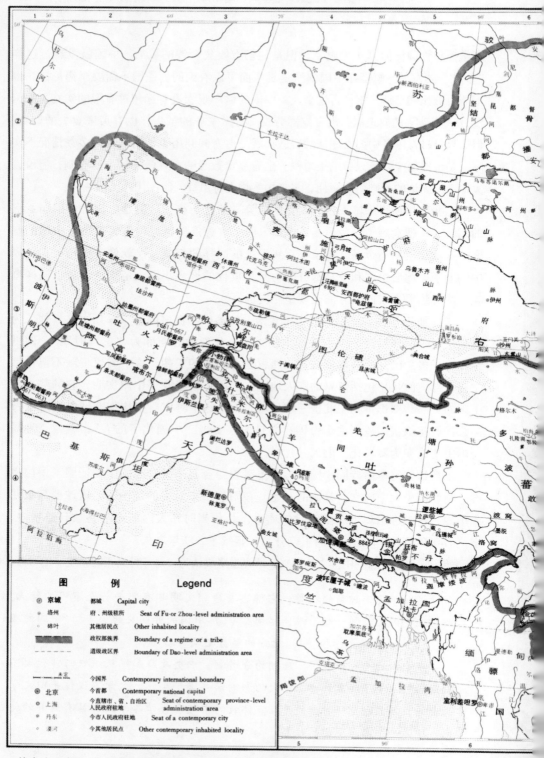

编者注：本图由出版者选自谭其骧主编《简明中国历史地图集》

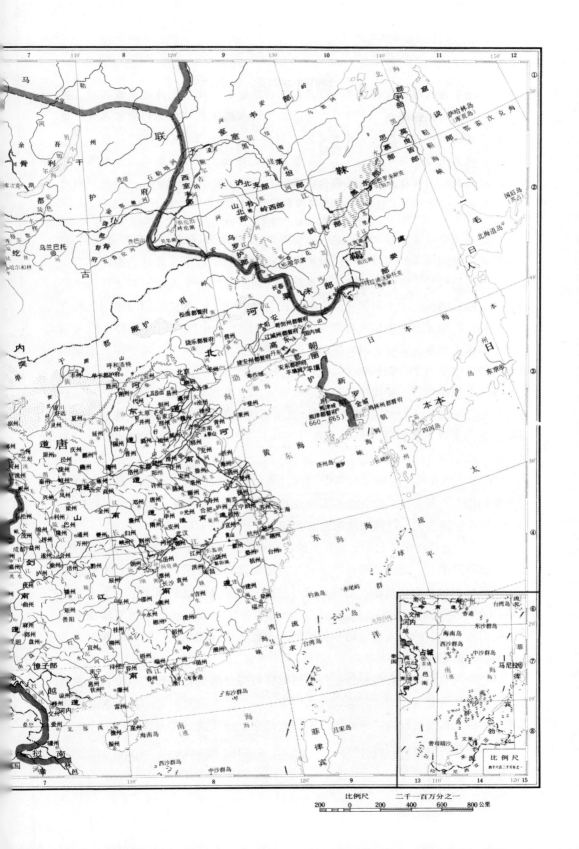

把中国的缔造过程同罗马帝国末期的命运作一比较也许是有意思的。罗马帝国分为东西两部，中国则分为南北二朝。两国都有相似的蛮族入侵。这些蛮族建立同类的领地。查理曼的帝国相当于鲜卑王朝（后魏）；查士丁尼暂时恢复的西罗马帝国相当于刘裕暂时恢复的北方。拜占庭的帝系相当于中国的南朝。但从这点出发，两个世界就分歧了。中国复归于统一，欧洲则还在努力统一之中。

唐朝第二个皇帝太宗（627年）的版图，南边扩展到安南，西边扩展到里海。他的南部边境同波斯的边境并行。他的北部边界从吉尔吉斯草原起，沿阿尔泰山而达戈壁沙漠以北。但他的版图不包括高丽，到他的儿子［高宗］时才征服了高丽而使它称臣纳贡。这个唐朝使南方的居民全部开化了，并使他们与中国人种合并在一起，正如北方的中国人自称为"汉人"，南方的中国人则自称为"唐人"。法律被编成了法典；修订了以文学取士的考试制度，也发行了一切中国经书完整准确的修订版本《十三经》。

拜占庭派遣的一个使团来到了太宗的朝廷，更有意义的是从波斯来的一队景教传教士（635年）。太宗以极大的尊敬接待了这些传教士；他倾听了他们陈述的景教信条的主要条款，并令将基督教《圣经》经文译为中国汉文供他作进一步考查。

638年，他宣布对这新宗教完全满意，可以在帝国内宣讲。他也允许建立一座教堂和创办一所寺院。今天在西安府还存在的一块刻石（《大秦景教流行碑》）是781年开始建立的，这些事实都在碑上用汉文记载了下来。

628年，比景教徒早七年，还有更值得注意的一个使团也来到了太宗的朝廷。这是一批阿拉伯人，他们从阿拉伯半岛麦地那城港口延布乘商船出发，由海道来到了广州（附带有意思的事，是知道这时有这样一些商船已从事于东西方之间的贸易）。这些阿拉伯人我们已经说过，是由自称为"上帝的使者"穆罕默德派遣的，他们带给太宗的信大概与同一年送给拜占庭皇帝赫拉克利乌斯和弑西丰的卡瓦德的召唤是相同的。

但是中国皇帝既没有像赫拉克利乌斯那样对那封信置之不理，也没有照弑亲者卡瓦德那样侮辱送信的人。他很好地接待了他们，表示对他们的神学观点很感兴趣，据说还帮助他们为广州的阿拉伯商人建立了一座清真寺，这寺直到今天还在。这是世界上最古老的清真寺之一。

8　中国智慧的束缚

在唐初诸帝时代，中国的温文有礼、文化腾达和威力远被，同西方世界的腐败、混乱和分裂对照得那样地鲜明，以致在文明史上立刻引起一些最有意思的问题。中国由于迅速恢复了统一和秩序而赢得了这个伟大的领先。为什么没有保持下来呢？为什么它没有把这个在文化上和政治上支配全世界的地位保持到今天呢？

中国确实在一个长时期内保持了领先的地位。只在一千年以后，在 16 和 17 世纪，有了美洲的发现，有了西方印刷书籍和教育的传播，以及有了近代科学发现的曙光，我们才能有信心地说西方世界开始再次走在中国的前头。在唐朝，中国的极盛时代，其后又在优雅却颓废的宋朝（960—1279 年），以及在文化很高的明朝（1368—1644 年），中国呈现了繁荣、幸福和文艺活跃的景象，远在任何同时代国家的前头。看见中国得到了这么大的成就，为什么它不能有更大的成就呢？中国的船舶远航四海，在这时期有相当大的海外贸易。为什么中国人没有发现美洲或澳洲呢？

有一些早期布须曼人的岩石绘画可以说明孤独的中国船只不知在什么时候到过南非，据说在墨西哥也有中国访问者的足迹，但即使这样，这些偶然的探险一点也不像迦太基人环绕非洲的航行，北欧人早期访问美洲那样，以后还有探险者跟踵而来。沃岗先生说，在新西兰和新加利福尼亚也有中国人的岩石雕刻。要为社会取得一个发现并使它结成确定而合用的知识果实，就需要比个人天才和无人支持的事业进取心更多的东西。这社会本身必须做好准备。

的确，同世界的任何地方一样，中国也有不少孤立的观察、创造和发明。中国人在 6 世纪就知道火药，他们在欧洲用煤和煤气取暖以前的几百年就在他们的地方上用过这些东西；他们的桥梁建筑、水利工程都是值得羡慕的；表现在他们的搪瓷和漆器上的物质知识非常广博。为什么他们从来没有组织一个对世界近代科学起先导作用的记载和合作探讨的体系呢？虽然他们的一般训练是有礼貌而克己的，为什么思想教育从来没有渗透到一般民众之中呢？虽然他们天赋才智特别高，为什么中国广大群众从来一直是，而且至今还是文盲呢？

通常总是用陈词滥调来解答这些问题。我们听说中国人是人类中最保守的，与欧洲各种族相对而言，中国人的心思总是扭向过去，是古礼成规的甘心情愿的奴隶，陷溺到西方头脑所不能想象的深度。中国人被看作是有一种那么独特的心理状态，使人几乎会期望从脑子的构造中找到一种差别来解释它。孔子的拳拳服膺于古圣先贤德行的呼吁，总是被引用来证实这种说法的。

但是如果我们更仔细地考查这个概括，它就成为无稽之谈了。被当作显示西方人头脑特性的卓越的思想上的首创精神、开明的事业进取心和实验的态度，也只有在某些时期和特殊境况下才在历史中表现出来。至于在其他方面，西方世界所表现的也像中国一样是传统的、保守的。另一方面，中国人的头脑在激发的条件下，已自行表明和欧洲人一样是极能发明创造和多才多艺的，而和他们同种的日本人的头脑就更是这样。拿希腊人来说，他们的头脑活力全盛于公元前六世纪和公元前二世纪托勒密晚期亚历山大博物馆衰落之间。在此以前和自此以后都有希腊人，但是拜占庭帝国一千年的历史表明希腊化的世界至少也和中国一样在思想上停滞了。我们已经注意到罗马时期意大利人的头脑比较贫乏，而自文艺复兴以来它又富饶灿烂。英国人的头脑在七八世纪又有一个光明的阶段，直到15世纪才又重放光明。又如阿拉伯人的头脑，我们即将谈到的，在伊斯兰教出现以后，明星般地照耀了一二百年，但在此以前或以后就没有过任何重大的成就。另一方面，中国各地总有许多散见的发明创造能力，中国艺术的进步证明了一些新的运动和有活力的革新。我们夸大了中国人尊敬他们的前辈，在中国皇帝中犯杀父之罪的比在波斯统治者中更为常见。而且中国有过几次的思想解放运动，有过几次有记载的反对"古道"的斗争。

前面已经提过，任何社会真正思想进步的时期似乎是同一个超然独立的阶级存在相联系的，这个阶级充分免于为世俗需要而被迫劳动或无穷地忧虑，也不是有钱有势到被诱入淫欲、矜夸或残酷等放肆行为。他们必须有一种安全感，而又不自高自大。我们已进一步暗示，这个阶级必须能够自由谈论而且容易交换思想，它必须不至因为表明任何意见而被视为异端或遭到迫害。这样一种可喜的事态在希腊极盛时确曾流行。的确，无论在什么时代，哪里有大胆的哲学或显著的科学进步的记载，必有一个知识的阶级，即自由高尚人士，在当时历史上卓然出现。

在唐朝、宋朝和明朝，中国必然有不少处境优裕的人，正如为雅典的柏拉图学院供应大多数青年的那个阶级，或者为意大利文艺复兴时代供应显赫的才智之士，或者为那个近代科学鼻祖的伦敦皇家学会提供会员的那个阶级；但是中国在这些大好时期竟没有开始做出任何对事实的记载和分析。

如果我们否认中国和西方之间在种族上有很大的差别，使得中国人生来就保守，而西方人生来就进步的想法，我们就不得不在另一方向探求这个差别在前进中起着作用的原因。许多人都想寻找这个起作用的原因,因为中国虽然有了原来的种种优越条件,而在以后的四五个世纪中它却大受阻滞了,中国人的头脑被禁锢在一种那么复杂、那么困难的文字和思维成语中,使得这个国家的精神活力大量消耗在语文学习上面。这个意见是值得研究的。

我们已经说过中国文字和中国语言的特点。日本的文字来源于中国的汉字,是以更简捷的书写形状构成的。很多这些形状是从汉字来的表意文字的用法,与汉字的用法恰恰相同,但也有一些符号是用来表示音节的;前此我们已描述过,有一种日语的假名表是仿效苏美尔人的音节表的。日本文字仍然是笨拙的体系,仍然像楔形文字那样地笨拙,虽然不像中国文字那么笨拙;日本有了一个采用西方字母的运动。朝鲜则早就进一步或从中国文字或独立地发展了一种字母体系。

除了这几种文字之外,一切世界上现在使用的广大文字体系都以地中海地区的拼音字母为基础,远比中国汉文更容易学会,更容易精通。这就意味着当其他民族只须学一种他们所熟悉的为记载用的比较简易而直接的方法时,中国人却必须精通一大堆复杂的字和词。中国人必须不但学习这些符号,并且必须熟悉规定的一群符号所组成的词来表示各种不同的意义。因此,他必须熟悉许多示范的经典著作以资模仿。结果在中国虽然会有许多人认识一些常见的、熟悉的汉字,可是只有少数人知识广博到能够完全理解报纸上各段文章的意义,至于能领悟意义中深奥或含蓄之处的就更少了。日本也是如此,不过没有如此之甚。无疑欧洲的读者,尤其是像英文或俄文这些词汇丰富而不规则的语言,他们之中关于所能阅读书籍的多少和了解到的程度则因人而大不相同;他们阅读的能力因他们掌握词汇的多寡而不同;但中国人中要达到相当的理解水平,需要花费更多的时间和劳动。中国士大夫的教育,主要是在于学会阅读。

情况也许是,中国受教育的阶级因为在它最易受感染的年代就专心攻读经书,使他们必然对曾勤攻久习的这种传统学问有了偏好。很少人会甘愿放弃头脑中久已苦心建立的任何知识系统,去支持其他新奇的东西。这种倾向不但是东方的特征,也是西方的特征,英美大学的学者同中国的士大夫,都表现得同样地突出;现在的英国人,他们还不肯把他们现行的蛮族的缀字法改变为标音字母和按音拼写法,虽然在民众教育和国民宣传上,这种改变会得到巨大而明显的便利。中国汉文的奇特,以及由此文字而产生的教育制度,必然成了世世代代不可战胜的过滤器,有利于肯听话的和学究式的头脑,而不利于不易驾驭的和有创造力的类型,它摒除了后一种人于有权有势和有地位之外。这种解释是很有道理的。

可是,直到晚近的明朝,古典的考试制度才完全严格建立起来。明朝

（1368—1644年）是蒙古人统治之后又恢复中国领地的爱国而保守的王朝。据 L. Y. 陈君说，明太祖把考试制度改革为更严密的制度时说："使天下士尽入吾彀中。"五经和四书已把中国人的头脑禁锢住了。一个人到了苦读完这些经书之后，他的一套代价就像牛津大学的古典学者一样僵硬到不可救药了。

近来中国已有几种要使汉字字体简化而采用字母制的企图。早年佛教传入中国时，从梵文译成汉文的书很多，印度的种种影响几乎达到了这个目的；确实发明了两种汉文字母，两种都没有多大使用。但是妨碍普遍采用这些字母而阻碍今天汉文字体采用拼音体系的，就是文言的文字和措辞，虽然全国到处一样，但普通人的口语，在发音上和地方成语上都因地而异，差别之大，以至一省的方言不能为他省人所了解。可是，有一种"标准汉语"［官话］，一种多少是通文的口头成语，受过教育的人一般都懂得；目前许多中国近代教育改革者的希望，就是寄托在这个标准汉语采用拼音字母的可能性。一种汉语拼音字母制成了；它在中国普通学校中传授，报纸和小册子也以此发行。而且扑灭一切思想创造力的严格考试制度也被摧毁了。

用白话写成文字方面，中国的汉文也进行了相当大的简化。这就使汉文流畅而明白；即使字体仍旧，这样的汉文也是更易读易写的，并且比古汉文更能适应近代文学表达的需要。

但是也许还有其他的原因使中国不能推进到人类的明确领导地位。中国过去巨大的成就、早期的繁荣和普遍的满足，必定使我们人类中那个国家的人都把自然的自满和守旧思想都看成正当的了。当动物的处境对目前的生存是"够好"的时候，它是不需要改变的。在这件事上人也还是动物。19世纪以前的两千多年，中国历史上很少能引起中国人头脑中对于他们自己的文明一般优越于世界其他各处的文明，发生过任何认真的疑问，因此显然也没有任何改变的理由。中国产生了大量美丽的艺术，一些优美的诗歌，令人惊叹的烹调法和世代相传几亿人民的光辉愉快的生活。它始终是一个许多小有产者的国家；各种人手都需要，还可以被吸收到古老的祖宗传下的农业工作中去。此外，还有向外扩张力量的出路。往北和往西仍有大量可以移殖的余地。因此从来没有发生过激烈的内部紧张，来破坏那在子孙获得经济独立之前就早年结婚留在家里的父权家长制的中国家族。所以中国平静地代代相传下去而没有像罗马帝国富人统治下的那种普遍的厌烦、奴役、侮辱和苦难而最终导致了它的崩溃。中国国内也有很多的贫困，很大的不满，但还没有那么众多的赤贫的人，民众也没有被迫到普遍不满的地步。每次动乱以后，每次灾害以后，人口又恢复了，创伤又医好了。中国制度一千年来虽有时破裂和动摇,但似乎还能抵制衰退。朝代不断更换,也有反叛、混乱阶段,饥荒瘟疫频仍;两次大的外族入侵在天子的宝座上建立过异族王朝;但一点也没有震撼到使日常事务秩序革命化。帝王和朝代可兴可亡;士大夫、科举、经书和传统习惯生活却依然如故。从唐朝起,中国文明虽然缓慢而稳定地传入了安南、柬埔寨、暹罗、西藏、尼泊尔、朝鲜、蒙古和满洲,但在文件的记载上却只是版图的进展而已。公元7世纪的中国人在一切方面都是文明化了的民族,就像他们在一千年后一样。

9 早期中国的艺术

这里也许我们可以讲一点从汉唐及其间的几个朝代的中国的艺术和建筑。我们不十分理解为什么中国人总是喜欢在建筑上用木和砖而不用石头。而在中国是可以找到很多很好用于建筑的石头的。11世纪以前的建筑,除了长城以外,都没有留下什么历史上闻名的遗迹。但是有些图画和记载证明,从秦朝或更早以来就有了悠久的传统。

最早的建筑式样是直接从蒙古包得来的。主要的特点是大屋顶,可以是两层或三层屋顶,有雕刻和油漆的木工细作,屋顶本身可以盖上色彩鲜艳的琉璃瓦。一般说来,建筑都是一层,向横面伸开。中国式设计的常见特征是纪念牌坊。石桥很多,有些非常美丽。直指青天的塔是第三种类型的建筑物,这些塔,回廊和栏杆完成了中国建筑的一般设计。这就是公元开始时中国的建筑景色,直到今天仍是如此。据说,也许是不正确的,中国的塔是从印度佛教起源的,与印度纪念性的卒塔婆相等。

对耐久物质的同样不关心,影响了我们对汉朝以前中国造塑艺术的知识。青铜几乎是唯一的例外。我们知道有周朝和更早殷朝的青铜瓶罐和人物。它们铸造得那么精致和美丽,意味着现已消灭的、当时存在的一个优美产品的世界。只有汉朝和公元开始以后,我们才从许多留在其他东西上的遗迹中知道了中国人的生活状况。

我们听说,绘画是中国的基本艺术,在汉朝就已有了很美丽的作品。顾恺之(四世纪)被称为中国大画家之一。他的作品还有遗留下来的,显示出一个已经确立的画派的成熟和精湛。中国的绘画都是水彩画;我们看到画在绢上和纸上的图画代替了大壁画,这与西方作品不同,显示出对于浮雕的表现法的断然厌恶。它是平的、悬空的、柔美的,它多画山水,而少画人体近像。许多评论家认为唐朝是中国画最杰出的时期。

中国的雕刻决不能同中国的绘画艺术并驾齐驱，也难和欧洲作品相提并论，但另一方面，中国的陶器制造是卓越的。中国人用比西方世界高得多的温度来烧陶器，在唐朝末期产生了绝好的上釉的瓷器。汉陶已经是非常坚实和细致的。大量唐朝制造的上釉的陶器如侍从、马、骆驼等形象，见于现在欧洲人的家里和他们的收藏品中。它们是从坟墓里发掘出来的，它们被埋在墓里是用以代替较野蛮的过去杀戮的奴隶和动物的。这种墓边的杀戮，使死去的蒙古酋长在阴间能有奴仆和坐骑来侍奉他，在中国一直进行到公元前七或六世纪。然后用俑来代替实物。阿梯拉时代的匈奴人还遵守真正的古代杀戮习俗，但在埃及最早的王朝以前，这个古俗在那里已经灭绝了，而用了殡仪的偶像。

10　玄奘的旅行

629年，即穆罕默德的使者到达广州的次年，格雷哥里教皇派遣的传教士在英格兰登陆以后三十余年，一个博学而虔诚的佛教徒名叫玄奘的，开始从唐太宗的京都长安府（西安）出发，作长途旅行去到印度。他去国16年，在645年回国，他把他的旅行经历写成书，现被珍藏为一部中国名著。这里应当记述他所经历的一两点，因为它们有助于我们概观七世纪世界的情况。

玄奘和希罗多德一样，极其好奇而轻信，但无后者的史学家的细致感；玄奘从来没有路过一个纪念碑或废墟而不追问关于它的传说故事。中国人对文学的道貌岸然的风格，也许阻碍了他详细告诉我们他是怎样旅行，谁是他的侍从，他怎样住宿，或他吃些什么，他如何支付他的费用等历史家所珍视的细节；但是他把一系列照亮这时期中国、中亚和印度的闪烁光辉昭示了我们。

他的旅程是一次艰巨的旅程，来回都取道帕米尔高原。他去时经由北路，越过戈壁沙漠，循经天山南麓，沿着宽阔深碧的伊塞克湖到达塔什干和撒马尔罕，然后多少循着亚历山大的足迹，向南到了开伯尔山口和白沙瓦。他归途经由南道，从阿富汗越过帕米尔到了喀什噶尔，这样沿着七百年前月氏人退却的路线反其方向而行，经过叶尔羌，沿昆仑山麓至长城的沙漠尽处附近，与他的故道重新汇合。往返两道都要攀登艰险的山路。他在印度所经的路程已不可考；他在那里14年，从尼泊尔到锡兰，他走遍了印度半岛。

当时朝廷有命令禁止出国旅行，所以玄奘像逃犯似的从西安府出发。当时曾有人力图阻止他出国计划的实现。他怎样从一个不相识的白须老翁购得一匹认识

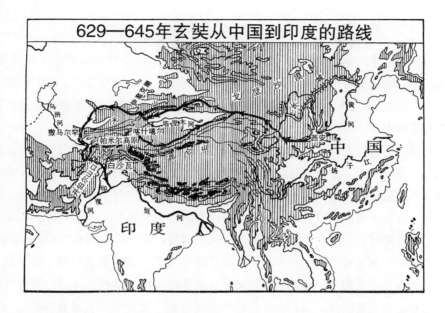

629—645年玄奘从中国到印度的路线

沙漠小道的瘦红马,怎样得到一个"外国人"的帮助,躲过边塞的守望所,并且在河的下游替他造了一架浮桥,他怎样靠人畜遗骸指引道路越过了沙漠,怎样看到了一座蜃楼,怎样在望楼附近的沙漠小道上打水时两次幸免于被箭射中等,读者都可以在他的《三藏法师传》中看到。他在戈壁沙漠中迷失道途,四夜五天没有水喝;当他在高山冰川中时,他的12个同行人都冻死了。所有这一切都写在《三藏法师传》中,他自己的《大唐西域记》里则一点没有谈到。

他向我们指明,突厥是匈奴传统的新发展,不仅占有今突厥斯坦,而且拥有他所经行的北道一带地方。他提到许多城邑和不少的开垦之地。他受到各式各样的统治者的优遇,他们多少名义上是和中国结盟的藩臣,其中有突厥可汗是个身着绿色缎袍、用绸子束紧长发的壮大的人:

> 帐以金华装之,烂眩人目;诸达官于前列长毡两行侍坐,皆锦服赫然;余仗卫立于后。观之,虽穹庐之君亦为尊美矣。法师去帐三十余步,可汗出帐迎拜传语慰问讫入座……须史,更引汉使及高昌使人入通国书及信物。可汗自目之甚悦,令使者坐;命陈酒设乐,可汗共诸臣使人饮,别索蒲萄浆奉法师。于是益相酬劝,窣浑锺椀之器交错递倾,儵侏兜离之音铿锵互举,虽蕃俗之曲,亦甚娱耳目乐心意也。少时,更有食至,皆烹鲜羔犊之质,盈积于前,别营净食进法师,具有饼、饭、酥乳、石蜜、刺蜜、蒲萄等。食讫更行蒲萄浆,仍请说法。法师因诲以十善,爱养物命,及波罗蜜多解脱之业。

乃举手叩额,欢喜信受。〔引自《三藏法师传》卷二〕

玄奘所记述的撒马尔罕是一座广大而繁荣的城市,"异方宝货,多聚此国。土地沃壤,稼穑备植。林树蓊郁,华果滋茂。多出善马。机巧之伎,特上诸国。"〔引自《大唐西域记》卷一〕我们必须记住,当时在盎格鲁—撒克逊的英格兰还很难有这样的一个城市。

但是,玄奘记述他进入印度后的经历,虔诚而博学的香客态度占了旅行家的上风,他的书就成了充满怪诞而难以置信的神迹故事。尽管如此,我们对于当时的居室和衣服等还是得到了一种印象,即当时的印度和今日的印度十分相似。印度群众的五光十色的衣着,与中国大众一律穿着蓝色制服成了对照,今昔也是相同的。在佛陀时代,印度是否已会读会写尚属可疑;而现在会读会写已是民间很平常的才能。玄奘对于伟大的佛教大学那烂陀寺写了一段有趣的记载,这个遗址最近已被发现和发掘了。那烂陀和呾叉始罗似乎早在雅典学校开办时已是印度的教育中心。玄奘也参观了我们已讲过的阿旃陀穴洞。他发现印度虽有佛陀,但种姓制度已完全建立,婆罗门教徒这时完全占了优势。他列举我们已经提到的四大种姓,不过他所记述的他们的职能很不相同。他说,首陀罗是土地耕作者。印度作家们则说他们的职能是服侍居他们之上的"再生的"诸种姓。

但是,就像我们已经讲过的,玄奘所记载的印度事实,被他所积累的传说和虔诚的臆造故事所淹没了。他是为此而来的,也以此为乐。此外就是叙述他着手要做的工作,下面我们就要谈到。佛教的信仰,在阿育王时代以至更晚的迦腻色迦时代,还是纯洁到可以作为一种高尚的启示,这时我们却发现它已完全丧失在一堆荒诞无稽的废话之中。佛陀不断轮回的哲学,显灵等奇异的故事,很像基督教圣诞节的哑剧那样,六只牙的象奇迹般地怀孕,行善的王子们舍身去喂饿虎,在剪下的指甲上建立庙宇等。我们不能在此详述这些故事;如果读者喜欢这一类的东西,可以去找皇家亚细亚学会或印度学会出版的书籍,一定会看到这样一些幻想的话。那时的佛教被镀金的装饰所窒息,思想上日益败坏,而婆罗门教在和它竞争中到处又重行得势,这就是玄奘慨叹地记载下来的。

同玄奘书中所叙述的印度广泛的思想败坏迹象一起,我们还可注意书中屡次出现的那些毁坏了的和遗弃了的城市的叙述。这个国家的大部分仍在遭受呎哒人的蹂躏和由此引起混乱的痛苦。我们一再发现有这样一些段落:"自此东北,大林中行。其路艰险,经途危阻。山牛野象,群盗猎师,伺求行旅,为害不绝。出此林已至拘尸那揭罗国。拘尸那揭罗国城郭颓毁,邑里萧条。故城(即曾为京都）砖基，周十余里。居人稀旷，闾巷荒芜。"〔引自《大唐西域记》卷六〕不过，这种颓毁决不是到处如此；至少书中很多处提到了人口稠密的一些城市、村落和繁忙的耕耘。

《三藏法师传》告诉我们他归途中的许多艰险：他落到强盗的手里；驮载他的大部分所有物的大象淹死了，他经过许多困难才找到另一种运输工具。这里我们不能详谈这些偶然的遭遇了。

玄奘回到了中国的京都长安府，据我们的推断，是一次胜利。先遣信使一定传报了他的归来。长安过了一天公众的节日；大街小巷悬旗挂彩，声乐喧腾。盛大的仪式把他接进城里，运载他的旅行所得需要20匹马，他带回了几千卷贝叶梵文佛经。他还带有用金、银、水晶和檀香木造成的大小佛像多尊；他带有佛像多幅，并有不下于150件经鉴定的佛陀真正的遗迹。玄奘入觐太宗，太宗以至友之礼相待，带他进入宫中，每天都询问他关于久处的异邦的种种奇闻。但是当太宗问到印度的情况时，这位法师只愿谈论佛教。

在玄奘以后的历史中，有两件事可以说明太宗这位伟大君主的心理活动，他大概既是一个景教徒或一个佛教徒，又是一个穆斯林。一切笃信一教的专门家的问题，就在于他们知道本教过多，也通晓本教怎样和他教不同；而太宗和君士坦丁大帝这些有创造力的政治家，他们占便宜或吃亏的地方，就在于他们对这些事懂得较少。显然在太宗看来，所有这些宗教的根本好处，在很大程度上似乎都是相同的。因此他很自然地建议玄奘，这时应当舍弃宗教生活而替他办理外事，玄奘却毫不考虑这个建议。于是太宗坚决主张，至少将他旅行的经历撰写成书，这就是我们所珍藏的玄奘的名著。最后太宗建议，这个高度虔诚的佛教徒应当用他的梵文知识把中国大师老子的著作译成梵文，以供印度读者享用。

无疑，太宗认为这是对印度的公平的酬报，也是对一切藏在宗教下面的根本好处的有益效劳。总的说来，他认为老子尽可同佛陀并列，甚或稍在其上，因此，如果把玄奘的译著放在婆罗门教徒面前，他们定会欣然接受。这种精神与君士坦丁大帝竭力使阿里乌斯和阿塔内细乌斯两教派相安无事十分相同。但很自然地，这个提议被玄奘谢绝了。他退隐到一所寺庙里，把他的余年尽量用在把他带回的佛经翻译成优雅的汉文上。

第三十章 穆罕默德和伊斯兰教

1 穆罕默德以前的阿拉伯

我们描述了628年赫拉克利乌斯、卡瓦德和唐太宗三个朝廷怎样地都有阿拉伯的麦地那小商镇"上帝的使者"——某个穆罕默德——派来的使节拜访过。现在我们必须谈到这个在阿拉伯沙漠的游牧民和商人中间兴起的使者是什么人。

阿拉伯除了南边也门肥沃狭长地带以外，远古以来就是游牧民所居住的地方，即闪米特各族人的发源地和大本营。这些游牧民在不同时代一批又一批地由阿拉伯向北、向东和向西移动，流转到早期文明的埃及、地中海沿岸和美索不达米亚。我们在本书中提到了苏美尔人怎样被这样一批批闪米特人所淹没，所战胜，闪米特族的腓尼基人和迦南人怎样沿着地中海东岸建立了根据地，闪米特各族人怎样在巴比伦尼亚和亚述采取了定居的生活，喜克索斯人怎样征服了埃及，阿拉米人怎样以大马士革为首都在叙利亚定居了下来，以及希伯来人怎样征服了一部分他们的"想望之地"。不知什么年代迦勒底人从阿拉伯东部移出，定居在旧时苏美尔人所据的南部。闪米特各族人的屡次入侵，先是这一支后又是那一支地进入到历史中。但是每次这样成群的涌迁总在后面留下一个部落核心来补充将来的新的入侵。

马和铁时期中更高度组织的诸帝国的历史，即有道路有文字的诸帝国的历史，指明了阿拉伯疆域像一个楔子，插在埃及、巴勒斯坦和幼发拉底河—底格里斯河流域三者之间，仍是那些掳掠、经商和征收保护商队的贡品的游牧部落的汇集地，也有一些暂时和不稳定的征服地。埃及、波斯、马其顿、罗马、叙利亚、君士坦丁堡以及最后又是波斯等国，先后都声称对阿拉伯有不实在的宗主权，表示了一种没有实质的保护。在图拉真时代，有一罗马的"阿拉伯"省，包括当时肥沃的豪兰地区、远达佩特腊。间或有阿拉伯酋长崛起，他的贸易城市一时昌盛。例如巴尔米拉的奥得内塔斯,他的短暂经历我们已叙述过;还有另一个昙花一现的沙漠城市是巴勒贝克,它的遗址至今还使旅游者惊叹不止。

巴尔米拉毁坏后,沙漠地带的阿拉伯人在罗马和波斯记载中开始被称为萨拉森人。

科斯洛埃斯二世时代,波斯曾声称在全阿拉伯占有一种优势,并且在也门设了官职和收税吏。那时以前,也门曾有若干年受阿比西尼亚基督徒的管治,在此以前七百年,曾有自称信奉犹太教的本地王公。

直到 7 世纪初,阿拉伯沙漠各地还没有异常的或危险的活力的预兆。这个地方的生活和过去的很长诸世代一样继续进行。凡是有肥沃的小块地——那就是说,凡是有泉有井的地方——就有稀疏的以农业为生的居民住在有围墙的小镇里,为了防御带着他们的羊、牛和马在沙漠上到处流浪的贝都印人。在商队经过的大道上有一些重要的集镇兴起,达到中等繁荣的程度,其中最主要的集镇是麦地那和麦加。7 世纪初,据说麦地那是一个约有 15000 居民的集镇,麦加也许有 20000 或 25000 居民。麦地那是一个水利较好的集镇,有许多枣林;它的居民是

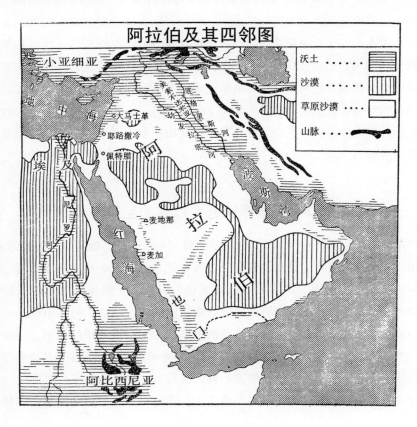

来自南方肥沃地带的也门人。麦加是另一种性质的集镇，建筑在一个苦水泉的附近，住着新近定居的贝都印人。

麦加不完全是，也不主要地是一个贸易中心；它一直是受人朝觐的地方。在阿拉伯部落中间曾有以麦加和其他圣地为中心的久已存在的一种宗教同盟；每年有几个月的休战和停止血族仇杀，也有保护朝觐者和好客的习俗。此外在这些集会中还有一种奥林匹克竞技会的成分成长了起来；阿拉伯人正看到他们的语言有发展为美丽文字的可能性，他们经常传诵战歌和恋歌。各部落的酋长，以"诗人之王"的名义坐在评判的座上颁发奖品，得奖的诗歌在阿拉伯全境吟唱。

克尔白〔天房〕是很古老的麦加的圣堂。这是一座用一块陨石奠基、用黑石建成的方形小庙。这块陨石被奉为神，阿拉伯各部落的一切小神都在它的庇护之下。麦加的永久居民是一个贝都印部落，他们夺占了这座庙宇而以保护人自居。在休战的几个月中，群众云集来到麦加朝拜克尔白，俯伏在地，与神石接吻，同时也从事贸易和吟诗。麦加人从这些朝拜的人得到很大的利益。

这一切都使人想起1400年前希腊的宗教和政治事态。但是这些更原始的阿拉伯人所信的异教已从几方面受到了攻击。在马卡比人和希罗德党人时期，犹太的许多阿拉伯人改变了原来所信的宗教；而且就像我们已经谈到的，也门相继受过犹太教徒（即阿拉伯人改信犹太教的）、基督徒和袄教徒的统治。显然在麦加和其他宗教中心朝觐市集里，一定有很多关于宗教的讨论。很自然的，麦加是旧时异教崇拜的堡垒，这就使它重要而繁荣了起来；另一方面，麦地那有犹太教的倾向，它的附近有许多犹太人的居留地。因此麦加和麦地那不可避免地处于互相竞争而争吵的状态。

2 穆罕默德逃亡以前的生活

伊斯兰教的创始人穆罕默德，大约在570年生于麦加。他出身于贫穷的家庭，即使用沙漠的标准来说，他也是没有受过教育的；他会不会写字还属可疑。他当了几年牧童，然后他做了某富商寡妇赫底彻的仆人。大概他不得不看守她的骆驼，或者帮助她经商；据说他同商队旅行到了也门和叙利亚。他并不像是一个很有用的商人，但他交了好运，在赫底彻的眼里很得宠，她和他结了婚，这使她的家人大为恼火。这时他才25岁。不能说定他的妻子比他年长很多，传统的说法她那时是四十岁。结婚以后，他大概就不再远出旅行。有几个孩子，其中之一名叫阿布德·马尼夫，意即麦加神马尼夫的仆人，这表明当时穆罕默德还没有什么宗教上的发现。

直到他40岁为止，作为一个生意兴隆的妻子的丈夫，他的确在麦加度过了一段特别平凡的生活，也许有理由假定他曾和人合伙经营农产品的生意。对于在公元600年左右去麦加朝觐的人来说，他大概是一个游手好闲的人，一个有点腼腆而漂亮的人，坐在一边听人讲话，一个蹩脚的诗人，一个绝对平庸的人。

关于他的内心生活，我们只能臆测。想象丰富的作家们设想过他在精神上曾有很大的斗争，所以他怀着疑惑的痛苦和神妙的愿望去到沙漠里。"在沙漠夜静时，在中午沙漠灼热的阳光下，他和所有的人一样，知道并感觉自己虽然独在但还不是孤独的，因为沙漠是属于神的，所以在沙漠里没有人可以否认神的存在。"（引自马克·赛克斯的话）也许这是事实，但没有任何证据说明他曾到沙漠旅行。可是他肯定曾深刻地想到他周围的事物。可能他曾见到叙利亚的基督教〔景教〕各教会；几乎肯定他知道很多关于犹太教徒和他们宗教的事情，他也听说过，他们对于那管辖阿拉伯三百多个部落神祇的克尔白黑石抱着蔑视态度。他看见过朝觐者人群，并注意到该镇异教中伪善和迷信的线索。这使他的内心苦恼。犹太教徒们也许在他还不知道自己发生什么变化的时候使他改信了唯一真正的神。

最后他再也不能继续独自保持这些感觉了。当他40岁时，他开始谈到神的存在，最初显然只对他的妻子和少数亲近的人讲。他创作了一些诗句，宣称这些诗句是天使对他的默示。这些诗句包含了断定神的统一性和有些可接受的关于正义的概说。他也坚持来世的说法，凡忽视唯一的神的人和恶人都有堕入地狱的恐怖，而信奉唯一的神的人预定都要到天堂。除了他自称是一个新的先知以外，当时这些教义似乎并不十分新颖，但这对于麦加是煽动性的教导，麦加是部分靠它的多神崇拜而存在的，因此当世界其余部分正舍弃这些偶像的时候，麦加还坚持崇拜它们。穆罕默德同摩尼一样，宣称在他以前的先知，尤其是耶稣和亚伯拉罕，都是神圣的导师，但是他进一步完成了他们的教导。不过，他没有举出佛教，大概因为他从来没听到过佛陀。沙漠阿拉伯是在一潭神学的死水中。

这个新宗教开始的几年只是一小群质朴人的秘密信仰，包括穆罕默德的妻子赫底彻、养子阿里、仆人扎伊德以及朋友兼爱慕者艾布·伯克。它在麦加若干年里是少数的家里的一个无名教派，只是对偶像崇拜的一些怒视和咕哝，非常不出名和不重要，因此镇上的要人们丝毫也没有加以干涉。此后它蓄积了力量。穆罕默德开始更公开地传道，宣讲来世的道理，并以地狱之火恐吓偶像崇拜者和不信他讲道的人。他的传道似乎有很大的效果。从许多人看来，他是旨在独自掌握麦加的大权，并且把许多易感的不满的人纠集到他的一边去；因此当局就企图拦阻和压制这个新的运动。

麦加是朝觐的地方和圣地，城垣以内不许流血；但是，事态发展到了使这个新导师的信徒们感到非常难以居处的地步。反对他们的人用拒绝来往和没收财产来对抗他们，一部分信徒被迫逃到信〔科普特〕基督教的阿比西尼亚去避难。但是穆罕默德本人却没有受到伤害，因为他的联系很广，他的反对者也不想掀起血族仇杀。这里我们不能详述斗争的起伏，但有必要提到这个新使者的生涯中一件难解的事，马克·赛克斯说："证明他是阿拉伯人中最典型的阿拉伯人。"尽管他坚持唯一的神的说法，毕竟他还是摇摆不定的。他来到克尔白天房庭里，声称麦加的男女神祇到底还是真的，也许是具有仲裁权力的圣人之类。

他对原来信仰的放弃受到了热诚的欢迎，但他刚刚放弃立刻又改悔了，他的改悔表明他的确有畏神之心。他的一时背离了诚实证明他是诚实的。他竭尽全力纠正他干过的坏事。他说魔鬼曾占领过他的舌头，因此他以更新的活力来再次斥责偶像崇拜。反对古旧过时的神祇的斗争，经过一段短暂的和平间歇以后，又更严酷地再起，而且再没有调解的希望了。

旧势力有一个时候占了上风。穆罕默德预言了十年的最后，感到自己年已50岁，在麦加毫无成就。他的第一个妻子赫底彻死了，他的几个主要支持人最近也死去了。他想在邻镇塔伊府避难，但塔伊府人以掷石和谩骂来驱逐他。后来，当他觉得世界最黑暗时，机会展现在他面前了。他发现他在一个意外的地点得到了推崇和称许。麦地那城由于内部纷争而陷于分裂，许多居民在朝觐麦加时曾被穆罕默德的教导所吸引。大概麦地那的大批犹太教徒曾使人们对古代偶像崇拜发生过动摇，于是邀请他以神的名义来治理麦地那。

一位美术家关于穆罕默德和他在异像中所见的天使加布里埃尔的想象
（采自英国皇家亚细亚学会的一幅袖珍画）

他并没有立刻就去。他与该城谈判了两年，派遣一个门徒去传道并毁坏那里的偶像。然后他开始派遣像他在麦加的这类信徒们去麦地那等待他的到来，他不想置身于一个陌生城里的不相识的信徒中间。忠实于穆罕默德的人继续不断地退出了麦加，直到最后只有他和艾布·伯克留下了。

虽然麦加具有圣地的特征，但他几乎险遭杀害。该镇的长老们显然知道麦地那在发生什么事情，他们也认识到一旦这个有煽动性的先知发觉他是他们通往叙利亚主要商道上一个城镇的主人，那对他们是危险的。他们想，习俗必须服从于迫切的需要；于是他们决定，不管是否血族仇杀，穆罕默德必须处死。他们准备把他杀害在他的床上；为了分担破坏圣地的罪责，他们派定一个委员会来干这个勾当，除穆罕默德一家以外麦加城每家都有代表在内。但是穆罕默德已经准备好逃走；到了夜间，他们闯进他的房间，发现他的养子阿里睡着或在他的床上装睡。

逃亡（希吉勒节）是一种冒险的举动，追赶很急。专门在沙漠追踪的人从麦加北边寻找脚迹，但穆罕默德和艾布·伯克已去到南边藏有骆驼和食物的洞穴里。从那里他绕了一大段路来到了麦地那。622年9月20日他和他的忠实伴侣们到达那里，受到了盛大的欢迎。这是他受考验的结束和他掌权的开始。

3 穆罕默德成为战斗的教祖

直到逃亡时为止，直到他51岁时为止，这个伊斯兰教创始人的性格还是一个推测和争论的问题。自此以后就很清楚了。我们发现他是一个有很大想象力的人物，但具有阿拉伯的曲折方式，并且带着大部分的贝都印人的优点和缺点。

他掌权开始时是"很贝都印式的"。唯一的神在整个大地上的统治，按穆罕默德的解释，是以对麦加商队的一连串袭击开始的——一年多的袭击总是以失败告终。于是发生了一种严重的丑事，就是破坏了古旧的神圣的阿拉伯宗教同盟的雷哈布月休战约定。一部分穆斯林在这个极度和平的季节里背信弃义地袭击了一个小商队并杀死了一个人。这是他们唯一的成就，而他们这样做是由于教祖命令的。

随后就发生一次战役。一支七百人的队伍从麦加出来护送另一支商队回去，他们和一支三百人的袭击队伍相遇了。发生了一次战役，即白德里之役，麦加人大败了，约有五六十人被杀，也有同样多的人受了伤。穆罕默德凯旋回到麦地那，由于从安拉和这次胜利得到了灵感，他下令暗杀该城镇内一些以轻蔑态度对待他的预言的犹太人中的反对者。

但是麦加决定为白德里之败报仇,就在麦地那附近的吴侯地战役中使教祖的信徒们遭受了一次未分胜负的打击。穆罕默德被击倒了,险遭杀死,他的许多信徒逃走了。可是,麦加人并没有乘胜追入麦地那。

有一个时候穆罕默德的一切精力都集中在使显然十分沮丧的信徒们振作起来。《可兰经》记载着这些日子受磨炼的感情。马克·赛克斯爵士说:"《可兰经》所记载的这时期的各章节,就它们的庄严和崇高的自信心来说,几乎胜过一切其他的章节。"这里为供读者评判起见,引了近来莫尔维·穆罕默德·阿里正统的翻译以为这些庄严言辞的例证:

> 信道的人们呀!倘若你们顺从不信道的人,他们将使你们背叛,以致你们变成亏折的人。
>
> 不然,安拉是你们的保祐者,是最优的援助者。
>
> 我们要把恐怖投在不信道者的心中,因为他们以安拉所未证实的〔偶像〕去配他,他们的归宿是火窟。不义的人的归宿真恶劣。
>
> 你们奉安拉的命令而歼灭敌军之初,安拉确已对你们实践他的约言;直到了在他使你们看见你们所喜爱的胜利品之后,你们竟示弱、内争、违抗命令的时候。你们中有贪恋今世的,有企图后世的。嗣后,他使你们离开敌人,以便他试验你们;他确已饶恕你们。安拉对于信士们是有恩惠的。
>
> 当时,你们败北远遁,不敢回顾任何人;同时,天使在你们的后面喊叫你们,安拉便以重重忧患报答你们,以免你们为自己所丧失的战利品和所遭遇的惨败而惋惜。安拉是彻知你们的行为的。
>
> 在忧患之后,他又降安宁于你们——使瞌睡蒙蔽你们中一部分人;你们中别一部分人为自身而焦虑,他们像蒙昧时代的人一样,对安拉妄加猜测,他们说:"我们有一点胜利的希望么?"——你说:"一切事情,的确都是安拉所主持的。"——他们的心里怀着不敢对你表示的恶意;他们说:"假若我们有一点胜利的希望,我们的同胞不致阵亡在这里。"你说:"假若你们坐在家里,那么,命中注定要阵亡的人,必出外走到他们阵亡的地方;(安拉这样做),以便他试验你们的心事,锻炼你们心中的信仰。安拉是全知心事的。"
>
> 两军交战之日,你们中败北的人,只因他们犯过,故恶魔使他们失足;安拉确已饶恕他们。安拉确是至赦的,确是至容的。〔以上根据马坚译《古兰经》卷四第三章〕

麦加和麦地那无结果地互相仇视继续了若干年，最后麦加倾其全力来永远扑灭麦地那的日益增长的势力。不下一万人的一支混合军队凑集起来了，这对于当时当地来说是一支大军。当然这支大军完全是些没有受过训练的步行的、骑马的和骑骆驼的人，除供一般沙漠混战以外别无用处。他们仅有的武器是弓、矛和剑。当这支大军最后在漫天尘沙之中，看到麦地那的茅屋和房舍时，他们发现不是像他们所预料的也是为打仗凑集的一支军队，而是深沟高垒，一种新的、完全使人困窘的现象。原来穆罕默德得到一个波斯皈依者的帮助，已在麦地那筑壕固守起来了！

这个壕沟使贝都印的乌合之众认为是世界史上最骇人听闻的一件最不光明正大的事。贝都印人在壕的周围纵横驰骋。他们向被围的人喊出他们对整个事情的意见。他们也发射了几支箭，最后安下营盘来辩论这个惊人的暴举。他们得不到结果。穆罕默德不肯出来；开始下雨了，贝都印人的帐棚都湿透了，做饭也有困难，于是意见分歧，士气涣散，最后这支大军一仗也没有打又化整为零了（627年）。这些队伍向北、向东和向南分散，变成了一阵阵的尘沙，再也无足轻重了。麦地那附近有一座犹太人的堡垒早就触怒了穆罕默德，因为他们蔑视了他的神学。他们在最后那次斗争中曾有倒向可能得胜的一边的倾向，穆罕默德此时攻击了他们，杀死了他们900个壮丁，把妇孺作为奴隶，许多他们晚近的同盟者可能就是来买这些奴隶的。经过这次离奇的失败以后，麦加再也没有认真纠合群众来反抗穆罕默德，它的领导人一个个地跑到他的一边来了。

我们不需要详述两军的休战和订约，以及最后这个教祖的统治伸展到麦加的曲折过程。协议的要点是信徒们在做祷告的时候，应面向麦加而不像以前面向耶路撒冷，麦加应当是新信仰朝觐的中心。只要朝觐继续不断，麦加人似乎并不十分在意民众以一神之名或以多神之名聚集在一起。穆罕默德越来越没有希望去说服犹太教徒和基督徒皈依伊斯兰教，他就不再努力劝说这三种宗教实际上都是崇奉同一个神的想法。安拉日渐成为他所特有的神，现在已被这个条约束缚在克尔白的陨石上，这个神是全人类之父的想法就越来越少了。这个教祖曾表示要和麦加磋商，最后果然实现了。为了麦加的主权这让步是值得的。至于来往磋商和最后一次冲突的事情，我们无需谈了。629年穆罕默德来到麦加做了这个城镇之主。马尼夫，这个他曾借以命名他儿子的神的像，在他进入克尔白时就被打碎在他的脚下。

此后他的权力向外扩展了，经历了屡次战争、背信弃义和大屠杀；但总的说来他成功了，直到他是全阿拉伯的主宰时为止；632年当他独霸全阿拉伯时，他已 62 岁，他死了。

穆罕默德在他逃亡以后最末 11 年的生活中，他的一般行为与任何其他把各族人民结成一个君主国的人的行为没有什么区别。主要不同的是他利用了他所创立的宗教把人民团结在一起。他好用手腕，奸诈，无情，遇必要时他也迁就，与处在他地位上的其他阿拉伯国王可能采取的手段相同，在他执掌王权时完全没有什么精神的事物可言。在他拥有权力和自由的期间，他的家庭生活也没有什么特殊可以诲人之处。直到赫底彻死去他年已 50 岁的时候，他似乎是忠于一个妻子的丈夫，但是后来也像许多处于晚年的人所作的一样，他发展了一种对于女人的无聊的强烈兴趣。

赫底彻死后他又娶了两个妻子，一个是年轻的阿绮涉，成了穆罕默德的最得宠而最有势力的伴侣；随后他的家庭里又增加了许多妻和妾。这桩事引起不少麻烦和混乱，尽管在安拉方面给了许多特别极其有益的启示，而这些错综复杂的情形仍很费信徒的解说和辩白。

例如有关阿绮涉的丑闻，说有一次当象轿和骆驼往前走时，她正在灌木丛中寻找她的项链，而被留在后面；因此安拉不得不含怒出来干涉而斥责诽谤的人。安拉也不得不很坦白地说到这一家的妇女普遍渴望"这个尘世的生活和装饰品"，也渴望"漂亮的服饰"。后来又有很多争论，因为穆罕默德起初把他的年轻表妹赞乃布嫁给了他的养子扎伊德，"当扎伊德满足了他的欲望之后"，穆罕默德又娶了她——但据圣书解说，这只不过为了表示养子和亲生子的区别。"我们把她给你为妻，以便众信徒在他们的养子满足了欲望之后，对尊重他们的妻子不感到困难，这是安拉的命令，应当遵行。"但是只要《可兰经》中有这么一句简单的陈述，即使没有这么一个极端实际的例子也已经够用了。而且，由于穆罕默德对一个生了儿子的埃及妾表示了偏爱，后宫发生变乱，因为赫底彻的儿子一个也没有活着，这个埃及妾生的儿子，就得到穆罕默德钟爱。这些家庭纠纷都同我们得到的穆罕默德其人的印象难解难分地纠缠在一起。他有一个犹太妻子名苏菲娅，是在她的前夫被俘而处死的会战那天晚上娶她的。穆罕默德在傍晚视察女囚时看上了她，就把她带到宫幕里去了。

在穆罕默德一生的最后 11 年中，有一些突出的事实。因为他也创立了一个伟大的宗教。有些作者把这个显然好色的、相当权变的领袖描写为似乎可与拿撒勒人耶稣或乔达摩、或摩尼并列的人。但的确很清楚，他是一个较为平凡的人；他自负、自私、暴虐而又自欺；如果是出于对可能的穆斯林读者的一种虚伪的敬重，我们就得准备用另一种见解来表现他，那将使我们的全部历史和他不相称了。

但是，我们如果不把他的一生平衡起来，只坚持他的自负、自私、自欺和强烈的欲望，也并没有做到事实上的公正。我们必须不要从否认信徒的过度矫饰的一边而摇摆到同样地过度谴责的一边。一个没有品德的人能够保有朋友吗？因为最了解穆罕默德的那些人也就最相信他。赫底彻终生相信他——不过她也许是一个得宠的女人。艾布·伯克是较好的见证人，他对这个教祖的忠诚从来没有动摇过。艾布·伯克相信这个教祖，任何阅读当时历史的人都很难不相信艾布·伯克。再说，阿里在穆罕默德最失意时还为他冒了自己生命的危险。无论如何，穆罕默德不是一个骗子，他的虚荣心有时使他做出仿佛安拉对他也唯命是从的样子，也仿佛他的思想必然就是神的思想。

即使他同苏菲娅血迹斑斑的情欲使我们有近代头脑的人吃惊和厌恶，而他对埃及女人玛利的儿子易卜拉欣的热爱以及这孩子死时他的强烈的悲痛，又把他恢复到一切懂得爱情和痛苦的人们的地位上。

他亲自用他的双手摩平了这小坟上的土。他说："这减轻了我痛苦的心。虽然这对死者既无益也无害，但对生者是一种安慰。"

4　伊斯兰教的教导

穆罕默德的个人品格是一回事，他所创建的宗教——伊斯兰教的特性又完全是另一回事。我们不是把穆罕默德同耶稣或摩尼来对比，穆罕默德的才干高低对我们只是一个很次要的问题；我们是把伊斯兰教同7世纪腐败了的基督教和火祆教术士的衰退传统来对比，这是历史家所更大关心的。伊斯兰教的勃兴，是通过它的教祖或与它的教祖无关而是通过它的来源中的某些偶然事件和它发祥地——沙漠中的某些特点，总之不能否认伊斯兰教具有许多优良而高尚的属性。人类生活中出现的大事并不总是通过崇高的人物。只有简单信徒的愚想才要求为真理的威严加上奇迹般的虚饰，并对正义怀着纯洁无瑕的想法。

穆罕默德逝世前一年，正是他逃亡十年的结束，他从麦地那到麦加做了最后的朝觐。这时他对麦加人作了一次重大的讲道，相传他的讲道如下。当然，对于他的言辞的真伪有一些争论，不过有一点是无可置疑的：伊斯兰教世界，直到如今还被三亿人奉为他们生活的准则，在很大程度上遵守它。读者将注意下文第一段把伊斯兰教信徒中间的劫掠和血族仇杀完全扫除了。末段使信教的黑人与哈里发平等。这些言辞可能并不像拿撒勒人耶稣所说的某些话那样崇高，但它们在世界上建立了尊严的公正待人的伟大传统，它们灌输了一种宽大的精神，也合乎人道而切实可行。它们创造了一个比以前世界上一切任何社会都更没有普遍残暴和社会压迫的社会。

  你们众人倾听我的话：因我不知道今年以后我是否还与你们在此相见。你们当互相认为彼此的生命和财产直到世界末日止都是神圣不可侵犯的。
  上帝已命每人享有他应得的遗产；如果继承人意图侵占，虽有遗嘱，也不合法。
  凡子女都属于父母；如果有破坏他人婚约者，当用石头打他。
  无论谁冒认别人为父亲或为主人的，全人类的上帝和天使将咒诅他。
  你们众人呀！你们有可合理要求于你们妻子的权利，她们也可有合理要求于你们的权利。她们不得违犯夫妇的信任，也不得有公然无理的行为；如果她们犯这种行为，你们有权把她们幽禁别室，用鞭打她们，但不要过重。如果她们从此悔改，就适当地给她们衣食。善待你们的妇女，因为她们与你们同居好像俘虏和囚犯一样；她们无权自主一切。你们凭上帝的安全确实娶了她们，也因上帝的命令使她们的人身对你们是合法的。
  至于你们的奴隶，你们应以你们所吃一类的食物给他们吃，以你们所穿一类的衣服给他们穿。如果他们犯过为你们所不原谅，可以把他们出售，因为他们是上帝的仆人，并不是要受折磨的。
  你们众人呀！倾听我的发言而领会它。当知穆斯林彼此都是兄弟。你们全体都处于平等的地位。

  这种坚决主张仁慈和关心日常生活是伊斯兰教的主要美德之一，但这不是唯一的。同样重要的是它坚定不移的一神教，按《可兰经》证实，这个一神教没有犹太人的排外情绪。伊斯兰教从开头就很能抵制那使基督教为难和分裂而把耶稣精神窒息了的神学上的精心制作。它的力量的第三个来源是它非常仔细地规定了祷告和礼拜的方法，以及对麦加有限而约定俗成的重要意义作明白的陈述。信徒禁止用一切祭品，没有留下一点漏洞使得旧宗教规定的主祭祭司能回到新宗教里来。这不只是一种新的信仰，一种纯粹先知先觉的宗教，与耶稣在世时耶稣的宗教，或佛陀在世时佛陀的宗教相同，不过它是这样指定的就这样保持了下来。因此到今天伊斯兰教有一些博学的医生、教师和传道者，却没有祭司。
  这个宗教充满了仁慈、宽大和兄弟情谊的精神；它是一种简单而可理解的宗教，富有沙漠中豪侠情操的本能；所以它的感染力一直触及一般人天性中最普通的本能。与这相对抗的是犹太教，它把上帝作为犹太种族的珍藏；基督教，无休止地谈论和宣讲三位一体说，教义和异端，弄得一般人莫名其妙；还有马兹达教，袄教僧徒所崇奉的教派，他们曾唆使把摩尼处了磔刑。大部分受伊斯兰教唤起的人民并不十分计较穆罕默德是否淫荡，或者他是否做了一些不老实的，有疑问的事情；对他们有感染力的是他所宣讲的安拉这位真主，是一个经过良心考验的他们心中的正直之神。因此真诚接受他的教义和方法就广开了门路，使无常、奸诈和难以忍受的分裂的世界，进入一个世上可靠的人们之间伟大和日益增长的四海一家的天下，达到一个不是有圣人、祭司和神权君王仍居上位的永远进行赞颂和礼拜的天堂，而是他们的灵魂深处所渴望的那样平等情谊和简单而可以领会的欢乐。没有任何含糊的象征，没有阴森森的祭坛或喃喃诵经的祭司，穆罕默德只把那些有吸引力的教义带进了人们的内心。

5　艾布·伯克和奥马尔哈里发

伊斯兰教精神的真正体现不是穆罕默德而是他的密友和拥护者艾布·伯克。不容置疑，如果穆罕默德是原始伊斯兰教的头脑和想象，那么艾布·伯克就是它的良心和意志。在他们一生相处中，穆罕默德是说这事情的人，而艾布·伯克是相信这事情的人。在穆罕默德动摇时，艾布·伯克支撑住他。艾布·伯克的的确确是一个没有怀疑的人，他的信仰见之于行事就像利刃砍物那样地干净利索。我们可以确实感到艾布·伯克从来不会迁就麦加的小神祇，或是需要安拉的灵感来解释他的私生活。穆罕默德逃亡第十一年（632年），患伤寒病而死的时候，是艾布·伯克继承他当了哈里发（哈里发即继承人）和人民领袖，由于艾布·伯克对安拉的正直有着百折不回的信心才防止了麦加和麦地那之间的分裂，平定了贝都印人联合起来抗税的普遍叛乱，并实行了死去的教祖曾设想过的大举袭击叙利亚。于是艾布·伯克以移山的信心按照穆罕默德在628年从麦地那写给世界上各君主的信，直率而稳健地从事于使全世界隶属于安拉——组织了三四千阿拉伯人的小小军队。

这企图曾近乎成功。如果伊斯兰教有一批较年轻的像艾布·伯克品质的人来把他的工作进行下去的话，一定是会成功的。这企图之所以近乎成功是因为阿拉伯这时是伊斯兰教的信仰和意志的中心，也因为在到达中国之前，除了在俄罗斯草原或突厥斯坦之外，世界上没有另一个对他们统治者和领导人具有信心的精神自由的人们的社会。拜占庭帝国的首领赫拉克利乌斯，科斯洛埃斯二世的征服者，已过了他的壮年而患了水肿，他的帝国因为与波斯长期战争而衰竭了。在他统治下的混杂民族很少知道他,更少关心他。波斯王政的腐败已到了极点;弑父的卡瓦德二世曾在位几个月就死去了,宫廷发生了一系列的篡位阴谋和浪漫的暗杀,使得国家削弱了。波斯和拜占庭之间的战争,约在艾布·伯克统治开始时才正式结束。双方都大大利用了阿拉伯的援军;无根据地对君士坦丁堡表示忠诚的基督教化了的阿拉伯人,分散居住在叙利亚一些城镇和居留地;美索不达米亚和沙漠之间的波斯地界是在阿拉伯藩王的管辖之下,它的都城是在希拉。阿拉伯人的势力在像大马士革这类城市里是强大的,那里信基督教的阿拉伯绅士会读书,会背诵最近的沙漠竞赛作者的诗歌。这就为伊斯兰教准备好了大量易于吸收的材料。

现在开始的出征是世界史上最出色的几次战役。阿拉伯突然成了人才荟萃的花园。哈利德的名字在许多精干和虔信的穆斯林将领的星座中最为突出,像一颗灿烂的大星。他所统率的军队战无不胜,当第二个哈里发——奥马尔不公道地、不可饶恕地把他降级时(但是舒尔茨在赫尔莫尔特的《世界史》中却说英勇的哈利德的私生活是穆斯林的耻辱。他在一夫多妻制的世界里犯了严重的通奸罪),

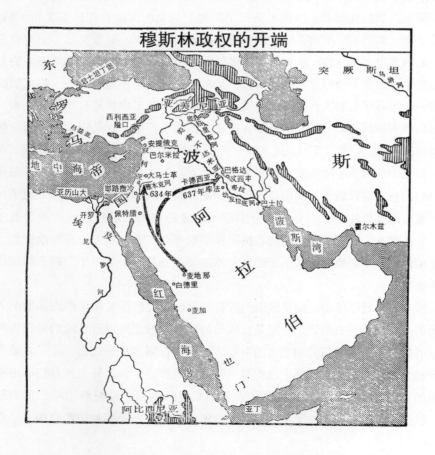

他不动声色，只高兴地侍奉安拉，并顺服于他曾管辖过的僚属。我们不能在此详述这次战争的经过；阿拉伯军队同时攻击了拜占庭的叙利亚和波斯边境的希拉城，他们到处提供了三种任选其一的办法：或纳贡，或表白信仰唯一真神而与他们联合，或死亡。他们遇到过有训练的大军，但这些军队精神萎靡，结果被他们打败了。任何地方都没有民众抵抗这样的事情。居住在美索不达米亚稠密的灌溉地带的人民毫不在乎他们是向拜占庭或珀塞波利斯或向麦地那纳税；阿拉伯人的朝廷和波斯人的朝廷相比，阿拉伯人，即隆盛时的阿拉伯人，显然是较为廉洁、较为正直和较为慈善的人民。信基督教的阿拉伯人甘心情愿地参加到侵略者里面去，许多犹太人也是如此。这时东方也恰恰和西方一样，一次入侵就成了一次社会革命。但这里也是一次崭新的有特色的内心活力的宗教革命。

是哈利德在约旦河支流雅木克河岸上同赫拉克利乌斯的军队打了一次决定性的战役（636年）。罗马各军团仍然没有正式的骑兵；老克拉苏斯的幽灵白白地在东方出没了七百年；帝国军队在骑兵作战上只依靠信基督教的阿拉伯援军，而这些援军交锋时就跑到穆斯林那边去了。拜占庭军队组织了一个有些教士、圣旗、画像和圣物的浩浩荡荡的游行队伍，还有一些修士唱圣歌助威。但这些圣物并没有一点魔力，唱圣歌也未能坚定人们的信心。在阿拉伯人方面，各埃米尔和酋长按照古代阿拉伯人的风习慷慨激昂地对他们的队伍训话，妇女们在后面以尖锐的呼声不断地鼓励着她们的男人。穆斯林队伍里充满了胜利在望或天国就在眼前的信徒们。非正规的骑兵叛变以后，战役的胜负是不容置疑的了。企图后退的军队溃散成乌合之众，全遭屠杀。拜占庭军队背水作战，顿时河流都被死尸壅塞住了。

从此以后，赫拉克利乌斯慢慢地把那么晚近才从波斯人手里赢回来的整个叙利亚让给了他的新兴的敌手们。大马士革不久就陷落了，一年之后，穆斯林进入了安提俄克。有一个时候由于君士坦丁堡的最后一次努力不得不放弃这个城，但是在哈利德治下他们又夺回并永远地占领了它。

同时，在东方战线上，他们最初迅速胜利地夺得了希拉以后，波斯的抵抗加强了。王朝之争以王中之王的到来而最后结束，一个能干的将军卢斯泰姆被发现了。他与阿拉伯人在卡德西亚交战（637年）。他的军队就像大流士率领攻进色腊基或使亚历山大败于伊苏斯的另一支组合军那样；这是征募来的一支杂凑军。他有33头战象，他自己坐在波斯阵后高台的金座上观战，这个金座令人回忆希罗多德所记的一千多年前赫勒斯蓬特和萨拉米斯诸战役。双方交战了三天；阿拉伯人天天进攻，波斯军则坚守阵地，直到黄昏才宣告休战。第三天，阿拉伯人得到了援军，夜色将临，波斯人企图以象冲锋来结束这次战斗。起初，这些巨兽所向无敌，后来有一头象受了重伤，无法控制地在两军之间往来驰突。它的乱撞影响了其他战象；两军在落日红光之中都一时目瞪口呆，注视着这群怒吼的灰色怪物奋其狂力想冲出痛苦的士兵们的包围。最后完全是一个偶然的机会它们冲破了波斯军队而不是冲破了阿拉伯军队，使得阿拉伯人能够趁混乱进击。黄昏变成了黑夜，但这一次两军并没有罢战。阿拉伯人彻夜呼唤以安拉的名义猛击和进逼已溃散而在退却中的波斯人。晨光破晓，卢斯泰姆的残军散乱地远逃出战场之外。零散武器和作战物资沿途弃掷，运输工具和死伤的士兵也都丢弃了。最后，高台金座也被砸翻了，卢斯泰姆的尸首躺在一堆死尸之中……

634年艾布·伯克去世，传位于穆罕默德的妹夫奥马尔任哈里发；穆斯林的主要征服就是在奥马尔治下（634—644年）发生的。拜占庭帝国完全失去了叙利亚。但是在托鲁斯山脉穆斯林的袭击受阻了。亚美尼亚遭到蹂躏。整个美索不达米亚被征服了，波斯被摈于两河之外。埃及（阿拉伯人征服埃及把阿比西尼亚和其余的基督教世界隔开了，此后一千年我们不再听到这个遥远的国家。它仍然信基督教，15世纪中期，阿比西尼亚的一个布道团在罗马出现，查问某些教义的要点。基督教世界久已传说东方有一大块信基督教的地方，即普雷斯德·约翰的地方，这个传闻似乎根据阿比西尼亚搞乱了的故事同其他经景教徒教化了的蒙古酋长们的故事混杂在一起了）几乎无抵抗地从希腊人手里转到阿拉伯人手里；几年之内，闪米特种族以神和神的使者的名义几乎收复了一千年前丧失给雅利安种波斯人的全部疆土。耶路撒冷早就陷落了，没有经过持久的围攻就订了条约，12年前曾被波斯人带走而由赫拉克利乌斯费尽苦心收复的真正十字架，也再次不在基督教国家支配之下。但它仍在基督徒的手中，基督徒只要缴纳人头税就受到了宽容，所有的教堂和所有的圣物都让他们保有。

耶路撒冷为它的投降制定下了一个特殊条件。该城只愿由奥马尔哈里发本人来受降。前此他一直在麦地那组织军队和总管战役。他来到了耶路撒冷（638年），他到来的方式表明了初期穆斯林攻击的活力和朴实很快地被胜利所逐渐削弱了。他来时走了六百英里路程，只携带一个侍从；他骑着骆驼，旅途中只备有一袋大麦、一袋枣子、一个盛水袋和一只木盘。他的大将们穿着华丽的缎袍，骑着盛饰的军马在城外迎接他。这个老人看到这可惊的场面就勃然大怒。他从鞍子上溜下，双手扒起灰尘和石子向这些华服的绅士掷去，厉声斥骂。这是多大的侮辱呀？穿起这种盛装是做什么呢？他的战士们在哪里呢？沙漠里的人们在哪里呢？他不让这些花花公子护送他。他仍然和他的侍者一同向前走，而那些机灵的埃米尔们骑着马离得远远地跟着免得被他的石子打中。他和耶路撒冷的大教长会面了。这教长显然是只身从拜占庭统治者的手里拿回了这个城市。他和大教长处得很好。他们一起走遍了圣地各处，奥马尔这时怒气稍平，就拿他的过于奢华的追随者来俏皮地开玩笑。

同样足以表示这时趋势的是奥马尔写给他的一个地方长官的信，这个地方长官曾为他私人在库法建造了一座宫殿，奥马尔命令他把这宫殿拆毁了。

他信中说："他们告诉我，你要仿建科斯洛埃斯的宫殿（在忒西丰），你甚至也要用他用过的门。你也要像科斯洛埃斯那样在几座门口设置守卫和传达吗？你要使信徒远离而拒绝接见穷人吗？你要背离我们教祖的遗风而豪华得像那些波斯皇帝一样，甚至跟随他们一起下地狱吗？"（摘自舒尔茨在赫尔莫尔特的《世界史》中的话）

6　倭马亚朝的盛世

艾布·伯克和奥马尔一世是伊斯兰教史上的两个首脑人物。125 年中伊斯兰教从印度河传播到了大西洋和西班牙，从中国边境的喀什噶尔到了上埃及，这时期中所进行的战争，不在本书范围以内，就不来描述了。有两幅地图一定足够表明，在尘世的俗务，旧的经商与劫掠的精神，以及锦衣的魅力完全恢复了它们对阿拉伯人的才智和意志的麻痹影响以前，这种携带着阿拉伯思想和阿拉伯经文的新信仰的有力冲动的界限。读者将会注意这巨大的潮流怎样冲扫过玄奘足迹所经的地方，汪达尔人在非洲轻而易举的征服怎样又在相反的方向重演。如果读者抱有任何错觉，认为一种优美的文明，如波斯的，或罗马的，或希腊的，或埃及的，曾被这股洪流淹没了，那么他愈快消除这种思想愈好。伊斯兰教之所以盛行因为它在当时能够提供最好的社会和政治秩序。它之所以盛行也因为它到处都发现政治上冷淡的人民被劫掠，受压迫，受欺凌，没有教育也没有组织，它也发现自私和腐败的政府完全脱离了人民。它是世界实际活动中前所未有的最宽宏、最新颖和最纯洁的一种政治思想，它对人类群众所提供的条件也比任何其他宗教都好。罗马帝国积累财富和蓄奴的制度以及欧洲文学、文化和社会传统在伊斯兰教兴起以前已经完全衰颓和崩溃了；只有当人类对它的代表们的真诚失去了信仰时，伊斯兰教也就开始衰微了。

伊斯兰教较大部分的精力都消耗在征服和同化波斯和突厥斯坦之上；它的最猛烈的攻击是从波斯往北，经埃及往西。如果它把最初的充沛活力集中于拜占庭帝国，那么无疑地到了 8 世纪它就会取得了君士坦丁堡，并进入欧洲，就像到达

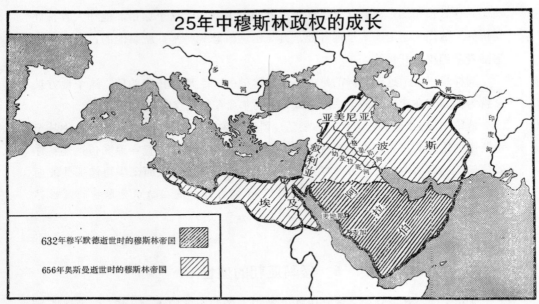

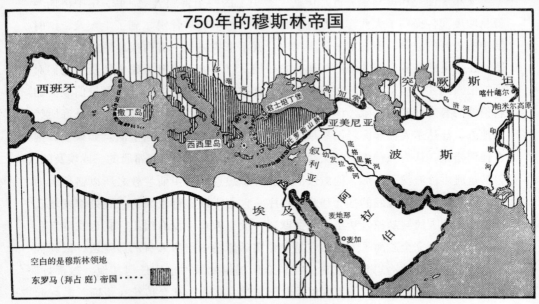

帕米尔那样地容易。摩阿维亚哈里发的确围攻了这都城达七年之久（672—678年），苏里曼在717年和718年也围攻过它；但这压力并没有持久，此后的三四百年或更久些拜占庭帝国仍然是欧洲的破烂的堡垒。在新受基督教化的或仍信异教的阿瓦尔人、布尔加人、塞尔维亚人、斯拉夫人和萨克森人中，伊斯兰教肯定会找到若干准备皈依者就像它在中亚找到的突厥人一样。虽然伊斯兰教最初并不坚持取得君士坦丁堡，而绕道非洲和西班牙来到欧洲，但它只是在法兰西，在从阿拉伯半岛到欧洲的一条很远的交通线的终点，它才遇到了阻拦它前进的一股足够强大的力量。

麦加的贝都印豪族从一开始就控制了这个新的帝国。第一任哈里发艾布·伯克，是在麦地那由非正式的欢呼中选出来的，第二任哈里发奥马尔和第三任哈里发奥斯曼也是这样，但这三人都是出自麦加的望族。他们都不是麦地那人。尽管艾布·伯克和奥马尔都是真正朴实而正直的人，但奥斯曼却是品质较差的，很像那些穿锦衣华服的人，对他来说，征服不是为了安拉而是为了阿拉伯，尤其是为了阿拉伯的麦加，更特别是为了他自己，为了麦加人和为了他的家族——倭马亚家族。他是一个为他祖国、他的城镇和他的"人民"挺身而出的，值得称赞的人。他不像他以前的两个哈里发早年就皈依了伊斯兰教；他为了公平交换政策的缘故才和穆罕默德联合起来。他一就位，哈里发就不再是一个具有热情和奇迹的不可思议的人而成了一个东方的君主，和以前及以后的东方君主一样，以东方的标准来说，还算得一个相当好的君主，如此而已。

奥斯曼的统治和逝世把穆罕默德的弱点所造成的后果明显地表现了出来，正如艾布·伯克和奥马尔的生活明显地证实了穆罕默德训诲中神圣的火焰一样。要是艾布·伯克抱坚决态度的时候，穆罕默德有时却是权变的，而加入奥斯曼的贵族贪婪的新成分就是那些权变行为的一种结果。教祖的任意广聚妻妾的后果，在最初两个哈里发统治期间只潜伏在穆斯林政事背后的家庭纠纷和妒忌中，这时候就完全暴露在光天化日之下了。教祖的侄子、养子和女婿阿里——他是教主的女儿法蒂玛的丈夫——认为自己是合法的哈里发。他的要求形成了麦地那和麦加诸竞争家族愤恨倭马亚族人取得优势的一股底流。但教祖的宠妻阿绮涉，总是嫉妒法蒂玛而敌视阿里。她拥护奥斯曼……伊斯兰教历史的光荣开端忽然陷入继承人和寡妇们肮脏的纠纷和争吵之中。

656年奥斯曼已是一个80岁的老人，在麦地那街上被一群暴徒用石块打击，并追到他的家里把他杀害了；阿里最后成了哈里发，但他也逃不了被害（661年）。在这次内战的一个战役中，阿绮涉这时已是一个骁勇厉害的老妇，骑在一匹骆驼上耀武扬威地率领了一支进攻的军队。她被俘了，却受到优待。

当伊斯兰教的军队正在胜利地前进去征服世界时，内战这个病症是它的当头打击。阿绮涉能够消除她所厌恶的法蒂玛，世界上安拉的规则又是什么呢？当倭马亚族人和阿里的党人热中于这样一场世仇争斗，以哈里发的职位作为争逐的战利品，他们又怎能想到人类的统一呢？伊斯兰教世界被麦地那一小撮男女的怨恨、贪婪和无聊党争分裂为二。这种争吵至今未息。直到今天穆斯林的一个主要派别什叶派，还保持阿里承袭哈里发之权作为一条信仰！这一派盛行于波斯和印度。

同等重要的一派——逊尼派，一个无私的观察者对它很难不表同意，它否认什叶派的信条是对穆罕默德简明信条的特别补充。就我们在这段时间内得出的印象来看，阿里完全是一个平凡的人。

观察伊斯兰教在勇敢的开端中侵袭进去的分裂就像观察人脑的软化病症一样。我们必须向读者提到，如果愿意知道阿里的儿子哈桑如何被他的妻子毒害了，哈桑的弟弟侯赛因如何被杀，可参考有关这主题的冗长文献。这里仅仅提到他们的名字，因为他们的感情用事的党派偏见和互相烦扰仍占人类活动范围的一大部分。他们是什叶派两个主要殉难者。在他们反复的冲突当中，麦加的旧天房克尔白烧毁了，无休止的争论当然就开始了，就是这天房完全照它古代的样式重建呢还是更加扩充。

在本节和前几节中我们再一次看到了这个最新最晚统一世界事务的冲动力，对人类日常俗务进行的不可避免的斗争，我们也看到了穆罕默德复杂的家庭从一开始怎样就像是这新的宗教的一种传统。但这段历史这时堕落成为东方王朝正常的罪恶和阴谋，学历史的人会认识到在穆罕默德改革世界中的第三个根本的弱点。他是一个不识字的阿拉伯人，不懂得历史，完全不知道希腊、罗马的一切政治经验，也几乎不知道犹太真正的历史；他也没有留给他的追随者们以体现和集中信徒的普遍意志的、稳定政府的计划，又没有留下有力的组织来表现充满伊斯兰教必要教导的十分真实的民主精神（使用这个词的近代意思）。他本人的统治是无限的专制君主制，专制的伊斯兰教仍旧存在。就政治上来说，伊斯兰教并不是进步的，而是从沙漠间传统的自由和习惯法的一种后退。导致白德里之役对朝觐者的停战的破坏是对早期伊斯兰教的最黑暗的标志。名义上安拉是伊斯兰教的大主宰——而实际上它的主人总是任何强有力而肆无忌惮到足以夺取和把持哈里发职位的人——并且因为容易遭到叛乱和暗杀，它的最后法律就是那个人的意志。

阿里死后的一个时期，倭马亚家族占了上风，任伊斯兰教统治者将近一百年。

阿拉伯历史家们忙于叙述朝代的纷争和当时的罪恶，以至很难追述该时期对外的历史。我们发现穆斯林的海上船舶在吕基亚岸外一次大海战中打败了拜占庭的舰队（655年），但这些穆斯林如何这么早就拥有这支得胜的舰队，我们并不清楚地知道。大概主要是依靠埃及人。伊斯兰教肯定在几年内控制过东地中海，在

669 年又在 674 年，摩阿维亚在位期间（661—680 年），倭马亚朝第一任大哈里发两次由海上进攻君士坦丁堡。他们之所以取道海上，因为在阿拉伯人统治时期，伊斯兰教就从来没有越过托鲁斯山脉的屏障。同一期间穆斯林也是愈来愈向中亚细亚推进了他们的征服。虽然伊斯兰教的中心已经衰落了，但在前此分裂而无目标的突厥各族中间还得到了大群的新信徒并唤起了一种新的精神。麦地那不再可能是伊斯兰教在亚洲、非洲和地中海庞大事业的中心了，所以大马士革就成了倭马亚朝各哈里发通常的首都。

当王朝阴谋的乌云消散的时候，主要的哈里发是阿布达尔·马利克（685—705 年）和瓦利德一世（705—714 年），倭马亚家系在他们的统治下达到了胜利的顶峰。哈里发的版图西部边界到达比利牛斯山脉，东部进与中国接壤。哈利德的儿子苏里曼（715 年）实行了他父亲曾经计划和建议过的对君士坦丁堡进行第二次一系列的穆斯林攻击。同 50 年前摩阿维亚哈里发一样，采取海道进攻——如我们刚才提到的，因为小亚细亚还没有被征服——而船只主要是从埃及征募的。拜占庭篡位的皇帝伊索里亚人利奥在防守方面显示出非凡的技巧和顽强；他在一次出色的突击中把穆斯林的大部分船只焚毁，截断了在博斯普鲁斯海峡亚洲一边登岸的部队，在欧洲作战了两年（716—717 年）以后，一个无比严寒的冬天使他们以战败而告终。

从此以后，倭马亚家系的繁荣就衰落了。伊斯兰教初期惊人的冲动力这时已经用尽，不再有什么向外扩张，宗教热忱显然下降。伊斯兰教曾得到几百万皈依者，可是并没有把这几百万人很完善地消化。各城市、各国家、所有的教派和种族、阿拉伯异教徒、犹太人、基督徒、摩尼教徒、袄教徒和图兰异教徒，都被吞没在穆罕默德继承人的这个新兴的大帝国里。迄今为止世界上一切伟大统一的宗教开创者的共同特点，共同的失错，就是把最初号召时作出的道德上和神学上的理想看成仿佛是普遍的理想。例如穆罕默德所号召的就是当时明智的阿拉伯人潜在的一神教感情和豪侠的遗风。这些品德都是潜伏在麦加人和麦地那人的思想和良心之中的，他不过把它们唤起来就是了。

然后，新的教义传播开来并使它本身变成了固定不变的一套，它不得不在一种日益不适宜的基础上进行工作，它不得不在误解而歪曲它的土壤中生长。它的唯一课本就是《可兰经》。对那些与阿拉伯情调合不来的人来说，也像今天的许多欧洲人所看到的那样，这本书似乎是精神优美的修词——坦率地说——和混沌而莫名其妙的唠叨的混合物。无数皈依者完全不能领会其中的真实意义。因此，我们必须懂得，为什么波斯和印度部分的穆斯林随时可以参加什叶派的分裂争吵，就是因为这场争吵他们至少是能够了解和感觉到的。试图使新的材料同旧的信念相一致，如不久争论开的《可兰经》是否总与神同在（引自马克·赛克斯爵士），也是由于这种狂妄的神学。如果我们不立即认识到其中有一些改信伊斯兰教的有学问的基督徒出于好心，企图用基督教《圣经》来解释伊斯兰教说"太初有道，道与上帝同在，道就是上帝"（《约翰福音》第一章第一节），我们会因这种荒谬的想法而目瞪口呆。

迄今为止，世界上以统一为怀的诸大宗教创始者，似乎一个也没有理解到大量的教育工作，即在宗教的主张中所包含的易懂的、各种不同的解释和理智体系的大量工作。它们迅速传布的历史是一样的，好像把少量的水倾注在大片平地上，不久就呈现浅薄和污浊的迹象。

不久我们就听到倭马亚朝哈里发哈利德二世（743—744）的故事，他嘲笑《可兰经》，吃猪肉、喝酒、也不祷告。这些故事也许是真的，也许是为了政治目的而传播开来的。在麦加和麦地那开始了一次清教徒式反对大马士革轻浮奢侈之风的反应。另一个阿拉伯大家族——阿拔斯家族，即阿拔斯族人，久已图谋夺权，乘机利用了群众的不满。倭马亚家族和阿拔斯家族间的世仇比伊斯兰教的年代更长，它在穆罕默德出世以前就已在进行了。阿拔斯家族接受阿旦和他两个儿子哈桑和侯赛因——什叶派"殉道者"的传统，也参加到什叶派中去。倭马亚朝的旗帜是白的，阿拔斯朝就采用了黑旗，黑色表示哀悼哈桑和侯赛因，也因为黑色比任何颜色都更为感人；此外，阿拔斯家族宣称阿里以后所有的哈里发都是篡位者。749年他们完成了一次准备周密的革命，倭马亚朝最后的一个哈里发在埃及被搜捕并被杀害了。阿布耳·阿拔斯是阿拔斯朝第一任哈里发，他把所有能够搜捕到的倭马亚家系每个活着的男性都集中到监狱里并把他们全部屠杀了，他就是这样开始临朝的。据说，这些被杀者的尸体都堆在一起，上面覆盖着一张皮毯，阿布耳·阿拔斯和他的谘议们就在这张可怕的桌上宴饮取乐。此外，倭马亚朝诸哈里发的坟墓也被搜劫了，他们的遗骸被焚而随风四散。这样，阿里的冤仇最终得到了报复，此后倭马亚家系就从历史上消逝了。

这里有一件值得注意的有趣的事，即在呼罗珊有一次为了倭马亚朝而掀起的骚乱是得到了中国皇帝的援助的。

7 阿拔斯朝伊斯兰教的衰落

但是阿里的后裔并没有长期享受这个胜利的运气。阿拔斯族人是一些比伊斯兰教更古老的一派冒险家和统治者。这时阿里的传统正好被他们所利用，新任哈里发的下一步行动就是搜捕和杀死阿里家族活下来的成员，即阿里和法蒂玛的子孙。

明显地，萨珊朝波斯和希腊人以前的波斯的各种旧传统又回到世上来了。随着阿拔斯族人的登位，哈里发就不再掌握海上霸权了，西班牙和北非也随着脱离了哈里发，建立起了几个独立的穆斯林邦国，西班牙的穆斯林国是倭马亚朝幸存余裔统治的。

伊斯兰教的重心由大马士革越过了沙漠而移到美索不达米亚。阿布耳·阿拔斯的继承者曼苏尔，在从前萨珊朝首都忒西丰遗址附近的巴格达建立了一个新都城。突厥人和波斯人以及阿拉伯人都成了各地的埃米尔，军队也都按着萨珊家系的成规改组了。麦加和麦地那的重要性这时只在于它们是朝觐的中心，信徒祷告时是朝着这个方向的。但是因为阿拉伯语言优美，又因它是《可兰经》所用的语言，所以阿拉伯语继续传播，不久取代了希腊语而成为整个穆斯林世界受教育者的语言。

阿布耳·阿拔斯以后的阿拔斯朝诸君主，我们无需在此多谈。小亚细亚连年都有争吵，巴格达和拜占庭双方都没有取得什么持久的收获，尽管穆斯林有一两次侵袭远达博斯普鲁斯海峡。一个名叫莫坎那的假先知，他自称是神，有过一番短暂而艰难的经历。阴谋变乱更番迭起；现在这些事在史书中平淡无色，很像一本旧书里夹着的枯花。只有另一个阿拔斯朝哈里发的名字，为了他在传说上和他在真正重要性上都需要提一下，他是诃论·阿尔—拉西德（786—809 年）。他不但在现实世界中是一个外表繁荣帝国的哈里发，而且他也在不朽的小说界里是一个永存帝国的哈里发，他是《天方夜谭》的诃论·阿尔—拉西德。

马克·赛克斯爵士（《哈里发的最后遗产》）记述了他的帝国的实况，我们将援引其中的某几段。他说：

> 帝国朝廷是优雅的、豪华的而极其富裕的；首都巴格达，是围绕着一个巨大的行政堡垒的巨大商埠，在那里国家的每一部门都设有适当管理而秩序井然的办公处；城中大小学校很多；文明世界各国的哲学家、留学生、医生、诗人和神学家群集到这里来……各省首府都有宏大的公共建筑点缀着，邮政和商队有效而迅速的服务又把这些城市连接了起来；边防是稳固的，守卫得很好，军队忠诚，神速而英勇；各地方长官和政府大臣都诚实谨慎。这个帝国以同等的实力和没有削弱的控制从西利西亚大门延伸到亚丁，从埃及

延伸到中亚细亚。不但有穆斯林,还有基督徒、异教徒和犹太人都在政府中任职。篡位者、反叛的军官和伪装的先知似乎已在穆斯林领地上绝迹了。交易和财富取代了革命和饥荒……瘟疫和疾病得到了帝国医院和政府医生的处理……在政务中粗率但还顶用的阿拉伯行政管理方法已让位于部分由罗马人创始而主要采自波斯政府制度的一种很复杂的国务会议制。邮政、财政、御玺、皇室领地、司法和军事等项都分设办公署由各大臣和官员掌管,一支办事员、抄写员、文牍员和会计员的大军涌进了这些公署,逐渐使大教主同他的臣民没有直接的接触而把政府的全权夺到自己的手里。皇宫和周围事物同样仿照罗马和波斯的先例。太监、蒙着面纱的"后宫"、卫兵、密探、中人、弄臣、诗人和侏儒环侍在大教主左右,各就其地位高低竭力博得他的欢心,间接地使他分心不能专理国务。同时东方商业的贸易来往使大量黄金源源流入巴格达,补充了其他源源而来的大量货币。这些来自抢劫和掠夺的捐献,是从那些侵袭得胜的军官掠夺小亚细亚、印度和突厥斯坦而运送到京都的。看来由于突厥奴隶和拜占庭硬币不断的供应使伊拉克的收入更加富饶,同以巴格达为中心的广泛商业运输相联合,产生了一个由将官子弟、官吏、土地所有者、皇室宠臣和商人等组成的庞大而有势力的金融阶级,他们随其所好奖励艺术、文学、哲学和诗歌,兴建豪华的邸宅,在宴饮娱乐上竞奇斗富,收买诗人来赞扬他们,涉猎哲学,支持各派思想,兴办慈善事业,其实他们的所作所为都是各时代富人所常作的事。

  我曾说过,诃论·阿尔—拉西德在位时的阿拔斯帝国是相当虚弱的,也许读者会认为我的这种说法是愚蠢的,因为我把帝国描写得如此井然有条,行政管理如此安定,军队如此得力,以及财富又如此之多。其实我讲这话的理由是要说阿拔斯帝国同伊斯兰教中一切原有的活力失掉了接触,它是完全由伊斯兰教毁坏了的各帝国的残片重新建造起来的。在帝国里,没有什么可激发人民领袖们较高本能的事物;圣战已堕落为一种有组织的赃物掠夺。哈里发已变成了一个骄奢的皇帝或王中之王;行政管理制度已从父权家长制变成了官僚制。比较富裕的诸阶级正在很快地失去了国家宗教的一切信仰;空论的哲学和豪华的生活取代了《可兰经》的正统观念和阿拉伯人的纯朴性。能够把帝国维系在一起的唯一团结力量,即穆斯林信仰的坚定和朴素,已为哈里发和他的顾问们所完全忽视了……诃论·阿尔—拉西德本人是一个酒鬼,他的宫殿是用鸟兽和人的雕像装饰起来的。

  我们站在阿拔斯朝的版图面前,一会儿惊叹它的伟大,忽然间我们又辨认出它不过是包着各种死文明的尘埃和灰烬的好看的外壳。

809年诃论·阿尔—拉西德死去了。他的大帝国在他死时立即陷入了内战和混乱，世界上这个地区在二百年以后发生了一次非常重大的事件，即突厥人在塞尔柱大家族诸首领的统治下向南涌出了突厥斯坦，不仅征服了巴格达帝国，而且也征服了小亚细亚。如他们过去一样从东北而来，他们能够迂回绕过前此阻挡住穆斯林的大屏障——托鲁斯山脉。他们大多仍是四百年前玄奘所描写过的那些人民，不过这时他们是穆斯林，而且是原始型的穆斯林，是艾布·伯克肯定要欢迎加入伊斯兰教的人。他们使伊斯兰教的元气大大地重振起来，也使穆斯林世界的头脑再一次转向反抗基督教世界的宗教战争。因为穆斯林停止前进和倭马亚朝衰落以后，这两大宗教之间曾是一种休战状态。基督教和伊斯兰教之间所进行过的交战与其说是持久的战争，不如说是边境上的小争执。到了11世纪它才又成为一场狂热的拼死的斗争。

8　阿拉伯文化

但是在我们进而谈到突厥人和十字军战士以前，即谈到基督教世界和伊斯兰教世界之间开始的、而且直到现时还遗留在这两大宗教体系之间一种十分疯狂偏执的大战以前，我们有必要对说阿拉伯语世界的知识生活予以更多的注意，因为这时它已越来越广泛地传播到了希腊精神曾一度占优势的地区。穆罕默德以前几个世代，阿拉伯人的内心，可以说早已酝酿着一股热情，产生了诗歌和不少宗教争论；它在国家和种族成就的激励下，立即放出了那仅次于希腊人最盛时期的灿烂的光辉。人类对科学的追求因此复兴。如果说希腊人是科学方法之父，那么阿拉伯人是它的义父。近代世界是经由阿拉伯人的而不是经由拉丁人的途径而接受了那个光明和力量的赏赐的。

可是这里我们在写阿拉伯的时候，我们必须有保留地来写它。阿拉伯的伊斯兰教文化与原来阿拉伯人的关系，正如亚历山大时代以后的希腊文化与原来欧洲希腊人的关系一样。阿拉伯文化不再是纯阿拉伯种人的文化。它曾与一批先已存在的文化如阿萨栖朝的波斯文化和希腊化了的埃及的科普特文化相结合了，波斯和埃及很敏捷地学会了讲阿拉伯语，不过它们仍留有波斯和埃及的特性。

阿拉伯人早期的征服曾使阿拉伯文化同希腊的文学传统有了密切的接触——的确，它接触到的不是希腊原著，而是希腊作者的叙利亚译文。罗马正教以东的基督徒——景教派基督徒，似乎比拜占庭朝廷中的神学家聪明得多，思想也活跃得多，在一般教育上也比说拉丁语的西方基督徒的水平要高得多。他们在萨珊朝晚期曾受过宽容，后来直到11世纪突厥人处支配地位时为止都受到了伊斯兰教的宽容。他们是波斯世界的知识骨干。他们保存了许多希腊医学的科学知识，而且有所增添。在倭马亚朝时代，哈里发境内的大部分医生都是景教徒，无可怀疑地许多有学问的景教徒改信了伊斯兰教并没有任何严重的内疚，在他们的工作和思想上也没有什么重大的改变。他们保存了不少亚里士多德著作的希腊译文和叙利亚译文。他们也有相当多的数学文献。他们的设备使同时代的圣本笃或卡西奥多鲁斯所保存的资料显得可怜地稀少。沙漠中出来的阿拉伯人，头脑新颖，敏锐而好奇，向这些景教徒老师们学习了不少，也对伊斯兰教的教导加以改进，所以学习了不少也收获了不少。许多世纪以来，波斯曾是一个强烈的精细的神学上的纯理论活动的国家。当时这些活动用阿拉伯语句表达出来，成为穆斯林教会走向异端和分裂的过程。什叶派的分裂实质上是波斯的。

但是阿拉伯人可以请到的教师不限于具有希腊学问的波斯人。所有东方各富庶城市处处都散布有同种的犹太人，他们具有本族独特的文学和传统，阿拉伯人和犹太人的头脑就互起作用而共同得益。阿拉伯人得到了知识，犹太人的头脑也磨炼得更加锐利了。犹太人在他们的语言方面从来不是迂腐的学究；我们已经注意到在伊斯兰教之前一千年他们就在希腊化了的亚历山大城说希腊语，这时他们在这个新兴的穆斯林世界到处都说着阿拉伯语，写着阿拉伯文。有些最著名的犹太文献是用阿拉伯文写的，例如迈蒙尼迪的宗教著作便是如此。的确，就这种阿拉伯文化来说，犹太因素在这里是这样的重要而不可少，哪里是犹太人的结尾，哪里是阿拉伯人的开端，就很难分辨了。

此外，阿拉伯人受启发的第三个来源，尤其在数学科学方面，至今还难公平判断的是印度。阿拉伯人的头脑在其全盛时期同梵文文献及印度—波斯自然科学曾有密切而显著的接触是无可置疑的。

阿拉伯头脑的卓越活动在倭马亚朝治下已表现了出来，尽管到阿拔斯朝才达到它最盛的境地。历史是一切健全哲学和一切伟大文学的发端和核心，最初著名的阿拉伯作家都是一些历史家、传记家和带有半史诗性的诗人。随着读者范围的扩大，并以读书为乐，就有传奇小说和短篇小说的出现。每当读书不再是一种特别的造诣，而成了每一个事务家和有教养青年的必需，教育制度和教育文献有系统的成长就会随之而来。到了九十世纪，不但有语法书，而且有巨大词典和大宗关于伊斯兰教文献的语言学。

先于西方约一百年，穆斯林世界里兴起了巴士拉、库法、巴格达和开罗、科尔多瓦等若干中心，开始是清真寺附设的宗教学校发展成了一系列宏大的大学。这些大学的光芒远射到穆斯林世界以外，并吸引了东西方的留学生到这里来学习。尤其在科尔多瓦，有大量的基督徒留学生，阿拉伯哲学经由西班牙传到了巴黎、牛津和北意大利各大学，并且普遍地传到了西欧人的思想中，其影响的确是非常之大的。科尔多瓦的阿韦劳埃斯（伊本—拉西德，1126—1198 年）是阿拉伯哲学对欧洲思想影响达到顶点的杰出人物。他沿着把宗教真理和科学真理截然分开的途径来发展亚里士多德的学说，为把科学研究从基督教和伊斯兰教神学教条的约束下解放出来铺平道路。另一个伟大的人物是阿维森纳（伊本—西拿），即医生之王（980—1037 年），他出生在阿拉伯世界另一端的布哈拉，他也在呼罗珊地区旅行过……在亚历山大、大马士革、开罗和巴格达，抄书业很盛，大约在 970 年科尔多瓦有了为教育贫民而开办的 27 所义学。

撒切尔和施维耳（《欧洲通史》）说：“阿拉伯人的数学是建立在希腊数学家的基础之上的，所谓阿拉伯数字的起源是不清楚的。在狄奥多里希大帝时代，波伊提乌使用过某些符号，这些符号部分地很像我们现在所用的九个数字。”热尔贝的一个学生也使用过更像我们现在沿用的符号；但是据说，9 世纪以前还不知道 0，直到 9 世纪才由一个穆斯林数学家名叫穆罕默德—伊本—穆萨的发明出来，他也是第一个使用十进法的人，他也确定了数字位置的值。不过，许多印度人怀疑这种说法，他们宣称零 (0) 和十进制显然是印度人的贡献。

在几何学上，阿拉伯人对于欧几里得并没有多少增益，而代数却实际上是他们的创造，他们也发展了球面三角学，发明正弦、正切和余切诸线。在物理学上，他们发明了钟摆，产生了光学机件。在天文科学上，他们也有所进步。他们建立了好几座天文台，并制造了许多我们至今仍在使用的天文仪器。他们又计算出了黄赤交角的度数和春分、秋分的岁差。他们的天文知识无疑是很丰富的。

在医学上，他们所取得的进步远远胜过了希腊人。他们研究了生理学和卫生学，他们的药物学实际上与我们今天的相同。许多他们的治疗法我们至今仍在运用。他们的外科医生懂得使用麻醉剂，并且做了有些被认为是最困难的手术。当欧洲教会禁止使用医药而期望教士举行宗教仪式可以治病的时候，阿拉伯人就有了一种真正的医学科学了。

"在化学上，他们取得了一个良好的开端。他们发现了许多新的物质，诸如钾碱、硝酸银、升汞防腐剂、硝酸和硫酸。"酒精（alcohol）是阿拉伯名词，虽然普林尼早在公元100年就知道了这种以"酒之精"为名的物质。"……在制造业方面，他们花样繁多，设计精美，工艺完善，举世无双。他们使用了各种金属——金、银、铜、青铜、铁和钢——来做制作材料。在纺织方面，他们尤其超绝。他们制成的玻璃和陶器品质最为精良。他们掌握了染色的秘密，并能造纸。他们也掌握了多种制革的方法，产品驰名全欧。他们制造了各种酊剂、香精和糖浆。他们从甘蔗炼糖，并酿出了多种多样良酒。他们用科学方法从事耕作，并有很好的灌溉系统。他们懂得肥料的价值，使谷物适宜于土壤的性质。他们在园艺方面尤为擅长，知道如何嫁接，如何出产各色各样水果和鲜花的新品种。他们把多种树木和幼苗从东方引进到西方来，并写出了一些论农业的科学论文。"

以上这段记载中有一项因为在人类知识生活中的重要性而必须在此强调的，就是纸的制造。阿拉伯人懂得造纸大概是经由中亚细亚从中国人学来的。欧洲人又从阿拉伯人学得了这种方法。在那时以前，书籍必须写在羊皮纸或纸草纸上面，到了阿拉伯人征服埃及以后，欧洲就不能再得到纸草纸的供应了。在大量产纸以前，印刷术并没有什么用处，发行报纸和用书籍来推行民众教育都是不可能的。这与整个黑暗时代欧洲的相对落后性有关的事实大概比历史家们愿意承认的要重要得多……

尽管伊斯兰教世界中政治上的紊乱事件层出不穷，但一切精神生活仍在继续前进。阿拉伯人自始至终没有抓住能使国家稳步前进的问题，这问题至今尚未解决；他们的政体到处都是专制的，容易发生骚动、变化、阴谋和暗杀，这是较极端的君主政体所经常表现的特点。但是几百年来在各内廷、各阵营的罪行和抗衡下，伊斯兰教精神的确还保持了某种一般生活上所需要的正派和节制；拜占庭帝国是没有毁坏这个文明的能力的，东北方突厥人的威胁只是很慢地在积聚力量。突厥未入侵时，伊斯兰教的知识生活还在继续。也许他们暗中以为，即使有政治方面的暴虐无理的恐吓，这种生活总还可以继续下去。迄今为止，各国对科学和文学所持有的独特态度就是如此。有知识的人总不愿意去同强有力的人作顽强紧张的斗争。他一般总像个奉承者和随波逐流者。可能他从来没有十分相信过自己。迄今为止，有理智和学识的人总是没有宗教狂热者那种的自信和勇敢。但是近几百年来，无可置疑地他们积累了坚定的信念和增长的自信；他们通过民众教育和民众文学的发展而逐渐发现了掌权的手段，他们今天比从前有理智和学识的人更倾向于直言不讳，并且声称在人类事务组织中要有主要发言权，这是世界史上前所未有的。

9 阿拉伯艺术

穆斯林征服是与新型的建筑有联系的，这种建筑有各种不同的名称，有称萨拉森式的，有称穆罕默德式的，也有称阿拉伯式的。但是真正的阿拉伯人，据加耶说，从来不是一个艺术家。他建筑清真寺、宫殿、坟墓和城市因为他有此必要，但他在被征服的埃及人、叙利亚人和波斯人中间寻找工人和建筑师。波斯的阿拉伯艺术不过是波斯艺术的继续，但在埃及和叙利亚，都出现了一种真正适应新条件的新型而具有特性的建筑和装饰。严格地说，这就是"阿拉伯"艺术。在西方，北非和西班牙，发展一特有的变种以马蹄形拱门为其特点。早在阿拉伯人来此以前，叙利亚和埃及已以尖拱代替了圆拱，背离了拜占庭的式样，并且在放弃模仿型式上远远超过拜占庭艺术。他们正以图案装饰取代了希腊的现实主义，而阿拉伯人的沉思入迷的气质处处都在促进这个过程。关于现存的许多可以代表早期阿拉伯人的绘画，加耶说，"不服从宗教戒律，而出于本性。"在一般生活情况中，且莫说任何文化方面，阿拉伯人对脱光衣服或观看人体表示十分厌恶。以后在阿拉伯艺术的逐渐演变中，装潢从一成不变的动植物样式逐渐过渡到几何图案的交错形式，即"阿拉伯风格的图案"。屋顶和拱顶愈来愈深厚地用宝石镶饰起来，雕空的隔板增多了，甚至外形也变得多面化了。拱顶用圆形的和多边形的柱子盖起来，这些柱子最后像钟乳石一样地下垂。由于这些抑制和提炼，产生了一种新的神秘之美，就像晶体、波纹和那无生物的微妙难解的节奏美一样，是一种与希腊艺术的无限制的自由、极辉煌的粗俗和充满活力完全相反的美。

在我们思想中同这些象征阿拉伯艺术特点的建筑发展有联系的是清真寺的尖塔和球形的圆屋顶，以及上釉的、总是富有装饰性的瓷砖的精巧使用。用美观流利的阿拉伯字把《可兰经》经文和箴言装饰起来，也大量流行。

第三十一章 基督教世界和十字军

1 最衰落期的西方世界

让我们现在再从远古文明摇篮的知识复兴转到西方世界的一些大事。

我们描叙了西方罗马帝国制度的经济、社会和政治的彻底崩溃,随着六七世纪发生的混乱和黑暗,以及像卡西奥多鲁斯等人的努力在这些动荡不安的混乱中保持了人类光焰的照耀。对这时各国各统治者一时要逐一写来是无聊的。大大小

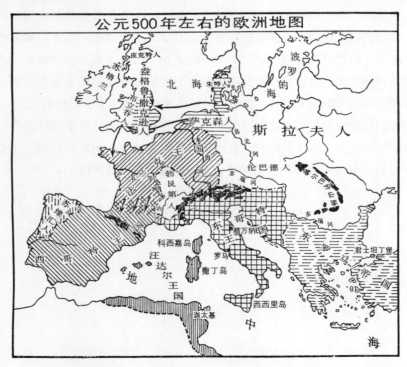

小的冒险家夺取了城堡或农村,并统辖了不确知的地区。例如不列颠诸岛屿被许多统治者分裂了;爱尔兰、苏格兰、威尔士和康沃耳的无数克尔特族首领们互相之间战斗、称雄和屈服;入侵的英吉利人也分为若干消长不定的"王国",如肯特、威塞克斯、埃塞克斯、萨塞克斯、默西亚、诺森伯里亚和东盎格利亚等经常不断地互相打仗。

大部分西方世界都是这样的。这里有个主教作了君主,如格雷哥里一世之在罗马;那里有个城镇或一批城镇受了这个公爵或那个王侯的统治。在罗马城的广大废墟上,还保存了一些半贵族冒险家及其家臣的半独立家庭。教皇在那里保持了一种普遍的优势,但有时"罗马城公爵"的权威又凌驾在他之上。罗马大圆形竞技场已成了私人的堡垒,哈德里安皇帝的大圆形陵墓也被私人所占有;据有这些要塞的冒险家和他们的党徒,在这曾是皇城的荒废街道上互相伏击、殴斗和争吵。哈德里安皇陵在格雷哥里大教皇时期之后以圣安极乐堡、即圣天使堡而闻名,因为当格雷哥里路经台伯河桥前往圣彼得教堂去祈祷以被除正在使该城荒废的大瘟疫时,他看见了一个巨大的天使站在黑暗的大皇陵上面正把宝剑插进鞘中,他就知道他的祈祷必然得到了许诺。这个圣安极乐堡在紊乱时代的罗马事务中起了非常重要的作用。

西班牙同意大利或法兰西或不列颠极其相似,也处在政治上分裂的状态;在西班牙,迦太基人和罗马人的宿仇一直传到他们的子孙后代,即犹太教徒和基督徒的深刻仇恨还在继续。因此当哈里发的权力扫荡了北非沿岸到直布罗陀海峡时,它在西班牙犹太教徒中找到了入侵欧洲的早已准备好的助手。由阿拉伯人和柏柏尔人构成的穆斯林军队越过了海峡,在711年的大战役中打败了西哥特人,柏柏尔人是非洲沙漠和山区腹地游牧的含米特族人,改信了伊斯兰教。几年以后,西班牙全境都被这些穆斯林占据了。

720年,伊斯兰教达到了比利牛斯山,从此的东端推进到了法兰西境内;一时看来,伊斯兰教很可能要征服高卢,就像它征服了西班牙半岛那样容易。但不久它就遇到了难以攻破的一个新兴的法兰克人的王国,这王国已在莱茵兰和北部法兰西团结在一起约二百年了。

这个法兰克王国是法兰西和德意志的先驱。它形成了欧洲西边抵御穆罕默德信仰的屏障,就像托鲁斯山脉后面的拜占庭帝国形成了东边的屏障一样,我们现在对于这个王国有许多要说的;但首先我们必须略述这个王国所由兴起的各社会集团的新制度。

2　封建制度

读者有必要对8世纪西欧的社会状况有一个明确的观念。西欧并不是处在野蛮状态。东欧仍然是粗犷野蛮的，事物进步得并没有超过吉本记述普里斯库斯使团到阿梯拉时所描写的状态（见第二十七章第六节）。但西欧是一种毁坏了的文明，没有法律，没有行政管理，道路破坏，教育解组，可是还有许多具有文明的思想、习惯和传统的人。

这是政局纷乱，盗匪蜂起，罪人不加刑罚和普遍不安的时代。去追溯一些新秩序的开端怎样地从普遍的混战中出现是令人很感兴趣的。近代社会秩序崩溃时，各地大概会成立治安维持会，它将把警察管理和近似的民主统治结合而恢复起来。但在6、7和8世纪西方罗马帝国崩溃时，人们的思想宁愿转向于领导人而不转向于委员会，政务具体化的中心这里是野蛮的酋长，这里是精力旺盛的主教或是残存的希求罗马官职的人，这里是久已公认的地主或古代望族的苗裔，这里也许又是某些强有力的篡权者。没有一个离群索居的人是安全的。

因此，人们被迫必须依附别人，最好是依附比自己强有力的人。无依无靠的人就选择本地区最有势力最活跃的人而去做他的人。自由民或占有小块土地的弱小贵族就依附于势力较大的贵族。大贵族的保护能力（或是他的敌视的威胁）都因每次这种依附人数的增加而变得更大了。因此他们在西罗马帝国溶解在混乱违法的大海中的时候，就很迅速地经历了一次政治结晶的过程。保护者和从属者这些自然的联合和结盟很快地成长为一种制度，即封建制度，俄罗斯以西的每个欧洲共同体的社会结构中还可以找到这种制度的遗迹。不过它的种种表现是极其不相同的。

这个政治结晶的过程很快就选用了它自己特有的种种形式和法律。在高卢这样的国家里，在各蛮族部落作为征服者闯进了罗马帝国以前的那些不安的日子里，这过程已经在进行了。法兰克人进入高卢时带来了一种制度，我们在叙述马其顿时已经谈到了它，这种制度大概已很广泛地分布在诺迪克人中间，即在首领或作战之王的周围聚集一群良好家庭出身的子弟，这些伴随或随战扈从（comitatus）就是他的伯爵或尉官。就侵入的民族来说，一个弱小领主和一个强大领主的关系应当是一个伯爵和他国王的关系，而获胜的首领应将夺得和没收的产业分给他的伴随，这是自然的。在转向封建制度的衰落的罗马帝国方面，发生了为互相保护生命财产而结合的集团观念；在条顿民族方面发生了骑士般的结合，尽忠以及为主人服务等观念。前者是封建制度的经济方面，后者是封建制度的骑士风度方面。

以封建集团的集聚和物体的结晶相比拟，是很切合的，因为历史家注视四五世纪西欧急转旋涡的混乱，他开始看到这些头头、部下和部下的部下金字塔式成长的出现，他们互相排挤，分支，再分解，或再结合。

我们为了方便起见，用"封建制度"一词来称呼它，但是如果说它含有"系统的"意思，那就有些不恰当了。封建制度即使在它最盛时代也绝无系统可言。它是略具组织的混乱。各处流行的很不一致，我们如果在每个领地上发现某种不同的实情或习俗，也不足为怪。盎格鲁—诺曼人的封建制度在11、12世纪达到了逻辑上的完备和实践上的一致，在真正的封建时代里，在这样广阔的领域上还很难在别处找到这样的情况……

真正的封建关系的基础是采邑，通常是土地，但也可以是任何值得想望的东西，如职位、金钱或实物的收入，征收捐税权或开设磨坊权等。承受采邑的人作为报答，就做了他的领主的封臣；他跪在领主面前，把双手放在领主的双手之间，向他宣誓效忠和服役……封臣能保有他的权利和他采邑的所有权全在于他能忠实履行他在举行臣属礼时所承担的各种义务。只要这些义务履行了，他和他的后裔就拥有这采邑作为他的财产，事实上，对于他下面的一切佃户而言他就俨然是所有者。臣属礼和赐封的仪式是封建制度创造性的契约，双方所承担的义务一般说来都不规定严格的条件。它们是根据地方的惯例来决定的……在许多细节方面，封臣的服役在封建世界各不相同的地方有很大的差异。但是，我们可以说，它们分为两类：一般的和特殊的。一般的服役包括所有可以归入忠诚于领主的想法，如为领主谋求利益，保守他的秘密，密告他的敌人的计划，保护他的家庭等。特殊的服役较易作明确的陈述，它们通常按照惯例和有时写成文件加以确切规定。这类服役最典型的莫过于服兵役，它包括应召随军出征，往往按一种规定方式武装起来，服役的时间长短也有规定。它也往往包括守卫领主城堡的任务，以及按照领主防守他采邑的计划守卫自己的城堡……从理论上看，封建制度以这些采邑的网络笼罩欧洲，下自最小的骑士世业，依封建等级逐步升高，上至国王，他是最高的土地所有者，或者说他掌握着神授的王国……（根据第12版《英国百科全书》由G. B.亚当斯教授写的《封建制度》条）

但是这种理论是加于既成事实之上的。封建制度的真实性是它的自觉自愿的合作。

"据说，封建国家是一个私法篡夺了公法地位的国家。"但不如更实在地说，公法失效而消失了，私法乘虚而入填补了真空。公众的任务变成了私人的义务。

3　墨罗温朝的法兰克王国

我们已经提到在罗马帝国废墟当中这个地区或那个地区建立起不同程度的脆弱统治权的各蛮族部落王国，即西班牙的苏维汇王国和西哥特王国，意大利的东哥特王国，以及查士丁尼驱逐了哥特人又在大瘟疫蹂躏了意大利之后继哥特人而兴起的意大利伦巴德王国。

法兰克王国是另一个这样的蛮族强国，它最初在现今的比利时兴起，并向南伸展到卢瓦尔河，但它所发展的国力和团结力远远胜过其他任何蛮族王国。它是从普遍破毁中涌现出来的第一个真正的国家。它最后成为一个广大而生气勃勃的政治实体，从它又衍生出了近代欧洲两大强国，即法国和德意志帝国。它的创建人是克洛维（481—511年），他开始是比利时的一个小王，最后他的南部边境几乎远及比利牛斯山脉。他把国土分给了四个儿子，但即使有这个分割，法兰克人还是保持了统一的传统，有一段时间为了单一的管辖权而引起了阋墙之争，但这只使他们联合起来而没有使他们分裂。可是，由于占领了罗马化的高卢而学会说被征服居民的不纯的拉丁语的西法兰克人拉丁化了，同时莱茵兰的法兰克人仍保留他们的下日耳曼语言，于是产生了一种较为严重的分裂。在文明水平低时语言上的差异就引起政治上的极度紧张。有一百五十年之久，法兰克人的世界分裂为二，即说一种类似拉丁语而最后成为我们现在知道的说法语的法兰西核心——纽斯特里亚，以及仍说日耳曼语的莱茵兰——奥斯特拉西亚。法兰克人与斯瓦比亚人和南部日耳曼人不同，却与盎格鲁—撒克逊人很相近，他们都说一种"下日耳曼语"，而不是说一种"上日耳曼"方言。他们的语言和北德意志语和盎格鲁—撒克逊语相似，是荷兰语和佛兰芒语的直接祖先。事实上，没有拉丁化地方的法兰克人成了佛兰芒人和南部荷兰的"荷兰人"（北部荷兰仍是弗里西亚人，即盎格鲁—撒克逊人）。受拉丁化的法兰克人和勃艮第人在7至11世纪所说的"法语"，从残留在旧文件中的形迹来判断，与瑞士的罗曼语非常相似。

我们不在这里叙述由克洛维建立起的墨罗温王朝的衰落，也不叙述在奥斯特拉西亚某个官居宫相的朝臣如何逐渐变成了事实上的国王而把真正的国王做了傀儡。宫相的职位在7世纪也变成了世袭，687年一个名叫赫里斯塔尔的丕平做了奥斯特拉西亚的宫相，他征服了纽斯特里亚而重新统一了全部法兰克人。721年

查理·马尔泰尔时代大体上属于法兰克王国领土的面积

他的儿子查理·马尔泰尔继承他，仍旧袭用了不高于宫相的称号（他的懦弱无能的墨罗温朝诸王，我们在此全可置之不问）。就是这个查理·马尔泰尔挡住了穆斯林的前进。当他与他们相遇时穆斯林的推进已远达图尔，在图尔和普瓦提埃之间的一次大战役中（732年），他彻底打败了他们，摧毁了他们的士气。自此以后比利牛斯山脉依然是他们最远的边界；穆斯林没有再前进到西欧。

查理·马尔泰尔把他的政权分给了两个儿子，但是有一个儿子谢绝了，进到修道院去，剩下他的兄弟丕平成了唯一的国王。就是这个丕平最后把克洛维的后裔灭绝了。他派遣使者去问教皇谁是法兰克人的真正国王，是掌权的人呢，还是头戴王冠的人；需要人拥护的教皇，就决定赞成宫相。于是丕平在法兰克各贵族会集于墨罗温王朝京都苏瓦松时被选为国王，并行涂油加冕礼。这是在751年。他所统一的法兰西—日耳曼被他的儿子查理曼统治得更加巩固了。直到他的孙子路易（840年）逝世以前，这块国土还是连在一起的。自此以后，法兰西和日耳曼重行分裂，成了人类的大患。并不是因为种族或气质的不同，而是因为语言和传统的不同才使这些法兰克民族分隔开了。

纽斯特里亚和奥斯特拉西亚从前的分立至今仍有着悲惨的后果。1916年纽斯特里亚和奥斯特拉西亚间古老的冲突又一次爆发成了战争。那一年的 8 月，本书著者访问了苏瓦松，走过了安纳河战役后英国人从该镇中心修建到圣梅达尔郊区的一座临时木桥。桥上有保护行人的帆布帘幕免被河曲壕沟中暗射的德国狙击兵看见。他同他的导游们越过了原野，沿着果园的墙前行，在行经果园时一颗德国炮弹爆炸了。他就走到那些古代圣梅达尔修道院遗址上被轰击的房子里去，这是墨罗温朝最后的国王被废黜、继位的矮子丕平被加冕的那座修道院。在这些古屋下面，有几个可作防空洞用的大地窖——因为德军前线距此不超过两三百码。强壮的法国小伙子士兵，正在这些隐蔽处做饭和休息，并躺在曾装过他们的墨罗温诸王尸首的石棺里睡觉。

4　西方各蛮族的基督教化

　　查理·马尔泰尔和丕平国王所统治的各族居民，因地区不同，文明发展水平也随着大不相同。西边和南边的大部分人民是由拉丁化了的信基督教的克尔特人构成；在中心地区，这些统治者不得不与那些多少受基督教化的日耳曼人、法兰克人、勃艮第人和阿勒曼尼人等打交道；东北仍然是一些信异教的弗里西亚人和萨克森人；这以东是由于圣博尼法斯传教活动而新近信奉基督教的巴伐利亚人，再往东又是信异教的斯拉夫人和阿瓦尔人。日耳曼人和斯拉夫人所信的"异教"，与希腊人的原始宗教很相似；那是重视人的宗教，庙宇、祭司和祭祀在宗教中只占很小的地位，它的诸神与人相似，很像"学校级长"一种任性地、不规则地干涉人类事务而较有权威的人物。日耳曼人有与罗马的丘必特相当的奥丁神，与马尔斯相当的托尔神，与维纳斯相当的弗雷亚神，如此等等。在整个七八世纪，这些日耳曼部落和斯拉夫部落中，改信基督教的过程不断地进行着。

　　对说英语的读者会有兴趣的是注意到萨克森人和弗里西亚人中最热心、最成功的传教士都是从英国来的。基督教曾两度传到了英伦三岛。当不列颠是罗马帝国的一部分时已有此教，圣奥尔本斯镇就是以殉道者圣奥尔本而得名的，几乎每一个参观坎特伯里的人也都参观了罗马时代使用过的古老的圣马丁小教堂。我们已经说过，基督教从不列颠传播到了罗马帝国边境以外的爱尔兰——主要的传教士是圣帕特里克——当时掀起了一个有活力的修道院运动，圣科伦巴和艾欧纳的宗教拓居地的名字都与这运动有关。此后在五六世纪，凶猛的信异教的莫吉利人来到了，他们把爱尔兰的早期教会同基督教的主体隔断。到了 7 世纪，北方从爱尔兰和南方从罗马来的基督教传教士们劝化这些英吉利人皈依基督教。格雷哥里大教皇派遣的罗马布道团恰好在6世纪之末到了这里。传说他在罗马奴隶市场上看见了出卖英吉利儿童，虽然很难了解这些儿童是怎样来到这里的，他们的肤色白皙，长得十分好看。当教皇问起时，回答说他们是盎格鲁人。教皇说："要是他们得到了福音，那就不是盎格鲁人而是安琪儿了。"

这布道团在7世纪整个时间都在工作。在这个世纪结束以前，大多数英吉利人都成了基督徒；虽然中部英吉利王国默西亚还顽固地反对这些基督教教士而坚持古代信仰和风习。这些新的皈依者在学问方面有了很快的进步。英格兰北部的诺森伯里亚王国有一些修道院成了光明和学问的中心。塔尔苏斯的狄奥多尔是坎特伯里最早的大主教之一（668—690年）。"当欧洲西部尚完全不懂希腊语时，狄奥多尔的一些学生已能掌握它了。各修道院都有许多极有学问的修士。最著名的是比德，世人称他为可敬的比德（673—735年），他本是太恩河上贾罗修道院的修士。这修道院的六百个修士都是他的弟子，此外还有许多外地来听讲的人。他逐渐精通了当时的一切学问，死时留下了45卷著作，其中最重要的是《英国人的教会史》和《约翰福音》的英文译本。他的著作驰名远近，风行全欧。他认为所有纪年应从基督降生之年算起，通过他的著作，基督纪元的应用就在欧洲通行了。由于诺森伯里亚有大量的修道院和修士，英格兰的那一部分的文明在一个时候比南方先进得多。"（撒切尔和舒维耳，《欧洲通史》）

我们发现七八世纪英国传教士们在法兰克王国的东部边境积极传道。其中主要人物有圣博尼法斯（680—755年），他出生于得文郡的克雷迪敦，劝化了弗里西亚人、绍林吉亚人和黑森人信奉基督教，最后在荷兰殉道。

英格兰和欧洲大陆两地日益强大的统治者都利用基督教作为统一的力量来巩固他们的征服地。基督教成了侵略性首领们的一面旗帜——如在非洲乌干达合并于英帝国以前的血战日子里就是这样的。

丕平死于768年，此后他的两个儿子——查理和他的兄弟平分了他的王国；但在771年查理的兄弟死了，于是查理成了蒸蒸日上的法兰克人的王国的唯一国王（771—814年）。这个查理在历史上以查理大帝或查理曼而闻名，就像亚历山大大帝和尤利乌斯·凯撒一样，后来世人大大地夸张了他的名声。他把他的侵略战争明确地当作宗教战争。今英国、法国、德国、丹麦、挪威和瑞典等所有西北欧洲的世界在9世纪都是新旧信仰之间剧烈冲突的战场。这些国家都是全部在刀剑之下皈依了基督教，就像阿拉伯、中亚细亚和非洲的伊斯兰教，在百来年前曾以武力改变了各国所有人的信仰一样。

查理曼用火与剑来给萨克森人、波希米亚人宣讲基督教的福音，远达多瑙河今匈牙利境内；他把这同一福音带到了亚得里亚海岸，经由这时的达尔马提亚把穆斯林从比利牛斯山脉驱逐到巴塞罗那为止。

此外，就是他还把从威塞克斯流亡来的埃格伯特窝藏在英格兰，并即刻帮助他自立为威塞克斯国王（802年）。埃格伯特就像查理曼征服布列塔尼的布立吞人那样也把康沃耳的布立吞人征服了，并且在他的法兰克庇护人逝世以后他还继续进行了一系列的战争，最后自立为全英格兰的第一个国王（828年）。

但是查理曼对异教最后堡垒的攻击，激起了尚未皈依基督教的人的强烈反应。基督教化了的英国人保持了极少从欧洲大陆带来的航海术，而法兰克人还没有变成海员。因为查理曼的基督教宣传向北海和波罗的海沿岸各地横扫而来，异教徒就被赶到了海上。他们就以对法兰西北岸和信基督教的英格兰进行的掠夺性的袭击和远征来报复基督徒对他们的迫害。

这些异教徒的萨克森人和大陆上的英吉利人以及来自丹麦和挪威他们的同族，在英国史上都是丹人和北欧人。他们也被称为维金人，原意是"海湾人"，因为他们是从斯堪的纳维亚海滨的深湾来的。他们乘黑长的划桨船，很少用帆。我们知道这些异教徒的维金人所进行的战争和侵袭，大半来自基督徒的资料，因此我们知道大量的关于他们入侵的屠杀和暴行，而很少知道经查理曼之手加于他们异教徒同胞——萨克森人的残酷行为。他们对基督教和男女修士极其怀恨。他们喜欢焚毁男女修道院，并屠杀院里的人。

5至9世纪之间的整个时期，这些维金人或北欧人正在学习航海术，变得较为大胆而航行得也较远了。他们在北海冒险直到格陵兰冰封的海岸为止都是他们常到之处，到了9世纪他们在美洲有了居留地（欧洲人一般都不知道这件事）。北欧人在美洲没有永久的居留地。10世纪前后有居住在美洲某部叫做"文兰"地方的意图，但这个地方只呆了两年。有一天，一只满载彩色文身的印第安人的皮制独木舟出现了，这些印第安人给了北欧人以一种十分丑恶的顾客的印象。他们似乎经过了一阵沉默的互相观察，没有做成买卖也没有冲突。新世界盯视着旧世界。后来麻烦发生了，北欧人在人数上被超过，又远离家乡，就收起东西又上船走了。再也没有其他关于北欧人在美洲土壤上的居留地的记载。12世纪，许多关于他们的英雄传奇开始在冰岛被记录下来。他们从勇敢冒险出发来观看世界。他们袭击了海象、熊和鲸鱼。在他们的想象里，南边有一座既像罗马城又像拜占庭城的巨大富庶的城市朦胧地出现。他们称之为"迈克拉加得"（大城——参照冰岛语的迈克拉巴尔"大庄园"）或米克勒加特。米克勒加特的吸引力使得这些北欧人的后裔沿着两条路线南下进入了地中海：一条由西边，另一条从波罗的海越过俄罗斯，我们将在后面叙述它。由俄罗斯路线去的也有同族的瑞典人。

只要查理曼和埃格伯特健在，维金人还只是一些袭击者；但到了9世纪以后，这些袭击就发展成为有组织的入侵了。在英格兰的好几个地区里，基督教的控制还不牢固。尤其是在默西亚，异教徒北欧人能够得到同情和帮助。886年，丹人征服了英格兰相当大的一部分，英国阿尔弗勒德大王和他们的领袖古思朗订约，承认了他们在所征服的地区，即丹人区，有统治权。

稍后在911年，另一支远征队在罗尔夫·甘杰率领下定居于法兰西海岸某地区，以后这地区就以诺曼底（即北欧人之地）而闻名。

但是英格兰怎样不久又被丹人征服，诺曼底公怎样最终成为英格兰国王，我们不能详述了。盎格鲁人、撒克逊人、朱特人、丹人或诺曼人之间种族的和社会的差别很小，尽管这些变化在英吉利人的想象中显得突出，但我们如果用更大的

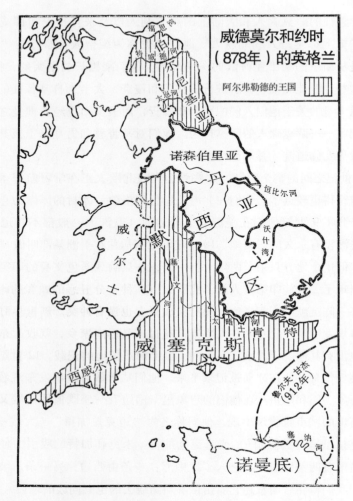

世界标准来衡量这些变化，它们的确只是历史长流中的几道波纹而已。

基督教和异教之间的争端不久就在斗争中消失了。按照威德莫尔条约，丹人以确保他们征服之地为条件而同意受洗；诺曼底的罗尔夫后裔不仅基督教化了，而且还从他们周围有较高文化的人民学会了说法语，而忘却了他们自己的古代斯堪的纳维亚语。在人类史上有更大意义的是查理曼同他的东方邻居的关系以及他和帝国传统的关系。

5 查理曼成为西方的皇帝

罗马凯撒的传统通过查理曼在欧洲复苏了。罗马帝国已经灭亡腐朽，拜占庭帝国也已衰落不堪，但是欧洲的教育和智力降低到了使新的创造性的政治思想几乎不可能产生的水平。在整个欧洲，我们发现公元前5世纪时雅典文学中那种思索的活力丝毫都不存在了，已没有能力去要求一种新的机会或构想出、组织一种新颖的政治方法。

正式的基督教久已窒息而习惯于无视这个宗教所由兴起的拿撒勒人耶稣那些奇异的教训。顽固地把持着大教长尊号的罗马教会，久已放弃了指定的实现天国的任务。它念念不忘恢复罗马在大地上的盛世，认为这是它应袭的遗产。教会已成了一个政治团体，利用愚民的信仰和需要来促进它的计划的实现。它墨守罗马帝国的传统，坚持罗马传统是欧洲统一的自然方法的思想。欧洲经过了一联串的恢复罗马传统的尝试以后，竟趋于无味的模仿而使过去各种错误看法的失败再次出现。

从查理曼起，这个世系的"皇帝们"和"凯撒们"，就像神志不清的人心中的幻想那样在欧洲史中出没隐现了11个世纪。我们不得不叙述欧洲智力发展、眼界扩大和权力增长的一大过程，但这过程是独自地、与当时各种政体无关地进行了下去，直到这些政体最后统统粉碎为止。欧洲从查理曼开始，直到1914—1918年的惨痛流血才告结束，在模仿罗马诸帝的11个世纪之间，很像一家繁忙的工厂为一个梦游者所拥有那样，他有时是无足轻重的，有时却因为他的妨碍而酿成大祸。也可以说，他还不是一个梦游者，而是一具靠着魔术而装作生动的僵尸。罗马帝国摇摆、躺下，被推出历史舞台，而再现在舞台上——如果我们可以把这个形象推进一步的话——那么扮演魔术师角色而维持这具尸体活着的就是罗马教会。

在这整个时期，宗教首领和各世俗首领之间总为控制这具尸体而进行斗争。我们已注意到圣奥古斯丁的《上帝之城》的精神。我们知道那是一本查理曼念过的书，或者由别人念给他听过的书——因为他的文学造诣是很成问题的。他认为这个基督教帝国应由像他这样的伟大的皇帝来统治而维持正统观念。他甚至要统治教皇。

但罗马对这复兴的帝国所持的观点稍有不同。那里所持的观点是基督教皇帝必须由教皇施以涂油礼并听他的指导——教皇甚至有权开除皇帝出教，也可以废黜皇帝。即使在查理曼时代，这个观点的分歧也是显著的。到了以后的几个世纪，这个分歧就变得尖锐了。

复兴的帝国的想法在查理曼心中只是很逐渐地产生的。最初他仅仅是继承他父亲的法兰克人之王国的统治者，他的才能完全消耗在同萨克森人和巴伐利亚人的斗争，同他们东边的斯拉夫人的斗争，同西班牙的穆斯林的斗争，以及同他自己版图内的各种暴动的斗争上。他和他的岳父——伦巴底王争吵的结果，使他征服了伦巴底和北意大利，我们看到了 570 年左右北意大利经过大瘟疫和查士丁尼推翻东哥特诸王之后，伦巴德人即在那里建国。这些伦巴德人对教皇总是一种威胁和恐惧，并且在丕平时代教皇和法兰克国王之间曾结成同盟来反对他们。这时查理曼完全征服了伦巴底（774 年），把他的岳父送进了一个修道院，并且在 776 年他又越过了今意大利东北边界征服了达尔马提亚。781 年他使他的儿子名叫丕平的在罗马加冕为意大利王，这个丕平比他父亲先死。

795 年有个新教皇利奥三世，他似乎从一开始就有意立查理曼为皇帝。在此以前拜占庭的朝廷曾握有某种不明确的超过教皇的权力。强有力的皇帝像查士丁尼，曾威吓过教皇而强迫他们来到君士坦丁堡；而软弱的皇帝们则徒劳地触怒了他们。在拉特兰宫（拉特兰是罗马诸教皇较早的宫殿。以后他们住在梵蒂冈），早就有了在政治上和在宗教上都同君士坦丁堡分裂的想法，如果要向君士坦丁堡挑战，法兰克的国力似乎正是必不可少的援助。

因此利奥三世继任教皇时就把圣彼得墓的钥匙和一面旗帜送给了查理曼，作为意大利王有统治罗马城主权的象征。教皇很快地不得不求他所选择的人的保护。他在罗马不得人心；一次在街上巡行时他受到了攻击和非礼的待遇，被迫逃到了日耳曼（799 年）。爱因哈德说他的双眼被挖了出来，他的舌头被割掉了；可是，一年以后他似乎又有了眼睛和舌头。查理曼把他带了回去，恢复了他的职位（800 年）。

此后出现了一个很重要的场面。800 年圣诞节日，当查理在圣彼得教堂祷告后起立时，早已准备好了的教皇，把一顶皇冠加在他的头上，并欢呼他为凯撒和奥古斯都。教堂里掌声雷动。但查理曼的朋友和作传人爱因哈德，说新皇帝并没有因教皇利奥的这个妙计而感到高兴。如果他早知道会发生这件事的话，他说，"尽管那天是伟大的节日，他也不会进入教堂的。"他无疑曾想到也谈到自立为帝的事，但他显然不愿意教皇立他为帝。他曾有意和当时统治君士坦丁堡的女皇艾琳结婚，因此而成为东西罗马两帝国的君主。这时他不得不接受利奥三世所采用的作为教皇赠帝号的方式，这在某种程度上疏远了君士坦丁堡而确保了罗马从拜占庭教会分立出来。起初拜占庭是不愿承认查理曼的帝号的，但到了 811 年拜占庭遇到了一场大灾难。异教的保加利亚人在克鲁姆王公（802—815 年）率领下打败并粉碎了奈塞福拉斯皇帝的军队，他的头颅做了克鲁姆的酒杯。大部分巴尔干半岛都被这些保加利亚人征服了（这样保加利亚人的和英国的各民族几乎同时建成为政治上的统一体）。经过这次的不幸事件以后，拜占庭就不能抵抗这个西罗马帝国的复兴了，812 年拜占庭的使臣正式承认查理曼为皇帝和奥古斯都。

因此，曾在476年亡于奥多阿克尔手中的罗马帝国，到了800年又作为"神圣罗马帝国"兴起了。它的物质力量是在阿尔卑斯山以北，而它思想的中心却在罗马。所以它从一开始就是一种权力不稳定的分裂物，一种要求和论据，而不是一种必要的现实。日耳曼人的刀剑之声经常越过阿尔卑斯山而进入意大利，而意大利的布道团和教皇的使节则沿相反的方向北行。但是日耳曼人从来不能永久占据意大利，因为他们受不了那残破失修、秽水污积的地方所滋生的疟疾。至于罗马，也像意大利的其他好几个城市一样，那里潜伏着一种更为古老的传统，即贵族共和的传统，对皇帝和教皇两者都是敌视的。

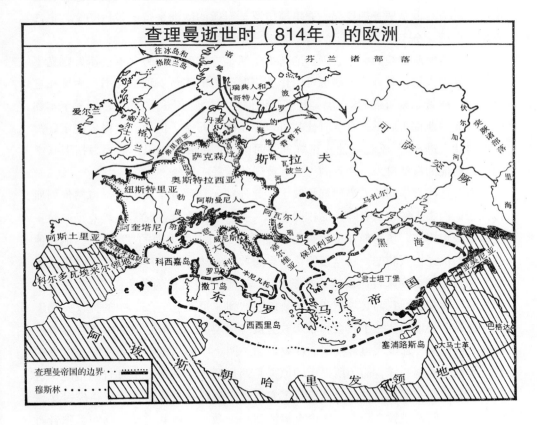

6 查理曼其人

尽管查理曼有他的同时代人爱因哈德（爱因哈德的《查理大帝传》）为他作传，而他的性格和为人却是难以想象的。爱因哈德没有生动的描写；他谈到了许多细节，但不是那使一个人物在记载里活现出来的细节。他说，查理曼身材很高，声音微弱，有一副明亮的眼睛和一个长鼻子。"他的头顶是圆的"，不管这句话是什么意思，而他的头发是"白"的。他的脖子粗而短，"他的肚子太大了。"他穿一件镶银边罗马式长袍，穿着有吊袜带的长袜。他有一件蓝色外衣，经常佩剑，剑柄和剑带都是金银制的。

他显然是一个很活跃的人——可以想见他行动的敏捷——他的许多风流韵事并没有妨碍他接连不断的军事工作和政治工作。他有数不清的妻子和情妇。他经常锻炼身体，喜爱盛大集会和宗教仪礼，施与上也很慷慨。他是一个活动方面很多而思想上的进取心也很大的人，他有一种很使人联想起前德皇威廉二世那种自信心。威廉二世是从查理曼起一连串模仿罗马凯撒的欧洲皇帝的最后一个，也许永远是最后一个了。

爱因哈德所记载的关于查理曼的精神生活是有趣的，因为它不仅使人瞥见了一个奇异的人物，而且这人物也可以作为当时智力的实例。他会念书；大概在进食时他"听音乐或听诵读"，但是我们听说他没有学会书写："他经常把写字本和写字板放在他枕头底下，有空时他就可以用于练习写字，但他开始得太晚了，没有取得什么进步。"不过，他真正尊重学问，也真正渴求知识，他竭力招引有学问的人到他的宫廷里来。来到的人中有英国的学者阿尔琴。

所有这些有学问的人当然都是教士，此外别无其他有学问的人，自然他们所传授给他们主人的知识有强烈的牧师色彩。查理曼的宫廷平常是在埃克斯—拉—夏佩累或美因兹，冬季他在那里设立一个稀奇的机关称为他的"学校"，他和他的博学的伙伴们假装把一切世俗职位的思想放在一边，采取从经典作家或从《圣经》中所用的名字来自命以谈论神学和文学。查理曼自称为"大卫"。他发展了大量的神学知识，我们必须把和圣子一语增加到"尼西亚信条"中的提议归功于他，这几字的增加使拉丁教会和希腊教会最终分裂为二。但是他心中是否存有这样分裂的想法，那就大可怀疑了。他要增加一两个字到信条中正如威廉二世皇帝要写歌剧和绘画一样，而他所采用的原来是西班牙的革新语。不过直到很晚，这句话才被采用；利奥教皇慎重地反对了它。当它最终被采取时，大概是经过深思熟虑，存心同希腊教会分裂。这论点牵涉到一个微妙而极其重要的问题，作者对它不能提出任何意见。拉丁基督教世界相信圣灵是从圣父和圣子而来；希腊和东方基督教徒，则相信圣灵是从圣父而来，没有提到圣子。后者的态度似乎有点倾向于阿里乌斯教派的观点。关于查理曼帝国的体制，这里很少可谈的。他太过于好动和忙碌，没有来得及考虑他的继承人的品质或政治安定的情况，在这个关系上最值得注意的一桩事是他特别训练他的儿子和继承人——虔诚者路易（814—

840年），去从祭坛取下皇冠而自行加冕。但虔诚者路易是太虔诚了，当教皇提出反对时，他就不能坚守他父亲的遗训了。

查理曼的立法极受阅读《圣经》的渲染；他日积月累，很熟悉《圣经》；他被加冕为帝以后，曾要求每个12岁以上的男性臣民重新向他宣誓效忠，保证不但要做一个善良的臣民而且要做一个善良的基督徒，这足以表示他的特性。凡拒绝受洗和受洗后反悔的都以死刑论罪。

他做了大量奖励建筑的事，并聘请了许多意大利建筑师，主要是来自腊万纳的建筑师。至今到莱茵兰游览的人，还能高兴地看到沃尔姆斯和科隆等处还存在着许多令人愉快的建筑，我们要感谢这些建筑师。他也做了不少发展罗马式的建筑的事，我们将在下一节描写。他创建了许多大礼拜堂和修士学校，竭力赞助古典拉丁语的研究，并且是教堂音乐的出色爱好者。他能不能说拉丁语和懂不懂希腊语，至今还有争论；很可能他会说法兰西—拉丁语。不过，法兰克语是他惯用的语言。他搜集了若干古代日耳曼的歌谣和故事，但是因为这些不是基督徒作品，所以都被他的继承人虔诚者路易毁坏了。

他曾同巴格达的阿拔斯朝哈里发讨论—阿尔—拉西德通过音信，这个穆斯林首领也许并没有因为他严厉地处置了西班牙的倭马亚朝阿拉伯人而与他失和。吉本推测这种"公开的通信是出自虚荣心"，并且"他们相距遥远，无利害竞争可言"。但是由于东方有拜占庭帝国介于两者之间，西方有西班牙独立的哈里发政权，而大平原的突厥人又成为双方的共同威胁，他们有这三种极好的理由携起手来。吉本说，讨论—阿尔—拉西德遣使送给查理曼一个华丽的帐篷、一座水钟、一头象和几把圣墓的钥匙。这最后一项礼物暗示查理曼在某种程度上被萨拉森君主看作他版图以内那些基督徒和基督徒财产的保护人。有些历史家明确地声称为这事订立了一个条约。

7 罗马式的建筑和艺术

当东方罗马帝国华美地对称和定形的建筑，如巴尔米拉和巴勒贝克的建筑正在基督教影响之下迅速而深刻地改变为僵硬、超凡的拜占庭风格的富丽时，西方也正经历着类似的情形，但不是完全平行的发展。"罗马式"这个名称现已扩展到了各式各样的建筑，它显示一种共同的特性，因为它们来自罗马传统，由于世界的普遍穷困而被减弱和限制了，但它处处也证明了新的种族影响和新的社会需要。到处不再修筑什么圆形露天剧场、大型高架水管桥、凯旋拱门和种种神庙了。修筑起来的是圆形或方形坚固的要塞和城堡、教堂和楼塔。这时楼塔初次成为欧洲重要的建筑。建筑升高了。前此我们只注意到了美索不达米亚的楼塔。埃及和希腊罗马世界的建筑物并没有试图耸入天空。在希腊罗马的堡垒里，在中国的万里长城上，有作为防御工事部分的楼塔，但在公元以前可提到的几乎就是这些了。后来有了一个被匈奴人、阿拉伯人和各种各类海盗袭击的世界——我们将在另一节谈到北欧人、萨拉森人和匈牙利人——楼塔才成为一种需要。新的聚众礼拜的教堂是另一种需要，两者自然地出现在一起。

基督教和伊斯兰教都是有新的经书和思想的宗教：它们都企图达到每一个人的内心。人们必须集合在一个礼拜堂和奉献的地方；他们必须被提醒祷告和信仰。因此伊斯兰教的建筑萌茁了它的最美丽的花朵，即清真寺的尖塔，人们可以从它那里得到召唤和鼓励。基督教也不能再用旧时窄小黑暗的神庙来举行礼拜了；各教堂必须修筑得宽大一些来容纳乡间所有的信徒。人们必须借钟楼的召唤而集合起来。皇家寺庙的类型被废除了，宽敞建筑的需要使基督教建筑师转到罗马法庭式长方形大会堂的模型。

限于篇幅，我们不可能追述"罗马式"建筑在各地的很大变化，如它渐渐沉没在东方拜占庭艺术之中，又为诺曼人、萨克森人和法兰克人所修改。但是查理曼时代的安定局面把在他保护下的西欧各种艺术力量集合在一起，像埃克斯—拉—夏佩累大教堂这类的建筑物，罗马式风格达到了它最独特的表现。

同样的，西欧在不安的年代，我们所见到的拜占庭和阿拉伯艺术中的模仿现实性消失了，但不很彻底，雕刻师能够刻出的人或野兽生气勃勃的姿势再也不能在印度以西的地球上找到了。绘画曾在修道院里避难。希腊罗马帝国的书籍装潢曾达到很高的水平，以后也从来没有完全消亡。基督徒修士们的来来往往把它保存了下来，并且由于方法和思想的交流使它焕然一新。爱尔兰各修道院早在7世纪就在产生极其美丽的手抄本。《凯尔斯书》，即都柏林三一学院所保存的一份《福音》抄本，就是属于这个年代的。克尔特人的作品和早期阿拉伯人的作品在装潢上抑制生动形态是十分相似的。它的颜色和图案是惊人的，它的图画却很无聊。在查理曼宫廷的艺术复兴中，克尔特人的影响和古典的、拜占庭的影响混合在一起。那里的彩饰手写本以金玫瑰装饰而达到了最漂亮的水平。

在一些英国人和诺曼人的作品中，顽强地出现了写生和素描的意向，又很快就放弃了而转到微型绘画。但是因为艺术精力分散到别的手段上，手抄本装潢的逐渐颓废和其中首创精神的消失，只在12、13世纪才引起了注意。

8 法兰西人和德意志人的分立

查理曼帝国到了他的儿子和继承人虔诚者路易死时便告结束，它又分裂为若干主要组成部分。高卢的拉丁化了的克尔特居民和法兰克居民这时开始被认为是法兰西，尽管这个法兰西分裂为若干公爵领地和伯爵领地，经常只是名义上的统一；莱茵河与其东的斯拉夫人之间说日耳曼语的各族也开始发展成为德意志，比法兰西更显得支离破碎。最后当一个皇帝在西欧再度出现时（962年），他不是法兰克人，而是萨克森人；德意志境内的被征服者做了主人。

这里我们看到欧洲一种新的政治集合体的第一个暗示，即我们现在所谓民族主义开始出现了。这就像在帝国秩序破坏之后从完全混乱的大杂烩中分离出来，而又开始结晶化的过程一样。

9、10世纪的种种事件如联盟、诡计、要求和夺取等，这里要详细追述是不

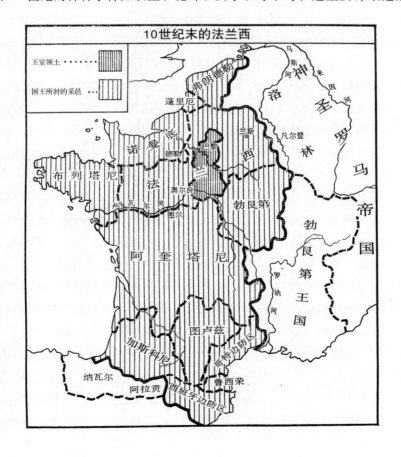

可能的。处处都没有法纪，都是战争，都在争夺权力。987年，名义上的法兰西王国从卡罗林朝——查理曼最末后裔的手里传到建立新王朝的休·卡佩的手里。大部分自称为他的下属的事实上都是独立的，并且往往因极小的刺激就会向国王宣战。例如，诺曼底公的领土比休·卡佩的世袭财产更为广大，更有势力。在国王行使名义上的威权的这个法兰西里，几乎唯一的统一，就是它的各大行省都有共同抵抗合并于任何德意志统治者或教皇所管辖的帝国的决心。除了由那种共同意志所指示的简单组织以外，法兰西是一些事实上独立的贵族的镶嵌体。这是全欧洲到处建堡设防和所谓遍地"私战"的时代。

10世纪罗马的情况几乎是难以形容的。查理曼帝国的衰落使得教皇失掉了保护人而受到了拜占庭和萨拉森人（他们已占领西西里）的威胁，并面对着罗马的一些专横贵族。其中最有势力的是狄奥多拉和玛罗齐阿母女二人（吉本提到玛罗齐阿的姐妹，也叫狄奥多拉），她们相继据有圣安极乐堡（见第一节），狄奥多拉的贵族丈夫狄奥菲拉克特夺取了这个城堡连同教皇的大部分世俗权力。这两个女人大胆、放肆而荒淫，与当时任何男性王侯所作所为不相上下，她们被历史家毁骂得仿佛她们的坏处十倍于男性王侯。玛罗齐阿逮捕了教皇约翰十世，把他囚禁了起来（928年），约翰十世很快地就死在她的看管之下。她的母亲狄奥多拉曾是约翰十世的情妇。玛罗齐阿后来把她的私生子以约翰十一的称号立为教皇。

继约翰十一之后登上圣彼得座位的是玛罗齐阿的孙子约翰十二。吉本对于约翰十二举止品行的记述，最终是放在拉丁文脚注里隐约掩盖起来的。这个教皇约翰十二，最后在新的德意志皇帝奥托962年越过阿尔卑斯山到意大利去行加冕礼时被贬黜了。

由此而显著的新萨克森系诸帝，起源于一个捕鸟者亨利，他在919年被德意志贵族、王侯和主教的大会推选为德意志国王。936年他又由他的儿子奥托一世继承，别号奥托大帝。这个大帝和他父亲一样，也被选为埃克斯—拉—夏佩累的继承人，最后受到了约翰十二的邀请，962年到罗马去加冕为帝。他后来因为约翰的背叛不得已把这个教皇废黜了。奥托一世虽俨有皇帝的尊严，但并没有制服罗马，只是把昔日教皇和皇帝夺占优势的争斗恢复到稍具体面和庄严而已。继奥托一世的是奥托二世（973—983年），再后是奥托三世（983—1002年）。

这里我们可以记下，在中世纪早期有三个朝代的皇帝：一为萨克森朝，从奥托一世（962年）到亨利二世，1024年终结；二为撒利安朝，从康拉德二世到亨利五世，约在1125年终结；三为霍亨施陶芬朝，从康拉德三世到弗里德里希二世，1250年终结。霍亨施陶芬诸帝原是斯瓦比亚人。然后是哈布斯堡诸帝，以

1273年鲁道夫一世开始，持续到1918年为止。这里我们虽说的是几个朝代，但是每次皇帝登位时都有选举的虚饰。

皇帝和教皇之间为夺取神圣罗马帝国的优势地位的争斗在中世纪早期历史中占了一大部分，我们现在必须概述这场争斗的一些主要局面。虽然教会从没有再堕落到约翰十二的程度，但历史因经过巨大的暴力、混乱和阴谋等局面而起伏不定。

可是基督教世界表面的历史并不是基督教全部的历史。拉特兰宫和同时代的其他必须记载下来的大多数宫廷一样，是狡猾、愚暗和犯罪的；但是，如果我们要在本书中保持这段历史的应有比例，就一定不要过分强调了。我们必须记住经过那些时代留下深刻的后果，却没有在历史家的篇幅中留下显著的记载。无数男男女女受了一直存在的而且还活在基督教核心的耶稣圣灵的感动，使他们过着大体上仁慈而有益的生活，做了许多无私而虔诚的事。经过那些时代，这种生活涤荡了空气，使一个较好的世界成为可能。正如穆斯林世界的伊斯兰教圣灵一样，世世代代产生了勇敢、正直和仁慈的果实。

9　诺曼人、萨拉森人、匈牙利人和塞尔柱突厥人

当神圣罗马帝国和英国、法国这样地在西欧文明的极端政治分裂中出现的时候，西欧文明和拜占庭帝国正在受到三重的攻击：即来自萨拉森强敌的攻击，来自北欧人的攻击，以及来自突厥各民族的攻击。这些突厥民族的发展较为缓慢，而在三者之中最为可怕，他们是从中亚细亚，经南俄罗斯，也经亚美尼亚和巴格达帝国而来，是一次新的向西挺进。

倭马亚朝被阿拔斯朝推翻以后，萨拉森人冲击欧洲的实力削弱了。伊斯兰教不再是个统一体，因为西班牙受了一个分立的倭马亚朝哈里发的统治；北非，名义上隶属于阿拔斯朝，实际上却是独立的；不久（699年）埃及拥有自己的一个什叶派哈里发而成为分立的政权，这个哈里发冒充为阿里和法蒂玛的后裔（即法蒂玛哈里发政权）。这些埃及的法蒂玛哈里发，即绿旗的穆斯林，比起阿拔斯哈里发来说是狂热的信徒，并作了很多有损于伊斯兰教和基督教友好关系的事。他们占领了耶路撒冷，干扰基督徒出入圣墓。在缩小了的阿拔斯领土那一方面，波斯也有一个什叶派王国。9世纪萨拉森人的主要征服地是西西里，但这并不是在一二年内用昔日长驱直入的方式来侵扰的，而是经过长达百年之久、多次的挫折，最后才把它征服的。西班牙的萨拉森人和来自北非的萨拉森人在西西里发生了争执。在西班牙，萨拉森人在基督教努力复兴以前正在退却。虽然如此，但拜占庭帝国和西方基督教世界在地中海方面仍然那么衰弱，使得来自北非的萨拉森侵略者和海盗能够所向无敌地蹂躏了南意大利和希腊群岛。

不过这时一种新的势力正在地中海出现，我们已经提到罗马帝国的版图从来没有扩展到波罗的海沿岸，也从来没有把活力推进到丹麦以内。这些蛮荒地区的诺迪克雅利安各族从一直不能驯服他们的罗马帝国学到了不少东西；如我们已经谈到的，他们发展了造船术并成为勇敢的水手；他们越北海西行，越波罗的海沿俄罗斯诸河上游而进到现在俄罗斯的腹地。他们在俄罗斯的最早居留地之一是大

诺夫哥罗德。

学历史的人对于这些北方部落如古典时代的斯基台人、东亚和中亚的匈奴种突厥各族，会感到同样困难和混乱。他们以多种多样的名称出现，常有变化和混合。例如就不列颠来说，盎格鲁人、撒克逊人和朱特人在五六世纪征服了今英格兰的大部分；实际上同一民族的第二次移动是丹人接着在八九世纪的入侵；然后在1016年号称卡纽特大王的丹麦国王，统治了英格兰，他不仅统治了英格兰，而且还统治了丹麦和挪威。他的臣民航行到了冰岛、格陵兰岛，也许还到了美洲大陆。在卡纽特和他几个儿子的时代，北欧人一时几乎有建立一个大联盟的可能。

然后在1066年，同一民族的第三次移动从法兰西的"诺曼"公国涌进英格兰，从鲁尔夫·甘杰（911年）的日子起北欧人即曾在那里定居，并学会了说法语。诺曼底公威廉于是成为英国史上的征服者威廉（1066年）。

就世界史的观点看来，所有这些民族实际上都是同一个民族，是诺迪克种族的几次移动。这些移动不仅向西，而且也向东。我们记述了这些同种诸族很有趣的更早一次移动，是以哥特人的名义从波罗的海移至黑海的。我们追溯了这些哥特人分裂为东哥特人和西哥特人，他们冒险的流浪最后以在意大利建立东哥特王国、在西班牙建立西哥特各国而告结束。9世纪，北欧人越过俄罗斯的第二次移动正在进行的同时，他们在英格兰的永久居留地和诺曼底公国也开始建立。

南苏格兰、英格兰、东爱尔兰、弗朗德勒、诺曼底和俄罗斯等地的居民所具有的共同成分比我们惯常认识到的要多一些。他们基本上都是哥特族和诺迪克族人。俄国人和英国人的亲属关系，在他们的度量衡方面也可以看得出来：两国人都用斯堪的纳维亚人的英尺英寸，英格兰许多早期的诺曼式教堂表明是用萨真尺（合七英尺）和1/4萨真尺为尺度来建筑的，斯堪的纳维亚人的尺度在俄罗斯仍在使用。这些"俄罗斯"斯堪的纳维亚人夏天利用俄罗斯很多河道旅行；他们用水陆联运法把船从向北流的河运送到向南流的河。他们以海盗袭击者和商人的面目出现在里海和黑海之上。阿拉伯编年史家注意到里海上他们的怪影，就称他们为俄罗斯人。他们袭击了波斯，并用小船组成一支大舰队威胁了君士坦丁堡（865年，904年，941年和1043年）。（这些纪年都来自吉本。比兹利的《俄国史》（克拉伦顿出版社）说是865年，904—907年，935年，944年，971—972年）

有一个名留里克的北欧人（约850年）自立为诺夫哥罗德的统治者，他的继承人奥列格公取得了基辅而奠定了近代俄罗斯的基础。这些俄罗斯维金人的战斗能力很快就为君士坦丁堡所重视；希腊人称他们为瓦兰吉亚人，于是成立了一支帝国瓦兰吉亚禁卫军。诺曼人征服了英格兰（1066年）以后，许多丹麦人和英格兰人被驱逐出境而加入了这些俄罗斯瓦兰吉亚人，显然在他们的语言和习惯的交往上没有感到多少障碍。

同时，诺曼底的诺曼人也从西边找到了进入地中海的路。他们起初作为雇佣兵而来，稍后就作为独立的入侵者而来；应当注意，他们并不是主要从海上来的，而是分散成小队由陆路来的。他们经由莱茵兰和意大利，部分地为了追求战争的职业和战利品，部分地作为朝圣者。因为在9、10世纪圣地朝拜有了很大的发展。

当这些诺曼人日益强盛时，他们发现自己是这样的一些贪得无厌而精力旺盛的强盗，使得东罗马皇帝和教皇结成了微弱而无效的同盟来反抗他们（1053年）。他们打败并俘虏了教皇，后来教皇又宽恕了他们；他们据有了卡拉布里亚和南意大利，从萨拉森人手里征服了西西里（1066—1090年），在罗伯特·奎斯卡德时代，竟威胁了拜占庭帝国本身（1081年）。这个诺曼人曾作为旅行冒险家进入了意大利，在卡拉布里亚开始他的强盗生涯。他的军队中包括一支西西里的穆斯林分遣队，从布林的西越海到埃皮鲁斯，正与13个世纪以前（公元前273年）皮洛士曾越海攻打罗马共和国的方向相反。他包围了拜占庭的都拉索要塞。

罗伯特虽攻占了都拉索（1082年），但因意大利国内的紧迫事务而被召回，卒使诺曼人第一次向拜占庭帝国的进攻终止了，而为比较强劲的科穆宁王朝的统治开辟了道路。

在意大利，国内冲突过于复杂，我们无从在此叙述。罗伯特·奎斯卡德最后围攻了罗马并大肆洗劫（1084年）；反对基督教的吉本以平静满意的心情记下了在劫掠者中出现的那支西西里穆斯林分遣队。12世纪拜占庭又遭到了诺曼人其他三次的进攻，一次是出于罗伯特·奎斯卡德的儿子，另有两次是从西西里直接渡海而来的……

但既不是萨拉森人，也不是诺曼人那样十分沉重地打击了拜占庭古老的帝国，或针对由西罗马帝国修补而成的神圣罗马帝国，打击得沉重的是从中亚细亚图兰游牧民诸中心西来的两路入侵。关于这两路入侵，我们现在必须加以叙述。

我们已经讲过阿瓦尔人和跟随他们足迹而来的突厥族马札尔人的向西移徙。从丕平一世的年代起，法兰克政权和在日耳曼的法兰克继承者都同这些沿全部东方边疆的东方入侵者相冲突。查理曼挡住并惩罚了他们，而且向东远至喀尔巴阡山脉建立了一种大君主的威权；但是在他死后国势渐衰，这些民族多少混合在今匈牙利人的名义之下，由马札尔人率领，又恢复了他们的完全自由。年年外出劫掠，往往远达莱茵河。吉本说，他们摧毁了瑞士的圣高尔修道院和不来梅市镇。他们大举劫掠的时期是在900年至950年之间。他们最大的一次劫掠是938年至939年，经过德意志直入法兰西，从那里越过阿尔卑斯山取道北意大利重回故地。这些人在外面是强盗，在故乡却有很大的自由。据说他们在10世纪已有了一种传统的政治组织。

我们已经讲过，保加利亚人受到了这些骚扰和其他即将谈到的骚扰的逼迫，向南推进，由克鲁姆率领，在多瑙河与君士坦丁堡之间定居了下来。保加利亚人本属突厥民族，自从他们初次出现在俄罗斯以东之后，由于一再混合，在种族和语言上几乎都完全变成了斯拉夫人。他们在保加利亚定居以后的一个时期仍然是异教徒。他们的国王波里斯（852—884年）接待了穆斯林使者，似乎已打算皈依伊斯兰教，但最后他娶了一个拜占庭公主，把他自己和他的人民一同交给了基督教。

匈牙利人在10世纪受了德意志选侯捕鸟者亨利和第一个萨克森皇帝奥托一世的打击，对西方文明有了一定的重视。但他们直到公元1000年左右才决定接受基督教。尽管他们已基督教化了，但直到今天仍保持他们自己的突厥—芬兰语（马札尔语）。他们也在强加于他们的君主政体之下保持了一定的自由。他们的成文宪法《金印》从1222年开始，是东欧的宪法，可与英国限制绝对王权的《大宪章》相比。马札尔人的第一个国王斯蒂芬王在正式接受了基督教的时候约定说，匈牙利与波希米亚和波兰不同，不应合并于神圣罗马帝国。

但是，保加利亚人和匈牙利人并不能填满一切突厥推进者横越南俄罗斯而向西迁移的各民族的名册。在匈牙利人和保加利亚人推进的后面，还有可萨人，一个突厥民族，他们同君士坦丁堡逐出来的相当大一部分犹太人混合在一起，这些犹太人同他们混合时又使许多人改信了犹太教。犹太人在波兰和俄罗斯能有一些大的根据地，应当归功于这些改信犹太教的可萨突厥人。继可萨突厥人之后而凌驾于他们之上的是佩彻涅格人（或帕策纳克人），他们在9世纪才第一次以一种未开化的突厥族人闻名，他们像5个世纪前同族的匈奴人一样，注定是要涣散和消失的。

虽然所有这些民族的趋势都是向西，但当我们想到目前这些南俄罗斯地区的居民时，我们也必须记住在波罗的海和黑海之间来来往往的北欧人，同这些突厥移民像经纬般交织在一起，也还要牢记有相当多的说斯拉夫语的居民，即斯基台人和萨尔马提亚人等的继承者和后裔，已在这些不安定、无法纪而肥沃的区域定居了下来。所有这些种族都互相掺杂、互起作用。除匈牙利以外，各种斯拉夫语的普遍流行表明在数量上斯拉夫居民仍占优势。至于现在的罗马尼亚，即以上各族经过之地，虽屡屡被征服，而在罗马的达西亚和下默西亚各省的传统和遗风里，还把拉丁的语言和记忆活生生地保持了下来。

但是突厥各族直接推进到黑海以北的基督教地区，毕竟远不及他们经过哈里发帝国而间接推进到黑海以南那么重要。我们在此不能详述突厥斯坦突厥族人的各部落和他们之间的纠纷，也不能详述突厥族塞尔柱部统治下各部落怎样地升到显著地位的种种特别原因。到11世纪，这些塞尔柱突厥人以不可抗拒的武力，不是以一个军队，而是以几个军队，在两个兄弟的率领下，进入衰落破碎的穆斯林帝国。

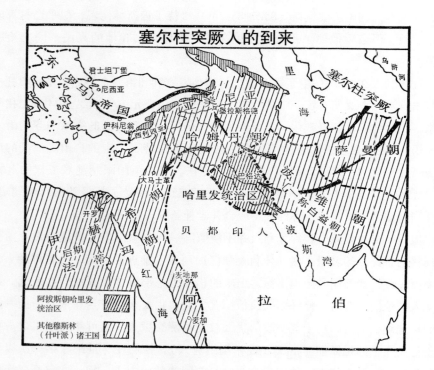

伊斯兰教早已不再是一个帝国了。正统的逊尼派阿拔斯朝的统治已缩小到了从前巴比伦尼亚的地区；即使在巴格达，哈里发也不过是突厥宫廷禁卫军的傀儡。有一种宫相掌握统治实权，是突厥人。哈里发东边的波斯、西边的巴勒斯坦、叙利亚和埃及，都是持异端的什叶派。

塞尔柱突厥人则是正统的逊尼派；他们这时横扫而下并征服了什叶派的统治者和崛起者，自立为巴格达哈里发的保护人，夺取了宫相的统治政权。很早他们就从希腊人手里征服了亚美尼亚，稍后打破了四个世纪束缚伊斯兰教势力的界限，他们继续前进，征服了小亚细亚，几乎到达君士坦丁堡的大门。曾挡住穆斯林前进很久的西利西亚山脉的屏障，由于亚美尼亚的征服，可以从东北方绕过去了。在阿尔普·阿尔斯兰时代，他把塞尔柱人的一切力量统一在自己的手里，突厥人在曼西克特或马拉兹吉尔特之役（1071 年）彻底粉碎了拜占庭军队。这次战役对人们想象的影响是非常之大的。看来愈益衰弱，在宗教上和政治上都分裂了的伊斯兰教，骤然发现它又复兴起来，而一向安全的旧拜占庭帝国却似乎濒于崩溃。

小亚细亚的丧失是很迅速的。塞尔柱突厥人在伊科尼翁（科尼亚），即今安纳托利亚定居了下来。不久他们占有了首都对面的尼西亚要塞。

10　君士坦丁堡怎样向罗马求援

我们已经讲了诺曼人从西边对拜占庭帝国的攻击和都拉索战役（1082 年），我们也讲了君士坦丁堡对于俄罗斯人的海上袭击（1043 年）记忆犹新。的确，保加利亚已被驯服和基督教化了，但同佩彻涅格人还在进行着猛烈而胜负未决的战争。北边和西边，拜占庭皇帝都忙于应付。这时又遭到了来自东边最大的威胁。突厥人的迅速进入使久已保有安静的拜占庭必然感到末劫之将至。拜占庭皇帝迈克尔七世在四面受敌的压力下，采取了大概对他本人和罗马都有极大政治意义的步骤。希腊世界转向它复兴的拉丁同胞告急。他要求教皇格雷哥里七世给予援助。他的继位者阿历克修斯·科穆宁向教皇乌尔班二世的再次求援就更为迫切了。

罗马的顾问们必然以为这是教皇坚决主张在全基督教世界居领导地位的绝好机会。

我们在本书中追溯了基督教世界——通过全人类的基督教世界——的宗教政府这种思想的发展，我们也指出了因为有世界帝国的传统基督教宗教政府，怎样自然地、怎样必然地找到了罗马这个中心。罗马教皇是西欧唯一的大主教，是以说拉丁语为主的广大地区的宗教首领；其他正教教会的各大主教都是说希腊语的，所以在教皇的整个领土以内是听不到希腊语的。由于那些难以识别、难以捉摸的教义间之一，即增加到拉丁信条中的"和圣子"一语没有调和的余地，使拜占庭基督教分裂了出去（最后破裂是在 1054 年）。

拉特兰宫的生活在其性质上往往随着每个踞坐在圣彼得宝座上的人而改变；有时教皇的罗马城是腐败肮脏的魔窟，如在约翰十二的日子里就是这样；有时又为有远大和崇高思想的人的影响所渗透。但教皇背后有一群红衣主教、神甫和许许多多受过高等教育的官员，就是在最黑暗、最纷乱的日子里，他们也从来没有完全丧失了神圣世界统一主权的眼光，即圣奥古斯丁所曾表达的基督和平遍及全球的这个非常崇高的思想。这种思想在整个中世纪对罗马起了指导作用。有时也许思想卑鄙的人在那里占了优势，在尘世俗务中罗马扮演着贪婪、奸诈和很愚蠢的狡猾老妇的角色；或者接着是男性的十分庸俗诡诈的面貌，或者得意忘形的面貌。当一切压力都落到严格的教义上时，就出现了一种盲目狂热或卖弄学问的插曲。要不然，又出现道德沦丧，拉特兰宫成为纵欲的或爱美的某独裁者的宝座，随时可以出卖教会所能给予的一切希望或荣誉来换取金钱为娱乐或炫耀的花费。但是总的说来，教皇的船还保持了它的航道，不久又遇到了顺风。

我们现在所说的这个时期，即11世纪，我们发现这时期的罗马正在一个非常伟大的政治家希尔德布兰德的支配之下，他在几代教皇时历任各种官职，最后以格雷哥里七世的称号当了教皇（1073—1085年）。我们发现在他的影响下，不道德行为、怠惰和贪污都被扫除出了教会，选举教皇的方法也改进了，并在"锡封权"这样显然极端重要的问题上，即在主教领地内究竟是教皇还是世俗君主对主教的任命应当有决定发言权的问题，同皇帝开展了一场激烈的斗争。当我们记住在许多王国里有四分之一多的土地是教产的时候，我们就能较好地认识到这问题是怎样极端的重要了。在此以前，罗马教士是可以结婚的；但这时要使他们有效地脱离世俗，更完全地成为教会的工具，所以一切神甫都必须遵守独身生活……

格雷哥里七世由于力争锡封权，对拜占庭的第一次求援不能作有力的响应；但他把问题留给一个可靠的继承人乌尔班二世（1088—1099年）；当阿历克修斯的信到达时，乌尔班立即抓住这提供的机会来把西欧各种思想和力量聚集在一起，成为统一的热情和目的。由此他可望结束盛行的私斗，并为诺曼人无限的精力找到了一条适当的出路。他也看到，这是撇开拜占庭的政权和教会而把拉丁教会的势力伸展到叙利亚、巴勒斯坦和埃及的好机会。

乌尔班急忙在皮雅琴察（即普拉森夏）召集宗教会议，听取了阿历克修斯的使者的呼吁，次年（1095年）在克勒蒙举行了第二次宗教会议，会中所有慢慢集合的教会力量为宣传普遍反对穆斯林的圣战而组织了起来。私战和基督徒中间的一切战争必须停止，直到异教徒被扫退，圣墓又回到基督徒手中。

响应的踊跃使我们懂得以前的5个世纪里西欧做了许多创造性的组织工作。7世纪初，我们看到西欧是社会混乱和政治分裂，既无共同的思想，也无共同的希望，几乎支离破碎到了人人唯利是图的一盘散沙。这时，到了11世纪之末，情况就不同了，处处有了共同的信仰，有了一种联系的观念，人人可以为之献身，也可因之而为一共同事业协力合作。我们认识到尽管基督教教会有许多弱点，有思想上和道德上不健全之处，但也做到了这种程度的工作。我们可以用这个事实作为尺度来衡量10世纪罗马的种种坏事，如丑闻、秽行、凶杀和暴行等究竟坏到什么程度。无疑整个基督教世界里有许多懒惰、恶劣而愚蠢的神甫，但显然的，这项宣教和调整的任务只有通过广大的洁身自好的神甫和修男修女才能获得成功。一种新的、比希腊时代更大的宗教同盟，即基督教世界的宗教同盟在世界上出现了，它是由千千万万无名的虔诚信徒建立的。

响应乌尔班二世求援的不限于我们所称为受过教育的人们，愿意加入这个十字军的也不但是骑士和王侯。同乌尔班这样人物并列的我们必须提到隐士彼得这个人物，他虽然有些像古代希伯来的先知，但对欧洲来说，这种类型是新颖的。这个人以对普通人民宣讲十字军的姿态出现。他讲了一个故事——这件事的真伪无庸置问——关于他去耶路撒冷朝圣，看到大约在1075年被塞尔柱突厥人占领的圣墓被任意毁坏了——这个时期的年代还很不明确——以及来到圣地朝拜的基督徒受尽了勒索、暴行和有意的残害。这个人赤着脚，披着一件粗布袍子，骑着驴，背着一个大十字架，走遍了法国和德国，到处对教堂、街头或市场的广大群众大声宣讲。

这里我们第一次发现欧洲有了一个思想和一个精神！这里是对远方的无理而不平的故事引起愤怒的普遍反应，无论贫富对于共同事业都有迅速的理解。不能想象这件事能发生在奥古斯都·凯撒的帝国，或者竟然发生在以前世界史上的任何国度。类似这种情形也许在小得多的希腊世界，或在伊斯兰教以前的阿拉伯是可能发生的。不过这个运动却影响到各个国家，各个王国，以及说各种语言的各个民族。很清楚，我们是在谈论世界上正在发生的一件新事情，即对普通人的觉悟和共同利害之间的一种崭新的、鲜明的联系。

11 十字军

从一开始，这种灼烈的狂热就和卑下的动机混合在一起了。这里面有不受拘束的和野心勃勃的拉丁教会的冷静熟筹的计划，要降服和取代拜占庭皇帝所统治的教会；有抢劫成性的诺曼人，他们正把意大利撕成碎片，欣然转向掠夺一个新的更富的世界；这时在转而面对东方的广大群众中有一些东西，比人类天性之爱更深的东西，那就是因恐惧而引起的恨恶，这是布道者热烈的呼吁和夸大了对异教徒的恐惧与残酷所煽动起来的火焰。

还有其他一些力量,褊狭的塞尔柱突厥人和褊狭的法蒂玛朝人这时在热那亚和威尼斯经由巴格达和阿勒颇或经由埃及通向东方的商路上设下了障碍。如果不让君士坦丁堡和黑海的航道完全垄断东方的贸易,他们就必须强迫打开这些关闭的水路。此外,1094年至1095年从些耳德河到波希米亚发生了瘟疫和饥荒,社会秩序非常紊乱。

欧内斯特·巴克先生说。"无怪向东方移民川流不息,就像近代群众会奔赴一个新发现的金矿一样——急流的浑水之中挟带着许多废物、流浪者、破产者、随军小贩、叫卖商人、飘泊的修士和逃亡的农奴等以同样的混杂群集,同样的狂热求生,同样的贫富交替来说明与今天的淘金热是一样的。"

但这些都是次要的,有助于说明的原因。人类历史家主要关注的事实是这种十字军东征的决心突然作为人类事务中一种新起的群众可能有的力量而表现了出来。

十字军东征的故事充满着这样传奇的生动的细节,使得本《史纲》的作者不得不勒住他的笔端而驰过这引人入胜的境地。初次东移的兵力是未经训练的广大人民群众而不是军队,他们想方设法沿着多瑙河推向前进;然后南下到君士坦丁堡。这就是所谓"人民的十字军"。全部世界史上从来还不曾有过像这些实际上没有领导的人群受一种思想鼓动的这样情景。这是一种很不成熟的思想。当他们到达外国人中间时,他们似乎并没有认识到他们还不是已经处在异教徒中间。作为远征队前卫的两大批乌合之众,必定是因为彼此言语不通而在匈牙利犯下了一些暴行,从而激起了匈牙利人要来消灭他们。他们遭到了屠杀。第三批群众因为基督徒的热血沸腾,开始在莱茵兰大肆屠杀犹太人,这批群众也在匈牙利被驱散了。另外两大批群众在彼得率领下通过匈牙利到达了君士坦丁堡,使阿历克修斯皇帝震惊沮丧。他们一到就劫掠和强奸妇女,最后阿历克修斯用船把他们运送过博斯普鲁斯海峡,与其被塞尔柱突厥人打败,不如被塞尔柱突厥人屠杀为好(1096年)。

这个近代欧洲史的人民初次作为"人民"的不幸露面之后,接着是1097年第一次十字军有组织的队伍。他们来自法兰西、诺曼底、弗朗德勒、英格兰、南意大利和西西里等不同的路径,诺曼人是他们的意志和力量。他们渡过了博斯普鲁斯海峡就攻占了尼西亚,但在他们可能劫掠以前,此地就被阿历克修斯抓住带走了。

然后他们大都循着亚历山大大帝所经的路线前进,通过西利西亚诸关隘,放

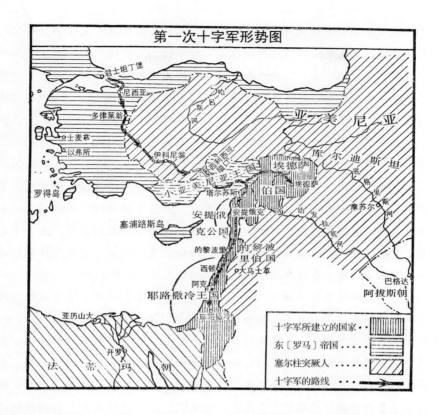

过科尼亚的突厥人没有把他们征服,越过伊苏斯战场到了安提俄克,他们围攻这座城,差不多一年以后才攻下了。此后他们打败了来自摩苏尔的一支大援军。

十字军的一大部分留在安提俄克,一支较小的队伍由布荣(在比利时)的戈弗雷率领去到了耶路撒冷。"经过一个多月的围攻,该城终于被占领了(1099年7月15日)。屠杀得很惨;被征服者的血流满街头,以致人们骑马过时血花四溅。黄昏时,十字军战士'乐极悲生',在践踏了榨酒机之后都去到圣墓,合起他们血渍斑斑的手掌来祷告。就这样,在七月的那一天,第一次十字军告一结束。"(欧·巴克撰《英国百科全书》"十字军"条)

跟随远征队东来的拉丁教士,立刻把耶路撒冷大主教的权抓到手里,正教的基督徒发现在拉丁人统治下的情形比在突厥人统治下的情形更坏。在安提俄克和埃德萨已经建立起一些拉丁小公国,这些各种不同的朝廷和国王之间开始互争雄长,想使耶路撒冷成为教皇财产的企图并没有成功。这些复杂的情况都不在我们叙述的范围以内了。

但是,让我们引述吉本一段具有特征的话:

我以不像叙述历史那样的庄严笔调，也许可以把阿历克修斯皇帝比之于豺狗，据说他是尾随雄狮之后而吞食其唾余的。不管他在第一次十字军时经历过多少惊恐和辛劳，但他随在法兰克人的战绩之后得来的利益充分地补偿了损失。他的机敏和警惕保住了他们第一次征服的尼西亚，从这个驻扎地威胁着突厥人，使突厥人最后不得不退出君士坦丁堡附近。

在十字军战士以盲目的勇猛向亚洲内地各国挺进的同时，狡猾的希腊人趁沿海诸埃米尔响应苏丹旗帜的召唤前往抵御时，利用了有利于他们的时机。突厥人被逐出了罗得岛和开俄斯岛；埃弗塞斯、士麦拿、萨狄斯、费拉德尔非亚和劳迪西亚等城市都又归入帝国，阿历克修斯把他的帝国从赫勒斯蓬特海峡扩展到大门德雷斯河河边和潘费利亚的多岩石的海岸。教堂重新恢复了它们的光辉，城镇也重建而加强了防御，荒凉的地方因基督徒的移殖而人口稠密了。这些基督徒是从遥远危险的边区逐渐地迁来的。

对于这些父亲般的操心，如果我们忘却解救圣墓一事，还可以饶恕阿历克修斯；但在拉丁人看来，他受到了辱骂他为背信弃义和临阵脱逃的责难。他们曾宣誓效忠于他，并服从他；而他也答应了亲自帮助他们的东征，或者至少用他的兵力和财富来援助；但他卑鄙的退却解除了他们对他的义务；曾是他们取胜工具的武力，这时成了他们正当独立的保证和权利。阿历克修斯看来不重提他统治耶路撒冷王国的过时要求，但是西利西亚和叙利亚的边境已新被他所占有，更容易受他掌握。十字军战士的大军已被歼灭或被驱散了，安提俄克公国因博希蒙德的意外被俘而失去了首领，他为了被迫支付赎金而负了巨债，他部下的诺曼人没有足够力量来击退希腊人和突厥人的敌对行动。

博希蒙德在困境中抱了宏大的决心，让他的同族人可靠的坦克雷德来保卫安提俄克，武装西方的军队以击败拜占庭帝国，并实行承袭他父亲奎斯卡德的遗训和先例所定下的计划。他的上船是秘密的；如果我们可以相信安娜公主的故事，那么他是密藏在棺材里渡过敌海的（安娜·科穆宁娜还说，为了装得象样，棺材里还放了一只死鸡；她很奇怪这野蛮人怎么忍受这密封的腐烂气味。拉丁人并不知道这个荒唐的故事）。但是博希蒙德回到法国所受的接待，因为群众的喝采和同国王的女儿结婚，有损了他的尊严；他的回国是光荣的，因为当世最勇敢的人都被罗致在他老练的指挥之下；他率领从欧洲最远各地征集来的五千匹战马和四万步兵，重渡了亚得里亚海。都拉索的实力和阿历克修斯的谨慎，饥馑的流行和严冬的迫近，使他的野心勃勃的希望失去了把握；有些贪财的同盟者也被引诱离开了他的麾下。最后订立和约，暂时解除了希腊人的恐惧。

我们之所以用这些篇幅来叙述第一次十字军是因为它彻底展示了所有这些远征的性质。拉丁和拜占庭两种体系之间斗争的实质愈来愈明显地暴露了出来。1101年来了增援部队，威尼斯和热那亚两个重商主义共和国的舰队在里面起了重大的作用，耶路撒冷王国的势力也因之而扩展了。

1147年出现了第二次十字军，神圣罗马帝国的皇帝康拉德三世和法兰西国王路易都参加了。这是比前一次规模更大而成就和热忱远逊于前一次的远征。它是因为1144年埃德萨被穆斯林攻陷而挑起的。有一支德意志人的大军不去圣地，转而攻击和降服了易北河以东仍信异教的汶德人。教皇同意了把这件事也算作远征，佛兰芒人和英格兰人的队伍攻占了里斯本，以奠定葡萄牙基督教王国的基础，也照样算做十字军的远征。

1169年库尔德人冒险家名叫萨拉丁的成了埃及的统治者，这时在埃及的逊尼派乘什叶派邪说的衰落而复兴起来。这个萨拉丁重新集合了埃及和巴格达的兵力，宣讲一次杰哈德，一场"圣战"，即一切穆斯林反抗基督徒、反抗十字军的战争。这次"圣战"所激起的伊斯兰教中的热情与第一次十字军在基督教世界所激起的热情几乎相等。它这时成了十字军战士对抗十字军战士的事例，到了1187年耶路撒冷又被穆斯林夺回了。

因此又激起了第三次十字军（1189年）。这又是一次堂皇的大事，是由神圣罗马皇帝弗里德里希一世（尤以巴巴罗萨·弗里德里希而闻名）、法兰西王和英格兰王（他当时领有法兰西许多最好的省份）共同计划的。教皇在这次远征中只起了次要的作用，这也是教皇权力衰弱阶段的象征；这是十字军中最优雅、最豪侠和最传奇式的一次。使萨拉丁和英格兰的理查德一世（狮心王，1189—1199年）着迷的骑士豪侠的思想，把宗教上的仇恨减弱了。爱好传奇的人正可以到这个时期的种种传奇中去领尝它的情味。这次十字军虽暂时挽救了安提俄克公国，但没有夺回耶路撒冷。不过，基督徒仍然据有巴勒斯坦海岸。

到了第三次十字军时候，这些运动的魔力和奇迹已全然熄灭了。一般人民已觉得它们索然无味。人们还继续从军远征，但只有零零落落的国王和贵族跑了回来，而且往往是在重金赎买之后才得返回的。

十字军东征的思想由于多次过分用于细节小事而贬低了价值。每当教皇与任何人争吵时，或者当他想要借海外兵力来削弱皇帝的危险攻势时，他就号召十字军。直到这个词不再存有任何意义,只不过是给讨厌的战争增添情味的一种尝试。在法兰西南部有反抗异端的十字军,一次是反抗英王约翰,一次是反抗皇帝弗里德里希二世,教皇们并不理解有维护教皇职位尊严的必要。他们在基督教世界得到了道义上的优势。他们又开始把它浪费掉了。他们不但贬低了十字军东征思想的价值,而且还把他们开除教籍,摒人们于享受一切圣礼、希望和宗教安慰之外的大权,滥用于政策的争论上而贻笑于人。弗里德里希二世不但受到了十字军的征讨,而且还被开除了教籍,不过对他并没有明显的损害。1239年他又被开除了教籍,到1245年英诺森四世又重申了这项判决。

第四次十字军的大部分根本没有到达圣地。这次十字军从威尼斯出发(1202年),攻占了萨拉,在君士坦丁堡扎营(1203年),最后在1204年猛攻该城。老实说,这是一次对拜占庭帝国的合力进攻。威尼斯占领了该帝国的大部分海岸和岛屿,拉丁人弗朗德勒的鲍德温在君士坦丁堡被立为皇帝。拉丁教会和希腊教会被宣布重新统一,拉丁诸帝从1204年到1261年以征服者的资格统治了君士坦丁堡。

1212年发生了一件骇人听闻的事,即儿童十字军。再也不能影响健全成年人的激情,这时又在法兰西南部和罗讷河流域儿童中间传布开了。大群成千上万的法兰西儿童向马赛行进;他们这时被贩奴商诱骗上船,把他们卖到埃及去作奴隶。莱茵兰的儿童徒步走到意大利,许多在路上死去,后来就在那里分散了。

教皇英诺森三世竭力利用了这件稀奇的事情。他说:"就是这些儿童们真给我们丢脸",他设法煽动起第五次十字军的热情。这次十字军的目的在于征服埃及,因为耶路撒冷这时是在埃及苏丹的掌握之中,十字军在不光荣地退出了它一度占领过的达米埃塔之后,残军在1221年回来了,带着耶路撒冷真十字架的遗物作为胜利者的一种聊以自慰的东西。我们讲过在穆罕默德时代以前这件可贵遗物的早期奇险经历,当时它曾被科斯洛埃斯二世带到了忒西丰,又被皇帝赫拉克利乌斯拿了回来。不过,真十字架的残片自海伦娜太后(君士坦丁大帝的母亲)时代以来,一直是在罗马城S·克罗齐—因—哲鲁萨棱谟教堂里,相信当她去圣地朝拜期间曾受到默示,在幻境中看到了这真十字架的隐藏的地方。

吉本说:"真十字架是委托耶路撒冷主教保管的,在复活节的礼拜日庄严地把它展示在人民面前;只有他才有权把这个十字架的一些碎片赐给朝圣者来满足他们好奇的虔诚,他们把这些碎片盛在金匣或宝石盒里,兴高采烈地各自带回国去。但这种有利可图的小买卖必定很快就会消亡,为方便起见就假定这神奇的木制十字架具有一种神秘的发育生长的力量,尽管它的木质不断削减,但仍能永保原体而无所损坏。"

第六次十字军（1228年）是近乎荒唐的一次十字军。皇帝弗里德里希二世答应亲自远征，却没有实行他的誓言。他伪作出征的样子，又返回了。他大概对十字军东征的单纯思想感到厌烦，但他的誓言已是他取得教皇英诺森三世支持而被选为皇帝的成交条件的一部分。尽管他使教皇理解到如果他当上皇帝他就不会去占领意大利南部的土地，还是忙于改组西西里王国的政府；教皇急于要打发他去圣地籍以阻止他巩固领土的进程。教皇根本不愿弗里德里希二世或任何德意志皇帝驻在意大利，因为他自己就想统治意大利。由于弗里德里希二世仍在推诿，教皇格雷哥里九世就把他开除出教籍，宣布了一次讨伐他的十字军，侵入了他的意大利领土（1228年）。于是这个皇帝就率领一支队伍航行到了圣地。他在那里同埃及苏丹会谈（弗里德里希二世精通六种语言，包括阿拉伯语）；这两个彬彬有礼的人似乎对宗教都抱有怀疑态度，交换了一种气味相投的见解，用世俗精神来讨论教皇，考虑到蒙古人的向西突进对双方都有威胁，最后同意签订了商约，并将耶路撒冷王国的一部分让给弗里德里希。

这个以私人条约构成的十字军，的确是一种新的十字军。因为这个使人惊异的东征人物已被开除教籍，他不得不在耶路撒冷举行完全是世俗的加冕礼，在一座空无教士的教堂里，自己从圣坛取下王冠戴上。大概也没有人引他去看看圣地；的确这些圣地不久就被耶路撒冷大主教下禁令封闭了；显然，这种情形与第一次十字军的血战猛攻在精神上是全然不同的。甚至连六百年前奥马尔哈里发访问时所受到的友好待遇也没有得到。

弗里德里希二世几乎单骑走出耶路撒冷，从这次不具浪漫色彩的胜利中回到了意大利，极其迅速地把那里的一些事务整顿好，把教皇军队逐出境外，迫使教皇解除把他逐出教会的命令（1230年）。这个第六次十字军的确不但证明这次十字军的荒谬绝伦，也证明教皇开除教籍令的荒谬绝伦。我们将在以后一节中谈到弗里德里希二世，因为他很代表正在进入欧洲事务中某些新的力量。

1244年基督徒又失掉了耶路撒冷，那是他们企图阴谋反对埃及苏丹时被他很容易地夺去了。这件事又激起了第七次十字军，即法兰西王圣路易（路易九世）的十字军，他在埃及被俘了，1250年才赎了回来。直到1918年耶路撒冷落入英法和印度部队混合军的手里，该城才再次从穆斯林掌握中摆脱出来……

此外还有一次值得注意的十字军，就是这个路易九世远征到了突尼斯，他在那里得了虐疾死去了。

12　十字军是基督教的一次考验

人类历史家对于十字军本质上感到兴趣的是第一次十字军鼓动起来的那一阵热情，一阵统一的感情。此后那几次东征愈来愈变成常套，愈来愈不是重大的事件了。第一次十字军就像美洲的发现那件事一样；以后各次就愈来愈像横渡大西洋的航行了。在11世纪，十字军的思想必然像天空中一道奇异而灿烂的光明；在13世纪，可以想象那些诚实的市民用抗议的口气说："怎么！又是一次十字军！"

圣路易在埃及的经验并不像是人类的新经验；它更像有名的高尔夫球场上打的一轮球赛，一轮由于不幸而输掉的球赛。这是一连串微不足道的事情。生活的兴趣已转到别的方向去了。

十字军的开端表现出全欧洲被天真的基督教信仰所渗透，深信不疑而纯朴地乐于跟从教皇的指引。我们现在所熟知的拉特兰宫罪恶时期的丑闻当时事实上还没有传出罗马以外，格雷哥里七世和乌尔班二世已补救了那一切。但是思想上和道德上他们在拉特兰宫和梵蒂冈宫（历世教皇住在拉特兰宫直到1309年，当时法国人教皇在阿维尼翁建立了教廷。当1377年教皇回到罗马时，拉特兰宫几乎成了废墟，于是梵蒂冈宫成了教廷所在地。这新址有种种好处，其中之一是与教皇要塞圣安极乐堡相距更近）的继承人并不能和他们的良机相称。教皇权势的力量在于人们对它的信心，而它这样随便地利用这种信心使得教皇权势日渐衰弱了。在罗马总是神甫的狡猾习气太多，而先知的感化力太少。所以虽然11世纪是愚昧无知而信任他人的世纪，但13世纪是人们知识渐开而幻想破灭的时代。这是一个更为文明而富于怀疑的世界。

格雷哥里七世时代以前，拉丁基督教世界的各主教、各神甫和各修道院可以说是比较松懈地联系在一起的，性质上也很不相同；但显然他们一般说来，是处在人民中间，同人民十分亲密，并仍有不少的耶稣精神活在他们的心中；他们受到人民的信任，在他们信徒的良心之中拥有巨大的威力。教会同它以后的情况比较，是更多掌握在地方俗人和地方统治者手里，它缺乏以后教会的普遍性。

格雷哥里七世下定决心，积极整顿教会组织，企图增加罗马的中央权力，一方面打断神甫和修道院之间的许多微妙联系，另一方面也打断他们和其周围乡间的许多微妙联系。有信心有智慧的人相信事物的逐渐发展，也相信和他们一样的同侪；而神甫就不是这样，甚至像格雷哥里七世这样的神甫，也相信一种强加的纪律的假"效能"。为锡封权的争吵使基督教世界的每个王侯都怀疑主教是外国的代理人，这种猜疑渗透到各基层教区。教皇权势的政治事业必然会增加金钱的需求。13世纪，已经到处都在说神甫不是好人，他们总是在搜刮金钱。

在愚昧无知的日子里，人们非常愿意相信天主教圣职是善良的、明智的。相对地说，在那些日子里，神甫职务确是较好也较明智的。超越宗教职能的世俗大权都已交给了教会，并有极大的自由。教会尽量利用了这种信任。在中世纪，教会变成了国中之国。它拥有了自己的法庭。不但有关神甫的案件是归教士法庭审理，而且修士、学生、十字军战士、寡妇、孤儿和无依无靠的人都归它管理；一切涉及教会仪式或规矩的，如遗嘱、婚姻和誓言等事，教会都自称有管辖权，当然，对于异端、妖术和渎神等罪那就更不用说了。有许许多多的教士监狱，狱中的罪犯往往憔悴终生。教皇是基督教世界的最高立法者，他在罗马的法庭就是最后上诉而有决定性的法庭。教会还征收各种税款，它不但拥有巨大的财产和来自各种事业的大量收入，还对它的臣民强征一种什一的教税。教会并没有号召把这教税作为一种虔诚的捐助，而是作为一种权利来要求它。另一方面，教士们这时还要求免纳俗人税。

这种试图利用特权而逃避他们应负的纳税义务，肯定是给教职人员招致了日益不满的一种很重大的因素。姑且不谈公平与否，就政治而言也是失策的。它使那些必须纳税的人感到了十倍的重担，使人人都感觉到教会拥有的种种豁免特权。

教会还提出一项更为过分而不智的要求是自称有特许之权。在许多事例上，教皇可按个别情况把教会法规弃置一旁；他可以允许中表通婚，许可一个人娶两个妻子，或者解除任何人的誓约。但做这样一些事就是承认所实施的法律并不是以必要和固有的公正为根据；事实上是使人们受限制和生气的。在所有的人中，立法者最应抱有对法律的忠心，在所有的人中最应束身守法。但人类的通病是我们一旦受托行使管辖权就立即把这管辖权看成是我们自己的。

13　皇帝弗里德里希二世

皇帝弗里德里希二世是13世纪所能产生的一种怀疑和反抗宗教的很合式的范例。略述这个聪明而愤世嫉俗的人也许是有趣的。他是德意志皇帝亨利六世的儿子，弗里德里希·巴巴罗萨的孙子，他的母亲是西西里诺曼王罗杰一世的女儿。1198年当他年方四岁时就承袭了这个西西里王国；他的母亲当他的监护人六个月后死去了，于是教皇英诺森三世（1198—1216年）成了他的摄政者和监护人。

他似乎受了一种非常良好而显著的混合教育，他的成就使他博得了"世界惊奇"（Stupor mundi）的夸谀称号。他以阿拉伯人的眼光观察基督教，以基督教的眼光观察伊斯兰教，结果使他相信一切宗教都是欺诈，即宗教信仰盛行时代许多受抑制的观察者也许都持有的见解。但是他率直谈出他的各种见解，他的渎神和悖教言论都有记载。

他在英诺森三世傲慢统治之下成长起来，养成了一种幽默的逃避，而英诺森三世似乎从来没有认识到他的受监护人已经成年了。教皇的政策是防止德意志和意大利的任何新力量的联合，弗里德里希也同样有尽力扩张领土的决心。当不久有得到德意志帝位的机会时，他就同意如果被选为皇帝，将放弃西西里和南意大利的领地，并平定德意志境内的异端，以取得教皇的支持。因为英诺森三世是残酷迫害异端的一个教皇，一个能干、贪婪而采取攻势的人（对于一个教皇来说，他是非常年轻的。他37岁就当了教皇）。就是英诺森曾召号征讨法国南部异端的残酷的十字军，这次征讨很快就成了他无法控制的一支到处劫掠的远征队。

弗里德里希一经被选为皇帝（1212年），英诺森立即催促他恭顺的受监护人履行他被逼发出的诺言和誓约。教士必须不受俗人法律的约束也不须纳税，对异端必须施加残酷的惩戒。弗里德里希对这些事却一件都不履行。我们已经讲过，连西西里他都不愿放弃。作为居住的地方，他喜欢西西里胜过德意志。

1216年，英诺森三世在挫折中死去了，他的继承者霍诺里乌斯三世毫无作为。英诺森三世并不曾为弗里德里希加冕，但霍诺里乌斯在1220年却这样做了。霍诺里乌斯是由格雷哥里九世来继承的（1227年），这个新教皇显然以愤激的决心来制服这个令人为难的年轻皇帝。他因为弗里德里希过了12年之久还没有履行发动十字军的诺言，立刻把他开除了教籍；他用一封公开信宣布了他的恶德、背教和种种罪行（1227年）。弗里德里希对此答以一个更远为有力的文件，这是他自己写的或是别人替他写的致欧洲所有王侯的文件。这在历史上极为重要，因为它是关于教皇自称全基督教世界的绝对统治者的主张和世俗统治者的要求之间争端的第一次明白陈述。这场冲突酝酿已久，在这里爆发为一种形式，在别处又爆发为另一种形式；但这时弗里德里希用明确通晓的言词表达了出来，人们可以根据这些言词把争端综合起来。

他给予教皇这番打击之后，就进行了我们前已讲过的和平的十字军东征。1239年格雷哥里九世又把他开除教籍，使教皇权威遭受严重损害的公开相骂又开始了。格雷哥里九世死后论战再起，这是英诺森四世任教皇的时候；人们不会不记得，又有一封大肆诋毁的信，是弗里德里希写来反对教会的。他斥责教士的骄傲和违反宗教原则,把当时各种贪污腐化的事件归罪于教士们的骄奢和财富。他向王侯朋友们建议为了教会的好处应普遍没收教会的财产。这是一个此后永远遗留在欧洲王侯想象之中的建议。

我们不往下叙述弗里德里希的晚年,也不去叙述由于他的不慎而投下的终于失败的阴影的种种灾难。他一生的特殊事件远不及他的生活的一般气氛那么有意义。把他在西西里的宫廷生活有些片段拼在一起,就可以窥见一斑了。他晚年被描写为"赦面、秃头而眼睛近视";但他的外貌很善良,讨人喜欢。他的生活方式是很讲究的,喜爱美丽的东西。他被描写为放荡不羁的人。可是很清楚,他的头脑并不以宗教怀疑论为满足,他是一个富有好奇心而爱探究的人。他不但招集了基督徒哲学家,还招集了犹太的和穆斯林的哲学家来到他的宫廷,他还做了不少用萨拉森文化的影响来浇灌意大利人心田的事。通过他,阿拉伯数字和代数介绍给了基督徒学生,他的宫廷哲学家中有一位名叫迈克尔·斯科特的,翻译了亚里士多德著作的一部分和阿拉伯大哲学家阿韦芳埃斯(科尔多瓦人)对这部分著作的评注。

1224年弗里德里希创建了那不勒斯大学,他也扩大并充实了萨勒诺大学——最古老的大学之一——的大医学院。他也创建了一个动物园。他留下了一本关于放鹰的书,表明他是一个精于观察鸟类习惯的人,他也是第一批用意大利文写诗文的意大利人中的一个。的确,意大利诗歌是产生于他的宫廷里。一位有才能的作家称他是"第一个近代人",这句话恰当地表明他在知识方面是超然而没有偏见的。他的创造才能是多方面的。在黄金缺乏时期,他引进并创制成功了一种限期皮革纸币或羊皮纸币,上面注明到期可以兑到黄金,也就是一种皮制银行钞票。这使迦太基时代以来世界还不曾见过的货币发行方式又复兴了。

尽管弗里德里希受尽了诟骂和毁谤,但他在民众的想象里留下了深刻的印象。至今南部意大利人对他记忆犹新,几乎和法兰西农民怀念拿破仑一世一样地强烈;他被称为"伟大的弗雷德里戈"。德国学者声称尽管弗里德里希表明他不喜欢德意志,但德意志传说原本所联系的是他,而不是弗里德里希一世,或弗里德里希·巴巴罗萨。传说中说,一个大君主睡在一个深洞里,他的胡子长到能把一张石桌绕起来,到他醒来的那一天,定将使世界从极端混乱中恢复和平。以后,这个故事似乎就被转移到弗里德里希二世的祖父十字军战士[弗里德里希]巴巴罗萨的身上了。

弗里德里希二世是教会这个母亲难于管教的孩子,而他不过是许多这种难于管教的孩子的先驱。整个欧洲的王侯们和曾受教育的缙绅们都念过他的书札,并加以讨论。更富于进取心的大学生们找到了他曾从阿拉伯文译成拉丁文的亚里士多得的著作，记下了要点，细加玩味。萨勒诺向罗马放射出凶光。教会曾几次把弗里德里希开除教籍并停止职务都归无效的这件事，对各种各类的人一定都有深刻的印象。

14 罗马教廷的缺点和局限性

前已说过，英诺森三世似乎没有认识到他的受监护人弗里德里希二世是长大成年了。同样真实的是罗马教廷似乎从来没有意识到欧洲业已长大成年。近代有见解的研究历史的人，不可能不同情罗马教廷的根本思想，即以一个全世界的公正统治来保持全球和平的思想，同时也不可能不承认拉特兰政策中渗透有许多高贵的成份。如果不使我们人类被破坏性的种种不断增长的发明的力量所毁灭，迟早人类必将实现普天下的和平；这个普天下的和平有必要采取一种政府形式，那就是说，一种护法组织，用"宗教的"这一词最好的意思来说，即一种统治人类的政府，通过人人都受教育，在思想上协调一致，而对人类历史以及人类前途和命运抱有共同看法来进行管理的政府。

我们现在必须承认罗马教廷是第一次明确地有意识地试图在世界上提供这样一种政府。我们不能过于认真地检查教皇权的缺陷和不当，因为我们可以从其中吸取的每一教训，必然对于我们形成自己的国际关系思想是最有价值的。我们已试图举出罗马共和国崩溃的诸主要因素，现在我们应当试图诊断罗马教会为什么不能获得人类的善意而把它组织起来。

学历史的人最先感受的事是教会断断续续地努力要在世界上建立上帝之城，教会的政策却没有全心全意地继续不断地定要达到这个目的，只有偶然有某一个优秀人物或某一批优秀人物掌握了教权时才朝这个方向努力。拿撒勒人耶稣所宣讲的天国，我们已经解释过，几乎从一开始就被早年知识上较差的教义和礼节传统所掩盖了。基督教几乎从它开始就不再是纯粹预言的有创造力的宗教。它本身就同以人献祭的古老传统，同太阳教的浴血，同与人类社会俱来的僧侣权术，以及同关于神的构造精心制成的教义都牵连在一起。伊特剌斯坎大教长血淋淋的食指强调了拿撒勒人耶稣的教训，亚历山大城希腊人心理上的复杂性又和这些教训搅在一起。在这些矛盾重重的不可避免的争吵中，教会变成了独断的。因对理智上的分歧，其他解决办法既已无望，教会就乞灵于专断的权威。

教会的神甫和主教们愈来愈成为受信条、教条和固定规程所桎梏的人；到了他们成为红衣主教或教皇时，他们一般都是老人了，习惯于为眼前利益而进行的政治斗争，不再能有纵观世界的眼光。他们不再想看到天国在人们的心中建立，他们已把这件事忘却了；他们所想看到的是教会的权力，就是他们自己的支配人们的权力。他们甚至准备同人们心里的仇恨、恐惧和贪婪、讨价还价来保障这个权力。正因为他们中间有许多人大概暗地里也在怀疑他们庞大和精制的教义结构是否统统健全，所以他们不容别人加以讨论。他们不能容忍别人的提问或异议，并不是因为他们对于所信仰的宗教有深切的信心，而正是因为他们没有信心。为了政策上的种种原因，他们需要人们的顺从。

到了13世纪，教会显然已经感到那使人痛苦的怀疑可能很快会摧毁它的整个权利机构而焦急不安。它没有了灵魂上的宁静。它到处搜索异端，就像传说中的胆小的老妇在睡觉以前到床下和碗橱里搜索窃盗一样。

我们已经提到在277年受磔刑并被剥皮的波斯人摩尼。他的讲述善恶之间斗争的方式就是说这是像光明的力量起来反抗宇宙间固有的黑暗的力量。所有这些深奥的神秘必须用种种象征和诗的词句来表达，而摩尼的思想在今天许多知识分子性格中仍然引起反应。谁都可以从许多基督教的讲道坛前听到摩尼教的教义。但正统天主教的象征就不一样了。

这些摩尼教思想在欧洲，尤其是在保加利亚和法国南部传播得很广。在法国南部相信这些思想的人叫做卡塔尔派或阿尔比派。他们的思想同基督教的要旨没有什么冲突，所以他们相信自己是诚笃的基督徒。就全体来说，他们生活在暴乱、无纪律而邪恶的时代，却有特出的和纯洁的美德。不过他们怀疑罗马教义的健全和《圣经》的正统解释。他们以为耶稣是反对《旧约》里的那个暴虐上帝的造反者，而不是上帝的孝子。

同阿尔比派密切相联的是华尔多派，即一个名叫华尔多的信徒，他在神学上似乎十分符合天主教，但同样地触犯了教会，因为他斥责教士们的财富和奢侈。这件事为拉特兰宫所不容，所以我们可以看到英诺森三世号召征伐这些不幸宗派的十字军，广泛收容了一切游荡的无赖汉而允许他们用火与剑以及劫掠和种种可想象的暴行带到法兰西王最和平的臣民中间。这次十字军的种种残酷和使人厌恶的记载，比读到基督徒受异教徒迫害而殉道的任何记载都更为可怕，尤其令人增加恐怖的是这些记载的无可争辩的真实性。

这种黑暗而无情的不宽容是被混进上帝统治人世计划里的一种邪恶精神。这是与拿撒勒人耶稣精神完全背道而驰的。我们没有听说他打了那顽梗不化的或没有反应的门徒的嘴巴或扭了他们的手腕。但是教皇们在他们当权的几百年间，每遇有对教会理智上的完美稍加指摘时总是勃然大怒起来。

　　教会的不宽容不但限于宗教事务。那些在教会会议中明显地占优势的狡猾、自大、暴躁和相当恶毒的老人，除了他们自己的知识以外，憎恨一切知识，并且完全不信任他们所没有审定和控制的一切思想。他们竭力抑制科学，显然他们是嫉妒科学的。除了他们自己的心理活动以外，任何别人的思想活动都被他们视为非礼。后来关于地球在空间的位置，究竟地球是否围绕太阳旋转的问题，他们准备作一场巨大斗争。实话说，这个问题本与教会毫不相干。教会满可以把属于理性的事情归之于理性，但它似乎迫于内心的必要，定要闯进人们理智的良知之中。

　　如果这种不宽容只是出于一种真正强烈的信念，那已经是够坏的了，而与之俱来的还有一种对普通人的智力和心理尊严毫不掩饰的蔑视态度。这对我们用近代眼光来判断的人很难接受，无疑地对当时抱有自由思想的人也很难接受。关于罗马教会对待它在东方多难的姐妹教会的政策，我们已经十分平心静气地谈过了。罗马教会所用的工具和手段许多都是可鄙的，它对待自己的人民也泄露出一些真正冷嘲热讽的意味，它因为置自己的公正教训于不顾而摧毁了它的威信。关于种种特许之权，我们已经讲过了。教会在16世纪干的无比愚蠢的事是出售赎罪券，以为炼狱中灵魂所受的种种痛苦可以用金钱来赎买。但最后导致了这种无耻的和被证明是灾难性行动的精神，在12、13世纪已经是很明显的了。

　　早在弗里德里希二世播下批评的种子，人们的思想中萌茁而生长了不可避免的造反果实以前，基督教世界中显而易见地有一种强烈的感觉，认为当时的一切宗教气氛都不很好。于是在教会内部开始了各种运动——我们今天将称它们为"信仰复兴"运动——是含蓄的、没有讲出的对教会现行方法和组织的无能的批评。人们到修道院和圣职以外去寻求新鲜的正直生活的各种方式。

　　一个著名的人物是阿西西的圣方济各（1181—1226年）。这里我们不能详述这个快活的青年人怎样放弃了他生活中的一切逸乐和舒适而去寻求上帝；他早年的历史很像乔达摩·佛陀早年的经历。他在快乐生活之中忽然觉悟，改变信仰，誓守赤贫，他投身于模仿基督的生活，为有疾病和不幸的人服务，尤其是为当时在意大利很多的麻疯病人服务。

　　有一大群门徒来跟从他。这样，方济各会的第一批托钵僧出现了。除原有的小兄弟团体外，还建立起修女信徒会，还有大批的男男女女进入了较非正式的修会。应当注意，他在埃及和巴勒斯坦讲过道，没有受到穆斯林的干扰，尽管第五次十字军东征这时正在进行。他同教会的关系至今仍是一个可以讨论的问题。他的工作曾得到教皇英诺森三世的批准，但当他在东方时，他的会改组了，加强了纪律，以权威代替了感化的冲动，因为有这些变化，他就辞去了该会的领导地位。他始终热情地坚持了清贫的理想，但他刚一去世，这会的保管人就据有了财产，在阿西西建造了一座大教堂和修道院来纪念他。在他死后他的亲密伙伴们所身受的该会纪律，其严厉与迫害几无区别；好几个显著的热衷于简朴生活的人受了鞭打，其他的人受了监禁，一个想逃走的被杀死了，"第一个门徒"会友贝尔纳，在山林中度过了一年，像野兽一样受到搜捕。

方济各会内部的斗争是一件很有趣的事，因为它预示了基督教世界将有大乱来临。整个13世纪，一部分方济各会修士尽力遵守教会的会规，1318年其中有四人在马赛被作为不可救药的异端活活地焚死了。看来圣方济各的教训和精神与12世纪被杀害的华尔多派奠基人华尔多的教训和精神两者之间并没有多大差别。两者都是十分热衷于拿撒勒人耶稣的精神的。不过当华尔多反抗教会时，圣方济各还竭尽全力做顺从教会的好孩子，他对于正式基督教精神的评论只是含蓄的。但两者都是反对教会的权威和规定程序的良心爆发的例证。在这第二个例证中，和在第一个一样，很清楚，教会已察觉到了造反的气味。

与圣方济各性格很不相同的是西班牙人圣多明我（1170—1221年），这人首要的是笃信正宗，他有和异端雄辩而改变他们信仰的热情。因此他被教皇英诺森三世派去向阿尔比派传道。他的工作同十字军的战争和屠杀同时并进；凡是多明我所不能劝化的，英诺森的十字军战士就把他们歼灭掉；但是他的种种活动本身和他的修会为教皇所承认、所鼓励，表明讨论的浪潮正在上涨，而罗马教廷想恃武力来迫使人服从则无济于事。

就几方面来说，黑衣托钵僧或多明我修士——方济各修士是灰衣托钵僧——的发展表明罗马教会已走上歧途，愈来愈深地陷入有系统的教条，因此而引起同日益活跃的人类智慧和勇气的毫无希望的冲突。教会的职责本是诱导，而选择了强迫。圣多明我对他设法劝化的异端所作的最后宣讲，至今还保存着。那是历史上的一个路标。它暴露了一个人的致命的愤激，因为他的真理得不到流行而对真理的力量丧失了信心。

他说："多年以来我用温厚、讲道、祈祷和涕泣来规劝你们，却终于无效。但按照我国的格言：'在恩赐办不成功的地方，打击可能有效。'我们将唤起王侯教长们来反对他们，嘻！他们将把他们的国家和王国武装起来反对这个地方……因此凡恩赐和温厚无能为力的地方打击是有用的。"（《英国百科全书》"多明我"条）

13世纪时教会中发展了一种新的设置，即教皇的异端裁判所。这时以前，教皇习惯于在这个或那个地区偶尔审讯或调查异端，但这时英诺森三世看到了新的多明我修士会是一种镇压异端的有力工具。于是异端裁判所在该会的指导下组成一个常设的审查机构，教会通过这工具着手用烈火和苦刑来打击和削弱人的良心，认为这是统治世界唯一希望之所寄。13世纪以前，很少用死刑来惩罚异端和不信教的人。这时在欧洲的百来个市场上，教会中居高位的人们目睹着反抗教会者烧黑的尸体，这些大半都是贫苦而无足轻重的人民可怜被焚而倒下的。他们自己对人类的伟大使命也随这些尸体一同被焚烧而倒在尘埃和灰烬之中了。

方济各修士和多明我修士的发端不过是基督教世界正在崛起的许多新兴力量中的两个，或者扶持教会，或者破坏教会，随它自己的智慧而定。这两个修会确被教会所同化、所利用，尽管前一个修会稍受暴力的强制。但其他的新兴力量就更坦白地不服从和批评了教会。一个半世纪之后，出现了威克利夫（1320—1384年）。他是牛津大学一个有学问的博士，有一个时候他是巴利奥耳学院的院长，他也在教会中领取各种俸禄。他在晚年开始屡次直言不讳地批评教士的腐败和教会的不智。

他组织了许多贫苦牧师，即威克利夫派，在英格兰各地传播他的思想；为了便于人们可以评判教会和他本人之间的是非曲直，他把《圣经》译成英文。

他比圣方济各或圣多明我都更有学问，更有能力。他有许多身居高位的支持者，在人民中间也有一大群徒众；尽管罗马教会痛恨他，下令拘禁他，但他还是以一个自由之人死去，临死时还以路武沃尔司教区牧师的资格执行了圣餐礼。

但是那把天主教教会引向灭亡的邪恶老朽的精神，不愿让他的尸骨安葬在坟墓里。根据1415年康斯坦次宗教会议的一项法令，他的遗骸被命掘出焚毁，这是1428年弗莱明主教奉教皇马丁五世的命令执行的。这种亵渎神圣的举动并非某一孤立的狂妄者作出的，而是教会的正式法令。

15　主要教皇一览

一般读者因教皇人数众多而感到教皇统治的历史十分混乱。教皇们大多是在老年开始即位的，所以他们的任期短促，平均每人不到六年。

但是有些教皇是特出的，可为读史者提供方便，掌握要领。例如大教皇格雷哥里一世（590—604年），是修士任教皇的第一人，本笃的朋友，英国布道团是他所派遣的。

其他著名教皇有利奥三世（795—816年），他曾为查理曼加冕；有丢脸的教皇约翰十一（931—936年）和约翰十二（955—963年），后者是被皇帝奥托一世废黜的；有晚年才任教皇的伟大的希尔德布兰德，他就是格雷哥里七世（1073—1085年），他做了很多事情，如规定教士应遵守独身生活，坚持教皇权力高于国王诸侯之上，集中教会权力于罗马。

希尔德布兰德和当选皇帝亨利四世之间因为锡封问题发生了一场大斗争。皇帝企图废黜教皇，教皇把皇帝开除了教籍并解除了隶属他的诸侯的效忠义务。皇帝迫不得已去到卡诺萨堡向教皇悔罪（1077年），穿着麻衣，赤着脚，在该堡庭园的雪地里等候赦罪达三天之久。但后来亨利坚持了自己的权利，得到了诺曼人冒险家罗伯特·奎斯卡德向教皇势力猛攻的大力援助。

格雷哥里七世之后隔一任的教皇是乌尔班二世（1087—1099年），即兴起第一次十字军的教皇。

从格雷哥里七世开始一个半世纪的时期是教会颇有雄心壮志而努力的时期。当时一直不断地真正想在纯洁和整顿教会的过程中把全基督教世界统一起来。

第一次十字军以后在叙利亚和圣地建立的拉丁诸王国，以及在宗教上同罗马的联系，标志了罗马征服东方基督教的开始阶段，达到了拉丁人统治君士坦丁堡的最盛时期（1204—1261年）。

1177年，皇帝弗里德里希·巴巴罗萨（弗里德里希一世）在威尼斯跪在教皇亚历山大三世面前，承认他精神上的无上权威，并向他宣誓效忠。但是在1181年，亚历山大三世死后，罗马教廷的特有弱点变得明显了，就是它容易落到年老体衰的人的手里。先后有五个教皇蹒跚地进入了拉特兰宫，在十年以内就都死去了。只有英诺森三世崛起做了教皇（1198—1216年）才真正锐气勃勃地奉行了"上帝之城"的伟大政策。

英诺森三世担任皇帝弗里德里希二世的监护人时，我们已谈到了他的生平。其后继起的五个教皇，罗马教皇几乎成了一个统一的基督教世界中空前绝后的君主。帝国因内部纷争而削弱了，君士坦丁堡落入了拉丁人的手中，从保加利亚到爱尔兰、从挪威到西西里和耶路撒冷，教皇是至高无上的。不过他的无上权力还是外表胜于现实。因为我们已经看到在乌尔班时，基督教信仰力量，在全欧洲是强大的，在英诺森三世时，教皇权已失去了各诸侯的倾心，普通人民的信仰和良心也正在转变为反对只顾政治和采取攻势的教会。

到了13世纪，教会在世界上伸展着它的法定的权力，却失去了它对人们良心的掌握。教会变得用说服少，用暴力多。有见识的人每逢谈到这个过程或读到这个失败过程时，都有种种很复杂的情感。在欧洲长期黑暗和混乱的整个时代里，教会掩护而又形成了一个新的欧洲；教会成了铸造新文明的模型。但这种新形成的文明不得不凭着它固有的活力来成长，而教会却缺乏足够的成长力和适应力。这个模型必然破裂的时期已迫在眉睫了。

当不久几代教皇同法国国王日渐增长的权力发生冲突时，罗马教廷的生存力和支持力的衰颓开始大大地显露了出来。皇帝弗里德里希二世在世时期，德意志陷入了分裂，法国国王开始继霍亨施陶芬朝诸帝扮演了教皇的护卫者、支持者和竞争者的角色。一连几世教皇实行了支持法兰西君主的政策，法国亲王们以得罗马的支持和赞助而建立了西西里和那不勒斯王国，于是法兰西诸王认为在他们面前有恢复和统治查理曼帝国而中兴的可能。不过，当德意志的霍亨施陶芬朝最末一个皇帝弗里德里希二世死后，无人继位，成了虚君时代。于是哈布斯堡家族的鲁道夫被选为第一个哈布斯堡朝皇帝（1273年），虚君时代结束了，拉特兰宫的政策开始摇摆于德法之间，以后继的各教皇同情心的向背为转移。

1294年博尼法斯八世当了教皇。他是意大利人，敌视法国人，充满了罗马伟大传统的意识和使命感。有一个时候他行事专断。1300年他主持大庆典，广大朝圣群众在罗马聚集。"流入教皇财库的金钱如此之多，使得两个助手忙于用耙子来收集圣彼得墓上堆满的献礼。"（吉·赫·鲁宾逊语）但是这个节日只是虚有其表的胜利。召集一群游客比起召集一队十字军战士容易得多。1302年博尼法斯和法国国王发生了冲突；1303年因为他正要颁布把这个国王开除教籍的判决令，他出其不意地在阿纳尼自己的故宫中被纪尧姆·德·诺加雷逮捕了。这个法国国王的代理人闯进了宫中，冲进这个惊惶失措的教皇的卧室——当时教皇正双手捧着十字架躺在床上——对他大肆威胁和侮辱。一两天后，教皇被镇上人民释放了，回到了罗马；但他又被阿西尼家族的某些人员拘捕了，再次成了阶下囚，几星期后，这个受惊而幻想破灭的老人以囚犯的身份死在他们的手里。

阿纳尼人民确实怨恨诺加雷初次侮辱教皇的暴行，就起而反抗他并释放了博尼法斯，但另一方面阿纳尼是教皇的故乡。应当注意的要点是法国国王这种粗鲁对待基督教世界的首脑，是完全得到法国人民的赞同的；他召集了法国的三级会议（贵族、教会和平民），在着手采取极端行动以前已得到了他们的同意。无论在意大利、德意志或英格兰，一般人对自由处理这个居统治地位的教皇都毫无不赞同的表示。基督教世界的观念，到了不能统治人心时，它的威力就衰退下去了。

在东方，希腊人在1261年从拉丁诸帝手里夺回了君士坦丁堡，新的希腊王朝的缔造者迈克尔·帕莱奥洛古斯，即迈克尔八世，经过了几次假意试图同教皇和解之后，与罗马教会完全割断了联系，连同这事和亚洲拉丁诸王国的陷落，教皇们向东扩展的优势就告结束了。

整个 14 世纪，罗马教廷并没有做出一点可以恢复它道义上的权势的事。博尼法斯八世后隔一任的教皇是克勒芒五世，他是法国人，是法国国王菲力浦所选择的。他从来没有到过罗马。他在阿维尼翁镇建立了教廷，该镇这时并不属于法国，而是属于罗马教皇教区，虽然是在法国领土之内。而继任的几世教皇都住在这里，直到 1377 年教皇格雷哥里十一回到罗马梵蒂冈宫为止。但格雷哥里十一并没有把整个教会的同情心带回罗马。许多红衣主教都是法国人出身，他们的种种习惯和社会关系都在阿维尼翁扎下了深根。当 1378 年格雷哥里十一死时，意大利人乌尔班六世被选为教皇，这些持不同意见的红衣主教宣称选举无效，另选了克勒芒七世为教皇与罗马教皇对抗。

这个分裂叫做大分裂。教皇们仍住在罗马，凡反对法兰西的各君主，德意志皇帝，英格兰王，匈牙利，波兰和欧洲北部，都矢忠于罗马教皇。另一方面，对抗的诸教皇都继续住在阿维尼翁，得到了法国国王及其同盟者苏格兰王、西班牙、葡萄牙以及德意志诸侯国的支持。每个教皇都把敌对方面的信徒开除了教籍，并诅咒了他们，因此在这期间（1378—1417 年）整个基督教世界依照或此或彼的标准都受到了极端严厉的咒骂。

这个分裂对于基督教世界的团结的可悲影响是不可能被夸大的。当真理的泉源对着自身迸发的时候，像威克利夫这样的人就开始教给人们根据自己的利益来思考，这有什么可奇怪的呢？

1417 年，大分裂在康斯坦次会议中和解了，也就是这次会议表决了把威克利夫的遗骨掘出焚毁，并处约翰·胡斯以火刑，这事我们将在后面谈到；在这次会议中，教皇和对抗的教皇或辞职了或被废掉了，马丁五世因此成了正式重新统一的基督教世界独一无二的教皇，不过这个基督教世界在精神上已是疲怠不堪的了。

后来，巴塞尔会议（1439 年）怎样导致了新的分裂，并导致了进一步对抗教皇，我们这里就不能叙述了。

以上就是几百年间教皇权势盛衰兴废故事的简短的叙述。这是一段未能实现一个十分高尚辉煌思想的统一的宗教世界的故事。前节我们指出了教会所继承的一种复杂的武断的神学怎样在这里大大地阻碍了它的雄心热望的冒险事业。教会有过多的神学，却没有足够的宗教。但是在这里要指出，个别教皇的不称职也助长了教会体制和尊严的崩溃，也许不是没有根据的。当时世界上还没有那样的教育水平能够提供那些接连的红衣主教和教皇们以担负他们任务所需要的广博知识和广阔眼界；他们并没有受到充分的教育足以完成所担负的任务，只有少数几个全凭天才的力量能从这缺点里超拔出来。而且，我们前已指出，当他们最终得到权力时，已经衰老到不能运用这权力了。在他们能够掌握必须予以控制的局面以前，大多已经死去了。

这也许是有趣的推测，如果红衣主教们都在50岁退休，如果年过55岁的人都不能被选为教皇，那么那平衡就会倒向教会的一边。这就会延长每个教皇的平均在位时期，并大大地增加了教会政策的持续性。红衣主教都是教皇的选举人和顾问，要设计一种选举红衣主教的更完善制度也许是可能的。人们所赖以得到权力的规则和方法在人类事务中是极关重要的。统治者的心理学至今仍是有待正当研究的一门科学。我们已看到罗马共和国的覆亡，这里我们看到教会很大部分由于选举方法的不善，而没有完成它的世界使命。

16　哥特式的建筑和艺术

某些建筑上和艺术上的发展表明了基督教史由罗马式时期到以弗里德里希二世为先驱者的怀疑和信仰衰颓时代的各个阶段。11、12世纪，大教堂建筑极为流行，西方罗马式建筑迅速发展为较严格说来所谓的哥特式建筑。罗马式塔的垂直屋顶伸长成了尖塔，交叉穹棱拱状的屋顶也引进了，阿拉伯艺术中已经流行了二百年或更多年的尖拱把圆拱一扫而光。随着这些特征，窗户和彩色玻璃的精心制作也大大发展了起来。

大概是因为各修士会的发展和富裕才解放而涌溢出了大量的艺术精力，给世界以像巴黎圣母院、夏特勒大教堂、亚眠大教堂和博韦大教堂庄严华丽的开端。哥特式的冲动力持续了几百年之久。到了13世纪，花格窗发展到了最高峰。14世纪，哥特式一时变得丰富多彩，接着产生了它的反作用变为简结纯正。英国人在高度严格的"垂直式建筑"中打出一条自己的路线。北部和东部德意志广大地区建筑石料很少或不易得到，哥特式建筑就用砖造成一种新质量的各种样式。15世纪开始，哥特式建筑渐趋衰落。欧洲教会的盛时已经过去，新的社会状况不得不以新的形式表达出来。在比利时和荷兰的一些城镇里，仍有未完成的大教堂，在它近旁，有一些大市政建筑就是劫取教堂的建设资源来兴建的。例如在伊普尔，战争毁坏以前，宏大的布厅完全使教堂黯然失色。

在西班牙，基督徒从摩尔人手中赢回了比利牛斯半岛以后，哥特式随之一省一省地流传开来。摩尔人的阿拉伯式和西班牙人的哥特式各自在自己境内发展了。在塞维利亚，摩尔人的阿刹沙尔宫的附近兴建了一座哥特式大教堂，它高耸的内部似乎以阴郁的胜利对被征服的征服者耀武扬威。

哥特式从来没有深深地渗透到意大利，最显著的例证是米兰大教堂。但在西欧哥特式流行期间，意大利是古老传统和种种各相冲突的风格的战场。威尼斯的拜占庭式圣马可教堂和哥特式米兰大教堂两下相抵，而在阿马耳菲大教堂之类的建筑物上诺曼人和萨拉森人的精神又同罗马人的精神混在一起。彼萨的大教堂、浸礼堂和钟楼构成了一组最足以表达大约从12世纪开始的意大利建筑。

整个哥特式时期，雅利安和含米特两族人民对写生艺术的强烈爱好，很明显地是在同基督教和伊斯兰教开始盛行以后西方世界出现的压制的本能倾向进行着斗争。必须知道，在基督徒中间对写生艺术没有明显的憎恶。古典的罗马绘画在陵寝和有装饰的基督徒坟墓中日渐消亡了。有些质量较差的壁画在中世纪竭力支持下去，到了10、11世纪才增多起来。

随着安全感的增长，要求美化教堂和修道院建筑的愿望也日渐加强了。绘画从装饰书稿者的受束缚的工作中扩展到了壁画和近代长方形的门墙画。僵直的圣徒形象变得柔和多了，他们后面的背景也变得显明起来，给绘画家以细致写实的余地。在一个地方画好的画板，被带到另一个地方配置了起来，这就是独立图画的始祖。12、13世纪，法兰西和德意志有一个时候在复兴图画艺术方面曾走在意大利的前头。同时石匠正在把日渐增长的生动性和现实主义输进到他苦心制作的哥特式建筑的装璜里面。他把喷水口变成一种奇怪生物形的滴水嘴；他把人面和人像放在柱头和尖顶上；他把圣徒的像由浮雕改成圆雕。在这件事上德意志也是领先的。这种悄悄地倒退的模仿是中世纪艺术史上最有趣的一般情况。

我们已经注意到从前人类史中的艺术模仿有过同样的消失和再现。晚期旧石器时代的人以自由风格和活力来雕刻和描绘了各种实物，但早期新石器时代的人都没有给我们留下关于生物的美好图画或美好雕刻。造型艺术在青铜器时代以前很少重新出现。正是同样的情况，在更大规模上发生在罗马帝国盛世和中世纪之间，不仅在基督教影响下是这样，而且在伊斯兰教影响下也是这样。关于这些交替从来还没有一种充分令人满意的解释。艺术从现实后退到专心致力于形式上的推敲。从那时以后又发生了另一个生动模仿的高潮，也许在不久以前达到了顶点。绘画和雕刻两者，大体说来，50年前和当时比起来是模仿和写生较多，而象征性和表现性较少。对于总的艺术冲动的浪潮，这种欢跃的、强烈表现的现实同超脱和严肃的交替，我们在这里提不出满意的解释。这好像是极端的现实主义，极端喜爱人体、动作、激情和情况细节，最终产生了反作用，本能地转向抽象和拘泥形式。

17　中世纪的音乐

十字军东征时代，音乐正在发生很大的变化。在此以前，不承认有和声，音乐不过是一种节奏和曲调；这时一种全新的发展开始了——首先是原始的重唱，然后是精益求精地使曲调交织地混杂在一起。各种不同的声音被组成同时唱和谐的各不相同的音节。同时一种记谱法能够表达和记录复音的新音乐也发展起来。乐谱对于音乐的自由发展如同书写文字对于日益发展的各种文学的出现同样是必要的。

这种音乐改造的开端似乎首先在西欧，大概是在威尔士和英格兰中部地方。因为正是在这些地方我们找到了最早记录的重唱的例子。可能早到9世纪就开始了；到12世纪末重唱肯定已经成立和实行。注明写自1240年左右的很好的英国复音曲谱的记载，至今还存在着。这就是旋曲《夏天来到》。大概那是福恩斯特的约翰，一个读经的修士写的，W. H. 哈多爵士说："它的复音曲谱是惊人地健全和令人满意的，至今听来还使人感到极大的愉快……那是我们西欧艺术发展中的第一声，这种声音仍能用亲切和熟悉的乡音对我们说唱。"

流浪冒险家们的时代也是流浪音乐的时代。行吟诗人行吟于城堡之间；还有许多行乞的吟游诗人，和声的新概念经由法兰西和意大利便传播到中欧。大部分歌曲是没有伴奏的歌唱复音曲，器乐演奏的发展是后来随着使用琵琶、古键琴、维哦尔，以及由于风琴制造师技艺的增进使风琴的使用范围扩大而来的。城堡和宫廷的奢华和讲究程度还没有达到足以产生超出主要是唱歌和主要是民间俗人音乐所需要的高度；新音乐的主要实验场所最初是大修道院的教堂歌唱队。这里面有创新精神的歌唱队领班与非常保守的虔诚思想进行着斗争，而且是长期的斗争。

主要唱歌和声方面的显著形式是牧歌。意大利作曲家帕莱斯特旦纳（1526—1594年），是这时期合唱队音乐登峰造极的大师。16世纪的意大利乐器制造者已使小提琴达到完善，近代风琴正在进展，新社会条件正在上升，新的感情正在寻求表达，而新的方法也正在发展，使得器乐演奏的谱曲在一种更广阔的音乐作曲风格中有起更大作用的可能。

第七编
陆路上的诸蒙古帝国和海路上的诸新帝国

这个人显然是根本不相信什么正义，不相信有个统治世界的上帝或是人们心中有个上帝，不懂得人们良心的力量。他对世界范围的人类秩序并没有什么乌托邦的前景，也没有去实现"上帝之城"的企图。他并不想要这些东西。在他看来，取得权力，满足一个人的种种欲望、情感、憎恨，自鸣得意地在世上昂首阔步，必定是人们最高的愿望。只有一个君主才能充分实现这样的一种生活。显然是出于几分胆怯，或出于他感到自己还不够资格作此要求，使得他放弃了由他自己去实现这梦想的念头；但他至少还希望去为一个君主服务，去接近这种光荣，去分享掠得的赃物、色欲以及得到了满足的恶念。他甚至可以使自己成为一个不可缺少的人！于是他竭力想使自己成为一个君主权术的"专家"。

在从帝国的残骸和教会的失败中成长起来的那些新国家的君主后面，到处都是马基雅弗利型的首相、部长和被信赖的大臣们。例如英国亨利八世的大臣克伦威尔，在他同罗马决裂后，把马基雅弗利的《君主论》看作是政治智慧的精华。当君主们自己够聪明时，他们也是马基雅弗利型的人物。他们互相阴谋制胜，掠夺较弱的同时代的人，毁灭对手，使得自己能暂时趾高气扬。他们很少或没有任何比他们相互玩弄手段更大的关于人类命运规划的远见。

第三十二章 成吉思汗及其后裔的大帝国（陆路的时代）

1 12世纪末叶的亚洲

我们现在要谈一谈游牧生活对东方和西方文明所有的袭击中最后和最大的那一次。在这部历史里我们已描绘了游牧和文明这两种生活方式的并肩发展，并且我们已经指出，随着这些文明生长得更加广泛和组织得更好些，游牧民的武器、机动性和情报也改进了。游牧民不单纯是未开化的人，他们是沿着自己的路子而专门化了并且还在专门化之中的人。从历史一开始游牧民和定居的人民间一直相互起着作用。我们已经谈过闪米特人和伊拉姆人对苏美尔的袭击；我们已经看到西罗马帝国被大平原上的游牧民所击溃，波斯被阿拉伯的游牧民所征服以及拜占庭被他们所震撼。13世纪开始的蒙古人的侵略到此为止还是对人类的结合给予破坏性的重新翻犁的最后一次。

靠近12世纪之末，蒙古人从完全默默无闻的状态，极其突然地闯入了历史。他们出现在中国北方，那里是匈奴人和突厥人的发祥地。他们显然和这些人是同一血统。他们聚集在一个首领之下，我们不必去提他的名字来增加读者记忆上的负担了；在他儿子成吉思汗手下，他们的势力极其迅速地增长起来。

对于伊斯兰教国家原有的统一的逐渐崩溃，读者想已有了一个概念。13世纪初在西亚已有若干分立交讧的穆斯林国家。埃及（连同巴勒斯坦和叙利亚的大部）是在萨拉丁的继承者的统治之下，小亚细亚是在塞尔柱人的势力之下，在巴格达还有一个阿拔斯朝哈里发政权，其东又崛起了一个相当大的帝国，即花剌子模帝国，那是基发的突厥王公们所建立的，他们征服了一些零散的塞尔柱人的小侯国，统治了从恒河流域到底格里斯河的大片地方。他们对波斯和印度居民的统治并不巩固。

对一个有进取性的入侵者来说，中国文明的情况同样是诱人的。在这部历史中，我们在前面对中国的最后一瞥，是在第 7 世纪唐朝开始的几年间。那时，精明能干的皇帝太宗正在权衡景教、伊斯兰教、佛教和老子的教导的各自优点。从整体来看，他倾向于认为老子并不在其他导师之下。我们已描写过他对旅行家玄奘的接待。太宗对一切宗教都是宽容的，但是他的几个继承者却对佛教信仰进行了无情的迫害；而尽管遭到了迫害，佛教还是盛行。佛教寺院最初支持了学问而后来却又妨碍了它，在这点上和西方基督教修道院组织扮演了多少类似的角色。

到了 10 世纪，强大的唐朝处在一种极端衰微的状态中，发生了由一系列骄奢和无能的人所引起的通常的退化过程，中国在政治上再次分裂成一些数目不定的敌对国家——"五代十国的时代"。这是一个混乱的时代，延续了整个第十世纪的上半叶。此后北宋王朝兴起（960—1127 年），它建立一种可以说是统一的局面，但经常同从北方南下逼近东海滨的若干类似匈奴的人作斗争。其中之一的契丹人，盛极一时。12 世纪时，这些人被征服了，让位给另一个类似匈奴人的金帝国。它以北京为首都，南部边界到达黄河以南。

宋帝国在金帝国面前退缩了。1138 年把首都从南京（今商丘市）迁到了滨海的城市杭州，那时南京距北方的边境太近了。1127 年以后到 1295 年，宋朝被称为南宋。当时它的领土的西北是鞑靼人的西夏帝国，北方是金帝国，这两国中原有的汉人被游牧传统仍很强烈的统治者所统治。因此在东方，亚洲这一部分人类的主要群众也已处在习尚不同的异族统治之下，即使不是欢迎、也准备接受一个征服者的到来。

我们已经注意到，北印度在 13 世纪初也是一个被征服的国家。最初它是基发帝国的一部分，但在 1206 年，一个冒险的统治者库特布在德里建立起一个单独的印度斯坦的穆斯林国家。库特布本是一个奴隶，一跃而为印度省的总督。正如我们已指出的，婆罗门教早已把佛教从印度逐出，但是皈依伊斯兰教的还只是那地方的一小撮统治者而已。

这就是 13 世纪初成吉思汗开始在巴尔喀什湖和贝加尔湖之间的一片地方巩固其对游牧民的权势时亚洲的政治状态。

2　蒙古人的兴起和武功

成吉思汗及其紧接的继承者们征服的经历震惊了世界，也许最惊人的还是蒙古可汗他们自己。

元朝（1280年）

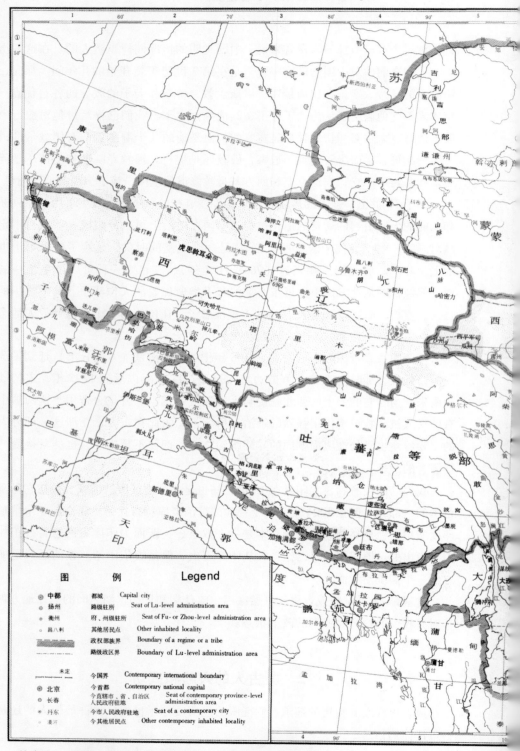

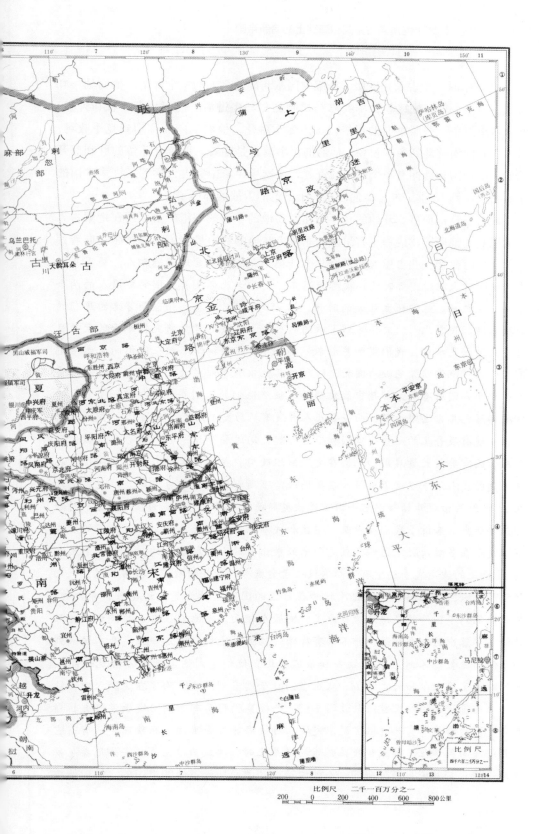

12世纪时，蒙古人是臣服于征服中国东北部的金人的一个部落。他们是一群游牧的骑手，住在帐篷里，主要靠马奶制品和马肉过活。他们从事放牧和狩猎，间或从事战争。按照草原的习俗，每当冬雪融化，他们就向北移动到夏季牧场；入冬，就向南移动到冬季牧场。他们的军事教育是随着一次抗金斗争的胜利而开始的。金帝国背后拥有半个中国的资源，在这场斗争中蒙古人学到了许多中国的军事科学。到12世纪末，他们已是一个出色的善战的部落了。

成吉思汗把他事业开始的几年用在发展他的军事核心组织上，用在把蒙古人和周围有关部落同化成一支有组织的军队上。他的势力最初可观的扩张是向着西方的，那时鞑靼乞儿吉思人和畏吾儿人〔他们是塔里木盆地的鞑靼人。畏吾儿人在6世纪首次出现，那时他们被称为高车，是蒙古北部及其周围的突厥人的两个主要分支之一。他们独立强大的时代，从750年到850年，相当于著名的唐朝的鼎盛时期。畏吾儿人的文化达到了很高的水平，从最近考古研究揭示出的大量畏吾儿文学和艺术中，我们得知基督教（景教）、佛教和摩尼教在他们的王国里都有人信仰。他们以摩尼教为国教，同时对其他宗教予以最大的宽容。畏吾儿人肯定是中华帝国所有北方邻邦中最文明的。虽然他们的王国在850年被一个北方的突厥部落乞儿吉思毁灭了，而畏吾儿人并没有从历史上消失，直到15世纪，我们经常发现有畏吾儿的一些小侯国和小邦崛起，同时整个这一时期畏吾儿人被伊斯兰教各国官府所大量雇用。他们在突厥斯坦政府机关里所起的作用，同印度人在德里莫卧儿人治下以及孟加拉人在英国人治下所起的作用十分相象。以成吉思汗在13世纪的出现开始和以君士坦丁堡被奥斯曼土耳其人所征服为结尾的这一时期的东方历史，告诉了我们在中亚、印度和波斯很多突厥王朝的兴亡；奇怪的是我们注意到在多数情况下这些王朝是原来奴隶出身的人们所建立的。在一份未发表的13世纪的波斯文手稿中有下面这段关于突厥人的奇异的叙述：按常识说，一切种族和阶级，当他们在自己的民族和在自己的国家里时总是受到礼遇和尊敬的；但当他们到了国外就变得落魄可怜了。突厥人相反，当他们在自己的民族中时只是许多部落中的一个部落，并不享有特殊的权力或地位。但是一旦离开本国来到一个伊斯兰教国家时（离开故乡和亲戚越远，他们受到的尊重和评价就越高），他们就成了埃米尔和大元帅了。从亚当的日子起直到现在，除了在突厥人中，没有一个出价买来的奴隶曾经做过国王；一个极其聪明而有学问的突厥王阿夫拉斯亚布，他的语录中有一句格言说，突厥人好像海底贝壳里的一颗珍珠，只有当它离开海洋而装饰在王冠上和戴在新娘的耳朵上时，才成为珍宝。——丹尼森·罗斯爵士注〕与其说是被征服的，不如说是被劝诱而加入了他的组织的。然后他攻打金帝国，占领了北京（1214年）。最近才被金人打败的契丹人，把他们的命运同他连在一起，这对他是个很大的帮助。在这易主期间，原在中国北部过着定居生活的人只管继续播种、收割和贸易，对哪一方面都不予支持。

我们已经提到很新近才在突厥斯坦、波斯和北印度建立的花剌子模帝国。这个帝国向东伸展到了喀什噶尔，看上去它一定是当时最进步和最有希望的帝国之一。成吉思汗当他仍在与金帝国交战时，派遣使节来到花剌子模。这个使节却被处死了——这几乎是一件难以置信的蠢事。用今天的政治术语来说，花剌子模政府决定不"承认"成吉思汗，因而采取了这种盛气凌人的行动。对此，（1218年）成吉思汗所整编和训练好的强大骑兵横越帕米尔，开进了突厥斯坦。骑兵的武器精良，大概还拥有一些攻城的大炮和火药——因为中国人那时肯定已在使用火药，蒙古人是从他们那里学会使用的。喀什噶尔、浩罕、布哈拉相继失陷，然后花剌子模帝国的首都撒马尔罕陷落了。从此在花剌子模的领土上蒙古人纵横无敌。他们向西扫荡到了里海，向南远抵拉合尔。在里海之北，一支蒙古军队和来自基辅的一支俄罗斯军队相遇。经过一系列战役，俄军最后被击败，基辅大公被俘。蒙古人就是这样地出现在黑海北岸。惊慌万状的君士坦丁堡立即重建防御工事。与此同时，蒙古人的其他部队正从事于征服在中华帝国的西夏帝国。西夏被吞并了，只剩下金帝国的南部未被征服。1227年成吉思汗正在他一生战功显赫之时死去了。他的帝国已从太平洋扩展到了第聂伯河。而它还是一个仍在强烈地向外扩张的帝国。

像一切游牧民所建立的帝国那样，它一开始纯粹是一个军事上和行政上的帝国，与其说是一种统治，不如说是搭了一个架子。它以帝王个人的所作所为为中心，它同治下的广大居民群众的关系单纯是向他们收税来维持游牧部落的生活。但是成吉思汗请来了金帝国的一个十分精干练达的行政官来协助他，这个人精通中国的全部传统和科学。这个政治家就是耶律楚材，他在成吉思汗死后很久还能把蒙古人的事业继续进行下去，毫无疑义，他是历史上伟大的政治英雄人物之一。他缓和了主人们野蛮的残暴行为，拯救了无数城市和艺术品免遭毁灭。他收集了档案和碑铭，当他被控为贪污时，人们发现他仅有的财富只是一些文件和几件乐器。在蒙古军事组织的效率方面，耶律楚材的功劳也许不在成吉思汗之下。我们还应进一步注意到，在成吉思汗的统治下，我们见到了在整个亚洲大陆上所建立起来的最彻底的宗教宽容。

成吉思汗逝世时，新帝国的首都还是在蒙古的一个巨大、粗犷的喀喇和林镇上。在这里蒙古首领们的一次集会上选出了成吉思汗的儿子窝阔台汗做他的继承人。对金帝国残余部分的战争一直进行到它全部被征服为止（1234年）。在这件事上，统治着中华帝国南部的宋朝帮助了蒙古人，从而摧毁了他们自己对抗这企图一统天下的征服者的屏障。此后蒙古军队横扫亚洲，直指俄罗斯（1235年），真是一次神奇的进军；1240年攻破基辅，整个俄罗斯几乎都成了蒙古人属下的纳贡者。波兰被蹂躏了，1241年一支波兰人和日耳曼人的混合部队在下西里西亚的利埃格尼兹战役中全军覆没。皇帝弗里德里希二世似乎并没有做出多大努力来挡住这股猛进的浪潮。

伯里在注释吉本的《罗马帝国衰亡史》中说，"只是在最近，欧洲的历史才开始懂得，1241年春那支蹂躏了波兰、占领了匈牙利的蒙古军队之所以赢得胜利是由于完善的战略，而不是由于仅仅数量上的压倒优势。但是这个事实还不是尽人皆知的；那种把鞑靼人描写成一大群粗犷的游牧部落，只凭人数众多就处处得手，样样顺利，还说他们毫无战略计划地驰越东欧，纯靠压倒的力量冲破一切障碍，这些庸俗见解迄今仍在流行……

"在维斯瓦河下游伸延到特兰西瓦尼亚的军事行动中，指挥官的部署得到那么准时和有效地贯彻执行，这是令人惊异的。这样的一个战役是完全超出那时任何欧洲军队的能力的，也超出任何欧洲指挥官的想象力的。在欧洲，上自弗里德里希二世下至他的麾下，没有一个将军在战略上比起速不台来不是一个阅历浅薄的新手。我们还应当注意到，蒙古人是充分了解了匈牙利的政治形势和波兰的情况才从事这场战争的——他们用组织得很好的密探系统取得情报；而另一方面，匈牙利人和基督教诸国，却像幼稚的蛮族人一样，对自己的敌人几乎一无所知。"

但是，虽然蒙古人在利埃格尼兹取得了胜利，他们并没有继续西进。他们进到了不适宜于他们战术的森林和丘陵地带；因此他们转向南方，准备定居匈牙利，屠杀或同化和他们有血缘关系的马扎尔人，就像这些马扎尔人从前屠杀和同化了他们面前的斯基台人、阿瓦尔人和匈奴人的混血后裔一样。从匈牙利平原，他们也许会向西方和南方侵袭，正如9世纪的匈牙利人、7世纪和8世纪的阿瓦尔人以及5世纪的匈奴人那样。但是在亚洲，蒙古人正对宋朝进行一场猛烈的征服战，而且他们还正在袭击波斯和小亚细亚；窝阔台突然死去了，1242年关于继承问题发生了纠纷，因此而被召回的所向无敌的蒙古军队，开始横越匈牙利和罗马尼亚，涌回东方。

喀喇和林的王朝纠纷延续了好几年，而且这广大的新帝国显示出了分裂的迹象，这使欧洲大为宽慰。1251年蒙哥汗立为大汗，他任命同母弟忽必烈总管中国事务，缓慢而有把握地征服了整个宋帝国。宋帝国被征服了，而东部蒙古人在文化和具体措施上却更加汉化了。西藏被蒙哥侵入和破坏了，他又完全彻底地侵入了波斯和叙利亚。蒙哥的另一个弟弟旭烈兀指挥了对叙利亚的战争。他把兵力转向哈里发政权，并攻占了巴格达，把城里居民全部屠杀光了。巴格达那时还是伊斯兰教的宗教首府，蒙古人变得对穆斯林非常敌视。这一敌视加深了游牧民和城镇居民天生的不和。1259 年蒙哥逝世，1260 年忽必烈才被选为大汗——因为把蒙古首领们从这辽阔帝国的遥远地方，从匈牙利、叙利亚、信德和中国，召集在一起要用去将近一年的时间。他对中国的事务已经深感兴趣；他以北京为首都，取代了喀喇和林。波斯、叙利亚和小亚细亚在他的弟弟旭烈兀的统治下事实上变成是独立的；同时在俄罗斯及其毗邻的亚洲地区的蒙古游牧部落和在突厥斯坦的各种较小的蒙古集团实际上也是各自分立的。忽必烈于 1294 年逝世，随着他的逝世连大汗这个名义的至尊性也消逝了。

忽必烈逝世时，有了一个以北京为首都的主要的蒙古帝国，包括整个中国和蒙古；第二个大的蒙古帝国钦察汗国，是在俄罗斯；在波斯是旭烈兀建立的第三个蒙古帝国伊儿汗国，小亚细亚的塞尔柱突厥人臣服于它；在钦察汗国和蒙古之间有一个失比儿国（西比利亚国）；在突厥斯坦另有一个独立的国家"大突厥"。特别值得注意的是，在这期间，旁遮普以外的印度从未被蒙古人侵入过，并且有一支在埃及苏丹统率下的军队在巴勒斯坦彻底打垮了旭烈兀的将领怯的不花（1260 年），挡住了他们对非洲的入侵。到了 1260 年蒙古人征服冲动的最高峰已经过去了。此后蒙古人的故事是一段分裂和衰落的故事了。

忽必烈汗在中国建立起的蒙古王朝元朝，从 1280 年延续到 1368 年。以后，当西亚蒙古人的精力恢复时，注定要在印度创立一个较为持久的君主国。但是 13 和 14 世纪时北印度的主人是阿富汗人而不是蒙古人，一个阿富汗帝国一直伸延到德干高原。

3 马可·波罗的游记

话说，这段蒙古人的征服故事确实是全部历史上最出色的故事之一。亚历山大大帝的征服，在范围上不能和它相比。在散播和扩大人们的思想以及刺激他们的想象力上，它所起的影响是巨大的。一时整个亚洲和西欧享受了一种公开的交往；所有的道路暂时都畅通了，各国的代表都出现在喀喇和林的宫廷上。

由于基督教和伊斯兰教的宗教宿怨而在欧洲和亚洲之间树立起的壁障降低了。罗马教廷对蒙古人皈依基督教抱着很大的希望。到目前为止，他们唯一的宗教是一种原始的异教萨满教。教皇的使节，从印度来的佛教僧人，巴黎、意大利和中国的技工，拜占庭和亚美尼亚的商人，阿拉伯官员，波斯和印度的天文学家及数学家都汇集在蒙古宫廷里。我们在历史上听得太多的是关于蒙古人的战役和屠杀，而听得不够的是他们对学问的好奇和渴望。也许不是作为一个有创造力的民族，但作为知识和方法的传播者，他们对世界历史的影响是很大的。从成吉思和忽必烈的模糊而传奇式的人格上所能看得到的一切，都倾向于证实我们的印象，即这些人至少和那浮华而自负的人物亚历山大大帝，或那政治幽灵的招魂者、那精力充沛而又目不识丁的神学家查理大帝一样，都是些颖悟而有创造力的君主。

教皇在蒙古的传教事业却以失败而告终。基督教那时正在丧失它令人信服的力量。蒙古人对基督教并无偏见；比起伊斯兰教来，他们最初显然还是喜欢基督教的；但是来到的差会明显地是在利用耶稣的伟大教导的力量来推进教皇统治世界的广泛要求。这样被污损了的基督教在蒙古人的心中是不够好的。把蒙古人的帝国变成上帝的王国的一部分，可能还合乎他们的心意；但不能把它变成一群法兰西和意大利教士的采邑。这些教士的要求巨大而实力和前景却是虚弱的，他们时而是日耳曼皇帝的傀儡，时而是法兰西国王所任命的人，时而是他们自己无聊的怨恨和虚荣的牺牲者。

1269年忽必烈汗派遣一名特使去见教皇，显然是想向西方基督教世界寻求某种共同的行动方式。他要求应当派遣一百名博学多能的人到他的宫廷来建立谅解。他的特使却发现西方世界并无教皇，却正在从事一场教廷史上常有的继位之争。有两年之久，那里根本没有教皇。当最后任命了一个教皇时，他竟派出两名多明我会修士想把亚洲最大的国家改宗归入他的统治之下！这些高贵的人慑于远途跋涉的艰苦，一开始就找到借口放弃了这次远征。

但这次没有实现的传道士的派遣只是多次谋求沟通的努力中的一次，而每一次都是软弱无力和精神颓唐的尝试，早期基督教差会的那种征服的热情已不再存在了。英诺森四世曾派出一些多明我修士到喀喇和林，法兰西的圣路易也曾派出传教士携带圣物取道波斯前去；蒙哥汗的宫廷里有许多景教（聂斯托里派）的基督徒，而且后来教皇的使节确实到达了北京。我们听到过曾有各种使节和主教被派到东方去，但这些人中很多在到达中国之前就失踪或中途丧命了。1346年在北京有一名教皇的使节，但他似乎只是教皇的一名外交官。随着蒙古（元）王朝的瓦解（1368年），基督教派遣差会的日益缩小的机会也完全消失了。明朝继元朝而起，这是一代具有强烈的民族主义的汉族王朝，最初它敌视一切外国人。可能发生过一次对基督教差会的屠杀。直至明朝晚年（1644年）在中国很少再听到基督教，不管是景教派还是天主教派。然后耶稣会士在中国做出了一次新的并较为成功的传播天主教派基督教的努力，但这第二次布道的浪潮是从海路抵达中国的。

1298年热那亚人和威尼斯人之间发生过一次海战，威尼斯人被打败了。在被热那亚人俘获的七千名俘虏中有一个名叫马可·波罗的威尼斯绅士,他曾是个大旅行家,他的邻居一般却认为他爱吹牛。他参加了派到忽必烈汗宫廷去的第一个布道团,其他两名多明我会修士回转了,而他仍继续前进。当这个马可·波罗在热那亚当了俘虏时,为了排遣忧闷,他对一个名叫鲁斯提契阿诺的作家讲述了他的旅行经历,鲁斯提契阿诺把它写了下来。在这里我们不介入关于鲁斯提契阿诺的故事的严格真实性这个众说纷纭的问题——我们也不确知这故事是用什么文字写的——但是这个值得注意的叙记大致可靠是无可怀疑的,它在14和15世纪时在思想活跃的人士中大受欢迎。《马可波罗游记》是一本历史上的名著之一。它打开了我们对13世纪的这个世界的想象力——这是弗里德里希二世在位和异端裁判所刚开始的世纪——仅仅是历史学家的编年史是做不到这一点的。它直接地导致了美洲的发现。

这本书开头叙述了马可的父亲尼科洛·波罗和叔父玛费奥·波罗到中国旅行的故事。这两人是威尼斯有名望的商人,居住在君士坦丁堡,大约是在1260年那时他们到了克里米亚,从那里又到了喀山;由那个地方他们旅行到了布哈拉,在布哈拉他们碰见了在中国的忽必烈汗派往他在波斯的弟弟旭烈兀那里去的使节团。这些使节迫使他们一同到大汗那里去,那时大汗还从没有见过"拉丁"族的人。他们就去了;他们显然给忽必烈以很好的印象,使他对基督教世界的文明大感兴趣。他们被委托携带延聘百名教师和博学之士的请求信。这些被延聘的"才智之士要精通七艺,能参加辩论,并能清楚地向偶像崇拜者和其他人等证明基督的律法优于一切"。关于这件事我们在上面刚刚提到过。当他们返回时基督教世界正乱成一团,经过两年的稽延之后,才委任他们和那两个懦弱的多明我会修士一起再启程到中国去。他们带上了小马可,正是由于他的参加和以后他在热那亚被俘而厌烦无聊,才给我们保存下来了这段最有趣的经历。

三个波罗启程了,不像前次远征那样取道克里米亚,而是取道巴勒斯坦。他们带着一块大汗的金牌和其他指示,这肯定使他们的旅行方便得多。大汗曾要求得到一些耶路撒冷圣墓中燃灯的灯油;因此他们先去那里,然后取道西利西亚进入了亚美尼亚。他们往北走那么远,是因为这时埃及的苏丹正在进犯伊儿汗国的领地。从亚美尼亚他们经由美索不达米亚抵达波斯湾上的霍尔木兹(他们好像打算从海路走)。在霍尔木兹他们遇到了来自印度的商人。由于某种原因他们没有乘船,反转向北通过波斯沙漠,这样经由巴尔克越过帕米尔到了喀什噶尔,并经由和田和罗布泊(这样步着玄奘的后尘)进入了黄河流域,到达北京。波罗称北京为"汗八里",称北中国为"契丹",称以前宋朝的南中国为"蛮子"。

1200年左右的中国

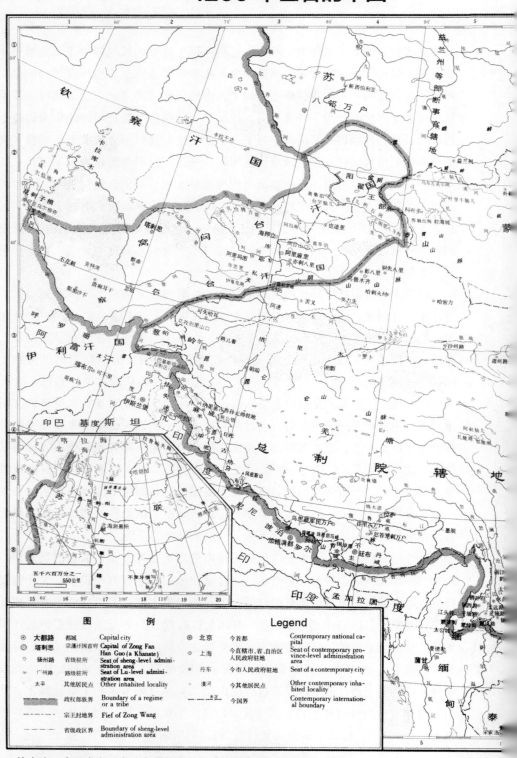

编者注：本图由出版者选自谭其骧主编《简明中国历史地图集》

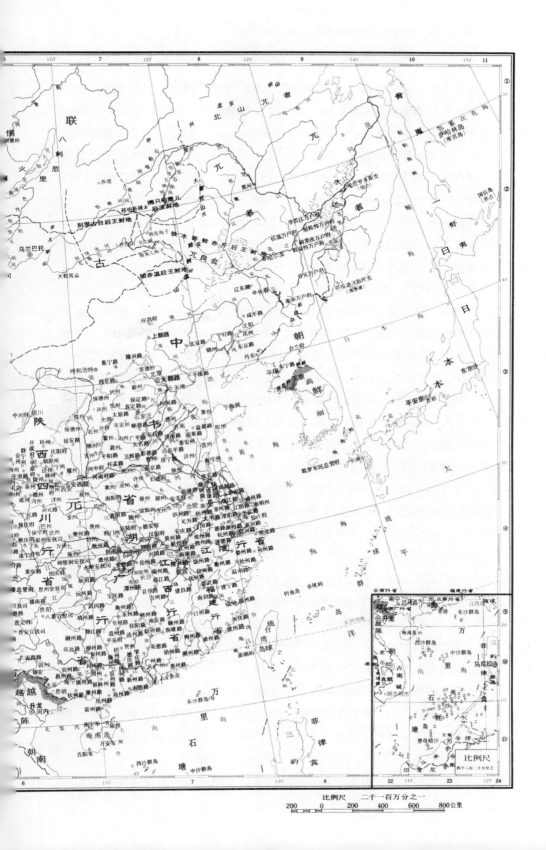

大汗正在北京，他们受到了优渥的款待。马可特别得到忽必烈的宠爱；他年少英俊，并且显然已十分精通鞑靼语。他被授予官职，并几次被派出使，主要在中国的西南部。他要讲的是这广阔的康乐繁荣的国土，"一路上有的是为旅客设置的上好旅馆"和"幽美的葡萄园、田野和花园"；还要讲的是佛教僧人的"许多庙宇"，"织锦和许多精美的塔夫绸"的大量制造，以及"连绵不断的城市和邑镇"等。这些描写最初是引起了整个欧洲的怀疑，接着是激起了整个欧洲的想象力。

他谈到缅甸和它的拥有几百头象的大军，以及这些动物怎样被蒙古弓手所击败；谈到蒙古人对勃固的征服。他谈到日本，大大夸张了那个国家所拥有的黄金数量。更加渲染的是，他谈到了中国的基督徒和信仰基督教的统治者，以及某一个所谓的"长老约翰"，即约翰牧师，他是信仰基督教的人民的"国王"。他并没有见到过这些人。显然他们是蒙古的一个信仰景教的鞑靼人的部落。大概是由于一种可以理解的兴奋，使得鲁斯提契阿诺过分强调了在他看来肯定是整个故事中最可惊叹的一件事了。而长老约翰从此就成了14和15世纪时最令人兴奋的传说之一。它大大地鼓舞了欧洲的冒险事业，使欧洲人认为在遥远的中国有一个与他们信仰同一宗教的人的社会，它自然会愿意欢迎并帮助他们的事业。马可作为宣慰使治理扬州城有三年之久，或许他给中国居民的印象是，他并不比任何一个鞑靼人更像外国人些。他还可能被派遣出使过印度。中国的记载提到，有某个名叫波罗的人，在1277年做过中书省的官，这对波罗的故事的一般真实性是个十分可贵的证明。

这几个波罗在来到中国的路上用去了大约三年半的时间。他们在中国待了16年多。这时他们开始想家了。他们受到忽必烈的恩宠，可能他们感到他的宠爱所招致的妒忌，在他死后会产生不愉快的结果。他们请求他准许他们回去。他先是拒绝了，后来有了一个机会。波斯伊儿汗国的君王阿鲁浑——忽必烈的弟弟旭烈兀的孙子——的蒙古籍妻子死了，在她临终时，阿鲁浑答应她，除了她本部落的蒙古人外决不娶别族的女人。他派使者来到北京，挑选了一名合适的公主，一个17岁的姑娘。为了免得使她跋涉沙漠的商队路，决定由一个适当的护送队送她从海上去。负责护送她的"王爷"们要求波罗几人陪同，因为他们是有经验的旅行家又是精明的人，波罗就抓住了这个回家的机会。

这个远征队从南中国东部的一个港口启航；在苏门答腊和南印度停留了很久；航行两年，抵达波斯。他们把这位公主安全地交给了阿鲁浑的继承者——因为阿鲁浑死了——她就嫁给了阿鲁浑的儿子。然后，这几个波罗经大不里士到了特拉布松，乘船去君士坦丁堡，在1295年左右回到了威尼斯。

据说这几个新归来的穿着鞑靼服装的旅行者被拒在家门口。好久以后人们才认出他们。许多人虽然识出了他们,但仍然侧目而视,以为他们是些衣衫褴褛的流浪汉;为了消除这种疑虑,他们举行了一次盛宴,当宴会达到高潮时,他们把里面塞着东西的旧衣服拿出来,打发开了仆人,然后拆开这些衣服,出人意料地,晶莹夺目的"红宝石、蓝宝石、红玉、翡翠和金钢钻"倾泻在眼花缭乱的宾客面前。但是即使在这以后,马可关于中国的面积和人口的叙述依然受到许多背地里的嘲笑。善谑的人给他起了个别号叫"百万先生",因为他开口闭口总是说百万人民、百万金币。

这就是首先在威尼斯耸人听闻的,继而轰动整个西方世界的那段故事。欧洲的文学,尤其是 15 世纪欧洲的传奇,充满着马可·波罗的故事里的名字,如契丹、汗八里之类。

4 奥斯曼土耳其人和君士坦丁堡

马可·波罗的这些旅行只是相当多的交通往来的开始。然而,在继续描述那时欧洲正在开始大大扩展的精神视野以前——对此他的游记实质上有很大贡献,我们不妨趁此机会先讲一讲蒙古人伟大征服的一个奇妙的旁生的后果,就是奥斯曼土耳其人在达达尼尔海峡的出现,然后再回过来笼统地谈一谈成吉思汗帝国各部分的分裂和发展。

奥斯曼土耳其人是在成吉思汗第一次入侵西突厥斯坦以前一小群向西南逃亡的人。他们长途跋涉,从中亚越过沙漠和山脉,穿过各异族的居民,寻找他们可以定居的一些新地方。马克·赛克斯爵士说:"他们是一小群异族的牧人,往来无阻地在十字军和反十字军、诸侯国、帝国和小邦之间游动,他们在什么地方宿营、怎样移动和保存牛羊群,在那里找到牧场,怎样同所经地方的首领们讲和,这些都是使我们惊奇而要提出的问题。"

最后他们在塞尔柱突厥人中间在小亚细亚的台地上找到了一块栖息的地方,四邻都是血统相近和意气相投的人。这个现在是安纳托利亚的地方,除了城镇居民中有相当一部分希腊人、犹太人和亚美尼亚人之外,大多数人主要是讲突厥语和信伊斯兰教。无疑,赫梯人、弗里吉亚人、特洛伊人、吕底亚人、爱奥尼亚希腊人、基默里人、加拉提亚人和意大利(自从珀加蒙时代)的血统至今还在这种人的血液里流动,但是他们早已忘却了这些祖先的成分。的确,像巴尔干半岛的居民那样,他们和古代地中海的暗白人、诺迪克雅利安人、闪米特人和蒙古人的混杂血统大致一样,但是他们自己相信是一种纯粹的图兰种族,并且总觉得比博斯普鲁斯对面的基督徒优越得多。

渐渐地奥斯曼土耳其人变得重要起来，最后在塞尔柱帝国，即"鲁姆"帝国，分裂成的诸小公国中最占优势。他们同衰落的君士坦丁堡帝国保持可容忍的敌对关系达几世纪之久。他们没有进攻博斯普鲁斯，但他们在欧洲达达尼尔海峡得到了一个立足点，并且利用这条路线——薛西斯的路线而不是大流士的路线——不断向马其顿、埃皮鲁斯、伊利里亚、南斯拉夫和保加利亚推进。

土耳其人发现塞尔维亚人（南斯拉夫人）及保加利亚人和他们在文化上十分相似，虽然任何一方都不承认这一点，大概在种族的混合上很相像，他们比起土耳其人来，地中海暗白人和蒙古人的血统要少一些，而诺迪克成分稍多一些。但是这些巴尔干民族都是基督徒，他们中间是严重分裂的。另一方面，土耳其人讲同一语言，他们有一种更强的统一感，他们有穆斯林的克己和俭朴的习惯，总的说来他们又是善战的士兵。他们尽可能使被征服的人都改信伊斯兰教；他们解除了基督徒的武装，把纳税的义务统统加在他们身上。渐渐地奥斯曼王公们把东起托罗斯山脉西至匈牙利和罗马尼亚边界的地区合并成一个帝国。亚德里雅那堡成为他们的主要城市。他们从各个方面包围了那缩小了的君士坦丁堡帝国。那时欧洲的屏障不是君士坦丁堡，而是匈牙利——一种信基督教的突厥人，保卫欧洲而抵住了穆斯林的土耳其人。

奥斯曼人多少是仿效控制过埃及的马木路克卫队而组织起了一支常备的军事力量——近卫兵：

> 这些军队是由每年征募约有一千名的信仰基督教的青年组成的，他们得加入伊斯兰教托钵僧的贝克塔希会，虽然最初并不强迫他们信奉伊斯兰教，而他们个个都强烈地受到了他们所隶属的宗教团体的神秘和友爱思想的影响。近卫兵的薪饷厚、训练精，是个紧密和多疑的秘密结社。近卫兵为新形成的奥斯曼国家提供了一支精练的步兵的爱国武装，这在轻骑兵和雇佣兵的时代是一份非常可贵的资产……
>
> 在穆斯林和基督教各国的编年史中奥斯曼苏丹和皇帝之间的关系一直是奇特的。土耳其人卷进了帝都里的家族和王朝的争吵中，并和王室结下血统关系，土耳其人经常提供保卫君士坦丁堡的部队，并且有时雇用它的部分驻防军来帮助他们的多次战役；皇帝的儿子们和拜占庭的政治家们甚至陪同土耳其部队一起上战场，但是奥斯曼人仍然不断地吞并帝国在亚洲和色腊基的领土和城市。奥斯曼家族和帝国政府间的这种奇特的往来对双方的制度都有

深刻的影响；希腊人军事上的软弱迫使他们对邻邦采取诡谋和欺诈的手段，这使他们变得品质日益恶劣，风纪日益败坏；而土耳其人也被潜入他们内部生活的异族的阴谋背信的风气所腐蚀。弑君、弑父是最经常玷污皇室宫廷编年史的两项罪行，这种罪行最终竟形成奥斯曼王朝政策的一部分。穆拉德一世的一个儿子和希腊皇帝的儿子安德洛尼库斯合谋暗害各自的父亲……

　　拜占庭发现同奥斯曼帕夏磋商比同教皇打交道要容易些。多年来土耳其人和拜占庭人通婚，并在古怪的外交小道上总是并骑出猎的。奥斯曼人唆使欧洲的布尔加人和塞尔维亚人对抗皇帝，就像皇帝唆使亚洲的埃米尔对抗苏丹那样；希腊人和土耳其的王子们彼此同意可以抓双方的敌手作为俘虏和人质；事实上，土耳其和拜占庭的政策是这样地交织在一起，使得我们很难说是土耳其人把希腊人当成他们的盟友、敌人或臣属，或是希腊人把土耳其人看成是他们的暴君、破坏者或保护人……（马克·赛克斯爵士，《哈里发的最后遗产》）

　　是在1453年，在奥斯曼苏丹穆罕默德二世的统治下，君士坦丁堡最后落入了穆斯林手中。他从欧洲方面进攻，使用了猛烈的火炮。希腊皇帝被杀死了，君士坦丁堡横遭抢掠和屠杀。查士丁尼大帝建造的圣索非亚大教堂（532年）的财宝劫掠一空，并立即被改为清真寺。这件事在整个欧洲激起了一股骚动的浪潮，试图组织一次十字军；但是十字军的日子已经过去了。

马克·赛克斯爵士说:"对土耳其人来说,夺得君士坦丁堡是最大的幸运,也是致命的打击。君士坦丁堡是土耳其人的导师和陶冶者。只要奥斯曼人能从它的领土中心的文明活泉里吸取科学、学识、哲学、艺术和宽容,那么奥斯曼人就不但有蛮横的兵力而且会有智能的力量。只要奥斯曼帝国以君士坦丁堡作为一个自由港口、一个市场、一个世界财政的中心、一个黄金的池塘、一个交易所,那么奥斯曼人也就永远不愁缺乏金钱和财政上的支持。穆罕默德是个大政治家,当他一进入君士坦丁堡,就努力防止由于他的野心而造成的损害;他支持大教长,他绥抚希腊人,他尽其所能使君士坦丁堡继续作为皇帝们的城市……但是致命的一步已经跨出;君士坦丁堡作为苏丹们的一座城市已不再是君士坦丁堡了;市场萧条了,文化和文明消失了,复杂的金融业不见了;并且土耳其人失去了地方长官和他们的支持。另一方面,拜占庭城的种种腐败却保留了下来,官僚政治、宦官、禁卫军、密探、行贿者、中间人——这一切奥斯曼人都接收了过来,所有这些都在骄奢淫佚的生活中残存着。土耳其人,在占领斯坦布尔中,让一件宝物溜掉了,挣得的却是一场瘟疫……"

君士坦丁堡的夺得并没有满足穆罕默德的野心。他也觊觎着罗马。他夺占和劫掠了意大利的城镇奥特朗托,这可能是一次很有力的和也许会成功的征服意大

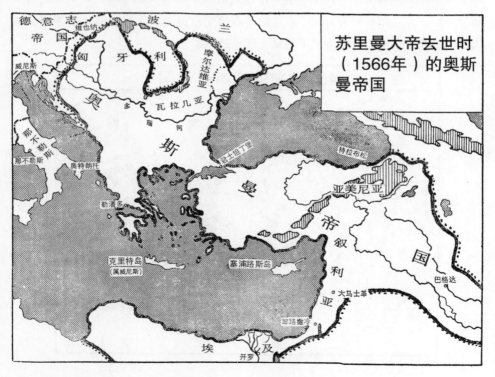

苏里曼大帝去世时(1566年)的奥斯曼帝国

利的尝试——因为那个半岛正在发生内讧——只是由于他的逝世（1481年）而避免发生。他的儿子们从事于自相残杀的斗争。在他的继承者巴耶塞特二世的统治下（1481—1512年），战火延及了波兰，希腊大部被征服了。巴耶塞特的儿子塞利姆（1512—1520年）把奥斯曼的权势扩张到了亚美尼亚，并征服了埃及。在埃及，阿拔斯朝最后那个哈里发生活在马木路克苏丹的庇护之下——因为法蒂玛朝哈里发政权已是一件过去的事了。塞利姆从这最后衰微的阿拔斯朝买得了哈里发的称号，并得到了伊斯兰教祖穆罕默德的圣旗和其他圣物。于是奥斯曼苏丹也成了整个伊斯兰教国家的哈里发。塞利姆之后由苏里曼大帝继位（1520—1566年），他在东方征服了巴格达，在西方征服了匈牙利的大部分，而且几乎夺取了维也纳。匈牙利抵抗苏丹坚持了三个世纪之久，但是匈牙利在莫哈奇战役中惨败（1526年），国王被杀，土地被征服者占领。苏里曼的舰队还攻下了阿尔及尔，使威尼斯人遭受了几次挫败。在他同帝国的多次战役中同法兰西人结成联盟。在他的统治下奥斯曼的权力达到了顶峰。

5 为什么蒙古人没有基督教化

现在让我们略述大汗帝国各主要部分后来的发展。基督教在夺取这些蒙古国家的想象力上并没有成功过。那时基督教正处在道德上和智能上的衰竭阶段，没有任何集体的信仰、活力或荣誉；我们已讲过那两个懦弱的多明我会修士，这一对家伙正是教皇对忽必烈汗请求的答复；我们也提到了13、14世纪经由陆路的差会的全面失败。在教会里那种能赢得所有国家归宗天国的传教热情已经死亡了。

正如我们已经讲过的，1305年教皇变成了法兰西国王御用的教皇。13世纪的教皇们把皇帝从意大利逐出去的全部手腕和政策都只不过是为了让法兰西人进来取而代之罢了。从1309到1377年间教皇们留在阿维尼翁；他们所作出的那么微小的传教上的努力只不过是西欧政治策略的一部分。的确，1377年教皇格雷哥里十一世重新进入罗马并死在那里，但是在选举他的继承人时，法兰西红衣主教们和其他红衣主教分裂了，于是选出了两个教皇，一个在阿维尼翁，一个在罗马。这一分裂，即教会大分裂，从1378年延续到1418年。两个教皇彼此诅咒，并且分别下令停止一切支持对方的人的职权。这就是那时基督教的情况，这就是那时拿撒勒人耶稣的教导的监护人的情况。整个亚洲正是一片熟透了的庄稼，但是并没有人去开镰收割。

最后当教会重新统一起来和随着耶稣会的建立恢复了传教活动时，时机已经过去了。通过基督教使东西方合为世界规模的道德上的统一体的可能性已经消逝了。在中国和在中亚的蒙古人转向了佛教，在南俄罗斯、西突厥斯坦和伊儿汗国的蒙古人则信奉了伊斯兰教。

6　中国的元朝和明朝

到忽必烈汗的时候，在中国的蒙古人已经充分吸收了汉族的文明。1280 年后中国的编年史把忽必烈作为一个中国的君主，元朝（1280—1368 年）的建立者。这个蒙古王朝最后被一次汉人的民族主义运动所推翻，建立了明朝（1368—1644 年），明朝是一个有教养、有文采的代代相传的王朝，它一直统治到一个北方民族满人——他们和成吉思所推翻的金人是相同的——征服了华夏，并建立起一个王朝；而这个王朝只是在 1912 年才让位给一个本地式的共和政府。

满人强迫汉人留满式的辫子以示屈服，留着辫子的中国佬在历史上是一个非常晚近的形象。随着共和国的来到，蓄辫不再是强迫的了。现在人们已完全不知道留辫子的事了。

我们必须在这里如此简短地记述的这些政治变迁，是在远东人数众多的文明生活的表面进行着的。中国的艺术总是用脆弱而不耐久的原料，因此我们没有像我们所拥有的同时代的发展高度远不及中国的欧洲艺术那样多的资料，来证实宋元时期艺术的精华。但我们有足够的材料使我们确信这一时期的优美品质。虽然在契丹、金和西夏等政权的压制下，宋朝标志着政治上的倒退时期，它却是一个艺术昌盛的时期。据说南宋时期的中国画达到了中国艺术的最高水平。劳伦斯·比尼恩先生写道，"在艺术上和在诗歌及哲学上一样的灿烂辉煌，对亚洲来说这一时期在历史上就像欧洲的伯里克利时代……宋朝艺术家对自然的热爱不是华滋华斯以前的欧洲所能比拟的，他们的这种乐趣流露在他们所画的峰岚、云雾、湍流、从芦苇中起飞的雁群、在月下林中独自沉思的高士、湖面上或溪流上一叶扁舟里的渔翁。"

元人把宋人在绘画上的推动力没有重大变化地继续了下来，但当明朝统治之初，某种衰颓和雕琢之风却冒了头。到了明朝，我们进入了一个留下大量不朽古迹的时期。很多木雕和牙雕保存了下来，还有碗、玉和水晶的雕刻品以及大量精美的青铜器。通向明陵的大道两旁的巨型石像，虽然不能代表中国最好的雕刻，却是闻名中外的。渐渐地一种小题大做的过分雕琢之风侵入了中国的雕刻，直到它在大量的龙、花草和象征性的图形下被压得透不过气来。

威廉·伯顿说，虽然"名副其实的瓷器"早在唐朝已经制造了，存留下来的最早的中国瓷器却始自宋朝。瓷器同丝绸一起开始向西方流传，史书记载萨拉丁送给了大马士革的苏丹四十件瓷器的礼品。随着明朝的到来，陶瓷的制造得到了皇帝直接的赞护，它以异常的活力和成功而发展了起来。人们开始用绘画来装饰瓷器，15世纪制成了最精美的白地青花的瓷器。惊人地优雅的瓷器，剔花瓷以及奇妙的釉里红都是中国陶瓷艺术最高时期中的丰硕成果。

7 蒙古人返回到部落制

在帕米尔、东西突厥斯坦的大部分及其以北的蒙古人不久倒退到成吉思汗曾把他们从那里提高起来过的部落状态。在此期间获得独立的诸小汗国中，许多还可以追溯它们一代代衰落的源委直至当今。卡尔梅克人在17、18世纪建立过一个相当大的帝国，但在它向中亚以外扩展势力之前，王朝纠纷使它崩裂了。中国人约在1757年从他们手中收复了东突厥斯坦。

西藏同中国的联系日益密切，并成为佛教和佛教修道生活的一大根据地。

在中亚西部、波斯和阿拉伯半岛的大部地区，古代的游牧民和定居人口的区别至今仍然存在。城镇居民轻视和诈骗游牧民，游牧民则苛待和轻视城镇居民。

8 钦察汗国和莫斯科的沙皇

钦察汗国广大地区的蒙古人仍以游牧为生，他们穿越南俄罗斯及其邻近的西亚的广阔平原去放牧他们的畜群。他们变成了不太虔诚的穆斯林，保留了很多早期野蛮的萨满教的痕迹。他们主要的首领是金帐汗国的可汗。在其西面，大片广漠的土地上，尤其是在今称为乌克兰的地方，古老的斯基台人，即斯拉夫人和蒙古人的混血，恢复了类似的游牧生活。这些信基督教的游牧民——哥萨克人，形成了抵御鞑靼人的一道前沿屏障。他们的自由而冒险的生活对波兰和立陶宛的农民是这样地富有吸引力，以致必须通过严峻的法律来防止大量从耕地向草原的移民。为了这个缘故拥有农奴的波兰地主对哥萨克人怀有很大的敌意，波兰骑士团和这些哥萨克人之间的战争就像哥萨克人和鞑靼人之间的战争那样地频繁。

在钦察帝国，像突厥斯坦几乎迄今那样，虽然游牧民在广阔地区游动，一些城镇和耕作地区却维持着一批定居的人口，他们通常向游牧的可汗纳贡。在像基辅、莫斯科等城镇中，蒙古人来到以前原有的基督教的城镇生活在俄罗斯大公或鞑靼长官的统治下依然继续下去,他们为金帐的可汗征收贡赋。莫斯科大公赢得了可汗的信任,逐渐地在可汗的权威下,获得了居于其他许多同等纳贡国之上的优势地位。15世纪在大公伊凡三世,伟大的伊凡(1462—1505年)的统治下,莫斯科摆脱了对蒙古人的从属地位,拒不缴纳任何贡赋(1480年)。这时君士坦丁的继承者不再统治君士坦丁堡了,伊凡就取过拜占庭的双头鹰作为他的纹章。他擅称自己是拜占庭的继承人,因为他娶了王室的佐伊·佩利俄罗加(1472年)。这个野心勃勃的莫斯科大公国向北袭击并征服了古代北欧人以贸易为主的诺夫哥罗德共和国,这样奠定了近代俄罗斯帝国的基础,并同波罗的海的商业生活建立了联系。伊凡三世虽然宣称自己是君士坦丁堡的基督教统治者的继承人,但还没有达到僭取皇帝称号的程度。这个步骤却被他的孙子伊凡四世(即伊凡雷帝,因他的疯狂残忍而得名;1533—1584年)所采取了。虽然莫斯科的统治者从此被人称为沙皇(即凯撒),但在许多方面他的传统与其说是欧洲的,倒不如说是鞑靼的;他是专制的,沿用了无限君权的亚洲型式;他所喜爱的基督教的形式是东方的、宫廷统治的、"正统的"[即东正教]形式,这种形式早在蒙古人征服之前,通过从君士坦丁堡来的保加利亚传教士已传到了俄罗斯。

钦察汗国的疆域以西,在蒙古人统治的范围之外,第10和11世纪期间在波兰建立了第二个斯拉夫人结合的中心。蒙古人的浪潮曾冲击了波兰,但从未征服过它。在宗教上波兰不是"正教"的,而是罗马天主教的;它使用拉丁字母而不用奇怪的俄文字母,它的君主从来没有擅称绝对脱离皇帝而独立。事实上,波兰从渊源来说是基督教世界和神圣罗马帝国的边远的一部分,而俄罗斯却从来不是这么一回事。

9　帖木儿

在波斯、美索不达米亚和叙利亚的伊儿汗国的性质和发展也许是所有关于蒙古政权的故事中最有意思的一段,因为在这个地区游牧生活的确企图把定居的文明体系铲除掉,而且它的努力在相当程度上也的确是成功的。当成吉思汗最初侵入中国时,据说在蒙古酋长中对是否应该摧毁一切城镇和定居的人口曾有过一次认真的讨论。对于这些习惯于空旷生活的质朴的人来说,定居的人口似乎是腐化、拥挤、邪恶、文弱、危险和叵测的,一片本应是上好的牧场却挤满了乌七八糟的讨厌的人。城镇对他们毫无用处。南不列颠早期的法兰克人和盎格鲁—撒克逊征服者,对城镇居民似乎也有过同样的反感。但似乎只在旭烈兀治下的美索不达米亚,这种思想才具体地成为蓄意图谋的政策。蒙古人在这里不仅焚烧屠杀;他们还破坏了至少已维持了八千年的灌溉系统;随着它的破坏,一切西方世界的文明之母于是告终。自从苏美尔的僧王之时以来,在这些富饶的地区耕种不辍,传统悠久,人口众多,热闹的城市连绵不断——埃里杜、尼普尔、巴比伦、尼尼微、忒西丰和巴格达。现在富饶告终。美索不达米亚成了一片废墟和荒地,流经这里的河水不予使用,白白浪费,或漫出堤防变成了传布疟疾的沼泽。后来摩苏尔和巴格达稍稍复兴成为二等城镇……

假如旭烈兀的大将怯的不花没有在巴勒斯坦兵败身亡的话(1260年),埃及也会遭到同样的命运。但是那时埃及是一个土耳其的苏丹国;它被一个奴隶兵的集团——马木路克控制着。马木路克像它的模仿者奥斯曼帝国的土耳其近卫兵那样,是靠购买和训练童奴来补充新兵和维持生气的。这种人对一个能干的苏丹就服从,对一个软弱或邪恶的苏丹就会把他换掉。处于这种优势下,埃及保持了一个独立国的地位,直到1517年亡于奥斯曼土耳其人。

旭烈兀的蒙古人开头的那种破坏性的活力很快就消退了,但15世纪时游牧生活的最后一次旋风,在西突厥斯坦,在某个瘸子帖木儿的领导下又刮了起来。他是成吉思汗女系的后裔。他在撒马尔罕建国,又把权力扩展到了钦察(突厥斯坦到南俄罗斯)、西伯利亚,并向南远达印度河。1369年他采用了大汗的称号。他是游牧民中的野蛮派,他从北印度到叙利亚建立起一个荒凉的帝国。他在建筑上的奇癖是把

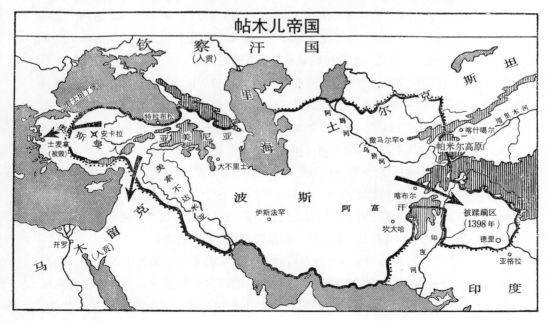

头盖骨堆成金字塔，攻破伊斯法罕后他所堆成的一个金字塔用了七万块头盖骨。

他的野心是恢复那个如他所设想的成吉思汗帝国，这个计划完全失败了。他蹂躏之地远而且广，奥斯曼土耳其人——在攻下君士坦丁堡和强盛的岁月之前——和埃及都向他纳贡，他破坏了旁遮普，德里向他投降了。然而德里投降后，他对它的居民却进行了一次可怕的屠杀。在他去世时（1405年），没有留下任何足以表征他权势的东西，只留下一个恐怖的名声和一片荒废而凄凉的国土，以及在波斯的一块缩小了的和弄得穷困了的领土而已。

五十年后，帖木儿在波斯建立的王朝被另一个土库曼游牧部落所灭。

10 印度的莫卧儿帝国

1505年一个土库曼的小酋长名叫巴贝尔，他是帖木儿的后代，因而也是成吉思汗的后代。在几年的战争和几次暂时的胜利后——一时曾据有撒马尔罕——他被迫和少数跟随者逃过兴都库什来到了阿富汗。在那里他的队伍增大了，自立为喀布尔的主人。他纠合了一支军队，积聚了枪炮，然后宣称他有权占有旁遮普，因为帖木儿在107年前曾征服过这个地方。他获得成功并推进到旁遮普境外。印度正处于分裂状态，很愿意欢迎任何能给予和平与秩序的能干的入侵者。经过多次胜负变化后，巴贝尔和德里的苏丹会战于该镇北十英里的帕尼帕特（1525年），虽然他只有25000人，但拥有枪炮用来对抗1000头战象和四倍于他的兵力——顺便一提，这两个数字是他本人的估计——他获得了全胜。他不再自称喀布尔王，而采用了印度斯坦皇帝的称号。他写道："这是一个和我们家乡完全不同的世界。"它更美好、更肥沃，总之更富饶。他的征服远达孟加拉，但在1530年他过早的逝世把蒙古征服的浪潮拦截了25年之久，只在他的孙子阿克巴登位以后，这股浪潮才又掀了起来。阿克巴征服了整个印度，远至贝腊尔，他的曾孙奥朗则布（1658—1707年）实际上是整个半岛的主人。巴贝尔的这个伟大的王朝（1526—1530年）父子相继有六代之久：即胡马雍（1530—1556年）、阿克巴（1556—1605年）、杰罕吉尔（1605—1627年）、沙杰罕（1628—1658年）和奥朗则布（1658—1707）。这个"莫卧儿（=蒙古）王朝"标志着迄今为止的印度历史上最辉煌的时代。阿克巴，也许仅次于阿育王，是印度最伟大的君主之一，并且是接近于伟人形象的少数皇室人物之一。

对阿克巴，我们必须给以对查理曼或君士坦丁大帝那样的特殊的注意。他是历史枢纽之一。他在印度的巩固和组织工作上的许多业绩至今还存在着。当英国人做了莫卧儿皇帝的继承者时，他们把他的工作接收了过来并继续下去。的确，英国君主使用过莫卧儿皇帝的称号"印度的凯撒",作为他的印度称号。成吉思汗后裔在俄罗斯、整个西亚和中亚以及在中国的所有庞大行政机构,早就瓦解了,并让位给其他形式的政府。他们的这些政府的确只不过是收税的政府,是一个征收岁赋来供养统治者的中央机构的体系,像南俄罗斯的金帐汗国或是像在喀喇和林或北京的帝都。他们不管人民的生活和思想,也不关心人民怎样生活——只要他们纳贡就行。因此,在几个世纪的臣服后,一个基督教的莫斯科和基辅,一个伊斯兰教什叶派的波斯,和一个十足的中国人的中国又从蒙古人的淹没下站了起来。但是阿克巴建立了一个新印度。他至少给了印度的王公们和各统治阶级稍微一点共同利益的模糊想法。如果印度这时不只是一个装着一堆支离分裂的小邦和种族的破布口袋,没有成为随时来自北方的任何侵略者的俘获品的话,这主要是阿克巴的功绩。

他特具的品质是他的宽宏大量。他竭力使各种有才干的人,不管是什么种族或宗教,都能为印度生活的公共事务出力。他的本能是真正政治家所具有的综合的本能。他的帝国既不是一个穆斯林的也不是一个蒙古人的帝国,它也不是拉其普特人或雅利安人或达罗毗荼人或印度教徒的帝国,它也不是高贵种姓或卑贱种姓的帝国,它将要成为印度人的帝国。"当他在接受训练的年月里曾有许多机会注意到那些信印度教的王公们的优良品质:忠实、虔诚、时常还有高尚的灵魂。由于他们信奉婆罗贺摩〔或梵天〕,阿克巴的穆斯林朝臣却认为他们精神上是永劫不复的。他注意到这些人,和跟这些人想法相同的人,在他的臣民中是广大的多数。进一步,他注意到他们中间许多人和那些最可信赖的人,虽然从世俗观点看来信奉了宫廷的宗教显然可以得到很多好处,但却还是抱住他们自己的信仰不放。因此他深思熟虑的头脑一开始就不愿意接受这样的理论,即因为他这个征服者、统治者碰巧生来是个伊斯兰教徒,伊斯兰教的教义对全人类说就都是真理。逐渐地他的思想在一句话里表达了出来:'在我自己受指导前,为什么要宣称我有权指导人呢?'并且,当他倾听了别的教义和别的信条,他老老实实的怀疑变得更明确了,他日常注意到宗派主义,无论是哪种形式的宗教,都是极其褊狭的,他越来越坚持对一切宗教宽容的原则。"

埃米尔·施米特博士说:"他是一个逃亡皇帝的儿子,诞生于沙漠之中,在名义上的幽禁中长大,从青年时代起就懂得人生艰苦的一面。他生就一付刚强的体格,又加锻炼,准备承担重负。他酷爱体育锻炼;热衷于狩猎,特别喜好捕捉野马或象或砍死猛虎这类强烈的刺激。有一次为了必须劝说周德普尔的罗阁放弃他的迫使寡媳登上火葬柴堆的意图,阿克巴在两天里飞马疾驰了220英里的路程。

在作战中他表现出极度的勇敢。在战役的危险关头他亲率士卒上阵,把较轻的结束战争的任务留给他的将领们。在每次胜利中,他对待被征服者表示了仁道,断然反对任何残忍的行为。他没有那些使社会分离和制造不和的一切偏见,对信仰其他宗教的人宽容相待,对别的种族,不论印度教徒或达罗毗荼人,无所偏袒,他显然是个具有雄才能把他的国内交讧的成分结合成一个坚强繁荣的整体的人。

"他认真地致力于和平的工作。一切娱乐都有节制,需要很少的睡眠,惯于极为精确地分配他的时间,所以在完成他的国务之后,还有余暇来专心于科学及艺术。为他在法提普尔—西克里所建的首都增添声色的知名人士和学者们同时都是他的朋友,每逢星期四的夜晚就集约这些人在一起交换思想、讨论哲学。他最亲密的朋友是一位有学问的自由思想家的两个儿子,天资聪颖的法伊齐和阿布耳·法兹尔兄弟。哥哥是一个著名的印度教文学的学者;在他的帮助和指导下,阿克巴把最重要的梵文著作译成了波斯文。另一方面,法兹尔是阿克巴特别亲密的朋友,他是一个将军、政治家和组织者。阿克巴王国内部组织的团结主要归功于他的活动。"(赫尔莫尔特的《世界史》中引施米特博士的话)

像查理曼和唐太宗一样,阿克巴也涉猎宗教,他曾和耶稣会传教士进行过长时间的讨论,而且记录在案(这就是经常在法提普尔—西克里宫中集会的那个圈子的人物的品质——这些建筑现仍屹立在印度的阳光下,但已楼空人逝,寂寞凄凉。法提普尔—西克里像阿姆巴尔城那样,现在已是一座死城。几年前一个英国官员的孩子在它的一条冷静的街道上被豹子咬死了)。

阿克巴像所有其他大大小小的人物一样,生活局限于他的时代和时代的思想圈子里。而一个在印度进行统治的土库曼人,肯定对欧洲一千年来费力学得的东西很多是不知道的。他对欧洲民众意识的成长毫无所知;对教会在西方一直苦心经营所取得的广泛教育的可能性,所知甚少或毫无所知。要知道这些,同基督教传教士偶然进行一些争论是不够的。伊斯兰教的教养和他的天赋使他明白,在印度这样一个大国只有依靠宗教基础上的共同思想才能固结起来,但是关于这样一种团结怎样能得且普遍设立学校、出版廉价的书籍和创设既有组织又有自由思想的大学制度的知识——这些事近代国家也还在摸索之中——对他来说是不可能有的,正如他不可能有轮船或飞机的知识一样。他最熟悉的伊斯兰教的形式是个土耳其逊尼派的褊狭和极为不宽容的形式,而在当地居民中穆斯林只占少数。的确,他所面临的问题和君士坦丁大帝所遇到的问题很相像。但它还具有它自身所特具的种种困难。他的尝试从来没有超出过以宣称"只有一个上帝,皇帝是他的摄政者",来代替"只有一个上帝,穆罕默德是他的使者",以使伊斯兰教能有更广泛的号召力。印度是个宗教的万花筒,他想这种提法才有可能成为印度的各种不同信仰的一个共同的纲领。怀着这种信念,他采用了从波斯祆教徒(帕西人)那里借来的一种简单仪式——祆教在印度那时还存在,至今还有。然而,这种新的国教随着他的逝世而告终,因为它在他周围的人民的心中并没有扎下根。

世人逐渐理解到组织一个有生气的国家的必不可少的因素是组织起一种教育。阿克巴从来不懂得这一点。他的左右也没有这样一批人会向他提出这种思想或帮他实现这种思想。在印度,穆斯林教师与其说是教师不如说是极其顽固的保守者;他们不愿意印度有个共同的思想,而只想在伊斯兰教中有个共同的不容忍异教的思想。在印度教徒里垄断教导的婆罗门具有世袭特权的一切自负和懒散。然而,阿克巴虽则没有给印度制订出普遍的教育方案,他却设立了若干穆斯林和印度教徒的学校。

莫卧儿人的艺术和建筑的遗物仍很丰富,当人们以不加限制的词句谈到印度艺术时,他们心目中总是指这个伟大时期。这时期的绘画精巧美丽,在风格和质量上和同时代的波斯作品很相接近。

印度在建筑上总是输入高度发展的方法的种子,然后在上面强加上它自己的修饰和琢磨。只是在希腊化的[指亚历山大大帝]侵入后,石建筑物才盛行起来,阿育王时代迸发出来的印度塔、纪念柱和其他建筑物到处都显示出波斯和希腊化的艺术家的存在。佛教艺术在西北边疆犍驮罗地区遗留下来的始自公元头四个世纪的那样惊人的文物也是强烈地希腊化了的。人们在建筑物的正面可以看到标准的科林斯式的圆柱。

只是在笈多王朝和公元第五、六世纪时,印度的建筑和雕刻才变成显然是印度教的风格,具有它自己的特点和尊严。从南方来的达罗毗荼人的影响抑制了垂直线条的流行,而用地平型的线脚和层层的金字塔形式使建筑物稳固起来。卡纳腊克的黑金字塔是穆斯林入侵以前最优美、最独特的印度教寺庙之一。

穆斯林的征服带进了萨拉森风格的主要形式:尖塔、尖顶的拱;在这新的基础上,印度加上了精巧的雕刻、窗饰花纹和穿孔的屏风。阿默达巴德的大清真寺(15世纪)是印度清真寺中最华美的一座,但一切这种莫卧儿建筑中最壮丽和最典型的样板也许是沙杰罕(1627—1658年)为其妻所建造的泰姬陵。这壮丽的建筑是意大利的建筑师和工人跟印度人一起合作建成的。

11　吉普赛人

这些较为晚近的蒙古人的动乱——14世纪的以帖木儿为首和为中心的那些动

乱——的两个副产物是，在欧洲出现了一批流浪的古怪的东方难民吉普赛人。约在14世纪末和15世纪初他们出现于希腊，在那里人们以为他们是埃及人（因此称他们作吉普赛），这种信念很普遍以致他们自己也接受了，并加以传播。然而他们的首领们却自称为"小亚细亚的伯爵"。

大概在帖木儿的大屠杀把他们赶过赫勒斯蓬特海峡以前，他们就一直在西亚一带漂泊过几个世纪了。他们可能由于成吉思汗的翻天覆地的变动，甚或更早些，就被撵出了他们最早的故乡——像奥斯曼土耳其人那样。他们也像奥斯曼土耳其人那样到处漂泊，而运气却不那么好。他们慢慢地向西扩张横越欧洲，成了零星地分布在农耕和城市世界里的一小撮一小撮的游牧民。他们从巴克特里亚草原上的老家被赶出，避难在欧洲的公用地上以及村边篱畔、野外林间和荒地废墟上。德国人称他们作"匈牙利人"和"鞑靼人"，法国人称他们作"波希米亚人"。

他们似乎并没有保持他们先世的真正传统，但他们有一种特殊的语言，这种语言显示出他们失去的历史；它包含许多北印度语的单字，它可能起源于北印度语或巴克特里亚语。在他们的口语中还有相当多的亚美尼亚语和波斯语的因素。

今天在所有欧洲的国家里都能遇到他们；他们是补锅匠、小贩、马商、杂技演员、算命的和乞丐。他们沿途露营之处，篝火烟生，篷车相接，征马跑蹿，被阳光晒得黑黑的儿童喧闹追逐，这些对许多想象力丰富的人具有十分强烈的吸引力。

文明在历史上是一件那么新颖的东西，在大部分的时间里它又是一件那么局限于一地的东西，以致它还得征服和同化我们大部分的本性来适应它的需要。我们中间多数人讨厌它的陈词滥调和繁文缛节，游牧的素质勃然而起，我们只是半心半意安家守业之人。我们血管里流着的血液既是在耕地上也是在草原上酿成的。

吉普赛人从一地到一地所带来的影响中，还有他们所经各国的民间音乐的特质。他们即使不是颇具创作能力的音乐家，却总是热爱音乐的人；他们经常唱着行吟诗人的通俗歌曲，赋以全然是他们特有的风格。他们剽窃别人的曲调，正像有时诱拐别人的孩子那样，把他们变成了吉普赛人。他们从来不用什么乐谱，口口相传，代代不忘；今天吉普赛歌曲大量流传在匈牙利、西班牙和俄罗斯的音乐中。

第三十三章　西方文明的复兴
（陆路让位给海路）

1　基督教和普及教育

以地图来判断，对基督教世界来说，从13世纪初到15世纪末的三个世纪是一个衰退时期。这几个世纪是蒙古诸族的时代。从中亚来的游牧生活支配着当时已知的世界。在这时期的顶峰，统治着中国、印度、波斯、埃及、北非、巴尔干半岛、匈牙利和俄罗斯的是蒙古人或同种的突厥族源的土耳其人和他们的传统。

奥斯曼土耳其人的势力远及海上，并且在威尼斯人自己的地中海水域里和他们作战。1529年土耳其人围攻维也纳，他们与其说是被防御者不如说是被气候所打败的。查理五世的哈布斯堡帝国向苏丹纳贡。直至1571年的勒潘多战役——《唐·吉诃德》的作者塞万提斯在这场战役中丧失了左臂——基督教世界，引用塞万提斯的话来说，"摧毁了奥斯曼人的骄矜，和破除了世人认为土耳其舰队不可战胜的迷信。"

西班牙是基督教势力有所进展的唯一地区。一个有远见的人在16世纪初年观察世界时很可以得出结论说，要不了几代人之后全世界就会成为蒙古人的——也许穆斯林的——天下了。正像1900年大多数人似乎认为欧洲的统治和一种宽大的基督教注定要扩及全世界是理所当然的。看来很少人理会到欧洲人的这种优势是件多么晚近或许是多么短暂的事。只在15世纪临近结束时，西欧的真正活力的一些迹象才逐渐显现出来。

我们所讲的历史现在正接近于我们自己的时代，我们的研究越来越成为对现存事态的研究。读者们生活于其中的欧洲的或欧化了的体制，正是我们所看到的在15世纪初年从屈服、崩溃、遭受蒙古人威胁的欧洲发展起来的那种体制。它那时的种种问题就是今天种种问题的雏型。要讨论那个时代而不讨论到我们自己的时代是不可能的。我们不由自主地带有政治观点。约·罗·西利爵士说："政治而没有历史就没有根柢,历史而没有政治就没有果实。"

让我们尝试一下,尽可能不偏不倚地来发现在蒙古人的惊人的崛起期间,是些什么力量把欧洲的精力分散和压抑住了,我们又应当怎样来解释在这明显的衰退时期欧洲无疑地正在积聚它精神和物质的能力,并且这种能力又是怎样到了这时期之末如此给人印象深刻地迸发了出来。

现在,正像在中生代那样,当巨大的爬行动物在地球上称霸时,那些披毛的哺乳动物和长羽毛的禽鸟正在偏僻的角落里发展起来,最后它们作为一种更灵活、更能干的动物群完全取代了那巨大的爬行类,所以当蒙古人的诸汗国在世界上统治着从多瑙河到太平洋,从北冰洋到马德拉斯、摩洛哥和尼罗河的时候,在中世纪的西欧这块有限的领土上正在创出一种新型的、更结实的、更有效的人类共同体的基本轮廓。这种类型的共同体我们也许可以称作"近代国家",它还只是在形成阶段,仍在成长和实验之中。我们必须承认,这是一个含糊的说法,但是随着我们继续往下讲,我们将努力去阐明它的含义。

我们已经提到过,近代国家的主要根本观念,在希腊各共和国,特别是在雅典、在巨大的罗马共和国、在犹太教、在伊斯兰教以及在西方天主教的故事中,都已出现过。这近代国家,正像今天我们看到它在我们眼前成长的那样,本质上是两种显然矛盾着的观念的试验性的结合,即信仰和服从的共同体的观念(最早的文明无疑就是这样),同意愿的共同体的观念(如诺迪克人和匈奴人的原始政治集团)。几千年来定居的文明民族——在大多数情况下他们原系暗白人种的高加索人或达罗毗荼人或南部蒙古利亚人——似乎是沿着崇拜和个人服从的路线发展起他们的观念和习惯的,而游牧民族则是沿着个人倚靠自己和坚持己见的路线发展的。情况既然是这样,那么游牧民族总是给文明民族提供新的统治者和新的贵族也就够自然的了。这就是全部早期历史的节奏。历史在由于游牧民的征服而精神振奋、发展文明、走向衰微和招致新的征服之间循环往复,只是在经过几千年的这种周期性的变动之后,当前这种以"文明的"或顺从劳作为一方,以"自由的"或贵族的和冒险的为另一方,相互混合而趋于形成一种新型的共同体的过程才告开始,它现在正要求我们予以注意,并且是现代历史的实质。

在这部历史中我们已追述了从旧石器时代原始家族部落慢慢地发展成日益增大的"文明"的人们共同体。我们已经看到耕种的好处和必要,对部落神的畏惧、僧王和神王的观念是怎样在最肥沃的地区不断地巩固成更强大的社会中起作用的。我们已注意到在这些早期文明中一般是本地人的僧侣和通常是一个作为征服者的君主两者之间的相互作用,成文传统的发展和它的摆脱僧侣的控制,以及我们称之为人类的自由智慧和自由良知的这些新生力量的出现,它们的出现最初显然是偶然的和无足轻重的。我们看到河谷里的原始文明的统治者们扩大他们的区域,伸张他们的势力,与此同时,我们还在地球上较不肥沃的地区看到那些仅仅是野蛮的部落发展成越来越统一和政治上有胜任能力的游牧社会。

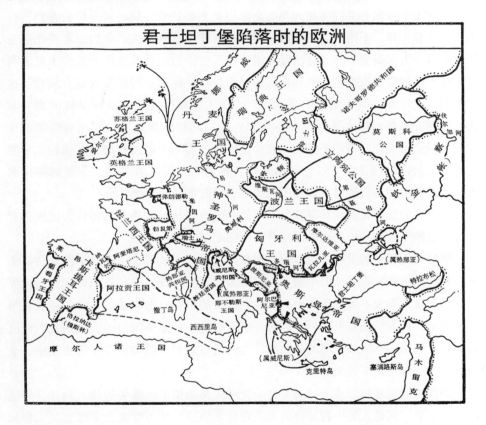

人类沿着这两条路线中的这一条或那一条稳步地和分道扬镳地继续前进。很长时期里一切文明都沿着君主政体的路线,即君主专制政体的路线上生长和发展。从每一个君主和朝代,我们看到似乎有一个必然的过程,即从励精图治而走向浮华、怠惰和衰微,最后屈服于某个来自沙漠或草原的更有朝气的家系。

关于早期从事耕种的文明和它们的寺庙、宫廷及城市的故事在人类历史中堆积得很多,但是应该记住那些故事活动的舞台从来没有超过地球陆地的一小部分。地球的大部地方,直到晚近,直到过去的两千年来,森林里和平谷上的较为耐劳而人数较少的部落民和季节性牧场上的游牧民还在维持和发展着他们自己的生活方式。

我们可以说，那些原始文明是"服从的共同体"：服从神王或神授之王是他们的团结力；另一方面，游牧的倾向经常是朝着另一种结合的类型，我们在这里将称之为"意愿的共同体"。在一个游动、战斗的集体中，个人必须既能靠自己又能守纪律。这种共同体的首领必须是被人追随的首领，而不是强迫人服从的主人。这种出于意愿的共同体在人类的全部历史上都能找得到；到处我们看到所有的游牧民都一样，不论是诺迪克人、闪米特人或蒙古利亚人，他们的本性比起定居民族从个人来说更乐从和更刚毅。诺迪克人在他们的君长统率下来到了意大利和希腊；他们并没有携带任何有系统的神庙崇拜，他们在所征服的地方找到了这些东西，就在采纳这些崇拜中适应了。希腊人和拉丁人很容易地又转回到共和国，雅利安人在印度也是这样。在早期的法兰克和日耳曼王国里还有选举的传统，虽则通常是在高贵的等级或王族中这一个或那一个成员之间挑选出的。早期的哈里发是选举产生的，以色列的士师和迦太基及提尔的"国王"是选举出来的，蒙古的大汗直到忽必烈成为中国的君主以前也是选举产生的。

在定居的地区我们同样继续不断地见到另一种相反的观念，即认为国王具有非选举的神圣性和他们的天生的世袭的统治之权。

随着我们历史的发展，我们注意到在人类社会的故事中出现了新的复杂的要素；我们见到游牧民变成的中间人，即商人出现了，我们也注意到航运业在世界上日趋重要。看来不可避免的是，航海会使人的思想自由奔放，正像定居在狭窄的天地里会使人胆怯和卑屈……但是，尽管有这一切复杂的情况，直到我们自己的时代，服从的办法和意愿的办法两者之间明显的对立始终贯穿于历史之中，至今它们的调和还是不完全的。

即使是最屈从的形式下的文明也一直对人类提供了大量极为使人神往、舒适和愉快的事；但是人类中有某种坐立不安和未驯的本性不断地力求把文明从它原来的倚赖于不参与即服从的性质，改变成一个既参与又意愿的共同体。在我们的血液里，特别是在君主和贵族的血液里，潜伏着游牧精神，无疑它在传授给后代的气质中占着很大的部分。我们必须把那种不断地急于向广阔地域扩张的精神也归根于这部分气质，它驱使每个国家一有可能就扩大它的疆域，并把它的利益伸展到天涯海角。倾向于把天下统一的那股游牧的坐立不安的力量，看来和使我们中大多数人在被指导和约束之下会躁怒起来并企求参加我们所能容忍的不管什么样的政府的精神是相同的。

由于每个存在过的"服从的共同体"在军事和政治上的软弱无能,把文明与自由调和起来的人类的这种天生的、这种气质上的斗争被一代代地保持了下来。服从这东西,人们一旦陷溺其中,就会很容易地被俘获和被转让;埃及、美索不达米亚和印度这些最早和最典型的易被降服的地方,这些"文明的摇篮",当它们从一个君主转到另一个君主的统治时,就可以看到这种被动的角色了。一个柔弱的文明对那些掠夺成性的自由人来说是一份长期有效的请帖。

但是,另一方面,一个"意愿的共同体"有必要把倔强分子融合起来;它是一个比较上十分难于产生的共同体,而维持它更是难上加难。亚历山大大帝的故事显示出马其顿将领们的意愿的共同体在他要求他们应当崇拜他时就逐渐解体了。克利图斯被杀害的事件是自由和屈从的传统之间的一次很典型的斗争,每逢一个从旷野来的新征服者进驻古代君主国的宫廷中时,这种斗争就会发生。

提到罗马共和国,历史记下了世界史上第一个巨大的意愿共同体,第一个比一个城市大得多的自由的共同体,历史也记下了它怎样随着成长而削弱,由于胜利而竭蹶,直到最后沦为一个古代类型的君主国又迅速地衰落下去,成了一个从来没有过的会在一小撮入侵者面前崩溃瓦解的最脆弱的奴役的共同体。在这部书里我们已注意到那些衰微的因素,因为这些因素在人类历史上是极其重要的。其中最明显的一个因素是缺乏任何广泛的教育机构,使普通公民的思想建立在为共和国服务和尽责的观念的基础上,就是说使他们心甘情愿;另一个因素是没有任何宣传一般情报的媒介,使公民们的行动能协调一致,使他们万众一心。意愿的共同体的大小受到获得共同知识的可能性的限制。由于这些局限性所造成的公共精神的衰微和公共智慧的混乱,使财产集中在少数人手里并使以奴隶代替自由工人成为可能。

此外,罗马国家的背后没有有效的宗教观念;罗马所信奉的那种暗黑肤色的伊特剌斯坎人的用肝脏来卜吉凶的神秘崇拜,正像和它极其相似的蒙古人的萨满教那样,不适合于一个大的共同体的政治需要。基督教和伊斯兰教二者之所以取得巨大的历史重要性是由于下面这一事实,即它们以其特有的方式,至少在人类经验中第一次有希望既来填补游牧体系也来填补罗马共和体系的缺陷,给予广大人民群众一种共同的道德教育,并给他们提供了一段过去共同的历史和一个关于人类目的和命运的共同观念。正像我们已提到的,柏拉图和亚里士多德两人都把理想的共同体限制在几千公民之内,因为他们不能设想一个更大的人群如何能被一个共同观念团结起来。他们除了当时的导师制方法外没有任何方式的教育经验。希腊的教育几乎纯粹是口头上的教育,因此它只能及于有限的贵族。基督教会和伊斯兰教都证明这种局限是不健全的。我们可以认为在广阔的机会下他们的教育工作做得粗糙而不够好，但是使我们感到兴趣的一点是他们毕竟是做了这项工作。两者几乎都进行了广泛的思想和灵感的宣传。两者都成功地依靠文字的力量把各式各样人们的巨大群体联合在一项共同的事业之中。

到了11世纪，如我们已看到的，基督教世界这个观念，作为一个统一和激励人心的观念，已强加于残缺破碎的西罗马帝国里的一切纷扰战斗的混杂体上，并及于远超过帝国界限的欧洲地方。它建立起了一个浅薄的但有效的意愿的共同体，地域之大、人口之多都是空前的。犹太人至少早在公元之初已经依靠有系统的教育来团结他们的共同体。在此以前，只有另外一件发生在大部分的人类中的事可以与此相提并论，那就是文人学士在全中国所传播的那个以良好行为来结合成的共同体的观念。

天主教教会提供了罗马共和国所缺少的东西，就是一套民众教育的体系、几所大学和知识交流的方法。由于这一成就，它打开了通向人类管理自己的新的可能性的道路。这种新的可能性在这部史纲里现在已很清楚，它正在被我们所生活的世界所理解和实现。到那时为止，各国的政府不是一个在僧侣和君主联合统治下的不受批评、不受挑战依仗权势的政体，就是一个民主政体，那里的人民没有教育、没有知识，有如罗马和雅典那样，随着规模的增大而退化成只是一个由暴民和政客所统治的国家。但是到了13世纪，理想政府的暗示已初次显出曙光，人们至今还在为实现这个理想而努力，这是个近代的理想，是一个世界范围的人人有教育的政府的理想，在这里普通的人既不是一个专制君主的奴隶，也不是一个由煽动家统治的国家的奴隶，而是共同体中的通晓世事、精神焕发、参与协商的一分子。着重点必须放在教育的这个词上，必须放在在协商前先了解情况的观念上。

在这观念的具体实现中，教育是一项集体的任务而不是一件私人的事，这是"近代国家"和它任何先驱者的本质上的区别所在。人们开始懂得，现代公民必须先使他了解情况然后再和他进行协商。在他能投票之前，他必须先听取证据；在他能作出决定之前，他必须先知道实情。打开从奴役和混乱通向近代理想即自愿合作的国家的道路的不是设立临时投票站，而是建立学校和使人们普遍地能接触到文献、知识和新闻。选票本身是没有价值的东西。意大利人民在格拉古兄弟时代已有选票，他们的选票对他们并没有什么帮助。在一个人受到教育之前，他拥有一张选票对他是件无用而危险的事。我们走向的理想的共同体不单纯是个意愿的共同体；它是个知识和意愿的共同体，取代一个信仰和服从的共同体。教育是个适应器，它将使游牧的自由和自恃的精神适合于文明的合作、富裕和安全。

2　欧洲开始为自己思考

虽然天主教教会的确通过它的宣传、它的向民众的呼吁、它的学校和大学，在欧洲打开了近代有教育的国家的前景，但是同样肯定的是天主教教会从来没有打算干这种事。它并没有把知识和它的祝福一起传送，而是让知识放任自流。教会并不把自己看作罗马共和国的继承者，而是看作罗马皇帝的继承人。它对教育的概念并不是对人们思想的解放，并不是人民参与政事的邀请，而是对人们思想的压服。的确，中世纪的两个最伟大的教育家，查理曼和英国的阿尔弗勒德大王，根本不是教会的圣职者，而是利用教会组织的君主和政治家。但是教会提供了这种组织。教会和君主在相互争权时，双方都向平民的思想求助。在对这些冲突的呼吁的反应中，出现了普通的人，那种非官方的、局外的、独立的人，他在为自己思考。

13世纪时我们已看到教皇格雷哥里九世和皇帝弗里德里希二世正在从事一场激烈的公开争论。那时有一种感觉认为世界上已来了一个比教皇或皇帝更大的仲裁者，那就是读者和舆论。教皇的撤退到阿维尼翁以及14世纪时教皇权力的分裂和混乱，在整个欧洲大大地激起了这种对权威的自由判断。

最初对教会流行的批评只是有关道德和物质方面的事。高级牧师的财富与豪奢以及教皇的重税是引起怨言的主要理由。而且早期如建立方济各会等恢复基督教纯朴性的努力，并不是分裂的运动而是中兴的运动。只是后来才发展起一场较深刻而更有破坏性的非难，它攻击教会教义的要旨和教士重要性的辩护，即弥撒中的献祭。

我们已经概括地叙述了基督教最初的起源，指出了拿撒勒的耶稣的教义的中心思想——上帝的王国——那艰深而严肃的概念是怎样迅速地被古代献祭思想的恢复所压制，献祭的思想确实是一个更难于领会的教义，但是它同近东日常生活的习惯、气质和勉强顺从的精神却较易协调一致。我们已经提到在基督教、犹太教、塞腊皮斯神和米特腊神崇拜以及其他互相竞争着的崇拜之间如何进行着一场诸神的混合崇拜，因而米特腊神崇拜者的星期日，犹太人的以血为宗教本质的观念，希腊化时代的重视圣母，削发斋戒的僧侣，苦修的禁欲主义以及许多其他的信念、仪式和教规都嫁接到这发展中的宗教上。采纳这些无疑会使这新教义在埃及、叙利亚等地更为易于通晓和易于接受。这些都是暗白的地中海种族思想方式中存在的东西；它们是和这种类型的思想气味相投的。但是，正如我们在穆罕默德的故事中所指出的，这些取得的东西并没有使基督教更易于被阿拉伯游牧民所接受；对他们来说，这些东西使它更加讨厌。所以，同样的，长袍削发的修士、修女和教士在北方和西方的诺迪克蛮族中似乎也引起了某种类似本能的反感。我们已经提到过早期盎格鲁—撒克逊人和北欧人对修士、修女有一种特殊的成见。他们似乎觉得这些皈依者的生活和习惯是古怪而不自然的。

在我们可以称为"暗白人"的因素和基督教中较新成份之间的冲突，无疑被教皇格雷哥里七世在 11 世纪时强制天主教神父独身而加强了。宗教独身者几千年来已为东方所熟知，而在西方他们却被人怀疑和不信任。

现在到了 13、14 世纪，随着诺迪克的世俗人开始学习、读书、写作和发表己见，随着他们和阿拉伯人的激励人的思想活动相接触，我们见到了一场更加可怕的对天主教信条的批评开始了，人们从理智上攻击作为圣职的神父和作为宗教生活的主要事实的弥撒仪式，并连同提出了返回到福音书中所记载的耶稣本人的教导的要求。

我们已经谈到英国人威克利夫（约 1320—1384 年）的经历，以及他怎样把《圣经》译成英文以便树立一个对抗教皇的权威。他斥责教会关于弥撒的教义，认为这种教义是个不幸的错误，特别是在那仪式中吃下的献神的面包会以某种魔术的方法变成基督真实肉体的教导更为荒谬。我们将不对化体——在圣礼中是这样称呼用作圣餐的面包和酒的这一有奇异魔力的变化过程的——的问题继续谈它的错综细节，这是神学专家的事。但是很显然，任何教义，像天主教的教义，把圣礼中用的面包和酒由神父（并且只能由神父）来执行一项不可思议的程序，又把圣礼当作宗教体系中不可少的主要事实，就会大大加强神父这种职位的重要性。

另一方面，典型的"新教"看法认为这个圣礼只是吃面包和喝酒以表示本人对拿撒勒的耶稣的怀念。这种看法最后就使神圣化了的神父根本没有什么特殊需要了。

威克利夫本人并没有走到这一极端；他是一个教士，而且终其生是个教士；他认为上帝是在精神上，如果不是在实质上，呈现于奉为神圣的面包里的，但是他的教义却提出了一个把人们带到远远超过他的主张的问题。从历史家的观点看，威克利夫所开始的反对罗马的斗争很快变成一场人们可以称为理性的或俗人的宗教，它诉诸人类的自由智慧和自由良知，反对权威专断、固守传统、仪节繁琐和僧侣的宗教。这场复杂斗争的最终趋势是要从基督教里除去一切古代僧侣权术的痕迹，要扫除得像伊斯兰教那样地精光，要回到以《圣经》文献作为权威，而且假如可能，就恢复耶稣的原始的教导。在基督徒中至今大部分争论之点仍未有定论。

威克利夫著作的影响没有比在波希米亚更大的了。1396年左右一个博学的捷克人约翰·胡斯，在布拉格大学发表了一系列根据这位牛津大师的学说的演讲。胡斯当了这个大学的校长，他的说教激怒了教会，把他开除了教籍（1412年）。这时正值教会大分裂，并且正在为讨论使教会丢脸的混乱局面而召开的康斯坦茨会议（1414—1418年）之前。我们已经讲过这次分裂怎样以选出马丁五世而告结束。这次会议一心要把基督教世界重新完全团结起来。但是它寻求达到这种重新团结的方法同我们近代的良心不相一致。威克利夫的遗骸被判处烧毁。胡斯在得到安全通行证的诺言下被骗到康斯坦次，然后作为异端受到审讯。胡斯受命收回他的某些主张。他回答说，在他确认自己的错误之前不能收回。他又被告知说，不管他信服与否，如果他的上级要求他这样做，他有责任收回己见。他拒绝接受这个观点。尽管皇帝给了他安全通行证，胡斯却被活活烧死了（1415年），他成了一个不是为了任何特定的教义，而是为了人类的思想自由和良心自由的殉道者。

僧侣和反僧侣的争论之点再没有比在约翰·胡斯受审讯一案上看得更清楚的了，僧侣权术的邪恶精神也没有比这场审讯暴露得更彻底的了。下一年胡斯的一个同事，布拉格的日罗姆，也被焚死了。

继这些暴行之后，在波希米亚爆发了一次胡斯派信徒的起义（1419年），它是标志着基督教世界分裂的一系列宗教战争中的第一次。1420年教皇马丁五世颁布了一项训谕，宣布组织一次"为扑灭波希米亚的威克利夫派、胡斯派和其他一切异端"的十字军。于是，受了这一邀请的引诱，欧洲的那些逐利的失业士兵和一切游荡的恶棍无赖全都汇聚到这个英勇的国家。十字军的战士们发现，在伟大领袖齐斯卡领导下的波希米亚，他们面临的却是比他们所预料的更多的艰苦和更少的掠获。胡斯派按着极端民主的路线来处理事务，整个国家燃起了热情的烈火。十字军包围了布拉格，但是攻不下它，他们遭到了一连串的挫折，以从波希米亚撤退而告终。第二次十字军（1421年）并没有取得更大的成功。另外两次十字军也都失败了。然后，胡斯派不幸陷入了内讧。受到这事的鼓动，第五次十字军（1431年）在勃兰登堡侯爵弗里德里希统率下越过了边境。

这次十字军的部队据最低估计有步兵9万人和骑兵4万人。他们从西面向波希米亚进攻，最初围攻塔霍夫镇，但夺不下这座防御坚固的城市，他们又猛攻摩斯特小镇，在这里以及其周围各地，对居民干出了最可怕的暴行，而大部分居民不管对于任何一种神学都是全然无知的。

　　缓步前进的十字军深入波希米亚,直抵多马日利策(陶斯)镇的附近。"那是1431年8月14日三点钟,在多马日利策和霍尔苏夫·蒂恩之间的平原上扎营的十字军得到消息说,在伟大的普罗科普统率下的胡斯派拥护者正在逼近。虽然波希米亚人还在四英里以外,已经听得到他们战车辚辚和全军高唱的'你们都是上帝的战士'的歌声。"十字军的热情顿时飞快地消逝了。吕特佐(吕特佐的《波希米亚记》)描写了教皇的代表和萨克森公爵如何登上临近的小丘视察战场。他们发现,这里已不会成为一个战场了。德军的营房完全是一片混乱。骑兵四散奔逃,空车隆隆声几乎淹没了那可怕的歌声。十字军正在抛弃一切,甚至抛弃了他们所掠得的东西。传来了勃兰登堡侯爵劝令逃跑的消息,他们的队伍都已不受任何控制。现在他们只能危害自己的一方了,那个教皇的代表躲开了部队在森林里度过了一个不愉快的夜晚……波希米亚的十字军就是这样结束的。

　　1434年胡斯派之中又发生了内讧,极端的和最英勇的那部分失败了。1436年巴塞尔会议和温和的胡斯派之间达成了一项协议,允许波希米亚教会保留了某些与一般天主教仪节不同的地方,这协议直到16世纪德国宗教改革时期都是有效的。

3　大瘟疫和共产主义的萌芽

　　胡斯派信徒中的分裂大半是由于较激进的一部分流向一种原始共产主义,它使较富有的和较有影响的捷克贵族们感到震惊。类似的倾向已经在英国的威克利夫派信徒中出现。看来无论什么时候只要有返回基督教的根本教义的企图,就很自然地会出现追随人类平等友爱的学说。

　　一场横扫世界并把社会基础暴露无遗的大灾难,一场前所未闻的致命的瘟疫,大大地激起了这种思想的发展,这瘟疫被称为黑死病,它比以前任何其他祸害更接近于灭绝人类。它比伯里克利时的瘟疫或马可奥里略时的瘟疫或查士丁尼和格雷哥里一世时为伦巴德人入侵意大利铺平道路的一次又一次的瘟疫,都要致命得多。它发生于南俄罗斯或中亚,经过克里米亚和一艘热那亚的船,传到热那亚和西欧。它经由亚美尼亚到小亚细亚、埃及和北非,1348年到达英国。据说牛津大学死了三分之二的学生,估计英国整个人口的四分之一到一半在这时死亡了。整个欧洲的死亡率也同样高。赫克估计死亡总数共2500万人。它向东传到中国,中国的记载说,死了1300万人。C. O. 斯托利布腊斯博士说,这场瘟疫传到中国是在它最初出现于欧洲之后的三四十年。阿拉伯旅行家伊本·巴图塔从1342年到1346年期间正在中国，在他返回大马士革时才初次碰上这场瘟疫。黑死病是里海源头周围地区在飞鼠和其他小啮齿类动物间流传的一种疾病在人体上发病的形式。在中国这场瘟疫所引起的社会解体导致河堤失修，结果洪水冲毁了人口密集的农业地带。

人类从来没有受过这样明显的一次警告，人们应该去寻求知识，停止争吵，联合起来和大自然的莫明其妙的力量作斗争。旭烈兀和帖木儿的所有的屠杀与此相比就算不得什么了。约·理·格林说："在比较大的城镇里黑死病的灾害最为猛烈，那里的肮脏和没有阴沟的街道是麻疯病和热病不断肆虐的场所。沃尔特·曼尼爵士出于慈悲为伦敦市民所购置的墓地里，埋葬了5万多具尸体，这地点后来建立起卡尔特修道院作为标志。在诺里季有几千人死亡，同时在布里斯托尔活着的人都来不及去埋葬死人。

"黑死病袭击农村时和它袭击城镇时一样可怕。据说约克郡一半以上的教士是染上这个病死去的；在诺里季主教管区里三分之二的教区换了牧师。整个劳工组织陷于瘫痪。人手缺少使小佃户难于为他们的土地履行应尽的劳役，地主只好暂时放弃一半租金来诱使农民不离弃他们的土地。有一个时期耕种已不可能。一个当时的人说：'牛羊在田野和玉米地上游荡，竟没有剩下一个能把它们赶走的人。'"

正是由于这些灾难才爆发了14世纪的农民战争。劳动力奇缺，货物也奇缺，而拥有那么多土地的富有的修道院院长和寺院长老，以及那些贵族、富商们，对于经济规律却太无知了，他们不懂得在这遍地灾殃的时候对劳苦者万万不可施加压力。他们看到他们的财产衰竭，土地荒芜，于是他们制定暴虐的法令强迫人们劳动而不增加工资，又防止他们外流以寻求较好的工作。这很自然地激起了"一次反对整个社会不平等体系的新起义，直到那个时候这种不平等的体系还被人们认为是世界上不成问题的神圣秩序。贫民的呼声在被谦和而威严的弗鲁瓦萨尔称作'肯特的狂僧'的讲话中得到了惊人的吐露。他二十年来（1360—1381年）不顾解除教职和囚禁，在聚集于肯特教堂庭院里的健壮的自耕农中为他的讲道找到了听众。地主们说他是'发了疯'，而正是在约翰·鲍尔的讲道里，英国初次听到了人生而平等和人权的宣言。鲍尔大声叫喊：'善良的人们，只要货物不属公有，只要还有农奴和绅士，英国的事情就永远不会好起来。那些我们叫他们作老爷的人们他们凭什么权利是比我们更了不起的人呢？他们有什么根据应得这个权利呢？为什么他们把我们当成农奴？假如我们都是出于同一父母，亚当和夏娃,他们怎能说或证明他们比我们高明,假如不是他们驱使我们以我们的劳动来替他们挣钱,他们怎能那样得意地挥霍呢?他们穿着天鹅绒的衣服,裹在温暖的皮衣和貂袍里,我们却是鹑衣百结。他们有醇酒、香料和洁白的面包,我们吃的是燕麦渣和干草,喝的是生水。他们有闲暇和精致的住宅;我们只能辛苦劳动,在田野里栉风沐雨。但是,只有我们和我们的辛劳才使这些人保有他们的高贵地位。'一种使整个中世纪的体系受到致命打击的精神在凝聚了约翰·鲍尔的平等学说的民谣里吐露出来:'当亚当掘地、夏娃纺纱时,谁是绅士呢?'"

我们只能辛苦劳动,在田野里栉风沐雨——约翰·鲍尔的话

英国起义者的领袖瓦特·泰勒,当着年轻的国王理查德二世的面,被伦敦市长所刺死(1381年),他领导的运动瓦解了。

胡斯派运动的共产主义的一方面是同一个动乱体系的一部分。比英国的起义稍早一些,发生了法国的"扎克雷起义"(1358年),法国农民起来烧毁了城堡,破坏了村庄。一个世纪后同样的紧急状态把德国卷入一连串的血腥的农民战争之中。这些农民战争开始于15世纪晚期。就德国来说,经济和宗教的动乱交错在一起的情况甚至比英国更为明显。

德国的这些纷扰的一个突出的阶段是再浸礼派教徒的起事。再浸礼教派在1521年在三位"先知"的领导下出现于维滕堡,并于1525年爆发了起义。在1532和1535年间起义者占据了威斯特法利亚的明斯特镇,并竭力实现他们的宗教共产主义思想。他们被明斯特主教所包围,在被围的危难中,一种疯狂盛行在镇上;据说发生了人吃人的事。有一个莱顿人名叫约翰的掌了权,他自称是大卫王的继承者,并按照那个君主的坏榜样实行多妻制。在该城投降后,胜利的主教使再浸礼派的领袖们受尽酷刑,并把他们在闹市上处决了,他们被肢裂的尸体放在笼子里悬挂在教堂塔楼上示众,以向全世界证明明斯特的体面和秩序现在已经恢复了。

14、15世纪时西欧诸国普通劳动人民的这些动乱比历史上发生过的任何剧变都来得更加严重而持久。在这以前和它最近似的是波斯的某些共产主义的穆斯林运动。大约在公元1000年时诺曼底有一次农民的反抗,罗马帝国晚期也发生过多次农民的反抗运动（巴高达运动），但这些都没有这么令人震惊。它们表示了在人类事务中正在成长的一种新精神，这种精神完全不同于文明发源地区的农奴和农民的那种视作当然的漠不关心，也不同于罗马富商手下的农奴和奴隶劳动者所具的那种无政府主义者的绝望情绪。

我们提到的所有这些劳动者的早期起义都受到了残酷的镇压，但运动本身却从来没有被完全根绝。从那时起到如今在文明金字塔的底层一直存在着一种反抗的精神。有起义的阶段，有镇压的阶段，有妥协和比较平静的阶段；但从那时起到如今，这场斗争从来没有完全停止过。我们将看到它在18世纪末法国革命期间突然爆发，在19世纪中叶和最后25年之初它再度起来反抗，并在今日的世界上胜利地取得了巨大的成功。19世纪的社会主义运动只是这正在继续进行中的反抗运动的一种说法罢了。

在许多国家，例如法国、德国和俄国，这种劳工运动有时采取敌视基督教的态度，但是总的说来西方平民的这种反抗苦役和卑屈生活的日益增长的压力同基督教的教导紧密地相联则是无可怀疑的。基督教的教会和传教士可能并没有打算传播平等主义的教义，但是在教会的背后是拿撒勒的耶稣的不可磨灭的人格，基督教的宣道者不由自主地播下了自由和自主的种子，并在他所到过的地方早晚会发芽成长。

"劳工"动乱的稳步成长，劳工作为一个阶级其自身阶级意识的发展，对全世界明确要求的提出，与学校和大学的设立、印刷书籍的盛行、科学研究的发展和扩张过程，同样都是把我们当前类型的文明——"近代文明"，与任何以前存在过的人类社会状态区别开来的标志，尽管已有了一切偶然的成功而它仍然显示出是一桩未完成的和过渡中的事物。它要么是个新生的胚胎，要么是某种注定要死亡的东西。它也许可以解决把辛劳和幸福协调起来的这一复杂问题，从而使自身适应于人类灵魂的需要，或者它可能失败，并像罗马体制那样以一场大灾难而告终。它可能是一种更为均衡和令人满意的社会秩序的开始阶段，它也可能是一种注定要瓦解的体系，并将被一种设想不同的人类结合方法所代替。

像在它以前的文明那样，我们当前的文明也许只不过像农民为了把空气中的氮固定下来以改善土地而播种的那些作物之一。它生长起来也许只是为了积累某些传统后重又犁入土里以利于长出更好的东西。像这样的问题都是历史的实际现实，在以后的全部叙述中，我们将发现这些问题变得更清楚、更重要了。直至在最后一章中，正像到了年终岁暮那样，在我们扼要重述我们的希望和恐惧时——将以一个问号来结束全书。

4　纸是怎样解放了人类的思想的

印刷书籍的出现大大刺激了这个动乱时代欧洲自由讨沦的发展。从东方传入了纸张，使长期潜在的印刷方法得到了实际的应用。至于首先使用这简单的印刷方法来增多书籍的荣誉应归给谁，还是难于解决的。这是个曾引起可笑的争论的小问题。显然，这样一种光荣是属于荷兰的。在 1446 年前的某一个时候就有一个叫科斯特尔的人在哈勒姆用活字版印刷。大约在同时古滕堡也在美因兹从事印刷。到了 1465 年意大利有了印刷工人，卡克斯顿于 1477 年在威斯特敏斯特开办了他的印刷厂。匈牙利第一本印刷的书是在 1473 年。但是早在这一时代之前印刷术已部分地使用过。早在 12 世纪的手稿中表明大写字母可能是木制的印章印上的。

更重要的是纸的制造问题。说纸使欧洲的复兴成为可能也并非过分。纸起源于中国，在中国纸张的使用大概可以追溯到公元前二世纪。751 年中国人袭击撒马尔罕的阿拉伯穆斯林；他们被打退了，被俘获的中国人中有一些熟练的造纸的人，阿拉伯人就从他们那里学会了造纸的技术。现在仍保存有 9 世纪以来阿拉伯纸写的手稿。造纸术或是通过希腊，或是由于基督徒收复西班牙时夺得了摩尔人的造纸作坊因而传入基督教世界的。但在基督教的西班牙人统治下，纸的产品质量可悲地降低了。直到临近 13 世纪末基督教的欧洲还没有造出质量好的纸来，后来意大利在世界上领了先。只是到了 14 世纪造纸业才传到德国，直到那个世纪之末，纸张才丰富和便宜到足以使印刷书籍成为有利可图的事业。于是印刷业自然地和必然地接踵而来，世人的知识生活进入了一个新的和远为活泼有力的时期。它不再是从一个头脑到另一个头脑的涓涓细流；它变成了一股滔滔洪流，不久就有数以千万计的头脑加入了这一洪流。

印刷术的这项成就的一个直接后果是世界上出现了大量的《圣经》。另一个结果是学校里的教科书便宜了，阅读的知识迅速传播。不但世界上的书籍大量增加了，而且现在所制成的书本读起来更清楚些，因而也更容易领会。读者无须费力在模糊难辨的字迹上去推敲含意，现在读者可以无阻碍地边阅读边思考了。随着阅读的更加方便，群众中读书的人数也就增多了。书籍不再是一种装饰华丽的玩物或是学者的秘藏，人们开始写为普通人阅览和诵读的书。

欧洲文学的真正历史是从 14 世纪开始的。我们发现标准意大利语、标准英语、标准法语、标准西班牙语以及后来的标准德语迅速地代替了各地的方言。这些语言在各自的国家里成了文学用语；它们经过试用，在应用中洗炼，使之准确而有力。最后它们像希腊文或拉丁文那样能够负担起哲学上的讨论了。

5 王侯的新教和人民的新教

我们将在这里专用一节来对 15 和 16 世纪期间人们宗教观念的动向作一些基本的陈述，它们是下面的 17 和 18 世纪政治史的必要入门。

我们必须辨别清楚反对天主教教会的两个完全不同的体系，它们极其混乱地搀杂在一起了。那时教会对王侯、富人和能干的人的良心的支配力正在消失；它也在丧失平民对它的信仰和信赖。它对前一个阶级精神力量影响的衰落表现在，他们怨恨它的干涉、它的道德上的束缚、它的君临其上的要求、它的征税的要求和解除平民对王侯效忠的义务。他们不再尊重教会的权力和财产。整个中世纪王侯和统治者对教会的反抗一直在进行着，但是要到 16 世纪当教会开始公开站在它的宿敌皇帝的一边，向皇帝提供援助，并在它反对异端的运动中接受皇帝的帮助时，王侯们才开始认真考虑脱离罗马教会而各自分立教会。如果他们没有体会到教会对广大群众的控制已经松弛，他们是绝不会那样干的。

王侯的反抗本质上是一次反对教会统治世界的非宗教性的运动。皇帝弗里德里希二世，以及他给同辈王侯的书信，是这个反抗运动的先驱者。另一方面，人民对教会的反抗本质上是宗教性的。他们反对的不是教会的权力而是它的种种弱点，要求一个非常正义和无畏的教会来帮助他们和组织他们去反对有权势的人的邪恶。他们在教会内部或外部所进行的反对教会的运动，不是要求从宗教控制下得到解放，而是要求获得更充分更深远的宗教控制的运动。他们不是要减少宗教控制，而是要更多的宗教控制——但是他们要得到保证这些控制确是宗教的。他们反对教皇不是因为他是世界的宗教领袖，而是因为他不是这样的领袖；因为他本应该是他们的精神领袖，而他却是一个富有的世俗君主。

因此，14 世纪及其后欧洲的斗争是一场三角的斗争。王侯们要利用民众的力量来反对教皇，但是为了自己的权力和荣誉又不让那些力量成长得过于强大。在一段很长的时间里，教会奔走于王侯之间寻求同盟，而没有理会到它需要重新得到的失去了的同盟，是民众的尊敬。

由于 14、15 和 16 世纪时进行着的精神和道德上的冲突的三重性，一系列跟着发生的变革——那些变革在历史上统称为宗教改革——也有三个方面。有按照王侯们意愿的宗教改革，他们要停止金钱流入罗马，要夺取精神上的权威、教育权力和在他们领地内的教会的物质财富。有按照民众意愿的宗教改革，他们企图使基督教成为一种对抗非正义的力量，特别是对抗有钱有势的人的非正义的行径。最后有以阿西西的圣方济各为前驱的教会内部的宗教改革，它力求恢复教会的善性，并且通过它的善性来恢复它的权势。

按照王侯们的宗教改革所采取的形式是以王侯取代教皇，作为宗教首脑和他的臣民的良心的支配者。王侯们并无意让他们的臣民自由判断并且也没有这样的观念，尤其是在他们眼前有着胡斯派和再浸礼派可资借鉴的实例；他们企求建立依赖于国王的国家教会。所以当英格兰、苏格兰、瑞典、挪威、丹麦、北德意志和波希米亚脱离了罗马教会时，王侯和大臣们表示了极大的担心，务必要把这运动很好地控制住。他们只允许以切断同罗马的联系为限的宗教改革；任何超过那个范围，任何走向耶稣的原有教导或对《圣经》作粗糙径直解释的危险的分裂，他们都予以抵制。英国国教会是最典型和最成功的妥协的结果之一。它仍然是注重圣礼和祭司制的，但是它的组织集中在宫廷和大法官；虽然在下级和不太走运的教士中也许而且确有破坏倾向的见解爆发出来，他们却很少能争得任何有权威的地位。

按照平民意愿的宗教改革在精神上与王侯们的宗教改革很不相同。关于波希米亚和德意志的民间宗教改革的尝试，我们已经讲过一些。那时广泛的精神上的动乱比起王侯们的改革既更诚挚、更混乱、更持久，又不那么立即见效。笃信宗教的人很少敢于脱离或强颜承认他们已离弃了一切的权威教导，而这时是完全依靠自己的心灵和良心。这需要一种高度的思想上的勇气。欧洲平民在这一时期的一般倾向就是要竖起新得到的《圣经》来作为对抗教会的根据。德国新教的伟大领袖马丁·路德（1483—1546年）的情况尤其是这样。整个德国，的确整个西欧，这时人们有的是正在按照新译和印成的《圣经》黑字本一页页、一字字地拼音阅读，钻研《利未记》、所罗门的《雅歌》、圣约翰的《启示录》——这些古怪和难解的书——也同样钻研四福音书中有关耶稣的平易而感人的记载。很自然地，他们产生了新奇的见解和可笑的解释。令人惊异的是他们并不是门外汉和希奇古怪的人。人的理性是个顽固的东西，尽管是它自己的决定，也还要进行批评和选择。这些《圣经》的新读者大多数是从《圣经》里吸取他们的良心所同意的东西，而对难解和矛盾的地方则置之不问。

在整个欧洲，凡是王侯们的新教教会建立起来的地方，都有一小撮生气勃勃的新教徒的残余，他们拒绝把他们的宗教改造成这个样子。这些就是非国教教徒，他们是从各个派别杂凑起来的，除了共同抵制不管是教皇的或国家的官方宗教之外,毫无共同之处。在德国,新教徒大部分都被王侯们扑灭了;在大不列颠不信奉国教者还是强大和多种多样的。德国人和英国人在行为上的许多差别似乎可以追溯到在德国自由判断较受压制的原因上。

这些非国教教徒中的大多数,并非全部,坚持《圣经》是受神灵感和有权威性的指导。这与其说是一个不变的立场不如说是一种策略。现在非国教的倾向已经离开了最初的《圣经》崇拜,而走向仅仅是对拿撒勒的耶稣的教导的一种缓和的情感上的承认。至少在非国教教派和自称信奉基督教的范围之外,现代文明中今天还有广大的和在增长中的群众怀有平等主义的信念和利他主义的激情,正像我们已经断言的,这种精神肯定是从基督教得来的。

现在让我们对宗教改革过程的第三方面,教会内部的宗教改革说几句话。这项改革在12、13世纪随着黑衣托钵僧和灰衣托钵僧(三十一章十四节)的出现已经开始。16世纪,正当最为需要时,出现了同一性质的新的推动力。这就是由伊尼戈·洛佩斯·德·雷卡尔德创立的耶稣会,今天世人都称他为洛约拉的圣·伊格纳修斯。

洛约拉的伊格纳修斯

伊格纳修斯作为一个很坚强勇敢的年轻西班牙人开始了他的事业。他聪明机警,又被大胆刚毅自炫的激情所鼓舞。他的恋爱事迹是豪放而生动的。1521年法国人从皇帝查理五世手上夺取了西班牙的帕姆佩卢纳,伊格纳修斯就是该城的保卫者之一。他的两腿被炮弹打伤,而且他被俘了。他的一条腿没有接合好,须要重新拉断,这些痛苦复杂的手术几乎送了他的命。他接受了最后的圣餐礼。入夜他开始忏悔,不久他痊愈了,面对着可能终身残废的前景,他的思想转向宗教上的奇想。有时他会想到有一个崇高的女人,尽管他残废了,他如何还能做出一番惊人的事业来博得她的钦佩;有时他会想以某种特殊和个人的方式成为基督的骑士。他告诉我们说,在神魂颠倒之际,一个不眠之夜,一个新的崇高的女人的形象引起他的注意;在幻觉中出现了怀抱着圣婴的圣母玛利亚。"他立刻感到以往生活中的种种事迹实属可厌。"他决心从此放弃对尘世的妇女的一切眷念,过一辈子绝对贞洁和献身于圣母的生活。他设想要作几次重大的朝圣和修道终此一生。

他所采取宣誓修行的最终方法标明了他确是个唐吉诃德的同胞。他恢复了体力,单骑外出,无目的地漫游四方;孑然一身,除了随身武器和胯下的骡子之外，是个一无所有的冒险的战士。这时他偶然和一个摩尔人搭了伙，他们一起边谈边向前行进，不久就在宗教问题上争论开了。这个摩尔人受过较好的教育，能说善辩，说了许多难于回答的侮辱圣母玛利亚的话，他得意洋洋地和伊格纳修斯分手了。这个年轻的圣母的骑士羞愤交加，心潮沸腾。他犹豫不决，是否应当追上这摩尔人，把他杀死呢，还是继续按他心里所想的去朝圣呢。在一个岔路口，他索性任凭骑骡去选择他的道路，就这样放过了那个摩尔人。

他到了曼瑞萨附近蒙特塞拉特的本笃会修道院，在这里他模仿中世纪传奇中无比的英雄高卢的阿马提斯，在圣母的祭坛前通宵守夜。他把他的骡子送给了修道院，把他的世俗衣服送给了一个乞丐，把他的刀剑放在祭坛上，穿上粗麻布长袍和大麻鞋子。然后他住到邻近修道院办的香客招待所里去接受折磨和朴素的生活，完全绝食了整个一星期，然后继续去朝拜圣地。

他游荡了几年，为打算建立一个新的宗教骑士团而弄得心力交瘁，但是并不明白怎样开始这项事业。他越来越感到自己没有学识。异端裁判所开始注意他的行动，禁止他试图教诲别人，除非他至少花四年时间去进修。尽管异端裁判所之门被认为是如此之残酷无情和毫不宽容的，但根据记载可以愉快地说，在对待这个卤莽的、富于想象力的青年狂热者时，它却是同情而清醒的，它承认他生气勃勃和可能有的用处，它看到他无知的危险。他到各地去学习，包括萨拉曼卡和巴黎。1538年他被任命为教士，一年后他梦想已久的骑士团终于成立了，命名为"耶稣会"。有如近代英国的救世军，它为把军事组织和纪律的丰富传统服务于宗教作出了最直接的尝试。

这个创立耶稣会的洛约拉的伊格纳修斯是个47岁的人，他和过去那个效法高卢的阿马提斯、在曼瑞萨修道院守夜的荒唐无稽的青年人相比，已是一个很不同的人了，聪明得多，稳健得多了；他现在创立的和提供教皇使用的那个传教的和教育的组织，是一个教会从未运用过的最强有力的工具之一。

这些人把自己提供给教会来任意和充分的使用。就是这个耶稣会在明朝灭亡后重新把基督教传到了中国，在印度和北美主要的基督教传教士也就是耶稣会士。关于他们在南美印第安人中进行的开化工作，我们即将提到。但是他们主要的成就是在提高天主教的教育标准，他们的学校成为而且长期保持为基督教世界里最好的学校。维鲁拉姆勋爵（弗兰西斯·培根爵士）说："关于教育学方面……要去请教耶稣会的学校，因为已经付诸实践的，没有比它更好的了。"它们提高了智力水平，它们鼓舞了整个天主教欧洲的良心，它们刺激了新教欧洲去作出教育竞赛的努力。

也许有一天我们会看见有一个新的耶稣会,不是誓为教皇服务,而是为人类服务的。

和这努力于教育事业的巨大浪潮同时,教会的调子和品质也大大地有所改进,教义有了澄清,组织和纪律有了改革,这些是由特兰托会议作出的。这个会议在 1545 年到 1563 年之间间歇地在特兰托或波伦亚召开,它的工作至少和耶稣会在制止引起一国又一国地脱离罗马教会的罪恶和错误上所作的努力一样重要,罗马教会内部的宗教改革所作出的变革和脱离母体的新教教会所作出的变革一样重大。从此再没有公开的丑事和分裂记载下来了。但是如果还有什么可说的,那就是教义的狭隘性加深了,也不再有像格雷哥里大教皇,或同格雷哥里七世、乌尔班二世有联系的那批教皇,或由英诺森三世开始的那批教皇所代表的那种富于想象力的蓬勃阶段,足以使冷静而平凡的叙述虎虎有生气了。教会已安定了下来,成为今天这个样子,成为和国家政治分开的宗教组织,成为许多宗教团体中的一个宗教团体。王权已同罗马离开了。

6 科学的再觉醒

读者不要以为对天主教会和天主教派的基督教的破坏性的批评和《圣经》的印刷及研究,是 14、15 世纪知识活动上唯一的甚至最重要的事件。那只是这个时代知识复兴的人所欢迎的和最为显著的方面。在明显的和大众性的对思想和讨论的觉醒的后面,另外那些一时不那么突出但最终是更为重要的精神发展正在进行。关于这些发展的趋势现在我们必须给予简短的陈述。这些发展在书籍印成以前很久就已开始了,但把它们从朦胧状态中解放出来的却是印刷术。

关于人类事务中的自由知识、探讨和坦白陈述的精神的初次出现,我们已经叙述过一些。在追求系统知识的最初尝试的记载中,有一个名字居于中心地位,那就是亚里士多德。我们也提到了在亚历山大城的短暂的科学工作。从那时以后,欧洲和西亚错综复杂的经济、政治和宗教冲突阻碍了知识的进一步发展。这些地区,正像我们已经看到的,长期处于东方式的君主专制制度和东方宗教传统的支配之下。罗马尝试过一种工业的奴隶制,随后又放弃了。这种最初的、巨大的资本主义体系发展了起来,但由于它自身固有的弱点而陷于混乱。欧洲重新陷入普遍的不安定。闪米特人起来反抗雅利安人,阿拉伯文化在整个西亚和埃及代替了希腊文明。西亚全部和欧洲的一半沦于蒙古人的统治之下。只是在 12、13 世纪我们才发现雅利安人的智力经过奋斗重又得到明朗的表现。

此后我们看到在成长中的巴黎、牛津和波伦亚大学里进行着大量的日益盛行的哲学讨论。在形式上它主要是逻辑问题的讨论。作为这场讨论的基础我们见到了亚里士多德教导的一部分，不是他遗留下来的全部著作，而只见到了他的逻辑学。后来通过由阿韦劳埃斯注解的阿拉伯文版的拉丁文译本，他的著作才更为人所熟悉。除了这些极其拙劣的亚里士多德作品的译本之外，直到15世纪，希腊的哲学著作在西欧很少有人阅读。

富于创造力的柏拉图——不同于崇尚科学的亚里士多德——则几乎无人知晓。欧洲具有希腊的批评精神而没有希腊的创造冲动。有一些新柏拉图派的作者是闻名的，但新柏拉图派和柏拉图的关系跟基督教科学和正统基督教的关系是很相同的。

晚近的作家们习惯于把中世纪"经院哲学家"的哲学讨论贬为乏味和无用。这决不是那么一回事。当时不得不保持一种严肃的表面形式，因为无知而不宽容的教会高僧们正在提防异端。因此它缺乏大胆思想的那种可喜的开朗，它所不敢说出的常用暗示来表达。它所讨论的都是些根本上极为重要的事，这是一场澄清和改正某些人类思想固有缺陷的长期而必要的斗争，今天有很多人由于忽视了经院哲学家们所讨论的问题而危险地犯了错误。

在人的思想中有一种属于民族性的倾向，把分类所根据的异与同加以夸大，假定不同名称的东西是完全不同的，相同名称的东西事实上是相同的。这种夸大分类的倾向产生了上千的邪恶和不公平。例如，在种族或民族性的范围内，一个"欧洲人"常常会把"亚洲人"当作几乎是另一种的动物，同时却会倾向于把另一个"欧洲人"看成必然是和他自己一样地善良和漂亮。他这样就会自然而然地偏袒欧洲人来反对亚洲人了。但是这部史书的读者必须理解，这些对立的名词所包含的这种差异是并不存在的。它是由两个名称造下的一种错觉上的差异……

中世纪的争论主要发生于"唯实论者"和"唯名论者"之间，我们必须警告读者的是在中世纪的讨论中"唯实论者"一词和近代评论术语中所用这个词的意义几乎完全相反。近代"唯实论者"是坚持唯物主义细节的人；中世纪的"唯实论者"更接近于我们今天应称作的唯心论者，他对偶然性细节十分轻视。唯实论者在夸大分类的含义上超过了一般人的倾向。他们认为一个名称，即一个普通名词，具有某种本质上真实的东西。例如，他们认为存在一个典型的"欧洲人"，一个理想的欧洲人，他比任何个别的欧洲人都更为真实。每一个欧洲人，似乎可以说，都是这个更深刻的实体的一个失败的、走了样的、有缺陷的标本。而另一方面，唯名论者却认为，以这个例子说，个别的欧洲人才是唯一的实体。"欧洲人"只是一个应用于所有这些实例的名称,名称之外并无其他。

哲学争论按其性质来说就是很广泛的、众说纷纭的并被各种各样人的心理色彩所渲染,要言简意赅地说出来是最困难不过的了。像我们在这里这样露骨地陈述出唯实论者和唯名论者的区别,不习惯于哲学讨论的现代读者可能会立刻跳到唯名论者的一边。但事情并不是如此简单地可以用一个例证来说清楚的,并且这里我们有意选择了一个极端的例子。不同性质的名称和分类在它们的价值和实体上是不同的。人们如果认为那些叫托马斯的人和那些叫威廉的人能存在着类别上的深刻差异,或者认为存在着一个理想的、精纯的托马斯或威廉,这是荒谬的;但是另一方面,一个白种人和一个霍屯督人之间却可能存在着比较深刻的差异,在智人和尼安德特人之间的差异就更大些。再如供玩赏的动物和有用的动物这两类间的区别在于习惯和使用上的极其微小的差异,而一只猫和一只狗的差异却是那样地深刻,可以在显微镜下的一滴血或一根毛上查出其不同之处。有些分类是琐细的,而有些似乎是根本的和实质的。当考虑到问题的这一方面时,就可以了解唯名论为什么最后不得不放弃名称是和标签同样地无意义的想法,以及为什么从修正了和改善了的唯名论成长起一种系统的努力来对事物和实体找出真确的——最有意义和最有成果的——分类,这就叫做科学研究。

几乎同样明显的是唯实论倾向于独断的主张、粗糙的区分、生硬的判断和不妥协的态度,这些是每个未受教导的人的自然倾向;而早期和晚期的唯名论则倾向于经过斟酌的陈述、个别实例的考查,倾向于探讨、实验以及持怀疑态度。

所以当在市场上和日常生活方式中人们对教士的道德和正直、独身生活是否真诚和恰当以及教皇的税收是否公正等提出疑问时;当神学界人士全神贯注于化体的问题,即弥撒里的面包和酒是否神圣的问题时,在书斋里和讲堂上对普通天主教的教导方法正在进行一场范围更广的批评。

我们这里不能试图估计像彼得·阿贝拉尔(1079—1142年)、艾伯塔斯·马格纳斯(1193—1280年)和托马斯·阿奎那(1225—1274年)这些人在这个过程中的重要性。这些人力求在更健全的推理系统上重新建立天主教的信条;他们转向唯名论。他们的批评者和继承者之中主要有邓斯·司各脱(?—1308年)和奥卡姆(?—1347年),前者是牛津的一个方济各会修士,按他的思想周密和审慎明敏来判断,他是一个苏格兰人,后者是一个英国人。

上述的两人都像阿韦劳埃斯那样,把神学的真理和哲学的真理作出了明确的区别;他们把神学放在塔尖上,但他们把它安放得使它不能再去阻碍研究:邓斯·司各脱宣称依靠推理不能证明上帝或三位一体的存在,或证明上帝创造世界的事是可信的；奥卡姆更进一步坚持把神学和事实上的真理分离开来——这种分离显然把科学探讨从教条的控制下解放了出来。下一代人受到了这些先驱者努力争得的自由的好处，而不知道这自由的来源，却忘恩负义地把司各脱的名字作为一个表示愚蠢的字眼，因此在我们的英文中有"Dunce"（笨蛋）这个词。普林格尔·帕蒂森教授（《英国百科全书》，12版，"经院哲学"条）说："奥卡姆依然是个经院学派，他却给罗吉尔·培根已经持有的那种精神以经院哲学上的辩护，这种精神在15、16世纪时开始得势了。"

以特有的天才傲然独立的就是这个罗吉尔·培根（约1210—约1293年），他也是个英国人。他是牛津的一个方济各会修士，并且的确是一个很典型的英国人，易怒、性急、正直而机敏。他比他的世界超先了两个世纪。亨·奥·泰勒谈到他时说：

> 培根的一生是一出思想的悲剧，它和悲剧艺术的古老原则是一致的：主角的性格会是宽大高尚，但并不是无疵的，因此悲惨的结局必然是由于性格所引起而不是偶然发生的。他死时已是一个老人；像他年青时那样，就是老了还是个热衷于具体知识的人。他对知识的追求完全不是学究式的，却受到了他所属的修道会的阻挠，在这修道会里他是一名不快乐的和有造反精神的成员；同样不幸的是，他的成就被他从他的时代所接受的一些原则从内部毁伤了。但是他接受了当时对他的意见，那是他应当负责的；当他的观点引起了他同辈托钵僧们的不信任时，他倔强的脾气把他们的敌视引到了他的头上。一个人要把像他这样的新奇观点去打动他的同伴，或是在13世纪时泄露了天机而要避免迫害，就必须有善于说服人和机智圆通的本领。培根攻击古今的名人时一点不机智而且愚蠢和不公允。关于他的生平，人们除了从他对自己和对别人的暗示略有所窥外，一无所知，而这些暗示也不足以构成即使是稍稍连贯的叙述。出生；在牛津读书；去到巴黎，学习，实验；又回到牛津；成了方济各会修士；学习，教书，引起了他的修道会的猜疑；送回巴黎，被监视，接到教皇的一封信；写作，写作，写作——写成他三部最著名的作品；又出了麻烦，被监禁了许多年，被释放，死去，死得那么彻底，身名俱没，5个世纪后才有部分被发掘出来。（《中世纪思想》，亨利·奥斯本·泰勒著）

这"三部最著名的作品"的大部分是用激烈的词句，有时很刻薄，但完全公正地攻击当时的无知，还结合了大量为增广知识而提出的建议。在他热情地坚持实验和搜集知识的必要性上，亚里士多德的精神在他身上复活了。"实验，实验",这就是罗吉尔·培根的重任。

但对亚里士多德本人,罗吉尔·培根也顶撞了。他顶撞亚里士多德是由于人们不去勇敢地面对事实,而坐在屋子里盯住那些当时可以得到的这位大师的著作的拙劣的拉丁文译本。他用他激烈的笔调写道:"要是我能放手去干,我就要把亚里士多德的书统统烧毁,因为读这些书只能浪费时间、产生谬误和增加无知。"如果亚里士多德能回到人间,看到人们不是阅读而是崇拜他的作品——并且正像罗吉尔·培根所指出的,是通过这些最不可靠的译文——他大概会对这种感情引起共鸣。

虽然为了怕被监禁或更坏的遭遇,他有必要在表面上和正统观念取得一致,多少得把真意隐藏起来,但在他的书里自始至终,罗吉尔·培根向人类大声疾呼:"不要再受教条和权威的统治了,看看这个世界吧!"

他公然抨击无知的四大来源:对权威的尊崇、习惯势力、无知的群众的感觉、我们性格中的骄傲自负而不肯受教。只要克服了这些,一个有力量的世界就会向人们敞开。"没有划手的航行机器是可能的,由一个人驾驶的,适合在江河洋海航行的大船,可以比挤满了划手的航行得更快。同样的,也可以制造出无须畜力拖拉的车,而由不可估量的动力来开动,有点像我们想到的古人在上面作战的装有镰刀的战车那样。飞翔的机器也是可能的,一个人坐在里面运转某个机关,人工翅膀就会像飞鸟那样腾空而起。"

奥卡姆、罗吉尔·培根,这些人是欧洲脱离"唯实论"走向真实存在的事物的伟大运动的早期先驱者。有一个时期,旧势力对新唯名论者的自然主义进行了斗争。1339年奥卡姆的书被禁止了,并郑重地宣告唯名论有罪。时至1473年还做了一次迫使巴黎的教师们宣誓讲授唯实论的尝试,但为时已晚没有成功。只是到了16世纪,随着书籍的印刷和知识的增长,从绝对论转到实验的运动才壮大起来,调查研究人员也开始彼此合作了。

整个13、14世纪用物质的东西进行的实验日益增多了,人们胜利地取得了一项项的知识,但是还没有相互间的推进。实验工作是在分离孤立,偷偷摸摸,不体面的方式下进行的。孤立研究的传统是从阿拉伯传入欧洲的,炼丹术士做了相当大量的私下的和秘密的研究,现代作家有点太容易轻视他们了。这些炼丹术士同当时的玻璃匠、五金匠、草药商、制药师密切联系,他们刺探得许多自然的秘密,但他们被"实用的"想法缠住了;他们寻求的不是知识而是力量,他们要找出怎样从较便宜的物质里炼出黄金,怎样靠仙丹使人长生不老,以及诸如此类的庸俗梦想。在他们的研究中意外地学到了许多关于毒药、染料、冶金等知识;他们发现了种种耐火的物质,并排除困难得到了透明的玻璃,也是这样制出了透镜和光学仪器;但正像有科学头脑的人不断地告诉我们的那样,并也像"只讲实用"的人依然拒不学习的那样,只有在为知识而求知识的时候,知识才会把大量丰富和意外的礼物赐给它的仆人。

今天的世界依然大多倾向于把钱用在技术研究上而不用在纯科学上。在我们的科学实验室里有一半的人依然在梦想着专利和秘方。虽然我们想起炼丹术士时会讥笑他们,而我们大部分还是生活在炼丹术士的时代里。今天的"实业家"依然把研究看成是一种炼丹术。

与炼丹术士紧密相联的是占星家,他们天生是"只讲实用的"这一类人。他们研究星宿——来算命。他们缺乏那引人去单纯地研究星球的较为广阔的信念和领悟。

罗吉尔·培根所表达的思想直到15世纪才在新知识和眼界的扩大上结出第一批果实。此后随着16世纪的开始,随着世界从14世纪大瘟疫后社会动乱的风暴中恢复过来,西欧突然迸发出一群光辉灿烂的名字,使希腊极盛时代最大的科学荣誉为之黯然失色。读者将会注意到,几乎每一个国家都有所贡献,科学是不问国籍的。

在这灿烂的星群中最早和最明亮的一颗是佛罗伦萨人列奥纳多·达·芬奇(1452—1519年),他是个对实体具有几乎奇迹般的真知灼见的人。他既是一个十分伟大的艺术家,也是一个博物学家、解剖学家和工程师。他是近代第一个理解到化石的真实性质的人,他写下了至今仍使我们惊叹的观察笔记,他确信机械飞翔是切实可行的。另一个伟大的名字是波兰人哥白尼(1473—1543年),他是第一个对天体的运行作出了清楚的分析,并指出地球是绕太阳转动的人。一个在布拉格大学工作的丹麦人蒂科·布拉赫(1546—1601年)不相信此说,但他对天体运行的观测对他的后继者,特别是对德国人开卜勒(1571—1630年),有很大的价值。伽利略(1564—1642年)是力学这门科学的奠基人。在他以前人们相信若是一件东西的重量比另一件东西大一百倍,那么前者落下的速度也会比后者快一百倍。伽利略否认这说法。他不是像一个学究和绅士那样用口争论,而是作了一个粗糙的实验,从彼萨斜塔的高层露台上投下了两个重量不等的物体——使一切博学之士大吃一惊。

伽利略制造了几乎是第一架望远镜,他又发展了哥白尼的天文方面的观点;但是教会极力反对这种见解,认为相信地球比太阳微小而卑下就会使人和基督教都算不得什么了;因之他们诱使伽利略放弃这个观点,把地球放回它作为宇宙的不动的中心的位置上。七个红衣主教判决监禁他一个时期，命令他一周背诵一次七首悔罪的诗篇，为期三年。

牛顿（1642—1727 年）诞生于伽利略逝世的那一年。由于他发现了万有引力的定律，完成了我们今天对星辰密布的宇宙的清晰的见地。但牛顿把我们带进了 18 世纪。从本章来说，他把我们带得太远了。

在早期的人名中科耳切斯特的吉尔伯特博士（1540—1603 年）是杰出的。罗吉尔·培根宣讲要实验，吉尔伯特是最早去实践的人之一。他的著作主要是关于磁力学，这对弗兰西斯·培根，即维鲁拉姆勋爵（1561—1626 年），英王詹姆斯一世的大法官的思想的形成，无疑是有所帮助的。这个弗兰西斯·培根被称为"实验哲学之父"，但是他在科学工作发展中的一份贡献人们谈得过多了（见格雷哥里的《发现》，第 6 章）。理·阿·格雷哥里爵士说，他在科学方法上"并不是创立者而是传道的使徒"。他对科学最大的贡献是一部古怪有趣的书《新大西洋岛》。"在他的《新大西洋岛》中，弗兰西斯·培根用多少是幻想的语言来计划建立起一座发明之宫，一座科学的大庙，在那里把从事追求知识的一切部门按照最高效率的原则组织了起来。"

伦敦皇家学会就是从这乌托邦式的梦想中兴起的，它在 1662 年从英王查理二世取得了皇家特许状。这个学会过去和现在最重要的用处和价值是出版书刊。它的成立标志着从孤立的探讨向通力合作、从炼丹术士的独自秘密研究向坦白的报告和公开的讨论，也就是向近代科学进程的生命迈出了明确的一步。因为真正的科学方法是这样的：不做不必需的假设，不信赖没有核实的论述，对一切事物进行尽可能严格的试验，不保密，不企图垄断，谦虚而清晰地发表一个人的最好的成就，除了知识以外不为其他任何目的服务。

长期沉睡着的解剖学这门科学被哈维（1578—1657 年）恢复了起来，他论证了血液的循环。不久荷兰人列文虎克（1632—1723 年）把第一架粗糙的显微镜瞄着生命中隐藏着的微细事物。

从 15 世纪到我们这个时代，科学家与日俱增，上述这些只不过是满天星斗中最明亮的几颗。他们以日益增长的集体能力和活力点燃了我们对宇宙的想象，增加了我们支配生活条件的力量。

7　新兴的欧洲城镇

我们对中世纪科学研究的复兴已作了这样充分的叙述，因为它在人类事务中是极为重要的。从长远来看，罗吉尔·培根对人类的意义比他的时代的任何君主都更大些。但是当时世界的大部分对书斋、讲堂和炼丹术士的实验室里压抑郁积着的活动却毫无所知，而这种活动不久就会改变生活的全部状态。的确，教会是注意到正在发生些什么，但只是因为正在发生的事无视它的结论性的决定。教会已决定说地球是上帝所创造的一切的真正的中心，教皇是神授的地上的统治者。它坚持人们在这些要点上的观念绝不应被任何相反的教导所打乱。虽然教会一旦能迫使伽利略说出地球是不动的，它就会满足了；它似乎没有理解到这对它是多么不祥，因为地球毕竟是在转动的。

在整个中世纪晚期这段时期里，西欧社会和知识的十分巨大的发展正在进行。但人类的头脑对发生的事件远比对事件的变化理解得清楚些；那时大概和现在一样，尽管周围的情况正在变化，大多数人却仍旧因袭他们自己的传统。

在像这样一部"史纲"里，我们不能把大堆的并不明显表示出人类发展的主要过程的历史事件都塞进去，不管这些事件是多么光辉而生动。我们必须记下市镇和城市的不断成长、贸易和货币力量的复兴、法律和习俗的逐渐重新确立、安全的扩大以及在第一次十字军和16世纪之间在西欧发生的私人混战的废弃。

我们不能叙述呈现在我们国家历史上的大部分事件。我们没有篇幅来讲历代英王一再征服苏格兰的企图，并自立为法兰西国王的故事，也不能讲到诺曼族的英国人怎样不安全地定居在爱尔兰（12世纪），威尔士又是怎样与英王联系起来的（1282年）。整个中世纪英国跟苏格兰和法兰西的斗争一直在进行；有时苏格兰似乎最后被征服了，有时英王在法兰西比徒拥其名的法王占有了更多的土地。在英国史书里往往把这场同法兰西的斗争表现为征服法国的一次独自的而且几乎是成功的努力。事实上它是一次为了征服并瓜分休·卡佩的世袭遗产的联合事业，先是同佛兰芒人及巴伐利亚人的联合，后来是同强大的法兰西属国勃艮第的联合。

关于英格兰人在班诺克伯恩被苏格兰人的击溃（1314年）以及苏格兰的民族英雄威廉·沃利斯和罗伯特·布鲁斯；关于在法国的克雷西（1346年）、普瓦提埃（1356年）和阿甘库尔（1415年）在英国人想象中有如繁星般发光的几次战役，其实只是些健壮的射手在阳光照耀的几小时里给戴盔披甲的法国骑士以重创的一些小小的交锋；关于黑太子和英国的亨利五世，以及关于一个农民姑娘、奥尔良的圣女贞德怎样再度把英国人从她的国土上驱逐出去（1429—1430年）——关于这些这书一概不予叙述了。因为每个国家都有这种为本民族珍爱的事件。它们只是点缀历史的挂毯，而不是历史建筑的部分。拉其普他那或波兰、匈牙利、俄国、西班牙、波斯和中国都能举出同样冒险的骑士和同样英勇的公主和同样坚毅不屈、以寡敌众的战斗来和西欧最动人的传奇相媲美，并且有过之而无不及。

我们也不能详述法王路易十一世（1461—1483年）怎样迫使勃艮第归附而奠定了中央集权的法兰西君主国的基础。意义更为重大的是13、14世纪蒙古人带来的礼物——火药，传到了欧洲，使得依靠成长中的城镇支持的各国国王（包括路易十一世）和新兴法律，能够打垮中世纪早期的半独立的强盗骑士和贵族们的堡垒，而统一成为一个更为中央集权的国家。

粗野时期的好战的贵族和骑士在这几个世纪期间慢慢地从历史上消失了；几次的十字军消耗了他们，像英国的玫瑰战争这样的王朝战争把他们杀光了，英国的长弓从一码以外发射的箭头刺穿了他们；这样武装起来的步兵把他们从战场上扫清了；他们乖乖地改业从商，本性变了。在他们从德国消逝以前，他们在欧洲西部和南部已经名存实亡。德国的骑士直到进入16世纪还是职业的战士。

11和15世纪之间，在西欧特别是在法国和英国，像繁花怒放似的兴建了许多很有特色而美丽的建筑物、大教堂、修道院等，都是些哥特式的建筑。我们已提到过哥特式的主要特征。这些可爱的繁花标志着一开始就与教会密切关联的一批工匠的出现。在意大利和西班牙，世人也在自由地开始兴建一些美丽的建筑物。这些建筑物大多数最初是教会出资兴建的，后来国王和商人们也开始营建，在教堂和堡垒旁边出现了邸第和住宅。

12世纪以来，随着贸易的增加，市镇生活在整个欧洲有一次巨大的复兴。这些市镇中著名的有威尼斯连同它的附庸腊古扎和科孚、热那亚、维罗纳、波伦亚、彼萨、佛罗伦萨、那不勒斯、米兰、马赛、里斯本、巴塞罗那、纳尔榜、图尔、奥尔良、波尔多、巴黎、根特、布鲁日、布伦、伦敦、牛津、剑桥、南安普敦、多佛尔、安特威普、汉堡、不来梅、科伦、美因兹、纽伦堡、慕尼黑、来比锡、马格德堡、布勒斯劳、斯德丁、但泽、科尼斯堡、里加、普斯科夫、诺夫哥罗德、维斯比和卑尔根。

"1400和1500年间的一座西德的市镇（赫尔莫特的《世界史》中引自提耳博士）体现了那时进步的一切成就，虽然从近代的观点来看似乎是很不够的……街道大多狭窄而曲折，房屋以木建为主，同时几乎个个市民都在屋里饲养牲畜，每天清晨市镇牧人赶往牧场的猪群成了城市生活少不了的一部分。"查理斯·狄更斯在他的《美国札记》中提到了19世纪中叶纽约市百老汇大街上的猪。

在美因河畔的法兰克福，1481年后在老城养猪是非法的，但在新城和在萨克森豪森这习俗仍是不足为怪的。只在1645年，在一项相应的企图于1556年失败后，来比锡内城的猪圈才被拆掉。偶尔也参加大贸易公司的富有的市民们是些特出地富裕的地主，他们在城墙里面拥有宽敞的院子，院子里还有巨大的谷仓。其中最富的人所拥有的贵族式的壮丽庭院至今还使我们赞赏不止。

然而就是在较古老的市镇中大多数15世纪的房屋也已消失了；只是偶尔在这里或那里有一些露着木架和悬垂楼房的建筑，像在巴克腊克和米耳滕堡那样，使我们想起那时市民住屋通行的建筑式样。行乞为生或以小技艺糊口的广大下层市民就住在城外肮脏的茅屋里。这些可怜的建筑物的唯一支柱往往就是城墙。室内的设备，即便是在富裕的市民之中，按照近代的观念来说，也是十分简陋的；哥特式的建筑适合于壮丽的教堂和市政大厅，但不适宜于豪华生活的细节。文艺复兴的影响大大增加了住所里的舒适生活。

14和15世纪欧洲到处兴建了许多哥特式的市镇教堂和市政大厅，其中至今还有不少照原样使用着。这些建筑和堡垒的坚固的塔楼和门框最能表现出市镇的权势和繁荣。每幅16世纪或以后的市镇的图画都突出地画着这些保护和夸耀市镇的堡垒。

市镇做了很多在我们的时代是由国家来做的事。社会问题都由市镇行政或相应的市政机构来处理。贸易的规定则由行会同市议会协商制订，穷人的照料是教会的事，市议会照管城墙的防御和照管非常必要的消防队。市议会坚守它的社会职责，监督市仓的充实以备荒年。15世纪几乎每个市镇都建有这种仓库。一切商品都按售价抽税，税率以能使每个工匠得到足够的生活和保证买主得到质量较好的货物为度。市镇本身是个主要的资本家；作为一个养老和遗产年金的出售者，它又是一个银行家，享有无限的信用。作为报酬，它得到了建筑堡垒的材料，或是从一个穷困的王侯手中乘机取得主权者的权利。

欧洲的大多数市镇是独立的或半独立的贵族共和国。大多承认教会或皇帝或国王对它有一种含糊的主权。其他有些是某些王国的一部分，甚或是公爵或国王的首府。在这种情况下它们内部的自由是以国王的或皇帝的特许状来维持的。在英国泰晤士河上的王城威斯特敏斯特紧挨着城墙的伦敦市，国王只有得到允许和通过仪式才能进入伦敦。

完全自由的威尼斯共和国统治着一个有许多附属的岛屿和商港的帝国，它多少是按照雅典共和国的方式组成。热那亚也是独立的。

波罗的海和北海的德意志市镇，从里加到荷兰的米德尔堡、多特蒙德和科隆，在汉堡、不来梅和卢卑克的领导下，松散地结合成一个同盟，即汉萨诸市镇同盟，这个同盟又更加松弛地附属于帝国之下。它总共包括70多个市镇，并在诺夫哥罗德、卑尔根、伦敦和布鲁日设有仓库。它用了很大的力量才使北方的海面清除了海盗，这些海盗一直是在地中海和东边海上的祸害。

东罗马帝国在它整个最后阶段，从14世纪和15世纪初奥斯曼人征服了它的欧洲内地，直到1453年它的灭亡为止，实际上是只有君士坦丁堡这一个通商市镇。它除了还有一个腐败的朝廷的包袱外，仅仅是一个像热那亚或威尼斯那样的市镇国家。

中世纪晚期最充分的和最完美的城市生活的发展是在意大利。13世纪霍亨施陶芬世系结束后，神圣罗马帝国对意大利北部和中部的统治削弱了，虽然正像我们将要叙述的那样，德国皇帝依然被加冕为意大利的国王和皇帝，直到查理五世为止（约1530年）。在教皇的首府罗马以北兴起了一些半独立的城市国家。意大利南部和西西里却还在外国统治之下。热那亚和它的对手威尼斯是这个时期的大商港，它们的堂皇的宫殿、高贵的绘画依然赢得我们的赞赏。圣哥达山口脚下的米兰也恢复了富强。意大利城市的星群中最灿烂的也许要算佛罗伦萨了，它是贸易和金融的中心，15世纪它在梅迪契家族的近于君主制的统治下享受了一段第二个"伯里克利时代"。在这些有教养的梅迪契"头头"时期之前，佛罗伦萨已产生过大量优美的艺术品。季奥托的塔（季奥托，1266—1337年）和伯鲁涅列斯基（1379—1446年）设计的大教堂都已经存在了。接近14世纪末，佛罗伦萨成了古代艺术重新发现、重新兴起和效法模仿的中心。但是关于艺术复兴中佛罗伦萨担任的那样重要的角色，放在后面一节里来讲比较更恰当些。

8　文学上的文艺复兴

与西欧智慧的普遍再觉醒相关联的是创造性文学的勃兴。我们已经提到在皇帝弗里德里希二世的倡导下出现了用意大利语写作的文学，同时法国北部和普罗凡斯两地的行吟诗人，也正引导人们用北方和南方的方言写诗、写情歌、写叙事诗等。可以说，这些东西是在一般好用拉丁文写作和诵读的下面破土而出的。它们是出自群众的智慧和消遣的心情而不是出于文人学士的手笔。1265年但丁·阿利格埃里诞生于佛罗伦萨,他在参与激烈的政治活动后成了一个流亡者,并且写了一些作品。其中有用意大利文的韵文精心写成的诗篇《神曲》,它是一幅隐喻的零星事件和宗教探究的绣帷,它叙述了到地狱、炼狱和天堂的一次旅行。它和拉丁文学渊源的关系可由但丁在阴间的向导是味吉尔这件事上暗示出来。它的各种英译本读起来都极为沉闷,而在这上面最有发言权的人也不常能说出他们对原书中的细腻、优美、风趣和智慧之处的体会。但丁也用拉丁文写有关政治的问题,和提出用意大利语作为文学语言的要求。他因为使用意大利文受到严厉的批评,并被指责为不会用拉丁文写诗。

稍后佩脱拉克(1304—1374年)也用意大利文写十四行诗和颂诗,引起了凡是有足够教养而能对它作出反应的人们的热烈欢迎。例如约翰·阿丁顿·西蒙兹写道:"这首《在劳拉夫人的一生之诗》是不会过时的,因为那种完美的韵律形式已和最精选的、最纯正的语言结合在一起了。"这些诗歌使我们怀疑劳拉夫人是否确有其人。佩脱拉克是那一群极力想恢复拉丁文学的光荣的意大利人中的一个。在一部"史纲"里,对这些光荣也许不会像刚觉醒到文学之美的魅力和激动的那一代意大利人那样觉得其至高无上。在恢复用拉丁文写作面前,用意大利文写作暂时衰微了。佩脱拉克用拉丁文写了一篇史诗《阿非利加》。当时产生了大量仿拟古典的作品,用拉丁文写的史诗和模仿的悲剧和喜剧,这些作品无疑地很像我们从有才气的年轻印度人那里得到的用英文写的诗和散文。只是到了后来的博雅多和阿里奥斯托(1475—1533年),意大利的诗才再度显扬起来。阿里奥斯托的《疯狂的奥兰多》是受到文艺复兴时期不太渊博的读者欢迎的大量浪漫叙事诗中唯一的最高标本。这些叙事诗对味吉尔式虚拟史诗的那种多少是暗讽与模仿的传统一直表示赞赏,而味吉尔式史诗的本身是一种模仿和学究气的成就。喜剧和叙事诗、各种形式的短诗构成了这种文学的大部分。散文在文采和风格上还够不上批评者的赞许。

在讲法语的社会里文学生活的再觉醒也受着对拉丁文学怀念的支配。在法国已有一种用中世纪拉丁文写成的笑闹歌曲的文学,这是一种在酒店里和马路上所唱的歌曲(13世纪的歌利亚尔德诗)。这种真实有据的写作精神仍存留在像维龙(1431—1463年)那样的写实的和乡土本色的诗中,但是拉丁文研究的复兴从意大利涌了进来,把矫揉造作强加在除了最坚强不屈者之外的一切人的身上。一种推敲雕琢的风格树立了起来,带着几分石造的纪念碑式的庄严,堂皇华丽的诗歌和古典戏剧竖立起来是为了博得后人的赞赏而不是为了他们欢乐。但是法国生活的天才并没有完全局限在这些高雅的磨练里,而出现了一种优美而柔和的散文。

第一个论文作家蒙泰涅（1533—1592 年）把生活写得很可爱，而把有学问的人写得很可厌；拉伯雷（1490？—1553 年）像一股熔岩的洪流，燃烧着、狂喊着、大笑着，冲开了腐儒们的一切高贵气派和繁文缛节。

在德国和荷兰，新的思想冲动几乎更是同宗教改革的巨大政治和宗教压力同时发生的，它们产生了一些不那么纯粹的艺术形式。约·阿丁顿·西蒙兹说，艾拉兹姆是荷兰文艺复兴的伟大代表，有如路德在德国那样，但是他不用荷兰文而用拉丁文写作。

早在 14 世纪英国就爆发了一次文学活动。杰弗里·乔叟（1340？—1400 年）写出了可喜的叙事诗，这些诗显然是出于意大利样板，而且在他以前英国已有大量的浪漫叙事诗了。但是内战，即玫瑰战争、瘟疫和宗教冲突把这最早的开端压抑住了，只是在 16 世纪和亨利八世在位之后英国文学才生气勃勃地爆发出来。最初是古典学问的迅速传播，和从大量拉丁文、希腊文及意大利文作品的译文里吸取养料。然后突然地收获到一批优美的英文作品。英文被玩弄着、考验着、推敲着。斯宾塞写出了他的《仙后》，那是一篇词藻华丽的乏味的寓言作品。但是在女王伊丽莎白时代，英国人的天才在戏剧上才找到最充分的表现，它从来没有屈服于古典传统。伊丽莎白时代的戏剧是一种新的、更完满、更松散、更有生气和完全是更自然的文学形式，它以莎士比亚（1564—1616 年）为其极为杰出的代表。他是一个幸亏"拉丁文懂得不多，希腊文知道得更少"的人，他的最浓郁、最精妙的章句都取材于家常的甚至俚俗的生活。他是一个具有敏锐幽默感和心地十分甜柔的人，他把他所写的每一个句子都变成了美妙的音乐。密尔顿（1608—1674 年）诞生于莎士比亚逝世前八年。他早年钻研古典作品，使他的散文和诗歌得到了那种高傲和华而不实的调子，而且从来没有完全恢复过来。他去过意大利，看到了文艺复兴时的绘画的光荣。他在他的伟大的史诗《失乐园》和《复乐园》中，把拉斐尔和米开朗基罗的绘画移译成绝妙的英文诗。有莎士比亚来弥补密尔顿的不足，并从古典成见中挽救出那么多文学的基本精神，这对英国文学来说是很幸运的。

葡萄牙在接触到文学上的文艺复兴时产生了一篇史诗，卡蒙斯（1524—1580 年）的《卢西亚德》；但是西班牙和英国一样幸运地找到了一个天才绝伦的人物来表现出它的精神，这个人物没有受过博学的拘束。塞万提斯（1547—1616 年）抓住了存在于以一个瘦削、贫穷、半疯的绅士的幻想中的中世纪骑士精神的传统为一方，以一般大众生活的需要和冲动为另一方之间的冲突所表现的种种幽默而荒诞的事迹来进行写作。他的唐·吉诃德和桑科·潘扎，像莎士比亚的约翰·法耳斯塔夫爵士、乔叟的巴思的妻子、拉伯雷的加尔冈屠阿那样，冲破了古板文学的尊严和夸张，迎来了自由和欢笑。他们突破这些正像罗吉耳·培根和有科学头脑的人们突破文人学士们的书本科学，也正像我们下面就要讲到的绘图家和雕刻家们突破中世纪艺术的装潢的束缚和宗教的礼仪一样。文艺复兴的基本事实不是古典崇拜而是解放人的思想。拉丁和希腊学问的复兴对于文艺复兴的积极价值作出的贡献只在于它们对天主教的、哥特式的和帝国的传统所起的腐蚀作用。

9　艺术上的文艺复兴

要来追溯在人文苏生的这伟大时期里室内的和装饰艺术的种种复兴，或是要讲北方的哥特式怎样经过修改而适合于都市和私人建筑，并且大部分被源于意大利的罗马式的形式所代替，或是要谈谈古典传统在意大利的复兴，那就会超出我们的规模和范围了。意大利从来不喜欢自北方侵入的哥特式建筑。维特鲁维乌斯用拉丁文写的关于建筑的著述在 15 世纪时被发掘了出来，它对已在进行中的变革过程产生了很有刺激性的效果。文学上强烈涌出的古典影响扩展到了已经活跃的艺术创作世界。

然而，正像文学的复兴先于古典学问的复兴那样，所以在注意力被引向古典的写实艺术之前，艺术的再觉醒已在充分进行了。在欧洲自从查理曼的时代以来，逐渐地一再主张与其要装饰不如要临摹表象的愿望一直在继续着。12 和 13 世纪时德国在木版上画实物的绘画蓬勃地发展了起来。在意大利，建筑形式比起哥特式来空间较为宽敞，壁画的重要性也日益增加了。德国第一个明确的绘画学派是在科隆形成的（1360 年以后），稍后荷兰出现了胡贝特和扬·凡·埃伊克（约 1380—1440 年）兄弟。他们的作品色彩明亮，清晰可喜；它像是一幅弥撒书上的插图，飞出了镶板，在更大的空间里腾空翱翔。

13 世纪，契马布埃正在意大利作画；他是季奥托（1266—1337 年）的老师，季奥托以艺术复兴第一阶段的早期画坛大师而著称。这个阶段以菲埃索耳的弗拉·安吉利科（1387—1455 年）而达到登峰造极，这个阶段也随着他而告终。

那时在意大利，特别是在佛罗伦萨，开始对写实表象的技巧进行严格的科学探讨。我们不能过分地强调它，因为在关于艺术的书里有一点一向被人们所忽视的就是文艺复兴时期欧洲艺术和雕刻的变化，在本质上是为了科学上考虑而放弃了审美上的考虑。在构图和布局上，人们追求写实以代替刻板、抽象和柔媚，做得最好时达到了泼辣、明丽，但常常也会流于生硬和粗犷。被萨拉森艺术所抑制，并被拜占庭所僵化了的天然的人体的摇摆和旋转又回到了墙壁和石头上。生活回到艺术上面就立刻显得热烈而活跃了。透视的问题经过研究得到了解决，画家们初次开始有把握地在绘画中表达出深度。人们深刻地和详细地研究解剖学，艺术一时被写实所陶醉。种种细节——花卉和珠宝、织物的绉折、透明物体里的映像——无不精密而逼真地描绘出来，达到并经过了一个十分重视装饰美的阶段。

我们在这里不能追溯通过意大利和下德意志诸城市的各种流派所表现出来这些再觉醒的冲动的持续倾向，也不能叙述佛兰芒、佛罗伦萨、乌姆布里亚等地各画家集团之间的相互反应了。我们只能列举一下 15 世纪画坛大师里的一些名字：佛罗伦萨人菲利波·利皮、博提切利·吉尔兰达约，乌姆布里亚人西格诺雷利、佩鲁季诺、芒太纳等。芒太纳（1431—1506 年）最为突出，因为比起其他任何同时代的画家来，人们最能从他的作品里看出被恢复的旧有的古典艺术影响的痕迹。他最擅长的是一种无比的朴素风格。

16 世纪出现了列奥纳多·达·芬奇（1452—1519 年），关于他的科学上的考察我们已经讲过了。在纽伦堡有一个类似的人物是阿尔布雷希特·丢勒（1471—1528 年）。威尼斯的艺术随着提香（1476？—1576 年）、廷托雷托（1518—1594 年）和保罗·维罗内塞（1528—1588 年）而达到了顶峰。但是我们列举了一些人名对读者并没有多大意义，最好的复制品也只能对这些大师的品质略予暗示；在文字上我们只能说明作为对人体及可以触知的东西的新态度中的要素，这些作品跟艺术和生活的一般关系。向他们学习的人必须去看看他们的绘画以领会他们的品质。我们可以向他指出，提香那幅名称不适当的《天上和人间的爱》或各种女巫的画，米开朗基罗在西斯廷教堂的天花板上画的《创世纪》，都是这时代成长的最绚丽的几枝花朵。绘画随着德国人汉斯·霍尔拜因（1497—1543 年）来到了英国，因为内战把英国分裂到不能庇护任何绘画的流派。这只能算是一次访问。即使在伊丽莎白时代，文学是那样繁荣，音乐作品是那样丰富，还是没有产生出可以同意大利和法国相比的英国绘画或雕刻。不久，战争和政治纠纷阻碍了德国的艺术，但是佛兰芒派的冲劲由鲁本斯（1577—1640 年）、伦勃朗（1606—1669 年）和许多可喜的风俗画和风景画的画家接了下去，他们在欧洲的最西端用油彩复制的作品，在精神和题材上和一些最有趣的中国画出奇地相像，而它们之间并没有任何可能的联系或渊源关系。这种平行的发展可能是由于双方社会有某种难解的相似的情况。

从 16 世纪末叶以后意大利的画家们在才气上衰退了。以每一种可能的收缩、伸展和在背景衬托下用远近法缩小的笔法来画出比天然更生动的明光照耀的人体的那种新奇和热情全都枯萎了,那种认为雕刻和古典神话中以渲染的体育表演作为题材是正当的想法也大都衰竭了,那种以不加掩饰的女性体形的适当姿态来作为美德、邪恶、艺术、科学、城市、国家等的象征已不再激发有创见的心灵了,平庸的画匠以艺术为职业,满足于绘制一些最好也赶不上已有作品的图画。欧洲的雕刻从 11 世纪起缓慢而自然地在德国、法国和北意大利发展了起来,曾产生出这样美妙的作品如巴黎圣夏佩尔教堂的天使、维罗纳的坎·格朗德的骑士纪念像和威尼斯的科勒昂尼的雕像(韦罗基奥和勒奥帕迪合作),它不久被当时发掘出来并受人赞美的古典雕像的特有品质所引起的复兴的尝试弄得着了迷。米开朗基罗沉醉于这种灵感之中,创作出了一些具有高大的威力和尊严、人体上无比生气勃勃的作品,使后继者始而震惊,继而模仿,终而衰落。随着 17 世纪的向前推进,欧洲的绘画和雕刻开始具有一个累垮了的运动员的神色,像是一朵被风雨摧残了的玫瑰花。

当不太实用的艺术衰微下去的时候,建筑术由于物质需要还是得到了维持,整个 16、17 世纪欧洲到处不断兴建起各式各样的优美建筑物。我们只能提到帕拉迪奥(1518—1580 年)的名字,在他的家乡维琴察有很多由他设计的建筑物,他的著作和教导把他所复兴的古典风格几乎传遍了每个欧洲国家。他像是一股提供建筑参考意见的巨大源泉。在这里我们不能追溯有关文艺复兴时代建筑上错综复杂的扩展和变化,它们在自然的和继续不断的演化中一直延续到我们自己的时代。

绘画在西班牙并不具备像下德意志和意大利那样的可赖以成长的土壤。西班牙的画家到意大利去学习,带回了他们的艺术。但是在 17 世纪上半叶,西班牙宫廷萎缩但还富裕时,西班牙绘画在贝拉斯克斯(1599—1660 年)这个伟大和富于创造力的人物身上开了花朵。他有一种新奇、直截的洞察力,他的笔下有着一股新的力量。他连同荷兰人伦勃朗,在精神和品质上比其余文艺复兴时代的画家更为杰出,他们为 19 世纪后期和我们自己的时代最有力的作品指出了方向。

10 美洲在历史上的出现

我们已经叙述过,1453 年君士坦丁堡陷落了。在整个下一个世纪里土耳其人对欧洲的压力是沉重而持续的。蒙古人和雅利安人之间的边界线在伯里克利的时日里是在帕米尔以东某处,现在却退缩到了匈牙利。君士坦丁堡长期以来一直只是土耳其人统治下的巴尔干半岛中的一个基督徒的孤岛。它的陷落大大妨碍了欧洲同东方的贸易。

在地中海的两个竞争的城市中，一般说来威尼斯比热那亚与土耳其人更为友好。每个有头脑的热那亚海员对威尼斯的贸易垄断都感到烦恼，并试图找到一条可以穿过或绕过它的航线。那时又有了新的民族从事海上贸易，由于古老的通道对他们关闭了，他们倾向于寻找通往旧市场的新途径。

例如，葡萄牙人正在发展大西洋沿岸的贸易。自从罗马毁灭迦太基以来，经过一段长期的被忽视后，大西洋又觉醒起来了。是西欧人自己向大西洋推进的呢，还是西欧人被直到勒潘多战役（1571年）为止仍在统治着地中海的土耳其人逼迫而进入大西洋的呢，这是一件微妙而难断定的事情。威尼斯和热那亚的船只偷偷地绕到安特威普，汉萨镇的海员则正在南下，并在扩大他们活动的领域。那时航海术和造船术都有了相当大的发展。地中海是宜于划桨的大木船沿着海岸航行的。但是在大西洋和北海上，风大浪高，海岸与其说是个避风港，不如说往往是个危险地带。外洋上需要帆船，14、15世纪时用罗盘和按星位航行的帆船出现

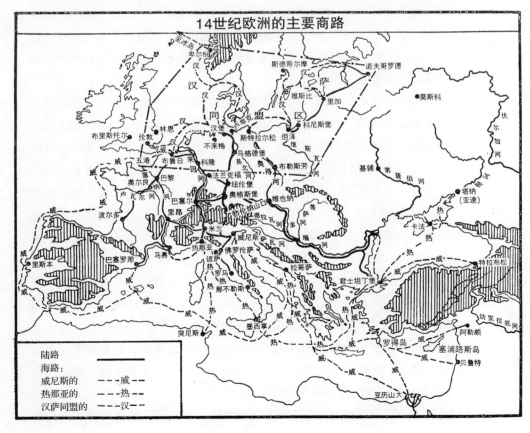

在外洋上。

到了13世纪汉堡商人已定期从卑尔根穿过这灰暗寒冷的大海驶到冰岛的北欧人那里。在冰岛，人们已知道有格陵兰这个地方，而且冒险的航海家们很久以前就发现更远的一块陆地叫文兰，那里气候宜人，人们要想与世隔绝的话，就可以在那里定居下来。这个叫文兰的地方或许就是新斯科舍半岛，或者有更大可能是新英格兰。

15世纪时整个欧洲的商人和船员们都在推测去东方的新路。葡萄牙人并不知道法老尼科很早以前就已解决了的这个问题，还在问能否沿非洲海岸绕航到印度去。他们的船只（1445年）按着汉诺到佛得角的航道前进。他们渡海向西，找到了加那利群岛、马德拉群岛和亚速尔群岛。这在横渡大西洋上跨出了相当大的一步。哈里·约翰斯顿爵士说，在大西洋东部和西非海岸的这些海上冒险事业中，在葡萄牙人之前的有13、14和15世纪初的诺曼人、卡塔洛尼亚人和热那亚人。但是到了14、15世纪葡萄牙人的活动升到了首位；无论如何，把那些到那时为止还只是模糊和偶然逗留中的发现固定和确定下来的就是他们。他们是航海天文学的先驱。1486年一个葡萄牙人，巴托罗缪·狄亚斯报道说他绕过了非洲南端。这样就为11年后华斯哥·达·伽马的伟大事业打开了通路。在西班牙人向西航行以前，葡萄牙人已经开始往东航行了。

一个名叫克里斯托弗尔·哥伦布的热那亚人开始越来越热衷于一项朝正西方向航行横越大西洋的计划，这项计划对我们来说是很明显而自然的，却使15世纪的人们耗尽脑筋。那时还没有人知道有一块作为单独的大陆而存在的美洲。哥伦布知道世界是个球形体，但是他低估了它的体积；马可·波罗的游记对亚洲的广袤给了他一个夸大了的观念，因此，他假定大西洋那一边的以盛产黄金闻名的日本大约是在墨西哥的位置。他在大西洋上做过多次航行，去过冰岛，或许也听说过文兰，这些航行肯定会大大鼓舞他的这些想法，向日落之处航行的计划成了他一生的主要目标。

他是个一文不名的人，有些记载说他是个破产者，他要掌握一条船的唯一方法是找到一个把船委托他率领航行的人。他先找到葡萄牙国王约翰二世，约翰倾听了他的计划，但是谈不拢，后来却安排了一次远征，不让哥伦布知道就出发了，这是一次纯粹葡萄牙人的远征。这次偷偷地抢在倡议者的前头要弄高度外交手腕的尝试失败了，它是该当失败的；船员们发生哗变，船长丧了气，返航回来（1483年）。于是哥伦布找上西班牙的宫廷。

最初他得不到船只和权力。西班牙正在进攻穆斯林在西欧的最后据点格拉纳

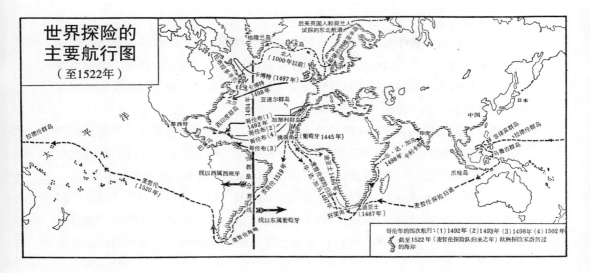

达。在 11 和 13 世纪之间基督徒已收复了西班牙的大部分；然后有一个间歇；现在整个信基督教的西班牙由于阿拉贡的斐迪南和卡斯提耳的伊萨伯拉的婚姻而统一了起来，西班牙正竭力想完成基督徒的征服大业。哥伦布对西班牙的帮助感到绝望，就派他的弟弟巴托罗缪去见英王亨利七世，而这项冒险事业并没有引起那个精明君主的注意。最后，1492 年，格拉纳达陷落了——这是对五十年前基督徒失去君士坦丁堡的小小的补偿。然后，由于帕洛斯镇的一些商人的帮助，哥伦布得到了他的船只——三艘，其中只有一艘圣马利亚号载重一百吨，铺有甲板；其他两艘都没有甲板，只有上述载重吨数的一半。

这支小小远征队——一共才 88 个人！——向南行驶到加那利群岛，然后在美好的气候下顺风横渡这前途茫茫的大海。

要欣赏这次为时两个月零九天的重要的航行故事必须通读全部细节。船员们心里充满了疑虑和恐惧，他们害怕也许会一直不停地永远航行下去。他们看到了一些飞鸟，后来发现一根人工制成的木棍和一根上边长着奇异浆果的树枝，他们这才感到放心。1492 年 10 月 11 日夜晚 10 时，哥伦布看见前面有一线亮光；第二天清晨就看到了陆地，天还没太亮，哥伦布就穿上华丽的服装，带着西班牙皇室的旗帜，登上了新世界的海岸。

1493 年初哥伦布返回欧洲。他带着黄金、棉花、珍奇的鸟兽和两名准备受洗礼的眼光灼灼、身有花纹的印第安人。人们以为他并没有找到日本而找到了印度。因此，他所发现的群岛被称为西印度群岛。同年他又带着一支包括 17 艘船和 1500 人的大远征队出航，并且得到教皇明确的许诺，他可以替西班牙国王占有这些新发现的土地。

我们不能叙述他作为这块西属殖民地总督的经历,也不能叙述他是怎样被免职而又被囚禁的。不久成群的西班牙冒险家涌向这片新土地进行探险。但值得指出的是,哥伦布死的时候还不知道他已发现一块新大陆这一事实。他至死还相信他环绕世界航行到了亚洲。

他发现新大陆的消息大大地震动了整个西欧。它推动了葡萄牙人重新开始绕道南非去到印度的尝试。1497 年华斯哥·达·伽马从里斯本航行到了桑给巴尔岛,从那里,他带上一名阿拉伯引水员,穿过印度洋,抵达印度的卡利卡特。

1515 年在爪哇和摩鹿加群岛已有葡萄牙的船只。1519 年一个受雇于西班牙国王的葡萄牙海员麦哲伦,沿海航行到南美洲的南部,穿过黑暗和危险的"麦哲伦海峡",这样进入了太平洋,那就是穿过巴拿马地峡的西班牙探险家们已经看见的太平洋。

麦哲伦的远征队继续向西横渡太平洋。这是一次比哥伦布英勇得多的航行,因为麦哲伦在那浩瀚无边的海洋上毫不畏缩地航行了 98 天,除了两个荒凉的小岛外什么也没有看见。水手们因患败血症而虚弱了;只有一点淡水可喝,少量劣质腐烂的饼干可吃。他们渴望能抓着些老鼠,啃牛皮和吞食锯末以暂时平息饥饿的阵阵剧痛。在这种情况下,这个远征队到达了拉德隆群岛。他们发现了菲律宾群岛。就在这里在同土人的战斗中麦哲伦被杀死了,其他几名船长也被杀害了。有 5 艘船在 1519 年 8 月同麦哲伦一起出航,一共有 280 人;1522 年 7 月,维多利亚号从大西洋上返航回到它在瓜达尔基维尔河上的塞维利亚堤道附近的抛锚地停泊时,船上只剩下 31 人——这是从没有过的在这个行星上绕行一周的第一艘船。

英国的、法国的、荷兰的和汉萨诸城镇的海员们较晚才加入这项新的探险事业。他们对东方贸易没有同样强烈的兴趣。当他们一旦加入时,他们最初的努力是想从北面去绕过美洲,正像麦哲伦是朝南绕过去似的;并想从北面去绕过亚洲,正像华斯哥·达·伽马是向南从非洲绕过去似的。这两项冒险性的事业自然是注定要失败的。在美洲和在东方,西班牙和葡萄牙比英、法、荷兰先行了半个世纪。

而德国却从来没有开始。在这些关系重大的年代里,西班牙国王是德意志的皇帝,教皇已把美洲的垄断权交给了西班牙,并不是简单地给西班牙,而是给了卡斯提耳王国。这必然一开始就限制了德意志和荷兰两国参与美洲的冒险事业。汉萨诸城镇是半独立的;它们的背后没有君主的支持,它们自己也没有统一起来足以从事像远洋探险这样的庞大事业。这是德国的不幸,或许也是世界的不幸,

第三十三章 西方文明的复兴（陆路让位给海路）

正像我们不久将要叙述的，正当所有的西方列强进入了这所新开办的在公海上经营贸易和管理的学校时，它却被一场战争的风暴弄得精疲力竭，无力参与了。

卡斯提耳的巨大发迹在整个16世纪中慢慢地展开在眼花缭乱的欧洲面前。它发现了一个崭新的世界，那里充满了黄金、白银和殖民定居的大好机会。这一切都是属于卡斯提耳王国的，因为教皇是这样说的。正进入鼎盛之际的罗马教廷把这片欧洲的想象力所向往的奇异土地的新世界在西班牙人和葡萄牙人之间分划掉了，前者分得了佛得角群岛以西370浬一线以西所有的地方，后者分得了这条线以东所有的地方。

最初西班牙人在美洲遇到的只是蒙古利亚体型的野蛮人。这些野蛮人中许多是吃人的。最先来到美洲的欧洲人是些没有好奇心的西班牙人，这是对科学的不幸，他们没有任何科学的热情，只是渴求黄金和充满了晚近宗教战争的盲目偏见。他们对这些原始人土生土长的方法和观念很少作求得理解的观察。他们屠杀、抢劫、奴役这些人，还要他们受洗礼，但是在他们的攻击下，改变了的和消失了的习俗和动机却很少记录下来。他们和在塔斯马尼亚的早期英国殖民者同样地破坏成性和鲁莽轻率。这些英国殖民者一看到在那里徘徊的旧石器时代的人就开枪射击，并拿出有毒的肉让他们去找来吃。

美洲内地大片地方都是草原，游牧部落依靠今天实际上已经绝迹的大群野牛为生。在他们的生活方式上、在他们鲜艳的上衣和随意涂抹的油彩上以及一般体质特征上，这些草原上的印第安人和欧洲梭鲁推期的旧石器时代晚期的人极为相似。但是他们没有马。看来他们没有从原始状态，就是大概从他们祖先来到美洲时的那种状态，作出很大的进展。但无论如何，他们已有金属的知识，最值得注意的是他们会随意使用天然铜，但还不知道用铁。

当西班牙人侵入这块大陆时，他们发现了已在美洲发展起来的两个独立的文明体系，他们向它们进攻和掠夺，并把它们破坏了。这两个文明体系可能完全与旧世界的文明体系无关。其中之一是墨西哥的阿兹蒂克文明；另一个是秘鲁文明。它们也许是从新石器时代的次文明发生出来的，它们从地中海四围和附近的发源地，一个岛一个岛地、一步一步地、一个时代接着一个时代地传越太平洋。我们已经对这些独特发展提到过一两点有趣之处。它们比古代东方文明和地中海文明晚了几千年。美洲这些文明的民族沿着他们自己的路线发展到了大致同埃及前王朝或早期苏美尔诸城市国家的文化相平行的状态。在阿兹蒂克人和秘鲁人之前，这地方还有过更早的文明的开端，它们或是被后继者所破坏了，或是自行衰亡了。

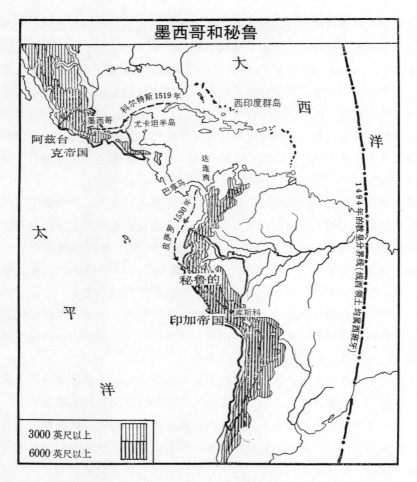

　　看来阿兹蒂克人是一个不大文明的好征服人的民族，统治着一个较为文明的共同体，有如雅利安人统治希腊和北印度那样。他们的宗教是个原始的、复杂的和残忍的体系，以人献祭和仪式性的吃人肉的风俗占了很大部分。他们因念念不忘犯了罪需要用血来赎罪而弄得心神不安，他们的宗教像是一幅旧世界原始的献祭宗教的可怕而完整的漫画。

　　阿兹蒂克文明被科尔特斯率领下的一支远征军所毁灭，他有11艘船、400个欧洲人、200个印第安人、16匹马和14门炮。他在尤卡坦偶然搭救了一个迷路的西班牙人，这个人曾被印第安人俘虏过好几年，多少学会了各种印第安语，并且知道被阿兹蒂克人统治的人对阿兹蒂克的统治十分憎恨。科尔特斯联合了这些人，越过山脉进入墨西哥的河谷（1519年）。

　　至于他怎样进入墨西哥，墨西哥军事首领蒙特祖玛怎样由于偏袒西班牙人而被他自己人所杀死，科尔特斯怎样被围困在墨西哥，丢失了枪炮和马匹又逃了出来，怎样经过了一次惊险的撤退回到海岸后，重新打回去并征服了全部土地，这是一段我们实在无法在这里叙述的浪漫而生动的故事。现在墨西哥的人口大部分是本地土著的血统，但西班牙语已经代替了当地的语言，而且现代墨西哥文化也是起源于西班牙的。

更为稀奇的是秘鲁人的国家成了另一个冒险家皮萨罗的牺牲品。1530年他带着一支168名的西班牙人组成的远征军从巴拿马地峡出航，像科尔特斯在墨西哥那样，他利用了本地人的纠纷来确保占有这注定要毁灭的国家。他也像科尔特斯那样曾把蒙特祖玛作为俘虏和工具，用欺诈手段抓住了秘鲁的印加王，试图以他的名义来统治。

对于后来一片混乱的许多事件，土人的没有计划好的起义、西班牙人从墨西哥开来了援军和这个国家被沦为西班牙的一个省等，我们在这里也不能充分发挥了。我们同样不能更多地讲到西班牙冒险家，怎样迅速扩展到除了葡萄牙人保留的巴西以外的美洲全境。一开始几乎总是一段冒险家、残忍与劫掠的故事。西班牙虐待土著居民，他们自己人中间也互相争吵，西班牙的法律和秩序对他们是鞭长莫及；只在长时期之后暴行和征服的阶段才非常缓慢地进入了建立政府和殖民地的阶段。但是在美洲秩序建立很久以前，金银早已开始不断地流经大西洋而到了西班牙政府和人民的手中。

在初期狂热的追求财宝之后，接着是开垦农场和开采矿藏，随之俱来的是新世界最初的劳工难题。开始是对印第安人残酷和不法的奴役；但为了西班牙人的面子，对此不能缄默而不加批评。土著居民发现多明我会和一个教区教士拉斯·卡萨斯是他们的支持者，而且是十分英勇的支持者。拉斯·卡萨斯曾经有一时是在古巴的一个农场主和奴隶所有者，直到他的良心谴责了他。从西非运进黑人奴隶也是很早在16世纪就开始了的。经过一些衰退之后，墨西哥、巴西和西属南美开始发展成巨大的畜奴和发财的地方。

我们很愿意但是不能在这里谈到，由方济各会修士和其后不久的耶稣会士在南美特别是在土著居民中所做的细致的开化工作，他们是在16世纪后半期来到美洲的（1549年以后）。

就是这样西班牙在世界事务中跃居为一时的强国和首要地位，这是一次非常突然的和令人难忘的崛起。从11世纪起，这个贫瘠动乱的半岛发生了分裂，它的基督教居民同摩尔人一直维持着不解之仇；然后似乎是出于偶然而获得了统一，刚好赶上来收割因发现美洲而得益的第一批收成。那时以前西班牙一直是贫穷的国家，今天它还是贫穷的国家，它的几乎惟一的财富是它的矿藏。然而，由于它垄断了美洲的黄金和白银，它支配了世界有一个世纪之久。

东欧和中欧还笼罩在土耳其和蒙古人的影响之下；美洲的发现本身就是土耳其人征服的一项后果；多半是通过蒙古利亚人所发明的罗盘和纸张，和在亚洲的游历及对东亚财富与文明的不断增长的知识的刺激之下，"大西洋边缘"的精神、体质、社会的活力才有了这次惊人的迸发。紧跟着葡萄牙和西班牙的觉醒，法国、英国、不久之后的荷兰也都上来了，分别依次承担起扩张和建立海外帝国的任务。

研究欧洲历史兴趣的中心一度曾在地中海东部沿岸诸国，现在则正从阿尔卑斯山和地中海转移到了大西洋。有几个世纪之久，土耳其帝国、俄国、中亚和中国相对地被欧洲历史家所忽视。虽然如此，这些世界的中心地带仍然是中心，它们的福利和参与世事对人类永久和平来说是必要的。

11　马基雅弗利是怎样考虑这个世界的

现在让我们来考虑一下，随着科学的新发展，新世界的发现，通过纸和印刷而发生的知识的广泛传播，以及一种对自由，平等的新渴望的传播，14 和 15 世纪欧洲思想的巨大解放和扩张的政治后果，对指导人类正式事务的宫廷和国王产生了什么样的思想影响呢？我们已经指出天主教教会对人们良心的控制这时正在削弱，只有刚经过一场长期而终于成功了的对抗伊斯兰教宗教战争的西班牙人，对教会还保持一些热忱。土耳其人的征服和已知世界的扩大，夺去了罗马帝国以前举世同钦的威望。欧洲旧有的精神和道德的体制正在瓦解。在这变革的时代，老派的公爵、王侯和国王们发生些什么事情呢？

在英国，如我们以后将叙述的，一种十分微妙而有意思的趋势正导致政府的一种新的方式，即议会方式，这种方式后来几乎传遍了全世界。但在 16 世纪从整个世界说来实际上还没有意识到这些趋势。

没有几个君主给我们留下私人的日记，作为一个君主又要能率直坦白是很难两全的，君主制本身必然是个装模作样的东西。历史学家不得不尽可能地去猜测戴着王冠的脑袋里在想些什么，帝王心理学无疑是随着时代而变化的。然而，我们却有这个时代一个十分能干的人所写下的东西，他曾从事研究和详细说明了 15 世纪后期人们所了解的君王统治的艺术。

这个人就是大名鼎鼎的佛罗伦萨人尼古洛·马基雅弗利（1469—1527 年）。他出身名门，颇有资财，25 岁就担任了共和国的公职。他在佛罗伦萨的外交部门服务了 18 年；他几次被任为大使，1500 年他被派到法国去和法王打交道。从 1502 到 1512 年他是佛罗伦萨官长（终身总统）索代里尼的得力助手。马基雅弗利改组了佛罗伦萨的军队，替官长草拟演说稿，他在佛罗伦萨事务中的确是个统治的智囊人物。当偏向法国的索代里尼被西班牙支持的梅迪契家族推翻时，马基雅弗利虽然想转而为胜利者服务，却受到严刑拷问并被驱逐了。他栖身于距佛罗伦萨 12 英里左右靠近圣卡西阿诺的一座别墅里。他为了自娱，一面替罗马的一个朋友收集和编写淫书，一面撰写关于他已不再参与的意大利政治活动。正像由于马可·波罗的被囚禁我们得到了他的游记那样，所以我们全靠马基雅弗利在宦海里的失意和在圣卡西阿诺的无聊生活，而得到他的《君主论》、《佛罗伦萨史》和《战争的艺术》。

这些书之所以有持久的价值是在于它们对这时代统治思想的性质和局限性给我们以清楚的观念。统治者的思想气氛就是他的气氛。如果他把异常敏锐的智慧带进到统治者的事务里，这也只是有助于我们更透彻地理解这些事务。

他作为一个使者曾在瓦兰提诺公爵凯撒·波尔查的营房里度过了几个月，波尔查的狡猾、残忍、放肆和野心在他敏锐的心灵上留下了极为深刻的印象。在《君主论》里他把这个锋芒毕露的人物理想化了。读者必须知道，凯撒·波尔查（1476—1507 年）是教皇亚历山大六世，即罗德里果·波尔查（1492—1503 年）的儿子。或许读者会对教皇竟会有个儿子的想法感到吃惊，但我们必须记住，这是一个宗教改革以前的教皇。教皇制度这时正处于道德松弛的状态中，亚历山大作为一个教士虽然保证不婚，但这并不妨碍他公开地同一个可以说是未经婚礼的妻子同居，并致力于把基督教世界的财源用在他家族的发迹上。凯撒就是在他生活的那个时代里也是一个桀骜不驯的青年；他早年就杀害了他的哥哥，也杀害了他的妹妹卢克雷齐阿的丈夫。他确是陷害并杀死过好些人。当马基雅弗利拜访他时，他在父亲的帮助下已成为意大利中部的一块广阔地域的公爵。他并没有多少或并不具备军事才能，但是相当干练并很有行政能力。他的显赫是极其短暂的。不久他的父亲一死，他的声势就像刺破了的皮囊那样一下崩溃了。他不可一世的气焰里所具有的不健全的性质，马基雅弗利却熟视无睹。我们对凯撒·波尔查的主要兴趣，是在于他体现了马基雅弗利的那个卓越而成功的君主的最高理想。

有不少著作指出马基雅弗利在他的政治著述后面存在着远大的和高尚的意向，但是一切这种抬高他的企图都将使持有怀疑态度的读者对他保持冷淡，这些读者坚持一行行地读马基雅弗利的著作，而不是从字里行间去读出想象中的东西来。这个人显然是根本不相信什么正义，不相信有个统治世界的上帝或是人们心中有个上帝，不懂得人们良心的力量。他对世界范围的人类秩序并没有什么乌托邦的前景，也没有去实现"上帝之城"的企图。他并不想要这些东西。在他看来，取得权力，满足一个人的种种欲望、情感、憎恨，自鸣得意地在世上昂首阔步，必定是人们最高的愿望。只有一个君主才能充分实现这样的一种生活。显然是出于几分胆怯，或出于他感到自己还不够资格作此要求，使得他放弃了由他自己去实现这梦想的念头；但他至少还希望去为一个君主服务，去接近这种光荣，去分享掠得的赃物、色欲以及得到了满足的恶念。他甚至可以使自己成为一个不可缺少的人！于是他竭力想使自己成为一个君主权术的"专家"。他给索代里尼帮了倒忙。当他被梅迪契家族拷问和摈弃，连当个成功的宫廷寄生虫都没有了希望时，他写下了这些权术手册来表示他是个多么聪明的仆人而某个君主却不能用他。他的统治思想，他对政治文献巨大的贡献，就是束缚普通人的道德义务并不能束缚君主。

有一种倾向认为马基雅弗利具有爱国的美德，因为他建议软弱而分裂的意大利可以统一并强大起来——意大利曾受到土耳其人的侵袭，只是由于穆罕默德苏丹的逝世才免于被征服，它那时正好像是个没有生命的东西，被法国人和西班牙人你抢我夺。但他所看到的意大利统一和强大的可能性，只是为某个君主提供了大好机会。他主张建立一支国民军，只是因为他看到意大利的那种靠外国雇佣兵作战的方法是无可救药的。这种部队随时可以倒向出价更高的雇主，或决定去抢劫他们所保卫的国家。他对瑞士人战胜米兰人的这件事印象很深，但是他从来没有看透使这些胜利成为可能的自由精神的秘密。他所创立的佛罗伦萨民兵是一次彻底的失败。他是一个生来就是对那些使人民自由和国家伟大的特质盲目无视的人。

但这道德上的盲人是生活在一个道德上盲人的小世界里，他的思想作风很清楚地是他的时代的宫廷的思想作风。在从帝国的残骸和教会的失败中成长起来的那些新国家的君主后面，到处都是马基雅弗利型的首相、部长和被信赖的大臣们。例如英国亨利八世的大臣克伦威尔，在他同罗马决裂后，把马基雅弗利的《君主论》看作是政治智慧的精华。当君主们自己够聪明时，他们也是马基雅弗利型的人物。他们互相阴谋制胜，掠夺较弱的同时代的人，毁灭对手，使得自己能暂时趾高气扬。他们很少或没有任何比他们相互玩弄手段更大的关于人类命运规划的远见。

12 瑞士共和国

有意思的是给马基雅弗利印象深刻的瑞士步兵并不是欧洲君主体制的一部分。就在欧洲体制的中心兴起了一个小小的自由州的联邦——瑞士联邦。在它名义上加入神圣罗马帝国的几个世纪之后,于 1499 年公然变成了共和国体。早在 13 世纪卢塞恩湖周围的三个流域的自耕农突然想到,他们要废除一个大封主而按照自己的方式来管理自己的事务。他们主要的麻烦是来自阿勒流域的一个大贵族家族——哈布斯堡家族,对他们提出的要求。1245 年施维茨的人民烧毁了建立在卢塞恩附近用来威胁他们的新哈布斯堡的城堡,人们今天在那里还能看得到这遗迹。

这个哈布斯堡家族是个在成长中的和贪得无厌的家族,在整个德国都有它的土地和财产。1273 年霍亨施陶芬家系绝嗣后,哈布斯堡家族的鲁道夫被选为德意志皇帝,这个称号最后事实上被他的家族世袭了。虽然那样,乌里、施维茨和翁特瓦尔登的人还是不肯接受任何一个哈布斯堡族人的统治;1291 年他们组成了一个永久联盟,从那时起直到今天他们在丛山中固守阵地,先是作为帝国的自由成员,然后作为一个绝对独立的联邦。我们在这里没有篇幅来叙述关于威廉·特尔的英雄传说,也没有篇幅来追溯联邦的逐步扩大到今天的版图。不久,讲罗曼斯语、意大利语和法语的盆地加入到这个英勇的小小共和国集团里来了。日内瓦的红十字旗变成了战争当中国际人道的象征。明媚繁荣的瑞士各城市一向是自由人对多少次暴政的避难所。

13 皇帝查理五世的一生

大多数能在历史上突出的人物，其所以突出是由于某种特殊的个人品质，不管是好的还是坏的，使得他们比同辈更为重要。但是1500年在比利时的根特诞生了一个能力平庸、气质抑郁的人，他的母亲是个精神不健全的人，为了国事的理由而结婚。虽则不是由于他自己的错误，他却成了欧洲积聚中的压力的焦点。历史学家一定要把他同亚历山大·查理曼和弗里德里希二世那种有特出个性的人并列，给了他很不配的和意外的超群出众的地位。这个人就是皇帝查理五世。一时他竟具有查理曼以来欧洲最大的君主的气派。这个人和他的虚妄的尊大，都是他的祖父马克西米利安一世皇帝（1459—1519年）玩弄婚姻政治权术的结果。

有些家族通过战斗，有些家族通过阴谋而取得世界霸权；哈布斯堡家族却以通婚而取得。马克西米利安是靠哈布斯堡家族遗产包括奥地利、斯提里亚、部分阿尔萨斯和其他地区而开始发迹的；他通过婚姻取得了尼德兰和勃艮第——夫人的名字对我们是无关紧要的。在他的第一个妻子死后，勃艮第的大部分从他手中溜掉了，但他保住了尼德兰。然后，他打算通过婚姻取得布列塔尼，却没有成功。1493年他继父亲弗里德里希三世做了皇帝，并通过婚姻得到了米兰公国。最后他让他的儿子和支持哥伦布的斐迪南和伊萨伯拉的一个低能的女儿结婚。斐迪南和伊萨伯拉不仅统治着新统一的西班牙，还统治着撒丁岛、两西西里王国，此外依靠教皇给卡斯提耳的馈赠而统治了巴西以西的整个美洲。就是这样，他的孙子，那个查理，继承了美洲大陆的大部分和土耳其人所丢下的欧洲的三分之一到二分之一。查理的父亲在1506年死去了，马克西米利安竭尽全力使他的孙子当选为皇帝。

查理五世

1506年查理承袭了尼德兰；1516年当他的外祖父斐迪南逝世时，由于他的母亲是个低能的人，事实上他成了西班牙领地的国王；1519年他的祖父马克西米利安垂危，他是在1520年被选为皇帝的，那时他还比较年轻，只有20岁。

他的当选为皇帝遭到了年少英俊的法王弗兰西斯一世的反对，弗兰西斯是1515年继承法国王位的，时年21岁。他的候选资格受到利奥十世（1513年）的支持，利奥也要求我们给他个英俊的绰号。那时的确是一个英主辈出的时代。在印度那时是巴贝尔的时代（1526—1530年），在土耳其是苏里曼的时代（1520年）。利奥和弗兰西斯都怕查理当选为帝所预示的会使偌大的权力集中在一个人的手中。另外还有一个对欧洲似乎有重要关系的君主亨利八世，他在1509年18岁时成为英国的国王。他自己也提出作为帝国皇帝的候选人。富于想象力的英国读者大可推测这样的一次选举可能的结果作为消遣。

这些国王间的三角关系大有施展外交手腕的余地。查理在从西班牙去德意志的途中访问了英国，通过贿赂亨利的大臣、红衣主教沃尔西，取得了亨利对他反抗弗兰西斯的支持。亨利也大事夸示同弗兰西斯的友谊，在法国有的是宴会、马上比武和充满法国古代豪侠气派的宫廷郊游——历史学家们称之为金衣之场（1520年）。16世纪时骑士精神正在变成雅致的装模作样。而皇帝马克西米利安一世到现在仍被德国历史学家称为"最后的一个骑士"。

应该提到，查理的当选是以大量贿赂得来的。他有德国的一个巨商富格尔家族作为他的主要支持者和债权人。我们称之为金融业的那种大量货币和信贷的处理，随着罗马帝国的崩溃曾一度从欧洲的政治生活中消失了，这时却又取得了权

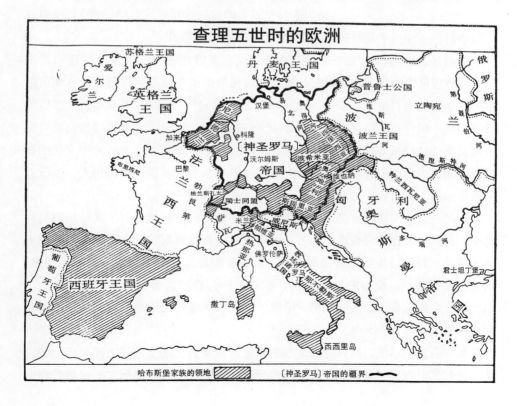

力。富格尔的比拟宫殿的深院大宅使皇帝们相形见绌。这个家族的出现标志着两三世纪以前在法国的卡奥尔和在佛罗伦萨及其他意大利市镇中开始的各种力量的上升。货币、公债、社会扰乱和不满又回到了这部《史纲》的缩小了的舞台上。查理五世与其说是一个哈布斯堡皇帝还不如说是一个富格尔皇帝。

这个金发白皙、相貌不太机灵、厚唇长颏的年轻人很大程度上是他的大臣们手中的一个傀儡。起初干练的臣仆们按照马基雅弗利的条理在怎样当君王的权术

路德（仿克拉纳赫）

上指导着他。然后他慢慢地和有效地开始表现出自己的才能。就在他治理德国之初他遇到了基督教世界里令人为难的纷争。从胡斯和威克利夫的日子以来一直在进行着的对教皇统治的反抗，最近因发生了以出卖赎罪券来筹款建成罗马圣彼得教堂这件新的和非常使人讥笑的事件而又把群众激怒了起来。一个名叫路德的修士，曾被授任为教士，并钻研过《圣经》；当他替修道会出差到罗马时，对教廷处事轻率，崇尚世俗豪华大为震惊，他就在维滕堡教堂站出来反对教皇的这些权宜手段（1517年），提出要开展争辩，还建议了某些提纲。跟着一场重要的论战发生了。

最初路德是用拉丁文来进行论战的，但不久就用德文，很快人民骚动起来了。当查理从西班牙来到德国时，他发现这场争论正在激烈地进行。他在莱茵河上的沃尔姆斯镇召集了一个会议，或帝国的"议会"。路德被召参加，在这以前教皇利奥十世曾要求路德撤回他的看法，路德拒绝这样做。他前来参加会议，完全以胡斯的精神拒绝收回己见，除非有逻辑上的论证或根据《圣经》中文句的权威使他能认识自己确有错误。但是由于他有强有力的王侯作他的保护人，他没有招致像约翰·胡斯那样的命运。

这是一个使年轻皇帝为难的局面。有理由猜想，最初他倾向于支持路德反对教皇。利奥十世曾反对查理当选而且同他的对手弗兰西斯一世友好。但是查理五世不是一个好的马基雅弗利式的人物，而且在西班牙染上了对宗教的相当虔诚。他决定反对路德。德国的许多王侯，特别是萨克森的选帝侯，站在改革派的一边。路德在萨克森选帝侯的庇护下隐匿了起来。查理发现他面临将把基督教世界分成两个敌对阵营的裂缝。

紧接着这些动乱，而且可能是和它们密切相联的，发生了一次波及整个德国的农民起义。农民起义的爆发使路德感到十分害怕。他被农民起义的过激行动所

震惊，从那时以后他所主张的宗教改革，不再是一场按照人民的意愿的宗教改革，而变成了一场按照王侯的意愿的宗教改革。他对他曾那样勇敢地拥护的自由判断丧失了信心。

同时查理体会到他的庞大的帝国东西两边都十分危急。西边是他的雄心勃勃的对手弗兰西斯一世；东方是在匈牙利的土耳其人，他们和弗兰西斯联盟，并且吵吵闹闹地要从奥地利领地索取贡品的某些余欠。查理固然掌握着西班牙的钱财和军队，但要从德国得到金钱上的任何支援是极其困难的。他的祖父按照瑞士的榜样发展了一支德意志步兵，这支步兵在很大程度上是沿着在马基雅弗利的《战争的艺术》中所阐明的路线建立起来的，但是这些部队是要发饷的，而他的皇室津贴不够用，必须靠没有担保的借贷来弥补，这最后促使他的支持者富格尔家族陷于破产。

总的说来，查理在联合亨利八世对付弗兰西斯一世和土耳其人上是成功的。他们主要的战场是在北意大利；双方的指挥都很笨拙，前进和后退主要看有没有援军的到来。德军侵入了法国，没有能拿下马赛，又退入意大利，他们丧失了米兰，被围困在帕维亚。弗兰西斯一世长期围攻帕维亚，没有得手，却被新到的德军截住，打了败仗，受了伤，并且被俘。他给他的皇后送回的信上说，"除了荣誉以外，全都丢掉了"，他订立了一项屈辱的和约，但一经获释，立即毁约——因此连仅存的荣誉也是暂时的了。

亨利八世和教皇遵循马基雅弗利的策略原则，现在转到了法国的一边以防止查理过于强大。米

弗兰西斯一世

兰的德军在波旁总管的统率下，由于没有领到军饷，不是跟从而是强迫他们的司令去劫掠罗马。他们攻破了罗马，进行劫掠（1527 年）。当抢劫和屠杀进行时，教皇逃到圣安极乐城堡避难。最后他付出 40 万杜卡特金币收买了德军。历时 10 年的这样愚蠢的混战把整个欧洲搞穷了，而且让皇帝占有了米兰。1530 年他在波伦亚受到了教皇的加冕——他是受教皇加冕的最后一个德国皇帝。不妨想一想那个厚唇长颈、长相呆笨、肤色淡白的脸上，带着的那种忍受一次可疑的也许是光荣的仪式的人的严肃表情吧。

与此同时，土耳其人在匈牙利长驱直入。1526 年他们打败并杀死了匈牙利国王，占有了布达和佩斯。1529 年，如我们已经提到过的，苏里曼大帝几乎拿下维

也纳。皇帝对这些挺进十分担心,尽力把土耳其人赶回去,但他发现即使有强敌压境,要使德国王侯们团结起来还是他的最大困难。

弗兰西斯一世一时仍是难于和解的,于是又发生了一次新的法兰西战争;但是1538年查理对法国南部的蹂躏却赢得了他对手的较为友好的态度。弗兰西斯和查理随后结成联盟来对抗土耳其人,但是新教王侯们,即那些决心和罗马决裂的德国王侯们,结成了一个反抗皇帝的同盟——施马尔卡尔登同盟(根据黑森的一个小镇命名,在这地方商定了它的组织法)。因此查理必须把精神转向日益积聚起来的德国的内部斗争,无暇进行一场为基督教世界收复匈牙利的大战役了。在德国内部斗争中他看出了这只是战争的开始。这是一场王侯们为夺取优势而相互残杀的无理的争吵,时而酿成战争和破坏,时而沉降到阴谋和权术;它是个装着马基雅弗利式政策的蛇袋,将要无可解救地一直翻滚到19世纪,反复地把中欧搞得荒废而凄凉。

皇帝似乎从来没有抓到这些正在积聚中的麻烦事件里起着作用的真正力量。就他的时代和身份来说,他是一个非常值得尊敬的人,他似乎把正将欧洲撕成敌对的碎片的宗教纷争看成真正是神学上的分歧。他多次召集了帝国议会和会议来从事调解,但都没有成功。他试过各种信仰告白书和声明书。德国史的学者必须不厌其烦地钻研纽伦堡的宗教和平、腊提斯本议会的解决办法、奥格斯堡的暂时和解等的细节。我们在这里只能作为这个盛世将终的皇帝的烦恼生活中的细节略提一二而已。

亨利八世

事实上欧洲各种各样的王侯们和统治者们似乎没有一个在行动上是有诚意的。世界上广泛传布的宗教纠纷、平民们对真理和社会正义的期望、当时的知识传播,所有这些东西在王侯外交的想象中只不过是些运用的筹码罢了。英国的亨利八世曾以写一本反对异端的书而开始他的事业,教皇奖他以"信仰的护卫者"的称号;他爱上了一个名叫安妮·博林的热情少妇,因而急于要和他的第一个妻子离婚,理由是她没有生儿子;他又想转而对抗皇帝而支持弗兰西斯一世,并想掠夺英国国教会的巨额财产,遂在1530年参加了新教王侯们的行列。瑞典、丹麦和挪威都已经转向新教的一边。

德国的宗教战争开始于1546年、马丁·路德死后的几个月。关于战役的一些事件就不去详述了。新教的萨克森军队在洛肖遭到惨败。皇帝剩下的主要反对者,黑森的菲力浦,由于做下了一些很像是毁约的事而被逮捕和监禁了。土耳其人则以每年纳贡的方法被收买了。1547 年,使皇帝大为放心的是弗兰西斯一世的逝世。所以到了 1547 年查理得到了某种称心如意的解决,并作出最后的努力来为还没有和平的地方实现和平。

1552 年整个德国又发生了战争,查理从因斯布鲁克仓皇出逃才免于被俘,随着订立了帕骚条约,又造下了个不稳定的均势。那时查理对帝国的辛勤和光荣已感到极端厌倦;他的身体一向不十分健康,又天生地懒散,痛风病大发。他退位了。他把德国的全部统治权交给了他的弟弟斐迪南,西班牙和尼德兰则传给了他的儿子菲力浦。他以一种庄严的愤怒心情,退隐到塔古斯河谷以北小山上橡栗树林中的于斯特修道院里,1558 年他就死在那里。

关于这次退隐、这个疲惫的庄严的巨人的厌世情绪,有过许多伤感的著述,说他对人世感到厌倦,想在简朴的孤独中寻求同上帝在一起的和平心境。但是他的退隐既不孤独,也不简朴;跟随他的有近 150 名的仆从;他的官邸有宫廷的全部享乐而没有宫廷的劳累,菲力浦二世是个孝顺的儿子,对他的父亲是唯命是从的。关于他的简朴,让普雷斯科特来作证罢,他说:"在奎克沙达,或加茨特卢与瓦利阿多里德的国务大臣之间的每日通信中,差不多没有一封信不是多少要提到皇帝的饮食和疾病的。好像时事评论那样,这个话题很自然地跟着另一个话题。与国务院的联系中,这些话题竟成为负担真是罕见的。国务大臣们在研讨这些把政治和烹调术奇怪地混在一起的急件时,要保持严肃肯定不是一件容易的事。从瓦利阿多里德到里斯本的急差受命绕道以便经过亚兰迪拉采办御膳食品,每逢星期四他要带回鱼类以备下一天斋日之用。查理嫌邻近的鳟鱼太小,所以要从瓦利阿多里德送去另一种较大的鱼。每一种鱼他都爱吃,的确任何一种在性质上或习惯上有些像鱼的东西,他都爱吃。鳝鱼、田鸡、牡蛎都在御膳菜单上占着重要的位置。罐装鱼类,特别是鳀鱼,他尤其喜爱;他懊悔没有从尼德兰低地国多带些这种鱼来。他特别爱吃鳝鱼饼。"……(普雷斯科特对罗伯逊的《查理五世史》的补遗)

1554 年查理从教皇尤利乌斯三世得到了训谕,批准他免除斋戒,甚至允许他在将领圣餐时可以在清晨开斋进食。

查理在于斯特也不是完全不关心他的衣着,可以从下面这一事实推断出来,就是他的衣柜里装有 16 件以上用貂皮或兔绒毛或北非大角羊的软毛镶里的丝绸和天鹅绒的长袍。至于他的房内家具和装饰，看一看奎克沙达或加茨特卢在他们的主人死后所立即编制的财物清单就可以一目了然，那些轻率流传的报道是多么不可信赖。在条目中我们看到从土耳其和阿耳卡累斯来的地毯、天鹅绒和其他材料的外罩、精美的黑布帘子，这是从他母亲死后他经常为自己的卧室所选用的；同时其余的房间备有不下于25套弗朗德勒织造的绣帷，上面华丽地绣着飞禽走兽和风景……

在各种餐具中我们看到有些是纯金的，其他则以工艺的精巧而特别引人注目；因为这是一个贵金属的制作技艺最为完美的时代，一些最精致的珍品无疑会归皇帝所有。全部餐具重量估计在12000到13000盎司之间。（普雷斯科特对罗伯逊的《查理五世史》的补遗）

查理从来没有养成读书的习惯，但是他按照查理大帝的样子，在吃饭的时候让人朗读，并会作出被一个记述者描写为"优美而绝妙的评论"。他以玩弄机械玩具、听音乐或听讲道、处理依然向他涌来的国事来自娱。查理和皇后感情甚笃，她的逝世使他的心神转向宗教，他的宗教是很死板和讲究仪式的；四旬斋的每个星期五他好意地同其他修士一起以抽血来折磨自己。

这些苦行和痛风病使查理以前由于考虑到政策而受到限制的对宗教的执迷得到了发泄。在瓦利阿多里德附近出现宣讲新教的事使他大为震怒："告诉宗教法庭庭长和他的会议，我要他们谨守职位，举起斧头在邪恶进一步蔓延以前把它根除掉。"……他对在这样邪恶的事上不用一般审判程序，也不示怜悯，是否恰当表示怀疑；但"若是宽恕了，恐怕犯人又会有机会重新犯罪"。作为一个例证，他介绍了他自己在尼德兰所采取的办法，"凡是坚持错误的活活烧死，凡是认错悔罪的就杀头。"

他对丧事的关切几乎可以用来象征查理在历史上的地位和所扮演的角色。他仿佛觉得在竭尽的东西必须写出告终二字。他不但参加了在于斯特举行的每一次葬礼，并且为不是死在当地的人举行仪式，他在他妻子的逝世周年举行了一次丧礼仪式以作纪念，并且最后还给他自己举行了丧礼。

小礼拜堂里挂上了黑窗帘，几百支烛光也驱不散教堂的黑暗。同宗的信徒们都穿上修道院的服装，皇帝的所有家属都带上重孝，他们聚集在教堂中央的一个蒙着黑布的大灵柩台周围。然后葬礼开始；在修士们的痛哭声中，升起了为离去的灵魂的祈祷，祷祝亡灵被接引到天上的宅第。悲伤的参礼者当他们的主人死亡的形象呈现在他们心上时都心酸泪下——也许他们是被这种软弱可怜的表现所感动的。查理裹着一件深色的斗篷，手里举着一支点燃的蜡烛，杂在他的家属中间，作为自己丧礼的观众；这个悲哀的仪式以他把小蜡烛放到神父手里而告终，这表示他已把灵魂交给了全能的上帝。

别的记载把查理说成穿着寿衣躺在棺材里，并独自留在里面直到最后一个哀悼者离开小礼拜堂为止。

在这次化装表演后不到两个月他逝世了。神圣罗马帝国的伟大也随着他而消逝。当然，神圣罗马帝国一直挣扎到拿破仑的时代，但只是作为一个病弱垂死的东西而存在的。至今它的未被埋葬的传统依然在毒害着我们的政治空气。

14　服从于王侯信仰的新教徒

查理五世的弟弟斐迪南继续承担起他所放弃的寻求统一的大业。1555年他在奥格斯堡会见了德国的王侯们，又为建立宗教和平作出了一次尝试。没有什么比那项调解所采取的形式更能够表示出那项尝试调解的性质，和同它有关的王侯及政治家们对时代较为深刻，较为广泛的过程的盲目无知了。对信教自由的承认只适用于国家而不适用于个别公民；谁的国家就信奉谁的宗教，即"臣民的信仰服从于所在地域的主人的信仰"。

15　思想上的逆流

我们对马基雅弗利的著作和对查理五世的人格已经讲了不少，因为它们有助于理解下一时期的历史上的各种对抗。本章已讲过了人类眼界大大扩张、知识大大增进和普及的故事；我们看到普通平民良心的觉醒和遍布于整个西方文明的一种新的更深刻的社会正义的提示。但是这个觉醒和思考的过程并未触及宫廷和世界上的政治生活。马基雅弗利所写下的东西没有什么不能出之于科斯洛埃斯一世或秦始皇——或甚至萨尔贡一世或丕平——宫廷中能文之士的笔下。当世界上其他的事物都在前进时，政治思想领域里，关于国与国以及君主与公民之间的关系的观念却停滞不前，不但不前进而且倒退。因为把天主教教会看成是上帝在世上的天国的重要观念，被教会本身从人们的思想中摧毁了，而世界霸权的梦想被查理五世本人作为偶像从欧洲带进了地狱的边缘。从政治上说，这个世界似乎倒退到了亚述式或马其顿式的个人专制了。

并不是西欧人新觉醒的智能过于专注于神学的重述、科学的考察、探险和商业的发展，因而不去考虑统治者的根据权利的要求和职责。普通的人们不仅从现在已可以得到的《圣经》里，吸取了具有神权政治的或共和的或共产主义的性质的观念，而且希腊古典作品的重新研究正把柏拉图有创造性的富于想象力的精神的影响带给了西方的心灵。

在英国，托马斯·莫尔爵士在他的《乌托邦》里写出了一本古怪的柏拉图的《共和国》的仿制品，列出了某种专制的共产主义。一个世纪之后在那不勒斯，一个名叫康帕内拉的托钵僧在他的《太阳城》里也作出了同样大胆的议论。但是这些讨论对政治上的安排并没有直接的影响。与这项工作的艰巨宏伟相比，这些书看来的确是诗意的、学究气的和脆弱的（但后来《乌托邦》在英国的恤贫法上结出了果实）。

西方人智慧和道德的发展与欧洲的这种流向马基雅弗利式的君主政治，在一个时期内是在同一个世界里进行的，但是它们几乎是各自独立进行的。政治家们还在勾心斗角，用计谋、施策略，好像除了小心翼翼的和幸运的国王们的权力外，什么都没有发生。

只是到了17和18世纪，这两个趋势的潮流——普遍的思想的潮流和倾向于传统的和自私的君主外交的潮流——才相互干扰而进入冲突。

第八编
列强的时代

在任何新的持久的社会和政治大厦能够建立之前,人类面临一种必须完成的永久有效的事业。尽管有许多干扰,并处在种种愤怒和动乱之中,人类的智力却一直在从事着这种事业。这种事业过去是,现在也仍然是创立并应用一种财产的科学,作为自由和社会正义的基础;一种货币的科学,以便有效率的经济媒介得到保证和维持;一种政府管理和集体经营的科学,使得在每一个社会里人们都可以学会和谐地追求他们的共同利益;一种世界政治的科学,通过它使种族、民族和国家之间的战争所造成的纯属损耗和暴行得以告一结束,使人类的共同利益能够置于共同的控制之下;尤为重要的是创立并应用一种遍及全世界的教育制度,以保持人们在人类共同的冒险事业中的意志和利益。

19世纪历史的真正创造者是那些推动和促成这五重建设性努力的人们,他们由此而造成的后果将决定下一世纪的人类生活。和这些人比起来,这一时期的外交家、"政治家"和政客们不过是若干捣乱的和有时闯祸的学童——及一些盗窃金属的小偷——他们不明了一座巨大建筑物的性质,而在工地堆积的材料上恣意嬉游,并任性地加以糟蹋。

第三十四章 君主、议会和列强

1 君主和对外政策

在前面一章里我们已经追溯了一种新文明的开端,这是"近代"型的文明,现已遍及世界。它依然是一项巨大的未定形的事物,今天还是只在它成长和发展的开始阶段。我们已经看到,以神圣罗马帝国和罗马教会作为普遍的法律和秩序形式的那些中世纪的观念,在这新文明的曙光中消失了。那些观念消失了,好像是势所必然的,使得那种全人类应有一个法律、一个秩序的观念可以按全世界的范围来重新规划。而虽然与人类利益攸关的几乎每一其他领域都在前进,可是教会和帝国这些普遍的政治观念的消灭,在一个时期里,曾把政治范围里的事情带回到仅仅是马其顿式的个人专制和君主国家主义。

在人类事务的巩固过程中似乎出现了一个中间期、中国编年史作家叫它作"乱世"的那种阶段。这个中间期和从西罗马帝国灭亡起到查理曼在罗马加冕时止这段时期一样长久。我们今天还是生活在这段时期里。我们还不能说它也许将近结束。旧的主导思想已经幻灭,而一大堆混杂的、新的、未经试验的设计和建议纠缠着人们的心思和行动,在这种时候,整个世界只好又退回到依靠君主个人领导的古老传统。人们还没有十分明显的新途径可以遵循,而君主却仍在那里。

16世纪末君主政体在全世界盛行,并且趋向专制政治。德国和意大利都是一块块专制王侯割据的领地,西班牙实际上是专制政体,在英国君权从来没有这么强大过。当17世纪来到时,法兰西君主国逐渐成为欧洲最大、最巩固的强国。它的盛衰起落我们不能在这里叙述了。

每个宫廷里都有成群的大臣和幕僚们跟他们外国的对手耍弄一套马基雅弗利式的权谋。外交权谋是宫廷和君主国的天生职业。可以这么说,外交部门是17、

18世纪全部历史里的主角。它们使欧洲保持在战争狂热之中,战争越来越费钱。军队不再是未经训练的募集来的士兵,不再是一群群携带着自备马匹、武器和随从的封建骑士了;他们需要越来越多的火炮;军队是由领饷的部队组成,不发饷不行;他们是职业性的,行动迟缓,装备繁重,围攻坚守,旷日持久,必须建筑精心结构的堡垒。军费到处在增加,赋税随之上升不已。

就在这里,16、17世纪的这些君主国跟社会上新的要求自由的无形的力量发生了冲突。在实践中君主们发现他们并不是所属臣民的生命或财产的主人。他们发觉征税碰到了麻烦的反抗,而如果要继续搞外交上的侵略和联盟,征税又是必不可少的。财政成了每个会议室里的讨厌的鬼魅。理论上,国君拥有他的国家。英国的詹姆斯一世(1603年)声称:"正像争论上帝能做什么是无神论和渎神那样,作为一个臣民去争论一个国王能做什么,或说一个国王不能做这做那,也是僭越和高度的侮蔑。"

然而实际上他发现,他的儿子查理一世(1625年)更加深刻地发现,在他的领地上有很多地主和商人,富有而聪明,他们对国君和他的大臣们的要求和需要都加以很明确的限制。如果无损于他们也作为自己的土地、实业、贸易等的君主,他们可以容忍他的统治,不然就不行。

欧洲到处都这样平行地发展着。在国王和王侯之下都有这些小君主,即私有主、贵族、富裕的公民等,他们那时对拥有主权的君主的抵抗大致和德国的国王和王侯们过去对神圣罗马帝国的皇帝的抵抗相同。如果赋税太重,他们就要限制赋税,还要求对自己的房屋和地产有自由处理之权。书籍、阅读和通信的普及使这些小君主们,这些所有权的君主们,在思想上取得了一致,在抵抗上团结了起来,这在世界历史的以往阶段上是不可能有的。他们到处都想抵抗君主,但并不是到处都能找到同样的便利,可进行有组织的抵抗。尼德兰和英国的经济情况和政治传统使得君主政体和私人所有制之间的对抗在这些国家首先产生了争论。

起初,这个17世纪的"公众",这个财产所有者的公众,对外交政策很少关心。起初他们并不理会外交怎样会影响他们。他们不愿为它操心,他们承认这是国王们和王侯们的事。所以他们并不试图去控制外事纠纷。但正是这些纠纷的直接后果引起了他们的争吵,他们反对国君的沉重的赋税、对贸易的干涉、专断的监禁和对良心的控制。他们就是在这些问题上跟国王争论了起来。

2 荷兰共和国

尼德兰的摆脱专制君主政体是整个16、17世纪中一系列这样的冲突的开始。

这些冲突虽因地方性的种族上的特点在细节上有很大的不同，但本质上都是针对个人掌权的"君主"和他有权作出宗教上的和政治上的指示的观念的反叛。

12世纪时，整个莱茵河下游地区被若干小统治者所分割，那里的人口是一种以克尔特人为基础的说低地德语的人，随后混杂了丹麦人的成分，很像英国人那样的混血。它的东南边缘是说法国方言的；大部分人则讲弗里西安语、荷兰语和其他低地德意志语。尼德兰在历次十字军战役里颇露头角。占领耶路撒冷（第一次十字军）的布荣的戈弗雷是个比利时人；建立在君士坦丁堡的所谓拉丁王朝的皇帝们（第四次十字军），他们的始祖是弗朗德勒的鲍德温（他们被称作拉丁皇帝是因为他们站在拉丁教会的一边）。

13、14世纪时，尼德兰兴起了很多市镇：根特、布鲁日、伊普尔、乌特勒支、莱顿、哈勒姆等；这些市镇发展了半独立的市政府和一个有教养的市民阶级。为了免得麻烦读者，我们将不提那些把尼德兰的事务跟勃艮第（法国东部）联系在一起的王朝事件，而这些事件最后使皇帝查理五世继承为尼德兰的大君主。

正在查理治下，这时盛行于德国的新教教义传到了尼德兰。查理在迫害新教上有些魄力，但在1556年，如我们已说过的，他把这项工作交给了他的儿子菲力浦（菲力浦二世）。菲力浦的生气勃勃的外交政策——他正同法国交战——立刻成了他和尼德兰贵族和市民之间的纠纷的第二个根源，因为他不得不向他们索取供应。由奥兰治亲王缄默者威廉和埃格蒙特、霍恩两伯爵领导的大贵族们使自己成为群众性抵抗的首领，在这次抵抗中现在已不可能把反对征税和反对宗教迫害分开了。大贵族们最初不是新教徒——随着斗争日趋激烈，他们变成了新教徒。人民则早已都是激烈的新教徒了。

菲力浦决心既要统治尼德兰人的财产又要统治他们的良心。他派遣精选的西班牙部队进入这个国家，并任命一个名叫阿尔瓦的贵族任总督，他是那些毁灭政府和君主政体的无情的"强手"之一。他曾在一个时期里用铁腕统治这个地方，但是铁腕却在它扼住的躯体里产生了铁一般的灵魂，1567年尼德兰发生了公开的叛乱。阿尔瓦进行暗害、洗劫和屠杀——但都是徒劳的。埃格蒙特和霍恩两伯爵被处决了，缄默者威廉成为荷兰人的伟大领袖，一个事实上的国王。

争取自由的斗争继续了很长一段时间，经历了许多曲折，值得注意的是起义者自始至终坚持主张菲力浦二世是他们的国王——只要他是个通情达理的和受限制的国王。但是这个受限制的君主制的观念对当时欧洲戴上王冠的头头们来说是讨厌的，最后菲力浦不得不把现在我们称作荷兰的联合省推进到共和政府的形式。要注意的是，荷兰并不是尼德兰的全部，而是尼德兰的南部，即现在我们称作比利时的地方，它直到这场斗争结束，仍然是西班牙的领地，并且是信奉天主教的。

阿尔克马的被围（1573年），正如莫特利（《荷兰共和国的兴起》）所描写的，可以看作是小小的荷兰人民和依旧拥有巨大资源的天主教帝国主义之间长期的、可怕的冲突的一个样板：

阿尔瓦写信给菲力浦说，"如果我拿下阿尔克马，我决不留下一个活人，刀将刺进每一个喉咙里。"……

现在遭到破坏的凄凉的哈勒姆摆在他们眼前，这也许就是他们自己那即将到来的命运的一个预示的幻影，关在阿尔克马城内的一小撮人已为最坏的时刻作好了准备。他们主要的希望寄托在友好的海洋上。叫作楚普的大水闸相距只有几英里远，通过它可以很快使全部北方省被洪水淹没。打开这些闸门和决开几处堤坝，就可以使海洋来替他们作战了。但是要得到这样的结果，必须获取居民的同意，因为这将不可避免地毁坏全部没有收割的庄稼。这座城被紧紧地围困着，所以很难为这项危险的使命找到一个特使。最后，城里的一个名叫彼得·凡·德·迈的木匠承担了这风险……

这座被围城市的紧急关头很快就临近了。城墙外每天发生没有决定性结果的小冲突。最后，9月18日，在连续炮轰将近12小时之后，唐·弗里德里希在下午3时下令袭击。尽管他在哈勒姆城已有7个月的经验，他仍然相信一定可以凭猛攻拿下阿尔克马，进攻立即从弗里西安门和对面的红色塔楼开始。新从伦巴底开到的精选的两团人带头冲锋，杀声震天，相信胜利垂手可得。他们受到一支看来是势不可挡的训练有素的部队的支持。但是即使在哈勒姆晚近的历史上也从来没有一次进攻遭到更为无所畏惧的人们的抵抗，每一个活着的人都守在城墙上。进攻的部队受到大炮、步枪、手枪的猛击，滚烫的水、沥青、煤油、熔化的铅和生石灰不断地向他们浇去。几百个涂着沥青并燃烧着的铁环巧妙地套住了敌兵的脖子，敌兵们无法挣脱这些火焰熊熊的绞领；任何一个入侵者刚在缺口处立足，他们立即会迎面碰上市民的刀剑和匕首，而且被倒栽着扔到墙下的壕沟里。

三次连续进攻，一次比一次猛烈——三次都被坚韧不拔的刚毅精神所击退。猛攻延续了四个小时。整个时间里没有一个守卫者离开他的岗位，直到他死了或伤了才倒下去……收兵号吹响了，西班牙人乱成一团，从城下溃退了,在壕沟里遗下的尸体至少有 1000 具,而只有 13 个市民和 24 个守兵阵亡……掌旗官索利斯曾一度爬上了缺口,从城垛上被推下去后,又奇迹般地逃了出来,他汇报说:当他俯视城里,"既没看见盔甲,又没看到马具",只有一些平凡的人,一般穿着像渔民般的服装。可是这些平凡的渔民却打败了阿尔瓦的老练的士兵们……

同时,由于市长索诺已经决开了多处堤坝,虽则洪水还没有泛滥,兵营左近的土地正变得泥泞不堪。士兵们已经很不舒服而且很难驾驭了,那个木匠特使并没有闲着……

他带着回文返城。不知是出于偶然还是出于有意,他在返回城里的路上把文件遗失了。这些文件竟落到了阿尔瓦的手中。文件中包含奥兰治公爵水淹国土的明确承诺,以便把西班牙军队全部淹毙,附带地也将把荷兰的大部分收成和牲畜淹没。阿尔瓦读了这些文件后,不等打开更多的水闸就开拔了。阿尔克马的顽强的人们就看着这些西班牙人倒塌了的帐篷而欢呼着、嘲笑着。

解放了的荷兰所采取的政府形式是在奥兰治家族领导下的贵族共和国。荷兰的三级会议远不如英国议会那样能代表全体公民,英国议会同国王的斗争下面就要讲到。

阿尔克马战役后,最艰苦的斗争虽然已经过去,但直到 1609 年,荷兰并没有实际上取得独立,它的独立要到 1648 年的威斯特法利亚条约才充分地完全地得到确认。

3 英吉利共和国

在英国,私有财产所有者反对"君主"的侵犯的公开斗争远在 12 世纪就已经开始了。在这场斗争中我们现在所要研究的这一阶段,始自亨利七世、八世和他们的继承者——爱德华六世、玛丽和伊丽莎白一世的要使英国政府变成一个大陆型的"个人君主政体"的尝试。由于王朝的一些意外事件苏格兰王詹姆斯成了苏格兰兼英格兰的国王詹姆斯一世(1603 年),当他开始用我们已援引过的方式去谈论可使他为所欲为的"神授王权"时,这场斗争变得更加尖锐了。

但是英国君主政体的道路从来不是平坦的。侵入罗马帝国的北方人和日耳曼人所建立的君主国中都曾有一种传统,由有影响的和有代表性的人组成的民众议会来维护他们一般的自由,但这种传统没有比在英国的更富于生命力。法国有它的三级会议的传统，西班牙有它的等级议会，但是英国的议会在两个方面是独特的，它背后有个文件宣布某些基本的和普遍的权利，并且它既包含被选出的"州郡的骑士"，也有从市镇选出的市民。法国和西班牙的议会则所有被选出的代表只有前一种而没有后一种。

这两个特点在英国议会同国王斗争时给了它特殊的力量。这里所说的文件就是《大宪章》，它是1215年贵族们造反后强迫狮心理查德（1189—1199年）的弟弟和继承人约翰国王（1199—1216年）作出的一个宣言。它列举若干基本权利，使得英国成为一个法治的而不是王治的国家。它否定国王有支配任何一种公民的个人财产和自由的权力——除非获得与那个人同等的人们的同意。

英国议会中有州郡选出的代表们的出席——英国情况的第二个特点——是从很简单的和显然无害的开端发生的。骑士们看来是从州或郡里被召集到国民会议中来为他们地区纳税能力作证的。早在1254年他们就被本区的小乡绅、世袭地保有人和村里的长老选送上来，每个州郡选出两名骑士。这个想法启发了蒙特福特的西蒙，他正在造约翰的继承者亨利三世的反，他从每个州郡召集两名骑士，从每个城市或市镇召集两名市民到国民会议里来。亨利三世的继承者爱德华一世沿用这一措施，因为这似乎是同成长中的城镇在财政上取得接触的便利途径。

起初在骑士和市民方面来说，他们对参加议会是相当勉强的，但是他们逐渐地认识到这样他们拥有了可以把申冤昭雪同准许补助金相联系起来的权力。

如果不是一开始，也是很早以来，这些市镇和乡村的一般财产所有者的代表，即下议院议员们，跟大贵族和主教们并不在一起开会和辩论。所以在英国除了一个主教的和贵族的上议院外，还成长起一个代表会议，即下议院。两院的人员并没有深刻和基本的差别；许多州郡里的骑士是殷实的人，可以和贵族以及贵族的子弟一样地富裕和有势力，但总的说来下议院是更富于平民性的会议。

自从一开始两院尤其是下议院，就显示出一种意向，要求在国内享有处理征税的全权。两院议会逐渐地把申冤诉苦的范围，伸展到了对国境内全部事务的批评。

我们将不去叙述都铎诸国君（即亨利七世和八世、爱德华六世、玛丽和伊丽莎白一世）时英国议会的权力和威望的起伏，但是从已经谈到过的就可以明显地看出，当詹姆斯·斯图亚特最后公开宣称走向专制政体时，英国的商人、贵族和无公职的绅士们发现，他们已有一个经过考验的和受人尊敬的传统手段来抵抗国王，而这是欧洲其他各国人民所没有的。

英国政治冲突的另一特点是它比较超脱于当时正在全欧洲进行的天主教和新教之间的巨大斗争。诚然在英国的这场斗争中掺杂着明显的宗教争执，但在其主要路线上它是一场国王反对体现了拥有私有财产的公民阶级的议会的政治斗争。国王和人民的信仰从形式上说都是改革过的和属于新教的。诚然新教徒中许多人是尊重《圣经》而不尊重僧侣的那种类型的新教徒，代表着按照人民意愿的宗教改革；而国王则是个特别的、尊重僧侣的和注意圣事的教会，即英国国教会的名义上的首领，代表着按照王侯意愿的宗教改革，但是这种对抗从来没有完全模糊过这场冲突的实质。

在詹姆斯一世逝世（1625年）以前，国王和议会的斗争已经达到了一个尖锐的阶段，但是只在他的儿子查理一世统治时内战才最后爆发。鉴于议会对外交政策缺乏控制权，查理做着任何一个国王处在这地位上都会这样干的事；他把英国卷入了一场同时对西班牙和法国的冲突，于是向国人要求接济，期望爱国的感情会使人们放弃平时的恶感而给他钱用。当议会拒绝接济时，他向各种臣民索取贷款，并尝试类似的非法勒索。

这使议会在1628年产生了一个很值得纪念的文件——《权利请愿书》，它援引《大宪章》和列举了对英国国王权力的法律限制，国王未经过正当立法程序，无权课税、监禁或惩处任何人或在民间屯兵。

《权利请愿书》陈述了英国议会的论点，喜欢"陈述论点"常是一种极为显著的英国人的特点。威尔逊总统在1914—1918年第一次世界大战期间，在他的政策的每一步骤之前都写下一个"注释"，他这样做是按照英国人最可尊敬的传统而亦步亦趋的。

查理用高压手段对付这个议会；1629年他解散了议会，有11年之久他没有召集议会。他非法地征款，但仍感不敷所需；他理解到教会可用来作为驯服工具，他任命洛德，一个盛气凌人的高级国教徒，一个地地道道的教士，一个"神授王权"的坚强信仰者，为坎特伯里大主教，因此也成了英国教会的首脑。

1638年查理试图把那具有半新教、半天主教特征的英国教会扩展到他的另一个王国苏格兰，苏格兰跟天主教的信条脱离得较为彻底一些，在那里一种无僧侣、无圣事形式的基督教，即长老会派已被立为国教。苏格兰人起来造反了，而且查理所征集来与他们作战的士兵也哗变了。

破产总是"生气勃勃"的外交政策的结果，这时破产已迫于眉睫。查理手上没有钱，没有可靠的军队，他最后不得不在1640年召集议会。这个议会，即短期议会，在同一年被他解散了；他在约克试着召开了一次贵族会议（1640年），然后在这一年的11月召集了他的最后一次议会。

这个团体，即长期议会，是在准备冲突的心情中集合的。它捉住了坎特伯里大主教洛德，控以叛国罪。它公布了一份《大抗议书》，长篇而充分地陈述了它反对查理的论点。由一个法案规定不管国王召集与否，议会至少必须三年开一次会。它检举了国王的一些主要大臣，特别是斯特拉福伯爵，因为他们曾帮助国王在长期没有议会的情况下进行统治。

为了营救斯特拉福，国王策划用军队突然占领伦敦。这个策划被发觉了，议会在群情极其忿激中匆忙通过了处决斯特拉福的法案。查理一世——他大概是我们所知道的最卑鄙、最阴险的英国王位据有者之一——被伦敦的群众吓坏了。在斯特拉福经过正当法律程序被处决之前，必须得到国王的同意。查理表示同意——于是斯特拉福被斩首了。

同时国王在策划向不可思议的方面去寻求援助——从信天主教的爱尔兰人，从谋反的苏格兰人。最后，他诉诸外强中干的暴力表现。他来到议会的两院，要逮捕最积极反对他的五名对手。他进入下议院坐在议长的席位上，准备发表某些斥责叛国的莽撞的演说。但当他看见他的五个敌手的席位空着时，他感到困扰、慌乱、语无伦次了。他获悉这五个人已经离开了王城威斯特敏斯特，到了享有市政自治权的伦敦市避难去了。伦敦公开对抗他。一星期后五名议员在伦敦的专业乐队护送下胜利地回到了威斯特敏斯特的议会大厦，国王为了避免那种场合的喧闹和敌意，离开了白厅往温泽去了。

于是双方公开准备战争。

国王是军队的传统首脑，士兵们是习惯于服从国王的。议会却拥有较大的资财。国王在1642年8月的一个黑暗和风暴的傍晚，在诺丁汉树起了他的军旗。

接着是一场长期和顽强的内战，国王占据牛津，议会守着伦敦。双方互有胜负，但是国王从来不能逼近伦敦，议会也拿不下牛津。敌对的双方都各自被温和的附从者所削弱，这些人"不愿意走得太远"。

在议会军的司令员中间，奥利弗·克伦威尔脱颖而出，他召募了一小队骑兵，升到了将军的地位。他的同时代人沃里克勋爵描写他是一个质朴的人，穿着一套由"一个乡下蹩脚的裁缝缝制的"布衣。他不仅是个善战的士兵，而且是个军事组织者；他认识到许多议会部队质量低劣，并着手加以补救。国王手下的骑士党方面却拥有美妙的骑士精神和忠于王室的传统，议会则是个新的和难搞的东西——没有任何可以与之比拟的传统。"你们的部队大多是些年老体衰的侍者和酒保，"克伦威尔说，"你想这样卑贱、平庸的家伙的精神真的能敌得过具有荣誉、勇敢和决心的绅士们么？"

但是世上还有比美妙的骑士精神更好和更坚强的东西，那就是宗教热忱。因此克伦威尔着手结集一支"合神意的"兵团。他们必须是认真严谨的人。最重要的，他们必须是坚信不疑的人。他漠视一切社会传统，从每个阶级里选拔他的官佐。"我与其要一个你称为绅士而除此之外什么都不是的人，不如要一个质朴的穿粗布上衣的上尉，他懂得他为什么而战，他爱他所懂得的东西。"

在其间，英国发现了一股新的力量——铁骑兵。在铁骑兵里马丁、车夫、船长同世家子弟并肩居于高级指挥官的地位。他们成了议会力求改组它全部军队的典范。铁骑兵是"新模范军"的骨干。从马斯顿草原到纳斯比，这些人扫荡了所遇到的骑士党人。最后国王成了议会手中的俘虏。

至此，还是有人要作出和解的尝试，让国王保持一种可以说是国王的地位。但是查理是个注定不得善终的人，他不断搞阴谋诡计，"他是这样一个虚伪的人，不能予以信任。"英国正被推向世界历史上没有过的一种新情况，一个国君因背叛人民而应正式受审和定罪。

大多数的革命，正如这次英国革命那样，是由统治者的极端行为及其企图超越法律范围使用压力和硬干而促成的。大多数革命迫于形势会转向比争吵之初所料想的更为激烈的结果。英国革命并非例外。英国人天生是一种好妥协甚至摇摆不定的人，也许他们中间大多数人依然要国王当国王而老百姓是自由的，所有的狮子和羔羊都在和平与自由中躺在一起。但是新模范军不能走回头路。如果国王回来了，对这些曾作践过国王的绅士们的车夫和马丁是不会宽恕的。当议会又去跟国王这个坏蛋协商时，新模范军就插手干涉了；普赖德上校把袒护国王的八名议员撵出了下议院，然后这不合法的剩余部分，即残余议会，对国王进行了审判。

当然，国王已经注定完蛋了。上议院却拒绝了审判国王的法令，于是残余议会宣告："上帝之下，人民是一切公正权力的本源"，又说"英国的下议院……在这个国家拥有最高权力"，并且——假定它本身就是下议院——继续进行了审判。国王被宣告为"暴君、卖国贼、杀人犯、国家的公敌"。1649年1月的一个早晨，他被带到在白厅的他自己的宴会厅窗外树立起的一架断头台上。在这里他被砍了头。他怀着一片虔诚和某种高贵的自怜而死去——这正是斯特拉福被处死后8年，一场破坏性内战发生后的6年半，这场内战几乎完全是由于他自己的无视法律而引起的。

这确实是议会做下的一件惊人的大事。类似的事是这个世界前所未闻的。以往有的是屡见不鲜的国王的相互残杀，弑父母、杀兄弟、暗杀行凶，这些都是君主们特许的便宜行事；但是人民中的一部分竟站了起来，庄严地、深谋熟虑地因国王的不忠、危害和背叛而对他进行审判，并定他的罪，把他处决，这件事给欧洲的每个宫廷带来了恐怖。残余议会所做的超越了它的时代的思想和良心。它好像是丛林里的一群鹿抓住并弄死了一只老虎——一桩违反自然的罪行。俄国的沙皇把英国使节撵出了他的宫廷。法国和荷兰采取了公开敌对的行动。英国在它自己亵渎了神灵的行为前感到混乱和良心受谴责，它在世界面前孤立了。

但在一个时期里，奥利弗·克伦威尔个人的优异品质和他所建立起来的军队的纪律和实力把英国维持在已经走上的共和政体的道路上。爱尔兰的天主教徒曾屠杀在爱尔兰的英国新教徒，这时克伦威尔大力镇压了爱尔兰的叛乱。除了在猛攻德罗赫达时有些托钵僧被杀外，他的部队只杀手上有武器的人；但是爱尔兰的那次屠杀英国人的暴行在他的头脑中却记忆犹新，所以在战斗中从不宽恕投降者，把他们自己的错误长期记在心头的爱尔兰人至今想起他还是心有余悸。

爱尔兰之事甫平，苏格兰之事又起，克伦威尔在邓巴尔战役中（1650年）摧毁了一支保王党人的军队。

此后他把注意力转向荷兰。荷兰轻率地抓住英国人内部的分裂作为损害贸易上竞争对手的借口。荷兰人是当时的海上霸主，英国舰队以寡敌众；但是经过一系列顽强的海战，荷兰人被赶出不列颠的海面，英国人代替了他们的地位，成为蒸蒸日上的海军强国。荷兰和法国的船只遇到它们必须下旗致敬。英国舰队开进了地中海——是进入这水域的第一支英国海军；它解决了英国运货人对托斯卡那和马耳他的各种不满，并炮轰了突尼斯海盗的老巢，摧毁了海盗舰队——在查理的松懈日子里，海盗舰队常常一直来到康沃尔和德文的海岸拦截船只并掳掠奴隶到非洲去。

英国的强制手臂也伸到法国南部来保护正在遭受被萨瓦公爵迫害致死的新教徒。法国、瑞典、丹麦都觉得还是克服它们最初对弑君者的嫌恶而去同英国结盟较为明智一些。英国同西班牙发生了战争，英国的伟大的海军上将布莱克在特讷里夫以几乎难以置信的大胆行动摧毁了西班牙的装甲舰队。他和陆上的炮台交战。他是第一个"以舰只来轻侮岸上堡垒"的人（他死于1657年，葬于威斯特敏斯特教堂，但在王政复辟后，查理二世下令掘出他的骸骨，移葬至威斯特敏斯特城的圣玛格丽特教堂）。这就是英国在短短的共和国日子里在世人心目中所刻画的形象。

1658年9月3日，克伦威尔在一场大风暴中死去了，这不免引起迷信的人的感触。一旦他刚强的手不动了，英国也就抛弃了实现自由人的正义的共和国的早熟的尝试。1660年"殉难者"查理的儿子查理二世被迎回英国，还对他充分表现了英国人内心珍惜的个人忠诚。这个国家海陆军的实力一下松弛不振，很像一个人刚从过分紧张的梦境里醒过来时，要伸伸懒腰，打打呵欠那样。清教徒被搞掉了。"快乐的英格兰"又恢复了它的本色。荷兰人在1667年重又成了海上的主人，沿泰晤士河航行而上到达格雷夫森德，并在梅德韦焚毁了一支英国舰队。

"当我们的舰只被荷兰人焚烧的那夜晚"，佩皮斯在他的日记中说，"国王却在和卡斯特迈恩夫人同进晚餐，他俩发疯似地追扑着一只可怜的飞蛾。"

1660年，查理从他回来的那天起，就控制了国家的外交事务；1670年与法王路易十四订立了一项秘密条约，为了取得每年10万英镑的补偿，他答应把英国外交政策全部从属于法国。克伦威尔取得的敦刻尔克已卖回给法国。国王是个优秀的运动员；他对观看赛马具有真正英国人的爱好，纽马克特的赛马中心也许是他的最能表现他性格的纪念物。

查理在世时，他那种随和的性情使他能保住英国王位，但是他是以机警和妥协来这样做的。1685年由他的弟弟詹姆斯二世继位，詹姆斯二世是个虔诚的天主教徒，头脑迟钝，不能觉察出英国君主制所受到的潜在的限制。这时议会和国王之间争执的老问题又变得尖锐起来了。

詹姆斯着手强使英国和罗马在宗教上重新结合起来。1688年他逃亡法国。但是这一次，大贵族、商人和绅士们却十分谨慎，不让他们在这场对国王的造反中落入第二个普赖德或第二个克伦威尔的手里。他们已经请来了另一个国王，奥兰治亲王威廉，来代替詹姆斯。这个变动进行得很迅速。在英国没有发生内战——除了在爱尔兰——也没有发泄出任何更深刻的革命力量。

我们在这里不能去讲威廉，或毋宁说他的妻子玛丽，怎么会有取得王位的权利，这纯是技术上的问题；我们也不能去讲威廉三世和玛丽是怎样统治的，以及玛丽死后，威廉怎样单独统治了一个时期后，把王位传给了玛丽的姊妹安妮的（1702—1714年）。安妮似乎赞成斯图亚特世系复辟，但是现在支配英国事务的上下两院却宁愿要一个不太称职的国王。汉诺威的选帝侯具有某种可以取得当英王的权利。他成了英王乔治一世（1714—1727年）。他是个地道的德国人，不会讲英语，他带了一大群德国妇女和德国侍从来到英国宫廷；随着他而传来这地方知识生活的是迟钝和晦暗，但这种宫廷和英国生活的隔绝，对主要把他请来的大地主和商业利益来说，恰是他无可争议的可取之处。

英国进入了一个贝肯斯菲尔德勋爵称为"威尼斯式寡头政治"的阶段；最高权力属于议会，而现在议会为上议院所支配；贿赂的手法和对运用选举方法的探讨，被罗伯特·沃尔波尔爵士提到了高度，从而剥夺了下议院原有的自由和活力。通过巧妙的手段，议会的选举权被局限于日益减少的选民人数，人口很少甚至已没有人的老市镇可以选出一名或两名议员（古老的萨鲁姆有一个不住在当地的选民，没有居民，却能选出两名议员），而一些较新的人口稠密的中心却根本没有代表。而且由于坚持必须有高额财产才有被选为议员的资格，下议院里以普通的语调说出众人的需要的机会就更受限制了。

乔治一世之后由和他极相似的乔治二世（1727—1760年）继位，直等到他死后，英国才又有一个英国出生、英语讲得相当好的国王，即他的孙子乔治三世。关于这个国君企图恢复君主制的一些较重要的权力的事，我们在后面一节里还要说到一些。

这样简短地叙述了17、18世纪时英国在"近代国家"问题上三个主要因素间的斗争史；这三个因素就是国王、私有财产所有者和那个含糊的力量，即尚属盲目、无知的很普通的人民的力量。最后这个因素还只是在国家最动荡之际出现了一下，随后又沉入深处。但是到此为止，这段故事的结尾是英国私有财产所有者彻底战胜马基雅弗利式的专制主义的梦想和诡计。随着汉诺威王朝的到来，英国变成了——如《泰晤士报》最近给它的命名——一个"有君主的共和国"。它搞出了一套新的行政管理方法，即议会政府，它在很多方面使人回忆起罗马的元老院和平民大会，但是更为坚定而有效，因为它采用了代议制的方法，尽管还受到限制。它在威斯特敏斯特的会议成了全世界的"议会之母"。

对于国王，英国议会一直保持着和至今还保持着法国宫内宰相对墨洛温朝诸王的那种关系。国王被看作是王室和帝国体系的礼仪上的、不负政治责任的、活着的象征。

但是在国王的传统和威望里还潜伏着不少权力，相继在位的四个汉诺威朝的乔治、威廉四世（1830年）、维多利亚（1837年）、爱德华七世（1901年）、乔治五世（1910年）、爱德华八世（1936年）、乔治六世（1936年）和伊丽莎白二世（1952年）都具有和软弱的墨洛温朝诸君主全然不同的气质。在有关教会、海陆军组织和外交部的事务上，这些君主们不同程度地都可以施加影响，这些影响虽然难于明确规定，仍然是重要的。

4　德意志的分裂和混乱

基督教世界统一体的观念的破灭所带来的后果，在欧洲没有一个地方比德国更为不幸了。很自然地，人们会设想，既然皇帝们不论是较早的世系还是哈布斯堡家族来源都是德意志人，他们应当会发展成为一个统一的讲德语国家的民族君主。可是它的皇帝却从来就不全是德意志人，这真是德国意外的不幸。我们已看到，最后一个霍亨斯陶芬王朝的皇帝弗里德里希二世是个半东方化的西西里人；哈布斯堡王室由于通婚和性格爱好，以查理五世来说，在精神上先是成了勃艮第人，后来成了西班牙人。查理五世死后，他的兄弟斐迪南取得奥地利和帝国，他的儿子菲力浦二世取得了西班牙、尼德兰和意大利南部；但是奥地利的一支，笃信天主教，所持有的世袭家业大多在东部边疆，因此深深地纠缠于匈牙利的事务上，并如斐迪南和他的两个继承者那样，向土耳其人纳贡；他们又抓不住北部的德意志人，因为后者倾向新教，跟波罗的海及西方的关系密切，又不知或漠视土耳其的威胁。

拥有主权的王侯、公爵、选帝侯、兼作王侯的主教等，他们的领地把中世纪的德意志的地图分割得乱七八糟，说实在的他们和英国、法国的国王并不等同，毋宁说他们和英国、法国拥有大片土地的公爵和贵族处于同一水平。直到1701年他们中间没有一个拥有"国王"的称号。他们的领地在大小上和在价值上很多还赶不上英国贵族中较大的地产。德国的议会很像荷兰的三级会议或是一个没有民选代表出席的英国议会。所以不久在德国爆发的大内战，即三十年战争（1618—1648年），在它的根本性质上比它在表面上所呈现的，与英国的内战（1643—1649年）及法国的封建贵族联盟反对国王的福隆德战争（1648—1655年）更加接近得多。

在所有这些情况下，国王或者是天主教徒或者是倾向于成为天主教徒的，而那些顽强的贵族们的个人意向则趋于新教信条。但在英国和荷兰新教贵族和富商们最终得到了胜利，在法国国王的胜利甚至更为彻底，而在德国皇帝既不够强大，新教王侯们本身又缺乏足够的团结和组织去赢得决定性的胜利，结果形成了一个支离破碎的德国。

此外，德国的问题由于各种非德意志人，有波希米亚人和瑞典人（作为宗教改革的一个直接结果，瑞典人在古斯达夫·瓦萨领导下兴建了一个新的新教君主国），卷入了斗争而搞得复杂了。最后，战胜了自己的贵族的法兰西君主国，虽然是个天主教的国家，却带着要代替哈布斯堡王朝作为帝国世系的明显意图而加入到新教的一边。

战争持久不决，又不是沿着确定的地带进行，而是遍及整个由小块小块拼成的帝国，这块地方是新教的，那块地方是天主教的，这事实使得这次战争成为自从蛮族入侵以来欧洲所经历的最残酷和最富破坏性的战争之一。它的特殊祸害还不是在战斗本身，而是在伴随着战斗而来的东西。它发生在这样一个时候，军事上的战术已发展到使得募集来的普通士兵在有训练的职业性的步兵面前毫无用武之地。用滑膛枪在几十码的射程内一齐射击足以消灭披戴盔甲的单个骑士,但是经过训练的大队骑兵的冲锋依然能驱散任何没有训练得钢铁般坚强的步兵。使用滑膛枪的步兵不能维持不断的火力,足以在坚决的骑兵冲入阵地之前就把他们打退,所以他们必须站在或跪在一垛用枪矛或刺刀密密筑成的围墙后面来迎接突击,为此他们需要良好的纪律和经验。那时铁制火炮还比较小而且不很多,它们在作战中还不能起决定作用。它们能在步兵中"犁出条路"来,但是不容易把步兵摧毁或驱散,如果这些步兵是顽强而经过良好操练的话。

在这些情况下,战争完全掌握在熟练的职业士兵手中,对那时的将军们说来,军饷问题是和粮食或军火问题同样重要的。持久的斗争一期一期地拖下去,境内的财政日益困难,双方的司令官被迫以抢劫市镇和乡村来取得供应和补足拖欠的军饷。因此,士兵越来越成为靠地方上养活的纯粹的土匪了,三十年战争造成了一个传统:以抢劫为战争的合法行为,认为暴行是士兵的特权,这传统直到1914年的第一次世界大战始终玷污着德国的声誉。

笛福的《一个骑士的回忆录》的开头几章,对马格德堡的屠杀和焚烧作了生动的描写,它比任何正史更能使读者得到关于这时战争的好得多的观念。土地被蹂躏得使农夫们停止了耕作,乘隙收获的庄稼都隐藏了起来,大群大群饥饿的妇女和儿童成了军队的营地随从,给狂暴的抢掠添上了一条小偷的尾巴。在这场斗争结束时,整个德意志成了废墟,一片荒凉。有一世纪之久,中欧没有从这些劫掠和劫后余迹中完全恢复过来。

在这里我们只能提到一些名字:哈布斯堡王室方面的抢劫头子蒂利和瓦伦斯坦以及瑞典国王、北方的狮子、新教的拥护者古斯达夫·阿道夫,阿道夫的梦想是把波罗的海变成个"瑞典湖",他是在吕层对瓦伦斯坦取得决定性胜利中被杀的(1632年),而瓦伦斯坦是在1634年被杀害的。

1648年君主们和外交官们在他们所制造的浩劫中召开了威斯特法利亚和会来平息中欧的事端。通过这次和会,皇帝的权力缩小成为阴影,而法国获得了阿尔萨斯,使它的边疆达到了莱因河。德国的一个王侯,勃兰登堡的霍亨索伦选帝侯,得到了那么多的领地,使他成了皇帝之下的德国最大的力量,不久(1701年)他就成立了普鲁士王国。

威斯特法利亚和约也承认了两个长期以来的既成事实,即荷兰和瑞士两国脱离帝国而完全独立。

5 欧洲大君主国的显赫

本章是以尼德兰和不列颠两国的史话开始的,在这两个国家里,平民反抗这种新型的君主政体,即马基雅弗利式的君主政体获得了胜利。这种君主政体是从基督教世界的精神崩溃中兴起的。但是在法国、俄国和在德国和意大利的许多部分——例如萨克森和托斯卡那——个人专制的君主政体并没有受到限制,也没有被推翻;它的确使自己成为17、18世纪期间统治欧洲的体制。就是在荷兰和英国,君主政体在18世纪也正在恢复它的权力(波兰的情况是特殊的,下节再说)。

在法国,没有英国那种大宪章,也没有那样明确有效的议会统治的传统。在那里同样存在着以国王为一方、以地主商人为另一方的利害冲突,但后者没有公认的集会场所,没有庄严的团结方法。他们形成了国王的对立面,他们结成抵制的联盟——"福隆德"就是这样的联盟,当查理一世在英国为他的生命作战时,这个联盟正在和年轻的国王路易十四及他的重臣马扎兰作斗争——但是经过了一场内战之后，他们最终（1652年）决定性地被打败了；当英国在汉诺威王朝建立以后上议院及其屈从的下议院统治国家时，在法国却相反，1652年后，宫廷完全支配了贵族。红衣主教马扎兰在与英王詹姆斯一世同时代的红衣主教黎塞留为他准备好的基础上站了起来。

马扎兰时期之后，我们听不到法国的大贵族了，除非他们在宫廷里充当侍从和官员。他们被收买和驯服了——但付出了代价，代价是把纳税的重担推到了默默无声的广大平民身上。教士和贵族——的确，每一个带着头衔的人——可以免交很多种税。最后这种不公平的办法会变得不能容忍，但是暂时法兰西君主国还是像《诗篇》作者大卫王的绿色月桂树一样地茂盛。到了18世纪初，英国作家已经提请人们注意法国下层阶级的悲惨生活，和那时英国穷人相形之下的繁荣了。

在法国我们所谓的"大君主国"就是建立在这种不公正的关系上的。号称大君主的路易十四在位72年之久（1643—1715年），这样长期的统治是前所未有的，他为欧洲所有的国王树立了一个模式。最初有马基雅弗利式的大臣红衣主教马扎兰辅导他；这个红衣主教死后，他自己本人变成了理想的"君主"。他在他的能力限度之内是个少见的能干的国王；他的雄心强于他卑鄙的情欲，通过和一种仍可博得我们钦佩的精心树立的尊严混合在一起的生气勃勃的外交政策，他把他的国家导向破产。他直接的愿望是巩固法国和使法国扩张到莱茵河及比利牛斯山脉，并吞并西班牙的尼德兰；他较遥远的意图是要看到在一个重建的神圣罗马帝国里，法国国王成为查理大帝的可能的继承者。

他把行贿当作几乎比战争还要重要的治国手段。英国的查理二世受了他的收买，波兰大多数贵族也是如此，下面即将叙述。他的钱，毋宁说是法国纳税阶级的钱，送往各个方面。他心目中压倒一切的是要堂皇显赫。他在凡尔赛的大宫殿，连同里面的沙龙、走廊、挂镜、花坛、喷泉、庭园和景色成了世界妒羡的对象。

他引起了普遍的模仿。欧洲每个国王和小王侯都以大大超过他的臣民和借贷所允许的财力来建造他自己的凡尔赛宫，贵族们到处仿效新的式样来重建或扩建他们的别墅。制造美丽和精致的针织品和家具摆设的大工业发展起来了；奢华的工艺品到处兴隆；雪花石膏雕刻、彩色陶器、镀金木器、金属制品、印花皮革、大量的音乐、堂皇的绘画、美丽的印刷和装订、精美的烹调、醇厚的葡萄酒。在大挂镜和精致的家具中间走动着一种奇怪的"绅士"的人物，头戴巨大的扑上粉的假发、身穿有花边的绸袍、脚蹬红色高跟的鞋子，扶着使人惊奇的手杖来保持

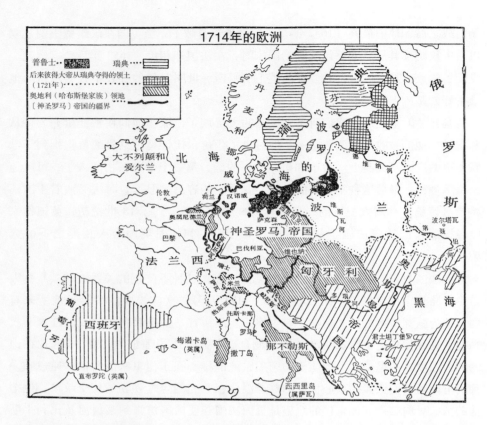

平衡；更多的是奇妙的"贵妇"们，梳着扑粉的高耸的发髻，穿着用金属架子支撑的鼓起的绸缎衣裙。在这一切中间装模作样的是这个伟大的路易——他的世界中的太阳，他丝毫没有觉察到在他这个太阳的光线射不到的下层黑暗之中，一张张瘦瘠、阴沉、怨恨的脸在注视着他。

关于这个君主的战争和其他作为的故事，我们不能在这里详述了。伏尔泰的《路易十四时代史》在很多方面还是最好、最慎重的叙述。路易十四建立了一支足与英、荷抗衡的法国海军，这是一桩很了不起的成就。但是因为他的智力还超脱不了海市蜃楼的诱惑，他沉湎于那个包括整个世界的神圣罗马帝国的梦想，那欧洲政治把戏中的笑谈，他晚年陷于讨好那过去一直是跟他敌对的教皇。他着手反对那些闹独立和搞分裂的精神，即那些新教王侯们。他在法国向新教信仰作战。他的最认真的、最有用的臣民由于他的宗教迫害大批被驱逐到海外，带走了他们的技艺和工业。例如英国的制丝业就是法国新教徒建立起来的。在他的治下实行以"龙骑兵"迫害新教徒，这是一种特别凶恶和有效的迫害方式。粗暴的士兵驻进新教徒的家里，任意骚扰主人、污辱妇女。不肯屈服于各种严刑拷打和烈火焚烧的人也都屈服于这种压力了。

新教徒对下一代的教育被破坏了，做父母的只能给孩子们以天主教的教导。他们是这样给了，但无疑地是带着讥讽和破坏了全部信心的语调。凡是比较宽容的国家主要变成要么是真诚信天主教的，要么是真诚信新教的；而那些进行迫害的国家，像法国、西班牙和意大利，既这样破坏了忠实的新教教义，人民主要变成不是天主教徒就是天主教的无神论者，一有机会就准备突然变成完全的无神论者。下一代路易十五统治时，是卓越的嘲弄者伏尔泰（1694—1778年）的时代，在那个时代法国社会里的每一个人都遵奉罗马教会，但几乎没有人信仰它。

奖励文学和科学是大君主政权装模作样的姿态的一部分——并且是极好的一部分。路易十四建立了一所科学院，用来和查理二世的英国皇家学会和佛罗伦萨类似的学会相匹敌。他以诗人、剧作家、哲学家和科学界人士来点缀他的宫廷。即使科学的进程并没有从这一赞助中得到多少激励，但无论如何它确实获得了实验和出版的资金，以及在平民心目中的一定威望。

在这一个大大小小的大君主、地方巨族和成长中的商业力量的时期，英国和法国的文学活动为欧洲大部分的文学活动定了主调。法国的情况比起英国，君主政体更为发达、更为集权和划一。法国作家缺少像莎士比亚的那种自由和不受纪律约束的精神的伟大传统，法国的思想生活集中在宫廷，并且比在英国更意识到对它的控制，它从来没有产生过像英国的班扬这种文学上的"普通人"，在17世纪时它没有像克伦威尔共和国那样发出过这种持异议的精神，以解放出一个密尔顿来。它更多地倾向于谨严和限制，它更加完全地处在学校教师和学者批评家的支配之下。它使内容服从文体，学院的组织加紧了已经过多的约束。由于这些差别的结果，19世纪以前的法国文学为文学上的谨小慎微所浸透，似乎是以一种怕得坏分数的好小学生的精神写出来的，而不是为了寻求直率的表现而写的。它是一种冷漠、谨严、空洞的名著的文学，悲剧、喜剧、传奇和批判论文都非常缺乏生命力。在谨严的剧作家中卓越的要算高乃依（1606—1684年）和拉辛（1639—1699年）。他们是不可一世的天才；仔细研究过他们的人最能体会到他们的本质上的热情；但是对那些不熟悉于那个时期公认的标准的人来说，他们最初几乎像石造建筑那样地阴冷可怕（而有时石造建筑也能隐藏着深厚的感情）。莫里哀（1622—1673年）的喜剧也是他那时期首屈一指的，有些权威把它推崇为世界上最好的作品。在法国大君主政体下的这种文雅庄严的精神环境中，带有轻松、生动而有趣的气息的读物，几乎只能从当时的杂谈和诽谤性的回忆录中找到。那里才有这些，那里才有一些活跃的社会和政治的论战。

这时法国的一些最光辉、最优秀的作品是流亡和造反的法国人在国外写作的。最伟大的法国哲学家笛卡儿（1596—1650 年），大半生时间居住在比较安全的荷兰。他是那些善于思索的群贤的中心和卓越的人物，这批人在逐渐破坏、修改和贬低他们那个时代的绅士派头十足的基督教方面是很活跃的。屹立在所有这些亡命者和所有其他同时代的欧洲作家之上的是伏尔泰这个伟大的人物，关于他的思想状态我们以后还要谈到。另一个流放人物让·雅克·卢梭（1712—1778 年），他对正规道德的感情用事的攻击，和对自然、自由的多情善感的理想化，使他跃居为他的时代和他的国家的著名小说家。关于他，我们也将有更多可说的。

17 世纪的英国文学反映了英国国事的较不稳定和较少集权的性质，它比法国文学更有活力而较少润饰。英国的宫廷和首都不像法国那样吞没了整个国民生活。对照着笛卡儿和他那学派，人们可以提出培根（关于培根我们在叙述科学的复兴时已经谈到）、霍布斯和洛克。密尔顿（1608—1674 年）穿着一件希腊和拉丁学问、意大利文化和清教神学混合起来的外衣，而具有他独特的光采。在古典势力的范围之外有一种相当不受拘束的文学，这或许在班扬的《天路历程》（1678 年）中可找到它最有特性的表现。再者，那仍被低估的笛福（1659—1731 年）的创造性的作品，显然是为那些不懂得学术界的成就和矫糅造作的公众而写的，他的《鲁宾逊漂流记》可居于文学的伟大创作之列。他的《摩尔·佛兰德斯》是对那时的风尚的一篇值得赞扬的研究。这种研究和他的历史演义在技巧上比任何他的同时代人都高明得多。大致同他齐名的是伦敦知事、《汤姆·琼斯》的作者菲尔丁。印刷厂主，写作《帕美拉》和《克拉瑞萨》的塞缪尔·理查森，是 18 世纪英国文学活生生的现实中的第三个伟大人物，这种文学并不屑于写得带文学味道。评论界的习惯总是把差得很多的斯莫利特的名字同这三个人联系起来。随同这些名字和让·雅·卢梭的名字，小说——那对生活方式、对世上的漫游与道德问题的遭遇等的拟实的叙述，又恢复了它的重要性。小说在神圣罗马帝国衰亡中就消失了。它的重返标志着涌现出了各色各样的、对生活和行为有好奇心的新人物：一些有闲暇的人，一些渴望以类似的冒险故事来补充自己经验的人。对他们来说生活变得不那么紧张而且更有趣味了。

或许在这里在我们结束这段文学的插话之前，我们不妨注意到在英国文学中同样有意义的是艾迪生（1672—1719 年）的优雅虚浮，和第一部英语字典的编纂者塞缪尔·约翰逊博士（1709—1784 年）笨拙的可爱，关于他的真实作品除了几篇有关一些诗人的简短生平外，几乎没留下什么可供阅读的，但是他的妙语和怪癖却一直保留在博斯韦尔的无与伦比的传记中。亚历山大·蒲柏（1688—1744

年）以古典文学的意向和法国的精神来翻译荷马的作品,把粗俗的自然神论的哲学转变成简洁优雅的韵文。在这个拘谨和二流人物的时代,在英国和在法国一样,最有力的作品出自一种同当时的秩序,实际上是向世界的全部秩序进行激烈冲突的精神。如《格列佛游记》的作者斯威夫特(1667—1745年)。声名不那么好的牧师劳伦斯·斯特恩(1713—1768年),他写了《特利斯脱兰·香代》,并把成百种变化和花招教给了后来的小说家,他是从古典时代前的法国人拉伯雷的伟大处汲取活力的。历史家吉本,我们将在后面的一节中援引他的话,那时我们将再就这绅士气派时代的特殊的思想上的局限性予以评论。

1715年法国的大君主逝世了。路易十五是他的曾孙,他是他的前辈的富丽豪华的不够格的模仿者。他摆出一付国王的样子,但是他主要热衷于世俗之好,迷恋女色,夹着对地狱的迷信的恐惧。像夏托鲁公爵夫人、蓬帕杜尔夫人和杜巴里夫人这样的女人如何地支配了国王的好恶,由于这些娘儿们的虚荣和怨恨,如何地引起战争和结盟,很多省份是如何地被毁坏,成千上万的人民如何地被杀害,以及由于她们,法国和欧洲的全部公众生活是如何地被阴谋、淫荡和欺诈所玷污,凡此种种读者必须从当时的回忆录中去了解了。生气勃勃的外交政策继续在路易十五统治下稳步走向它的最后崩溃。

1774年这个被阿谀者们称为受人爱戴的路易死于天花,由他的孙子路易十六(1774—1793年)继位,他是一个迟钝而心地善良的人,一个出色的射手,并且是一个甚为灵巧的业余锁匠。关于他如何继查理一世之后走上断头台的事,我们在后面的一节中将予以叙述。我们现在要谈的是正在鼎盛时的大君主政体。

在法国以外,大君主政体的主要实行者之中,我们首先可以提到的是普鲁士诸国王,弗里德里希·威廉一世(1713—1740年),他的儿子及继承者弗里德里希二世,即弗里德里希大帝(1740—1786年)。我们在这里来叙述统治普鲁士王国的霍亨索伦家族,从不显眼的开端而渐渐兴起的故事,是太乏味和无关紧要了。那是一段幸运与暴力、冒失的要求和突然的背叛的故事。这些在卡莱尔的《弗里德里希大帝》一书中已作了津津有味的叙述。到了18世纪,普鲁士王国已经重要到足以威胁帝国了;它有一支强大的训练精良的军队,它的国王是钻研马基雅弗利的一个杰出的学生。弗里德里希大帝加工修缮了他在波茨坦的凡尔赛宫。那里的桑苏西宫,连同宫内的喷泉、林荫大道、雕像都是仿照它的样板的;那里还有一座新宫、一处橘园和一座大理石宫等,新宫是一座花了很多钱建立起来的巨大的砖建筑物,橘园是意大利式样的,里面收藏了许多绘画。弗里德里希提倡文化尤其奖励著述,曾同伏尔泰通信并接待他,直到两人关系恶化为止。

奥地利的领土夹在法国的铁锤和土耳其人的铁砧之间，使它忙于应付，直至玛丽亚·泰利莎统治时（1740—1780年），才发展成为一个真正像样的大君主（玛丽亚是一个妇女，不带有女皇的尊号）。1765—1790年做了皇帝的约瑟夫二世，在1780年才继承了她的宫廷。

俄罗斯帝国从彼得大帝起（1682—1725年）才与它的鞑靼旧传统决裂而进入法国魅力的范围。彼得叫他的贵族们剃掉东方式的胡须并引进西方的服装，这些只是他西化倾向表面上看得见的征象。因为莫斯科像北京那样有座神圣的内城〔指紫禁城〕克里姆林宫，为了使他自己摆脱莫斯科的亚洲的情调和传统，他在涅瓦河的沼地上为自己建立了一座新都——彼得格勒。当然，他也建造起他的凡尔赛宫，他雇用了一名法国建筑师，在离这个新巴黎18英里的地方建立起彼得霍夫，那里具有花坛、喷泉、小瀑布、画廊、庭园和其他应有尽有的特点。比他更卓越的继承者是伊丽莎白（1741—1762年）和叶卡特林娜女皇，后者是一个德国公主，按照十足的东方方式谋害了她的丈夫——合法的沙皇——之后取得了皇位，她恢复了先进的西方理想，并自1762年至1796年进行了强有力的统治。她建立了一所学院，并同伏尔泰通信。她活到目睹欧洲大君主政体这个体系的告终和路易十六的被处决。

这里我们也不能把当时在佛罗伦萨（托斯卡那）、萨瓦、萨克森、丹麦和瑞典的一些次要的大君主编入这个目录了。在贝德克尔《导游手册》的每册中，凡尔赛宫以二十几个不同的名字标了星号，游客在他们的宫殿里无不目瞪口呆。我们也不能论及西班牙王位继承战争了。西班牙被查理五世和菲力浦二世的一些帝国雄图弄得过于疲惫，并由于对新教徒、穆斯林和犹太人的褊狭的迫害而被削弱了，在整个17、18世纪时西班牙正从它在欧洲事务中短暂的重要地位再度降为一个二等国。

这些欧洲的君主们统治他们的王国就像他们的贵族管理他们的地产那样：他们互搞阴谋，在一种不现实的方式下他们是精明而有远见的，他们混战，把欧洲的资财消耗在荒谬的侵略和抵抗的"政策"上。最后从最底层爆发出一场大风暴。那个风暴，即第一次法国革命，是欧洲平民的愤怒，它出其不意地取代了君主们的体系。它不过是至今仍在继续着的一个巨大周期性的政治社会风暴爆发的开始，它或许将一直继续到每一个民族主义的君主政体的痕迹都从世界上扫除干净，天空因人类联盟的伟大和平而再次晴朗为止。

6 17、18世纪的音乐

17、18世纪是一个音乐蓬勃进展的时期。精巧的乐器被精心地制作出来了；大音阶、小音阶连同固定的连续音符、音调的可变性及和声的可能性都具备了。这样使得音乐意图可以明确地表达出来，并能以很大的精确度来调整各种乐器的合奏。社会情况、成长中的城镇、宫廷、乡村邸宅都给教堂唱诗班这种较古老的领域增加了音乐活动的新天地。假面剧和街头历史剧的演出在16世纪时已受欢迎；它们给精心创作的音乐以发展的机会；随着17世纪的到来，歌剧、圣乐有了巨大的发展。

在意大利出现了"新音乐"。维·亨·哈多爵士说，卢利（1635—1687年）"是历史上最最重要的人，不单是因为他的旋律的戏剧般的魔力，而且因为他的音乐语言严格正确"。和他齐名的还有意大利人蒙特威尔地。在这时期音乐开始大规模地展开活动。

16世纪的弥撒曲是为教堂唱诗班谱写的，16世纪的情歌是为围绕晚餐桌边的一群朋友写作的；只是到了16世纪末鲁特琴和古钢琴演奏者开始把名演奏家的概念带进演奏艺术……风琴制造上的巨大改进带来了连翩出现的大演奏家：英国人布尔和菲力浦斯、尼德兰人斯韦林克、罗马的弗雷斯科巴尔迪、维也纳的弗勒贝格尔、卢卑克的布克斯台胡德，巴赫曾步行到那里听他演奏……与之俱来的是古钢琴音乐的发展……提琴和它的同类乐器的到来和渐渐地被接受是同样重大的事件。从16世纪上半叶的提芬布吕克尔和阿马提家族的时候算起，大约用了一百年之久，提琴一类的乐器才为公众所喜爱；一直晚到1676年，鲁特琴演奏者马切仍能大肆攻击这"吵人的提琴"，并且惋惜它的前身六弦提琴的较为沉静匀称的音色。但久而久之，它的较宽阔的音域、较大的灵活性和更深刻的表达能力被人们觉察出来了……在它的天然的家乡意大利，虽然被人轻看，演奏得也很拙劣，它终于被认为是唯一能与人声竞美的乐器。（维·亨·哈多爵士，《音乐》）

我们听说，意大利对歌剧中歌手的炫耀和推崇曾有一时推迟了音乐的发展；17世纪的歌唱家，尤其是男高音，保持着一种几乎像现代的电影明星那样庸俗可怕的声名，但这一时期却产生了莫扎特的先驱亚历山德罗·斯卡拉提（1659—1725年）的大量优美的音乐。英国在共和国时期的沉寂阶段之后迸发出大量的音乐活动，而以珀塞尔（1658—1695年）为顶峰。在德国那些小朝廷和乡镇乐队提供了无数音乐刺激的中心，1685年约·塞·巴赫和亨德尔出生在萨克森，他们使德国音乐达到极盛，并保持了一个半世纪之久。维·亨·哈多爵士说，"在维也纳时期以前的所有作曲家都是和我们的时代最密切地联系着的，他们的歌声以最熟悉的腔调在我们耳中响起。"

帕莱斯特里纳标志着先前音乐界的一个顶峰，相形之下，他是另一个世界里的人。在器乐获得成就的日子以前，他是一个最出色的合唱音乐大师。继巴赫、亨德尔的名字之后，星座般出现了又一批音乐家，在最明亮的群星之中，海顿（1732—1809年）、莫扎特（1756—1791年）、贝多芬（1770—1827年）是最杰出的。近代音乐的巨流现正向宽广纵深发展，而且仍在滚滚向前。这里我们只能提出作曲家们的名字，并以简短的一小段左右，进一步对19世纪和我们本时代的音乐作一紧凑的概括。在它形成之时，17、18世纪的音乐只是少数有教养的人的特权——如宫廷中的人、省的城镇和乡村邸宅中能组织演出的人、能有歌剧院和音乐厅的够大城市中的人。17、18世纪当这些新形式正在发展时，西欧的农民和工人的音乐越来越少了。民歌衰落了，而且似乎要被遗忘了。少数几支大众喜爱的歌曲、几首圣歌是留存给人民大众的全部音乐生活。在那些日子里宗教复兴的推动力，或许多少要归功于把被压制的歌唱的冲动解放出来。只是在今天，随着复制音乐的机械方法的巨大发展，现代化了的、进化了的和提高了的音乐才回到日常生活之中，巴赫、贝多芬才成为人类普通文化的一部分。

7 17、18世纪的绘画

这一时期的绘画和建筑，正像音乐一样，反映了那个时代的社会情况。对思想和权力而言那是一个碎裂的时代，是一个对于对象和尊严的考虑不再支配绘画艺术的时代。宗教题材被贬低到次要的位置，凡是涉及这种题材的地方，它们是作为叙事中的事件，而不是作为伟大的壮观的事实来处理的。寓言和象征性的人物衰落了。画家是为了幻想，而不是为了思想，也不是为了事实而作画。写实画代替了夸张的或虔敬的图画，正像小说代替了叙事诗和怪诞的传奇故事一样。17世纪的两名最优秀的绘画大师是贝拉斯克斯（1599—1660年）和伦勃朗（1606—1669年）。对他们来说似乎除了在气氛、光线和实质上体现美的范围或大或小之外，一切的生命都是同等的。贝拉斯克斯在衰败的西班牙宫廷描绘教皇和国君时没有阿谀，描绘矮子和跛子时也没有轻蔑。那些第一批近代人的作品中，对物体的细腻的、分析的、记实的描绘,让位给概括地表现效果和集中注意印象的整体,而舍弃了一切次要的考虑。迄今,在过去的较多集中化的生活中,绘画是一个见证人、一种劝诫、一个奉承者、一种装饰物;现在,在大多情况下,它成为这个事物的本身,为它自己而存在。绘画是作为一幅一幅画而被悬挂起来——收藏在美术陈列馆里。风景画和社会风俗画蓬勃地发展。裸体人像画得愉快而兴奋,在法国瓦托、弗拉戈纳尔等人以对乡村生活真象的细腻礼赞来奉承并博得上流社会人士的欢心。人们认识到在这些事物里有一个在成长中的社会的迹象,这里人们是生活安定的、繁荣的、精神十分优美的,他们欣赏生活,并多少是既脱离了生活的庄严也超脱了生活的痛苦。

伊丽莎白时期的英国没有足以与它的文学和音乐活动相匹敌的造型艺术上的热忱。它的画家和建筑师是从国外来的。但这个在欧洲文明中一直曾是一个极边缘的国家,在17、18世纪时却以积累起来的财富和繁荣创造了有利于艺术工作的条件。18世纪时象雷诺兹(1723—1792年)、盖恩斯巴勒(1727—1788年)和罗姆尼这样的英国画家的作品可与任何同时代人的精心之作竞相比美。

这一君主政治和上流士绅的时期对某种型式的建筑的发展也是非常有利的。16世纪时已经活跃起来的进程现在又以增强的活力在进行着。君主们正在到处兴建或重建宫殿,贵族和乡绅们则在拆除堡垒而代之以精美的宅第。城镇的房屋正以较为宽大的规模在设计着。教会的建筑衰落了;市政建筑的成就相对地不甚重要:在这方面,正如在所有事情上一样,大大发迹的个人成为支配这一时期的人物。在英国1666年大火烧毁了伦敦的大部分,这给克里斯托弗·雷恩爵士一个特殊的机会,他设计的圣保罗大教堂和伦敦的一些教堂标志着英国建筑史上的一个全盛阶段。他把许多图纸送到美国去,为在那里建造各种不同的乡村住宅之用。他独特的天才也在早期美国设计中留下印记。伊尼戈·琼斯是17世纪早期英国建筑师中的第二号伟大人物,他设计的宴会厅——那是白厅中一座未完成的宫殿的一部分——使他的建筑物为每个伦敦观光者所熟悉。这两个人和所有这一时期的英国、法国和德国的建筑师们,的确都是沿着继续存在和仍在发展中的意大利文艺复兴的路线而进行工作的,这些国家的许多最好的建筑物都是意大利人建造的。渐渐地随着18世纪末叶的来临,文艺复兴建筑术上的自由和自然的发展被一股古典的迂腐浪潮所阻挡。西欧学校中古典文学研究的逐渐僵化有它的相关联的事物,即产生一种日益增长的模仿希腊、罗马模型的趋势。那一度曾是兴奋剂的东西,现在变成一副传统的和使人昏迷的精神药物。银行、教堂、博物馆装饰得像雅典神庙,甚至成排的房屋都要有柱廊。

但是这死气沉沉趋势的最坏的极端是在19世纪,那已超过我们目前时期的界限了。

8　列强观念的成长

我们已经看到世界一统和人类大同的观念怎样初次进入了人类事务之中,我们也追溯了基督教教会在维持和实现它的创立者的这些概念上的失败是怎样导致了政治事务中的道德崩溃,并导致了利己主义的回复和信仰的缺乏。我们已经看到马基雅弗利式君主政体怎样反对基督教世界的兄弟情谊的精神,以及马基雅弗利式君主政体,是怎样在整个欧洲的一大部分发展成17、18世纪的大君主政体和议会君主政体的。但是人类的心思和想象却不停地在活动着,在大君主的权势下,一些观念和传统正如结网一般,结成了一个复合体,抓住并缠住了人们的心思,国际政治的概念不再是作为君主之间来往的事,而是作为一种有类于不朽的东西——列强——之间来往的事了。君主们来来去去;一个路易十四会被一个好色的路易十五所接替,路易十五又会被一个愚钝的业余锁匠路易十六所接替。彼得大帝让位给一连串的女皇;查理五世之后哈布斯堡王室的世系,不管是奥地利的一支还是西班牙的一支,大都是些厚嘴唇、粗下颚和迷信的人;查理二世和蔼的恶棍派头对他自己的矜持会是一种嘲弄。远为稳定持久的却是外交部门的办事人员,和阐述国家事务的人们的观念。大臣们当他们的君主"不在朝"时,和君主承替之间,维持了政策的连续性。

因此,我们发现在人们心目中,君主比起他作为首领的那个"强国"来逐渐变得不那么重要了。我们开始越来越少地读到这个或那个国王的阴谋和野心,而是更多地谈到"法兰西的预谋"或"普鲁士的野心"。在一个宗教信仰正在衰微的时代,我们发现人们正在表现出对这些人格化了的实体具有了一种新的信仰。这些非常模糊的幽灵,即"列强",不知不觉地溜进了欧洲的政治思想之中,到了18世纪后半叶和19世纪就完全支配了它。时至今日它们还是支配着欧洲的政治思想。欧洲人的生活名义上固然是基督教的,但是崇拜一个上帝则在精神上和在真理上所有的共同崇拜者应当都属于一个共同体。在实践的现实中,欧洲却不是这样做的,它已经完全拜倒在这个奇异的国家的神话之前了。对这些握有主权的神祇,对"意大利"的统一,对"普鲁士"的霸权主义,对"法兰西"的光荣和对"俄罗斯"的命运,欧洲好几代以来已经牺牲了可能的统一、和平、繁荣和千百万人的生命。

把一个部落或一个国家看作一种具有人格的东西是人类心理上的一个十分古老的倾向。《圣经》里充满了这样的人格化的东西。犹大、以东、摩押、亚述等在希伯来《圣经》中出现时，好像他们是一个个人一样；有时不能分清希伯来作家是在谈到一个人还是一个民族，明显地那是一种原始的天然的倾向。但是以近代欧洲来说，它是一种倒退。欧洲在基督教世界的观念之下已经朝着大一统走得很远了。当这样一些部落像"以色列"或"提尔"作为人称确实代表了某种血缘共同体，某种类型上的一致性和利害上的相同性，而17、18世纪兴起的欧洲列国完全是虚构的统一体。俄国实际上是由最不调和的成份集合而成的，哥萨克人、鞑靼人、乌克兰人、俄罗斯人，并且在彼得以后的时代，又加上了爱沙尼亚人和立陶宛人；路易十五的法国包括德属阿尔萨斯及新近被同化了的勃艮第地区；它是被压制的胡格诺派信徒的监狱和榨取农民血汗的地方。在"不列颠"，英格兰代表着汉诺威朝在德国的领地、苏格兰、完全异族的威尔士人和敌对的信天主教的爱尔兰人。像瑞典、普鲁士，更甚的像波兰和奥地利这样的国家，假如我们在一系列的历史地图中注意观察，就看到它们在缩小、扩大、突出伸张而且在欧洲地图上游动，好像显微镜下的阿米巴那样……

假如我们考虑到国际关系的心理，就这种心理在我们周围的世界中所显示的来看，也就它在近代欧洲"强国"观念的发展中所表示的来看，我们就会理解有关人的本性的某些历史上很重要的事实。亚里士多德说人是政治的动物，但是政治这个字从我们现代的意义上看，它现在包括了世界政治，那么人就不是那样的动物了。他还有家族部落的本能，此外他还有一种倾向要把自己和他的家族依附于一个更大的东西，即一个部落、一个城市、一个民族或一个国家。但是那种倾向如听其自然的话，它是一种模糊不清和很没有批判力的倾向。他只是有点害怕并嫌恶对这已把他的生活包围起来和他已对之献身的较大的东西的批评，并且躲避这样的批评。也许他还有一种下意识的恐惧，假如这个体系被破坏或失去信用，结果会使他孤立。他把他自己所处的周围社会环境视为当然；他接受他的城市或他的政府，正好像他接受命运赋予他鼻子或消化力那样。但是人们的忠诚，即他们在政治事情上站在哪一边，不是天生的，而是教育的结果。对大多数人来说他们在这些事情上所受的教育就是他们周围的事物的一种无声的持续的教育。人们发现他们自己是欢乐的英国或神圣的俄国的一部分，他们在这些忠诚中成长起来，他们把这些忠诚作为他们本性的一部分而接受了下来。

世界只是缓慢地开始认识到，处境无言的教育能够多么深刻地被积极的教导、被文学、讨论和恰当的批判的经验所补充、修改或纠正。普通人的真实生活就是他的日常生活,他的小圈子里的爱情、恐惧、饥饿、欲望和想象的冲动,只有当他注意到仿佛有什么生命攸关地影响他个人的圈子的政治事务时,他才使他那不情愿的头脑去正视它们。普通人关于政治的事情能少想就少想,能不想它就尽快不想,这样说是一点也不过分的。至今只有那种好奇和特殊的头脑,或是通过实例或良好教育而获得愿意知道为什么的科学习惯的头脑,或是被什么公众大灾难所震惊和苦恼而唤起对危险的广泛忧虑的头脑,才不肯承认一个不管是多么不合理的但却未曾直接烦扰过他们的政府和制度是满意的。普通人直到他是这样被唤醒以前,对他自己所处的这个世界中正在进行的任何集体活动,或是对任何适合他模糊感到的需要——他个人的事务和个人小圈子得以寄托于一个更大的东西——的辞汇或象征,他一概予以默认。

假如我们记住我们本性的这些明显的限制,以下的事实就不再是不可思议的了,随着基督教作为世上人类兄弟情谊的观念,由于它一方面同僧侣政略和教皇政治,另一方面同君主的权威致命地纠缠在一起,而使它丧尽了信用,并且信仰的时代已经转到我们今天的怀疑和不信仰的时代,人们如何把他们生活的寄托从上帝的王国和人类的兄弟情谊,转移到那些表面上更有生气的实体,如法国和英国、神圣的俄国、西班牙、普鲁士。这些实体至少具体表现在活跃的朝廷上,这些朝廷维护法律,通过陆军和海军行使权力,以肃然起敬的庄严挥舞着国旗,并且以一种完全合乎人情和可以理解的方式一意孤行和贪得无厌。

肯定地,像红衣主教黎塞留和马扎兰这样的人,自认为他们是在为比他们自身的或比他们的君主的更为远大的目标而服务,他们是在为他们想象中的半神圣性的法国服务,并且同样肯定地是这些心理习惯会从他们渗透到他们的属下和广大民众之中。13、14世纪时欧洲的一般人民是信教的并只是模模糊糊地爱国的,到了19世纪就变得完全是爱国的了。19世纪晚期在一节拥挤的英国或法国或德国的火车车厢里,讽嘲上帝比嘲弄那些奇异的存在物中的一个——英国或法国或德国,会引起少得多的敌意。人们的心思依恋这些东西,他们依恋这些东西,因为在整个世界上似乎没有别的事物可使人依恋得这样满意。它们是欧洲真正活着的神。

政府和外交部门的这个理想化,"列强"及其爱、憎与冲突的这个神话,是如此地困扰着欧洲和西亚的想象,以致为它提供了它的"思想的形式"。几乎所有历史、所有过去二百年来的欧洲政治文学,都是用它的词语写成的。但是这样一种时刻正在到来,当眼光敏锐的一代人读到这段历史和文学时将会感到困惑不解，在西欧的共同体里，既然到处都是由诺迪克人、伊比利亚人和移入的闪米特人、蒙古利亚人的成份这一共同的混血种的细小变种所组成，几乎到处都说同一雅利安语的各种变形，有着在罗马帝国时的共同的过去、共同的宗教形式、共同的社会习俗以及共同的艺术和科学，并且相互间是如此自由地通婚，以致没有一个人能够确知他的曾孙的"国籍"，人们怎么竟会对"法国"的优势、"德国"的兴起和统一、"俄国"和"希腊"对占有君士坦丁堡的争夺的问题激动欲狂呢。那时这些冲突看去将和那一度以喊叫和流血来拥塞拜占庭街道的，已埋没无闻和现在已无法理解的，"绿党"和"蓝党"之间的世代斗争一样，也是毫无道理的和疯狂的。

今天这些幽灵——"列强"——仍在可怕地统治着我们的思想和生活，但正像这段历史清楚地指出，它们只是最近几个世纪的事，在人类浩瀚漫长的历史上，它们只是一个小时，一个偶然的方面。它们标志着一个倒退的阶段，一股逆流，正如马基雅弗利式君主政体的兴起标志着一股逆流一样；它们是人类道德的和思想的重新结合的过程中，动摇着的信仰的那一个漩流的一部分，从整个过程来说它的一般趋势是广大得多而且是完全不同的。一时人们退回到他们的那些民族的或帝国的神，但那只是一时的。世界国家的观念——一个普天之下的正义王国，每一个活着的人都应该是它的公民——两千多年前在这个世界上已经存在，也决不会再抛弃它了。人们知道即使他们拒不承认，它还是存在的。在人们关于今天的国际事务的著述和谈话中，在史学家和政治记者当前的讨论中，总有一种像一个醉汉正在清醒，但又非常害怕正在清醒的神气。他们仍在大声谈论他们对法国的"爱"、对德国的"恨"、"英国在海上的传统优势"等，就像那些尽管已经逐渐清醒尚感头痛而还在吟颂酒杯的人。他们崇奉的是那些死了的神。人们不愿列强在海上或陆上称霸，而只要法律和服务。那个无声的、不可避免的挑战就在我们所有人的心坎里，好像渐渐破晓的晨光，从百叶窗隙射进一间杂乱的屋子里一样。

9 波兰君主共和国及其命运

在欧洲，17世纪是路易十四的世纪，他同法国的优势和凡尔赛宫是这段故事的中心主题。同样地18世纪是"普鲁士作为一个大国而兴起"的世纪，这段故事的主要人物是弗里德里希二世，即弗里德里希大帝。波兰的故事是同他的历史交织在一起的。

波兰的瓜分

波兰的情况是特殊的。不像它的三个邻国，普鲁士、俄国和哈布斯堡王朝的奥匈帝国那样，波兰没有发展成一个大君主国。它的政府体制最好描写为一个有国王的共和国，这国王是一个由选举产生的终身总统。每个国王都是分别地选举出来的。事实上毋宁说它比英国更为共和，但在形式上它的共和主义更有贵族政治的色彩。波兰有小量的贸易和少数的制造业；它是农业国，仍有大块地区是牧场、森林和荒地；它是一个穷国，它的地主们是贫穷的贵族。它的人口的大部分是受压迫的、蒙昧无知的农民，它还庇护了大批大批非常穷困的犹太人。它仍保持天主教。可以说它是一个贫穷的、天主教的、内陆的不列颠，完全被敌人而不是被海洋包围着。它根本没有确定的边界，既没有海又没有山。更加不幸的是它所选举产生的国王有些却是聪明而富有侵略性的统治者。它的势力向东微弱地伸进到几乎完全是俄罗斯人居住的地区；向西它和隶属的德国的人口交错着。

因为它没有大量的贸易，它没有可同西欧相比的大城镇，没有生气勃勃的大学来把它的思想团结在一起。它的贵族阶级靠地产生活，没有很多的思想上的交往。他们是爱国的，他们有一种贵族的自由感——这是同使他们的农奴们一贯地贫困化完全适合的——但是他们的爱国心和自由并不能有效地合作。当战争还是有关征募人马等事时，波兰是一个比较强大的国家；但当职业兵组成的常备军成为作战的必要武器时，它就完全不能跟上军事艺术发展的步伐了。但是，它尽管那样分裂和失去了战斗力，还有一些著名战役的胜利可以归功于它。土耳其最后一次进攻维也纳（1683年）是被国王约翰·索别斯基，即国王约翰三世，率领的波兰骑兵打败的（就是这个索别斯基，在他被选为国王以前，曾为路易十四所收买，并曾替瑞典人攻打过他自己的祖国）。不用说，这个软弱的贵族共和国，连同它的一再发生的王位选举，招致了所有三个邻邦的侵略。在每次选举时"外国的金钱"和每一种外来的干涉都来到这个国家。像从前的希腊人那样，每一个心怀不满的波兰爱国者都逃奔某个外敌，来对他的忘恩负义的祖国发泄他的愤怒。

即使波兰国王是被选出的，但由于贵族们的相互妒忌他只有很少的权力。像英国上议院议员一样，波兰贵族，几乎为了同样的理由，宁愿要一个外国人为王，因为一个外国人在本土没有权力的根子；但又不像英国，他们自己的政府没有英国议会在伦敦的定期集会，即"上城镇去"，所给予英国贵族的那

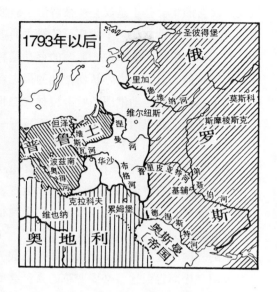

波兰的瓜分

种团结一致。在伦敦有个"上流社会"，使有影响的人士和思想得到不断的掺和。波兰没有伦敦，也没有"上流社会"。因此，实际上，波兰根本没有中央政府。波兰国王不得议会同意不能宣战，不能媾和，也不能课税，不能更改法律，并且任何单独的一个议会议员都有权否决任何提交议会的提案。他只须站起来说，"我不赞成"，事情就算作罢了。他甚至可以更进一步行使他的自由否决权。他可

以反对议会的集会,于是议会就被解散了。波兰并不简单地像英国那样是一个君主的贵族共和国,它是一个瘫痪了的君主的贵族共和国。

对弗里德里希大帝来说,波兰的存在是特别使人恼火的,因为波兰的一只手臂在但泽延伸到波罗的海,从而把他的祖先在东普鲁士的领地同帝国内的领土分割开来了。就是他煽动俄国的叶卡特林娜二世和奥地利的玛丽亚·泰利莎——他由于剥夺了她的西里西亚而受到她的重视——联合进攻波兰。

让四幅波兰地图来叙述这段故事吧。

在1772年的第一次暴行后,波兰的内心经历了一个巨大的变化。波兰作为一个民族确实是在它解体的前夕诞生的。教育、文学和艺术有了一个仓促的但是极为可观的发展;史学家和诗人辈出,那个使得波兰软弱无力的、令人无法忍受的宪法被弃置一旁了。自由否决权被废除了,王位成为世袭,使得波兰从伴随着每次选举的外国阴谋中解救了出来,并建立起一个仿效英国的议会。然而在波兰还有喜爱旧秩序而怨恨这些必要变革的人,这些障碍物当然受到不愿意波兰复兴的普鲁士和俄国的支持。第二次瓜分来到了,经过一场激烈的爱国的斗争后——这场在被普鲁士吞并的地区开始爆发的斗争找到了一个民族英雄科斯齐斯科为领袖——波兰从地图上最后被涂掉了。因此暂时地在东欧结束了这个议会对大君主政体的威胁。但是因为被镇压,波兰人的爱国心变得更坚强更明确了。波兰像一个在把它拉倒的政治和军事的罗网之下沉没的人,斗争了120年之久,在第一次世界大战结束的1918年它才又站立了起来。

10 第一次海外帝国的掠夺

我们已经叙述了法国在欧洲的优势,勃然成长的西班牙权势的急遽衰败及其与奥地利的分离,以及普鲁士的兴起。仅就葡萄牙、西班牙、法国、英国和荷兰来说,它们在欧洲争霸的竞争被夺取海外领地的斗争所扩大和复杂化了。

居民稀少、未被开发并且非常适合欧洲移殖和开发的巨大的美洲大陆的发现,同时一向欧洲人知之有限的赤道非洲地区以南未开发地带的广大地域的发现,以及东方海洋中迄今未接触西方文明的诸广大岛屿地区的逐渐被人所知晓,给人类提供了有史以来空前的机会。欧洲人民好像获得了一份丰富的遗产。他们的世界突然增加了四倍。有着比大家所需要的还多的土地,只要他们去占有并且继续好好经营这些土地,他们的由拥挤而带来的贫困就会像梦幻一样地消失掉。他们就像不肖子孙那样接受了这份光荣的遗产,对他们来说这只不过意味着残暴争夺的一种新机缘而已。但是迄今为止哪有一个人类共同体是宁愿有所创造而不愿搞阴谋的呢？在我们的所有故事中，有哪个国家，当它能设法使自己付出一切代价去损害另一个国家时，还肯与那个国家合作的呢？欧洲列强开始对新疆土提出了疯狂的"要求"。他们进行着筋疲力尽的冲突。第一个声称有权拥有最多，并一时是美洲三分之二的土地的"女主人"的西班牙，除了使自己在那里因流血而濒于死亡之外，并没有更好地利用它的属地。

我们曾经说过，教皇权力在它行使最后一次的世界统治权时，如何将美洲大陆分给了西班牙和葡萄牙，而不是维护整个基督教世界在新地域上创造一种伟大的共同文明这一共同义务。这当然引起了被排除在外的各国的敌视。英国海员对任何一方的要求都不表示尊重，尤其是和西班牙对抗；瑞典人把他们的新教精神用在类似的打算上。荷兰人一经摆脱了他们的西班牙主人，也扬帆西向，无视教皇而去分享新世界的好东西。最信天主教的法国陛下也像任何新教徒一样地毫不犹豫。所有这些强国立即忙于在北美和西印度群岛树桩标界占据土地。

在这场掠夺中丹麦王国（那时它包括挪威和冰岛）和瑞典人都没有得到很多土地。丹麦人吞并了西印度群岛的一些岛屿。瑞典没有得到什么。那时丹麦和瑞典都深陷于德国的事务之中。我们已提到过新教的"北方的狮子"古斯达夫·阿道夫的名字，也提到他在德国、波兰和俄国的战役。这些东欧地区是巨大的消耗精力的场所，瑞典的力量本可以使它在新世界分享很大的一份，它却只在欧洲获得了一点虚名。瑞典人在美洲建立的那么小的几块殖民地，不久即落到荷兰人手中了。

同样地，荷兰人由于红衣主教黎塞留和路易十四统治下的法兰西君主国经过西属尼德兰向他们的边境蚕食，他们没有像在海上的"银带"〔英吉利海峡〕后面的英国那种未受干扰的富源，而得以从事海外冒险。

此外，詹姆斯一世和查理一世的厉行专制和查理二世的复辟，使得大批意志坚强、具有共和精神的新教徒，那些殷实而有品格的人，被逐出了英国，他们在美国，尤其是在新英格兰安家立业，他们认为这样，国王和他的课税的权力就达不到了。五月花号只是川流不息地向外移民的先遣船只中的一只。这些移民在精神上虽然不奉英国国教，但还一直留在英国国旗之下，这是英国的幸运。荷兰人从来没有派出同等数量和质量的殖民者，首先因为他们的西班牙统治者不允许他们这样干，以后又因为他们已得到了自己的国土。虽然由于龙旗兵和路易十四的迫害，法国有大量新教的胡格诺派移民出境，但他们有近在身旁的荷兰和英国作为避难所，他们的勤劳、技能和认真，主要是用在加强那些国家上面，尤其是加强英国。他们中的少数人在卡罗来纳建立了移殖地,但是法国未能保住这些殖民地;它们最初落到西班牙最后又落到英国人手中。

荷兰的移殖地,连同瑞典人的也都屈从于英国;新阿姆斯特丹于1674年变为英国所有,改名为纽约,读者可以很有兴致地在华盛顿·厄尔文的《尼克博克的纽约史》中读到这些。1750年北美的事态可以很清楚地用我们采自鲁宾逊的《中

古和近代史》中的一幅地图来说明。英国的势力建立在东海沿岸从萨凡纳至圣劳伦斯河、纽芬兰岛和相当大的北部地区。而哈得孙湾公司所有领土是凭条约从法国人那里得到的。英国人在1605年占据了巴巴多斯（这几乎是他们最早的美洲属地），并从西班牙人那里得到了牙买加、巴哈马群岛及英属洪都拉斯。但是法国正在从事一场极其危险的惊人的竞赛，这场竞赛在地图上甚至比在现实中更为危险而惊人。它向北在魁北克和蒙特利尔、在南方在新奥尔良建立了真正的移殖地，它的探险家和代理人向南向北推进，同大平原上的美洲印第安人订约，并提出要求——没有建立城镇——有权占有英国人背后的横跨大陆的广大地区。但是实际情况并没有像这样充分表达出来。英属殖民地被一个善良的社会阶级的人很牢固地定居着；它们的人口数字已超过100万；而法国人那时几乎还不到它的十分之一。法国人有一些卓越的旅行家和传教士在工作，但没有稠密的人口为后盾。

这一时期很多美洲的旧地图仍可被找到，这些地图是打算用来恐吓英国人和"激起"英国人对在美洲的"法国的预谋"嗅觉。1754年战争爆发了，1759年在沃尔夫将军指挥下的英国和殖民地的军队占领了魁北克，第二年又完成了对加拿大的征服。1763年加拿大最终割让给了英国（但是在南边以路易十四命名的不太固定的路易斯安那地区的西部仍留在英国的范围之外。它被西班牙拿走了，1800年又被法国收复了，最后在1803年美国政府从法国买了过来）。在这场加拿大战争中，美洲殖民地人民获得了很多军事艺术上的经验和关于英国军事组织的知识，这些不久以后对他们都会有很大的用处。

11　不列颠统治印度

法国和英国的权力不仅是在美洲发生了冲突。这时印度的情况对欧洲冒险家来说也是很有兴趣、很吸引人的。巴贝尔、阿克巴和奥朗则布的莫卧儿帝国现在更加衰微了。在印度发生过的情况很像德国曾经发生过的情况。印度德里的莫卧儿皇帝，像德意志的神圣罗马皇帝那样，在法律上仍然是大君主，但是在奥朗则布死后，除了在他的首都附近之外，他只行使名义上的权威。印度教和本地的信仰一度有很大的复兴。在西南部有一个信印度教的民族叫马拉塔人起来反对伊斯兰教，恢复婆罗门教为统治的宗教，一时把势力扩展到印度南部的整个三角形地带。在拉其普他那，伊斯兰教的统治也被婆罗门教所取代，强有力的拉其普特诸王公统治着布尔特普尔和斋普尔。在奥德有一个什叶派王国，以勒克瑙为首都，孟加拉也是一个分立的穆斯林王国。远在北方在旁遮普兴起了一个很有趣的宗教团体——锡克教徒，它宣称只有一个神主宰全世界，并对印度教的《吠陀经》和穆斯林的《可兰经》都进行攻击。锡克教徒起初是一个和平的教派，但不久就追随伊斯兰教的榜样——这在最初对他们自己也有重大损害的——企求凭借刀剑来建立上帝的王国。不久（1738年）从北方来了一个入伍者，波斯土库曼人的统治者那迪尔·沙（1736—1747年），打进了这个陷于混乱、没有秩序但又很有活力、在复兴着的印度人的印度，他穿过开伯尔山口疾驰而下，粉碎了每一支阻挡他的军队，攻占和洗劫了德里，抢走了大量的战利品。剩下来的印度北部是那样地残破不堪，以致在此后的20年中从阿富汗来了不下6次的对北印度成功的掠夺性的袭击，在那迪尔·沙去世时阿富汗成为一个独立的国家。一时马拉塔人同阿富汗人为争夺统治北印度而战；以后马拉塔的权力分裂为一系列的侯国，印多尔、瓜寥尔、巴罗达及其他。18世纪的印度很像七八世纪时的欧洲，是一个为外来侵犯者所困扰而又在缓慢复兴的地方。这就是法国人和英国人闯进时的印度。

自从华斯哥·达·伽马作了他的绕过好望角到卡利卡特的值得纪念的航行以后，接二连三的其他欧洲列强一直为在印度和东方建立一个商业和政治立足点而斗争。以前印度的海上贸易是在红海的阿拉伯人手中，葡萄牙人经过一连串的海战从他们手中夺了过来。葡萄牙的船只较大，并载有较多的火炮。一时葡萄牙人独占了对印度的贸易，里斯本作为一个东方香料的市场使威尼斯黯然失色；但到了17世纪我们看到荷兰人攫取了这项垄断。在他们权势极盛时，荷兰人在好望角有居留地，他们占有了毛里求斯岛，他们在波斯有两个货栈、在印度有12个、在锡兰有6个，并在整个东印度到处筑起炮垒。但是他们排斥一切其他欧洲国籍的贸易商人的自私决定，迫使瑞典人、丹麦人、法国人和英国人与他们进行敌对的竞争。英吉利共和国的海军上将布莱克在欧洲附近海面上把他们打败是他们的海外垄断第一次受到的有效的打击；到了18世纪初英国人和法国人都为了在整个印度的贸易和特权而同荷兰人进行了有力的角逐。英国人在马德拉斯、孟买和加尔各答建立了他们的大本营，本地治里和昌德纳戈尔是法国主要的居留地。

最初所有这些欧洲列强都只是作为贸易商人而来的，他们试图建立的只是货栈；但是由于这个国家的不稳定状态和他们的竞争者的肆无忌惮的方法，他们自然地要在他们的居留地设防并武装起来，这些武备诱使那时分割着印度的互斗厮并的各王公们争着跟他们结盟。在完全符合新的欧洲民族主义政治的精神下，当法国人站在这一边时，英国人就会站到另一边去。英国方面了不起的领袖是罗伯特·克莱武。他生于1725年，1743年去到印度。他的主要的敌手是迪普莱克斯。这一段贯穿了整个18世纪上半叶的斗争故事是太长太复杂了，不能在这里叙述。

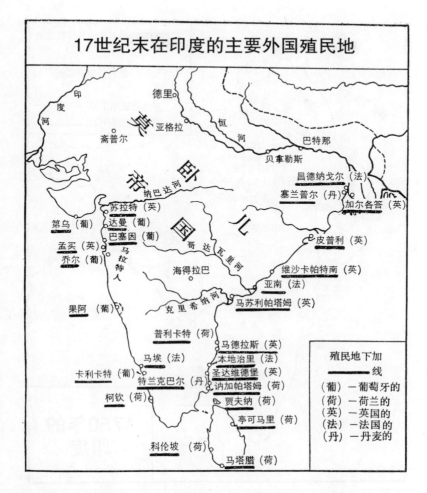

到了1761年英国人发现他们已经完全统治了印度半岛。在普拉西（1757年）和布克萨尔（1764年）他们的军队对孟加拉和奥德的军队获得了显赫的、决定性的胜利。莫卧儿皇帝名义上是他们的大君主，实际上成了他们的傀儡。他们在这广大地区征税，对真实的或假想的反对者勒索赔偿。

这些成功并不是直接靠英国国王的武力得到的；它们是靠东印度贸易公司得到的，该公司在伊丽莎白女王治下组成时，本来只不过是一个海上冒险家的公司。他们一步步地被迫征集军队并武装起他们的船只。这时这一贸易公司，本着营利的传统，发现自己不单是经营香料、染料、茶叶和珠宝，而且也经营王公们的岁收和领土乃至支配印度的命运。它本来是来做买卖的，却发现它自己完成了一桩非常巧妙的海盗行为。没有人对它的行动提出挑战。不但它的船长、指挥官、官员，甚至它的办事员和普通士兵都满载赃物返回英国，这有什么奇怪呢？

人们在这样一片广大而富有的土地上可由他们任意摆布的处境下，无从决定他们可以做什么或不可以做什么。对他们来说那是奇异的阳光下的一片奇异的土地；它的棕色的民族是一个不同的种族，不在他们同情心的范围之内；它的庙宇和建筑物似乎是用以维持怪诞的行为标准的。

　　不久，当这些将军和官员们回来彼此恶意地指责对方的敲诈和残暴时，国内的英国人感到困惑不解。议会通过了对克莱武的谴责案，他在 1774 年自杀了。1788 年，第二个了不起的印度行政长官沃伦·黑斯廷斯受到了弹劾，而后又被免了罪（1792 年）。这在世界历史上是奇怪的、从未有过的情况。英国议会发现它自己统治着一个伦敦贸易公司，而这公司回过来，又统治着一个远比英国国王的全部领土更大、人口更多的帝国。对广大英国人民来说，印度是一个遥远、奇异、几乎到达不了的地方，冒险的、穷困的年轻人都到那里去，许多年后归来时，却变成了极其富有、爱发脾气的老绅士。对英国人来说，在东方的阳光照耀下的这些数不尽的几百万棕色人的生活可能是什么样子是难以设想的。他们就不肯再去设想。印度依然是浪漫地不真实的。因此英国人对公司的一切行径不能实行任何有效的监督和控制。

12　俄罗斯向太平洋奔驰

当亚洲南部的巨大半岛是这样地落在英国海上商人的统治时，一个同样值得注意的欧洲对亚洲的反动正在北方进行着。我们已叙述过基督教的俄罗斯诸国如何从金帐汗国下恢复了它们的独立，以及莫斯科的沙皇如何变成诺夫哥罗德共和国的主人；我们在本章第五节里叙述了彼得大帝加入了大君主们的圈子，可以说是正在把俄国拉进欧洲。旧世界的这个既不全是东方又不全是西方的中部强国的兴起，对我们人类的命运是极其重要的事件之一。在同一章里我们也谈到了一个信奉基督教的大草原上的民族——哥萨克人——的出现，他们形成了在西方的波兰和匈牙利的封建农业和东方的鞑靼人之间的一个障壁。哥萨克人据有荒无人烟的欧洲东部地区，在很多方面与19世纪中叶荒野的美国西部的情景是很相像的。所有在俄国呆不下去的人，不但是受迫害的无辜者、反抗的农奴、宗教上的宗派分子、窃贼、流浪者、杀人犯，还有罪犯都在这南方大草原寻求避难所，在这里重新创业，为了生活和自由而与波兰人、俄罗斯人也与鞑靼人进行战斗。无疑从东边鞑靼人中来的逃亡者对哥萨克混血种也作出了贡献。在这些新的游牧部落中间主要的是第聂伯河上的乌克兰哥萨克人和顿河上的哥萨克人。这些边境上的民族慢慢地被编入俄罗斯帝国的军队，很像苏格兰的高地诸氏族那样被英国政府改组成军团。亚洲向他们提供了新土地。他们变成了对抗日渐衰微的蒙古游牧民政权的武器，最初在突厥斯坦，以后穿过西伯利亚直至阿穆尔河〔黑龙江〕。

17、18世纪蒙古活力的衰落是很难解释的。从成吉思汗和帖木儿时代以来的两三个世纪之内，中亚从在世界上占优势的时代退到了政治上极端无能的地位。气候的变化、未经记载的瘟疫、疟疾型的传染病，在中亚诸民族的这一衰退中可能都起过作用——从世界历史的尺度来衡量，这可能只是暂时的衰退。有些权威认为从中国传入的佛教教诲对他们也产生了一种安抚的影响。无论如何，到16世纪蒙古鞑靼人和突厥人不再向外推进，而是被入侵、被征服，并在西方被基督教俄国、在东方被中国赶了回去。

整个 17 世纪哥萨克人从欧俄不断向东伸展，哪里找得到宜于农业的条件就在哪里定居下来。碉堡和岗站的警戒线形成了这些居留地的向南的活动边界，在那里土库曼人还是强大活跃的；然而在东北面，俄国却没有边界，可以直抵太平洋……

这时中国也正处在扩张的阶段。满族征服者给中国的事务带进了新的活力，他们对北方的兴趣导致了中国的文明和影响大量向北伸展进入满洲和蒙古。因此到 18 世纪中叶俄国人和中国人事实上已在蒙古相接触。在这期间中国曾统治了西藏、尼泊尔、缅甸和安南……

中国的清代也是一个文学昌盛的时期。中国的小说和短篇故事堪与欧洲相当的作品媲美，但又独具一格，在风格和情趣上达到了高水平；中国的戏剧也有重要的发展；创作出很多优美的山水画，套色版发明了，从耶稣会传教士那里学到了铜雕，而且中国瓷器的制造达到了空前的高度。随着 18 世纪缓慢地过去，瓷器产品审美质量降低了，因为陶瓷工人愿意迎合他们认为是欧洲人的品味。整个这一世纪不断地向宫廷、欧洲贵族和乡绅的城堡及第宅输出的瓷器一直没有间断过。欧洲的瓷器仿效了中国的产品并与之竞争，但从来没有胜过它。欧洲的茶叶贸易也开始了。

我们曾提到日本入侵中国（或宁可说是入侵高丽），除了这次侵略中国外，19 世纪以前日本在我们的历史上没有占什么地位。像中国在明朝统治时那样，日本坚决反对外国人干涉它的事务。它是一个过着自己的文明生活的国家，不可思议地对闯入者封锁起来。迄今为止我们还没有谈到它，因为没什么可说的。它的生动的、浪漫的历史处在人类事务的总戏剧之外。它的人口主要是蒙古利亚人，在北方诸岛上有些使人联想到原始诺迪克型的很有趣的白种人，即毛发浓厚的阿依努人。它的文明看去几乎完全是从朝鲜和中国来的；它的艺术是中国艺术的一种特殊发展，它的文字是从汉字改作的。

13　1780 年时吉本是怎样考虑世界的

在前面十二节中我们谈到一个分裂的时代，一个各民族分立的时代。我们已把 17、18 世纪这一时期描绘成人类走向世界范围统一的进程中的一个中断时期。整个这一时期里人们的心目中没有统一的观念。帝国的冲劲已经衰退了，直至皇帝只不过是若干竞争的君主中的一个，基督教世界的梦想也成为一个消逝中的梦想。发展中的"列国"在世界各地相互冲撞推挤，但是在一个时期里似乎它们可以无限期地相互冲撞推挤而不给人类带来任何大的灾难。16世纪的地理上的大发现是如此地扩大了人类的资源，以致尽管它们这样分裂、它们的战争和政策这样浪费，欧洲还是人民享受着相当可观的和不断增长着的繁荣。中欧也从三十年战争的废墟中稳步地恢复过来了。

  回顾这一以18世纪为顶峰的时期，像我们今天能够这样地开始把它的一些事件同它以前的几个世纪和现今的重大运动联系起来回顾一下，我们能够认识到它的政治形式是多么短暂和临时，它的安全是多么不稳定。其他时代都没有这样地短暂过，它是一个同化和复原的时代，是一次政治的歇息，是为人类更广阔的努力来聚集人们的思想和科学的资源。但是当时的人并不以这种眼光来看待它。中世纪已形成的各种伟大的创造性思想的失败，使得人类的思想暂时地失去创造性的思想的指导；即使是受过教育和富有想象力的人也是不那么富于戏剧性地来看待这世界；人们不再把世界看成是努力和命运的相互作用，而是把它看成是一个追求平凡幸福和行小善而得赏的场所。在一个急剧变化的世界中，不单是安分满足和有保守头脑的人受到人类情况达到固定不变这种保证的支配。即使有高度批判精神和敢于造反的有识之士，也因人群集体的心灵缺乏任何持续不断的运动，而流露出同样的倾向。他们觉得政治生活，不像从前那样是件急迫和悲剧性的事了；它变成了一出彬彬有礼的喜剧。18世纪是一个喜剧的世纪——到最后它变得冷酷无情。不能想象18世纪中叶那个世界可以产生出一个拿撒勒的耶稣、一个乔达摩、一个阿西西的弗兰西斯、一个伊格纳修斯·洛约拉。如果人们能够设想出一个18世纪的约翰·胡斯，但也不能设想出任何人会有足够的激情去把他烧死，直至在英国良心的激动发展成卫理公会的复兴开始以前，我们简直不能看出会有人怀疑还有什么伟大事业要我们动手去做，怀疑还有什么近在眼前的巨大动乱，或是怀疑人类经过空间、时间的路径会是黑暗的有数不尽的危险的，最终必定仍是一项高尚而惊人的事业。

  在这部历史中我们已经一再援引了吉本的《罗马帝国衰亡史》。现在我们将作最后一次的援引而和它告别，因为我们已经到了这本书写作的时代。吉本生于1737年，该书的最后一卷是1787年出版的，但是我们将要引证的那段大约是写于1780年。吉本年轻时身体孱弱但家境还算好；他曾在牛津受过部分而又中断了的教育，后来在日内瓦完成了他的学业；总的来看，他对事务的看法与其说是英国人的毋宁说是法国人的和世界主义的，并且他深受以伏尔泰（弗朗斯瓦·马利·阿鲁埃·德·伏尔泰1694—1778年）这个名字而最为人熟悉的那个伟大的法国人的思想影响。伏尔泰是个非常勤奋的作家；本作者的书架上就摆着他的70卷全集，伏尔泰全集的另一种版本竟达 94 卷之多；他主要是谈论历史和公共事务，他曾与俄国的叶卡特林娜女皇、普鲁士的弗里德里希大帝、路易十五和当世大多数著名人士通信。伏尔泰和吉本两人都抱有强烈的历史感；两人都非常清楚、充分地提出了他们对人生的远见；很清楚，对他们两人来说，他们生活在其中的制度似乎是世界上曾经见过的一切生活方式中确立得最稳固的一种，这是一个君主政体，它由有闲有特权的上流人士，多少受轻视的工业和商业人士，以及被压制的和被忽视的工人、穷人和平民所构成。他们也摆出一点拥护共和政体的姿态，并讥笑君主政体受命于神的自负不凡；但是伏尔泰感兴趣的共和政体是那时英国的君主的共和政体，国王只不过是官方的首脑、首要和最大的绅士而已。

他们所支持的理想是一个彬彬有礼的文雅的世界的理想，在这个世界中人们——是指优秀人士，其他的人都不算数——对残忍、粗野或狂热感到羞耻，在这个世界中人生的境遇会是宽阔而优雅的，对讥笑的恐惧会是法律的有力的辅助，足以维持生活的礼节与和谐。伏尔泰对不公正可能有一种强烈的憎恨，为受迫害或受虐待的人打抱不平是他漫长而复杂的毕生经历中的精彩部分。这就是吉本和伏尔泰的心理倾向，也是他们所生活的时代的心理倾向，因此他们很自然地会认为世界上宗教的存在，尤其是基督教的存在，是一种令人迷惑，更确切地说，是一种不可理解的现象。对他们来说，人生的那一方面似乎全是人类天性里的一种疯狂性。吉本的历史巨著本质上是对基督教的攻击，他把基督教作为导致罗马帝国衰亡的原因。他把罗马原始粗俗的富豪政治理想化成为一个以 18 世纪为模范的文雅绅士的世界，并且讲述它如何由于基督教而内部衰败，以致在外来的蛮族面前崩溃了。在本书中我们试图用较好的见解来说明那段故事。对伏尔泰来说，正式的基督教是"一种邪恶"，是一种限制人们的生活、干预他们的思想、迫害持有不同意见的无辜的人的东西。的确，在这中断时期，不管是罗马的正统基督教，还是俄国的正统顺从的教会和新教君主，都没有什么生气和光彩。在一个被大量狡猾的牧师和诡谲的僧侣所干扰的中断时期，很难体会在基督教内部曾一度燃起过什么火焰，在人们的心坎里还能燃烧起什么政治和宗教激情的火焰。

吉本在第三卷的结尾完成了西罗马帝国的破裂的叙述。于是他提出了一个问题，文明是否会再度遭受一次类似的崩溃。这使他重温了当时存在的事态（1780 年），并把它与帝制罗马衰亡时的事态相比较。在这里援引这一类比中的几段对我们的总计划是很合宜的，因为没有其他更能够说明在列强时代的政治中断时期的顶点时，欧洲自由派思想家的心理状态了，这正是在那些深刻的政治和社会分解力量最初预示之前,而这种力量最终却产生了对我们自己时代的戏剧性的问号。

"这场可怕的革命",吉本讲到西罗马帝国的崩溃时写道:

> 可以有效地用作对现代有益的教导。一个爱国者的义务是优先选择和促进他本国独有的利益和荣誉;但是一个哲学家可以被允许去扩大他的眼界,把欧洲看作一个大的共和国,它的各种居民在礼貌和教化上已经达到了几乎同等的水平。势力的均衡将不断地变动,我们自己的或邻国的繁荣可以交替地使人们得意或沮丧;但是这些局部的事件本质上不能损坏我们一般的康乐状态、艺术的体系、法律和习尚,这些是如此优越地有利于使欧洲人和其殖民地其他的人类区别开来。地球上的野蛮民族是文明社会的共同敌人;我们可以怀着焦急的好奇心去查问,欧洲是否仍会再受那些以前压制过罗马的军队和制度的种种灾难重复的威胁。也许同样的思考可以说明那个强大帝国的灭亡,也可以解释我们实际安全的大概的原因。
>
> 罗马人不知道他们的危险的程度,和他们的敌人的数目。在莱茵河与多瑙河之外,欧洲和亚洲的北部地方布满了无数的猎人和牧人的部落,这些部落贫穷、贪婪而狂暴;勇于作战,并急于掠夺勤劳的果实。这个蛮族的世界被迅猛的战争冲动所激动;高卢或意大利的和平被远方的中国革命所动摇。在胜利的敌人面前溃逃的匈奴人向西挺进,人群的激流由于俘虏和盟军的逐渐增加而膨胀了起来。投降匈奴人的溃逃的诸部落轮到他们采取征服的精神了;源源而来的蛮族纵队以累积的重量压向罗马帝国,假如最前面的被摧毁了,空位立刻被新来的进攻者所填补。这种庞大的向外移民不能再从北方涌出了;这样出现了一个长久的宁静,有人曾归咎于人口的减少,其实是技艺和农业进步的可喜的结果。德国现已有了2300座有城墙的城镇,不再是丛林和沼泽中间稀疏地散布着的一些简陋的村庄了;信基督教的丹麦、瑞典和波兰诸王国相继建立了起来;汉萨商人连同条顿骑士团沿着波罗的海岸扩展了他们的垦殖地,一直伸到芬兰湾为止。从芬兰湾到东大洋俄国现在摆出一付强盛和文明的帝国的样子。耕犁、织布机和熔铁炉传到伏尔加河、鄂毕河和勒拿河两岸,鞑靼游牧群中最骠悍的也受到教训而发抖和服从了……
>
> 罗马帝国是由其成员非凡的、完善的结合而牢固地建立起来的……但是这个统一是以丧失民族自由和尚武精神换来的;俯首听命的行省缺乏生气和活力,期望从受遥远的宫廷的命令指挥的雇佣军和总督那里得到他们的安

全。亿万人民的幸福依靠一两个人的个人资质,而这一两个人,也许还是儿童,他们的心智已被教育、奢侈和专制权力所腐蚀。欧洲现在已分成12个强大而不相等的王国、三个可尊敬的共和国和各种较小但是独立的国家;国王和大臣们施展才智的机会增多了,至少随着统治者的人数而增多了;一个尤利安(普鲁士的弗里德里希大帝)或塞米拉米斯(俄国的叶卡特林娜女皇)可以在北方统治,而阿卡迪乌斯和霍诺里乌斯(法国的路易十六和西班牙的查理三世)重新高卧在波旁王族的王位上。暴政的弊端因相互间的恐惧和羞耻之心的影响而受到了限制;各共和国都得到了秩序和稳定;诸君主国都吸取了自由的原则,或至少是温和的原则;由于那个时代的一般风尚,即使是最不完善的宪法也映现了某些荣誉和正义之感。在和平时期,由于有这么多活跃的敌手的竞争而加速了知识和工业的进步;在战争时期,欧洲的军事力量由于适可而止的、非决定性的交锋而受到锻炼。假如一个野蛮的征服者要从鞑靼地方的沙漠中闯出,他必须一再地战胜健壮的俄国农民、众多的德国军队、英勇的法国贵族和无畏的英国自由民;也许他们为了共同的防御而会联合在一起。一旦胜利的蛮族把奴役和蹂躏一直带到大西洋边,那么,还是可以用一万只他们追逐不及的船只把文明社会留下的人运走。欧洲将会在那已经充满了它的殖民地和制度的美洲世界得到复兴而繁荣起来。

寒冷、贫困和危险劳累的生活增强了蛮族的力量和勇气。每个时代他们都压迫文雅的,爱好和平的民族如中国、印度和波斯,这些民族过去忽视,现在仍然忽视以军事艺术的手段去抵销这些自然的强敌。古代好战的国家如希腊、马其顿和罗马,把全族都教育成士兵,锻炼他们的身体,训练他们的勇气,以定期演习来增强他们的兵力,并把他们拥有的铁改制成坚实可用的武器。但这一优越性不知不觉地和他们的法律和习尚一同衰落下去了;君士坦丁及其继承者的软弱政策——把蛮族雇佣兵的粗野的勇猛武装起来并予以教练——导致了帝国的毁灭。随着火药的发明军事艺术发生了变化;火药使人能够支配两种最强大的自然力,空气和火。数学、化学、机械学、建筑学都被用来为战争服务,敌对双方以苦心经营的进攻和防御方式来相互对抗。历史家也许会愤愤不平地看到,准备一次围攻的费用足以建立并维持一块兴旺的殖民地;但是我们不能因攻克一座城市会是一项昂贵而艰巨的工作而不高兴,或是为了一个勤劳的民族应受那些技艺的保护而不高兴,这些技艺是在军事道德衰败之后存留下来并弥补其缺憾的。大炮、炮台现在成为抵御鞑靼骑兵的难以攻破的障碍物,欧洲此后不致受任何蛮族的侵凌;因为,在他们能够征服别人以前，他们自己首先必须不再是野蛮的……

如果发现这些推测是可疑的或谬误的话，那么还有一个更加微末的自慰和希望的泉源。古代和近代航海家们的发现，以及大多数开明国家的本国的历史或传统，都说明野蛮人的身心都是赤裸裸的，没有法律、没有艺术、没有思想，几乎连语言都没有。就是从这样一种凄惨的情况，这也许是人类一种原始的普遍的状态，他逐渐上升到会驯服动物、给大地施肥、横渡大洋和测量天体。他在改良和运用身心官能上的进步是不规则的、各式各样的，开始是不可想象地缓慢，以后以加倍的速度渐渐地增长；几个世纪艰苦的上升之后接着有一个急遽下降的时刻；地球上好多地带都曾感到光明与黑暗的变迁。但是四千年来的经验却扩大了我们的希望，减少了我们的恐惧；我们不能断定人类在热望向着完善的前进中能达到怎样的高度；但是我们可以有把握地假定，除非自然的面貌发生了变化，人类决不会重陷于他们原始的野蛮状态。

自从艺术、战争、商业和宗教热忱的初次发现以来，就已在旧世界和新世界的野蛮人中传播了那些难以估量的礼物，这些贵重礼物还在不断传播着；它们永远不会丧失掉。因此我们可以默认这一令人愉快的结论，即世上的每个时代都会给人类增加并且仍在增加真实的财富、幸福、知识，或许还有美德。

14 社会休战临近结束

17 世纪和 18 世纪初这段欧洲故事的最有趣的方面之一是，在这大君主和议会君主政体阶段，农民和工人是比较沉静的。14、15 和 16 世纪时造反的烈火似乎已经熄灭了。较早的时期尖锐的经济冲突由于大体上有了调整已经缓和了下来。美洲的发现使商业和工业的规模有了革新和变化，它给欧洲带来了大量的用作货币的贵重金属，使各种就业的机会增多了。在一个时期里对贫苦大众来说生活和工作不再是不堪忍受的了。当然，这并不排除还有很多个别人的痛苦和不满，经常总有贫苦的人和我们在一起，但是这种痛苦和不满是分开的、分散的。它变得听不到了。

在较早时期平民曾把思想具体化在基督教的共产主义上面。他们在威克利夫式的一些持异议的牧师和学者中找到了有教养的领导。由于基督教的复兴运动消耗了它的力量，由于路德教离开耶稣而依靠新教君主们的领导，有教养的阶级中头脑较为新颖的人对文盲群众的接触和反应受到了阻挠。一个被践踏的阶级不管人数如何众多,不管它的痛苦多么剧烈,不到某种共同的普遍观念有了发展使它能够达到团结一致时,它将永远不能作出有效的抗议。受过教育的有思想的男男女女对民众政治运动比任何其他的政治进程更为需要。一个君主国在统治中实践学习;一个任何类型的寡头政治在从事政务中受到教育;但是普通人,农民或劳苦者,在国家大事上没有经验,只有通过有教养的人的服务、忠诚和指导,他们才能在政治上有生存的余地。宗教改革,那个胜利了的宗教改革,那个君主们的宗教改革,由于破坏了教育的种种便利条件,而大大地摧毁了贫穷的学者和牧师阶级,而正是由于他们对群众的劝导才使宗教改革成为可能。

当新教各国的君主们夺取了国立教会时,很早就领会了掌握住大学的必要。他们对教育的观念是要夺得聪明的年轻人为他们的上级服务。超过了这个,他们就倾向于把教育看作是一件有害的东西。因此,一个穷人受教育的唯一途径是通过别人的栽培。当然,所有大君主国中都夸示它们奖励学问、建立学院和皇家学会,但受益的只是一小批卑躬屈节的学者们。教会也学会了不信任受过教育的穷人。在英国这个大贵族的"君主共和国"里,受教育的机会也同样地缩减了。哈蒙德在他对18世纪的叙述中说:"这两所古代的大学都是富人的大学,麦考莱有一段描写17世纪末牛津大学的情况和场面:'当它的校长,尊敬的奥蒙德公爵,披着他的绣袍坐在谢尔登大讲堂内彩绘的天花板下的座位上时,被数百名按其级别、穿着长袍的毕业生环绕着,英国最高贵的青年们,作为学位的候选人,被庄严地一一介绍给他。'大学曾是一种力量,但并不是说像旧的巴黎大学那种意义的力量,巴黎大学的学问是可以使教皇们发抖的,而说的是大学被公认为贵族政治的机器的一部分的意义的那种力量。大学是这样,公立学校也是如此。在英国,教育不是一个社会的养成所,而是一种等级的养成所;不是一个国家的养成所,而是一个有产者的统治者那种人的养成所。"整个欧洲传教士精神已经和教育分离了。下层阶级中间的沉默阶段可以在这上面找到原因,正如可以把扩散了的繁荣说是事物得到改善的原因一样。他们丧失了头脑和发言能力,他们是被豢养的。社会好像是统治阶级手中的一头割去了脊髓的动物。

此外,阶级和阶级的比例已有相当大的变迁。历史家最难探索的事情之一,是任何时期社会上任何一个特定阶级在那个社会的财产总额中占有的相对数量。这些事变动得很迅速。欧洲的农民战争指示了一个财产比较集中的时期,那时广大人民群众能感到他们是被剥夺了,并处在一个共同的不利地位,因此采取了群众行动。这是富格尔家族及其同类人兴起和繁荣的时期,是一个国际财政的时期。随后大量的白银、黄金和种种商品从美洲输入欧洲，似乎又恢复了财富比较扩散的状态。穷人还是和以往一样地悲惨，但是也许相对地没有那么多的穷人了，他们分裂成没有任何共同观念的各种类型的人。在英国，曾被宗教改革的没收行动所打乱了的农村生活，又在大地主下的小农租佃制下安定下来。无论如何，同大地产并列的还有许多可供较贫困村民放牧的公地以及在村社内有许多开成条条的耕地。1700年时依靠土地为生的那些可说是小康之家甚至更贫困些的人都过着一种还能生存下去的生活。然而，生活的标准，就是说什么是还能生存下去的生活的观念，在大君主政体开始时期正在上升；过了一个时期，财富向上集中的过程似乎又重新开始了，大地主开始夺取较穷困的自由自耕农的土地而把他们排挤出去，穷人和觉得他们是在过着穷困生活的人的比例又增加了。这些有钱的大人物是英国的无可争议的统治者，他们从事制定法律（圈地法），这些法令事实上主要是为了较大的地主的利益而把未围圈的公地予以没收。穷苦的小人物就沦为在那块他们一度曾有权耕耘和放牧的土地上的工资工人。

法国和大陆上的农民一般说来不是这样被剥夺的；他的敌人不是地主，而是税吏；他是在他的土地上受压榨，而不是从土地上被挤出去的。

随着18世纪的进展，在那时的文学中可以明显地看出怎样处置"穷人"又是煞费苦心的事。我们看到有像笛福（1659—1731年）和菲尔丁（1707—1754年）这样心智灵活的英国作家深为这个问题担心。但那时还没有像作为威克利夫和约翰·胡斯时代特征的那种原始基督教的共产主义和平均主义的思想的复活。新教破坏了世界性的教会，因而也一度破坏了世界团结的观念。即使中世纪的世界性的教会完全没有实现这一观念，但无论如何它也曾是那个观念的象征。

笛福和菲尔丁是比吉本更具有活跃的和实际的想象力的人。他们对他们的时代正在进行的经济进程有些了解。同样的是奥利弗·戈德史密斯（1728—1774年），他的《荒村》（1770年）是用诗歌伪装起来的一本关于圈地运动的小册子。但是吉本周围的境况从来没有把经济事实鲜明地摆在他的眼前；他把世界看作是不文明与文明之间的一场斗争，但是他对自己漂浮在上面的另外一种斗争却毫无觉察，那就是平民反对有才能、有势力、富裕而自私的人们的无声的、不自觉的斗争。他没有觉察到有一种压力在累积，它不久就会扭伤并破坏他的"12个强大而不相等的王国"、他的"三个可尊敬的共和国"和他们下面的独立的小王侯、在位的公爵等无赖们之间的全部平衡。甚至在美洲的英属殖民地已经开始了的内战也没有唤起他注意到我们现在称为的"民主政治"已经逼近了。

至此，从我们已经谈过的，读者或许以为大地主把小农场主和农民从土地上挤出去、对平民无情地强取豪夺和财富集中在一个强有力的特权的、贪婪的阶级手中，是18世纪英国国土上正在发生的全部事件。其实，我们只是叙述了这一变革的较坏的一面。与所有权的变化的同时，农业正有着巨大的改进。农民、侵占公地的人和小农场主所实行的耕作方法无疑是陈旧的、浪费的、产量是比较低的，而圈地法建立起的较大的私人占有地和地产所实行的耕作方法在产量上比老的方法要高得多（一个权威说产量高到20多倍）。这一变化也许是必要的，它的祸害并不在于发生了变化，而在于变化是这样发生的，它引起了财富和穷人的数目两者都在增加。它的利益被较大的财产私有者所夺取。整个社会却为了这个阶级的巨大利益而受到了损害。

这里我们面临我们目前生活的主要问题之一，即由于进步得来的利润全被私有地主所侵吞的问题。二百年来，主要在科学精神和调查研究的影响下，几乎人类需要的各样东西的生产方法都在不断地改进。假如我们的社会共同意识和我们的社会科学能提高到赶得上要它们干的任务，没有问题，这一生产上的巨大增长将会裨益于整个社会，将给每个人以人类以前从没有梦想过的那种教育、闲暇和自由。但是虽然一般的生活水准是提高了，而提高的幅度按比例说规模太小了。富人得到的自由和奢侈是这世界前所未有的，并且社会上富人总是富裕而不事生产的人在社会上的比例是增加了；但那也不能算是社会的全部利益。社会上还有不少全然的浪费。大量的物资和能力用在战备和作战上。很多专用在没有成功的商业竞争的无益的努力上。巨大的可能性未能发展起来因为财产所有者、垄断者和投机商为了他们的经济剥削而予以反对。那些科学和组织已使人类可能做到的好事，都未能有条不紊地尽量采取和利用，却被投机的冒险家所争夺、攫取和强占，而使用于自私和无益的目的。18世纪的欧洲，特别在英国和波兰，是财产私有制的时代。"私有企业"权力至上，这些企业实际上意味着每个人都有权从社会所经营的事业里取得他能够取得的任何一种东西。那时在一般的小说、剧本和诸如此类的有代表性的文学中，找不到商业事务对国家应有的责任感。人人都出来自己"发家致富"，作为社会上一个不事生产的寄生者并不被认为是错误的，对于一个金融业者、商人或制造商，他所得的报酬超过他对人类的贡献一事，更不觉得是错误的了。这就是那时的道德气氛，那些地主绅士，他们霸占人民共有的东西，擅自占有他们土地下的矿藏，并把自耕农和农民压迫到了穷苦的工人的地位，他们一点也没有想到他们是过着一种不是别的，而实在是一种无功食禄的生活。

与英国这一从传统的小块农业和公共牧场到大规模而更科学的农业的变化的

同时，在商品制造上也发生着很大的变化。18世纪时英国在这些变化上是世界上领先的。迄今为止，从文明开始以来的全部历史过程中，制造、建筑和工业一般都操在工匠和小行东手里，他们在自己家里工作。他们被组织在行会里，他们大多数本身就是雇主。他们形成了一个基本的持久的中等阶级。他们中间有资本家，这些人出租织机和类似的东西、提供原料并占有制成品，但他们不是大资本家。那时还没有富有的制造商。在这时期以前，世界上的富人都是大地主、放债者和货币操纵者或商人。但18世纪时某些工业中的工人们开始集聚在工厂里，从而通过系统的劳动分工而生产大量的东西，有别于行东工人的雇主，开始成为一个重要的人物。此外，机械发明正在生产出使手工操作的生产简化的种种机器，这些机器能由水力并很快由蒸汽来开动。1765年瓦特的蒸汽机制成了，这是工业主义的历史上一个很重要的日期。

棉纺工业是第一批过渡到工厂生产中的一个（最初使用水力发动的机器），毛纺工业相继而起。同时，迄今限于使用木炭的小规模冶铁方法，现在凭借使用从煤里炼出的焦炭来冶炼，煤铁工业也开始扩大起来。冶铁工业从萨塞克斯和萨里的林区移到了煤矿区。到了1800年，工业上这一从小雇主的小规模企业向大雇主支配下的大规模生产的转变进展得相当可观。工厂到处兴起了，开始使用水力以后又使用蒸汽动力。这是人类经济上一项具有根本重要性的变化。正如我们说过的，从历史黎明时期以来，制造者和工匠一直是一种中等阶级的市镇民。

现在机器和雇主代替了他的技能，他或是成为他的同伴的一个雇主，并和其他富有阶级一起向着财富和平等成长，或是他仍旧是一个工人，很快就降低到仅仅是一个劳动者的地位。人类事务中这一巨大的变化就是人所共知的工业革命。它自英国开始，19世纪时传播到全世界。

随着工业革命的进展，雇主和雇工之间划下了一道鸿沟。过去每个制造工人有希望成为一个独立的行东。甚至巴比伦和罗马的奴隶工匠也受到法律的保护，使他们能积蓄并赎买他们的自由和自行开业。但是现在以一个工人所积蓄的私囊来衡量，一个工厂连同它的发动机和生产机已成为一种巨大而昂贵的东西。富裕的人必须联合起来创立一个企业；贷款和设备，也就是说"资本"是必需的了。"自行开业"不再是一个工匠的正常希望了。自此以后，一个工人从摇篮到坟墓都只能是一个工人。在地主、商人和向贸易公司提供资金、向商人和国家提供借款的钱业商之外，现在兴起了这个新的工业资本的财富——一种国家里的新的权力。

这些新生的开端怎样发展起来，我们以后还要讲到。工业革命对于发生这种革命的国家的直接结果是给沉默的、未受教育的、没有领袖的、现在越来越无产的老百姓造成了一次巨大而痛苦的改变和动摇。被圈地法搞得破产和流离失所的小农和农民漂泊到新制造厂地区，在那里他们加入了工厂里贫困的、道德堕落的工匠行列。肮脏房屋构成的大城镇出现了。那时似乎没有人清醒地注意到什么事正在进行。"私人企业"的关键是只管一个人自己的营业，获取最大的利润，而不顾任何其他后果。丑陋的工厂起来了，尽可能便宜地建造了起来，能容纳多少机器和工人就容纳多少。环绕着工厂拥挤着工人住宅的街道，这些住房都是以最低廉的造价建成的，没有空间、没有私生活、勉强过得去，并以能勒索到的最高租金出租。这些新工业中心最初没有学校、没有教堂……当18世纪最后几十年的英国绅士读到吉本的第三卷历史时，自己庆幸因为这种新的野蛮精神的成长，因为他的同胞已变成一种阴沉而绝望的东西，此后也许不必再认真地害怕有蛮族以高速的步伐，轻易地来到他的门前了。

第三十五章 美国和法国的新的民主共和国

1 大国体系的种种不便

将近一个半世纪以前,当吉本向文雅的和有教养的人们的世界祝贺巨大的政治和社会灾难已经过去的时候,他忽视了很多迹象——在过去种种既成事实的借鉴中——我们可以告诉他这些迹象预示着比他预见到的任何事物都严重得多的震荡和动乱。我们已经叙述了16、17世纪君主们的争权夺利怎样随着18世纪逐渐的消逝发展成为一场外交部门之间的更狡猾、更复杂的斗争,而这场斗争是冒充着理想化了的"列强"的名义进行的。错综复杂、弄虚作假的外交手腕发展了。"君主"不再是孤单的、隐蔽的马基雅弗利式的阴谋家,而变成了全然是马基雅弗利式阴谋的戴着王冠的象征。普鲁士、俄国和奥地利三国进攻并瓜分了波兰。法国反对西班牙的深谋远虑的计划受到了挫折。英国用计在美洲战胜了"法国的预谋"并获得了加拿大,而在印度也胜过了法国。然后一件异常的事发生了,这是一件使欧洲外交震惊的事。美洲的英属殖民地断然拒绝进一步参与或卷入这场"列强"的逐鹿之戏。他们提出反对的理由是在欧洲的阴谋和冲突中,他们没有发言权也没有什么重大的利害,所以他们拒绝承受这些外交政策所需要的捐税负担的任何部分。"纳税而没有代表权就是暴政"——这就是他们的主导思想。

当然,这一分立的决定并不是在这些纷争之初就突然完整地闪现于美国人的心头,18世纪的美国,正像17世纪的英国那样,在普通人方面完全愿意,说实在的是切望,把外交事务留在国王和他的大臣们的手中。但是在普通人方面也同样强烈地切望在他们日常工作中既不被课税也不受干预。这些是不能并存的愿望。普通人并不能躲避世界政治而同时却享有个人自由;但他们要经过无数代的时间才能懂得这一点。因此使美国反抗英国政府的第一次冲动，仅仅是对"外交政策"所必然引起的课税和干预的愤恨，至于这一反对理由牵涉到什么却并没有任何明确的认识。只在这反抗完成之时，美洲殖民地的人民才最后明确地认识到他们已否定了强权政治的人生观。表达这一否定的词句是华盛顿"避免卷入联盟"的训诫。在北美联合起来的英国殖民地，作为获得了解放和独立的美利坚合众国，足足有一个世纪之久完全摆脱开欧洲外交部门的那些染着鲜血的阴谋和冲突。不久以后（1801年至1823年）他们得以把他们的超然原则推广到大陆的其余部分，因而使整个新世界成为旧世界阴谋诡计的扩张主义者"禁止入内"的地区。最后在1917年，当他们被迫重新进入世界政治舞台时，他们能把从置身局外所发展起来的新精神和新目标带进到国际关系的纠纷中去。然而，他们并不是第一个置身局外的。自从威斯特法利亚条约（1648年）以来，瑞士联邦一直在他们的山区城砦里维持着他们置身于国王们和诸帝国的阴谋之外的权利。

但是因为北美各族人民现今在我们的历史上起着日益重要的作用，对他们的发展我们给予比以前稍多一点的注意是恰当的。在上章第十节里我们已经浏览了一下这段故事，现在我们要稍详尽地叙述一下——虽然仍是最简单明了的大纲——这些殖民地是什么情况，他们的反抗是怎样地打乱了英国的国王和大臣们对抗人类其余部分的外交把戏。

2　反抗前的13个殖民地

18世纪前半期美洲英属殖民地的界限见下页附图。深色的影线代表1700年定居的地区，浅色的影线代表到1760年为止居留地的成长。可以看出殖民地只是沿着海岸的一条人口边缘逐渐向内地伸展，在阿勒格尼山脉和布卢山脉遇到了十分严重的障碍。在这些居留地中最早的是弗吉尼亚殖民地，这个名字是用以纪念英国的童贞女王伊丽莎白的。第一次远征到弗吉尼亚去建立殖民地的是沃尔特·雷列勋爵，那是在1584年。但那时还没有永久性的居留地，弗吉尼亚的真正开端是从1606年詹姆斯一世在位时（1603—1625年）弗吉尼亚公司成立的日子起。约翰·史密斯和弗吉尼亚早期诸创始人的故事，以及一个印第安"公主"波卡洪塔斯怎样嫁给一个英国绅士的轶事是一部英文名著（《约翰·史密斯游记》）。弗吉尼亚人最初的繁荣建立在种植烟草上。与弗吉尼亚公司建立的同时，普利茅斯公司获得在长岛海峡以北的地方建立居留地的特许证，这带地方英国人宣称是属于他们的。但是直到1620年北部地区才开始有人在新的特许证下定居下来。北部

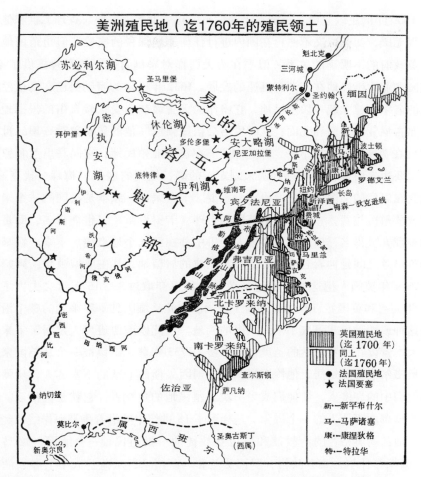

地区（新英格兰）后来成为康涅狄格、新罕布什尔、罗德艾兰和马萨诸塞，这地区的定居者和弗吉尼亚人类型不同；他们是新教徒，不满于安立甘教会的妥协，他们是具有共和精神的人，对詹姆斯一世和查理一世的大君主政体感到抵抗无望。他们的先遣船是五月花号，在1620年建立了新普利茅斯。主要的北部殖民地是马萨诸塞。因宗教的方法和宗教宽容的观念的分歧导致另外三个清教徒殖民地从马萨诸塞分离出来。下面可以说明在那些日子里做事的标准，整个新罕布什尔州被宣称属于一个名叫约翰·梅森的船长，他建议把它卖给国王（国王查理二世，在1671年），以换取免税进口三百吨法国酒的权利——这建议遭到了拒绝。现在的缅因州就是马萨诸塞州以1250英镑从据称是它的所有者那里买来的。

在以查理一世被斩首为结束的内战中，新英格兰是同情议会的，弗吉尼亚是同情骑士党的；但是这些居留地相隔350英里，它们之间并没有严重的敌对行动。

随着1660年的王政复辟，英国在美洲的殖民化一度大力发展。查理二世和他的同僚贪得无厌，而英王又不愿再在国内进行任何非法课税的实验。但是殖民地对英王和英政府的不明确的关系，似乎在为大西洋对岸搞财政上的冒险提供了希望。种植园和业主殖民地在美洲有迅速的发展。1632年巴尔的摩勋爵已在马里兰这个诱人的名字下建立起一块殖民地，它将作为天主教徒享受宗教自由的根据地，位置在弗吉尼亚的东面和北面；这时贵格会信徒佩恩（他的父亲曾对查理二世尽力效劳）在费城以北定居下来，并建立了宾夕法尼亚殖民地，它同马里兰和弗吉尼亚的主要边界由梅森和狄克逊两人划定；的确，他们的这条"梅森—狄克逊线"注定要在以后的美国国事中变得十分重要。卡罗来纳，原本是法国的一个未成功的新教徒殖民建置，它并不是由英国的查理（卡罗卢斯）二世而得名，而是由法国的查理九世得名，后来落入英国人的手中并在好几个地点定居下来。在马里兰和新英格兰之间延伸着若干小的荷兰和瑞典的居留地，其主要城镇是新阿姆斯特丹。1664年英国人把这些居留地从荷兰人那里夺取过来，1673年又失去了，当1674年荷兰和英国签订和约时还给了英国。因此从缅因到卡罗来纳的整个沿海地区在这种或那种形式下成了一块英国的领地。在此以南西班牙人定居了下来；他们的大本营设在佛罗里达的圣奥古斯丁堡，1733年萨凡纳镇被一个从英国来的慈善家奥格尔索普所定居，他怜悯那些在英国因欠债而下狱的不幸的人，从狱中营救出他们中的许多人，使他们成为一块新殖民地的建立者，它就是佐治亚。后来它成为抵御西班牙人的一个屏障。这样到了18世纪中叶沿着美洲海岸线已经有这些居留地：新英格兰的清教徒和自由新教徒的一批殖民地——缅因（属马萨诸塞）、新罕布什尔、康涅狄格、罗德艾兰和马萨诸塞；从荷兰人手上夺来的一批殖民地，现今分成纽约（新阿姆斯特丹的重新命名）、新泽西和特拉华（属瑞典人，以前是荷兰人的殖民地，它在最早属英国人时附属于宾夕法尼亚）；接着是天主教的马里兰；骑士党的弗吉尼亚；卡罗来纳（不久即分为南、北）和奥格尔索普的佐治亚。后来，一些提罗耳新教徒在佐治亚避难，并有相当数量的优秀的德国垦殖者移入宾夕法尼亚。

这就是13个殖民地公民们的各式各样的来源。1760年从一位公正的观察家看来它们会紧密地联合起来的可能性是极为微小的。在最初来源的差别之外又加上由气候造成的新的差异。梅森—狄克逊线以北，农业主要是按照英国和中欧的方式由自由的白人农民来耕种。新英格兰定居的地方貌似英国的乡间，宾夕法尼亚相当大的地区发展了很像南部德国的田野和农舍。北方的特殊条件，在社会关系上有重大的影响。主人和仆人必须在一起劳动，好像居于边陲林区的人们那样，在共同劳动过程中主仆平等化了。他们在开始时并不平等，在五月花号的人名册上提到了许多"仆人"，但在殖民地的条件下他们很快变得平等了。例如，那里有大片土地可以去占有，"仆人"可以逃走和他的主人一样去占有土地。英国的阶级制度消失了。在殖民地的条件下，出现"身心两方面的才能上的"平等，并产生一种个人判断的独立性，不容来自英国的干涉。但在梅森—狄克逊线以南开始种植烟草，较温暖的气候促使建立起使用伙役劳动的种植园。曾试用被俘的红种印第安人，但发现俘虏时杀人太多；克伦威尔把爱尔兰战俘遣送到弗吉尼亚，这事大大有助于殖民地的保王党对共和政体的和解；囚犯被送到殖民地去，并发生了大量诱拐儿童的贸易，孩子们被"诱拐"到美洲成为学徒或契约奴。但是黑奴终于被证明是伙役劳动最合适的形式。早在1620年第一批黑奴被一只荷兰船带到弗吉尼亚的詹姆士敦。到1700年黑奴已经被分散在所有各州，而弗吉尼亚、马里兰和南、北卡罗来纳是使用黑奴的主要地区。当北方是一个不很富也不很穷的从事农耕者的社会时，南方发展起了一种大业主类型的和一个靠奴隶劳动维持的监工者和专业人员的白人社会。对在南方成长起来的社会和经济制度来说，奴隶劳动是必要的，在北方奴隶的存在则是不必要的，并且从某些方面来看是不方便的。因此，在北方的气氛中，对奴隶制感到良心上的不安可以更自由地发展并盛行起来。当我们考虑到美国民主政治的为难情况时，我们必须回到世界上恢复奴隶制这个问题上来。这里我们只是把它作为英属诸殖民地的复杂混合的成份中的一个附加因素来注意它。

但是，如果13个殖民地的居民在他们的来源上是各种各样杂在一起的，他们的习惯和好恶是不相同的话，他们却有三个很强烈的对抗是共同的。在反对红种印第安人上他们有着共同的利害。在一个时期里，他们都曾惧怕法国的征服和统治。第三，他们都同英王的各种要求和狭隘的寡头政治在商业上的自私自利发生冲突，这些寡头们支配着英国的议会和英国的事务。

就第一种危险而言，印第安人是一种经常的祸害，但是从来没超过一种灾难性的威胁。他们总是彼此对抗而分裂着。但是他们也曾表示出在更大的规模上联合起来的可能性。易洛魁人（见1760年的殖民地地图）的五部是一个很重要的部落联盟。但是它从来也没能成功地唆使法国人和英国人互斗以自保，并且新世界的这些游牧民中间从来没有兴起过一个红种印第安人的成吉思汗。法国人的侵略是一种更为严重的威胁。法国人在美洲从来没有建立过可以同英国人的规模相比的居留地，但是他们的政府着手采取可怕的有系统的方式来包围和征服英国的殖民地。美洲的英国人是殖民者，而法国人则是探险家、冒险家、代理人、传教士、商人和士兵。只是在加拿大他们才扎下根。法国政治家们坐在地图上做梦，他们的梦想在我们的地图上从大湖区向南、沿密西西比河和俄亥俄河向北蜿蜒伸展的那一连串堡垒中可以看得出来。法国和英国之间的斗争是一场世界范围的斗争。它的胜负决定于印度、德国和海洋上。在巴黎和约（1763 年）中，法国把加拿大给了英国，把路易斯安那交给了衰微中的西班牙无能者的手里。法国完全放弃了美洲。法国危险的消除使得殖民地居民不受牵累地去面对第三个共同的敌手——他们的祖国的国王和政府。

3　内战强加于殖民地

前面一章我们提到了整个 18 世纪英国的统治阶级怎样不断地获得平民的土地并破坏了他们的自由，以及怎样贪婪地盲目地引起了新的工业革命。我们也提到了由于下院代议方法的衰败，英国议会的上下两院怎样变成只是由大地主的统治工具。这些大财产持有者和国王都对美洲深感兴趣——前者是出于作为私人冒险家的兴趣，后者部分出于作为代表斯图亚特诸王投机性开拓的兴趣，部分出于作为代表国家为外交政策的开支寻找财源的兴趣；不论贵族或国王都不愿以任何超过对国内自耕农和小农耕者更多的考虑来对待殖民地的贸易商、种植园主和平民。英国、爱尔兰和美国的平民的利益实际上是一致的，他们都受同一制度的压榨。但是在英国，压迫者和被压迫者是紧密地纠缠在一个关系密切的社会制度里，而在美洲，国王和剥削者都在远方，人们可以聚集高谈并发展起反对共同敌人的同仇敌忾之感。

此外，美洲殖民者有一个重要的便利条件，即拥有殖民地的议会或立法机关作为抵抗英国政府的一个分立的和合法的机关，这种机关是为地方事务的行政管理所必需的。英国的平民在下议院受了骗，没有适当的代表权，没有组织，也没有表达不满和采取行动的中心。

读者要是记住殖民地是多种多样的，就会明显地看出这里可能会有一连串无穷无尽的争吵、侵略和反侵略。殖民地和英国彼此之间激怒发展的故事，对我们这部《史纲》的计划来说是太错综复杂、太冗长了。只要把他们的抱怨归结为三个主要方面就够了，这三个方面是：为英国冒险家或英国政府获得开发新土地的利润的种种尝试；对贸易的有系统的限制，为的是要使殖民地的对外贸易全部保持在英国人的手里，以便殖民地的出口货全都经由英国，并且在美洲只能使用英国制造的货物；最后，通过作为帝国最高征税权威的英国议会向殖民地课税的尝试。在这三重烦扰方式的压力下，美国殖民者被迫做了十分可观的艰苦的政治思考。像帕特里克·亨利和詹姆斯·奥蒂斯之流开始讨论政府及政治结合的基本观念，很像在克伦威尔共和国那些伟大的日子里曾经在英国讨论过的那样。他们开始否认王权的神圣起源和英国议会的最高权力，并且詹姆斯·奥蒂斯在1762年说出这样的话——

> 上帝使所有的人天生平等。
> 尘世上优越的观念是来自教育，而不是与生俱来。
> 国王是为人民的利益而设，人民不是为国王的利益而生。
> 政府没有权利以人民为奴隶。
> 虽然大多数政府在事实上是专断的，因而也是对人类本性的诅咒和诽谤，但是没有一个政府在法律上是专断的。

这些立论中有些影响是很深远的。

美国人这种政治思想的激动开始于英国潜移默化的影响。一个十分有影响的英国作家是约翰·洛克（1632—1704年），他的《关于民政的两篇论文》——在这种情况下尽可当作一本单独的书——可以作为近代民主思想的起点。洛克是克伦威尔时的一个士兵的儿子，当共和国势盛时肄业于牛津大学的基督教堂学院，他在荷兰流亡了几年，他的著作成了共和国早期大胆的政治思想和美法两国革命运动之间的桥梁。

但是人们并不是根据理论开始行动的。一般总是有了某种真正的危险、某种实际的必要，才会产生行动。只有当行动已经破坏了旧的关系并产生了一种新的令人困惑的事态后，理论才取得了它的地位，然后才是理论付诸考验。殖民地居民之间利害和观念的不一致，由于英国议会在1763年和议后坚决要对美洲殖民地征税，而导致了一场战斗。英国正在和平时期，并且因胜利而得意洋洋；这似乎正是同那些顽抗的移居者算账的大好时机。但是英国的大财产所有者发觉在他们自身之外还有一种力量，这种力量和他们的意向十分相同，只是在它的目的上略有分歧——这种力量就是复兴中的王权。1760年开始其统治的国王乔治三世决心要比他的两个德意志血统的前任更加是个名符其实的国王。他能讲英语；他自认"以布立吞之名为荣"——说真的，对一个其血管中几乎没有一滴英吉利人、威尔士人或苏格兰人的血液痕迹的人来说，这样一个名字是不坏的。在乔治三世看来，国王可以要求那些持有不明确的特许状或根本没有特许状的美洲殖民地和一般的海外领地承认他的权威，并获得英国强大而妒忌的贵族绝对拒不给他的资源和权力。这使许多辉格党贵族倾向于同情殖民者，否则他们是不会表示同情的。他们为了英国"私人企业"的利益不反对去开发殖民地，但他们强烈反对由于开发殖民地而使国王增强，使得国王不久可以离开他们而独立。

因此爆发的这场战争，实际上不是一场英国和殖民者之间的战争，而是英国政府和殖民者之间的战争，英国国内一批辉格党贵族和相当多的公众感情是在殖民者这一边的。1763年以后最初的行动是试图在殖民地为英国筹征岁收，要求殖民地的报纸和各种文件应该贴上印花。这件事受到了坚决的抵制，英王受到威胁后被迫废止了印花税法（1766年）。伦敦以狂欢来迎接印花税法的废除，甚至比在殖民地的庆祝还更热烈。

但是印花税法事件只是涌向内战的急流中的一个漩涡。在一二十种借口下，英国政府的代表们往返于沿海地带，忙于维护他们的权威，使人感到英国政府难以忍受。在殖民者中间驻兵是一件极为讨厌的事。罗德艾兰州在公然反抗对贸易的限制上尤其积极。该州的人是"自由贸易者"——就是说，是走私商人；政府的一只帆船加斯皮号，在普罗维登斯港外搁浅了；它受到几只小船上武装的人的袭击，他们登上帆船把它占领并把它烧毁了。1773年，英国议会全然不顾已经存在的殖民地茶叶贸易，竟把向美洲进口茶叶的特殊便利给予东印度公司。殖民者决心拒绝并抵制这种茶叶。当茶叶进口商在波士顿表示坚决要将船上的货物卸运上岸时，一伙化装成印第安人的人在广大人民群众面前，涌上三只茶船，把茶叶扔到了海里（1773年12月16日）。

整个1774年双方都在为即将到来的冲突各自集聚力量。英国议会于1774年春决定封锁波士顿的港口以示惩罚，除非波士顿接受那批茶叶，它的贸易将被毁灭，这是有损帝国的那种愚蠢的"坚定性"的一个很典型的例子。为了厉行这个措施，英军在盖奇将军统帅下集聚在波士顿。殖民者采取了针锋相对的反措施。第一次大陆会议九月在费城召开，12个殖民地的代表出席了会议：马萨诸塞、康涅狄格、新罕布什尔、罗德艾兰、纽约、新泽西、宾夕法尼亚、马里兰、特拉华、弗吉尼亚，以及南、北卡罗来纳。佐治亚没有出席。会议恪守英国最好的传统，以"权利宣言"这一文件来表明它的态度。这个会议实际上是一个起义的政府，但直到1775年春还没有打起仗来。其后才第一次流了血。

汉考克和赛缪尔·亚当斯两名美国领袖，被英国政府点名要予以逮捕并按叛国罪受审；盖奇得知他们二人是在离波士顿约11英里的列克星敦，就在1775年4月8日夜间，出动他的兵力去逮捕他们。

那一夜晚是历史上一个重要的夜晚。盖奇的部队的调动被发觉了，波士顿一所教堂的塔楼上亮起了信号灯,道斯和保罗·里维尔两人乘小船偷渡贝克湾,跨上快马去警告乡民。英国人也渡过海湾,当他们星夜向列克星敦进军时,在他们前面已发出了信号炮和响起了教堂的钟声。黎明他们进入列克星敦时,他们看到一小队人,按军队样式排成了队伍。似乎是英国人开了第一枪。一声枪响以后排枪齐发,显然这一小队人没回枪就撤退了,在村子的草坪上留下了八名死者和九名受伤的人。

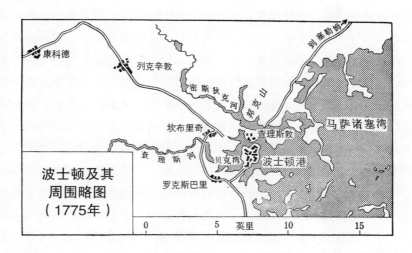

于是英国人向十英里外的康科德进军,占领了这个村庄,并在那里的桥上配置了一个分遣队。这次出征并没有达到逮捕汉考克和亚当斯的目的,英国的指挥官似乎不知道下一步该做什么。同时殖民地征集的兵正从四面八方赶来,桥上的哨兵立刻发现炮火渐密,且已遭到了袭击,于是决定撤回波士顿。那是一次损失惨重的撤退。举国上下都起来了,整个早晨殖民地居民都在聚集。道路两旁拥满了狙击手,他们从岩石、篱笆和建筑物的后面射击,偶尔他们也逼近到刺刀可及的距离。英国兵穿着显眼的鲜红军服,黄色领章和袖口、白绑腿和白领带;这些在新英格兰暮春的清寒色调衬托下必然显得十分鲜明夺目;那天天气晴朗、炎热、尘沙飞扬,这些士兵由于夜间行军已经筋疲力尽了。每隔几码就有人因受伤或被杀而倒了下去,其余的人继续颠簸前进,或有时停下发射一排无效的子弹。在列克星敦,有英国的援兵和两门炮,经过一次短暂的休息,在较好的秩序下继续撤退。但是追击已逼河边,当英军渡河退到波士顿后,殖民地征募的兵员们就占据了他们在坎布里奇的营房,并准备封锁这座城市。

4 独立战争

战争就是这样开始了。那并不是一场指望有决定性结果的战争。殖民者并没有一座易受攻击的首府；他们分散在广大地区，后方是一片无垠的荒野，因此他们有很大的抵抗力量。他们的战术大多是从印第安人那里学来的；他们能在散开的队形下打得很漂亮，并能侵袭和摧毁在调动中的部队。但是他们没有训练有素的军队可以对付在对阵中的英国人，并且只有少量的军事装备；在一场持久的战役中他们征募的兵员变得不耐烦，想回家到他们的农场去了。另一方面，英国人有一支训练精良的军队，他们控制海面使他们有力量在漫长的大西洋沿岸地区上下转移进攻。英国人同世界各国相安无事。但是国王愚蠢而又急欲干涉军队的指挥；他所偏爱的将军都是些愚蠢的"倔强的人"或是些名门世家的轻浮子弟，而且英国人的心并没有用在这件事上。他宁可相信用封锁、突袭和困扰的方法使殖民者降服，而不愿采取决定性的征服和占领土地。但是英国人使用的方法，特别是使用那些还保持着三十年战争的残酷传统的德国雇佣兵，和使用经常骚扰边远定居民的印第安补充兵，与其说使美国人厌恶战争，不如说他们对英国人更为厌恶。1775年第二次召开的大陆会议追认了新英格兰殖民者的行动，并任命乔治·华盛顿为美国的总司令。1777年伯戈因将军在一次企图从加拿大下到纽约的尝试中，在哈得逊河上游弗里曼农场被打败了，并在萨腊托加全军被围而不得不投降。这一灾难鼓励了法国人和西班牙人站在殖民者一边参战。法国舰队大大削弱了英国人在海上的优势。1781年康沃利斯将军在弗吉尼亚的约克顿半岛被擒，全军投降。英国政府这时正同法国和西班牙酣战于欧洲，资源已濒于衰竭。

战争之初一般的殖民者似乎并不倾向于否认君主政体而要求完全的独立，正如荷兰人在菲力浦二世的迫害和蠢行的开始阶段那样。分立主义者被称为激进派；今天在英国我们应该说，他们大多是极端民主的，他们先进的见解使很多较稳健的和较富有的殖民者震惊，对这些人来说，阶级特权和尊荣是有相当诱惑力的。但1776年初，一位能干并有说服力的英国人，托马斯·佩因，在费城出版了一本名叫《常识》的小册子，这本书对舆论有巨大的影响。用现代的标准来衡量它的文体是华而不实的，"被杀者的鲜血，自然的哭声呼喊着，'这是分立的时候了'"等等。但是它的影响很大，使成千上万的人相信分立的必要。意见的转变，一旦开始，是很迅速的。

只是在1776年夏大陆会议才采取不能挽回的步骤宣布了分立。"独立宣言"

是由托马斯·杰斐逊起草的，它又是一个英国人作出的对人类有独特贡献的示范文献；它经过各种各样的修正和更改后成了美利坚合众国的基本文献。对杰斐逊的草案，有两项值得注意的修正。他曾痛斥奴隶贩卖并责备英国政府干涉殖民地结束奴隶贩卖的企图。这段被删去了，还删去了一段关于英国人的话："我们必须努力忘却我们以前对他们的爱戴……我们本来可以一同做自由而伟大的人民的。"

1782 年底左右，英国承认美国完全独立的条约初步条款在巴黎签了字。1783 年 4 月 19 日宣告结束战争，这距保罗·里维尔的驰马告警和盖奇的部队从康科德撤退到波士顿恰恰是八个年头。和约终于在九月中在巴黎签字。

5　美国宪法

从人类历史的观点来看，13 州怎样获得独立的方式远不及它们获得独立这一事实来得重要。随着它们独立的成功，一种新的社会来到了世上。它好像是一个破卵而出的东西，是从帝国和基督教世界的最后遗迹里破壳而出的一种西欧文明，没有留下君主政体的痕迹，也没有国教。它没有公爵、王侯、伯爵，也没有要求把权势或受尊敬作为一种权利的任何拥有爵位的人。甚至它的统一也纯粹是一种为了防御和自由的统一。就在这些方面，世界上从没见过在政治组织中这样一个干脆利落的开端。没有任何必须遵守的宗教约束是特别值得注意的。它有好几种形式的基督教，这个国家的精神无疑是基督教的；但是作为 1796 年的一个国家文件，它明确宣称："美国政府在任何意义上都不是建立在基督教的宗教上的。"（《的黎波里条约》，见钱宁，卷三，第十八章）事实上，这个新社会已全然达到人类结合的最质朴和毫无掩饰的基本原则，正是在那些基础上建立起了一种新社会和一种新国家。

这里大约有 400 万人民散布在一片广大的地区，相互联系的手段十分缓慢而困难。这里虽然还贫穷，却拥有无穷财富的潜力，人们实际上在开始大规模地从事于这样一种建设的伟绩，好像雅典哲学家 2200 年前在想象中和理论上曾经做出的那样。

这个情况标志着人从先例和成规中解放出来的一个明确阶段，是为了适应他的需要和目的，向着有意识地和深思熟虑地重建他的环境前进了明确的一步。它是在人类事务上行将实现的一项新方法。欧洲的近代国家是从以前的事物中，一种制度接着一种制度地、缓慢而无计划地演变来的。美国则是有计划地缔造起来的。

可是就一方面来说，这个新国家的创造性的自由十分严重地受到了限制。这种新的社会和国家并不是建筑在一个清除干净了的场地上。它甚至不像雅典晚期的一些殖民地那样痛痛快快地是人为之物，走出母城去计划并建立一些各有崭新宪法的崭新的城邦。13个殖民地到战争结束时全都有了宪法，或是像康涅狄格和罗德艾兰那样来源予它们最初的特许状（1662年），或是像其余各州那样英国总督在行政管理上曾起很大作用而在冲突中重新制订的。但是我们很可以把这些重订工作看作是总的建设努力中颇有贡献的篇章和试验。

论到这种努力，有些思想显得很突出。其一是政治上和社会上平等的思想。我们曾经看到，这种思想在佛陀和拿撒勒人耶稣之间的时代里，是作为一个极端的、几乎是难于置信的思想进入这个世界的，现在在18世纪后期则作为人类关系实际标准而予以维护了。弗吉尼亚的基本声明说："一切的人生来都是同样地自由和独立的"，接下去它详述了他们的种种"权利"，并断言所有的县长和州长都不过是公共福利体的"托管人和公仆"。一切的人都同样地享有自由崇奉宗教的权利。就这种种宣言而论，所有的当然的国王、贵族、"天生的奴隶"、神王和神，都从这一政治计划中消失了。大多数的州对政府都作出了类似的序言。独立宣言说，"一切的人生来平等。"到处都以18世纪的术语宣称新社会应是一个意愿的共同体而不应是一个服从的共同体——使用我们在前一章中引用的措辞。但那时的思想家们表达的方法比较笨拙，他们想象中的公民权是一种个人的选择和同意，即所谓"社会契约"，而这在事实上是从来没有出现过的。例如马萨诸塞州宪法的序言宣称本州是一个志愿的联合，"凭这联合全州人民同每个公民、每个公民同全州人民订立契约，使所有的人为了共同的利益将受治于某种法律。"

现在很清楚，这些十分重要的声明大都是非常成问题的声明。人类不是生而平等的，也不是生而自由的；他们生来就是陷入一个古老而复杂的社会罗网之中的一大群形形色色的人。任何人也没有被邀请在社会契约上签字，或是没有这契约，一个人就会离群而独居。这些陈述照字面去解释是如此明显错误的，使人不能相信作出这些陈述的人是想要按字面去解释它们。他们作出这些陈述为的是表示某种不可捉摸的但深为重要的思想——这些思想再经过一个半世纪的思索后，世人才能更好地把它表达出来。如这部《史纲》所指出的，文明是作为一个服从的共同体而兴起的，文明本质上就是一个服从的共同体。但是一代接着一代地这种精神被僧侣和统治者所滥用了。森林、平谷和草原，给人们注入了一种当家作主的意志。人类的精神最后奋起全面反抗公共生活中的盲目服从；它在寻求——起初是十分笨拙地寻求——去达到一种新的较好的文明，这种文明应当也是一个意愿的共同体。为了达到那个目的,每个人都应当被看作他是自己的主人;他的地位应当是平等的伙伴关系,而不是不平等的隶从关系。他的真正的用处,他的真正的重要性,全凭他个人的品质。这些创造美国政治的人用以去得到这个意愿的共同体的方法是十分简单和粗糙的。他们给予选举权的范围从当时美国的情况看来是很广泛的。各州的情况不同;宾夕法尼亚的选举权最为广泛,那里每个成年的纳税男子都可以投票;但是同英国相比,到18世纪末整个美国已相当接近于成年男子全都有选举权。这些美国的缔造者也曾努力去达到普及教育的广泛传播,这种努力在他们那个时代是相当艰巨的,但是以比较近代的标准来看则还是很有限的。公民们关于国内外在发生着什么事的情报显然是毫无疑虑地托付给公众的集会和属于私人的印刷机去办的。

各州的宪法和整个美国的宪法的沿革是一段非常复杂的历史,这里我们只能最概括地处理这问题。以现代的眼光来看,最值得注意的一点是不把妇女看作公民。美国社会是一个简单的、大部是农业的社会,大多数妇女是已婚的;她们应当由她们的男人来代表,看来是很自然的。但是新泽西允许少数妇女根据财产资格而有选举权。另一个很有趣之点就是几乎都普遍决定,仿效英国的上下院,设立两个相互批准或牵制的执政的议会。只有宾夕法尼亚有一个单独的议院,被认为是十分危险和极端民主的事态。除了立法应该是缓慢而稳当的论据之外,很难说这种"两院制"的安排有什么必要。看来与其说是由于一种合理的迫切需要,毋宁说这是18世纪宪法草拟者的一种风尚。这种英国式的两院制由来已久:上院,最初的议会,是"知名之士",即王国中重要人物的一个集会;下院是作为市民和小地主选举出的代言人这个新因素而产生的。18世纪有点太急于假定平民容易陷于狂热的冲动,因而需要牵制一下,舆论是要民主,而这种民主不论爬坡还是下坡总是要带着强有力的关闸器。因此,所有的上院都带有一种遴选的意味;它们是在更有限制的选举资格上选出来的。把上院搞成应是殷实的人的根据地的观念,对近代思想家说来并不像对18世纪的人们那样感兴趣,但是两院制的思想在另一种形式下仍有它的拥护者。他们提示一个社会如果能从两种观点来考虑它的事务,那将是有益的——一方面通过一个选出来代表贸易、工业、专门职业、公用事业等的机关,即通过一个代表职能的机关来看问题,另一方面通过第二个由地方选出的、代表居民团体的机关来看问题。前者的成员是按其职业选举的,后者的成员是按其住区选举的。他们指出,事实上英国的上议院是一个代表职能的团体,其中土地、法律和教会无疑不是按比例出代表的,但其中工业、财政、重大的公用事业、艺术、科学和医药却也有它们的席位;英国的下议院则纯以地区为依据。甚至有人在英国提议应有从各大工业的职工会领袖中选出的"劳工贵族"。但这些都是超出我们现在范围的臆测。

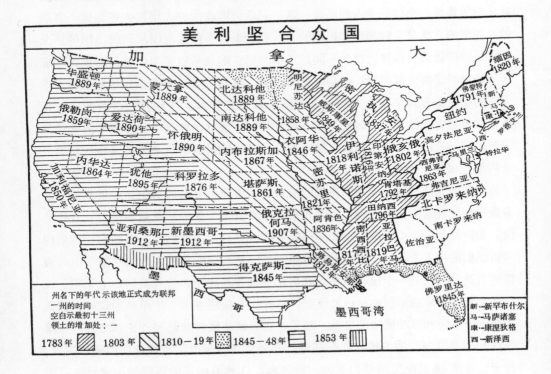

美国的中央政府起初是一个十分软弱的机关,是 13 个政府的代表们的一个大陆会议,由某些邦联条款维系在一起的。这个会议不过是一些独立自主的代表们的会议;例如,它无权控制每个州的对外贸易,它无权自行铸币或征税。当美国首任驻英公使约翰·亚当斯去和英国外交大臣讨论一项商约时,他被要求派出 13 名代表,即有关各州各派一名。他不得不供认他无力达成有约束力的安排。英国人立即越过大陆会议而与每个州分别打交道,他们在美国领土的大湖区周围保持了几个据点,因为大陆会议无力有效地掌管这些区域。在另一件急迫的事情上证明这个会议同样是软弱无力的。13 州以西伸延着广阔无垠的土地,人数不断增加的移居民这时正向这些地方涌去。每个州都声称有权无限制地向西扩张。每个明眼人都可以清楚地看到这些互相争夺的要求最终必将导致战争,除非中央政府能负责分配。中央政府的软弱,它的缺乏集权,变得这样地不便和这样地成了一种明显危险,以致有人在秘密讨论建立君主政体。大陆会议主席、马萨诸塞州的纳撒尼尔·戈汉姆曾与弗里德里希大帝的弟弟、普鲁士的亨利亲王接洽过这问题。

最后1787年在费城召开了一次制宪会议，就在这次会议上美国现在的宪法的大纲被推敲了出来。在这些年当中美国在精神上发生了巨大的变化，普遍地认识到了统一的需要。

当邦联条款草拟时，人们想到的是弗吉尼亚人民、马萨诸塞人民、罗德艾兰人民等，但是现在出现了一个新的概念——"合众国人民"。新政府，包括行政首脑的总统、参议员、众议员和现在新设立的最高法院，被宣称是"合众国人民"的政府；它是一个综合体而不仅仅是一个集合体。它自称"我们合众国人民"而不称"我们各州"，就像弗吉尼亚的李伤心地抱怨那样。它应该是一个"联邦"政府而不是一个邦联政府。

新宪法被一个州一个州地批准了。1788年春，第一届国会在整个独立战争期间曾任全国总司令的乔治·华盛顿主持之下，按新宪法召开于纽约。宪法经过相当大的修订，波托马克河上的华盛顿城被建为联邦的首都。

6 美国宪法原始性的特征

在前面的一章里，我们曾把罗马共和国及其掺杂在黑暗迷信和原始野蛮性中的近代特色，描写成近代民主国家的尼安德特式的预演。有一天人们将会把美国宪法的设计和机构，看成是与新石器时代人的工具和设计相等的政治设置。它们已很好地为它们的目的服务了，在它们的保护下美国人民成长成世界上仅见的最大、最强、最文明的社会之一；但是没有理由因此而把美国宪法看作是一件比那用以遮盖纽约许多大街的高架铁路，或是比那仍在费城流行的样式优美而朴素的房屋建筑，更为终极和不可变更的事物。这些东西也为一个目的很好地服务了，它们有缺点，它们却是能够改进的。我们的政治设置正象许多我们家庭的和机械的装置一样，随着知识和理解的增长须要经常加以修正。

自从美国宪法制订以来，我们对历史的概念和集体心理的知识已有了很大的发展。我们正开始看到政府问题上的许多事情，这是18世纪的人们所看不到的；以往无论什么与政治上创造有关的建设性的倾向是够勇敢的了，但是距今天我们认识到的，如果要解决在世上建立一个文明的意愿共同体这样一个人类的大问题所需要的勇气，还差得很远。许多他们认为是理所当然的事，我们现在已知道是需要作为最精确的科学研究和最审慎的调整的题目来对待的。他们认为只需要建立一些学校和学院，授给土地以资维持，就可以听之任之了。但是教育不是一棵可以在任何土壤上茁壮成长的野草，它是一种必要而又娇嫩的作物，容易枯萎和

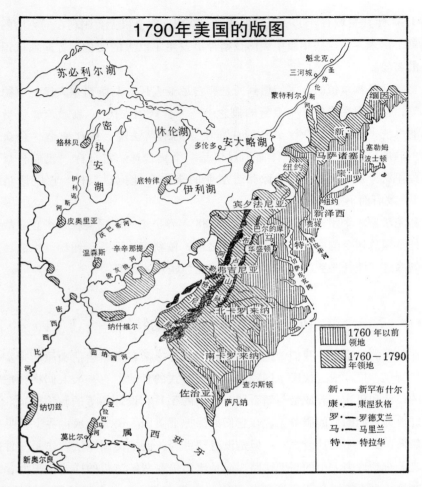

1790年美国的版图

退化的。现在我们知道大学和教育机构的不发达，正如某种头脑和神经的发育不良，会影响整个社会躯体的成长。按照欧洲的标准，按照迄今存在过的任何国家的标准来看，美国普通教育的水平还是高的；但是按照教育可以达到的标准来看，美国还是一个没有教育的国家。那些美国的缔造者还认为他们只要有了出版事业和出版自由，每个人就可以生活在光明之中了。他们不理解由于出版界与登广告者发生了关系，自由的出版事业就可养成一种气质上的贪心，大报馆的业主就可变成民意的蟊贼和良好的新生事物的无情破坏者。而且，最后，美国的缔造者不懂得操纵选举的复杂性。选举这门学问整个超出了他们知识的范围。他们不知道必须用移转的投票制来防止选举被特种组织所"操纵"，他们采用的那种粗糙而生硬的方法使得他们的政治制度成了巨大的政党机器玩弄的牺牲品，剥夺了美国民主政治的自由的一半和政治灵魂的大部，政治变成了一种交易，一种很卑鄙的交易；清高能干的人，在最初的伟大时期之后，脱离了政界而专心于从事"商业"，国家的意识衰微了。私人企业在许多共同关心的事务上占了主要地位，因为政治腐败使集体企业成为不可能。

但是美国人在革命时期所创造的伟大政治制度的缺点并没有立刻表现出来。几代之久美国的历史是一段迅速扩张和大量自由、家庭幸福和奋力工作的历史，这在世界史上是无可比拟的。整个上一个半世纪美国的记载尽管有许多向不平等倒退的事，尽管有许多作法生硬和错误，但依然是一段如任何其他同时代人民一样光辉和荣誉的历史。

在这关于美利坚合众国的缔造的简短叙述中，我们对那些人类历史上做出这一新起点的一批伟大人物只能提一提他们中间一些人的名字：如托马斯·佩因、本杰明·富兰克林、帕特里克·亨利、托马斯·杰斐逊、亚当斯表兄弟们、麦迪逊、亚历山大·汉密尔顿和乔治·华盛顿这些人，我们偶然提到过，有的甚至还没有提到过。历史上一个时期的人物很难与另一个时期的人物相比。有些作者，甚至美国的作者，对欧洲宫廷人为的显赫以及对弗里德里希大帝或叶卡特林娜二世女皇的俗气和破坏性的业绩印象很深，因而为这些美国的缔造者的朴实流露出一种势利的羞愧。他们觉得本杰明·富兰克林以他长长的头发、简朴的衣服和不自然的举止，在路易十六的宫廷里可悲地缺乏贵族的气派。但是除开外貌，看看他们的人格，则路易十六在天赋能耐和心地高尚方面几乎都不配充当富兰克林的侍从。如果人品的伟大是在乎阔绰和光辉的话，那么，亚历山大大帝无疑是达到了人品伟大的顶峰。但那就是伟大吗？伟人难道不是一个居于重要地位或在伟大机会中——伟大天赋只不过是伟大机会而已——能以

本杰明·富兰克林

华盛顿

一颗谦虚的心来服侍上帝和他的同人吗？看来相当数量革命时期的美国人，确实显示了了不起的无私和忠诚。他们是有局限性的人，容易犯错的人；但总的说来，他们似乎关心他们正在缔造的共和国比关心任何私人的目的和个人的虚荣更多些。我们不可能不承认他们胸怀的卓越伟大。

的确他们在知识和眼界方面是有局限的,他们被时代的局限所局限了。他们和我们大家一样,是动机混杂的人;良好的冲动在他们的心中升起,伟大的思想掠过他们的胸怀,他们也会是嫉妒、懒惰、固执、贪婪和邪恶的。如果一个人要写一部真实、详尽而独特的美国立国史,应当用仁慈和兴高采烈的心情把它写成一出壮丽的喜剧,发展到最崇高的结尾。没有比在奴隶制上更能看到美国故事中丰富的、不正当的人道精神是如此细致地显示出来。与一般的劳工问题有关的奴隶制是世界史上对这种新灵魂,即美国灵魂,最好的考验。

奴隶制在美洲的欧洲人的历史上开始得很早,没有一个到美洲去的欧洲人对这事是完全问心无愧的。当德国人在道德上代欧洲人受过的时候,可注意的是德国在这方面的记载是最好的。几乎第一个公开声言反对黑奴制的是来自宾夕法尼亚的德国移居者。但德国移居者是在种植园地带以北的温暖农村使用自由人劳作的,他在这件事上并没有受到严重的诱惑。美国的奴隶制是在矿井和种植园役使印第安人充当伙役劳动开始的。令人诧异的是,一个确实很善良、好心肠的人拉斯·卡萨斯,强烈要求把黑奴带到美洲以解救他手下受折磨的印第安人。西印度群岛和南方的种植园迫切需要劳动力。当被俘的印第安人的供应不足时,种植园主不但转向黑奴,而且转向欧洲的监狱和贫民收容所来寻求苦力的供应。读笛福的《摩尔·佛兰德斯》的人将懂得18世纪初一个明智的英国人是怎样看待弗吉尼亚的白奴贸易的。但是黑人很早就来了。为躲避教祸而移居美洲创立殖民地的第一批英国清教徒在新英格兰的普利茅斯登陆那年(1620年),就有一只荷兰的单桅帆船在弗吉尼亚州的詹姆士敦卸下了第一船黑人。黑奴制与新英格兰同样长久,它在独立战争前一个半多世纪里已是美国的一种制度。它要在此后的一个多世纪的大半时间里继续斗争下去。

但是殖民地有思想的人们的良心在这一点上从来没有十分舒服过,托马斯·杰斐逊对英王和英国贵族们的非难之一是,殖民者方面每次想改善或限制奴隶贸易的企图都被母国大有产者的利益阻止了。1776年达特默思勋爵写道,不能允许殖民者"对国家如此有利的一项贸易加以制止或使之受挫"。随着革命时道德上和思想上的激动,黑奴制问题就直接摆在公众良心的面前。对比和挑战怒视着人们的心。弗吉尼亚的权利法案说,"所有的人生来都是自由和平等的";而在外面阳光里,在监工的皮鞭之下,黑奴却在辛苦地劳动。

能有这种良心上的谴责,证明自从蛮族入侵时代罗马帝国体制解体以来人们的思想有了巨大的变革。工业、生产和土地占有的情况长期以来防止了伙役奴隶制旧病的任何复发;但是现在却周而复始了,占有的和统治的阶级从矿井、种植园和巨大的公共工程恢复古代制度中获得了巨大的、直接的利益。奴隶制恢复了——但是遭到很大的反对。从一开始，对奴隶制的恢复就有人抗议，而且抗议在增长。奴隶制的恢复是违反人类新的良心的，在某些方面新的伙役奴隶制比古代世界任何制度都更坏些。特别可怕的是西非的贩奴战争和对人的捕猎的挑衅，以及横贯大西洋的长途航程中的种种残酷行为。这些可怜的人被捆绑在船上，经常没有足够的食物和饮水供应，没有适当的卫生设备，没有医药。许多能够容忍种植园中的奴隶制的人也都觉得他们在道德上接受不了奴隶贸易。主要有英国、西班牙和葡萄牙三个欧洲国家与这项黑暗的买卖有关连，因为它们是美洲新土地的主要所有者。其他欧洲列国之所以比较无罪，大半是由于它们对奴隶制的诱惑较小。它们是类似的社会，在相同的环境下它们会采取类似的行动。

整个18世纪中叶不仅在美国而且在英国也有积极反对黑奴制的鼓动。据估计在1770年英国有15000名奴隶，大部分是他们的主人从西印度群岛和弗吉尼亚带来的。1771年在曼斯菲尔德勋爵面前，这问题在英国面临一次决定性的考验。一个名叫詹姆斯·萨默塞特的黑奴被他的主人从弗吉尼亚带到英国。他逃跑了，又被抓住，并被粗暴地带到一只船上要送回弗吉尼亚去。由于《人身保护法》，他从船上被提了出来。曼斯菲尔德勋爵宣称英国法律不知有奴隶制，这是一种"名誉扫地的"情况，于是萨默塞特从法庭走出来，成了一个自由人。

1780年的马萨诸塞宪法曾宣称"一切的人生来都是自由和平等的"。有一个黑奴奎科，在1783年对这条声明进行了考验，就在那年马萨诸塞的土地上变得和英国的土地上一样，不容忍奴隶制的存在；一踏上这块土地就可以变得自由。在那时的联邦内还没有别的州效法这一榜样。1790年的人口普查时，所有诸州中唯独马萨诸塞州申报"没有奴隶"。

弗吉尼亚舆论界的情况是值得注意的，因为它显示出南方诸州的特殊困难。伟大的弗吉尼亚政治家如华盛顿和杰斐逊，都谴责这种制度，但是因为没有其他家庭服役的方式，华盛顿也拥有奴隶。在弗吉尼亚，有一个赞成释放奴隶的强大的政党；但他们要求被释放的奴隶要在一年以内离开本州，否则将不受法律保护！当然他们对于弗吉尼亚土地上一个自由的野蛮的黑人社会将在他们的身旁兴起的可能性感到惊恐，这个黑人社会的很多成员出生于非洲，并浸染着吃人的习俗和神秘可怕的宗教仪式。当我们考虑到那个观点时，我们可以理解为什么很多弗吉尼亚人愿意使大量黑人留在境内作为奴隶以受其控制，同时又拼命反对奴隶贸易和从非洲输入任何新鲜血液。人们可以看到，自由的黑人可以很容易地变成讨厌的东西，自由的马萨诸塞州确实很快就禁止他们的入境。

奴隶制的问题，在古代世界通常只不过是种族相同的人之间身份不同的问题，而在美国则吞没在一个不同的、更为深刻的问题之中，即人类两个极端相反的种族和两种大不相同的类型的传统和文化之间关系的问题。如果黑人是白种人的话，无疑黑奴制在独立宣言公布后一代之内是会作为该宣言的声明的自然结果从美国消逝的。

7　法国的革命思想

我们上面讲到美国独立战争时曾把它作为与欧洲君主政治和外交部门这一体制的第一次分裂，又把它作为一个新社会对以马基雅弗利式统治权术为人类事务指导方式的否定。十年之内发生了第二次可怕得多的对困扰欧洲的诸宫廷和政策之间的相互纠缠的反抗，对列强的奇诡把戏的反抗。但是这次并不是发生在边陲上的一次分裂，第二次巨变却发生在大君主制度的老巢和故居，欧洲的心脏和中枢的法国。而且不像美国殖民者那样，仅仅否认了一个国王，法国人却步英国革命的后尘，砍掉了一个国王的头。

像英国革命也像美国革命那样，法国革命可以追溯到君主政治的野心勃勃的荒谬行动上。大君主的扩张计划、目标和企图所必需的战备费用和整个欧洲当时的纳税能力完全不相称。以当时的生产能力来衡量，即使君主政体的排场也是非常昂贵的。在法国正如在英国和美国一样，最初的抵抗并不是针对国君本人和他的对外政策本身，也并不明确承认这些事情是困苦的根源，而只是针对由此引起的个人生活上的种种不便和勒索。法国实际负担纳税的能力相对地说来要比英国小得多，因为贵族和教士有各种免税权。直接落在老百姓身上的负担就要沉重一些。这使上层阶级成为宫廷的同盟者，而不像他们在英国那样是宫廷的敌对者，因此糜费的时期更加延长；但是当爆破点一旦终于到达时，爆炸得会更加猛烈和更具破灭性。

当美国独立战争的年代里，法国还很少爆炸即将来临的征兆。下层阶级很为苦恼，很多批评和讥讽，很多坦率的自由思想，但是就整个事情来说，连同它的全部习俗、惯例和熟悉的喧闹，并没有一点表示出它将不能无限地继续下去。消耗超过了它的生产力，但迄今还只有藏在心中而不说出来的阶级感到痛苦。历史家吉本很了解法国，巴黎对他犹如伦敦一样地熟悉，但是在我们援引的一节文章里觉察不出可以怀疑法国政治和社会崩溃的日子已经迫在眉睫。无疑世上充满着种种荒谬和不公平，然而从学者和绅士的观点看来，这世界还是相当舒适的，它看去是相当安全的。

这时法国有大量开明的思想、言论和情操。比英国的约翰·洛克稍晚，但声望与他相当的是18世纪前半期法国的孟德斯鸠（1689—1755年），尤其在他的《论法的精神》一书中他把社会、政治和宗教制度作了同样透彻和基本的分析。他剥去了法国专制君主政体魔术性的威望，和洛克一起分享了扫除很多错误观念的声誉，这些观念直到当时还在阻碍重建人类社会的深思熟虑的和有意识的种种尝试。如果最初在空地上迅速筑起了某些极其不坚固、不耐久的简陋小屋的话，这并不是他的过错。18世纪中期和晚期他的后几十年中后一代的人在他所扫清了的道德和思想的场地上大胆地敞开思索。一批优秀的作家，即"百科全书派"，大多是杰出的耶稣会士中的造反派，在狄德罗的领导下着手在成套的著作中设计出一个新的世界（1766年）。马莱说，百科全书派的荣誉在于"他们憎恨不公平的事情，他们对奴隶贩卖、不平等的赋税、司法的腐败、战争的浪费进行谴责，他们对社会进步存有梦想，对正在开始改变世界的新兴工业帝国怀着同情"。他们主要的错误似乎是对宗教不分皂白的敌视。他们相信人天生是公平和政治上可以胜任的，然而他的社会服务和忘我精神的冲动通常只有通过一种本质上是宗教的教育才能发展，并且只有在真诚合作的气氛中才能维持下去。人类的创始性不加调协除了导致社会混乱外不能有其他的结果。

与百科全书派并肩存在的有经济学派或重农学派，他们对食物和货品的生产与分配提出大胆和粗糙的探讨。《自然法典》的作者莫雷利痛斥私有财产制度，提议一个共产主义的社会组织。他是19世纪那些人数众多、学派分歧的集体主义思想家的先驱，这许多思想家归并一起被称为社会主义者。

百科全书派和各种经济学派以及重农学派都要求他们的门徒作大量艰苦的思考，继起的一个通俗易懂而更孚众望的领袖是卢梭（1712—1778年）。他显示出一种逻辑上的谨严和情感上的奔放二者奇妙的结合，宣传一种诱人的学说，宣称人的原始状态是有美德的和幸福的，通过僧侣、国王、律师等人的有点难于解释的活动，人从那种状态衰退了。总的说来，卢梭给人在思想上的影响是伤风败俗的。他的学说不但打击了现存的社会结构，而且打击了任何社会组织。当他写《社会契约》时，他似乎宁愿原谅对契约的违反而不强调契约的必要。人果然不是完美无缺的，一个作家竟明显地支持这样一个命题，即认为赖债、淫乱、为自己和别人逃避辛苦劳动及教育费用几乎是普遍的倾向——我们都必须加强自己抵御这些倾向——根本不是罪行，而是自然道德的良好表现，这在能读到他的书的每个阶级中必定有许多追随者。卢梭的风行一时,大大有助于推广以感情用事和高谈阔论的方法来对待社会和政治问题。

我们已经谈到迄今还没有一个人类社会已经开始按理论行事。必须先有挫折和感到需要指导,才能使理论得到其应有的地位。直到1788年法国思想家的共和主义的、无政府主义的议论和著作,看上去必然与19世纪末英国的威廉·莫里斯的审美社会主义同样地不起作用和政治上无足轻重。那时的社会和政治制度还带有一种不受阻挠的持续作用在运行,法国的国王仍在打猎和修理他的时钟,宫廷和社交界仍在追求他们的享乐,财政家们继续设想更大胆的扩大信贷,商业沿着它的老路笨拙地盲目行进,课税和关税使它感到极为不便,农民们焦虑不安,辛苦劳动,受苦受难,对贵族邸宅满怀绝望的憎恨。人们谈论着——也感到他们只是谈论而已。什么都可以说,因为似乎什么事都不会发生。

8 1789年的革命

1787年在法国生活可以长此安全下去的这种感觉第一次受到了震动。路易十六(1774—1793年)是一个迟钝、未受过良好教育的君主,不幸他又娶了奥皇的妹妹玛丽·安东尼达,一个糊涂而奢侈的女人为妻。她的品德是某种历史作家深感兴趣的一个问题,但是我们在这里无须讨论它。正如保罗·威里阿思(《英国百科全书》"法兰西"条)指出的,她和她的丈夫"比翼双飞,但同床异梦"。她的体态稍嫌肥胖,但还不是粗陋到足以妨碍她装出一副美丽、浪漫和高傲的王后的样子。当国库被美洲的战争耗尽时,当整个国家都由于不满而忧心忡忡时,她施加影响来阻挠国王的大臣们节省开支的尝试,鼓励贵族各色各样的挥霍,并把教会和贵族恢复到他们在路易十四的优越日子里所据有的地位。非贵族出身的军官被清除出军队,教会对私人生活的权力扩大了。她从一个高级官吏卡洛纳身上发现了她理想的财政大臣。从1783年到1787年,这个了不起的人好像用魔术一样筹得钱财——而钱又像魔术似地消失了。然后他在1787年垮了台。他使债台高筑,现在他宣布君主政体,这个自从路易十四时代以来统治法国的大君主政体破产了。再也无款可筹了。必须召集王国中的显贵们来考虑这种情势。

在显贵们的集会上,即在召开的重要人物的会议上,卡洛纳提出一项对所有土地财产征收补助金的计划。这激起了贵族们的盛怒。他们要求召集一个大致与英国议会相等的三级会议。这种会议自从1614年以来就没有召开过。法国的贵族们,没有考虑到他们正在替他们下面的人建立起一个表达不满之情的舆论机构,他们只是由于被要他们承担部分的国家财政负担的建议所激怒，才坚持要召开三级会议。1789年5月三级会议开幕了。

这是三个等级的代表的会议，包括贵族、教士和第三等级，即平民。对于第三等级享有选举权的人范围很广，几乎每个年满25岁的纳税人都可投票（教区神甫作为教士投票，小贵族作为贵族投票）。三级会议没有任何传统的会议程序，于是就向碑铭研究院的博古家求救。开头审议的问题就是三级会议应当在一起开会，还是应作三个部分开会、各有同等的表决权。因为教士代表308人，贵族代表285人，平民代表621人，前一种安排将使平民处于绝对多数，而作为后一种安排将使他们在三票中只有一票。而且三级会议也没有任何开会的地方，应当在巴黎还是在某一省城召开呢？"因为便于打猎"，于是选定了凡尔赛。

很明显，国王和王后把这关于国家财政的小题大做看成是非常讨厌的事，打算使它尽量不干扰他们惯常的社交活动。因此我们发现会议常在不必要的沙龙、桔园和网球场等地召开。

是按等级还是按人头表决显然是一个极其重要的问题，这问题争论了六星期之久。第三等级，从英国下议院的书本上抄来了一页，宣布只有它能代表国家，今后未经它的同意不得征税。因此国王关闭了它正在开会的大厅，并暗示代表们最好回家去。不料代表们却在近便的网球场上开会，他们在那里宣誓——网球场誓约——要直到法国制订出了一部宪法，他们才离散。

国王采取了高压手段，试图以武力驱散这个第三等级。士兵们拒绝采取行动，国王面临凶险而突然屈服，接受了三个等级应作为一个国民议会在一起审议和表决的原则。同时，显然由于王后的教唆，法军中的外籍旅团在德·布罗格列元帅统率下从外省调到巴黎，这些部队在对付人民时是可以信赖的。国王准备收回他的让步。因此巴黎和法国造反了。布罗格列犹豫不敢对群众开枪。在巴黎和其他大多数的大城市都设立起了临时市政府，一支新的武装力量，即国民自卫军，也由这些市政团体建立了起来，最初这是一支纯属抵抗王军的武装力量。

1789年7月的起义事实上是有效的法国革命。看上去很可怕而防卫得很无力的巴士底狱被巴黎人民攻破了，起义迅速传遍整个法国。在东部和西北部诸省，许多属于贵族的第宅被农民焚毁了，他们的地契也被仔细地毁灭了，所有主们或被杀或被赶走。起义波及到整个法国，一个月内古老腐朽的贵族阶级的体制崩溃了，许多重要的亲王和王后的党羽逃亡国外。国民议会发现它被要求来替一个新时代，建立起一个新的政治和社会制度。

9 1789—1791年法国的"君主共和国"

　　法国的国民议会所负任务的处境要比美国国会不幸得多。美国国会据有半个大陆，除了英国政府外没有其他可能的敌手。它的宗教和教育组织是多种多样的，集合起来力量并不很大，并且从整体来看是友好的。国王乔治远在英国，并已逐渐陷入一种低能的状态。虽然如此，美国还是用了好几年的工夫才锤炼出一部可行的宪法。另一方面，法国人却被带有马基雅弗利思想的侵略成性的邻国所包围，他们被决心捣乱的国王和宫廷所牵累，教会又是一个单独的庞大的组织，同旧秩序千丝万缕地纠缠在一起。王后和阿尔土瓦伯爵、波旁公爵以及其他流亡的亲王密切地通信联系，这些人试图诱使奥地利和普鲁士进攻新的法兰西国家。此外，法国已是一个破产的国家，而美国则有无限的未开发的资源；并且由于改变了土地所有权和市场上买卖的情况，法国革命产生了一种经济上的紊乱，而在美国则没有相同的情况。

　　这些是形势上不可避免的困难，但是此外国民议会又为自己制造了一些困难，议会没有有条不紊的程序。英国的下院在它的工作上已有五百多年的经验，法国革命早期的伟大领袖之一米拉波，试图采用英国的规章，但是没有效果。当时的感情却是赞成大喊大叫，戏剧性地打断别人的话和诸如此类的自然美德的表现。这种紊乱不仅来自国民议会本身，还有一个为会外人设立的大的顶层楼座，一个太大的旁听席；可是谁能限制自由公民对国家管理的发言权呢？这旁听席上挤满了急于看"热闹场面"的人们，他们随时准备对楼座下的发言人鼓掌赞成或大声喝止。较能干的发言人就不得不对旁听席表演一番，而采取感情用事和煽动人心的做法。议会在紧要关头则容易招来一群暴民以扼杀辩论。

　　国民议会就是在这样备受干扰的情况下从事它的建设事业的。8月4日它获得了一项巨大的戏剧性的成就。在好几个开明贵族的领导下，议会做出了一系列决议，废除了农奴制、特权、免税权、什一税和封建法庭（但是在国内很多地方，这些决议直至三四年后才发生效力）。贵族爵位也同他们的其他权力一并废除了。在法国成为共和国以前很久，一个贵族签名时带着他的爵位已是一件得罪人的事了。国民议会用了六个星期的功夫，经过无数次的润色，专门起草了一个人权宣言——仿照英国的权利法案，该法案是英国有组织的变革的准备。同时宫廷阴谋反动，人民也觉察到宫廷正在搞阴谋。由于国王的堂弟奥尔良的菲力浦卑劣的图谋，使事情变得复杂化了：菲力浦想利用这时的混乱而取代路易在法国的王位。他把巴勒·罗垭宫的花园向公众开放，这花园就成了进一步讨论的一个巨大中心。他的代理人极力加深民众对国王的怀疑，事情由于粮食供应不足而恶化了——对此国王的政府被认为是有罪责的。

不久忠于王室的弗朗德勒旅团在凡尔赛出现。王室正在策划远离巴黎——以便推翻已经完成的一切，并复辟专制和奢靡。像拉斐特将军等这种主张君主立宪制的人都感到极为震惊，就在这时由于粮食缺乏激起了民众的愤慨，这就很容易转变为对王室反动威胁的义愤。人们相信凡尔赛存有大量粮食，把粮食贮存在那里是为了不让人民得到。公众心理已对有关凡尔赛最近一次敌视国家的宴会的可能夸大了的报道感到极为不安。这里是卡莱尔描写那次不幸的宴会的一些摘录。

歌剧大厅已承蒙准予使用，宴会厅设在埃居尔沙龙。不但有弗朗德勒的军官，还有瑞士军官和瑞士百人卫队的军官；甚至凡尔赛的国民自卫军的军官，只要有点效忠的人都将参加宴会；它将是一次少见的盛宴。

现在假定这次盛宴的主要部分举行了，第一遍酒喝过了。假定惯常的表示忠诚的祝酒也举过了杯；以震耳欲聋的万岁声敬祝国王和王后的健康；而祝贺国家昌盛的祝酒则被"省略"或甚至被"拒绝"了。香槟欢流；狂言满座，音乐荡耳；轻浮无知之辈，以其本身的空虚争相吵嚷，越来越喧闹不已。看来王后陛下今夜特别忧郁（国王陛下则由于白天的行猎疲惫地呆坐着），人们告诉她说，看看这种场面将会高兴起来。看！她从大厅进入，有如云破月出；这个绝美的忧郁的红心皇后，国王夫君在她身旁，年幼的王子在她怀里！她从厢楼下走，在花团锦簇和欢呼声中，踏着矜严的脚步绕行于席面之间，柔雅地点首；她满脸忧伤，但也带着感激和勇气，在她慈爱的胸怀中怀着法国的希望！这时乐队奏出："啊，理查德，啊，我的国王，全世界都抛弃了你"，人们除了激动到极端同情和忠诚之外还能作什么呢？那些轻浮的青年军官们，除了戴上王后纤手赐给他们的白色波旁帽徽，挥舞着拔出的宝剑誓保王后的健康，践踏着国民帽徽，爬上可能发出打扰人的低声怒语的厢楼，在门里门外吵闹、叫嚷、愤怒、骚乱——用来证明他们在大风暴的颠簸中心头空虚的状态以外，还能做什么呢……

一次普通的宴会；在平时是无害的，现在却是致命的……可怜失策的玛丽·安东尼达；她有妇女的热情，却没有君主的远见！事情是这样地自然，但又是这样地愚蠢。第二天，在当众的礼节性的讲话中，王后陛下自己宣称，她对星期四的宴会感到很高兴。

这里与这种情况成对照的是卡莱尔对人民心情的描绘。

星期一清晨,作母亲的在肮脏的阁楼里醒来,听到孩子们索要面包的哭声。作母亲的必须上街去,到药店去,到面包房前去排队;在那里遇到挨饿的母亲们,彼此同情而又愤怒。啊,我们这些不幸的妇女!但是,为什么来排长队买面包,而不去贵族们的府邸找出事情的根源呢?走吧!让我们集合起来。到市政厅去,到凡尔赛去……

在后一种想法实现以前,巴黎的人们到处在呼号、惶惶不安。一个名叫马伊雅的颇有组织能力的人涌现出来,掌握了一定的领导权。无可置疑,革命领袖们,特别是拉斐特将军,利用并组织了这次暴动以便在国王能够逃走——如查理一世逃往牛津那样——以发动内战之前把他捉住。过午,游行队伍开始了它的11英里的徒步前进……

我们再引卡莱尔的文章:

马伊雅让他的拖脏衣服的狂怒的妇女们在最后一座小山顶上停下休息;现在凡尔赛市、凡尔赛宫、王室的院宅一望无际地展现在惊奇的眼前。自右遥望,越过马勒和圣惹尔曼—昂—拉耶;转向左边,朗布伊宫四围一片美景,轻柔绮丽;仿佛在朦胧湿润的天气里,略带愁容!新旧凡尔赛,近在眼前;中间是庄严、宽阔、垂荫的凡尔赛大街,人们估计有300英尺宽,种有四行榆树;然后是凡尔赛宫,最后是皇家的花园和乐园,闪烁的小湖、凉亭、曲径、兽苑和大小特里安朗别院。高耸的住所、绿荫的乐园;这里居住着下界的神仙。但是,即使在那里也免除不了阴郁的忧虑,就是现在饥饿的狂怒的妇女们正带着枪矛冲上前来了!

傍晚下了雨。

看那广场,大片空地上挤满了一群群肮脏、淋湿了的妇女;挤满了长发的男性亡命之徒,执着斧子、生锈的枪矛、陈旧的滑膛枪、铁箍包的棍棒(末端是刀或剑刃,一种临时的钩镰)为武器;他们别无所求,只是出于饥饿的反抗。大雨如注;卫队在人群的"叱声中"横冲直撞;尽管生气焦躁,人群在这边刚散开而又在那边聚拢起来……

无数肮脏的妇女包围着议长和代表团,坚持要跟他一起去,国王陛下不是从窗口外望并亲自派人出来询问我们要求什么吗?"要面包,还要和国王谈一谈"，这就是回答。12名妇女吵吵闹闹地加入了代表团；同它一起前进，穿过了广场，通过了驱散的人群和横冲直撞的卫队，还有那倾盆的大雨。

"要面包，不要太多的讲话！"这是自然的要求。

人们还听说王室的马车正在驾辕，好像是要去梅斯。的确是有几辆马车在后门出现，不知是不是王室的。他们甚至拿出或引用了一个出自我们的凡尔赛市府的书面命令——这个市府是君主的而不是民主的。但无论如何，凡尔赛的哨兵又把马车赶了进去；这是由于警惕的勒孔特严格要求他们这样做的……

夜色深沉，风狂雨骤；到处途暗路黑。那是这些地方最奇异的一个夜晚；也许是从巴托罗缪之夜以来所未有的，当时凡尔赛如巴松皮埃尔所描绘的，是一座别墅。

啊，需要奥福斯的七弦琴拨动美妙的琴弦，才能迫使这些疯狂的人群恢复秩序！因为这里似乎一切都陷入了崩裂、天塌地陷般地混乱。好像在世界下冲的激流里，最高贵的和最低微的人碰在一起了；法国的亡命之徒把法国的王族包围了；"铁包的棍棒"高举在王冠的周围，并不是保卫它！在一片痛斥嗜杀成性的、反对国民的警卫队声中，夹杂着对王后名字的阴狠的怒吼。

宫廷上下坐着发抖，颓然无力。他们的心境随着广场上人群的情绪而起伏，随着来自巴黎谣传的紧弛而变换。谣言沓来；一会儿传说和平，一会儿传说战争。内克尔和全体大臣往来磋商，毫无结果。宫墙圆窗里传出一阵阵骚乱的耳语：我们一定要逃到梅斯去，我们一定不要逃跑。王室的马车又试图出走——虽然仅仅是尝试；它们又被勒孔特的哨兵赶了回去。

关于那天夜晚在拉斐特将军亲自统率下国民自卫军的到来，国民议会和国王间的谈判，清晨卫队和饥饿的围攻者之间战斗的爆发，以及围攻的人们怎样冲进王宫几乎把国王全家杀掉，这些我们应让读者自己去读卡莱尔的书了。拉斐特和他的部队及时出来阻止了这场屠杀，正好这时也从巴黎及时地给群众运来了几车面包。

最后决定国王应当回到巴黎。

世上看见过不少的列队游行，罗马的凯旋式和欢迎式、卡比里的击钹、国王的巡幸、爱尔兰的葬仪；但是法国君主政体这一走向灵床的游行也还得看看。队伍有几英里长，宽阔到茫无边际，因为附近所有的村民都拥来观看了。慢慢地，一路停顿，像无边的湖水，但声响却像尼亚加拉瀑布，像巴贝尔通天塔,像贝德拉姆精神病院的狂乱声音。激溅声、践踏声、欢呼声、鼓噪声、排枪声,这是近世所见到的混乱的最真实片段!直到人流缓慢地江河入海似的在暮色深沉中注入了期望着的巴黎,穿过夹道重重叠叠的人群从帕絮直到市政府。

想想看:国民自卫军的先遣部队,带着一长列的炮,扛枪持矛的男男女女,跨坐在炮车、两轮马车和陈旧的大车上,或是步行……刺刀尖上戳着面包,枪筒里插着绿色树枝。后面,作为游行的主体,是"五十车的谷物",这是为了议和从凡尔赛仓库里借来的。粮车后面跟着的是抱惭受辱的卫队的散兵,头戴卫兵软帽。紧接着是国王的马车,后面是许多辆王室的马车,还有 100 名国民代表也来了,其中坐着米拉波——他没有说什么话。最后,作为后卫队的是凌乱行进着的弗朗德勒旅团、瑞士卫队、瑞士百人卫队、其他的卫队、匪徒以及所有不能走到前面去的人。夹杂在无边的人流中间的是无数圣—安托万和大队的悍妇们。尤其是这些悍妇们围在王室的马车四周……覆盖以三色旗,唱着"影射的歌曲",一手指着歌词所攻击的王室的马车,另一手指着粮食车,一边说,"鼓起勇气来,朋友们!现在我们不缺面包了;我们给你们带来了面包师、面包师的老婆和他的孩子"……

雨天淋湿了三色旗,但是浇不灭人民的欢腾。现在不是一切都好了吗?几天后这些坚强的妇女中有人说:"啊,夫人,我们的好王后。啊,夫人,我们的好王后,不要再当卖国贼了,我们都将爱戴你!"……

这是 1789 年 10 月 6 日,将近两年王室一家平安地住在杜伊勒里宫。如果宫廷对人民遵守共同的信用,国王可能至死还是一个国王。

从 1789 年到 1791 年早期的革命坚持进行着;法国是一个君主立宪国,国王的权力削弱了,退居于杜伊勒里宫,国民会议平安地统治着全国。读者回顾一下前面一章中波兰的几幅地图,就将领会到俄、普、奥那时正忙于什么。当法国在西方作一个君主共和国的实验时,对东方那个君主共和国的最后一次瓜分正在进行。法国还能等待。

当我们考虑到国民议会的缺乏经验,它工作的条件和它的问题的复杂性时,人们必须承认它是做了大量很出色的建设性的工作的。其中很多是健全的,一直保留下来,许多是实验性的已被废弃了。有些是有害的。刑法经过了一次清理,拷问、任意监禁、迫害异端都废除了。法国古代的省份如诺曼底、勃艮第等已改成八十个郡。军队中每个阶级的人都可擢升到最高的军阶。一个美好而简单的法院制度建立了起来，但是它的价值却由于法官民选、任期短促而贬损了。这种作法使群众成了一种最后上诉的法庭，而法官像国民议会的议员一样，必然要设法迎合听众的心理。教会的全部巨大财产都被国家没收和管理了；凡不从事教育或慈善工作的宗教机构都被解散，教士薪金由国家支付。这件事本身对法国的低级教士来说并不是一件坏事，与较富有的教会显贵相比，他们的薪俸常常是少得可怜的。此外，神甫和主教规定由选举产生，这击中了罗马教会的根本思想，罗马教会是把一切都集中在教皇身上，全部权威都是自上而下的。事实上国民议会想要在一击之下就使法国的教会在组织上，如果不是在教义上，成为新教的。但是国民议会所设立的国家神甫和忠于罗马的顽抗的神甫（不肯宣誓的）之间到处发生着争论和冲突……

国民议会做了一件奇怪的事，大大削弱了它掌握事务的权力。它公布说国民议会的议员不得任行政性大臣之职。这是仿效美国宪法，在那里各部部长也是和立法机关分开的。英国的方法则是所有大臣都在立法机关之中，可以随时回答问题并说明他们对法律的解释和他们处理国事的情况。如果立法机关代表有主权的人民，那么肯定部长大臣们必须同他们的主权机关有密切的联系。立法和行政的分离在法国招致了误解和猜疑；立法机关没有控制的力量，行政机关没有道德的力量。这导致中央政府如此地无力，使得这时期发现很多地区的公社和城镇实际上是自治的社会；它们认为怎样合适就怎样接受或拒绝巴黎的命令，按照它们地方的胃口而谢绝纳税或分割教会的地产。

10 雅各宾党的革命

如果有国王的忠心支持，而在贵族方面又有适当的爱国心的话，那么国民议会，尽管它的吵闹的旁听席、它的卢梭主义和它的缺乏经验，为法国误打误撞地找到一种稳定的代议政府的形式还是十分可能的。法国有米拉波这样一个对时代的需要有明确观念的政治家；他知道英国制度的力量和缺点所在，并且显然着手在更加广泛的、更加诚实的选举权基础上为法国建立一个同样的政治组织。诚然，他曾沉溺于跟王后作浪漫小说中鲁里塔尼亚式的调情；秘密地和王后私会，郑重地宣称她是国王左右"唯一的人"，在那件事上他多少弄出一点笑话，但是他所草拟的计划的规模比杜伊勒里宫后面楼梯上所拟订的计划的规模要广大得多。1791年由于他的去世，使法国确实丧失了最有建设性的政治家之一，并失去了与国王任何合作的最后机会。哪里有宫廷哪里就有阴谋，王党的阴谋诡计和王党的搬弄是非是对国民议会抗衡的最后的救命稻草。王党人并不喜欢米拉波,他们也不喜欢法国;他们要返回他们失去的天堂,在那里有的是特权、高傲和无限制的费用,他们似乎认为只要他们能使国民议会的政府无法忍受,那么凭着一种奇迹,旧制度的枯骨就会重新复活。他们不感觉到有其他的可能,他们脚下裂开了和极端共和派的深渊。

1791年6月一个夜晚,在11时和午夜之间,国王、王后和他们的两个孩子化了装从杜伊勒里宫悄悄地溜出,心惊胆战地穿过巴黎,从城北绕到城东,最后登上在通往夏龙的大路上等候着他们的旅行马车。他们投奔东部的军队。东部的军队是"忠诚的",就是说,至少它的将军和军官们准备把法国出卖给国王和宫廷。这毕竟是按照王后的心意而从事的冒险,我们可以理解到当这小群人与巴黎之间相距的里程加长时,他们是多么愉快而激动。越过小山,有的是崇敬、深深鞠躬和吻手。然后返回凡尔赛,对巴黎的暴民稍稍开几枪——如果必要就开几炮,杀几个人——但不是那种重要的人物。白色恐怖持续几个月,然后一切又将恢复正常。或许卡洛纳也会回来,带着新的财政机谋。那时他正忙着在德国王侯中寻求支持。许多宅第需要重建,如果重建的工作稍为沉重地压在焚毁掉这些宅第的人的肮脏的颈上,他们也不能有什么抱怨……

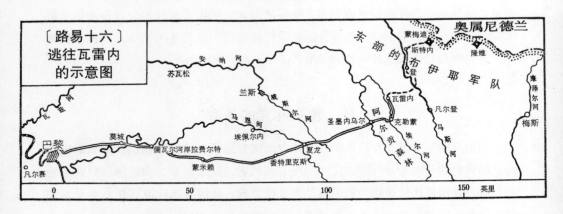

所有这些美好的期望,那天夜晚在瓦雷内全被无情地粉碎了。国王在圣梅内乌耳被驿站长认出,当黑夜降临时向东去的路上蹄声哒哒,奔驰的报信人正在唤起村人,试图拦截这些逃跑的人。在瓦雷内的前村里有几匹马精神抖擞地等候着——负责的年轻官员以为国王今夜不会来到,已经去就寝了——这时,在后村化装成仆人的可怜的国王和马夫争吵了半小时之久,这些车夫曾期待在后村有人换班,不肯再往前走了。最后他们才同意继续前进。他们答应得太晚了。当车夫们争吵时，从圣梅内乌耳来的驿站长正骑马走过，这小群人发现驿站长和他集合起来的瓦雷内的几个知名的共和党人正在市镇中间的桥上等候着他们。桥被阻塞了。滑膛枪伸进了马车："你的护照！"

国王没有挣扎就屈服了，这小群人被带进某村官的家里。国王说："好吧，这里你们抓到我了！"他还说他饿了。吃饭时他称赞那酒是"很好的酒"。王后说了些什么没有记载下来。在近处就有王党部队，但是他们没有试图营救。警钟开始敲起，全村"点起了灯"，以防奇袭……

一车载满垂头丧气的王室人员回到了巴黎，受到广大群众沉默的迎接，因为事先已有人传出话来说，不论谁污辱国王的将被鞭笞，谁赞扬国王的将被处决……

只是在这次的蠢举之后，共和国的观念才抓住法国人的心。在这次逃奔瓦雷内以前，无疑法国有大量抽象的共和的情操，但几乎没有表示过什么废除君主政体的倾向。甚至在7月，国王逃亡后一个月，在巴黎马斯广场召开的支持废黜国王的一次请愿大会还被当局驱散，很多人被杀死。但是这种坚决的表示也阻挡不了那次逃亡的教训之深入人心。正如在英国查理一世的日子里那样，如今在法国，人们认识到国王是不能信任的——他是危险的。雅各宾党人的力量很快地发展了起来。他们的领袖罗伯斯庇尔、丹东、马拉，这些迄今被认为是令人无法忍受的极端分子，开始支配了法国的事务。

这些雅各宾党人相当于美国的激进派，是一些具有不受约束的先进思想的人。他们的力量在于无所牵累而率直这一事实。他们都是些没有东西可失的穷人。与旧秩序残余妥协的温和派，是由诸如拉斐特将军和米拉波这样已有确定地位的人领导的。拉斐特在年轻时由于作为一个为美国殖民地人民战斗的志愿军而闻名，米拉波是个贵族，很乐意效法有钱有势的英国贵族的榜样。但是罗伯斯庇尔是一个来自阿腊斯的贫困而聪明的青年律师，他的最贵重的财产就是他对卢梭的信念；丹东是巴黎一个律师，并不比罗伯斯庇尔富裕多少，他是一个身材高大、善于在演说中作手势、长于辞令的人物；马拉年纪较长，是一个在科学上有些名望的瑞士人，但同样地不受财产的牵累。他曾在英国呆了好几年，是圣安德鲁的名誉医学博士，并用英文发表了一些对医学科学有价值有贡献的文章。本杰明·富兰克林和哥德都对他在物理学方面的著作感兴趣。这就是卡莱尔所称为"疯狗"、"残忍"、"龌龊"和"狗医生"的那个人——这最后一个称呼是作为对他的科学表示赞扬的。

法国革命召唤马拉进入政界，他对那场大论战的最早几篇文章是精辟而稳健的。法国流行着一种错觉，认为英国是一块自由的国土。他的《英国宪法弊害表》指明了英国的真实情况。他的晚年由于一种几乎不能忍受的皮肤病使他发狂，这病是在国王逃奔瓦雷内后，他谴责国王为卖国贼，为了逃避后果，躲在巴黎的阴沟里而沾染上的。只有坐在热水浴槽里他才能集中思想来写作。他曾受虐待，备尝艰苦，而变得冷酷无情；但是他在历史上是突出有名的诚实人。他的穷困似乎特别激起卡莱尔的嘲讽。

  他走过的是什么样的一段路；现在坐下来了，大约已7点半钟，泡在拖鞋形浴槽的热水中；为痛苦所折磨；患着革命狂热病……病得过分沉重，精疲力竭，这可怜的人：正好只有11个半便士的现钱，还是纸币，加上一个拖鞋形的浴槽；同时一张结实的三脚凳供写作之用，全家只有一个肮脏的洗衣妇……那是他在医校街的公民住宅，只有这条路通向他……听，又是一阵敲门声，一个音乐般的女人声音，一定要闯进来：这是个要为法国服务的女公民。马拉从里面认出她来，就叫她进来吧。夏洛特·科尔戴被允许进来了。

  这个青年巾帼英雄表示要给他一些必要的关于卡昂这个地方的反革命的情报，当他专心记录她述说的事实时，她用一把大鞘刀刺杀了他（1792年）……

这就是大多数雅各宾党的领袖的品质。他们是没有财产的人——无拘无束的人。因此他们比任何其他党派更是各不相关，更是各行其是；他们随时准备把自由和平等的观念推向逻辑的极端。他们的爱国美德的标准既崇高又严峻，甚至在他们的人道主义热情中也有些不人道的东西。他们毫不迁就地反对温和派把事情缓和下去、使平民维持在恰好稍为穷困而又稍受尊敬、使王室（和殷实的人）也稍受尊敬的倾向。他们被卢梭主义的公式遮住了眼睛，看不到人天生就是压迫者和被压迫者这一历史的真理，在世上只有慢慢地通过法律、教育和爱的精神才能使人们有幸福和自由。

由于就白种人的范围来说，美国已是一块心情舒畅实际上平等的地方，所以18世纪美国的民主政治公式总的说来是令人奋发和有益的，而在法国这些公式对城镇居民说来是个十分卤莽和危险的混合物，因为法国城镇的很大一部分是贫民窟，充满了被剥夺的、道德败坏的、堕落腐化的、愤世嫉俗的人。巴黎的群众是处在一种特别绝望和危险的状态中，因为巴黎的工业主要是奢侈品的工业，它的雇工大多是寄生于时髦生活的弱点和邪恶之上。现在时髦社会的人士已逃出了边界，旅游的人受到了限制，商业混乱了，城里充满了失业和愤怒的人。

但是王党分子并不体会这些诚实正直并能牢牢抓住群众的想象力的危险的雅各宾党人的重要性，而居然自作聪明地以为可把他们作为工具。按照新制定的宪法以"立法议会"代替国民议会的时候已经迫近了;当雅各宾党人怀着粉碎温和派的想法,提议国民议会议员不得被选为立法议会议员时,王党分子非常高兴地支持他们,并且通过了这项提议。他们觉察到立法议会,这样全然没有经验,必定是一个政治上无能的机关。他们要"从过分的罪恶中抽出善良来",法国不久将会无可奈何地返回到它的合法主人的手中。他们是这样想的,王党分子做的比这更多,他们支持一名雅各宾党人当选为巴黎市长。这大概好像一个男人带了一只饿虎,回家来说服他的妻子,说她是需要它来保护的那样聪明。而王党分子所没有估计到的就在身旁还有另一个团体,这个团体比宫廷准备得更好得多,随时可插手进来把这无能的立法会议取而代之,那就是牢固地设立在市政厅的巴黎雅各宾公社。

到目前为止法国是和平的。没有一个邻国曾进攻它,因为看来它内部的纠纷正在削弱它自己。因法国的骚乱而受害的是波兰。但是似乎没有理由认为诸邻国将不会侮辱和威胁法国,并准备好以后在它们方便时来瓜分它。1791年普王和奥皇在庇尔尼茨会晤,并发布了一篇宣言,声称在法国恢复秩序和君主政体是一件同所有君主们都有利害关系的事情。一支亡命者的军队,即法国的贵族和士绅们,一支大部由军官组成的军队,被允许在靠近边境处集合了起来。

是法国向奥国宣战的。那些赞成采取这一步骤的人的种种动机是互相冲突的。很多共和党人想要战争,因为他们愿意看到同族的比利时人从奥国的奴役下解放出来。很多王党人想要战争,因为他们看到在战争中有恢复国王威望的可能性。马拉在他的《人民之友》报上拼命地反对战争,因为他不愿看到共和的热情转变成战争狂。他的本能警告他日后会有拿破仑。1792年4月20日,国王来到议会并在巨大的欢呼声中提议宣战。

战争灾难性地开始了。三支法军进入比利时,两支遭到惨败,第三支在拉斐特的统率下撤退了。接着普鲁士宣战支持奥国,联军在布伦斯维克公爵的统帅下准备入侵法国。这个公爵发表了历史上最愚蠢的一篇公告,他说他正在入侵法国为的是恢复国王的权威。他威胁说,如果再对国王表示任何侮辱,他得亲临立法议会和巴黎给以"军法惩治"。这当然会使最忠于国王的法国人也变成了共和党人——至少在整个战争期间。

革命的新阶段——雅各宾革命时期,是这篇公告的直接结果。它使守纪律的共和党人(吉伦特派)和王党人占着优势的立法议会,和那曾解散巴黎马斯广场的共和党人会议并在阴沟里追捕马拉的政府,都成为无法忍受的。叛乱者集合在市政厅,8月10日巴黎公社向杜伊勒里宫发动进攻。

国王的举动笨拙而又愚蠢,并又以国王的特权而漠视他人。他不但有顺逆未定的国民自卫军,而且拥有近一千名瑞士卫兵。他犹豫不决地支持到开火,然后跑到附近的议会把他自己和他的全家置于它的保护之下,听任他的瑞士卫队自己去作战。无疑他希望引起立法议会和巴黎公社的对立,但是立法议会没有市政厅的公社那种战斗精神。王室的避难者被安排在为记者保留的旁听席里(旁听席通往一个小房间),他们在里面呆了16个小时,那时立法议会在辩论他们的命运。外面是激战的声音,不时会有一扇窗户被打碎。不幸的瑞士卫队已陷入绝境,负隅而战,因为这时他们已别无他法了……

议会不想支持政府7月间在马斯广场的行动,公社强烈的气势统治着它。国王在议会中得不到丝毫安慰,它斥责他并讨论他的"停职"。瑞士卫队一直战斗到从国王那里得到停战的命令为止,接着——群众对这场不必要的流血极为愤怒而抑制不住——他们的大部分都被屠杀了。

使路易"墨罗温朝化",使一个迟钝而无适应力的专制君主成为一个诚实的君主,共和党人的这个讨厌而长期的尝试,至此已接近其悲惨的结尾。巴黎的公社实际上控制了法国。立法议会——显然它已改变了主意——下令停止国王的职务,把他监禁在丹普尔堡,用一个执行委员会来代替他,并召集国民公会来制订新宪法。

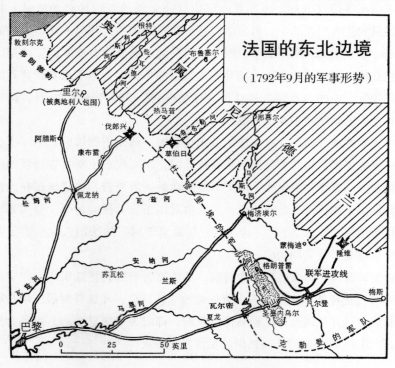

爱国的、共和的法国现在情势已紧张得不可忍受了，它所有的那些军队正无可奈何地向巴黎溃退。隆维已经陷落，接着重要的凡尔登要塞也失陷了，似乎没有力量能阻止联军向首都挺进。王党叛变的意识高涨到过度的残忍。无论如何必须不许王党人乱说乱动并把他们驱逐出去。公社着手搜寻能发现出的每一个王党人，直至巴黎的监狱都装满了。马拉看到了一场大屠杀的危险。乘着时间还来得及，他试图建立紧急法庭，以便在这一群庞杂的阴谋家、嫌疑犯和无恶意的有身份的人里面，可以把无辜者从有罪的人中筛滤出来。但没有人理睬他，9月初一场不可避免的大屠杀发生了。

忽然间，成群的暴徒占领了一座又一座监狱。一种简陋的法庭组织起来了，外面聚集着一群以马刀、枪矛和斧子武装起来的狂热的暴民。囚犯们不论男女，一个一个地从他们的牢房里带出来，经过简短的盘问，或是以高呼"国民万岁"被赦免了，或是被推到门外的暴民中去。在那里人群挤来挤去争着对牺牲者砍上一刀或刺上一枪。判了罪的人被刺死、砍死或被打死，他们的头被砍下插在枪尖上，举到市镇示众，他们被撕裂的尸体丢在一旁。其中，国王和王后留在杜伊勒里宫的朗巴尔公主也被杀死了。她的头插在枪尖上带到丹普尔堡让王后去观看。

在王后的牢房里有两名看守的国民自卫军。一个一定要她往外看这可怕的情景；另一个则可怜她，不让她往外看。

就是这出红色的悲剧正在巴黎进行时，法国将军杜木里埃从弗朗德勒赶调一支部队进入阿尔贡山的森林中，他正在凡尔登外面阻挡联军的前进。9月20日在瓦耳密发生了一场交战，主要是炮兵的对抗。普鲁士的一次不太果断的推进被挡住了，法国的步兵坚守阵线，他们的炮兵比联军的炮兵要好些。在这次退却以后，布伦斯维克公爵迟疑了十天之久，才开始向莱茵河撤退。制香槟酒的酸葡萄在普鲁士军队中传布了痢疾。这次瓦耳密战役——和一阵炮击差不多——是世界史上一次决定性的战役。革命得到了拯救。

1792年9月21日国民公会开会，立即宣布法国为共和国。接着以一种有关这些事情的逻辑上的必然性，审讯并处死了国王。与其说他是作为一个人而死，不如说他是作为一个象征而死。人们也没有别的办法去处置他；一个可怜的人，把他放在哪里都麻烦。法国不能让他去鼓舞亡命国外的人，也不能让他无害地留在国内；他的存在威胁着法国。马拉毫不怜悯地极力主张这个审讯，但是以他那尖刻的明达，他不会让人审判国王在签署宪法以前所犯的任何罪过的，因为在那以前他是一个真正的国王，是在法律之上的，因而不可能是非法的。马拉也不允许攻击国王的辩护人……自始至终马拉扮演了一个严酷而又总是公正的角色；他是一个伟大的人物,在火热的性格中蕴藏着机敏的才智;那种在血液中机体上的憎恨折磨着他,这种憎恨不是心灵的而是肉体的产物。

路易在1793年1月被斩首了。他是在断头台上处决的——因为从前一年8月起,断头台就被用作法国处死刑的正式刑具。

丹东作为猛狮般的角色,在这场表演中是很漂亮的。他喊着说:"欧洲的国王们要对我们挑战了,我们向他们掷出了一个国王的头颅!"

11 雅各宾共和国,1792—1794年

现在接下去的是法国人民历史上的一个奇异的阶段。法国人民心中升起了一股对法国及共和国的热忱的巨焰,对国内和国外的妥协将告结束:在国内,王党分子和各种形式的不忠都要铲除掉;在国外,法国将是所有革命家的保护者和援助者。整个欧洲、整个世界都要变成共和政体的。法国的青年大批涌入共和国的军队;一支崭新奇妙的歌曲——《马赛曲》在全国传布,迄今它仍然像酒一样地温暖着人们的血液。在那首圣歌和如醉如狂的法国步兵纵队以及他们热情发射的枪炮面前,外国军队溃退了。1792年年底以前,法国军队到达了远远超过路易十四最大的武功所及的地方,到处他们都站在外国的土地上。他们驻扎在布鲁塞尔,他们蹂躏了萨瓦,袭击了美因兹;从荷兰他们夺取了斯凯尔特河。这时法国政府做了一件不明智的事。由于处死了路易,英国驱逐了法国的代表,这件事激怒了法国,因而向英国宣战。这是做得不明智的,因为革命解除了贵族军官和很多束缚性的传统,使法国拥有一支新的热情的步兵和一支声名卓越的炮兵,但是毁损了它的海军的纪律,而英国人在海上是最强的。这一挑衅使整个英国团结了起来反对法国,而在英国起初有相当大的自由主义运动是同情法国革命的。

关于以后几年里法国对欧洲联盟的作战我们不能作任何详细的叙述。它把奥地利人永远赶出比利时,使荷兰成了一个共和国。冻结在特塞尔岛的荷兰舰队未发一枪就向一小股骑兵投降了。在一个时期里法国向意大利的推进拖延下来,只是到了1796年一个新的将军——拿破仑·波拿巴,才率领褴褛饥饿的共和国军队胜利地跨过皮埃蒙特,来到了曼图亚和维罗纳。一部《史纲》不能用地图表示出这些战役,但是进入战争的新的素质则必须提到。旧的职业军队为作战而作战,像计时工资的工人一样有气无力,这些令人惊佩的新军队忍饥耐渴地为胜利而战斗。他们的敌人称他们为"新的法国人"。C.F. 阿特金森(《英国百科全书》第12版中他所写的《法国革命战争》条)说,"最使盟国吃惊的是共和党人的数量

和速度。事实上什么也挡不住这些临时聚集的军队。因为没有钱而弄不到帐篷，因为缺少应有的大量四轮马车，运输既不可能就也不必要了，这本会引起职业军队大批大批地开小差的那种困苦，这些1793—1794年的士兵却能欣然忍受。空前大量的军需供应无法护送，于是法国人立即变得习惯于'就地谋食'。这样1793年已看到了近代的战争体系的诞生——行动迅速、充分发展国民实力、野营露宿、征用军需和打硬仗，完全不同于谨慎的调遣、小队职业兵、营帐和充足的口粮以及诈骗。第一种代表了坚决果断的精神，第二种代表了少冒险少获得的精神……"

当这一大群褴褛的狂热者唱着《马赛曲》为法兰西而战的时候，他们是在掠夺还是在解放他们所涌进的这些国家，在他们的心中显然是从来也不十分清楚的，巴黎的共和热情正在一种很不光彩的方式下耗尽了。马拉，雅各宾党人中一个最有才智的人，现因患一种不治之症而神经错乱，不久就被杀害了。丹东的演说就像是一阵阵爱国的风暴，罗伯斯庇尔以坚定的盲目信仰支配着局势。对这个人很难下判断；他的身体不好，天生懦怯，又是一个自命不凡的人。但是他有信心，那是取得权力最必要的天赋。他不信人们熟悉的上帝，而相信某一至高之主，卢梭就是他的先知。他坚决按照他的设想来拯救共和国，他想不出除他以外还有别人能够拯救它。因此保持住权力就是拯救共和国。共和国生动活泼的精神似乎是从屠杀王党分子和处决国王而奔涌出来的。有几处叛乱：一处是西部的旺代郡，那里人民在贵族和神甫的领导下起来反抗征兵和反对剥夺正统教士的财产；一处是南部，里昂和马赛起来反抗了，而土伦的王党分子已允许英国和西班牙部队进入驻守。对付这些叛乱似乎没有比继续屠杀王党分子更为有效的回答。

没有什么更能博得巴黎贫民严酷心肠的欢喜。革命法庭开始工作，一场持续的屠杀开始了。

1794年6月以前的13个月里共处死了1220人；以后的7个星期中共处死了1376人。断头台的发明对这种心情是很适时的。王后被斩了首，大多数罗伯斯庇尔的敌手也被斩首了；力辩没有最高之主的无神论者被斩了首；丹东由于认为断头台设得太多而被斩首了；一天又一天，一周又一周，这恶魔般的新机器把头颅砍下，越砍越多。似乎罗伯斯庇尔的统治是靠人流血来维持的。而且人血越要越多，正如抽鸦片烟的人越抽越多一样。

丹东还是丹东，在断头台上仍然是狮子般勇猛，足以为世人示范。他说："丹东，不要示弱！"

这段故事里奇怪的事情是罗伯斯庇尔无疑是诚实的，他比继承他的那群人诚实得多，被为人类生活建立新秩序而鞠躬尽瘁的激情所鼓动。这时，他竭尽全力把国民公会推到一旁，建立起公安委员会，这是由 12 人组成的应急政府。它企图建立的规模是惊人的。所有我们今天尚待努力解决的一切复杂问题，当时都迅速而草率地予以解决了。它曾多方试图使财产均等。圣·鞠斯特说："富裕是不名誉的。"富人的财产理应或被征税或被没收以分给穷人。每个人应当有一所安定的住宅、一种生计、有妻子、儿女。工人的能力应当和他的工资相称，但不给以占便宜的权利。它也曾试图把利润一概取消，因为利润是自有社会以来人类大部分商业粗朴的刺激。今天利润仍是一个使我们困惑不解的经济之谜。1793 年法国有反对"牟取暴利"的严厉的法律；1940 年英国也觉得必须制订十分类似的法律。雅各宾政府不但重新设计了——拟出动人的大纲——经济体制，也重新设计了社会体制。离婚变得和结婚一样地容易，合法的和私生的孩子的区别取消了……设计出一种新历法，12 个月都冠以新名，10 天为一周等——这历法早就被废除了，笨重的货币和旧法国混乱的度量衡也改成至今仍保存的简单明了的十进位制……一群过激派曾提议把上帝和其他制度一起取消，而代之以理性的崇拜。在圣母院大教堂的确举行了理性节，用一个美丽的女演员作为理性的女神。但是罗伯斯庇尔反对这件事，他并不是无神论者。他说："无神论是贵族的。一个最高之主的思想本质上是人民的思想，这个主是守护着被压迫的无罪的人并惩罚那耀武扬威的罪恶的。"

因此他把曾经庆祝理性节的埃贝尔，连同他的全部同党，都送上了断头台。

当 1794 年夏来临时，罗伯斯庇尔的精神错乱显露出来了。他对他的宗教深为关心（嫌疑犯的逮捕和处决现在还像从前那样活跃地进行着。在巴黎的街道上，每天有"恐怖"的气氛，载满判刑人的大车辚辚而过）。他诱使国民公会下令法国相信一个最高之主和安慰人的灵魂不灭的教义。6 月他庆祝一个盛大节日，即他的最高之主的节日。他率领一支游行队伍来到马斯广场，这个队伍堂皇显赫，佩带着大束鲜花和麦穗。庄严地烧毁了用易燃材料作成的代表无神论和邪恶的形象；然后从一个精巧的机械装置里，发出轻微的噼啪声响，一个燃烧不了的智慧之神的塑像在那里升起，取而代之。人们发表了演说——罗伯斯庇尔发表主要的演说——但是显然并没有礼拜的仪式……

此后罗伯斯庇尔显示出避开政事进入沉思的倾向，他躲开国民公会达一月之久。

7 月的一天他又出现，并发表了一篇奇怪的演说，明显地预示着新的检举。他在公会的最后一次重大的演说中大声疾呼道："注视那些随着革命洪流滚滚而下的大量的罪恶吧，我有时发抖，我怕会被周围不洁的坏人所污染……我知道世上联合起来的暴君很容易压倒一个单独的人，但是我也知道一个能为保卫人类而死的人的责任是什么。"……

然后发表了一些诸如此类的似乎威胁着每个人的空论。

公会沉静地倾听他的演说；当有人提议把它印发时，会上发出一阵忿怒的吼声，并拒不同意。罗伯斯庇尔愤怒地离开了公会到他的支持者的俱乐部去，并向他们重念了他的演说！

那天夜间，到处都在谈论、开会并准备明天的事，次日早晨公会转而反对罗伯斯庇尔。一个叫塔利安的用匕首来威胁他。当他试图讲话的时候，他被大声喝止，主席向他摇铃。罗伯斯庇尔高叫："刺客们的议长，我要求发言！"他遭到了拒绝。他的嗓子哑了，他口沫喷溅地咳嗽着。有人喊道："丹东的血把他噎住了。"

他当场被控告并被逮捕了，随后他的主要支持者也被逮捕了。

因此，仍然是坚定的雅各宾党人的市政厅起来反对公会，把罗伯斯庇尔和他的同伴们从拘捕他们的人手里夺了回来。夜间双方在集聚兵力，在进军和反进军；最后约在凌晨3点，公会的武力同巴黎市府的武力对峙在市政厅外。

雅各宾党人的司令官昂里奥忙碌了一天之后，在楼上喝醉了；谈判在进行，在一阵迟疑之后，革命市府的士兵倒向了政府。一片爱国激情的呼喊，有人从市政厅外望。罗伯斯庇尔和他最后的同伴们发现他们被出卖了，并陷入了圈套。

这些人中的两三个跳窗而出，在下面的栏杆上受了重伤，没有死亡。其余的人则企图自杀。罗伯斯庇尔似乎被一个宪兵射中了下颚，人们发现他惨白的脸上两眼瞪着，脸的下部有血。

经过17小时极大的痛苦后他才死去。在那段时间里他没有说过一句话，他的下颚被一块脏麻布胡乱地包扎着。他和他的同伴们，以及那些从窗户外跳而跌得快要死去的躯体，一共是22人，都被送上了断头台，以代替那天指定应受刑的人。他的双眼一直紧闭着，但是据卡莱尔说，他睁开眼睛看着那悬在他上面的大刀，挣扎了一番。当刽子手拆去他的绷带时他似乎还尖叫了起来，于是砍刀下落，迅速而顺利。

恐怖统治宣告结束。从开始到结束，判决和处死的共约四千人。

12 督政府

法国革命对世界现实事业所释放出来的新理想和新意向的潮流，虽经受了罗伯斯庇尔怪诞的人格和一生的讽刺和嘲弄，仍能在创造性的洪流中滚滚向前，这足以证明其强大的生命力和深刻的正确性。罗伯斯庇尔通过他的荒谬的虚荣和自我中心的绿色的、歪曲的透镜，已表示出新潮流的最深刻的思想，并已预展了它的方法和结论；他以血和恐怖把它的全部希望和前途给玷污和抹黑了；但是这些思想的力量仍未被破坏。它们经受了可笑而可怕的表现的最终考验。在他垮台以后，共和国仍在统治，无懈可击。由于他的继承者是一群狡猾的或庸碌的人，这个欧洲的共和国无领袖地挣扎下去，不久倒了下去又站了起来，倒下、站起、继续奋斗下去，困难重重，但仍是无敌的。

这里我们最好提醒一下读者关于这一恐怖阶段的真正的规模，它是如此生动地击中了人们的想象，因而与革命的其他方面相比，它是相对地被过分夸张了。从1789年至1791年末法国革命是一个秩序井然的过程，从1794年夏以后共和国是一个有条不紊的和胜利的国家。恐怖并不是全国的作为，而是城镇暴民的作为，暴民的存在和残酷应归咎于旧制度的苛政和社会的不公平；恐怖之所以爆发只是由于王党的一贯奸诈不忠，当这种不忠激怒了极端分子时，使广大温和的共和主义者也不愿进行任何干涉。最优秀的人正忙于在边境上对奥地利人和王党作战。

总之，我们必须记住，恐怖时期总共杀死了几千人，在这几千人中肯定有大量活跃的敌手，按那时的一切标准来衡量，共和国是有权杀死这些人的。他们中包括像巴勒·罗垭园的奥尔良公爵菲力浦这种卖国贼和挑拨离间的人，他曾投票赞成处死路易十六。单单是1916年7月通称为索姆河攻势开始的那一天，英国将军们所戕杀的生命就比整个法国革命自始至终所杀死的人还多。

我们听到关于法国恐怖时期那些殉难者的事情如此之多，因为他们都是有名的、社会关系很广的人，也因为这是对他们的苦难的一种宣传。但是让我们心目中把他们和那时世界上监狱里的一般情况比较起来看看。当恐怖统治着法国时，在英国和美国，因触犯了财产——常常是十分轻微的触犯——而被屠杀的人远比因犯叛国罪而被革命法庭判处死刑的人要多得多。当然，他们的确是一些普通的人，但是他们遭受的是粗暴的对待。1789年马萨诸塞州有一个女孩，因为强取了她在街上遇到的另一个女孩的帽子、鞋子和扣子而被吊死。又如，慈善家霍华德（约在1773年）发现英国监狱中拘留着许多完全无辜的人，他们经过审讯后宣告无罪，但因为付不起监狱看守的费用而不能出狱。这些监狱是些管理不好、肮脏不堪的地方，在英王乔治三世陛下的汉诺威疆域里刑讯仍在使用。法国的刑讯则沿用到国民议会时为止。这些事情标志着时代的水平。

在恐怖时期有什么人曾被法国革命家们有意拷问过，从来没有见诸记载。那几百个法国出身名门而下狱的人中，大多数过去总以为牢房是为他人而设的。这是件悲惨的事，但从世界的历史来衡量则并不是一出大悲剧。在"恐怖"时期平常的人比在1787年时更自由、更好过，也更愉快些。

1794年夏天以后共和国的故事变成了政治集团的纷乱纠缠的故事，各党派目标不同，从要建立激进的共和国以至到要实施王党的反动，但在他们中弥漫着一种普遍的愿望，那就是即使在付出相当大让步的代价下，也要获得某些明确可行的安排。那时有一系列雅各宾党人和王党分子的叛变：巴黎似乎有一个我们现在称之为无赖汉的阶层，他们随时准备出来战斗并劫掠任何一方；虽然如此，国民公会还是产生出了一个政府，五个成员的督政府，这个政府使法国团结了五年之久。1795年10月，最后一次，也是威胁最大的一次叛乱被一个新起的青年将军——拿破仑·波拿巴，以极大的才干和果断镇压了下去。

督政府在国外是胜利的，但在国内却没有建树；它的成员们急于贪图官场的享乐和荣华，不肯制订一部将会取代他们的宪法，并且他们太不廉洁，不能处理当时法国情况所要求的财政和经济的重建工作。我们只要提到他们中的两个人名——卡尔诺，他是一个诚实的共和党人；巴拉斯，他显然就是一个流氓。他们统治的五年形成了这大变革历史期间一段奇异的插曲。他们对待事物的态度是：得过且过。宣传者的革命热情把法国军队带到荷兰、比利时、瑞士、德国南部和意大利北部。国王们到处被赶走了，共和国建立了起来。

但是这种由督政府激发出的宣传者的热忱，并不妨碍他们劫掠被解放了的人民的财宝来减轻法国政府财政上的困难。他们的战争变得愈来愈不是为神圣的自由而战的战争，而是愈来愈像旧制度下的侵略战争。法国打算要放弃的大君主政体的最后一个特征就是它的对外政策。人们发现在督政府之下对外政策好像没有发生过革命一样，仍是那么活跃。

13 重建的休止和近代社会主义的黎明

世界上这一革命潮流现在已近乎退潮了，这个潮流曾创建了巨大的美利坚共和国，并威胁要淹没所有的欧洲君主国。它好像是从人类事务的表面底下冲出来的一种东西，在作出一次巨大的努力之后，不久就衰竭了。它扫荡了很多过时的有害的事物，但是很多有害的、不合理的事物还保留了下来。它解决了很多问题，留下了对友谊和秩序的渴望，同时很多更大的问题似乎刚刚暴露出来。某些类型的特权、许多暴政、大量的宗教迫害都没有了。当旧政体的这些事物消失时，好像它们从来就是不关紧要的。对平常的人来说，要紧的倒是他们的选举票和公民权，尽管他们有一种激情和努力，他们依然没有自由，也并不享受同等的幸福；随同革命而来的对新世界的莫大希望和气氛仍然没有实现。

但是，这个革命的浪潮毕竟还是实现了革命前已明确想出的几乎每一件事。现在它失败了不是因为缺乏动力，而是由于缺乏精致完善的思想。许多曾经压迫人类的事情是永远被扫除了。它们已被一扫而光了，现在却显露出人们对这次清除所给予他们的创造机会是如何地没有准备。革命时期是行动的时期；在这时期里人们收获了在革命间隔阶段成长起来的思想成果，他们把田地清理干净以便新的一季庄稼能够成长起来，但是他们不能突然地产生出成熟的新思想来应付一个不曾预料到的难解之谜。

国王和贵族、神甫和宗教法庭裁判官、地主、收税吏和监工都被清除了，使得广大群众第一次同社会结构的某些十分基本的方面面对面地接触了。人们过去认为这些关系是当然的，从来没有感到有对此认真不断地加以思考的必要。曾认为是理所当然的制度，犹如昼夜和四季循环那样必然，如今却发现这些原来是人为的、可以控制的，它们并不是那么复杂难解——现在旧的常规被取消了、废除了——迫切地需要加以控制。旧秩序本身面临着三个没有准备好去解决的疑难：财产、货币和国际关系。

让我们依次谈谈这三个问题，问问它们是什么问题，它们在人类事务中是怎样发生的。每个人的生活都和它们深深地纠缠在一起，并且关心它们的解决。这部历史的其余部分愈来愈清楚地变成力图解决这些问题的发展史；就是说，要怎样地去解释财产、怎样地去制定货币、并怎样地去支配国际关系，使得一个世界范围的、进步的和幸福的意愿结合的共同体成为可能。它们是命运的狮身人面像斯芬克斯的三个谜语，对此人类公共福利体必须找出答案，否则就要灭亡。

财产的观念是从人类好斗的本能产生的。在人成为人以前很久，古猿是一个占有者。原始财产是一头野兽也要争夺的东西。狗和它的骨头、雌虎和它的窝穴、吼叫的牡鹿和它的一群，都有强烈的占有权关系。在社会学中，想不出比"原始共产主义"这名词更无意义的表述了。旧石器时代早期家族部落中的长者坚持占有他的妻子们和女儿们、占有他的工具和占有他眼看得到的天地。如果有别人误入他的天地里，他就和这个人战斗，如果可能的话就把这个人杀死。正如阿特金森在他的《原始法律》一书中令人信服地指出，这种部落随着各时代的进程而成长，这是由于长老逐渐容忍年轻人的存在，承认年轻人对从部落外面俘获的妻子，对他们制作的工具和装饰品，以及他们杀戮的猎物的所有权。人类社会就是凭这个人的财产和那个人的财产之间的一种妥协而成长起来的。这大半是由于有必要把个别的部落赶出它眼看得到的天地，人们才被迫作出这种妥协和联盟。如果山岭、森林和河流不是你的土地或我的土地，那是因为这些必然是我们的土地。我们每个人都宁愿它是我的土地，但这是行不通的；如果这样，别人就要毁灭我们。因此，社会从它一开始就是对所有权的削减。所有权在野兽中和在原始野蛮人中是远比今天文明世界里更为强烈的一件事。它在我们的本能中比在我们的理性中更为根深蒂固。

今天在自然的野蛮人中和在未受教育的人中——我们最好记住今天没有一个人距原始的野蛮人超过四百代——所有权的范围是没有限制的。你能夺到什么，你就能据有什么：妇女、未被杀害的俘虏、捕获的野兽、森林空地和石坑等。随着社会的成长，产生出一种法律来制止自相残杀的争夺，人们发展了处理占有权的粗糙但尚可行的方法，人们能够占有他们首先制作或夺取或声称有权获得的东西。一个不能还债的债务人成为他的债权人的财产似乎是自然的。同样自然的是，一个人声称有权占有一小块土地后，谁想要使用它他就应向那个人索取代价。只有当有组织生活的可能性在人类慢慢现出曙光时，这种对任何东西具有无限的财产权才开始被认为是一种讨厌的东西。人们发现他们所生息的世界已全部被占有或被声称有权占有的了——不，他们发现他们自身生来就已被人占有或已被人声称有权占有了。早期文明的社会斗争今已难于追溯，但是我们所叙述过的罗马共和国的历史已表示出，那个社会正在觉醒到债务可以变成一种公众的不便，因此应该拒绝偿还，而无限的土地所有权也是一种不便。我们看到后期的巴比伦就严格地限制了以奴隶为财产的权利。最后，我们在伟大的革命家、拿撒勒人耶稣的教诲中发现这样一种前所未有的对财产权的攻击。他说，骆驼穿过针眼比大财主进入天国还容易些。

最近的 2500 或 3000 年，世界上似乎一直在对财产权许可的范围进行着持续不断的批评。拿撒勒人耶稣以后的 1900 年，我们发现在基督教教诲下的整个世界都在劝说不应当把人作为财产，在这件事上公共的良心已发生了转变。那种"一个人对他据为己有的东西可以为所欲为"的观念，在其他各种财产的关系上也显然大为动摇了。但是 18 世纪末在这件事上世界仍只是在发生一疑问的阶段。它并未得到足够清楚的，更未得到足够定论的解答来据以行事。人们最初的动机之一，是反对国王们的贪婪和浪费以及贵族冒险家们的剥夺来保护自己的财产。法国革命的开始就是为了保护私有财产的，但是革命的平均主义公式却使它转而批评革命本要保护的那个财产。当很多人没有土地安身，也没有东西可吃，除非他们辛苦劳动，所有主既不给他们食物，也不给他们住宿的时候，人们怎么能自由平等呢？"太过份了"——穷苦人抱怨着。

对于这个难题，雅各宾党人的回答是着手"平分"。他们想要增强和普及财产。早在18世纪已经有了某些原始社会主义者——或更确切地说，共产主义者——他们要通过另一种途径以达到同样的目的，就是要"消灭"一切私有财产，国家应据有全部财产。只是随着19世纪的进展，人们才开始领会到财产不是一件简单的事物，而是各种不同价值和结果的所有权的巨大的复合体，很多事物（诸如一个人自己的身体、一个艺术家的工具、衣服、牙刷）是根深蒂固的、不容改变的个人财产，还有一个范围很广的事物——例如铁路、各式各样的机器、住宅、栽种了的花园和游艇——其中每一项都需要特别加以考虑来决定到了什么程度和在什么限度下它可以列为私有财产，到了什么程度它就要列入公有的范围，并且为了集体利益可以由国家管理和出租。

今天我们比第一代的革命者有利的地方是已经过了170年的讨论，但是即使在今天，这项关于财产的批评与其说是一门科学，不如说仍是一种广泛的、热情的激动。在这种情况下，18世纪的法国，除了寻求剥夺所有主的模糊混乱的民众运动、和大大小小所有主的各阶级严酷坚持、要求首先确保其所有权外，不可能出现任何别的景象。

与人们对财产的模糊观念密切相连的是他们对货币观念的含混不清。在这点上美国和法兰西共和国都陷入了严重的困境。这里我们又在对付一项不简单的事物，它是一种由习俗、惯例、法律、流行的心理习惯错综在一起的事物，从这里产生的问题不是用简单的名词所能解决的，但是这些问题对社会的日常生活又非常重要。承认一个人一天的工作的有效性显然对社会机器的运转来说是十分重要的。对贵重金属和硬币的信任在人类历史上必然是逐步增长的，并一直发展到人们实际上普遍确信好货币在任何地方都具有购买力的保证。这种确信适当地树立以后，却由于政府使货币贬值和以纸币代替金属货币的行动，使人们感到很大的紧张和困惑。一旦发生严重的政治和社会的混乱，货币机构就开始周转不灵和不准确了。

美利坚合众国和法兰西共和国在立国之初都经过一段财政困难的时期。两国政府都曾因借款而发行纸面证券以支付利息，利息超过了政府所能筹集的款项。两次革命都导致孤注一掷的大量公共开支和借款，同时革命使农耕和生产中断，以致更加减少了真正可以课税的财富。两国政府都因为不能以黄金偿付而依靠发行纸币,约定以未开发的土地(在美国)或新近没收的教会地产(法国)为担保来偿付。两国发行的钞票额都远远超过了人们对新担保品的信用。黄金已下令收购,它或被狡猾的人藏匿起来,或送到国外去支付进口货物;人们发现手上有的不是硬币而是各种价值不定而且贬了值的纸币和票据。

不管通货的起源是怎样的复杂,它的实际效果和在社会里应该达到的目的可用简单的话略加叙述。一个人为了他的工作(脑力的或体力的)或出让了他的财产的某些消费品所收得的钱,最终必须使他能买到完全相等价值的消费品供他使用("消费品"一词我们是在最广泛的意义上来理解它,它甚至代表这类事物如作一次旅行,听一次讲演或看一场演出,有一个住处和医疗上的指导等)。当社会上每个人都得到这种保证,并确信货币的购买力不致跌落时,于是通货——和通过贸易的物品分配——才处在一种健康和令人满意的状态。那时,只在那时,人们才会高兴地工作。

因此,通货的稳定和安全的迫切需要才是开始对通货的科学研究和控制所必须依据的固定资料。但是在最稳定的情况下,通货的价值也总会有波动。世界和不同的各国可以出售的消费品的总量随着每年每季都不相同;秋季比起春季来大概是一个充裕的时候;世界上可买的货物增多,如果通货的总额不随着增多,通货的购买力是会加强的。在另一方面,如果消费品的生产减少,或是消费品遭到巨大的、亏本的破坏,如在战争中发生的那样,则由一笔货币所代表的消费品总额中的份额即将缩小,价格和工资就会上涨。在近代战争中,每发射一枚大的炮弹,即使没有打中什么东西,它所毁损的工和料大致与一所舒适的住宅或一个人一年的假期费用相等。如果炮弹打中了什么东西,那么更多的毁损应该加到消费品的减少上去。第一次世界大战中,每枚炮弹的爆炸都减少了全世界每块硬币的购买价值的一小部分。如果在消费品用尽而没有充分地补充,通货却又增加的期间——革命的和作战的政府出于需要几乎总要这样做——那么物价的上涨和支付工资的贬值还会更大些。

而且,政府在这些压力下总是要借款——那就是说,它们发行带有利息的证券,而以整个社会承受纳税的意愿和能力来担保。

这样一些工作如果由十分诚实的人,在众目睽睽之下,本着科学知识坦率地去办理,已经是够困难的了。但是迄今为止,事情从来不是这样的;在每一点上,机灵的利己主义者,就是那种有钱的坏人,都设法把事情弄得对自己有利些。到处还有愚蠢的利己主义者很容易受惊而陷入恐慌。结果我们很快发现国家为通货过量所拖累,这些通货实际上是一种不付利息的债务,同时也为贷款利息的巨大负担所牵累。信用和通货都随着公众信任的消失而开始大幅度地涨落。我们说，它们是信用扫地了。

信用完全扫地了的通货引起的最后结果，将是凡属不能以实物支付和物物交换来进行的全部工作和全部贸易都将告终。除了有食物、衣着、住房和实物支付外，人们就会拒绝工作。部分失去信用的通货的直接后果必然是使物价上涨、商业上疯狂的投机倒把、工人多疑而易于激怒。一个机警的人处在这种情况下情愿把存钱的时间尽可能地缩短：他索取最高的价格出售他的实物，又尽快地再买进一批实物，以便把这不经久的东西，即纸币脱出手去。一切有固定收入和储蓄的人因物价高涨而受损害，靠工资为生的人也日益愤怒地感到他们的工资的实际价值在不断地下跌。

事情到了这个地步，每个聪明人的义务显然是要帮助调整和恢复信用。但是所有私人企业的传统，所有18世纪晚期的思想都认为，这些心灵手巧的人，他们在币制崩溃的风暴和混乱中着手于累积要求权、购买地契和实体财产的行动是正当的。世界上真挚质朴地从事恢复诚实可行的货币和信贷状况的通情达理的人为数很少，而且也没有效力。那时大多数的理财家和投机者扮演了失事的康沃耳船上破坏者的角色——不是显露出任何有意识的欺诈，而是完全自以为有理并得到同人称赞的。每个机灵人的目的是尽可能多地积累真正可以议价的财富，然后只有到那时，才会导致某种起稳定作用的政治过程，以使他享有他的积累。这就是恶劣的经济气氛的种种因素，怀疑、狂热、贪婪和投机……

法国革命缺乏明确观念准备的第三方面是国际关系问题，国际关系的发展是不幸地与这种财政和经济上的冒险、与这种争夺和混乱、与这种人们关注他们国内的私产和金融地位的多变状态等相互发生作用的。共和国在它诞生时正在进行战争。在一个时期里战争是由具有世界史上空前爱国心和热忱的新召募的士兵进行的。但这不能持久下去。督政府发觉自己居于一个征服者的国家首脑地位，国内贫困不堪，处境困难，却又占领着富饶的外国土地，充满着可供掠夺的财富和物资以及财政上的机会。我们都有双重性，尤其是法国人在两方面似乎都合乎逻辑地、均匀地发展着。法国是以一个人类的解放者，人类的共和主义的导师自居而进入这些被征服的地区。荷兰和比利时成了巴塔维亚共和国，热那亚和它的里维埃腊成了利古里亚共和国，北意大利成了阿尔卑斯山南共和国，瑞士重新命名为赫尔韦蒂阿共和国，慕尔豪森、罗马、那不勒斯也都称为共和国。这些共和国聚集在法国周围，成了指导世界的自由的星座。这是理想的一面。同时法国政府、个别的法国人又协同政府，对这些解放了的地方的资源进行了完全彻底的剥夺。

因此，在三级会议召开的十年里，新法兰西看来渐渐地和旧的法国十分相似。它更为昌盛，更为有生气；它不是戴着一顶王冠而是戴着一顶自由的帽子；它有一支新的陆军——但有一支破损的舰队；它有新的富人来取代旧的富人，新的农民比旧的农民劳动得更为艰苦，缴纳更多的捐税；它执行一种新的对外政策，活像脱去了王袍的旧的对外政策；因此法国并没有想象中的太平盛世。

第三十六章 拿破仑·波拿巴的生平事业

1 科西嘉岛的波拿巴家族

现在我们将要讲到近代历史上最显赫的人物之一,一个冒险家也是一个破坏者;他的故事似乎特别生动地显示出一种自我中心、虚荣个性同对公共福利的较微弱较扩大的要求之间的普遍而微妙的冲突。在这种混乱、多难和怀着希望的背景下,在这紧张的动荡的法国和欧洲,在这狂风暴雨的可怕的黎明,出现了这个肤色稍黑、身材短小而有古风的人,他冷酷、结实、能干、恣肆、好模仿而又简练地粗俗。他于1769年出生在还是半开化的科西嘉岛,是一个相当平庸的人的儿子,父亲是一个律师,起初曾是一个爱国的科西嘉人,反对试图征服科西嘉的法兰西君主政体,以后又倒向入侵者一边。他的母亲是个具有比较刚毅的品质,热爱祖国,坚强而爱管人的女人(她鞭打她的儿子们,有一次是在拿破仑已经16岁的时候)。他有许多兄弟姐妹。这个家曾多次强求法国当局给予报酬和职位。除了拿破仑以外,这个家庭似乎是极其平庸的、"无餍"的一家。拿破仑聪明、暴躁、专横,从母亲那里他禀承了一种浪漫的科西嘉爱国精神。

通过科西嘉的法国总督的资助,他最初进布廉纳的军校,以后又进入巴黎的军校;1785年入了炮兵队。他勤奋学习数学和历史,他的记忆力之强是惊人的,他做的大量笔记至今仍保留下来。这些笔记本并没有显示出很特殊的智力,其中包括一些新颖的短文——关于自杀和类似的有关青年的题目。他很早就被卢梭迷住了,并养成一种对文明的腐败的敏感和嘲笑。1786年,他写出了一本反对一个曾经攻击卢梭的瑞士牧师的小册子。他梦想过一个脱离法国而独立的科西嘉。法国革命时,他变成一个热情的拥护共和政体的人,并且是法国在科西嘉的新统治的支持者。几年之久，直至罗伯斯庇尔倒台，他一直是一个雅各宾党人。

2 共和国将军波拿巴

他很快赢得了一个有用而能干的军官的声誉，通过罗伯斯庇尔的弟弟他在土伦得到了第一次扬名的机会。土伦已被王党分子交给了英国人和西班牙人，一支联合舰队占据着它的港口。波拿巴受命指挥炮兵，在他的指导下法军迫使盟国放弃了这个港口和城镇。

接着他被任命为驻意大利的炮兵的指挥官，但是他没有就职，因为罗伯斯庇尔的死亡似乎可能牵连到他的生命，作为一个雅各宾党人他被捕了，一时他有被送上断头台的危险。那个危险过去了。他受命在一次未成功的对科西嘉的袭击中担任炮兵指挥，以后他很狼狈地去到巴黎（1795 年）。朱诺夫人在她的《回忆录》中描写了这时他的清瘦的面庞和邋遢的外表，"他的没有梳好和没有扑好粉的头发散垂在他的灰色外套上"，双手没戴手套，黑靴没上好油。那是在雅各宾的共和国严厉统治之后的一个疲惫而又反动的时期。霍兰·罗斯说，"在巴黎，自由之星在水星、火星和金星面前暗淡下去了"——三星即指财政、军服和社会诱惑。平民中的优秀分子都在军队中，远在边境之外。我们已经提到过这一年（1795 年）最后一次王党分子的叛乱。拿破仑侥幸正在巴黎，因而在这次事件中找到了他的第二次机会。他挽救了共和国——督政府的共和国。

他的才能给督政府中最公正的卡尔诺以深刻的印象。此外，他娶了一个漂亮的年轻寡妇若斯菲娜·德·博阿尔纳斯夫人，她对巴拉斯有很大影响。这两件事大概有助于使他获得在意大利的指挥权。

我们在这里没有篇幅来叙述他在意大利的辉煌战绩（1796—1797 年），但是关于指挥入侵意大利的精神，我们必须说一两句，因为它生动地说明了法国和拿破仑的双重灵魂，并说明了革命的理想主义在实际的急需面前是怎样暗淡下去的。他向意大利人宣称法国人是来砸碎他们的锁链的——法国人真是这样做！他写信给督政府说："在这个国家里，我们将征收 2000 万法郎的税；它是世界上最富有的国家之一。"他对他的士兵们说，"你们在忍饥受饿而且差不多赤身裸体了……我把你们带到世界上最富饶的平原去。在那里你们会找到大的城镇、富饶的省份、荣誉、光荣、财富……"

我们大家都是像这样的两面性的品质；但是从一个 27 岁的年轻人写出的这几段话，似乎表示镀着的一层高尚的理想主义之金在非常早的时期就已经被磨掉了。

他在意大利的成功是辉煌而彻底的。他愿意去意大利就因为那里摆着最诱人的事业；他冒着失去军中地位的风险，拒绝承担指挥对付旺代郡的叛乱的那个讨厌的任务。他曾是一个精通普卢塔克的《名人传》和罗马历史的读者，他的极其活跃的想象力那时正忙于做着恢复罗马帝国东征的幻梦。他除掉威尼斯共和国这个障碍，由法国和奥地利把它分割了。这使法国取得了爱奥尼亚群岛和威尼斯的舰队。这项卡姆波·福米奥和约证明对双方都是吃亏的交易。新法兰西共和国竟帮助去毁灭一个古老的共和国——拿破仑是顶着国内相当大的公开反对才通过他的主张的——奥地利得到了威尼斯，它在那块地方注定要在1918年被搞得衰竭而亡。和约中还有秘密条款规定法、奥双方以后取得德国南部的领土。现在使拿破仑头脑兴奋的不仅仅是罗马的向东推进了。这里是凯撒的土地——对一个不甚巩固的共和国的胜利的将军来说，凯撒是一个坏榜样。

凯撒从高卢回到罗马时是一个英雄和征服者，他的模仿者将从埃及和印度回来——埃及和印度将是拿破仑的高卢。失败的因素瞪视着他。通向埃及和印度的是海路，而英国人尽管有最近两次的海军哗变，在海上还是比法国人强大。此外，埃及是土耳其帝国的一部分，而土耳其帝国在那时决不是一支可以轻视的力量。虽然如此，他还是劝说被他在意大利的功勋所迷惑住了的督政府让他前去。1798年5月一支舰队从土伦出发，夺取了马耳他岛，并很幸运地避开了英国舰队而抵达亚历山大城。他匆匆忙忙地让他的部队登陆，金字塔战役使他成为埃及的主人。

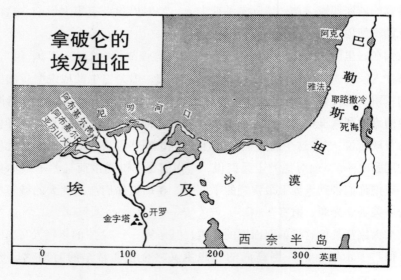

英国的主力舰队那时在加的斯外的大西洋上，但是舰队司令派出了他的最好的舰只，由海军中将纳尔逊统率——纳尔逊在海军事务上和拿破仑在陆军事务上一样，是伟大的天才——追逐并与法国的小舰队作战。有一段时间纳尔逊找不到法国的舰队；最后在8月1日黄昏，他发现法国舰队停泊在阿布基尔湾。纳尔逊出其不意地攻击了它；它的许多人员还在岸上，旗舰上正在开会。纳尔逊没有航行图，并且在光线不好的时候驶进浅水是一桩冒险的事。因此法国的舰队司令得出结论认为他的敌手在天亮以前不会进攻，就不忙于召回在岸上的人员，直到要召回时已经太晚了。但是纳尔逊立即进行袭击——不顾他的一些船长们的反对。只有一只船搁浅了，它为舰队的其他船只标出了浅滩。大约在日落时他们分两路进攻，把法国人置于两面炮火夹击之下。交战时夜已来临；沉黑中炮声四起，隆隆震耳，直到被燃烧着的法国船只的火焰照得通明，接着又为法国旗舰"东方号"爆炸的火柱所照亮……尼罗河战役在午夜前结束，拿破仑的舰队被摧毁了。拿破仑与法国被割断了。

霍兰·罗斯在援引梯也尔时说，这次远征埃及是"有史以来最卤莽的尝试"。拿破仑被遗弃在埃及，土耳其人群起反对他，他的军队又染上了瘟疫。虽然如此，在一个时期里他仍继续他的东征计划。在雅法他赢得了一次胜利，由于缺乏粮食，竟屠杀了所有的俘虏。以后他试图攻占阿克，在这里英国人使用刚在海上俘获的他自己的围城大炮来对付他。他受了挫折回到埃及，在阿布基尔和土耳其军交战，赢得了一次辉煌的胜利，然后他遗弃了在埃及的军队——这支军队坚持到1801年才向一支英军投降——自己逃回法国（1799年），在离西西里不远的地方，他险些被英国巡洋舰俘获。

对任何一个将军来说，这场失败是够名誉扫地的了——假如这事被人知道的话。但也就是那艘几乎捉到他的巡洋舰帮助了他，因为它防止了法国人民得到任何埃及情况的真实了解。他可以大肆宣扬阿布基尔战役而隐瞒阿克的失陷。那时法国的情况很不顺利。法国已在好几处遭到军事失败；意大利的大部已经失陷，而那是波拿巴的意大利，这使人们把他看成是那种情况的天然救星；此外，法国存在着很多侵吞公款的事，其中一些正被揭露出来。法国陷入它的财政丑闻时期之一，而拿破仑没有染指过；公众在那种道德疲惫的状态下要求一个坚强而诚实的人，要求一个妙手回春能治疑难杂症的人，这个人将为一切人做一切事。人们坚信这个外表老实而且严峻的年轻人，秉承天意从埃及归来，正是他们所需要的那个坚强而诚实的人——他是另一个华盛顿。

在内心中鼓舞着拿破仑的与其说是华盛顿还不如说是尤利乌斯·凯撒，他对他的时代的要求做出了反应。一项以三个"执政"来代替督政府的阴谋在缜密地策划着——那时恰好每个人似乎对罗马史都读得太多了——拿破仑是三个执政者中的首席。这一阴谋的进行对我们的篇幅来说是一段太复杂的故事：它包括一次克伦威尔式的解散下院（五百人院），在这次事件中拿破仑变得胆怯起来。代表们对他大声呼喊逼促，他仿佛被吓住了。他几乎晕倒，口吃得说不出话来，但是这一情况被他的弟弟吕西安解救了，他把士兵带了过来驱散了五百人院。这一小小的故障并没有影响计划的最后成功。三个执政被安置在卢森堡宫与两个委员一起重新制定宪法。

拿破仑恢复了自信心并确知人民的拥护后，就用高压手段来对付他的同事和委员们。一部宪法产生了，其中规定首席行政官叫做第一执政，拥有很大的权力。第一执政应是拿破仑，这就是宪法的一部分。十年期满后他可以重新当选或被别人接替。有一个国务院协助他，国务院由他任命，负责拟定法案并将建议提交两个机关：立法院（它只能表决不能讨论）和咨议院（它只能讨论不能表决），这些机构的成员由指定的元老院从一个特殊阶级"法国的知名人士"中遴选出来，"法国的知名人士"应是由"郡的知名人士"选出，"郡的知名人士"又应是由"市府的知名人士"选出，"市府的知名人士"则由一般选民选出。市府的知名人士是由普选制选出的。这是惊人的金字塔式民主政治的唯一痕迹。

这部宪法主要是一位可敬的哲学家、三执政之一西哀耶斯和波拿巴的联合产物。但是法国由于它的不安和努力而感到如此地疲惫，人们又是如此地信任这个支配命运的人的德行和能力，以致在19世纪初，当这部宪法提交给全国时，竟以3011007票对1562票通过了。法国把自己完全放在拿破仑手里，期待着和平、幸福和光荣。

3　第一执政拿破仑（1799—1804年）

现在这里的确是一个人空前未有的机会。一个人处在这种地位应该是十分谦虚谨慎，苦心焦思，竭尽全力侍奉上帝并为人类服务。事物的旧秩序死去了或正在死亡；奇异的新力量正在世界上驱驰，寻找它的形式和方向；受惊的人心正在悄悄地谈论着一个世界共和国和持久的世界和平的希望。法国是在拿破仑的手里，是他的工具，他可以为所欲为，他愿意和平，但像一把利剑一样是为战争而炼成的。对这伟大的时机什么都不缺，只缺少一个崇高的理想。没有这个，拿破仑就只能在机会的高山顶上翘尾阔步，好像粪堆上的一只小公鸡。他在历史上扮演的角色是一个几乎难以置信地自负、对所有信赖他的人无情的轻蔑和漠视，并夸张地模仿凯撒、亚历山大和查理大帝，假如这种模拟没有涂满人血的话就全然是滑稽的。维克托·雨果以他的令人吃惊的方式说道，"上帝都被他搞烦了"。最后他被踢到一个角落里去结束他的一生，他反复地解释他犯过的最大错误是如何地极其聪明，他徘徊在他的忧郁炎热的岛上，打打鸟或是和一个粗野的监狱看守下流地吵架，因为这看守对他没有表示出应有的"尊敬"。

第一执政时的事迹也许是他一生经历中玷辱最少的时期了。他把倒塌中的督政府的军事抓在手里。经过北意一场复杂的战役后，在亚历山大城附近马伦果的胜利（1800 年）把事情推到了危急关头，这一胜利在有些时刻简直是濒临灾难。同年 12 月莫罗将军在冰雪泥泞、天气极坏的情况之下，在霍亨林登把奥军打得惨败。假如拿破仑在这次战斗中得胜的话，那也会算在他的最独特、最卓越的功勋之中了。这些事情使得期望的和平成为可能。1801 年对英奥签订了和约草案，1802 年缔结了对英的亚眠和约，这样拿破仑可以使自己腾出手来发挥他的创造性的治国之才，这对法国和通过法国对欧洲都是需要的。这场战争使法国扩大了疆界，对英和约恢复了法国的殖民帝国，并使法国处在一个安全的地位，这种地位超过了路易十四最大的梦想。现在等着拿破仑去策划和巩固新的秩序，去缔造一个可以成为欧洲和全世界的灯塔和鼓舞者的近代国家。

他并没有这种打算。在他狭小的、模仿性的想象里充满了再度成为第二个凯撒的迷梦。他正策划着使自己成为一个真正的皇帝，头戴王冠，而一切的劲敌、同学和朋友都匍伏在他的脚下。这并不会给他以任何他未曾运用过的新权力，但这将会使他更加声威显赫——会使他的亲属大吃一惊。像这种头脑对那个时代的辉煌创造的要求能做出什么反应呢？

但是首先法国必须繁荣起来。饥饿的法国肯定地不能忍受一个皇帝。他着手实施路易十五批准的一项旧的筑路计划；他仿效英国的运河来开凿运河；他改组警察部门使国家安宁；为了给他个人的戏剧准备好场面，他着手建起古典的拱门和古典的圆柱，使巴黎看上去很像罗马。发展银行业的种种优良计划是有采用的价值的，他也利用了它们。在这一切事情上他跟着时代前进；假如他没有诞生的话，这些事情也会发生——在较少的专制和较少集权的情况下发生。他着手削弱共和党人，他策划违犯他们的一些基本信念。他召回亡命者，只要他们在尊重新统治上作出令人满意的保证。很多人愿意在这种条件下回来，让波旁王室成为过去的事。拿破仑精心计划出一项对罗马教皇的重大的和解，即达成一项宗教协

作为皇帝的拿破仑

议。罗马教皇将支持他,他将恢复罗马教皇在教区里的权威。他认为没有宗教,法国就永远不会服从也不易于管理,它永远不会忍受一个新的君主政体。他说:"没有宗教,一个国家里怎能有秩序呢?没有财富的不平等,社会就不能存在,而离开宗教就不能忍受这种不平等。当一个人快要饿死而旁边却有一个饮食过度而生病的人时,他就不能容忍这种差别,除非有一个权威宣称——'上帝愿意这样:世界上必定有贫有富;但是从今以后以至永远,财物的分配将有不同。'"他想,宗教——尤其是晚期罗马牌的宗教——是使平民保持安静的最好的东西。当他早年是雅各宾党人时,正是为了这个理由曾经痛斥过宗教。

另一个足以表示出他的想象力的范围和他对人类本性的估计的重大成就就是他创立了荣誉军团,这是一种给法国人佩带上一小段丝带的计划,这丝带是美妙地设下以牵制野心家不致搞颠覆活动的。

拿破仑还亲自对基督教的宣传发生兴趣。这是在政治上利用基督的拿破仑观点,从那时起这个观点沾染了法国一切差会。"我的意愿是重建国外差会的制度;因为传教士在亚洲、非洲和美洲可能对我很有用,由于我将使他们侦察他们所访问的一切地方。他们服装的神圣性不但保护了他们,也可用来掩盖他们在政治上和商业上的考察。传教组织的首脑不应再住在罗马而应住在巴黎。"

这些与其说是一个政治家的不如说是一个流氓商人的观念。他在对待教育上也表示出对在他周围开始出现的种种现实是同样地盲目,他几乎完全无视初等教育;听任地方当局随意处置,并且他规定教师薪金从学生的学费中支付;很明显他不愿意平民受教育;他一点也不了解平民为什么应该受教育;但他自己对建立技术学校和高等学校很感兴趣,因为他的国家需要聪明、自求上进、见闻广博的人来服务。孔多塞于1792年为共和国起草了一个伟大的计划,订出一套全国免费教育的完整制度,这是从那一计划惊人的倒退。孔多塞的方案缓慢地但是稳步地实现了;世界各大国都被迫使它渐渐地接近于实现,拿破仑的用心,已不再使我们感到兴趣了。至于对我们的母亲和妻子的教育,拿破仑智慧的品质是:"我不认为我们应为年轻女子的任何教育计划而麻烦自己,再没有比由她们母亲去教养更好的了。公共教育对她们是不相宜的,因为永远不要求她们参加公共活动。总的说来对她们学点礼貌就行了,她们所求的就是婚姻。"

在《拿破仑法典》中第一执政对妇女并不更厚道些。例如，一个妻子对自己的财产无权支配，她是在丈夫的掌握之中。这部法典很大部分是国务院制订的。拿破仑似乎与其说是帮助毋宁说是阻碍了它的深思熟虑。他不先行通知而冲进会议，对成员发表冗长的独白，往往与正在研讨的事情毫不相干。国务院洗耳恭听，这是国务院唯一能做的事。他能使他的顾问参事们熬夜熬到不合理的钟点，并且对自己过人的不眠能力流露出一种愚昧的骄傲。他晚年回忆这些讨论时还特别觉得满意，有一次曾表示过他的光荣不在于已赢得的40次战役的胜利，而在于曾创立了《拿破仑法典》……它以明白的陈述代替高深莫测的法律上疑难之词，就这点来说他的《法典》是一件好事；它汇集、修订并澄清了一大堆累积下来混乱的新旧法律。像他的所有建设性的工作一样，它是为了立即生效而制订的，它对事物及其关系下了定义，以便人们可以随时运用它们而不必再予讨论。至于它往往错下了定义，这在实际上并不那么紧要。在编纂整理这部法典后面，没有显示出和知识能力不同的思想的力量，法典认为每一件存在的事物都是理所当然的："陛下只相信现存的事物。"（霍兰·罗斯引古尔戈的话）关于文明社会和人类合作的条件的基本观念正在拿破仑周围重建的过程中——他却从来没有领会到这一点。他接受了变化的一个阶段，并试图把它永远固定下来。直到今天法国还被这件19世纪初期的紧身背心所约束，而这是拿破仑给法国硬穿上去的。他固定了妇女的地位、工人的地位和农民的地位，至今他们还都在他的严酷的定义的罗网中挣扎。

拿破仑这样敏捷而有力地打定主意要使法国振作起来，他的主意是严厉、明晰而又狭隘的。使法国振作精神只是支配他的更广大的计划的一部分，他的想象建立在新凯撒主义之上。1802年他使自己成为终身执政并有指定继承人的权力，他明显地要吞并荷兰和意大利的意图使得亚眠和约从一开始就已摇摇欲坠，尽管依据条约义务他应使两国保持分立。由于他的计划势必要挑起对英战争，他应该不顾任何代价等待到他的海军强大到能超过英国海军的时候。他控制了造船的巨大资源而英国政府是软弱的，三四年的功夫就足以改变均势。但是，尽管他在埃及的艰辛的经验，他从来没有掌握海上强国的重要性。1803年他对瑞士的占领促成了一次危机，对英战争又爆发了。在英国，软弱的阿丁顿让位给较强的皮特。此后拿破仑的故事将视那场战争而定。

执政府时期第一执政对增进他的兄弟姐妹们的财富是很积极的。这是十分合乎人情的，很能表现出宗族情感和科西嘉风味的，这有助于我们了解他是怎样来看重他的地位和摆在他面前的种种机会。在拿破仑的秉性之中一个重大的因素是想望使波拿巴家族和他们的邻居们感到惊奇、震吓和驯服。他荒谬地提拔他的兄弟们——因为他们都是最平庸的人。但是有一个熟悉他的人是既不吃惊也不屈服的，这就是他的母亲。他寄钱给她用并使邻居们为此而吃惊；他极力劝她炫耀一下，生活得像有一个如此令人奇异、如此震撼世界的儿子的母亲。

但是这个善良的女人，这个曾在这支配命运的人16岁时因对祖母作鬼脸而鞭打过他的女人，在他32岁时既不被他迷惑也不受他欺骗。全法国可以都崇拜他，但是她并没有错觉。她把他寄来的钱都储蓄起来；她还是照常自奉菲薄，她说："当一切都成为过去时，你将对我的储蓄感到高兴。"

4 皇帝拿破仑一世（1804—1814年）

我们将不详述拿破仑称帝的步骤，他的加冕是可以想象得到的最荒诞的复古。凯撒不再是榜样了，拿破仑现在成了查理大帝。他是加了冕的皇帝，当然不是在罗马，而是在巴黎的圣母院大教堂加的冕；教皇（庇护七世）是从罗马被叫来举行这个典礼的；而在仪式的高潮中拿破仑一世夺过皇冠，挥手让教皇站开，自己把皇冠戴上。查理大帝给路易的训谕最后产生了效果。1806年拿破仑恢复了另一个古老的习俗，这仍是步查理大帝的后尘，在米兰大教堂给自己加上了伦巴底的铁冕。

法国的四个女儿共和国现在都变成了王国：1806年将他的一个弟弟路易立为荷兰王，哥哥约瑟夫立为那不勒斯王。但是他在欧洲建立的附属王国的历史——虽然这种任意地处置边境有助于以后意大利和德意志的统一——对这部《史纲》是太复杂、太昙花一现了。

新的查理大帝和新的列奥之间的公约并没有维持多久。1807年他开始威胁教皇，并在1811年把教皇搞成了一个被严密禁锢在枫丹白露的囚犯，这些行动看上去并没有很多的理由。这些事使天主教徒的舆论跟他疏远，正像他的加冕使自由派的舆论跟他疏远一样。他既不再代表旧的，也不再代表新的势力。他背叛了新的，而又赢得不了旧的。最后他除了自己什么也不能代表了。

在当时的对外政策中似乎并没有一点理由使欧洲陷入新的一轮战争。由于他过早地与英国争吵，他不顾海军的情况竟在布伦集结大军来征服英国（1804年）。他甚至铸造了一枚纪念章和在布伦树立了一根圆柱以纪念他计划中的入侵的胜利。他设想以某种"拿破仑的方式"诱开英国舰队，布伦的这支军队将在救生艇和小船组成的小舰队上被偷渡过英法海峡,在英国舰队返航以前就可攻占伦敦。同时他对德国南部的侵略逐步地迫使奥地利、俄国与英国联合起来反对他。1805年英国海军上将考尔德和纳尔逊两次致命地打击了他所抱有的最后胜利的任何希望。7月考尔德在比斯开湾使法国舰队遭到严重的败北,10月纳尔逊在特腊法耳加战役中摧毁了法西联合舰队。纳尔逊胜利地壮烈牺牲在"胜利号"上。此后拿破仑与英国处在无情的敌对状态中,拿破仑既达不到它也战不胜它,而英国却能沿着欧洲的全部海岸在这里或那里打击拿破仑。

特腊法耳加的致命创伤对法国人完全隐瞒了好几年。他们只听说"在轻率的战斗后,暴风雨使我们失去了几艘战列舰"。在考尔德的胜利后,拿破仑突然从布伦把军队带走,冲过欧洲,在乌耳姆和奥斯特利次打败了奥地利人。在这些不利的情况下普鲁士参加对他作战,在耶拿战役中普军彻底被打败并被摧毁了(1806年),虽然奥地利和普鲁士被摧毁了,俄国仍是一支战斗的力量,第二年他专门用来对付这个更坚韧、更鞭长莫及的敌手。我们不能详细溯述这场反对俄国的波兰战役的种种困苦;拿破仑在普乌土斯克备受艰辛——在巴黎他却宣称是一场辉煌的胜利——在埃劳也是如此。以后俄国人在弗里德兰被打败了(1807年)。到目前为止,他还没有踏上俄国的土地,俄国人像英国人一样仍然没有被击败;但是现在对拿破仑来说,碰上了一次特别好的运气。他兼用夸耀、机警和阿谀赢得了与年轻的有野心的沙皇亚历山大一世——他刚刚30岁——结成联盟。两个皇帝在提耳西特的涅曼河中的一支木筏上会见,在那里彼此取得了谅解。

亚历山大当他在叶卡特琳娜二世的宫里受教育时吸收了很多自由主义思想,他极其赞成自由、教育和世界的新秩序——但都从属于他自己的杰出地位。他的一个早年的伙伴说:"他将高兴地使每个人自由,只要每个人都准备自由地、完全地按照他的愿望行

沙皇亚历山大一世

事。"他宣称他将废除农奴制度即使是杀头也不惜——只要能促使文明更加前进的话。他说他对法国作战及便解放法国人民,因为拿破仑是一个暴君。在弗里德兰战役后,他以不同的眼光看待拿破仑。在那次大溃败后,两人会见了11天——无疑亚历山大是作了踌躇满志的解释,而对他那种类型的人来说,在心情变化中时这种神气是自然的。

对拿破仑来说,这次会见必定是极其满意的。这是他生平第一次在平等条件

下与一个皇帝会见。两股想象力在提耳西特的木筏上一起翱翔高飞。亚历山大说，"欧洲是什么？""我们就是欧洲。"他们就是在这种精神下讨论着普、奥的事务，他们作出了瓜分土耳其的预谋，他们安排了对印度的征服，并且的确把亚洲的大部分都打算了进去，俄国将从瑞典人那里取得芬兰；他们忽视了一件不愉快的事实，即世界表面的大部分是海洋，而英国舰队现在在海上正是所向无敌的。波兰就在近旁，假如拿破仑愿意的话它准备起来成为法国的热情的盟国，但是他瞧不见波兰。那是一个有视觉而没有眼光的日子。甚至在那时，拿破仑似乎暗怀着一个大胆的想法，总有一天将会娶到一个俄国公主，一个真正的公主。但是时至1810年他才明白那个想法未免太过分了。

提尔西特战役后，拿破仑的品质显然有了恶化；他变得更卤莽，对障碍更不耐心，越来越是个命数已尽的世界主人，越来越为他遇到的一切人所不能容忍了。

1808年他犯了一个十分严重的错误。西班牙是他的唯命是从的盟国，完全在他的支配之下，但是他却废黜了它的波旁王室的国王，以便把他的哥哥约瑟夫从两西西里的国王提升为西班牙的国王。他已经征服了葡萄牙，西班牙和葡萄牙两个王国将被合并。因此西班牙人在爱国怒潮中奋起反抗了，包围了巴伊兰的法军并迫其投降。这是法国胜利的事业中的一个惊人的突破。

英国人很快抓住了这一叛乱给他们的立足点。一支在阿瑟·韦尔斯利爵士（即以后的韦林顿公爵）统率下的军队在葡萄牙登陆，在维米耶罗打败了法国人，强迫他们退入西班牙。这些败北的消息在德国和奥地利引起了很大的激动，沙皇对待他的盟国也采取了一种更加傲慢的态度。

这两个君主在埃尔福特又有一次会见，这次沙皇对拿破仑的眼花缭乱的策略显然不像以前那样愿意听从了。接着是四年法国不安定的"优势"，欧洲地图上的轮廓动荡得好像刮风天晒衣绳上的衣衫。拿破仑个人的帝国由于公开的并吞而扩大，包括了荷兰、西德的大部分、意大利的大部分和亚德里亚海东岸的大部分。但是法国的殖民地却一个接着一个地落到英国人手中，在西班牙半岛的英国军队，连同西班牙辅助部队，慢慢地逼使法军向北退却。整个欧洲对拿破仑感到十分厌烦；现在他的敌手不再仅仅是君主和大臣们了，全体人民也与他为敌了。普鲁士人在1806年耶拿惨败之后，着手整顿内部。在弗赖赫尔·冯·施泰因的领导下他们扫除了他们的封建制度，取消了特权和农奴制，组织了民众教育和人民的爱国精神，并且在事实上，未经任何内部斗争，就几乎完成了法国在1789年所完成的一切变革。到1810年一个新普鲁士已经建成，它是一个新德国的核心。现在亚历山大似乎被世界霸权的迷梦所鼓舞，又打扮成自由之友的样子。1810年亚历山大反对拿破仑婚姻上的野心发生了新的摩擦。因为拿破仑这时正与他的老伴若斯菲娜,因为她没有生孩子而离了婚,以便他的王朝可以"延续"下去。拿破仑娶俄国公主的计划因亚历山大的断然拒绝而受到了挫折,他就转向奥国,娶了玛丽·路易公主。奥国的政治家们正确地领会了他的意图,他们很愿意把公主嫁给他。由于这场婚姻,拿破仑被王朝体系俘虏了。他本来可以做一个新世界的缔造者,而他却宁愿做旧世界的女婿。

在以后的两年中他的事业急速地崩溃了。他不再是革命的领袖和助成者,他也不再是一个重生的世界的精神的体现者,他只是一个那种新的、没有经验的专制君主。他疏远了一切抱有自由精神的人,他对抗了教会。在推翻他的问题上君主们和雅各宾党人是一致的。现在英国是他的宿敌;西班牙正燃烧着一种为一个科西嘉人应能理解的激昂精神;只要一旦与亚历山大一世破裂,就可使这虚张声势的和有如舞台布景的帝国摇摇欲坠。这场争吵来到了。亚历山大对拿破仑的感情一直是很复杂的;作为一个对手他嫉妒他,作为一个暴发户他藐视他。此外亚历山大还有一种模糊的感情用事的豪气;他沉溺于神秘的宗教感情,他认为俄国和他自己负有给欧洲和世界带来和平的使命——以摧毁拿破仑来完成这项使命。而对他来说给欧洲带来和平同对芬兰、大部分波兰和大部分土耳其帝国的并吞计

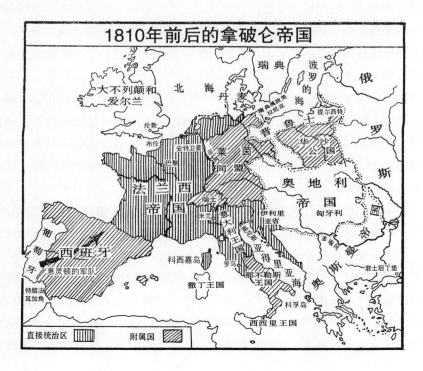

划是十分一致的。尤其是他愿意恢复跟英国的贸易,而这是拿破仑所反对的。这是因为德国的全部贸易都被打乱了,商人阶级为拿破仑的"大陆体系"所困苦,这个体系要把英国货物从欧洲每一个国家中排除出去以摧毁英国。俄国甚至比德国受害更甚。

1811年当亚历山大从"大陆体系"退出时,破裂发生了。1812年人数达60万的一支大军在这新皇帝的最高统帅下开始开往俄国。这支军队约有一半是法国人,其余是从法国的盟国和附属国征募来的。像大流士的军队或卡瓦德的军队那样,是一支拼凑起来的军队。西班牙的战事仍在继续,拿破仑并不想结束它。总共他从法国抽调出25万人。在冬季以前他且战且前,穿过波兰、俄罗斯打到莫斯科——因为俄国军队大都回避作战——甚至冬天未到以前他的处境已经变得显然很危险了。他占领了莫斯科,期望着这会迫使亚历山大求和。亚历山大是不会求和的,拿破仑发现他自己在俄国南部所处的地位好像与大流士在2300年前的地位相同。还没有在一次决定性的战役中被征服过的俄国人袭击他的交通,消耗他的军队——疾病也帮助了他们;甚至在拿破仑抵达莫斯科以前,已丧失了15万人。但是他没有大流士的智慧,不肯撤退。这个冬天在一段很长的时间里还不那么严寒——他本来可以逃脱开的;但是他却不走,而留在莫斯科制订不可能实现的计划。他从前和命运的赌博中总是出奇地幸运;他意外地从埃及脱逃,英国海军的多次胜利他都幸免于毁灭;现在他又在这罗网中了,而这次他逃脱不开了。也许他本来可以在莫斯科过冬的,但是俄国人把他熏跑了,他们放火烧毁了莫斯科城的大部分。

在他决定回军以前,已到10月底了。总之,太晚了。他做了一次朝西南方向冲出一条撤退新路的不成功的尝试,然后让他的残军败卒回过脸来对着在他们进军时曾经蹂躏过的国家。漫长的距离把他们同任何友好的国土分隔开了。冬季并没有立刻到来。这支大军在泥泞中挣扎前进了一个星期;随后严霜降临,接着是初雪纷飞,然后是下雪,下雪……

慢慢地纪律松弛了。饥饿的军队四散觅食,直到它瓦解成为一股股的匪兵。农民们,即使只为自卫,也都起来抵抗他们,伏击他们,杀害他们;云集的轻骑兵——依然是斯基台人——追捕他们。那次撤退是历史上最大的悲剧之一。

最后,拿破仑和他的幕僚以及少数卫兵侍从又出现在德国,他没有带领军队,跟随着他的只是些七零八落的、士气沮丧的残兵。这支远征大军在米拉统率下有纪律地撤退到科尼斯堡,但是60万人只剩下了大约1000多人。米拉从科尼斯堡退到波森〔即波兹南〕。普鲁士小分队投降了俄国人,奥地利人往南回家乡

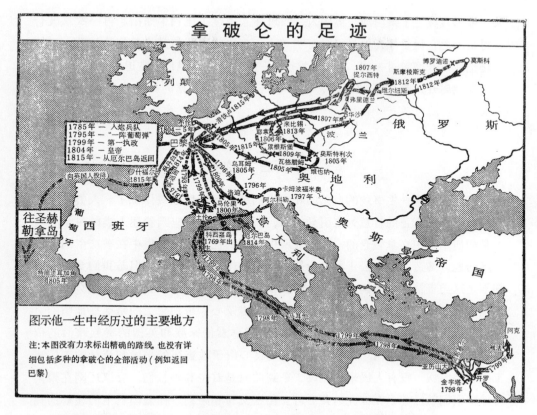

去了。到处散布着逃亡的人,褴褛、瘦瘠、冻伤,传播着灾难的消息。

拿破仑的魔术几乎竭尽了,他火速逃往巴黎。他开始下令在他的世界帝国的残骸中征募新兵并集结新军。奥地利转过来反对他(1813年),整个欧洲都急欲起来反对这个失责的自由的信托人,反对这个纯粹是篡权的人。他背叛了新秩序,他所拯救并恢复了的旧秩序现在把他毁灭了。普鲁士起来了,德国的"解放战争"开始了。瑞典加入了拿破仑敌人的一方。后来,荷兰起义了。米拉在波森以他有纪律的部队为核心重新集结了大约14000名法国人,这支军队经由德国撤退,好像一个人冒险进入一满笼服了兴奋剂的狮子中间,当他发现药性正在发作时,急忙退出来一样。拿破仑既有了新的兵力,在春季就又自任为统帅,在德累斯顿的一场大战中赢得了胜利;以后在一个时期里,他在智力上和道德上似乎都土崩瓦解了。他变得神思厌动,疯狂地易怒。德累斯战役后,他按兵不动,没有乘胜追击。9月在来比锡附近打了一仗"民族之战"。战后,一直追随他的萨克森人倒向了联盟国方面。这年年底法国人被打回了法国境内。

1814年是结尾的战役。法国从东面和南面被侵入。瑞典人、德国人、奥地利人、俄国人渡过了莱茵河,英国人,西班牙人越过了比利牛斯山。再一次拿破仑打得很出色,但是现在他打得没有实效了。东边的军队与其说是把他打败,不如说是把他推开而走过去的。3月巴黎投降。稍后皇帝在枫丹白露退位了。

在他离开这个国家的路上,在普罗凡斯,一群王党的暴民险些危及了他的生命。

5　"百日"称帝

这是拿破仑一生事业的自然的和应有的结局。最后他被压倒了。人类事务的进行若有任何真正的智慧为之引导的话,那么我们现在应当叙述人类的科学和意志是如何地集中在拿破仑的一生事业所中断了的任务上,即集中在破产了的古代秩序的地方缔造起一个公正和自由努力的世界体系的任务上。但是我们要叙述的却不是这类事情。在盟国规模宏大的会议里显然缺乏科学和智慧。来到会上的是沙皇亚历山大的模糊的人道主义和梦幻似的虚荣心,来到会上的是摇摇欲坠的奥地利的哈布斯堡家族、满怀愤怒的普鲁士霍享索伦家族和英国的贵族政治的传统,这种传统仍被法国革命所吓倒,它的良心由于被盗窃的平民和流汗的工厂童工而感到内疚。没有人民来到会议,来到的只是君主和外长们。会议还刚在聚集时外交家们就已着手在彼此的背后订立秘密交易和条约。在盟国君主们显赫的礼节性的拜访伦敦之后,在维也纳召集的会议,没有什么能比它更富丽堂皇的了。会议社交的方面气氛很浓;美丽的贵妇联翩莅临,勋章军服光华耀焕,宴会和舞会无尽无休,妙趣横生的韵事和文采四射的辩才涌流不绝。集会中最聪颖的人物名叫塔莱朗,他是拿破仑的亲王之一,的确是一个才华焕发的人,他本是革命以前的一个神父,革命既成,曾经提议过要没收教会财产,现在他力主波旁王室复辟。

盟国把宝贵的时间浪费在越来越贪婪的争辩上,波旁王室回到了法国。所有亡命者的遗老们也同他们一起回来了,他们急于索还财产和进行报复。一个大的利己主义者已被扫除到一边——只是暴露出了一群更卑鄙的利己主义者。新国王是路易十六的弟弟,他一得知他的小侄子(路易十七)死在丹普尔堡,就十分急切地想用路易十八这个称号。他患痛风症而且笨拙,他也许不是怀有恶意的,但他是旧制度的象征;在法国所有代表新思想的都感到与他俱来的是沉重的反动势力的威胁。这不是解放而只是一种新的暴政——一种沉重的不体面的暴政,而不是一种活跃的辉煌的暴政。

难道法国除此以外就没有希望了吗?波旁王室对拿破仑大军的老战士们表示出特别的仇恨,而法国这时充满了回国的战俘,他们发觉自己受嫌疑。拿破仑已被打发到厄尔巴岛上他自己的一个小小的聊以自慰的帝国去了。他仍被称为皇帝并保留着一个某种意义上的国家。这是亚历山大的骑士精神或一时的兴致,坚持要这样来处置他的败亡了的对手的。哈布斯堡王室把他的哈布斯堡皇后接到维也纳去——她去得够乐意的——拿破仑永远没有再见过她。

在厄尔巴岛上呆了 11 个月后,拿破仑断定法国对波旁王室已经厌倦了;他设法避开监视他的这个岛的英国船只,又在法国的戛纳出现,来对命运作他最后一次的赌博。他向巴黎的前进是一个胜利的游行队伍;他戴着白色的波旁王室帽徽阔步前行。于是他又做了一百天法国的主人,即史称的"百日"称帝。

他的归来使任何一个诚实的法国人都陷入一种困惑的境地。一方面是这个冒险家背叛了共和国,另一方面是旧王权的重负又复辟了。盟国不要再听到任何进一步的共和主义的试验了,现在的问题是波旁王室统治还是拿破仑执政。总的来说,法国站在拿破仑一边,这有什么奇怪呢?拿破仑回来时宣称自己会是一个改变了的人,法国将不再是专制的国家;他将尊重宪法的统治。

他集结起一支军队,并做了一些与盟国讲和的尝试;当他发现这些努力无效时,他迅速地攻击在比利时的英国人、荷兰人和普鲁士人,希望在奥地利人和俄国人能到达以前把他们打败。他几乎做到了这点。他在利格尼打击了普鲁士人,但没有充分打败他们;以后在滑铁卢(1815 年)他被惠灵顿统率下的顽强的英军无可挽救地打败了,这一天薄暮,普鲁士人在布吕歇耳统率下进攻他的右翼。滑铁卢战役以法军溃败而告终;它使拿破仑处在一种没有支援也没有希望的境地。法国又从他手中失落了。每个从前和他在一起的人现在都急着要攻打他,以便抹去从前的错误。巴黎的临时政府命令他离开法国,限他在 24 小时以内执行。

他试图去美国,但是他到达的罗什福尔地方有英国巡洋舰监守着。如今幻想破灭,又变成不安的王党势力的法国正紧紧地追击他。拿破仑登上一艘英国的快速舰——"贝勒罗丰号",要求作为难民接待他,但却被当作一个囚犯。他被带到普利茅斯,从普利茅斯直被带往那孤零零的、热带岛屿圣赫勒拿。

他呆在那里直至 1821 年死于癌症,他主要专心准备他的回忆录,这本书计划在一种引人入胜的光照下展示出他一生的主要事件,和他在一起的人中有两个人记下了他的谈话,并写下了他们对他的印象。

这些著作在法国和欧洲极为流行。俄、奥、普三国君主的神圣同盟(其他的君主们被邀参加)是在打败了拿破仑就是打败了法国革命、就是把命运的时钟向后拨动、就是永远地恢复了大君主政体的这种错觉下工作的。神圣同盟计划的主要文件据说是在冯·克吕德纳男爵夫人的激励下起草的，她似乎是一种俄皇精神上的指导者。这文件的开始是"以至圣的不可分割的三位一体的名义"，它约束参加的君主们"要像家庭中的父老那样看待他们的臣民与士兵"，并"要彼此看作同胞"，相互支援，保护真正的宗教，且力劝他们的臣民勉力克尽基督教徒的职责。它宣扬基督是一切信基督教的人民的真正的君王，可以说基督是一个十足的墨洛温朝的国王，以那些在位统治的君主们作为他的宫相。英国国王无权签署这一文件，教皇和土耳其苏丹未被邀请参加；其余欧洲的君主们包括法国国王都附签了。但是波兰国王没有签字，因为在波兰没有国王了。亚历山大在一种虔诚的心不在焉的神气中，把波兰的大部分并吞了。神圣同盟从未成为一个真正的合法的各国的同盟；它让位给一个真正的国际联盟，即欧洲协约〔指"四国同盟"〕，法国于1818年参加，英国于1822年退出。

接着在欧洲是一个和平与压迫的时期。在那些绝望的日子里，很多人甚至认为拿破仑还够仁慈，并接受他的声言，即在某种不可解释的方式下，他在维护他自己时也在维护革命和法国。在拿破仑死后产生了一种对他的崇拜，把他作为一种神秘而英勇的东西而加以崇拜。

6　1815年的欧洲地图

神圣同盟的观念，从它产生的欧洲协约和继协约之后一连串的大小会议和会谈，使得疲于战争的欧洲保持一种不稳定的和平将近四十年之久。两件主要的事情使那个时期不能成为一个完全的社会和平和国际和平的时期，并为1854年到1871年间的战争周期做了准备。第一是倾向于恢复有关皇室宫廷不公平的特权和干预思想、写作和讲学的自由。第二是维也纳的外交官们所制定的无法忍受的边界体系。

君主政体倒退到过去情况的意向首先在西班牙表现得特别明显，这里甚至恢复了异端裁判所。1810年当拿破仑把他的哥哥约瑟夫立为西班牙王时，大西洋对岸的西属殖民地，仿效美国的榜样，起来反抗欧洲的大国体系。南美的华盛顿是玻利瓦尔将军。西班牙无力镇压这一起义，它很像美国的独立战争那样拖延着，最后奥地利建议，依照神圣同盟的精神，欧洲的君主们应该在这场斗争中援助西班牙。这项建议在欧洲遭到英国的反对，但是美国的门罗总统在1823年的机敏的行动，才决定性地诫止了这一拟议中的王政复辟。他宣称美国对欧洲体系向西半球的任何扩张都看作是一种敌对行动。这样就出现了门罗主义，它使大国体系不得伸入美洲近一百年之久，并使得西属美洲的新国家可以沿着它们自己的道路来创造他们自己的命运。但是即使西班牙君主制度失去了它的殖民地，至少它可以在欧洲协约的保护下，在欧洲为所欲为。1823年西班牙的一次民众起义被法军镇压了，法军前来镇压是受欧洲会议的委托的，同时奥地利镇压了那不勒斯的一次革命。

1824年路易十八死了，由阿尔土瓦伯爵继任，我们看到了他1789年作为一个亡命者在法国边境上徬徨踌躇，他取得了查理十世的称号。查理着手破坏出版和大学的自由，复辟专制政府；议会投票决定以达数十亿法郎的巨款来赔偿贵族们1789年被烧毁的别墅和没收的财产。1830年巴黎起来反抗这一旧制度的体现者，并以路易·菲力浦来代替他。路易·菲力浦是那个奥尔良公爵菲力浦的儿子，这个公爵是在恐怖时期被处决了的。大陆上其他君主国家，面对着英国的公开赞成革命和德国、奥地利的强烈的自由主义的骚动，都不干涉这件事。法国毕竟还是一个君主国家。这个年轻人路易·菲力浦（1830—1848年）做了18年的法国立宪君主。在欧洲多事的1848年他垮台了，关于这件事我们将在下一章加以叙述。

这就是维也纳会议建立的和平令人不安的动荡，这些动荡都是由于君主们的反动行动激起的。由于外交官们不科学地绘制地图而引起的紧张更在故意地聚集着力量，但是它们对人类的和平甚至更加危险。把讲不同的语言，因而读不同的文学，有不同的普通思想——尤其是如果这些分歧被宗教争执所激怒——的各族人民的事务放在一起来管理是极其麻烦的。只有某种强烈的共同利害，诸如瑞士山区居民为了共同防御的需要，才能证明把具有不同的语言和信仰的各民族紧密联系起来是正当的，并且甚至在瑞士还是有最大限度的地方自治的。最终，当强权政治的传统死亡并被埋葬时，那些瑞士居民还可以被他们在德国、法国和意大利等天生的姻亲所吸引。像在马其顿那样，当它的居民在村庄和区里小块小块地混杂着时，州的自治制度是迫切需要的。如果读者看一看维也纳会议所绘制的欧洲地图，他将会明白这次会议几乎像是有计划地引起当地人民最大限度的愤怒。它摧毁了荷兰共和国，它完全不必要地把新教的荷兰人和以前的西属（奥属）尼德兰讲法语的天主教徒归并在一起，建立了一个尼德兰王国。它不仅仅把昔日的威尼斯共和国，而且把整个北意大利直至米兰为止都交给了讲德语的奥地利人。讲法语的萨瓦和意大利的几块地方合并而恢复成了撒丁王国。包括有日耳曼人、

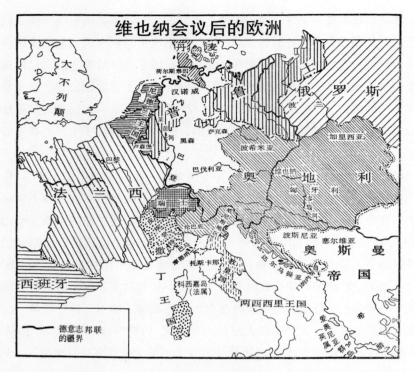

匈牙利人、捷克斯洛伐克人、南斯拉夫人和罗马尼亚人的奥地利和匈牙利,本来就是一个由彼此不和的民族组成的即将爆炸的混合物。现在又加上了意大利人,到1772年和1795年更加不能忍受了。信天主教的具有共和精神的波兰人民主要被交给信希腊正教的沙皇较不文明的统治,但是波兰重要的区域则割给了信奉新教的普鲁士。沙皇获得完全是异邦人的芬兰人一事也得到了确认。彼此十分不同的挪威人和瑞典人合并起来置于一个国王的统治之下。读者将看到,德国已陷于一种特别危险的混乱状态之中。普鲁士和奥地利都有一部分在包括很多小邦的德意志邦联之内,一部分则在这个邦联之外。丹麦国王由于在荷尔斯泰因拥有某些讲德语的领地,因而加入德意志邦联。卢森堡被包括在德意志邦联之内,尽管它的统治者同时也是尼德兰国王,也尽管它的很多人民是讲法语的。这里完全不顾这样一个事实,即讲德语和在德国文学的基础上思想的人,讲意大利语和在意大利文学的基础上思想的人,以及讲波兰语和在波兰文学的基础上思想的人,如果他们用各自的民族语言,在他们各自语言的范围内处理他们自己的事务,情况将会好得多,对其余的人类也将最有帮助和最少麻烦。在那个时期里,德国最流行的民歌之一就说,"什么地方讲德语,那地方就是德国人的祖国",这有什么奇怪呢?

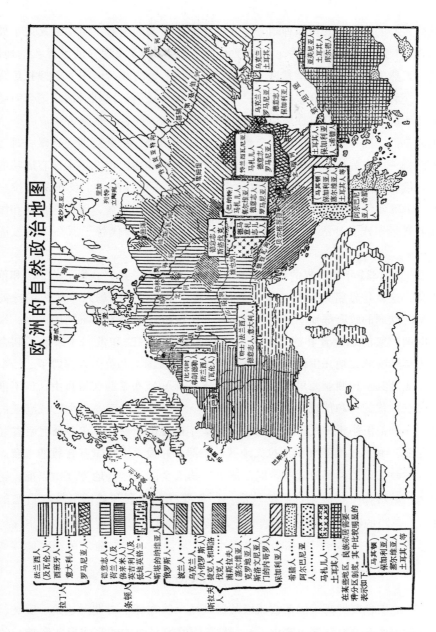

直到今天人们仍不大愿意承认政府的辖区不该是沙皇们、国王们和外交部门间彼此交易和相互作用的事情。超越这些事物之上,有一幅自然的必要的世界政治地图。有一种尽可能最好的方法把世界的任何部分划分成行政管辖区域,并为每一地区设立一种尽可能最好的政府,那就是考虑到它的居民的语言和种族;我们共同关心的就是要获得那种划分，并建立那种形式的政府，而丝毫无关于外交和国旗、"要求承认所有权"，和闹剧式的"忠诚"，以及现存的世界政治地图。世界的天然的政治地图坚持它自己的存在。它在人为的政治地图下面挣扎焦躁得像一个穿着不合身材的衣服的巨人一样。1830年讲法语的比利时被法国当时盛行的革命所鼓动，起来反抗在尼德兰王国里与荷兰人的联合。列强害怕成立一个共和国或是被法国吞并的可能性，急忙来平定这一情势，把萨克斯—科堡—哥达的列奥波特一世立为比利时的国王。1830年在意大利和德国也发生了没有成功的起义，在俄属波兰则发生了一次严重得多的起义。在华沙的一个反抗尼古拉一世（他在1825年继亚历山大而立）的共和政府坚持了一年之久，以后这个共和国被极端的暴行和残忍扑灭了。波兰语被禁用了，希腊正教代替了罗马天主教成为国教……

发生在1821年的世界的自然政治地图的一次暴发，最终获得了英、法和俄国的支持，这就是希腊人反抗土耳其人的起义。他们打了一场六年之久的殊死战争，那时欧洲的政府都袖手旁观。自由派的舆论抗议这种不闻不问的态度，来自每个欧洲国家的志愿者和起义者并肩作战，最后英、法和俄国才采取了联合行动。土耳其舰队在纳瓦里诺战役（1827年）中被法国人和英国人摧毁了，沙皇还侵入了土耳其。按照亚德里雅那堡条约（1829年）宣布希腊获得自由，但不准许它继续它古代的共和传统。他们给希腊找了一个日耳曼国王，一个巴伐利亚的奥托亲王——他沉溺于神授王权的幻想，1862年被逐出了——并在多瑙河诸省（今罗马尼亚）和塞尔维亚（南斯拉夫地区的一部分）设立了信奉基督教的总督。这是对天然政治地图的部分让步，但在把土耳其人全部从这些地方逐出以前，还须流溅大量的鲜血。稍后，自然的政治地图就要在意大利和德国坚持它自己的权利了。

7　帝国风格

拿破仑要恢复罗马帝国的尝试极其逼真地反映在那个时期的建筑、服装、家俱和绘画上。在所有这些事物中，有一种要恢复罗马帝国的真实形式和精神的企图。妇女们的头饰和服装好像从博物馆里轻盈地飞到大街上，柱廊、凯旋拱门又大摇大摆地回到所有大城市的显要地点。巴黎获得了它的凯旋门，伦敦也及时地仿效，建立起它的大理石拱门。在文艺复兴的建筑物上发展起来的巴罗克式和洛可可式的房屋装饰都消失了，让位给较质朴的外观。意大利人卡诺瓦是那个时期伟大的雕刻家。画家大卫喜欢矫健的裸体像，安格尔斯把波拿巴家的王妃们画成罗马的女监护人和罗马的女神而使之永为流传。伦敦的公共塑像把那时受人尊敬的政治家和君主们表现成罗马的元老和皇帝。当美国选定一个图案作为它的国玺时，它选择了一只鹰，并把罗马主神丘必特的箭放在它的爪子里，这也是很自然的。

第三十七章　19世纪的现实和想象

1　机械革命

拿破仑一世的一生事业和人格在19世纪的历史中所占分量是过大了。对于人类事务广大的前进运动，拿破仑是无关紧要的；他是一种干扰，一种潜伏着的邪恶的提醒者，一种类似某些流行病细菌的东西。即使当作一种流行病，他也不是最厉害的；他所杀害的人远远少于1918年的流行性感冒，他造成的政治和社会分裂，比查士丁尼时代的瘟疫小得多。

这种插曲有些是必然会发生，而且像欧洲协定对欧洲安宁所作的那种修修补补的解决办法那样，是由于足以建设新世界的思想体系尚未形成，而即使在欧洲协定里面也有它的进步因素。它至少抛弃了马基雅弗利式君主政体的个人主义，而宣称有一种人类的或至少是一种欧洲的公共福利体。虽然它在国王们之间分割了世界，但对人类统一以及对上帝和对人类服务还是作出了尊重的姿态。

在任何新的持久的社会和政治大厦能够建立之前，人类面临一种必须完成的永久有效的事业。尽管有许多干扰，并处在种种愤怒和动乱之中，人类的智力却一直在从事着这种事业。这种事业过去是，现在也仍然是创立并应用一种财产的科学，作为自由和社会正义的基础；一种货币的科学，以便有效率的经济媒介得到保证和维持；一种政府管理和集体经营的科学，使得在每一个社会里人们都可以学会和谐地追求他们的共同利益；一种世界政治的科学，通过它使种族、民族和国家之间的战争所造成的纯属损耗和暴行得以告一结束，使人类的共同利益能够置于共同的控制之下；尤为重要的是创立并应用一种遍及全世界的教育制度，以保持人们在人类共同的冒险事业中的意志和利益。

19世纪历史的真正创造者是那些推动和促成这五重建设性努力的人们，他们由此而造成的后果将决定下一世纪的人类生活。和这些人比起来，这一时期的外交家、"政治家"和政客们不过是若干捣乱的和有时闯祸的学童——及一些盗窃金属的小偷——他们不明了一座巨大建筑物的性质，而在工地堆积的材料上恣意嬉游，并任性地加以糟蹋。

在整个19世纪期间，文艺复兴所解放出来的西方文明的思想正集中于仍有待进行的创造性的社会和政治改造事业。一股在人类力量和物质生活状况方面发生普遍变化的浪潮冲刷着世界，使得这一变化成为可能的正是那解放了的思想最初在科学上的努力。

罗吉尔·培根的预言开始变成了现实。少数一代代使科学持续发展的人们所积累起来的知识和信念，现在开始结出了普通人都能理解的果实。最显而易见的第一个果实是蒸汽机。18世纪最早的蒸汽机是抽水机，用来为新开的煤矿排水。开采这些煤矿是为冶铁提供焦煤，而先前冶铁用的是木炭。格拉斯哥的数学工具制造者詹姆斯·瓦特改进了蒸汽抽水机，并用它来带动机器。这样利用的第一架发动机于1785年被安装在诺丁汉的一家棉纺厂里。

1804年，特里维西克把瓦特的发动机应用于运输，制造了第一辆火车头。1825年第一条铁路开始通车，行驶于斯托克顿至达林顿之间。最初的机车（1825年第一号机车）迄今犹作为达林顿月台的装饰品。及至19世纪中期，铁路网已遍布全欧。

长期以来成为人类生活固定条件的陆路运输的最高速度，有了一种突变。拿破仑在俄罗斯惨败之后，从维尔纽斯附近到巴黎走了312小时。这是一段约1400英里的行程。他运用一切可能的旅行便利，平均每小时才走了五英里。一个普通旅客在两倍时间内也走不完这段距离。这大致和公元一世纪罗马和高卢之间，或公元前四世纪萨狄斯和修泽之间旅行的最高速度一样。

巨大的变化于是突然发生了，铁路把任何普通旅客的这段行程缩短至不到48小时。就是说，它们把欧洲主要路程缩短到以前的十分之一左右。铁路使人们可在比迄今任何一个政府所能管辖的地方大十倍的区域内实施行政管理，那种可能性的充分意义在欧洲尚有待人们去实现。欧洲迄今还一直分布着跑马和公路时代划定的边界网。在美洲，铁路的功效是立竿见影的。对于正在向西扩展的美利坚合众国，它意味着无论多远的边疆都有驶穿大陆直达华盛顿的可能性。它意味着统一，没有火车要保持这样大规模的统一是不可能的。

至于轮船，固然还不那么像样，却比蒸汽机还要稍早一点。1802年，一艘"夏洛特·邓达斯"号轮船行驶于福思和克莱德运河上；1807年，一个名叫富尔顿的美国人，以一艘装有英国制造的蒸汽机的收费的"克勒蒙"号汽船，行驶于纽约哈得逊河上游。第一艘出海的轮船"菲尼克斯"号也是一只美国船，它由纽约（霍博肯）驶抵费城。首先利用蒸汽横渡大西洋的也同样是只美国船（它也有风帆）——"萨凡纳"号（1819年）。所有这些都是明轮船，而明轮船不适用于远洋航行。明轮浆太容易破碎，使得船只不能行驶。

用螺旋桨推进的轮船出现得比较缓慢，在螺旋桨成为可以实用的事物以前有很多困难必须克服。直到19世纪中期，海轮的吨数才开始赶上帆船。此后海运的发展很快，人们第一次在横渡海洋时开始能大体确定其到达的日期。大西洋的横渡曾经是一种须历经数周——甚至延到数月——的不测的冒险，现在航程大大加速，直至1910年如用最快的船只可以缩短到五天以下，并几乎可预报哪个钟点到达。各大洋的航行时间同样都有所缩短，人类交通的可靠性也同样增加了。

和汽力陆海运输发达的同时，由于伏特、加瓦尼和法拉第等人对于各种电力现象的调查研究，为人类的交往加添了新的显著的便利。电报产生于1835年。最早的海底电缆是1851年在法兰西和英格兰之间敷设的。几年之内，电报系统已遍布在文明世界里，消息由以前从一个点到一个点缓慢地传递，变成了实际上在世界各地同时发布。

火车和电报等这些东西在19世纪中期的民众想象中曾被当作最惊人和最革命的发明，其实它们不过是一个远为广泛得多的进程中的最明显和最粗陋的第一批果实而已。如果用先前任何时代的进步来衡量，工艺的知识和技能正以一种非常的速度发展着，并达到一个非凡的程度。

人类支配各种结构材料的能力的扩大，起初在日常生活中不很明显，但最后却变得极为重要。18世纪中期以前，铁是用木炭从矿物中冶炼出来，处理成为小块，并锤锻成形的。它是工匠使用的材料，其质量和处理，在很大程度上有赖于铁匠个人的经验和灵巧。在那些情况下（16世纪）能够处理的最大铁块至多重达两三吨（因此大炮的体积也有一个很固定的上限）。鼓风炉出现于18世纪，并发展到使用焦煤。18世纪以前，我们还看不到辗压铁板（1728年）以及辗压铁杆和铁条（1783年）。奈斯密斯的汽锤是迟至1839年才出现的。

古代世界因为冶金术低劣，不能使用汽力。在有辗压铁板之前，蒸汽机乃至原始的抽水机都不能得到发展。早期的发动机以现代眼光来看，是很可怜和粗陋的一些铁器，但它们却是当时的冶金科学所能企及的顶点。迟至1856年贝西默尔发明的转炉冶炼法出现了，不久（1864年）又有了平炉冶炼法，可使钢和各种铁矿石被熔化、精炼和铸造，在方法和规模上都是前所未闻的。而今天，人们可以看到成吨的白热钢水在电炉中上下翻腾,就像沸腾的牛奶在锅里翻滚似的。

人类先前的实际进步就其后果而言,没有什么能与人们现在成功地对于大块钢铁及其结构和品质的熟练控制相比拟。铁路和各种早期的发动机只不过是新冶金术的初步成功。不久又出现了各种钢铁的船只、巨大的桥梁,以及新型钢筋的大建筑物。等到人们觉察他们过去设计的铁路轨间距离过于胆小时,却已经太迟了,他们本来是可以较大规模把旅行组织得稳当和舒适得多的。

19世纪以前,世界上没有载重多过两千吨的船只;而现在一艘五万吨左右的邮船已不足为奇了。有些人讥笑这种进步,认为这"只是体积"上的进步,其实这种讥笑适足表明那些执迷不悟者知识的局限性。

这些大船或钢铁结构的建筑物,并非像那些人所想象的,是过去的小船或建筑物原样的放大;这是一种性质不同的事物,它建得比较轻便而坚固,所用的材料也更加优良坚实;它不是依照旧例和单凭经验来做的东西,而是一种经过精细和复杂计算的事物。旧式房屋或船只的建造,物质占了支配的地位——人们必须卑屈地服从于材料及其要求;而新式的房屋或船只,物质则被获取,被改变,被制服。试想,煤、铁和沙从沙洲和矿井被挖采出来,经过扭、锻、熔、铸,最后被制成细长而灿烂的钢铁和玻璃的尖顶,耸立于拥挤的都市之上,竟高出了600英尺!

我们提供了这些人类钢铁冶金学知识的进步及其结果的详情细节,作为一种例证。关于铜和锡,以及许多金属,仅指出19世纪到来以前不为人所知的镍和铝两种,其冶金学也都有同样的故事可以叙述。

这种伟大的和逐渐增强的对各种物质的控制,诸如对于各种玻璃、对于岩石和石膏等,以及对于染料和纺织品的控制,是到现在为止机械革命所完成的主要功绩。但是我们目前依然处在这件事物最初的成果阶段。我们有动力,但我们仍在学习怎样使用我们的动力。对这些科学礼物的最初利用,有许多曾是粗鄙、俗气、愚蠢或可怕的。技工和应用者几乎还没有开始利用现在他们可以自由使用的各种变化无尽的物质的工作。

和机械制造的种种可能性的进展同时并行的,是新的电的科学的成长。只是在19世纪80年代,这个部门的探讨才开始产生功效,使普通人的心中有了印象。然后,电灯和电的牵引力突然出现;物力的质变,输送动力的可能,使得力可以通过铜丝而随人选择地变成了机械运转或光或热,犹如水沿着水管输送一样,这些观念开始传入普通人的思想里面去……

在这种伟大的知识增殖方面,英国人和法国人起初是领先者;但到了现在,曾在拿破仑统治下蒙受屈辱的德国人，对科学探讨显示出了那样的热忱和坚忍不拔，很快就赶上了这些领先者。英国的科学大都是那些不在通常学术中心工作的英格兰人和苏格兰人（但请注意，波义耳和威廉·汉密尔顿爵士这两个著名的科学家系爱尔兰人）的创造。

我们已经叙述过英国各大学在宗教改革后怎样地不孚众望，它们怎样地成为贵族和缙绅的教育禁地，成为英国国教的大本营。一种自高自大的和无知无识的传统支配了这些大学，而这些大学又支配着其他中上阶级的学校。对未经批判的拉丁和希腊古典名著选读的书本知识，是唯一被承认的学问，而优美风格的标准是它的大量的引语、典故和落套辞章。

因此，英国科学早期的发展没有理睬正规的教育机构，而且冒着教师和牧师界的激烈反对而继续下去。法国的教育同样被耶稣会士的古典传统所支配。结果是德国人却没有多大困难去组织一批调查研究者，其规模就其可能性来说固然很小，但比起英国和法国的寥寥无几的发明家和实验家却算是大的了。而且这种研究和实验工作虽使英国和法国成为世界上最富最强的国家，却没有使科学家和发明家有钱有势。一个真诚的科学家必然具有超脱凡俗的精神；他对于研究太专心致志了，使得他不去想法从研究中发财致富。于是他们的发现的经济利用，很容易也很自然地落到一些贪得无厌之徒的手里。这样我们便可看到，在英国产生的科学和技术方面的每一个新的进步，都成了富人们的收获，虽然他们不像教师和牧师那样，表现出同样强烈的欲望，来侮辱和宰杀那为国家产下金蛋的母鹅，却满足于让那为他们生利的家伙受饥挨饿。他们认为，发明家和发现者是天生为聪明人谋利的。

在这件事上，德国人稍为明智一些。德国的"学者"对新学问没有表现出那种强烈的憎恨，他们允许它发展。再者，德国的商人和制造业者不像他们的英国竞争者对科学家那样轻蔑。这些德国人确信，知识是可以栽培的作物，对肥料是有反应的。因此，他们给予有科学头脑的人以相当的机会；他们花在科学工作上的公费也比较多，而这种费用得到了十分丰厚的报酬。

到19世纪下半期，德国的科学工作者已经使德语成为每一个想跟上本部门最新成果的科学研究者的必修语。而在某些学科，特别是化学，德国人取得了比它的西方邻国大得多的优势。德国在60和70年代的科学努力，到了80年代后开始生效。德国人在技术和工业繁荣上逐渐赶过了英国和法国。

在这样的一部《史纲》中，对导致知识和力量至今仍在不断增长的复杂心理变化过程不能一一加以追述；这里我们只能唤起读者注意到最突出的转折点，它终于引导人类事务的冰橇走向它目前进步的快速滑行路上去。

我们已经叙述过人类好奇心的第一次解放，以及系统探讨和实验的发端。我们也曾述及，当罗马富豪政治制度及其所引起的帝国主义来了而又离去时，这种探讨的过程怎样重又复生。我们叙述了调查工作怎样摆脱保密和自利的观念，而转为以探究所得公之于众和知识共享的观念，我们也注意到作为这种思想社会化的一个后果的英国皇家学会、佛罗伦萨学会及类似组织的创立。凡此种种，都是机械革命的根源。只要有纯粹科学探讨的根源存在，机械革命就将前进。

我们可以说，机械革命本身开始于英格兰的铁厂木柴供应的枯竭。由此引起了煤的使用，煤矿又导致了简易抽水机的产生，抽水机又被瓦特发展为推动机器的发动机，引起了火车头和轮船的出现。这是广泛利用蒸汽的第一个阶段。机械革命的第二阶段开始于把电学应用在实际问题上，以及电灯、动力输送和电力牵引的发展。

第三阶段以80年代一种新型发动机的应用为特点。在这种发动机内，用爆发性混合物的涨力代替了蒸汽的涨力。这种已成为可能的轻便和效率发展到这样程度，致使飞行——其可能性早已为人料及——成为一种实际的成就。

在这个领域里，美国赖特兄弟的工作最为重要。早在1897年，华盛顿史密森学会的兰利教授就制造了一种飞机（但不是一架大到足以载人的飞机）。他的下一步努力是一种大号飞机，在初期试验中屡遭失败，经过了多方面的改进，几年以后终于由柯蒂斯成功地驾驶飞行。到了1909年，飞机已经可以用于人类的交通。

随着铁路和汽车公路运输的日臻完善，人类在速度的增加上似乎暂停了一下，但飞机的出现却使地面上的点与点之间的实际距离有了新的缩短。在18世纪，从伦敦到爱丁堡的旅程需要8天；在1918年，英国民航运输委员会报告说，从伦敦到墨尔本绕过半球的旅程，数年之内大概同样只用8天即可完成。

我们不必过分强调从一个地方到另一个地方时距的这些显著缩短。它们只不过是人类可能做的事情的更深远更重大的扩展的一个方面。例如，农业科学和农业化学在19世纪期间也取得了几乎相同的进步。人们已经懂得如何使土壤肥沃起来，使同一面积的土地可以得到比17世纪时多四五倍的收获。医学上的进步尤为惊人；人的平均寿命增长了，日常的工作效率增加了，而因疾病所引起的生命的浪费也减少了。

现在总起来说人类生活已经有了这样一种变化，使它成为历史上一个崭新的时期。在一世纪多的时间内发生了机械革命。在那段时间里，人类在他的物质生活状况方面所跨出的步伐，比他在旧石器时代和农耕时代之间，或埃及斐比时代和乔治三世时代之间整个漫长时期里所做出的成就还要快。人类事务的一个新的庞大物质结构已经形成。显然它要求我们的社会、经济和政治方式作出巨大的调整。但这些调整必须有待于机械革命的发展，并且它们至今还只是处在开始的阶段。

2　机械革命和工业革命的关系

在很多历史书里有一种倾向，往往把我们这里所说的机械革命和工业革命混为一谈。机械革命是人类经验中的一种全新的事物，发生于有组织的科学的发展，像农艺的发明或金属的发现；而被称为工业革命的社会和财政的发展，则已有过历史的先例，在起源上是和机械革命迥然不同的。

这两种过程一同前进，不断地相互影响，但在根基上和实质上它们是不同的。即使没有煤，没有蒸汽，没有机械，也会产生某种可以说是工业革命的东西；但在那种情况下，它大概会更加紧跟罗马共和国末年的社会和财政发展的路线。它会重演失去土地的自由耕作者，伙役劳工的劳动、巨大的地产和巨大的金融财富，以及带有社会破坏性的财政过程的故事。

甚至工厂方式也是在动力和机器之前产生的，工厂不是机器的产物而是"分工"的产物。在水车被用于工业生产过程以前，有训练的受剥削的工人们就已经在制造女帽、硬纸箱、各种家俱，以及彩色的地图和书籍插画等。罗马在奥古斯都时代，已经有了工厂。例如，新书是在书商的工厂里，向一排排的抄写员口授而写成的。关心笛福著作和菲尔丁政治小册子的研究者应当体会到，在17世纪结束之前，英国已经流行一种想法，即把成批的穷人赶进厂房，使他们为自己的生活而集体劳动。甚至早在莫尔的《乌托邦》（1516年）里，对此也已经有所暗示。工厂是一种社会发展而不是机械发展的产物。

直到18世纪中叶以后，西欧的社会和经济史，实际上是走回公元前最后三个世纪罗马国家的老路。美洲在很多方面是一个新的西班牙，而印度和中国则是一个新的埃及。但是欧洲的政治分裂，反对君主政体的政治动乱，平民的抗拒，也许还有西欧的才智更接近机械观念和发明，这些都把这过程转入了一个崭新的方向。主要是亏得有基督教，使人类团结的思想在这个较新的欧洲世界得到更广泛的传播，加以政治权力又不那么集中，因此精力旺盛的人急于求富，非常乐于把对奴隶和伙役劳动的观念转到机械动力和机器的观念上来。

机械革命、机械发明和发现的过程，是人类经验中的一种新事物。它不顾可能产生的社会、政治、经济及工业的后果而迳自前进。另一方面，工业革命却和人类大多其他事务一样，过去和现在却因机械革命引起的人类状况的不断变化，而使它受到的改变和偏转越来越深。一方面是罗马共和国较后几世纪的财富的积聚，小农夫、小商人的消灭和巨大的财政局面，另一方面是18、19世纪非常类似的资本的集中，两者之间的本质区别，就在于机械革命所带来的劳工特性的深刻差别。

旧世界的动力是人力，事事主要靠愚昧的驯从者的肌肉的推动力；另辅以少许兽力，如以牛的曳引、马的牵引等作为补充。哪里有重物要抬起来，把它抬起来的是人；哪里有岩石要开采，把它凿开来的是人；哪里有田地要耕种，把它耕犁的是人和牛；罗马时和轮船相当的是划桨的帆船，装有流汗划手们的桨座。

在早期文明中，人类的绝大部分都被当成机械一般的苦力来役使。动力开动的机械起初似乎并没使这种愚笨的苦役得到任何解除。大帮人力被用来挖掘运河，修筑铁路路堑和堤坝等，矿工的人数激增，但方便的设备的范围和商品的产量增加得更多。随着19世纪的进展，新局面的明显的道理才更加清楚地表现了出来。人类再也不必只成为到处滥用的动力源泉了。一架机器所能做的，比一个人能机械地做出来的更快且好。现在只有在那些必须发挥选择力和智慧的地方，人才是需要的。人类只是作为人类，才被需要。先前一切文明所赖以支撑的作苦工的人，绝对服从的家伙，头脑都成为多余的人，对于人类的福利都是不必需的了。

不但最新的冶金工序，就连农艺和采矿那种古老工业也是这样。在耕犁、播种和收获上，快速的机器前来代替了过去需要数十人才能做的工作。在这方面，美国领导了旧世界。罗马文明建立在廉价和贬低了的人力上，而近代文明则是在廉价的机械动力之上重建起来的。一百年来，动力日廉而人工日贵。如果说大约等待了一代之久在矿坑里才有机器，那恰恰是由于人工一时还贱于机器的缘故。在诺森伯兰和达腊姆煤矿开采初期，人工是这样地不值钱，以致对死于矿祸的尸体进行检验，都被看做是异常的事情。为了改变那种事态，就需要工联主义了。

这种用机器补足和代替体力劳动的总的趋势，在人类事务中是一桩头等重要的转变。在古代文明中，富人和统治者主要的挂虑是维持充分的作苦工的人，当时除人力外别无财源。随着19世纪的进展，聪明的管理者越来越清楚地看到，平民是比苦工更好一些。即使仅仅为了保证"工业效率"，平民也必须受教育，他必须懂得自己是在干什么。

从基督教最初的宣传时起，民众教育在欧洲就一直在暗暗发展。这正如在亚洲，伊斯兰教传到哪里，哪里的民众教育便暗暗发展起来，这是因为必须让教徒领悟一些使之得到拯救的信条，必须使他们诵读一点传达其信仰的《圣经》。基督教内部争夺信徒的论争，也为民众教育的收获进行了耕作。

例如在英国，到19世纪30和40年代，由于各种教派的纷争和抓住年轻信徒的需要，产生了许多夜校和主日学校，以及一系列争夺儿童的教育组织，如英国"非教派"学校、教会的国立学校乃至罗马天主教小学等。

较早、较不开明的制造商对其自身利益没有远见，憎恶并反对这些学校。在这方面，贫穷的德国又领先于其更富有的近邻。不久，英国的宗教教师发现图财逐利者和他们站在一起，对平民意外地热心起来，如果不是教育他们，至少也是"训练"他们，使得经济效率能达到一个较高的水平。

19世纪下半叶，是整个西方化的世界民众教育飞速进步的时期。而上层阶级的教育却没有取得相同的进展——当然有些进展，但很不相称——这样，迄今把世界分成读书人和不能读书的大众的巨大鸿沟，在教育水平的差别上就变得小得多了。在这种进程背后就是机械革命，它表面上似乎不顾社会的状况，但实际上却坚持不懈地在全世界彻底消灭了一个全然是文盲的阶级。

罗马共和国的经济革命从未被罗马的平民清楚地理解过。罗马的普通公民对自身所经历的这些变化，从来没有像我们现在了解得这样清楚和广泛。而工业革命在它继续走向19世纪结束时，就已被受其影响的普通人越来越明确地看作一个整体的过程，因为他们如今已能读书、讨论和互相交流，因为他们可以到处游历并观察事物，而过去的平民是决办不到的。

在本《史纲》中，我们已仔细地指出普通人作为一个具有共同的意志和思想的阶级的逐渐出现。作者相信，"普通人"的群众运动遍及相当广大的地区之所以成为可能，只是由于有了基督教和伊斯兰教这种布道者的宗教及他们对个人自尊心的坚持。

我们已经引述过作为开创一个社会历史新时期的第一次十字军中平民的热忱。不过，在19世纪以前就连这些群众运动也较受限制。从威克利夫时代以后，农民的平均主义暴动都局限在一定区域的农村社会，它们只缓慢地蔓延到受同样势力影响的地区。当然城镇工匠也有骚乱，但只是地区性的。

法国革命中焚毁的城堡，并不是推翻一个政府的农民的举动，而是因政府被推翻而得到解放的农民的举动。巴黎公社是作为一种政治力量的城镇工匠初露头角。比起1830年以后任何西欧群众来，第一次革命中的巴黎群众是非常混杂、思想原始和野蛮的群众。

然而机械革命不仅促使全体居民受到教育，而且它导致了大资本主义和大规模的工业改组，这在普通人中产生了一种新的特殊的思想体系，以取代过去目不识丁的平民单纯的困苦的顽抗和可怖的暴乱。

我们已经注意到，工业革命怎样使制造者阶级这个迄今居于中间而成分复杂的阶级，分裂为两个部分——雇主和雇工。雇主富足到可以同金融、商业和土地所有者阶级混在一起；雇工的处境每况愈下，跟纯粹的伙役和农业劳动者日益接近。在制造业雇工地位下降的时候，由于农业机器的采用及个人生产力的提高，农业劳动者的地位上升了。

到19世纪中期，学识渊博的德籍犹太人卡尔·马克思（1818—1883年）指出，由于占有财产的资本家集团的不断集中，工人阶级的组织正在发展成为一个新的社会分等，以代替过去比较复杂的阶级体制。财产，就其作为一个权力而言，已经积聚在比较少数的大富翁即资本家阶级的手里；同时，有少量或没有财产的工人们，即马克思叫做"被剥夺者"或"无产阶级"——此词系误用——也有一个大的混合，他们必然要发展一种共同的和富人们的利益相冲突的"阶级意识"。

正在融合为新的被剥夺者阶级的各种较旧的社会成分，它们之间教育程度和传统观念上的差别，暂时似与上述那种笼统的概括相矛盾；各行各业小雇主们、农场主们等彼此之间的传统观念及它们与工人们的各种工匠的传统观念全然不同；但是随着教育的传播和书籍的降价，这种"马克思式的"概括愈来愈容易被人接受了。

这些本来除共同的贫困外别无关联的阶级，其生活逐渐提高或降低到同一的水准，迫使他们读同样的书籍，受同样的不便。到了19世纪之末，为了反对积累利润和集中财富的阶级，各种各类的穷苦和无产的人们彼此互相团结之感，变得更加明显了。手艺人和户外操作工人之间、穿黑色上衣的和穿工装裤的人之间、穷牧师和小学教员之间、警察和公共汽车司机之间，旧有的差别正在消失。他们都得购用同样的便宜家俱，居住类似的廉价房屋；他们的子女开始混在一起，互通婚姻；总的说来，老百姓们要成功地上升到上层社会是不可能的。马克思所预言的阶级战争，即被剥夺的群众反对少数侵占者的战争，尽管他并不那么鼓吹这种战争，至少在某程度上已被事变所证明。反驳马克思的人，有时会说在许多近代社会中有积蓄来投资的人占的比重增多了。这些积蓄用术语说多少是指"资本"，而它们的所有主多少是指"资本家"，这就被认为是和马克思关于财产集中在越来越少的人手里的论述相抵触的。马克思随便地用了许多名词，而且选择得也不好，他的思想比文字好。当他写到财产的时候，他指的是"作为一种权力而言的财产"。小投资者对其所投的资本，只有非常小的权力。

3 各种思想的酝酿（1848年）

追溯19世纪机械革命和工业革命期间所发生的各种思想酝酿的一些大概轮廓，是一桩很困难的事情。但是我们如果要把这部历史中过去所发生的事同今天我们世界上的状况联系起来，就必须努力完成这项工作。

为方便起见，不妨将1814年至1914年间的一百年分为两个主要的时期。从1814年到1848年是第一个时期。这时期在有限的圈子里，有过数量相当可观的自由思潮和著作，但一般人民大众的思想却没有重大的变化或发展。整个这一时期，世界上的各种事情可以说仍旧在吃旧思想的老本，它们遵循〔法国〕革命和反革命的指导思想而进展着。占优势的开明思想是自由和某种模糊的平均主义，保守的思想是君主政体、有组织的宗教、社会特权和服从。

直到1848年，神圣同盟的幽灵，梅特涅的幽灵，都在竭力阻止被拿破仑背叛了和阻碍了的欧洲革命的复兴。另一方面，在美洲，无论北美和南美，革命都获得了胜利，19世纪自由主义的占统治地位没有受到挑战。英国却是一个动摇不安的国家，它从来不是十分死心塌地地反动，也不是十分忠诚地进步；既没有真正的君主派，也没有真正的共和派；它既是克伦威尔的国土，也是快乐君主查理的国土；它反对奥地利，反对波旁王朝，反对罗马教皇，而又怯懦地克制着。我们已经谈到，大约在1830年在欧洲发生的第一次一系列的自由风暴；1832年英国的改革法案，大大扩大了选举权，并多少恢复了下议院的代议特征，缓和了局势。

大约在1848年前后，又出现了第二次而且严重得多的连续爆发，在法国推翻了奥尔良君主国而建立起第二共和国（1848—1852年），引起了北意大利和匈牙利起来反抗奥地利，在波森的波兰人反抗德国人，罗马教皇则被罗马共和派所驱逐。一个很有意思的泛斯拉夫会议在布拉格召开，它预示了1919年很多领土的重新调整。布拉格的一次起义被奥地利军队镇压后，这个会议就解散了。匈牙利的起义比较生气旺盛，坚持斗争有两年之久。起义的伟大领袖是路易·科苏特，他被打败后在流亡期间，仍为人民的解放坚持了强有力的宣传活动。

所有这些起义最后都失败了；现存制度动摇了，但它还站得住。毫无疑问，这些起义的下面有着严重的社会不满，不过除巴黎的情形外，这些不满都没有很明显的形式；就欧洲其余地区而言，这1848年的风暴，可以最好地用一句话来形容它，即这是自然的政治地图反对维也纳外交家们作出的人为安排，以及这些安排所遗留下的压迫体系的一次起义。

因此一般地说，1815年至1848年的欧洲历史，是1789年至1814年欧洲历史的继续。它在构成上并没有什么真正新的主题。主要的麻烦仍然是平常人的利益反抗束缚和压制人类生活的大国体系的斗争，即使这场斗争往往是一种盲目的和被错误指导的。

但1848年以后，从1848年至1914年，尽管地图的重新调整仍朝着一个自由统一的意大利和一个统一的德意志的方向行进，而精神和政治上适应人类新的知识和新的物质力量的过程却开始了一个新的时期。一股强大的新的社会、宗教和政治思想闯入了普通欧洲人的心里，下面三节我们将考虑这种闯入的由来和特性。它们为我们今天的政治思想奠定了基础，但在长期内对当代的政治却没有很大的影响。当代的政治继续在老路上行进，不过它得到人们的思想的坚定信念和良知上的支持却不断地减少了。

我们已经叙述过一个强有力的思想发展过程如何破坏了1789年以前法国的大君主制度。在1848至1914年大国体系期间，一个类似的破坏过程也在全欧进行着。对于政府制度以及在经济制度中很多财产形式的自由引起的深刻疑虑，在整个社会躯体中传布着。接着发生了历史上最大的和破坏最烈的战争，致使那些在战争刚结束后的年代生活的人们，无法估量那60年里积累起来的新思想的威力和影响范围。他们已经历过一次比拿破仑的灾难更为浩大的灾难，现在正处于一个相当于1815年至1830年期间的平潮时期。但是1830年和1848年的经历，都没有向他们揭示出他们所处的地位。

4　社会主义思想的发展

在整个这部历史中，我们已经探索了财产观念从最初认为强有力者可以漫无节制地要求占有一切而逐渐被限定，以及人们逐渐体会到同胞之谊凌驾于个人追求私利之上。人们由于对君主和神明的敬畏，而初次驯服于比部落更大的社会。我们有一些明显的证据表明，为了某种更伟大的目标，不给费用或报酬而自愿献身，被人们看作是可以被接受的思想，或有人曾提倡过这种思想，这还只是近三千年或最多四千年内的事情。

随后我们发现，像春天多风的日子里洒射山坡上的斑驳阳光一样，在人类事务的表面上流传着这种思想。它认为自我牺牲较之任何个人欲望的满足或成功更为愉快，人类的生活和其中所有个别人的生活的总和是不相同的，而且是更伟大的和更重要的。在佛陀、老子和拿撒勒的耶稣的教导中，我们已经看到那种思想，它像灯塔般地闪闪发光，像窗户里射进在风景画上的阳光光彩夺目。其中尤以拿撒勒人耶稣的教导最为明显。

基督教经过了它的一切变化和堕落，却从来没有完全失掉献身于上帝的天国的启示，这使得君主和统治者的个人豪华好像过分装饰的奴仆一样的傲慢无礼，使得财富的荣耀和对财富的欲望好像是强盗的挥霍。生活在基督教和伊斯兰教这样一种宗教影响所及的社会里，没有人会完全成为一个奴隶；在这些宗教里有一种根深蒂固的特质，它促使人们对他们的主子加以鉴定，并领悟他们自己对世界所负的责任。

当人们从早期旧石器时代家族集团那种可怕的贪婪自私和本能的好战成性，摸索着向这一新的精神状态前进时，他们企图在种种方面表达其想法和需要的趋向。他们发现自己同旧的既定观念不相一致和互相冲突，并且已有一种断然否定这些观念的自然趋势，而飞到完全相反的方面去。

面对一个统治、阶级和秩序似乎只是为个人的私利和不义的压迫制造机会的世界，最早的迫不及待的运动，是要支持普遍的平等和实际上的无政府状态。面对一个财产看来无非是保护私利和奴役的方法的世界，于是否定一切财产便是很自然的了。

我们的历史显示出一种对统治者和对所有权的不断增强的反抗冲动。我们曾经溯述过中世纪焚毁富人的庄园，以及神权政治和共产主义的试验。法国革命中，这种双重反抗是明白和率直的。在法国，我们看到同时存在着两种人，他们受到了同一精神的鼓舞，属于同一革命运动的当然组成部分。一些人注视着统治者的税收，宣称财产应是神圣不可侵犯的；另一些人则注视着雇主的苛刻交易，宣称私有制应予废除。但在任何一种情况下，他们所真正反抗的是统治者和雇主，而不是社会的公仆，这些人像人类的大多数那样仍然是追求私利的压迫者。

我们看到在所有各个时代，人们的心中滋长着这种信念：法律和权力可以有这样的重新调整，使它既保持统治和秩序，同时又对任何统治者和任何统治阶级的利己主义有必要的约束；私有制可以这样的规定，使它既给予自由，而又没有压迫的权力。我们今天才开始领会到，这些目标只有凭借复杂的建设性的努力方能达到；它们是通过人类的新的需求反对愚昧和人类旧的本性的冲突而兴起的；

可是在整个19世纪都有一种以某种简单的公式来解决问题的固执偏向。（而不管在各个时代，全部人类生活、一切生活只不过是对继续出现的综合问题的不断解决这一事实，认为以后就会永远快乐了）。

19世纪前半期，人们看到有若干试创人类新型社会的实验。在历史上，曼彻斯特棉纺厂主罗伯特·欧文（1771—1858年）的实验和思想，是最重要的实验和思想之一。他被极其普遍地认为是近代社会主义的创始者，这和在他的著作里（约1835年）"社会主义"一词首先出现有关。

欧文似乎是一个十分干练的实业家；他在棉纺工业中作过一些革新，并在早年发了不少财。他为在他的工人中人的能力的浪费而感到烦恼，就致力于改善他们的处境以及雇主和雇工的关系。起初在他的曼彻斯特工厂，随后又在新拉纳克，欧文都努力这样做。在新拉纳克，他实际管理着一座约有两千雇工的工厂。

1800年至1828年之间，欧文完成了一些相当值得重视的事情：他减少了劳动时间，把他的工厂搞得既合卫生又很舒适；废除了幼童的招雇，改进了工人的训练，在商业萧条期间发给了失业津贴，建立了学校系统，使新拉纳克成为较好的工业制度的模范，同时又保持了它的商业繁荣。有些人责难人类大多数的放纵过度和缺乏远虑，以此为当时经济上的不公正行为辩护，欧文写了文章有力地为大众抗辩。他认为，男人和女人大都是他们的教育环境的产物，这一命题在今天已不辩自明。他还致力于宣传那些已被新拉纳克所证明是正确的意见。

欧文抨击了同行工厂主的自私顽症。1819年，多半由于他的敦促，第一个工厂法通过了。这是制止雇主利用工人的贫困以谋取最愚蠢和难以容忍的利益的第一次尝试。在今天看来，该法令的一些限制使人惊讶。九岁的小孩不能在工厂劳动竟还需法令来保护，或雇工的名义上的工作日竟需限定为十二小时！当时居然会有这些限制，从今天看来似乎使人难以相信。

人们在写到工业革命时也许有一种倾向，似乎贫苦儿童一直是快活自由的，只是经过工业革命才把他们引向奴役和劳动过度。然而这是对历史的曲解，从文明发端起，贫苦的儿童就一向被迫从事任何他们力所能及的工作。而工厂制却把所有这些儿童苦役聚集起来，而成为有系统的、引人注意的和丑名四播的。在这个问题上工厂制向正在苏醒的人类良心提出了挑战。1819年的英国工厂法从我们看来虽然似乎软弱无力，但它却是儿童的大宪章；此后开始了对贫苦儿童的保护，首先是免除苦役，然后是防止身体上的饥饿和愚昧无知。

对于欧文生平和思想的全部故事，在这里我们不能作任何详细的叙述。欧文认为他在新拉纳克的事业，仅仅是在一个小的模型上的一种尝试。他相信，在一个工业社区里能够做到的事，国内每一个工业社区也都能做到；他提倡根据新拉纳克的计划，对各城镇的工业人口进行重新安顿。

一时，欧文似乎吸引了世人的想象力。《泰晤士报》和《晨邮报》支持了欧文的提议；到新拉纳克的参观者中，有后来继承亚历山大一世为沙皇的尼古拉大公；乔治三世的儿子、维多利亚女王的父亲肯特公爵是他的密友。但是一切憎恶变革的人，一切妒忌穷人的人——这种人总是很多的——以及一切对欧文的方案可能有些提心吊胆的雇主们，都伺机寻找借口来反击欧文。他们在欧文所表述的敌视官方基督教的宗教见解里找到了口实，通过这些使他名誉扫地。然而欧文继续推行他的方案和实验，其中主要的是在印第安纳州（美国）的新和谐村的一个社区，在那里他丧失了他的大部分资本。1828年，欧文的合股者收买了他的破了产的新拉纳克实业。

欧文的实验和建议涉及颇广，而且不属于任何单一的公式。他不是一个空谈家。他的新拉纳克实验，是世界上一些"慈善企业"的开端；利弗休姆勋爵的日光埠、凯德伯里的伯恩维尔，以及美国福特的实业等，都是这方面的当代例证，是通向共产主义的一种进程。欧文关于国家新建区的建议，就是我们今天称为的国家社会主义。他在美洲的实验和他的一些后期著作，指出了一种形式比较完整的社会主义，和当时存在的事态相差很远。

显然，货币之谜使欧文感到烦恼。他明白，当我们用价值波动的货币来支付工作时，不能期望有真正的经济公平，好像如果一个小时的长短总是变化不定的话，我们就不能期望有一个准时的世界一样。欧文的实验之一，是试行流通一种劳动券，这券代表1小时、5小时或20小时的工作。今天的各种合作社——一种穷人的会社，联合起来以集体购买和分配商品，或是为了集体经营制造业、制酪业或其他方式的农业——的兴起是直接地出于他的首倡，虽则欧文自己生前首倡的合作社都以失败告终。它们的继起者已遍布全世界，它的拥护者今天已有几亿人，而这些合作社在分配上比在生产上更为成功得多。

关于欧文的早期社会主义有一点值得注意的是，它一开始并不完全是"民主主义的"，民主主义思想是后来混合进来的。它的发端是慈善性质的，它的早期形式是家长式的；它有些近于工人们应由宽宏大量的雇主和领导者来教育的意味。最早的社会主义不是一个工人的运动，它是一个雇主的运动。从它的整个历史来看，社会主义意识形态的工作主要是由非工人的人物所做出的。马克思被比尔描写成一个"贵族"，恩格斯是一个商人，列宁则是一个流亡的地主家庭的成员。

和欧文这项事业的同时，在美国和英国另有一系列与它无关的独立发展，但最后注定要同欧文的社会主义思想发生关系。英国的法律曾长期禁止采取一致行动联合起来限制贸易和提高价格或工资。在18世纪土地和工业变革之前，这些禁令实施起来没有引起太大的苦难，但是18世纪的变革放出了一大群工人，他们过着做一天吃一天的生活，并为有限的就业机会而竞争。在这些新的情况下，很多工业的工人发现他们自己受到了难以容忍的压榨。他们被挑拨离间，互相对抗；每日每时谁也不知道他的伙伴作出什么让步，会不会发生进一步减少报酬或增加劳役的事情。

为了反对这种廉价的出卖，达成某些协议——尽管是非法的协议——对于工人们就变成生死攸关地必要了。最初这些协议必须由秘密结社来达成和维持，或者建立起表面上完全是为了其他种种目的的俱乐部，如社交俱乐部、殡丧会社等来掩蔽维护工资的联合。这些团体是非法的这一事实，使它们倾向于暴力行动；它们凶悍地反对那些不愿加入这种团体、起破坏作用的"黑腿子"和"老鼠"，对待叛徒们则更加凶悍。

1824年，下议院认识到在这些事上解除紧张局面，给予工人们以组织联合，去同雇主们进行"集体谈判"的权利是合乎需要的。这就使职工会的发展得到很大程度的自由。最初职工会是非常简陋和原始的组织，自由也很受限制，但它逐渐地上升为国内一个真正的第四等级，成为代表广大产业工人的庞大组织系统。

职工会最初从英国和美国兴起，后来散布到法国、德国和一切西方化的社会，在各国都有适应国情的变化，其法律地位也不尽相同。

职工会运动原先是为了维持工资和限制难以忍受的劳动时间而组织起来的，它和社会主义本来是迥然不同的两码事。职工会会员们努力于在现存的资本主义和现存的雇佣条件下尽量为自己谋福利，社会主义却主张变革制度。

是卡尔·马克思的想象力和综合能力，使这两种运动产生了密切的关系。马克思是一个具有强烈的历史感的人；他是最先看出，自文明开始以来一直存在着的古老社会阶级正处于瓦解和重新聚合的过程的人之一。犹太种族的商业精神使马克思洞悉财产和劳工的对立。而且在德国的教养——正如我们已经指出的，那里阶级凝固变成等级的趋势比任何其他欧洲国家都更加明显——使他认识到，劳工目前正变得有了"阶级觉悟"，并对集中财产的阶级进行集体的对抗。在遍及世界的职工会运动中，他相信他看到了有阶级觉悟的劳工的发展。

他问道：资本家和无产阶级的"阶级战争"结果将会怎样呢？他断言，这些冒险图利的资本家由于其固有的贪婪和好斗性，必会把支配资本的权力积聚在越来越少的人手里，直至最后他们会把一切生产、运输工具等都集中成一种可被工人夺取的形式，工人的阶级觉悟和团结一致，也必将随着工业组合和集中的过程而并行发展。

工人们将夺取这笔资本使它为自己服务，这将是社会革命。那时，在土地公有制和由社会作为一个整体来管理私人资本家所组织和集中的庞大生产事业的基础上，个人的财产和自由将会恢复。这将是"资本家"制度的结束，而不是资本主义制度的结束。国家资本主义将取代个人私有者的资本主义。

这标志出从欧文的社会主义跨出了一大步。欧文（类似柏拉图）指望通过任何阶级或每个阶级中人们的常识，来改组暂时的有缺陷的政治、经济和社会结构。马克思却在剥夺和不公平基础上的阶级敌对的性质中找出了一种更大的动力，而且他不单是一个预言的理论家，他也是一个劳工造反即所谓"无产阶级"造反的宣传者。马克思看出，劳工到处都有反对资本家的共同利害关系，虽然在当时的列强战争尤其是意大利解放战争的考验下，他表现出没有掌握住各地劳工在世界的和平方面也有共同利害关系这一事实。但是马克思以社会革命作为目标，他在鼓动国际工人同盟即第一国际的创立方面，确实得到了成功。

此后的社会主义历史，在英国欧文的传统和德国马克思的阶级感情之间交错起来。所谓费边社会主义，就是伦敦费边社对社会主义的解说，向一切阶级中有理性的人们呼吁。德国社会主义中所谓"修正主义"，也具有同样的倾向。但是大体说来，马克思是战胜了欧文的。全世界的社会主义者的普遍倾向都认为，劳工组织，也只有劳工，才能提供战斗的力量，使人类事务的政治经济组织能够摆脱控制它的多少有些不负责任的个人私有者和冒险图利者的掌握。

5 达尔文主义怎样影响宗教和政治思想

当物理科学的进步所引起的机械革命，正在破坏着经过数千年演变的古代文明状态的社会分等，并已在产生着一个正义的人类社会和一个正义的世界秩序的新的可能和新的理想时——在宗教思想领域中也进行着一场至少是同等重大、同等新奇的变化。就是那个引起机械革命的科学知识的增长，也正是这些宗教骚乱的原动力。

现在讲近代史的人对于这件事不得不既要慎重又要大胆，必须一方面不怯懦回避，另一方面又不偏袒附和，在这二者之间选好道路。应当尽可能以叙事为限，抑制个人意见。但也要记住，个人意见是不能完全抑制的。本书的作者就有自己很坚强、很鲜明的信念，读者务必记住这一点。

拿撒勒人耶稣的教诲中含有某种深刻的新颖和创造性的东西；他宣讲了一个在人心中和人世间的新天国，这是历史上的一个事实。就以我们与他相隔这么长久的今天来判断的话，他的教诲中丝毫没有什么与世界和人类历史中的任何发现或发展有互相冲突或互相抵触的地方。但是圣保罗和他的继承者却用一种微妙的、复杂的救世论的解释来增补、完成和强加它，或以另一种教义——你也许宁愿这样想——来代替耶稣的清楚的、深刻的革命的教诲，信仰者能在他日常的习惯与职业上不必受到任何严重的扰乱，而主要靠信仰和仪式就能得救，这个保罗派的教诲的确涉及对世界和人类历史极其明确的信仰问题，这同样是历史上的一个事实。

对于这些事情的辩驳或解释不是史学家的职责，它们终究的含义是什么要靠神学家来论定；史学家所关心的仅仅是这个事实：那就是全世界官方的基督教采取了圣保罗的观点，这一观点在他的使徒书中那样明白地阐述了，在福音书中又那样地无可查考；就是说宗教的意义不是放在将来，而是放在过去；与其说耶稣是一个宣讲美妙的新事物的导师，不如说，为了我们的始祖亚当和夏娃在伊甸园里受了毒蛇的诱惑而违抗造物主这一段历史事实，使他成为注定的一个深奥神秘而神圣的赎罪血祭。正统的基督教是把自己建立在相信"亚当的罪"是件事实上，而不是建立在拿撒勒人耶稣的人格上；建立在保罗的理论上，而不是建立在耶稣的训谕上。

我们已经述及世界的特别创造，以及亚当、夏娃和毒蛇的故事，它是一个古代巴比伦的故事，大概还是一个更为古老的苏美尔的故事；我们也已述及这是以犹太《圣经》为媒介把这个极古老的和原始的"日石"时期毒蛇传说引进基督教的。凡官方的基督教传到哪里，就把这段故事带到哪里。它把自己同这段故事联结在一起了。

直到一百年前后，整个基督教化的世界感到必须相信，也确实相信，宇宙是在数千年前——据厄谢尔主教说，是在公元前4004年，按照上帝的命令在六天之内所特别创造的（1779年一批伦敦书商出版的42卷《世界通史》中，还在讨论创世的第一天的确切日期，是公元前4004年3月21日，还是9月21日，并倾向于认为后者是较为可信的季节）。

西方文明和西方化文明的宗教组织就是建立在这种历史假定之上的，但是全世界混乱起来了，丘陵、山岭、沙洲、海洋一起爆发，证明这种假定是绝对荒谬的。那些主要国家的宗教生活，至今仍然是十分热忱虔敬的宗教生活，是在一座建造在沙砾上的历史宅第中度过的。

　　古典著作中常有一种较健康的宇宙起源说的认识。亚里士多德就曾意识到近代地质学的一些概括的原理，这些原理在卢克莱修的思考中放出光芒，我们也已谈到列奥纳多·达·芬奇（1452—1519年）对于化石的清楚解说。伟大的法国人笛卡儿（1596—1650年）曾大胆地推测我们的地球最初形成时是处于白热化的状态，丹麦人斯泰诺（1631—1686年）曾着手采集化石和描写地层。但是只是在18世纪接近结束时，地质学的系统研究才占了如此大的比重，致使《圣经》上古代苏美尔创世纪事的全面权威也受其影响。

　　与上面所引的《世界通史》的同期，一个法国大博物学家比丰，正在对"自然的时代"进行著述（1778年），大胆地把世界的年龄延长到7万年或7.5万年。他把他的故事分为6个时代以符合基督教创世故事的6天。这6天，他辩解说，是比喻性的；它们本是6个时代。当时的地质学就是用这种圆通应付的策略，设法同正统的宗教训诲和解，一直持续到了19世纪中叶。

　　我们不能在这里追述赫顿、普莱费尔、查尔斯·莱尔爵士以及法国人拉马克和居维叶这样一些科学家，在阐明和发展岩石记录方面的贡献。西方世界的一般智慧，只是慢慢地对下列使之为难的两件事醒悟过来：第一，地质记录中的生物继替和6天创造的活动不相符合；第二，地质记录和大量生物学事实一致，背离了《圣经》上关于每个物种是分别创造的说法，而径直指出一切生物形式之间皆有同源发生的关系，甚至人类也包括在内！这后一个论点对于既存的教义体系的重要意义是明显的。假如一切动物和人类都以这样一脉相承的方式演化而来，那么人类就没有始祖、没有伊甸园，也没有人类的堕落。如果没有人类的堕落，那么基督教的全部历史的编造，目前基督徒的宗教热情和道德所根据的原罪和赎罪的原因这段故事，就像纸糊的房子一样倒塌了。

　　因此，许许多多诚实的、笃信宗教的人，在追随英国博物学家查尔斯·达尔文（1809—1882年）的著作时，莫不带有类似惊恐的心理。1859年达尔文的《通过自然选择的物种起源》出版了，该书对物种变迁和演化这一概念，作了极为有力而具有永久价值的讲解，在本书第二章中已扼要地叙述了；1871年他又完成《人类由来》一书的纲要，明确地把人类也纳入了其他一切生物的同一发展系统之中。

　　今天还活着的很多人会记得，当生物学家和地质学家反对正统的基督教宇宙起源说的不可战胜的论据显露时，西方社会中一般知识界人士的惊惶失措和苦恼忧伤。大多数人的思想是本能地、非理性地抗拒新知识。他们的全部道德大厦是建立在伪造历史之上的；他们已太衰老太顽固而不能重修新厦；他们感觉到他们的道德信念具有实际真理，而那个新真理在他们看来同旧道德是格格不入的。他们相信赞同新真理就是为世界的道德破产作了准备，但正因为他们不赞同新真理却发生了道德的破产。

特别是英国各大学都是以教士为主组成的，它们抗拒新学尤为猛烈。在19世纪70年代和80年代，一场风暴般的论争在整个文明世界中汹涌进行。当时讨论的性质以及教会无可救药的愚昧，从哈克特的《平凡话》一书中所描述英国协会于1860年开会时威尔伯福斯主教攻击达尔文观点的伟大战士赫胥黎一事，就可得见一斑。

威尔伯福斯主教面对"赫胥黎，带着傲慢的微笑，要求知道他究竟是通过他的祖父，还是通过他的祖母而自己承认是猴子的子孙？赫胥黎转身向他旁边的人说：'上帝已把此人交到我的手里了。'于是他站在我们面前说了这些极其惊人的话：'他不认为以猴子为祖先是可耻的，但和一个用天赋来混淆真理的人有着关系才是可耻的。'"（这些话的另一说法是："我确实说过，一个人没有理由以猿为他的祖先而感到可耻。如果我有一个使我一想起来就会感到可耻的祖先，那就是一个坐立不安、样样来得的人，他插手于种种并不真正熟悉的科学问题，只是用文不对题的修辞来混淆问题，用滔滔不绝的枝节和老练地乞求于听众的偏见来转移他们对争辩中的真正论点的注意。"）这些话的确是愤慨地说出来的。这是一个非常激动的场面。哈克特说有一个贵妇人昏倒了……这就是那次论争的气氛。

达尔文运动对正规的基督教来说是出其不意、突然发生的。正规基督教在其神学的论述上面临一个显然可以证明的错误。基督教神学家们既不够明智又在心理上不够敏捷地去接纳新真理、订正旧教条，并坚持旧信条至今还是可以表现的那些有生气的、活力未减的宗教现实。人类是诸亚人形态的后裔这个发现甚至丝毫没有触及天国的训诲。而教士们和主教们对达尔文却大发雷霆；多次愚蠢地企图禁止达尔文著作的发行，侮辱和诽谤新观点的倡导者。产生了很多宗教和科学"对抗"的胡言乱语。

其实，在一切时代，在基督教世界中都有怀疑的人。皇帝弗里德里希二世显然是个怀疑论者；在18世纪中，吉本和伏尔泰公开反对基督教，他们的著作曾影响过分散各处的许多读者。但这些都是些特殊人物……如今总的看来，却是整个基督教世界都变得怀疑了。这次新论争触及到每个读过书或者听过有见识的谈话的人。新的一代年轻人成长起来了，他们发现基督教的卫士们脾气恶劣，不体面不公正地为他们的事业进行争辩。新的科学进步本来对正统的神学是没法调和的，而忿怒的神学家们却宣称它是宗教。

人们终会发现宗教丢掉了它在教义上的一切包袱会更加大放光明，但是对青年人来说，好像确实有过一次科学和宗教的冲突，在这场冲突中科学获得了胜利。

这次大争辩对于整个西方化世界繁荣富庶的和有影响的阶级人士的思想和方法的直接影响，的确是很不利的。新兴的生物科学这时还没有带来什么建设性的东西来代替旧道德的支持。于是一个真正的道德堕落接着发生了。

在那些阶级里，社会生活的一般水平在20世纪早年比17世纪早年要高得多，但是在一个方面——就这些阶级的淡泊无私和光明正大方面来说——17世纪的调子大概比20世纪要好一些。17世纪的有产的和活跃的阶级里，尽管也有少数明确的"不信教者"，但诚心祈祷、反躬自问曾否作恶，并准备为他们所认为是正确的事而忍受痛苦和作巨大牺牲的男男女女，比起20世纪开初几年来，在百分比上或许要大得多。

1859年以后，在信仰上发生了一次真正的损失。宗教的真金在很多情况下和包藏它那么久的破敝钱囊一同被抛弃掉了，而没有再恢复过来。到19世纪将要结束时，一种对达尔文主义粗浅的误解，已到处成为"受过教育"的广大群众的基本精神粮食。17世纪的国王、业主、统治者和领导者，在他们的心底都曾有一种想法，以为他们是奉上帝的旨意而居上的；他们真的敬畏上帝，让教士们在上帝面前替他们隐恶扬善；而当他们作恶的时候，就尽量不想到上帝。但是20世纪开始时的国王、业主和统治者们的这种旧的信仰，已在科学批评的光化作用下凋谢了。

19世纪结束时，有权势的人们相信他们是依靠生存竞争的力量而居上的，在生存竞争里强者和狡诈的人胜过了弱者和说真话的人。他们还进一步相信必须强壮、有力、无情、"实际"、自利，因为上帝已死去了，或者似乎本来就是死的——这完全超出了新知识所认为正当的本意。

不久以后他们就越出了对达尔文主义的最初粗浅的时行的误解，即人人专门为己的想法。可是进到下一步时就停滞不前了。他们断定，人类是一种像印第安人的猎狗一样的社会动物。但是人比狗有更大的含义——这一点他们却没有看到。而且他们认为正如在狗群中为了大家的好处必须欺压幼者和弱者，所以人群中的那些大狗欺压幼弱也似乎是理所当然的。因而对19世纪早年曾经盛行的民主主义观念产生了新的蔑视，对专横者和暴虐者的艳羡又恢复了。

拉迪亚德·吉卜林竟会把中上层阶级英国公众的儿童领回到丛林野地去学习"法律"，他竟会在他所写的《林莽之书》一书中，以赞赏的笔调来描写三个男孩凌虐另外两个男孩的情形，这三个男孩在显示恶意以前，用诡计把受骗者无从求援地捆绑起来。这很代表当时的特色。

对《林莽之书》里面的这一事件稍予注意是值得的，因为它非常生动地显露了19世纪结束时英帝国的政治心理。不先了解这个故事所例证的心理歪曲就不能了解19世纪后半世纪的历史。那两个被虐的男孩是"欺软怕硬的人"，这是那三个加害者的借口，而加害者又是受一个牧师的煽动而胡作非为的。什么也制止不住他们（包括吉卜林先生在内）去干这件事的兴致。这件事的教训似乎是，一定要注意在未施加虐害之前，先搞出一点可以为道德愤慨辩解的借口，那就万事大吉了。如果有权威在你的一边，那你就不会受到谴责。这显然就是这个典型的帝国主义者的简单教条。既然人类这种动物的智力已经发展到足以有意识的残酷无情时，每一个欺弱的人就必须尽其力之所能遵守这一教条。

故事中另有一点确很重要。中小学校长和他的牧师助手都被描述为暗中参与此事的人，他们愿意这种欺弱的事发生。他们不去行使自己的职权，而假手于三个男孩，也就是吉卜林先生的英雄，来惩罚那两个受害者。校长和牧师对一个愤怒的母亲的一再申诉充耳不闻。这一切都是吉卜林先生认为最值得想望的事情。

由此我们得到了现代帝国主义最丑恶、最退化、最终要灭亡的观念的关键，也就是法律和非法暴行之间暗中勾结的观念。正如沙皇制度由于秘密鼓励叫做"黑色百人团"的暴徒屠杀犹太人和其他被认为仇视沙皇的人而终于自取灭亡一样，英帝国政府的好名声也就是这样被玷污了——至今仍然被玷污——如詹姆森博士在布尔战争以前非法侵掠德兰士瓦，如爱德华卡森爵士（即后来的卡森勋爵）在爱尔兰的种种冒险，下面即将叙述；又如英国政府不言而喻的默许在爱尔兰的王党对新芬党的行凶者或被指称是行凶者的暴行承担的所谓"报复行为"。

帝国都是这样背叛它们的臣民而自取灭亡的。统治者和帝国的真正力量不在于陆军、海军，而在于人民相信他们是坚定不移地坦率的、诚实的和合法的。一个政府一旦离开了这个标准，它就不比一个"犯人称霸的团体"好多少，它的寿命也就不长了。

6 民族主义的观念

我们已经指出，必须有一幅世界的自然政治地图为人类行政管理提供最可能完善的地理划分。世界的任何其他政治划分，不同于这个自然政治地图的，必然是个不适合的安排，一定要产生仇恨和反抗的压力而倾向于朝着这个自然政治地图所指明的方向转移疆界。

如果维也纳的外交家们不是显然地既不相信也不了解这个道理，以为自己可以任意地分割世界就像一个人任意割切一块乳酪一样的无骨的东西，那么上面所说的就好像是不言而喻的主张了。当世界从疲殆不堪的拿破仑战争恢复过来之后，大多数在欧洲开始发生的叛乱和冲突，很明显地是普通老百姓试图公开脱离在很多情况下不能再忍受的这种不合适的政府的行动。大体上，当时全欧各国政府都是不合适的政府，因为从社会观点来看，它们并不代表民意，而只是妨碍生产、浪费人力；可是在这些普遍的烦扰之外，再加上统治者和被统治者之间的宗教和种族文化的不同（如在爱尔兰的大部分），种族和语言的不同（如在奥属的北意大利和全奥地利帝国的大部分），或者所有这些方面全不相同时（如在波兰及欧洲部分的土耳其帝国），就会恶化到导致流血。

当时的欧洲是一个统治机器配置得坏透了的体系。在19世纪历史中曾占那么重要地位的各种"民族主义"运动，就是从这种配置失当的压迫下得到了推动力的。

什么是民族？什么是民族性？如果我们的世界史证实过什么东西，那就是它证实了种族和人民的混合，人类区分的不稳定，以及人类团体和人类对结合观念的千变万化。一个民族，一向这样说，是一大群人积聚在一起，自认为同属一体。但是我们听说，爱尔兰是一个民族，而信奉新教的阿尔斯特人必定不同意这个想法；并且意大利在完成统一以后很久才自认为同属一体。作者1916年到意大利时，人们还在说："这次战争将使我们成为一个民族了。"

此外，英吉利人是不是一个民族呢，还是已经被吞没到"不列颠民族性"里去了？英格兰人似乎就不很相信这种不列颠民族性。一个种族或语言共同体不能构成一个民族，因为盖尔人和苏格兰低地居民共同形成了苏格兰"民族"；它又不能是一个共同的宗教，因为英国就有几十种宗教；也不能是一个共同的文字，否则为什么美国从不列颠分立出来，阿根廷共和国从西班牙分立出来呢？我们可以建议，一个民族实际上是人们的任何集合、混合或者混淆，它宁肯承受或者甘愿承受自己的外事部门所引起的苦恼，以便它集体地有所行动，仿佛它的需要、欲望和自负比人类的普遍福利更为无比重要。

对于马基雅弗利式的君主政体发展成为由它们外事部门扮演"列强"角色的统治，我们已经描述过了。这类"列强"根据自己利益作出的不适当的政治安排，同自然政治地图是不相符的，从而产生了紧张局面；而支配了19世纪政治思想的"民族性",实际上只不过是这种局面的浪漫的和情感上的夸张罢了。

整个19世纪期间,特别是整个后半叶,世界上的这种民族主义极其盛行。所有的人凭其本性都是派性强的人和爱国者,但在19世纪人们生来就有的部落主义却不自然地被夸张了,它被推波助澜、被过度刺激、被煽动和强迫纳入民族主义的模型。

民族主义在学校里讲授,在报纸上强调,并用说教、欺骗和歌颂的方法向人们灌输。它变成一种令人厌恶的虚伪术语,遮暗了人类一切事务。它使人们感觉到没有民族性就像在人群拥挤的会场中赤身露体那样不成体统。东方的人们从未听说过民族性,这时也爱上了民族主义,就像爱上了西方的纸烟和圆顶帽一样。印度大不相同的种族、宗教和文化济济一堂,有达罗毗荼人、有蒙古利亚人、有雅利安人,也变成了一个"民族"。当然,也有一些难以辨明的情形,如伦敦东部怀特查佩尔区一个年轻的犹太人,必须决定他究竟属于不列颠民族,还是属于犹太民族。

在对这些更新、更大的部落神——确实现代"民族"就是这种部落神——的崇拜上升成为支配十九世纪想象力的这件事上,讽刺画和政治漫画起了很大作用。如果我们翻一翻《笨拙》周刊,这个以离奇诙谐的图画描摹自1841年起英国精神的当代记录,就可看到不列颠神、爱尔兰神、法兰西神、日耳曼神或拥抱、或争辩、或责骂、或喜、或忧,无不淋漓尽致。

约翰·布尔　　不列颠神　　日耳曼神　　法兰西神　　卡塞利恩·尼侯利亨

部落神——人们愿为他们而死的民族象征——19世纪的

这就大大帮助了外交家们进行列强的逐鹿之戏,用这种形式把政治传达给一般迟疑不决的群众。对普通人来说,虽然怨恨自己的儿子被送到国外去遭枪杀,也就认为这并不只是两国外交部门固执和贪婪的结果,而确实是那些模糊不清的巨神中的两神之间的一种正义的、不可避免的斗争的必要部分。如法兰西神曾受日耳曼神的侮辱,或意大利神正在对奥地利神显示一种正当的精神。

这个青年人的死亡在常识上已不再视为暴行,它呈现出一种神话般的尊严。并且叛乱也能像外交手段那样披上同样浪漫的外衣了。爱尔兰成为灰姑娘女神卡塞利恩·尼侯利亨,备受心碎肠断、不可宽恕的损害;青年印度在崇拜般陀摩叨罗摩上也超越了它的现实。

19世纪民族主义〔即国家主义〕的主要思想就是各民族〔即国家〕都有对主权完整的"合法要求",也就是各民族〔国家〕都有管理其自己境内一切事务的权利,对任何其他民族〔国家〕一概置之不顾。这种思想的缺点在于每一个现代社会共同体的种种事务和利害都影响到全球最远的地区。例如,1914年萨拉热窝的暗杀事件促成了第一次世界大战,产生了拉布拉多半岛的印第安部落之中严重的灾难,因为那次战争切断了兽皮的贸易,兽皮正是他们赖以换取诸如弹药的必需品,没有弹药就不能取得足够的食物。

因此,各自独立的主权国家所构成的世界意味着祸害无穷的世界,各国不断备战或作战的世界。但和这种民族〔国家〕主义的宣讲同时兴起而又背道而驰的,在较强的民族中间又极力宣传另一套思想,即帝国主义的思想,这种思想主张一个强大而先进的民族,应被承认有权统治一批其他较后进的或政治上较不发达的民族或民族性尚未发达的人民。统治国期待它们对于受到保护和统治表示感激之心。

在这里"帝国"一词的用法显然不同于它过去通行的意义了。这些新帝国甚至不拟自称为罗马世界帝国的继续。它们已失去帝国观念与世界和平之间的最后联系了。

上述民族性的观念,以及作为民族最大的成就的"帝国"观念,这两种观念在整个19世纪后半叶支配了欧洲的政治思想,也确实支配了全世界的政治思想,而且把它支配得连任何较为广博的人类公共福利的概念实际上也都排除了出去。这两种观念是似是而非的,并且所起的作用是危险而不健全的。它们并不代表人类本性中根本的和不变的东西,它们也不能满足机械革命日益促成的世界管理和世界安全所必不可少的新需要。

这些观念之所以被接受是因为一般人民既无世界史的研究所能昭示的彻底的见解,又已不再有一种世界宗教的普遍慈悲心。直至认识到它们对日常生活的一切常规的危害时,已经太晚了。

7 1851年的大博览会

19世纪中叶以后，这种新列强和旧思想组成的世界，这个外交的旧瓶中酿着的新酒，终于冲破了维也纳条约的脆弱的限制而爆发为一系列的战争。可是由于一个讽刺性的意外事件，这些新动乱的体系却以伦敦的一个和平佳节即1851年的大博览会为领先。这个博览会值得用一段左右的篇幅叙述一下。

这次博览会的推动力是萨克斯·科堡·哥达领地的阿尔贝特亲王，他是1831年接比利时王位的德国人列奥波特一世的侄子，列奥波特又是年轻的英国维多利亚女王的舅舅。维多利亚1837年18岁时成为女王。这两个年轻的表兄妹——他们年龄相同——在他们舅、叔列奥波特的主持下，于1840年结为夫妇。阿尔贝特亲王在英国被称为"女王的丈夫"。他是个智力健全、受过卓越教育的年轻人，他对英国的心智停滞不前似乎曾大为震惊。

牛津和剑桥两所大学，曾是灿烂的文化中心，自18世纪末叶知识衰退以后，仍然处于恢复而且是缓慢恢复的状态中。两所大学每年录取入学人数都不超过四百人，考试大部分只不过是口头问答的仪式。当时除在伦敦的两所学院（伦敦大学的）和在达腊姆的一所学院以外，英国所能提供的有大学资格的教育不过如此而已。

多半是由于这个和英国女王结了婚、对英国情况觉得可耻的德国青年人的倡议，产生了1850年的大学委员会，并为了更进一步促醒英国，他又创办了第一次国际博览会，为欧洲各国的艺术品和工业品提供一个互相评比的机会。

博览会的计划遭到激烈的反对。下议院中曾有人预言，此事将使英国受到外国流氓和革命家的蹂躏，他们将会败坏英国人民的道德，破坏英国的一切信仰和忠诚。

博览会终于在伦敦海德公园中用玻璃和铁建成的大厦里举行了——这所大厦后来修建为水晶宫。博览会在财政上是非常成功的。它使很多英国人民初次认识到，他们的国家并不是世界上唯一的工业国，商业繁荣也不是上天指定的不列颠的专利。欧洲从拿破仑战争的荒废之后正在稳步恢复，并有迅速赶上英国在贸易和制造业上的领先地位之势，在博览会里就可看出这最明显的证据。英国政府随即设立一个科学和艺术部的组织（1853年），如果可能的话用以弥补教育落后给英国所造成的损失。

8 拿破仑三世的事业

1851年的大博览会透露了相当可观的国际论调和情操。在像坦尼森那样青年诗人的作品中已有这种表示，他曾展望了未来的景象。

> 战鼓不敲，战旗也卷起，在人类议会和世界联盟里。

这种幻想是过早了。在自由主义和肤浅的启蒙思潮的短暂间隔时期的表面和平掩盖之下，新的国际冲突的种子正在发芽。法国在名义上是一个自由共和国。但它的总统却是一个波拿巴家族的人，是拿破仑一世的侄子。他是一个极其诡诈和冒险心极大的人，注定要给法国和欧洲带来比他叔父在半个世纪以前所造成的更为惨重的灾难。

法兰西共和国 1848 年取代了奥尔良朝君主政体，曾经有过一段短暂多难的经历。共和国从一开始就因粗糙的社会主义建议所造成的不少经济混乱，甚至更多商业上的焦虑，而陷于窘境。这位新的波拿巴·拿破仑以一个自由"保卫"者的姿态出现，表示要恢复对共和国的信心，稳定国事，这样就能保证在同年 10 月获选为总统。他就任总统时宣誓忠于民主主义共和国，并把所有试图变更政体的人当作敌人。然而四年之后（1852 年 12 月）他却做了法国的皇帝。

最初是英国维多利亚女王，说得更确切一点是斯托克马男爵，对这个新波拿巴·拿破仑颇为猜疑，男爵是比利时国王列奥波特的朋友和臣属，又是英国女王及其丈夫的国际良知的看护人。这个出自萨克斯·科堡·哥达领地的集团对德国的统一和幸福——在自由路线上——都怀有合理的、慷慨的热望，他们对于波拿巴王族的复活自会感到吃惊。另一方面，英国外交大臣帕默斯顿勋爵却从一开始就同这个篡位者友好；他给这个法国总统发送亲善急件，却没有呈送女王审阅，没有给女王以足够时间向斯托克马男爵谘询，因而冒犯了女王，被迫辞职。但是后来，英国宫廷对这个新兴的冒险家的态度又转变得比较热诚一些。

拿破仑三世即位的头几年曾保证不走拿破仑的老路，而成为一个开明的君主政体——一个"廉价面包、巨大公共工程和许多节日"的政府，他还热情地表示赞同民族主义思想，这自然极为任何爱好自由的德国知识界人士所接受。1848 年在法兰克福有过一个为时短暂的全德议会，但 1849 年就被普鲁士君主政体所推翻了。

1848 年以前，凡参与维也纳和解的欧洲各大国宫廷，由于害怕再出现一次更为普遍的民主主义革命而保持了一种同盟。1848 年革命失败，法国君主政体恢复之后，这种畏惧消散了，他们又可自由地恢复 1789 年以前的阴谋和反阴谋活动的日子——他们动用的军队和舰队比拿破仑战争第一阶段给各国所提供的更为强大。列强逐鹿之戏，经过 60 年的间断，又热烈地重演了，并一直继续到造成

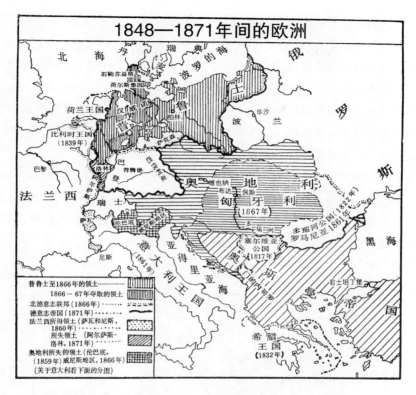

注：图中的汉威诺应为汉诺威，特此更正——编者

1914 年的大灾难。

　　新拿破仑有一个时候颇为小心翼翼。而俄国沙皇尼古拉一世首先作出了导向战争的行动。他恢复了彼得大帝以来向君士坦丁堡强行推进的传统。他给土耳其苏丹起了一个"欧洲病夫"的绰号，并且找到土耳其帝国政府虐待国内基督教居民的借口，于 1853 年出兵占领了多瑙河流域的小诸侯国。

　　这是国际上一次真正的倒退。欧洲外交家们面临一个很像 18 世纪模式的"问题"。俄国的图谋被理解为既同法国在叙利亚的图谋相冲突，又威胁着英国到印度去的地中海航线，于是英法两国结成联盟来支持土耳其，造成了一场克里米亚战争，以俄国的败退而告终。人们可能一向认为制止俄国的推进多少应是奥地利和德意志的职责，但是英法两国外交部在俄国事务上爱管闲事的热情总是控制不住。并且新拿破仑也看到这次战争是个机会，可以强化他同英国和英国宫廷的不牢靠的友谊，因为英国对他一直是冷淡的。

　　强权旧戏的重演令人感兴趣的下一阶段是，皇帝拿破仑三世和北部意大利的撒丁小王国的国王利用意大利国家分裂所造成的种种纷扰和苦难——特别是在奥地利统治下的北部受苦更甚——以便从中取利。撒丁国王维克多·艾曼努尔和拿破仑做了一笔旧式交易，应许以尼斯和萨瓦两省作为拿破仑出兵相助的报酬。法国将据有这两省，撒丁王国将在意大利获得补偿。于是以法国和撒丁王国为一方，奥地利为另一方两者之间的战争在1859年爆发，并在几个星期内就结束了。奥军在马詹塔及索耳费里诺均遭惨败。后来，拿破仑由于在莱茵河受到普鲁士的威胁而媾和了，让撒丁王国得到伦巴底这个更富庶的地区。

撒丁国王维克多·艾曼努尔和他的首相卡富尔［又译加富尔］在这场逐鹿中的下一步行动，是伟大的意大利爱国者加里波第在西西里所率领的起义运动。西西里和那不勒斯获得解放了，除了罗马（当时仍效忠于教皇）和威尼斯地区（当时仍为奥地利人所占有）以外，意大利全部均归附撒丁国王。全意大利议会于1861年在都灵召开，维克多·艾曼努尔成为意大利的第一个国王。

此时欧洲外交逐鹿的兴趣转移到了德意志，自然政治地图的常识已经露出头角了。1848年德意志全部，当然包括德属奥地利在内，暂时统一在法兰克福议会之下。但这种联盟特别冒犯了德国诸邦的宫廷及其外交部，他们不要一个由它的人民的意志统一起来的德意志，他们要的是由王室和外交行动统一起来的德意志——就像意大利统一起来的样子。

1848年德国议会曾经坚持，原属德意志邦联而大部分居民是德国人的石勒苏益格—荷尔斯泰因省，必须归属德国。德国议会曾下令普鲁士军队占领这两省，这就促使普鲁士国王拒绝受命，因而加速了议会的垮台。这时丹麦国王克里斯蒂安九世，除了一般国王的天然愚蠢外，没有其他可以想得到的动机，竟对这两个公国里的德国人发动了一次烦扰的战役。当时普鲁士的国事大部分掌握在17世纪式的大臣俾斯麦（1865年封为伯爵，1871年封为公爵）的手中，他在这个困境里看到了光明的机会。他以这两个公国的德意志民族性的保护者自居——必须记住普鲁士国王在1848年曾拒绝为民主主义的德意志承担这个角色——劝说奥地利站到普鲁士这一边进行一场武装干涉。

丹麦无力对抗这些强国；它很容易地被打败了，不得不放弃了这两个公国。

此后俾斯麦又为奥地利占有这两个小国挑起了争吵。他为了普鲁士更大的光荣和霍亨索伦王朝在德国诸邦中的独霸，引起了一场不必要的自相残杀的战争。他在普鲁士霍亨索伦王朝之下统一了德意志。具有浪漫精神倾向的德国作家们往往把俾斯麦描写成策划德意志统一的伟大政治家；但是，他实在没有做过这样的事。德意志的统一在1848年已经是一个现实，过去和现在本来就是这样。普鲁士君主国只是延迟了这个必然要发生的现实，使得它看来像是用普鲁士方式达到了统一。这就是为什么在德意志最后获得统一时，它对世界显示的不是一个近代文明民族的形象，而是这两撇可怕的小胡子、脚穿长统靴、头戴尖顶盔、腰挎军刀的颇有古风的俾斯麦的一张脸。

俾斯麦

在这次普奥战争中，普鲁士有意大利作为同盟，而较小的德国诸邦，大多数害怕普鲁士的阴谋诡计，都站在奥地利一边作战。读者自然会想知道，为什么拿破仑三世在治国方略上不抓住这个美好的时机，为他自己的利益而加入战争。按照强权争逐必需的惯例，他是应当这样做的。而他却让一个对法国有危险的敌手，以普鲁士的形式在欧洲兴起。拿破仑本该采取行动防止这事。但不幸的是，恰在此时他的手指已陷入大西洋彼岸的圈套里，他无法干涉本洲的战事了。

拿破仑被美洲强烈地诱惑住了。北美联邦的北部和南部诸州的利害并不一致，由于以奴隶制为根基的经济差别，终于导致了公开的国内战争。在下一节里我们将比较详尽地谈到这次内战；这里只说说内战延续了四年，最后以重新统一为合众国而结束。在共和政体内讧的这四年中间，欧洲的一切反动分子无不幸灾乐祸；英国贵族公开偏袒美国南方同盟诸州，英国政府并允许几只战时特准捕拿敌商的武装私掠船，特别是那只叫做"亚拉巴马"号的，可由英国驶出袭击美国北方联邦的船只。

拿破仑三世的设想是更为卤莽的，他认为新大陆毕竟已经屈服予旧大陆了。到此为止美国一直禁止欧洲人干涉美洲大陆的事务。这可以说是美国政策中一条固定不变的规则。而在拿破仑看来，似乎这块牢靠的门罗主义盾牌这时已被永远丢在一边了，欧洲列强又可以插手美洲，冒险的君主政体的天惠又将在那里恢复了。

拿破仑三世在墨西哥总统任意处分国内的外国人财产这件事上找到了进行干涉的口实。一支由法国、英国和西班牙联合组成的远征军进占了维拉—克鲁斯，但是拿破仑的计划对他的同盟者来说是太大胆了，因而在弄清楚他竟然企图建立一个墨西哥帝国时，英国和西班牙便撤兵了。拿破仑在孤军苦战之后，于1864年毕竟拥立了奥地利大公马克西米利安为墨西哥皇帝。但是法军继续有效占领其国境，成群的法国投机家涌进了墨西哥，掠夺境内的矿藏和资源。

但是在1865年4月，美国内战告一结束，这一小撮热衷于占领墨西哥的欧洲人发现自己面临着胜利的美国政府，势态十分严酷，且拥有一支庞大而气势汹汹的军队。美国政府直率地让法国帝国主义者在二者中选择其一，要么和美国打仗，要么从美洲撤出。实际上这就是一道撤走的命令。这就是拿破仑三世卷入的困境，使他不能干涉1866年的普奥战争，这也就是俾斯麦迫不及待地对奥用兵的理由。

当普鲁士攻打奥地利时，拿破仑三世正在设法体面地从墨西哥的荆棘中脱身。他捏造了一个财政上的理由，同马克西米利安作卑鄙的争吵而撤退了法国军队。于是，按照王权的通例，马克西米利安应该退位。但是他并不这样做，还为保住他的帝国而战斗；他被他的崛强的臣民所打败，被逮捕，于1867年作为妨害公益的犯人予以枪决。于是新大陆又恢复了门罗总统所倡导的和平。

可是，当拿破仑忙于他在美洲的灾难之时，也正是普鲁士和意大利夺得对奥地利作战胜利之日（1866年）。意大利在库斯托扎的陆战和利萨的海战中确实遭到了惨败，但奥军在萨多瓦战役中又被普军打得一败涂地，狼狈求降。于是意大利赢得了威尼斯地区，向统一更前进了一步——只有罗马、的里雅斯特以及北边和西北边境少数小市镇还留在王国境外——普鲁士成为北德联邦的领袖，巴伐利亚、符腾堡、巴登、黑森以及奥地利诸邦均被排除在联邦之外。

普鲁士的这次胜利，取代了奥地利甚至作为德国事务名义上的头头的地位，恢复了弗里德里希大王的王国的优势，这就使得普鲁士和法国面面相对了。严重的对抗变得明显了，这一对抗将要产生第一次世界大战。普法间发生冲突只是一个时间问题。双方都武装起来了，不过普鲁士有更好的教官，服从和效率的标准也比法国高。

普法战争几乎在1867年就爆发了，当时拿破仑刚由墨西哥脱身，随即跟普鲁士寻衅，要求把卢森堡归属法国。为了填补西班牙王位空缺的候选人，问题的争执完全本着18世纪的理由，战争终于在1870年爆发了。拿破仑心里有一套理论，认为奥地利、巴伐利亚、符腾堡以及北德联邦以外的其他小邦，都会站在他的一边来反对普鲁士。他大概以为这件事定会发生，因为他要它发生就会发生。但是自1848年以来，德国人就其对待外力干涉这一点而论，精神上已经是一个统一的民族了；俾斯麦只不过在这个既成事实上，硬把带有浮华、礼仪和流血精神的霍亨索伦君主政体强加于德国人民而已。德国全部和普鲁士站在一起来反对法国。

1870年8月初，联合起来的德国军队侵入了法国。在人数、训练、装备和领导方面都证明他们胜过法国。法军的溃败是迅速而彻底的。在沃尔特和格腊费洛特两个战役以后，在巴赞统率下的一支法军被逼退至梅斯〔旧译麦茨〕，并在那里受到包围；9月1日，拿破仑亲自率领的第二支法军在色当战败被迫投降。拿破仑被俘了。面对入侵的联军巴黎毫无防守。拿破仑主义的许诺再次使法国惨遭灾祸。

9月4日法国又宣布成立共和国，这样革新之后，准备反抗胜利的普鲁士主义以图生存。因为战胜法国帝国主义的虽是一个统一的德国，但掌权的却是普鲁士。在梅斯〔麦茨〕的那支法军在10月投降；巴黎经围困炮击之后，于1871年1月投降，法国求和了。

普鲁士国王以盛大庄严的仪式在凡尔赛的镜殿里，在军容辉煌的严整行列中被宣称为德意志皇帝。德意志的统一由于共同的语言和共同的文字早已有了保证，而俾斯麦及霍亨索伦的武力竟自称这是他们的功绩。

随后缔结的法兰克福和约实在是霍亨索伦王朝施加的和约。俾斯麦虽曾利用德国的民族感情取得了德国南部诸邦的帮助，但他并没有理解给他和他的普鲁士国王带来胜利的主要力量。那推动普鲁士获胜的力量，就是欧洲自然政治地图坚持操德语的民族的统一的这股力量。在东部，德国对波森及其他波兰人地区的行政管理已经冒犯了这个自然地图。现在它又贪求领土，尤其是垂涎铁矿，并吞了操法语的洛林的大片土地，包括梅斯，以及虽操德语而大部分同情法国的阿尔萨斯。

在这些被并吞的省份，德国统治者和被统治的法国臣民之间不可避免地发生冲突了；在洛林被征服的法国人所受到的虐待和痛苦当然在巴黎引起共鸣，法国人的这股愤激情感一直活跃地保持了下来。

最后如何爆燃成一次复仇的大战，我们以后再予叙述……

拿破仑三世失势后退隐于英国，在他垮台后一年左右在那里死去了。

法国第二个波拿巴政权就这样结束了。

9　林肯和美国内战

从这个波拿巴族的冒险家在法国做出的灾难性的剥削，以及霍亨索伦家族在德国对民众运动取得的暂时胜利，转过来谈一个总的说来更为伟大、更有重要意义的人物，即阿伯拉罕·林肯这个人物，我们感到如释重负。围绕这个人物，美国因南方脱离联邦而引起的大战的一些事件也许可以很方便地归在一起谈了。

19世纪的前半叶，在欧洲曾是反动和恢复的时代，在美洲却是极度成长的时期。新的交通工具，如轮船、铁路以及不久就有的电报，正好及时地使人口移动向西推进横越大陆。倘若没有这些机械的助力，美国到今天也还可能没有越过落基山脉向西扩张，西海岸也可能由一个完全不同的民族来占领了。

政客们还远没有完全理解由政府管辖的行政疆界内面积的大小在多大程度上是由当时掌握的交通工具和与运输有关的该地特点来决定的。有了公路和文字，宽阔的流域势必能联合巩固在一个政府之下。山岭的障碍不但隔离了人民，也隔离了统治者；罗马帝国是以干路和轮车为交通联系的帝国，它的行政区划、分裂以至衰亡都是由于不能在地区与地区之间保持迅速的交通联系。拿破仑风暴之后出现的西欧分成为若干民族国家，这些国家疆域的大小也许是在以干路和马车运输作为最快的联络方法而不致丧失统一的情况下所能达到的最大限度。

假如散布在北美大陆的美国人民仅靠马车、坎坷不平的道路和书信来保持联合在一起的话，那么各个地方经济情况的不同必然会发展出不同的社会类型，遥远的分隔必然会孕育出各种不同的方言而消失彼此同情之心。到华盛顿去出席国会，必然会随着边疆向西的每一推进而增加不便，一直到美国最终瓦解成为一个实际上由相互独立和分歧的国家组成的松散的联盟为止。为了争夺矿藏资源和出海口等而引起的战争就会接踵而至，美洲也就会变成另一个欧洲了。

但是河轮、铁路和电报及时的出现防止了这种分崩离析，美国成了第一个具有新型的现代运输工具的国家，其疆域之大、国力之强及其自觉的统一感都是世界上任何国家以前从未见过的。因而这时美国的趋势是同化而不是分散，美国各个不同部分的公民在语言、思想、习惯方面的差异不是越来越大，而是越来越小。美国确实不能和欧洲的强国诸如法国或意大利相提并论。它是一个崭新的、更庞大的政治组织形式。

以前世界上有过一些帝国在面积和人口方面都比得上美国，但它们不过是由一个政府把不相同的进贡的民族联在一起的集合体。美国的统一则是本来就有的，它是一个两亿多人具有一致前景的共同体。铁路加剧了欧洲的冲突和人口拥挤，各种发明缩短了欧洲军队的攻击距离并给了它们以从未有过的更大的破坏力量，使得这时西欧似乎不能在某个至高无上的权力之下自愿或被迫统一，并在混乱与毁坏两者之间作出选择，却加强了共和政体的美国的自由统一。蒸汽给欧洲带来了拥挤，给美国却带来了机会。

但是美国人民在走向现在的强大和安全的道路上却曾经历了一段悲惨的冲突。河轮、铁路、电报以及有关种种设备出现得还不够早，未能防止南方蓄奴诸州和自由工业的北方之间日益加深的利害冲突和思想冲突。最初，铁路和轮船确是只给已经形成的差异带来了更尖锐的冲突。美国南北两方之间在精神上有深刻的差异，由于新的运输工具促成的日益统一，就使南方精神还是北方精神应占优势成为尤其急待解决的问题。折衷调和的可能性是很小的。北方精神是自由和个人主义的；南方精神是助长大地产和自矜的名门望族对人数众多的黑奴进行统治的。英国的自由主义者和激进主义者都寄同情于北方，英国的地主和英国的统治阶级则都同情南方。

每一个组成为一州的地区，每一个新并入这个迅速成长的美国体制的部分，都变成两种思想冲突的场所，是应该变成为自由公民的一州呢，还是应该让等级制度普遍流行呢？这个问题在密苏里州（1821年）和阿肯色州（1836年）建为蓄奴州后在美国事务中慢慢上升为首要问题。自1833年开始，美国一个反对奴隶制的协会不但抵抗这种制度的扩张，而且在鼓动全国来把它完全废除。这个问题以批不批准得克萨斯加入联邦为导火线而引起了冲突。得克萨斯原为墨西哥共和国的一部分，但大部分是由美国蓄奴诸州来的美国人开拓移殖的，它在1836年脱离了墨西哥而独立。接着便是一次为并吞得克萨斯的强烈的鼓动，于是1844年得克萨斯并入美国，1845年被接受为美国的一个州。按墨西哥法律，在得克萨斯是禁止蓄奴的；但并入后，美国南方又声称它有权实行奴隶制——而且实行了。

此外，由于得克萨斯的并吞而引起的对墨西哥的战争又使美国增加了新墨西哥和另外一些地方，在这些地区也允许实行奴隶制，并且逃亡奴隶引渡法案还使捕捉和归还逃往自由州的奴隶的办法提高了效率。但与此同时，航海事业的发展也正从欧洲带来一批一批日益增多的移民，使北方诸州散布的人口不断猛增，而且衣阿华、威斯康星、明尼苏达以及俄勒冈，所有这些北方农业地区升格为州，使反对奴隶制的北方在参议院和众议院里都有了占优势的可能性。植棉的南方，由于废奴运动的威胁越来越大而感到恼怒，又惧怕北方在国会里的优势，而开始议论脱离联邦。南方人开始梦想把墨西哥和西印度群岛兼并到他们的南方，梦想一个脱离北方的从梅森—狄克逊线直伸到巴拿马的庞大蓄奴国。

堪萨斯成了作出最后决定的地区。奴隶制问题把堪萨斯这块地方投入一场内战，实际上是一场来自自由州的定居者和来自蓄奴州的移民之间的内战，一场继续到1857年以反对奴隶制的定居者获胜而告终的战争。但是直到1861年堪萨斯还没有提升到州的地位。奴隶制的扩张是美国1860年的总统选举在全国所面临的主要问题，阿伯拉罕·林肯作为反对扩张奴隶制而当选为总统，使南方决定自联邦中分裂出去。

南卡罗来纳州通过一项"脱离法令"，并准备战争。密西西比、佛罗里达、亚拉巴马、佐治亚、路易斯安那以及得克萨斯于1861年初和南卡罗来纳联合，在亚拉巴马的蒙哥马利召开大会，选举杰斐逊·戴维斯为"美国南方各州同盟"的总统，通过一部类似美利坚合众国的宪法但却明确拥护"黑人奴隶制度"。

这就是阿伯拉罕·林肯作为联邦总统所要处理的政治形势。他恰好是美国独立战争后成长起来的一代新人中一个十分典型的人物。他家里的人都是十分普通的人；他的父亲直到结婚后才会读书写字，他的母亲据说是私生的。她是一个智力品格都很超群的妇女。

林肯的早年曾是大量西流的人口中一个小小的漂泊者。他出生于肯塔基州（1809年），童年时被带到印第安纳州，以后又到伊利诺斯州。那时候在印第安纳半开垦的森林地里生活是很艰苦的；住房只是旷野上搭建的一幢圆木小屋，他所受的学校教育很差，也不经常。但是他的母亲很早就教他识字，他成了一个如饥似渴的攻读者。

17岁时林肯已是个身材高大的青年运动员，一个摔跤和赛跑的能手。19岁时他在一艘平底船上作雇工，沿密西西比河而下到新奥尔良。他一度在一个商店当过店员，在一次印第安人战争中当过志愿兵，还和一个醉汉合伙做生意当过老板，拖欠的债务有15年之久都没完全还清。最后在他24岁左右，找到的一项工作是当伊利诺斯州散加芒县的助理测量员，他说有了这个工作才能"勉强维持生活"。

在这一段时间内他一直用功读书。他的早期读物——那些形成他的思想的早期读物——似乎不多，但却很好；他读了一切他能得到的书籍；他熟悉了他所读过的莎士比亚和彭斯的著作，华盛顿的传记，一部美国史等。他有要求表达的本能，他从童年起就又学习又写作，写过诗和散文之类的作品。这些作品不少是些粗糙、朴实的东西。不久，政治吸引了他。1834年，当他还只有25岁的时候，就被选为伊利诺斯州的众议院议员；他还为了当律师而攻读，并于1836年进入了律师界。与其说他有一段时间是从事政治还不如说他是从事法律。

但是摆在美国人民面前的大问题肯定要引起每个有才能的人的注意。这位高大、能干、自我教育出来的典型的美国中西部的人物，不能不为一直在发展着的奴隶制问题和南北分裂问题所深深触动。在伊利诺斯州这个问题尤其引人注目，因为国会里主张扩张奴隶制一方的头号人物就是伊利诺斯州的参议员道格拉斯。他和林肯之间有私人的抗争，两人都曾向后来成为林肯夫人的女子求过婚。道格拉斯是能力很强、声望很高的人，林肯有好几年先是在伊利诺斯州，然后在整个东部各州，发表演讲、散发小册子和他进行斗争，不断上升到成为道格拉斯最难对付而终于获胜的敌手。1860年的总统竞选运动是他们斗争的顶点，1861年3月4日，林肯就职总统，当时南方各州已在积极进行脱离活动并采取了战争行为。

南方脱离分子着手的第一个行动是夺取他们境内一切的联邦的堡垒和军械库。联邦的这些据点是建立在属于它们所在州的领土上的，这些州要求"收回"他们财产的权利。查里斯顿的萨姆特要塞驻军进行抵抗，于是战争从1861年4月12日炮轰这个要塞而开始。那时美国只有很小的一支常备军；这支常备军仍然效忠于总统，而南方同盟开战时的军事活动是由各州征来的士兵承担的。林肯总统立即征召75000名士兵。田纳西、阿肯色、北卡罗来纳以及弗吉尼亚诸州立刻投向南方同盟，这时南方同盟已升起自己的旗帜——"星杠旗"以对抗星条旗。

美国内战就这样打起来了。这个仗是由临时招募的军队打的，从几万人不断增加到几十万人——直到最后联邦武力超过了一百万人；战斗是在新墨西哥和东部海洋之间广大地区内进行的。华盛顿和里士满是争夺的主要目标。我们无须在此叙述这场穿越田纳西州和弗吉尼亚州的树林山丘来回鏖战，并沿密西西比河而下越打越起劲的壮阔的战争。人力极度浪费，人命横遭杀害。随着突击而来的是反突击；希望转为沮丧，在希望重现后却又是失望。有时华盛顿似乎陷入同盟军的掌握，有时联邦军复又直驱里士满。

同盟军人数比对方少、资源又很贫乏，但却由一个极为精干的将军李将军所率领。联邦军的将才却差得多。林肯长时期依靠麦克莱伦将军，他绰号"青年拿破仑"，是一个迂腐、疲沓、令人失望的司令官。经过多次更易将领，直到最后，在薛尔曼和格兰特的率领下，才战胜了衣衫褴褛、精疲力竭的南方军队。1864年10月，薛尔曼统率的一支联邦军冲破同盟军的左翼，由田纳西州向东南挺进，经佐治亚州直达海岸，径穿南方同盟全境，又回师北上经南北卡罗来纳州，直抵同盟军的后方。同时格兰特把李将军箝制在里士满直到薛尔曼围攻上来。

1865年4月2日，同盟军部队撤出里士满；4月9日，李将军和他的军队在阿波马托克斯县政府所在地投降了，一个月之内一切脱离派的残余军队都放下了武器，南方同盟就此告一结束。

可是对美国人民来说这四年的斗争意味着一场高度的身心紧张。在很多州里，例如在马里兰州和肯塔基州，对这次战争的意见分歧极大。对很多人来说，各州自治的原则是十分宝贵的，而北方似乎实际上是强制南方废除奴隶制。许多人虽然反对奴隶制，但也反对干涉各州对本州人民行使权力的自由。在边境各州里亲兄弟、堂（或表）兄弟，甚至父亲和儿子都会站在对立的一边，从而发现各自分别在敌对的军队里。北方人认为他们的事业是正义的，但也有许多人认为它不是意义重大的和公正到无可反驳的。

对林肯来说他毫不怀疑，在这样混乱的情况中间他是个头脑清醒的人。他拥护联合，他拥护美国的长久和平。他反对奴隶制，但他把奴隶制看作是次要问题。他的主要目的是美国不应当被分裂成显然不同而相互倾轧的两个部分。因此在漫长的四年斗争中，他始终坚持一个不动摇的信念、一个坚定不移的意志。

在战争开始阶段，国会和联邦的将领们仓促地就要着手解放黑奴，林肯反对这样做并把他们的热情镇静下来。他主张分阶段地来解放黑奴并对奴隶主给予补偿。直到1865年正月形势才成熟到国会可以提出一个宪法修正案来永久废除奴隶制的程度，在这个修正案经各州批准之前战争已告结束。

当战争拖拖拉拉地进入1862年和1863年时，初期的兴奋和热情已经衰退，美国尝到了一切由战争造成的疲惫和对战争的厌恶。征兵制代替了志愿入伍并使南北双方的战斗精神都发生了变化。这场战争成为一场拖拉的、可怕的、骨肉相残的斗争。

1863年7月纽约发生了反对征兵的暴乱，北方的民主党以战争失利应该停战为号召企图赢得总统大选。这当然意味着南方实际上获胜。那里还发生了有组织的阴谋挫败征兵的事件。白宫里那位瘦削高大的人物发现自己的背后是些失败主义者、叛徒、撤了职的将领、骗人的党内政客和疑惑而疲乏的人民，自己的前面又是些暮气沉沉的将领和沮丧的部队；而他最大的安慰一定是他感到在里士满的杰斐逊·戴维斯所面临的情况也并不比他好多少。

英国政府做了坏事，它允许南方同盟在英国的代理人让三艘快速私掠船——"亚拉巴马"号是其中最难忘的一艘——在英国下水，并给以配备把美国船只逐出海上。法国驻扎军队在墨西哥一事也正在把门罗主义践踏在泥坑里。从里士满来了个微妙的停止战争的提议，要把内战的问题留待以后讨论，把联邦和同盟双方转而结盟，共同对付在墨西哥的法国人。但是林肯不愿听取这种提议，除非联邦保有至高无上之权。美国人应作为一个整体的人民而不是在分裂为二的状况下来对付法国人。

林肯把美国团结在一起度过了种种挫折、徒劳无功、疲惫不堪的漫长岁月，度过了分裂和令人气馁的黑暗局面；但至今还没有记录说明他对自己的目的发生过犹豫。曾经有过这样的时期，没有什么事情可做，他坐在白宫里静默不动，像一座刚毅严酷的纪念碑，有时他也以说说笑话和开朗的轶事来使自己头脑松动一下。他充满了讥讽的幽默感，但也非常体贴别人的苦痛。当格兰特的一些仇人来告诉他这个将军喝酒时，他就去要来这个将军所爱喝的那种牌子的威士忌酒——"让别人去喝"。而他自己在生活习惯上却是一个绝对戒酒的人，既能极其勤奋地工作，又有极大的耐心。

在1865年最初几个月里，胜利显然即将到来，他竭尽全力使投降条件易于接受，把处理战败者作为双方和解的开端。他的口号仍然是"联合"。不久他就同和他自己站在一边的那些想要通过议和进行报复的极端分子发生了冲突。

林肯看到了北方联邦的胜利。在里士满投降的第二天，他进入里士满接受李将军的投降。他回到华盛顿，并于4月11日作了他最后的一次公开演说。演说的主题是和解，以及在战败各州内重建效忠的政府。4月14日晚他赴华盛顿福特剧院，当他正坐着看戏时脑后中了一枪，被一名叫作布思的演员残酷地杀害了。这个演员在政治上对他不满，潜入包厢时未被发觉。

如果说医治战争创伤的工作受到了损害，如果美国在战后几年里所经历的风波和苦难比不可避免的要多些的话，那就是因为林肯死去了。但是他的工作完成了，联邦得救了，永久得救了。战争开始的时候还没有通往太平洋岸的铁路，这时铁路像迅速成长的藤蔓一样铺展开来直到把美国全部广大领土紧连在一起，并交织成一个如今在精神上和物质上都是牢不可破的统一体。

自那时起美国统一的巩固,坚定不移地继续进行下去。在半个世纪之内它的人口已超过了一亿的标记,并没有迹象说明其成长和发展已达到了任何极限。这个力大无比的民主政治,没有国王也没有精心策划的外交政策,我们再说一遍,它是世界经验中的一个新事物,它不是一个欧洲惯用词意里的"强国"。它是在本质上更现代、更强大、并有更远大使命的一种事物。

10 俄土战争和柏林条约

当巴尔干半岛各国信基督教的诸种族,特别是保加利亚人,变得不安而要起义时,一种我们在这里所说的自然地图对维也纳条约的外交安排的反抗,在1875年开始又有一次新的向上冲击。土耳其人采取了暴戾的镇压措施,并着手大规模地屠杀保加利亚人。

于是俄国人出来干涉了(1877年),在一年的代价高昂的战争之后,迫使土耳其人签订了圣斯特法诺条约。从整体来看,这项条约是一个通情达理的条约,它拆散了人为的土耳其帝国,并在很大程度上建立起自然的地图。但是英国政策的传统一向是阻挠"俄国的谋划"——天晓得为什么!——每逢俄国显出有所图谋时,在首相贝肯斯菲尔德勋爵领导下的英国外交部总是以战争威胁来干预,假如土耳其的勒索、迫害和屠杀的种种便利不予以相当的恢复,英国就要对俄国作战。战争暂时看去大有可能。英国的各音乐厅——那些英国外交政策的灯盏,都点燃着爱国的火焰,伦敦差僮带着一个意识到其崇高使命的伟大民族的质朴尊严满怀激情地歌唱。有一首歌宣称:

> 我们不愿作战,但是,我们指着吉戈[从此"吉戈"("Jingo")被用来指任何狂热爱国者]起誓,如果我们要打——
> 我们有船,我们有人,我们还有钱……

如此这般地达到高潮:

> 俄国人不会得到君—士—坦—丁—堡。

由于英国的这种反对,1878年在柏林召开了一次会议来修订圣斯特法诺条约,这主要是为了土耳其和奥地利两个君主国的利益;英国人获得了塞浦路斯岛,对此他们是没有任何权利去占有的,并且这个岛对他们从不曾有过丝毫的用途;贝肯斯菲尔德勋爵从柏林会议胜利地归来,那时英国人被告知说那是"体面

的和平"。

引起1914—1918年大战的主要因素，第一个是法兰克福和约，第二个就是这个柏林条约。

11 海外帝国的（再次）争夺

我们已提到在1848年至1878年间的欧洲政治史中，机械革命还没有产生出任何十分革命性的变化。机械革命后的列强仍像它们在革命前的时代那样，实际上是在同样大的疆域内，以差不多相同的常例继续下去。但是在英国和其他欧洲强国的海外事业上，以及在亚洲和非洲对欧洲的反应上，运输和电讯的增大了的速度及可靠性却已在情况和方法上产生出很可观的变化。

18世纪末年是一个各帝国解体和扩张主义者们幻想破灭的时期。英国和西班牙与它们在美洲的殖民地之间的漫长而令人厌倦的旅程阻碍了本国和属地间有任何真正的自由往来，因此殖民地往往分隔为新的各各截然不同的共同体，有着各自独特的思想、利害甚至讲话的方式。随着它们的成长，联结它们的微弱而不可靠的航运联系更加日益紧张。像法国在加拿大荒野里的那些脆弱的贸易站，或像英国在印度巨大的异族社会里的那些贸易机构，为了最起码的生存也得死抓住那个给它们支持并给它们存在以理由的国家。对19世纪早期的很多思想家来说，海外统治的极限似乎就是那些而没有更多的了。

曾如此大胆地出现在18世纪中叶地图上的欧洲以外的几个欧洲大"帝国"的概貌，其广袤在1820年时大大地缩小了。只有俄国人的帝国还和从前一样延伸横跨亚洲，在很多欧洲人的想象中，它延伸得比实际上大得多，因为他们习惯于靠麦卡托投影法来研究世界地理，而麦卡托的投影法大大地夸大了西伯利亚的面积。

英帝国在1815年时包括加拿大居民稀少的、沿海的河流和湖泊区域，以及一大块荒野的内地，到那时为止那里只有哈得逊湾公司的皮货贸易站是唯一的居留地；印度半岛的三分之一左右，是在东印度公司的统治之下；好望角的沿海地区，由黑人和有反抗精神的荷兰移居者居住着；西非沿海的几个贸易站、直布罗陀岩、马耳他岛、牙买加、西印度群岛的几块使用奴隶劳动的小领地、南美的英属圭亚那，在世界的另一边，在澳大利亚的博塔尼湾和塔斯马尼亚有两个流放犯人的场所。

1815年的英帝国
（麦卡托投影）

西班牙保有古巴和菲律宾群岛上的几个居留地。葡萄牙在非洲拥有它早年占有的一些遗迹。荷兰在东印度群岛和荷属圭亚那有几个岛和几块领地。丹麦在西印度群岛大约有一个岛。法国占有西印度群岛的一两个岛及法属圭亚那。欧洲列强对世界的其余部分似乎就需要这么多，或大致就获得了这么多。只有东印度公司显示出一些扩张的精神。

正如我们已经讲到的，在印度一个特殊的帝国正在建立起来，这个帝国不是由英国人民也不是由英国政府建立起来的，而是由这个拥有垄断权和皇家特许状的私人冒险家的公司建立起来的。1707年奥朗则布死后印度四分五裂，在印度分裂和不安定的年代里，这个公司被迫变成一种军事的和政治的力量。18世纪时它学会了在各邦和各民族中做生意。克莱夫创建了这个奇异的新式帝国，沃伦·黑斯廷斯则把它组织了起来；正如我们已经谈到的，法国的竞争被打败了；到1798年莫宁顿勋爵成为印度的总督，莫宁顿就是后来的韦尔斯利侯爵，是成为韦林顿公爵的那个韦尔斯利大将的哥哥，他明确地把公司的政策建立在以它自己的统治来代替衰颓的大莫卧儿帝国的路线上。

拿破仑远征埃及是对这个英国公司的帝国的一次直接进攻。当欧洲忙于拿破仑的战争时，在一系列的总督统治下，东印度公司在印度正扮演着与以前土库曼人和这一类的来自北方的入侵者所扮演过的几乎相同的角色，但是扮演得效能更大而暴戾和残忍却少得多。在维也纳和约以后它继续这样搞下去，抽税、作战、派遣使者到亚洲诸国，俨然是一个半独立的国家——但却是一个具有把财富送往西方的明显倾向的国家。

在前面一章中，我们已略述了大莫卧儿帝国的瓦解和马拉塔诸邦、拉其普特诸侯国、奥德和孟加拉穆斯林王国以及锡克族的出现。关于这个英国公司怎样有时联结这个政权，有时联结那个政权的同盟，最后成为一切政权的征服者而上升到霸主的地位，我们不能在这里做任何详细的叙述了。它的势力伸展到阿萨姆、信德、奥德，印度的地图开始呈现出为这一代以前英国学童所熟悉的轮廓，印度是一个被英国直接统治的各大行省包围并结合在一起的诸土邦的拼凑物……

且说当这个公司的史无前例的奇异的帝国在1800年到1858年间成长时，机械革命正悄悄地把印度和英国一度分隔开的那段遥远的距离消除了。在往昔公司的统治简直没有干预过印度诸邦的内部生活；它自居于印度的外国太上皇，而印度过去却一直有过外国的太上皇，并且后来都把他们同化了的；这些英国人来到这个国家时是年轻人，他们的大半辈子在那里生活，并变成了它的体制的一部分。但是现在机械革命开始改变了这种事态。英国官吏回家和在欧洲度假变得容易多了，他们把妻子和家眷带出来也容易多了；他们不再印度化了；他们显著地保持着更多外国的和西方的色彩——并且在那里他们的人也更多了。他们开始更加强有力地干预印度的习俗，不可思议的可怕的事物像电报和铁路来到了。基督教差会变得令人生厌地忙碌，假如他们没有赢得很多的皈依者，至少他们在旧信仰的信徒中间造成了怀疑论者。城镇中的年轻人开始被"欧化"了，他们的长辈对此感到十分惊慌。

印度以前曾忍受过许多变迁或统治者，但从没有忍受过这些生活方式所带来的那种变化的东西。穆斯林教师和婆罗门祭司都同样地感到震惊，并把人类的进步归咎于英国人。随着同欧洲越来越接近，经济利益的冲突变得更加尖锐；印度的工业，特别是古老的棉织工业受到有利于英国制造商的立法的损害。

公司方面做出一件难以置信的蠢事促成了一次暴动。对婆罗门来说母牛是神圣的，对穆斯林来说猪是不洁的。公司把一种新的来福枪分发给它的印度士兵，这种枪需要用涂上油的弹药筒——人们得用嘴去咬它；部队发现他们的弹药筒是涂上了牛油和猪油的。这一发现促成了公司军队里的印度士兵的起义，即印度士兵兵变（1857 年）。首先部队在米拉特哗变，然后德里起来恢复大莫卧儿帝国……

英国的公众突然发现了印度。他们发觉那支小小的防卫英国人民的驻军，在那遥远的风沙灼热、炎日困人的异乡，正在为生存而与大群的黧黑的攻击者战斗。至于他们怎么会到那里去的以及他们有什么权利呆在那里，英国的公众就不过问了。对在危险中的自己的亲人的爱护使他们把这样的问题搁在一边。那里发生了屠杀和暴行。1857 年在大不列颠是忿激不安的一年。英国的一些领导人，特别是劳伦斯和尼科尔森，仅以少数的部队而干出惊人的事来。当哗变者组织起来并集结声势时，他们并没有坐待包围；那样将使他们永远失去印度。他们进攻，常常以寡敌众。劳伦斯说，我的"王牌是梅花，不是黑桃（双关语，梅花又作大棒解，黑桃又作阉人解——译者）"。

锡克人、廓尔喀人和旁遮普人的部队都忠于英国人，南方保持着平静。关于奥德的坎普尔和勒克瑙的屠杀，以及一支数量上大大被超过的英军如何包围并猛攻德里，其他史书应该谈到。到 1859 年 4 月最后的余焰已被扑灭了，英国人又成了印度的主人。这次兵变决不是一次民众起义，它仅仅是孟加拉军队的一次兵变，多半是由于公司官员缺乏远见的统治引起的。兵变的故事中充满了印度人对英国逃亡者的帮助和关切的事例。但是它是一次警告。

兵变的直接结果是合并印度帝国由英王直辖。由于一项叫做改善印度政府管理法的法令，总督成为代表英王的副王，公司的地位被对英国议会负责的印度事务部大臣所代替。1877年贝肯斯菲尔德勋爵请维多利亚女王宣告为印度女皇以完成这项工作。

印度和英国就是以这些非常特别的方式连结起来，一直到第二次世界大战之后。印度仍是大莫卧儿帝国，范围扩大了，但莫卧儿大帝已被大不列颠的"君主共和国"所代替。印度变成一个没有专制君主的专制政体，它的统治使专制君主制的不利条件与民主官僚机构的非人格性和无责任心相结合。印度人没有看得见的君主可以向他申冤诉苦，他们的皇帝是一个金属象征；他们必须在英格兰散发小册子或在英国下议院唤起一个质询。议会越忙于英国事务，印度受到的注意就越少，它就越发听任一小群高级官吏的摆布。

显然这不可能是一种永久的事态。不管它受到哪些限制，印度的生活在同世界的其他部分一同前进；印度报纸的业务在增加，受西方思想影响的受过教育的人数越来越多，并对它的政府越来越加感到共同的不满。在这一世纪里，英国官员的教育和品质一直很少或没有相应地提高。他承袭的传统是崇高的；他常常是一个品质非凡的人，但这个制度是没有想象力的和没有灵活性的。此外，在那个世纪里站在这些官吏背后的军事力量在品质和智力上都没有什么发展。没有其他阶级像英国军人特权等级那样在知识上是如此地停滞不前的了。面对一个较有教养的印度，英国的军人不安地觉察到他的教育上的缺点，并经常担心被人讥笑，他们显示出一种日益走向阵发性暴行的倾向，这就产生了一些极为可悲的结果。吉卜林的强烈的教导却对这种缺乏知识和缺乏自我克制给予了某种支持，这点我们已经暗指到了。

19世纪上半叶英帝国在与印度不同方向的成长上也决不是那么迅速的，在不列颠一派相当多的政治思想家倾向于把海外领地看作是王国软弱的一个根源。澳洲居留地的发展是很缓慢的，直到1842年发现了贵重的铜矿，1851年发现了金矿，才赋予它们以新的重要性。运输的改进也使澳洲羊毛在欧洲成为日益适合市场销售的商品。直至1849年加拿大也还不是显著地进步的；它被法国和英国居民间的纠纷所困扰，那里发生了好几次严重的反抗，只是在1867年一部建立加拿大联邦自治领的新宪法才解除了它内部的紧张。是铁路改变了加拿大的前景，它帮助了加拿大向西扩张，正像它帮助美国那样，把它的谷物及其他产品在欧洲出售。尽管加拿大迅速而广泛地成长，在语言、同情心和利害上它保持为一个人们共同体。铁路、轮船和海底电缆确实正在改变着殖民地发展的整个情况。

在1840年以前英国已开始在新西兰有居留地，并组成了一个新西兰土地公司来开发该岛的种种可能开发的东西。1840年新西兰也被划入英王的殖民领地中。

774 / 第八编 列强的时代

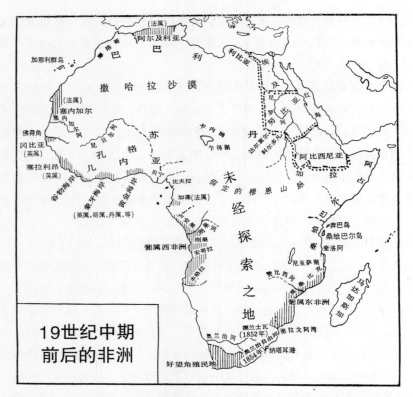

19世纪中期前后的非洲

正如我们已注意到的,加拿大是英国领地中第一个对新的运输方法所打开的新的经济可能性作出充分反应的。不久南美洲诸共和国,特别是阿根廷共和国,在它们的牲畜贸易和咖啡种植上开始感到与欧洲市场的日益接近。到那时为止吸引欧洲列强进入未拓殖的野蛮地区的主要商品一直是黄金或其他金属、香料、象牙或奴隶。但在19世纪最后的25年里欧洲人口的增长迫使他们的政府向海外寻求各种主食品;而科学的工业制度的成长也造成对新原料、各种油脂、橡胶和其他迄未受重视的物质的需求。很清楚,大不列颠、荷兰和葡萄牙正从它们对热带和亚热带产品的大量控制而获得巨大的不断增长的商业便利。1871年以后的德国,不久法国,稍后意大利,开始寻求未被吞并的原料产地,或寻求可以实行有利的现代化的东方国家。

这样在全世界对政治上未受保护的土地开始了一次崭新的争夺,美洲地区除外,那里门罗主义在那时挡住了这种冒险。靠近欧洲的是非洲大陆,那里充满了为人们模糊知道的开发的可能性。1850年它是一块黑色神秘的大陆,人们只知道埃及和沿海一带,一幅地图肯定会表示出那时欧洲人是极为无知的。要把那些首先突破这黑暗云层的探险家和冒险家们的惊人的故事,以及步他们后尘的政治捐客、行政官员、商人、殖民者和科学人士的事迹发挥尽致的话，怕会需要和这部《史纲》同样长的一部书。使人惊异的人类的种族如俾格米人，奇怪的野兽如俄卡皮，奇异的水果、花卉和昆虫，可怕的疾病，令人惊奇的森林和山岳的景色，浩瀚的内海，巨大的河流和瀑布都展示出了一个全新的世界。甚至某种未被记载下来和消失了的文明遗迹（在津巴布韦），一种太古早期民族向南开拓的遗迹也被发现了。

欧洲人来到这新世界，在那里他们发现阿拉伯贩奴商的手中已有了来福枪，黑人的生活在混乱中。到了 1900 年整个非洲在欧洲列强中间已被测绘、探查、估计和瓜分了；非洲在怒骂和争论中被分割成一块块，每个强国对此都感到不安或不满，但大致到 1914 年仍保持未变（见地图）。列强在这场争夺中毫不顾到本地居民的福利。诚然，阿拉伯奴隶贩子与其说是被逐出的不如说是被制止了；但对橡胶这种向比属刚果土人强迫征收的一种野生土产的贪婪——这种贪婪被比利时国王难填的贪欲所加重了——和缺乏经验的欧洲行政官吏同土著居民的冲突导致了可怖的暴行。在这件事上没有一个欧洲国家的双手是完全干净的。

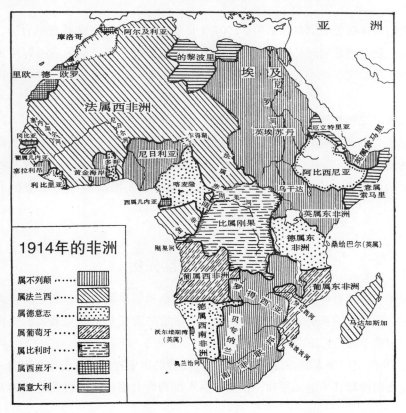

关于1883年大不列颠如何获得埃及而呆下不走，不管埃及在术语上是土耳其帝国的一部分这一事实，这里我们就不能予以详述了。对这场争夺如何在1898年由于一个名叫马尔尚的上校，从西海岸横越中非，试图在法绍达夺取尼罗河上游而几乎导致法国和英国间的战争也不能详述了。在乌干达法国天主教的和英国圣公会的传教士传布一种那么厉害地充满了拿破仑精神的基督教，并如此巧妙地坚持教义上的细微差别，以致乌干达的首都门戈，在它首次瞥见欧洲文明的几年以后，就凌乱地堆满了死去的"新教徒"和"天主教徒"，人们极难把他们与旧制度下完全不信教的战士区分开来。

关于英国政府如何先让奥伦治河地区和德兰士瓦的布尔人，即荷兰移居者，在南非的内陆部分建立起两个独立的共和国等，然后改悔了并在1877年吞并了德兰士瓦共和国，我们不能叙述了；也不能叙述德兰士瓦的布尔人如何为自由而战斗，并在马朱巴山战役（1881年）后赢得了独立。一场持续在报纸上的宣传运动使马朱巴山在英国人民的记忆中感到痛恨。1899年爆发了同两个共和国的一场战争，这场三年的战争使英国人民付出了极大的代价，最后以两个共和国的投降而告终。

它们被征服的时期是短暂的。1907年征服它们的帝国主义政府倒台后，自由党人接手处理南非问题，这些以前的共和国中的白种人公民很乐意与好望角殖民地和纳塔尔结成一个由南非所有各国组成的联邦，作为英王治下的一个自治共和国。

在四分之一世纪里非洲的瓜分完成了。留下三个未被吞并的较小的国家：利比里亚，那是西海岸上解放了的黑奴的一块居留地；摩洛哥，在一个穆斯林苏丹的统治之下；阿比西尼亚，那是一个未开化的国家，有着一种古老的和特殊形式的基督教，它在1896年抵抗意大利的阿杜瓦战役中成功地维护了它的独立。

12 亚洲的印度先例

很难相信会有许多人真正接受这幅用欧洲色彩轻率绘制的非洲地图作为世界事务的一项永久的新解决办法，但一个历史学家的责任是把这幅被人们这样接受的地图记载下来。

在19世纪欧洲人的心目中，只有一种浅薄的历史背景，对于什么构成一种持久的政治制度却几乎毫无所知，也没有深入批判的习惯。西方机械革命的开始给欧洲列强以对旧世界其余部分的颇为暂时的有利条件，被人们看成是欧洲人对人类的一种永久确保领导权的证据，这些人对13世纪及以后的几个世纪里蒙古人的伟大征服是茫然无知的。他们不明白科学及其成果是可以转让的，他们不理解中国人和印度人可以像法国人或英国人那样能干地进行研究工作。他们相信在西方有某种天生的智慧上的驱使力，而在东方则有某种生来的懒惰和因循的守旧性，从而会确保欧洲人在世界上永占优势。

这种执迷不悟的后果是欧洲各国的外交部门不但竭力想与英国人一起争夺全球地面上野蛮和未开发的地区，而且还要去瓜分亚洲人口众多而文明的国家，好像这些民族也仅仅是供欧洲人开发的原料。英国统治阶级在印度的外强中干的帝国主义，及荷兰人在东印度群岛辽阔而有利可图的属地，都使得相互抗衡的列强的统治阶级和商人阶级在波斯、在解体中的奥托曼帝国以及更远的印度、中国和日本充满了同样荣华的梦想。

正如读者细查那时期流行的文献可以得到证实的那样，19世纪末了的几年人们竟认为全世界将落到欧洲的统治之下是件自然而不可避免的事。欧洲人自以为带着一种勉强的慈悲神情来准备承担拉迪亚德·吉卜林所谓的"白种人的负担"——就是说，白种人是地球的主宰。列强在一种相互排挤抗衡的心情下来从事这项事业，而它们国内居民则半受教育或目不识丁，从事科学研究的只有少数人，最多不过几千人，它们内部的政治制度在一种紧张状态或剧烈变革中，经济制度不稳到极为临时维持的性质，它们的宗教则已大大衰退。他们竟真的相信东亚的巨大人口可永远从属于这样的一个欧洲。

甚至今天还有很多人不能抓住这一情势的一些基本事实。他们不理会在亚洲普通人的头脑在质量上一点儿也不比一般欧洲人的头脑差；历史表示出亚洲人和欧洲人一样地勇敢、精力旺盛、慷慨、自我牺牲和能做出强有力的集体行动；并且世界上亚洲人比欧洲人多得多，这必然将继续如此。

限制一个地方的人民把知识泄漏给另一个地方的居民一向是困难的，现在它更变得不可能了。在现代的条件下，经济上和教育上的举世均等归根结底是不可避免。亚洲人的一次在知识上和道德上的重新振作开始于20世纪，并正在继续进行。即以目前说，如有一个精通中文或对中国的生活和思想有些精湛知识的英国人或美国人，就有几百个熟悉英国人所知道的每件事的中国人。

在印度，整个本世纪的初期，这个对比甚至更大些。印度派遣到英国来的是留学生；英国派往印度的是官吏——在科学考察上大抵是未受过训练的。甚至在1955年还没有任何机构派遣欧洲留学生作为学员，来考察和探讨印度历史学、考古学及目前事务的机构，或在英国使有学问的印度人同英国学生相接触。

自1898年以来——那年德国人夺取了胶州湾，英国人占据了威海卫，俄国人租借了旅顺口——除日本外，在中国事件的进展比任何其他国家都快些。对欧洲人的深仇大恨像火焰一样蔓延到全中国。一个驱逐欧洲人的政治结社——义和团成长起来，并在1900年起事。这是在十分古老的方式下的一次愤怒和恶作剧的爆发。义和团在1900年杀害了250名欧洲人，据说还杀害近三万名基督徒；那时中国是在一个皇太后的统治之下，这在历史上不是第一次。她是一个无知的妇女，但性格倔强，并对义和团深表同情。她支持他们，并保护那些对欧洲人施加暴行的人。再者，所有这些行径都是在公元前500年或其前后，对抗匈奴人时可能发生的事。

1900年危机来临了，义和团对在中国的欧洲人越来越有威胁性。列强做出了增派欧洲卫队到北京使馆区的尝试，但这只使事件恶化。德国公使被禁卫军中的一名士兵在北京的大街上枪杀了。其余的外国代表们聚集一起，把地势较有利的使馆区筑成一座堡垒，顶住了两个月的围困。然后一支在德国将领统率下的两万人的联军开到北京解救了使馆区，皇太后逃往［唐］太宗在陕西的故都西安府。一些欧洲部队对中国的和平居民极其残暴。可以说，这把人们的暴行带到了大致1850年的水平。

接着满洲实际上被俄国吞并了，这本是列强争吵的地区；1904年英国侵入一向是禁区的西藏。但是没有浮现在这些事件表面的，并使所有这些事件在根本上不同的是，中国那时有一批相当数量的具有欧洲教育和欧洲知识的能干的人。

义和团起义平息下去了，然后这个新因素的影响开始在倡议一部宪法的谈论中（1906年）、在禁吸鸦片上和在教育改革上显示了出来。一部日本式的宪法在1909年诞生了，使中国成为一个君主立宪国。但是中国是不能按日本模式来铸造的，革命的鼓动还在继续下去。日本在它自己的改组中，并按照它的气质把眼光转向君主主义的西方，而中国则遥望着太平洋对面。1911年第一次中国革命开始了。1912年皇帝退位了，世界上最大的人们共同体变成了一个共和国。推翻皇帝也就是推翻满族，从1644年以来中国人一直蓄留的蒙古式发辫不再强加在他们头上了。但这一个奴役标记的消失是各种变化中最不重要的，革命党人以及国外许多人士希望，革命应把它众多人口的全部潜在力量释放出来。一个巨大的铁路网应当建造起来，一些大学应当创办起来，中国字体应予现代化和妇女应该解放。西方的发明应该吸收，同时中国的古代文明应予保存。少数观察家评论说中国仍是一块贫苦农民的地方，他们未被任何共和政体的思想所触动,除了已被废掉的皇帝以外人们不知道有任何权威,并且他们只考虑到一天一天的生活。辽阔的国土上星罗棋布着许多大城市,城里的苦力居民几乎是同样地无知。在这部历史中和在其他地方一样,大多数关于中国未来的写作今天都成为令人感伤的读物了。

13　日本历史

亚洲民族复兴的先驱国家,究竟不是中国而是日本。关于中国的故事我们讲得过多了。日本在这部历史中迄今只占一小部分,它的与世隔绝的文明对于人类命运的总的形成上没有很大贡献;它接受了很多,但付出的很少。日本列岛最初的居民大概是一种与欧洲诺迪克族有远亲关系的北方民族,毛发浓厚的阿依努人[虾夷]。但日本本土的人是蒙古利亚人种。他们在体骼上与美洲印第安人相像,并且日本史前期的陶器等与同类的秘鲁制成品有很多出奇的相似之处。他们是横断太平洋漂流的新石器文化的一股回流,这不是不可能的,他们还可以是从南方吸收了一种马来甚至尼格利陀[尼格罗人种]的成分。

不管日本人的起源是什么,但他们的文明、书法和文学艺术传统无疑是从中国人得来的。他们在公元第二第三世纪时正从未开化状态中挣脱了出来,作为一个民族在他们自己国土外的最早的一次行动是在神功皇后治下入侵了高丽,这个皇后在创建他们的文明上似乎起过重大的作用。他们的历史是一段有趣而浪漫的历史,他们发展了封建制度和一种武士的传统,在东方他们对高丽和中国的进攻相当于英国人在法国的战争。

16世纪时日本第一次和欧洲接触了。1542年一些葡萄牙人乘坐一艘中国帆船抵达日本,1549年耶稣会传教士,弗兰西斯·沙维尔开始在日本传教。耶稣会士的记述描写日本是一个被无休止的封建战争大大破坏了的国家。有一个时期日本欢迎与欧洲的交往,而且基督教传教士得到大量的信徒。肯特郡的吉林汉姆一个叫威廉·亚当斯的人成了日本人最信任的欧洲顾问,他教给他们如何建造大船。日本造的船只已航驶到了印度和秘鲁。

此后西班牙的多明我会修士、葡萄牙的耶稣会士和英国及荷兰的新教徒之间发生了复杂的争吵,每一个教会都警告日本人提防其他教会的邪恶政治阴谋。处于优势的耶稣会士极其毒辣地迫害和侮辱佛教徒,这些麻烦事件同那时的封建冲突交织在一起。最后日本人得出结论认为欧洲人和他们的基督教是一种难于忍受的可厌的东西,尤其是天主教的基督教只不过是教皇和西班牙君主政体为达到其政治梦想的一件外衣——而西班牙已据有了菲律宾群岛；日本对基督徒进行了一次大规模的和具有决定性的迫害；1638 年除了在长崎港对马小岛上的一座破烂的荷兰工厂外，日本对欧洲人绝对地关起大门，并保持闭关达二百多年之久。

对马岛上的荷兰人遭受到几乎不可忍受的侮辱，除了指定应付他们的特殊官员外，他们与任何日本人都没有交往。在两个世纪里日本人保持完全与世隔绝，好像他们生活在另一个星球之上。它禁止制造任何比仅供近海航行的船更大的船只。日本人不许到外国去，欧洲人不得入境。

日本停留在历史的主流之外达两个世纪之久。它继续在富有画趣的封建制度下，这个封建制凭血仇斗争而有了生气，在这种制度下占居民百分之五左右的武士或作战的人，以及贵族和他们的家族对其余的人民滥施苛政。当一个贵族走过时，一切平民都要下跪；流露出最轻微的不敬就要冒被他的武士砍死的危险。这些特别精选出来的阶级过着毫无新鲜的自救希望的浪漫的冒险生活；他们搞恋爱、杀人和追求繁文缛节的荣誉——这些都使明智的人们感到极其厌烦。我们可以想象得出一个好奇心旺盛渴望旅游和知识的人，被禁闭在这些空虚的传奇性的岛上的苦恼。

与此同时，外面的巨大世界继续发展了更为广阔的憧憬和新兴的力量，外国的船舶驶过日本各海岬角的事变得更为频繁；有时船只失事，水手们被带上岸来。通过他们同外面世界唯一的联系的对马岛传来了警告，表示日本跟西方世界的势力不是齐步前进的。1837 年一艘飘扬着奇怪的星条旗的船开过了江户湾，船上载有几名日本水手，这些水手是远远地飘泊在太平洋上，被这只船搭救上来的。这条船被炮击赶走了。

不久这种旗又在其他船上出现了。1849 年一只这样的船驶来，要求释放 18 名船只失事的美国水手。然后在 1853 年在海军准将佩里率领下开来了四艘美国军舰，拒不开走。他在禁海域内抛锚停泊，并向两个统治者发出书信，这两个统治者那时分担着管理日本的责任。1854 年他又带领 10 艘船来了，这些令人吃惊的船都是由蒸汽推动并装有大炮的，他提出了通商往来的建议，日本人无力抗拒。他带卫兵 500 人登陆来签订条约，他们齐步穿过大街，露出怀疑神情的人群注视着这从外部世界来的访问。

俄国、荷兰和英国紧紧尾随美国之后。外国人进入了这个国家，跟着就发生了他们和有血气的日本士绅之间的冲突。一个英国公民在一次街头的争吵中被杀死了，英国人就炮击了一座日本城镇（1863 年）。一个大贵族，他的领地俯瞰下关海峡，认为应对外国船只开炮，一支英、法、荷和美国军舰组成的舰队的第二次炮击毁坏了他的炮台并轰散了他的武士。最后一支停泊在大阪口外的联合海军中队强迫日本批准把它向世界开放的条约（1865年）。

这些事件给予日本人的耻辱是强烈的，看来好像日本民族的所以得救大半由于这种耻辱。他们以惊人的精力和智慧着手想把他们的文化和组织提高到欧洲列强的水平，在全部人类历史上从没有一个国家像日本当时那样的大踏步前进过。1866年它还是一个中世纪的民族，是一幅极端浪漫的封建制度的古怪的漫画；1899年它已是一个完全西方化了的民族，同最先进的欧洲列强立于同等水平上，并且比俄国还先进得多。它彻底消除了亚洲是不可挽救地无望地落后于欧洲的信念，使欧洲的一切进步相形之下显得是缓慢的和暂时的。

我们这里不能叙述1894—1895年日本和中国的战争。这场战争表现出了它西方化的程度，它有一支效率高的西方化的军队和一支小而健全的舰队。但是日本的振兴的重大意义虽然使得已把它当作一个欧洲国家来对待的英国和美国所赏识，却不为正从事于在亚洲寻求新的印度的其他列强所了解。俄国正通过满洲向朝鲜推进，法国已在南方很远的东京和安南立住了脚，德国如饥似渴地奔走寻求一些殖民地。这三个强国联合起来阻止日本从对中国的战争中获得任何果实，特别是不让它在大陆上在俯视日本海的一些地点立足下来。日本被对中国的战争消耗尽了，三国就以战争来威胁它。

1898年德国袭击了中国，以两名传教士的被杀害为借口吞并了山东省的一部分。于是俄国夺占了辽东半岛，并硬要中国同意把它的横越西伯利亚的铁路延伸到旅顺口；1900年它占领了满洲。英国按捺不住模仿的冲动，也夺占了威海卫港（1898年）。

看一看地图就可以告诉我们，这些行动会使每一个明智的日本人多么惊慌。这些事件导致了一场对俄战争，这场战争在亚洲的历史上标志着一个新纪元，标志着欧洲人妄自尊大时期的结束。当然，俄国人对这场为他们准备好的绕过半个地球之远的灾难是天真无知的，而且较明智的俄国政治家们是反对这些愚蠢的出击的；但围绕沙皇的一帮金融冒险家们，包括沙皇的堂兄弟诸大公们，都赞成出兵。他们为了预期的在满洲和中国的掠夺已投下了很大的赌注，他们不甘撤退。于是大量日本士兵开始从海上运到旅顺口和朝鲜，接连不断的一车车俄国农民沿着西伯利亚铁路被送去死在那遥远的战场上。

俄国人领导不力，供应又被克扣，在海上和陆上都被打败了。俄国波罗的海舰队绕非洲行驶，在对马海峡全被歼灭。这场遥远而没有道理的屠杀在俄国老百姓中激起了一次革命运动，迫使沙皇结束了战争（1905 年）；他把俄国在 1875 年夺占的萨哈林［今库页岛］南半部交还，从满洲撤出，并把朝鲜让给日本。白种人开始放下了在东亚的重担，然而德国人还不安地保有胶州达数年之久。

14　海外扩张时期的结束

我们已经叙述了意大利在阿比西尼亚的冒险事业如何在可怕的阿杜瓦战役中（1896 年）受到了挫折，在这场战役中 3000 多意大利人被杀死，4000 多人被俘。以牺牲有组织的非欧洲国家为代价的帝国主义扩张的时期显然将近结束。它使大不列颠、法国、西班牙、意大利、德国和俄国本来已够困难的政治和社会问题，又纠缠上了相当多的异族的、不受同化的、愤怒的居民的事务：大不列颠有埃及（尚未正式被并吞）、印度、缅甸和种种这样的次要问题如马耳他和上海；法国除了阿尔及尔和突尼斯外又被东京和安南所拖累；西班牙新近被纠缠在摩洛哥；意大利在的黎波里为自己找上麻烦；德国海外的帝国主义，虽然它在"阳光下的地盘"看上去是可怜的，但梦想在胶州问题上预期的对日战争中能得到某种满足。

所有这些"隶属"的地方，其居民的才智和教育水平并不比占有国的居民低多少；当地的报纸、集体的自我意识、自治的要求的发展在每个地方都是不可避免的，而欧洲的政治家们一直过分地忙于完成这些帝国，以致当他们获得这些帝国时应该对它们做些什么，都没有任何清楚的观念。

当西方民主国家，奋起走向自由时，发现它们自己是"帝国的"，并被这一发现弄得相当困窘。东方带着令人为难的要求来到西方诸首都。在伦敦普通英国人的心神已大大地被罢工、经济难题、国有化、市有化等问题所盘据，他发现他的道路被挡住了，在他的公共集会上有不断加多的大量包着头巾、戴着土耳其帽和其他奇异头饰的黝黑的绅士们出席，实际上他们异口同声地说："你们已占有了我们。代表你们的政府的人们已经摧毁了我们自己的政府，还阻止我们建立一个新政府。现在你们对我们打算怎么办？"

15　1914 年的英帝国

我们在这里可以简短地注意一下 1914 年不列颠帝国的各组成部分的极为不同的性质。它已是一个很独特的政治组合，以前从未有过这种事例。在政治史上它是一件新东西，正像美国是一件新东西那样。它比法国、荷兰或瑞典这样的民族主义国家来得更大而更为复杂。

对整个系统来说，首要和中心的是不列颠联合王国的"君主共和国"，包括爱尔兰在内（违反相当一部分爱尔兰人民的意愿）。由英格兰、苏格兰和爱尔兰三个联合起来的议会组成的不列颠议会的多数决定内阁的首领、性质和政策，它的决定大半是出自对不列颠国内政治的考虑。这个内阁是在帝国的其余部分之上的实际有效的最高政府，具有媾和及宣战的权力。

对英属诸国来说，在政治重要性上依次居第二位的是澳大利亚、加拿大、纽芬兰（英国最早的属地，1583年）、新西兰和南非几个自治领，它们全都是实际上独立和自己管理自己的国家，同大不列颠结成同盟，但每个自治领都有一名由伦敦任命的国王的代表。

其次是印度帝国，它是大莫卧儿帝国的扩展，连同其附属的和"受保护的"诸土邦，现在它从俾路支伸延到缅甸并包含亚丁，在整个帝国之中英王和印度事务部（受议会控制）充当了原来的土库曼王朝的角色。

然后是意义含混不明的属地埃及，名义上仍是土耳其帝国的一部分，并还保留了它自己的君主希代夫［埃及总督］，但它却是在几乎是专制的英国官吏的统治之下。应该注意的是，埃及无论如何不是帝国正规的一部分，因为只要埃及总督还在那里，它就不可能效忠于英王的。甚至土耳其的宗主权结束后，国王乔治五世也没有做出什么来代替埃及总督的努力。

还有意义更为含混的"英埃"苏丹行省，由英国和埃及政府联合占领和管理；接着是若干个局部自治的地方，有些本来是英国人的，有些不是，它们设有由选举产生的立法机关和一名委任的行政官，如牙买加、巴哈马群岛、百慕大群岛、马耳他。

然后是英国直辖殖民地，在这里英国本国政府（通过殖民部）的统治接近于君主专制，如在锡兰、特立尼达、斐济（这里有一个任命的政务会议）、直布罗陀和圣赫勒拿（这里有一名总督）；其次是广大的（主要是）热带地方、未加工的产品地区，这里是政治上软弱和未开化的土著居民的社会，名义上是保护领地，并由一名或是设在当地土人酋长之上（如在巴苏陀兰）或在有特许状的公司之上（如在罗得西亚）的高级专员来治理。这些在一切属地中可归入这最后和最不明确的一类的领地的获得，在某些情况下是和外交部、某些情况下是和殖民部、某些情况下则是和印度事务部有关，但大多数情况现在是由殖民部对它们负责。

因此显然没有单独一个部门，也没有个别一个有头脑的人曾把英帝国理解为一个整体。它是成长和积累起来的一种混合物，和以前被人们所称为的一个帝国全然不同。

它保证了广泛的和平与安全，那就是为什么很多臣属"种族"的人们忍受并支持它——尽管具有官方的种种苛政和缺陷和"国内"公众方面对他们的十分忽视。

像"雅典帝国"那样，它是一个海外帝国；它的路程是海路，它的共同联系是英国海军。像所有的帝国那样，它的凝结在物质上有赖于交通的方法；在16和19世纪之间航海术、造船术和轮船的发展使得它的和平——"英国统治下的和平"——成为可能而方便，而空中或高速陆上运输或海底战术的新发展在任何时候都可能使得它不方便或无可奈何地不安全。

16　19世纪的绘画、雕刻和建筑

我们一直在用19世纪这个词，因为那是一个可供使用的方便现成的词，但是到这时读者会明白本章的时期并不真是从1800到1900年，而是从1815到1914年。在这两个年代中间没有大的灾难，没有重大的裂口。世上发生的变化确实很可观，但是变化并不突然，并且在任何意义上也不是一般过程的倒转。

在我们讲到这个进步和发明的世纪以一场震撼而告终以前，用三节的文字来叙述它用来表现自己的艺术形式会是合适的。我们已经谈到它的科学知识和它的政治哲学的发展；现在我们将先看一看它的造型和绘画艺术，其次看看它的音乐生活，然后看看它的创造性的和表达思想感情的文学。

19世纪上半叶欧洲的绘画史反映出了那个时代的社会变革。那是一个中等阶级，即一本正经的商业类型的人，在财富和重要性上迅速增长的时期，是一个制造商发财致富和金融上获得新成功的时期。不久铁路、轮船、大宗物产的海外贸易以及直接间接从这些事物产生了大量投机性的财富，复辟的诸欧洲宫廷也染上了与这新财富调和结交的倾向。成功的制造商成为绘画和建筑的典型赞护人，他企图把自己同化于出身名门的人，他宁愿要上流人替上流人所画的画，不愿要那种令人不安的力量或令人烦扰的美，宁愿要那种可以在它前面舒适而心满意足地吃饭或品茶的画，并且准备为这些画慷慨解囊。才艺超绝的西班牙人戈雅（1746—1828年），伟大的英国风景画家康斯特布尔（1776—1837年）和特纳（1775—1851年），达维德和安格尔作为表现法兰西帝国的精神的人我们已经谈到过了，他们死后并没有留下堪与匹敌的人。但是绘画变成了一种很重要的专业，英国皇家美术学院、法国美术展览馆一年一度举办那些为了取悦于人而画的画展。艺术家们购置高大而豪华的房屋，过起令人艳羡的奢侈生活，在英国很多艺术家甚至被封为爵士。雕刻也沿着同一方向而发展。绘画欣赏，假如不再是那么很强烈，却变得颇为广泛。对一大部分英国公众来说，一年一度到伦敦旅游，"去美术学院观光"几乎成了非做不可的事了。

但是当这个世纪进到中叶以后，那扰乱了欧洲宗教和社会常规的同样导致不安的趋势也在艺术界出现了。在英国拉斯金（1819—1900 年）和威廉·莫里斯（1834—1896 年）批评了艺术和当代装饰上的学究气的空虚无聊，起着搅乱的效果。在绘画专业中发生了分裂；出现了一些新流派，特别是前拉斐尔派，他们从绘画变得优雅以前那些早期的作品中去寻求先例和方法。在拉斯金和莫里斯的赞许下，他们回转头来看中世纪，去画阿瑟王式的英雄和幸运的达摩塞耳们。其他造反精神更强的人们则把眼光转向他们周围的世界。科罗（1796—1875 年）在这整个沉闷呆滞的时期里保持了他的奔放不羁的想象力，在1870—1871 年的灾难之后，法国在像德加、马内和勒努瓦这样一些大师的作品中看到了伦勃朗和贝拉斯克斯的先例的大量恢复。必须和他们一起提到的是伟大的美国人惠斯勒（1834—1903 年）。人们几乎不自觉地厌倦于循规蹈矩的画，一种住宅建筑式样时兴起来了，它不给镶框的油画留下墙壁空间。随着这一时期的结束，到处画架上的为购买和悬挂的大幅作品都有了明显的衰退。不断涌来的艺术学生被更为成功地引向从事较朴素而值得想望的装饰艺术的工作。

19 世纪末年很多迹象表明在艺术中最大程度的精确的表现已成过去。花卉和人物的形象从地毯、窗帘和衣料上消失了；在绘画和雕刻中，表现变成一种次要和从属的性质。我们已经注意到早在埃及的阿克那顿时有一个写实主义的表现时期，在希腊罗马时期也有一个这样的时期，并且我们已谈到过这后一阶段是多么迅速地变成了拜占廷和哥特式作品中的僵硬、单调和象征主义，以及变成了穆斯林装饰中的形式上的和几何图形的方法。在更早些时候，旧石器时代晚期生动的印象主义为新石器时代早期艺术的形式主义所效法。现在，20 世纪的头 20 年我们再次发现艺术，好像吃腻了似的，从现实摆脱开来，它无视动点痕迹的外部形式，而又变成了分析性的和象征性的。这种倾向似乎还会继续下去。现在，仅仅为了周详的精确度，它也得到摄影术的不断增长的效率的帮助。世人对于未经消化的事实却感到厌倦了。

这个世纪是在一种建筑上的呆滞状态下开始的。被学校中古典学究们的清规所维持的古典传统，已经渐渐地控制并阻碍了文艺复兴风格的自由发展，大多数新建筑物对过去两千年以前的那个时代流露出依依不舍之意。到处建筑物的正面都是涂上白色灰泥的柱廊。然后，随着文学上浪漫主义的复兴，这点我们即将予以发挥，和随着拿破仑试图恢复罗马帝制的失败而来的是这段最具模仿性的时期的注意力转向中世纪。继古典建筑的复兴之后是哥特式建筑的复兴，它在英国特别强劲有力，在很多其他不寻常的营建中，它建造了现今的议会大厦。此后唤起了安妮女王时期，这个时期以现仍存在的文艺复兴风格的特殊发展而闻名；在英国，建筑师们会给你建造一座古典式的、哥特式的、苏格兰男爵式或安妮女王式的礼堂或住宅；而有一种风格却是到处都看不到的，即19世纪式的建筑。英国人穿着长裤和微黑色的衣服，戴着大礼帽，严肃地入时而稳重，但是他们的住房和公共建筑都好像是为某个穿着阴郁的、不时髦服式的化装舞会而修饰成过去那种无精打采的式样。

在法国和德国建筑上的创新来得多一些，文艺复兴式的建筑在法国仍然存在并有所发展。然而从火车站、铁路桥梁、仓库、工厂等提出的一些在建筑上那么有意思的问题，任何地方都没有认真地试图去解决——德国可能除外。这种建筑物的通例是效率不高而又难看。好像新需要、新原料和新机会来得太急促，压倒了那个时代的建筑勇气。这一慌乱阶段中最离奇最典型的产品之一是伦敦塔桥，它轻而有力的钢筋结构上带有弗兰芒人的石造建筑的气味，并令人想起中世纪的吊桥。但19世纪英国的全部公共建筑都放散出恶劣的腐朽中的历史的臭味。

在本世纪的大部分时间里住宅建筑比公共建筑更为衰退。欧洲人口总的增长把那个时代增多了的资源消耗得那么多，导致了在成长中的城镇四周建造起激增的丑陋的低级住宅；在英国是无边无际的一排排低劣矮小的房子，在其他大多数欧洲国家则是简陋的经济公寓。只有当这一世纪的末尾出生率下降，并且汽车在把繁殖和拥挤在火车站四周的人口的重新分配上发生效力时，一般对住宅建筑的兴趣才恢复起来，舒适的现代型的村舍和乡村住宅才重新出现。

美国在殖民地开拓的日子里曾产生出一种极可人意的乡村住宅式样，弗吉尼亚和南方更为显著，这种住宅式样是把英国乡村住宅的建筑拿来适应本地的情况，而英国的这种建筑，自身就是从文艺复兴果实累累的枝干上滋长出来的。我们已注意到克里斯托弗·雷恩爵士对这一发展的贡献。除了住宅建筑这一方面之外，直至本世纪最后的几十年美国的建筑主要是移殖过来的欧洲图样。例如华盛顿的国会大厦是一项法国工程。它也可以建造在巴黎或布鲁塞尔。多数家庭住宅是不牢固而又平凡的。当英国采用上下推拉窗户时，美国还保留着大陆上的里外开关的窗扉。但这个世纪的80、90年代新世界不断增长的财富和自力更生迸发出了新的生气勃勃的建筑上的创新。美国开始日益大胆地使用钢材、玻璃和混凝土来建造，并取得了成功。这些原材料和"电梯"的发明与完善使建筑物能够达到空前的高度与规模。1870年时美国建筑几乎还不存在，到了1910年美国在它的新建筑物的新颖和大胆方面比世上任何其他国家远为先进。过了一段时间德国也上来了。在这新时期，理查森（1838—1886年）和斯坦福·怀特（1853—1906年）的名字在美国建筑师中间是突出的。

19世纪向人类指示出的新动力和新资源在建筑和住宅上的渐次表现，我们须向20世纪的美国去寻求；与建筑这项发展相关联的，我们可以指望美国在雕刻、绘画、镶嵌和装饰艺术方面同样会有新颖惊人的发展。在那块大陆上将会有更多的机会、更丰盛的财富和更巨大的心灵自由。

17 19世纪的音乐

18世纪期间进展中的音乐创作的涌流在本章所叙述的整个时期里没有受到什么障碍和阻力。我们已经提出莫扎特和贝多芬的名字作为18世纪登峰造极的人物。贝多芬把我们带进了19世纪，我们必须把他的同时代人韦伯（1786—1826年），一个很重要的实验主义者和革新者，以及稍后的十分值得注意的人物舒伯特（1797—1828年）、门德尔松（1809—1847年）和舒曼（1810—1856年）与他并列。我们也不能忽视塞扎尔·弗朗克（1822—1890年）的"声音的大教堂"。音乐现在越来越从王室和贵族赞护的领域里走了出来，而进入音乐厅以求得特别有教养的公众的赞赏。与歌剧并列的、为文雅的家庭生活而谱写的歌曲和钢琴曲的作品不断增加，为社交集会的舞蹈音乐作品也不断增加。在亨德尔和巴赫的日子以后，宗教音乐没有相应的进展。但对大型歌剧的作者来说，王室的赞助还是重要的，特别是巴伐利亚和俄国的宫庭是一种新兴的"歌剧—剧本"和芭蕾舞的新概念的哺育所。

人们可以在这一世纪的音乐中找出那个时代的变得广泛的兴趣。作曲家们开始从东欧和东方诸民族的民间音乐中间寻找新的主题和一种新的精神。

肖邦（1809—1849年）利用了波兰的灵感泉源，李斯特（1811—1886年）和约阿希姆（1831—1897年）利用了匈牙利的灵感泉源，布拉姆斯（1833—1897

年）更远地走到印度去寻求与他的本质上是古典的结构结合的题材。瓦格纳生于 1813 年，死于 1883 年。他步韦贝尔的后尘。他打破歌剧的既定传统，把器乐的音域戏剧化、加宽和扩大，使它充满了新的力量和激情。以后，在俄国，柴可夫斯基（1840—1893 年）、穆索尔斯基（1835—1881 年）和里姆斯基—科萨科夫（1844—1908 年）则在音色和快感上发现了新的领域。

在我们这里，的有限篇幅里，只能提到捷克人德沃夏克（1841—1904 年）、里查德·施特劳斯（1864—1949 年）的活泼进取，和德彪西（1862—1918 年）的清新美丽。

直到现在美国对伟大的音乐还没有什么贡献。就其他国家所感到的来说，从美国来的东西不是模仿的就是一种被看作本质上不重要的类型——不管人们是以放纵的欢乐还是以迂腐的指责来接受它。没有人认为那被称为"爵士乐"，或更经常的只被称为"拉格泰姆"爵士音乐，能超过短暂的一时风尚。人们只晓得它是来自黑人，但是新奥尔良爵士乐的起源并没有人调查过，不要说是影响，就连这些新旋律对音乐创作会有任何关系的主张也是会惹人笑话的。但是这里没有篇幅来探索它的发展，更不能探讨常识中的现代音乐的发展。对后者的欣赏，以及它的大部分发展，是一种战后的现象，本书的局限将不让我们对 1918 年以后的音乐和其他艺术的历史继续下去。并不是这项记载不重要，而是留声机和收音机工业的发展的确把那一度曾是有教养阶级的特权的音乐带进了亿万人的家中去了。

18 小说在文学中升居主位

这里，在本书的篇幅里，我们只能对文学活动的洪流做最起码的、最精简的叙述，这个向外扩张的世纪的各种新兴力量是通过这些文学活动来表达的。我们已经提到社会主义的创立者和从事者的主导思想，以及扩大中的科学想象力对宗教、政治及社会思想的影响。但是对像亚当·斯密（1723—1790 年）、马尔萨斯（1766—1834 年）以及他们的继承者这样伟大的讲求实际的思想家，或对像德国的叔本华（1785—1860 年）和尼采（1844—1900 年）那样深刻而有见识的思索，其重要涵义和延续下去的影响，我们不可能做出十分公正的评判。再者，黑格尔（1770—1831 年）对我们来说就像一份太长的菜单上最后一道诱人的名菜。我们只好置之不论。他使近代思潮十分奇妙地转向了，但它又从他的偏斜里恢复过来。

我们不能在这里讨论那鉴赏力的偶然性和解释的荒谬性使得拜伦勋爵（1788—1824年），那个抱着高等游民的哲学的拙劣的讽刺诗作者，成为整个欧洲19世纪文学概念中的一个伟大人物，以及很多年来哥德（1749—1832年）曾是德国的智慧和审美的神明，对他的价值我们也不能予以衡量。他不再拥有那种卓越的地位了，他以大量的连根拔出的和移植过来的古典主义的财富把德国人的心神弄得凌乱了。他是伟大的、文雅的和勤奋的。在文学中他是高贵的收藏家正像拜伦是高贵的反叛者一样。

本世纪开始时迸发出了大量的诗歌，特别是在英国。那是有它自己特征的诗歌；这些特征是：对自然有一种新的体会，把它看作是同人有情绪上的关系，对教义不自觉地予以漠视，以及关于最深奥的生命问题的不受约束的研究，好像诗人几乎不知不觉地从既定的和公认的信仰结构里走了出来而进入一个自由的宇宙似的。这一阶段的诗一般有一条有时谈到只剩一点影子的叙事的线索，这些诗就是这样优雅庄重地、追根究理地、变幻多端地抒写下去。雪莱（1792—1822年）、济慈（1795—1821年）、华滋华斯（1770—1850年）是这个时代英国诗坛中杰出的名字。华滋华斯以一种极其变化多端的艺术手法讲出一种神秘的泛神论，一种对自然神的深奥感受。雪莱是居首位的和最伟大的近代诗人。他的思想充满了科学观念，他对他的时代的政治制度的短暂性的理解比同时代的任何人远为先进。在接下去的一代里英国诗歌的冲动被坦尼森（1809—1892年）以更大的音律与美感和较少的远大寓意维持了下去，博得了很大的名声，他奉承维多利亚女王，在英国诗人中是第一个因有诗名而被封为贵族的，《国王的田园诗》堪与当时的建筑并列在一起。在美国朗费罗（1807—1882年）的名声与其说和坦尼森相伴，还不如说是对他的一个反击。

散文、小说的形式发展较为缓慢，并在与教育界学术界和评论界的阻碍作斗争中逐步兴起，先是与诗歌并驱，以后就超过了它。小说是人们真正在阅读着的东西，那是时代所需要的。随着这一世纪的前进，关于生活的散文巨著慢慢地变得完善并得到承认，这种散文巨著在内容上是一个连续叙述的故事，它已被拉伯雷所预示，并为菲尔丁和斯特恩的散漫的小说所发展。随着它在长度和力量上的成长，短篇小说和短篇故事也在它旁边出现了。

早期的小说是重大事件的故事和生活方式的观察。范妮·伯尼（1752—1840年）把我们带回到约翰逊博士的世界。简·奥斯汀（1775—1817年）在狭窄的范围里写作，她承继了女性的观察传统而把它细腻地表达了出来。从这种关于风尚和情感的故事里的种种拘束和限制，我们发现英国小说和本世纪的心灵一样也逐渐打破了成规。

在小说的扩展上一个很伟大而主要的人物是德国作家让·保罗·里希特（1763—1825年）。他的叙事只是为把一些戴满首饰挂满勋章的离题话串起来的一条线。另一个伟大的德国作家是海涅（1797—1856年）。里希特对英国作家托马斯·卡莱尔的作品的影响很深。里希特的散漫和修饰的影响通过卡莱尔传到查尔斯·狄更斯（1812—1870年）和乔治·梅雷迪思（1828—1909年）。狄更斯的重要对手萨克雷（1811—1863年）使他的读者彷徨、思索和厌烦，而他写作的方式与其说是从德国人不如说是从斯特恩那里得来的。查尔斯·里德（1814—1884年）在他的《修道院和家庭》把欧洲新教教义和天主教教义间仍然存在的一些争论的问题，在一部伟大的传奇文学结构中提了出来。萨克雷和卡莱尔都倾向于自由地讨论生活，这把他们从坦率的小说形式引开而走向对历史局面的解释。英国式的著名小说和历史之间有一种天生的和必然的联系。卡莱尔的《法国革命》和《弗里德里希大帝》都被人当小说来读。麦考莱（1800—1859年）的关于斯图亚特晚期的历史写得极为成功。继他们之后的是些更科学的但也更枯燥无味的历史家，但在这新的世纪里他们的传统就由利顿·斯特雷奇和哈蒙德夫妇及其他的人来承袭。

在法国，那使英国小说从仅仅是一段故事而扩充成一种对生活的写照和解释的同样的必要性和好奇心，也鼓舞着巴尔扎克（1799—1850年）去从事他的《人间喜剧》这篇巨大创造。他的继承者左拉（1840—1902年）比巴尔扎克远为逊色，他写了一套类似的小说《卢贡——马卡尔家族本末纪》，这部小说写出了法国一个殷实的家族经历几代的发家致富。维克托·雨果（1802—1885年）独具一格，他是一个精力旺盛、大胆、有文采而有时颇为俗气的人，写出了大量剧本、诗歌、小说和政治论文。但是在法国，法兰西学院的影响，即古典的传统、学校训练的传统，虽然不能束缚那些例外的情况，而从整体来看它的确驯服和抑制了小说的技巧。卖弄学问的教师们说小说必须有"格式"，它必须"正确"，它必不可离题。在手法上它必须优雅地不流露个人的感情。因此法国小说在其走向英国学派所享受的无限自由的实验路上受到了阻碍。在这样严格规定的范围内福楼拜（1821—1880年）是法国作家中最精巧、最完美的了。

托马斯·哈代（1840—1928年），维多利亚时代最后一个伟大的小说家，他在小说上与其说是属于英国传统，勿宁说是属于这个法国古典派。在晚年，他背叛了他给自己定下的清规戒律，而全然放弃了小说的形式，他在《统治者》中以戏剧形式来描写拿破仑的全部冒险事业，这部书是他写成的登峰造极的杰作，这是伟大的小说家和阐释的历史家结成近亲的又一个例证。

要懂得生活和知道生活中正发生着什么事的愿望，要严谨而敏锐地探讨生活的意向，使得英国人不甘忍受种种诗歌形式上的限制，而把小说和与它同类的文体提升到文学上的显著地位，这种愿望和倾向传布到所有的欧洲国家。特别是德国、俄国、斯堪的纳维亚半岛产生出大量这种式样的文学。在许多优秀的德国小说家中最突出的名字是古斯塔夫·弗赖伊塔格（1816—1895年）。挪威有它的布伊厄尔恩松（1832—1910年）；俄国涌现出一大批卓越的作家，从果戈里（1809—1852年）到陀思妥也夫斯基（1821—1881年）、屠格涅夫（1818—1883年）、托尔斯泰（1828—1910年）和契诃夫（1860—1904年）。

但是并非一切19世纪的读者都是热切的好奇的。与心灵上充满怀疑和进步的这一类型和阶级相混杂的，是积极反抗进步思想的那种类型和社会阶层。与大量增长中的使人受到激励的文学并列的，在欧洲和美国同样都有大量达到各级技巧成就的作品，这些作品是立意供人消遣、给人安慰和使人心安的。人们已学会了阅读，他们有不少时间也需要阅读，他们阅读与其说是鼓舞不如说是制止他们的思想活动。

沃尔特·司各脱爵士是像拜伦勋爵那样的人物，他生前的盛名会使后代困惑。他作为一个诗人而开始其文学生涯，他写了两首流畅的叙事长诗；以后又写了一连串的历史传奇，推崇浪漫的过去，赞扬君主政体的忠诚和传统的丰厚。这些作品大为上流人士和兴旺的人们所爱好，而这些人是被正在变化的、有疑问的现实中的冷酷的不安定所震惊的。不但在整个说英语的世界而且在整个欧洲，司各脱也是一个浪漫的和令人惋惜的小说潮流的培育者。

在欧洲大陆上，这两个作家的作品被奇怪地翻译或注释了出来，他们被当作各种影响的一股模糊巨浪的象征，这些影响的起源是复杂的，在目标和性质上是不相连贯的——这个浪漫主义运动——幸而现在已经消散并停止了。它意味着中世纪精神，它意味着色彩浓厚词藻绚丽，它意味着对武士的奇遇表示向往而不赞同当代的风尚和兴趣，它意味着本能反对理性和情绪反对科学。它的应用古语的趋势却被用语者的懒散所冲淡。从它的性质来说，它不仅是思想和审美上的进步的一方面，而更像是一次饮宴后的一场闹酒。它不但反对当今的现实，也反对古典的过去。它是宽宏大量的，它是个人主义的。它使神仙再生而沉迷于虚伪的传说之中。它什么都是；在最后的估量中，它却什么都不是。

在德国写出了大量的沉闷的浪漫派文学作品，但是它渗透了整个欧洲。莎士比亚被称为是一个浪漫派，在德国有一种头脑不清的"浪漫哲学"和"浪漫神学"。有大量用英文写出的古装的小说,这和英国哥特式建筑的复兴在精神上是并驾齐驱的,证券经纪人和疲倦的商人们就从这些把英勇的十字军骑士、士兵、拦劫的强盗和受难的少女的救助者扮演成英雄的故事中,去幻想自己就是这些英雄人物,借此来忘却他们企业活动的责任,以及自己往何处去的问题,假如有任何去处的话。在这古装的拙劣作品中并不企图去分析这一时期的表现和涵义,那正是它的迷人之处,它是热切渴望不去思考的人的心灵避难所。小说中的人物的心理状态是兴旺的中等阶级经过净化和理想化了的心理状态。

罗·路·史蒂文森(1850—1894年)是司各脱朝的最后一个浪漫文学作家,自认为能写出更好的作品,并自称是一个精神上的娼妓——他的确也是。古装的小说在欧洲大陆上也有人写过,但它从未像它在说英语世界中那样变成这地区的一项正经的行业。因为一个繁荣的读书的中等阶级的迅速发展在大陆上来得较晚,而且是在精神上更受激励的环境中发展起来的。

我们可以注意到小说的成长在一段间歇以后,作为一种后期的发展,是以把小说组成三部曲或用续篇把它们延伸的趋势为标志,20年代时这种形式有一次新的扩展。小说好像会变成通过某个典型的个人的眼睛所看到的整个世界的一幅图画。这些新的长篇小说中最著名的是罗曼·罗兰(1866—1944年)的《约翰·克利斯朵夫》,连续出版了十册。与这种长篇的扩大紧密相连的是大量、无定形的、无穷无尽的回忆录、评论和叙事书的出现,这类书的典型的作家是普鲁斯特(1871—1922年)。在这一时代的世界文学中几乎无与伦比的人物是阿纳托尔·法朗斯(1844—1924年),他的《贝日莱四部曲》同样显示出连续地对一般事物的评论或注释来代替孤独的小说的趋势。

随着19世纪进入20世纪,小说中一项有趣的变化是社会、政治、宗教的讨论不断增加。狄更斯和萨克雷时期的小说家们是为那时期的思想和社会价值已明确解决了的公众而写作的。他们不加讨论,他们只采用那个道德背景而集中于写人物和个人的特性。萨克雷并不议论;他只是宣讲,这完全是另外一回事。19世纪的小说中"人物"和他们的行为组成小说结构的全部内容。但是19世纪20年代思想上的动荡在小说中的思想讨论上得到了反映。思潮和理论进入了戏剧。它们在兴趣方面大加铺张,但它们却掩盖了那比生活更具生气的强调了的"性格描写",而这正是维多利亚时期小说最大的长处。

近代小说在对人生以及对人生观的飘忽而轻松的批评方面的一切发展,无疑我们可以从《金驴》以后的早期文学中找到预示;但是在其形式和规模上的这些预示,没有一个显示出像19世纪的多少有几分是小说的作品那样的变化和那么大的数量,而且在大体和细节上任何一个预示也几乎都没有那种对生活的自由、无羁的判断的特性,这种特性是使19世纪的精神区别于过去一切阶段的精神的。

到这时为止戏剧是倚赖一个安定社会的存在来支持的,这个社会有固定的习惯和信念,它能提供经常的同情的观众。在一个社会瓦解和重建的世纪里,上戏院的积习被打破了,在半个多世纪的时间里,在那时的观众中几乎没有思考、讨论并寻求新事物的各式各样的人民大众来参加。欧洲剧院度过了一个平凡和微不足道的阶段;它在使人愉快地消磨时间的意向上,与流行的小说和传奇是相同的。

法国的戏剧虽然简洁但很空洞。在英国,戏剧是同样地空洞,但决不是那样地简洁。要求讨论和具有思想的巨大力量逐渐地而且面对着大量的非难反对,才在戏剧界产生了效果。挪威人易卜生(1828—1906年)是戏剧回到对当代现实的讨论的中心人物。在英国巴里的合人口味的幻想作品在粉碎"精心创作的戏"的僵硬传统上起了很大作用,肖伯纳(1856—1950年)慢慢地争取到了能支配和有影响的地位。在这真挚和权力的新阶段,德国剧作家中豪普特曼(1862—1946年)和祖德尔曼(1857—1928年)都是很杰出的。战争暂时妨碍了戏剧事业,但是战争的结束在大西洋两岸都放出一股巨大、有生气的、有前途的精力。然而正如我们已经解释过的,1918年以后戏剧的发展在这里是一段我们没有篇幅来叙述的故事。

当我们转到美国文学的发展时,我们必须把两个截然不同的阶段区分开来,一个是欧洲的、即英国的和法国的文学影响占优势的阶段和一个是解除影响的阶段。在一段长时期里美国的文学活动集中在新英格兰,它只不过是一般英国和欧洲文学的一个分支,虽然是一个很有活力的分支。它以波士顿为中心。这一阶段的作家们纵谈独立宣言,但就形式和手法来说,他们似乎并未觉察到独立已曾发生。美国有它的特殊爱好;它比英国更快地开始研究卡莱尔;在爱默生(1803—1882年)的散文中人们听到了美国自己的音响;但朗费罗只不过是一个英国诗人,他碰巧生在美国并写了关于美国的题材而已。埃德加·爱伦·坡(1809—1849年)在他的文学手法上,英国手法比欧洲手法要少一些。霍桑(1804—1864年)显示出一点点自我意识的条顿式的魅力。此外,威·迪·豪厄尔斯(1837—1920年)写了一套优雅严肃的小说,以致在某种意义上在小说的总分类中会把他列在法国学派下与托马斯·哈代相比。亨利·詹姆斯(1843—1916年)是个美国人,他写得既不像一个英国人,也不像一个美国人,而是像一个移植到欧洲条件下的美国人；他写的场面常常是欧洲的，他最喜爱的题材则是天真烂漫的美国人同古老文明的错综复杂的冲突。也许所有19世纪作家中最有美国人的本质的是马克·吐温（1835—1910年）。第一次世界大战爆发以前好一段时间里一种独立的美国文学出现的征兆已能被人们看出，但是直至战后美国的作品才可以说是爆发成充分的发展。这里没有篇幅来描写这事；的确，把文学的故事讲到1914年的这番努力结果差不多形成一张人名录了。

我们已经谈得够多的了，还希望这些事情可以为我们考虑1914年大灾难降临的文明的性质时提供一个基础。那场战争曾被描写为"人类历史上的第二次最大的灾祸"，第一次是罗马帝国的灭亡。但是，两者虽可相比，1914年的战争却是另一种灾祸。古代文明的消失和黑暗时代的开始肯定是一场灾害，但那是一场可以预见到的而且是不可避免的灾害。古代文明几乎已经死去；当蛮族给它最后的袭击以前，帝国本身已经塌陷了。它已筋疲力尽了；假如在本性上拿它的结局去和任何事物相比的话，那就和一个老迈的人的死亡一样。但是1914年的灾祸更像对一个年轻力壮的人的屠杀；科学、艺术、文学和所有构成文明的东西，当它们被制止并在某些情况下被一场人为的大灾难赶回去时，它们正在上升到前所未有的高度。因为1914年开始的屠杀是一次有选择性的屠杀，不像一场黑死病那样；是那些年轻的和健康的人被杀死或变成残废，而且是在一种前所未闻的规模上。例如今天在法国旅行时，人们不能不注意到无数的战争纪念碑，上面刻着一连串无尽的名字——有时在数量上比目前农村的人口还多。在英国三个杰出的有前途的年轻诗人——布鲁克、索利、欧文——全都被杀死了；还有多少其他不知名的艺术家、科学家、作家、律师和政治家也被杀害了呢？对本世纪的下一个25年来说，我们经常谈到"失踪的一代"；第二流的无特色的人掌了权，欧洲有鲍德温和张伯伦、艾伯特和布吕宁、米尔朗和塔迪厄、季奥利提和维克多·艾曼努尔作为领袖。缺乏能干的人又加上了开始抬头的国际共同体观念的破坏。社会主义国际被撕得粉碎，永远不再团结一致。在欧洲建立起了一些新的国家，每个国家对邻国都树起贸易壁垒。民族仇恨被有意地煽动起来，死去的方言又急剧地恢复了，新闻检查建立起来，护照管理变得普遍了。控制政治的一些心地卑鄙的人试图把这控制扩展到艺术和科学，把人类的心神分成许多分隔间，使英国的、俄国的、美国的和法国的学问和文明分离开来。直到1914年才有可能把世界的历史看作是一种被打断了但又总是继续下去的走向和平与自由的进步。在世界上大多数国家里政治和议会的自由在扩展中，个人的权利更加受到保护，思想和言论的自由也在扩大，国家在它们的对外政策上的不负责任也开始更少了。看来它也许并不是一个自由党人的世纪，但至少是一个正在解放的世纪。这种幻想在 1918 年完结了；不管人们曾期望过什么，他们现在知道进步不是自己到来的。即使最基本的权利已经到手，还必须为进步而斗争。

第三十八章 近代帝国主义的浩劫

1 第一次世界大战前的武装和平

圣斯特法诺条约和柏林会议后,欧洲在其边境内维持着令人不安的和平达36年之久;在这段时间里任何主要国家之间都没有发生战争。它们彼此冲撞、威逼、恫吓,但是没有达到真正的战争状态。1871年以后人们普遍认识到近代战争是一件比18世纪的职业军队的战争严重得多的事,它是一件会十分严重地扭伤社会的结构的全体人民都要出力的事,它是一桩不可轻率从事的冒险。机械革命正在不断地产生出更强大的(和更昂贵的)陆上和海上的武器,和更快速的运输方法;进行战争而又不使社会的经济生活来一次完全的紊乱是越来越不可能了。甚至外事部门也感到战争的可怕了。

虽然在世界上人们还没有像这样地害怕过战争,但是对于建立起一种联合的控制,以防止人类事务推向战争,却并没有什么建树。1898年年轻的沙皇尼古拉二世(1894—1917年)倒的确发出过一项诏书,邀请其他列强参加一次各国家间的会议,"谋求世界和平的伟大理想战胜纠纷和不和的因素"。他的诏书使人想起他的前任亚历山大一世为神圣同盟定下调子的宣言,由于同样的假定而流于失效,这假定就是认为可以在诸主权国家的政府之间建立和平,不必为作为一体的人类的需要和权利作出广泛的呼吁。欧洲谋求和平的尝试完全忽视了美利坚合众国的教训,这教训指出不到把"弗吉尼亚人民"和"马萨诸塞人民"的思想被"合众国人民"的思想扫除之后,既不会有行动上的统一也不会有和平。

在荷兰的海牙召开了两次会议,一次在1899年,另一次在1907年,在第二次会议上几乎世界上所有的主权国家都出席了。它们是以外交姿态来参加会议的,并不是以世界上一般智力为指导来作考虑的,普通老百姓甚至并不知道在召开这些会议。与会代表们把大部分时间花在对国际法中涉及战争的诸点进行狡猾的争论，而把废除战争作为一种幻想搁在一边。这两次海牙会议并没有做什么事去消除国际生活必然是竞争性的这一思想，它们却接受了这一思想。它们也没有做什么事，去使凌驾于各国元首和外事部门之上的一个世界共和国的意识发展起来。参加这些集会的国际上的法律家和政治家们不愿在这样一个基础上促成一个世界共和国，正如1848年的普鲁士政客们不欢迎凌驾于普鲁士国王的权利和"政策"之上的全德议会一样。

在美洲，1889年、1901年和1906年一连三次泛美会议，对整个美洲大陆朝向国际仲裁计划的发展上是迈出了几步的。

关于发起这几次海牙会议的尼古拉二世的性格和诚意，这里我们将不作任何详细的讨论。他也许认为时机是在俄国的一边。但是列强普遍不愿面对各主权国家合并的前景，而没有这种合并，永久和平的计划是荒唐的，这是无论如何不容怀疑的。它们所想要的并不是终止以战争为其尖锐阶段的国际间的竞争，而是愿意把正在变得太昂贵的战争搞得便宜一些。每个国家都想节省在次要的纠纷和冲突上的消耗，并建立起国际法，使得比它更厉害的敌人在战时感到为难，而不使自己感到不便。这些就是它们在海牙会议上所追求的实际目的。那只是一次它们以参加来讨好尼古拉二世的会议，正像欧洲的君主们在神圣同盟的传道式的主张上签名来讨好亚历山大一世一样；当它们既参加会议时，它们就试图多少能利用它来得到一些它们认为有用的好处。

2 帝制的德国

法兰克福和约使德国普鲁士化并统一了起来，成为欧洲所有强国中最强大的一个。法国蒙受了耻辱和削弱。它陷入共和政体之中，看来也许会使它在欧洲宫廷中找不到任何朋友。意大利那时还不过是一个年轻的国家；奥地利在德国的政策中目前已迅速地降低到一个联合者的地位；俄国虽然土地辽阔，但不发达；英帝国只在海上称雄。在欧洲以外，德国须予考虑的一个强国就是美利坚合众国，美国现已成长为一个强大的工业国，但是以欧洲标准来衡量，它并没有值得重视的陆军和海军。

体现凡尔赛建立起的帝国的新德意志是世界上崭新的精神和物质力量的复杂而惊人的混合物，具有欧洲体系的最狭隘的政治传统。它在教育上充满活力，它是世界上教育最为发达的国家，它为它所有的邻国和对手定出了教育的步伐。

这一竞争没有任何地方比在英国更受优遇的了。德籍的御偶亲王所没有能做到的，这个德国的商业劲敌却做到了。无论是爱国的自豪感或宽大待人的冲动所从未能克服的英国统治阶级方面对有教养的平民的那种卑鄙的嫉妒，却在对德国效率日增的恐惧面前沉没下去了。德国是以其他社会从未表示过的那种信心和精力来从事组织科学研究和把科学方法应用于工业和社会发展的。

在这武装和平的整个时期，德国正在收割自由散播知识的无穷无尽的果实，割了又播，播了又割，它很快长成为一个巨大的制造和贸易的强国；它的钢产量超过了英国；在上百项新的生产和商业领域里——在这些领域里智慧和体制比商人的狡诈更为重要——在制造光学玻璃、染料和许多化学产品上，以及在无穷无尽新的生产程序上，它在世界上是领先的。

对于那些习惯于有人乞求他们采用新发明的英国制造商——不知道这些发明是从哪里来的和为什么来的——来说，德国这样扶养并支付科学人员的新方法似乎是十分可厌地不正当的。他觉得这是强求财运。这是拉拢取巧。这是鼓励讨厌的知识分子阶级来干预健全的实业家的正业。科学像个没人疼的孩子从他出生的家园流落到国外去了。声名赫赫的德国化学工业是建立在英国人威廉·珀金斯爵士的著述之上的，珀金斯没有找到"注重实利的"英国实业家来支持他。

德国在很多种社会立法上也是领先的。德国认识到劳工是一项国民财富，它因失业而变坏，而且为了公共利益，工人在工厂之外也必须得到照顾。英国的雇主依旧怀有一种错觉，以为劳工在工厂外没有生存的权利，而且厂外的生存机会越恶劣，似乎对他就越有利。此外，由于英国的雇主一般未受教育，是个强烈个人主义者：他是庸俗思想的麻木不仁的敌手；他憎恨四周的同行几乎像憎恨他的工人和顾客一样。另一方面，德国的生产者却相信联合和谦恭的巨大好处；他们的企业倾向于合并，并越来越具有国家企业的性质。

这个进行教育的、科学的和有组织的德国是1848年自由德国的自然发展，它的根源可以远溯到从被拿破仑征服的耻辱中吸取来的复兴的努力。在这个近代的德国里，一切美好的、一切伟大的事物的确都应归功于它的学校教师们。

但是这科学的组织精神只是构成新德意志帝国的两个因素之一。另一个因素是在耶拿战役中幸存的霍亨索伦君主政体，它曾欺骗和击败了1848年的革命，而它在俾斯麦的指导下，现在又爬上了除奥地利以外的整个德意志的合法领袖地位。除了沙俄制度以外，没有其他欧洲国家像普鲁士那样保存着18世纪大君主国的传统。马基雅弗利现在通过弗里德里希大帝的传统统治了德国。因此在这美好的新的近代国家的头颅里，并没有一个高尚的近代脑子去指导它在为世界服务中取得领先的地位，这里盘据着的却是一个贪求权力的老蜘蛛。普鲁士化了的德意志是西欧最新的，同时也是最陈旧的事物。它是它那时代最好的也是最坏的国家。

民族的心理学还是一门初步发展的科学，心理学家们几乎还没有开始研究个别人作为公民的那一方面。但是对我们的主题至关重要的是，学习世界史的人应当多少思考一下自从1871年的胜利以来，一代代受教育的德国人的精神的成长。战争中所向无敌、无往不胜，以及从相对贫困迅速地发展到富足，这些当然会使他们头脑发胀。假如他们没有沉迷于过分的爱国虚荣，那也不近人情了。但为了霍亨索伦王朝的利益，这种反应有意地被抓住了，并且系统地利用和控制学校和学院、文学和报刊来加以鼓励和扩展。

一个教员、一名教授，如果不是一年到头地教导和宣讲德国人在种族上、道德上、智力上和体质上都比其他各民族优越，他们对战争和他们的王朝的特殊的忠诚，以及在那个王朝下他们义不容辞的领导世界的使命，那么他就成了一个被注意的人，注定要失败和默默无闻。德国的历史教学为了霍亨索伦朝的将来也变成了对人类过去的大量、系统的伪造。所有其他各民族都被说成是无能的和衰败的，普鲁士人是人类的领袖和革新者。

年轻的德国人在他的学校课本里读到这些、在教堂里听到这些、在文学里见到这些，他的教授们以狂热的信念向他灌输这些。所有的教授们都向他灌输这些，生物学或数学的讲师会打断他们的本题而沉迷于长篇大论的爱国狂言。只有非常坚强和有创见的头脑的人才能抵得住如此滔滔不绝的煽动。不知不觉地在德国人的头脑中树立起了一个概念，认为德国和它的皇帝是一个空前显赫卓越的东西，是在世界诸劣等——天赋不足的——民族中的一个"披着闪亮的甲胄"、挥舞着"上好的德国宝剑"的天神般的国家。

我们已经叙述了我们的欧洲故事，读者可以判断德国的宝剑的光芒是否特别使人眼花缭乱。德意志有意用那种爱国雄辩来麻醉自己，故意地使它长醉不醒。皇帝经常地、持续不断地干预教育，特别是窜改历史教导，这是霍亨索伦朝最大的罪恶。没有其他近代国家曾如此地败坏教育。大不列颠君主共和国的寡头政治可能曾使教育陷于困竭和贫乏，而霍亨索伦君主国却使教育腐化和出卖了它的灵魂。

在最近半个世纪的历史中不能过于确说的最重要的事实是：德国人民被有条不紊地灌输了一种建立在强权基础上的德国称霸世界的思想，和战争是生活中一个必不可少的东西的理论。德国的历史教导其关键可以在毛奇伯爵的名言中找到："永存的和平是一个梦想，它甚至不是一场美好的梦想。战争是上帝制定的世界秩序的一个要素。没有战争，世界将停滞不前而沉没于实利主义之中。"德国哲学家尼采与这虔诚的陆军元帅的意见颇为一致。

他讲："如果忘记了如何去作战而期望人类有很大成就（甚至就算有任何成就的话），那都是完全的幻想和美丽的情操而已。直到现在还没有其他办法能像一场大战那样，使这些力量如此有力地行动起来：就是那种在营垒中产生的犷悍的精力，那种从憎恨中产生的深刻的不受个人感情影响的精神，那种从杀害和冷酷无情中产生的不自愧的良心，那种在努力消灭敌人中产生的热忱，那种不顾损失、不顾自己和同胞的生存、傲视一切的无情，和一个民族失去它的生命力时所需要的那种地震般的灵魂的震动。"

这种盛行于整个德意志帝国的教导势必引起国外的注意，势必引起世界上其他强国和人民的震惊，势必激起一个反德同盟；这种教导还伴随着陆军的夸耀，不久又有海军的示威，这种备战使法国、俄国和英国同样都感到威胁。它影响了德国人民的思想、风尚和道德。

1871年以后德国人在国外趾高气扬，甚至在商业经营中也显出一种傲慢的神情。它的机器袭入世界市场，它的船舶溅起爱国的挑战浪花迅猛前进。它以它的一切优点作为冒犯别人的手段（其他民族如果有同样的经历和受到同样的训练，大概也会类似这样行事的）。

历史上的一项偶然事件是德国有这样一个作为灾难的化身并促成灾难的统治者皇帝威廉二世，他以最完整的形式体现了他的人民的新教育和霍亨索伦朝传统。他于1888年登位，时年29岁；他的父亲弗里德里希三世3月中继承他的祖父威廉一世称帝，同年6月逝世。威廉二世是维多利亚女王的外孙，但是他的气质丝毫没有显示出使萨克斯—科堡—哥达家族闻名的那种日耳曼自由传统的痕迹。他的头脑里充满了新帝国主义的空洞废话。他对他的陆军和海军发表演说作为他登基的信号，接着三天以后又对人民发表演说。口气中可以听出对民主政治的极度轻蔑："是士兵和军队，而不是议会中的多数曾使德意志帝国团结了起来。我的信赖是寄托在军队上的。"这样，德国教师们孜孜不倦的工作全被抹煞了，霍亨索伦朝宣告了自己的胜利。

这个年轻国君下一项勋绩是同曾经缔造新德意志帝国的老宰相俾斯麦争吵，并免了他的职（1890年）。他们之间并没有深刻的意见纷歧，但是，正如俾斯麦所说的，皇帝想要当自己的宰相。

这些就是他生气勃勃、步步进取的一生事业的开端。威廉二世这个人立志是要名震世界，他的名声要比任何其他君主更为响亮。整个欧洲很快就熟悉了这个

威廉二世皇帝

新君主的形象,经常穿着最辉煌的军装,怒目虎视,胡须戟张,还有一支巧妙地掩饰起来的萎缩的左臂。他喜爱银光闪闪的胸铠和洁白的斗篷;流露出一种极端的急躁。显然他认为自己是注定要干一番大事业的,但在一个时期里这番大事业的细节究竟是些什么却不明白。没有德耳法的神谕来告诉他,他是注定要毁灭一个大帝国的。

他周围那种戏剧般的调子和俾斯麦的免职使他的许多臣民大为震惊,但是不久他们认为他是在为和平事业和巩固德国而运用其势力,他们也就放心了。他经常出外旅行,到过伦敦、维也纳、罗马——在那里他与教皇私自谈话——到过雅典(他的姐姐在1889年嫁给希腊国王),到过君士坦丁堡。他是第一个作为土耳其苏丹国宾的基督教君主。他还到过巴勒斯坦。在耶路撒冷古老的城墙上特地为他打开一个城门,让他能骑马入城;因为步行进去会有损他的尊严。他劝诱苏丹按照德国的方式用德国军官教练,开始改组土耳其的军队。

1895年他宣布德国是个"世界强国"和"德国的未来是在海洋上"——不顾英国人认为他们已经称雄海上这一事实——他开始日益致力于建造一支庞大的海军。他也关心德国的艺术和文学;他运用他的影响来保持特有的、眩目的德文的黑体字来对抗西欧其他各国使用的罗马型字体,他还支持泛日耳曼运动,宣称荷兰人、斯堪的纳维亚人、弗兰芒裔的比利时人和德裔的瑞士人都是大日耳曼同胞弟兄的成员——事实上,是把这些人作为立意要成长起来的、饥饿的、年轻帝国的可被同化的好材料。所有欧洲的其他君主在他面前都黯然失色了。

他利用英国对布尔共和国的战争在整个欧洲唤起的对英国的普遍敌意,来推动他建立一支庞大海军的计划,这事连同德意志殖民帝国在非洲和太平洋的迅速和挑战性的扩张,使英国大为震惊和激怒。特别是英国自由主义的舆论感到急需支持一支日益增大的英国海军。威廉二世说:"我不把我的海军建立到和我的陆军同等水平,我绝不停息。"最爱和平的岛国居民不能忽视这个威胁。

1890年他从英国获得了赫耳果兰小岛,把它建成一个巨大的海军要塞。

随着他的海军的成长，他的雄心也增长了。他宣称德国人是"社会精华"。他们决不可以"厌烦文明的工作；德意志像罗马帝国的精神那样，必须扩张并强使别人听命。"这是他在波兰国土上说的话，用以支持德国人正在那里进行的禁止波兰语言和文化，和把德属波兰部分日耳曼化的持续努力。他把上帝描绘成他的"神圣的同盟"。在旧的专制政治中，君主或者自身就是上帝，或者是上帝选任的代理人；德皇却把上帝作为他的忠实可靠的顺从者。他亲热地称"我们的老上帝"。当德国人占领胶州时，他谈到了德国的"铁拳"。当他支持奥地利反抗俄国时，他说德国穿上了"闪亮的甲胄"。

1905年俄国在满洲的惨败使德国帝国主义的精神导向更大胆的侵略。法俄联合向他进攻的恐惧似乎消除了。德皇举行了一次有似经过圣地的帝王巡行，他在丹吉尔登陆，向摩洛哥的苏丹保证在它抗击法国时将予以支持；并以战争威胁迫使法国罢免了外长德尔卡塞，因而使法国蒙受到莫大的侮辱。他使奥地利与德国间的联系更加紧密，1908年奥地利在他的支持下向欧洲其他部分挑战，从土耳其并吞了南斯拉夫的波斯尼亚和黑塞哥维那两省。这样，由于他对英国海军的挑战，以及对法国和斯拉夫人的这些侵略，他迫使英、法和俄国形成对抗他的防御性的谅解。吞并波斯尼亚产生了一直是他同盟的意大利也和它疏远的后果。

德国的恶运就是使这样的一个人物统治了德国，让他去刺激、去组织、去使世界的其余部分难以容忍那一个伟大民族的天生的自豪和专断，这个民族是在几世纪的分裂和衰微之后，最终逃出许许多多小王侯们的纷乱，而达到统一和得到世界的尊重的。很自然，这个新德国的正在发财致富的工商界领袖们，热心于海外开拓的金融家们，官员们和庸人们，却都觉得这位领袖很适合他们的口味。很多德国人在心里暗自觉得他卤莽或庸俗，但在公开场合下都支持他，因为他有一付能取得成功的神气。德皇万岁。

但是德国并不是不经过斗争就使自己屈服于这来势凶猛的帝国主义的潮流的。德国人生活中的重要因素都对这飞扬跋扈的新专制政治进行过斗争。旧日耳曼诸民族，尤其是巴伐利亚人，拒绝被吞没在大普鲁士主义之中。并且随着教育的普及和德国的迅速工业化，有组织的劳工提高了思想，对统治者的黩武的和爱国的鼓噪坚持抵抗。在国内正在成长起一个新的政党——社会民主党，它宣称信奉马克思的学说。这个政党在来自官方和教会组织最强烈的反对下，和在对它的宣传和组合予以猛烈压制的法律下成长了起来。

德皇对它一再痛斥，它的领袖们被抓进监狱或被赶出国外。它却依旧壮大成长。当德皇继位时，社会民主党在选举中得票不到50万；1907年它得到的选票超过了300万。德皇试图在许多事情上作出让步，例如老年和疾病保险，他以之作为一种恩赐，而社会民主党声称这是工人的权利。他向社会主义的转化是显著的，但是这并没有赢得改信帝国主义的人。他建立海军的野心受到有力的和激烈的痛斥，德国新兴资本家的殖民冒险不断受到这个代表平常人的常识的政党的攻击。但是对于陆军，社会民主党人却给予适度的支持，因为正像他们十分嫌恶在自己国内成长起来的专制君主那样，他们更加憎恨和惧怕在他们东部边疆的俄国的野蛮的和倒退的专制政体。

明白地摆在德国面前的危险是这种飞扬跋扈的帝国主义会迫使英国、俄国和法国联合起来进攻它，一种以攻为守的对策。当德皇的舰队壮大了起来，并当他准备同俄法进行一场序幕性的战斗时，对英国采取强硬态度还是笨拙地试图和解，他是犹豫不决的。当1913年英国政府建议双方停止建造海军一年时，这项建议被拒绝了。

德皇的儿子和继承人比他更具有霍亨索伦朝的特质、更加帝国主义和更加泛日耳曼成性，他为此而苦恼。他的儿子是在帝国主义的宣传下教养成人的。他的玩具都是些士卒和枪炮。他以超过他父亲的爱国的和侵略的姿态捞到了过早的名望。人们觉得他的父亲已入中年并且过于谨慎。皇太子使他恢复了青春。德国从来没有那么强盛过，从来没有那么准备到随时可以从事一项新的巨大的冒险并获得又一次胜利。他被告知的是，俄国人已腐朽了，法国人已衰退了，英国人正处在内战的边缘。

这个年轻的皇太子不过是1914年春大量德国上层阶级青年的一个样板。他们都沉醉于同杯的酒。他们的教授和教员们、他们的演说家和领袖们、他们的母亲和情人们，都使他们对这个现已十分临近的伟大时机有所准备。他们对迫在眉睫的冲突，对去完成惊人成就的召唤的号角，对在国外战胜人类、在国内战胜顽抗的工人，都充满了震颤的感觉。德国像是一个体育竞赛者在他训练完毕时那样的紧张和跃跃欲试。

3 不列颠的帝国主义精神和爱尔兰

在整个武装和平时期，德国为欧洲其他各国调整步伐和订定调子。它的侵略性的帝国主义的新学说对于抵挡不住外来思想猛烈冲击的英国人的心神的影响特别强烈。御偶亲王所推动起来的那一阵对教育的热心，在他死后渐渐消逝了；牛津和剑桥大学改良上层阶级教育的工作，由于所谓"科学与宗教的冲突"在牧师中所唤起的恐惧和偏见而受到了阻碍,这些牧师通过大学评议会支配了这两所大学;民众教育也因宗教的争吵、公共当局的极端吝啬、雇主们对童工的需求以及反对"教育别人的孩子们"的个人主义而受到了摧残。

在拿破仑战争的艰难困苦时期,英国人古老的传统,有啥说啥、依法办事、公平相待和某种程度的共和主义的自由,已经大大地消失了;以伟大的小说家沃尔特·司各脱爵士为主要促进者的渴求一个绚丽如画的境界的浪漫主义感染了国民的想象力。50、60年代《笨拙》杂志连环画里的英国人"布里格斯先生",穿上苏格兰高地人的服装,狙击麋鹿,很能代表这新运动的精神。

不久,布里格斯先生开始领悟到,直到那时他还没注意到的一件光辉灿烂值得赞扬的事实,就是在他的领土上太阳永远不落。一度曾因为克莱武和沃伦·黑斯廷斯对待印度人的不公正而予以审讯的国家,现在却相信应把他们看做是完全富于骑士精神、献身事业的人物了。他们是"帝国的缔造者"。在曾使维多利亚女王成为印度的"女皇"的迪斯累里的东方想象力的诱惑下,英国人很容易地转向近代帝国主义的虚荣。

颠倒了的人种学和歪曲了的历史学使人相信斯拉夫、克尔特和条顿三族混合成的日耳曼人是与众不同的奇特的种族;这被英国作家们所仿效,他们开始抬出一个新的人种学上的发明——"盎格鲁—撒克逊人"。这一惊人的合成品被当作人类登峰造极的代表,它是希腊人和罗马人、埃及人、亚述人、犹太人、蒙古人以及诸如此类的它的白种人光辉的微贱先行者积累起来的最高荣誉和报酬。关于日耳曼人优越性的无稽传说大大加深了波森的波兰人和洛林的法国人的恼怒。甚至更为荒谬的关于盎格鲁—撒克逊人优越性的传说,不但在爱尔兰增加了对英国人统治的恼怒,而且在整个世界也降低了英国人对待诸"附属"民族的调子。因为不再尊重他人、培养自己的"优越"观念也就不会再有谦恭和公正了。

对德国爱国的错误观念的模仿并没有以捏造这个"盎格鲁—撒克逊人"而告终。80、90年代英国大学中聪明的年轻人,对国内政治的平淡和虚伪感到厌倦,他们被这一种自大、狡猾、强烈的民族主义者的帝国主义,被这一个强加在德国青年的思想和行动上的马基雅弗利和阿梯拉的结合的新教导所激动,而向它仿效并与它竞争,他们认为英国也必须有它的闪亮的甲胄,也必须挥舞它的上好的宝剑。

不列颠的新帝国主义发现吉卜林先生是它的诗人,并得到一些金融界和商业界人士的实际支持,这班人被新帝国主义的光辉引向垄断和开发的道路。这些普鲁士化了的英国人竭尽全力来仿效德国。中欧本是一个相联的经济体系,最好作为一个整体而活动；新德意志已建成了一个包括所有组成部分的关税大同盟。它自然地变成了一个紧密的体系，好像一个紧握的拳头。不列颠帝国好比一只在全世界五指伸开的手，它的成员在性质、需要和关系上各不相同，除了共同的安全保证外，没有共同的利益。但是新帝国主义者无视那种差别。如果新德意志有一个关税同盟，那么不列颠帝国也必须这样做；它内部各种各样的成员的自然发展也必然到处被"帝国特惠"以及类似的东西所妨碍……

但是大不列颠的帝国主义者的运动从没有像德国的那种权威，也没有像德国那样的全体一致。它不是三个联合的而又是各不相同的不列颠民族中任何一个的自然产物。这对他们的性格是不相符合的。维多利亚女王及其继承者爱德华七世和乔治五世，不论在性别、风度、气质还是在传统上，都不想照霍亨索伦朝的样式披上"闪闪发亮的甲胄"、挥动"铁拳"和挥舞"宝剑"。他们明智的地方是不去公然干预公众的意念。而这种"不列颠"帝国主义运动从一开始就引起许许多多英格兰、威尔士、爱尔兰和苏格兰作家们的敌视，他们拒绝承认这个新的"不列颠"民族性，也不接受他们就是这些"盎格鲁—撒克逊"超人的理论。在英国很多大企业势力，特别是海运业者，是建立在自由贸易根基之上的，他们带着一种有正当理由的怀疑去看待新帝国主义者的财政建议和与他们交往的新的金融上和商业上的冒险家。

另一方面，这些观念在军人阶级、在印度官场和这类的人中像野火般地延烧了开来。直到那时在英国对军人的存在总是要找些理由来为它辩解的。军人并不适于在这块土地上土生土长的，这里产生了一个运动要允许军人变得和他的普鲁士武装兄弟一样显赫重要。帝国主义者的思想还得到那时刚刚出世的低级的通俗报刊的支持，这些报刊是为曲意迎合初等教育所创造出的新的读者阶层而产生的。它要求一种平易、鲜明、简单的思想来适应还刚勉强能开始思考的读者们的需要。

尽管有这种支持和它对民族虚荣的强烈魅力，不列颠的帝国主义从来没有充分渗透到英国广大人民群众中去。英国人不是一种思想上容易管教的人，普通的平民、特别是有组织的劳工倾向于用怀疑的态度，来对待那些为帝国主义和高额关税而吵闹和多少抱着强迫的狂热的老托利党人、军人阶级、乡村牧师、音乐厅、被同化的外国人、暴发户和新的大雇主们。如果说那次成为不断恼人的创痛的马朱巴挫败纵容了这个国家仓促投入那不必要而又劳民伤财的对南非布尔共和国的征服，那么那次冒险的过度疲乏所产生的一种够大的反作用，也使自由党重新掌权而走向合理和公正之途，并建立起一个南非联邦以消除这一场灾祸的最坏的影响。

在民众教育上和在使公众利益和一般人的财富从少数人的财产中赎回上，继续做出了相当大的改进。在这武装和平的年代里，不列颠的三个民族，遵循相当公平而合理的途径，几乎使同爱尔兰之间长期存在的误会达成了和解。不幸的是正在这项努力的成败关头，第一次世界大战突然袭击了他们。

这部《史纲》里对爱尔兰像对日本那样只做了很少的描述，而且是为了同样的理由，就是因为它是一个边远的岛国，它从这出人类的总戏剧里接受的很多，而迄今给回的很少。它的居民是一种很混杂的人，它的基础，大概是它的主要成分，是发肤黝黑的"地中海"血统，前诺迪克人和前雅利安人，像巴斯克人和葡萄牙及南意大利人一样。在这最初的基础上，约在公元前6世纪时，涌进了一股克尔特人的浪潮——我们不知道混入到什么程度——至少他们有足够的力量来建立起一种克尔特语，即爱尔兰人的盖尔语。在爱尔兰、苏格兰、威尔士和英格兰之间都有这种或那种克尔特人或克尔特化了的人来来往往，入侵或反入侵。这个岛是在15世纪基督教化了的。后来，北欧人袭击东岸并定居了下来，但是我们不知道在多大程度上他们改变了种族特质。

诺曼—英吉利人于1169年进入爱尔兰，是在亨利二世之时及以后。在近代的爱尔兰，条顿血统可能与克尔特血统一样地强烈或者更甚。直到那时，爱尔兰曾是一个部落的和野蛮的地方，有几个安居的中心，在那里较古老的民族艺术倾向还见于金属制品和圣书的插画中。接着，12世纪英国国王征服了部分爱尔兰，诺曼人和英吉利人在爱尔兰各地分散地定居下来。从一开始爱尔兰人和英吉利人之间就出现气质上深刻的差异，差异又因语言的不同而加深，在新教宗教改革以后变得更加明显了。英吉利人变成了新教徒；爱尔兰人由于自然的反应，集结在被迫害的天主教教会的周围。

英国在爱尔兰的统治，由于两个民族间语言不同和土地占有法以及继承法的不同而发生的冲突，从一开始就是一场断断续续的内战。这里我们不能叙述当伊丽莎白一世和詹姆斯一世统治期间，这个不幸的岛上的那些起事、屠杀和镇压；但在詹姆斯治下，随着没收阿尔斯特的大块地区和让长老会派的苏格兰殖民者定居在那里，而发生了新的不和。他们形成了一个新教的共同体同爱尔兰留下来的信天主教的人们进行必然的永久的冲突。

在查理一世和克伦威尔共和国以及詹姆斯二世和威廉［三世］与玛丽［二世］时期的政治冲突中，英国事务中的双方都在爱尔兰方面得到了同情者和同盟者。在爱尔兰有一句谚语说：英国的不幸就是爱尔兰的机会，导致处死斯特拉福的英国内乱在爱尔兰也正是屠杀英吉利人的时机（1641年）。后来克伦威尔对凡被发现持有武器的人概不饶赦，用以作为对那场屠杀的报复，这次报复的残酷被爱尔兰天主教徒以极大的悲痛而牢记着。在1689年和1691年间，爱尔兰又被内战所分裂。詹姆斯二世寻求爱尔兰天主教徒的支持以对付威廉三世，他的追随者在博因（1690年）和奥格赫临（1691年）战役中遭到了惨败。

双方曾达成过一项和解，订了利默里克条约，这是一个有争议的和解，在条约里英国政府答应了对天主教徒等一类人大加宽容，但未能遵守诺言。利默里克条约在爱尔兰漫长而辛酸的故事中仍是一项主要的记忆。很少英国人听说过这项利默里克条约，而在爱尔兰它却至今还使人痛心。

18世纪是一个积怨的世纪。英国商业上的妒忌给爱尔兰的贸易加上了很多沉重的限制，爱尔兰南部和西部的毛纺工业的发展被破坏了。在这些事上阿尔斯特新教徒所受的待遇并不比天主教徒好多少，因此他们成了起事者的带头人。18世纪时北方比南方有更多要求均分田地的起义。

让我们在篇幅允许之内清楚地叙述出在这时期不列颠和爱尔兰情况的相同和不同之处。在爱尔兰有一个议会，但它是一个新教徒的议会，比同时代的不列颠议会更受限制和更加腐败；在都柏林城里和附近有相当发达的文明和大量的文学和科学活动，这是用英文来进行的，并集中在新教的大学三一学院里。这就是斯威夫特、戈德史密斯、伯克、贝克莱和波义耳这些人物的爱尔兰。它本质上是英国文化的一部分，没有什么爱尔兰所独有的。在这时，天主教宗教和爱尔兰语言都是在黑暗中被抛弃和受迫害的东西。

20世纪顽抗的爱尔兰就是从这黑暗的爱尔兰崛起的。爱尔兰的议会、它的优美的文学、它的科学、它的全部文化很自然地被吸向伦敦这个重心，因为它们是那个世界不可分割的一部分。较富裕的地主们迁居英国，让他们的子女在那里受教育。这意味着爱尔兰的财富不断地以房租、花费或投资的形式流向英国。日益增进的交通便利不断地加强了这一趋势，这使都柏林枯竭，使爱尔兰的膏血榨光。联合法案（1801年1月1日）是盎格鲁—爱尔兰议会同英国议会这两个全然类似的体制的自然的合并，它们都是寡头政治，政治上同样腐败。对于这联合，定居在爱尔兰的新教徒是那样强烈地反对——在外部的爱尔兰人方面倒并不那么强烈反对——并在1803年在罗伯特·埃梅特领导下发生了一次没有结果的起事。都柏林在18世纪中叶曾是一座美丽的盎格鲁—爱尔兰城市，逐渐被知识和政治生活所抛弃，并被爱尔兰的外部爱尔兰人所侵入。都柏林城的时髦生活围绕着都柏林城堡里的总督这个中心变得越来越官气十足，它的知识生活有一个时期几乎是闪烁欲烬了。

但在斯威夫特和戈德史密斯的爱尔兰同蒲柏、约翰逊博士和乔舒亚·雷诺兹爵士的英国密切相关,在爱尔兰和不列颠的"统治阶级"之间,除了地理这一点外,从来没有而且现在也没有任何真正明确的差别时,爱尔兰的下层社会和英国的下层社会本质上却是不相同的。

英国在教育上和政治认识上要求"民主"的力争上升的斗争,在很多方面与爱尔兰下层社会的斗争是不同的。不列颠正产生出一个庞大的工业人口,新教徒的或是怀疑论的;不列颠的确有农业劳动者,但没有自耕农。爱尔兰没有煤炭,土地较为贫瘠,地主居住在英国,它变成了一块交地租的农民聚居的地方。他们让耕地日益退化成为生长马铃薯和喂猪的土地。人们结婚生子;除了能得到威士忌酒时喝上一点,吵点小架以外,家庭生活是他们唯一的乐趣。下面是其惊人的后果。

爱尔兰人口在1785年是2845932,在1803年是5536594,在1845年是8295061,到了1845年,贫乏的马铃薯在不断增长的人口负担下供不应求了,于是发生了一次可怕的饥荒。很多人死亡,很多人迁居国外,特别是移居美国;川流不息的移民出境开始了,使爱尔兰曾有一时成为仅余老人和空屋的地方。

现在由于两个议会的联合,英国和爱尔兰人口中给予选举权是同时进行的。英国天主教徒有了选举权意味着爱尔兰天主教徒也有了选举权。英国人得到选举权是因为他们需要它,爱尔兰老百姓得到选举权是因为英国老百姓已得到了它。在联合议会中爱尔兰席位超额的多,因为原来统治阶级操纵爱尔兰席位比操纵英吉利席位容易些;因此发生了这样的事,在这以前根本从来没有过任何政治工具,也从来没有去寻求一项政治工具的爱尔兰人和信天主教的爱尔兰,忽然发现它有权在大不列颠的立法机构中投进一大批团结一致的议员。

1874年大选后,惟利是图的旧式爱尔兰议员被肃清了,新被给予选举权的英国"民主政治"发现它面对一个新奇而窘困的爱尔兰"民主政治",在它的宗教、它的传统和它的需要上都与英国不同,它诉说着普通英国人从没听说过的受害的故事,它愤激地吵闹着要分立,这是普通英国人所不能理解的,给他们的印象主要是不必要地不友好。

爱尔兰人的民族利己主义是强烈的;他们的处境使它强烈;他们对英国的国事不能平心考虑;新的爱尔兰党团进入英国议会来妨碍和搞乱英国的事务,使英国人感到厌恶,直至爱尔兰变成自由的为止。这种精神大受仍在统治着不列颠帝国的寡头政治的欢迎;他们与爱尔兰北部的"忠诚的"新教徒结成了联盟——所谓忠诚就是说对帝国政府的效忠,因为他们害怕天主教在爱尔兰占优势——英国普通人逐渐被爱尔兰普通人这种不加区别的敌视所激怒,寡头统治者则注视着这种激怒并予以助长。

最近半个世纪以来爱尔兰对不列颠的关系的故事是一段反映不列颠帝国的统治阶级最丢脸的历史,但这不是件英国的平民应该感到羞愧的事。他们一次又一次地表示出善意的迹象。面对着来自保守党和阿尔斯特爱尔兰人的坚决反对,在将近半个世纪里,自由党方面在关于爱尔兰的英国立法上做出了一连串笨拙的尝试,想来满足爱尔兰人的抱怨和取得伙伴的关系。

一个爱尔兰新教徒帕内尔,以自治运动的主要领袖而著称。1886年伟大的自由党首相格莱斯顿,由于提出第一个爱尔兰自治法案而给自己招来了政治上的灾难,这个法案是历史上第一次把爱尔兰的事务交给爱尔兰人民的真诚的尝试。这个法案使自由党分裂;一个联合政府——统一党政府,代替了格莱斯顿先生的政府。

对爱尔兰历史的这段插话说到这里正值帝国主义在欧洲流行的时节。把格莱斯顿先生赶下台的统一党政府中有占优势的托利党分子,它在精神上是"帝国主义"的,超过了以前所有的英国政府。此后几年的英国政治史大部分是新帝国主义和英国人气质上的自由主义以及公道合理相冲突的历史,通过这种新帝国主义,狂妄自大的"不列颠"民族主义企求压倒帝国的其余部分,而自由主义则倾向于把帝国发展成为一个自由和自愿同盟的联邦。

很自然,"不列颠"帝国主义者想要的是一个听命驯服的爱尔兰;很自然,英国的自由党人想要的则是一个自由参预的爱尔兰。1892年格莱斯顿以自治法案获得微弱的多数而重新掌权;1893年他的第二个自治法案在下议院通过,却被上议院否决了。然而,直至1895年一个帝国主义者的政府才又执了政。支持它的那个党不叫做帝国党人而叫做"统一党人"——当我们考虑到它曾多么坚定而拼命地干着破坏帝国联邦的任何可能性时,这真是个古怪的名称。这些帝国主义者掌了十年的权。我们已经提到他们对南非的征服。1906年他们在一项仿照条顿方式而建立的关税壁垒的尝试上被击败了。接着掌权的自由党政府建立了南非自治领,把被征服的南非荷兰人变成了满意的享受同等地位的不列颠臣民。自此以后它开始同固执的坚持帝国主义的上议院作久悬不决的斗争。

这在不列颠事务中是一场极为根本的斗争。一方面大不列颠人民中居多数的自由党人真诚地明智地渴望把爱尔兰事务放在一个新的更有希望的地位上,并且可能的话,把爱尔兰人的敌意变成友好;另一方面是这新的不列颠帝国主义所有的全部因素决心不惜以任何代价和不顾每次选举的裁决——假如可能就合法地，如不可能就非法地——要在英格兰人、苏格兰人和爱尔兰人以及帝国所有其余的人的事务上都同样地维持他们压倒的优势。

这不过是在新的名义下英国社会中长期以来进行的内部斗争；也就是我们在叙述美国的解放时已谈论过的那种同样的冲突，即具有不受拘束的和自由主义精神的普通人反对有权有势的"大人物"、大冒险家以及有权威的人的冲突。爱尔兰像美国过去那样不过是一个战场。在印度、在爱尔兰、在英国，统治阶级和与之联合的冒险家们都是同心一意的；但是爱尔兰人民，多亏他们宗教上的差异，同英国人没有一点团结一致的感觉。而像下议院爱尔兰党团领袖雷德蒙那样的爱尔兰政治家们却有一时超越了这种民族的狭隘性，对英国人的善意作出了宽大的反应。

上议院这个障碍缓慢而稳步地被粉碎了，并在1912年第三个爱尔兰自治法案由首相阿斯奎斯先生提了出来。整个1913年和1914年初这个法案在议会中反复争论。最初它答应给爱尔兰全部以自治；但通过一项修正案，允诺在某些条件下把阿尔斯特排除在外。这场斗争一直持续到第一次世界大战的爆发。在战争真正爆发后国王批准了这项法案，并且也批准了一项爱尔兰自治法案暂停生效直至战争结束为止的法案。这些法案都载入了《英国法令汇编》。

但是自从提出第三个自治法案以后，对此法案的反对采取了激烈的毫无节制的形式。爱德华·卡森爵士是这个抵制两个民族和解的组织者和领袖，他是都柏林的一个律师，取得英国律师界的一个成员的资格，在格莱斯顿内阁（因自治而分裂以前）和后起的帝国主义者的政府中曾担任过有关法律事务的职位。尽管他是都柏林出身，他却摆出是阿尔斯特新教徒的一个领袖的架势；他把一般成功的能出席高等法院的律师常有的那种蔑视法律的特征带进了这场冲突，也把某种类型的爱尔兰人所特有的那种天赋的固执、毫不通融、毫不妥协的敌视带进了这场冲突。他是最"不像英国人"的人，阴沉、浪漫、暴戾；从斗争一开始，他就扬言要对第三次自治法案所反复打算建立的英国人和爱尔兰人间有较大自由的重新联合进行武装抵抗。

1911年在阿尔斯特已经组织起一队志愿军，这时武器已被偷运了进来，爱德华·卡森爵士和一个名叫F. E. 史密斯的后起律师，装扮成半军人模样在阿尔斯特巡行，视察志愿军并煽动地方激情。这些未来的起事者的武装是从德国得来的，爱德华·卡森爵士的伙伴们的多次谈话中都曾暗示过支持是来自"一个新教大君主"。同阿尔斯特形成对比的是那时爱尔兰的其余部分，他们信赖其伟大领

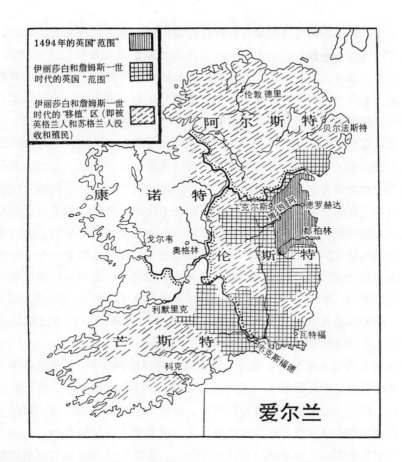

袖雷蒙德和不列颠三个民族的诚意,所以倒是有秩序和宁静的。

这时,这些来自爱尔兰的内战威胁本身,在那不幸的岛国的经历上并不是什么很异常的事,使它们在世界历史上含有特殊意义的是,它们在英国的军人和统治阶级中得到了热烈的支持,以及爱德华·卡森爵士和他的朋友们免受惩罚和限制。

正像我们所讲明过的,来自德国帝国主义的成功和显赫的反动病毒已在整个大不列颠的有势力和繁荣的阶级中广为传播。英国已成长起一代人,他们忘记了祖先的伟大传统,而情愿把英国的公平和自由的伟大之处换成帝国主义的最俗气而耀眼的东西。主要是在英国筹募了一笔100万英镑的基金来支持阿尔斯特起事,并且组织起一个阿尔斯特临时政府。英国的显要人物也介入了这场骚乱,乘着汽车在阿尔斯特飞跑,帮忙私运军火,有迹象表明一些不列颠官员和将军们不愿遵守法律而准备了一个按照南美起义方式的宣言。

上层阶级的这一切越轨行动,其自然的结果是使爱尔兰本部发生惊慌,永远不能成为英国的一个现成的朋友了;爱尔兰也轮到它去开始组织"国民志愿军"并偷运武器。军事当局对国民志愿军黑名单上的人物的镇压,却显得比对禁止阿尔斯特输入军火严厉得多;1914年7月在都柏林附近的豪思的一次私运军火的尝试,导致了在都柏林大街上的战斗和流血。英伦三岛濒临内战边缘。

这就是直至第一次世界大战前夕大不列颠帝国主义者的革命运动的故事梗概。因为爱德华·卡森爵士和他伙伴们的运动就是这样的革命。显然它是一次利用爱尔兰的冲突作为起点,在军队的帮助下,撇开议会政府和不列颠人民慢慢增长起来的不完善的自由,而代之以一个更普鲁士化的类型的统治尝试。它是一小撮约几万人阻碍世界潮流向着民主法律和社会公道发展的反动努力,它同德国容克和富商们的新帝国主义极类似,并且对之是密切同情的。但在一个十分重要的方面,不列颠的帝国主义和德国的帝国主义是不相同的。在德国这种反动的努力集中在皇帝周围;吵得最凶、最著名的鼓吹者是皇太子。在大不列颠,国王却置身事外,国王乔治五世在任何一次公开活动中都没露出一点对这新运动的赞同;他的儿子和继承者威尔士亲王的行为也同样是正确的。

1914年8月第一次世界大战的风暴在世界上突然爆发了。9月爱德华·卡森爵士正在斥责把自治法案载入《英国法令汇编》,这个法案被停止执行直到战争结束以后。同一天,爱尔兰多数人的领袖、爱尔兰的正式代表约翰·雷蒙德先生正在号召爱尔兰人民在战争的负担和努力上,应当拿出一份同等的力量来。有一个时期爱尔兰忠实地、很好地同英国并肩作战,直到1915年自由党政府被联合政府所代替。在联合政府中,由于首相阿斯奎斯先生道德上的软弱,这个担任首席检察官的爱德华·卡森爵士(年俸7000英镑,外有手续费)立即被他在阿尔斯特起事中的同伙F. E. 史密斯爵士所代替。

对一个友好的民族从来没有给过比这更粗鲁的侮辱了。1886年由格赖斯顿开始的、并在1914年这么接近于完成的和解工作最后完全被破坏了。

1916年春都柏林起来反抗这新政府,但没有成功。起事的首领们,其中很多还在童年,都在故意而愚笨的严酷下被枪决了。和怎样对待阿尔斯特起事的首领们这件事对比来看,这种严酷使整个爱尔兰深深感到这是残忍地不公道。一个叛变者罗杰·凯斯门特爵士——他因过去对帝国有功而被授爵,这次被审讯并被处决,无疑这是罪有应得,但是他的检举人却是参与阿尔斯特起事的F. E. 史密斯爵士——一个骇人的巧合。

都柏林起事在爱尔兰没有得到多少普遍的支持,但是此后建立独立共和国的运动却迅速地成长了，并遍及大部分地方。与这种强烈的感情冲动相对立的，有着像霍勒斯·普龙克特爵士这样爱尔兰政治家的较温和的思想在斗争，他愿意看到爱尔兰变成一个自治领，一个"君主共和国"，就是说，在帝国范围内同加拿大、澳大利亚处在同等的地位。

4 帝国主义在法国、意大利和巴尔干诸国

我们对德国和不列颠的近代帝国主义的研究显示出有某些力量是这两个国家所共同的，就我们现在即将浏览的其他大的近代国家来说，我们就会发现这些同样的力量在不同程度上、在各种各样的形式下起着作用。这种近代帝国主义不像较古老的帝国主义那样是一个综合性的统一世界的运动；它本质上是一种夸大狂的民族国家主义，是一种由于繁荣而变成侵略性的民族国家主义；它经常在军人和官僚等级中，在有事业心和贪得无厌的社会阶层中，和在新金融界即大商家中，找到它最坚强的支持；它的主要的批评者来自受教育的穷苦人，它的主要的反对者是农民和劳动群众。在它遇到君主政体的地方就接受君主主义，但帝国主义不一定是一个君主主义者的运动。为了它的充分发展，它确是需要一个传统形式的外事部门。在我们这部历史书中曾十分仔细地探索了它的起源，其起源清楚地说明了这一点。近代帝国主义是强权体制的自然发展，这体制连同其倚靠外事部门的方法的政策是在基督教世界崩溃后，从马基雅弗利式君主政体中兴起的。只有当国家和人民间通过各国大使馆和外事部门的来往被一个联邦大会所代替时，它才会告一结束。

在欧洲武装和平期间，法国帝国主义天生地是一种不像德国帝国主义那样刚愎自用的类型。它自称为"民族国家主义"而不愿称为帝国主义，它决心凭着唤起爱国的自豪感来阻挠那些社会主义者和理性主义者试图去接触德国生活中的自由主义分子的努力。它盘算着复仇，对普鲁士要以牙还牙。但是尽管以此为急务，它却致力于吞并和开拓远东和非洲的冒险，在法绍达冲突上（1898年）差一点就对不列颠进行战争。但它从没有放弃获得叙利亚的梦想。

意大利也感染上了帝国主义狂热症。阿杜瓦的流血使它暂时冷静下来，以后在1911年它重新开始对土耳其作战，并吞并了黎波里。意大利帝国主义分子规劝国人，忘掉马志尼而牢记尤利乌斯·凯撒，因为难道他们不是罗马帝国的继承者么？帝国主义触动了巴尔干诸国；这些脱离奴役状态不到一百年的诸小国开始流露出得意忘形的意向；保加利亚的国王斐迪南采用了沙皇这称号，是假沙皇最

后的一个；好奇的学生可以在雅典店铺橱窗里仔细研究一下那幅显示出梦想在欧洲和亚洲建立一个巨大的希腊帝国的地图。

1912年塞尔维亚、保加利亚和希腊三国进攻由于同意大利作战而已衰弱了的土耳其，除了在亚德里雅那堡和君士坦丁堡之间的地方外，把土耳其从它的全部欧洲领地上赶了出去；次年三国因瓜分战利品而彼此间争吵了起来。罗马尼亚参加了这场争逐，并帮助去摧毁保加利亚。土耳其收复了亚德里雅那堡。较大的帝国主义诸国，奥地利、俄国和意大利，都注视着那场冲突并彼此监视着……

5 俄罗斯，一个大君主国

当俄国以西的整个世界都正在迅速变化时，俄国在整个19世纪确实改变得很缓慢。到19世纪末，正像19世纪初那样，它仍然是一个17世纪晚期类型的大君主国，建立在未开化的基础上，它还处在一个宫廷阴谋和皇室宠幸能支配它的国际关系的阶段。它建造了一条横贯西伯利亚的大铁路，在终点上却遇到了对日战争的灾难；它在不发达的工业制度和能提供小量受过足够教育的人员所允许的范围内，使用现代方法和现代武器；像陀斯妥也夫斯基这样的作家曾设想出过一种神秘的帝国主义，它是建立在神圣的俄罗斯及其使命这种观念的基础上的，并且还染上了种族的幻想和反犹太人的激情；但是事情表明，这并没有深刻渗入俄国群众的想象之中。

一种迷茫的、极其简单的基督教，夹杂着大量迷信，流行于文盲农民生活之中，那很像法国或德国在宗教改革以前的农民生活。帝俄时代的农民被认为是崇拜和尊敬沙皇，并乐意为绅士服务的；1913年反动的英国作家们还在赞美帝俄时代农民的质朴和绝对忠诚。但是，正像在农民起义的日子里西欧农民的情形那样，这种对君主政体的尊敬是同君主和贵族必须是善良和仁慈的思想夹杂在一起的；并且这种质朴的忠诚，在足够的刺激下，能转变成像法国的扎克雷［乡下佬］起义中农民在烧毁城堡和在明斯特尔建立神权政治那样对社会的不公平毫不容情。一旦老百姓被激怒了，在教育不普及的帝俄时代没有互相谅解的桥梁来减轻这一场发作了起来的狂暴。下层阶级对上层阶级像是对不同种类的动物那样，决不予以同情。这些帝俄时代的群众离开德国所显示出来的那种民族国家的帝国主义足足有三个世纪的悬殊。

在另一方面帝俄与近代西欧不同，而与西欧中世纪的状态却相类似，那相类似的事实就是它的大学是一个同官僚政治的专制政体既无接触又无同情的很多极贫苦的学生们聚集的地方。1917年以前这两个革命因素——即促使不满的燃料和自由思想的前进——互相接近的意义，在欧洲人的思维中还没有被认识到，很少人理解到在俄国比在任何其他国家更具有根本性的革命的可能性。

6 美国和帝国的思想

当我们从这些欧洲列强连同它们承袭的外事部门和国家政策，转到1776年完全脱离了强权体系的美利坚合众国时，我们发现那些产生欧洲的扩张的帝国主义的各种力量在美国发生的作用和在欧洲发生的作用形成了最有趣的对比。

对美国和对欧洲一样，机械革命把全世界都带进几天旅程的范围之内了。美国和欧洲列强一样，有世界范围的金融和商业利益；巨大工业制度已经成长起来，需要海外市场；那曾震撼欧洲精神团结的信仰危机同样发生在美国的世界。它的人民和任何国家的人民一样是爱国的和生气勃勃的。那么为什么美国不发展军备和采取侵略政策呢？为什么星条旗不在墨西哥上空飘扬呢？为什么中国不在星条旗下成长一个新的印度体系呢？打开日本大门的是美国人，它那样做了以后却让这个国家把自己欧化起来，并变成了一个不好对付的强国，而从不提出抗议。单单这一项就足以使近代外交政策之父马基雅弗利在坟墓中辗转反侧了。

假如是一个欧化的强国处在美国那个地位，那么英国就一定会延长加拿大边疆，从这一头到那一头都建起防御工事——现在它是绝对不设防的——并且会在圣罗伦斯维持一座大军火库了。所有中美洲和南美洲分立的国家，早就会被臣属而置于美国"统治阶级"的官员们的纪律控制之下了。还会有持续不断的使澳大利亚和新西兰美国化的运动，以及另外提出在热带非洲占有一份的要求了。

奇特的是，美国出了西奥多·罗斯福（1901—1909年任总统）这样一个和德国皇帝类似的人物。他同样是精干好动、好大喜功、华词善辩、一个具有世界政治的倾向、向往武备的本能的敢作敢为的人，我们可以想象，这样的一个人将会使得他的国家卷入海外领地的争夺之中。

而在这方面美国一般却是约束和节制的，除非他们的制度和传统根本不同，似乎很难有其他的解释。首先，美国政府没有欧洲型的外事部门和外交使团，没有一批"专家"来维持侵略政策的传统。总统掌握大权，但是这些权力受到由人民直接选出的参议院的权力的牵制。每项与外国订立的条约必须首先取得参议院的同意。这样，国家的对外关系是处于公开的公众控制之下。处在这种制度下缔结秘密条约是不可能的，外国都抱怨同美国达成"谅解"很困难和不可靠——这是一件极好的事情。因此，美国在宪法上使它不能从事如此长久以来就使欧洲经常处在战争边缘上的那种外交政策。

第二，在美国迄今没有过我们可称之为不能同化的属地的组织和传统。在没有君主的地方不能有国王直辖殖民地。在美洲大陆上渐渐扩张时，美国发展起了一个十分特殊的方法来处置新领土，这方法可以很好地适用于未定居的地区，但如果太随便地应用在已包含外国居民的地区，那就很不方便了。这个方法是建立在美国制度下不能有一个永久从属的民族这种思想的基础之上的。

通常的同化过程的第一阶段是在联邦政府下建立起一个"准州地区"，拥有相当程度的自治，派遣一名代表出席国会（无表决权），并按事物自然的发展过程，随着这个地区有人定居了下来，并且人口增加了，最后成长到正式的州的地位。这曾是合众国所有较新的州的发展过程；最后正式成为州的准州地区是1912

年的亚利桑纳和新墨西哥。从俄国买来的阿拉斯加冰冻的荒野，政治上仍然是未发展的，这只不过因为它还没有足够的人口来组成一个州。

由于德国和大不列颠在太平洋上进行吞并，会使美国海军在那个大洋上失去加煤站，所以美国吞并了萨摩亚群岛的一部分（1900年）和桑威奇群岛（即夏威夷群岛，1898年）。在这里美国第一次有真正的必须予以处理的属民。但是美国没有任何可以和推行不列颠意旨的英印官吏相比的阶级，美国采取的程序是遵循准州地区的方法。美国作出种种努力使夏威夷的教育标准提高到美国的水平，并按照准州地区的模式组成一个本地的立法机关，使得这些微黑的岛民看来最后注定会获得完全的美国公民权（小小的萨摩亚群岛是由一个美国海军行政官来照管的）。

1895年美国和英国为了委内瑞拉问题发生了一次争吵，克利夫兰总统毫不妥协地坚持门罗主义。奥尔尼国务卿作出这一宣言："今天美国实际上是这块大陆上的主权者，它的命令对受它干预的人民来说就是法律。"这点，连同已经召开的各种泛美会议，指明在整个美洲有一项同盟和互助的真正公开的"外交政策"。仲裁条约扩展到整个大陆，并且似乎指向逐渐在未来会发展成讲英语和讲西班牙语诸人民间的一个国际组织，一个美洲统治下的和平，由讲英语的人民担任老大哥的角色。这个在形成中的组织不是一个帝国，它的构成的各分子有公开平等的地位，这是远远超过不列颠帝国大联盟的。

和美洲的共同福利这一思想相一致的是，美国在1898年干涉了古巴的事务，古巴多年来一直处在一种长期反抗西班牙的状态中。一场简短的战争以美国获得古巴、波多黎各和菲律宾群岛而告终。古巴成为一个独立自治的共和国。波多黎各和菲律宾被给予一种特殊的政府，这政府有一个民选的下议院和包含着一开始就由美国参议院任命其成员的上级机关。然而这两个地方的宪法前途到底是什么还不清楚，对这一点的讨论仍然是令人担心的。

古巴和波多黎各都欢迎美国干预它们的事务，但菲律宾群岛在西班牙战争后曾要求完全和立即的独立，并对美国的军事行政管辖进行过相当多的反抗。正是在这里美国的所作所为最接近于强权类型的帝国主义，并且它的记录是最成问题的。在美国有很多人对起事者寄予同情。以下是前总统西奥多·罗斯福在他写的《自传》（1913年）中的观点：

  关于菲律宾，我相信我们应当尽可能迅速地训练他们使他们能够自治，然后让他们自由地去决定他们自己的命运。我不相信规定期限让他们在期限内独立的方法,因为我不相信试图预定他们会在多快限期内适于自治的企图是明智的;而且一经作出诺言,我觉得就必须守信。我就职以来的几个月内,我们已经扑灭了菲律宾最后的武装反抗,这反抗并非只是偶尔发生的;一旦获得和平之后我们就把精力转向为土著居民的利益而发展该群岛。我们到处设立学校;我们修筑道路;我们执法公正,我们作了一切可能作的事情来鼓励农业和工业;并在不断增长的程度内任用当地人来管理他们自己,并且最后提供了一个立法机关……

我们现在和以前都是为了菲律宾人自己的利益而统治着该群岛。假如在适当时期之后菲律宾人自己决定他们不愿意这样地被统治时,那时我相信我们一定会离开;但是当我们确实离开时,必须明白清楚地理解到我们对诸岛不再保持保护国的地位了——尤其是我们不参加对该岛的联合保护国——也不给他们对中立或其他的保证;总而言之,就是我们对他们绝对地摆脱了各式各样的责任了。

这是一个与英国或法国的外事部门或殖民部门的官吏完全不同的看法。但是它与那建立起加拿大、南非和澳大利亚诸联邦以及为爱尔兰提出三个自治法案的精神相差并不太远。它承袭了"独立宣言"所自出的那较为古老而更具特色的英国传统。它把"被统治的人民"这个可憎恶的观念不加讨论地搁置一旁了。

这里我们不想涉及随着建造巴拿马运河而来的政治纠纷,因为它们对说明美国在处理世界政治的方法这一有趣的问题并不提供新的启发。巴拿马的历史纯系美洲的历史。但是显然正因为美利坚合众国的内部政治结构是世界上的一件新事物,所以它与境外的世界的关系也是新的。

7 第一次世界大战的近因

我们已经费了一些心力来考查在导致 1914 年的世界悲剧的年代里,欧洲和美国关于国际关系的心理状态,因为越来越多的人们终于认识到,大战或某种这样的战争是那个时期心理状态的必然后果。人们和各国家所作的一切事情都不过是出于本能的动机,对通过谈话、书籍、报纸、教师等注入人民头脑中的思想引起反应的结果。物质的贫乏、瘟疫的流行、气候的变化和其他外界事物都会扭曲和扰乱人类历史的成长,但是它的生命力的根底却是思想。

整个人类的历史基本上是一部思想的历史。今天的人类和克罗马农人之间体质和心理上的差别很小；他们本质上的区别在于插入其间的五百或六百代的时间里，我们所获得的心理背景的宽度和内容。

我们距离第一次世界大战的事件太近了，不能自以为这部《史纲》所记载的能对这段历史做出定评，但是我们可以大胆地猜测，当冲突的激情渐渐消逝时，德国将是挑起这场战争最应当受指责的，它之所以应受指责并不是因为它在道德上和思想上与它的邻国十分不同，而是因为它具有帝国主义的通病的最完整和最强烈的形式。没有一个自重的历史家，不管他的目的是如何地肤浅和庸俗，能够默认那由战争的压力而产生的传说，即认为德国人是一种比任何其他各种各样的人更残忍和更可恶的人。1914年以前所有欧洲的大国都处在侵略性的民族国家主义状态中，而且趋向战争；德国政府只不过是确实引导了这一普遍运动而已。它第一个落入陷阱，因挣扎而陷得最深。它竟成了最可怕的殷鉴，所有它的同犯都可以对它大喊大叫。

很久以来，德国和奥地利一直在设法把日耳曼的势力由小亚细亚向东方伸张。日耳曼的思想具体化在"柏林至巴格达"这一词中。和日耳曼的梦想相对抗的是俄罗斯的梦想，俄国阴谋把斯拉夫的优势伸向君士坦丁堡，并经由塞尔维亚伸向亚得里亚海。这些野心勃勃的路线彼此交叉，互不相容。巴尔干各国动荡不安的事态大都是日耳曼和斯拉夫的诡计所支持的阴谋和宣传的结果。土耳其转向德国求援，塞尔维亚则求助于俄国。罗马尼亚和意大利两国都属拉丁传统，名义上都是德国的同盟，他们共同追求更为深远的计划。保加利亚的沙皇斐迪南正在追求更阴暗的目的，希腊国王（德皇的姐夫）的宫廷秘史超出了我们现在探究的能力。

但是这场纷争并不以德国为一方和俄国为另一方而告终。1871年德国的贪婪曾使法国成了它不共戴天之敌。法国人民知道他们不能单靠自己的力量来收复失去的省份，对俄国的力量和帮助抱着一种超过实际的想法。法国人同意向俄国大量贷款。法国是俄国的同盟。假如德国方面的诸国向俄国宣战，法国肯定会进攻它们。

那时，法国短短的东部边界已防御得很牢固了。这个障碍使德国没有多少重复1870—1871年的胜利的希望。但是法国连比利时的边界较长，而且防御得不那么坚固。以压倒的兵力假道比利时进攻法国，则可以在更大规模上重现1870年的胜利。法军的左翼可能以凡尔登为枢轴向东南回转，并回过来向右翼增援，正像一个人把张开的剃刀关上那样。

这项计划早被德国战略家们深思熟虑地拟订出来了。它的实施将是对国际法的严重违反,因为普鲁士曾承担保证比利时的中立,它和比利时又没有争吵,而且还冒着英国介入对抗德国的风险(英国也曾为保护比利时作过担保)。但是德国人相信他们的舰队已经成长得足够强大使英国不敢轻易干预;考虑到这种可能性,他们建造了一条大的军用铁路网通向比利时边境,并为实施这项计划做好一切准备。这样他们可以希望一举攻下法国,以后再从容地对付俄国。

1914 年一切事情似乎都朝着有利于两个中欧强国而转动的。俄国从 1906 年以后的确一直在恢复元气,但却非常缓慢。法国则为财政丑闻所困扰。《费加罗报》编辑 M. 卡尔梅特先生被财政部长 M. 卡约先生的妻子暗杀的惊人事件,使这些丑闻在 3 月里达到了顶峰。德国全都确信英国在爱尔兰正面临一场内战。外国和英国的人民都一再极力要求得到一些明确的声明,如果德、奥进攻法、俄,英国将采取什么行动,但是英国外交大臣爱德华·格雷爵士,直至英国加入战争的那一天,却仍保持着非常暧昧的态度。结果在欧洲大陆上有一种感觉,认为英国或是不会参战,或是延期作战,这或许鼓励了德国去继续威胁法国。

由于 6 月 28 日奥地利帝国的继承人弗兰西斯·斐迪南大公在波斯尼亚首府萨拉热窝正式巡视时被刺,事变突然发生,这正是出动军队的适时的借口。德皇

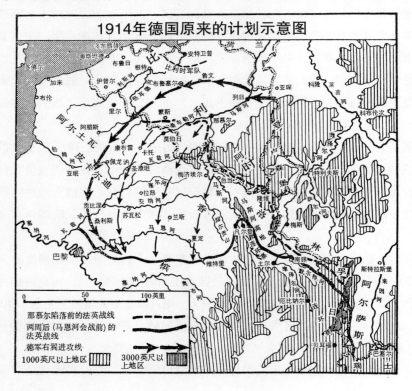

说:"马上下手或是永远不干。"不顾奥国特派员报告说并无证据表明塞尔维亚政府牵连在内这一事实,塞尔维亚被指控为唆使这次暗杀,奥匈政府竭力设法把这次抱怨的原因推向战争。7月23日奥地利向塞尔维亚发出了最后通牒,尽管塞尔维亚方面实际上屈服了,尽管英国外交大臣爱德华·格雷爵士力求召开列强会议,奥地利还是在7月28日对塞尔维亚宣战了。

7月30日俄国动员军队,8月1日德国对俄宣战。次日德军越过边界进入法国领土,并开始了穿过卢森堡和比利时的侧面大包抄运动。侦察兵和前卫部队已驱车西进。大批满载着士兵的汽车向西奔驰。跟在后面的是庞大的穿着灰色军装的步兵纵队;这些圆眼睛、金头发、白面孔的年轻德国人,多半是守法的、受过教育的年轻人,从来没有见过在愤怒中射出的子弹。他们被告知说,"这就是战争"。他们必须勇敢无情。他们当中有些人尽了最大的努力以牺牲不幸的比利时人来执行这些军国主义者的教导。

关于在比利时的暴行的细节曾引起过不相称的大惊小怪——所以说不相称是因为这些和1914年8月入侵比利时这一根本暴行是不能相提并论的。有了这种根本暴行,那么偶尔的射击和抢劫、任意破坏财产、饥饿疲乏的人们掠夺旅馆、饭馆和酒店以及强奸、纵火等当然会跟着而来。只有那头脑极其简单的人才会相信,军队在战场上能够维持像在国内安定的社会里那样高水平的诚实、端庄和公正的。三十年战争的传统仍然影响着普鲁士军队。与德国作战的盟国通常把德国入侵比利时的几个月里的那种邪恶和流血看成是史无前例的,并且好像是由于德国固有性格中某些独特的恶劣气质所造成的。

他们被加上"匈奴人"的诨号。德国人在比利时的罪行并不亚于这些游牧民的故意的破坏(这些游牧民曾一度想灭绝整个中国人口以便使中国重新变成一片牧场)。德国人的那种罪行很多是人们酒醉后的兽性残忍,这些人在他们的生命中第一次自由地使用致命的武器;很多罪行是人们歇斯底里的暴行,这些人对他们自己的所作所为感到震惊,并对被他们蹂躏的国家的人民的报复极为恐惧;很多罪行都是在这样一种理论的强迫下干出来的,即人们在战争中应该使人害怕,而且最好以恐惧来征服居民。德国普通人是出于守法服从而被卷进这场战争的,因此暴行是必然会产生的。任何人像德国人那样被鼓动起来并被拖入战争,必然会采取类似的举动。

8月4日之夜,当欧洲大部还在半个世纪和平的宁静的惰性之中,还在照常享受着人间难得的这样普遍的丰足、廉价和自由,正在盘算着消夏生活时,比利时的一个小村庄——维塞,火焰冲天,吓呆了的乡下人被拉出去枪毙了,只因据说有人对入侵者开了枪。下令干这些行动的军官们,服从命令的人们,一定会对他们所做的事情都感到吃惊。他们中大多数人从来没见过有人这样横遭惨杀的。他们不是对一个村庄纵火,而是对整个世界纵了火。欧洲的那个舒适、信赖、文雅和举止大方的时代开始结束了。

一经看清比利时即将被入侵,英国不再犹豫不决了,(8月4日夜11时)它对德国宣战了。次日德国一艘布雷艇在泰晤士河口外边被巡洋舰安姆菲昂号截住并击沉了——这是英国和德国在它们各自的国旗下在陆上或海上的第一次交锋……

整个欧洲还记得这多事的晴朗的8月的那些日子的奇异气氛,那是武装和平的结尾。将近半个世纪西方世界一直是平静和似乎是安全的。在法国只有少数中年和上了年纪的人多少有点战争的实际经验。报纸上也谈到过世界的大灾难,但这对那些似乎觉得世界总是安定的人来说是没有多大意义的,的确,这些人除了安定之外几乎不能想象世界还会是什么样子。

特别是在英国,和平时期的日常工作在一种稍微迷乱的方式下继续了几个星期。好像一个人还在世上散着步而没有发觉他已害了一种致命的疾病,这种病将改变他的生活的一切常规和习惯。人们继续过着暑假;商店贴出"照常营业"的布告,以使顾客们安心。每当报纸到来时人们议论纷纷心情激动,但那仅仅是旁观者的议论和激动。这些旁观者并没有清晰地感觉到他们已进入了一场即将把他们全部卷入的巨大灾难。

8 1917年以前第一次世界大战的概要

现在我们将简短地回顾一下就是这样开始了的世界斗争的主要方面。按德国拟定的计划,趁俄国还在东方集结兵力时,以"一举击溃"法国的迅速进攻开始这次战争。一时一切都很顺利。在现代情况下军事科学从来没有能跟上最新发明,因为军人作为一个阶层是缺乏想象力的,任何时候总有些不完善的发明,而这些发明是会打乱当时战术上和战略上的实践的,也就会被军事才智所拒绝。

德国的计划已制定了多年,那是一个陈旧的方案。在战争开始时,如果法国就适当地使用壕沟、有刺的铁丝网和机关枪,德国的计划是很可能被挫败的。但是法国人在军事科学上决不像德国人那样先进,他们相信比时代至少落后14年的旷野作战方法。他们所有的正式装备既不是有刺的铁丝网,又不是机关枪,而且法国人还有个不善于在土木工事后面作战的可笑的传统。

比利时的边境有已过时了 10 年或 12 年的列日要塞守卫着，很多堡垒里的大炮是由德国承包商提供和安装的；法国的东北边境装备很差。当然，德国克虏伯兵工厂为夹碎这些核桃提供了夹子，就是发射装有烈性炸药的炮弹的特制重型大炮。因此对法国驻军来说，这些防御工事证明只不过是个陷阱。

法国人在阿登南部的进攻失败了。德国军队以不可抵挡之势迅速包抄法军左翼，列日的最后一个堡垒于 8 月 16 日陷落了。8 月 20 日德军进抵布鲁塞尔，已到达比利时的为数约 700 人的小股英军在蒙斯被压倒的兵力所袭击，尽管英军使用了在南非战争中学来的十分凶猛的来福枪战术，还是被击退了。这小股英军被推向南方，德军右翼长驱南下，把巴黎抛在西边，从后面粉碎了法国整个军队。

在这个阶段，德国最高指挥部是那样地深信已经打赢了这场战争，因此 8 月底德军撤出法国调往东线，在东线俄国人正在大肆破坏东、西普鲁士。接着是协约国的反攻。法国人在德军左翼突然出现了一支部队，虽然削弱了但又得到补充的那一小股英军，在反击中还能充当一股很好的配合力量。德军右翼战线拉得太长，失去了联系，从马恩河被逐回到安纳河（马恩河战役，9 月 6 日至 10 日）。

如果它没有壕沟防御战术的训练，它可能会被赶得更远些。德军在安纳河停了下来，掘壕固守。协约国可以用来摧毁这些堑壕的重炮、烈性炸弹、坦克等武器，当时还都不存在。

马恩河战役粉碎了德国最初的计划。法国暂时保全了。但是德国人并没有被打败；它在军事技能和装备上仍具有很大进攻的优势。在东方它对俄国人的惧怕由于坦能堡的大捷而消除了。

德国人的下一步是一次轻率的、计划不周的战役，企图包围协约国军的左翼，并攻占英吉利海峡诸港口以切断从英国运往法国的供应。双方的军队以一种赛跑的方式向西伸展到了海岸。然后德国人以其枪炮和装备的巨大优势，在伊普尔周围和附近进攻英国人。他们几乎突破英军防线，但是英国人把他们挡住了。

西线的战事以壕沟战稳定了下来，任何一方都没有解决突破近代壕沟和带刺铁丝网这问题所需要的科学和配备，现在双方都被迫求助于科学人员、发明家和这类非军事人员来对他们的困难提出建议和帮助。在那时壕沟战的根本问题已经被解决了；例如在英国已有了一辆坦克的模型，它会使协约国在1916年以前获得迅速而容易的胜利；但是职业军人的头脑必然是一种较低的缺乏想象力的头脑；没有一个才智高超的人愿意把他的天赋束缚于这样一种职业的；几乎一切最伟大的军人不是没有经验的生气勃勃的年轻人如亚历山大、拿破仑和奥什，就是政客转为军人的如尤利乌斯·凯撒，或是游牧民如匈奴人和蒙古人的首领，或是非军事专业性人员如克伦威尔和华盛顿。虽然在50年的军国主义之后，这场战争还是一场无望的职业军人的战争；它自始至终不可能脱离正规将领们的控制，德国和协约国的司令部任何一方都不愿以宽容的态度来对待足以破坏他们传统方法的发明。

但是德国人确实做出了一些革新。2月（28日）他们制造出一件近乎无用的新产品——火焰喷射器，它的使用者经常有被活活烧死的危险；4月，当第二次对英军大举进攻开始时（第二次伊普尔战役，4月22日至5月24日）他们使用了毒瓦斯烟雾。这可怕的装置是用来对付阿尔及利亚和加拿大部队的；由于这种毒气使人肉体遭受折磨和死亡者感到极度痛苦，使他们十分震惊，但是并没有突破他们的防线。这几个星期里化学家们比在协约国前线的士兵更为重要了，在六个星期之内防御部队已掌握了防御毒气的办法和装置。

直至1916年7月，西线维持了一种不分胜负的紧张状态达一年半之久。双方都发动过猛烈进攻，都以血腥的退却而结束。1915年法国人在阿腊斯和香槟、英国人在路斯进行了代价高昂的突击。

从瑞士到北海有两条接连的战壕，它们有时相距一英里或更远一些，有时相距仅有几英尺（如在阿腊斯），在这两条战壕里面和后面都有几百万士兵辛劳工作，袭击敌人，并为死亡枕藉的、注定会失败的攻势作了准备。在以往任何时代，这些麇集的人群不可避免地会引起瘟疫，但在这点上近代科学再次改变了战争的条件。某些新的疾病出现了，如由于站在冷水里的时间过长而引起的战壕足痛病、新型痢疾和相类的病，但是没有一种疾病发展到足使任何一方战斗部队失去战斗力的程度。

在前线的后方，交战各国的全部生活日益转到维持供应食物、军火，首先是补充人力到每天伤亡人员的工作上去。德国人幸而拥有相当数量的大炮，用以围攻边疆上的要塞；这些大炮配上烈性炸药现在可用来摧毁战壕，这种用法是没有人预见到的。头几年协约国在大炮和弹药等的供应上显著地落后于德国，损失也一直较大。

1916年的上半年，在凡尔登周围德军一直对法军进行猛攻。德国人损失巨大，在把法国防线推后几英里后，德国人被挡住了。法国的损失也同样巨大，甚至更大些。"他们过不来了"，法国的步兵说着、唱着——他们说到做到了。

德国的东线更长，而战壕又不如西线整齐，俄军在坦能堡惨败之后的一个时期内还是继续向西进逼。他们从奥地利人手里几乎征服了整个加里西亚，1914年9月2日占领了累姆堡，1915年3月22日占据了重要的要塞普谢米歇耳。但是当德军不能突破协约国的西线，和协约国在没有适当物资的情况下作出无效的进攻之后，德军就转向俄国以新采用的密集大炮先对俄国战线的南方，然后又对北方发动了一连串的猛攻。6月3日德国夺回了普谢米歇耳，整个俄国防线被击退，直至维尔那［即维尔纽斯］落入德国人的手中（9月18日）。

1915年5月（23日），意大利加入了协约国并向奥地利宣战（直到一年以后它才对德国宣战）。意大利把东部边界推向戈里齐亚（1916年夏被攻陷），但是那时它的介入不论对俄国或对西方两强都没有什么用处。它只是在它风景如画的东北边境的高山山脉之间建立起另一条壕沟战的战线而已。

当主要交战部队的主要战线陷入这种精疲力竭的僵持状态时，双方都企图绕到敌人战线的后方去进行打击。德国人使用一系列的齐柏林式飞船，以后又用飞机来袭击巴黎和英格兰东部。表面上这些袭击是对准仓库、军需工厂和类似的重要军事目标，但实际上这些炸弹不分青红皂白地轰炸了居住区。

起初这些袭击者投下的是些不十分有效的炸弹，但后来这些投弹的体积加大，质量提高了，相当多的人被炸死炸伤，并造成了很大的损失。这些暴行激起了英国人民的极度愤慨。尽管德国人拥有齐柏林式飞船已达几年之久，在英国当局却没有一个人想得出对付它们的适当方法，直到1916年末才有足够供使用的高射炮，才能有组织地用飞机来迎击空中袭击者。

此后出现了一连串齐柏林式飞船的灾难事件，1917年春以后，除了海上侦察以外，在其他目的上的使用减少了，它们作为空袭者的地位让给了巨型飞机（哥达式）。1917年夏以后这种大型飞机有组织地袭击了伦敦和英格兰东部。整个1917—1918年冬每逢月夜伦敦已习惯于听到警报炮的轰隆声，警察吹出的警笛的尖叫声，人们匆促离开街道的脚步声，远处千百发的高射炮声逐渐聚成一阵冲击崩压的狂乱的巨响，飞驰过的榴霰弹飕飕狂叫，最后如有敌机穿过防护的炮火网，就会听到炸弹爆裂的重浊声响。然后不久在炮火渐趋微弱时，又会听到消防队车和救护车的无法比拟的急驰怪响……这些经验使每个伦敦人都深切地感觉到了战争。

当德国人这样地通过天空对敌人国内居民的神经进行袭击时，他们也用力之所及的一切手段向英国的海外贸易进攻。战争之初，他们有各种各样破坏贸易的驱逐舰散布在世界各处，并在太平洋上有一中队强大的现代巡洋舰，即沙恩霍斯特号、格奈森瑙号、莱比锡号、纽伦堡号和德累斯顿号。一些分遣的巡洋舰特别是埃姆登号在它们被追获以前，确实干了大量破坏商业的事，这支中队的主力舰则于1914年11月1日在智利海岸外擒获了一支较差的英国舰队，并击沉了好望号及芒默思号。一个月以后这些德国舰只自身遭到一支英国舰队的突袭，全部（除了德累斯顿号之外）在福克兰群岛战役中被英国海军上将斯特迪击沉了。在这次冲突以后协约国仍然无可争论地称雄海上，这一霸权就是日德兰大海战（1916年5月31日）也丝毫不能动摇它。

德国人的注意力更加集中于潜水艇战争，从战争开始以来他们曾有过多次潜艇战的胜利。1914年9月22日那一天，他们击沉了三艘巨大的巡洋舰阿布基尔号、霍格号和克雷西号，上有船员1473人。整个战争期间，他们继续拦击英国船舶，造成巨大损伤；最初他们对客轮和商船打了招呼并进行检查，但是他们不再这样做了，因为怕陷入圈套，在1915年春他们开始不先行通知就击沉船只。

1915年5月，他们不给任何警告就击沉了大型邮船卢西塔尼亚号，溺死了许多美国公民。这事激起了美国反对他们的感情，但是用潜艇封锁来伤害甚至削弱英国的可能性是如此之大，使得他们坚持更加强化了的潜艇战役，而不顾冒着把美国拖进敌人的圈子的危险。

同时，装配得很差的土耳其部队正跨过西奈沙漠向埃及做出威胁的姿态。

当德国人这样从天空和海底攻打他们最难接近和最为可怕的敌手英国时,法国人和英国人也正在东方通过土耳其向中欧同盟国作出灾难性的侧翼进攻。加利波利战役想象得很美好,但执行得并不光彩。如果这次战役胜利了,协约国军就可在1916年攻克君士坦丁堡。但2月里对达达尼尔海峡过早的轰炸使土耳其人在两个月前得到了关于这项计划的通知;这项计划也可能是从希腊宫廷泄露出来的,最后当4月英法军队在加利波利半岛登陆时,他们发现土耳其人已很好地固守壕沟,壕沟战的准备也比他们搞得更好。

协约国期待着把舰上的大炮作为重型火器使用,而这种大炮对轰毁壕沟是无用的,在一切没有预见到的事情中,他们还没有预见到敌人的潜艇。好几艘大战列舰被击沉了,这些战列舰在清澈的海面沉没的地方正是薛西斯的船只一度驶向萨拉米斯时被毁灭的地方。从协约国方面说,加利波利战役的故事是既英勇又可怜的,是一段有勇无谋的故事,一段浪费了生命、物资和威望而以1916年1月的撤退为终局的故事。

整个这段时间与希腊的摇摆不定密切相联的是保加利亚的参战(1915年10月12日)。保加利亚国王在双方之间作出决定竟犹豫了一年多。那时,英国人在加利波利明显的失败,加上奥、德在塞尔维亚的猛攻,使他转向同盟国。当塞尔维亚人与奥、德入侵者在多瑙河激战时,他从背后攻打了塞尔维亚,在几星期内这个国家全被占领了。塞军通过阿尔巴尼亚的山区做了一次可怕的向海岸的撤退,一支协约国舰队在那里把它的残余部队营救了出来。

一支协约国军队在希腊的萨洛尼卡登陆,并向莫纳斯提尔内陆推进,但这对塞尔维亚人不能给予任何有效的援助。决定加利波利远征的命运的就是这个萨洛尼卡计划。

在东边,在美索不达米亚,英国人主要利用印度军队对同盟国做了一次更遥远的侧面攻击。1914年11月一支装备很差的军队在巴士拉登陆,次年又向巴格达推进。在离巴格达不到25英里的阿萨栖王朝和萨珊王朝的古都忒西丰赢得了一次胜仗,但是土耳其人得到了大量增援,英军被迫退至库特,在那里汤森将军所率领的英军被包围,并在1916年4月29日因饥饿而投降了。

所有这些在天空,在海底、在俄国、土耳其和亚洲的战役都只是主要战线的辅助,决定胜负的战线是在瑞士和大海洋之间;在那里几百万主力都固守在战壕里,慢慢地学习现代科学战争必需的方法。飞机的使用进展得很快。战争之初飞机主要用于侦察,德国人还用它为炮兵投掷轰击标记。空战这件事是从来没有听说过的。1916年飞机携带机枪并在天空作战了;飞机的轰炸日益重要,并发展了一种奇妙的空中摄影术，在使用飞机和观测气球上，全部有关天空的炮兵作业都已有了巨大的发展。但是军人头脑仍然拒绝使用坦克这个在堑壕战中明显地足以决定胜负的武器。

很多军界以外有才智的人都十分清楚地了解这点。使用坦克来对付战壕是一种显然完全有利的办法。列奥纳多·达·芬奇发明了一种早期的坦克。在1903年南非战争后不久，在杂志里有些描写幻想战役的故事中出现过坦克；利兹的J·A·科里先生制造的一辆完整可用的坦克模型曾给英国军事当局看过，在1911年时当然被他们拒绝了。战争开始以前，坦克曾经一再被发明过，但是如果事情一直完全掌握在军人手中，他们是永远不会使用坦克的。

1915—1916年，温斯顿·丘吉尔先生在英国海军部时，他坚持制造第一批坦克，这批坦克是在面对最严酷的反对下送往法国的。军事科学采用了这些发明应归功于英国海军，而不是陆军。德国军事当局也同样反对它们。1916年7月英国陆军总司令道格拉斯·黑格爵士发动了一次大攻势，未能冲破德国阵线。在有些地方他前进了几英里，在其他地方他被彻底击败了。这支英国新军大量被杀，而他仍然没有使用坦克。

9月，当持续不断地采取攻势在季节上已为时过晚时，坦克首次在作战中出现了。英国的将领们使用了少量坦克，使用的方法也不太高明。它们对德军的影响却很深刻，引起了一阵有似不知所措的惊慌。如果在7月里就使用足够数量的坦克，并由一个有想象力、有能力的将军来操纵，这场战争毫无疑问就可以在当地当时得到结束的。那时西线协约国的力量比德国人强大得多。力量对比大致上是7比4。俄国虽然很快地接近枯竭，但却仍在战斗，意大利正向奥地利人紧逼，罗马尼亚刚刚参战，加入了协约国一方。但是在这次悲惨的7月攻势中人力消耗得使协约国的事业濒于灾难的边缘。

英国人7月的失败立刻使德国人放心了。他们转向罗马尼亚人，我们看到1915年临到塞尔维亚的命运在1916年冬同样临到了罗马尼亚。那年以从加利波利的退却和从库特的投降开始，以罗马尼亚被击溃和一批法英登陆的海军陆战队在雅典港口被一群保王党人炮击而告终。希腊国王君士坦丁好像要想带领他的人民步保加利亚国王斐迪南的后尘。但是希腊的海岸线是最易受到海军攻击的。希腊被封锁了，一支从萨洛尼卡来的法军同一支从佛洛纳来的意军共同把希腊国王与他的中欧朋友们的联络切断了（1917年6月协约国迫使君士坦丁退位，其子亚历山大继立）。

大体上，霍亨索伦帝国主义在1916年底的处境比在马恩河第一次大突进失败后危险少多了。协约国浪费了两年的时机。比利时、塞尔维亚和罗马尼亚，以及法国和俄国的大块地方都被奥、德军队占领了。一次又一次的反击失败了，俄国正摇摇欲坠地走向崩溃。这是德国提出和平的有利时刻，事实上朝着那个目的的谈判已经开始。但谈判是半心半意的，并且从协约国方得到的是同样胆怯的否定。的确，在英国和法国代替了较不"坚定"的政府的劳埃德·乔治和克列孟梭政府是发誓要奋战到底的。

9　从俄国崩溃到停战期间的第一次世界大战

1917年初俄国崩溃了。

到了这时，战争的极度紧张正严酷地影响到欧洲所有的居民。各处的运输都极其混乱，航运、铁路等的正常维修和更新都中断了，各种物资使用殆尽，粮食产量减低，越来越多的人民群众从工业上撤了出来，教育工作也停顿了，生活中的日常安全和正直不断减少。

越来越多的欧洲居民从他们所习惯的环境和条件中被移送到新的环境，这使他们痛苦、受刺激，并使道德败坏。但是在文明从世界上普遍地连根拔起之中，俄国受害最早，也最深。俄国的专制政体奸诈无能。沙皇像他的许多祖先一样，那时正屈服于疯狂的虔敬，宫廷被一个宗教骗子拉斯普丁所控制，他的狂热崇拜是无法形容的邪恶，在世界面前是一种散发臭气的耻辱。在这种肮脏的神秘主义统治下，怠惰和卑鄙风行使战争处理失当。

俄国的普通士兵是在没有炮火的支持下投入战斗的，甚至没有来福枪的子弹；他们在军国主义者狂热的谵语中，让长官和将军们给糟蹋掉了。在一段时期里，他们好像野兽忍受痛苦那样沉默地忍耐着；但是即使最无知的人，他的忍耐也是有限度的。对沙皇专制政体的深刻憎恶正在这些被出卖的、被糟蹋的军人中蔓延开来。自从1915年底以来俄国对它的西方盟国来说是一个焦虑日深的根源。它在整个1916年大部时间里保持了守势，也有谣传说，它将同德国单独媾和。它对罗马尼亚也没有帮什么忙。

1916年12月29日，僧人拉斯普丁在彼得格勒的一次宴会上被谋杀了，人们还做了一次要整顿沙皇专制政体的为时已晚的尝试。到了3月事情发展得很快；彼得格勒的粮食骚动发展成了一次革命的起义；起义曾企图镇压代议机构杜马，企图逮捕自由派诸领袖，并组成以里沃夫亲王为首的临时政府；沙皇（于3月15日）退位了。

一时，一场温和的有节制的革命似乎是可能的——或许在一个新沙皇之下可以这样做。此后事情变得很明显，对俄国的信心已破坏得太深了，任何这类调整已不可能。俄国人民对欧洲事物的旧秩序、对沙皇、对战争和对列强已经厌烦得要命；他们要求尽快地从难以忍受的苦难中解脱出来。协约国不了解俄国的现实；他们的外交官们不了解俄国人；这些文雅的人士，他们的注意力是指向俄国宫廷，而不是指向俄国的，他们对这新局势的估计不断地犯下大错。在外交官中间对共和政体很少好感，而有一种倾向要尽可能使新政府为难。俄国共和政府的头头是一个雄辩的、形象生动的领袖克伦斯基，他发现自己在国内受到一种深刻得多的革命运动——"社会革命"的雄厚力量的袭击，在国外受到协约国政府的冷遇。他的盟国既不让他给俄国人民以超过边界之外的土地，也不让他给他们以边界之外的和平。法国和英国的报纸发动了一次新的攻势来烦扰它们这个精疲力竭的盟国，但是不久当德国人从海上和陆上猛攻里加时，英国海军部在出征波罗的海以援救的前景面前畏缩了。

新的俄罗斯共和国必须在没有支援下战斗。尽管有协约国的巨大海军优势和英国海军上将费希尔勋爵（1841—1920年）的猛烈抗议，值得注意的是除了一些潜艇攻击外，协约国在整个战争期间一任德国人完全控制了波罗的海。

俄国群众坚决要结束战争。在彼得格勒成立了一个代表工人和普通士兵的团体苏维埃，这个团体呼吁在斯德哥尔摩召开一次社会主义者的国际会议。这时柏林正发生粮食骚动，在奥国和德国厌战情绪浓厚，毫无疑义按照后来的事件来看，这样一次会议早就会在1917年促成一个在民主路线上的合理和平和一次德国革命。

克伦斯基恳求他的西方盟国允许举行这次会议，但是它们害怕爆发一场世界规模的社会主义和共和主义革命，竟不顾英国工党微弱多数的赞同而予以拒绝。这个"温和的"俄罗斯共和国，既没有协约国道义上的支持，又没有他们物质上的援助，还是继续战斗，并在7月发动了最后一次拼死的进攻。在得到一些初步胜利后，又失败了，俄国人又一次惨遭屠杀。

俄国人的忍耐达到了极限。这时俄国军队发生了哗变，特别是在北方前线。1917年11月7日，克伦斯基政府被推翻，苏维埃政府夺了权，这个政府是列宁领导下的布尔什维克社会主义者所控制的。它置西方列强于不顾而立誓要媾和。俄国干脆"退出了战争"。

1917年春法国曾对香槟前线进行了一次既耗费又无效的进攻，这次进攻未能冲破敌军，反而遭受了巨大损失。这时到了1917年年底，如果德国政府是为安全和福利而战,而不是为自豪和胜利而战的话,那么事态的逐步进展全然是有利于德国的。但是直到最后,直到精疲力竭已达顶点,同盟国的人民却还是坚持努力要获得全胜。

为了那个目的,不仅必须打退英国而且必须征服它,为了要那样干,德国已经把美国拖进了它的敌人的圈子里了。整个1916年潜艇战役一直在增强中,但迄今为止,它还尊重中立国的船只。1917年1月德国宣称要对英法进行更加严密的"封锁",并警告一切中立国家,把它们的船舶撤离英国海面。一场对世界各国的船舶不加区别地予以击沉的战斗开始了。这迫使美国于1917年4月(6日)参战了。整个1917年,当俄国正在瓦解并变得软弱无能时,美国人民则正在迅速地不断地变成一个巨大的军事国家。无限制的潜艇战役远没有像德国人所希望的那样成功,为了它,德国帝国主义者却甘冒树立这个新敌手的危险。英国海军证明它比英国陆军更有创造力,也更有谋略;在海底、在地面和在天空的反潜艇的装置迅速地发展了起来;在一个月左右的严重破坏以后,潜艇击沉船舶总数减少了。英国人感到必须实施粮食配给,规则制订得好并实施得当,公众表现出极其优良的精神和智慧,因而能远离饥荒和社会混乱的危险。

但是德国帝国政府继续作战。即使潜艇没有做到它所预期的一切,即使美国军队已像雷云一般地集结起来,可是俄国肯定是垮台了。在10月,和1915年倾覆过塞尔维亚以及1916年倾覆过罗马尼亚同样的秋季攻势,现在又以压倒的势头转向意大利。卡波雷托战役后,意大利战线瓦解了,奥德军队奔涌而下,直抵威尼斯地区,炮火几乎可以达到威尼斯。因此德国感到对俄国的和平建议采取高压姿态是正当的,布列斯特—立托夫斯克和约(1918年3月2日)给西方协约国一些暗示,即德国的胜利对他们会意味着什么。那是一种压服的和索价过分的和约,是充满自信的胜利者以万分傲慢的姿态指令的。

整个冬天德军一直在从东线转移到西线。这时,1918年春,饥饿、厌倦、流血而疲惫不堪的德国又被鞭策着进行一次真的要能结束战争的最大努力。美国部队在法国已有数月之久,但大部分美军还在大西洋彼岸。如果德国必须做出这样一次打击的话,这是在西线最后一击以决胜负的最好时机了。

第一次进攻针对索姆河地区的英军。那些不很高明的骑兵将领们仍在指挥这一条骑兵不起作用而是累赘的战线,他们在毫无准备下受到袭击;3月21日,在"高夫的灾难"中英国第五军几乎溃不成军地被赶回到亚眠。由于英、法将领互相猜忌,使得在法国的协约国军队不能有任何统一的指挥,而在高夫的后面又没有任何常备的后援部队。协约国损失了将近1000门大炮,几万人成了俘虏。整个

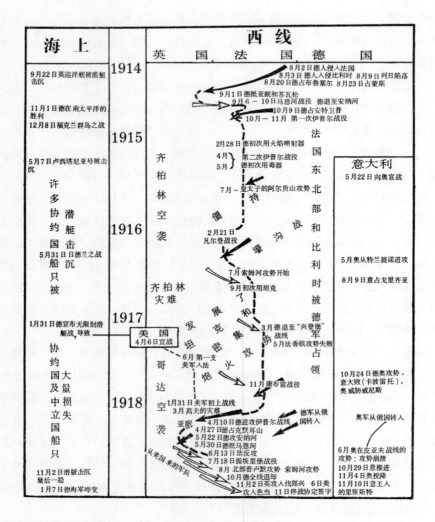

4月和5月德国人对协约国前线密雨般地不断猛攻。他们几乎从北部突破,他们大举进逼马恩河,1918年5月30日他们又进抵马恩河。

这是德国努力的顶峰,它的后面除了耗竭的家园外已一无所有。福煦将军受命为协约国全部联军的最高统帅,生力军正渡过英吉利海峡从英国赶来,而且美国这时已有几十万大军涌入了法国。6月,疲惫的奥地利人在意大利发动了最后一次进攻,但在意大利的反击面前崩溃了。6月初,福煦开始展开反攻。到了7月形势扭转了,德国人不断后退。提埃里堡战役(7月18日)显示了美国新军的素质。8月,英国人开始了一次巨大而有成效的突击,德军阵线向亚眠的凸出部分枯萎瓦解了。鲁登道夫说:"8月8日是德国军队历史上的不祥之日。"9月,

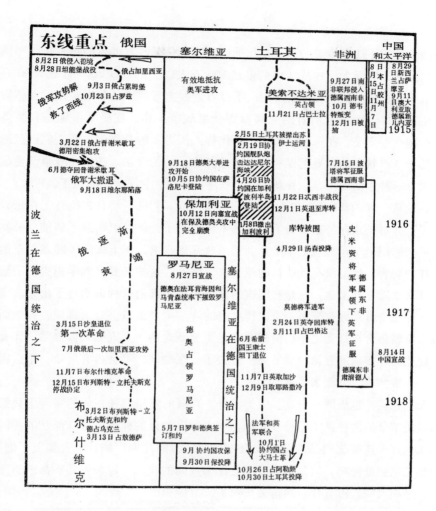

英军对兴登堡战线的进攻确保了协约国的胜利。

德国完蛋了。它已军无斗志，10月是一段沿着整个西线挫败和退却的故事。11月初英军到达伐郎兴，美军进至色当。在意大利，奥军也在混乱的退却状态中。这时霍亨索伦和哈布斯堡的部队到处都在土崩瓦解。结尾时的破灭是惊人地迅速。法国人和英国人都不敢相信他们的报纸，因为报上天天宣布俘获了数以几百门计的大炮和成千人以上的战俘的消息。

9月，协约国对保加利亚的大举进攻使这个国家发生了一场革命，并提出了和平建议。接着土耳其在10月底投降了，奥匈也在11月3日投降了。德国曾试图把舰队拉出来作最后一战，但水兵们哗变了（11月7日）。

德皇和皇太子仓皇逃往荷兰，威严扫地。11月11日签订了停战协定，战争结束了……

战争延续了四年零三个月，它几乎逐渐地至少把西方世界的每一个人都拖进了它的漩涡。实际上死在战斗中的多达800万人以上，另有2000万或2500万人死于战争所造成的困苦和混乱之中。千百万人因为营养不足和艰难困乏而体质衰弱，生活悲惨。大部分活着的人那时正从事战争工作、在受军事训练和装备起来，在制造军需品、在医院里服务、在代替入伍男丁的劳作等。商人们已经适应于在处于危机状态的世界里谋利所必需的狂涨暴落的方法。的确，战争已变成一种气氛、一种生活习惯、一种新的社会秩序。然后，它又突然结束了。

在伦敦，11月11日上午11时左右宣布停战。它使一切日常例行工作奇异地停止了：办事员从办公室里涌了出来，不再回去了，店员们离开了店铺，公共汽车司机和军用卡车司机想把车子开到哪里就开到哪里，车上载满了随意上车的惊喜欲狂的乘客，他们没有什么目的地要去，也不管这些车要开到哪里去。茫然若失的群众立即充塞街道，凡是有国旗的住房和商店都把这种饰物挂了出来。夜晚来临，好几个月来因空袭而一直保持黑暗的许多主要街道上灯火辉煌。蜂拥而来的群众重新集合在灯光之下的情景看来是十分新奇的，人人感到惶惶然，怀着一种不自然的和疼痛的慰藉。战争终于过去了。在法国将不会再有屠杀，不会再有空袭——事情将会好起来了。

人们想笑，也想哭——真是哭笑不得。兴奋的青年们和在假的年轻士兵们组成稀疏而嘈杂的游行队伍，挤过人流，尽力做出欢乐的样子。一尊俘获的德国大炮从陈列许多这类战利品的马耳大街拖运到特腊法耳加广场，举火焚毁了炮架。鞭炮和花炮到处乱扔，但是人们并没有什么共同的欢乐。每个人几乎都因为损失太重，忍痛太深，没有什么热情去庆祝了。